Internationale Schulleistungsstudie **PISA**

Lernen für die Welt von morgen

Erste Ergebnisse von PISA 2003

OECD
ORGANISATION FÜR WIRTSCHAFTLICHE ZUSAMMENARBEIT UND ENTWICKLUNG

ORGANISATION FÜR WIRTSCHAFTLICHE ZUSAMMENARBEIT UND ENTWICKLUNG

Gemäß Artikel 1 des am 14. Dezember 1960 in Paris unterzeichneten und am 30. September 1961 in Kraft getretenen Übereinkommens fördert die Organisation für wirtschaftliche Zusammenarbeit und Entwicklung (OECD) eine Politik, die darauf gerichtet ist:

- in den Mitgliedstaaten unter Wahrung der finanziellen Stabilität eine optimale Wirtschaftsentwicklung und Beschäftigung sowie einen steigenden Lebensstandard zu erreichen und dadurch zur Entwicklung der Weltwirtschaft beizutragen;
- in den Mitglied- und Nichtmitgliedstaaten, die in wirtschaftlicher Entwicklung begriffen sind, zu einem gesunden wirtschaftlichen Wachstum beizutragen; und
- im Einklang mit internationalen Verpflichtungen auf multilateraler und nicht diskriminierender Grundlage zur Ausweitung des Welthandels beizutragen.

Die Gründungsmitglieder der OECD sind: Belgien, Dänemark, Deutschland, Frankreich, Griechenland, Irland, Island, Italien, Kanada, Luxemburg, Niederlande, Norwegen, Österreich, Portugal, Schweden, Schweiz, Spanien, Türkei, Vereinigtes Königreich und Vereinigte Staaten. Folgende Staaten wurden zu den nachstehend genannten Daten Mitglieder der OECD: Japan (28. April 1964), Finnland (28. Januar 1969), Australien (7. Juni 1971), Neuseeland (29. Mai 1973), Mexiko (18. Mai 1994), die Tschechische Republik (21. Dezember 1995), Ungarn (7. Mai 1996), Polen (22. November 1996), Korea (12. Dezember 1996) und die Slowakische Republik (14. Dezember 2000). Die Kommission der Europäischen Gemeinschaften nimmt an den Tätigkeiten der OECD teil (Artikel 13 des Übereinkommens über die OECD).

Originalfassungen veröffentlicht unter dem Titel:

Learning for Tomorrow's World – First Results from PISA 2003
Apprendre aujourd'hui, réussir demain – Premiers résultats de PISA 2003

Vorwort

Starke Anreize zur Anhebung der Bildungsniveaus für den Einzelnen, für Wirtschaft und Gesellschaft bildeten den wesentlichen Ansporn für die zuständigen staatlichen Stellen, die Qualität der Bildungsdienstleistungen zu verbessern. Der Wohlstand der Länder gründet sich heute in großem Maße auf deren Humankapital, und um in einer sich rasch wandelnden Welt bestehen zu können, muss der Einzelne seine Kenntnisse und Fähigkeiten während des ganzen Lebens weiterentwickeln. Das Bildungssystem muss ein solides Fundament hierfür schaffen, indem es die Entwicklung von Wissen und Kompetenzen fördert und die Kapazität und Motivation junger Erwachsener zur Fortsetzung des Lernprozesses über die Schulzeit hinaus stärkt.

Alle Betroffenen – die Eltern, die Schülerinnen und Schüler, die Lehrkräfte und die Bildungsverantwortlichen ebenso wie die breite Öffentlichkeit – müssen darüber informiert sein, wie gut die Bildungssysteme ihrer Länder die Schüler auf das Leben vorbereiten. In vielen Ländern wird der Lernprozess der Schülerinnen und Schüler laufend beobachtet, um Antworten auf diese Frage zu finden. In Verbindung mit geeigneten Anreizen können Beurteilungen und Evaluationen Schüler zu besserem Lernen, Lehrkräfte zu effektiverem Unterrichten und Schulen zum Ausbau ihrer unterstützenden und produktiven Funktion anregen. Vergleichende internationale Analysen können die nationale Sichtweise ergänzen und vertiefen, indem sie die nationalen Ergebnisse zur besseren Interpretation in einen größeren Zusammenhang stellen. Sie können Ländern Informationen liefern, mit deren Hilfe diese ihre jeweiligen Stärken und Schwächen besser abschätzen und die erzielten Fortschritte messen können. Sie können die Länder auch zu mehr Ehrgeiz anspornen, und sie können durch konkrete Daten Orientierungshilfen für die nationale Politik, die Lehrplangestaltung und die Unterrichtspraxis in den Schulen sowie für die Lernenden selbst geben.

Um dem Bedarf an international vergleichbaren Daten über Schülerleistungen besser gerecht zu werden, startete die OECD 1997 die Internationale Schulleistungsstudie PISA (Programme for International Student Assessment). PISA steht für das Engagement der Regierungen, innerhalb eines gemeinsamen, international vereinbarten Rahmens die an den Schülerleistungen gemessenen Ergebnisse ihrer Bildungssysteme in regelmäßigen Abständen zu bewerten. Mit PISA soll eine neue Basis für den bildungspolitischen Dialog und die Zusammenarbeit bei der Definition und Umsetzung von Bildungszielen geschaffen werden, wobei die für das spätere Leben relevanten Kompetenzen im Vordergrund stehen. Die erste PISA-Studie wurde 2000 durchgeführt. Die PISA-Erhebung 2000, bei der das Hauptaugenmerk auf der Lesekompetenz lag, machte deutlich, dass zwischen den Ländern große Unterschiede in Bezug

darauf bestehen, inwieweit es ihnen gelingt, junge Erwachsene in die Lage zu versetzen, Zugang zu schriftlichen Informationen zu erlangen, mit ihnen umzugehen, sie zu kombinieren und zu evaluieren und über sie nachzudenken, um ihr Potenzial auszubauen und ihren Horizont zu erweitern. Für einige Länder fielen die Ergebnisse enttäuschend aus, da sich zeigte, dass die Leistungen ihrer 15-Jährigen deutlich hinter denen anderer Länder zurückblieben, teilweise in einem Umfang, der mehreren Schuljahren entsprach, und in manchen Fällen trotz hoher Investitionen in das Bildungswesen. PISA 2000 förderte auch erhebliche Unterschiede bei der Leistung der einzelnen Schulen zu Tage und ließ Bedenken hinsichtlich einer gerechten Verteilung der Bildungschancen aufkommen.

Inwiefern hat sich die Situation seit dem Jahr 2000 geändert? Der vorliegende Bericht liefert erste Ergebnisse der PISA-Studie 2003, bei der der Schwerpunkt auf der mathematischen Grundbildung lag. Er zeigt, dass die durchschnittlichen Leistungen in der Gruppe der 25 OECD-Länder, für die vergleichbare Daten vorliegen, in einem der beiden sowohl 2000 als auch 2003 geprüften mathematischen Inhaltsbereiche[1] gestiegen sind, während die Leistungen in naturwissenschaftlicher Grundbildung und Lesekompetenz sowie in dem anderen vergleichbaren mathematischen Inhaltsbereich im Wesentlichen unverändert blieben. Die Leistungsveränderungen fielen in den einzelnen OECD-Ländern allerdings unterschiedlich aus. Finnland, das in PISA 2000 bei der Erhebung der Lesekompetenz am besten abschnitt, konnte sein hohes Niveau in diesem Bereich halten, und zugleich seine Ergebnisse in Mathematik und Naturwissenschaften weiter verbessern, so dass Finnland hier nunmehr mit den in Mathematik und Naturwissenschaften zuvor unübertroffenen ostasiatischen Ländern gleichauf liegt. In Mexiko hingegen, dem Land mit den niedrigsten Ergebnissen bei PISA 2000, könnte die Notwendigkeit der Ausdehnung des noch immer begrenzten Zugangs zur Sekundarschulbildung (OECD, 2004a) einer der Gründe dafür gewesen sein, dass die Ergebnisse 2003 in allen drei geprüften Bereichen niedriger ausfielen.

Der Bericht geht aber weit über die Untersuchung der relativen Position der Länder in Mathematik, Naturwissenschaften und Lesekompetenz hinaus. Er befasst sich auch mit einem breiteren Spektrum an Bildungsergebnissen, darunter der Lernmotivation der Schülerinnen und Schüler, ihrer Selbsteinschätzung und ihren Lernstrategien. Darüber hinaus werden Leistungsunterschiede zwischen Mädchen und Jungen sowie zwischen verschiedenen sozioökonomischen Gruppen untersucht. Ferner gibt der Bericht Aufschluss über einige der Faktoren,

1. 2003 wurden die Mathematikkompetenzen eingehender getestet und die Ergebnisse auf vier inhaltsbezogenen Skalen erfasst. Im Jahr 2000 war für Mathematik als Nebenkomponente nur eine Skala entwickelt worden, obwohl zwei Inhaltsbereiche des PISA-Mathematik-Rahmenkonzepts untersucht worden waren, nämlich „Raum und Form" sowie „Veränderung und Beziehungen" (vgl. OECD, 2001a). Zur Gewährleistung der Vergleichbarkeit mit den Ergebnissen von PISA 2003 wurden im Nachhinein gesonderte Skalen für die Ergebnisse von PISA 2000 in diesen beiden Inhaltsbereichen konstruiert.

die für die Entwicklung von Kenntnissen und Fähigkeiten im häuslichen und schulischen Umfeld ausschlaggebend sind, über die zwischen diesen Bereichen bestehenden Wechselbeziehungen sowie über die Konsequenzen, die sich daraus für die Politikgestaltung ergeben. Vor allem aber stellt der Bericht Länder heraus, denen es gelingt, ein hohes Leistungsniveau zu erzielen und zugleich eine gerechte Verteilung der Bildungschancen zu gewährleisten. Die Ergebnisse dieser Länder stellen andere vor eine Herausforderung, indem sie zeigen, was tatsächlich erreicht werden kann.

Der Bericht ist das Produkt eines Kooperationsprojekts zwischen den PISA-Teilnehmerländern, den im Rahmen des PISA-Konsortiums tätigen Experten und Institutionen sowie der OECD. Er wurde erstellt von der OECD-Direktion Bildung, im Wesentlichen von Andreas Schleicher, Claudia Tamassia und Miyako Ikeda, mit Beratung und analytischer Unterstützung durch Raymond Adams, Cordula Artelt (die das Kapitel 3 zu Grunde liegende Modell entwickelte), Alla Berezner, Jude Cosgrove, John Cresswell, Donald Hirsch, Yuko Nonoyama, Christian Monseur, Claudia Reiter, Wolfram Schulz, Ross Turner und Sophie Vayssettes. Für Kapitel 4 und 5 wurden auch analytische Arbeiten herangezogen, die im Zusammenhang mit PISA 2000 von Jaap Scheerens und Douglas Willms durchgeführt wurden. Die PISA-Erhebungsinstrumente und das Datenmaterial für den Bericht wurden vom PISA-Konsortium unter Leitung von Raymond Adams vom Australian Council for Educational Research aufbereitet.

Die Orientierungen für die Gestaltung des Berichts insgesamt kamen vom PISA-Ausschuss der Teilnehmerländer, unter Vorsitz von Ryo Watanabe (Japan). Anhang C des Berichts enthält eine Liste der Mitglieder der verschiedenen PISA-Organe wie auch der einzelnen Fachleute und Berater, die an diesem Bericht und PISA allgemein mitgewirkt haben.

Für diesen Bericht zeichnet der Generalsekretär der OECD verantwortlich.

Ryo Watanabe
Vorsitzender des PISA-Ausschusses
der Teilnehmerländer

Barry McGaw
Leiter der Direktion Bildung,
OECD

Inhaltsverzeichnis

KÄSTEN

ABBILDUNGEN

TABELLEN

1

Einführung

PISA – EIN ÜBERBLICK

2003 wurde im Rahmen der von der OECD getragenen Schulleistungsstudie PISA die zweite der alle drei Jahre stattfindenden Erhebungen durchgeführt. Der vorliegende Bericht fasst die Ergebnisse dieser Erhebung zusammen.

Bei PISA soll untersucht werden, wie gut 15-Jährige auf die Herausforderungen des Lebens vorbereitet sind.

Bei PISA soll gemessen werden, wie gut Jugendliche im Alter von 15 Jahren, die somit nahezu das Ende ihrer Pflichtschulzeit erreicht haben, auf die Herausforderungen der heutigen Wissensgesellschaft vorbereitet sind. Die Beurteilung ist zukunftsgerichtet, d.h. sie konzentriert sich weniger auf die Frage, inwieweit die Jugendlichen bestimmte schulische Curricula beherrschen, als vielmehr auf ihre Fähigkeit, Kenntnisse und Fertigkeiten zur Bewältigung alltäglicher Herausforderungen einzusetzen. Diese Orientierung spiegelt eine Veränderung in den Zielen und Zwecken der Lehrpläne wider, denn dort geht es zunehmend darum, was die Schülerinnen und Schüler mit ihrem Schulwissen anfangen können, und nicht mehr nur um die Fähigkeit zur Wiedergabe des Gelernten.

PISA ist ein Kollaborationsprojekt der Regierungen zur Beobachtung der Lernfortschritte der 15-Jährigen in einem globalen Rahmen ...

Bei der Entwicklung von PISA standen folgende Gesichtspunkte im Vordergrund:

- Politikorientierung mit dem Erfordernis, Design und Berichterstattungsmethoden an der Notwendigkeit auszurichten, den Regierungen Informationen an die Hand zu geben, aus denen Lehren für die Politik gezogen werden können;
- innovatives Konzept der Grundkompetenzen bzw. der Grundbildung (*literacy*), das sich auf die Fähigkeit der Schülerinnen und Schüler bezieht, Kenntnisse und Fertigkeiten in wichtigen Fächern zu nutzen, um bei Problemstellung, -lösung und -interpretation in einer Vielzahl von Situationen analysieren, logisch denken und in effektiver Weise kommunizieren zu können;
- Relevanz für das lebenslange Lernen, weil bei PISA nicht nur die fachspezifischen und fächerübergreifenden Kompetenzen der Schülerinnen und Schüler beurteilt, sondern auch Informationen über deren Lernmotivationen, Selbsteinschätzung und Lernstrategien erfasst werden;
- Regelmäßigkeit, dank der die Länder ihre Fortschritte bei der Verwirklichung entscheidender Lernziele beobachten können;
- große geographische Reichweite und kooperativer Charakter mit 49 Ländern, die bereits an einer PISA-Erhebung teilgenommen haben, sowie weiteren 11 Ländern, die sich an der PISA-Erhebung 2006 beteiligen werden, was insgesamt einem Drittel der Weltbevölkerung und nahezu neun Zehnteln des weltweiten Bruttoinlandsprodukts (BIP) entspricht[1].

... wobei führende Experten valide Beurteilungen für den Ländervergleich liefern.

PISA ist das umfassendste und weitreichendste internationale Projekt zur Erfassung von Schülerleistungen und Daten über schülerspezifische, familiäre und institutionelle Faktoren, die zur Erklärung von Leistungsunterschieden herangezogen werden können. Die Entscheidungen über Umfang und Art

der Leistungsmessung und der Hintergrundbefragung werden von führenden Experten in den Teilnehmerstaaten getroffen und von deren Regierungen gemeinschaftlich auf der Basis der ihnen gemeinsamen bildungspolitischen Interessen gesteuert. Es werden erhebliche Ressourcen und Anstrengungen darauf verwendet, bei dem Erhebungsmaterial kulturelle und sprachliche Breite sowie Ausgewogenheit zu gewährleisten. Für die Übersetzungsverfahren, Stichprobenauswahl und Datenerhebung werden strenge Mechanismen der Qualitätssicherung eingesetzt. Folglich weisen die Ergebnisse der PISA-Studie einen hohen Grad an Validität und Reliabilität auf und können so in den am weitesten entwickelten Ländern der Welt ebenso wie in einer wachsenden Zahl von Ländern, die sich noch in einem früheren Stadium der wirtschaftlichen Entwicklung befinden, zu einem wesentlich besseren Verständnis der Bildungserträge beitragen.

Die erste PISA-Erhebung wurde im Jahr 2000 in 32 Ländern (darunter 28 OECD-Mitgliedstaaten) durchgeführt und im Jahr 2002 in 11 Partnerländern wiederholt. Zwei Drittel der Erhebung waren der Lesekompetenz gewidmet, das verbleibende Drittel lieferte einen Überblick über die Leistungen in Mathematik und Naturwissenschaften. Erste Ergebnisse wurden 2001 (OECD, 2001a) und 2003 (OECD, 2003c) veröffentlicht, gefolgt von einer Reihe thematischer Berichte, die sich eingehender mit Einzelaspekten der Ergebnisse befassten[2]. Die PISA-Erhebung von 2003, die Gegenstand des vorliegenden Berichts ist, wurde in 41 Ländern durchgeführt, darunter allen 30 OECD-Mitgliedsländern (Abb. 1.1). Die Erhebung beinhaltete eine eingehende Prüfung der mathematischen Grundbildung sowie weniger detaillierte Evaluationen in den Bereichen Naturwissenschaften, Lesekompetenz und Problemlösung. In der nächsten Dreijahreserhebung, PISA 2006, wird der Schwerpunkt auf der naturwissenschaftlichen Grundbildung liegen, bevor 2009 dann wieder die Lesekompetenz im Vordergrund stehen wird[3].

PISA 2003 wurde in 41 Ländern durchgeführt, von denen die meisten auch an PISA 2000 teilgenommen hatten; im Vergleich zu PISA 2000 wurde 2003 der Schwerpunkt von der Lesekompetenz auf die Mathematik verlagert.

PISA wurde zwar ursprünglich von den Regierungen der OECD-Mitgliedsländer ins Leben gerufen, um dem eigenen Bedarf besser gerecht zu werden, hat sich inzwischen aber auch zu einem wichtigen Politikinstrument vieler anderer Länder und Volkswirtschaften entwickelt. PISA gewinnt als Politikinstrument in zahlreichen Weltregionen zunehmend an Bedeutung, und die Erhebung wird inzwischen auch in Partnerländern in Südostasien (Hongkong-China, Indonesien, Macau-China, Chinesisch Taipeh und Thailand), in Osteuropa (Albanien, Bulgarien, Kroatien, Estland, Lettland, Litauen, der ehemaligen jugoslawischen Republik Mazedonien, Rumänien, der Russischen Föderation, Serbien[4] und Slowenien), im Nahen Osten (Jordanien, Israel und Katar), in Südamerika (Argentinien, Brasilien, Chile, Kolumbien, Peru und Uruguay) und in Nordafrika (Tunesien) durchgeführt bzw. ist dort geplant. Politische Entscheidungsträger in aller Welt nutzen aus PISA gewonnene Erkenntnisse zur:

PISA wurde von den OECD-Mitgliedsländern ins Leben gerufen, wird inzwischen jedoch auch von einer wachsenden Zahl anderer Länder genutzt.

Abbildung 1.1 ■ **Ein Überblick über die PISA-Teilnehmerländer**

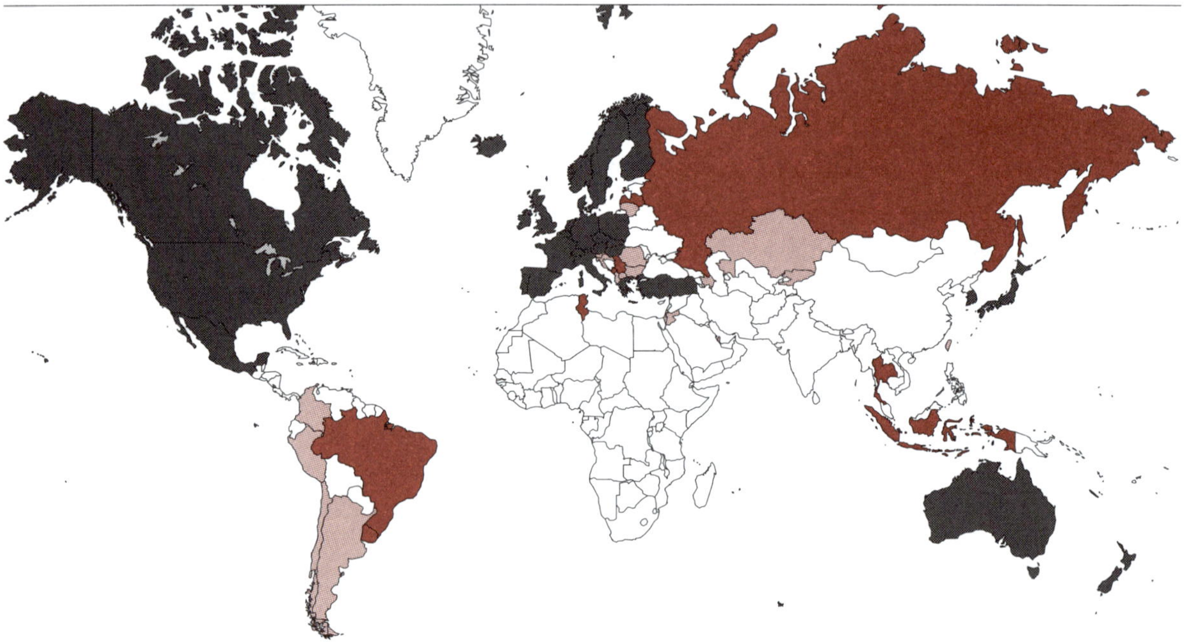

■ OECD-Länder

Australien
Österreich
Belgien
Kanada
Tschech. Republik
Dänemark
Finnland
Frankreich
Deutschland
Griechenland
Ungarn
Island
Irland
Italien
Japan
Korea
Luxemburg
Mexiko
Niederlande
Neuseeland
Norwegen
Polen
Portugal
Slowak. Republik
Spanien
Schweden
Schweiz
Türkei
Verein. Königreich
Vereinigte Staaten

■ An PISA 2003 teilnehmende Partnerländer

Brasilien
Hongkong (China)
Indonesien
Lettland
Liechtenstein
Macau (China)
Russ. Föderation
Serbien und Montenegro
Thailand
Tunesien
Uruguay

■ An anderen PISA-Erhebungen teilnehmende Partnerländer

Albanien
Argentinien
Aserbaidschan
Bulgarien
Chile
Kolumbien
Kroatien
Estland
Israel
Jordanien
Kasachstan
Kirgisistan
Litauen
Mazedonien
Peru
Katar
Rumänien
Slowenien
Chinesisch Taipeh

- Beurteilung der Grundkompetenzen der Schülerinnen und Schüler ihres Landes im Vergleich zu denen der anderen Teilnehmerländer;
- Festlegung von Benchmarks für die Anhebung des Bildungsniveaus, die sich beispielsweise an den Mittelwerten anderer Länder oder deren Fähigkeit zur Erzielung eines hohen Maßes an Gleichheit bei den Bildungserträgen und -chancen orientieren;
- zur Analyse der relativen Stärken und Schwächen ihrer jeweiligen Bildungssysteme.

Das Interesse der einzelnen Länder an PISA zeigt sich an den vielen Berichten, die in den Teilnehmerländern erstellt wurden sowie an den zahlreichen Verweisen auf die PISA-Ergebnisse in der öffentlichen Debatte und in den Medien in aller Welt (Beispiele unter *www.pisa.oecd.org*).

Dieser Bericht befasst sich mit den Schülerleistungen in PISA 2003 sowie den ausschlaggebenden Faktoren für schulischen Erfolg.

Die ersten Ergebnisse von PISA 2003 werden in zwei Bänden vorgestellt. Dies ist Band I; er gibt einen Überblick über die Schülerleistungen in PISA 2003 und nutzt die gesammelten Informationen für eine Analyse der Faktoren, die dem schulischen Erfolg förderlich sein könnten; Band II informiert über den neu hinzugekommenen Testbereich, die fächerübergreifende Problemlösekompetenz (*Problem Solving for Tomorrow's World – First Measures of Cross-Curricular Competencies from PISA 2003*, OECD, 2004d); im *PISA 2003 Technical Report* (OECD, erscheint demnächst) werden die bei PISA angewandten Methoden erläutert.

Der Bericht liefert nicht nur Informationen über die Leistungen von Schülern, Schulen und Ländern in Bezug auf Mathematik, Naturwissenschaften und Lesekompetenz, sondern nutzt zudem Hintergrundinformationen über Schüler, Schulen und Bildungssysteme zur Untersuchung einer Reihe von Faktoren im Zusammenhang mit unterschiedlichen Leistungsniveaus. Indem sie Muster der Schülerleistungen in den jeweiligen Ländern in Verbindung mit Informationen über die Charakteristiken und Erfahrungen der Schülerinnen und Schüler aufzeigt, liefert die PISA-Studie ein äußerst effektives Instrument für ein besseres Verständnis dessen, was dem schulischen Erfolg förderlich ist. Im Weiteren befasst sich dieses Kapitel mit folgenden Punkten:

- was mit PISA insgesamt und in jedem der drei Erhebungsbereiche gemessen wird, nach welchen Methoden dies geschieht und wie sich die Zielpopulation zusammensetzt;
- wodurch sich PISA 2003 besonders auszeichnet, darunter der Umfang der Vergleichsmöglichkeiten im Zeitverlauf, die sich dank der Wiederholung der Erhebungen bieten;
- wie der Bericht aufgebaut ist.

WAS UND WIE BEI PISA GEMESSEN WIRD

PISA basiert auf einem international vereinbarten Rahmenkonzept zur Messung von „Grundbildung“ …

Die Rahmenkonzeption und die begrifflichen Grundlagen für die einzelnen Erhebungsbereiche von PISA wurden im Anschluss an Konsultationen von internationalen Fachleuten aus den Teilnehmerländern im Einvernehmen mit deren Regierungen entwickelt (OECD, 1999a und OECD, 2003e). Ausgangspunkt der Rahmenkonzeption ist das Konzept der Grundbildung (*literacy*), bei dem es um die Fähigkeit der Schülerinnen und Schüler geht, Kenntnisse und Fertigkeiten anzuwenden, um bei der Problemstellung, -lösung und -interpretation in einer Vielzahl von Situationen analysieren, logisch denken und in effektiver Weise kommunizieren zu können.

… in dem weiteren Sinne eines Kontinuums von Schülerkompetenzen …

Das in PISA angewandte Konzept der Grundbildung ist viel weiter gefasst als die herkömmliche Auffassung, wonach hierunter die Fähigkeit des Lesens und Schreibens zu verstehen ist. Grundkompetenzen werden in Form eines Kontinuums gemessen, nicht als etwas, was man hat oder nicht hat. Für manche Zwecke mag es notwendig oder wünschenswert sein, einen Grenzwert auf einem solchen Kontinuum zu bestimmen, unterhalb dessen ein Kompetenzniveau als unzulänglich anzusehen ist, wobei die zu Grunde liegende Variationsbreite aber eine wichtige Rolle spielt. Eine mit Grundqualifikationen ausgestattete Person verfügt über eine Reihe von Fähigkeiten, und es ist nicht möglich, eine genau definierbare Trennlinie zwischen solchen Personen zu ziehen, die über voll ausgebildete Grundkompetenzen verfügen, und anderen, bei denen dies nicht der Fall ist.

… die während des ganzen Lebens erworben und in realitätsbezogenen Situationen eingesetzt werden …

Der Erwerb von Grundqualifikationen ist ein lebenslanger Prozess, der nicht nur in der Schule oder innerhalb formaler Lernstrukturen stattfindet, sondern auch durch Interaktionen mit *Peers*, Kollegen und größeren Gemeinschaften bestimmt wird. Von 15-Jährigen kann nicht erwartet werden, dass sie bereits alles gelernt haben, was sie in ihrem späteren Leben als Erwachsene brauchen. Sie sollten aber über ein solides Fundament an Kenntnissen in Bereichen wie Lesen, Mathematik und Naturwissenschaften verfügen. Um in diesen Bereichen mehr hinzuzulernen und mit dem gelernten Wissen in der realen Welt etwas anfangen zu können, müssen sie auch gewisse elementare Prozesse und Grundsätze verstehen und fähig sein, diese flexibel in unterschiedlichen Situationen anzuwenden. Deshalb zielt PISA nicht darauf ab, spezifisches Fachwissen abzufragen, sondern die Fähigkeit zu bewerten, mit Hilfe eines allgemeinen Verständnisses von bestimmten Schlüsselkonzepten Aufgaben in alltäglichen Situationen zu bewältigen.

… und sich nicht auf bestimmte Fachbereiche beschränken, sondern auch allgemeine Lernermerkmale und Fertigkeiten umfassen.

Neben der Erhebung der Kompetenzen in den drei Grundbildungsbereichen wird PISA nach und nach auch fächerübergreifende Kompetenzen untersuchen. Bei PISA 2000 wurde ein erster Schritt in diese Richtung getan, indem den Schülerinnen und Schülern Fragen zu ihrer Motivation sowie anderen Aspekten ihrer Einstellung zum Lernen, zu ihrem Umgang mit dem Computer sowie – unter dem Oberbegriff „selbstreguliertes Lernen“ – zu ihren Strategien zur Steuerung und Überwachung ihres eigenen Lernprozesses gestellt wurden.

In PISA 2003 wurden diese Elemente weiterentwickelt und durch eine Evaluation der Kenntnisse und Fertigkeiten der Schülerinnen und Schüler im Bereich der Problemlösung ergänzt. In den späteren PISA-Erhebungen werden andere „fächerübergreifende Kompetenzen" sowie die Nutzung von Informationstechnologien eine zunehmend große Rolle spielen.

Was in den Grundbildungsbereichen von PISA gemessen wird

Die von PISA abgedeckten Erhebungsbereiche werden definiert nach:

Jeder PISA-Bereich kann unter Bezugnahme auf drei Dimensionen definiert werden.

- dem *Inhalt* oder der *Struktur* des Wissens, das die Schülerinnen und Schüler im jeweiligen Bereich erwerben müssen (z.B. Vertrautheit mit mathematischen Konzepten);
- den *Prozessen*, die ausgeführt werden müssen (z.B. Entwicklung eines bestimmten mathematischen Arguments);
- den *Situationen*, in denen die Schülerinnen und Schüler mit mathematischen Problemen konfrontiert werden und die entsprechenden Kenntnisse und Fertigkeiten anwenden müssen (z.B. für Entscheidungen im persönlichen Leben oder zum Verständnis des Weltgeschehens).

Kasten 1.1 **Hauptmerkmale von PISA 2003**

Inhalt

- Die Erhebung befasst sich mit mathematischer Grundbildung (Schwerpunktbereich von PISA 2003), Lesekompetenz, naturwissenschaftlicher Grundbildung und Problemlösefähigkeit. Bei PISA werden die Kenntnisse der Schülerinnen und Schüler in diesen Bereichen nicht isoliert untersucht, sondern im Zusammenhang mit ihrer Fähigkeit, über Kenntnisse und Erfahrungen zu reflektieren und diese zur Lösung realitätsbezogener Probleme einzusetzen. Das Hauptaugenmerk gilt der Beherrschung von Prozessen, dem Verständnis von Konzepten sowie der Fähigkeit, innerhalb des jeweiligen Erhebungsbereichs mit verschiedenen Situationen umzugehen.
- PISA verbindet die Erhebung fachspezifischen Wissens mit der Beurteilung fächerübergreifender Kompetenzen. Wie bereits im Jahr 2000, evaluierten die Schülerinnen und Schüler bei PISA 2003 ihre eigenen Lernermerkmale. Mit der Bewertung der Problemlösefähigkeit liefert der Test 2003 zudem eine erste Evaluation allgemeinerer Schülerkompetenzen.

Methoden

- Die teilnehmenden Schülerinnen und Schüler verbrachten jeweils zwei Stunden mit der Lösung von Papier- und Bleistift-Aufgaben.
- Fragen, bei denen die Schülerinnen und Schüler eigene Antworten formulieren mussten, wurden mit Multiple-Choice-Aufgaben kombiniert. Die Aufgaben waren in der Regel in Testeinheiten zusammengefasst, die jeweils auf geschriebenen Texten oder Graphiken aufbauen, wie sie den Schülerinnen und Schülern auch im wirklichen Leben begegnen können.

- Insgesamt wurden Aufgaben für eine Testdauer von sechseinhalb Stunden eingesetzt, wobei die einzelnen Schülerinnen und Schüler jeweils unterschiedliche Aufgabenkombinationen bearbeiteten. Dreieinhalb Stunden entfielen auf Mathematik; für Lesekompetenz, naturwissenschaftliche Grundbildung und Problemlösen war jeweils eine Stunde vorgesehen.
- Die Schülerinnen und Schüler beantworteten einen Fragebogen, dessen Bearbeitung etwa 30 Minuten in Anspruch nahm und in dem es um ihren persönlichen Hintergrund, ihre Lerngewohnheiten und ihre Einschätzung des Lernumfelds sowie um ihr eigenes Engagement und ihre Motivation ging.
- Die Schulleitungen beantworteten einen Fragebogen zu ihrer Schule, in dem um Angaben zu den demographischen Merkmalen der Schule sowie um eine Beurteilung der Qualität des Lernumfelds an ihrer Schule gebeten wurde.

Ergebnisse

- Ein Profil der Kenntnisse und Fähigkeiten von 15-Jährigen im Jahr 2003.
- Kontextbezogene Indikatoren, mit denen ein Zusammenhang zwischen den Leistungsergebnissen und den Schüler- und Schulmerkmalen hergestellt wird.
- Eine Wissensbasis für Analysen und Forschung im Bildungsbereich.
- Eine erste Schätzung der Veränderungen des Kenntnisstands und der Fertigkeiten der Schülerinnen und Schüler im Zeitverlauf, zwischen den Erhebungen von Jahr 2000 und 2003.

Stichprobenumfang

- Weit über eine viertel Million Schülerinnen und Schüler wurden stellvertretend für die rd. 23 Millionen 15-Jährigen, die in den 41 Teilnehmerländern zur Schule gehen, auf der Grundlage wissenschaftlicher Wahrscheinlichkeitsstichproben evaluiert.

Künftige Erhebungen

- Bei PISA 2006 wird die naturwissenschaftliche Grundbildung im Mittelpunkt stehen, und bei PISA 2009 wird die Lesekompetenz wieder den Schwerpunktbereich bilden.
- Bei künftigen Erhebungen werden die Schülerinnen und Schüler z.T. auch Computer benutzen müssen, womit das Spektrum der Fähigkeiten, die geprüft werden können, weiter ausgedehnt und der Bedeutung der Informations- und Kommunikationstechnologien (IKT) als Medium moderner Gesellschaften Rechnung getragen wird.

Einzelheiten darüber, was in den Bereichen Mathematik, Naturwissenschaften und Lesekompetenz untersucht wird, sind den Kapiteln 2 und 6 zu entnehmen; zusätzliche Informationen hierzu finden sich in *The PISA 2003 Assessment Framework: Mathematics, Reading, Science and Problem Solving Knowledge and Skills* (OECD, 2003e). In Abbildung 1.2 sind die zentralen Definitionen der einzelnen Grundbildungsbereiche sowie die Entwicklung der drei Dimensionen, bezogen auf den jeweiligen Bereich, zusammenfassend dargestellt.

Abbildung 1.2 ■ **Überblick über die in diesem Bericht erfassten Erhebungsbereiche von PISA 2003**

Bereich	Mathematik	Naturwissenschaften	Lesekompetenz
Definition und besondere Merkmale	„Die Fähigkeit einer Person, die Rolle zu erkennen und zu verstehen, die Mathematik in der Welt spielt, fundierte Urteile abzugeben und die Mathematik zu nutzen und sich mit ihr in einer Weise zu befassen, die den Anforderungen im Leben dieser Person als konstruktivem, engagiertem und reflektierendem Bürger entspricht“ (OECD, 2003c). Das Mathematikengagement, das sich auf eine umfassendere, funktionelle Nutzung der Mathematik bezieht, setzt die Fähigkeit voraus, mathematische Probleme in verschiedenen Situationen zu erkennen und zu formulieren.	„Die Fähigkeit, naturwissenschaftliches Wissen anzuwenden, naturwissenschaftliche Fragen zu erkennen und aus Belegen Schlussfolgerungen zu ziehen, um Entscheidungen zu verstehen und zu treffen, die die natürliche Welt und die durch menschliches Handeln an ihr vorgenommenen Veränderungen betreffen“ (OECD, 2003e). Voraussetzung sind das Verständnis naturwissenschaftlicher Konzepte sowie die Fähigkeit, eine naturwissenschaftliche Perspektive anzuwenden und wissenschaftlich über Fakten nachzudenken.	„Die Fähigkeit, geschriebene Texte zu verstehen, zu nutzen und über sie zu reflektieren, um eigene Ziele zu erreichen, das eigene Wissen und Potenzial weiterzuentwickeln und am gesellschaftlichen Leben teilzunehmen“ (OECD, 2003e). Lesekompetenz bedeutet wesentlich mehr als nur Entschlüsseln und wörtliches Verständnis, sie beinhaltet auch Verstehen und Reflektieren sowie die Fähigkeit, Lesen zur Erfüllung der eigenen Ziele im Leben zu nutzen.
Dimension „Inhalt“	Cluster relevanter mathematischer Bereiche und Konzepte: • quantitatives Denken; • Raum und Form; • Veränderung und Beziehungen; • Unsicherheit.	Bereiche naturwissenschaftlichen Wissens und Konzepte, wie: • Artenvielfalt; • Kräfte und Bewegung; • physiologische Veränderungen.	Art des Lesestoffs: • „kontinuierliche“ Texte, darunter verschiedene Prosaformen wie Erzählung, Darlegung und Argumentation; • „nichtkontinuierliche“ Texte, wie Graphiken, Formulare, Listen.
Dimension „Prozesse”	„Kompetenzklassen“ zur Definition der für Mathematik benötigten Fähigkeiten: • Wiedergabe (einfache mathematische Verfahren); • Herstellen von Zusammenhängen (Ideen miteinander verbinden, um einfache Probleme zu lösen); • mathematisches Denken (im weiteren Sinne). Im Allgemeinen sind diese Kompetenzklassen mit Aufgaben mit steigendem Schwierigkeitsgrad verbunden, doch kommt es bei der Einstufung der Aufgaben in jeder Klasse zu Überschneidungen.	Fähigkeit zur konkreten Anwendung naturwissenschaftlicher Kenntnisse und deren Verständnis, um Nachweise zu erbringen, zu interpretieren und den Implikationen entsprechend zu handeln: • naturwissenschaftliche Phänomene beschreiben, erklären und vorhersagen; • naturwissenschaftliche Untersuchungen verstehen; • naturwissenschaftliche Belege und Schlussfolgerungen interpretieren.	Art der Leseaufgabe bzw. des Leseprozesses: • Informationen ermitteln; • textbezogenes Interpretieren; • Reflektieren und Bewerten. Das Gewicht liegt bei PISA eher auf dem „Lesen, um zu lernen“ als auf dem „Lesen lernen“, weshalb grundlegende Lesefertigkeiten nicht geprüft werden.
Dimension „Situationen“	Die Situationen unterscheiden sich hinsichtlich ihrer „Distanz“ vom Leben des Einzelnen. Vom Nächsten zum Fernsten sind dies: • Privatleben; • Schul- bzw. Berufsleben; • lokale Gemeinschaft und Gesellschaft; • Wissenschaft.	Naturwissenschaftlicher Kontext, wobei die konkrete Anwendung im Vordergrund steht, im Zusammenhang mit: • Leben und Gesundheit; • Erde und Umwelt; • Technologie.	Gebrauch, für den der Text verfasst wurde: • privater Kontext (z.B. ein persönlicher Brief); • öffentlicher Kontext (z.B. amtliche Dokumente); • beruflicher Kontext (z.B. Berichte); • Bildungskontext (z.B. Schulbücher).

PISA-Erhebungsinstrumente: Wie die Messungen durchgeführt werden

Die Schülerinnen und Schüler mussten Texte lesen und Fragen dazu beantworten …

Wie in PISA 2000 gründen sich die Erhebungsinstrumente bei PISA 2003 auf Testeinheiten, d.h. verschiedene Texte, an die sich eine Reihe von Aufgaben zu verschiedenen Aspekten der jeweiligen Texte anschließt, wobei versucht wurde, die Aufgaben möglichst realitätsnah zu gestalten.

… vielfach mit eigenen Formulierungen, was gründliche und häufig multiple Kodierungen erforderlich machte …

Die Fragen hatten ein unterschiedliches Format, doch mussten die Schülerinnen und Schüler in den Testbereichen Mathematik, Naturwissenschaften und Lesekompetenz bei etwa 50% aller Fragen eigene Antworten ausarbeiten, wobei sie entweder eine kurze freie Antwort aus einer ganzen Reihe von möglichen Antworten geben (Aufgaben mit kurzen Antworten) oder eine ausführlichere freie Antwort formulieren mussten (Aufgaben mit mehreren richtigen Antworten), wodurch der Möglichkeit divergierender individueller Antworten und gegensätzlicher Standpunkte Rechnung getragen wurde. Für teilweise richtige oder weniger ausgefeilte Antworten waren abgestufte Punktwerte vorgesehen, wobei alle entsprechenden Aufgaben von Fachleuten kodiert wurden. Um die Konsistenz des Kodierungsprozesses zu sichern, wurden viele der komplexeren Aufgaben von bis zu vier Kodierern unabhängig voneinander kodiert. Zudem wurde eine Teilstichprobe der Antworten der Schülerinnen und Schüler aus jedem Land von einem Panel unabhängiger, zentral geschulter Kodierexperten durchgesehen, um zu überprüfen, dass der Kodierungsprozess in allen Ländern nach den gleichen Regeln erfolgte. An den Ergebnissen zeigt sich, dass das Kodierverfahren in den verschiedenen Ländern konsistent war (wegen Einzelheiten zum Prozess der Kodierung vgl. Anhang A7 sowie den *PISA 2003 Technical Report,* OECD, erscheint demnächst).

… während bei anderen Aufgaben mit mehr geschlossenem Format weniger Antworten möglich waren.

Bei weiteren 12% der Aufgaben mussten die Schülerinnen und Schüler ebenfalls eigene Antworten formulieren, wobei aber nur eine sehr begrenzte Auswahl an Antworten möglich war (Aufgaben mit geschlossenem Antwortformat), die entweder als richtig oder falsch bewertet wurden. Bei den übrigen Items handelte es sich um Multiple-Choice-Aufgaben, bei denen die Schülerinnen und Schüler entweder aus vier oder fünf vorgegebenen Antworten eine auswählen oder zu jeder Frage eine von zwei optionalen Antworten (z.B. „ja" oder „nein" oder auch „stimme zu", „stimme nicht zu") für die verschiedenen Vorschläge oder Aussagen einkreisen mussten (komplexe Multiple-Choice-Aufgaben).

Alle Schülerinnen und Schüler verbrachten zwei Stunden mit den Testaufgaben.

Die Gesamttestdauer von 390 Minuten wurde auf verschiedene Kombinationen von Testheften aufgeteilt, so dass jeder Teilnehmer 120 Minuten lang geprüft wurde. 210 Minuten (54% der Gesamttestzeit) entfielen auf den Bereich Mathematik, für die anderen Bereiche, d.h. Lesekompetenz, Naturwissenschaften und Problemlösung, war Testmaterial für jeweils 60 Minuten vorgesehen. Daher wird in diesem Bericht nur ein zusammenfassender Überblick über die Fähigkeiten in den Bereichen Lesekompetenz und Naturwissenschaften gegeben. Weitere Informationen zu den PISA-Erhebungsinstrumenten sind Anhang A6 zu entnehmen.

PISA-Zielpopulation

Um die Vergleichbarkeit der Ergebnisse in den verschiedenen Ländern zu gewährleisten, muss PISA in vergleichbaren Zielpopulationen erhoben werden. Auf Grund länderspezifischer Unterschiede bei Art und Verbreitung von Einrichtungen des Elementarbereichs, dem regulären Einschulungsalter sowie der Struktur des Bildungssystems sind Definitionen der Zielpopulation, die sich auf bestimmte Klassenstufen beziehen, für internationale Vergleiche ungeeignet. Für valide internationale Vergleiche von Schulleistungen müssen vielmehr die Populationen in Bezug auf ein Zielalter definiert werden. PISA bezieht sich auf alle Schülerinnen und Schüler, die zum Zeitpunkt der Erhebung im Alter von 15 Jahren und 3 Monaten bis zu 16 Jahren und 2 Monaten sind, gleichgültig welche Klasse oder Art von Bildungseinrichtung sie besuchen und unabhängig davon, ob es sich um eine Ganztags- oder Halbtagsschule handelt. Dank der Wahl dieser Altersgruppe können bei PISA die Leistungen von Schülerinnen und Schülern kurz vor Ende der Pflichtschulzeit in allen Ländern und im Zeitverlauf auf einer einheitlichen Basis verglichen werden.

PISA erfasst 15-Jährige, die noch zur Schule gehen, unabhängig von der Klassenstufe oder Bildungseinrichtung …

Daher kann dieser Bericht Aussagen über die Kenntnisse und Fähigkeiten von Personen machen, die im gleichen Jahr geboren sind und im Alter von 15 Jahren noch zur Schule gehen, die aber über unterschiedliche inner- wie außerschulische Bildungserfahrungen verfügen. Die Zahl der unterschiedlichen Klassenstufen, in denen sich diese Schülerinnen und Schüler befinden, wird durch die jeweilige nationale Politik in Bezug auf Einschulung und Versetzung bestimmt. Zudem sind die Schülerinnen und Schüler der PISA-Zielpopulation in einigen Ländern unterschiedlichen Bildungssystemen, Bildungsgängen oder -zweigen zugeordnet.

Für die Definition der Zielpopulation in den einzelnen Ländern wurden strenge technische Standards festgelegt. Bei PISA ausgeklammert sind 15-Jährige, die nicht mehr zur Schule gehen. Im weiteren Verlauf des vorliegenden Berichts wird diese Population der Einfachheit halber mit dem Begriff „15-Jährige“ bezeichnet. Der Erfassungsgrad der Zielpopulation der 15-Jährigen, die zur Schule gehen, ist im Vergleich zu anderen internationalen Erhebungen hoch: Relativ wenige Schulen kamen für eine Teilnahme nicht in Frage, da sie beispielsweise geographisch zu abgelegen waren oder ihre Schülerinnen und Schüler besondere Bedürfnisse aufwiesen. In 24 der 41 Teilnehmerländer belief sich die Ausschlussrate auf Schulebene auf weniger als 1% und auf weniger als 3% in allen Ländern außer Mexiko (3,6%), der Schweiz (3,4%), dem Vereinigten Königreich (3,4%) und den Partnerländern Lettland (3,8%) und Serbien (5,3%). Bei Berücksichtigung des Ausschlusses von Schülerinnen und Schülern innerhalb der Schulen gemäß bestimmten international festgelegten Kriterien[5] erhöht sich die Ausschlussrate geringfügig. Sie verharrt aber in 19 Teilnehmerländern unter 2%, in 29 Teilnehmerländern unter 4%, in allen außer zwei Ländern unter 6% und in sämtlichen Ländern unter 8% (Anhang A3). Dieser hohe Erfassungsgrad trägt mit zur Vergleichbarkeit der Erhebungsergebnisse bei. Selbst wenn man z.B. annimmt, dass die ausgeschlossenen Schülerinnen und Schüler

… und nur ein geringer Teil der Zielpopulation wurde ausgeklammert …

durchgehend schlechtere Ergebnisse erzielt hätten als die teilnehmenden und dass diese Korrelation mittelstark ausgeprägt ist, würde eine Ausschlussrate in einer Größenordnung von 5% wahrscheinlich nur zu einer Überzeichnung der nationalen Durchschnittsergebnisse um weniger als 5 Punkte führen[6]. Zudem war der Ausschluss der fraglichen Schülerinnen und Schüler in den meisten Fällen unvermeidlich. In Neuseeland wurden z.B. 2,3% der Schülerinnen und Schüler ausgeschlossen, da sie weniger als 1 Jahr Unterricht in Englisch hatten (häufig weil es sich um Schulgebühren zahlende ausländische Schüler handelte), weshalb sie nicht in der Lage gewesen wären, den Prüfanleitungen zu folgen.

... womit hinreichend große wissenschaftliche Stichproben vorlagen, um gültige Vergleiche anzustellen.

Aufbau und Umfang der Länderstichproben wurden jeweils so gewählt, dass eine größtmögliche Stichprobeneffizienz gewährleistet werden konnte. In den OECD-Ländern schwankte der Stichprobenumfang zwischen 3 350 Schülern in Island und 30 000 Schülern in Mexiko. Die Stichprobenauswahl wurde auf internationaler Ebene überwacht und durch die Festlegung strenger Regeln in Bezug auf die Beteiligungsquote unterstützt, um sicherzustellen, dass die PISA-Ergebnisse die tatsächlichen Kompetenzen der 15-jährigen Schülerinnen und Schüler in den jeweiligen Ländern widerspiegeln.

WAS IST BEI PISA 2003 ANDERS?

PISA 2003 liefert eine detaillierte Analyse der Schülerleistungen in Mathematik

In PISA 2003 sind zum ersten Mal Kompetenzstufen für Mathematik angegeben ...

Da über die Hälfte der Testzeit auf die Mathematik entfiel, kann PISA 2003 wesentlich detailliertere Informationen zu den Mathematikleistungen liefern, als dies bei PISA 2000 der Fall war. Neben der Berechnung der Gesamtpunktzahlen wird es möglich, gesonderte Angaben zu den verschiedenen mathematischen Inhaltsbereichen zu machen und konzeptuell begründete Kompetenzstufen auf jeder Leistungsskala festzulegen, dank denen eine Verbindung zwischen den Ergebnissen der Schülerinnen und Schüler und ihren konkreten Fähigkeiten hergestellt werden kann.

... an denen abgelesen werden kann, wie gut die Schülerinnen und Schüler in den verschiedenen mathematischen Inhaltsbereichen abschneiden.

Die Grundlage, auf der diese Skalen aufbauen, ist bei der Mathematik jedoch eine andere als bei der Lesekompetenz. Bei Letzterer gründete sich die Hauptunterscheidung auf die Dimension *Prozesse*: Die Schülerinnen und Schüler erhielten Punkte entsprechend ihrer Leistung beim Lösen dreier verschiedener Arten von Leseaufgaben (Informationen ermitteln, textbezogenes Interpretieren sowie Reflektieren und Bewerten). Im Fall der Mathematik bezieht sich die Hauptunterscheidung auf die *Inhalte* (quantitatives Denken, Form und Raum, Veränderung und Beziehungen sowie Unsicherheit). Dank der Darstellung der Mathematikergebnisse in dieser Form können die politischen Entscheidungsträger sehen, auf welche Weise verschiedene mathematische Kompetenzen im Zusammenhang mit vier großen mathematischen Inhaltsbereichen entwickelt wurden. So wird die Verknüpfung zwischen Unterrichts- und Lernmethoden bzw. -ansätzen zum einen und Lehrplanprioritäten und -schwerpunkten in den einzelnen Ländern zum anderen klar ersichtlich.

Die Untersuchung der fächerübergreifenden Kompetenzen wird vertieft

Bei PISA 2003 wurde erstmals eine allgemeine Schülerkompetenz direkt geprüft: die Problemlösekompetenz

Eine der wichtigsten Neuerungen von PISA ist, dass die Schülermerkmale in einer Weise beurteilt werden, die über bestimmte Lehrplanbereiche hinausgeht und auch die allgemeineren Lernermerkmale der Schülerinnen und Schüler einbezieht. Bei PISA 2000 wurde ein erster Schritt in diese Richtung getan, indem die Schüler zu Aspekten ihrer Motivation, zu ihrem Selbstkonzept und zu ihren Lernstrategien befragt wurden. Bei PISA 2003 war dies ebenfalls der Fall, wobei man allerdings einen Schritt weiter ging, indem eine allgemeine, fächerübergreifende Kompetenz der Schülerinnen und Schüler, nämlich ihre Fähigkeit zum Lösen von Problemen, direkt geprüft wurde. Die Gestaltung und Anwendung eines derartigen, für alle Kulturkreise gültigen Instruments stellt einen großen Fortschritt im Bereich der internationalen Schülerbeurteilung dar. In Band II werden die Ergebnisse dieses Aspekts von PISA 2003 untersucht.

Es werden neue Hintergrundinformationen über Schüler und Schulen geliefert

Den Schülerinnen und Schülern ebenso wie den Schulleitungen wurden neue Fragen zur Einstellung zur Mathematik und zur schulischen Laufbahn gestellt.

Die von Schülern und Schulleitungen ausgefüllten Hintergrundfragebögen liefern für die PISA-Analysen wichtige Informationen. Für die Erhebung des Jahres 2003 wurden diese Fragebögen verfeinert und ausgeweitet. Namentlich ist in diesem Zusammenhang festzustellen:

- Die Fragebögen befassen sich eingehender mit der Organisation der Schulen und dem Unterrichtsprozess. Dies gilt insbesondere in Bezug auf Mathematik, weil die Schülerinnen und Schüler z.B. in einer Weise zu ihrer Einstellung zur Mathematik befragt wurden, die Aufschluss über wichtige Fragen der Motivation gab.
- In die Fragebögen wurde ein optionaler Teil aufgenommen, um Informationen zur Bildungslaufbahn zu sammeln. Auf diese Weise können die Ergebnisse der Schülerinnen und Schüler im Kontext ihrer vorherigen Bildungserfahrungen untersucht werden.

PISA 2003 ermöglicht Vergleiche im Zeitverlauf

PISA wird letztlich auch Trends in der Leistungsentwicklung aufzeigen …

Ein zentrales Merkmal von PISA ist seine Rolle als Monitoring-Instrument. Alle drei Jahre misst PISA die Kenntnisse und Fertigkeiten der Schülerinnen und Schüler in den Bereichen Lesekompetenz, Mathematik und Naturwissenschaften. Das Grundschema der Erhebungen bleibt identisch, um die Vergleichbarkeit der Ergebnisse von einem Dreijahresturnus zum nächsten zu gewährleisten. Längerfristig werden die Länder auf diese Weise beobachten können, welche Effekte bildungspolitische Veränderungen und Verbesserungen der Bildungsstandards auf die Kompetenzen der Schüler allgemein haben und wie sich die Veränderungen der Bildungsergebnisse im internationalen Vergleich darstellen.

… und einzelne Vergleiche zwischen den Ergebnissen von 2000 und 2003 sind bereits möglich.

Die zweite, 2003 durchgeführte PISA-Erhebung gibt erstmals Einblick in solche im Laufe der Zeit eintretenden Veränderungen. In Mathematik wurden im Jahr 2000 nur zwei der vier Inhaltsbereiche behandelt, die 2003 geprüft wurden. Für jeden der beiden gemeinsamen Bereiche konnte jedoch berechnet werden, wie die Ergebnisse des Jahres 2000 auf den neu konstruierten Skalen ausgesehen hätten, wobei die Durchschnittsleistung der Schülerinnen und Schüler des OECD-Raums im Jahr 2003 mit 500 angesetzt wurde.

Bei deren Interpretation ist jedoch Vorsicht geboten …

Obwohl die Ergebnisse eine Vergleichsbasis im Zeitverlauf bieten, muss bei der Interpretation der Veränderungen zwischen 2000 und 2003 eine Reihe von Einschränkungen beachtet werden:

- Da nur Daten für zwei Zeitpunkte vorliegen, lässt sich erstens nicht sagen, inwieweit die beobachteten Unterschiede als Hinweise auf längerfristige Trends angesehen werden können.
- Obwohl das Gesamtkonzept der PISA-Messungen in den verschiedenen Zeiträumen konsistent ist, werden zweitens weiterhin kleinere Verbesserungen vorgenommen, weshalb es übereilt wäre, aus geringen Ergebnisveränderungen allzu weitgehende Schlussfolgerungen zu ziehen. Zudem treten zwangsläufig Stichproben- und Messfehler auf, wenn Evaluationen durch eine begrenzte Zahl gleicher Testaufgaben im Zeitverlauf miteinander verknüpft werden. Um Letzterem Rechnung zu tragen, wurde das Konfidenzband für Vergleiche im Zeitverlauf entsprechend ausgeweitet; auch sollten nur solche Veränderungen berücksichtigt werden, die in diesem Bericht als statistisch signifikant gekennzeichnet sind.
- Drittens müssen einige Länder aus methodischen Gründen aus dem Vergleich 2000/2003 herausgenommen werden. In der Gruppe der OECD-Länder beteiligten sich die Slowakische Republik und die Türkei erst 2003 an der Erhebung. Die niederländische Stichprobe entsprach im Jahr 2000 wegen der zu geringen Beteiligungsquote nicht den PISA-Standards, weshalb für die Niederlande in PISA 2000 keine Mittelwerte angegeben wurden. In Luxemburg wurden die Testverfahren 2003 im Vergleich zu 2000 stark geändert, um Sprachbarrieren für die Schülerinnen und Schüler abzubauen, weshalb die Ergebnisse der beiden Jahre nicht vergleichbar sind. Die Stichprobe für das Vereinigte Königreich wurde 2003 den in Bezug auf die Beteiligungsquote geltenden Regeln von PISA nicht gerecht, weshalb die Mittelwerte des Vereinigten Königreichs von 2003 nicht mit denen des Jahres 2000 verglichen werden sollten (Anhang A3).

… nicht zuletzt, weil sich Veränderungen im Bildungssystem über viele Jahre hinziehen können.

- Hinzu kommt schließlich, dass sich Bildungssysteme nicht über Nacht verändern. Bei vielen Reformen nimmt die Umsetzung einige Zeit in Anspruch, und es vergeht zwangsläufig eine gewisse Zeit, bis sich eine bildungspolitische Entscheidung in konkreten Veränderungen im Unterricht niederschlägt. Wenn sich das Unterrichtsschema dann geändert hat, wird es immer noch eine Zeit lang dauern, bis der Effekt auf Ebene der einzelnen Schülerinnen und Schüler zum Tragen kommt. Außerdem wird bei PISA das Kompetenzni-

veau der Schüler kurz vor Ende der Pflichtschulzeit gemessen, in dem sich der *kumulative* Einfluss von acht bis zehn Schuljahren und nicht nur die Kenntnis des Stoffs widerspiegelt, der in der von 15-Jährigen besuchten Klassenstufe behandelt wird.

AUFBAU DES BERICHTS

Im Anschluss an dieses einführende Kapitel werden in den folgenden vier Kapiteln die Mathematikergebnisse 2003 erörtert und zur Analyse einer Reihe von Faktoren verwendet, die mit der Leistung in Zusammenhang stehen. In Kapitel 6 wird die Analyse auf die Bereiche naturwissenschaftliche Grundbildung und Lesekompetenz ausgedehnt.

Der Bericht beginnt mit einer Darstellung der Mathematikleistungen …

- Kapitel 2 liefert ein Profil der Schülerleistungen in Mathematik. Dabei werden die Ergebnisse zunächst in den Kontext der Definitions-, Messungs- und Berichtsmethoden für Mathematik gestellt, und dann die effektiven Leistungen der Schülerinnen und Schüler in Mathematik untersucht. Da die Ergebnisse in den vier bei PISA 2003 untersuchten Inhaltsbereichen stark voneinander abweichen, werden diese Bereiche gesondert analysiert, bevor abschließend ein Gesamtbild präsentiert wird. Bei allen Vergleichen der Ergebnisse unterschiedlicher Bildungssysteme müssen die sozialen und wirtschaftlichen Verhältnisse der jeweiligen Länder und die Ressourcen, die sie für die Bildung aufwenden, berücksichtigt werden. Zu diesem Zweck werden die Ergebnisse im letzten Abschnitt des Kapitels im wirtschaftlichen und sozialen Kontext der einzelnen Länder betrachtet.

… die dann mit den Einstellungen und Verhaltensweisen der Schüler in Zusammenhang gebracht werden …

- In Kapitel 3 wird das Spektrum der Lernergebnisse erweitert, indem der Reihe nach erst die Lernmotivation der Schülerinnen und Schüler in Bezug auf Mathematik, dann ihre Selbsteinschätzung und schließlich ihre Lernstrategien untersucht werden. Im Anschluss daran wird analysiert, wie die verschiedenen Aspekte der Einstellung der Schülerinnen und Schüler zum Lernen und ihr Lernverhalten miteinander und mit ihren Leistungen in Zusammenhang stehen und wie sich diese Zusammenhänge im Ländervergleich unterscheiden; danach wird die Verteilung der einschlägigen Merkmale unter den Schülerinnen und Schülern zwischen und innerhalb der Länder untersucht.

… anschließend werden die Leistungsunterschiede zwischen verschiedenen Schulen und sozioökonomischen Gruppen sowie die Konsequenzen untersucht, die sich daraus für Strategien zur Förderung der Chancengleichheit ergeben …

- Kapitel 4 beginnt mit einer eingehenderen Untersuchung der in Kapitel 2 aufgezeigten Leistungsunterschiede, wobei insbesondere analysiert wird, wie die Gesamtvarianz der Schülerleistungen mit den bei der Leistung der verschiedenen Schulen beobachteten Unterschieden in Zusammenhang steht. Anschließend wird geprüft, wie der sozioökonomische Hintergrund mit den Schülerleistungen verbunden ist. Gestützt darauf werden dann die Konsequenzen dieser Ergebnisse für die Politik untersucht, und es wird erörtert, wie sich verschiedene bildungspolitische Strategien, die auf eine Verbesserung der Chancengleichheit in der Bildung abzielen, für verschiedene Länder eignen dürften.

... ebenso wie die Rolle schulbezogener Faktoren ...

- In Kapitel 5 wird erstmals identifiziert, wie die schulischen Ressourcen sowie die Schulpolitik und -praxis mit dem häuslichen Umfeld der Schülerinnen und Schüler zusammenwirken und deren Leistungen beeinflussen.

... an letzter Stelle folgen dann die Ergebnisse in den Bereichen Lesekompetenz und Naturwissenschaften.

- Kapitel 6 befasst sich schließlich mit den Schülerleistungen in den Bereichen Lesekompetenz und naturwissenschaftliche Grundbildung im Jahr 2003, die mit den entsprechenden Ergebnissen des Jahres 2000 verglichen werden.

Ein technischer Anhang erläutert die Konstruktion der Fragebogenindizes, befasst sich mit Fragen der Stichprobenauswahl, beschreibt die Qualitätssicherungsverfahren und die zur Entwicklung der Erhebungsinstrumente eingesetzten Methoden und liefert Informationen zur Reliabilität des Kodierprozesses. Ferner enthält der Anhang die Datentabellen, die den einzelnen Kapiteln zu Grunde liegen. Viele der im Technischen Anhang behandelten Fragen werden im *PISA 2003 Technical Report* (OECD, erscheint demnächst) eingehender erörtert.

Schließlich werden in einem weiteren Bericht, *Problem Solving for Tomorrow's World – First Measures of Cross-Curricular Competencies from PISA 2003* (OECD, 2004d), die Ergebnisse der Beurteilung der Problemlösefähigkeiten der Schülerinnen und Schüler untersucht.

Anmerkungen

1. Die Gesamteinwohnerzahl aller an PISA 2000, 2003 oder 2006 teilnehmenden Länder (ohne Chinesisch Taipeh) entspricht 32% der Weltbevölkerung im Jahr 2002. Das BIP dieser Länder beläuft sich auf 87% des weltweiten BIP im Jahr 2002. Die Daten zu BIP und Einwohnerzahlen entstammen der *World Development Indicators Database* der Vereinten Nationen.
2. Bei diesen thematischen Berichten handelte es sich um: *Lesen kann die Welt verändern – Leistung und Engagement im Ländervergleich* (OECD, 2002b) und *Das Lernen lernen – Voraussetzungen für lebensbegleitendes Lernen* (OECD, 2003b) sowie die nicht ins Deutsche übersetzten Publikationen *Student Engagement at School – A Sense of Belonging and Participation* (OECD, 2003d) und *What Makes School Systems Perform* (OECD, 2004).
3. Das Rahmenkonzept für PISA 2006 ist fertig gestellt, und derzeit laufen die Vorbreitungen für die Durchführung der Erhebung. Die Regierungen werden 2005 über weitere PISA-Erhebungen entscheiden.
4. Für Serbien und Montenegro liegen keine Daten für den Landesteil Montenegro vor. Auf Montenegro entfallen 7,9% der nationalen Erhebungspopulation. Die Bezeichnung „Serbien" wird kurz für den serbischen Landesteil von Serbien und Montenegro verwendet.
5. Den Ländern wurde gestattet, bis zu 2,5% der gewählten Zielpopulation innerhalb der Schulen auszuschließen, falls die fraglichen Schülerinnen und Schüler: *a)* nach fachkundiger Ansicht der Schulleitung oder sonstiger qualifizierter Mitarbeiter der Schulen oder im Rahmen von psychologischen Tests als geistig zurückgeblieben eingestuft wurden (unter diese Kategorie fallen auch Schülerinnen und Schüler, die aus emotionalen oder geistigen Gründen unfähig waren, den allgemeinen Anleitungen von PISA zu folgen), *b)* dauerhaft und körperlich behindert sind und auf Grund dieser Behinderung nicht unter normalen PISA-Testbedingungen geprüft werden konnten (funktionell behinderte Schülerinnen und Schüler, denen dies möglich war, mussten in die Zielpopulation aufgenommen werden), *c)* die Testsprache nicht als Muttersprache hatten und weniger als ein Jahr Unterricht in der Testsprache aufwiesen (wegen Einzelheiten vgl. Anhang A3).
6. Bei einer Korrelation zwischen der Ausschlussneigung und den Schülerleistungen von 0,3 wären die resultierenden durchschnittlichen Ergebnisse bei einer Ausschlussrate von 1% um 1 Punkt, bei einer Ausschlussrate von 5% um 3 Punkte und bei einer Ausschlussrate von 10% um 6 Punkte überzeichnet. Betrüge die Korrelation zwischen der Ausschlussneigung und den Schülerleistungen 0,5, wären die resultierenden Durchschnittsergebnisse bei einer Ausschlussrate von 1% um 1 Punkt, von 5% um 5 Punkte und von 10% um 10 Punkte überzeichnet. Für diese Berechnung wurde ein Modell verwendet, in dem von einer bivariaten Normalverteilung der Teilnahmeneigung und der Leistungen ausgegangen wurde. Wegen Einzelheiten vgl. den *PISA 2000 Technical Report* (OECD, 2002d).

HINWEISE FÜR DEN LESER

Die den Abbildungen zu Grunde liegenden Daten

Die Daten, auf die sich die Kapitel 2 bis 6 dieses Berichts beziehen, sind Anhang B1 zu entnehmen, zusätzliche Informationen finden sich unter *www.pisa.oecd.org*. Fehlende Daten werden durch fünf Symbole ausgedrückt:

a Die Kategorie ist für das betreffende Land nicht anwendbar. Es gibt diesbezüglich keine Daten.

c Die Zahl der Beobachtungen reicht nicht aus, um verlässliche Schätzungen zu liefern (d.h. es gibt weniger als 3% von Schülern für diese Zelle oder zu wenig Schulen für valide Schlüsse). Diese Statistiken wurden jedoch bei der Berechnung von länderübergreifenden Durchschnittswerten berücksichtigt.

m Daten sind nicht verfügbar. Entsprechende Daten wurden zwar erhoben, später jedoch aus technischen Gründen aus der Publikation herausgenommen.

w Die Daten wurden auf Ersuchen des betreffenden Landes zurückgezogen.

x Die Daten sind in einer anderen Kategorie oder einer anderen Spalte der Tabelle enthalten.

Berechnung der internationalen Durchschnittswerte

Für die meisten Indikatoren in diesem Bericht wurde der OECD-Durchschnitt errechnet. Für einige Indikatoren wurde auch ein OECD-Gesamtwert ermittelt:

- Der ***OECD-Durchschnitt***, der zuweilen auch als ***Länderdurchschnitt*** bezeichnet wird, ist der Mittelwert aus den Daten aller OECD-Länder, für die Daten vorliegen oder geschätzt werden konnten. Der OECD-Durchschnitt kann herangezogen werden, um festzustellen, wie ein Land bei einem bestimmten Indikator im Vergleich zu einem typischen OECD-Land abschneidet. Im OECD-Durchschnitt ist die absolute Größe der Schülerpopulation der einzelnen Länder nicht berücksichtigt, d.h. jedes Land trägt in gleicher Weise zum errechneten Mittel bei.

- Der Wert ***OECD insgesamt*** erfasst die OECD-Länder als Einheit, zu der jedes Land proportional zur Anzahl der 15-jährigen Schülerinnen und Schüler des Landes beiträgt (vgl. Anhang A3 wegen Daten). Der Wert veranschaulicht, wie ein Land im Vergleich zum OECD-Raum insgesamt abschneidet.

In dieser Veröffentlichung wird der Wert OECD insgesamt generell verwendet, wenn auf den Bestand an Humankapital im OECD-Raum Bezug genommen wird. Wo es mehr um einen Leistungsvergleich zwischen Bildungssystemen geht, wird der OECD-Durchschnitt herangezogen. Bei einigen Ländern sind für bestimmte Indikatoren möglicherweise keine Daten verfügbar bzw. einzelne Kategorien treffen u.U. nicht zu. Der Leser sollte daher beachten, dass sich die Begriffe ***OECD-Durchschnitt*** und ***OECD insgesamt*** auf die in die jeweiligen Vergleiche einbezogenen OECD-Länder erstrecken. Alle internationalen Vergleiche enthalten Daten für das Vereinigte Königreich, selbst wenn diese Daten aus den in Anhang A3 erläuterten Gründen nicht in den jeweiligen Datentabellen ausgewiesen sind.

Runden der Zahlen

Durch Auf- und Abrunden einiger Zahlen in den Tabellen stimmt die Summe der Zahlen mit der Gesamtsumme möglicherweise nicht immer überein. Summen, Differenzen und Durchschnittswerte werden stets auf der Grundlage der exakten Zahlenwerte berechnet und erst danach auf- bzw. abgerundet.

Alle Standardfehler in dieser Publikation wurden bis auf zwei Dezimalstellen auf- oder abgerundet. Wenn der Wert 0,00 angegeben ist, bedeutet dies nicht, dass der Standardfehler bei null liegt, sondern dass er geringer ist als 0,005.

Darstellung der Schülerdaten

Der Bericht verwendet generell den Begriff „15-Jährige" als Kurzform für die Zielpopulation von PISA. In der Praxis bezieht sich dies auf Schülerinnen und Schüler, die zu Beginn der Testperiode zwischen 15 Jahren und 3 (abgeschlossenen) Monaten und 16 Jahren und 2 (abgeschlossenen) Monaten alt waren und eine Bildungseinrichtung besuchten, ungeachtet der Klassenstufe und der Art der von ihnen besuchten Bildungseinrichtung und unabhängig davon, ob es sich um eine Ganztags- oder Halbtagsschule handelte (wegen Einzelheiten vgl. Anhang A3).

Darstellung der Schuldaten

Die Leiterinnen und Leiter der Schulen, in denen Schülerinnen und Schüler am Test teilnahmen, haben durch Ausfüllen eines Schulfragebogens Informationen über die Merkmale ihrer jeweiligen Schule geliefert. Bei der Darstellung der Antworten der Schulleiterinnen und Schulleiter in dieser Publikation wurde eine Gewichtung in der Weise vorgenommen, dass ihre Zahl im richtigen Verhältnis zur Anzahl der 15-Jährigen in der betreffenden Schule steht.

Im Bericht verwendete Abkürzungen

BIP	Bruttoinlandsprodukt
ISCED	Internationale Standardklassifikation des Bildungswesens
KKP	Kaufkraftparitäten
S.D.	Standardabweichung
S.E.	Standardfehler

Weiterführende Dokumentation

Für weitere Informationen zu den in PISA verwendeten Instrumenten und Methoden vgl. den *PISA 2000 Technical Report* (OECD, 2002d) sowie die PISA-Website (*www.pisa.oecd.org*).

Ein Profil der Schülerleistungen in Mathematik

EINFÜHRUNG

Die Ergebnisse von PISA 2000 warfen Fragen hinsichtlich des Leistungsniveaus der Schülerinnen und Schüler im Ländervergleich und innerhalb der Länder auf …

Seit 1997 kooperieren die Regierungen der OECD-Länder mit dem Ziel, die Bildungsergebnisse gemessen an den Schülerleistungen in regelmäßigen Abständen und innerhalb eines gemeinsamen, international vereinbarten Rahmens zu bewerten. Die erste, im Jahr 2000 durchgeführte PISA-Erhebung förderte große Unterschiede in Bezug darauf zu Tage, inwieweit es den Ländern gelingt, junge Erwachsene mit Kenntnissen und Fähigkeiten in den Bereichen Lesekompetenz, Mathematik und Naturwissenschaften auszustatten. Für einige Länder waren die Ergebnisse enttäuschend, weil sie zeigten, dass das Leistungsniveau der 15-Jährigen dort erheblich hinter dem anderer Länder (und vielleicht auch ihren eigenen Erwartungen) zurückblieb, teilweise in einem mehreren Schuljahren[1] entsprechenden Umfang und in manchen Fällen trotz hoher Bildungsinvestitionen. PISA 2000 offenbarte zudem signifikante Unterschiede zwischen den Leistungen der einzelnen Schulen und ließ Bedenken hinsichtlich einer gerechten Verteilung der Bildungschancen aufkommen.

… und während sich die Gesamtergebnisse 2003 nur leicht verändert haben, waren wiederum Unterschiede zwischen den einzelnen Ländern festzustellen.

In den 25 OECD-Ländern, für die die Ergebnisse von 2000 und 2003 miteinander verglichen werden können, hat sich die Durchschnittsleistung in Mathematik in einem der zwei Inhaltsbereiche, die in beiden Erhebungen gemessen wurden, erhöht. In dem anderen mathematischen Inhaltsbereich sowie in Naturwissenschaften und bei der Lesekompetenz blieb die durchschnittliche Leistung in den OECD-Ländern mehr oder weniger konstant. Indessen haben sich die Leistungen in den einzelnen OECD-Ländern in unterschiedlicher Weise verändert. Finnland, das in PISA 2000 bei der Erhebung der Lesekompetenz am besten abschnitt, konnte sein hohes Niveau in diesem Bereich halten und zugleich seine Ergebnisse in Mathematik und Naturwissenschaften verbessern[2]. Damit liegt Finnland jetzt in Mathematik und Naturwissenschaften mit den zuvor unübertroffenen Ländern Ostasiens gleichauf. In Mexiko hingegen, dem leistungsschwächsten OECD-Land bei der Erhebung 2000, könnte die Notwendigkeit, den noch begrenzten Zugang zur Sekundarschulbildung zu erweitern[3], ein Faktor gewesen sein, der sich nachteilig auf die Bildungsqualität auswirkte, denn hier sind die Leistungen bei dem 2003 durchgeführten Test in allen drei Erhebungsbereichen niedriger.

Dieses Kapitel befasst sich mit den Ergebnissen in Mathematik, dem Schwerpunktbereich von PISA 2003 …

In diesem Kapitel werden die Ergebnisse des PISA-Mathematiktests 2003 ausführlich dargelegt. Mathematik ist der Schwerpunktbereich von PISA 2003, auf den über die Hälfte der gesamten Erhebungszeit entfiel. Dies ermöglichte eine eingehendere Bewertung der Mathematikleistungen als bei PISA 2000 sowie eine Verfeinerung ihrer Messung.

- In dem Kapitel werden die Ergebnisse zunächst unter dem Aspekt betrachtet, wie Mathematik definiert, gemessen und erfasst wird. Dabei wird eine Reihe wichtiger Fragen untersucht. Was bedeutet mathematische Grundbildung? In welcher Hinsicht unterscheidet sich dieses Konzept von anderen Vorstellungen in Bezug auf mathematische Kenntnisse und Fähigkeiten? Warum ist es

sinnvoll, mathematische Kompetenzen gedanklich so abzugrenzen, und wie sind die Ergebnisse zu interpretieren?

- Im zweiten Teil des Kapitels werden die Mathematikleistungen der Schülerinnen und Schüler untersucht. Da sich die Ergebnisse in den vier in PISA 2003 untersuchten mathematischen Inhaltsbereichen in wichtigen Punkten voneinander unterscheiden, werden die einzelnen Inhaltsbereiche gesondert analysiert, bevor abschließend ein Gesamtbild präsentiert wird.
- So wie es wichtig ist, bei einem Vergleich schulischer Leistungen den sozioökonomischen Kontext der Schulen mit einzubeziehen, müssen bei einem wie immer gearteten Vergleich der Ergebnisse der Bildungssysteme auch die wirtschaftlichen Gegebenheiten der Länder und die Ressourcen berücksichtigt werden, die sie für den Bildungssektor aufwenden. Um auf diesen Punkt einzugehen, werden die Ergebnisse im dritten Teil des Kapitels vor dem wirtschaftlichen und sozialen Hintergrund der Länder interpretiert.

In Kapitel 3 wird die Analyse der von den Schülerinnen und Schülern erzielten Ergebnisse mit der Untersuchung eines breiteren Spektrums von Schülermerkmalen weitergeführt, die mit den Leistungen in Mathematik in Zusammenhang stehen und die als eigenständige Bildungserträge angesehen werden können, wie beispielsweise ihre Motivation, Mathematik zu lernen, ihr Vertrauen in die eigenen Fähigkeiten und ihre Lernstrategien in Mathematik. Kapitel 6 gibt dann einen weiteren Überblick über die Ergebnisse von PISA 2003 durch eine Betrachtung der Schülerleistungen in den Bereichen Lesekompetenz und Naturwissenschaften.

... während nachfolgende Kapitel andere Ergebnisse darstellen: die Lernansätze der Schülerinnen und Schüler und die Leistungen in Lesekompetenz und Naturwissenschaften.

DER PISA-ANSATZ FÜR DIE BEURTEILUNG DER MATHEMATIKLEISTUNGEN

Wie mathematische Grundbildung definiert ist

Im vergangenen Jahrhundert standen die Curricula der Schulmathematik und der naturwissenschaftlichen Fächer meist im Zeichen der Notwendigkeit, eine solide Grundlage für die berufliche Ausbildung einer kleinen Zahl von Mathematikern, Wissenschaftlern und Ingenieuren zu liefern. Mit der zunehmenden Bedeutung von Naturwissenschaften, Mathematik und Technologie für das moderne Leben erfordern Ziele wie Selbstverwirklichung, Berufstätigkeit und volle Teilhabe am gesellschaftlichen Leben jedoch, dass alle Erwachsenen, und nicht nur diejenigen, die eine wissenschaftliche Karriere anstreben, über mathematische, naturwissenschaftliche und technische Grundkompetenzen verfügen.

Heute benötigen alle Erwachsenen solide Grundkenntnisse in Mathematik, um ihre Ziele zu erreichen.

PISA führt daher ein Konzept der „mathematischen Grundbildung“ ein, bei dem es um die Fähigkeit der Schülerinnen und Schüler geht, in den verschiedensten Situationen, die quantitative, räumliche, probabilistische oder andere mathematische Konzepte beinhalten, bei Problemstellung, -lösung und Interpretation Analysen durchzuführen, logische Denkschritte zu vollziehen und effektiv zu kommunizieren. Nach der Rahmenkonzeption *The PISA 2003*

Deshalb definiert PISA eine Form mathematischer Grundbildung ...

Assessment Framework: Mathematics, Reading, Science and Problem Solving Knowledge and Skills (OECD, 2003e), mit der die OECD-Länder die Grundprinzipien für den Vergleich der Mathematikleistungen zwischen den PISA-Teilnehmerländern festgelegt haben, ist mathematische Grundbildung definiert als „die Fähigkeit einer Person, die Rolle zu erkennen und zu verstehen, die Mathematik in der Welt spielt, fundierte mathematische Urteile abzugeben und sich auf eine Weise mit der Mathematik zu befassen, die den Anforderungen des Lebens dieser Person als konstruktivem, engagiertem und reflektierendem Bürger entspricht" (OECD, 2003e).

... die eine Auseinandersetzung mit Mathematik erfordert ...

Bei der Überlegung, was Mathematik für den Einzelnen bedeuten könnte, muss einerseits berücksichtigt werden, inwieweit der Betreffende über mathematisches Wissen und Verständnis verfügt und andererseits inwieweit er in der Lage ist, seine Mathematikkompetenzen zu aktivieren, um Probleme zu lösen, denen er im Leben begegnet. Im Rahmen der PISA-Erhebung werden den Schülerinnen und Schülern daher hauptsächlich Probleme präsentiert, die sich in Alltagssituationen stellen. Diese sind so gestaltet, dass mathematische Aspekte bei der Problemlösung von echtem Nutzen wären. Ziel der Leistungsmessung im Rahmen von PISA ist es festzustellen, inwieweit die Schülerinnen und Schüler, wenn ihnen solche Probleme vorgelegt werden, in der Lage sind, ihre mathematischen Kenntnisse und Kompetenzen zu aktivieren, um zu einer erfolgreichen Lösung zu gelangen.

... die über die Beherrschung mathematischer Techniken, wie sie traditionell in der Schule gelehrt werden, hinausgeht.

Dieses Mathematikkonzept kontrastiert mit dem traditionellen Verständnis der Schulmathematik, das meist enger begrenzt ist. In Schulen werden mathematische Inhalte oft auf eine von authentischen Kontexten losgelöste Weise gelehrt und bewertet – den Schülerinnen und Schülern werden z.B. arithmetische Rechenmethoden beigebracht, und sie müssen dann entsprechende Rechenaufgaben lösen; man zeigt ihnen, wie bestimmte Arten von Gleichungen zu lösen sind und gibt ihnen dann Aufgaben mit ähnlichen Gleichungen; es werden ihnen geometrische Eigenschaften und Beziehungen erklärt, und sie müssen dann den Beweis für ein bestimmtes Theorem führen. Nachdem die Schülerinnen und Schüler die relevanten Konzepte, Fertigkeiten und Techniken gelernt haben, werden ihnen gewöhnlich theoretisch konstruierte mathematische Probleme vorgelegt, die die Anwendung dieses Wissens verlangen. Das erforderliche mathematische Vorgehen liegt in der Regel auf der Hand. Entweder beherrschen die Schüler die benötigten Techniken oder nicht. Dem Aspekt der Nützlichkeit der Mathematik im Alltag wird wenig Beachtung geschenkt.

Die Beurteilung eines solchen „funktionellen" Nutzens der Mathematik kann Einfluss darauf haben, wie diese gelehrt wird.

Außerhalb der Schule stellen sich reale Probleme und Situationen, für deren Lösung mathematische Kenntnisse von Nutzen sein können, häufig nicht in solchen vertrauten Formen. Der Einzelne muss die Situation bzw. das Problem in eine Form übersetzen, in der die Relevanz und Nützlichkeit von Mathematik ersichtlich ist. Wenn es den Schülerinnen und Schülern hierin an Übung fehlt, kann das Potenzial von Mathematik, bei bestimmten Situationen und Problemen

in ihrem Leben zu helfen, vielleicht nicht voll ausgeschöpft werden. PISA ging daher bei der Erfassung von Mathematikkompetenzen von einem Ansatz aus, der die Nutzung mathematischer Kenntnisse und Fähigkeiten in alltäglichen Situationen als Lernziel der Mathematik stärker in den Mittelpunkt rückt. Damit wird beabsichtigt, ein Konzept des Lehrens und Lernens von Mathematik zu fördern, bei dem starkes Gewicht auf den Techniken liegt, die benötigt werden, um reale Probleme anzugehen, deren mathematische Behandlung möglich zu machen, die relevanten mathematischen Kenntnisse zur Problemlösung einzusetzen und die Lösung im Hinblick auf die Ausgangssituation zu überprüfen. Wenn Schüler lernen können, diese Dinge zu tun, werden sie besser gerüstet sein, ihre mathematischen Kenntnisse und Fähigkeiten im gesamten Leben zu nutzen. Sie werden dann über mathematische Grundbildung verfügen.

Wie mathematische Grundbildung gemessen wird

Die Erhebung der mathematischen Kenntnisse und Fähigkeiten der Schülerinnen und Schüler erfolgte nach drei Dimensionen: den mathematischen Inhalten, die bei verschiedenen Problem- und Fragestellungen gegeben sind; die Prozesse, die aktiviert werden müssen, um die beobachteten Phänomene mit Mathematik in Verbindung zu bringen und dann die jeweiligen Probleme zu lösen; und die Situationen und Kontexte, die als Quellen für die Stimulusmaterialien herangezogen werden und in die die Probleme eingebettet sind.

PISA misst die Mathematikleistungen nach drei Dimensionen: mathematischen Inhalten, den erforderlichen Prozessen und den Situationen, in denen sich die Probleme stellen.

Inhalte

Die in PISA verwendeten mathematischen Inhalte sind mathematischen Leitideen entnommen (OECD, 2003e). Unter Berücksichtigung der einschlägigen Forschungsarbeiten und nach einem intensiven Prozess der Konsensbildung unter den OECD-Ländern über die Frage einer geeigneten Basis für internationale Vergleiche der Mathematikleistungen wurden für die Erhebung vier Inhaltsbereiche ausgewählt:

Die Aufgaben sind in vier mathematische Inhaltsbereiche unterteilt.

- *Raum und Form.* Dieser Bereich bezieht sich auf räumliche und geometrische Phänomene und Zusammenhänge, die meist aus dem curricularen Stoffgebiet Geometrie stammen. Es geht darum, bei der Analyse der Bestandteile von Formen nach Ähnlichkeiten und Unterschieden zu suchen und Formen in unterschiedlichen Darstellungen und Dimensionen zu erkennen wie auch die Eigenschaften von Objekten und deren relative Positionen zu verstehen.
- *Veränderung und Beziehungen.* Dieser Bereich umfasst mathematische Darstellungen von Veränderungen sowie funktionalen Zusammenhängen und Abhängigkeiten zwischen Variablen. Dieser Inhaltsbereich steht der Algebra am nächsten. Mathematische Beziehungen werden oft in Form von Gleichungen oder Ungleichungen ausgedrückt, es sind aber auch Zusammenhänge allgemeinerer Natur relevant (z.B. Äquivalenz, Teilbarkeit und Inklusion, um nur einige zu nennen). Relationen können auf unterschiedlichste Weise dargestellt werden: symbolisch, algebraisch, graphisch, tabellarisch und geometrisch. Da verschiedene Formen der Darstellung unterschiedlichen Zwecken dienen

und unterschiedliche Eigenschaften haben können, spielen Verbindungen zwischen Darstellungsformen beim Umgang mit verschiedenen Situationen und Aufgaben oft eine wichtige Rolle.

- *Quantitatives Denken.* Dieser Bereich erstreckt sich auf Zahlenphänomene sowie quantitative Relationen und Muster. Er bezieht sich auf das Verständnis der relativen Größe, das Erkennen von Zahlenmustern und den Gebrauch von Zahlen zur Darstellung von Mengen und quantifizierbaren Attributen von Objekten der realen Welt (Zahlen und Maße). Zudem geht es bei quantitativem Denken um die Verarbeitung und das Verstehen von Zahlen, die auf verschiedene Weise dargestellt sind. Zu wichtigen Aspekten des quantitativen Denkens gehören Dinge wie Zahlensinn, die Darstellung von Zahlen, das Verständnis der Bedeutung von Rechenoperationen, Kopfrechnen und das Durchführen von Schätzungen. Das am engsten mit quantitativem Denken verbundene curriculare Teilgebiet der Mathematik ist die Arithmetik.
- *Unsicherheit.* Dieser Bereich umfasst probabilistische und statistische Phänomene und Zusammenhänge, die in der Informationsgesellschaft zunehmende Bedeutung erlangen. Diese Phänomene sind Gegenstand mathematischer Studien in den Bereichen Statistik und Probabilistik.

Diese stehen mit den im schulischen Curriculum enthaltenen Stoffgebieten in Zusammenhang …

Zusammen decken die vier Inhaltsbereiche das Spektrum mathematischen Wissens ab, das 15-Jährige als Grundlage für ihr Leben und für eine spätere Erweiterung ihres mathematischen Horizonts benötigen. Diese Konzepte lassen sich mit den traditionellen Stoffgebieten wie Arithmetik, Algebra oder Geometrie und ihren einzelnen Teilgebieten in Relation setzen, die historisch fest etablierte Bereiche mathematischen Denkens reflektieren und die Aufstellung eines strukturierten Unterrichtsprogramms erleichtern.

… so dass die in jedem Inhaltsbereich gesondert erfassten Leistungen zu den jeweiligen Lehrplaninhalten der Länder in Bezug gesetzt werden können.

Die PISA-Erhebung in Mathematik zielt darauf ab, das Leistungsniveau der Schüler in diesen vier Inhaltsbereichen zu vergleichen, wobei jeder Bereich die Basis einer Skala bildet, die später in diesem Kapitel dargestellt wird. Durch die separate Erfassung der Schülerleistungen in jedem der vier Mathematikbereiche trägt PISA der Tatsache Rechnung, dass unterschiedliche Schulsysteme bei der Aufstellung ihrer nationalen Lehrpläne die Schwerpunkte anders setzen. Diese Art der Darstellung ermöglicht es unterschiedlichen Schulsystemen, ihre nationalen Prioritäten im Verhältnis zu den von anderen Ländern gewählten Optionen zu betrachten. Sie erlaubt es unterschiedlichen Schulsystemen auch zu bewerten, inwieweit sich Niveau und Zunahme an mathematischen Kenntnissen auf diese konzeptuell voneinander zu unterscheidenden Erhebungsbereiche einheitlich verteilen.

Der erste Teil von Tabelle A6.1 zeigt die Aufschlüsselung der 85 in PISA 2003 verwendeten Testaufgaben nach mathematischen Inhaltsbereichen (Anhang A6).

Prozesse

Um reale Probleme zu lösen, müssen die Schülerinnen und Schüler diese zunächst in eine mathematische Form bringen, dann mathematische Operationen durchführen, das Resultat auf die Ausgangssituation zurückführen und die Lösung kommunizieren.

Bei dem PISA-Mathematiktest müssen sich die Schülerinnen und Schüler mit mathematischen Problemen auseinander setzen, die auf einem realitätsnahen Kontext basieren, wobei es darum geht, Merkmale der Problemsituation zu identifizieren, die für eine mathematische Untersuchung geeignet sein könnten, und die für die Lösung des Problems relevanten mathematischen Kompetenzen zu aktivieren. Hierzu müssen sie einen mehrschrittigen „Mathematisierungsprozess“ vollziehen; ausgehend von einem in der Realität angesiedelten Problem müssen die Schülerinnen und Schüler dieses nach mathematischen Konzepten organisieren. Sie müssen die dafür relevanten mathematischen Konzepte identifizieren und dann schrittweise von der Realität abgehen, um das Problem so umzuformen, dass es durch mathematische Verfahren direkt gelöst werden kann, indem sie vereinfachende Hypothesen aufstellen, Informationen verallgemeinern und formalisieren, an die Darstellung von Aspekten des Problems in sinnvoller Weise herangehen, die Beziehungen begreifen, die zwischen der Sprache, in der das Problem ausgedrückt ist, und der für das mathematische Verständnis erforderlichen symbolischen und formalen Sprache bestehen, Gesetzmäßigkeiten und Muster erkennen und Querverbindungen zu bekannten Problemen oder anderen vertrauten mathematischen Formeln herstellen und ein geeignetes mathematisches Modell identifizieren oder anwenden.

Dies erfordert eine Reihe unterschiedlicher Fähigkeiten, die in drei Kategorien zusammengefasst werden können …

Sobald das Problem in eine vertraute oder direkt mathematisch lösbare Form gebracht wurde, kann der Schüler sein Repertoire an spezifischen mathematischen Kenntnissen, Konzepten und Fähigkeiten für die Lösung einsetzen. Dabei geht es vielleicht um eine einfache Rechnung oder den Umgang mit symbolischen, formalen und technischen Elementen der Mathematik, ein Hin- und Herbewegen zwischen verschiedenen Darstellungen, den Gebrauch logischer mathematischer Argumente und Verallgemeinerung. Die letzten Schritte des Mathematisierungsprozesses umfassen eine Art Übersetzung des mathematischen Ergebnisses in eine Lösung, die zu dem ursprünglichen Kontext des Problems passt, eine Überprüfung der Vollständigkeit und Anwendbarkeit der Lösung, ein Nachdenken über die Ergebnisse und die Kommunikation der Resultate, gegebenenfalls mit Erklärungen und Rechtfertigungen oder entsprechender Beweisführung.

Für diese Art der Mathematisierung ist der Einsatz verschiedener Kompetenzen erforderlich. Hierzu gehören: *mathematisches Denken, mathematische Argumentation, mathematische Kommunikation, Modellierung, Problemstellung und -lösung, Darstellung und Umgang mit den symbolischen, formalen und technischen Elementen der Mathematik*. Es ist natürlich so, dass diese Kompetenzen in der Regel zusammenwirken und sich ihre Definitionen in gewisser Hinsicht überschneiden, dennoch waren die PISA-Mathematikaufgaben oft so konstruiert, dass sie besonders eine oder mehrere dieser Kompetenzen verlangten. Die kognitiven Aktivitäten, die die oben genannten Kompetenzen umfassen, wurden in PISA drei *Kompetenzklassen* zugeordnet: *Wiedergabe von Fakten und Routineverfahren*, *Herstellen von Zusammenhän-*

gen und *Mathematisches Denken*. Diese Gruppierungen wurden als ein geeignetes Mittel betrachtet, um darzustellen, in welcher Weise verschiedene Kompetenzen je nach Art und Niveau der kognitiven Anforderungen, die unterschiedliche mathematische Probleme stellen, abzurufen sind.

... solche, die sich auf vertraute mathematische Prozesse und Berechnungen erstrecken ...

- Die *Kompetenzklasse Wiedergabe von Fakten und Routineverfahren* kommt bei solchen Aufgaben ins Spiel, die relativ vertraut sind und im Wesentlichen die Wiedergabe praktisch geübter Kenntnisse erfordern – z.B. Faktenwissen und Kenntnis geläufiger Problemdarstellungen, Erkennen von Äquivalenten, Abrufen der Definitionen vertrauter mathematischer Objekte und Eigenschaften, Verwendung von Routineverfahren, Anwendung von Standardalgorithmen und technischen Fertigkeiten, Umgang mit Ausdrücken, die Symbole und Formeln in vertrauter und Standardform enthalten, und Durchführung einfacher Berechnungen.

... solche, die ein gewisses Maß an Interpretation und Verknüpfung beinhalten ...

- Die *Kompetenzklasse Herstellen von Zusammenhängen* baut auf der Wiedergabe von Kenntnissen zur Lösung von Problemen auf, bei denen es sich nicht um bloße Routineaufgaben handelt, die aber immer noch mehr oder weniger vertraute Kontexte umfassen oder nicht allzu weit über das Vertraute hinausgehen. Die Probleme erfordern in der Regel mehr Interpretation und die Herstellung von Querverbindungen zwischen verschiedenen Darstellungen der Situation oder die Verknüpfung verschiedener Aspekte der Problemsituation, um eine Lösung zu erarbeiten.

... und solche, die tieferes Verständnis und Reflektion voraussetzen.

- Die *Kompetenzklasse mathematisches Denken* baut wiederum auf der Kompetenzklasse Herstellen von Zusammenhängen auf. Die hierzu zählenden Kompetenzen müssen bei Aufgaben eingesetzt werden, bei denen der Schüler gewisse mathematische Einsichten und Überlegungen zeigen muss, sowie Kreativität bei der Identifizierung der relevanten mathematischen Konzepte oder der Verknüpfung relevanter Kenntnisse, um Lösungen herauszuarbeiten. Die Probleme, bei denen die in diese Kompetenzklasse fallenden Fertigkeiten anzuwenden sind, umfassen mehr Elemente als andere und stellen in der Regel insofern zusätzliche Anforderungen an die Schüler, als sie verallgemeinern und ihre Ergebnisse erklären oder rechtfertigen müssen.

Der zweite Teil der Tabelle A6.1 zeigt die Aufschlüsselung der 85 in der PISA-Erhebung 2003 verwendeten Testaufgaben nach Kompetenzklassen (Anhang A6). Eine detailliertere Beschreibung dieser Kompetenzklassen und der Art und Weise, wie die einzelnen Kompetenzen in jeder dieser Klassen zum Ausdruck kommen, findet sich in *The PISA 2003 Assessment Framework: Mathematics, Reading, Science and Problem Solving Knowledge and Skills* (OECD, 2003e).

Situationen

Die PISA-Mathematikaufgaben sind in eine Reihe von Kontexten eingebettet, die sich beziehen auf ...

Wie in PISA 2000 wurden den Schülerinnen und Schülern verschiedene Texte vorgelegt und hierzu eine Reihe von Fragen gestellt. Das Stimulusmaterial repräsentierte eine Situation, mit der die Schülerinnen und Schüler durchaus umgehen konnten und bei der eine Aktivierung ihres mathematischen Wis-

sens, Verständnisses oder ihrer entsprechenden Fähigkeiten erforderlich bzw. hilfreich war, um die dargestellte Situation zu analysieren oder sich damit auseinander zu setzen. Es wurden vier Arten von Situationen präsentiert, solche mit privatem, bildungsbezogenem oder beruflichem, öffentlichem und wissenschaftlichem Kontext.

... alltägliche Aktivitäten ...

- *Private Situationen* stehen mit den persönlichen Aktivitäten der Schülerinnen und Schüler in ihrem Alltagsleben in direktem Zusammenhang. Im Mittelpunkt dieser Situationen steht die Frage, in welcher Weise ein mathematisches Problem den Einzelnen unmittelbar berührt, und wie der Einzelne den Kontext des Problems wahrnimmt. Solche Situationen verlangen in der Regel ein hohes Maß an Interpretation, bevor das Problem gelöst werden kann.

... Situationen aus dem Schul- und Berufsleben ...

- *Bildungsbezogene und berufliche* Situationen beziehen sich auf das Schulleben oder die Arbeitswelt. Im Mittelpunkt dieser Situationen steht die Art und Weise, in der ein Schüler im schulischen Umfeld oder ein Arbeitnehmer in seinem Beruf ein bestimmtes Problem angehen muss, das eine mathematische Lösung verlangt.

... die weitere Umgebung ...

- Bei *Situationen, die sich auf die lokale Gemeinschaft oder die Gesellschaft im weiteren Sinne* beziehen, müssen die Schülerinnen und Schüler einen Aspekt aus ihrem allgemeineren Umfeld beobachten. Dies sind generell Situationen auf der Ebene der Gemeinschaft, bei denen die Art und Weise im Mittelpunkt steht, in der Schüler Zusammenhänge zwischen Elementen ihrer Umgebung begreifen. Die Schülerinnen und Schüler müssen bei diesen Situationen ihr mathematisches Verständnis, ihre Kenntnisse und Fähigkeiten aktivieren, um Aspekte einer außerschulischen Situation zu beurteilen, die für das öffentliche Leben von gewisser Bedeutung sein können.

... und wissenschaftliche oder explizit mathematische Probleme.

- *Wissenschaftliche Situationen* sind abstrakter und setzen u.U. ein Verständnis technologischer Prozesse, theoretischer Situationen oder explizit mathematischer Probleme voraus. Das PISA-Rahmenkonzept für die Mathematikerhebung schließt in diese Kategorie relativ abstrakte mathematische Situationen ein, mit denen die Schülerinnen und Schüler im Mathematikunterricht häufig konfrontiert sind, die nur aus explizit mathematischen Elementen bestehen, und bei denen nicht versucht wird, das Problem in einen allgemeineren Kontext einzubetten. Diese werden zuweilen als „innermathematische" Kontexte bezeichnet.

Diese Situationen unterscheiden sich im Hinblick darauf, inwieweit das Problem eine direkte Bedeutung für das Leben der Schülerinnen und Schüler hat ...

Diese vier Arten von Situationen unterscheiden sich in zwei wichtigen Gesichtspunkten voneinander. Der erste betrifft die „Distanz" der Situation zu den Schülerinnen und Schülern – d.h. die Frage, inwieweit das Problem für die Schülerinnen und Schüler unmittelbar relevant ist. Die größte Nähe weisen Situationen aus dem persönlichen Leben der Schülerinnen und Schüler auf, da es hier um die direkte Wahrnehmung geht. Bildungsbezogene und berufliche Situationen haben für den Einzelnen gewöhnlich in Zusammenhang mit seinen täglichen Aktivitäten eine gewisse Bedeutung. Situationen, die sich auf die lokale Gemeinschaft oder die Gesellschaft im weiteren Sinne beziehen, umfassen

generell eine etwas distanziertere Beobachtung von externen Ereignissen im jeweiligen Umfeld. Wissenschaftliche Situationen schließlich sind in der Regel besonders abstrakt und haben daher die größte Distanz zu den Schülerinnen und Schülern. Die PISA-Erhebung geht davon aus, dass die Schülerinnen und Schüler in der Lage sein müssen, mit einer ganzen Reihe von Situationen umzugehen, die teils einen engen Bezug zu ihrem unmittelbaren Leben, teils eine größere Distanz dazu aufweisen.

... und auch in Bezug auf den Grad, in dem die mathematischen Aspekte ersichtlich sind.

Es gibt auch Unterschiede in Bezug auf das Ausmaß, in dem die mathematische Natur der Situation zu Tage tritt. Einige Aufgaben beziehen sich nur auf mathematische Objekte, Symbole oder Strukturen, und nicht auf Sachverhalte außerhalb der Welt der Mathematik. PISA behandelt aber auch Probleme, die Schülerinnen und Schüler in ihrem Leben durchaus antreffen dürften und bei denen die mathematischen Elemente nicht explizit dargestellt sind. Die Erhebung testet somit, inwieweit die Schülerinnen und Schüler in der Lage sind, die mathematische Struktur eines Problems zu erkennen, wenn dieses in einem nicht mathematischen Kontext präsentiert wird, und inwieweit sie ihre mathematischen Kenntnisse aktivieren können, um das Problem zu untersuchen und zu lösen und die Angemessenheit der Lösung in Bezug auf den Kontext bzw. die Situation, in der sich das Problem stellte, zu überprüfen.

Der dritte Teil der Tabelle A6.1 zeigt die Aufschlüsselung der 85 in PISA 2003 verwendeten Testaufgaben nach Situationen (Anhang A6).

Eine ausführlichere Beschreibung des Rahmenkonzepts für die PISA-Erhebung 2003 sowie der Merkmale des eigentlichen Tests findet sich in *The PISA 2003 Assessment Framework: Mathematics, Reading, Science and Problem Solving Knowledge and Skills* (OECD, 2003e).

Wie die in PISA eingesetzten Tests konstruiert wurden

Experten entwickelten Aufgaben, die das PISA-Rahmenkonzept abdecken sollten ...

Die Testaufgaben wurden so konstruiert, dass sie die verschiedenen weiter oben beschriebenen Dimensionen des PISA-Rahmenkonzepts abdecken. Während des Prozesses der Itementwicklung führten Experten aus den Teilnehmerländern eine qualitative Analyse für jedes Item durch und erstellten Beschreibungen der Aspekte der kognitiven Anforderungen jeder einzelnen Aufgabe. Diese Analyse umfasste Beurteilungen in Bezug auf die Aspekte des PISA-Rahmenkonzepts für Mathematik, die für das jeweilige Item relevant waren. Es folgte eine kurze Beschreibung mit der Erfassung der wichtigsten an die Schülerinnen und Schüler durch die jeweilige Aufgabe gestellten Anforderungen, insbesondere der einzelnen Kompetenzen, die zur Lösung der Aufgaben herangezogen werden mussten (*PISA 2003 Technical Report*, OECD, erscheint demnächst).

... wobei einige frei formulierte Antworten erforderten...

Die Aufgaben hatten unterschiedliche Antwortformate. In vielen Fällen mussten die Schülerinnen und Schüler mit eigenen Worten eine Antwort auf die zu einem bestimmten Text gehörenden Fragen formulieren. Zuweilen mussten sie ihre Berechnungen aufschreiben, um zu zeigen, mit welchen Methoden sie zu ihrer

Antwort gelangt waren bzw. welche Denkprozesse sie dabei vollzogen hatten. Bei anderen Fragen mussten sie eine Erklärung für ihre Ergebnisse geben, die wiederum einige Aufschlüsse über die angewandten Methoden und Denkprozesse vermittelte. Diese relativ offenen Antwortformate ließen sich nicht einfach maschinell kodieren; vielmehr verlangten sie eine fachliche Bewertung durch eigens hierfür ausgebildete Kodierungsexperten, um die gegebenen Antworten den definierten Antwortkategorien zuzuordnen. Damit sichergestellt war, dass der Kodierungsprozess verlässliche und zwischen den einzelnen Ländern vergleichbare Ergebnisse lieferte, wurden detaillierte Kodieranweisungen erstellt und die für die Kodierung zuständigen Personen entsprechend geschult, was zu einem ordnungsgemäßen und konsistenten Kodierungsprozess in den einzelnen Ländern beitrug. Um die Konsistenz des Kodierungsprozesses sowie der Arbeit der Auswerter in den einzelnen Ländern eingehender zu untersuchen, wurde in jedem Land eine Teilstichprobe von Testaufgaben unabhängig von vier Kodierern bewertet und die Reliabilität der Kodierungen der einzelnen Auswerter dann vom PISA-Konsortium geprüft. Schließlich wurde, um zu prüfen, ob der Kodierungsprozess in den einzelnen Ländern auf dieselbe Art und Weise durchgeführt wurde, für eine Teilstichprobe von Testaufgaben eine ländervergleichende Reliabilitätsanalyse erstellt. Bei diesem Prozess wurde von ausgebildetem mehrsprachigen Personal eine unabhängige Kodierung der Originaltesthefte vorgenommen und mit den Bewertungen der nationalen Kodierer in den verschiedenen Ländern verglichen. Die Ergebnisse ließen eine sehr große Konsistenz der in den einzelnen Ländern vorgenommenen Bewertungen erkennen (vgl. Anhang A7; *PISA 2003 Technical Report*, OECD, erscheint demnächst).

... die von Kodierungsexperten in einem Prozess mit länderinternen und länderübergreifenden Reliabilitätsprüfungen bewertet wurden.

Bei anderen Items indessen mussten die Schülerinnen und Schüler eine Antwort formulieren, bei der sich die Bewertung auf die eigentliche Antwort beschränkte und es nicht auf eine Erklärung, wie sie dazu gelangt waren, ankam. Bei vielen Aufgaben mit diesen geschlossenen Antwortformaten bestand die gegebene Antwort aus einer Zahl oder hatte eine andere festgelegte Form und ließ sich anhand genau definierter Kriterien bewerten. Bei solchen Antworten waren allgemein keine Kodierungsexperten erforderlich, und die Analyse konnte mit dem Computer vorgenommen werden.

Aufgaben mit einer begrenzteren Auswahl von möglichen Antworten konnten indessen mit dem Computer ausgewertet werden ...

Es wurden auch Items verwendet, bei denen die Schülerinnen und Schüler unter einer bestimmten Anzahl vorgegebener Antwortmöglichkeiten eine oder mehrere auswählen mussten. Diese Antwortformat-Kategorie umfasste sowohl einfache Multiple-Choice-Aufgaben, bei denen die Schülerinnen und Schüler unter mehreren vorgegebenen Möglichkeiten eine korrekte Antwort wählen mussten, als auch komplexe Multiple-Choice-Items, bei denen sie unter vorgegebenen Möglichkeiten jeweils eine Antwort auf eine Reihe von Fragen bzw. Aussagen finden mussten. Bei der Beantwortung dieser Art von Testaufgaben war eine automatische Kodierung möglich.

... darunter solche, bei denen die Schüler unter vorgegebenen Antwortmöglichkeiten wählen mussten.

Der vierte Teil der Tabelle A6.1 zeigt die Aufschlüsselung der 85 in PISA 2003 verwendeten Testaufgaben nach Antwortformat-Kategorien (Anhang A6).

Die Schülerinnen und Schüler erhielten Punkte für jede Aufgabe, bei der sie eine akzeptable Antwort gaben. Bei der Testentwicklung wurden in allen Teilnehmerländern in dem der Erhebung vorausgehenden Jahr intensive Feldtests durchgeführt, um ein möglichst breites Spektrum von Schülerantworten zu identifizieren und zu antizipieren. Diese wurden dann von den Testentwicklern verschiedenen Kategorien zugeordnet, um den jeweiligen Bewertungscode festzulegen. In einigen Fällen, wo die korrekte Antwort eindeutig ist, lassen sich die Antworten leicht als richtig oder falsch einstufen. In anderen Fällen kann möglicherweise eine ganze Reihe unterschiedlicher Antworten als korrekt betrachtet werden. In wieder anderen Fällen lässt sich ein Spektrum von Antworten identifizieren, von denen einige eindeutig besser sind als andere. In solchen Fällen ist es häufig möglich, verschiedene Antwortkategorien zu definieren, die nach dem Korrektheitsgrad geordnet sind – eine bestimmte Art von Antwort ist eindeutig die beste, eine zweite Kategorie ist nicht ganz so gut wie diese, aber besser als eine dritte Kategorie usw. In diesen Fällen konnten Teilpunktwerte angerechnet werden.

Wie die Tests konzipiert, analysiert und skaliert wurden

Jeder Schüler erhielt einen Teil der Aufgaben aus einem größeren Aufgabenpool für den Bereich Mathematik …

In PISA 2003 wurden insgesamt 85 Mathematikaufgaben verwendet. Diese Aufgaben waren ebenso wie in den Bereichen Lesekompetenz, Naturwissenschaften und Problemlösung zu halbstündigen Aufgabenblöcken zusammengelegt. Jeder Schüler erhielt ein Testheft mit vier Aufgabenblöcken, die insgesamt einer Testzeit von zwei Stunden entsprachen. Die Blöcke waren in unterschiedlichen Kombinationen angeordnet, wodurch sichergestellt wurde, dass jede Mathematikaufgabe in der gleichen Anzahl von Testheften erschien und jeder Aufgabenblock in den Testheften in jeder der vier möglichen Positionen auftauchte.

… und ihre Leistungen wurden auf einer Skala erfasst …

Eine solche Konstruktion erlaubt es, eine Skala der Mathematikleistungen zu entwickeln, um jede Testaufgabe mit einer Punktzahl entsprechend ihrem Schwierigkeitsgrad auf dieser Skala abzubilden und jedem Schüler/jeder Schülerin einen Punktwert auf der Skala zuzuweisen, der seinen/ihren geschätzten Fähigkeiten entspricht. Möglich ist dies mit Hilfe moderner Techniken der Item-Response-Modellierung (eine Beschreibung des Modells findet sich in dem *PISA 2003 Technical Report*, OECD, erscheint demnächst).

Die relative Kompetenz der Schüler, eine bestimmte Aufgabe zu lösen, lässt sich anhand des Anteils der von ihnen korrekt beantworteten Testaufgaben messen. Der relative Schwierigkeitsgrad der Testaufgaben kann auf der Basis des Anteils der getesteten Personen geschätzt werden, die alle Aufgaben korrekt lösen. Das für die Analyse der PISA-Daten verwendete mathematische Modell wurde durch iterative Verfahren umgesetzt, mit denen die Wahrscheinlichkeit geschätzt wird, dass eine bestimmte Person eine gegebene Testaufgabe korrekt beantwortet, und ebenso die Wahrscheinlichkeit, dass ein bestimmter Katalog von Testaufgaben von einem bestimmten Schüler richtig beantwortet wird. Das Ergebnis dieser Verfahren ist ein aus Schätzwerten bestehender Datensatz, der es ermöglicht,

eine kontinuierliche Skala zur Darstellung der mathematischen Grundbildung zu entwickeln. Entlang diesem Kontinuum kann die Position der einzelnen Schülerinnen und Schüler geschätzt und damit festgestellt werden, welches Niveau an mathematischer Grundbildung sie unter Beweis gestellt haben, und ebenso kann die Position einzelner Testaufgaben geschätzt und damit festgestellt werden, welches Niveau mathematischer Grundbildung jede Testaufgabe beinhaltet[4].

Nachdem den einzelnen Testaufgaben gemäß ihrer Schwierigkeit ein Wert auf der Skala zugeordnet war, konnten die Schülerleistungen in der Weise beschrieben werden, dass jedem Schüler eine Punktzahl zugeteilt wurde, die der schwierigsten Aufgabe entspricht, zu deren Lösung er wahrscheinlich imstande ist. Dies bedeutet nicht, dass die Schülerinnen und Schüler *immer* in der Lage sind, Aufgaben bis zu dem Schwierigkeitsgrad zu lösen, der ihrer eigenen Position auf der Skala entspricht, und *niemals* in der Lage sind, schwierigere Aufgaben zu meistern. Die Einstufung beruht vielmehr auf dem Wahrscheinlichkeitsprinzip. Wie Abbildung 2.1 zeigt, besteht eine relativ große Wahrscheinlichkeit[5], dass die Schülerinnen und Schüler imstande sind, Aufgaben unterhalb ihres eigenen Skalenniveaus zu lösen (wobei der Wahrscheinlichkeitsgrad mit abnehmendem Schwierigkeitsgrad der Aufgaben auf der Skala steigt), sie haben aber eine vergleichsweise geringere Chance, Aufgaben zu lösen, die weiter oben auf der Skala angesiedelt sind.

Abbildung 2.1 ■ **Beziehung zwischen den Items und der Position der Schüler auf einer Leistungsskala**

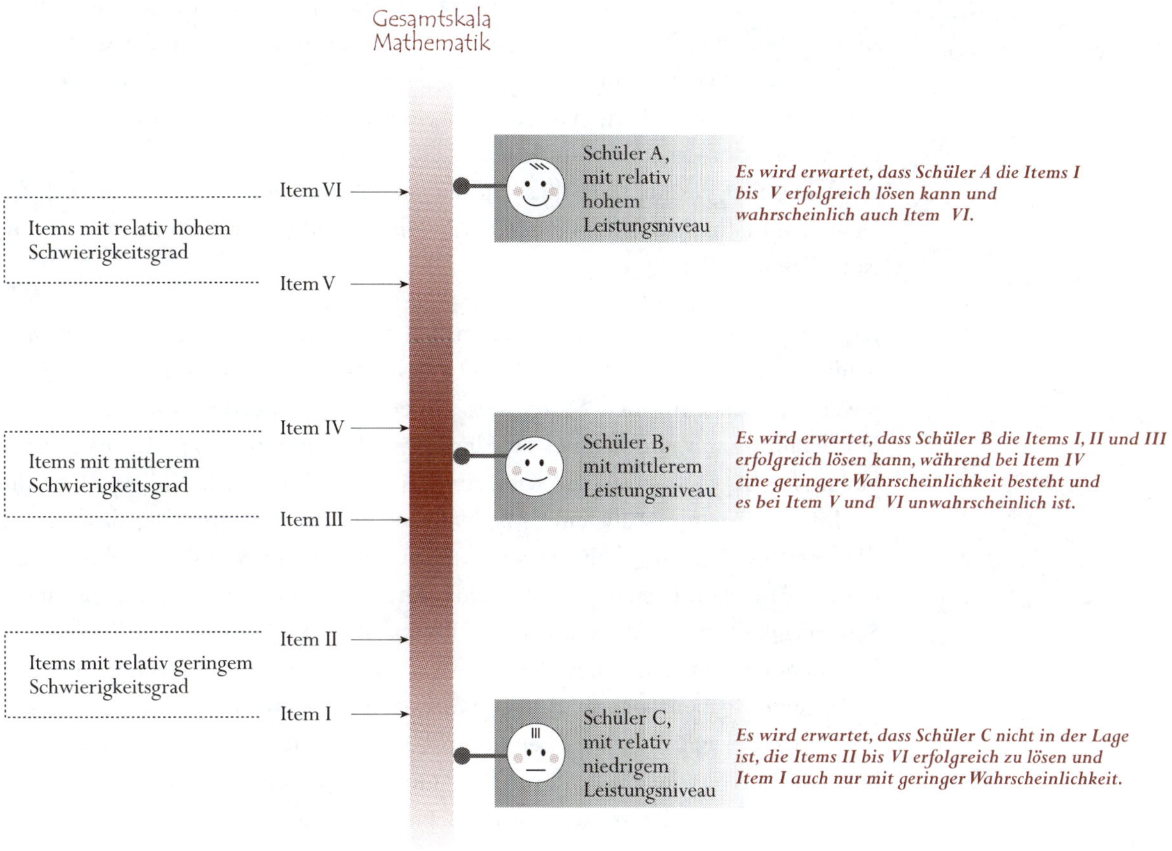

... mit einer Punktzahl von 500 für die Durchschnittsleistung der OECD-Länder.

Um die Interpretation der von den Schülerinnen und Schülern erzielten Punktwerte zu erleichtern, wurde die Skala so konstruiert, dass der Mittelwert für die OECD-Länder 500 Punkte beträgt und rund zwei Drittel der Schülerinnen und Schüler in den OECD-Ländern im Bereich zwischen 400 und 600 Punkten liegen[6].

Die Schülerinnen und Schüler wurden sechs Kompetenzstufen zugeordnet sowie einer Gruppe unterhalb von Stufe 1 ...

In ähnlicher Weise wie bei der Erfassung des PISA-Lesekompetenztests von 2000, wo die Ergebnisse auf Kompetenzstufen dargestellt worden waren, wurden die Punktzahlen, die die Schülerinnen und Schüler 2003 in Mathematik erzielten, in sechs Kompetenzstufen eingeteilt. Die sechs Kompetenzstufen repräsentierten Aufgabengruppen zunehmenden Schwierigkeitsgrads, wobei Stufe 6 am höchsten und Stufe 1 am niedrigsten ist. Die Gruppierung nach Kompetenzstufen erfolgte auf der Basis eingehender Überlegungen bezüglich der Art der jeweils geforderten Kompetenzen. Schülerinnen und Schüler mit weniger als 358 Punkten auf der Mathematikskala wurden „unterhalb Stufe 1“ eingestuft. Diesen Schülerinnen und Schülern, die durchschnittlich 11% der Schülerpopulation im OECD-Raum ausmachten, fehlte es nicht unbedingt an der Fähigkeit, eine mathematische Operation durchzuführen. Sie waren aber nicht in der Lage, mathematische Fähigkeiten in den Situationen einzusetzen, die bei den leichtesten PISA-Aufgaben zu bewältigen waren.

... wobei sich jede Kompetenzstufe auf ein bestimmtes Spektrum von mathematischen Kompetenzen bezieht.

Das jeder dieser Stufen entsprechende Leistungsniveau ist im Zusammenhang mit den Beschreibungen der Art mathematischer Kompetenzen zu verstehen, die eine Schülerin oder ein Schüler braucht, um die Stufe zu erreichen. Diese sind in Abbildung 2.2 zusammengefasst. Effektiv repräsentieren diese Beschreibungen eine Synthese des Kompetenzspektrums in den einzelnen mathematischen Inhaltsbereichen, worauf im weiteren Verlauf dieses Kapitels bei der Erörterung der Ergebnisse in den einzelnen Inhaltsbereichen noch eingegangen wird. Die Progression über diese Stufen nach der Art und Weise, in der sich die einzelnen mathematischen Prozesse mit zunehmend höheren Stufen verändern, ist in Anhang A2 aufgezeigt.

Die Einteilung in sechs Kompetenzstufen führt dazu, dass Schülerinnen und Schüler mit unterschiedlichen Punktwerten auf einer kontinuierlichen Skala jeweils in den einzelnen Stufen zusammengezogen werden. Die Zuordnung der Schülerinnen und Schüler auf die Kompetenzstufen erfolgt bei PISA nach einem leicht verständlichen Kriterium, jeder Schüler wird nämlich in die höchste Kompetenzstufe eingegliedert, auf der zu erwarten ist, dass er die Mehrheit der Testaufgaben korrekt beantwortet. So wäre z.B. bei einem Test, der aus Aufgaben besteht, die sich einheitlich auf Stufe 3 verteilen (mit einem Schwierigkeitsgrad von 483 bis 544 Punkten), bei allen sich auf dieser Stufe befindenden Schülerinnen und Schülern davon auszugehen, dass sie mindestens 50% der Aufgaben korrekt lösen. Jemand im unteren Bereich der Stufe (mit 483 Punkten) würde wahrscheinlich nahezu 50% der Aufgaben richtig lösen; bei einer Person, die im mittleren oder mehr im oberen Bereich der Stufe liegt, wäre ein höherer Prozentsatz korrekt gelöster Aufgaben zu erwarten. Wenn

Abbildung 2.2 ■ **Kurzbeschreibung der sechs Kompetenzstufen im Bereich mathematische Grundbildung**

Stufe	WOZU DIE SCHÜLER IM ALLGEMEINEN IN DER LAGE SIND
6	Auf Stufe 6 können Schüler Informationen, die sie aus der Untersuchung und Modellierung komplexer Problemsituationen erhalten, konzeptualisieren, verallgemeinern und auf neue Situationen anwenden. Sie können verschiedene Informationsquellen und Darstellungen miteinander verknüpfen und flexibel zwischen diesen hin und her wechseln. Schüler auf dieser Stufe besitzen die Fähigkeit zu anspruchsvollem mathematischen Denken und Argumentieren. Sie können ihr mathematisches Verständnis und ihre Beherrschung symbolischer und formaler mathematischer Operationen und Beziehungen nutzen, um Ansätze und Strategien zum Umgang mit neuartigen Problemsituationen zu entwickeln. Schüler auf dieser Stufe können ihr Tun und ihre Überlegungen, die zu ihren Erkenntnissen, Interpretationen und Argumentationen geführt haben, präzise beschreiben und kommunizieren, einschließlich der Beurteilung von deren Angemessenheit für die jeweilige Ausgangssituation.
5	Auf Stufe 5 können Schüler Modelle für komplexe Situationen konzipieren und mit ihnen arbeiten, einschränkende Bedingungen identifizieren und Annahmen spezifizieren. Sie können im Zusammenhang mit diesen Modellen geeignete Strategien für die Lösung komplexer Probleme auswählen, sie miteinander vergleichen und bewerten. Schüler auf dieser Stufe können strategisch vorgehen, indem sie sich auf breit gefächerte, gut entwickelte Denk- und Argumentationsfähigkeiten, passende Darstellungen, symbolische und formale Beschreibungen und für diese Situationen relevante Einsichten stützen. Sie sind imstande, über ihr Tun zu reflektieren und ihre Interpretationen und Überlegungen zu formulieren und zu kommunizieren.
4	Auf Stufe 4 können Schüler effektiv mit expliziten Modellen komplexer konkreter Situationen arbeiten, auch wenn sie einschränkende Bedingungen enthalten oder die Aufstellung von Annahmen erfordern. Sie können verschiedene Darstellungsformen, darunter auch symbolische, auswählen und zusammenführen, indem sie sie direkt mit Aspekten von Realsituationen in Beziehung setzen. Schüler auf dieser Stufe können in diesen Kontexten gut ausgebildete Fertigkeiten anwenden und mit einem gewissen mathematischen Verständnis flexibel argumentieren. Sie können Erklärungen und Begründungen für ihre Interpretationen, Argumentationen und Handlungen geben und sie anderen mitteilen.
3	Auf Stufe 3 können Schüler klar beschriebene Verfahren durchführen, auch solche, die sequenzielle Entscheidungen erfordern. Sie können einfache Problemlösungsstrategien auswählen und anwenden. Schüler auf dieser Stufe können Darstellungen interpretieren und nutzen, die aus verschiedenen Informationsquellen stammen, und hieraus unmittelbare Schlüsse ableiten. Sie können kurze Berichte zu ihren Interpretationen, Ergebnissen und Überlegungen geben.
2	Auf Stufe 2 können Schüler Situationen in Kontexten interpretieren und erkennen, die einen direkten Zugriff gestatten. Sie können relevante Informationen einer einzigen Quelle entnehmen und eine einzige Darstellungsform benutzen. Schüler auf dieser Stufe können elementare Algorithmen, Formeln, Verfahren oder Regeln anwenden. Sie sind zu direkten Schlussfolgerungen und wörtlichen Interpretationen der Ergebnisse imstande.
1	Auf Stufe 1 können Schüler auf Fragen zu vertrauten Kontexten antworten, bei denen alle relevanten Informationen gegeben und die Fragen klar definiert sind. Sie können Informationen identifizieren und Routineverfahren gemäß direkten Instruktionen in unmittelbar zugänglichen Situationen anwenden. Sie können Handlungen ausführen, die klar ersichtlich sind und sich unmittelbar aus den jeweiligen Situationen ergeben.

dies zutrifft, müsste eine Schülerin oder ein Schüler mit einer Punktzahl von 483 mit 50%iger Wahrscheinlichkeit eine Aufgabe im mittleren Bereich der Stufe 3 (Punktzahl 513), und somit mit über 50%iger Wahrscheinlichkeit eine der eigenen Punktzahl (483) entsprechende Aufgabe richtig lösen. Um diese Bedingungen zu erfüllen, muss die Wahrscheinlichkeit im letztgenannten Fall 62% betragen.

Wie die Ergebnisse dargestellt sind

Die Mathematikergebnisse von PISA 2003 sind auf vier Skalen dargestellt, die sich auf die oben beschriebenen Inhaltsbereiche beziehen. Darüber hinaus wurden die Leistungen auf einer Gesamtskala Mathematik erfasst.

Die Mathematikaufgaben können entsprechend ihrem Schwierigkeitsgrad in einer Karte erfasst werden …

Abbildung 2.3 enthält eine Itemkarte mit ausgewählten Beispielaufgaben aus der PISA-Erhebung 2003. Eine detaillierte Beschreibung der Aufgaben findet sich in den Abbildungen 2.4a-c, 2.7a-b, 2.10a-b und 2.13a-c. Für jeden der vier Inhaltsbereiche wurden die ausgewählten Aufgaben und Punktzahlen (d.h. volle oder abgestufte Punktwerte) nach dem Schwierigkeitsgrad geordnet, wobei die schwierigsten Items jeweils oben und die am wenigsten schwierigen unten stehen.

… wobei die leichtesten Aufgaben in der Regel hauptsächlich die Wiedergabe von Faktenwissen erfordern und die schwierigsten die Fähigkeit zu mathematischem Denken.

Die Merkmale der in der Karte enthaltenen Items liefern eine gute Basis für die Interpretation der Leistungen auf den verschiedenen Stufen der Skala. Es treten Muster zu Tage, die es ermöglichen, Aspekte der Mathematik zu beschreiben, die konsistent mit verschiedenen Positionen auf dem in der Itemkarte gezeigten Kontinuum von Grundkompetenzen verbunden sind. Zum Beispiel gehören die einfachsten Items der kleinen Auswahl von Beispielaufgaben in Abbildung 2.3 alle zur Kompetenzklasse *Wiedergabe von Fakten und Routineverfahren*. Hier zeigt sich das gleiche Muster, das bei der vollständigen Aufgabensammlung zu beobachten ist. An dem kompletten PISA-Aufgabenset ist auch zu erkennen, dass die der Kompetenzklasse *mathematisches Denken* zugeordneten Aufgaben im Allgemeinen am schwierigsten sind. Aufgaben der Kompetenzklasse *Herstellen von Zusammenhängen* haben in der Regel einen mittleren Schwierigkeitsgrad, wenngleich sie einen großen Teil des durch die PISA-Erhebung analysierten Kompetenzspektrums abdecken. Die einzelnen im Mathematik-Rahmenkonzept definierten Kompetenzen kommen auf den verschiedenen Kompetenzstufen in ganz unterschiedlicher Weise ins Spiel, wie dies durch die PISA-Rahmenkonzeption projiziert wird.

Die leichtesten Aufgaben erfordern einfache mathematische Operationen in vertrauten Kontexten …

Am unteren Ende der Skala finden sich Items, die in einfache und relativ vertraute Kontexte eingebettet sind und die nur ein sehr begrenztes Maß an Interpretation in Bezug auf die Situation sowie eine direkte Anwendung bekannten mathematischen Wissens in vertrauten Situationen erfordern. Typische Tätigkeiten sind das direkte Ablesen eines Wertes aus einem Graphen oder einer Tabelle, die Lösung einer sehr einfachen und eindeutigen Rechenoperation, das richtige Ordnen einer Reihe von Zahlenwerten, das Zählen vertrauter Objekte, der Umgang mit einem einfachen Wechselkurs, die Identifizierung und Auflis-

Abbildung 2.3 ▪ Eine Karte für ausgewählte Mathematik-Items

Stufe	Untergrenze	Raum und Form	Veränderung und Beziehungen	Quantitatives Denken	Unsicherheit
		Abb. 2.4a-c	Abb. 2.7a-b	Abb. 2.10a-b	Abb. 2.13a-c
6	668.7	**ZIMMERMANN** *Frage 1 (687)*	**GEHEN** *Frage 5 – Code 3 (723)*		**RAUBÜBERFÄLLE** *Frage 15 – Code 2 (694)*
5	606.6		**GEHEN** *Frage 5 – Code 2 (666)* **GEHEN** *Frage 4 (611)*		**TESTERGEBNISSE** *Frage 6 (620)*
4	544.4		**GEHEN** *Frage 5 – Code 1 (605)* **GRÖSSER WERDEN** *Frage 8 (574)*	**WECHSELKURS** *Frage 11 (586)* **SKATEBOARD** *Frage 13 (570)* **SKATEBOARD** *Frage 14 (554)*	**RAUBÜBERFÄLLE** *Frage 15 – Code 1 (577)* **EXPORTE** *Frage 18 (565)*
3	482.4	**WÜRFEL** *Frage 3 (503)*	**GRÖSSER WERDEN** *Frage 7 – Code 2 (525)*	OECD-Durchschnitt = 500 **SKATEBOARD** *Frage 12 – Code 2 (496)*	
2	420.4	**TREPPE** *Frage 2 (421)*		**SKATEBOARD** *Frage 12 – Code 1 (464)* **WECHSELKURS** *Frage 10 (439)*	**EXPORTE** *Frage 17 (427)*
1	358.3		**GRÖSSER WERDEN** *Frage 7 – Code 1 (420)*	**WECHSELKURS** *Frage 9 (406)*	
Unter Stufe 1					

tung einfacher kombinatorischer Ergebnisse. Zum Beispiel müssen die Schülerinnen und Schüler bei Frage 9 der Testeinheit *Wechselkurs* (Abb. 2.10a) mit einem einfachen Wechselkurs Singapur Dollar (SGD)/Südafrikanischer Rand (ZAR), nämlich 1 SGD = 4,2 ZAR, umgehen. Die Frage verlangt von den Schülerinnen und Schülern, den Wechselkurs zur Umrechnung von 3 000 SGD in ZAR anzuwenden. Der Wechselkurs ist in Form einer vertrauten Gleichung dargestellt, und der erforderliche mathematische Schritt ist direkt und relativ offensichtlich. Bei den Beispielen 9.1 und 9.2 aus der Testeinheit *Blöcke Bauen* (*Building Blocks*, OECD, 2003e) wurden den Schülerinnen und Schülern Abbildungen vertrauter dreidimensionaler Formen vorgelegt, die sich aus kleinen Würfeln zusammensetzen, wobei sie die Zahl der kleinen Würfel, die die größeren Formen bilden, durch Zählen (oder Berechnung) ermitteln sollten.

... Aufgaben mit mittlerem Schwierigkeitsgrad erfordern mehr Umwandlung in eine mathematische Form ...

Um die Mitte der Skala erfordern die Items ein wesentlich größeres Maß an Interpretation, oft in Bezug auf Situationen, die relativ ungewohnt sind oder nicht praktisch geübt wurden. Sie verlangen häufig den Umgang mit verschiedenen Darstellungsformen der Situation, darunter eher formale mathematische Darstellungen, und eine gut durchdachte Verknüpfung dieser verschiedenen Darstellungen, um zu einem tieferen Verständnis zu gelangen und die Analyse zu erleichtern. Vielfach umfassen sie eine Argumentationskette oder eine Sequenz von Rechenschritten und erfordern u.U., dass die Schülerinnen und Schüler ihre Ergebnisse durch eine einfache Erklärung begründen. Zu typischen Tätigkeiten gehören das Interpretieren einer Reihe miteinander zusammenhängender Graphen; das Interpretieren eines Textes, seine Verknüpfung mit Informationen in einer Tabelle oder einem Graphen, das Herauslösen der relevanten Informationen und die Durchführung von Berechnungen; Maßstabsumwandlungen zur Berechnung von Entfernungen auf einer Karte; und Anwendung räumlichen Denkens und geometrischer Kenntnisse, um Entfernungen, Geschwindigkeiten und Zeiten zu berechnen. Zum Beispiel wird den Schülerinnen und Schülern bei der Testeinheit *Größer Werden* (Abb. 2.7b) ein Graph mit der Durchschnittsgröße weiblicher und männlicher Jugendlicher im Alter von 10 bis 20 Jahren vorgelegt. Bei Frage 7 aus der Einheit *Größer Werden* sollen die Schülerinnen und Schüler ermitteln, in welchem Lebensabschnitt weibliche Jugendliche durchschnittlich größer sind als ihre männlichen Altersgenossen. Die Schülerinnen und Schüler müssen den Graphen interpretieren, um genau zu verstehen, was dargestellt wird. Sie müssen auch die Graphen für weibliche und männliche Jugendliche zueinander in Bezug setzen und bestimmen, woran der zu ermittelnde Zeitraum deutlich wird und dann die relevanten Werte an der horizontalen Achse korrekt ablesen. Bei Frage 8 aus der Einheit *Größer Werden* müssen die Schülerinnen und Schüler eine schriftliche Erklärung dafür geben, wie der Graph eine Verlangsamung der Wachstumsrate für Mädchen ab einem bestimmten Alter zeigt. Um die Frage erfolgreich zu beantworten, müssen die Schülerinnen und Schüler verstehen, wie die Wachstumsrate in einem solchen Graphen dargestellt ist, dann erkennen, welche Veränderung in dem Graphen an dem angegebenen Punkt gegenüber einem Zeitraum davor eintritt und ihre Erklärung in klaren Worten schriftlich darlegen.

Am oberen Ende der Skala sind Aufgaben verortet, die im Allgemeinen eine Reihe verschiedener Elemente beinhalten und ein noch höheres Maß an Interpretation erfordern. Die Situationen sind in der Regel ungewohnt, so dass es relativ eingehender Überlegungen und einer gewissen Kreativität bedarf. Die Fragen verlangen gewöhnlich eine Argumentation der einen oder anderen Art, häufig in Form einer Erklärung. Zu typischen Tätigkeiten gehören das Interpretieren komplexer und nicht vertrauter Daten, die Anwendung einer mathematischen Konstruktion auf eine komplexe Situation aus dem Alltagsleben und der Einsatz mathematischer Modellierungsprozesse. In diesem Bereich der Skala umfassen die Aufgaben in der Regel mehrere Elemente, die die Schülerinnen und Schüler miteinander verknüpfen müssen, und ihre erfolgreiche Lösung setzt im Allgemeinen einen strategischen Ansatz mit mehreren aufeinander aufbauenden Schritten voraus. Zum Beispiel wird den Schülerinnen und Schülern bei Frage 15 aus der Testeinheit *Raubüberfälle* (Abb. 2.13a) ein gekürztes Stabdiagramm vorgelegt, das die Zahl der Raubüberfälle pro Jahr in zwei bestimmten Jahren zeigt. Es ist angegeben, wie ein Fernsehreporter diese Graphik interpretierte. Die Schülerinnen und Schüler sollen sich dazu äußern, ob sie die Aussage des Reporters für eine vernünftige Interpretation der Graphik halten und ihre Antwort begründen. Der Graph selbst ist etwas ungewöhnlich und erfordert ein gewisses Maß an Interpretation. Die Aussage des Reporters muss in Verbindung mit dem Graphen gedeutet werden. Dann ist ein gewisses mathematisches Verständnis und Denkvermögen heranzuziehen, um der Formulierung „vernünftige Interpretation" in diesem Kontext eine sinnvolle Bedeutung beizumessen. Letztlich muss die Schlussfolgerung in einer schriftlichen Erklärung klar dargelegt werden. Von 15-jährigen Schülerinnen und Schülern wird solch eine Sequenz von Gedankengängen und Handlungen im Allgemeinen als recht schwierig empfunden.

… während schwierige Aufgaben komplexer sind und mehr Interpretation bei unvertrauten Problemen verlangen.

Bei einer weiteren im Rahmenkonzept der PISA-Erhebung präsentierten Beispielaufgabe, Beispiel 3.2 aus der Testeinheit *Herzschlag* (*Heartbeat*, OECD, 2003e), werden den Schülerinnen und Schülern mathematische Formulierungen für die Beziehung zwischen der empfohlenen maximalen Herzfrequenz einer Person und ihrem Alter im Zusammenhang mit körperlichem Training vorgelegt. Bei der Frage sind die Schülerinnen und Schüler aufgefordert, die Formulierung unter Erfüllung einer bestimmten Bedingung richtig umzuwandeln. Sie müssen die Situation, die mathematischen Formulierungen und die veränderte Bedingung interpretieren und eine modifizierte Formulierung konstruieren, die die vorgegebene Bedingung erfüllt. Diese komplexe Abfolge miteinander zusammenhängender Aufgaben erwies sich für 15-Jährige ebenfalls als sehr schwierig.

Auf der Basis der Muster, die sich bei einer solchen Untersuchung des gesamten Aufgabenblocks ergeben, ist es möglich, den wachsenden Schwierigkeitsgrad auf der PISA-Mathematikskala so zu charakterisieren, dass er an den mathematischen Kompetenzen zu erkennen ist, die mit den Items an den verschiedenen Stellen entlang der Skala assoziiert sind.

So steigt der Schwierigkeitsgrad mit dem von den Schülern verlangten Ausmaß an Interpretation, Darstellung, komplexer Bearbeitung und Argumentation.

Der zunehmende Schwierigkeitsgrad der Mathematikaufgaben steht in Zusammenhang mit:

- Der Art und dem Grad der erforderlichen Interpretation und Reflektion, darunter der Natur der Anforderungen, die sich aus dem Problemkontext ergeben; der Frage, inwieweit die mathematischen Anforderungen des Problems ersichtlich sind bzw. die mathematische Struktur des Problems von den Schülerinnen und Schülern selbst herausgearbeitet werden muss; und dem Ausmaß, in dem tieferes mathematisches Verständnis, komplexe Denkprozesse und Verallgemeinerungen erforderlich sind;
- der Art der benötigten Darstellungsfähigkeiten, angefangen bei Problemen, bei denen nur eine Darstellungsform verwendet wird, bis hin zu Problemen, bei denen die Schülerinnen und Schüler zwischen verschiedenen Darstellungsformen hin und her wechseln oder selbst geeignete Repräsentationsformen finden müssen;
- der Art und dem Niveau der geforderten mathematischen Komplexität, angefangen bei einschrittigen Problemen, bei denen die Schülerinnen und Schüler grundlegende mathematische Fakten wiedergeben und einfache Rechenverfahren durchführen müssen, bis hin zu mehrschrittigen Problemen, die ein fortgeschritteneres Niveau mathematischer Kenntnisse, komplexe Entscheidungsprozesse, Informationsverarbeitung, Problemlösungs- und Modellierungsfähigkeiten voraussetzen;
- der Art und dem Grad der erforderlichen mathematischen Argumentation, angefangen bei Problemen, bei denen keinerlei Argumentation notwendig ist, über Probleme, bei denen die Schülerinnen und Schüler wohl bekannte Argumente anführen können, bis hin zu Problemen, bei denen sie mathematische Argumentationen formulieren oder die Argumentationen anderer verstehen bzw. die Richtigkeit der vorgebrachten Argumente oder Beweise beurteilen müssen.

WOZU DIE SCHÜLERINNEN UND SCHÜLER IN VIER MATHEMATIKBEREICHEN IN DER LAGE SIND

Die Schülerleistungen können auf vier Skalen zusammengefasst werden, die sich auf Raum und Form, Veränderung und Beziehungen, quantitatives Denken sowie Unsicherheitsphänomene erstrecken.

Wenn man die Schülerleistungen auf den vier Skalen in Verbindung mit Beispielen der diesen mathematischen Inhaltsbereichen zuzuordnenden Aufgaben betrachtet, ist es möglich, ein Profil dessen zu erstellen, was PISA im Hinblick auf die mathematischen Fähigkeiten der Schülerinnen und Schüler verdeutlicht. Bei zwei dieser Bereiche – *Veränderung und Beziehungen* sowie *Raum und Form* – können zudem Vergleiche zwischen den Mathematikleistungen von PISA 2003 und PISA 2000 angestellt werden.

Schülerleistungen auf der Mathematik-Subskala Raum und Form

Ein Viertel der Mathematikaufgaben, die den Schülerinnen und Schülern in PISA vorgelegt wurden, steht mit räumlichen und geometrischen Phänomenen und Beziehungen in Zusammenhang. Die Abbildungen 2.4a-c zeigen drei

Abbildung 2.4a ■ **Ein Beispiel für die in PISA verwendeten Mathematikaufgaben für die Subskala Raum und Form: Testeinheit ZIMMERMANN**

ZIMMERMANN

Ein Zimmermann hat 32 laufende Meter Holz und will damit ein Gartenbeet umranden. Er überlegt sich die folgenden Entwürfe für das Gartenbeet.

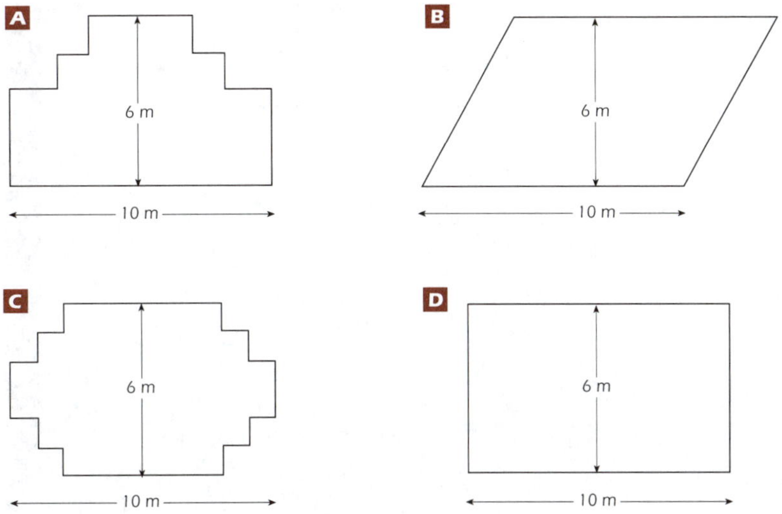

FRAGE 1

Können die Entwürfe mit 32 laufenden Metern Holz hergestellt werden? Kreise jeweils entweder „Ja" oder „Nein" ein.

Gartenbeet-Entwurf	Ist es mit diesem Entwurf möglich, das Gartenbeet mit 32 laufenden Metern Holz herzustellen?
Entwurf A	*Ja / Nein*
Entwurf B	*Ja / Nein*
Entwurf C	*Ja / Nein*
Entwurf D	*Ja / Nein*

Code 1 (687)

Antworten mit Ja, Nein, Ja, Ja, in dieser Reihenfolge.

Diese komplexe Multiple-Choice-Aufgabe hat einen bildungsbezogenen Kontext, denn hier geht es um ein realitätsnahes Problem, das gewöhnlich im Mathematikunterricht behandelt werden dürfte, und weniger um ein echtes Problem, das im Berufsalltag auftreten könnte. Obwohl solche Problemstellungen nicht als typisch betrachtet werden, wurde doch eine kleine Zahl entsprechender Aufgaben in die PISA-Erhebung aufgenommen. Die zur Lösung dieses Problems erforderlichen Kompetenzen sind aber zweifellos relevant und gehören zur mathematischen Grundbildung. Diese Aufgabe veranschaulicht die Stufe 6 mit einem Schwierigkeitsgrad von 687 Punkten. Sie gehört zum Inhaltsbereich Raum und Form und fällt in die Kompetenzklasse Herstellen von Zusammenhängen, da es sich nicht um ein geläufiges Problem handelt. Um die Aufgabe zu lösen, müssen die Schülerinnen und Schüler fähig sein zu erkennen, dass die zweidimensionalen Entwürfe A, C und D denselben Umfang haben. Sie müssen daher die visuellen Informationen dekodieren und Ähnlichkeiten und Unterschiede feststellen. Die Schülerinnen und Schüler müssen sehen können, ob es möglich ist oder nicht, mit 32 laufenden Metern Holz eine bestimmte Form der Umrandung herzustellen. In drei Fällen liegt dies wegen der rechteckigen Form gewissermaßen auf der Hand. Im vierten Fall handelt es sich jedoch um ein Parallelogramm, für das mehr als 32 Meter benötigt werden. Die hier gefragten geometrischen Einsichten und Argumentationsfähigkeiten sowie die Anwendung gewisser technischer Geometriekenntnisse machen dieses Item zu einer Aufgabe, die zu Stufe 6 gehört.

Abbildung 2.4b ■ **Ein Beispiel für die in PISA verwendeten Mathematikaufgaben für die Subskala Raum und Form: Testeinheit TREPPE**

TREPPE

Die folgende Abbildung zeigt eine Treppe mit 14 Stufen und einer Gesamthöhe von 252 cm:

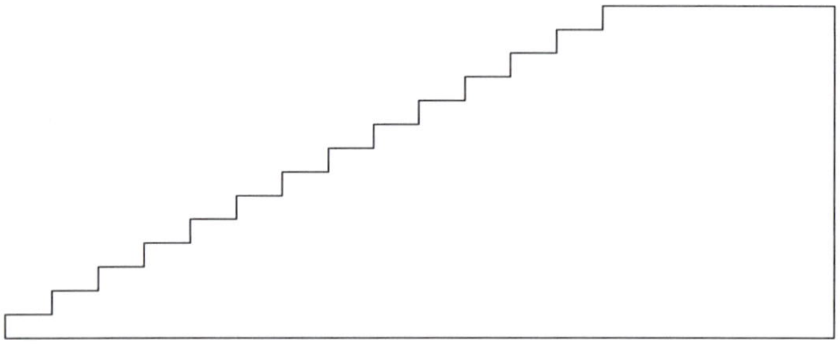

FRAGE 2

Wie hoch ist jede der 14 Stufen?

Höhe: ....*cm.*

Code 1 (421)

Antworten, die 18 cm angeben.

Diese kurze Frage mit offenem Antwortformat hat einen Alltagskontext für Zimmerleute und wurde daher dem beruflichen Kontext zugeordnet. Ihr Schwierigkeitsgrad entspricht 421 Punkten. Man braucht kein Zimmermann zu sein, um die relevanten Informationen zu verstehen; es liegt auf der Hand, dass ein informierter Bürger in der Lage sein sollte, ein Problem wie dieses, bei dem zwei verschiedene Repräsentationsformen verwendet werden, ein Text mit Zahlenangaben und eine graphische Darstellung, zu interpretieren und zu lösen. Die Graphik dient aber einem einfachen Zweck und ist nicht von entscheidender Bedeutung: Schüler wissen, wie eine Treppe aussieht. Diese Aufgabe ist bemerkenswert, weil sie überflüssige Informationen enthält (die Tiefe beträgt 400 cm), die von den Schülern manchmal als verwirrend empfunden werden, aber bei der Lösung von Alltagsproblemen sind solche Redundanzen häufig gegeben. Auf Grund des Kontextes ‚Treppe' ist die Aufgabe dem Inhaltsbereich Raum und Form zuzuordnen, das effektiv anzuwendende Verfahren ist jedoch eine einfache Division. Da es um eine grundlegende Operation mit Zahlen geht (252 muss durch 14 dividiert werden), gehört die Aufgabe zur Kompetenzklasse Wiedergabe von Fakten und Routineverfahren. Die Kompetenzanforderungen in Bezug auf Problemlösung beschränken sich hier darauf, durch das Abrufen und Anwenden von Standardkonzepten und verfahren nur den einen möglichen Lösungsweg zu finden. Alle erforderlichen Informationen, und sogar mehr als benötigt werden, sind in einer erkennbaren Situation dargelegt, die Schülerinnen und Schüler können die relevanten Informationen einer einzigen Quelle entnehmen, und bei dem Item wird im Wesentlichen auch nur eine Darstellungsform verwendet. In Kombination mit der Anwendung eines grundlegenden Algorithmus entspricht diese Aufgabe, wenn auch knapp, der Stufe 2.

Abbildung 2.4c ■ **Ein Beispiel für die in PISA verwendeten Mathematikaufgaben für die Subskala Raum und Form: Testeinheit SPIELWÜRFEL**

SPIELWÜRFEL

Rechts sind zwei Spielwürfel abgebildet.
Spielwürfel sind besondere Würfel mit Augen auf den Würfelflächen, für die folgende Regel gilt:
„Die Augensumme zweier gegenüberliegender Würfelflächen ist immer sieben."

FRAGE 3

Du kannst einen einfachen Spielwürfel durch das Schneiden, Falten und Zusammenkleben eines Kartons herstellen. Das kann auf viele Arten geschehen. Die folgende Skizze zeigt vier Vorlagen, die man verwenden kann, um Würfel mit Augen auf den Würfelflächen herzustellen.

Welche der folgenden Vorlagen kann/können so zusammengefaltet werden, dass ein Würfel entsteht, der die Regel erfüllt, dass die Augensumme von gegenüberliegenden Würfelflächen 7 ist? Kreise für jede Vorlage entweder „Ja" oder „Nein" in der nachfolgenden Tabelle ein.

I

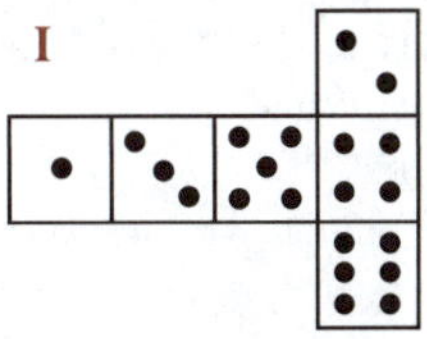

II

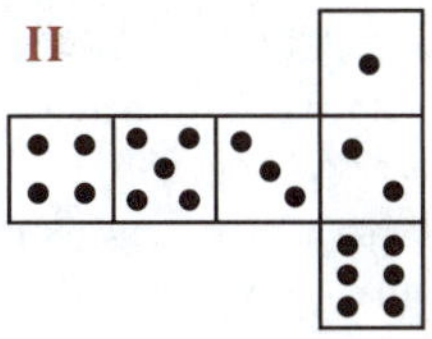

III

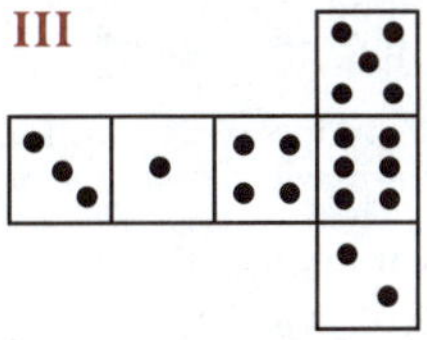

IV

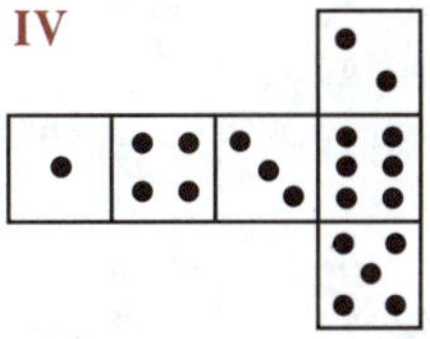

Vorlage	Erfüllt die Regel, dass die Augensumme von gegenüberliegenden Würfelflächen 7 ist?
I	Ja / Nein
II	Ja / Nein
III	Ja / Nein
IV	Ja / Nein

Code 1 (503)
Antworten mit Nein, Ja, Ja, Nein, in dieser Reihenfolge.

Diese komplexe Multiple-Choice-Aufgabe hat einen privaten Kontext. Ihr Schwierigkeitsgrad entspricht 503 Punkten. Bei vielen Spielen, mit denen sich Kinder in ihrem schulischen oder außerschulischen Umfeld beschäftigen, werden Würfel benutzt. Das Problem setzt kein vorheriges Wissen über diesen Würfel voraus, aber ein Verständnis der Regel, nach der er konstruiert ist: die Augensumme zweier gegenüberliegender Würfelflächen ist immer sieben. Bei dieser Regel steht zwar ein Zahlensachverhalt im Mittelpunkt, doch ist zur Lösung des gestellten Problems ein gewisses räumliches Verständnis oder bildliche Vorstellungskraft erforderlich. Diese Kompetenzen sind ein wesentlicher Bestandteil mathematischer Grundbildung, denn die Schülerinnen und Schüler leben im dreidimensionalen Raum und sind oft mit zweidimensionalen Darstellungen konfrontiert. Die Schüler müssen sich vorstellen können, ob die vier Spielwürfel-Vorlagen, wenn sie zu einem dreidimensionalen Würfel zusammengefaltet werden, die besagte Regel erfüllen. Die Aufgabe gehört daher zum Inhaltsbereich Raum und Form. Es handelt sich nicht um ein Routineproblem, denn es erfordert das Enkodieren und räumliche Interpretieren zweidimensionaler Objekte, eine Interpretation des entsprechenden dreidimensionalen Objekts, ein gedankliches Hin- und Herbewegen zwischen Modell und Realität und die Überprüfung bestimmter grundlegender quantitativer Relationen. Daher ist die Aufgabe der Kompetenzklasse Herstellen von Zusammenhängen zuzuordnen. Sie verlangt die Fähigkeit zu räumlichem Denken in einem privaten Kontext, wobei alle relevanten Informationen schriftlich und in Form von Graphen klar dargelegt sind. Die Aufgabe gehört zu Stufe 3.

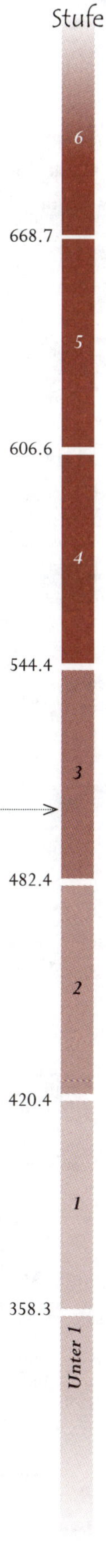

Beispielaufgaben aus dieser Kategorie; jeweils eine auf Stufe 2, Stufe 3 und Stufe 6.

In den meisten Ländern können weniger als 10% der Schülerinnen und Schüler die schwierigsten Aufgaben im Bereich Raum und Form lösen …

Die Kenntnisse und Fähigkeiten, die erforderlich sind, um die einzelnen Stufen zu erreichen, werden in Abbildung 2.5 zusammenfassend dargestellt. Bei PISA 2003 war nur ein kleiner Teil der 15-Jährigen – 5% im OECD-Raum insgesamt[7] – in der Lage, die sehr komplexen Aufgaben der Stufe 6 zu lösen. Jedoch erfüllen über 15% der Schüler in Korea und dem PISA-Partnerland Hongkong (China) und mehr als 10% der Schüler in Belgien, Japan, der Schweiz und der Tschechischen Republik sowie im Partnerland Liechtenstein die Anforderungen der Stufe 6 (Abb. 2.6a). Dagegen erreichen in Griechenland, Mexiko und

Abbildung 2.5 ■ **Kurzbeschreibung der sechs Kompetenzstufen auf der Mathematik-Subskala Raum und Form**

Stufe	Allgemeine Kompetenzen, die die Schüler auf den einzelnen Stufen besitzen sollten	Spezifische Aufgaben, die die Schüler zu lösen imstande sein sollten
6	*5% aller Schüler im OECD-Raum können Aufgaben der Stufe 6 auf der Skala Raum und Form lösen*	
	Komplexe Probleme lösen und dabei mit verschiedenen Darstellungen und häufig mit mehrschrittigen Rechenverfahren arbeiten; relevante Informationen identifizieren und entnehmen und unterschiedliche, aber miteinander in Zusammenhang stehende Informationen verknüpfen; mathematisches Denken sowie ausgeprägte Fähigkeiten zum Verständnis mathematischer Zusammenhänge und zum Reflektieren unter Beweis stellen; Ergebnisse und Befunde verallgemeinern, Lösungen mitteilen und Erklärungen und Argumentationen liefern.	– Komplexe Beschreibungen in Textform interpretieren und diese zu anderen (oft verschiedenen) Darstellungen in Bezug setzen – Mathematisches Denken beim Umgang mit Proportionalitäten in nicht vertrauten und komplexen Situationen anwenden – Tieferes mathematisches Verständnis aufbringen, um komplexe geometrische Situationen konzeptuell zu erfassen oder komplexe und ungewohnte Darstellungen zu interpretieren – Zur Lösung von Problemen verschiedene Informationsteile identifizieren und zusammenfügen – Eine Strategie entwerfen, um einen geometrischen Kontext mit bekannten mathematischen Verfahren und Routinetechniken zu verbinden – Korrekt und lückenlos eine komplexe Rechensequenz durchführen, z.B. Volumenberechnungen oder andere Routineverfahren in einem anwendungsbezogenen Kontext – Gestützt auf Reflektion, mathematisches Verständnis und Verallgemeinerung der Kenntnisse, schriftliche Erklärungen und Argumente präsentieren
5	*15% aller Schüler im OECD-Raum können mindestens Aufgaben der Stufe 5 auf der Skala Raum und Form lösen*	
	Probleme lösen, die die Aufstellung geeigneter Hypothesen erforderlich machen oder voraussetzen, dass mit vorgegebenen Hypothesen gearbeitet wird; gut entwickeltes räumliches Denken, Argumentationen und Einsichten nutzen, um relevante Informationen zu identifizieren und verschiedene Darstellungen zu interpretieren und miteinander zu verknüpfen; mit Strategien arbeiten und mehrschrittige Verfahren anwenden.	– Die Fähigkeit zu räumlichem/geometrischem Denken, Argumentieren, Reflektieren und zum Verständnis vertrauter und nicht vertrauter zwei- und dreidimensionaler Objekte unter Beweis stellen – Hypothesen aufstellen oder mit Hypothesen arbeiten, um in einem Realkontext ein geometrisches Problem zu vereinfachen und zu lösen, z.B. quantitative Schätzungen in einer Realsituation vornehmen und entsprechende Erklärungen geben – Verschiedene Darstellungen geometrischer Phänomene interpretieren – Geometrische Konstruktionen benutzen – Zur Lösung geometrischer Probleme eine mehrere Schritte umfassende Strategie konzeptualisieren und entwickeln – Wohl bekannte geometrische Algorithmen, wie den Lehrsatz des Pythagoras, anwenden, selbst in nicht vertrauten Situationen; und Berechnungen zur Bestimmung von Umfang, Flächen- und Rauminhalt durchführen

Stufe	Allgemeine Kompetenzen, die die Schüler auf den einzelnen Stufen besitzen sollten	Spezifische Aufgaben, die die Schüler zu lösen imstande sein sollten
4	*30% aller Schüler im OECD-Raum können mindestens Aufgaben der Stufe 4 auf der Skala Raum und Form lösen*	
	Probleme lösen, die visuelles und räumliches Denken und Argumentieren in ungewohnten Kontexten voraussetzen; verschiedene Darstellungen verknüpfen und integrieren; mehrschrittige Prozesse durchführen; gut ausgeprägte Fähigkeiten in Bezug auf räumliche Visualisierung und Interpretation unter Beweis stellen.	– Komplexes Textmaterial interpretieren, um geometrische Probleme zu lösen – Sequenzielle Anweisungen interpretieren und einer Reihe von Schritten folgen – Räumliches Verständnis nutzen, um ungewohnte geometrische Situationen zu interpretieren – Ein zweidimensionales Modell verwenden, um mit 3-D-Darstellungen einer nicht vertrauten geometrischen Situation zu arbeiten – Zwei verschiedene visuelle Darstellungen geometrischer Situationen verknüpfen und integrieren – Eine Strategie entwerfen und umsetzen, nach der Berechnungen in geometrischen Situationen durchzuführen sind – In einem geometrischen Kontext mathematisches Denken und Argumentieren im Hinblick auf Zahlenrelationen anwenden – Einfache Rechenoperationen durchführen (z.B. Multiplikation mehrstelliger Dezimalzahlen mit einer ganzen Zahl, Zahlenumwandlungen unter Berücksichtigung von Proportionalität und Maßstab, Berechnung des Flächeninhalts vertrauter Formen)
3	*51% aller Schüler im OECD-Raum können mindestens Aufgaben der Stufe 3 auf der Skala Raum und Form lösen*	
	Probleme lösen, die grundlegendes visuelles und räumliches Denken in vertrauten Kontexten voraussetzen; verschiedene Darstellungen vertrauter Objekte miteinander verknüpfen; grundlegende Problemlösefähigkeiten einsetzen (Entwicklung einfacher Strategien); einfache Algorithmen anwenden.	– Beschreibungen nicht vertrauter geometrischer Situationen in Textform interpretieren – Grundlegende Problemlösefähigkeiten wie das Entwerfen einer einfachen Strategie unter Beweis stellen – In einer vertrauten Situation visuelle Wahrnehmung und grundlegende Fähigkeiten zu räumlichem Denken einsetzen – Mit einem bestimmten, bereits vertrauten mathematischen Modell arbeiten – Einfache Rechenoperationen durchführen, wie z.B. Umrechnung in einen anderen Maßstab (durch Multiplikation oder proportionales Denken) – Bekannte Algorithmen zur Lösung geometrischer Probleme anwenden (z.B. Berechnung der Länge bei vertrauten Formen)
2	*71% aller Schüler im OECD-Raum können mindestens Aufgaben der Stufe 2 auf der Skala Raum und Form lösen*	
	Probleme unter Verwendung einer einzigen mathematischen Darstellung lösen, in der der mathematische Inhalt direkt und klar dargelegt ist; grundlegende mathematische Überlegungen und Regeln in vertrauten Kontexten anwenden.	– Einfache geometrische Muster erkennen – Grundlegende technische Begriffe und Definitionen sowie grundlegende geometrische Konzepte (z.B. Symmetrie) anwenden – Eine mathematische Interpretation eines allgemeinsprachlichen, eine Beziehung ausdrückenden Begriffs (z.B. “größer”) in einem geometrischen Kontext verwenden – Sich ein Objekt zwei- bzw. dreidimensional vorstellen und damit arbeiten – Eine visuelle zweidimensionale Darstellung einer vertrauten Realsituation verstehen – Zur Lösung von Problemen in einem geometrischen Kontext einfache Rechenoperationen durchführen (z.B. Subtraktion, Division durch zweistellige Zahlen)
1	*87% aller Schüler im OECD-Raum können mindestens Aufgaben der Stufe 1 auf der Skala Raum und Form lösen*	
	Anhand vertrauter Bilder oder Zeichnungen geometrischer Objekte und durch Zählen oder Anwendung grundlegender Rechenverfahren einfache Probleme in einem vertrauten Kontext lösen.	– Eine bestimmte zweidimensionale Darstellung benutzen, um die einzelnen Elemente eines einfachen dreidimensionalen Objekts zu zählen oder zu berechnen

Portugal sowie in den Partnerländern Brasilien, Indonesien, Serbien[8], Thailand, Tunesien und Uruguay weniger als 1% der Schüler die Stufe 6 (Tabelle 2.1a).

... aber in 12 OECD-Ländern können mindestens 25% lediglich sehr einfache Aufgaben bewältigen.

Mindestens ein Viertel der Schülerinnen und Schüler in Griechenland, Irland, Italien, Luxemburg, Mexiko, Norwegen, Polen, Portugal, Spanien, Türkei, Ungarn und den Vereinigten Staaten sowie in den Partnerländern Brasilien, Indonesien, Lettland, der Russischen Föderation, Serbien, Thailand, Tunesien und Uruguay erreichen nicht die Stufe 2. Diese Stufe wurde gewählt, um die Ländergebnisse in Abbildung 2.6a zu alignieren, denn sie repräsentiert das Basisniveau an Mathematikkompetenzen auf der PISA-Skala, bei dem die Schülerinnen und Schüler die Art von Grundbildung unter Beweis zu stellen beginnen, die sie befähigt, Mathematik entsprechend der PISA-Definition aktiv einzusetzen: Auf Stufe 2 können die Schülerinnen und Schüler direkte Schlüsse

Abbildung 2.6a ■ **Prozentualer Anteil der Schülerinnen und Schüler auf den jeweiligen Kompetenzstufen der Mathematik-Subskala Raum und Form**

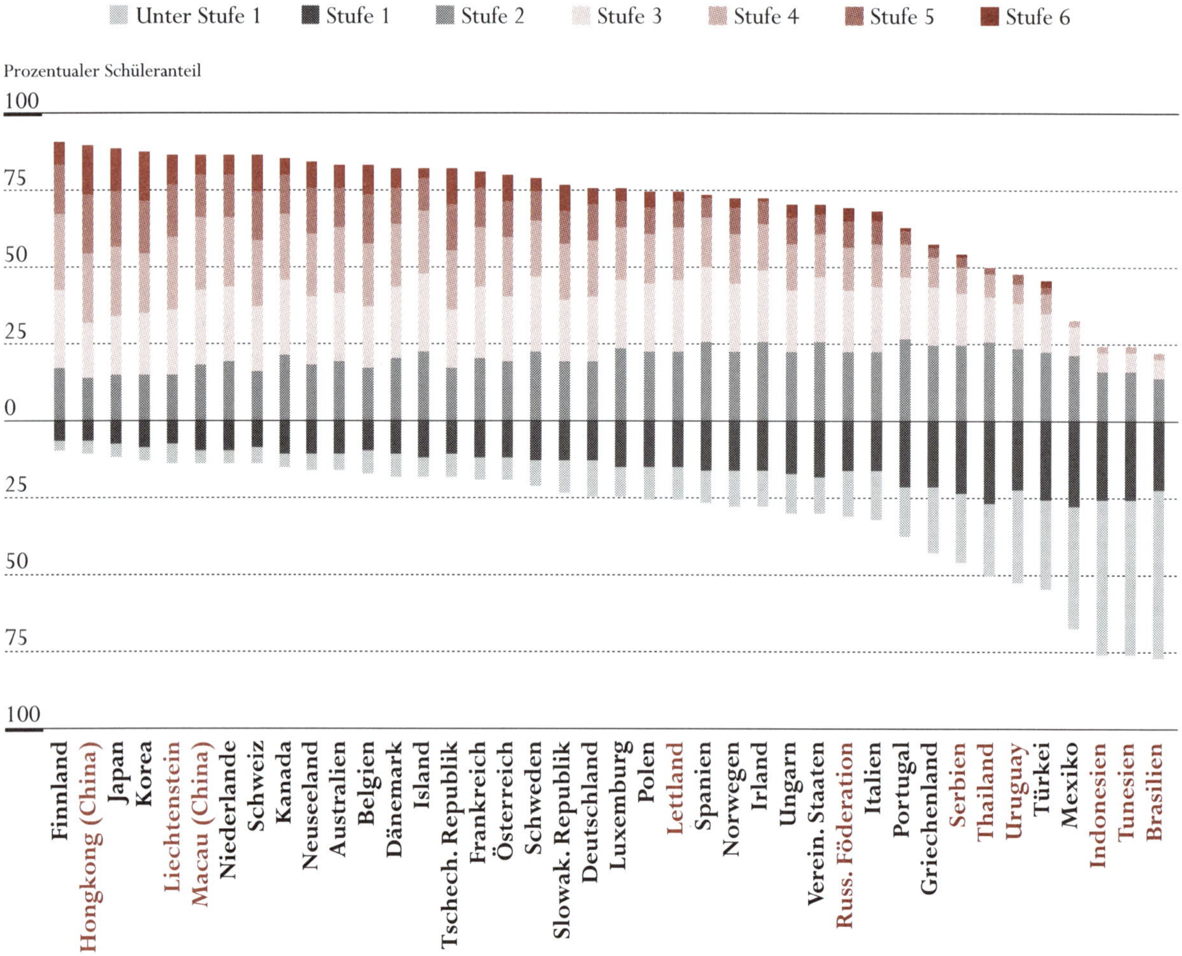

Die Länder sind in absteigender Reihenfolge nach dem prozentualen Anteil der 15-Jährigen auf den Stufen 2, 3, 4, 5 und 6 angeordnet.
Quelle: OECD PISA-2003-Datenbank, Tabelle 2.1a.

ziehen, um die mathematischen Elemente einer Situation zu erkennen, eine einzelne Darstellung dazu verwenden, um eine Situation zu untersuchen und zu verstehen, grundlegende Algorithmen, Formeln und Verfahren einsetzen sowie wörtliche Interpretationen vornehmen und direkte Argumente ableiten. In Finnland liegen die Leistungen von über 90% der Schülerinnen und Schüler auf oder über dieser Schwelle.

Die überwiegende Mehrheit der Schülerinnen und Schüler, d.h. 87%, sind mindestens in der Lage, die einfachsten Aufgaben im Bereich Raum und Form zu lösen, die zum Erreichen der Stufe 1 erforderlich sind (Tabelle 2.1a). Aber auch hier gibt es zwischen den einzelnen Ländern erhebliche Unterschiede.

Die globalen Durchschnittsleistungen der Länder können miteinander verglichen werden, aber in einigen Fällen sind die Differenzen statistisch nicht signifikant …

Ein Vergleich der mittleren Punktzahlen ist eine Möglichkeit, um die Schülerleistungen zusammenfassend darzustellen und die relative Position der einzelnen Länder auf der Mathematik-Subskala Raum und Form zu vergleichen. Er wird in Abbildung 2.6b gezeigt. Wie in Kasten 2.1 erläutert, sollten bei der Interpretation der Durchschnittsleistungen nur die statistisch signifikanten Differenzen zwischen den Ländern berücksichtigt werden. Aus der Abbildung geht hervor, bei welchen Länderpaaren die Mittelwertunterschiede groß genug sind, um mit ziemlicher Sicherheit sagen zu können, dass die höhere Leistung der Schülerstichprobe eines Landes repräsentativ für dessen gesamte Population der 15-Jährigen ist. Zum Vergleich der Ergebnisse eines Landes mit denen der Länder im Tabellenkopf ist die Zeile des betreffenden Landes zu lesen. Die Farben lassen erkennen, ob die durchschnittlichen Ergebnisse des jeweiligen Landes entweder signifikant unter denen des Vergleichslandes liegen, nicht in statistisch signifikanter Weise von diesen abweichen oder signifikant höher sind. Bei Mehrfachvergleichen, wenn z.B. die Ergebnisse eines Landes mit denen aller anderen Länder verglichen werden, ist noch mehr Vorsicht geboten: Zu einem solchen Zweck sollten nur die Resultate jener Vergleiche als statistisch signifikant angesehen werden, die durch ein nach oben bzw. nach unten gerichtetes Symbol gekennzeichnet sind[9]. Abbildung 2.6b zeigt auch, ob die Ergebnisse der Länder über, im oder unter dem OECD-Durchschnitt liegen. Die Ergebnisse für das Vereinigte Königreich wurden bei diesem und anderen Vergleichen ausgeklammert, da die Daten für England nicht den Standards für die Beteiligungsquote entsprachen, die die OECD-Länder festgelegt hatten, um zu gewährleisten, dass PISA verlässliche und international vergleichbare Daten liefert (Anhang A3).

Abbildung 2.6b ■ Vergleich der Durchschnittsergebnisse auf der Mathematik-Subskala Raum und Form

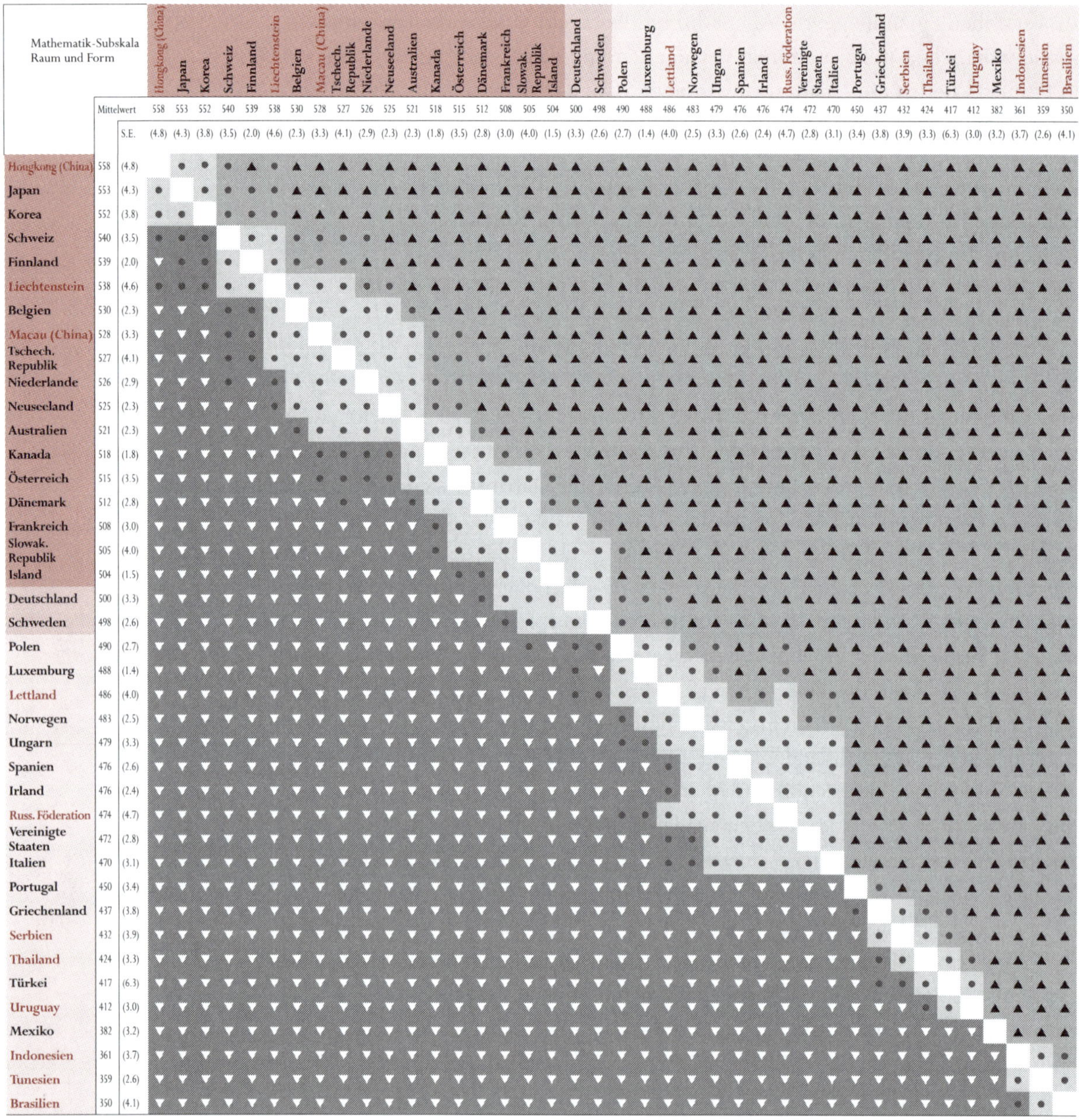

Spannweite der Rangplätze*

		Hongkong (China)	Japan	Korea	Schweiz	Finnland	Liechtenstein	Belgien	Macau (China)	Tschech. Republik	Niederlande	Neuseeland	Australien	Kanada	Österreich	Dänemark	Frankreich	Slowak. Republik	Island	Deutschland	Schweden	Polen	Luxemburg	Lettland	Norwegen	Ungarn	Spanien	Irland	Russ. Föderation	Vereinigte Staaten	Italien	Portugal	Griechenland	Serbien	Thailand	Türkei	Uruguay	Mexiko	Indonesien	Tunesien	Brasilien
OECD-Länder	Oberer Rangplatz		1	1	3	3		5		5	5	5	7	9	9	10	11	12	13	14	15	17	18		19	20	21	21		22	22	26	27			28		29			
	Unterer Rangplatz		2	2	4	4		7		9	9	9	11	11	13	14	15	17	16	17	17	20	20		21	24	25	24		25	25	26	27			28		29			
Alle Länder	Oberer Rangplatz	1	1	1	4	4	4	6	6	6	7	8	10	12	12	13	14	15	16	17	18	20	21	21	22	23	25	25	24	26	27	31	32	32	33	34	35	37	38	38	39
	Unterer Rangplatz	3	3	3	6	6	8	10	12	12	12	12	14	14	16	17	18	20	19	20	20	23	23	26	26	29	29	29	30	30	30	31	33	34	35	36	36	37	39	40	40

* *Anmerkung: Da die Daten auf Stichprobenbeziehungen beruhen, ist es nicht möglich, den genauen Rangplatz eines Landes zu bestimmen. Es können jedoch der jeweils obere und untere Rangplatz angegeben werden, zwischen denen das Land mit 95%iger Wahrscheinlichkeit liegt.*

Erläuterungen:

Zum Vergleich der Ergebnisse eines Landes mit denen der Länder im Tabellenkopf ist die Zeile des betreffenden Landes zu lesen. Die Symbole zeigen, ob die Durchschnittsergebnisse des Landes in der jeweiligen Zeile über oder unter denen des Vergleichslandes liegen oder ob zwischen den Durchschnittsergebnissen beider Länder kein statistisch signifikanter Unterschied besteht.

Ohne Bonferroni-Korrektur:
- Durchschnittsergebnisse statistisch signifikant höher als im Vergleichsland
- Kein statistisch signifikanter Unterschied gegenüber dem Vergleichsland
- Durchschnittsergebnisse statistisch signifikant niedriger als im Vergleichsland

Mit Bonferroni-Korrektur:
- ▲ Durchschnittsergebnisse statistisch signifikant höher als im Vergleichsland
- ● Kein statistisch signifikanter Unterschied gegenüber dem Vergleichsland
- ▽ Durchschnittsergebnisse statistisch signifikant niedriger als im Vergleichsland

- Statistisch signifikant über dem OECD-Durchschnitt
- Kein statistisch signifikanter Unterschied zum OECD-Durchschnitt
- Statistisch signifikant unter dem OECD-Durchschnitt

Quelle: OECD PISA-2003-Datenbank.

Kasten 2.1 ■ **Zur Interpretation der Statistiken**

Standardfehler und Konfidenzintervalle. Die in diesem Bericht enthaltenen Statistiken stellen *Schätzwerte* der nationalen Leistung auf der Basis von Schülerstichproben dar, und nicht etwa aus den Antworten sämtlicher Schülerinnen und Schüler eines Landes auf sämtliche Fragen errechnete Werte. Daher ist es wichtig, die mögliche Höhe des Messfehlers dieser Schätzungen zu kennen. In PISA 2003 wird bei jeder Schätzung ein Messfehler angegeben, der durch den Standardfehler (S.E.) ausgedrückt ist. Die Verwendung von Konfidenzintervallen ermöglicht es, Schlüsse in Bezug auf die Populationsdurchschnittswerte und -prozentsätze zu ziehen und dabei den an die Stichprobenschätzungen geknüpften Messfehler zu berücksichtigen. Unter der gewöhnlich vertretbaren Annahme einer normalen Verteilung und sofern in diesem Bericht nicht anders vermerkt, liegt der echte Wert mit einer Wahrscheinlichkeit von 95% innerhalb des Konfidenzintervalls.

Überprüfung der Unterschiedshypothesen. Für diesen Bericht wurden die Unterschiede zwischen den für die Länderstichproben ermittelten Prozentsätzen und Durchschnittsergebnissen auf ihre statistische Signifikanz hin getestet, um beurteilen zu können, ob diese Unterschiede auch tatsächlich zwischen den Populationen bestehen, denen die Stichproben entstammen. Bei jedem Test wurde davon ausgegangen, dass die Irrtumswahrscheinlichkeit, mit der aus einem zwischen zwei Stichproben beobachteten Unterschied infolge eines Stichproben- und Messfehlers auf einen Unterschied zwischen den entsprechenden Populationen geschlossen wird, obwohl in Wirklichkeit zwischen den beiden Populationen kein echter Unterschied besteht, 5% nicht übersteigt. In den Abbildungen und Tabellen, die Mehrfachvergleiche von Ländermittelwerten zeigen, werden ebenfalls entsprechende Signifikanztests durchgeführt, die die Wahrscheinlichkeit, dass der Mittelwert eines gegebenen Landes im Vergleich zu dem eines anderen Landes fälschlicherweise als unterschiedlich bezeichnet wird, wenn effektiv keine Differenzen bestehen, auf 5% begrenzen (Anhang A4).

Aus den in Kasten 2.1 dargelegten Gründen ist es nicht möglich, bei den internationalen Vergleichen den genauen Rangplatz eines Landes zu bestimmen. Abbildung 2.6b zeigt jedoch den jeweils oberen und unteren Rangplatz, zwischen denen das Land mit 95%iger Wahrscheinlichkeit liegt. Es wurden die Ergebnisse für die OECD-Länder und alle Länder wiedergegeben, die an PISA 2003 teilgenommen haben, d.h. sowohl die OECD-Länder als auch die Partnerländer. So erzielt z.B. das Partnerland Hongkong (China) den höchsten Mittelwert auf der Skala Raum und Form vor Japan und Korea, wobei jedoch festgestellt werden muss, dass die Unterschiede zwischen diesen Ländern statistisch nicht signifikant sind. Wegen Stichprobenfehlern ist es nicht möglich zu bestimmen, welches Land den höchsten Rang einnimmt, aber es kann gesagt werden, dass Japan, Korea und Hongkong (China) mit 95%iger Wahrscheinlichkeit zwischen dem 1. und dem 3. Rangplatz unter allen Ländern liegen.

... so dass nur gesagt werden kann, innerhalb welcher Spannweite der Rangplatz der einzelnen Länder liegt, wobei Hongkong (China), Japan und Korea am besten abschneiden.

Schließlich muss berücksichtigt werden, dass sich hinter durchschnittlichen Leistungswerten erhebliche Leistungsdifferenzen innerhalb der Länder verbergen, in denen sich das unterschiedliche Leistungsniveau vieler verschiedener Schülergruppen widerspiegelt. Wie bereits bei früheren internationalen Schulleis-

Da jedoch rd. 90% der Leistungsunterschiede innerhalb der Länder auftreten, sind die Länderdurchschnitte nur Teil eines Bilds.

tungsstudien, wie der Dritten Internationalen Mathematik- und Naturwissenschaftsstudie (TIMSS) der IEA, die 1995 und 1999 durchgeführt wurde, und die Studie über Trends bei den Schülerleistungen in Mathematik und Naturwissenschaften (TIMSS) der IEA von 2003, entfallen nur etwa 10% der Varianz der Schülerleistungen auf der Gesamtskala Mathematik auf Leistungsunterschiede zwischen den einzelnen Ländern, und nur dieser Anteil kann daher durch einen Vergleich der Länderdurchschnittswerte erfasst werden (Tabelle 5.21a). Die übrigen Leistungsunterschiede sind innerhalb der einzelnen Länder zu beobachten, d.h. zwischen verschiedenen Bildungssystemen und Bildungsgängen, zwischen Schulen und zwischen Schülern innerhalb von Schulen.

Bei der Mathematikskala Raum und Form sind auch erhebliche Unterschiede zwischen Jungen und Mädchen festzustellen, mehr noch als bei den drei anderen Mathematik-Subskalen. Die geschlechtsspezifischen Unterschiede treten am deutlichsten am oberen Ende der Skala zu Tage. Im Durchschnitt der Länder

Kasten 2.2 ■ **Interpretation der Unterschiede in den PISA-Ergebnissen: Wie groß sind die Abstände?**

Was bedeutet ein Unterschied von beispielsweise 50 Punkten zwischen den Ergebnissen von zwei verschiedenen Schülergruppen? Die folgenden Beispiele können dazu beitragen, den Umfang der Punktwertdifferenzen zu beurteilen.

Ein Unterschied von 62 Punkten entspricht der Höhe einer Kompetenzstufe auf den PISA-Mathematikskalen. Ein Unterschied von einer Kompetenzstufe kann konkret als ein vergleichsweise großer Unterschied zwischen der Leistung verschiedener Schüler angesehen werden. Im Hinblick auf die Denk- und Argumentationsfähigkeiten, die weiter oben in dem Abschnitt über die Dimension Prozesse der PISA-2003-Rahmenkonzeption beschrieben wurden, verlangt die Stufe 3 von den Schülerinnen und Schülern, sequenzielle Entscheidungen zu treffen und verschiedene Informationsquellen zu interpretieren und Schlüsse daraus abzuleiten, während es für die Stufe 2 ausreichend ist, wenn die Schülerinnen und Schüler mit grundlegenden Algorithmen, Formeln, Verfahren und Regeln umgehen können. Was Modellierungsfähigkeiten angeht, so müssen die Schülerinnen und Schüler bei Stufe 3 verschiedene Darstellungsmodelle nutzen, während es bei Stufe 2 nur auf das Erkennen, Anwenden und Interpretieren grundlegender vorgegebener Modelle ankommt.

Als weitere Referenzgröße kann der Leistungsunterschied auf der Mathematikskala zwischen den OECD-Ländern mit dem höchsten und dem niedrigsten durchschnittlichen Ergebnis herangezogen werden. Er beträgt 159 Punkte. Der Leistungsabstand zwischen den Ländern mit dem dritthöchsten und dem drittniedrigsten Durchschnittsergebnis beläuft sich auf 93 Punkte.

In den 26 OECD-Ländern schließlich, in denen sich eine beträchtliche Zahl der 15-Jährigen in den PISA-Stichproben auf mindestens zwei Klassenstufen verteilte, impliziert der Unterschied zwischen Schülern der beiden Klassenstufen, dass ein Schuljahr im Durchschnitt 41 Punkten auf der PISA-Mathematikskala entspricht (Tabelle A1.2, Anhang A1)[10].

erreichen 7% der Jungen die Kompetenzstufe 6, während das nur bei 4% der Mädchen der Fall ist, und in Japan, Korea, der Schweiz, der Slowakischen Republik, der Tschechischen Republik und dem Partnerland Liechtenstein beträgt der geschlechtsspezifische Leistungsunterschied mindestens rd. 6 Prozentpunkte (Tabelle 2.1b).

Jungen schneiden in diesem Mathematikbereich in den meisten Ländern besser ab als Mädchen, vor allem am oberen Ende der Skala.

Allerdings sind diese Differenzen in den meisten Ländern über das gesamte Kompetenzspektrum betrachtet nicht bedeutend[11]. Im OECD-Raum insgesamt lagen die Leistungen der Jungen auf der Skala Raum und Form um durchschnittlich 16 Punkte über denen der Mädchen, und in allen Ländern schnitten Jungen besser ab als Mädchen, mit Ausnahme Islands, wo die Leistungen der Mädchen die der Jungen übertrafen. Dieser Leistungsvorsprung der Jungen erreicht in der Slowakischen Republik und dem Partnerland Liechtenstein mehr als 35 Punkte, was einer halben Kompetenzstufe auf der Mathematikskala entspricht. Dieser globale Unterschied zu Gunsten der Jungen ist jedoch in sieben Teilnehmerländern, nämlich Finnland, Japan, den Niederlanden und Norwegen sowie den Partnerländern Hongkong (China), Serbien und Thailand statistisch nicht signifikant (Tabelle 2.1c).

Bei Vergleichen dieser Ergebnisse mit PISA 2000 ist Vorsicht geboten ...

Es ist auch möglich zu schätzen, inwieweit sich die Mathematikleistungen auf der Skala Raum und Form seit dem letzten PISA-Test im Jahr 2000 verändert haben. Solche Unterschiede müssen jedoch mit Vorsicht interpretiert werden. Da nur Daten für zwei Zeitpunkte vorliegen, lässt sich erstens nicht beurteilen, inwieweit die beobachteten Unterschiede auf längerfristige Trends hindeuten. Zweitens werden, obwohl das Gesamtkonzept der PISA-Messungen in den verschiedenen Zyklen konsistent ist, doch weiterhin kleinere Verbesserungen vorgenommen, weshalb es voreilig wäre, zu diesem Zeitpunkt aus geringen Veränderungen der Ergebnisse allzu weitgehende Schlussfolgerungen zu ziehen. Zudem schränken Stichproben- sowie Messfehler die Reliabilität der Vergleiche von Ergebnissen im Zeitverlauf ein. Beide Arten von Fehlern treten zwangsläufig auf, wenn Erhebungen durch eine begrenzte Anzahl gemeinsamer Items im Zeitverlauf verknüpft werden. Um diesem Faktor Rechnung zu tragen, wurde das Konfidenzband für Vergleiche im Zeitverlauf entsprechend ausgeweitet[12].

... und sie zeigen wenig Veränderungen im Durchschnitt, Verbesserungen in vier und einen Rückgang in zwei OECD-Ländern.

Unter Berücksichtigung dieser Einschränkungen lassen sich folgende Vergleiche anstellen. Im Durchschnitt der OECD-Länder haben sich die Leistungen in den 25 Ländern, für die vergleichbare Daten vorliegen, auf der Skala Raum und Form nicht nennenswert verändert (2000 betrug die durchschnittliche Punktzahl 494, gegenüber 496 im Jahr 2003). Wenn man jedoch die Leistungsveränderungen in den einzelnen Ländern betrachtet, ergibt sich ein uneinheitliches Bild (Abb. 2.6c und 2.6d und Tabellen 2.1c und 2.1d). In Belgien und Polen waren Leistungssteigerungen um 28 bzw. 20 Punkte zu beobachten, was ungefähr dem Unterschied einer halben Klassenstufe bei den Schülerleistungen in den OECD-Ländern entspricht (vgl. Kasten 2.2). Italien, die Tschechische Republik und die Partnerländer Brasilien, Indonesien, Lettland und Thailand verzeichneten ebenfalls erhebliche Leistungsverbesserungen auf der Skala Raum und Form, während sich die Ergebnisse Islands und Mexikos verschlechterten. In Mexiko

könnte dies z.T. auf die intensiven Anstrengungen zurückzuführen sein, die Bildungsbeteiligung im Sekundarbereich im ganzen Land zu erhöhen[13,14]. In den übrigen Ländern war bei einem Konfidenzniveau von 95% keine statistisch signifikante Veränderung der Durchschnittsergebnisse festzustellen.

Aber interessant sind nicht nur Veränderungen der Durchschnitts-ergebnisse …

In der Regel werden Veränderungen der Durchschnittsergebnisse herangezogen, um qualitative Verbesserungen von Schulen und Bildungssystemen zu bewerten. Wie bereits ausgeführt, liefern die Durchschnittsergebnisse jedoch kein vollständiges Bild der Schülerleistungen und können erhebliche Differenzen innerhalb von Klassen, Schulen oder Bildungssystemen verdecken. Darüber hinaus sind die Länder bestrebt, nicht nur hohe Leistungen zu fördern, sondern

Abbildung 2.6c ■ **Vergleich zwischen PISA 2003 und PISA 2000 auf der Mathematik-Subskala Raum und Form**

Signifikanzniveaus	2003 höher als 2000	2003 niedriger als 2000	Kein statistisch signifikanter Unterschied
Bei 90% Konfidenzniveau	+	-	○
Bei 95% Konfidenzniveau	++	--	
Bei 99% Konfidenzniveau	+++	---	

Beobachtete Unterschiede bei Mittelwert und Perzentilen

	5.	10.	25.	Mittelwert	75.	90.	95.
OECD-Länder							
Australien	○	○	○	○	○	○	○
Österreich	○	○	○	○	○	○	○
Belgien	+	○	++	+++	+++	+++	+++
Kanada	○	○	○	○	○	○	○
Tschech. Republik	++	++	++	++	+	○	○
Dänemark	---	---	---	-	○	○	○
Finnland	++	+	○	○	○	○	○
Frankreich	○	○	○	○	○	++	○
Deutschland	○	○	○	+	+	○	○
Griechenland	○	○	○	○	--	--	--
Ungarn	○	○	○	○	○	+	++
Island	---	---	---	--	○	○	○
Irland	○	○	○	○	○	○	○
Italien	○	○	+	++	++	++	+
Japan	○	○	○	○	○	○	○
Korea	○	○	○	+	○	○	○
Mexiko	-	--	--	--	--	-	-
Neuseeland	○	○	○	○	○	○	○
Norwegen	○	○	○	○	○	○	○
Polen	+++	+++	+++	++	○	○	○
Portugal	+++	+++	++	○	○	○	○
Spanien	○	○	○	○	○	○	○
Schweden	○	○	○	○	--	--	--
Schweiz	○	○	○	○	○	○	○
Vereinigte Staaten	○	○	○	○	○	+	+
OECD insgesamt	○	○	○	○	○	○	○
OECD-Durchschnitt	○	○	○	○	○	○	○
Partnerländer							
Brasilien	+++	+++	+++	+++	+	○	○
Hongkong (China)	○	○	○	+	+++	+	○
Indonesien	+++	+++	+++	+++	○	○	○
Lettland	+++	+++	+++	+++	++	+	○
Liechtenstein	○	○	○	○	○	○	○
Russ. Föderation	○	○	○	○	○	○	○
Thailand	+++	+++	++	++	○	○	○

Quelle: OECD PISA-2003- und PISA-2000-Datenbanken, Tabellen 2.1c und 2.1d.

auch interne Leistungsdisparitäten möglichst gering zu halten. Sowohl die Eltern als auch die breite Öffentlichkeit sind sich der Problematik schwacher Leistungen sowie der Tatsache bewusst, dass Schulabgänger mit einem Defizit an grundlegenden Qualifikationen schlechten Beschäftigungsaussichten entgegensehen. Bei einem hohen Anteil von Schülern am unteren Ende der Gesamtskala Mathematik mag Besorgnis aufkommen, dass ein großer Teil der künftigen Arbeitskräfte und Wähler vielleicht nicht über hinreichende Fähigkeiten verfügen werden, fundierte Entscheidungen zu treffen, die von ihnen verlangt werden.

… denn z.T. gehen die Veränderungen auf bestimmte Segmente des Leistungsspektrums zurück.

Daher ist es wichtig, die beobachteten Leistungsveränderungen näher zu untersuchen. Wie aus Abbildung 2.6c ersichtlich, sind einige der beobachteten Veränderungen nicht zwangsläufig mit einem gleichmäßigen Anstieg oder Rückgang über das gesamte Leistungsspektrum verbunden. In manchen Ländern sind die Leistungen über das gesamte Spektrum gesehen innerhalb eines Dreijahreszeitraums stärker oder schwächer geworden, da Veränderungen in einem Segment nicht entsprechende Veränderungen in einem anderen gegenüberstanden.

Die Verbesserungen in Belgien und Italien waren vor allem den leistungsstärkeren Schülerinnen und Schülern zuzuschreiben …

In Belgien z.B. ist die Steigerung der Durchschnittsleistung auf der Mathematikskala Raum und Form um 28 Punkte hauptsächlich durch bessere Ergebnisse im oberen Teil der Leistungsverteilung bedingt, wie an der Zunahme der Punktzahlen beim 75., 90. und 95. Perzentil festzustellen ist, während sich die Situation am unteren Ende der Leistungsverteilung kaum verändert hat (Abb. 2.6c und 2.6d sowie Tabellen 2.1c und 2.1d). Ein ähnliches, wenn auch weniger ausgeprägtes Bild ergibt sich für Italien. Damit hat sich das Gesamtergebnis in diesen beiden Ländern erhöht, doch ist der Abstand zwischen den leistungsstarken und den leistungsschwachen Schülern größer geworden.

… wohingegen das Gesamtergebnis in Polen und der Tschechischen Republik gestiegen ist, weil die leistungsschwächeren Schüler in der Tendenz aufgeholt haben.

Demgegenüber ist die Steigerung der Durchschnittsleistung auf der Mathematikskala Raum und Form in Polen hauptsächlich einer Verbesserung am unteren Ende der Leistungsverteilung zuzuschreiben (d.h. dem 5., 10. und 25. Perzentil). So lagen 2003 weniger als 5% der Schülerinnen und Schüler in Polen unter dem Leistungsstandard, den noch 10% von ihnen im Jahr 2000 unterschritten hatten. Somit ist es Polen gelungen, ein durchschnittlich höheres Leistungsniveau der 15-Jährigen auf der Mathematikskala Raum und Form zu erreichen und gleichzeitig den globalen Leistungsabstand zwischen leistungsschwächeren und leistungsstärkeren Schülerinnen und Schülern in diesem Zeitraum zu verringern. Diese Veränderung dürfte wohl mit der weitreichenden Reform des Bildungssystems von 1999 zusammenhängen, die inzwischen zu stärker integrierten Bildungsstrukturen geführt hat. Das gleiche gilt in geringerem Maße auch für die Tschechische Republik, dem anderen Land, das einen merklichen Anstieg seiner Durchschnittsergebnisse verzeichnete (Abb. 2.6c und 2.6d sowie Tabellen 2.1c und 2.1d).

Abbildung 2.6d ■ **Unterschiede bei den Mittelwerten zwischen PISA 2003 und PISA 2000 auf der Mathematik-Subskala Raum und Form**

Nur Länder mit validen Daten für 2003 sowie 2000

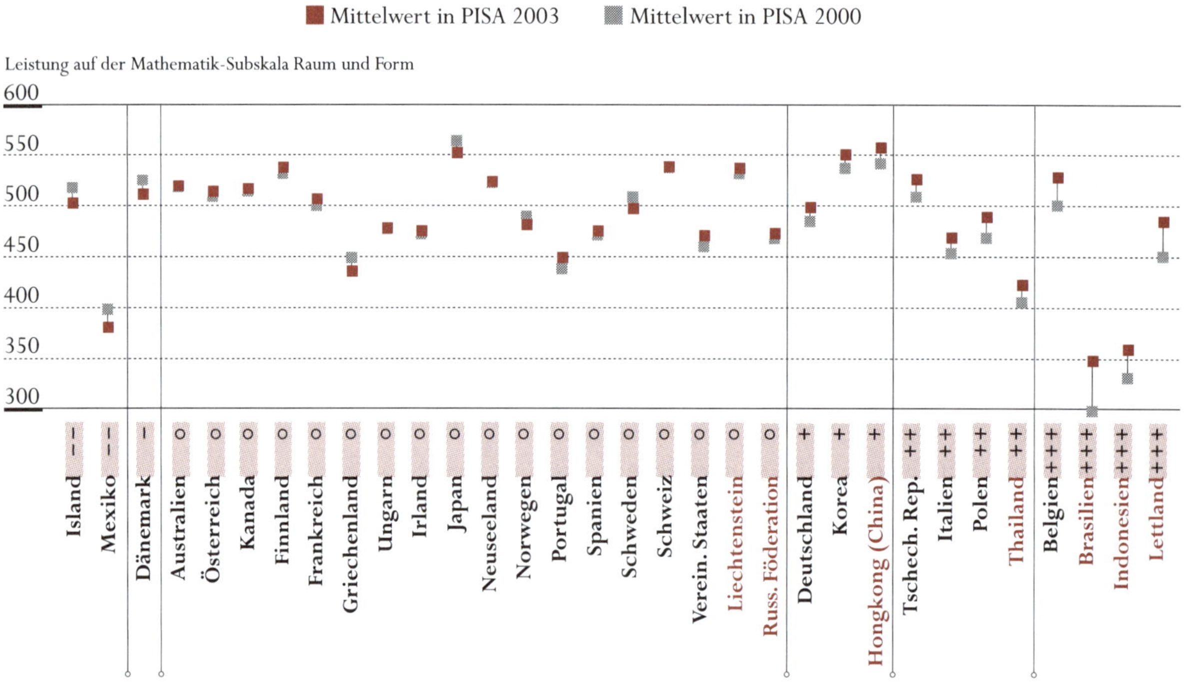

Signifikanzniveaus	2003 höher als 2000	2003 niedriger als 2000	Kein statistisch signifikanter Unterschied
Bei 90% Konfidenzniveau	+	–	o
Bei 95% Konfidenzniveau	++	– –	
Bei 99% Konfidenzniveau	+++	– – –	

Die Länder sind in aufsteigender Reihenfolge der Unterschiede bei den Ergebnissen von PISA 2003 und PISA 2000 angeordnet.
Quelle: OECD PISA-2003- und PISA-2000-Datenbanken, Tabellen 2.1c und 2.1d.

Schülerleistungen auf der Mathematik-Subskala Veränderung und Beziehungen

Ein Viertel der Mathematikaufgaben, die den Schülerinnen und Schülern im Rahmen des PISA-Tests vorgelegt wurden, beziehen sich auf mathematische Darstellungen von Veränderungen und funktionalen Beziehungen und Abhängigkeiten zwischen den Variablen. Die Abbildungen 2.7a und 2.7b veranschaulichen die Aufgaben auf allen sechs Kompetenzstufen in dieser Kategorie:

Eine kleine Minderheit von Schülerinnen und Schülern kann die schwierigsten Aufgaben im Bereich Veränderung und Beziehungen lösen …

Die präzisen für das Erreichen jeder Stufe erforderlichen Kompetenzen sind in Abbildung 2.8 wiedergegeben. Wie bei der Mathematik-Subskala Raum und Form können 5% der Schülerinnen und Schüler im gesamten OECD-Raum Aufgaben der Stufe 6 lösen. 32% der Schülerinnen und Schüler im OECD-Raum erreichen mindestens die Stufe 4, in Korea, den Niederlanden und dem Partnerland Hongkong (China) sind dies aber 50% und Belgien, Finnland und dem Partnerland Liechtenstein etwas weniger als die Hälfte.

73% der Schülerinnen und Schüler können mindestens Aufgaben lösen, die der Stufe 2 entsprechen, dem Niveau, nach dem die Ergebnisse in Abbildung 2.9a aligniert sind. Es entspricht, wie schon erwähnt, dem Basisniveau an Mathematikkompetenzen auf der PISA-Skala, bei dem die Schülerinnen und Schüler die Art von Grundbildung unter Beweis zu stellen beginnen, die sie befähigen, Mathematik entsprechend der PISA-Definition aktiv einzusetzen (Tabelle 2.2a). In Griechenland, Italien, Luxemburg, Mexiko, Norwegen, Polen, Portugal, Spanien, der Türkei und den Vereinigten Staaten sowie in den Partnerländern Brasilien, Indonesien, Lettland, Russische Föderation, Serbien, Thailand, Tunesien und Uruguay ist jedoch mindestens ein Viertel der Schülerinnen und Schüler nicht in der Lage, diese Schwelle zu erreichen.

... und etwa jeder Vierte kann lediglich die einfachsten Aufgaben bewältigen.

Unter den verschiedenen Mathematik-Subskalen sind bei der Skala Veränderung und Beziehungen die größten Unterschiede bei den Durchschnittsergebnissen von leistungsstarken und leistungsschwachen Ländern auszumachen – mindestens 214 Punktzahlen trennen die Niederlande, die um eine halbe Standardabweichung über dem OECD-Durchschnitt liegen, von Brasilien, Indonesien und Tunesien, die um eine Standardabweichung von über eineinhalb unter dem OECD-Durchschnitt liegen (Abb. 2.9b).

Der Leistungsabstand zwischen den Ländern ist bei dieser Mathematik-Subskala größer als bei allen anderen ...

Abbildung 2.7a ▪ **Ein Beispiel für die in PISA verwendeten Mathematikaufgaben für die Subskala Veränderung und Beziehungen: Testeinheit GEHEN**

GEHEN

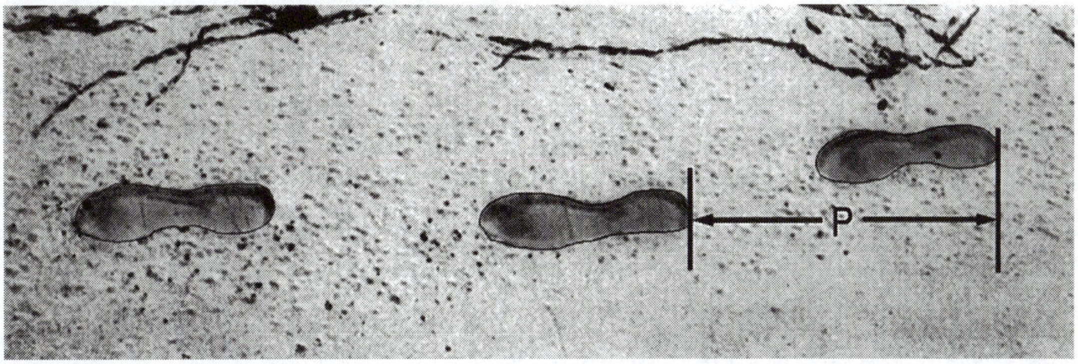

Das Bild zeigt die Fußabdrücke eines gehenden Mannes. Die Schrittlänge P entspricht dem Abstand zwischen den hintersten Punkten von zwei aufeinander folgenden Fußabdrücken.

Für Männer drückt die Formel $\frac{n}{P} = 140$ *die ungefähre Beziehung zwischen n und P aus, wobei*

n = Anzahl der Schritte pro Minute und

P = Schrittlänge in Meter

GEHEN

FRAGE 5

Bernhard weiß, dass seine Schrittlänge 0,80 Meter beträgt. Die Formel trifft auf Bernhards Gangart zu.

Berechne Bernhards Gehgeschwindigkeit in Metern pro Minute und in Kilometern pro Stunde. Gib an, wie du zu deiner Antwort gekommen bist.

Code 3 (723)

Richtige Antworten sowohl für m/min (89,6) als auch km/h (5,4). Rundungsfehler sind akzeptabel.

Code 2 (666)

Keine korrekten oder unvollständige Antworten:

- Multipliziert nicht mit 0,80, um Schritte pro Minute in Meter pro Minute umzuwandeln.
- Geschwindigkeit in m/min korrekt (89,6 m/min), aber das Umwandeln in km/h ist inkorrekt oder fehlt.
- Korrekte Methode (sichtbar) mit kleinem(n) Rechenfehler(n).
- Angegeben wird nur 5,4 km/h, aber nicht 89,6 m/min (Zwischenrechnungen nicht vorhanden).

Code 1 (605)

Antworten mit n = 140 x 0,80 = 112, wobei aber keine weiteren Berechnungen vorhanden sind oder inkorrekte Berechnungen von hier an vorliegen.

Diese Frage mit offenem Antwortformat hat einen privaten Kontext. Nach den Kodieranweisungen ist es bei dieser Aufgabe möglich, die volle Punktzahl sowie zwei Arten von Teilpunktwerten anzurechnen. Bei der Aufgabe geht es um die Relation Zahl der Schritte pro Minute und Schrittlänge. Sie gehört mithin zum Inhaltsbereich Veränderung und Beziehungen. Das zur erfolgreichen Problemlösung erforderliche mathematische Routineverfahren ist die Substitution in einer einfachen Formel (Algebra) und die Durchführung einer nicht routinemäßigen Berechnung. Um das Problem zu lösen, berechnen die Schüler zuerst die Zahl der Schritte pro Minute bei einer vorgegebenen Schrittlänge (0,8 m). Dafür müssen sie eine Substitution in einer Formel vornehmen: n/0,80 = 140 und diese bearbeiten zu n = 140 x 0,80, was 112 (Schritte pro Minute) ergibt. Bei der nächsten Frage wird nach der Geschwindigkeit in Metern pro Minute gefragt, was bedeutet, dass eine Zahl von Schritten in eine Entfernung in Metern umgerechnet werden muss, und zwar wie folgt: 112 x 0,80 = 89,6 m; seine Geschwindigkeit beträgt somit 89,6 m/Minute. Der letzte Schritt besteht darin, diese Geschwindigkeit in km/h umzurechnen, was eine gebräuchlichere Einheit für Geschwindigkeitsangaben ist. Hier kommen die Relationen zwischen Umrechnungseinheiten ins Spiel, die Bestandteil des Messwesens sind. Zur Problemlösung bedarf es zudem des Dekodierens und Interpretierens der grundlegenden Symbolsprache und der Fähigkeit, mit Ausdrücken umzugehen, die Symbole und Formeln enthalten. Das Problem ist daher recht komplexer Art, da nicht nur der Gebrauch eines formalen algebraischen Ausdrucks erforderlich ist, sondern auch eine Abfolge verschiedener, aber miteinander zusammenhängender Berechnungen, deren Durchführung Verständnis der Umwandlungsformeln und Maßeinheiten voraussetzt. Nach den Anforderungen für den niedrigeren Teilpunktwert gehört die Aufgabe zur Kompetenzklasse Herstellen von Zusammenhängen, und mit einem Schwierigkeitsgrad von 605 Punkten ist sie im oberen Bereich der Stufe 4 angesiedelt. Der höhere Teilpunktwert entspricht dem oberen Bereich der Stufe 5, denn der Schwierigkeitsgrad beträgt 666 Punkte. Schülerinnen und Schüler, denen der höhere Teilpunktwert angerechnet wird, sind fähig, über die ermittelte Zahl der Schritte pro Minute hinaus an eine Umwandlung in die gebräuchlichere Geschwindigkeitseinheit heranzugehen, nach der gefragt wird. Ihre Antworten waren jedoch nicht ganz vollständig bzw. korrekt. Die volle Punktzahl für diese Aufgabe entspricht dem oberen Bereich der Stufe 6, denn der Schwierigkeitsgrad beträgt 723 Punkte. Schülerinnen und Schüler, die die volle Punktzahl erreichten, sind in der Lage, die Umwandlungen vollständig

FRAGE 4

Wenn die Formel auf Heikos Gangart zutrifft und er 70 Schritte pro Minute macht, wie viel beträgt dann seine Schrittlänge? Gib an, wie du zu deiner Antwort gekommen bist.

Code 1 (611)

Antworten mit p = 0,5 m oder p = 50 cm oder p= ½ (Einheiten nicht nötig).

Diese Frage mit offenem Antwortformat hat einen privaten Kontext. Ihr Schwierigkeitsgrad liegt bei 611 Punkten, gerade mal 4 Punkte über der Grenze von Stufe 4. Jeder hat seine eigenen Fußabdrücke schon einmal im Sand gesehen, höchstwahrscheinlich ohne darüber nachzudenken, welche Art von Beziehungen zwischen den sich ergebenden Mustern bestehen. Dennoch werden viele Schülerinnen und Schüler intuitiv wissen, dass mit zunehmender Schrittlänge unter sonst gleichen Bedingungen die Zahl der Schritte pro Minute abnimmt. Die in solchen alltäglichen Phänomenen enthaltene Mathematik zu erkennen und darüber zu reflektieren, gehört zum Erwerb mathematischer Grundbildung. Die Aufgabe bezieht sich auf die Relation Schrittzahl pro Minute und Schrittlänge. Folglich gehört sie zum Inhaltsbereich Veränderung und Beziehungen. Vom mathematischen Inhalt her ist sie eindeutig der Algebra zuzuordnen. Die Schüler lösen das Problem erfolgreich, wenn sie in einer einfachen Gleichung eine Substitution vornehmen und eine Routineberechnung durchführen: wenn n/P = 140 und n = 70, was ist dann der Wert von P? Um die volle Punktzahl zu erreichen, müssen die Schülerinnen und Schüler die entsprechende Rechenoperation konkret durchführen. Die Kompetenzanforderungen umfassen die Anwendung von praktisch geübtem Wissen, die Durchführung von Routineverfahren, den Einsatz allgemeiner technischer Fertigkeiten, den Umgang mit mathematischen Ausdrücken, die geläufige Symbole und Formeln enthalten, und das Anstellen von Berechnungen. Die Aufgabe gehört daher zur Kompetenzklasse Wiedergabe von Fakten und Routineverfahren. Sie erfordert einen Problemlösungsansatz, der die Anwendung eines formalen Ausdrucks aus der Algebra vorsieht. Auf Grund dieser Kombination von Kompetenzen und des vorgegebenen Realkontextes, mit dem die Schülerinnen und Schüler umgehen müssen, gehört die Aufgabe in den unteren Bereich der Stufe 5.

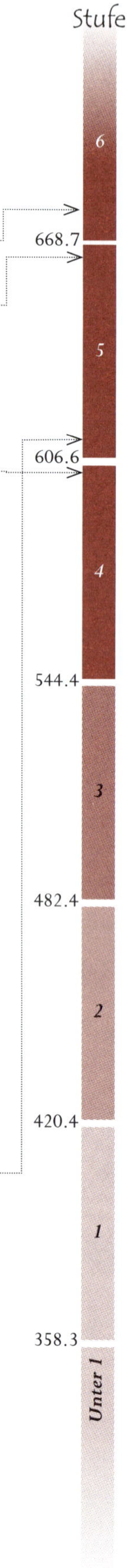

Abbildung 2.7b ■ **Ein Beispiel für die in PISA verwendeten Mathematikaufgaben für die Subskala Veränderung und Beziehungen: Testeinheit GRÖSSER WERDEN**

GRÖSSER WERDEN

Für 1998 ist die durchschnittliche Körpergröße von männlichen und weiblichen Jugendlichen in den Niederlanden in diesem Graphen dargestellt.

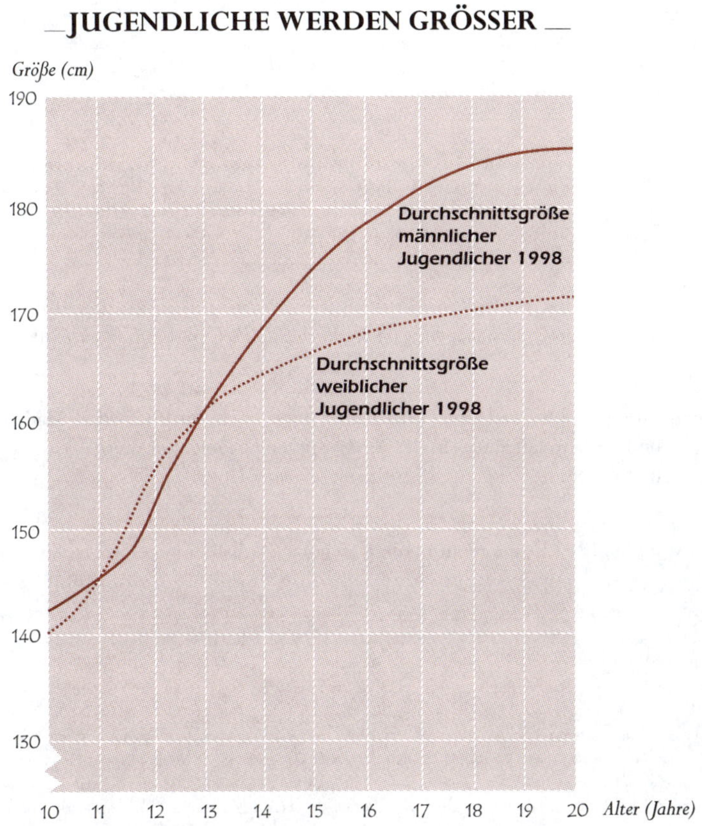

GRÖSSER WERDEN

FRAGE 8

Erkläre, wie der Graph zeigt, dass die Wachstumsrate für Mädchen über 12 Jahre sich im Durchschnitt verlangsamt.

Code 1 (574)

Korrekt sind Antworten, die sich auf die Veränderung der Steigung des Graphen für die Mädchen beziehen, entweder explizit durch Erwähnung der Steigung der Kurve ab 12 Jahre (ausgedrückt in der Alltags- oder in mathematischer Sprache) oder implizit durch einen Vergleich, der das eigentliche Gesamtwachstum vor und nach 12 Jahren einbezieht.

Diese Frage mit offenem Antwortformat hat einen Schwierigkeitsgrad von 574 Punkten (Stufe 4). Bei der Aufgabe geht es um die Beziehung zwischen Alter und Körpergröße, so dass sie dem Inhaltsbereich Veränderung und Beziehungen zuzuordnen ist. Die Lösung des Problems erfordert das Interpretieren und Erkennen vertrauter Darstellungen bekannter mathematischer Objekte. Bei diesem Item ist aber ein recht komplexes Konzept – das Konzept „abnehmenden Wachstums" – zu untersuchen, also die Kombination von „Wachstumsrate" und „sich verlangsamen", wie es in der Aufgabenstellung heißt. Mathematisch ausgedrückt bedeutet dies, dass die Graphen weniger steil werden und die Steigung (oder die Gradiente) abnimmt. An den Graphen ist ersichtlich, dass diese geringere Wachstumsrate im Alter von etwa 12 Jahren einsetzt. Von zentraler Bedeutung ist, dass dieser Beobachtungssachverhalt in der den Schülern gestellten Frage klar zum Ausdruck gebracht wird. Die gegebenen Antworten beziehen sich – in der Alltags- oder in eher mathematischer Sprache ausgedrückt – auf die geringere Steigung oder beinhalten einen Vergleich des tatsächlichen Wachstums in Zentimetern pro Jahr. Der mathematische Inhalt lässt sich daher folgendermaßen beschreiben: es geht darum, die Merkmale eines in einer Graphik präsentierten Datensatzes zu evaluieren und die unterschiedlichen Steigungen an verschiedenen Punkten der Graphen zu erkennen und zu interpretieren. Was die Kompetenzanforderungen betrifft, so ist die Aufgabe in eine nicht geläufige Situation eingebettet, steht aber in einem vertrauten Kontext und erfordert die Verknüpfung unterschiedlicher Konzepte und Informationen, weshalb sie der Kompetenzklasse Herstellen von Zusammenhängen zuzuordnen ist. Die Aufgabe verlangt tieferes mathematisches Verständnis, eine gewisse Beweisführung und die Kommunikation der Ergebnisse dieses Prozesses auf der Basis der expliziten Wachstumsmodelle.

FRAGE 7

In welchem Lebensabschnitt sind laut Graphen weibliche Jugendliche durchschnittlich größer als ihre männlichen Altersgenossen?

Code 2 (525)

Antworten, bei denen das korrekte Intervall von 11-13 Jahren angegeben wird oder dass Mädchen größer als Jungen sind, wenn sie 11 und 12 Jahre alt sind. (In der Alltagssprache bezeichnet diese Antwort das Intervall von 11-13 und ist somit richtig.)

Code 1 (420)

Andere Untergruppen von „11, 12, 13", die nicht in die Kategorie „Vollständig gelöst" fallen.

Da bei dieser Aufgabe die Relation zwischen Alter und Körpergröße im Vordergrund steht, fällt sie in den Inhaltsbereich Veränderung und Beziehungen. Sie hat einen Schwierigkeitsgrad von 420 Punkten (Stufe 1). Der mathematische Inhalt ist insofern dem Datenbereich zuzuordnen, als die Schülerinnen und Schüler die Merkmale von zwei Datensätzen miteinander vergleichen, diese Datensätze interpretieren und Schlüsse ziehen sollen. Die erfolgreiche Lösung des Problems erfordert Kompetenzen, die der Kompetenzklasse Wiedergabe von Fakten und Routineverfahren zuzuordnen sind und bei denen es um Interpretieren und Dekodieren von mehr oder weniger vertrauten Darstellungen und Standardrepräsentationen bekannter mathematischer Objekte geht. Die Schülerinnen und Schüler müssen über die Fähigkeit zu mathematischem Denken verfügen, um die Frage zu beantworten: „Wo befinden sich die gemeinsamen Punkte der Graphen?" und über die Fähigkeit zur Argumentation und Kommunikation, um zu erklären, welche Rolle diese Punkte beim Finden der richtigen Antwort spielen. Schülerinnen und Schüler, die die Aufgabe teilweise lösten, konnten unter Beweis stellen, dass ihr mathematisches Denken und/oder Verständnis in die richtige Richtung ging, doch waren sie nicht in der Lage, eine vollständige und umfassende Antwort zu geben. Sie erkannten ganz richtig, dass ein Alter von 11 und/oder 12 und/oder 13 Teil der Antwort ist, es gelang ihnen aber nicht, das Kontinuum von 11 bis 13 Jahren zu identifizieren. Die Aufgabe ist ein anschauliches Beispiel für Items an der Grenze zwischen Stufe 1 und Stufe 2. Die vollständige Lösung dieser Aufgabe entspricht Stufe 3, denn der Schwierigkeitsgrad beträgt 525 Punkte. Schülerinnen und Schüler, die die volle Punktzahl erreichten, konnten nicht nur demonstrieren, dass ihr mathematisches Denken und/oder Verständnis in die richtige Richtung ging, sondern auch eine vollständige und umfassende Antwort liefern. Die Schülerinnen und Schüler, die das Problem erfolgreich lösten, können geschickt mit graphischen Darstellungen umgehen, direkte Schlussfolgerungen daraus ableiten und die Ergebnisse ihrer Überlegungen kommunizieren.

FRAGE 6

Seit 1980 hat die Durchschnittsgröße 20-jähriger Frauen um 2,3 cm auf 170,6 cm zugenommen. Was war die Durchschnittsgröße einer 20-jährigen Frau im Jahr 1980?

Antwort: .... cm

Code 1 (477)

Antworten mit 168,3 cm (Einheiten vorgegeben).

Diese Frage mit geschlossenem Antwortformat hat einen wissenschaftlichen Kontext: die Wachstumskurven von männlichen und weiblichen Jugendlichen über einen Zeitraum von zehn Jahren. Ihr Schwierigkeitsgrad entspricht 477 Punkten. Im naturwissenschaftlichen Bereich werden häufig graphische Darstellungen verwendet, z.B. wie bei diesem Item zur Abbildung der Veränderung der Körpergröße im Verhältnis zum Alter. Wegen der Fokussierung auf diese Aspekte wird die Aufgabe dem Bereich Veränderung und Beziehungen zugeordnet. Der mathematische Inhalt ist grundlegender Art. Es geht um das Übersetzen der Fragestellung in einen mathematischen Kontext und die Durchführung eines Grundrechenverfahrens: Subtraktion (170,6 – 2,3). Die Aufgabe gehört daher in die Kompetenzklasse Wiedergabe von Fakten und Routineverfahren. Das hier geforderte Niveau des mathematischen Denkens beschränkt sich auf eine ganz elementare Form der Fragestellung (wie groß ist die Differenz); das Gleiche gilt für den Kompetenzbereich mathematische Argumentation. Die Schülerinnen und Schüler müssen lediglich ein quantitatives Standardverfahren anwenden. Die Komplexität wird durch die Tatsache erhöht, dass die Antwort zu finden ist, ohne den Graphen überhaupt zu berücksichtigen – ein Beispiel für überflüssige Informationen. Zusammenfassend lässt sich sagen, dass die Aufgabe von den Schülerinnen und Schülern verlangt, die relevanten Informationen einer einzigen Quelle (unter Nichtbeachtung der redundanten Informationsquelle) zu entnehmen und nur eine Darstellungsart zu nutzen, zudem müssen sie in der Lage sein, einen grundlegenden Subtraktionsalgorithmus anzuwenden. Diese Aufgabe gehört daher zu Stufe 2.

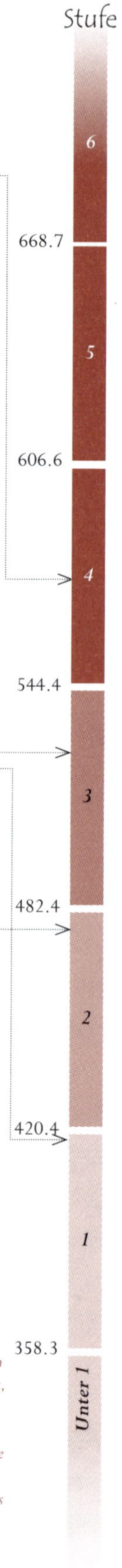

Abbildung 2.8 ■ **Kurzbeschreibung der sechs Kompetenzstufen auf der Mathematik-Subskala Veränderung und Beziehungen**

Stufe	Allgemeine Kompetenzen, die die Schüler auf den einzelnen Stufen besitzen sollten	Spezifische Aufgaben, die die Schüler zu lösen imstande sein sollten
6	*5% aller Schüler im OECD-Raum können Aufgaben der Stufe 6 auf der Skala Veränderung und Beziehungen lösen*	
	Tieferes mathematisches Verständnis, die Fähigkeit zu abstraktem Denken und Argumentieren sowie technische Kenntnisse und Regeln nutzen, um Probleme zu lösen und mathematische Lösungen im Hinblick auf komplexe realitätsbezogene Probleme zu verallgemeinern.	– Komplexe mathematische Informationen im Kontext einer ungewohnten Realsituation interpretieren – Periodische Funktionen in einer Realsituation interpretieren, diesbezügliche Berechnungen bei Präsenz einschränkender Rahmenbedingungen durchführen – Versteckte komplexe Informationen im Kontext einer nicht vertrauten Realsituation interpretieren – Einen komplexen Text interpretieren und (auf der Basis eines tieferen Verständnisses von Beziehungen) zur Lösung von Problemen abstraktes Denken einsetzen – Verständigen Gebrauch von Algebra oder graphischen Darstellungen machen, um zur Lösung von Problemen zu gelangen; algebraische Ausdrücke passend auf eine Realsituation anwenden – Auf der Basis komplexen proportionalen Denkens Probleme lösen – Mehrstufige Problemlösungsstrategien konzipieren, die die Anwendung von Formeln und Berechnungen umfassen – Eine Strategie entwerfen und das Problem mit Hilfe von Algebra oder durch systematisches Probieren lösen – Eine Formel identifizieren, die eine komplexe Realsituation beschreibt, Untersuchungsergebnisse verallgemeinern, um eine Gesamtformel zu ermitteln – Untersuchungsergebnisse verallgemeinern, um Berechnungen durchzuführen – Auf tieferes geometrisches Verständnis zurückgreifen, um mit komplexen Mustern zu arbeiten und sie zu verallgemeinern – Komplexe Prozentrechnung konzeptualisieren – Logische Denkschritte und Argumente in kohärenter Weise kommunizieren
5	*15% aller Schüler im OECD-Raum können mindestens Aufgaben der Stufe 5 auf der Skala Veränderung und Beziehungen lösen*	
	Probleme lösen unter Anwendung algebraischer und anderer formaler mathematischer Ausdrücke und Modelle auf fortgeschrittenem Niveau. Formale mathematische Darstellungen mit komplexen Realsituationen in Verbindung bringen. Die Fähigkeit unter Beweis stellen, komplexe Probleme in mehrschrittigen Prozessen zu lösen, über Denkschritte und Argumente reflektieren und entsprechende Aussagen machen.	– In einem wissenschaftlichen Kontext komplexe Formeln interpretieren – Periodische Funktionen in einer Realsituation interpretieren und entsprechende Berechnungen durchführen – Fortgeschrittene Problemlösungsstrategien anwenden – Komplexe Informationen interpretieren und miteinander verknüpfen – Einschränkende Bedingungen interpretieren und anwenden – Eine geeignete Strategie identifizieren und umsetzen – Über die Beziehung zwischen einer algebraischen Formel und den zu Grunde liegenden Daten reflektieren – Komplexes proportionales Denken einsetzen, z.B. im Zusammenhang mit Quoten – Eine bestimmte Formel in einer Realsituation analysieren und anwenden – Denkschritte und Argumente kommunizieren

Stufe	Allgemeine Kompetenzen, die die Schüler auf den einzelnen Stufen besitzen sollten	Spezifische Aufgaben, die die Schüler zu lösen imstande sein sollten
4	*32% aller Schüler im OECD-Raum können mindestens Aufgaben der Stufe 4 auf der Skala Veränderung und Beziehungen lösen*	
	Zur Lösung praktischer Probleme verschiedene Darstellungen, darunter explizit mathematische Modelle von Realsituationen verstehen und damit arbeiten; erhebliche Flexibilität beim Interpretieren und bei einzelnen Denkschritten unter Beweis stellen, vor allem in ungewohnten Kontexten, und die entsprechenden Erklärungen und Argumente kommunizieren.	– Komplexe graphische Darstellungen interpretieren und diesen einen Wert oder mehrere Werte entnehmen – Komplexe und ungewohnte graphische Darstellungen von Realsituationen interpretieren – Zur Lösung eines praktischen Problems mehrere Darstellungen verwenden – In einem Text enthaltene Informationen mit einer graphischen Darstellung in Beziehung setzen und Erklärungen kommunizieren – Eine Formel analysieren, mit der eine Realsituation beschrieben wird – Dreidimensionale geometrische Situationen analysieren, in denen Volumina und verwandte Größen eine Rolle spielen – Ein bestimmtes, mit einer komplexen Formel verbundenes mathematisches Modell analysieren – Wortformeln interpretieren und benutzen, und lineare Formeln manipulieren und anwenden, die für reale Beziehungen stehen – Eine Reihe von Berechnungen mit Prozentsätzen, Größenverhältnissen, Addition oder Division durchführen
3	*54% aller Schüler im OECD-Raum können mindestens Aufgaben der Stufe 3 auf der Skala Veränderung und Beziehungen lösen*	
	Probleme lösen, die das Arbeiten mit verschiedenen miteinander in Zusammenhang stehenden Darstellungen (Text, Graph, Tabelle, Formel) voraussetzen, was ein gewisses Maß an Interpretation, mathematisches Denken in vertrauten Kontexten und Kommunikation der Argumente umfassen kann.	– Ungewohnte graphische Darstellungen von alltäglichen Situationen interpretieren – In einem Text relevante Kriterien identifizieren – Einen Text interpretieren, in dem ein einfacher Algorithmus verborgen ist, und diesen Algorithmus anwenden – Einen Text interpretieren und eine einfache Strategie konzipieren – Mehrere miteinander in Verbindung stehende Darstellungen (z.B. zwei zusammengehörende Graphen, einen Text und eine Tabelle, eine Formel und einen Graphen) verknüpfen – In verschiedenen vertrauten Kontexten proportionales Denken anwenden und Begründungen und Argumente kommunizieren – Ein in einem Text beschriebenes Kriterium oder einen Sachverhalt auf einen Graphen beziehen – Zur Lösung von Problemen eine Reihe einfacher Rechenverfahren anwenden, darunter Ordnung von Daten, Zeitunterschiedberechnung, lineare Interpolation
2	*73% aller Schüler im OECD-Raum können mindestens Aufgaben der Stufe 2 auf der Skala Veränderung und Beziehungen lösen*	
	Zur Lösung von Problemen mit einfachen Algorithmen, Formeln und Verfahren arbeiten; einen Text mit einer einzigen Darstellung (einem Graph, einer Tabelle, einer einfachen Formel) in Zusammenhang bringen; auf elementarem Niveau die Fähigkeit zu Interpretation und mathematischem Denken einsetzen.	– Einen einfachen Text interpretieren und ihn korrekt mit graphischen Elementen in Zusammenhang bringen – Einen einfachen Text interpretieren, der einen einfachen Algorithmus beschreibt, und diesen Algorithmus anwenden – Einen einfachen Text interpretieren und proportionales Denken oder ein Rechenverfahren einsetzen – Ein einfaches Muster interpretieren – Interpretieren und mathematisches Denken in einem praktischen Kontext anwenden, in dem es um eine einfache und vertraute Anwendung von Bewegungs-, Geschwindigkeits- und Zeitrelationen geht – In einer graphischen Darstellung relevante Informationen auffinden und Werte direkt ablesen – Zahlen korrekt ersetzen, um einen einfachen Zahlenalgorithmus oder eine einfache Algebraformel anzuwenden
1	*87% aller Schüler im OECD-Raum können mindestens Aufgaben der Stufe 1 auf der Skala Veränderung und Beziehungen lösen*	
	In einer einfachen Tabelle oder graphischen Darstellung relevante Informationen auffinden; direkten und einfachen Anweisungen folgen, um aus einer einfachen Tabelle oder graphischen Darstellung in üblicher oder vertrauter Form einfache Informationen direkt abzulesen; einfache Rechnungen zu Beziehungen zwischen zwei bekannten Variablen durchführen.	– Eine einfache Verbindung zwischen einem Text und einem spezifischen Merkmal eines einfachen Graphen herstellen und einen Wert aus dem Graphen ablesen – In einer einfachen Tabelle einen spezifischen Wert auffinden und ablesen – Einfache Rechnungen zu Beziehungen zwischen zwei bekannten Variablen durchführen

Abbildung 2.9a ■ **Prozentualer Anteil der Schülerinnen und Schüler auf den jeweiligen Kompetenzstufen der Mathematik-Subskala Veränderung und Beziehungen**

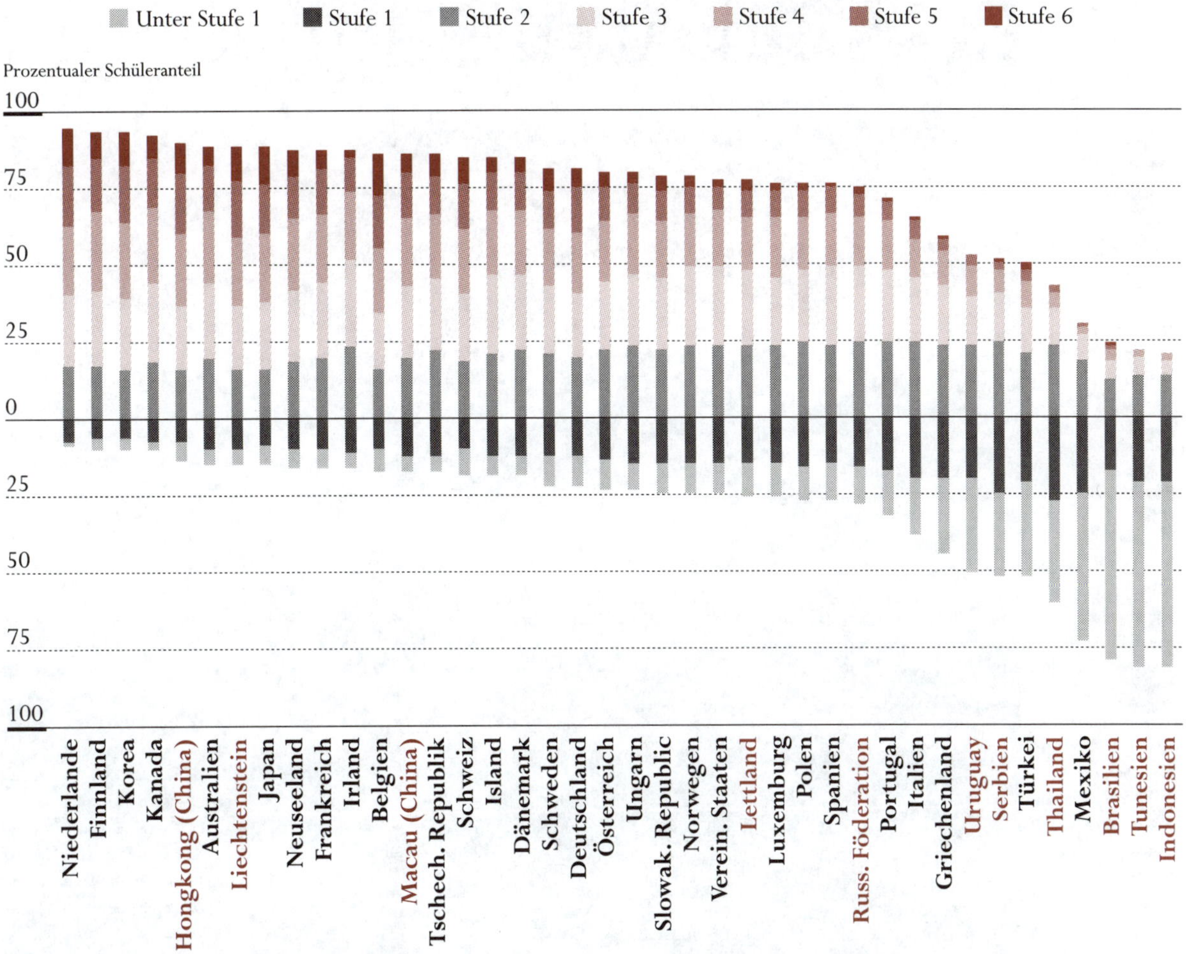

Die Länder sind in absteigender Reihenfolge nach dem prozentualen Anteil der 15-Jährigen auf den Stufen 2, 3, 4, 5 und 6 angeordnet.
Quelle: OECD PISA-2003-Datenbank, Tabelle 2.2a.

Abbildung 2.9b gibt einen Überblick über das globale Leistungsniveau der Schüler auf der Skala Veränderung und Beziehungen in den verschiedenen Ländern auf der Basis der mittleren Punktzahlen und zeigt die Spannweite der Rangplätze, innerhalb der der Mittelwert eines Landes mit 95%iger Wahrscheinlichkeit angesiedelt ist. Wie bereits erläutert, lässt sich der genaue Rangplatz der Länder bei dem internationalen Vergleich nicht bestimmen. Es kann aber gefolgert werden, dass die Position der Niederlande zwischen dem 1. und dem 3. Rang unter allen an PISA 2003 teilnehmenden Ländern liegt, ohne sich indessen von Korea abzuheben, das sich zwischen dem 1. und dem 4. Rang befindet.

... und auch hier können wiederum die Gesamtergebnisse der einzelnen Länder miteinander verglichen werden, wobei die Niederlande, Finnland, Korea und Hongkong (China) am besten abschneiden.

Abbildung 2.9b ■ Vergleich der Durchschnittsergebnisse auf der Mathematik-Subskala Veränderung und Beziehungen

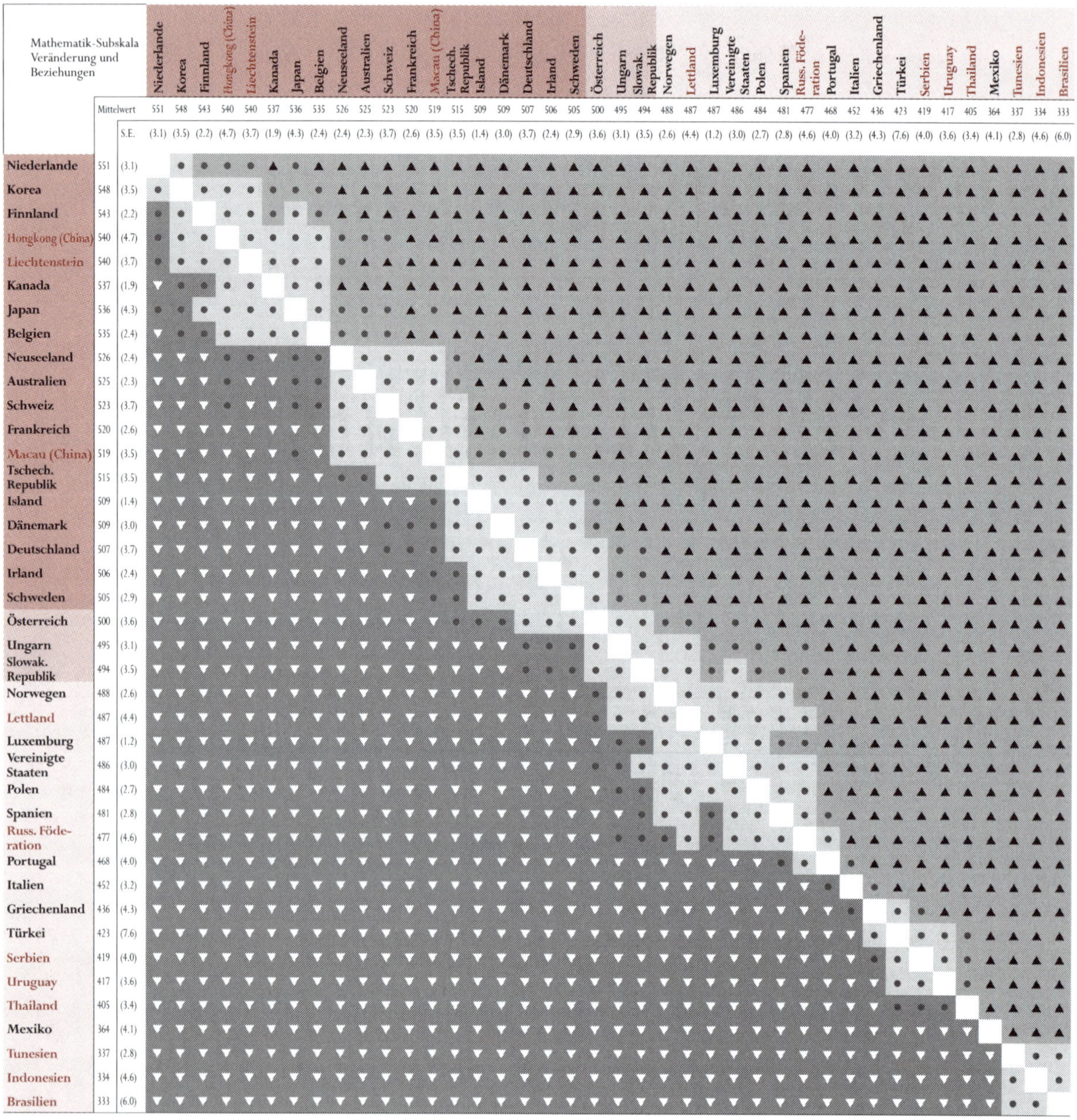

Spannweite der Rangplätze*

Land	OECD-Länder Oberer Rangplatz	OECD-Länder Unterer Rangplatz	Alle Länder Oberer Rangplatz	Alle Länder Unterer Rangplatz
Niederlande	1	2	1	3
Korea	1	3	1	4
Finnland	2	4	2	6
Hongkong (China)			2	8
Liechtenstein			2	8
Kanada	4	6	4	8
Japan	3	7	3	9
Belgien	4	6	5	8
Neuseeland	7	9	8	12
Australien	7	10	9	12
Schweiz	7	11	9	13
Frankreich	8	11	10	14
Macau (China)			10	14
Tschech. Republik	10	14	12	17
Island	11	15	14	18
Dänemark	11	16	14	19
Deutschland	11	17	14	20
Irland	12	17	15	20
Schweden	12	17	15	20
Österreich	14	19	17	22
Ungarn	17	20	20	23
Slowak. Republik	17	21	20	24
Norwegen	19	23	22	27
Lettland			21	28
Luxemburg	20	23	23	27
Vereinigte Staaten	20	24	23	28
Polen	20	24	23	29
Spanien	21	24	25	29
Russ. Föderation			26	30
Portugal	25	25	29	30
Italien	26	26	31	31
Griechenland	27	28	32	33
Türkei	27	28	32	35
Serbien			33	35
Uruguay			33	35
Thailand			35	36
Mexiko	29	29	37	37
Tunesien			38	40
Indonesien			38	40
Brasilien			38	40

* *Anmerkung: Da die Daten auf Stichprobenbeziehungen beruhen, ist es nicht möglich, den genauen Rangplatz eines Landes zu bestimmen. Es können jedoch der jeweils obere und untere Rangplatz angegeben werden, zwischen denen das Land mit 95%iger Wahrscheinlichkeit liegt.*

Erläuterungen:

Zum Vergleich der Ergebnisse eines Landes mit denen der Länder im Tabellenkopf ist die Zeile des betreffenden Landes zu lesen. Die Symbole zeigen, ob die Durchschnittsergebnisse des Landes in der jeweiligen Zeile über oder unter denen des Vergleichslandes liegen oder ob zwischen den Durchschnittsergebnissen beider Länder kein statistisch signifikanter Unterschied besteht.

Ohne Bonferroni-Korrektur:
- Durchschnittsergebnisse statistisch signifikant höher als im Vergleichsland
- Kein statistisch signifikanter Unterschied gegenüber dem Vergleichsland
- Durchschnittsergebnisse statistisch signifikant niedriger als im Vergleichsland

Mit Bonferroni-Korrektur:
- ▲ Durchschnittsergebnisse statistisch signifikant höher als im Vergleichsland
- ● Kein statistisch signifikanter Unterschied gegenüber dem Vergleichsland
- ▽ Durchschnittsergebnisse statistisch signifikant niedriger als im Vergleichsland

- Statistisch signifikant über dem OECD-Durchschnitt
- Kein statistisch signifikanter Unterschied zum OECD-Durchschnitt
- Statistisch signifikant unter dem OECD-Durchschnitt

Quelle: OECD PISA-2003-Datenbank.

In 17 OECD-Ländern und vier Partnerländern übertrafen die Ergebnisse der Jungen die der Mädchen, in der Regel jedoch nur um geringe Werte[15] (Tabelle 2.2c). Der durchschnittliche Leistungsunterschied zwischen Jungen und Mädchen beträgt lediglich zehn Punkte, so dass sich hier ein etwas geringerer Abstand ergibt als bei der Skala Raum und Form. Allein in Island erzielten Mädchen höhere Punktwerte als Jungen. Gleichwohl sind geschlechtsspezifische Unterschiede – wie bei der Subskala Raum und Form – am oberen Ende der Skala tendenziell größer (Tabelle 2.2b).

In gut der Hälfte der Länder schneiden Jungen besser ab als Mädchen.

Wie bei der Skala Raum und Form ist es auch hier möglich zu schätzen, inwieweit sich die Leistungen seit PISA 2000 verändert haben (Tabelle 2.2c und Tabelle 2.2d). Jedoch sind diese Differenzen, wie im vorangegangenen Abschnitt erläutert, mit Vorsicht zu interpretieren, da Daten nur für zwei Zeitpunkte vorliegen und die beobachteten Unterschiede nicht nur durch Stichprobenfehler, sondern auch durch die Unsicherheit, die durch die Verknüpfung der beiden Tests entsteht, beeinflusst werden.

Die Ergebnisse auf dieser Subskala können auch – in vorsichtiger Weise – mit PISA 2000 verglichen werden …

Im Durchschnitt der OECD-Länder haben sich die Ergebnisse der 25 Länder, für die die Daten verglichen werden können, von 488 Punkten im Jahr 2000 auf 499 Punkte im Jahr 2003 erhöht, die größte globale Veränderung, die in einem Bereich der PISA-Erhebung beobachtet wurde. Aber auch hier sind die Veränderungen in den einzelnen OECD-Ländern sehr uneinheitlich. Die Tschechische Republik und Polen sowie die Partnerländer Brasilien, Lettland und Liechtenstein verzeichneten bei ihren Durchschnittsergebnissen Steigerungen um 31 bis 70 Punkte – was einer halben bis zu einer ganzen PISA-Kompetenzstufe entspricht –, und in Belgien, Deutschland, Finnland, Kanada, Korea, Portugal, Spanien und Ungarn betrugen die Zunahmen immer noch zwischen 13 und 22 Punkten. Für die übrigen Länder können die Unterschiede nicht als statistisch signifikant angesehen werden, wenn sowohl Mess- als auch Linkfehler auf Grund der durch gemeinsame Items verknüpften Tests berücksichtigt werden[16].

… wobei sich zeigt, dass die Ergebnisse bei Aufgaben aus dem Bereich Veränderung und Beziehungen insgesamt gestiegen sind, wenn auch uneinheitlich…

Wie bei der Skala Raum und Form waren einige der beobachteten Veränderungen nicht unbedingt mit einem einheitlichen Leistungsanstieg bzw. -rückgang über das gesamte Leistungsspektrum verbunden (Abb. 2.9c und 2.9d). In Polen kam die bedeutende Verbesserung durch Leistungssteigerungen am unteren Ende der Leistungsverteilung (d.h. bei dem 5., 10. und 25. Perzentil) zustande. Demzufolge konnte Polen eine deutlich höhere Durchschnittsleistung von 15-Jährigen auf der Skala Veränderung und Beziehungen erzielen und den Gesamtabstand zwischen leistungsschwachen und leistungsstarken Schülern in demselben Zeitraum verringern. Ein ähnliches, wenn auch weniger ausgeprägtes Bild ergibt sich für die Tschechische Republik und Ungarn sowie die Partnerländer Lettland und Liechtenstein. In Griechenland und der Schweiz sowie im Partnerland Russische Föderation sind ebenfalls merkliche Verbesserungen am unteren Ende der Leistungsverteilung eingetreten, die aber gleichwohl nicht ausreichten, um zu einer statistisch signifikanten Verbesserung der Durchschnittsergebnisse zu führen.

… was in einigen Ländern wiederum auf Verbesserungen bei den leistungsschwächeren Schülerinnen und Schülern zurückzuführen war …

Abbildung 2.9c ■ **Vergleich zwischen PISA 2003 und PISA 2000 auf der Mathematik-Subskala Veränderung und Beziehungen**

Signifikanzniveaus	2003 höher als 2000	2003 niedriger als 2000	Kein statistisch signifikanter Unterschied
Bei 90% Konfidenzniveau	+	–	○
Bei 95% Konfidenzniveau	++	– –	
Bei 99% Konfidenzniveau	+++	– – –	

	Beobachtete Unterschiede bei Mittelwert und Perzentilen						
	5.	10.	25.	Mittelwert	75.	90.	95.
OECD-Länder							
Australien	○	○	○	○	○	○	○
Österreich	○	○	○	○	○	○	○
Belgien	+++	+	+	+++	+++	+++	+
Kanada	++	++	++	+++	+++	+++	+++
Tschech. Republik	+++	+++	+++	+++	+++	++	+
Dänemark	++	+	○	○	○	○	○
Finnland	○	+	○	++	+++	+++	+++
Frankreich	○	○	○	○	○	○	○
Deutschland	++	+	++	+++	+++	+++	+++
Griechenland	+++	++	○	○	○	-	---
Ungarn	+++	+++	+++	++	○	○	○
Island	○	○	○	○	○	○	○
Irland	○	○	○	○	○	+	○
Italien	○	○	○	○	○	++	+++
Japan	○	○	○	○	○	○	○
Korea	○	○	○	+++	+++	+++	+++
Mexiko	○	○	○	○	○	○	○
Neuseeland	○	○	○	○	○	○	○
Norwegen	○	○	○	○	○	○	○
Polen	+++	+++	+++	+++	○	○	○
Portugal	+	+	+	+++	+++	++	+++
Spanien	+	+	++	++	+	○	○
Schweden	○	○	○	○	○	++	++
Schweiz	+++	+++	++	+	○	○	○
Vereinigte Staaten	○	○	○	○	○	○	○
OECD insgesamt	○	○	○	○	○	○	○
OECD-Durchschnitt	+++	+++	+	++	++	++	++
Partnerländer							
Brasilien	+++	+++	+++	+++	+++	+++	+++
Hongkong (China)	○	-	○	○	○	○	○
Indonesien	---	---	---	○	○	+++	+++
Lettland	+++	+++	+++	+++	+	○	○
Liechtenstein	++	++	+++	+++	○	○	○
Russ. Föderation	+++	+++	++	○	○	-	-
Thailand	---	---	---	--	○	+++	+++

Quelle: OECD PISA-2003- und PISA-2000-Datenbanken, Tabellen 2.2c und 2.2d.

... in anderen hingegen auf Steigerungen bei den leistungsstärkeren Schülerinnen und Schülern.

Demgegenüber war die Verbesserung der Ergebnisse in Deutschland, Finnland, Italien, Kanada, Korea, Portugal und Schweden hauptsächlich auf Steigerungen im oberen Teil der Leistungsverteilung zurückzuführen, wie an dem Anstieg der Punktzahlen bei dem 75., 90. und 95. Perzentil abzulesen ist, während es am unteren Ende der Leistungsverteilung weniger Veränderungen gab. In einigen dieser Länder haben sich die Disparitäten zwischen den Schülerleistungen

Abbildung 2.9d ■ **Unterschiede bei den Mittelwerten zwischen PISA 2003 und PISA 2000 auf der Mathematik-Subskala Veränderung und Beziehungen**

Nur Länder mit validen Daten für 2003 sowie 2000

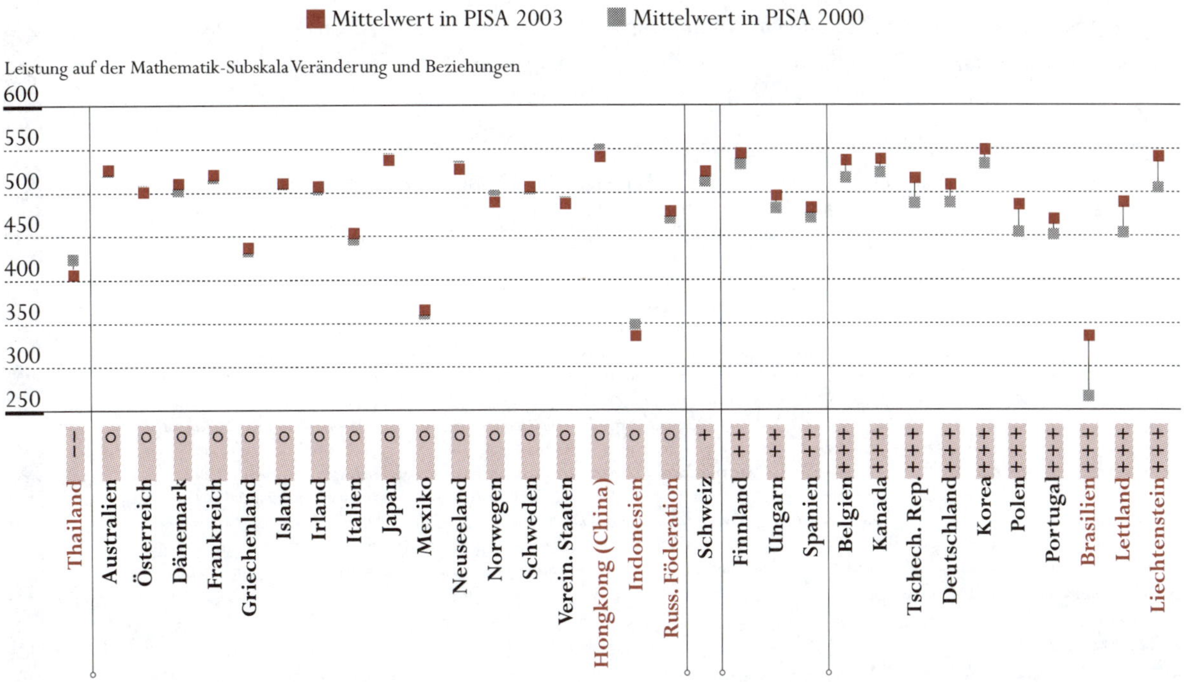

Signifikanzniveaus	2003 höher als 2000	2003 niedriger als 2000	Kein statistisch signifikanter Unterschied
Bei 90% Konfidenzniveau	+	–	o
Bei 95% Konfidenzniveau	++	– –	
Bei 99% Konfidenzniveau	+++	– – –	

Die Länder sind in aufsteigender Reihenfolge der Unterschiede bei den Ergebnissen von PISA 2003 und PISA 2000 angeordnet.
Quelle: OECD PISA-2003- und PISA-2000-Datenbanken, Tabellen 2.2c und 2.2d.

vergrößert. Bei PISA 2000 wies Korea z.B. den geringsten Abstand bei den Schülerleistungen in Mathematik auf. Demgegenüber entspricht dieser Abstand beim Test von 2003 nunmehr dem OECD-Durchschnittsniveau (Abb. 2.9c und 2.9d, Tabellen 2.2.c und 2.2d).

Schülerleistungen auf der Mathematik-Subskala quantitatives Denken

Ein Viertel der Mathematikaufgaben, die den Schülerinnen und Schülern im Rahmen von PISA vorgelegt wurden, bezog sich auf numerische Phänomene und quantitative Beziehungen und Muster. Die Abbildungen 2.10a-b veranschaulichen Aufgaben der Stufen 1-4 in dieser Kategorie:

4% der Schülerinnen und Schüler im OECD-Raum können die schwierigsten Aufgaben im Bereich quantitatives Denken lösen …

Die präzisen Kompetenzen, die zur Erreichung jeder Stufe erforderlich sind, werden in Abbildung 2.11 erläutert. Im OECD-Raum insgesamt können 4% der Schülerinnen und Schüler Aufgaben der Stufe 6 lösen, also etwas weni-

Abbildung 2.10a ■ **Ein Beispiel für die in PISA verwendeten Mathematikaufgaben für die Subskala quantitatives Denken: Testeinheit WECHSELKURS**

WECHSELKURS

Mei-Ling aus Singapur wollte für 3 Monate als Austauschstudentin nach Südafrika gehen. Sie musste einige Singapur Dollar (SGD) in Südafrikanische Rand (ZAR) wechseln.

FRAGE 11

Während dieser 3 Monate hat sich der Wechselkurs von 4,2 auf 4,0 ZAR pro SGD geändert.

War es zum Vorteil von Mei-Ling, dass der Wechselkurs bei ihrer Rückkehr 4,0 ZAR statt 4,2 ZAR betrug, als sie ihre Südafrikanischen Rand in Singapur Dollar zurückwechselte? Erkläre deine Antwort.

Code 1 (586)

Antworten, die „Ja" angeben, mit ausreichender Erklärung.

Diese Frage mit offenem Antwortformat hat einen öffentlichen Kontext und einen Schwierigkeitsgrad von 586 Punkten. Was den mathematischen Inhalt betrifft, so müssen die Schülerinnen und Schüler Verfahrenskenntnisse anwenden, die Zahlenoperationen beinhalten, nämlich Multiplikation und Division, so dass die Aufgabe, auch wegen ihres quantitativen Kontextes dem Bereich quantitatives Denken zuzuordnen ist. Die zur Lösung des Problems erforderlichen Kompetenzen sind keineswegs trivial: die Schülerinnen und Schüler müssen über das Konzept des Wechselkurses und seine Konsequenzen in dieser besonderen Situation reflektieren. Das Niveau der erforderlichen Mathematisierung ist relativ hoch, selbst wenn die benötigten Informationen explizit vorgegeben sind, da nicht nur die Identifizierung der relevanten mathematischen Verfahren etwas komplex ist, sondern auch die Reduzierung auf ein Problem aus der Welt der Mathematik erhebliche Anforderungen an den Schüler stellt. Die zur Lösung des Problems erforderlichen Kompetenzen lassen sich folgendermaßen beschreiben: Fähigkeit zu flexiblem Denken und zum Reflektieren. Die Kompetenzen in den Bereichen mathematisches Denken, mathematische Argumentation ebenso wie in Bezug auf Problemlösung beinhalten alle ein Element der Reflektion seitens des Schülers über den Prozess, der zur Lösung des Problems erforderlich ist. Um die Ergebnisse zu erklären, bedarf es zudem einer gewissen Kommunikationsfähigkeit. Die Aufgabe wird daher der Kompetenzklasse mathematisches Denken zugeordnet. Auf Grund der Kombination aus vertrautem Kontext, komplexer Situation, Nicht-Routineproblem und der Notwendigkeit zu einsichtsvollem mathematischem Denken und zur Kommunikation gehört die Aufgabe zu Stufe 4.

FRAGE 10

Bei ihrer Rückkehr nach Singapur 3 Monate später hatte Mei-Ling 3 900 ZAR übrig. Sie wechselte diese in Singapur Dollar zurück, wobei sie bemerkte, dass der Wechselkurs sich geändert hatte:

1 SGD = 4,0 ZAR

Wie viele Singapur Dollar hat Mei-Ling erhalten?

Code 1 (439)

Antworten, die 975 SGD angeben (Einheit nicht erforderlich).

Diese kurze Frage mit offenem Antwortformat hat einen öffentlichen Kontext. Ihr Schwierigkeitsgrad entspricht 439 Punkten. Der mathematische Inhalt beschränkt sich auf eine Grundrechenart: die Division. Demzufolge fällt die Aufgabe in den Bereich quantitatives Denken, genauer gesagt in den der Zahlenoperationen. Was die Kompetenzanforderungen betrifft, so bedarf es nur einer begrenzten Form der Mathematisierung: Verstehen eines einfachen Textes, in dem alle benötigten Informationen explizit vorgegeben sind. Die Schülerinnen und Schüler müssen aber auch erkennen, dass die Division hierfür die geeignete Rechenart ist, was die Aufgabe weniger banal macht als die Wechselkurs-Frage 1, und die elementarste Form der Kompetenz mathematisches Denken darstellt. Die zur Lösung des Problems erforderlichen Kompetenzen lassen sich folgendermaßen beschreiben: Fähigkeit zur Durchführung eines Routineverfahrens und/oder Anwendung eines Standardalgorithmus. Die Aufgabe wird daher der Kompetenzklasse Wiedergabe von Fakten und Routineverfahren zugeordnet. Die Kombination aus vertrautem Kontext, klar umschriebener Frage und eher routinemäßigem Verfahren, wobei von den Schülerinnen und Schülern eine gewisse Entscheidungsfindung verlangt wird, entspricht genau der Stufe 2.

FRAGE 9

Mei-Ling fand folgenden Wechselkurs zwischen Singapur Dollar und Südafrikanischem Rand heraus:

1 SGD = 4,2 ZAR

Mei-Ling wechselte zu diesem Wechselkurs 3 000 Singapur Dollar in Südafrikanische Rand.

Wie viele Südafrikanische Rand hat Mei-Ling erhalten?

Code 1 (406)

Antworten, die 12 600 ZAR angeben (Einheit nicht erforderlich).

Diese kurze Frage mit offenem Antwortformat hat einen öffentlichen Kontext. Ihr Schwierigkeitsgrad entspricht 406 Punkten. Der Umgang mit Wechselkursen dürfte zwar nicht allen Schülerinnen und Schülern geläufig sein, doch kann davon ausgegangen werden, dass dieses Konzept zu den Fertigkeiten und Kenntnissen eines intelligenten Bürgers gehört. Der mathematische Inhalt beschränkt sich auf eine der vier Grundrechenarten: die Multiplikation. Hierdurch fällt die Aufgabe in den Bereich quantitatives Denken, genauer gesagt in den der Zahlenoperationen. Was die Kompetenzen betrifft, so bedarf es nur einer sehr begrenzten Form der Mathematisierung: Verstehen eines einfachen Textes und Verknüpfung der darin enthaltenen Informationen mit dem erforderlichen Rechenverfahren. Alle benötigten Informationen sind explizit vorgegeben. Die zur Lösung des Problems erforderlichen Kompetenzen lassen sich folgendermaßen beschreiben: Fähigkeit zur Durchführung eines Routineverfahrens und/oder Anwendung eines Standardalgorithmus. Die Aufgabe wird daher der Kompetenzklasse Wiedergabe von Fakten und Routineverfahren zugeordnet. Die Kombination aus vertrautem Kontext, klar umschriebener Frage und Routineverfahren entspricht genau der Stufe 1.

Stufe
6
668.7
5
606.6
4
544.4
3
482.4
2
420.4
1
358.3
Unter 1

Abbildung 2.10b ■ **Ein Beispiel für die in PISA verwendeten Mathematikaufgaben für die Subskala quantitatives Denken: Testeinheit SKATEBOARD**

SKATEBOARD

Erich ist ein großer Skateboardfan. Er besucht ein Geschäft namens SKATERS, um einige Preise zu erkunden.

In diesem Geschäft kann man ein komplettes Skateboard kaufen. Oder man kann das Brett, einen Satz von 4 Rädern, einen Satz von 2 Achsen und einen Satz Kleinteile einzeln kaufen und sein eigenes Skateboard selbst zusammenstellen.

Die Preise für die Produkte des Geschäfts sind:

Produkt	***Preis in Zeds***	
Komplettes Skateboard	82 oder 84	
Brett	40, 60 oder 65	
Ein Satz von 4 Rädern	14 oder 36	
Ein Satz von 2 Achsen	16	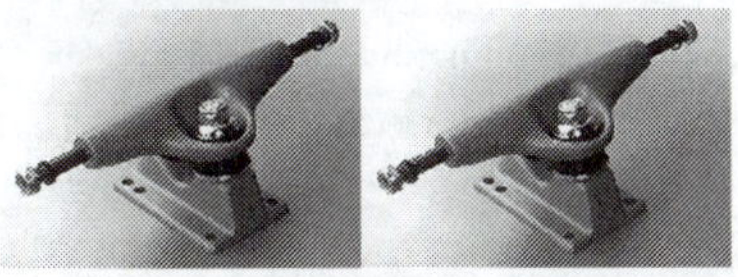
Ein Satz Kleinteile (Kugellager, Gummiauflagen, Schrauben und Muttern)	10 oder 20	

SKATEBOARD

FRAGE 13

Das Geschäft bietet drei verschiedene Bretter, zwei verschiedene Sätze Räder und zwei verschiedene Sätze Kleinteile an. Es gibt nur eine Möglichkeit für den Satz von Achsen.
Wie viele verschiedene Skateboards kann Erich zusammenbauen?

A. 6
B. 8
C. 10
D. 12

Code 1 (570)
Die richtige Antwort ist Option D.

Diese Multiple-Choice-Aufgabe hat einen privaten Kontext und einen Schwierigkeitsgrad von 570 Punkten (Stufe 4). Alle benötigten Informationen sind bei dieser Aufgabe explizit vorgegeben, und bei der anzuwendenden Mathematik geht es um grundlegende routinemäßige Rechenoperation, nämlich 3 x 2 x 2 x 1. Haben Schüler jedoch keine Erfahrung mit solchen kombinatorischen Berechnungen, kann ihre Strategie darin bestehen, die möglichen Kombinationen systematisch aufzulisten. Hierfür gibt es bekannte Algorithmen (wie z.B. ein Baumdiagramm). Die Strategie zur Bestimmung der Zahl der möglichen Kombinationen ist eher unkompliziert und als ein Routineverfahren zu betrachten. Es geht darum, quantitative Standardprozesse anzuwenden und dieses Vorgehen, einschließlich Rechenverfahren, Aussagen und Ergebnissen, zu rechtfertigen. Die Aufgabe lässt sich daher der Kompetenzklasse Wiedergabe von Fakten und Routineverfahren zuordnen. Nach der anzuwendenden Berechnung gehört die Aufgabe zum Inhaltsbereich quantitatives Denken. Um die Aufgabe erfolgreich zu lösen, müssen die Schülerinnen und Schüler einen Algorithmus richtig anwenden, nachdem sie den Text in Verbindung mit einer Tabelle korrekt interpretiert haben. Dies erhöht die Komplexität der Situation.

FRAGE 14

Erich hat 120 Zeds zur Verfügung und möchte das teuerste Skateboard, das er sich leisten kann, kaufen.

Wie viel Geld kann Erich für jedes der 4 Teile verwenden? Schreib deine Antwort in die folgende Tabelle.

Teil	Betrag (Zeds)
Brett	
Räder	
Achsen	
Kleinteile	

Code 1 (554)
Die richtige Antwort lautet 65 Zeds für ein Brett, 14 für Räder, 16 für Achsen und 20 für Kleinteile.

Diese kurze Frage mit offenem Antwortformat hat ebenfalls einen privaten Kontext und ist ein Beispiel für den unteren Bereich von Stufe 4 (554 Punkte). Das Item gehört zum Inhaltsbereich quantitatives Denken, da die Schüler berechnen sollen, welches das teuerste Skateboard ist, das man für 120 Zeds zusammenstellen kann. Dabei handelt es sich jedoch um eine Aufgabe, deren Lösung nicht offensichtlich ist, denn es lässt sich kein Standardverfahren oder Routinealgorithmus anwenden. Was die Kompetenzanforderungen betrifft, so werden in Bezug auf Problemlösung Fähigkeiten verlangt, die ein selbstständigeres Vorgehen erfordern, und die Schülerinnen und Schüler können verschiedene Strategien einsetzen, um die Lösung zu finden, auch durch systematisches Probieren. Der Kontext, in den dieses Problem eingebettet ist, kann als vertraut angesehen werden. Die Schülerinnen und Schüler müssen die Tabelle mit den Preisangaben anschauen, Kombinationen durchführen und einige Berechnungen vornehmen. Die Aufgabe gehört daher in die Kompetenzklasse Herstellen von Zusammenhängen. Eine zur Lösung des Problems geeignete Strategie besteht darin, zuerst alle höheren Werte einzusetzen, und die Antwort dann anzupassen, indem diese durch immer niedrigere Werte bis zum Erreichen des vorgegebenen Höchstpreises von 120 Zeds ersetzt werden. Die Schülerinnen und Schüler benötigen mithin eine gewisse Fähigkeit zu mathematischem Denken in einem vertrauten Kontext. Sie müssen eine Verbindung zwischen der Fragestellung und den Tabellenangaben herstellen, eine nicht ganz unkomplizierte Strategie anwenden und Routineberechnungen durchführen.

FRAGE 12

Erich möchte sein eigenes Skateboard zusammenstellen. Was ist der niedrigste Preis und was ist der höchste Preis für selbst zusammengestellte Skateboards in diesem Geschäft?

(a) Niedrigster Preis: ....Zeds.
(b) Höchster Preis: ....Zeds.

Code 2 (496)
Richtige Antworten sowohl für den niedrigsten (80) als auch den höchsten Preis (137).

Code 1 (464)
Antworten, die nur den niedrigsten (80) oder den höchsten Preis (137) angeben.

Diese kurze Frage mit offenem Antwortformat hat einen privaten Kontext, denn Skateboardfahren gehört fast überall zur Jugendkultur. Die Schülerinnen und Schüler sollten einen Mindestpreis und einen Höchstpreis für die Zusammenstellung eines Skateboards ermitteln. Bei teilweiser Beantwortung der Frage entspricht der Schwierigkeitsgrad 464 Punkten (Stufe 2), d.h. wenn die Schülerinnen und Schüler entweder nur den niedrigsten Preis oder nur den höchsten Preis, aber nicht beide Preise angeben. Zur Lösung des Problems müssen die Schülerinnen und Schüler eine Strategie finden, die recht einfach ist, weil das scheinbar simple Vorgehen, für den Mindestpreis die niedrigeren Zahlen zu nehmen und für den Höchstpreis die höheren Zahlen, tatsächlich funktioniert. Beim verbleibenden mathematischen Inhalt handelt es sich um die Durchführung einer grundlegenden Rechenoperation. Die Addition: 40 + 14 + 16 + 10 ergibt 80, d.h. den Mindestpreis, und der Höchstpreis ergibt sich aus der Addition der höheren Werte: 65 + 36 + 16 + 20 = 137. Die Strategie umfasst somit die Wiedergabe praktisch geübter Kenntnisse und die Durchführung eines routinemäßigen Additionsverfahrens – dieses Item ist der Kompetenzklasse Wiedergabe von Fakten und Routineverfahren und dem Inhaltsbereich quantitatives Denken zuzuordnen. Bei vollständiger Beantwortung, d.h. wenn Mindestpreis und Höchstpreis angegeben werden, entspricht die Aufgabe einem Schwierigkeitsgrad von 496 Punkten und gehört zu Stufe 3.

Stufe
6
668.7
5
606.6
4
544.4
3
482.4
2
420.4
1
358.3
Unter 1

Abbildung 2.11 ▪ **Kurzbeschreibung der sechs Kompetenzstufen auf der Mathematik-Subskala quantitatives Denken**

Stufe	Allgemeine Kompetenzen, die die Schüler auf den einzelnen Stufen besitzen sollten	Spezifische Aufgaben, die die Schüler zu lösen imstande sein sollten
6	*4% aller Schüler im OECD-Raum können Aufgaben der Stufe 6 auf der Skala quantitatives Denken lösen*	
	Modelle komplexer mathematischer Verfahren und Beziehungen konzeptualisieren und damit arbeiten; mit formalen und symbolischen Ausdrücken umgehen; fortgeschrittene Fähigkeiten zu mathematischem Denken anwenden, um Strategien für Problemlösungen zu entwerfen und verschiedene Kontexte miteinander in Zusammenhang zu bringen; mehrschrittige Rechenprozesse anwenden; Schlussfolgerungen, Argumente und genaue Erklärungen formulieren.	– Komplexe mathematische Verfahren wie z.B. exponentielle Zunahme, gewichteter Durchschnitt sowie Zahleneigenschaften und Zahlenrelationen konzeptualisieren – Komplexe Informationen interpretieren und verstehen und verschiedene komplexe Informationsquellen miteinander verknüpfen – Fortgeschrittene Fähigkeiten zu mathematischem Denken in Bezug auf proportionale Zusammenhänge, geometrische Darstellungen von Größen, Kombinatorik und Beziehungen zwischen ganzen Zahlen anwenden – Formale, mathematisch ausgedrückte Zahlenbeziehungen interpretieren und verstehen, u.a. in einem wissenschaftlichen Kontext – Mehrschrittige Rechenoperationen in einem komplexen und ungewohnten Kontext durchführen und dabei auch mit großen Zahlen arbeiten – Schlussfolgerungen, Argumente und präzise Erklärungen formulieren – Eine Strategie (Heuristik) entwickeln, um mit komplexen mathematischen Prozessen zu arbeiten
5	*13% aller Schüler im OECD-Raum können mindestens Aufgaben der Stufe 5 auf der Skala quantitatives Denken lösen*	
	Zur Lösung von Problemstellungen mit Modellen komplexer Situationen effektiv arbeiten; gut ausgeprägte Fähigkeiten zu mathematischem Denken, tieferes mathematisches Verständnis und Interpretationsfähigkeiten in Bezug auf verschiedene Darstellungen nutzen; mehrschrittige Prozesse durchführen; Denkprozesse und Argumente kommunizieren.	– Komplexe Informationen über alltägliche Situationen interpretieren (einschl. graphische Darstellungen, Zeichnungen und komplexe Tabellen) – Verschiedene Informationsquellen (wie graphische Darstellungen, Tabellenangaben und dazugehörigen Text) miteinander verknüpfen – Der Beschreibung einer komplexen Situation relevante Daten entnehmen und Rechenoperationen durchführen – Problemlösefähigkeiten (z.B. Interpretation, Entwerfen einer Strategie, mathematisches Denken, systematisches Zählen) in realen Kontexten einsetzen, die eine substanzielle Mathematisierung erfordern – Denkprozesse und Argumente kommunizieren – Unter Rückgriff auf Alltagswissen eine Schätzung durchführen – Relative und/oder absolute Veränderungen berechnen
4	*31% aller Schüler im OECD-Raum können mindestens Aufgaben der Stufe 4 auf der Skala quantitatives Denken lösen*	
	Mit einfachen Modellen komplexer Situationen effektiv arbeiten; in einer Vielzahl unterschiedlicher Kontexte die Fähigkeit zu mathematischem Denken unter Beweis stellen, verschiedene Darstellungen derselben Situation interpretieren; quantitative Beziehungen analysieren und anwenden; zur Lösung von Problemen eine Reihe unterschiedlicher Rechenfertigkeiten einsetzen.	– Einen bestimmten, mehrere Schritte umfassenden Zahlenalgorithmus anwenden – Komplexe Textbeschreibungen eines mehrschrittigen Prozesses interpretieren – In einem Text enthaltene Informationen mit einer graphischen Darstellung in Beziehung setzen – In einfachen Modellen komplexer Situationen Berechnungen durchführen, die logisches Denken in Bezug auf proportionale Zusammenhänge, Teilbarkeit oder Prozentsätze erfordern – Kombinatorische Ergebnisse systematisch auflisten und zählen – Informationen aus mehreren Quellen identifizieren und nutzen – Ein einfaches System analysieren und anwenden – Einen komplexen Text interpretieren, um ein einfaches mathematisches Modell herzustellen

Stufe	Allgemeine Kompetenzen, die die Schüler auf den einzelnen Stufen besitzen sollten	Spezifische Aufgaben, die die Schüler zu lösen imstande sein sollten
3	*53% aller Schüler im OECD-Raum können mindestens Aufgaben der Stufe 3 auf der Skala quantitatives Denken lösen*	
	Einfache Problemlösungsstrategien anwenden, die mathematisches Denken in vertrauten Kontexten voraussetzen; Tabellen interpretieren, um Informationen aufzufinden; explizit beschriebene Berechnungen in mehrschrittigen Verfahren durchführen.	– Eine Textbeschreibung eines mehrere Schritte umfassenden Rechenverfahrens interpretieren und das Verfahren korrekt anwenden – Grundlegende Problemlösungsverfahren anwenden (Entwerfen einer einfachen Strategie, Suche nach Beziehungen, Verstehen von und Arbeiten mit vorgegebenen Bedingungen, systematisches Probieren, einfaches mathematisches Denken) – Rechenoperationen durchführen, u.a. mit großen Zahlen, Rechnungen mit Geschwindigkeit und Zeit, Umrechnung von Einheiten (z.B. jährliche Rate in tägliche Rate) – Tabellenangaben interpretieren, in einer Tabelle relevante Daten auffinden – Beziehungen konzeptualisieren, die Kreisbewegungen und Zeit implizieren – Einen Text und ein Diagramm interpretieren, die ein einfaches Muster beschreiben
2	*74% aller Schüler im OECD-Raum können mindestens Aufgaben der Stufe 2 auf der Skala quantitatives Denken lösen*	
	Einfache Tabellen interpretieren, um relevante Informationen zu identifizieren und zu entnehmen; grundlegende arithmetische Rechnungen durchführen; einfache quantitative Beziehungen interpretieren und damit arbeiten.	– Ein einfaches quantitatives Modell interpretieren (z.B. eine proportionale Beziehung) und es mit Hilfe grundlegender arithmetischer Rechnungen anwenden – Einfache Tabellenangaben interpretieren, Textangaben mit den dazugehörigen tabellarischen Daten verknüpfen – Ein einfaches, zur unmittelbaren Lösung eines Problems erforderliches Rechenverfahren erkennen – Einfache Rechenoperationen durchführen, die den Gebrauch der Grundrechenarten voraussetzen, sowie Zahlen ordnen
1	*88% aller Schüler im OECD-Raum können mindestens Aufgaben der Stufe 1 auf der Skala quantitatives Denken lösen*	
	Ganz elementare Problemstellungen lösen, bei denen alle relevanten Informationen explizit dargelegt sind, die Situation eindeutig und von der Komplexität her sehr begrenzt ist, die erforderliche Rechentätigkeit auf der Hand liegt und es sich um eine grundlegende mathematische Aufgabe, z.B. eine einfache arithmetische Operation, handelt.	– Eine einfache, explizit mathematische Beziehung interpretieren und sie direkt mit Hilfe einer Rechnung anwenden – Eine einfache Zahlentabelle lesen und interpretieren, die Spalten addieren und die Ergebnisse vergleichen

ger als bei den zwei zuvor untersuchten Mathematik-Subskalen. Etwas mehr, nämlich 74%, können mindestens Aufgaben der Stufe 2 lösen (Tabelle 2.3a). In Griechenland, Italien, Mexiko, Portugal, der Türkei und den Vereinigten Staaten sowie in den Partnerländern Brasilien, Indonesien, Russische Föderation, Serbien, Thailand, Tunesien und Uruguay gelingt es aber mindestens einem Viertel der Schülerinnen und Schüler nicht, diese Schwelle zu erreichen (Abb. 2.12a).

Abbildung 2.12a ■ **Prozentualer Anteil der Schülerinnen und Schüler auf den jeweiligen Kompetenzstufen der Mathematik-Subskala quantitatives Denken**

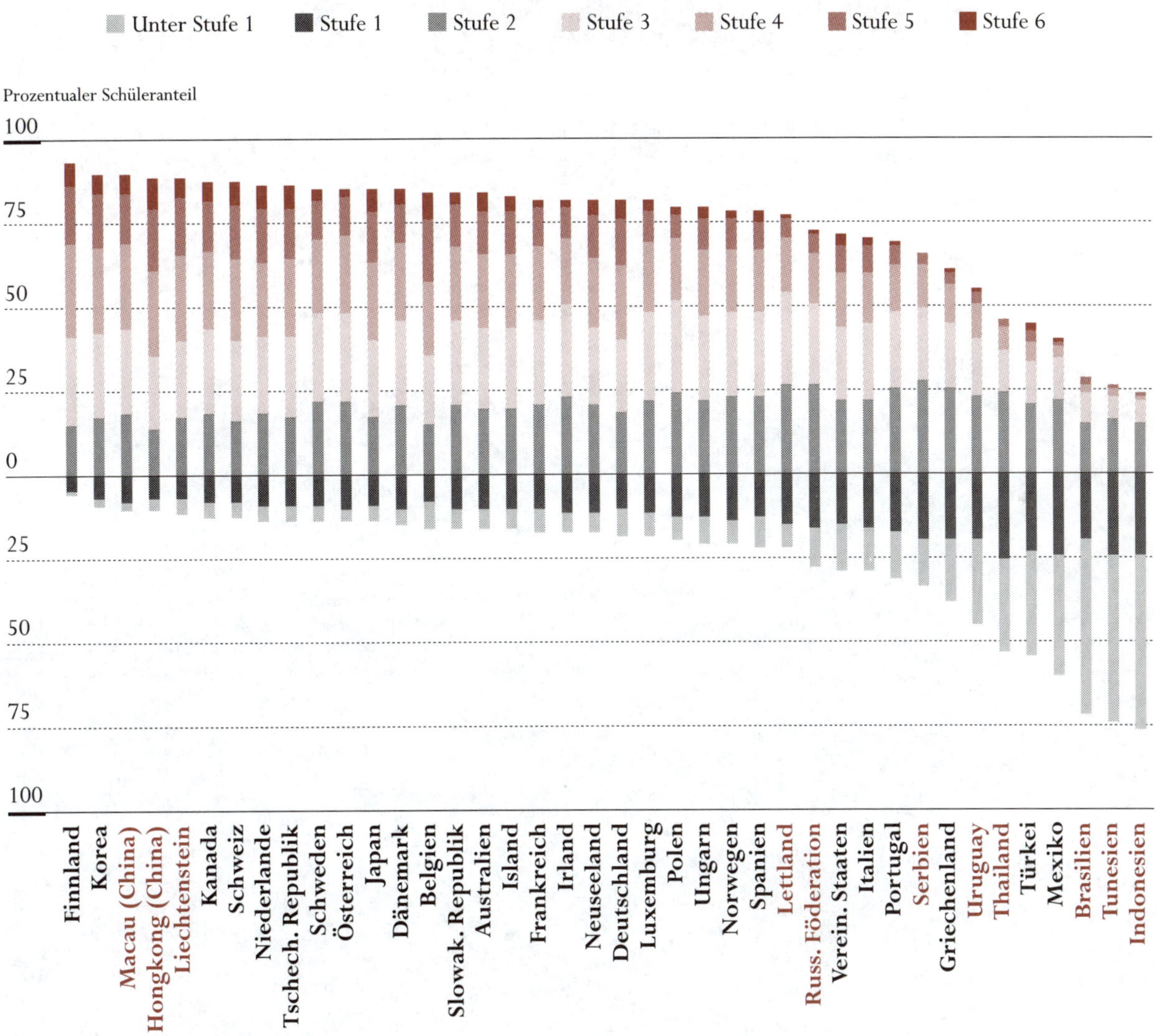

Die Länder sind in absteigender Reihenfolge nach dem prozentualen Anteil der 15-Jährigen auf den Stufen 2, 3, 4, 5 und 6 angeordnet.
Quelle: OECD PISA-2003-Datenbank, Tabelle 2.3a.

Abbildung 2.12b gibt einen Überblick über das globale Leistungsniveau der Schüler in den verschiedenen Ländern auf der Skala quantitatives Denken mit den Durchschnittsergebnissen der Schüler und der Spannweite der Rangplätze, innerhalb derer die jeweiligen Ländermittel mit 95%iger Wahrscheinlichkeit angesiedelt sind. Finnland weist unter den OECD-Ländern den höchsten Mittelwert auf der Skala quantitatives Denken auf, aber die Ergebnisse des

... wobei Finnland und Hongkong (China) die höchsten Ergebnisse erzielen.

Abbildung 2.12b ■ Vergleich der Durchschnittsergebnisse auf der Mathematik-Subskala quantitatives Denken

Mathematik-Subskala quantitatives Denken			Finnland	Hongkong (China)	Korea	Liechtenstein	Macau (China)	Schweiz	Belgien	Niederlande	Kanada	Tschech. Republik	Japan	Australien	Dänemark	Deutschland	Schweden	Island	Österreich	Slowak. Republik	Neuseeland	Frankreich	Irland	Luxemburg	Ungarn	Norwegen	Spanien	Polen	Lettland	Vereinigte Staaten	Italien	Russ. Föderation	Portugal	Serbien	Griechenland	Uruguay	Thailand	Türkei	Mexiko	Tunesien	Brasilien	Indonesien
	Mittelwert		549	545	537	534	533	533	530	528	528	528	527	517	516	514	514	513	513	513	511	507	502	501	496	494	492	492	482	476	475	472	465	456	446	430	415	413	394	364	360	357
		S.E.	(1.8)	(4.2)	(3.0)	(4.1)	(3.0)	(3.1)	(2.3)	(3.1)	(1.8)	(3.5)	(3.8)	(2.1)	(2.6)	(3.4)	(2.5)	(1.5)	(3.0)	(3.4)	(2.2)	(2.5)	(2.5)	(1.1)	(2.7)	(2.2)	(2.5)	(2.5)	(3.6)	(3.2)	(3.4)	(4.0)	(3.5)	(3.8)	(4.0)	(3.2)	(3.1)	(6.8)	(3.9)	(2.8)	(5.0)	(4.3)
Finnland	549	(1.8)		●	▲	▲	▲	▲	▲	▲	▲	▲	▲	▲	▲	▲	▲	▲	▲	▲	▲	▲	▲	▲	▲	▲	▲	▲	▲	▲	▲	▲	▲	▲	▲	▲	▲	▲	▲	▲	▲	▲
Hongkong (China)	545	(4.2)	●		●	●	●	●	▲	▲	▲	●	▲	▲	▲	▲	▲	▲	▲	▲	▲	▲	▲	▲	▲	▲	▲	▲	▲	▲	▲	▲	▲	▲	▲	▲	▲	▲	▲	▲	▲	▲
Korea	537	(3.0)	▼	●		●	●	●	●	●	●	●	●	▲	▲	▲	▲	▲	▲	▲	▲	▲	▲	▲	▲	▲	▲	▲	▲	▲	▲	▲	▲	▲	▲	▲	▲	▲	▲	▲	▲	▲
Liechtenstein	534	(4.1)	▼	●	●		●	●	●	●	●	●	●	▲	▲	▲	▲	▲	▲	▲	▲	▲	▲	▲	▲	▲	▲	▲	▲	▲	▲	▲	▲	▲	▲	▲	▲	▲	▲	▲	▲	▲
Macau (China)	533	(3.0)	▼	●	●	●		●	●	●	●	●	●	▲	▲	▲	▲	▲	▲	▲	▲	▲	▲	▲	▲	▲	▲	▲	▲	▲	▲	▲	▲	▲	▲	▲	▲	▲	▲	▲	▲	▲
Schweiz	533	(3.1)	▼	●	●	●	●		●	●	●	●	●	▲	▲	▲	▲	▲	▲	▲	▲	▲	▲	▲	▲	▲	▲	▲	▲	▲	▲	▲	▲	▲	▲	▲	▲	▲	▲	▲	▲	▲
Belgien	530	(2.3)	▼	▼	●	●	●	●		●	●	●	●	▲	▲	▲	▲	▲	▲	▲	▲	▲	▲	▲	▲	▲	▲	▲	▲	▲	▲	▲	▲	▲	▲	▲	▲	▲	▲	▲	▲	▲
Niederlande	528	(3.1)	▼	▼	●	●	●	●	●		●	●	●	●	●	●	▲	▲	▲	▲	▲	▲	▲	▲	▲	▲	▲	▲	▲	▲	▲	▲	▲	▲	▲	▲	▲	▲	▲	▲	▲	▲
Kanada	528	(1.8)	▼	▼	●	●	●	●	●	●		●	●	▲	▲	▲	▲	▲	▲	▲	▲	▲	▲	▲	▲	▲	▲	▲	▲	▲	▲	▲	▲	▲	▲	▲	▲	▲	▲	▲	▲	▲
Tschech. Republik	528	(3.5)	▼	●	●	●	●	●	●	●	●		●	●	●	●	▲	▲	●	●	▲	▲	▲	▲	▲	▲	▲	▲	▲	▲	▲	▲	▲	▲	▲	▲	▲	▲	▲	▲	▲	▲
Japan	527	(3.8)	▼	▼	●	●	●	●	●	●	●	●		●	●	●	●	▲	●	●	▲	▲	▲	▲	▲	▲	▲	▲	▲	▲	▲	▲	▲	▲	▲	▲	▲	▲	▲	▲	▲	▲
Australien	517	(2.1)	▼	▼	▼	▼	▼	▼	▼	●	▼	●	●		●	●	●	●	●	●	●	●	▲	▲	▲	▲	▲	▲	▲	▲	▲	▲	▲	▲	▲	▲	▲	▲	▲	▲	▲	▲
Dänemark	516	(2.6)	▼	▼	▼	▼	▼	▼	▼	●	▼	●	●	●		●	●	●	●	●	●	●	▲	▲	▲	▲	▲	▲	▲	▲	▲	▲	▲	▲	▲	▲	▲	▲	▲	▲	▲	▲
Deutschland	514	(3.4)	▼	▼	▼	▼	▼	▼	▼	●	▼	●	●	●	●		●	●	●	●	●	●	●	▲	▲	▲	▲	▲	▲	▲	▲	▲	▲	▲	▲	▲	▲	▲	▲	▲	▲	▲
Schweden	514	(2.5)	▼	▼	▼	▼	▼	▼	▼	▼	▼	▼	●	●	●	●		●	●	●	●	●	▲	▲	▲	▲	▲	▲	▲	▲	▲	▲	▲	▲	▲	▲	▲	▲	▲	▲	▲	▲
Island	513	(1.5)	▼	▼	▼	▼	▼	▼	▼	▼	▼	▼	▼	●	●	●	●		●	●	●	●	▲	▲	▲	▲	▲	▲	▲	▲	▲	▲	▲	▲	▲	▲	▲	▲	▲	▲	▲	▲
Österreich	513	(3.0)	▼	▼	▼	▼	▼	▼	▼	▼	▼	●	●	●	●	●	●	●		●	●	●	●	▲	▲	▲	▲	▲	▲	▲	▲	▲	▲	▲	▲	▲	▲	▲	▲	▲	▲	▲
Slowak. Republik	513	(3.4)	▼	▼	▼	▼	▼	▼	▼	▼	▼	●	●	●	●	●	●	●	●		●	●	●	●	▲	▲	▲	▲	▲	▲	▲	▲	▲	▲	▲	▲	▲	▲	▲	▲	▲	▲
Neuseeland	511	(2.2)	▼	▼	▼	▼	▼	▼	▼	▼	▼	▼	▼	●	●	●	●	●	●	●		●	●	▲	▲	▲	▲	▲	▲	▲	▲	▲	▲	▲	▲	▲	▲	▲	▲	▲	▲	▲
Frankreich	507	(2.5)	▼	▼	▼	▼	▼	▼	▼	▼	▼	▼	▼	●	●	●	●	●	●	●	●		●	●	●	▲	▲	▲	▲	▲	▲	▲	▲	▲	▲	▲	▲	▲	▲	▲	▲	▲
Irland	502	(2.5)	▼	▼	▼	▼	▼	▼	▼	▼	▼	▼	▼	▼	▼	●	▼	▼	●	●	●	●		●	●	●	●	●	▲	▲	▲	▲	▲	▲	▲	▲	▲	▲	▲	▲	▲	▲
Luxemburg	501	(1.1)	▼	▼	▼	▼	▼	▼	▼	▼	▼	▼	▼	▼	▼	▼	▼	▼	▼	●	▼	●	●		●	●	▲	▲	▲	▲	▲	▲	▲	▲	▲	▲	▲	▲	▲	▲	▲	▲
Ungarn	496	(2.7)	▼	▼	▼	▼	▼	▼	▼	▼	▼	▼	▼	▼	▼	▼	▼	▼	▼	▼	▼	●	●	●		●	●	●	▲	▲	▲	▲	▲	▲	▲	▲	▲	▲	▲	▲	▲	▲
Norwegen	494	(2.2)	▼	▼	▼	▼	▼	▼	▼	▼	▼	▼	▼	▼	▼	▼	▼	▼	▼	▼	▼	▼	●	●	●		●	●	●	▲	▲	▲	▲	▲	▲	▲	▲	▲	▲	▲	▲	▲
Spanien	492	(2.5)	▼	▼	▼	▼	▼	▼	▼	▼	▼	▼	▼	▼	▼	▼	▼	▼	▼	▼	▼	▼	●	▼	●	●		●	●	▲	▲	▲	▲	▲	▲	▲	▲	▲	▲	▲	▲	▲
Polen	492	(2.5)	▼	▼	▼	▼	▼	▼	▼	▼	▼	▼	▼	▼	▼	▼	▼	▼	▼	▼	▼	▼	●	▼	●	●	●		●	▲	▲	▲	▲	▲	▲	▲	▲	▲	▲	▲	▲	▲
Lettland	482	(3.6)	▼	▼	▼	▼	▼	▼	▼	▼	▼	▼	▼	▼	▼	▼	▼	▼	▼	▼	▼	▼	▼	▼	▼	●	●	●		●	●	●	▲	▲	▲	▲	▲	▲	▲	▲	▲	▲
Vereinigte Staaten	476	(3.2)	▼	▼	▼	▼	▼	▼	▼	▼	▼	▼	▼	▼	▼	▼	▼	▼	▼	▼	▼	▼	▼	▼	▼	▼	▼	▼	●		●	●	●	▲	▲	▲	▲	▲	▲	▲	▲	▲
Italien	475	(3.4)	▼	▼	▼	▼	▼	▼	▼	▼	▼	▼	▼	▼	▼	▼	▼	▼	▼	▼	▼	▼	▼	▼	▼	▼	▼	▼	●	●		●	●	▲	▲	▲	▲	▲	▲	▲	▲	▲
Russ. Föderation	472	(4.0)	▼	▼	▼	▼	▼	▼	▼	▼	▼	▼	▼	▼	▼	▼	▼	▼	▼	▼	▼	▼	▼	▼	▼	▼	▼	▼	●	●	●		●	●	▲	▲	▲	▲	▲	▲	▲	▲
Portugal	465	(3.5)	▼	▼	▼	▼	▼	▼	▼	▼	▼	▼	▼	▼	▼	▼	▼	▼	▼	▼	▼	▼	▼	▼	▼	▼	▼	▼	▼	●	●	●		●	▲	▲	▲	▲	▲	▲	▲	▲
Serbien	456	(3.8)	▼	▼	▼	▼	▼	▼	▼	▼	▼	▼	▼	▼	▼	▼	▼	▼	▼	▼	▼	▼	▼	▼	▼	▼	▼	▼	▼	▼	▼	●	●		●	▲	▲	▲	▲	▲	▲	▲
Griechenland	446	(4.0)	▼	▼	▼	▼	▼	▼	▼	▼	▼	▼	▼	▼	▼	▼	▼	▼	▼	▼	▼	▼	▼	▼	▼	▼	▼	▼	▼	▼	▼	▼	▼	●		●	▲	▲	▲	▲	▲	▲
Uruguay	430	(3.2)	▼	▼	▼	▼	▼	▼	▼	▼	▼	▼	▼	▼	▼	▼	▼	▼	▼	▼	▼	▼	▼	▼	▼	▼	▼	▼	▼	▼	▼	▼	▼	▼	●		▲	●	▲	▲	▲	▲
Thailand	415	(3.1)	▼	▼	▼	▼	▼	▼	▼	▼	▼	▼	▼	▼	▼	▼	▼	▼	▼	▼	▼	▼	▼	▼	▼	▼	▼	▼	▼	▼	▼	▼	▼	▼	▼	▼		●	▲	▲	▲	▲
Türkei	413	(6.8)	▼	▼	▼	▼	▼	▼	▼	▼	▼	▼	▼	▼	▼	▼	▼	▼	▼	▼	▼	▼	▼	▼	▼	▼	▼	▼	▼	▼	▼	▼	▼	▼	▼	●	●		●	▲	▲	▲
Mexiko	394	(3.9)	▼	▼	▼	▼	▼	▼	▼	▼	▼	▼	▼	▼	▼	▼	▼	▼	▼	▼	▼	▼	▼	▼	▼	▼	▼	▼	▼	▼	▼	▼	▼	▼	▼	▼	▼	●		▲	▲	▲
Tunesien	364	(2.8)	▼	▼	▼	▼	▼	▼	▼	▼	▼	▼	▼	▼	▼	▼	▼	▼	▼	▼	▼	▼	▼	▼	▼	▼	▼	▼	▼	▼	▼	▼	▼	▼	▼	▼	▼	▼	▼		●	●
Brasilien	360	(5.0)	▼	▼	▼	▼	▼	▼	▼	▼	▼	▼	▼	▼	▼	▼	▼	▼	▼	▼	▼	▼	▼	▼	▼	▼	▼	▼	▼	▼	▼	▼	▼	▼	▼	▼	▼	▼	▼	●		●
Indonesien	357	(4.3)	▼	▼	▼	▼	▼	▼	▼	▼	▼	▼	▼	▼	▼	▼	▼	▼	▼	▼	▼	▼	▼	▼	▼	▼	▼	▼	▼	▼	▼	▼	▼	▼	▼	▼	▼	▼	▼	●	●	

Spannweite der Rangplätze*

		Finnland	Hongkong (China)	Korea	Liechtenstein	Macau (China)	Schweiz	Belgien	Niederlande	Kanada	Tschech. Republik	Japan	Australien	Dänemark	Deutschland	Schweden	Island	Österreich	Slowak. Republik	Neuseeland	Frankreich	Irland	Luxemburg	Ungarn	Norwegen	Spanien	Polen	Lettland	Vereinigte Staaten	Italien	Russ. Föderation	Portugal	Serbien	Griechenland	Uruguay	Thailand	Türkei	Mexiko	Tunesien	Brasilien	Indonesien
OECD-Länder	Oberer Rangplatz	1		2			2	3	3	4	3	3	9	9	9	9	10	9	9	11	14	17	18	19	20	20	20		24	24		25		27			28	29			
	Unterer Rangplatz	1		4			7	8	8	8	8	8	13	15	16	17	16	17	17	17	18	20	20	23	23	23	23		25	25		26		27			28	29			
Alle Länder	Oberer Rangplatz	1	1	2	3	3	3	4	5	6	4	5	12	12	12	12	13	12	12	14	17	20	21	22	23	23	23	27	27	27	28	30	31	32	34	35	35	37	38	38	38
	Unterer Rangplatz	2	3	7	10	10	10	11	11	11	11	11	16	18	19	20	19	20	20	20	21	23	23	26	26	26	26	29	30	30	31	32	33	33	34	36	36	37	40	40	40

* *Anmerkung: Da die Daten auf Stichprobenbeziehungen beruhen, ist es nicht möglich, den genauen Rangplatz eines Landes zu bestimmen. Es können jedoch der jeweils obere und untere Rangplatz angegeben werden, zwischen denen das Land mit 95%iger Wahrscheinlichkeit liegt.*

Erläuterungen:

Zum Vergleich der Ergebnisse eines Landes mit denen der Länder im Tabellenkopf ist die Zeile des betreffenden Landes zu lesen. Die Symbole zeigen, ob die Durchschnittsergebnisse des Landes in der jeweiligen Zeile über oder unter denen des Vergleichslandes liegen oder ob zwischen den Durchschnittsergebnissen beider Länder kein statistisch signifikanter Unterschied besteht.

Ohne Bonferroni-Korrektur:

- (hellgrau) Durchschnittsergebnisse statistisch signifikant höher als im Vergleichsland
- (weißlich) Kein statistisch signifikanter Unterschied gegenüber dem Vergleichsland
- (dunkelgrau) Durchschnittsergebnisse statistisch signifikant niedriger als im Vergleichsland

Mit Bonferroni-Korrektur:

- ▲ Durchschnittsergebnisse statistisch signifikant höher als im Vergleichsland
- ● Kein statistisch signifikanter Unterschied gegenüber dem Vergleichsland
- ▽ Durchschnittsergebnisse statistisch signifikant niedriger als im Vergleichsland

- Statistisch signifikant über dem OECD-Durchschnitt
- Kein statistisch signifikanter Unterschied zum OECD-Durchschnitt
- Statistisch signifikant unter dem OECD-Durchschnitt

Quelle: OECD PISA-2003-Datenbank.

Abbildung 2.13a ■ **Ein Beispiel für die in PISA verwendeten Mathematikaufgaben für die Subskala Unsicherheit: Testeinheit RAUBÜBERFÄLLE**

RAUBÜBERFÄLLE

Ein Fernsehreporter zeigte folgende Graphik und sagte:

„Dieser Graph zeigt, dass die Zahl der Raubüberfälle von 1998 bis 1999 stark zugenommen hat."

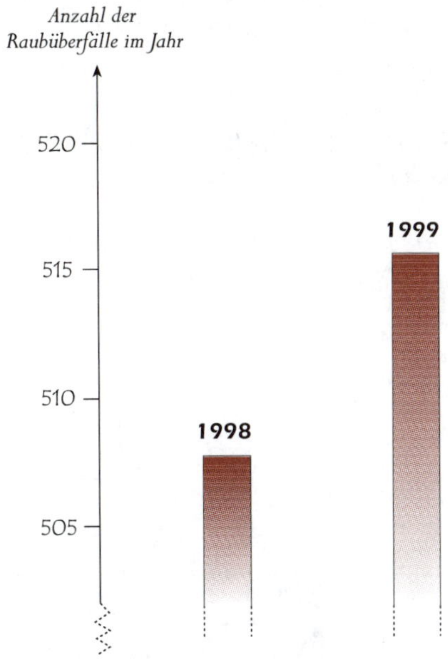

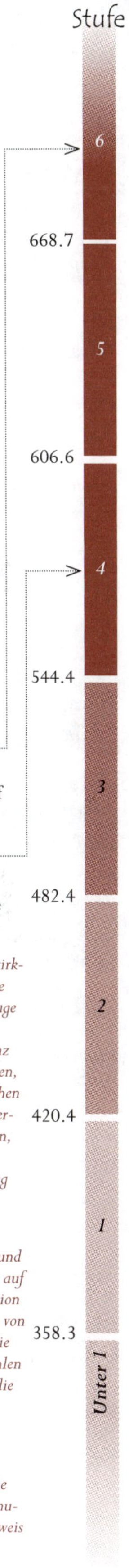

FRAGE 15

Hältst du die Aussage des Reporters für eine vernünftige Interpretation der Graphik? Begründe deine Antwort.

Code 2 (694)
Antworten, die "Nein, nicht vernünftig" angeben und sich auf die Tatsache beziehen, dass nur ein kleiner Teil des Graphen dargestellt ist, oder richtige Argumente enthalten, die sich auf Verhältnisse oder prozentuelle Zunahme berufen, oder darauf verweisen, dass Trenddaten vorliegen müssten, bevor ein Urteil abgegeben werden kann.

Code 1 (577)
Antworten, die "Nein, nicht vernünftig" angeben, aber die Erklärung nicht im Einzelnen begründen (bezieht sich NUR auf eine Zunahme, die durch die genaue Zahl der Raubüberfälle gegeben ist, vergleicht aber nicht mit der Gesamtzahl), oder die korrekte Methode, aber kleine Rechenfehler enthalten sind.

Diese Frage mit offenem Antwortformat hat einen öffentlichen Kontext. Die im Stimulus dieser Testeinheit wiedergegebene Graphik wurde von einer wirklich existierenden Graphik abgeleitet, die eine ähnlich irreführende Information enthält wie hier. Die Graphik scheint darauf hinzudeuten, dass – wie der Fernsehreporter sagte – „die Zahl der Raubüberfälle stark zugenommen hat". Die Schülerinnen und Schüler sollen sich dazu äußern, ob die Aussage des Reporters mit den Daten übereinstimmt. Es ist sehr wichtig, Daten und Graphiken, wie sie häufig in den Medien präsentiert werden, zu durchschauen, um an der Wissensgesellschaft effektiv teilhaben zu können. Diese Fähigkeit ist ein wesentliches Element mathematischer Grundbildung. Ganz oft nutzen Personen, die Graphiken erstellen, ihre Fähigkeiten (wenn sie über solche überhaupt verfügen) dazu, die Daten in einer Weise zu präsentieren, dass sie eine bestimmte Aussage, vielfach mit politischem Kontext, erhärten. Dies ist ein Beispiel hierfür. Die Aufgabe erfordert die Analyse eines Graphen und die Interpretation von Daten, so dass sie dem Bereich Unsicherheit zuzuordnen ist. Die hier verlangten Fähigkeiten in Bezug auf Denk- und Interpretationsvermögen sowie Kommunikation gehören eindeutig in den Bereich der Kompetenzklasse Herstellen von Zusammenhängen. Die Kompetenzen, auf die es bei der Lösung dieses Problems ankommt, sind kritisches Verständnis und Dekodieren einer graphischen Darstellung, das Formulieren einer Aussage und einer geeigneten Argumentation auf der Basis mathematischen Denkens und Beweisführens (obwohl der Graph einen recht starken Anstieg der Zahl der Raubüberfälle zu zeigen scheint, ist die Zunahme der Raubüberfälle in absoluten Zahlen keineswegs dramatisch). Der Grund für dieses Paradoxon liegt in der ungünstig gewählten Aufteilung der y-Achse und der Schwierigkeit, diesen Argumentationsprozess korrekt zu kommunizieren.

Bei teilweise richtiger Lösung entspricht die Aufgabe Stufe 4 mit einem Schwierigkeitsgrad von 577 Punkten. In diesem Fall geben die Schülerinnen und Schüler im Allgemeinen an, dass die Aussage nicht vernünftig ist, doch begründen sie die Erklärung nicht im Einzelnen. Sie beziehen sich mithin nur auf die absolute Zunahme, die durch die genaue Zahl der Raubüberfälle gegeben ist, lassen aber den Aspekt der Relativität außer Acht. Die Kommunikation spielt hier eine entscheidende Rolle, denn es wird stets Antworten geben, die im Einzelnen schwer zu interpretieren sind. Ein Beispiel: „Eine Zunahme von 508 auf 515 ist nicht viel" könnte etwas anderes bedeuten als „eine Zunahme um rund 10 ist nicht viel". Die erste Aussage unter Bezugnahme auf die tatsächlichen Zahlenangaben besagt – und in diese Richtung zielt die Antwort wohl auch –, dass die Zunahme bei den hohen, hier betrachteten Zahlen gering ist, während dieser Gedankengang bei der zweiten Antwort nicht ins Spiel kommt. Bei dieser Art von Antwort verwenden und kommunizieren die Schülerinnen und Schüler eine auf der Interpretation von Daten basierende Argumentation; sie ist daher der Stufe 4 zuzuordnen.

Bei vollständiger Lösung entspricht die Aufgabe Stufe 6 mit einem Schwierigkeitsgrad von 694 Punkten. In diesem Fall geben die Schülerinnen und Schüler an, dass die Aussage nicht vernünftig ist, und begründen ihre Erklärung mit hinreichenden Einzelheiten. Hier also konzentrieren sich die Überlegungen anhand der genauen Zahlen nicht allein auf die Zunahme der Raubüberfälle in absoluter, sondern auch in relativer Rechnung. Für die Beantwortung der Frage müssen die Schülerinnen und Schüler eine auf der Interpretation von Daten basierende Argumentation verwenden und kommunizieren, wobei eine gewisse Fähigkeit zu proportionalem Denken in einem statistischen Kontext und einer nicht allzu vertrauten Situation unter Beweis zu stellen ist. Daher gehört die Aufgabe zu Stufe 6.

Abbildung 2.13b ■ Ein Beispiel für die in PISA verwendeten Mathematikaufgaben für die Subskala Unsicherheit: Testeinheit TESTERGEBNISSE

TESTERGEBNISSE

Das nachfolgende Diagramm zeigt die Ergebnisse eines Physiktests für zwei Gruppen, die als Gruppe A und Gruppe B bezeichnet werden.

Die durchschnittliche Punktzahl von Gruppe A ist 62,0 und der Durchschnitt für Gruppe B ist 64,5. Schüler/innen haben den Test bestanden, wenn ihre Punktzahl bei 50 oder darüber liegt.

Ergebnisse eines Physiktests

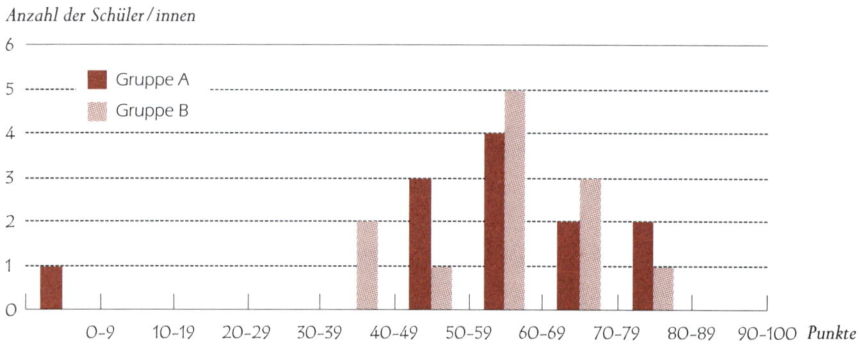

FRAGE 16

Der Lehrer betrachtet das Diagramm und behauptet, dass Gruppe B beim Test besser abgeschnitten hat als Gruppe A.

Die Schüler/innen der Gruppe A sind mit ihrem Lehrer nicht einer Meinung. Sie versuchen den Lehrer davon zu überzeugen, dass Gruppe B nicht unbedingt besser abgeschnitten hat.

Gib ein mathematisches Argument an, welches die Schüler/innen der Gruppe A verwenden könnten, und verwende dabei Informationen aus dem Diagram

Code 1 (620)

Antworten, bei denen ein gültiges Argument angeführt wird. Gültige Argumente können sich auf die Anzahl der Schüler/innen beziehen, die den Test bestanden haben, den unverhältnismäßig hohen Einfluss des „Ausreißers“ oder auf die Anzahl der Schüler/innen mit den höchsten Punktzahlen.

Diese Frage mit offenem Antwortformat hat einen bildungsbezogenen Kontext. Ihr Schwierigkeitsgrad entspricht 620 Punkten. Der bildungsbezogene Kontext dieser Aufgabe ist allen Schülerinnen und Schülern vertraut: ein Vergleich von Testergebnissen. Im vorliegenden Fall geht es um einen mit zwei Schülergruppen (A und B) durchgeführten Physiktest. Die Testergebnisse werden den Schülerinnen und Schülern auf zwei verschiedene Arten präsentiert: durch einen Text mit einigen Daten und durch zwei Balken in einem Diagramm. Das Problem besteht darin, Argumente zu finden, die die Aussage bestätigen, dass Gruppe A effektiv besser abgeschnitten hat als Gruppe B, und so die zuvor von einem Lehrer aufgestellte Behauptung zu widerlegen, dass Gruppe B auf Grund eines höheren Durchschnitts besser abgeschnitten hat. Es liegt auf der Hand, dass die Aufgabe dem Inhaltsbereich Unsicherheit zuzuordnen ist. Kenntnisse in diesem Bereich der Mathematik sind in der Informationsgesellschaft von wesentlicher Bedeutung, denn Daten und graphische Darstellungen spielen in den Medien und bei anderen Aspekten unserer täglichen Erfahrung eine wichtige Rolle. Die Kompetenzklasse Herstellen von Zusammenhängen, der dieses Item zuzuordnen ist, umfasst Kompetenzen, die nicht nur auf denen aufbauen, die für die Kompetenzklasse Wiedergabe von Fakten und Routineverfahren erforderlich sind (wie Enkodieren und Interpretation einfacher graphischer Darstellungen), sondern auch mathematisches Denken und Einblick in ein bestimmtes mathematisches Argument voraussetzen. Die Schülerinnen und Schüler haben hier effektiv die Wahl zwischen mindestens drei Argumenten. Das erste lautet, dass mehr Schüler der Gruppe A den Test bestehen; zweitens kann der verzerrende Effekt des Ausreißers bei den Ergebnissen von Gruppe A angeführt werden, und drittens lässt sich feststellen, dass es in Gruppe A mehr Schüler gibt, die 80 oder mehr Punkte erreichten. Eine weitere wichtige, hier benötigte Kompetenz ist das Erklären von Sachverhalten, bei denen es um Beziehungen geht. Folglich gehört die Aufgabe zur Kompetenzklasse Herstellen von Zusammenhängen. Die Schülerinnen und Schüler, die die Aufgabe erfolgreich lösten, haben statistische Kenntnisse in Bezug auf eine Problemstellung angewandt, die etwas strukturiert und deren mathematische Darstellung teilweise erkennbar ist. Sie müssen auch zu mathematischem Denken und Verständnis fähig sein, um die vorliegenden Informationen zu interpretieren und zu analysieren, und sie müssen ihre Begründungen und Argumente kommunizieren. Die Aufgabe gehört daher eindeutig zu Stufe 5.

Partnerlandes Hongkong (China) erreichen ein ähnlich hohes Niveau, das dieses in der Rangordnung zwischen Position 1 und Position 3 platziert.

Bei diesen Aufgaben ist der Vorsprung der Jungen besonders gering.

In Übereinstimmung mit den Ergebnissen bei den anderen Skalen schneiden Jungen auch bei der Skala quantitatives Denken besser ab, doch sind die geschlechtsspezifischen Unterschiede hier in der Regel sogar noch geringer als bei den weiter oben erörterten Skalen Raum und Form sowie Veränderung und Beziehungen. Die geschlechtsspezifische Leistungsverteilung nach Kompetenzstufen ist relativ ähnlich, am oberen Ende der Skala sind etwas mehr Jungen als Mädchen zu finden (Tabelle 2.3b). Bei 16 Ländern besteht ein Unterschied zu Gunsten von Jungen[17]. Auch hier ist Island wieder das einzige Land, wo Mädchen statistisch besser abschneiden als Jungen (Tabelle 2.3c).

Ein Vergleich der Schülerleistungen zwischen 2000 und 2003 ist auf dieser Skala nicht möglich, da PISA 2000 diesen Inhaltsbereich nicht umfasste.

Schülerleistungen auf der Mathematik-Subskala Unsicherheit

Ein Viertel der den Schülerinnen und Schülern in PISA vorgelegten Mathematikaufgaben bezogen sich auf probabilistische und statistische Phänomene und Abhängigkeiten. Die Abbildungen 2.13a-c zeigen Beispiele für Aufgaben der Stufen 2, 4, 5 und 6 in dieser Kategorie.

4% der Schüplerinnen und Schüler im OECD-Raum können die schwierigsten Aufgaben auf der Subskala Unsicherheit lösen...

Die besonderen Kompetenzen, die zum Erreichen der jeweiligen Stufen benötigt werden, sind in Abbildung 2.14 dargestellt. Lediglich 4% der Schülerinnen und Schüler im gesamten OECD-Raum – aber 13% im Partnerland Hongkong (China) – sind in der Lage, Aufgaben der Stufe 6 zu lösen. 31% der gesamten Schülerpopulation der OECD-Länder erfüllen mindestens die Anforderungen der Stufe 4, in Finnland, den Niederlanden und dem Partnerland Hongkong (China) beträgt dieser Anteil jedoch mehr als 50% (Tabelle 2.4a).

... und wiederum ist ein Viertel lediglich zur Lösung der einfachsten Aufgaben in der Lage.

75% der Schülerinnen und Schüler in den OECD-Ländern können mindestens Aufgaben der Basisstufe 2 bearbeiten. In Griechenland, Italien, Mexiko, Portugal, der Slowakischen Republik und der Türkei sowie in den Partnerländern Brasilien, Indonesien, Lettland, Russische Föderation, Serbien, Thailand, Tunesien und Uruguay ist jedoch mindestens ein Viertel der Schülerinnen und Schüler nicht in der Lage, diese Schwelle zu erreichen (Abb. 2.15a und Tabelle 2.4a).

Bei den Aufgaben im Bereich Unsicherheit erzielten Hongkong (China) und die Niederlande insgesamt die besten Ergebnisse.

Abbildung 2.15b gibt einen Überblick über das globale Leistungsniveau der Schüler in den verschiedenen Ländern auf der Skala Unsicherheit. Die Leistungen sind anhand der mittleren Punktzahlen der Schüler sowie der Spannweite der Rangplätze dargestellt, innerhalb derer der Mittelwert eines Landes mit 95%iger Wahrscheinlichkeit liegt. Hongkong (China) und die Niederlande erzielten die höchsten Ergebnisse auf der Skala Unsicherheit und sind zwischen der ersten und zweiten bzw. der ersten und dritten Rangposition unter allen Teilnehmerländern angesiedelt.

Abbildung 2.13c ■ **Ein Beispiel für die in PISA verwendeten Mathematikaufgaben für die Subskala Unsicherheit: Testeinheit EXPORTE**

EXPORTE

Die folgenden Graphiken zeigen Informationen über die Exporte aus Zedland, einem Land, das Zeds als Währung verwendet.

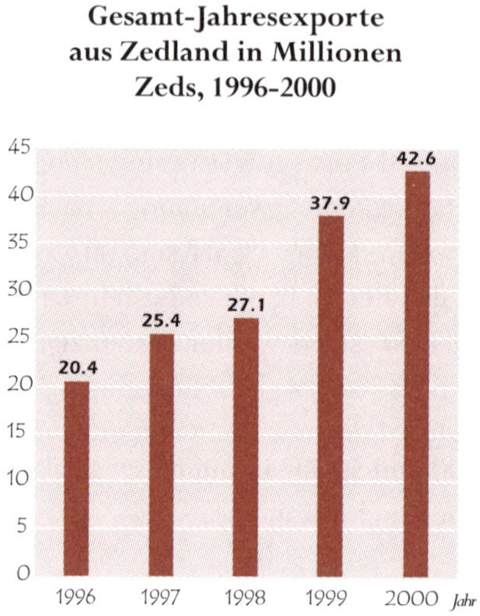

FRAGE 18

Was war der Wert des Fruchtsafts, der im Jahr 2000 aus Zedland exportiert wurde?

A. 1.8 Millionen Zeds.
B. 2.3 Millionen Zeds.
C. 2.4 Millionen Zeds.
D. 3.4 Millionen Zeds.
E. 3.8 Millionen Zeds.

Code 1 (565) ▪

Die richtige Antwort ist E, 3,8 Millionen Zeds.

Diese Multiple-Choice-Aufgabe hat einen öffentlichen Kontext. Ihr Schwierigkeitsgrad entspricht 565 Punkten. Auf Grund der erforderlichen Datenverarbeitungsprozesse ist dieses Item dem Bereich Unsicherheit zuzuordnen. Der mathematische Inhalt besteht darin, Daten aus zwei Graphen, d.h. einem Stab- und einem Kreisdiagramm, abzulesen, die Merkmale der beiden Graphen zu vergleichen und Daten aus beiden Graphen miteinander zu verknüpfen, um eine grundlegende Rechenoperation durchführen zu können, die zu einem Zahlenergebnis führt. Die Schülerinnen und Schüler müssen eine sinnvolle Verbindung zwischen den Informationen aus den beiden Graphen herstellen. Der hier erforderliche Mathematisierungsprozess umfasst unterschiedliche Phasen: Dekodieren der verschiedenen Standarddarstellungen durch einen Blick auf die Gesamtexporte im Jahr 2000 (42,6 Millionen Zeds) und den prozentualen Anteil, der hiervon auf Fruchtsaftexporte entfällt (9%). Auf Grund dieses Prozesses und des Schritts, der zur Herstellung einer Querverbindung zwischen diesen Werten durch eine geeignete Zahlenoperation (9% von 42,6) notwendig ist, gehört diese Aufgabe in die Kompetenzklasse Herstellen von Zusammenhängen. Da es hier um eine komplexere konkrete Situation geht, die zwei miteinander zusammenhängende graphische Darstellungen umfasst, tieferes mathematisches Verständnis erforderlich ist, um diese miteinander zu verknüpfen und zu kombinieren, und es gilt, die geeigneten mathematischen Routineverfahren in sinnvoller Weise anzuwenden, entspricht diese Aufgabe Stufe 4..

FRAGE 17

Was war der Gesamtwert (in Millionen Zeds) der Exporte aus Zedland im Jahr 1998?

Antwort:

Code 1 (427) ▪

Antworten, die 27,1 Millionen Zeds oder 27 100 000 Zeds oder 27,1 angeben (Einheit nicht erforderlich). Rundungen auf 27 ebenfalls akzeptabel.

Diese Frage mit geschlossenem Antwortformat hat einen öffentlichen Kontext. Ihr Schwierigkeitsgrad entspricht 427 Punkten. Die Wissensgesellschaft stützt sich in starkem Maße auf Daten, und Daten werden oft in graphischer Form präsentiert. Die Medien verwenden häufig Graphiken, um Nachrichten plastischer darzustellen und ihre Standpunkte überzeugender zu vermitteln. Das Lesen und Verstehen dieser Art von Informationen ist daher ein wesentlicher Bestandteil der mathematischen Grundbildung. Der mathematische Inhalt beschränkt sich auf das Ablesen von Daten aus einem Stab- oder Kreisdiagramm. Diese Aufgabe gehört zu dem mathematischen Gebiet der exploratorischen Datenanalyse und ist daher dem Inhaltsbereich Unsicherheit zuzuordnen. Bei der Lösung dieses Problems ist der Kompetenzbereich Darstellung gefragt, d.h. es geht darum, eine vertraute und praktisch geübte Standarddarstellung eines bekannten mathematischen Objekts zu erkennen und zu interpretieren – entsprechend den schriftlichen Anweisungen zu entscheiden, welcher von zwei Graphen relevant ist, und die richtige Information in diesem Graphen aufzufinden. Dies ist ein Routineverfahren, und die Aufgabe gehört daher in die Kompetenzklasse Wiedergabe von Fakten und Routineverfahren. Diese Aufgabe ist ein anschauliches Beispiel für das Interpretieren und Erkennen von Situationen in Kontexten, die nicht mehr als eine direkte Schlussfolgerung erfordern, was ein wesentliches Merkmal von Stufe 2 ist.

Abbildung 2.14 ■ **Kurzbeschreibung der sechs Kompetenzstufen auf der Mathematik-Subskala Unsicherheit**

Stufe	Allgemeine Kompetenzen, die die Schüler auf den einzelnen Stufen besitzen sollten	Spezifische Aufgaben, die die Schüler zu lösen imstande sein sollten
6	*4% aller Schüler im OECD-Raum können Aufgaben der Stufe 6 auf der Skala Unsicherheit lösen*	
	In Kontexten, die Statistik oder Wahrscheinlichkeit beinhalten, hoch entwickelte Fähigkeiten zu mathematischem Denken nutzen, um Realsituationen mathematisch darzustellen; zur Lösung von Problemen tieferes mathematisches Verständnis und Reflektion einsetzen und Argumente und Erklärungen formulieren und kommunizieren.	– Unter Nutzung von Kenntnissen über Wahrscheinlichkeit Realsituationen interpretieren und über sie reflektieren und mit Hilfe proportionalen Denkens, großer Zahlen und Rundens diesbezügliche Berechnungen anstellen – In einem praktischen Kontext tieferes Verständnis für Wahrscheinlichkeit zeigen – In einer ungewohnten probabilistischen Situation hoch entwickelte Fähigkeiten zur Interpretation, zum logischen Denken und zum Verstehen verwenden – Auf der Basis einer von Verständnis zeugenden Dateninterpretation präzise argumentieren – Unter Rückgriff auf statistische Konzepte komplexe logische Denkschritte anwenden – Verständnis des Grundkonzepts der Stichprobennahme zeigen und Rechnungen mit gewichteten Durchschnitten durchführen oder verständigen Gebrauch von systematischen Zählstrategien machen – Komplexe Argumente und Erklärungen kommunizieren
5	*13% aller Schüler im OECD-Raum können mindestens Aufgaben der Stufe 5 auf der Skala Unsicherheit lösen*	
	Kenntnisse über Wahrscheinlichkeit und Statistik in Problemsituationen anwenden, die bis zu einem gewissen Grad strukturiert sind und bei denen die mathematische Darstellung teilweise zu erkennen ist. Mathematisches Denken und tieferes Verständnis nutzen, um bestimmte Informationen zu interpretieren und zu analysieren, geeignete Modelle zu entwickeln und mehrschrittige Rechenprozesse durchzuführen; Begründungen und Argumente kommunizieren.	– Die Ergebnisse eines nicht vertrauten probabilistischen Experiments interpretieren und über sie reflektieren – Einen technischen Fachtext interpretieren und in eine geeignete Wahrscheinlichkeitsberechnung übersetzen – Relevante Informationen identifizieren und entnehmen, und Informationen aus mehreren Quellen (z.B. aus einem Text, mehreren Tabellen, Graphiken) interpretieren und verknüpfen – In probabilistischen Standardsituationen reflektieren und tieferes Verständnis zeigen – Wahrscheinlichkeitskonzepte anwenden, um nichtvertraute Phänomene oder Situationen zu analysieren – Proportionales Denken und Denken in statistischen Begriffen anwenden – Auf der Basis von Daten mehrere logische Denkschritte vollziehen – Komplexes Modellieren anwenden, das den Einsatz von Kenntnissen über Wahrscheinlichkeit und statistische Konzepte (Zufall, Stichprobe, Unabhängigkeit) voraussetzt – Zur Lösung von Problemen in nichttrivialen statistischen Kontexten Rechenverfahren einsetzen, u.a. Addition, Proportionen, Multiplikation großer Zahlen, Runden – Eine Sequenz von miteinander zusammenhängenden Rechenoperationen durchführen – Probabilistisches Denken und Argumentieren durchführen und kommunizieren

Stufe	Allgemeine Kompetenzen, die die Schüler auf den einzelnen Stufen besitzen sollten	Spezifische Aufgaben, die die Schüler zu lösen imstande sein sollten
4	***31% aller Schüler im OECD-Raum können mindestens Aufgaben der Stufe 4 auf der Skala Unsicherheit lösen***	
	Grundlegende statistische und probabilistische Konzepte in Verbindung mit numerischem Denken in weniger vertrauten Kontexten einsetzen, um einfache Probleme zu lösen; mehrschrittige oder sequenzielle Rechenprozesse durchführen; auf der Interpretation von Daten basierende Argumente verwenden und kommunizieren.	– Einen Text interpretieren, der auch in einen ungewohnten (wissenschaftlichen), aber einfachen Kontext eingebettet sein kann – Ein tieferes Verständnis für Aspekte von Daten in Tabellen oder Diagrammen zeigen – Eine verbale Beschreibung in eine geeignete Wahrscheinlichkeitsberechnung übersetzen – Daten in verschiedenen statistischen Graphiken identifizieren und auswählen und grundlegende Rechenoperationen durchführen – Verständnis grundlegender statistischer Begriffe und Definitionen (Wahrscheinlichkeit, Erwartungswert, Zufall, Durchschnitt) zeigen – Grundkenntnisse in Bezug auf Wahrscheinlichkeit zur Lösung von Problemen einsetzen – Eine grundlegende mathematische Erklärung für einen verbalen quantitativen Ausdruck aus dem Alltag (“sehr starker Anstieg”) konstruieren – Eine auf Daten basierende mathematische Argumentation verwenden – Numerisches Denken unter Beweis stellen – Mehrschrittige Rechenoperationen durchführen, die die Grundrechnungsarten einschließen, und mit Prozentsätzen arbeiten – Einer Tabelle Informationen entnehmen und auf der Basis dieser Informationen ein einfaches Argument kommunizieren
3	***54% aller Schüler im OECD-Raum können mindestens Aufgaben der Stufe 3 auf der Skala Unsicherheit lösen***	
	Statistische Informationen und Daten interpretieren und verschiedene Informationsquellen miteinander verknüpfen; grundlegende logische Denkschritte in Bezug auf einfache Wahrscheinlichkeitskonzepte, Symbole und Regeln vollziehen und entsprechende Aussagen dazu formulieren.	– Tabellenangaben interpretieren – Nicht in Standardform präsentierte Graphiken interpretieren und aus ihnen ablesen – Mathematisches Denken einsetzen, um die Wahrscheinlichkeitsergebnisse im Kontext eines komplexen, aber klar definierten und vertrauten Zufallsexperiments identifizieren – Tieferes Verständnis für Aspekte der Datendarstellung, z.B. Sinn für Zahlen, zeigen, miteinander in Zusammenhang stehende Informationen aus zwei verschiedenen Tabellen verknüpfen; Daten dem passenden Diagrammtyp zuordnen – Auf gesundem Menschenverstand basierende Argumente kommunizieren
2	***75% aller Schüler im OECD-Raum können mindestens Aufgaben der Stufe 2 auf der Skala Unsicherheit lösen***	
	In vertrauter graphischer Darstellung gelieferte statistische Informationen auffinden; grundlegende statistische Konzepte und Regeln verstehen.	– In einer einfachen und vertrauten Graphik relevante Informationen identifizieren – Einen Text mit einer dazugehörigen in vertrauter Standardform präsentierten graphischen Darstellung in Verbindung bringen – Einfache statistische Berechnungen (z.B. Durchschnitt) verstehen und erklären – Werte direkt aus einer vertrauten Datendarstellung, z.B. einem Balkendiagramm, ablesen
1	***90% aller Schüler im OECD-Raum können mindestens Aufgaben der Stufe 1 auf der Skala Unsicherheit lösen***	
	Grundlegende Ideen im Zusammenhang mit Wahrscheinlichkeit in vertrauten experimentellen Kontexten verstehen und anwenden.	– Grundlegende Wahrscheinlichkeitskonzepte im Kontext eines einfachen und vertrauten Experiments (z.B. mit Würfeln oder Münzen) verstehen – Kombinatorische Ergebnisse in einer begrenzten und klar definierten Spielsituation systematisch auflisten und zählen

Wie bei den anderen Skalen weisen Jungen auch bei der Skala Unsicherheit einen Vorsprung auf, vor allem am oberen Ende der Leistungsverteilung (Tabellen 2.4b und 2.4c). Die Jungen schnitten in 23 OECD-Ländern und sechs Partnerländern besser ab als die Mädchen, wobei die Differenzen in der Regel aber gering sind[18] und sich für den OECD-Raum insgesamt auf elf Punkte belaufen. Lediglich in Island und im Partnerland Indonesien erzielten Mädchen wiederum bessere Ergebnisse als Jungen.

In der überwiegenden Mehrzahl der OECD-Länder weisen Jungen einen leichten Vorsprung gegenüber Mädchen auf.

Ein Vergleich der Schülerleistungen zwischen 2000 und 2003 ist auf dieser Skala nicht möglich, da PISA 2000 diesen Inhaltsbereich nicht umfasste.

Abbildung 2.15a ■ **Prozentualer Anteil der Schülerinnen und Schüler auf den jeweiligen Kompetenzstufen der Mathematik-Subskala Unsicherheit**

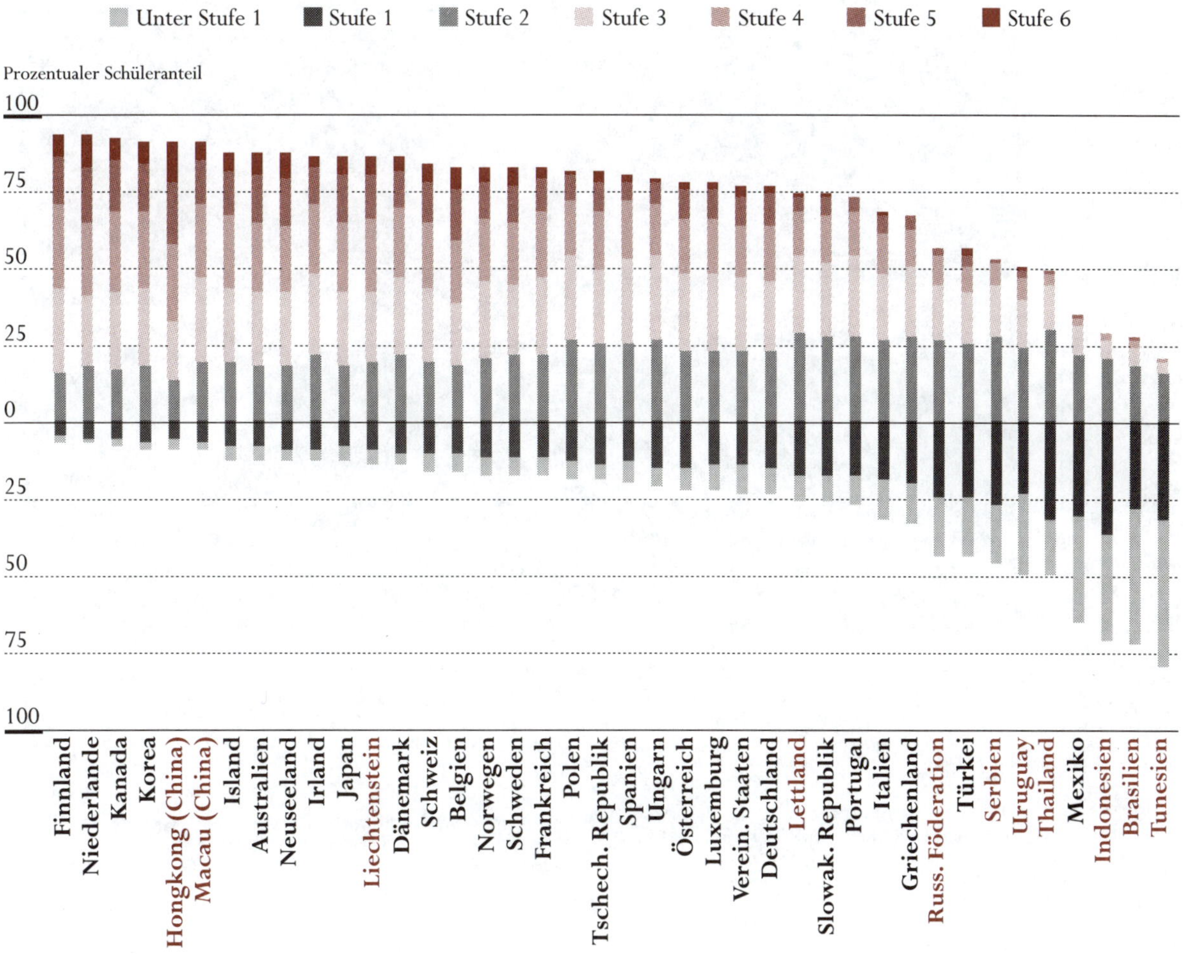

Die Länder sind in absteigender Reihenfolge nach dem prozentualen Anteil der 15-Jährigen auf den Stufen 2, 3, 4, 5 und 6 angeordnet.
Quelle: OECD PISA-2003-Datenbank, Tabelle 2.4a.

Abbildung 2.15b ■ Vergleich der Durchschnittsergebnisse auf der Mathematik-Subskala Unsicherheit

Mathematik-Subskala Unsicherheit

Land	Mittelwert	S.E.	OECD-Länder: Oberer Rangplatz	OECD-Länder: Unterer Rangplatz	Alle Länder: Oberer Rangplatz	Alle Länder: Unterer Rangplatz
Hongkong (China)	558	(4.6)			1	2
Niederlande	549	(3.0)	1	2	1	3
Finnland	545	(2.1)	1	3	2	4
Kanada	542	(1.8)	2	4	3	5
Korea	538	(3.0)	2	5	4	7
Neuseeland	532	(2.3)	4	8	5	10
Macau (China)	532	(3.2)			5	11
Australien	531	(2.2)	4	8	6	10
Japan	528	(3.9)	5	9	6	12
Island	528	(1.5)	6	9	7	11
Belgien	526	(2.2)	6	9	8	12
Liechtenstein	523	(3.7)			8	14
Irland	517	(2.6)	10	13	12	16
Schweiz	517	(3.3)	10	14	12	17
Dänemark	516	(2.8)	10	14	12	17
Norwegen	513	(2.6)	10	14	13	17
Schweden	511	(2.7)	11	15	14	18
Frankreich	506	(2.4)	14	16	17	19
Tschech. Republik	500	(3.1)	15	18	18	21
Österreich	494	(3.1)	16	23	19	26
Polen	494	(2.3)	16	22	19	25
Deutschland	493	(3.3)	16	23	19	26
Luxemburg	492	(1.1)	17	22	20	25
Vereinigte Staaten	491	(3.0)	17	23	20	26
Ungarn	489	(2.6)	18	23	21	26
Spanien	489	(2.4)	18	23	21	26
Slowak. Republik	476	(3.2)	24	25	27	29
Lettland	474	(3.3)			27	29
Portugal	471	(3.4)	24	26	27	30
Italien	463	(3.0)	25	27	29	31
Griechenland	458	(3.5)	26	27	30	31
Türkei	443	(6.2)	28	28	32	33
Russ. Föderation	436	(4.0)			32	34
Serbien	428	(3.5)			33	35
Thailand	423	(2.5)			34	36
Uruguay	419	(3.1)			35	36
Mexiko	390	(3.3)	29	29	37	38
Indonesien	385	(2.9)			37	39
Brasilien	377	(3.9)			38	39
Tunesien	363	(2.3)			40	40

Spannweite der Rangplätze*

* *Anmerkung: Da die Daten auf Stichprobenbeziehungen beruhen, ist es nicht möglich, den genauen Rangplatz eines Landes zu bestimmen. Es können jedoch der jeweils obere und untere Rangplatz angegeben werden, zwischen denen das Land mit 95%iger Wahrscheinlichkeit liegt.*

Erläuterungen:

Zum Vergleich der Ergebnisse eines Landes mit denen der Länder im Tabellenkopf ist die Zeile des betreffenden Landes zu lesen. Die Symbole zeigen, ob die Durchschnittsergebnisse des Landes in der jeweiligen Zeile über oder unter denen des Vergleichslandes liegen oder ob zwischen den Durchschnittsergebnissen beider Länder kein statistisch signifikanter Unterschied besteht.

Ohne Bonferroni-Korrektur:
- Durchschnittsergebnisse statistisch signifikant höher als im Vergleichsland
- Kein statistisch signifikanter Unterschied gegenüber dem Vergleichsland
- Durchschnittsergebnisse statistisch signifikant niedriger als im Vergleichsland

Mit Bonferroni-Korrektur:
- ▲ Durchschnittsergebnisse statistisch signifikant höher als im Vergleichsland
- ● Kein statistisch signifikanter Unterschied gegenüber dem Vergleichsland
- ▽ Durchschnittsergebnisse statistisch signifikant niedriger als im Vergleichsland

- Statistisch signifikant über dem OECD-Durchschnitt
- Kein statistisch signifikanter Unterschied zum OECD-Durchschnitt
- Statistisch signifikant unter dem OECD-Durchschnitt

Quelle: OECD PISA-2003-Datenbank.

GESAMTERGEBNISSE IN MATHEMATIK

Die relativen Stärken und Schwächen der Länder in verschiedenen mathematischen Inhaltsbereichen

Anhand eines Vergleichs der Leistungsergebnisse in den verschiedenen mathematischen Inhaltsbereichen können die relativen Stärken und Schwächen der einzelnen Länder beurteilt werden. Ein direkter Vergleich der Punktwerte auf den Skalen für die verschiedenen mathematischen Inhaltsbereiche ist hier wenig sinnvoll. Gleichwohl lässt sich die relative Leistungsstärke der Länder in den verschiedenen mathematischen Inhaltsbereichen anhand ihrer Position in der Rangordnung auf der jeweiligen Skala bestimmen (Anhang A2; Abb. A2.1)[19]. Die Zahlen in den Klammern stehen für die jeweiligen Mittelwerte auf den Skalen Raum und Form, Veränderung und Beziehungen, quantitatives Denken sowie Unsicherheit.

In einigen Ländern sind bei den relativen Leistungen der Schülerinnen und Schüler in den verschiedenen Mathematikbereichen deutliche Unterschiede zu beobachten …

- Die Schülerleistungen auf der Skala *Raum und Form* stechen in Japan (553, 536, 527, 528) hervor, wo sie besser sind als auf den anderen drei Subskalen, sowie in Kanada (518, 537, 528, 542) und Irland (476, 506, 502, 517), wo die relative Position dieser Länder schwächer ist als bei den anderen Skalen.
- Die Schülerleistungen auf der Skala *Veränderung und Beziehungen* heben sich in Frankreich (508, 520, 507, 506) positiv ab, während die Schüler in den Partnerländern Hongkong (China) (558, 540, 545, 558) und Macau (China) (528, 519, 533, 532) auf dieser Skala eine vergleichsweise schwächere Leistung zeigten als auf den anderen Subskalen.
- Auf der Skala *quantitatives Denken* erzielten Schülerinnen und Schüler in Finnland (539, 543, 549, 545) ihre besten Ergebnisse, während Schülerinnen und Schüler in Neuseeland (525, 526, 511, 532) auf dieser Skala ihre schwächsten Leistungen zeigten.
- Auf der Skala *Unsicherheit* schnitten die Schülerinnen und Schüler in Griechenland (437, 436, 446, 458), Irland (476, 506, 502, 517), Island (504, 509, 513, 528), Norwegen (483, 488, 494, 513) und Neuseeland (525, 526, 511, 532) besser ab als auf den anderen drei Skalen. In Belgien (530, 535, 530, 526), Deutschland (500, 507, 514, 493), der Schweiz (540, 523, 533, 517), der Slowakischen Republik (505, 494, 513, 476), der Tschechischen Republik (527, 515, 528, 500) sowie in den Partnerländern Liechtenstein (538, 540, 534, 523) und Russische Föderation (474, 477, 472, 436) wiesen die Schülerinnen und Schüler auf dieser Skala die relativ schwächsten Ergebnisse auf.

Einige Länder, vor allem Griechenland, Italien, Korea, Mexiko, Portugal, Spanien und die Türkei, nehmen bei den vier mathematischen Inhaltsbereichen eine sehr ähnliche relative Position ein. Demgegenüber sind die Leistungsunterschiede zwischen den vier Skalen in Deutschland, Frankreich, Irland, Japan, Kanada, Neuseeland, Norwegen, Österreich, der Schweiz, der Slowakischen Republik und der Tschechischen Republik besonders groß, ein Faktor, dem bei der Lehrplanentwicklung und -umsetzung vielleicht Beachtung geschenkt

… und während sieben OECD-Länder in den verschiedenen Inhaltsbereichen sehr ähnliche Ergebnisse erzielen, sind die Unterschiede in elf Ländern besonders groß …

werden sollte. So nimmt z.B. unter den OECD-Ländern die Slowakische Republik bei der Skala Raum und Form und bei der Skala quantitatives Denken etwa den 14. Rang (12. bis 17.) bzw. den 13. Rang (9. bis 17.) ein, liegt aber bei der Skala Unsicherheit in etwa an 24. Position (24. bis 25.). Ebenso rangiert die Tschechische Republik bei der Skala Raum und Form ungefähr auf dem 7. Platz (5. bis 9.) und bei der Skala quantitatives Denken etwa an 5. Stelle (3. bis 8.), kommt aber bei der Skala Unsicherheit ungefähr auf den 16. Rang (15. bis 18.). Neuseeland erreicht bei der Skala Unsicherheit in etwa den 6. Rangplatz (4. bis 8.), und der Skala Raum und Form die 7. Stelle (5. bis 9.), wohingegen es bei der Skala quantitatives Denken in etwa den 16. Platz (11. bis 17.) einnimmt. Die Schweiz kommt auf den 3. Rang (3. bis 4.) bzw. den 4. Rang (2. bis 7.) bei den Skalen Raum und Form bzw. quantitatives Denken, findet sich aber lediglich auf dem 12. Rang (10. bis 14.) bei der Skala Unsicherheit.

... und in einigen Fällen lässt dies die Mathematikleistungen insgesamt etwas schwächer als bei der weniger umfassenden Erhebung von 2000 erscheinen.

Für einige Länder – vor allem Japan – blieb die relative Position in den mathematischen Inhaltsbereichen, die auch 2000 geprüft wurden, weitgehend unverändert, während die Ergebnisse bei den 2003 neu eingeführten Skalen quantitatives Denken und Unsicherheit schwächer ausfielen. Gewiss wäre es falsch, daraus zu folgern, dass die Mathematikleistungen in diesen Ländern nachgelassen haben, die Ergebnisse deuten gleichwohl darauf hin, dass die Einbeziehung neuer Inhaltsbereiche – quantitatives Denken und Unsicherheit - in die Erhebung (vor allem auf Wunsch von OECD-Mitgliedstaaten, die diese Bereiche für wichtig halten) die Gesamtleistungen dieser Länder 2003 in einem etwas anderen Licht erscheinen lässt.

Ein zusammenfassendes Bild der Mathematikleistungen

Eine Gesamtskala Mathematik erfasst die Leistungen in allen vier Inhaltsbereichen ...

Das relative Abschneiden der Länder bei den vier mathematischen Inhaltsbereichen ist für die bildungspolitischen Entscheidungsträger wichtig, denn es gibt Aufschlüsse über die potenziellen Stärken und Schwächen des intendierten Curriculums und die Effektivität, mit der diese umgesetzt werden. Darüber hinaus ist es möglich, eine Gesamtskala zu konstruieren, die die Leistungen in den vier inhaltlichen Bereichen zusammenfasst. Die Ergebnisse dieses Vergleichs sind in Abbildung 2.16a wiedergegeben, die den prozentualen Anteil der Schülerinnen und Schüler auf den jeweiligen anhand internationaler Kriterien definierten PISA-Kompetenzstufen veranschaulicht.

... und zeigt, dass das obere Drittel der Schülerinnen und Schüler mindestens Stufe 4 erreicht, das untere Viertel aber lediglich über die Grundkompetenzen der Stufe 1 verfügt ...

Die Ergebnisse zeigen, dass rund ein Drittel der Schülerinnen und Schüler in den OECD-Ländern Leistungen erbringen, die den obersten drei Stufen auf der Gesamtskala Mathematik entsprechen (Tabelle 2.5a), hier gibt es aber bedeutende Unterschiede zwischen den OECD-Ländern wie auch den Partnerländern: Nicht weniger als die Hälfte der 15-Jährigen ist in Finnland und Korea sowie im Partnerland Hongkong (China) in der Lage, mindestens Aufgaben der Stufe 4 zu lösen. Dagegen genügen in Mexiko lediglich 3% den Anforderungen von Stufe 4 und in den Partnerländern Indonesien und Tunesien sind es sogar noch weniger. In den meisten OECD-Ländern erreichen mindestens drei Viertel der Schülerinnen und Schüler die Stufe 2 oder eine darüber liegende

Abbildung 2.16a ■ **Prozentualer Anteil der Schülerinnen und Schüler auf den jeweiligen Kompetenzstufen der Gesamtskala Mathematik**

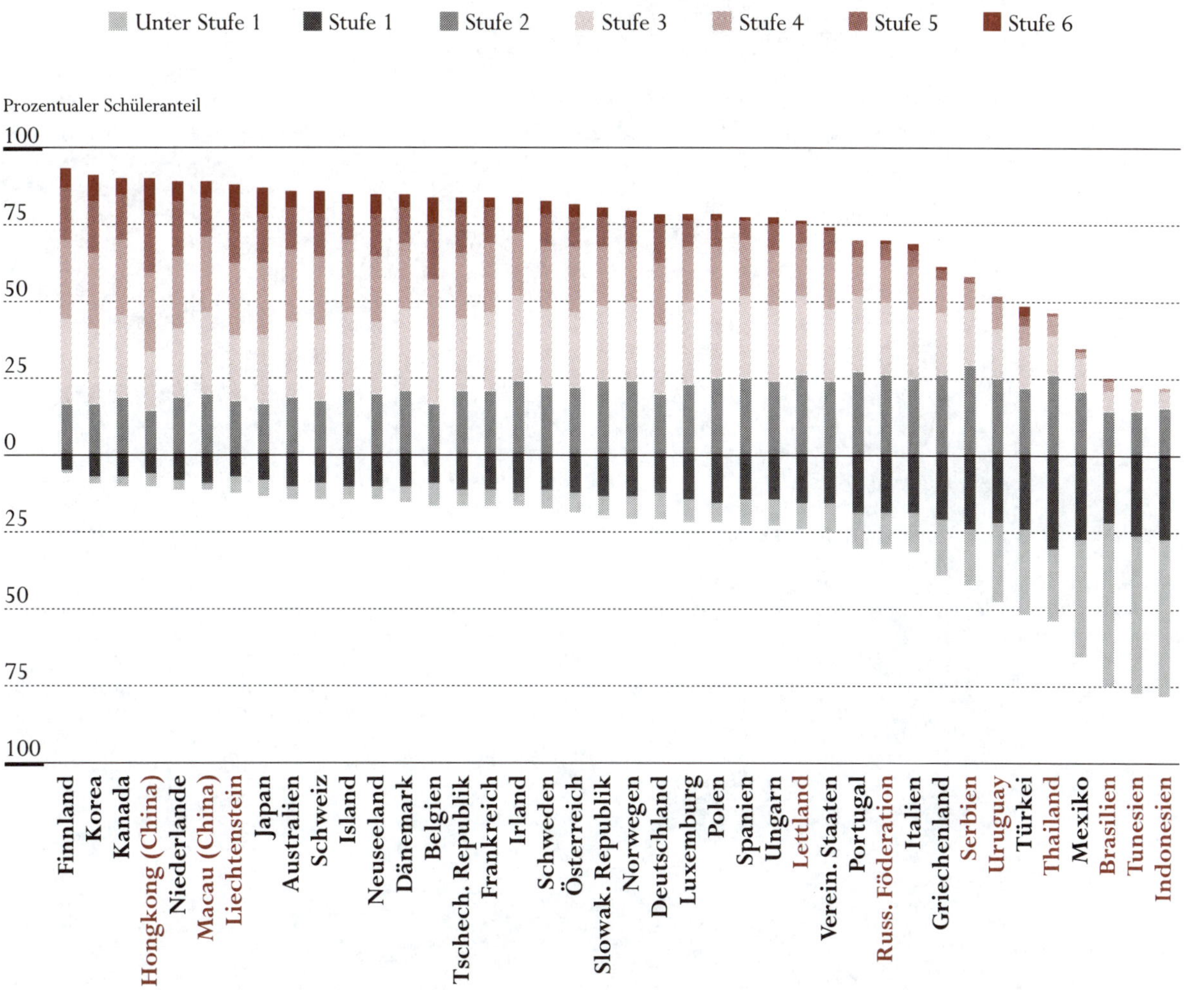

Die Länder sind in absteigender Reihenfolge nach dem prozentualen Anteil der 15-Jährigen auf den Stufen 2, 3, 4, 5 und 6 angeordnet.
Quelle: OECD PISA-2003-Datenbank, Tabelle 2.5a.

Stufe. Indessen ist in Italien, Portugal und in den Vereinigten Staaten mehr als ein Viertel der Schüler nicht imstande, Aufgaben der Stufe 2 zu lösen. In Griechenland schafft es über ein Drittel der Schüler nicht, Stufe 2 zu erreichen, und in Mexiko und der Türkei liegt die Mehrheit der Schülerinnen und Schüler unter diesem Niveau. Diesen Schülern gelingt es nicht, systematisch nachzuweisen, dass sie über mathematische Grundkenntnisse verfügen, wie z.B. die Fähigkeit, mit Hilfe direkter Schlussfolgerungen die mathematischen Elemente einer Situation zu erkennen, eine einzige Darstellung zur Untersuchung und zum Verstehen einer Situation zu benutzen, grundlegende Algorithmen, Formeln und Verfahren anzuwenden und die Fähigkeit, wörtliche Interpretationen vorzunehmen und direkte logische Denkschritte zu vollziehen (Tabelle 2.5a).

Abbildung 2.16b ▪ Vergleich der Durchschnittsergebnisse auf der Gesamtskala Mathematik

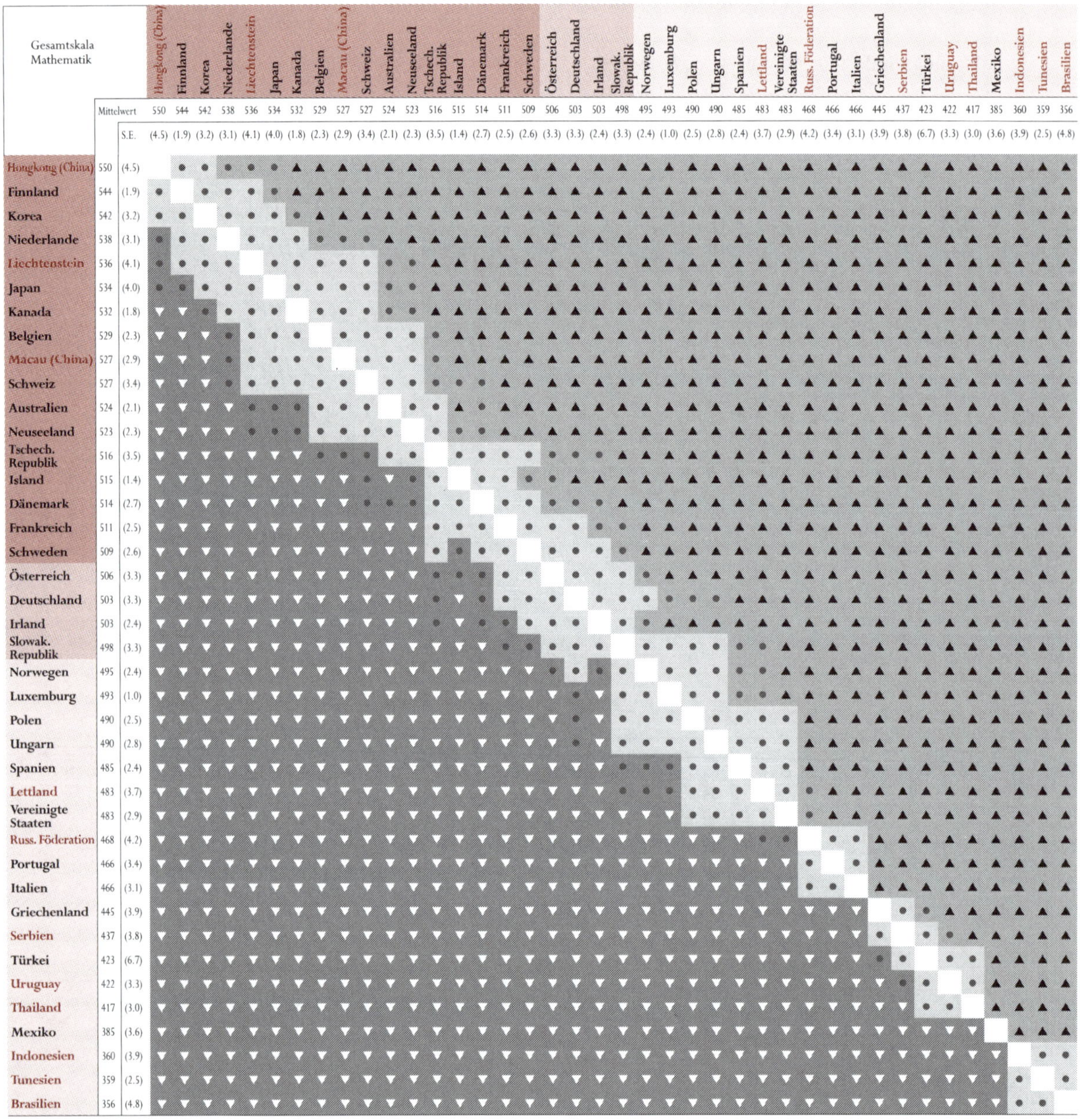

Spannweite der Rangplätze*

		Hongkong (China)	Finnland	Korea	Niederlande	Liechtenstein	Japan	Kanada	Belgien	Macau (China)	Schweiz	Australien	Neuseeland	Tschech. Republik	Island	Dänemark	Frankreich	Schweden	Österreich	Deutschland	Irland	Slowak. Republik	Norwegen	Luxemburg	Polen	Ungarn	Spanien	Lettland	Vereinigte Staaten	Russ. Föderation	Portugal	Italien	Griechenland	Serbien	Türkei	Uruguay	Thailand	Mexiko	Indonesien	Tunesien	Brasilien
OECD-Länder	Oberer Rangplatz		1	1	1		2	4	4		4	7	7	9	10	10	11	12	13	14	15	16	18	19	19	19	22		22		25	25	27		28			29			
	Unterer Rangplatz		3	4	5		7	7	8		9	9	10	14	13	14	15	16	18	18	18	21	21	21	23	23	24		24		26	26	27		28			29			
Alle Länder	Oberer Rangplatz	1	1	1	2	2	3	5	5	6	6	9	9	12	13	13	14	15	16	17	17	19	21	22	22	22	25	25	25	29	29	29	32	32	33	34	34	37	38	38	38
	Unterer Rangplatz	3	4	5	7	9	10	9	10	12	12	12	13	17	16	17	18	19	20	21	21	24	24	24	26	27	28	28	28	31	31	31	33	34	36	36	36	37	40	40	40

* *Anmerkung: Da die Daten auf Stichprobenbeziehungen beruhen, ist es nicht möglich, den genauen Rangplatz eines Landes zu bestimmen. Es können jedoch der jeweils obere und untere Rangplatz angegeben werden, zwischen denen das Land mit 95%iger Wahrscheinlichkeit liegt.*

Erläuterungen:

Zum Vergleich der Ergebnisse eines Landes mit denen der Länder im Tabellenkopf ist die Zeile des betreffenden Landes zu lesen. Die Symbole zeigen, ob die Durchschnittsergebnisse des Landes in der jeweiligen Zeile über oder unter denen des Vergleichslandes liegen oder ob zwischen den Durchschnittsergebnissen beider Länder kein statistisch signifikanter Unterschied besteht.

Ohne Bonferroni-Korrektur:
- Durchschnittsergebnisse statistisch signifikant höher als im Vergleichsland
- Kein statistisch signifikanter Unterschied gegenüber dem Vergleichsland
- Durchschnittsergebnisse statistisch signifikant niedriger als im Vergleichsland

Mit Bonferroni-Korrektur:
- ▲ Durchschnittsergebnisse statistisch signifikant höher als im Vergleichsland
- ● Kein statistisch signifikanter Unterschied gegenüber dem Vergleichsland
- ▽ Durchschnittsergebnisse statistisch signifikant niedriger als im Vergleichsland

- Statistisch signifikant über dem OECD-Durchschnitt
- Kein statistisch signifikanter Unterschied zum OECD-Durchschnitt
- Statistisch signifikant unter dem OECD-Durchschnitt

Quelle: OECD PISA-2003-Datenbank.

Abbildung 2.16b gibt einen Überblick über das globale Leistungsniveau der Schüler in den verschiedenen Ländern auf der Gesamtskala Mathematik anhand der von den Schülerinnen und Schülern erreichten mittleren Punktzahlen. Wie in Kasten 2.1 erläutert, sollten bei der Interpretation der Mittelwerte lediglich jene Unterschiede zwischen den Ländern berücksichtigt werden, die statistisch signifikant sind. Die Abbildung zeigt daher die Länderpaare, bei denen die Mittelwertunterschiede groß genug sind, um mit ziemlicher Sicherheit sagen zu können, dass die höheren Leistungen der Schülerstichproben eines Landes als repräsentativ für dessen gesamte Population der 15-Jährigen angesehen werden können. Zum Vergleich der Ergebnisse eines Landes mit denen der Länder im Tabellenkopf ist die Zeile des betreffenden Landes zu lesen. Aus der farblichen Kennzeichnung geht hervor, ob die Durchschnittsergebnisse des Landes in der jeweiligen Zeile statistisch signifikant über denen des Vergleichslandes oder darunter liegen oder ob zwischen den Durchschnittsergebnissen beider Länder kein statistisch signifikanter Unterschied besteht. Bei Mehrfachvergleichen, z.B. wenn die Ergebnisse eines Landes mit denen aller anderen Länder verglichen werden, ist noch mehr Vorsicht geboten, und für diesen Zweck sollten nur jene Vergleiche, die durch ein nach oben oder unten gerichtetes Symbol gekennzeichnet sind, als statistisch signifikant betrachtet werden. Abbildung 2.16b zeigt auch, in welchen Ländern die Ergebnisse über oder unter dem OECD-Durchschnitt liegen bzw. diesem Durchschnitt entsprechen.

... und diese können zusammengefasst werden, um die Gesamtleistungen in Mathematik in den Ländern zu vergleichen.

Aus den in Kasten 2.1 dargelegten Gründen, ist es bei den internationalen Vergleichen auch nicht möglich, die genaue Rangposition eines Landes zu bestimmen. Abbildung 2.16b zeigt jedoch mit einer Wahrscheinlichkeit von 95% die Spannweite der Rangplätze, innerhalb derer sich der Mittelwert eines Landes bewegt, sowohl für die Gruppe der OECD-Länder als auch für alle Länder, die an PISA 2003 teilgenommen haben.

Für jedes Land kann nur eine Spannweite der Rangplätze angegeben werden ...

Zur Beurteilung der Qualität von Schulen und Bildungssystemen werden in der Regel Durchschnittsergebnisse herangezogen. Durchschnittswerte liefern jedoch, wie bereits erwähnt, kein vollständiges Bild der Schülerleistungen und können zudem erhebliche Unterschiede innerhalb von Klassen, Schulen oder Bildungssystemen verdecken. Die Varianz der Schülerleistungen zwischen den Schulen wird in Kapitel 4 eingehender untersucht. Um die Varianz zwischen Bildungssystemen und Regionen innerhalb eines Landes zu erfassen, haben einige Länder den PISA-Test auch auf subnationaler Ebene durchgeführt, und soweit entsprechende Ergebnisse vorliegen, sind diese in Anhang B2 wiedergegeben. In einigen Ländern sind solche subnationalen Unterschiede sehr groß. So liegen z.B. die Mittelwerte auf der Gesamtskala Mathematik für die flämische Gemeinschaft in Belgien über denen der am besten abschneidenden OECD-Länder Finnland und Korea. Demgegenüber entsprechen die Ergebnisse der französischen Gemeinschaft dem OECD-Durchschnitt.

... entscheidend sind jedoch die Differenzen innerhalb der einzelnen Länder, einschließlich gewisser regionaler Unterschiede, die messbar sind ...

Die Abbildung 2.17 liefert weitere Aufschlüsse über die Leistungsverteilung innerhalb der Länder. Diese Analyse muss von der vorangegangenen Unter-

… deshalb ist es nützlich zu betrachten, wie sich die Punktzahlen eines Landes um seinen Mittelwert verteilen …

suchung der Verteilung der Schülerleistungen nach den verschiedenen PISA-Kompetenzstufen unterschieden werden. Während aus der Schülerverteilung auf die einzelnen Kompetenzstufen hervorgeht, welcher Prozentsatz der Schülerinnen und Schüler eines Landes ein bestimmtes Niveau an Kenntnissen und Fähigkeiten nachweisen kann, was einen Ländervergleich auf der Basis von *absoluten* Referenzwerten (benchmarking) für die Schülerleistungen ermöglicht, liegt der Schwerpunkt bei der folgenden Analyse auf der *relativen* Verteilung der Ergebnisse, d.h. dem *Abstand* zwischen den Schülerinnen und Schülern mit dem höchsten und dem niedrigsten Leistungsniveau *innerhalb* eines Landes. Dies ist ein wichtiger Indikator für eine ausgewogene Verteilung der Bildungsergebnisse im Bereich Mathematik.

Abbildung 2.17 ■ **Verteilung der Schülerleistungen auf der Gesamtskala Mathematik**

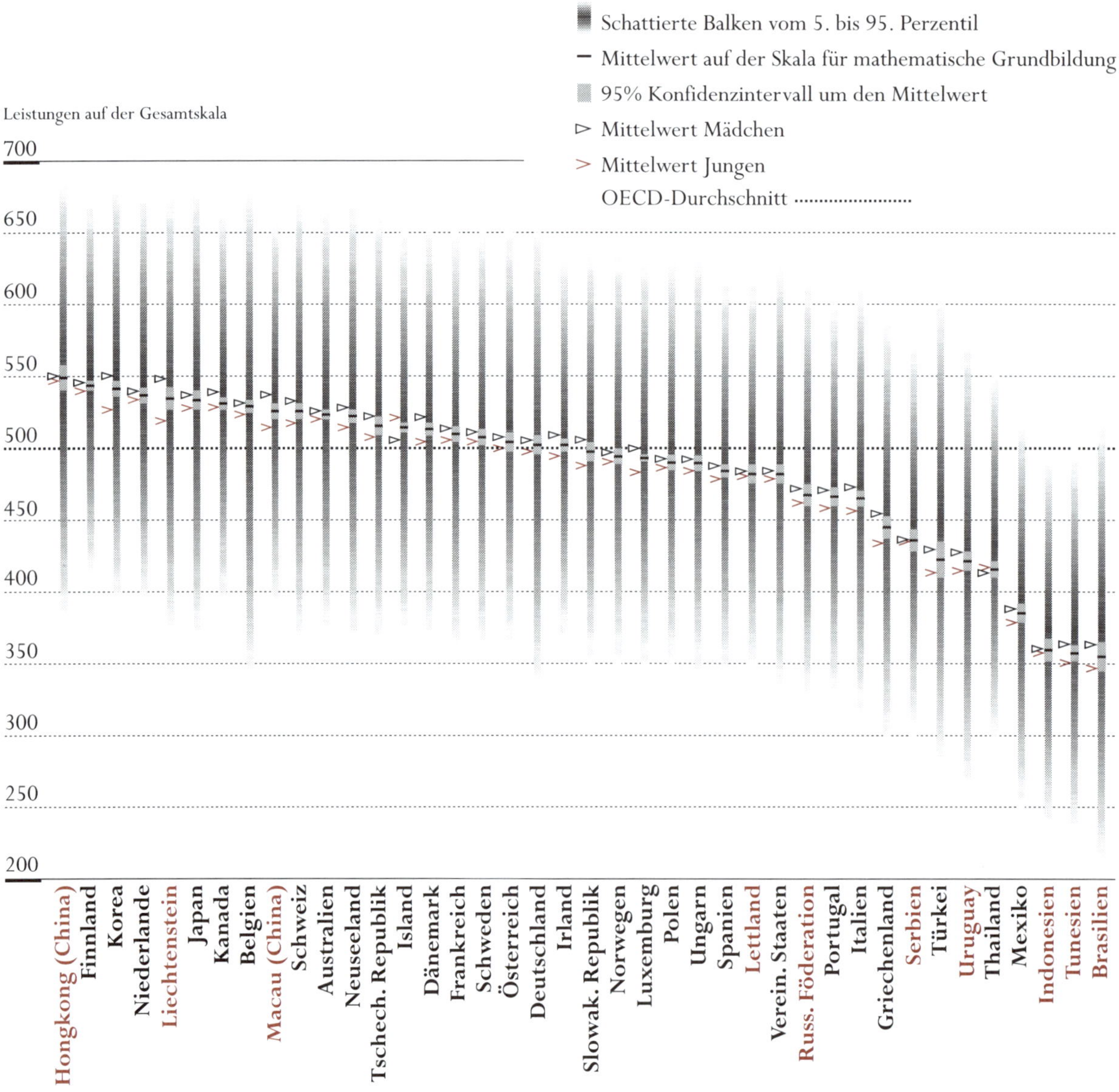

Quelle: OECD PISA-2003-Datenbank, Tabelle 2.5c.

Die Balken in der Abbildung zeigen das Spektrum der Leistungsverteilung eines jeden Landes zwischen dem 5. Perzentil (dem Punkt, unterhalb dessen die leistungsschwächsten 5% der Schülerinnen und Schüler liegen) und dem 95. Perzentil (dem Punkt, unter dem 95% der Schülerinnen und Schüler eines Landes liegen oder anders gesagt über dem sich die leistungsstärksten 5% befinden). Der Schattierungsgrad der Balken gibt den prozentualen Anteil der Schülerinnen und Schüler wider, der die den jeweiligen Skalenpunkten entsprechende Leistung erbringt. Der horizontale schwarze Strich nahe der Balkenmitte markiert die mittlere Punktzahl der einzelnen Länder (die im vorigen Abschnitt analysiert wurde), und der kleine schattierte Kasten, der ihn umgibt, bezeichnet das entsprechende Konfidenzintervall. Aus der Abbildung ist ersichtlich, dass auf der Gesamtskala Mathematik innerhalb der einzelnen Länder insgesamt große Leistungsdifferenzen bestehen. Die Länge der Balken, die die mittleren 90% der Population darstellt, übersteigt bei weitem den Abstand, der zwischen dem Mittelwert des leistungsstärksten und des leistungsschwächsten Landes besteht. In fast allen OECD-Ländern gehören zu dieser Gruppe ein Teil der Schülerinnen und Schüler, die Stufe 5 erreichen, als auch ein Teil derjenigen, deren Leistung höchstens Stufe 1 entspricht. In der Mehrzahl der Länder übersteigt die Streuung der Ergebnisse der mittleren 50% der Schülerpopulation eine Größenordnung von 2 Kompetenzstufen und in Belgien und Deutschland etwa 2,4 Kompetenzstufen. Dies lässt darauf schließen, dass die Lehrpläne, Schulen und Lehrkräfte einem breiten Spektrum an Schülerwissen und -fähigkeiten gerecht werden müssen.

... wobei sich zeigt, dass jedes Land jeweils Schülerinnen und Schüler mit sehr starken und sehr schwachen Leistungen hat ...

Tabelle 2.5c enthält zusätzlich Angaben über das 25. und das 75. Perzentil, d.h. die Skalenpunkte, die das untere und obere Quartil der Schülerinnen und Schüler des jeweiligen Landes abgrenzen. Es stellt sich die Frage, inwieweit diese Leistungsunterschiede das Spiegelbild einer natürlichen Verteilung der Schülerbegabung und somit durch Änderungen der staatlichen Politik schwer zu beeinflussen sind. Es ist nicht leicht, diese Frage allein anhand der PISA-Daten zu beantworten, zumal die Differenzen zwischen den Ländern auch auf den sozialen und wirtschaftlichen Kontext, in dem sich Bildungs- und Lernaktivitäten vollziehen, zurückzuführen sind. Einige Ergebnisse deuten jedoch darauf hin, dass die Politik durchaus einen Beitrag leisten kann:

... und dass die mittlere Hälfte der Schülerinnen und Schüler eine Leistungsvarianz aufweist ...

- Erstens ist der Umfang der innerhalb der einzelnen Länder beobachteten Leistungsdifferenzen in Mathematik von Land zu Land sehr unterschiedlich. So reichen die Leistungsabstände zwischen dem 75. und dem 25. Perzentil z.B. von weniger als 120 Punkten auf der Gesamtskala Mathematik in Finnland, Irland, Kanada und Mexiko bis zu mehr als 140 Punkten in Belgien und Deutschland. In Belgien lässt sich dieser Abstand zumindest teilweise durch die unterschiedlichen Leistungen der flämischen und französischen Gemeinschaften erklären (siehe Anhang B2).

... die in einigen Ländern größer als in anderen ist.

- Zweitens weisen Länder mit ähnlichen Durchschnittsergebnissen große Unterschiede bei der Streuungsbreite der Schülerleistungen auf. So liegen z.B. die Punktzahlen für Deutschland und Irland nahe am OECD-Durchschnitt,

Länder mit ähnlichen Durchschnittsergebnissen weisen große Unterschiede bei der Streuungsbreite der Schülerleistungen auf …

aber während Irland zu den Ländern mit der geringsten Streuung gehört, ist die Differenz zwischen dem 75. und dem 25. Perzentil in Deutschland mit am größten. Desgleichen liegen am unteren Ende der Skala die Durchschnittsergebnisse von Italien und Portugal nahe beieinander, in Portugal ist die Varianz der Leistungen jedoch wesentlich geringer als in Italien. Und bei den leistungsstärksten Ländern sind die Leistungsdifferenzen in Finnland viel geringer als in Korea oder den Niederlanden.

… wobei es einigen leistungsstarken Ländern gelingt, die Leistungsabstände gering zu halten.

- Drittens zeigt sich beim Vergleich der Leistungsverteilung innerhalb eines Landes und dessen Durchschnittswerten, dass große Leistungsheterogenität keine notwendige Voraussetzung für das Erreichen eines hohen Gesamtleistungsniveaus darstellt. Dies verdeutlicht das Beispiel Dänemarks, Finnlands, Islands, Kanadas und Koreas, die alle überdurchschnittliche Ergebnisse erzielen, aber unterdurchschnittliche Differenzen zwischen dem 75. und dem 25. Perzentil aufweisen (Tabelle 2.5c).

Geschlechtsspezifische Leistungsunterschiede in Mathematik

In den vorangegangenen Abschnitten wurde untersucht, welche Leistungsunterschiede zwischen Jungen und Mädchen in den verschiedenen mathematischen Inhaltsbereichen bestehen. Dieser Abschnitt fasst diese Informationen zusammen.

Frauen haben große Fortschritte bei der Verringerung ihres historischen Bildungsnachteils erzielt, und das männliche Geschlecht in vieler Hinsicht überrundet …

Die bildungspolitischen Entscheidungsträger haben Fragen der Geschlechtergleichstellung eine erhebliche Priorität eingeräumt, wobei den Benachteiligungen von Frauen besondere Aufmerksamkeit geschenkt wurde. Zweifellos konnten die geschlechtsspezifischen Unterschiede bei den formalen Bildungsabschlüssen deutlich abgebaut werden. So ist die Wahrscheinlichkeit, dass junge Frauen eine Qualifikation im Tertiärbereich abschließen, heute wesentlich größer als vor dreißig Jahren: In 18 von 29 OECD-Ländern mit vergleichbaren Daten ist die Zahl der Frauen im Alter zwischen 25 und 34 Jahren mit einem tertiären Bildungsabschluss mehr als doppelt so hoch wie die der Frauen im Alter zwischen 55 und 64 Jahren. Ferner erzielen in 21 von 27 OECD-Ländern, für die Vergleichsdaten vorliegen, heute ebenso viele – wenn nicht sogar mehr – Frauen als Männer einen Hochschulabschluss (OECD, 2004a).

… indessen schneiden Männer im Tertiärbereich in Mathematik und verwandten Fachbereichen nach wie vor besser ab …

In Mathematik und Informatik bestehen jedoch starke geschlechtsspezifische Unterschiede bei den tertiären Bildungsabschlüssen fort: Der Frauenanteil unter den Hochschulabsolventen der Studiengänge Mathematik und Informatik beträgt im Durchschnitt der OECD-Länder nur 30%, und in Belgien, Deutschland, Island, den Niederlanden, Norwegen, Österreich, der Schweiz, der Slowakischen Republik und Ungarn liegt er lediglich zwischen 9% und 25% (OECD, 2004a).

… was darauf hindeutet, dass die Schulen noch viel tun müssen, um Leistung und Interesse von Mädchen zu fördern.

Daher bleibt noch viel zu tun, um die Genderlücke in Mathematik und verwandten Fächern im Tertiärbereich zu schließen, und einiges deutet darauf hin, dass entsprechende Maßnahmen bei den Jugendlichen, ja sogar schon den Kindern ansetzen sollten (Kasten 2.3). Im Alter von 15 Jahren stehen viele Schülerinnen und Schüler an der wichtigen Schwelle des Übergangs von der Schule

ins Arbeitsleben oder zu einer weiterführenden Bildung. Ihre schulischen Leistungen wie auch ihre Motivation und ihre Einstellung gegenüber Mathematik können ihren künftigen Bildungs- und Berufsweg erheblich beeinflussen. Dies wiederum kann sich auf die Karriere- und Verdienstaussichten des Einzelnen auswirken, im allgemeineren Sinne aber auch darauf, wie effektiv Humankapital in den OECD-Ländern unter ökonomischen und gesellschaftlichen Aspekten entwickelt und eingesetzt wird.

Kasten 2.3 ■ **Veränderung geschlechtsspezifischer Leistungsunterschiede in Mathematik und Naturwissenschaften zwischen den unteren und höheren Klassenstufen**

1994-1995 ergab die Dritte Internationale Mathematik- und Naturwissenschaftsstudie der IEA (TIMSS) in nur drei von 16 teilnehmenden OECD-Ländern (Japan, Korea und den Niederlanden) bei Schülerinnen und Schülern der 4. Klasse statistisch signifikante geschlechtsbezogene Unterschiede in Mathematik, wobei durchgehend Jungen die besseren Ergebnisse aufwiesen. Hingegen zeigte dieselbe Studie für die 8. Klasse in sechs derselben 16 OECD-Länder im Fach Mathematik statistisch signifikante Unterschiede zwischen Jungen und Mädchen, in allen Fällen zu Gunsten der Jungen. Schließlich wurden in der TIMSS-Studie für das letzte Schuljahr der Sekundarstufe II bei den Leistungen im Fach Mathematik in allen teilnehmenden OECD-Ländern, mit Ausnahme Ungarns und der Vereinigten Staaten, zwischen Schülerinnen und Schülern große und statistisch signifikante Unterschiede (wiederum alle zu Gunsten der männlichen Schüler) nachgewiesen. Ein ähnliches und sogar noch deutlicheres Bild ergab sich in den Naturwissenschaften (Beaton et al., 1996; Mullis et al., 1998).

Obwohl sich die auf verschiedenen Klassenstufen untersuchten Schülergruppen nicht aus den gleichen Schülerinnen und Schülern zusammensetzten, lassen die Ergebnisse doch darauf schließen, dass die Unterschiede zwischen Jungen und Mädchen in Mathematik und Naturwissenschaften in vielen OECD-Ländern in den höheren Klassen ausgeprägter und weiter verbreitet sind.

Trotz dieses allgemeinen Trends hat TIMSS auch gezeigt, dass es einigen Ländern gelingt, die Zunahme geschlechtsspezifischer Unterschiede in den höheren Klassenstufen zu begrenzen (OECD, 1996; OECD, 1997).

Auffällig in dieser Hinsicht ist, wie sehr sich die allgemeinen geschlechtsspezifischen Muster der späteren Karriere- und Berufswahlen bereits in den Mathematikleistungen 15-jähriger Jungen und Mädchen, wie sie in PISA gemessen werden, widerspiegeln. Und wie in Kapitel 3 aufgezeigt wird, sind diese Differenzen bei ihrer Haltung und Einstellung gegenüber Mathematik sogar noch ausgeprägter. Die geschlechtsspezifischen Muster bei den Mathematikleistungen sind in den verschiedenen OECD-Ländern ziemlich übereinstimmend (Abb. 2.18). Generell sind die Unterschiede zwischen Jungen und Mädchen bei der Mathematik-Subskala Raum und Form offenbar am größten, wo mit

PISA bestätigt, dass in den meisten Ländern bei 15-Jährigen geschlechtsspezifische Leistungsunterschiede festzustellen sind, wobei Jungen besser abschneiden, vor allem am oberen Ende der Leistungsverteilung.

Ausnahme Finnlands, Norwegens, der Niederlande und Japans in allen Ländern geschlechtsspezifische Unterschiede zu erkennen sind. Ebenso gibt es bei der Mathematik-Subskala Unsicherheit bedeutende geschlechtsspezifische Unterschiede, wo in 24 der 30 OECD-Länder Leistungsdifferenzen auftreten. Schließlich ist festzuhalten, dass die geschlechtsspezifischen Unterschiede am oberen Ende der Leistungsverteilung in der Regel größer sind.

Abbildung 2.18 ■ **Geschlechtsspezifische Unterschiede bei den Schülerleistungen in Mathematik**
Unterschiede bei den Ergebnissen auf den PISA-Skalen

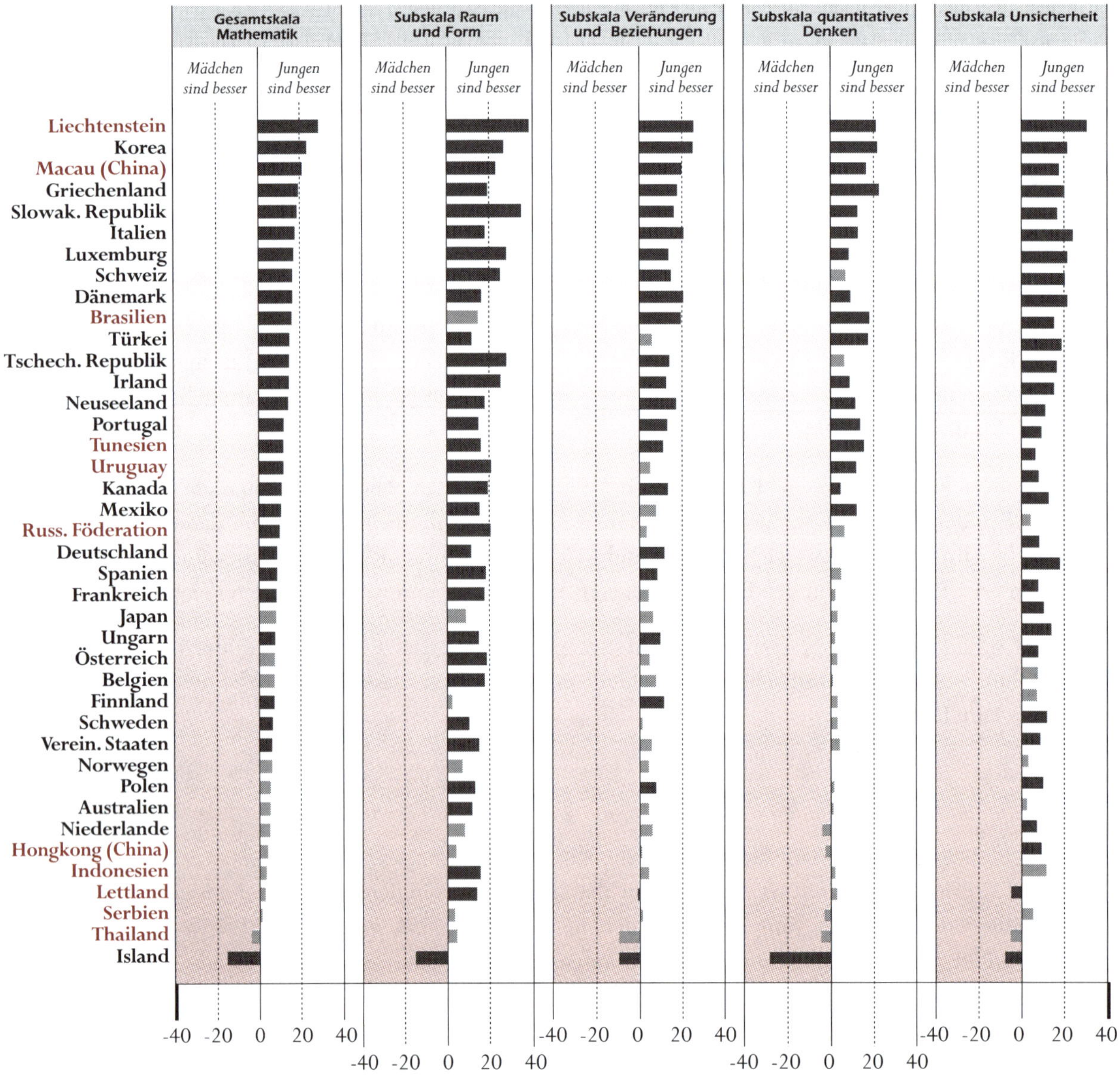

Anmerkung: Statistisch signifikante geschlechtsspezifische Unterschiede sind durch dunklere Farben gekennzeichnet (siehe Anhang A4).
Quelle: OECD PISA-2003-Datenbank, Tabellen 2.5c, 2.1c, 2.2c, 2.3c und 2.4c.

Während die geschlechtsspezifischen Leistungsunterschiede insgesamt gesehen eher gering sind …

Island ist das einzige OECD-Land, in dem Mädchen durchweg bessere Leistungen als Jungen erzielen. In Australien, Belgien, Japan, den Niederlanden, Norwegen, Österreich und Polen sowie in den Partnerländern Hongkong (China), Indonesien, Lettland, Serbien und Thailand sind die geschlechtsspezifischen Unterschiede auf der Gesamtskala Mathematik statistisch nicht signifikant. Bei den anderen Ländern mit sichtbaren Unterschieden variiert der Vorteil zu Gunsten der Jungen erheblich. In Dänemark, Griechenland, Irland, Kanada, Korea, Luxemburg, Neuseeland, Portugal, der Slowakischen Republik und den Partnerländern Liechtenstein, Macau (China) und Tunesien liegen Jungen in allen vier mathematischen Inhaltsbereichen vor den Mädchen, und in einigen dieser Fälle um erhebliche Längen. Demgegenüber erzielen in Belgien, Österreich, den Vereinigten Staaten und dem Partnerland Lettland Jungen nur auf der Mathematik-Subskala Raum und Form bessere Ergebnisse als Mädchen, und in Japan, den Niederlanden und Norwegen gilt dies lediglich für die Mathematik-Subskala Unsicherheit (Tabelle 2.5c). Am unteren Ende der Skala sind die prozentualen Anteile von Jungen und Mädchen in den einzelnen Ländern nicht konsistent. So liegen in Island z.B. 7% mehr Jungen als Mädchen auf Stufe 1 oder darunter, während dieser Anteil in Griechenland und der Türkei für Mädchen um 6% höher ist als für Jungen. Am oberen Ende der Skala erreichen in fast allen Ländern mehr Jungen als Mädchen die Stufe 6, und im Fall Japans und des Partnerlandes Liechtenstein macht diese Differenz 5% bzw. 7% aus (Tabelle 2.5b).

Wie bereits in den vorangegangenen Abschnitten erwähnt, sind die geschlechtsspezifischen Unterschiede allerdings generell gering und zweifellos wesentlich geringer als jene, die bei PISA 2000 im Bereich der Lesekompetenz beobachtet wurden[20].

… werden innerhalb der einzelnen Schulen wesentlich größere Differenzen beobachtet …

Ein Aspekt, den es indessen bei der Interpretation der beobachteten geschlechtsspezifischen Unterschiede zu berücksichtigen gilt ist die Tatsache, dass Jungen und Mädchen zumindest in vielen Ländern eine unterschiedliche Wahl in Bezug auf Schulen, Bildungsgänge und -programme treffen. Tabelle 2.5d vergleicht die bei allen Schülern beobachteten geschlechtsspezifischen Unterschiede (erste Spalte) mit Schätzungen der geschlechtsspezifischen Unterschiede innerhalb der Schulen (zweite Spalte) und Schätzungen der geschlechtsspezifischen Unterschiede nach Berücksichtigung verschiedener Merkmale in Bezug auf Bildungsgang und Schule. In den meisten Ländern sind die geschlechtsspezifischen Unterschiede innerhalb der Schulen größer als die insgesamt bestehenden Genderdifferenzen. In Belgien, Deutschland und Ungarn haben Jungen z.B. einen Gesamtvorsprung von 8 bzw. 9 und 8 Punkten auf der Gesamtskala Mathematik, aber der durchschnittliche Abstand erhöht sich auf 26 bzw. 31 und 26 Punkte innerhalb der Schulen. Darin kommt die Tatsache zum Ausdruck, dass in diesen Ländern der Anteil der Mädchen, die in den besser abschneidenden Schulen mit zur Hochschulreife führenden Bildungsgängen höher ist als der der Jungen. Bei Berücksichtigung der in PISA gemessenen Merkmale in Bezug auf Bildungsgang und Schule[21], sind die geschätzten geschlechtsspezifischen Unterschiede in vielen Ländern

sogar noch größer (dritte Spalte). Das führt zu einer Unterschätzung der innerhalb der Schulen festgestellten geschlechtsspezifischen Unterschiede. Anders ausgedrückt besuchen in diesen Ländern mehr Mädchen Schulen und Bildungsgänge mit relativ höheren Durchschnittsergebnissen, aber innerhalb dieser Schulen und Bildungsgänge liegen ihre Leistungen der Tendenz nach unter jenen der Jungen.

... was eindeutig Konsequenzen für die Lehrkräfte hat ...

Aus bildungspolitischer Sicht – und seitens der den Unterricht erteilenden Lehrkräfte – gebührt den geschlechtsspezifischen Unterschieden bei den Mathematikleistungen daher weiterhin Aufmerksamkeit. Dies gilt auch dann, wenn der Vorsprung der Jungen gegenüber den Mädchen innerhalb von Schulen und Bildungsgängen bis zu einem gewissen Grad dadurch abgeschwächt wird, dass Mädchen tendenziell in besser abschneidenden Schulen und Bildungsgängen stärker vertreten sind.

... und vielleicht für die Gesellschaft im weiteren Sinne.

Der erhebliche Vorsprung, den die Jungen in vielen Ländern in zumindest einigen der mathematischen Inhaltsbereiche aufweisen, kann auch das Ergebnis des allgemeineren gesellschaftlichen und kulturellen Kontextes oder der Bildungspolitik und -praktiken sein. Was immer die Gründe sein mögen, liegt doch der Schluss nahe, dass die Länder mehr oder minder erfolgreich beim Abbau geschlechtsspezifischer Unterschiede sind und dass die Jungen in der Regel in Mathematik nach wie vor besser abschneiden.

Solche Differenzen sind nicht unabdingbar: Einige Länder vermeiden sie.

Gleichzeitig gelingt es einigen Ländern offenbar, ein Lernumfeld zu bieten, von dem Jungen und Mädchen gleichermaßen profitieren, sei es als unmittelbare Folge bildungspolitischer Anstrengungen oder auf Grund eines günstigeren gesellschaftlichen Umfelds oder wegen beider Faktoren. Die große Varianz, die bei den geschlechtsspezifischen Unterschieden zwischen den Ländern besteht, lässt darauf schließen, dass die gegenwärtigen Unterschiede nicht eine unvermeidliche Folge von Differenzen zwischen männlichen und weiblichen Jugendlichen sind und dass durch effektive Politikmaßnahmen und -praktiken ein Zustand überwunden werden kann, der lange Zeit als die unabdingbare Konsequenz unterschiedlicher Interessen, Lernstile und sogar grundlegender Begabungen von Jungen und Mädchen betrachtet wurde.

DER SOZIOÖKONOMISCHE KONTEXT DER LÄNDERERGEBNISSE

Die Länderergebnisse können auch unter Berücksichtigung der sozioökonomischen Differenzen dargestellt werden.

So wie es wichtig ist, den sozioökonomischen Hintergrund bei Leistungsvergleichen von Schülergruppen zu berücksichtigen, muss bei einem Vergleich der Erträge des Bildungssystems auch den wirtschaftlichen Gegebenheiten eines Landes Rechnung getragen werden und den Ressourcen, die es für den Bildungssektor aufwenden kann. Das geschieht im Rahmen der folgenden Analyse, bei der die Gesamtskala Mathematik um verschiedene soziale und ökonomische Variablen auf Länderebene bereinigt wird. Indessen sind solche Anpassungen stets hypothetisch und müssen daher mit Vorsicht betrachtet werden. In einer globalisierten Gesellschaft hängen die künftigen wirtschaftlichen und sozialen Aussichten für den Einzelnen wie auch die Länder insgesamt letztlich von den

Abbildung 2.19 ■ **Schülerleistungen und Nationaleinkommen**

Beziehung zwischen Mathematikleistung und Pro-Kopf-BIP, in US-$, umgerechnet auf der Basis von Kaufkraftparitäten (KKP)

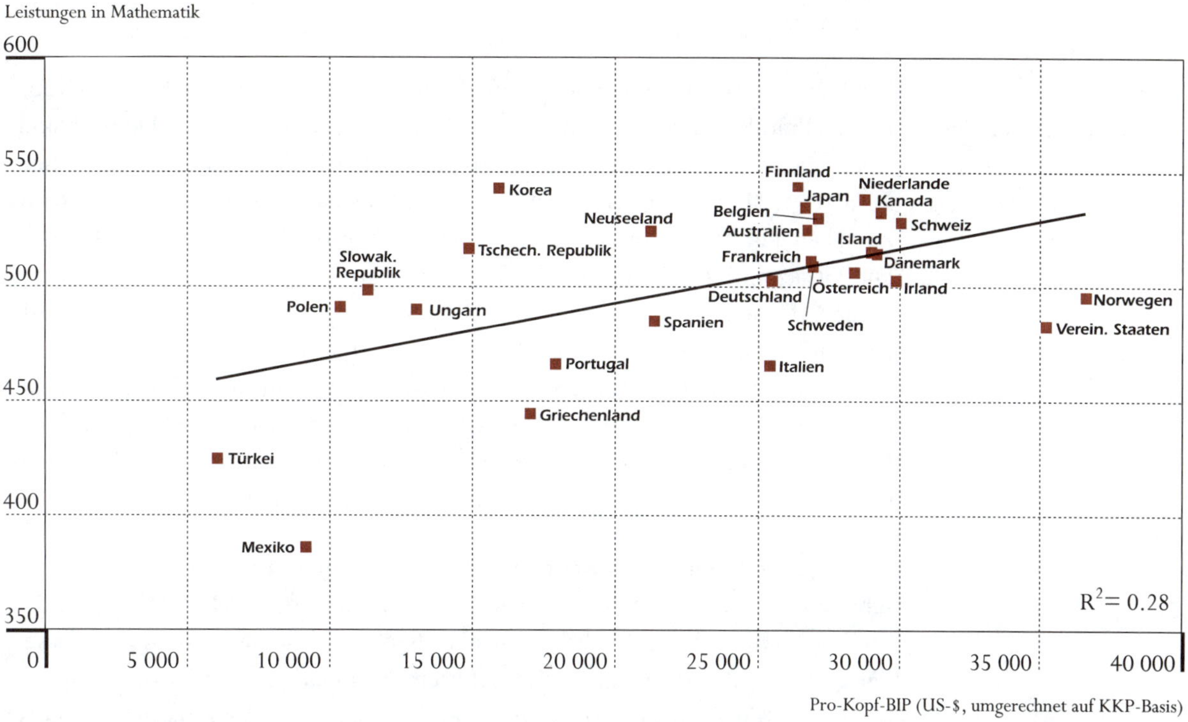

Quelle: OECD PISA-2003-Datenbank, Tabelle 2.6.

Ergebnissen ab, die effektiv erreicht werden und nicht von dem, was unter durchschnittlichen sozialen und wirtschaftlichen Bedingungen eventuell möglich wäre.

Der relative Wohlstand erlaubt es einigen Ländern, in größerem Umfang Bildungsinvestitionen zu tätigen, während andere durch ihr relativ geringeres Nationaleinkommen hier Einschränkungen unterliegen. In Abbildung 2.19 wird die Relation zwischen dem Nationaleinkommen, gemessen am Bruttoinlandsprodukt (BIP) pro Kopf der Bevölkerung und den durchschnittlichen Schülerleistungen im PISA-Mathematiktest in jedem Land dargestellt. Bei den BIP-Werten handelt es sich um das Pro-Kopf-BIP zu jeweiligen Preisen von 2002, das um Kaufkraftunterschiede zwischen den OECD-Ländern bereinigt ist (Tabelle 2.6). Ferner zeigt die Abbildung eine Regressionsgerade, die den Zusammenhang zwischen Pro-Kopf-BIP und den durchschnittlichen Schülerleistungen in Mathematik zusammenfassend darstellt. Dabei muss jedoch berücksichtigt werden, dass die Anzahl der in den Vergleich einbezogenen Länder klein ist und die Regressionsgerade daher stark von den besonderen Merkmalen der einbezogenen Länder abhängt.

Eine derartige Analyse ist sinnvoll, weil zwischen Nationaleinkommen und Mathematikleistungen eine Korrelation besteht, die rund ein Fünftel der Länderunterschiede erklärt.

Aus dem Streubild ist zu ersehen, dass Länder mit höherem Nationaleinkommen auf der Gesamtskala Mathematik tendenziell besser abschneiden. Der Zusammenhang ist in der Tat dergestalt, dass 28% der Varianz zwischen den mittleren Punktzahlen der Länder auf der Basis ihres Pro-Kopf-BIP vorhergesagt werden können[22].

Einige Länder schneiden besser oder schlechter ab, als auf Grund ihres Nationaleinkommens zu erwarten wäre.

Die Länder dicht an der Geraden befinden sich genau dort, wo sie laut Pro-Kopf-BIP als Prädiktor liegen sollten; Beispiele hierfür sind Dänemark, Deutschland, Österreich, Schweden und Ungarn. So übertrifft z.B. Schweden, wie Abbildung 2.19 zeigt, Ungarn in Mathematik in einem Ausmaß, das anhand des Abstands zwischen dem Pro-Kopf-BIP dieser Länder hätte prognostiziert werden können. Die Tatsache, dass Länder von der Trendlinie abweichen, lässt aber auch darauf schließen, dass der Zusammenhang nicht deterministisch und linear ist. Die Länder über der Geraden verzeichnen bessere Durchschnittsergebnisse bei den PISA-Tests in Mathematik, als auf der Basis ihres Pro-Kopf-BIP (und auf der Basis der für die Schätzung des Zusammenhangs herangezogenen spezifischen Ländergruppe) zu erwarten wäre. Länder unterhalb der Geraden weisen niedrigere Leistungen auf, als auf der Basis des BIP zu erwarten wäre.

Das Vorhandensein einer Korrelation bedeutet nicht zwangsläufig, dass zwischen den beiden Variablen ein Kausalzusammenhang besteht; wahrscheinlich spielen auch viele andere Faktoren eine Rolle. Abbildung 2.19 legt indessen den Schluss nahe, dass Länder mit höherem Nationaleinkommen verhältnismäßig im Vorteil sind. Dies sollte insbesondere bei der Interpretation des Leistungsniveaus von Ländern mit vergleichsweise niedrigem Nationaleinkommen berücksichtigt werden. Bei einigen Ländern bewirkt eine Korrektur um das Pro-Kopf-BIP einen bedeutenden Unterschied bei ihrer Positionierung im internationalen Vergleich. So würden z.B. Polen und Ungarn nach einer solchen Bereinigung um etwa 10 Positionen in der Rangordnung auf der Gesamtskala Mathematik aufrücken (von 490 auf 514 bzw. von 490 auf 521 Punkte), und die Tschechische Republik immer noch um zwei bis sieben Positionen (von 516 auf 536 Punkte), ebenso wie Portugal (von 466 auf 479 Punkte) und Neuseeland (von 523 auf 528 Punkte). Demgegenüber würden Österreich (von 506 auf 493 Punkte), Dänemark (von 514 auf 500 Punkte), Norwegen (von 495 auf 463 Punkte) und die Schweiz (von 527 auf 510 Punkte) um vier bis sechs Positionen in der Rangordnung zurückfallen, da ihre Ergebnisse deutlich unter das Niveau absinken würden, das auf Grund ihres Nationaleinkommens zu erwarten wäre.

Wird zudem auch der Bildungsstand der Eltern berücksichtigt, ergibt sich eine noch stärkere Korrektur.

Das Spektrum der berücksichtigten Kontextvariablen lässt sich noch ausweiten. Wie in Kapitel 4 des Berichts festgestellt wird, besteht eine enge Korrelation zwischen den Schülerleistungen und dem Bildungsstand der Eltern, so dass das unterschiedliche Niveau des Bildungsstands Erwachsener in den OECD-Ländern einen zweifellos zu berücksichtigenden kontextbezogenen Faktor darstellt. Tabelle 2.6 zeigt den prozentualen Anteil der Population der Altersgruppe 35-44 Jahre, der einen Abschluss der Sekundarstufe II bzw. einen tertiären Bildungsabschluss besitzt. Diese Population entspricht ungefähr der

Altersgruppe der Eltern der in PISA getesteten 15-Jährigen. Werden diese Variablen zusätzlich zum Pro-Kopf-BIP in die Korrektur einbezogen, würden Polen und Portugal um rund 16 Positionen in der Rangordnung aufrücken (von 490 auf 526 bzw. von 466 auf 521 Punkte). Mithin würden Polen und Portugal zu der Gruppe der zehn Länder mit den besten Ergebnissen in Relation zu ihrem Pro-Kopf-BIP und dem Niveau des Bildungsstands der Erwachsenen gehören. Demgegenüber würden Kanada (von 532 auf 510 Punkte), Dänemark (von 514 auf 496 Punkte), Finnland (von 544 auf 525 Punkte), Deutschland (von 503 auf 484 Punkte), Japan (von 534 auf 506 Punkte), Norwegen (von 495 auf 459 Punkte) und Schweden (von 509 auf 487 Punkte) um 5 bis 9 Positionen zurückfallen, da auf Grund ihres Pro-Kopf-BIP und des Niveaus des von den Eltern erreichten Bildungsstands ein weitaus höheres Niveau der Schülerleistungen zu erwarten wäre, als dies effektiv der Fall ist. Wenngleich sich bei gleichzeitiger Berücksichtigung von Bildungsstand der Erwachsenen und BIP eine engere Korrelation mit der Schülerleistung ergibt, als bei alleiniger Betrachtung des BIP, ist diese Korrelation doch keineswegs so deterministisch und linear, wie dies das der Bereinigung zu Grunde liegende Model unterstellt. Daher müssen die Ergebnisse mit Vorsicht interpretiert werden.

Eine andere Perspektive ergibt sich durch die Einbeziehung der für die Bildung aufgewendeten Ausgaben …

Während das Pro-Kopf-BIP zwar die potenziellen Ressourcen veranschaulicht, die in den jeweiligen Ländern für die Bildung verfügbar sind, gibt es doch keinen direkten Aufschluss darüber, welche finanziellen Ressourcen effektiv in die Bildung investiert werden. Abbildung 2.20 vergleicht die effektiven Ausgaben, die die Länder im Durchschnitt je Schüler vom Beginn des Primarbereichs bis zum Alter von 15 Jahren tätigen, mit den durchschnittlichen Schülerleistungen in den drei Erhebungsbereichen. Die Ausgaben je Schüler werden annäherungsweise errechnet, indem die öffentlichen und privaten Ausgaben für Bildungseinrichtungen je Schüler im Jahr 2002 auf jeder Bildungsstufe mit der theoretischen Dauer der Bildung auf den jeweiligen Bildungsstufen bis zum Alter von 15 Jahren multipliziert werden[23]. Die Beträge sind in US-$, umgerechnet auf der Basis von Kaufkraftparitäten, ausgedrückt (OECD, 2004a).

… wobei sich zeigt, dass ein positiver Zusammenhang zwischen den Ausgaben je Schüler und den Durchschnittsergebnissen in Mathematik besteht …

Abbildung 2.20 deutet auf einen positiven Zusammenhang zwischen den Ausgaben je Schüler und den Durchschnittsergebnissen eines Landes in Mathematik hin (vgl. auch Tabelle 2.6). Mit wachsenden Ausgaben je Schüler für Bildungseinrichtungen steigen auch die Durchschnittsergebnisse. Die Ausgaben je Schüler erklären jedoch lediglich 15% der Varianz bei den Durchschnittsergebnissen der Länder.

… aber auch, dass ein hohes Ausgabenniveau keine Garantie für ein hohes Leistungsniveau ist.

Die Abweichungen von der Regressionsgeraden legen den Schluss nahe, dass moderate Ausgaben je Schüler nicht automatisch mit einer schwachen Leistung der Bildungssysteme gleichgesetzt werden können. So betragen die Ausgaben je Schüler im Alter zwischen 6 und 15 Jahren in der Tschechischen Republik ungefähr ein Drittel und in Korea rund die Hälfte des Ausgabenniveaus der Vereinigten Staaten, aber während sowohl die Tschechische Republik als auch Korea zu den zehn leistungsstärksten Ländern bei PISA zählen, liegen die

Abbildung 2.20 ■ **Schülerleistungen und Ausgaben je Schüler**

Beziehung zwischen Mathematikleistungen und kumulativen Ausgaben für Bildungseinrichtungen je Schüler zwischen 6 und 15 Jahren in US-$, umgerechnet auf der Basis von Kaufkraftparitäten (KKP)

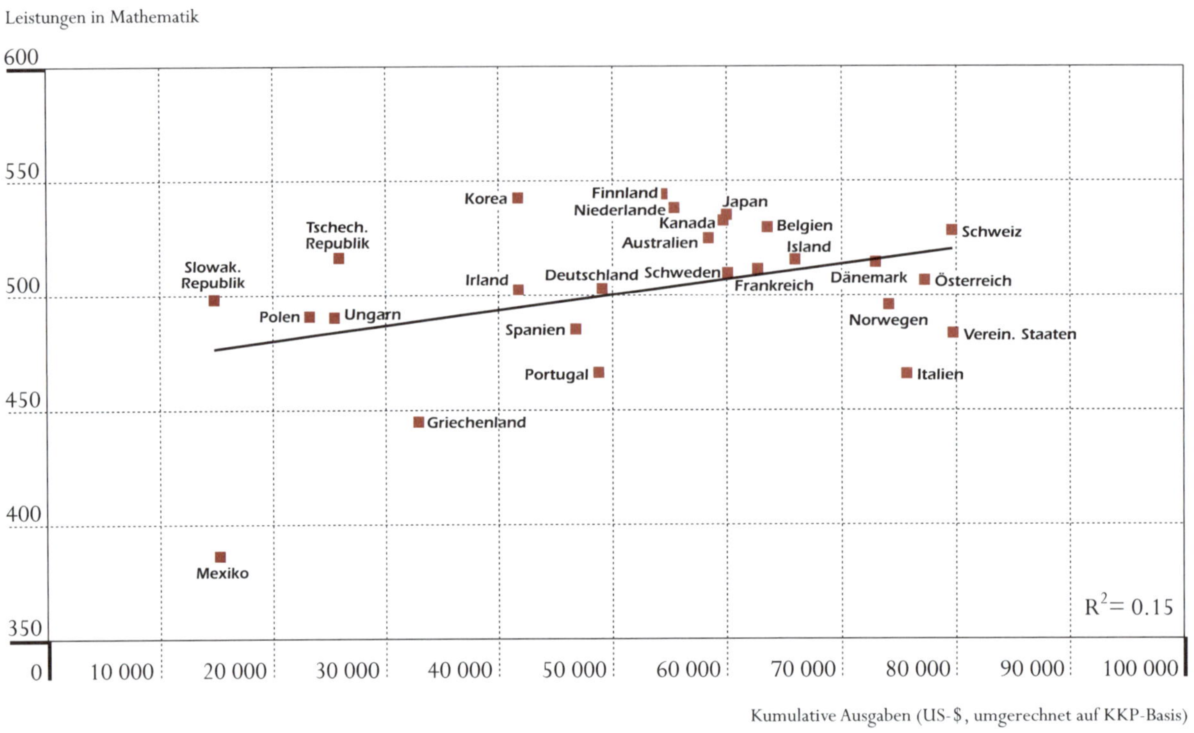

Quelle: OECD PISA-2003-Datenbank, Tabelle 2.6.

Vereinigten Staaten unter dem OECD-Durchschnitt. Ebenso schneiden Spanien und die Vereinigten Staaten ungefähr gleich gut ab, doch geben die Vereinigten Staaten rd. 80 000 US-$ je Schüler im Alter zwischen 6 und 15 Jahren aus, wohingegen sich dieser Betrag in Spanien auf lediglich 47 000 US-$ beläuft. Zu den Ländern, die wesentlich bessere Leistungen erzielen, als auf Grund ihrer Ausgaben je Schüler zu erwarten wäre, zählen Australien, Belgien, Finnland, Japan, Kanada, Korea, die Niederlande und die Tschechische Republik. Länder, die wesentlich schlechter abschneiden, als gemessen an ihren Ausgaben je Schüler zu erwarten wäre, sind Griechenland, Italien, Mexiko, Norwegen, Portugal, Spanien und die Vereinigten Staaten. Die Ergebnisse deuten alles in allem darauf hin, dass die Ausgaben für Bildungseinrichtungen, die gewiss eine notwendige Voraussetzung für eine qualitativ hochwertige Bildung sind, allein nicht ausreichen, um ein hohes Leistungsniveau zu erzielen.

POLITIKIMPLIKATIONEN

Im vergangenen Jahrhundert standen die Curricula der Schulmathematik meist im Zeichen der Notwendigkeit, eine solide Grundlage für die berufliche Ausbildung einer kleinen Zahl von Mathematikern, Wissenschaftlern und Ingenieuren zu liefern. Mit der zunehmenden Bedeutung von Naturwissenschaften, Mathematik und Technologie für das moderne Leben erfordern Ziele wie Selbstverwirklichung, Berufstätigkeit und aktive Teilnahme am gesellschaftlichen Leben allerdings, dass alle Erwachsenen, und nicht nur diejenigen, die eine naturwissenschaftliche Karriere anstreben, über mathematische, naturwissenschaftliche und technische Grundkompetenzen verfügen. Die Ergebnisse der leistungsstärksten Schülerinnen und Schüler eines Landes in Mathematik und verwandten Fächern haben möglicherweise Auswirkungen auf die Rolle, die dieses Land in Spitzentechnologiesektoren von morgen einnehmen wird und auf seine allgemeine internationale Wettbewerbsfähigkeit. Defizite in mathematischer Grundbildung können hingegen negative Konsequenzen für die Arbeitsmarkt- und Verdienstaussichten des Einzelnen sowie für dessen aktive Teilhabe am gesellschaftlichen Leben haben.

Mathematik spielt eine zentrale Rolle für den Erfolg der Einzelnen und der Gesellschaften …

So ist es nicht verwunderlich, dass politische Entscheidungsträger und Pädagogen der mathematischen Bildung gleichermaßen große Bedeutung beimessen. Um der wachsenden Nachfrage nach mathematischen Kompetenzen gerecht zu werden, bedarf es eines in jeder Hinsicht hervorragenden Bildungssystems, und es ist daher wesentlich zu verfolgen, wie gut die Länder junge Erwachsene mit Grundkompetenzen in diesem Bereich ausstatten.

… daher messen die meisten Länder der Sicherstellung hoher Leistungsstandards in Mathematik in ihrem gesamten Bildungssystem große Bedeutung bei …

Die großen Unterschiede, die innerhalb der meisten Länder bei den Schülerleistungen in Mathematik bestehen und die die Analyse in diesem Kapitel zu Tage gefördert hat, lassen vermuten, dass Exzellenz im gesamten Bildungssystem noch ein weit entferntes Ziel ist und dass die Länder einem breiten Spektrum an Schülerfähigkeiten gerecht werden müssen, nämlich Schülerinnen und Schülern mit den größten Defiziten wie auch außergewöhnlich Leistungsstarken. Gleichzeitig zeigte die Analyse, dass eine hohe Leistungsheterogenität keine notwendige Voraussetzung für ein insgesamt hohes Leistungsniveau eines Landes ist. In der Tat haben einige der am besten abschneidenden Länder diese Ergebnisse mit einem geringen Abstand zwischen leistungsstärkeren und leistungsschwächeren Schülerinnen und Schülern erzielt.

… in einigen Ländern sind aber immer noch große Leistungsdifferenzen zwischen den Schülern festzustellen.

Es bestehen nicht nur bedeutende Leistungsunterschiede bei den Schülern, sondern in einigen Ländern auch bei den verschiedenen mathematischen Inhaltsbereichen. Sie können mit anders gesetzten curricularen Schwerpunkten wie auch damit zusammenhängen, wie effektiv die Lehrpläne in den verschiedenen inhaltlichen Bereichen umgesetzt werden. Natürlich müssen die Länder Entscheidungen über curriculare Schwerpunkte im Kontext ihrer nationalen Gegebenheiten und Prioritäten treffen, doch kann eine vergleichende Prüfung dieser Entscheidungen unter Berücksichtigung dessen, was andere Länder für

Die relativen Stärken und Schwächen in den verschiedenen Mathematikbereichen könnten die Länder zu einer Überprüfung ihrer curricularen Prioritäten veranlassen.

wichtig erachten, einen breiteren Referenzrahmen für die Entwicklung der nationalen Bildungspolitik bieten.

Geschlechtsspezifische Unterschiede bestehen in den meisten Ländern, wobei Jungen einen Vorsprung aufweisen, besonders am oberen Ende der Leistungsverteilung …

Dieses Kapitel hat auch die in vielen Ländern bestehenden geschlechtsspezifischen Leistungsunterschiede zwischen Mädchen und Jungen aufgezeigt, wobei der Vorsprung der Jungen bei den Skalen Raum und Form sowie Unsicherheit besonders ausgeprägt ist. Es bleibt noch viel zu tun, um die Lücke zwischen Schülerinnen und Schülern in Mathematik und verwandten Fächern zu schließen, und es gibt Belege dafür, dass diesbezügliche Maßnahmen bei Jugendlichen und in der Tat schon bei Kindern ansetzen sollten. Ihre Leistungen in der Schule und ihre Motivation und ihre Einstellung zu den verschiedenen Fächern können ihre künftigen Bildungs- und Berufswege entscheidend beeinflussen. Das wiederum kann sich nicht nur auf die Karriere- und Gehaltsaussichten des Einzelnen, sondern ganz allgemein auch darauf auswirken, wie effektiv das Humankapital in den OECD-Volkswirtschaften und -Gesellschaften entwickelt und eingesetzt wird. Bedeutende Varianzen bei den geschlechtsspezifischen Leistungsunterschieden zwischen den einzelnen Ländern lassen jedoch darauf schließen, dass die derzeit bestehenden Unterschiede in der Bildung nicht als unvermeidlich hingenommen werden müssen und dass mit Hilfe effektiver Politikmaßnahmen und -praktiken ein Zustand überwunden werden kann, der lange Zeit als unabdingbare Konsequenz unterschiedlicher Interessen, Lernstile und sogar grundlegender Begabungen von Jungen und Mädchen betrachtet wurde.

… und obwohl die geschlechtsspezifischen Unterschiede insgesamt häufig gering sind, sehen sich die Lehrkräfte im Unterricht oft erheblichen Leistungsunterschieden zwischen Jungen und Mädchen gegenüber.

In den meisten Ländern sind die geschlechtsspezifischen Unterschiede innerhalb von Schulen größer als auf globaler Ebene, was sich daraus erklärt, dass der Anteil von Mädchen in den besser abschneidenden Schulen mit zur Hochschulreife führenden Bildungsgängen tendenziell höher ist als der der Jungen, diese aber oft deutlich schwächer abschneiden als Jungen. Aus bildungspolitischer Sicht – und seitens der den Unterricht erteilenden Lehrkräfte – gebührt den geschlechtsspezifischen Unterschieden bei den Mathematikleistungen daher weiterhin Aufmerksamkeit.

Unterschiede bei den Durchschnittsergebnissen der Länder sind von Bedeutung und nicht allein durch die Ausgaben zu erklären.

Schließlich ist festzuhalten, das die Leistungsunterschiede der Schüler innerhalb der Länder zwar um ein Vielfaches größer sind als die Differenzen zwischen den Ländern, die beträchtlichen Disparitäten bei den Durchschnittsleistungen der Schülerinnen und Schüler zwischen den Ländern aber nicht übersehen werden dürfen. Vor allem in Fächern wie Mathematik und Naturwissenschaften können diese Unterschiede Fragen in Bezug auf die künftige Wettbewerbsfähigkeit einiger Länder aufwerfen. Die zwischen den Ländern in Mathematik bestehenden Leistungsunterschiede lassen sich nicht ausschließlich durch die Ausgaben für den Bildungsbereich erklären. Wenngleich die Analysen auf einen positiven Zusammenhang zwischen diesen beiden Faktoren hindeuten, legen sie auch den Schluss nahe, dass Ausgaben für Bildungseinrichtungen zwar eine notwendige Voraussetzung für ein qualitativ hochwertiges Bildungsangebot sind, Geld aber allein nicht ausreicht, um ein hohes Leistungsniveau zu erreichen. Andere Fak-

toren, namentlich die Effektivität, mit der die Ressourcen eingesetzt werden, spielen ebenfalls eine entscheidende Rolle.

Sind die Mathematikleistungen beim PISA-Test für die Zukunft von Bedeutung? Es ist schwer abzuschätzen, inwieweit schulische Leistungen und Erfolge Prädiktoren für künftigen Erfolg sind. Was die OECD-Datenreihen jedoch zeigen ist, dass sich Personen, die keinen Sekundarstufe-II-Abschluss besitzen – dies ist in den OECD-Ländern trotz der seit einer Generation erzielten erheblichen Fortschritte im Durchschnitt immer noch etwa jeder Fünfte –, wesentlich schlechteren Arbeitsmarktaussichten gegenübersehen. So steigen z.B. die Erwerbsquoten mit dem Niveau der Bildungsabschlüsse in den meisten OECD-Ländern steil an (OECD, 2004a). Von sehr wenigen Ausnahmen abgesehen haben Absolventen des tertiären Bildungsbereichs eine deutlich höhere Erwerbsbeteiligung als Personen mit einem Sekundarstufe-II-Abschluss, bei denen sie wiederum deutlich höher ist als bei Personen ohne derartigen Abschluss. Bei den Erwerbsquoten der Männer ist der Abstand zwischen Personen mit und ohne Sekundarstufe-II-Abschluss besonders groß, und bei Frauen, die keinen Sekundarstufe-II-Abschluss aufweisen, ist die Erwerbsbeteiligung besonders niedrig.

Leistungsschwäche hat für die Einzelnen bedeutende Konsequenzen, vor allem wenn sie keinen Sekundarschulabschluss erwerben und damit ihre Beschäftigungsaussichten verschlechtern …

Desgleichen besteht ein positiver Zusammenhang zwischen Bildung und Verdiensten, wobei der Abschluss der Sekundarstufe II in vielen Ländern eine Schwelle darstellt, über die hinaus zusätzliche Bildung besonders hohe Erträge mit sich bringt (OECD, 2004a). In allen Ländern verdienen Absolventen des Tertiärbereichs wesentlich mehr als Absolventen der Sekundarstufe II. Es ist möglich, die Vorteile der Bildung für den Einzelnen in Form von höheren Durchschnittsverdiensten, geringeren Arbeitslosigkeitsrisiken und öffentlicher Unterstützungsleistungen während des Studiums den Kosten gegenüberzustellen, die diesen Personen während ihres Studiums in Form von Studiengebühren, entgangenen Verdiensten oder höheren Steuersätzen im späteren Erwerbsleben entstehen. Die jährlichen Ertragsraten der Beträge, die Personen investieren, wenn sie einen tertiären Bildungsabschluss absolvieren, übersteigen das Niveau der Realzinssätze – und häufig in signifikantem Maße –, denn diese Differenz reicht von rd. 7% für männliche Studierende in Italien und Japan bis zu 17% im Vereinigten Königreich. Selbst bei Einbeziehung der öffentlichen Bildungsinvestitionen ergibt sich in allen Ländern mit vergleichbaren Daten immer noch eine positive und signifikante soziale Ertragsrate der tertiären Bildung.

… und auch für die Verdienstaussichten, die generell stark davon abhängen, ob die Betreffenden einen Abschluss im Sekundarbereich II bzw. im Tertiärbereich erzielt haben …

Darüber hinaus veranschaulichen internationale Vergleiche die zentrale Rolle, die die Bildung bei der Förderung der Arbeitsproduktivität – und damit implizit des Wirtschaftswachstums – spielt, nicht nur als ein Input, der den globalen Output mit dem Bestand an produktiven Inputs verbindet, sondern auch als ein Faktor, der eng mit der technologischen Fortschrittsrate zusammenhängt. Der geschätzte Langzeiteffekt eines zusätzlichen Bildungsjahrs auf die Produktionsleistung beläuft sich für den gesamten OECD-Raum auf 3-6% (OECD,

… während sich der gesamtgesellschaftliche Nutzen von Bildung in Produktionssteigerungen und mehr staatsbürgerlicher Verantwortung manifestieren kann.

2004a). Schließlich darf auch die Bedeutung der Mathematik für die Bürger einer modernen Welt nicht außer Acht gelassen werden.

15-Jährigen eröffnen sich viele Zukunftschancen, aber diejenigen, die früh Lernerfolge erzielen, werden mit größerer Wahrscheinlichkeit mit dem Lernen fortfahren …

Natürlich hört das Lernen nicht mit dem Ende der Pflichtschulzeit auf, und moderne Gesellschaften bieten dem Einzelnen verschiedene Möglichkeiten, seine Kenntnisse und Kompetenzen während des gesamten Lebens zu erweitern. Wenn es jedoch um berufliche Fort- und Weiterbildung geht, so werden im Durchschnitt in den OECD-Ländern etwa dreimal so viele Ausbildungsstunden auf Erwerbspersonen mit einem Abschluss im Tertiärbereich verwendet als Personen ohne einen Sekundarstufe-II-Abschluss (OECD, 2000a und 2000b). So sorgen Erstausbildung und andere Einflussfaktoren dafür, dass berufsbezogene Ausbildung nach Abschluss der Schulzeit mit geringster Wahrscheinlichkeit den Personen zukommt, die diese am meisten benötigen.

… so dass Leistungsschwäche bei 15-Jährigen zu berechtigter Besorgnis Anlass gibt.

Das unterstreicht, weshalb eine in der Schule vermittelte solide Basis an Kenntnissen und Qualifikationen von grundlegender Bedeutung für den künftigen Erfolg des Einzelnen und der Gesellschaften ist. Es verdeutlicht ferner, wie wichtig es ist, Erwachsenen, die ihre Grundqualifikation in Lesekompetenz, Mathematik und Naturwissenschaften verbessern müssen, entsprechende Möglichkeiten zu bieten, damit sie in der Lage sind, durch Lernen während des gesamten Lebens die relevanten Kompetenzen zu erwerben. In dieser Hinsicht geben die Ergebnisse von PISA in vielen Ländern Anlass zur Besorgnis.

Anmerkungen

1. Wegen einer Erläuterung vgl. Kasten 2.2.

2. In Mathematik ist die Verbesserung bei 95% Konfidenzniveau nur auf einer der beiden Skalen mit vergleichbaren Daten statistisch signifikant.

3. In Mexiko stieg die Nettoschulbesuchsquote der 15-Jährigen zwischen den Schuljahren 1999/2000 und 2002/2003 von 51,6% auf 56,1% Prozent (*Quelle*: OECD Bildungsdatenbank).

4. Weitere technische Einzelheiten über die Methoden, die zur Schätzung der Fähigkeiten der Schüler und der Schwierigkeit der Aufgaben sowie zur Entwicklung der Skalen verwendet wurden, finden sich in dem *PISA 2003 Technical Report* (OECD, erscheint demnächst).

5. Genauer gesagt wurden die Schülerinnen und Schüler einem Punkt auf der Skala zugeordnet, an dem sie eine Frage mit einer Wahrscheinlichkeit von 62% korrekt beantworten. Dieser Prozentsatz ist nicht willkürlich gewählt, seine Ableitung hängt mit der Definition der Kompetenzstufen zusammen, wie im Folgenden noch erläutert wird.

6. Technisch wurde der Mittelwert für die Schülerleistungen in Mathematik in den OECD-Ländern auf 500 und die Standardabweichung auf 100 gesetzt und die Daten wurden gewichtet, so dass jedes OECD-Land in gleicher Weise dazu beiträgt. Anzumerken ist, dass diese Verankerung der Skala für die Gesamtheit der vier Skalen vorgenommen wurde. Der durchschnittliche Mittelwert und die Standardabweichung auf den einzelnen Mathematikskalen können sich daher von 500 bzw. 100 Punkten unterscheiden.

7. Die Ergebnisse für den OECD-Raum sind in den Tabellen durch ***OECD insgesamt*** dargestellt. Der Wert „OECD insgesamt" erfasst die OECD-Länder als Einheit, zu der jedes Land proportional zur Anzahl der 15-Jährigen in den Schulen des Landes beiträgt. Er veranschaulicht, wie ein Land im Vergleich zum OECD-Raum insgesamt abschneidet. Dagegen ist der ***OECD-Durchschnitt***, auf den im vorliegenden Bericht ebenfalls Bezug genommen wird, der Mittelwert aus den Daten von allen OECD-Ländern, für die Daten vorliegen oder geschätzt werden konnten. Der OECD-Durchschnitt kann herangezogen werden, um festzustellen, wie ein Land bei einem bestimmten Indikator im Vergleich zu einem typischen OECD-Land abschneidet. Im OECD-Durchschnitt ist die absolute Größe der Schülerpopulation der einzelnen Länder nicht berücksichtigt, d.h. jedes Land trägt in gleicher Weise zum errechneten Mittel bei. In dieser Veröffentlichung wird der Wert „OECD insgesamt" generell verwendet, wenn auf den Bestand an Humankapital im OECD-Raum Bezug genommen wird. Wo es mehr um einen Vergleich der Ergebnisse der einzelnen Bildungssysteme geht, wird der OECD-Durchschnittswert herangezogen.

8. Für Serbien und Montenegro liegen keine Daten für den Landesteil Montenegro vor. Auf Montenegro entfallen 7,9% der nationalen Erhebungspopulation. Die Bezeichnung „Serbien" wird kurz für den serbischen Landesteil von Serbien und Montenegro verwendet.

9. Zwar ist die Wahrscheinlichkeit, bestimmte Differenzen fälschlicherweise für statistisch signifikant zu erklären, bei jedem einzelnen Vergleich gering (5%), sie nimmt jedoch zu, wenn mehrere Vergleiche gleichzeitig gemacht werden. Hier kann eine Anpassung vorgenommen werden, die die maximale Wahrscheinlichkeit, dass zumindest einmal bei allen vorgenommenen Vergleichen Unterschiede fälschlicherweise als statistisch signifikant bezeichnet werden, auf 5% reduziert. Eine solche Anpassung wurde auf der Basis der Bonferroni-Methode bei den in diesem Bericht enthaltenen Abbildungen mit Mehrfachvergleichen vorgenommen, worauf die Pfeilsymbole hinweisen.

10. Spalte 1 in Tabelle A1.2 schätzt die mit einem Schuljahr einhergehenden Punktzahldifferenzen. Eine solche Differenz kann für die 26 OECD-Länder geschätzt werden, in denen ein beträchtlicher Anteil der unter die PISA-Stichprobe fallenden 15-Jährigen mindestens zwei unterschiedliche Klassenstufen besuchen. Da nicht davon ausgegangen werden kann, dass die Verteilung der 15-Jährigen auf die unterschiedlichen Klassenstufen zufällig erfolgte, mussten Bereinigungen um Kontextfaktoren vorgenommen werden, die mit der Schülerverteilung auf die verschiedenen Klassenstufen zusammenhängen.

Diese Bereinigungen sind in den Spalten 2 bis 7 der Tabelle dargelegt. Zwar ist es möglich, den typischen Leistungsunterschied zwischen Schülern in zwei aufeinander folgenden Klassen, korrigiert um die Effekte von Auswahl- und Kontextfaktoren, zu schätzen, doch kann dieser Unterschied nicht automatisch dem Fortschritt gleichgesetzt werden, den die Schüler im vorausgegangenen Schuljahr erzielt haben, und sollte vielleicht als eine Untergrenze des erreichten Fortschritts interpretiert werden. Der Grund hierfür ist einmal die Erfassung von Schülerinnen und Schülern unterschiedlicher Klassenstufen, und zum anderen die Tatsache, dass der Inhalt der PISA-Tests nicht ausdrücklich auf den Lehrstoff abstellte, den die Schülerinnen und Schüler im vorausgegangenen Schuljahr durchgenommen hatten, sondern ganz allgemein auf die Bewertung der kumulativen Lernstände von Schülern bis zum Alter von 15 Jahren. Wenn z.B. das Curriculum für die Klassenstufen, die 15-Jährige hauptsächlich besuchen, einen anderen Stoff abdeckt als das in PISA verwendete Material (das wiederum in den Lehrplänen früherer Schuljahre enthalten gewesen sein könnte), dann wird der beobachtete Leistungsunterschied den Schülerfortschritt unterschätzen. Eine exakte Messung kann nur anhand einer auf den Lehrstoffinhalt abzielenden Längsschnitterhebung erzielt werden.

11. Bei einer Messung der Effektstärken (wegen einer Erklärung des Konzepts und seiner Interpretation vgl. Kasten 3.3) sind diese nur in Irland, Kanada, Korea, Luxemburg, der Schweiz, der Slowakischen Republik, Spanien sowie in den Partnerländern Liechtenstein, Uruguay und Macau (China) größer als 0,2, und in allen Ländern mit Ausnahme Lichtensteins liegen die Effektstärken unter 0.3.

12. Vgl. Anhang A8 wegen einer Erklärung der Methode, die zur Herstellung einer Verknüpfung zwischen PISA 2000 und PISA 2003 mittels gemeinsamer Items herangezogen wurde.

13. Luxemburg weist ebenfalls einen signifikanten Leistungsunterschied auf. Hier sind die Ergebnisse jedoch wegen Veränderungen der Testbedingungen nicht miteinander vergleichbar. Bei PISA 2000 erhielten die Schülerinnen und Schüler in Luxemburg ein Testheft in der Sprache, die sie eine Woche vor dem Test gewählt hatten. Im Nachhinein erwies sich die mangelnde Vertrautheit mit der Testsprache für einen erheblichen Schüleranteil bei PISA 2000 jedoch als ein bedeutendes Hindernis. Bei PISA 2003 wurde den Schülerinnen und Schülern jeweils ein Testheft in jeder der beiden Unterrichtssprachen gegeben, so dass sie die von ihnen bevorzugte Sprache unmittelbar vor dem Test wählen konnten. Die so geschaffenen Testbedingungen sind besser vergleichbar mit jenen anderer Länder, die lediglich eine Unterrichtssprache haben, was zu einer gerechteren Bewertung der echten Schülerleistungen in Mathematik, Naturwissenschaften, Lesekompetenz und Problemlösung führt. Infolge dieser Verfahrensänderung können die Testbedingungen und mithin die Testergebnisse für Luxemburg in den Jahren 2000 und 2003 jedoch nicht miteinander verglichen werden. Daher wurden die Ergebnisse von PISA 2000 für Luxemburg bei diesem Bericht ausgeklammert.

14. In den Vereinigten Staaten könnten die großen Standardfehler von 2000 zumindest teilweise eine Erklärung dafür liefern, dass bei den Punktwerten für dieses Land zwischen den Jahren 2000 und 2003 kein statistisch signifikanter Unterschied besteht.

15. Bei einer Messung der Effektstärken (wegen einer Erklärung des Konzepts und seiner Interpretation vgl. Kasten 3.3) sind diese nur in Dänemark, Italien und Korea sowie in den Partnerländern Liechtenstein und Macau (China) größer als 0,2, und in allen Ländern liegen sie unter 0,3.

16. In Luxemburg ist ebenfalls ein großer Unterschied zwischen den Ergebnissen von 2000 und 2003 zu beobachten, was aber – wie bereits erläutert – weitgehend der Tatsache veränderter Testbedingungen zuzuschreiben sein dürfte, die es den Schülerinnen und Schülern nunmehr ermöglichten, die von ihnen bevorzugte Testsprache unter den zwei offiziellen Unterrichtssprachen zu wählen.

17. Bei einer Messung der Effektstärken (wegen einer Erklärung des Konzepts und seiner Interpretation vgl. Kasten 3.3) sind diese nur in Griechenland, Korea und dem Partnerland Lichtenstein größer als 0,2, und in allen Ländern liegen sie unter 0,3.

18. Bei einer Messung der Effektstärken (wegen einer Erklärung des Konzepts und seiner Interpretation vgl. Kasten 3.3) sind diese nur in Dänemark, Griechenland, Korea, Italien, Luxemburg, Schweiz und den Partnerländern Liechtenstein und Macau (China) größer als 0,2, und in allen Ländern liegen sie unter 0,3.

19. Die relative Wahrscheinlichkeit, mit der ein Land die jeweilige Rangposition auf jeder Skala erreicht, wird ermittelt anhand der Ländermittelwerte, der entsprechenden Standardfehler und der Kovarianz zwischen den Leistungsskalen der beiden Erhebungsbereiche. Daraus kann abgeleitet werden, ob ein Land mit einer Wahrscheinlichkeit von 95% auf einer Skala statistisch signifikant über oder unter dem auf der anderen Skala erzielten Niveau liegen würde, oder es keinen statistisch signifikanten Unterschied gäbe. Wegen Einzelheiten zur angewandten Methode vgl. den *PISA 2003 Technical Report* (OECD, erscheint demnächst).

20. Bei einer Messung der Effektstärken (wegen einer Erklärung des Konzepts und seiner Interpretation vgl. Kasten 3.3) sind die geschlechtsspezifischen Unterschiede auf der Gesamtskala Mathematik lediglich in Griechenland, Korea und den Partnerländern Liechtenstein und Macau (China) größer als 0,2, und in allen Ländern liegen sie unter 0,3.

21. Wegen einer Auflistung der schulbezogenen Faktoren und einer Erklärung des angewandten Modells vgl. Kapitel 5.

22. Für die in diesen Vergleich einbezogenen 30 OECD-Länder beträgt die Korrelation zwischen dem Mittelwert der Schülerleistungen in Mathematik und dem Pro-Kopf-BIP 0,43. Die erklärte Varianz ergibt sich als das Quadrat der Korrelation.

23. Die Gesamtausgaben für ein gegebenes Land werden wie folgt näherungsweise errechnet: Nimmt man *n(0)*, *n(l)* und *n(2)* für die Anzahl der Jahre, die ein Schüler zwischen 6 und 15 Jahren in der Regel in der Primarstufe, der Sekundarstufe I und der Sekundarstufe II verbringt, und *E(0)*, *E(l)* und *E(2)* für die jährlichen Ausgaben je Schüler in US-Dollar, umgerechnet auf der Basis von Kaufkraftparitäten, für die Primarstufe, die Sekundarstufe I und die Sekundarstufe II, dann lassen sich die Gesamtausgaben durch Multiplikation der jeweiligen Jahresausgaben (E) mit der Regeldauer (n) auf jeder Bildungsstufe (i) unter Verwendung der nachstehenden Formel berechnen:

$$CE = \sum_{i=0}^{2} n(i) * E(i)$$

Die Schätzungen der Bildungsdauer *n(i)* basieren auf der Internationalen Standardklassifikation des Bildungswesens (ISCED) (OECD, 1997).

3

Lernverhalten der Schülerinnen und Schüler: Einstellung, Engagement und Strategien

EINFÜHRUNG

Die Schulen müssen die positive Grundeinstellung der Kinder zum Lernen aufrechterhalten und weiterentwickeln …

Die meisten Kinder sind bei ihrer Einschulung bereit und willig, etwas zu lernen. Wie können Schulen diese Neigung fördern und stärken, und wie können sie sicherstellen, dass die jungen Erwachsenen die Schule mit der Motivation und Fähigkeit verlassen, den Lernprozess ein ganzes Leben lang fortzusetzen? Ohne die Entwicklung dieser Einstellung und Kompetenzen ist der Einzelne nicht hinreichend gerüstet für den Erwerb neuer Kenntnisse und Kompetenzen, die für eine erfolgreiche Anpassung an die sich wandelnden äußeren Umstände erforderlich sind.

… den Schülerinnen und Schülern beim Erwerb der Fähigkeiten zu eigenständigem Lernen helfen …

In der Schule wird ein Großteil des Lernprozesses der Schülerinnen und Schüler von den Lehrkräften gesteuert. Für den Prozess des Lernens ist es jedoch förderlicher, wenn die Schülerinnen und Schüler diesen selbst regulieren können, zumal jeder nach Abschluss der Schule das Lernen überwiegend selbst in die Hand nehmen muss. Das setzt wiederum die Fähigkeit voraus, Ziele aufzustellen, Ausdauer zu zeigen, die eigenen Fortschritte zu überwachen, seine Lernstrategien gegebenenfalls anzupassen und Lernschwierigkeiten zu überwinden. Schülerinnen und Schüler, die nach Abschluss der Schule eigenständig genug sind, um ihre eigenen Lernziele aufzustellen, und das Gefühl haben, diese Ziele auch wirklich erreichen zu können, sind für das lebenslange Lernen besser gerüstet.

… ihr Interesse an den Fächern, die sie lernen, und die entsprechende positive Einstellung fördern …

Ein echtes Interesse an den Unterrichtsfächern ist ebenfalls wichtig. Schülerinnen und Schüler, die ein wirkliches Interesse an einem Fach wie Mathematik haben, sind wahrscheinlich stärker motiviert, ihren eigenen Lernprozess selbst zu steuern und die notwendigen Kompetenzen zu erwerben, um dieses Fach effektiv zu beherrschen. So ist das Interesse an Mathematik für die Entwicklung effektiver Lernstrategien in Mathematik von entscheidender Bedeutung. Mathematikangst hingegen kann wie eine Schranke wirken und den Zugang zu effektivem Lernen versperren. Schülerinnen und Schüler, die sich ihrer Fähigkeiten zur Bewältigung von Mathematik-Lernsituationen nicht sicher sind, können diese zu vermeiden suchen und mithin wichtige Berufs- und Lebenschancen verpassen.

… und das Schulengagement der Schüler im allgemeineren Sinne verstärken.

Schließlich verbringen die Schülerinnen und Schüler den Großteil der auf das Lernen verwendeten Zeit in der Schule, und daher ist auch das Klima in der Schule für die Schaffung eines effizienten Lernumfelds von großer Bedeutung. Fühlt sich ein Schüler entfremdet und aus dem Lernkontext in der Schule ausgeschlossen, ist sein Potenzial zum Erwerb grundlegender Kompetenzen und Konzepte sowie zur Entwicklung effizienter Lernstrategien wahrscheinlich reduziert.

Um diesen Aspekt näher zu beleuchten, wurden im Rahmen von PISA die Lernstrategien der Schüler untersucht …

Bei einer umfassenden Einschätzung der Leistungen eines Landes im Bildungsbereich müssen daher neben der rein schulischen Leistung auch diese kognitiven, gefühls- und einstellungsbezogenen Aspekte berücksichtigt werden. Zu diesem Zweck wird in PISA 2003 ein breiteres Lernerprofil der 15-Jährigen zu Grunde gelegt, das die Lernstrategien und einige nicht kognitive Ergebnisse der Schulbildung einbezieht, die für ein lebenslanges Lernen von Bedeutung sind: Motivation, Engagement und Vertrauen in die eigenen Fähigkeiten. Da Mathematik der Haupterhebungsbereich von PISA 2003 war, wurden die meisten dieser Aspekte entsprechend im Mathematikkontext analysiert.

Im vorliegenden Kapitel werden diese Ergebnisse dargestellt und analysiert. Diese Analyse soll dazu dienen, ein besseres Verständnis der Zusammenhänge zwischen verschiedenen Aspekten der Einstellung zum Lernen und dem Lernverhalten einerseits und diesen Aspekten und den Leistungen der Schülerinnen und Schüler andererseits zu erreichen; es werden die Unterschiede bei diesen Zusammenhängen zwischen den einzelnen Ländern beobachtet und die Verteilung relevanter Merkmale unter Schülern, Schulen und Ländern untersucht. An eine Zusammenfassung der bereits vorhandenen Belege und eine Erklärung, wie die Lernermerkmale in PISA 2003 gemessen und wiedergegeben werden, schließt sich in diesem Kapitel eine Analyse folgender Aspekte an:

... und das vorliegende Kapitel liefert ein Profil des ...

- *Engagement der Schülerinnen und Schüler für Mathematik und die Schule*. Dieses hängt sowohl von ihrem eigenen Interesse und ihrer Freude am Lernen als auch von externen Anreizen ab. Die thematische Motivation wird häufig als die treibende Kraft des Lernens betrachtet, die Analyse geht aber weiter und erstreckt sich auch auf die allgemeine Einstellung der Schülerinnen und Schüler zur Schule, namentlich deren Zugehörigkeitsgefühl zu der betreffenden Schule.

... Engagements der Schülerinnen und Schüler für Mathematik und die Schule ...

- *Selbsteinschätzung der Schülerinnen und Schüler*. Hierzu gehören die Ansichten der Schüler über ihre eigenen Kompetenzen und Lernmerkmale in Mathematik wie auch einstellungsbezogene Aspekte, die nachgewiesenermaßen beide erhebliche Auswirkungen darauf haben, wie die Schüler ihre Ziele setzen, welche Strategien sie anwenden und welche Leistungen sie erbringen.

... der Selbsteinschätzung der Schülerinnen und Schüler als Lernende ...

- *Angst der Schülerinnen und Schüler vor Mathematik*, die in vielen Ländern in der Schülerpopulation gang und gäbe ist und bekannterweise die Leistungsfähigkeit beeinflusst.

... der Mathematikangst ...

- *Lernstrategien der Schülerinnen und Schüler*. Bei diesem Aspekt wird untersucht, welche Strategien die Schülerinnen und Schüler im Lernprozess anwenden. Von Interesse ist ferner, in welchem Zusammenhang diese Strategien zu motivationalen Faktoren und zu der Selbsteinschätzung der Schülerinnen und Schüler wie auch zu ihren Mathematikleistungen stehen.

... und der Lernstrategien der Schülerinnen und Schüler.

In diesem Kapitel wird dem Vergleich der Lernstrategien von Jungen und Mädchen großes Gewicht beigemessen. Obwohl aus Kapitel 2 eindeutig hervorgeht, dass die geschlechtsspezifischen Unterschiede bei den Schülerleistungen im Fach Mathematik gering sind, gibt es doch zwischen Jungen und Mädchen erhebliche Differenzen hinsichtlich ihres Interesses und ihrer Freude an Mathematik, ihrer Selbsteinschätzung wie auch ihrer Gefühle und Lernstrategien in Bezug auf das Fach Mathematik. Diesen zusätzlichen Dimensionen gebührt vor allem auch deshalb von der Politikseite her Aufmerksamkeit, weil Forschungsarbeiten auf diesem Gebiet verdeutlicht haben, welchen Einfluss sie auf Entscheidungen

Ferner werden die geschlechtsspezifischen Unterschiede bei den Lernstrategien der Schülerinnen und Schüler untersucht, die den künftigen Lernprozess und beruflichen Werdegang beeinflussen können.

über die Wahl von Bildungsgängen bzw. Lehrprogrammen und Kursangeboten haben, in denen Mathematik ein wichtiges Fach darstellt. Diese Entscheidungen können aber wiederum die weitere postsekundäre Bildung und die Berufswahl prägen.

Zu beachten ist, dass die hier erörterten Merkmale auf Selbstaussagen der Schülerinnen und Schüler fußen …

Bei der Interpretation der in diesem Kapitel wiedergegebenen Analysen müssen drei Einschränkungen berücksichtigt werden: Erstens basieren Konstrukte wie Interesse und Freude an Mathematik und der Einsatz bestimmter Arten von Lernstrategien auf Selbstaussagen der Schülerinnen und Schüler und nicht auf direkten Messungen. Um direkt zu messen, ob die Schülerinnen und Schüler bestimmte Lernstrategien tatsächlich anwenden, müsste ihr Verhalten in spezifischen Situationen untersucht werden. Hierfür sind detaillierte Interview- und Beobachtungsmethoden in einer Form notwendig, die im Rahmen einer so breit angelegten Studie wie der PISA-Erhebung nicht machbar ist (Artelt, 2000; Boekaerts, 1999; Lehtinen, 1992). Während im Rahmen von PISA Daten darüber erhoben werden, inwieweit Schülerinnen und Schüler generell verschiedene Lernstrategien anwenden, die sich für die Erzielung erfolgreicher Lernergebnisse als wichtig herausgestellt haben, garantieren diese Voraussetzungen, so notwendig sie auch für erfolgreiches Lernen sind, doch nicht, dass ein Schüler sein Lernverhalten in bestimmten Situationen auch wirklich selbst regulieren wird. Sieht man sich jedoch diese Merkmale sowie die Selbsteinschätzung der Schülerinnen und Schüler an, so lässt sich recht gut beurteilen, ob ein Schüler in der Lage sein dürfte, sein Lernen selbst zu steuern. Genau das ist der Ansatz, der in PISA gewählt wurde. Im Mittelpunkt dieses Konzepts steht die Hypothese, dass Schülerinnen und Schüler, die mit Vertrauen und einer starken Motivation an das Lernen herangehen und über eine Reihe von Lernstrategien verfügen, mit größerer Wahrscheinlichkeit erfolgreiche Lernende sein werden. Das ist das Ergebnis der Forschungsarbeiten, auf die in Kasten 3.1 Bezug genommen wird.

… dass kulturelle Unterschiede länderübergreifende Beispiele einiger Lernermerkmale erschweren …

Zweitens kann es sein, dass die Schülerinnen und Schüler in den einzelnen Ländern die Items in den Fragebogen, auf denen die Konstrukte basieren, unterschiedlich auffassen und beantworten. Dies ist durchaus verständlich, da die Schülerinnen und Schüler gebeten werden, beispielsweise subjektiv zu beurteilen, wie viel sie lernen, wobei sie ihre Einstellung und ihr Verhalten gleichzeitig innerhalb eines Bezugsrahmens wahrnehmen, der durch ihre Schule und ihre Kultur geprägt ist. So ist es z.B. nicht selbstverständlich, dass ein Schüler, der in einem Land angibt, sehr viel zu lernen, vergleichbare Merkmale aufweist, wie ein Schüler in einem anderen Land, der dieselbe Angabe macht: Kulturelle Faktoren können die Art und Weise, wie die Antworten gegeben werden, ganz erheblich beeinflussen. Verdeutlicht wird dies durch Forschungen, aus denen hervorgeht, dass auf Selbstaussagen beruhende Merkmale bei Vergleichen zwischen Kulturen Probleme aufwerfen können (z.B. Heine et al., 1999; van de Vijver und Leung, 1997; Bempechat et al., 2002) und findet sich in Analysen der Schülerantworten in PISA bestätigt. So haben beispielsweise Analysen von Daten aus PISA 2000 (OECD, 2003b) und PISA 2003 gezeigt, dass bei einigen der in PISA gemessenen

Schülermerkmale, namentlich ihre Selbsteinschätzung und ihr Zugehörigkeitsgefühl zur Schule, durchaus aussagekräftige Ländervergleiche angestellt werden können. In diesen Fällen zeigen die ähnlichen Zusammenhänge zwischen den Selbstaussagen über Lernermerkmale und den Schülerleistungen in und zwischen den Ländern, dass sich die gemessenen Merkmale auf Länderebene vergleichen lassen. Demgegenüber gestalten sich Ländervergleiche für andere Messgrößen, wie vor allem Interesse an Mathematik, instrumentelle Motivation, Einsatz von Elaborations- und Kontrollstrategien, schwieriger.

... aber nicht unmöglich machen ...

Selbst dort, wo Ländervergleiche der Schüleraussagen problematisch sind, lässt sich die Verteilung eines spezifischen Merkmals unter Schülerinnen und Schülern aus unterschiedlichen Ländern häufig dennoch vergleichen. Während beispielsweise das Durchschnittsniveau der instrumentellen Motivation zweier Länder in absoluter Rechnung nicht vergleichbar sein mag, kann doch die Verteilung der Punktzahlen der Schülerinnen und Schüler um den jeweiligen länderspezifischen Durchschnittswert auf der Skala für instrumentelle Motivation verglichen werden, wenn es um die Entwicklung von Länderprofilen der Lernstrategien geht. Daher gilt das Hauptaugenmerk bei den hier dargelegten Ergebnissen den Unterschieden zwischen Subgruppen in einzelnen Ländern wie auch den strukturellen Beziehungen zwischen den Lernstrategien der Schülerinnen und Schüler und ihren Leistungen auf der Gesamtskala Mathematik.

... während Analysen der Zusammenhänge Kausalitätsfragen aufwerfen, die sich nach wie vor schwer beantworten lassen.

Drittens werfen Analysen der Zusammenhänge Kausalitätsfragen auf, die sich nach wie vor schwer beantworten lassen. So kann es beispielsweise sein, dass sich gute Leistungen und eine positive Einstellung zum Lernen gegenseitig verstärken. Es könnte alternativ hierzu aber auch sein, dass Schülerinnen und Schüler mit einer größeren natürlichen Begabung sowohl bessere Leistungen erbringen als auch bestimmte Lernstrategien anwenden. Andere Faktoren, wie der familiäre Hintergrund oder Unterschiede im Schulumfeld, können ebenfalls eine Rolle spielen. Gleichwohl wurden bei Forschungsarbeiten einige messbare Lernermerkmale identifiziert, die mit der Tendenz zum selbstregulierten Lernen sowie mit besseren Schülerleistungen assoziiert werden. Aus den Untersuchungen geht ebenfalls hervor, dass das Lernen wahrscheinlich effektiver ist, wenn die Schülerinnen und Schüler im Lernprozess eine proaktive Rolle spielen – beispielsweise über eine starke Motivation und klare Zielvorstellungen bei der Wahl der geeignetsten Lernstrategie[1]. Diese Ergebnisse bilden die Grundlage des vorliegenden Kapitels.

Verfügbare Informationen über Lernstrategien der Schülerinnen und Schüler und deren Integration in das PISA-Konzept

PISA baut auf existierenden Forschungsarbeiten auf ...

Die vorhandenen Forschungsergebnisse waren bei der Konstruktion der PISA-Messgrößen für Lernermerkmale sowohl in Bezug auf die Auswahl der für die Lernstrategien der Schülerinnen und Schüler wichtigen Aspekte als auch in Bezug auf die Entwicklung korrekter Messgrößen für diese Aspekte sehr hilfreich.

...die schwerpunktmäßig der Frage galten, wie die Schülerinnen und Schüler ihren eigenen Lernprozess regulieren.

Die Forschung zu effizienten Lernstrategien der Schülerinnen und Schüler hat sich darauf konzentriert, herauszufinden, was selbstreguliertes Lernen für eine Schülerin oder einen Schüler bedeutet. Diese Schwerpunktsetzung ergibt sich sowohl aus direkten Beobachtungen (Kasten 3.1), die zeigen, dass sich eine derartige Selbstregulierung in Form besserer Schülerleistungen auszahlt, als auch aus der Vermutung (die bisher allerdings noch nicht durch solide Forschungsergebnisse untermauert ist), dass Selbstregulierung eine Grundvoraussetzung für lebenslanges Lernen ist. Der letztgenannte Aspekt gewinnt für die Analyse der Bildungsergebnisse eine immer größere Bedeutung. So wurden beispielsweise in einer umfangreichen Rahmenstudie zur Definition und Auswahl von Kompetenzen, die vom Schweizer Bundesamt für Statistik in Zusammenarbeit mit der OECD durchgeführt wurde, für die allgemeinen Bildungsergebnisse von Schulen drei Kernkategorien identifiziert. Eine dieser Kategorien, die persönlichen Fähigkeiten, wurde definiert als die „Fähigkeit, eigenständig zu handeln" (Rychen und Salganik, 2002)[2].

Selbstreguliertes Lernen setzt Motivation und die Fähigkeit zur Aufstellung geeigneter Zielsetzungen und entsprechender Strategien voraus ...

Obwohl es verschiedene Definitionen des selbstregulierten Lernens gibt, wird generell davon ausgegangen, dass Schülerinnen und Schüler zum Lernen motiviert sind, dass sie für sich geeignete Lernziele aufstellen, die den Lernprozess orientieren, dass sie angemessene Kenntnisse und Kompetenzen einsetzen, um den Lernprozess zu steuern, und bewusst jene Lernstrategien auswählen, die für die Bewältigung der jeweiligen Aufgabe am besten geeignet sind.

Forschungsarbeiten veranschaulichen den Stellenwert einer Kombination derartiger Faktoren in einer bestimmten Lernperiode (z.B. Boekaerts, 1999). Die Schülerinnen und Schüler müssen in der Lage sein, gleichzeitig auf ein ganzes

Kasten 3.1 ▪ **Schülerinnen und Schüler, die ihr Lernen selbst regulieren, schneiden besser ab**

In der Fachliteratur nehmen die Effekte von selbstreguliertem Lernen auf die schulischen Leistungen breiten Raum ein. Bei Schülerinnen und Schülern, die in der Lage sind, ihr Lernen effektiv zu regulieren, ist die Wahrscheinlichkeit größer, dass sie spezifische Lernziele erreichen. Empirische Belege für diese positiven Effekte der Selbstregulierung des eigenen Lernprozesses und des Einsatzes von Lernstrategien stammen aus:

- empirischen Forschungsarbeiten (z.B. Willoughby und Wood, 1994);
- Forschungsarbeiten zur Weiterbildung (z.B. Lehtinen, 1992; Rosenshine und Meister, 1994); sowie
- systematischen Beobachtungen der Schülerinnen und Schüler beim Lernen (z.B. Artelt, 2000), darunter auch Studien, in denen Schülerinnen und Schüler gebeten wurden, laut über ihre eigene Wahrnehmung und Regulierung des Lernprozesses nachzudenken (z.B. Veenman und van Hout-Wolters, 2002).

Spektrum unterschiedlicher Ressourcen zurückzugreifen. Bei einigen dieser Ressourcen handelt es sich um Kenntnisse der Informationsverarbeitung (kognitive Ressourcen) und das Bewusstsein, dass es unterschiedliche Lernstrategien gibt (metakognitive Ressourcen). Lernende haben möglicherweise zwar Kenntnisse über angemessene Lernstrategien, wenden sie aber nicht an (Flavell und Wellman, 1977). Aus diesem Grund brauchen die Schülerinnen und Schüler auch motivationale Ressourcen, die z.B. ihre Bereitschaft erhöhen, ihre eigenen Ziele zu definieren, Erfolg und Misserfolg angemessen zu interpretieren und Wunschvorstellungen in Absichten und Pläne umzusetzen (Weinert, 1994).

Das selbstregulierte Lernen hängt somit von den Wechselbeziehungen zwischen dem Wissen und Können der Schülerinnen und Schüler auf der einen Seite und ihrer Motivation und Einstellung auf der anderen Seite ab. Die PISA-Untersuchung der Lernstrategien von Schülerinnen und Schülern basiert daher auf einem Modell, das diese beiden allgemein gefassten Elemente kombiniert. Zwischen ihnen gibt es starke Interaktionen. So hat beispielsweise die Lernmotivation der Schülerinnen und Schüler tiefgreifende Auswirkungen auf die Auswahl der Lernstrategien, da, wie weiter unten dargelegt wird, einige Strategien für ihre Umsetzung ein erhebliches Maß an Zeit und Anstrengung erfordern (Hatano, 1998).

... wie auch Interaktionen zwischen dem, was Schülerinnen und Schüler wissen und machen können, und ihrer diesbezüglichen Bereitschaft.

Studien, die die Frage untersuchen, wie die Schülerinnen und Schüler ihren Lernprozess konkret selbst regulieren und angemessene Strategien anwenden, haben besonders starke Zusammenhänge zwischen Lernstrategien und Leistungen aufgedeckt. Die Einstellung und das Verhalten, die mit dem selbstregulierten Lernen einhergehen, sind weniger direkte, aber einfacher zu messende Faktoren, die ebenfalls mit den Leistungen in Zusammenhang stehen, wenn auch in geringerem Maße.

Messung der Probabilität, mit der sich Schülerinnen und Schüler für effiziente Lernstrategien entscheiden

Gemäß dem oben beschriebenen Prinzip, dem zufolge gewisse Merkmale die Wahrscheinlichkeit erhöhen, dass die Schülerinnen und Schüler das Lernen erfolgreich angehen, wurden im Rahmen von PISA einige dieser Merkmale untersucht, und den Schülerinnen und Schülern mehrere Fragen zu jedem der Merkmale im Mathematikkontext gestellt. Die Merkmalskategorien wurden den vier großen Elementen Motivation, Selbsteinschätzung, emotionale Faktoren und Lernstrategien zugeordnet. Abbildung 3.1 bietet einen Überblick über die untersuchten Merkmale, mit einer kurzen Erläuterung der Auswahlkriterien auf der Grundlage früherer Forschungsarbeiten, sowie konkrete Beispiele für die Art von Fragen, die den Schülerinnen und Schülern gestellt wurden. Der volle Fragenkatalog findet sich in Anhang A1.

In PISA wurden Lernermerkmale untersucht, die die Wahrscheinlichkeit einer positiven Lerneinstellung erhöhen ...

Bis zu welchem Grad kann man erwarten, dass 15-Jährige ihre Lernstrategien selbst exakt einschätzen? Die Belege aus ausgewählten Ländern zeigen, dass Schülerinnen und Schüler im Alter von 15 Jahren bereits ein erhebliches

... auf der Grundlage relativ zuverlässiger Selbstaussagen.

Wissen über ihre eigenen Lernstrategien und ihre Fähigkeit haben, richtige Antworten auf Fragebogen-Items zu geben (Schneider, 1996). Daher kann davon ausgegangen werden, dass diese Daten ein einigermaßen zuverlässiges Bild der Lernstrategien der Schülerinnen und Schüler wiedergeben.

Abbildung 3.1 ▪ **Merkmale und Einstellung der Schüler als Mathematiklernende**

Merkmalskategorie und Beweggründe	Schülermerkmale, die für die Entwicklung einer Skala zur Erfassung der Ergebnisse herangezogen wurden
A. Motivationale Faktoren und allgemeine Schulzufriedenheit Die Motivation wird häufig als die treibende Kraft des Lernens betrachtet. Dabei kann zwischen zwei Arten von Motiven unterschieden werden: externen Belohnungen für gute Leistungen, wie Lob oder Aussichten für die Zukunft und inhärente Motive, wie das Interesse an bestimmten Fächern (Deci und Ryan, 1985). Die allgemeine Schulzufriedenheit der Schüler und ihr Zugehörigkeitsgefühl zur Schule sind beides ebenfalls Faktoren, die als Prädiktor für Lernergebnisse und wichtige Bildungserträge an sich betrachtet werden.	**1.** ***Interesse und Freude an Mathematik.*** Die Schüler wurden zu ihrem Interesse an Mathematik als Fach wie auch ihre Freude am Mathematiklernen befragt. Das Interesse und die Freude an einem Fach sind verhältnismäßig stabile Orientierungskriterien, die sowohl die Intensität als auch die Kontinuität des Engagements in Lernsituationen, die Auswahl von Strategien und die Tiefe des Verständnisses beeinflussen.
	2. ***Instrumentelle Motivation in Mathematik.*** Die Schüler wurden gefragt, inwieweit sie durch externe Belohnungen, wie gute Berufsaussichten, zum Lernen ermutigt werden. Längsschnittstudien (z.B. Wigfield et al., 1998) zeigen, dass diese Art der Motivation sowohl die Auswahl des Bildungsgangs als auch die Leistung beeinflusst.
	3. ***Einstellung zur Schule.*** Die Schüler wurden gebeten, darüber nachzudenken, was sie in der Schule gelernt haben, insbesondere wie die Schule sie auf das Erwachsenenleben vorbereitet, ihnen Selbstvertrauen gegeben hat, Entscheidungen treffen zu können, ob sie in der Schule Dinge gelernt haben, die ihnen im Berufsleben nützen könnten, oder ob die Schule reine Zeitverschwendung war.
	4. ***Zugehörigkeitsgefühl.*** Die Schüler wurden gebeten, ihren Eindruck über die Schule als Ort auszudrücken, an dem sie sich als Außenseiter fühlen, leicht Freunde finden, sich dazugehörig fühlen, sich oft unwohl und fehl am Platz oder einsam fühlen.

B. Selbsteinschätzung in Mathematik

Lernende bilden sich eine Meinung über ihre eigenen Kompetenzen und Lernermerkmale. Diese hat einen erheblichen Einfluss auf die Art und Weise, wie sie Ziele setzen, die Strategien, die sie verwenden, sowie ihre Leistungen (Zimmerman, 1999). Die Selbsteinschätzung lässt sich anhand zweier Begriffe definieren, der Selbstwirksamkeit (Bandura, 1994), die sich auf die Art und Weise bezieht, wie gut Schülerinnen und Schüler ihrer Meinung nach selbst schwierige Aufgaben bewältigen, und dem Selbstkonzept (Marsh, 1993), das sich auf das Vertrauen der Schülerinnen und Schüler in ihre eigenen schulischen Fähigkeiten bezieht. Diese beiden Konstrukte hängen eng miteinander zusammen, sind aber dennoch unterschiedlich.

Auf die Selbsteinschätzung wird manchmal auch mit dem Begriff des Selbstvertrauens Bezug genommen, der aussagt, dass die Einschätzung positiv ist.

In beiden Fällen wirkt sich das Selbstvertrauen positiv auf die Motivation und die Art und Weise aus, wie Schülerinnen und Schüler Lernaufgaben angehen

5. ***Selbstwirksamkeit in Mathematik.*** Die Schüler wurden gefragt, inwieweit sie an ihre eigenen Fähigkeiten zur effizienten Bewältigung von Lernsituationen in Mathematik unter Überwindung von Schwierigkeiten glauben. Dies wirkt sich auf die Bereitschaft der Schüler aus, sich schwierigen Herausforderungen zu stellen, sich anzustrengen und hierbei Ausdauer unter Beweis zu stellen: Dieser Aspekt hat also einen ganz starken Einfluss auf die Motivation (Bandura, 1994).

6. ***Selbstkonzept in Mathematik.*** Die Schüler wurden gefragt, wie sie ihre eigenen Kompetenzen in Mathematik einschätzen. Der Glaube an die eigenen Fähigkeiten ist für erfolgreiches Lernen von ganz entscheidender Bedeutung (Marsh, 1986) und auch ein eigenständiges Ziel.

C. Emotionale Faktoren in Mathematik

Dass Schüler der Mathematik auf Grund von emotionalem Stress aus dem Wege gehen, ist, so heißt es, in vielen Ländern weit verbreitet. In einigen Forschungsarbeiten wurde dieses Konstrukt den Variablen der allgemeinen Einstellung zur Mathematik zugeordnet, obwohl es in der Regel von Einstellungsvariablen unterschieden wird.

7. ***Mathematikangst.*** Die Schüler wurden gefragt, inwieweit sie sich im Umgang mit Mathematikaufgaben hilflos bzw. emotional gestresst fühlen. Die Effekte von Mathematikangst sind indirekt, wenn selbstbezogene Kognitionen berücksichtigt werden (Meece et al., 1990).

D. Lernstrategien der Schülerinnen und Schüler in Mathematik

Lernstrategien sind die Pläne, die die Schülerinnen und Schüler wählen, um ihre Ziele zu erreichen: Die Fähigkeit hierzu unterscheidet kompetente Lernende, die in der Lage sind, ihren Lernprozess zu regulieren (Brown et al., 1983). Kognitive Strategien, die Fähigkeiten der Informationsverarbeitung voraussetzen, umfassen Memorier- und Elaborationsstrategien, ohne auf diese begrenzt zu sein. „Metakognitive“ Strategien, die eine bewusste Regulierung des eigenen Lernprozesses beinhalten, werden im Konzept der Kontrollstrategien gemessen.

8. ***Memorier- / Aufsagestrategien.*** Die Schüler wurden über die Verwendung von Lernstrategien in Mathematik befragt, die Repräsentationen von Kenntnissen und Verfahren mit sich bringen, die unverarbeitet oder nicht weiter verarbeitet im Gedächtnis gespeichert werden.

9. ***Elaborationsstrategien.*** Die Schüler wurden über den Einsatz von Lernstrategien für Mathematik befragt, bei denen neue Informationen mit bereits Gelerntem verknüpft werden. Durch die Auseinandersetzung mit der Frage, wie die Informationen mit bereits in einem anderen Kontext gelernten Dingen zusammenhängen, erwerben die Schüler ein größeres Verständnis als durch einfaches Memorieren.

10. ***Kontrollstrategien.*** Die Schüler wurden über ihren Einsatz von Lernstrategien in Mathematik befragt, mit denen sie prüfen, was sie gelernt haben, und herauszufinden versuchen, was sie noch lernen müssen, damit Lernende ihre Lernstrategien der jeweils zu bewältigenden Aufgabe anpassen können. Diese Strategien werden verwendet, um zu gewährleisten, dass die eigenen Lernziele erreicht werden, und stehen im Mittelpunkt der in PISA gemessenen Lernstrategien.

LERNENGAGEMENT DER SCHÜLERINNEN UND SCHÜLER FÜR MATHEMATIK UND DIE SCHULE ALLGEMEIN

In diesem Abschnitt werden vier Aspekte des Schülerengagements für Mathematik und die Schule untersucht und mit den Leistungen in Verbindung gebracht.

In diesem Abschnitt werden zunächst vier Konstrukte beschrieben, die bei den Schülerinnen und Schülern in PISA 2003 getestet wurden und mit einer positiven Einstellung zu Schule und Lernen verbunden sind; im weiteren Verlauf wird dann über die Zusammenhänge zwischen diesen Variablen und den schulischen Leistungen berichtet. Zwei der Konstrukte beziehen sich speziell auf das Lernverhalten in Mathematik (Interesse und Freude an Mathematik bzw. inhärente Motivation und instrumentelle Motivation) und zwei auf das allgemeinere schulische Engagement (Einstellung zur Schule und Zugehörigkeitsgefühl zur Schule). Diese Variablen sind demnach sowohl thematisch als auch empirisch miteinander verbunden, die Zusammenhänge zwischen ihnen sind also stark.

Interesse und Freude an Mathematik

Die inhärente Motivation zeigt, ob die Schülerinnen und Schüler sich für Mathematik interessieren und dadurch ermutigt werden, intensiv zu arbeiten.

Motivation und Engagement sind die Hauptantriebskräfte des Lernens. Sie können sich auf die Lebensqualität der Schülerinnen und Schüler während der Adoleszenz auswirken und Einfluss darauf haben, ob der Einzelne später in der Lage ist, die sich ihm bietenden Bildungs- und Arbeitsmarktchancen erfolgreich zu nutzen. Angesichts der wachsenden Bedeutung der Mathematik für das spätere Leben der Schülerinnen und Schüler sollten die Bildungssysteme unbedingt sicherstellen, dass bei den Schülerinnen und Schülern sowohl das Interesse als auch die Motivation bestehen, in diesem Bereich auch nach dem Schulabschluss weiter zu lernen. Das Interesse und die Freude an bestimmten Fächern bzw. die *inhärente Motivation* wirken sich auf das Ausmaß und gleichzeitig auch auf die Kontinuität des Lernengagements sowie auf den Grad des erreichten Verständnisses aus. Es wurde gezeigt, dass dieser Effekt weitgehend unabhängig von der generellen Lernmotivation der Schülerinnen und Schüler wirksam wird (vgl. auch den letzten Abschnitt in diesem Kapitel). So können z.B. Schülerinnen und Schüler, die sich für Mathematik interessieren und daher eher fleißig lernen, auch eine allgemein hohe Lernmotivation aufweisen, doch muss dies nicht unbedingt der Fall sein – und umgekehrt gilt das Gleiche. Daher muss das Mathematikinteresse der Schülerinnen und Schüler strukturell analysiert werden. Eine derartige Analyse kann signifikante Stärken und Schwächen bei den diversen Maßnahmen aufdecken, mit denen die Bildungssysteme die Lernmotivation unterschiedlicher Subgruppen von Schülerinnen und Schülern in verschiedenen Fächern zu fördern suchen.

Die Schülerinnen und Schüler haben generell eine weniger positive Einstellung zur Mathematik als zum Lesen …

In der PISA-2000-Erhebung, die sich eingehender mit der Lesekompetenz befasste, hatten die Schülerinnen und Schüler im Allgemeinen eine positive Einstellung zum Lesen. Weniger begeistert zeigten sie sich in PISA 2003 (wie auch in PISA 2000) hingegen im Hinblick auf Mathematik. Während beispielsweise im Durchschnitt der OECD-Länder etwa die Hälfte der Schülerinnen und Schüler angaben, an dem interessiert zu sein, was sie in Mathematik lernen, stimmten nur 38% eher oder ganz der Aussage zu, dass sie Mathematik machen, weil es ihnen Spaß macht.

Weniger als ein Drittel gaben an, sich auf die Mathematikstunden zu freuen. In Ländern wie Belgien, Finnland, Frankreich, Island, Italien, Korea, Lettland, Niederlande, Portugal, Serbien[3] und Spanien erklärte weniger als die Hälfte der Schülerinnen und Schüler, die Interesse an dem bekunden, was sie in Mathematik lernen, sich auf ihre Mathematikstunden zu freuen (Abb. 3.2).

… und es ist wichtig, die Gründe hierfür zu verstehen und auch, wie eine negative Einstellung zur Mathematik vermieden werden kann.

Natürlich ist allgemein bekannt, dass die inhärente Motivation in späteren Stadien der Schullaufbahn in der Regel geringer ist und dass die Schülerinnen und Schüler nach der Grundschule offenbar auch das Interesse und die Freude an Mathematik verlieren. Zurückzuführen ist dies z.T. auf die zunehmende Differenzierung der Schülerinteressen und den mit zunehmendem Alter größer werdenden Zeitaufwand. Inwieweit ist aber ein Verlust an Mathematikinteresse grundsätzlich unvermeidlich und bis zu welchem Grad ist er eine Folge der Art und Weise, wie die schulische Vermittlung stattfindet und Mathematik unterrichtet wird? Eine Möglichkeit, diesen Sachverhalt zu klären, ist die Untersuchung der Frage, welche Unterschiede es in dieser Hinsicht zwischen den Bildungssystemen gibt und inwieweit zwischen Schulen in ein und demselben Land bei der Motivation der Schülerinnen und Schüler beobachtete Unterschiede mit Differenzen in den pädagogischen Maßnahmen und Praktiken zusammenhängen.

Eine standardisierte Skala zeigt die Stärke des Interesses und der Freude der Schülerinnen und Schüler.

Die Angaben der Schülerinnen und Schüler bezüglich ihres Interesses und ihrer Freude an Mathematik lassen sich anhand eines Index darstellen, der so konstruiert ist, dass die mittlere Punktzahl für die OECD-Schülerpopulation 0 beträgt und zwei Drittel der OECD-Schülerpopulation im Bereich zwischen 1 und -1 liegen. Ein positiver Indexwert bedeutet, dass die Aussagen der Schülerinnen und Schüler in Bezug auf ihr Interesse und ihre Freude an Mathematik größer sind als im Durchschnitt der OECD-Länder. Ein negativer Wert sagt aus, dass das Interesse der Schülerinnen und Schüler geringer ist als im Durchschnitt der OECD-Länder (Kasten 3.2)[4].

Auch wenn sich diese Art von Messung zwischen Kulturen nicht einfach vergleichen lässt …

Hinter den OECD-Durchschnittswerten verbergen sich bedeutende Unterschiede zwischen den Ländern. In der Tschechischen Republik, Japan und Ungarn beispielsweise stimmen höchstens 40% der Schülerinnen und Schüler eher oder ganz der Aussage zu, dass sie das, was sie in Mathematik lernen, interessiert, während in Frankreich, Mexiko und Portugal sowie in den PISA-Partnerländern Brasilien, Indonesien, Russische Föderation, Thailand, Tunesien und Uruguay mehr als zwei Drittel eher oder ganz dieser Aussage zustimmen. Unabhängig davon ging aus den im Rahmen von PISA 2000 durchgeführten Untersuchungen hervor, dass sich die Bedeutung absoluter Werte auf dem Index des Interesses und der Freude an Mathematik länder- und kulturübergreifend nur schwer interpretieren lässt (Abb. 3.2 und Tabelle 3.1).

… ist eine Untersuchung der Zusammenhänge zwischen Schülermotivation und Mathematikleistungen möglich …

Selbst wenn sich absolute Indexwerte länderübergreifend schwer vergleichen lassen, gibt es dennoch gute Gründe für eine gegenüberstellende Analyse des Zusammenhangs zwischen dem Interesse und der Freude der Schülerinnen und Schüler an Mathematik und den Schülerleistungen in den einzelnen Ländern. Auch wenn die Ergebnisse von PISA 2003 nicht unbedingt zeigen, dass Länder mit

Abbildung 3.2 ■ Interesse und Freude der Schülerinnen und Schüler an Mathematik

Prozentsatz der Schülerinnen und Schüler, die folgenden Aussagen eher oder ganz zustimmen | **Index des Interesses und der Freude an Mathematik** | **Punktzahlveränderung auf der Gesamtskala Mathematik, je Indexeinheit**

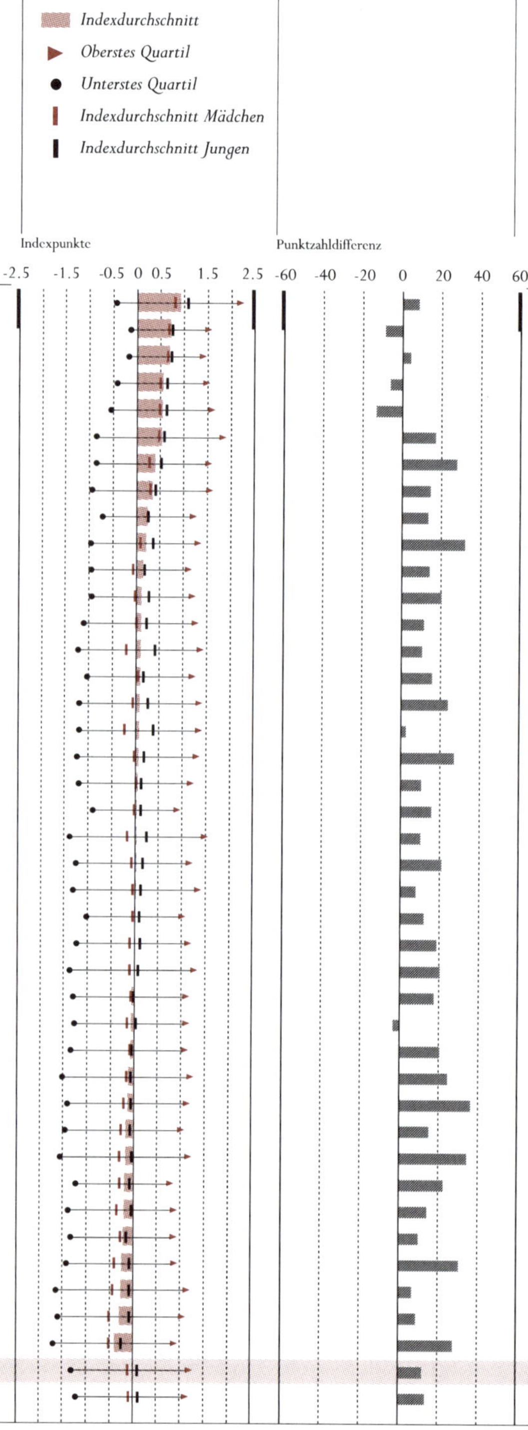

	Ich mag Bücher über Mathematik.	Ich freue mich auf meine Mathematikstunden.	Ich mache Mathematik, weil es mir Spaß macht.	Mich interessiert das, was ich in Mathematik lerne.	Erklärte Varianz der Schülerleistungen in %
Tunesien	76	63	67	82	1.0
Indonesien	78	65	74	70	0.5
Thailand	70	66	69	84	0.1
Mexiko	64	50	45	87	0.4
Brasilien	52	47	61	80	1.4
Türkei	60	50	58	65	3.0
Dänemark	48	47	59	65	8.8
Uruguay	40	51	48	70	2.2
Russ. Föderation	28	41	41	69	1.3
Hongkong (China)	37	45	52	51	9.2
Portugal	35	27	47	69	1.9
Macau (China)	34	35	45	43	4.2
Neuseeland	35	41	39	56	1.3
Schweiz	24	41	52	60	1.2
Polen	40	30	40	54	2.5
Griechenland	46	27	44	50	6.7
Liechtenstein	22	41	52	54	0.1
Schweden	49	30	35	53	8.4
Italien	31	28	47	60	1.0
Lettland	26	22	41	55	1.8
Deutschland	21	40	43	55	1.4
Frankreich	31	24	47	67	4.9
Vereinigte Staaten	32	40	34	51	0.7
Slowak. Republik	27	34	33	58	1.2
Australien	28	37	36	51	3.5
Kanada	31	34	36	52	5.8
Irland	29	32	33	48	3.8
Serbien	29	20	35	48	0.2
Spanien	32	20	37	61	5.1
Island	33	24	38	49	8.6
Korea	29	22	31	44	15.5
Belgien	23	23	33	54	1.9
Norwegen	26	29	34	50	16.2
Tschech. Republik	10	30	31	40	3.9
Niederlande	20	20	35	46	2.1
Ungarn	18	24	27	40	0.9
Finnland	18	20	25	45	11.2
Luxemburg	21	30	33	43	0.6
Österreich	20	31	28	41	1.0
Japan	13	26	26	32	7.9
OECD-Durchschnitt	***31***	***31***	***38***	***53***	1.5
Verein. Königreich[1]	30	35	34	49	1.9

1. Die Beteiligungsquote ist zu niedrig, um die Vergleichbarkeit zu gewährleisten (siehe Anhang A3).
Quelle: OECD PISA-2003-Datenbank, Tabelle 3.1.

Kasten 3.2 ▪ **Interpretation der PISA-Indizes**

Bei den Messgrößen handelt es sich um Indizes, in denen Schülerantworten auf eine Reihe miteinander verknüpfter Fragen zusammengefasst werden, die auf der Basis früherer Forschungsarbeiten konstruiert wurden (Anhang A1). Zur Validierung der Vergleichbarkeit der Indizes zwischen den Ländern wurden Strukturgleichungsmodelle verwendet. Bei der Beschreibung der Schülerinnen und Schüler anhand einzelner Merkmale (z.B. dem Interesse an Mathematik) wurden Skalen konstruiert, auf denen dem durchschnittlichen OECD-Schüler (ein Schüler mit durchschnittlichem Lerninteresse) ein Indexwert von 0 zugeordnet wurde und etwa zwei Drittel der OECD-Schülerpopulation im Bereich zwischen -1 und 1 liegen (der Index hat also eine Standardabweichung von 1). Negative Werte bei einem Index lassen nicht zwangsläufig auf negative Antworten auf die gestellten Fragen schließen. Vielmehr ist es so, dass ein Schüler mit einer negativen Punktzahl weniger positiv geantwortet hat als die Schüler im Durchschnitt der OECD-Länder. Dementsprechend bedeutet ein positiver Indexwert, dass ein Schüler positiver geantwortet hat, als dies im Durchschnitt des OECD-Raums der Fall war. Jeder Indikator wird weiter unten eingeführt, und ein Diagramm gibt jeweils genauere Auskunft über die Verknüpfungen zwischen Punktzahlen und bestimmten Antworten.

Sind Standardabweichungen angegeben, beziehen sich diese auf die Standardabweichung der Verteilung im OECD-Raum.

„interessierteren“ Schülerinnen und Schülern im Durchschnitt bessere Mathematikergebnisse erzielen (nach den Aussagen der Schülerinnen und Schüler in Japan, einem der am besten abschneidenden Länder, sind Interesse und Freude an Mathematik gerade dort am geringsten), verdeutlichen die Ergebnisse dennoch, dass in jedem Land diejenigen Schülerinnen und Schüler generell bessere Ergebnisse erzielen, die vergleichsweise mehr Interesse und Freude an Mathematik haben. Dieser Zusammenhang ist in den Ländern unterschiedlich stark.

... und dieser Vergleich verdeutlicht, dass der Zusammenhang in einigen Ländern viel stärker ist als in anderen.

Tabelle 3.1 verdeutlicht den Zusammenhang zwischen dem Interesse und der Freude an Mathematik und den Mathematikleistungen eingehender. Zu diesem Zweck wurden die Schülerinnen und Schüler je nach ihrer Leistung bei den relevanten Indizes in vier Gruppen unterteilt. Für jedes Land wird die durchschnittliche Mathematikpunktzahl der Schülerinnen und Schüler in jeder der vier Gruppen angegeben. Beim Ländervergleich der Mathematikleistungen der Schüler im obersten und untersten Indexquartil sollte beachtet werden, dass das Gesamtniveau des Mathematikinteresses als solches je nach Land unterschiedlich ist, so dass diese Punktzahldifferenzen in Bezug auf jedes Ländermittel interpretiert werden sollten. Im dritten Teil von Abbildung 3.2 werden das Interesse und die Freude an Mathematik zur Mathematikleistung in Bezug gesetzt. Die Höhe des Balkens zeigt den Anstieg der Mathematikpunktzahl je Indexeinheit (d.h. eine OECD-Standardabweichung). Die Werte rechts vom Balken geben in Prozent die Varianz der Mathematikleistung an, die durch den Index des Interesses und der Freude an Mathematik erklärt wird. Im Durchschnitt der OECD-Länder entspricht der Anstieg 12 Punkten. Er reicht aber von einem unerheblichen oder sehr geringen Effekt in Luxemburg, Mexiko, Österreich, den Vereinigten Staaten, Ungarn und den Partnerländern Indonesien, Liechtenstein, Serbien, Thailand und Tunesien bis hin zu Werten zwischen 27 und 36 Punkten bzw. in etwa einer halben Kompetenzstufe in Mathematik oder einem Leistungsunterschied, der einem ganzen Schuljahr[5] in Dänemark, Finnland, Japan, Korea, Norwegen, Schweden und dem Partnerland Hongkong (China) entspricht. Finnland, Japan und Korea stellen insofern Ausnahmen dar, als die Durchschnittsleistungen in Mathematik hoch sind, die Schülerinnen und Schüler aber kein starkes Interesse an Mathematik bekunden. Gleichwohl ist die Leistungslücke innerhalb dieser Länder zwischen Schülerinnen und Schülern, die mehr oder weniger Interesse an Mathematik bekunden, ebenfalls groß, wobei der PISA-Index des Interesses und der Freude an Mathematik in Finnland 11% und in Japan 8% der Varianz der Mathematikleistung erklärt.

Auch wenn nicht eindeutig gesagt werden kann, dass das Interesse an Mathematik für bessere Leistungen sorgt, hat es einen Wert an sich.

Wie weiter oben bereits dargelegt wurde, dürfte der Kausalcharakter dieser Relation komplexer Art und nur schwer zu bestimmen sein. Das Interesse am Fach und die guten Leistungen dürften sich gegenseitig verstärken und können auch durch andere Faktoren beeinflusst werden, wie den sozialen Hintergrund der Schülerinnen und Schüler und ihrer Schulen. Aus Tabelle 3.12 weiter unten geht in der Tat hervor, dass der Zusammenhang zwischen inhärenter Motivation und Schülerleistungen in Mathematik nach Berücksichtigung sonstiger Lernermerkmale erheblich abnimmt bzw. sogar unerheblich wird. Ganz unabhängig von der Natur dieses Zusammenhangs stellt aber eine positive Einstellung zu Mathematik auf jeden Fall ein wichtiges Bildungsziel an sich dar.

Es ist beunruhigend, dass Jungen in den meisten Ländern sehr viel stärker an Mathematik interessiert sind als Mädchen, und in der Hälfte der Länder ist dieser Unterschied ganz erheblich.

Während im vorhergehenden Kapitel gezeigt wurde, dass die Leistungsunterschiede von Jungen und Mädchen in Mathematik auf mindestens zwei der vier Mathematik-Subskalen in der Regel geringfügig oder begrenzt sind, ist in diesem Zusammenhang bemerkenswert, dass mit Ausnahme von Island, Irland, Portugal, Spanien und den Partnerländern Russische Föderation und Thailand Jungen ein deutlich größeres Interesse und mehr Freude an Mathematik zum Ausdruck bringen als Mädchen, und dies vor allem in Deutschland, Österreich, der Schweiz und dem Partnerland Liechtenstein (Tabelle 3.1). Als Beispiel sei angeführt, dass im Durchschnitt der OECD-Länder 37% der Jungen gegenüber 25% der Mädchen eher oder ganz der Aussage zustimmen, dass sie Bücher über Mathematik mögen. Ein noch extremeres Beispiel ist die Schweiz, wo dieses Verhältnis zwischen Jungen und Mädchen 33% zu knapp 13% beträgt (wegen der Daten vgl. *www.pisa.oecd.org*). Bei einer Umrechnung der geschlechtsspezifischen Unterschiede beim PISA-Index des Interesses und der Freude an Mathematik in Effektstärken (Abb. 3.14 und Tabelle 3.16) weisen 21 der 41 PISA-Teilnehmerländer Effektstärken auf, die gleich oder größer als 0,20 sind, was als für die Bildungspolitik relevant interpretiert werden kann (Kasten 3.3). Demgegenüber existieren geschlechtsspezifische Unterschiede bei den Mathematikleistungen mit einer Effektstärke von über 0,20 nur in Griechenland, Korea, der Slowakischen Republik und den Partnerländern Liechtenstein und Macau (China) (Tabelle 3.16, Kasten 3.3).

Kasten 3.3 ▪ **Größenordnung der zwischen den Ländern bestehenden Unterschiede im Vergleich**

Manchmal ist es sinnvoll, die bei einem Index zwischen Gruppen, wie Jungen und Mädchen, bestehenden Unterschiede zwischen den Ländern zu vergleichen. Ein Problem, das in solchen Fällen auftreten kann, ist eine zwischen den Ländern abweichende Indexverteilung. Ein Lösungsansatz könnte darin bestehen, eine Effektstärke zu berechnen, die Verteilungsunterschieden Rechnung trägt. Eine Effektstärke misst den Unterschied zwischen beispielsweise dem Interesse an Mathematik der Jungen und Mädchen in einem gegebenen Land und der durchschnittlichen Varianz der Punktwerte für das Interesse an Mathematik unter Jungen und Mädchen in dem betreffenden Land.

Eine Effektstärke ermöglicht ferner einen Vergleich der Unterschiede zwischen Messgrößen mit unterschiedlicher Metrik. So ist es beispielsweise möglich, Effektstärken zwischen PISA-Indizes und PISA-Testergebnissen zu vergleichen.

Gemäß der üblichen Praxis werden in dieser Ausgabe Effektstärken von unter 0,20 als gering, Effektstärken in einer Größenordnung um 0,50 als mittel und Effektstärken von über 0,80 als groß betrachtet. Bei vielen Vergleichen in diesem Kapitel werden Unterschiede nur berücksichtigt, wenn die jeweilige Effektstärke gleich oder größer als 0,20 ist, selbst wenn geringere Unterschiede auch noch statistisch signifikant sind.

Wegen näherer Einzelheiten zum Aufbau der Indizes, vgl. Anhang A1.

Dieser Sachverhalt ist für die Bildungspolitiker insofern beunruhigend, als er aufdeckt, dass es in Bezug auf die Effektivität, mit der Schulen und Gesellschaft die Motivation für Mathematik und das Interesse an diesem Fach fördern, geschlechtsspezifische Unterschiede gibt.

Instrumentelle Motivation

Die Mehrzahl der Schülerinnen und Schüler glaubt, dass Erfolg in Mathematik ihnen in ihrem späteren Beruf und Studium helfen wird …

Wie beurteilen 15-Jährige über ein allgemeines Interesse an Mathematik hinaus die Bedeutung der Mathematik für ihr eigenes Leben, und welche Rolle spielt eine derartige externe Motivation für ihre Mathematikleistungen? In den OECD-Ländern stimmen 75% der 15-Jährigen eher oder ganz den Aussagen zu, dass es sich lohnt, sich in Mathematik anzustrengen, weil ihnen das in ihrem späteren Job weiterhelfen wird; 78% stimmen eher oder ganz der Aussage zu, dass Mathematik für sie ein wichtiges Fach ist, weil es ihre Berufs- und Karriereaussichten verbessert; 66% stimmen eher oder ganz der Aussage zu, dass Mathematik für sie ein wichtiges Fach ist, weil sie es für ihr späteres Studium brauchen. Und 70% stimmen eher oder ganz der Aussage zu, dass sie in Mathematik viele Dinge lernen, die ihnen helfen werden, einen Job zu bekommen (vgl. den ersten Teil von Abb. 3.3a).

Dennoch stimmen signifikante Anteile der Schülerinnen und Schüler derartigen Aussagen eher nicht bzw. überhaupt nicht zu. Ferner gibt es zwischen den

Abbildung 3.3a ▪ Instrumentelle Motivation der Schülerinnen und Schüler in Mathematik

	Prozentsatz der Schülerinnen und Schüler, die folgenden Aussagen eher oder ganz zustimmen:				Erklärte Varianz der Schülerleistungen in %
	Ich gebe mir in Mathematik Mühe, weil es mir in meinem späteren Job weiterhelfen wird.	Mathematik zu lernen lohnt sich, weil es meine Berufs- und Karriereaussichten verbessert.	Mathematik ist für mich ein wichtiges Fach, weil ich es für mein späteres Studium brauche.	Ich werde viele Dinge in Mathematik lernen, die mir dabei helfen werden, einen Job zu bekommen.	
Mexiko	95	94	82	91	0.3
Tunesien	84	82	82	81	3.1
Thailand	96	93	94	93	0.6
Brasilien	89	86	81	88	2.4
Indonesien	94	90	95	89	0.3
Dänemark	91	88	75	83	4.3
Island	83	85	79	78	4.0
Neuseeland	85	89	77	82	2.2
Uruguay	83	83	71	84	0.2
Portugal	82	89	80	80	3.5
Kanada	80	87	73	79	5.4
Türkei	81	86	79	66	1.5
Australien	83	87	74	79	3.0
Vereinigte Staaten	81	82	73	83	2.0
Norwegen	82	82	75	73	10.1
Irland	80	85	66	75	0.7
Lettland	82	84	68	79	3.6
Finnland	73	87	74	76	8.5
Polen	79	87	79	79	2.4
Schweden	71	86	67	73	5.3
Tschech. Republik	74	81	74	77	1.0
Russ. Föderation	77	70	68	72	1.9
Macau (China)	79	85	71	65	0.1
Deutschland	73	79	48	72	0.0
Schweiz	76	75	52	66	0.1
Liechtenstein	77	70	51	59	0.4
Slowak. Republik	76	81	64	77	0.3
Griechenland	74	72	63	70	2.6
Spanien	76	79	63	68	5.1
Frankreich	73	74	65	62	2.4
Ungarn	79	71	69	67	0.5
Hongkong (China)	74	82	70	63	4.9
Italien	69	76	66	65	0.7
Serbien	73	73	54	60	0.1
Niederlande	70	71	63	61	0.4
Belgien	66	65	56	57	1.1
Luxemburg	52	61	51	53	0.0
Korea	57	60	58	46	12.0
Österreich	64	51	36	56	0.2
Japan	49	43	41	47	6.2
OECD-Durchschnitt	*75*	*78*	*66*	*70*	*0.7*
Verein. Königreich[1]	83	87	65	77	1.1

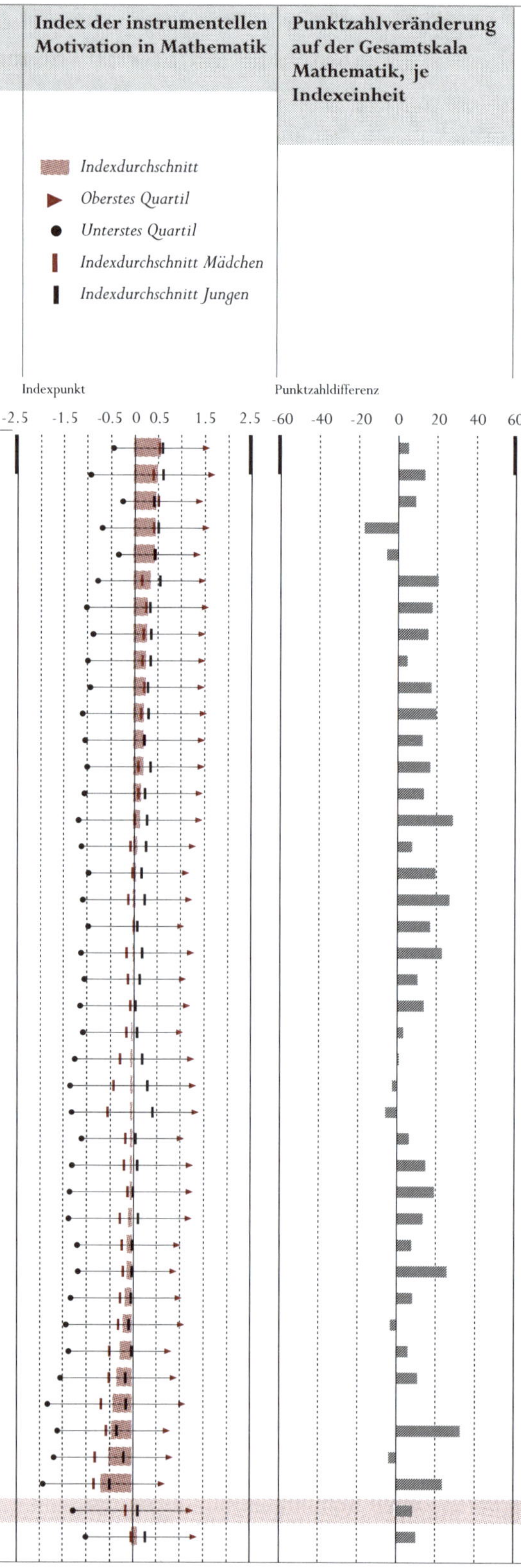

1. Die Beteiligungsquote ist zu niedrig, um die Vergleichbarkeit zu gewährleisten (siehe Anhang A3).
Quelle: OECD PISA-2003-Datenbank, Tabelle 3.2a.

Ländern erhebliche Unterschiede bei den Selbstaussagen der Schülerinnen und Schüler hinsichtlich ihrer instrumentellen Motivation. Nur die Hälfte der Schülerinnen und Schüler in Japan und Luxemburg stimmt eher oder ganz der Aussage zu, dass es sich lohnt, sich in Mathematik Mühe zu geben, weil es ihnen in ihrem späteren Job weiterhelfen wird (Abb. 3.3a). Entsprechend liegt der Prozentsatz der Schülerinnen und Schüler, die der Aussage, dass sie viele Dinge in Mathematik lernen, die ihnen dabei helfen werden, einen Job zu bekommen, eher oder ganz zustimmen, in Japan und Korea bei nur etwa 46% und auch in Belgien, Luxemburg und Österreich bei weniger als 60% (der OECD-Durchschnitt beträgt 70%). Unter den Partnerländern liegt dieser Prozentsatz bei oder unter 60%. Trotz der bekannten Schwierigkeiten eines kulturübergreifenden Vergleichs der Schülerantworten auf diesem Index verdient die Größenordnung dieser effektiv beobachteten Unterschiede doch Aufmerksamkeit.

... in einigen Ländern ist aber nur die Hälfte der Schülerinnen und Schüler dieser Meinung, ein trotz der Vergleichbarkeitsprobleme bemerkenswertes Ergebnis.

Wie im Fall des Interesses und der Freude an Mathematik können die Länder anhand eines Index verglichen werden, der verschiedene Fragen zur instrumentellen Motivation in Mathematik zusammenfasst (vgl. *www.pisa.oecd.org* wegen der Itemkarte sowie Tabelle 3.2a und Abb. 3.3a wegen der Daten). Der dritte Teil von Abbildung 3.3a zeigt den Zusammenhang zwischen der instrumentellen Motivation der Schülerinnen und Schüler in Mathematik und der Mathematikleistung, gemessen anhand der Steigerung der Mathematikleistung, die je zusätzlicher Indexeinheit (einer Standardabweichung) beim PISA-Index der instrumentellen Motivation (Tabelle 3.2a) zu beobachten ist.

Auch wenn zwischen instrumenteller Motivation und Mathematikleistung häufig nur ein schwacher Zusammenhang besteht ...

Obwohl die Ergebnisse zeigen, dass der Zusammenhang zwischen Leistung und instrumenteller Motivation sehr viel schwächer ist als zwischen Leistung und inhärenter Motivation (d.h. dem Interesse und der Freude an Mathematik), hat sich die instrumentelle bzw. externe Motivation doch als ein wichtiger Prädiktor für die Kursauswahl, die Berufswahl und auch die Leistungen herausgestellt (Eccles, 1994).

... werden in einigen Ländern die Schülerinnen und Schüler mit starker instrumenteller Motivation generell länger in der Ausbildung verbleiben, und es ist erwähnenswert...

Natürlich kann niemand wissen, welche Entscheidungen die in PISA geprüften 15-jährigen Schülerinnen und Schüler in ihrem späteren Leben treffen werden. Dennoch wurden 15-Jährige in der PISA-Erhebung gefragt, welchen Bildungsabschluss sie anstreben. In den meisten Ländern ist das Niveau der instrumentellen Motivation unter Schülerinnen und Schülern höher, die zumindest einen Sekundarstufe-II-Abschluss mit Hochschulreife anstreben. Noch stärker ist der Zusammenhang bei Schülerinnen und Schülern, die einen Hochschulabschluss anstreben, wie dem ersten Teil von Abbildung 3.3b (Tabelle 3.2b) zu entnehmen ist. Dieses Muster ist aber nicht universell, wie im zweiten Teil derselben Abbildung deutlich wird.

Nicht zuletzt ist vielleicht auch erwähnenswert, dass in den Ländern, in denen der Unterschied bei der instrumentellen Motivation zwischen Jungen und Mädchen am größten ist, namentlich Deutschland, Niederlande, Österreich und die Schweiz, der Anteil der Frauen bei den Hochschulabschlüssen in

Abbildung 3.3b ■ **Instrumentelle Motivation der Schülerinnen und Schüler in Mathematik und ihre Bildungserwartungen**

Mädchen

▲ Indexmittel der instrumentellen Motivation in Mathematik für Mädchen, die einen Hochschulabschluss anstreben (ISCED-Stufe 5A und 6)

— Indexmittel der instrumentellen Motivation in Mathematik für Mädchen, die einen Sekundarstufe-II-Abschluss mit Hochschulreife anstreben (ISCED-Stufe 3A und 4)

■ Indexmittel der instrumentellen Motivation in Mathematik für Mädchen, die einen Sekundarstufe-I-Abschluss anstreben (ISCED-Stufe 2)

Jungen

△ Indexmittel der instrumentellen Motivation in Mathematik für Jungen, die einen Hochschulabschluss anstreben (ISCED-Stufe 5A und 6)

— Indexmittel der instrumentellen Motivation in Mathematik für Jungen, die einen Sekundarstufe-II-Abschluss mit Hochschulreife anstreben (ISCED 3A und 4)

□ Indexmittel der instrumentellen Motivation in Mathematik für Jungen, die einen Sekundarstufe-I-Abschluss anstreben (ISCED-Stufe 2)

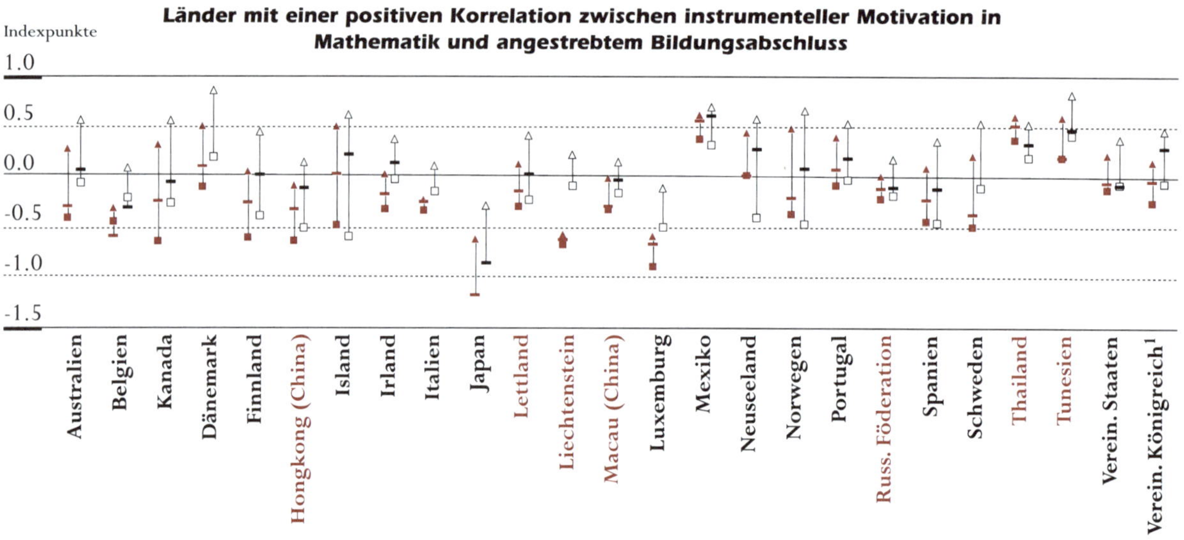

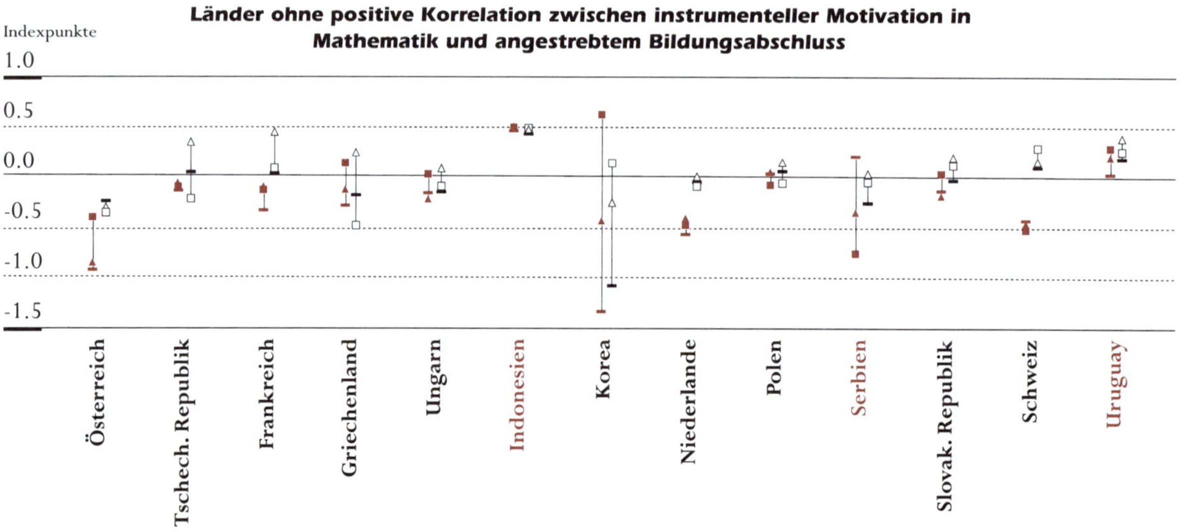

1. Die Beteiligungsquote ist zu niedrig, um die Vergleichbarkeit zu gewährleisten (siehe Anhang A3).
Quelle: OECD PISA-2003-Datenbank, Tabelle 3.2b.

Mathematik oder Informatik unter dem OECD-Durchschnitt liegt und in einigen dieser Länder sogar deutlich hinter diesem Referenzwert zurückbleibt[6] (OECD, 2004a). Diese Beobachtung spricht für die Hypothese, dass die instrumentelle Motivation in verschiedenen Fachbereichen in Kombination mit anderen Einflussfaktoren Rückschlüsse auf die künftige Arbeitsmarktposition und Berufswahl der Schülerinnen und Schüler zulässt. Diese Unterschiede sind sogar noch krasser, da aus Tabelle 3.3b hervorgeht, dass Mädchen generell höhere Berufserwartungen haben als Männer. Im OECD-Raum insgesamt rechnen 89% der Mädchen, aber nur 76% der Jungen damit, mit 30 Jahren einen Angestelltenberuf auszuüben.

… dass in Ländern, in denen 15-jährige Mädchen das geringste Niveau an instrumenteller Motivation aufweisen, vergleichsweise weniger Frauen einen Hochschulabschluss in Mathematik oder Informatik erwerben.

Wie gut bereitet die Schule aus Sicht der Schülerinnen und Schüler auf das Leben vor?

Alle Bildungssysteme zielen darauf ab, nicht nur Fachwissen zu vermitteln, sondern die Schülerinnen und Schüler auch gut auf das Leben generell vorzubereiten. Nach Ansicht der meisten 15-jährigen Schülerinnen und Schüler sind die Bildungssysteme in dieser Hinsicht recht erfolgreich. Die Schülerinnen und Schüler der OECD-Länder stimmen der Aussage, dass die Schule wenig dazu beigetragen hat, sie auf das Erwachsenenleben vorzubereiten, mehrheitlich überhaupt nicht zu und sie stimmen auch eher nicht oder überhaupt nicht der Aussage zu, dass die Schule reine Zeitverschwendung war. Demgegenüber befürworten sie die Aussage, dass die Schule ihnen das für Entscheidungen notwendige Selbstvertrauen gegeben hat und dass sie in der Schule Dinge gelernt haben, die ihnen im Berufsleben nützen können.

Generell sind die meisten Schülerinnen und Schüler der Meinung, dass die Schule sie gut auf das Leben vorbereitet hat …

Gleichwohl betrachtet eine signifikante Minderheit der Schülerinnen und Schüler, d.h. 8% im Durchschnitt der OECD-Länder, die Schule als reine Zeitverschwendung, und durchschnittlich 32% vertreten die Auffassung, dass die Schule wenig dazu beigetragen hat, sie auf das Leben vorzubereiten. In Deutschland, Luxemburg, Mexiko, der Türkei und Ungarn sowie den Partnerländern Hongkong (China), Liechtenstein, Macau (China) und Uruguay übersteigt der Prozentsatz der Schülerinnen und Schüler, die der Aussage eher oder ganz zustimmen, wonach die Schule wenig dazu beigetragen hat, sie auf das Leben vorzubereiten, die Marke von 40% (vgl. den ersten Teil von Abb. 3.4). Das deutet darauf hin, dass Spielraum für eine Verbesserung der allgemeinen Einstellung der 15-Jährigen zur Schule vorhanden ist.

… es gibt aber auch bedeutende Minderheiten, die dem nicht zustimmen.

Wie im Fall des Interesses und der Freude an Mathematik, werden die Ergebnisse in den verschiedenen Ländern im Hinblick auf die Fragen über die Einstellung zur Schule in einem Index zusammenfasst (vgl. *www.pisa.oecd.org* wegen der Itemkarte und Tabelle 3.4 wegen der Daten).

Inwieweit wird die Einstellung der Schülerinnen und Schüler zur Schule durch die Lehrpläne bzw. die jeweiligen Schulen bestimmt? Diese Frage ist schwer zu beantworten. Allerdings verdeutlichen die letzten beiden Spalten in Abbildung 3.4, dass zumindest in einigen Ländern die Einstellung zur Schule je nach Schule

Obwohl sich in jeder Schule einige Schülerinnen und Schüler im Stich gelassen fühlen …

Abbildung 3.4 ■ Einstellung der Schülerinnen und Schüler zur Schule

	Prozentsatz der Schülerinnen und Schüler, die folgenden Aussagen eher oder ganz zustimmen:				Index der Einstellung zur Schule		
	Die Schule hat wenig dazu beigetragen, mich auf das Erwachsenenleben vorzubereiten.	Die Schule war reine Zeitverschwendung.	Die Schule hat mir das Selbstvertrauen gegeben, Entscheidungen treffen zu können.	In der Schule habe ich Dinge gelernt, die mir im Berufsleben nützen könnten.	Erklärte Varianz der Schülerleistungen in %	Einstellung zur Schule in einer der Schulen mit besonders negativer Einstellung[1]	Einstellung zur Schule in einer der Schulen mit besonders positiver Einstellung[2]
Tunesien	25	6	90	90	1.4	0.2	1.2
Indonesien	18	2	95	95	0.5	0.1	1.2
Brasilien	30	2	90	90	0.0	-0.2	1.5
Mexiko	45	5	93	93	7.6	-0.9	1.1
Thailand	39	5	95	95	1.0	-0.8	1.3
Portugal	26	4	86	86	1.1	-0.5	0.7
Australien	23	6	84	84	2.4	-0.2	0.7
Lettland	17	4	83	83	1.0	-0.1	0.9
Russ. Föderation	19	5	86	86	0.3	-0.3	1.1
Serbien	27	7	82	82	0.1	-0.3	0.8
Frankreich	25	7	68	68	0.6	m	m
Spanien	33	7	79	79	0.2	-0.4	0.6
Irland	26	7	79	79	0.7	-0.3	0.5
Türkei	44	8	84	84	0.1	-1.0	0.9
Österreich	29	8	64	64	0.1	-0.5	1.5
Finnland	21	7	79	79	2.0	-0.2	0.5
Uruguay	41	6	87	87	0.0	-0.4	0.8
Neuseeland	30	8	81	81	2.3	-0.7	0.6
Vereinigte Staaten	31	10	79	79	0.6	-0.7	0.8
Griechenland	39	6	78	78	1.5	-0.3	1.1
Kanada	26	9	74	74	0.8	-0.6	0.7
Slowak. Republik	28	6	78	78	1.0	-0.4	0.6
Schweiz	37	9	65	65	0.0	-0.5	0.6
Schweden	31	7	66	66	2.2	-0.5	0.7
Island	27	10	63	63	3.4	-0.6	0.8
Tschech. Republik	31	6	73	73	0.1	-0.5	0.6
Dänemark	32	7	72	72	0.5	-0.6	0.5
Italien	34	6	74	74	0.3	-0.7	0.9
Deutschland	43	7	56	56	0.9	-0.5	0.4
Liechtenstein	43	9	62	62	0.9	c	c
Polen	32	11	76	76	0.1	-0.8	0.4
Belgien	32	11	63	63	0.1	-0.7	0.3
Niederlande	23	11	65	65	0.1	-0.6	0.2
Norwegen	37	11	64	64	2.9	-0.7	0.5
Ungarn	46	6	66	66	0.3	-1.0	0.8
Luxemburg	49	10	53	53	1.0	-0.7	0.2
Korea	28	10	66	66	0.0	-0.6	0.1
Macau (China)	46	9	70	70	0.1	-0.7	0.4
Japan	33	10	52	52	0.1	-1.0	-0.2
Hongkong (China)	53	13	66	66	1.1	-0.8	-0.1
OECD-Durchschnitt	*32*	*8*	*72*	*72*	*0.0*	*-0.6*	*0.7*
Verein. Königreich[3]	26	6	78	78	1.9	-0.5	0.6

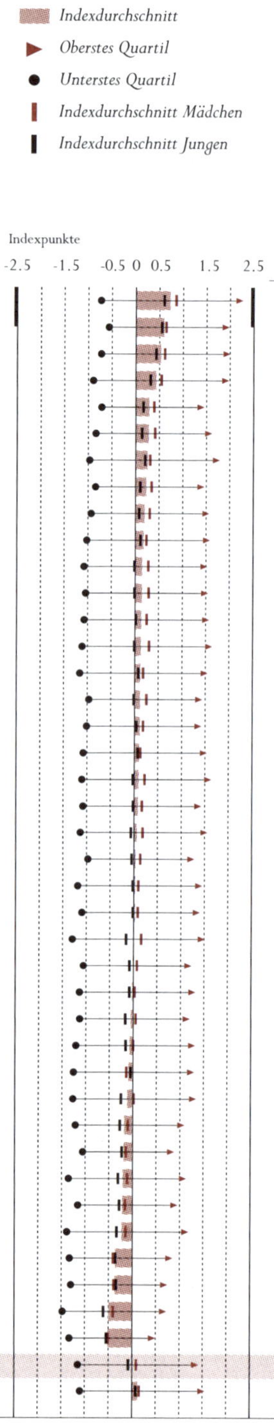

1. Diese Schule liegt am 5. Perzentil. In nur 5% der Schulen ist die Einstellung zur Schule negativer.
2. Diese Schule liegt am 95. Perzentil. Die Einstellung zur Schule ist positiver als in 95% der anderen Schulen.
3. Die Beteiligungsquote ist zu niedrig, um die Vergleichbarkeit zu gewährleisten (siehe Anhang A3).
Quelle: OECD PISA-2003-Datenbank, Tabelle 3.4.

sehr unterschiedlich ist. Die erste dieser beiden Spalten zeigt diese Einstellung in einer der Schulen mit besonders negativer Einstellung, die definiert ist als eine Schule, die an negativer Einstellung zur Schule nur von 5% der Schulen übertroffen wird. Die letzte Spalte zeigt die durchschnittliche Einstellung zur Schule in einer Schule, in der die Einstellung zur Schule positiver ist als in 95% der übrigen Schulen. Zusammengenommen liefern die beiden Spalten mithin Hinweise auf die Varianz der Schülereinstellungen in den Schulen. Wenn die Differenzen im Hinblick auf die Einstellung der Schülerinnen und Schüler zur Schule auch schulintern in der Regel sehr viel größer sind als zwischen den einzelnen Schulen, sind doch auch letztere signifikant. In den meisten Ländern ist die Einstellung zur Schule in Schulen mit besonders positiver Einstellung generell um etwa eine Standardabweichung höher als in Schulen mit besonders negativer Einstellung. Obwohl also die Unterschiede innerhalb der Schulen sehr viel größer sind, gibt es doch viele Länder, wo die Unterschiede zwischen den Schulen erheblich sind. Das ist namentlich in Griechenland, Island, Italien, Mexiko, Österreich, Türkei, Ungarn und den Vereinigten Staaten wie auch in den Partnerländern Brasilien und Russische Föderation der Fall.

… sind sie in einigen Schulen deutlich zahlreicher als in anderen …

Demgegenüber weisen die Schulen in Finnland, Japan, Korea, den Niederlanden und dem Partnerland Hongkong (China) in Bezug auf die Einstellung zur Schule sehr viel weniger Differenzen auf.

… es darf aber keine Schule selbstzufrieden werden …

Was aus der Analyse aber ebenfalls eindeutig hervorgeht, ist, dass eine negative Einstellung zur Schule nicht auf wenige Schulen begrenzt ist. In der Tat gibt es in allen Ländern nur eine kleine Anzahl von Schulen, in denen diese Frage kein Thema darstellt. In zwei Ländern, d.h. in Japan und im Partnerland Hongkong (China), liegt selbst in den 5% der Schulen, die sich durch die positivste Einstellung der Schülerinnen und Schüler im Hinblick auf die Einstellung zur Schule auszeichnen, der Mittelwert unter dem OECD-Durchschnitt.

… da die negative Einstellung zur Schule nicht auf wenige Schulen begrenzt ist.

Die Daten ergeben keinen deutlichen Zusammenhang zwischen der Einstellung der Schülerinnen und Schüler zur Schule und ihren Leistungen. Dennoch lohnt es sich, eine positive Einstellung der Schülerinnen und Schüler zur Schule zu fördern, da diese nachweislich mit anderen wichtigen Faktoren zusammenhängt, die für das lebenslange Lernen von Bedeutung sind.

Die geschlechtsspezifischen Unterschiede in Bezug auf die Einstellung der Schülerinnen und Schüler zur Schule sind in allen Ländern außer Korea, Neuseeland und den Partnerländern Hongkong (China), Liechtenstein und Macau (China) statistisch signifikant, wobei Mädchen ihre Einstellung zur Schule im Allgemeinen sehr viel positiver beurteilen als Jungen.

Die Einstellung zur Schule ist unter Mädchen generell positiver.

Zugehörigkeitsgefühl der Schülerinnen und Schüler zur Schule

Neben der Meinung der Schülerinnen und Schüler dazu, wie gut die Schule sie auf das Leben vorbereitet hat, ist auch ihr generelles Zugehörigkeitsgefühl zur Schule wichtig. Für die meisten von ihnen nimmt die Schule einen zentralen

Schülerinnen und Schüler, die das Gefühl haben, nicht zur Schule zu gehören, sind ernsthaft gefährdet …

Platz in ihrem Alltag ein. Sie betrachten den Schulbesuch als wesentlich für ihr langfristiges Wohlergehen, und diese Einstellung spiegelt sich in ihrer Teilnahme an schulischen und außerschulischen Aktivitäten wider. Diese Schülerinnen und Schüler haben generell ein gutes Verhältnis zum Schulpersonal und zu den Mitschülern – sie haben das Gefühl, zur Schule zu gehören. Es gibt aber auch einige Jugendliche, die dieses Zugehörigkeitsgefühl nicht teilen und die nicht daran glauben, dass schulischer Erfolg einen großen Einfluss auf ihre Zukunft haben wird. Diese Gefühle und Einstellungen können dazu führen, dass sie das Interesse an der Schule verlieren (Finn, 1989; Jenkins, 1995). So können sie sich von Schulaktivitäten zurückziehen, in einigen Fällen ein störendes Verhalten an den Tag legen und Lehrern sowie Mitschülern gegenüber eine negative Haltung einnehmen. Das Eingehen auf die Bedürfnisse von Schülerinnen und Schülern, die das Interesse an der Schule verloren haben, ist eine der größten Herausforderungen, denen sich die Lehrkräfte und Schulleitungen gegenübersehen.

… und dies kann nicht nur die schulischen Leistungen, sondern auch andere Aspekte des Lebens der Schülerinnen und Schüler beeinflussen.

Ein Großteil der Untersuchungen über das Zugehörigkeitsgefühl der Schülerinnen und Schüler zur Schule befasst sich mit dem Zusammenhang zwischen diesem Gefühl und den Schülerleistungen. Dieser Aspekt wird auch im vorliegenden Kapitel behandelt. Darüber hinaus kann das Zugehörigkeitsgefühl der Schülerinnen und Schüler zur Schule aber auch als Bereitschaft zum Lernen, zur Zusammenarbeit mit anderen und zum Funktionieren in einer sozialen Institution betrachtet werden. Es ist bekannt, dass Schülerinnen und Schüler mit Verhaltensproblemen generell nur wenig Interesse für die Schule aufbringen (Offord und Waters, 1983). In einigen Ländern durchgeführte Langzeitstudien, bei denen junge Menschen mit Verhaltensproblemen bis in das Erwachsenenleben hinein begleitet wurden, haben ergeben, dass nahezu die Hälfte dieser jungen Menschen auch als Erwachsene noch unter psychologischen und sozialen Schwierigkeiten leidet (Offord und Bennett, 1994). Das Zugehörigkeitsgefühl zur Schule kann mithin für einige Schülerinnen und Schüler ein Hinweis auf wirtschaftlichen oder lernerischen Erfolg sowie, langfristig gesehen, auf Gesundheit und Wohlergehen sein. Es handelt sich also um einen Indikator, dem als Bildungsertrag ebenso große Aufmerksamkeit gebührt wie den schulischen Leistungen. Außerdem sollte das Zugehörigkeitsgefühl zur Schule nicht als ein unabänderlicher Charakterzug angesehen werden, der ausschließlich durch das häusliche Umfeld des Schülers bestimmt würde, sondern vielmehr als Produkt von Wahrnehmungen der Schülerinnen und Schüler, die sowohl durch Lehrkräfte und Eltern beeinflusst als auch durch die Schulpolitik und -praxis geprägt werden können.

In der Regel haben die Schülerinnen und Schüler in OECD-Ländern ein positives Zugehörigkeitsgefühl zur Schule …

Das Zugehörigkeitsgefühl der Schülerinnen und Schüler zur Schule wurde anhand von Fragen über ihre Gefühle gegenüber der Schule als Ort erhoben. Insgesamt bekunden die Schülerinnen und Schüler in den OECD-Ländern über ein positives Zugehörigkeitsgefühl zur Schule. Im Durchschnitt des OECD-Raums stimmen 81% der Schülerinnen und Schüler eher oder ganz der Aussage zu, dass ihre Schule ein Ort ist, an dem sie sich zugehörig fühlen. 89% der Schülerinnen und Schüler stimmen eher bzw. ganz der Aussage

zu, dass ihre Schule ein Ort ist, an dem sie leicht Freunde finden. 90% der Schülerinnen und Schüler stimmen eher nicht oder überhaupt nicht der Aussage zu, dass sie sich in der Schule oft unwohl und fehl am Platze fühlen, und 93% der Schülerinnen und Schüler stimmen eher nicht bzw. überhaupt nicht der Aussage zu, dass die Schule ein Ort ist, an dem sie sich als Außenseiter fühlen (Abb. 3.5).

... in einigen Ländern haben verhältnismäßig viele Schülerinnen und Schüler indessen nur ein schwaches Zugehörigkeitsgefühl ...

Dennoch gibt es erhebliche Unterschiede zwischen den Ländern, die am deutlichsten sichtbar werden, wenn die Einstellung der Schüler auf einem Index zusammengefasst wird (vgl. *www.pisa.oecd.org* wegen der Itemkarte und Tabelle 3.5a wegen der Daten). Schülerinnen und Schüler in Deutschland, Island, Luxemburg, Norwegen, Österreich, Schweden, der Schweiz und Spanien sowie in den Partnerländern Uruguay und Liechtenstein geben das vergleichsweise stärkste Zugehörigkeitsgefühl zur Schule an. Demgegenüber bekunden Schülerinnen und Schüler in Belgien, Frankreich, Japan, Korea, Polen, der Slowakischen Republik, der Tschechischen Republik und der Türkei sowie in den Partnerländern Hongkong (China), Indonesien, Lettland, Macau (China), Russische Föderation und Thailand das vergleichsweise geringste Zugehörigkeitsgefühl. Während in Schweden beispielsweise 5% der Schülerinnen und Schüler angeben, die Schule sei ein Ort, an dem sie sich unwohl und fehl am Platz fühlen, ist dieser Anteil in Belgien, Japan und dem Partnerland Tunesien mehr als dreimal so groß (Abb. 3.5).

... und selbst in einigen Ländern, in denen die Schülerinnen und Schüler insgesamt ein starkes Zugehörigkeitsgefühl haben, hat ein erheblicher Schüleranteil diesbezüglich ein negatives Gefühl.

Innerhalb der Länder gibt es beim Zugehörigkeitsgefühl der Schülerinnen und Schüler zur Schule sogar noch größere Unterschiede als zwischen den Ländern. Bemerkenswert ist in diesem Zusammenhang, dass in einigen Ländern, in denen die Schülerinnen und Schüler insgesamt ein starkes Zugehörigkeitsgefühl zur Schule bekunden, darunter Deutschland, Luxemburg, Norwegen, Österreich und Schweden, dies nicht darauf zurückzuführen ist, dass nur sehr wenige Schülerinnen und Schüler ein geringes Zugehörigkeitsgefühl zur Schule angeben, sondern vielmehr darauf, dass das Zugehörigkeitsgefühl beim obersten Quartil der Schülerinnen und Schüler ganz besonders stark ausgeprägt ist.

In 20 der 41 PISA-Teilnehmerländer bekunden Jungen und Mädchen ein ungefähr gleich starkes Zugehörigkeitsgefühl zur Schule. Allerdings gibt es einige nennenswerte Ausnahmen; so bringen die Mädchen in Australien, Belgien, Irland, Japan, Kanada, Mexiko, Polen, der Türkei, Ungarn und in den Partnerländern Hongkong (China), Indonesien, Lettland, der Russischen Föderation und Thailand ein geringeres Zugehörigkeitsgefühl zur Schule zum Ausdruck. Demgegenüber gilt in Finnland, Korea, Schweden, Spanien und im Partnerland Uruguay das Gegenteil.

Natürlich dürften die Antworten der Schülerinnen und Schüler auch von ihrem kulturellen Kontext, ihrem sozialen Selbstwertgefühl wie auch von ihrer Einstellung zur Schule abhängen. Analysen der PISA-Daten (auf die in der Einführung verwiesen wurde) sprechen aber dafür, dass die Antworten effektiv

Abbildung 3.5 ■ Zugehörigkeitsgefühl der Schülerinnen und Schüler in der Schule

Prozentsatz der Schülerinnen und Schüler, die folgenden Aussagen eher oder ganz zustimmen: Die Schule ist ein Ort, an dem…

Index des Zugehörigkeitsgefühls

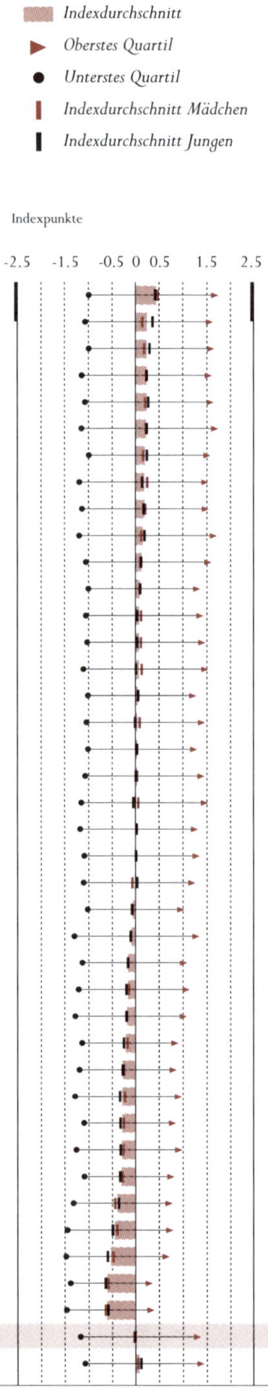

	ich mich als Außenseiter fühle.	ich leicht Freunde finde.	ich mich dazugehörig fühle.	ich mich oft unwohl und fehl am Platz fühle.	ich anscheinend beliebt bin.	ich mich einsam fühle.	Erklärte Varianz der Schülerleistungen in %	Zugehörigkeitsgefühl der Schülerinnen und Schüler in einer der Schulen mit dem geringsten Niveau[1]	Zugehörigkeitsgefühl der Schülerinnen und Schüler in einer der Schulen mit dem höchsten Niveau[2]
Österreich	6	90	89	9	78	7	0.1	-0.3	1.3
Schweden	5	88	81	5	91	7	0.0	-0.5	0.8
Uruguay	7	90	93	7	93	7	0.1	-0.3	0.9
Deutschland	6	86	87	12	70	6	0.0	-0.3	0.7
Norwegen	6	90	85	9	91	7	0.0	-0.3	1.0
Luxemburg	8	89	73	10	91	7	0.5	-0.2	0.5
Spanien	4	91	85	9	92	5	0.1	-0.3	0.6
Liechtenstein	7	86	91	11	70	8	1.0	c	c
Schweiz	7	88	82	12	78	6	0.8	-0.4	0.9
Island	10	85	89	11	90	10	0.0	-0.4	0.7
Brasilien	7	91	92	11	92	7	0.3	-0.4	0.7
Portugal	6	93	93	12	91	5	2.8	-0.5	0.5
Ungarn	9	88	91	7	89	7	1.1	-1.1	0.8
Irland	6	91	88	8	95	5	0.4	-0.3	0.4
Mexiko	10	88	92	10	89	11	2.6	-0.9	1.0
Italien	5	92	85	6	91	6	0.1	-0.8	1.0
Australien	8	91	88	9	95	6	0.1	-0.6	0.4
Griechenland	6	91	91	8	92	7	0.3	-0.6	0.5
Serbien	10	93	88	10	92	8	0.0	-0.3	0.5
Kanada	9	90	81	11	94	8	0.0	-0.5	0.6
Dänemark	5	88	69	12	92	6	0.1	-0.5	0.8
Neuseeland	8	91	86	11	94	7	0.1	-0.4	0.5
Finnland	6	88	89	9	87	6	0.0	-0.3	0.3
Niederlande	4	92	77	8	93	3	0.4	-0.4	0.3
Tunesien	10	88	58	18	89	11	0.2	-0.4	0.3
Slowak. Republik	8	92	85	12	91	7	0.1	-0.6	0.5
Polen	8	88	76	10	93	8	0.6	-0.6	0.3
Frankreich	8	92	45	13	93	7	0.0	m	m
Lettland	5	89	92	9	72	9	1.5	-0.7	0.1
Tschech. Republik	10	89	77	7	87	7	1.3	-0.7	0.3
Belgien	8	89	56	16	92	6	0.3	-0.8	0.1
Thailand	6	95	95	15	80	11	1.6	-1.0	0.7
Russ. Föderation	6	88	92	15	51	9	1.2	-0.8	0.4
Indonesien	4	98	68	11	83	7	0.3	-0.7	0.1
Korea	8	79	76	9	45	7	1.0	-0.8	0.4
Türkei	14	88	75	11	41	25	3.1	-1.2	-0.2
Japan	6	77	80	18	69	30	1.3	-1.0	-0.2
Hongkong (China)	18	88	68	10	77	12	1.3	-0.9	-0.3
Macau (China)	16	84	65	14	72	15	0.3	-0.9	-0.3
OECD-Durschnitt	***7***	***89***	***81***	***10***	***86***	***8***	***0.1***	***-0.7***	***0.6***
Verein. Königreich[3]	7	91	85	9	95	6	0.0	-0.3	0.6

1. Diese Schule liegt am 5. Perzentil. In nur 5% der Schulen ist das Zugehörigkeitsgefühl der Schülerinnen und Schüler geringer.
2. Diese Schule liegt am 95. Perzentil. Das Zugehörigkeitsgefühl der Schülerinnen und Schüler ist stärker als in 95% der anderen Schulen.
3. Die Beteiligungsquote ist zu niedrig, um die Vergleichbarkeit zu gewährleisten (siehe Anhang A3).
Quelle: OECD PISA-2003-Datenbank, Tabelle 3.5a

als Indikator dafür gewertet werden können, ob die Schülerinnen und Schüler das Gefühl haben, zu ihrem schulischen Umfeld zu gehören. So können anders als bei den zuvor in diesem Kapitel beschriebenen Indikatoren die Aussagen der Schülerinnen und Schüler bezüglich ihres Zugehörigkeitsgefühls zur Schule einen Indikator bilden, der sich zwischen den Ländern valide vergleichen lässt.

Inwieweit konzentriert sich der Anteil der Schülerinnen und Schüler, denen dieses Zugehörigkeitsgefühl fehlt, in den einzelnen Ländern auf bestimmte Schulen? Diese Frage ist für die Bildungspolitik von entscheidender Bedeutung, da sie Aufschlüsse darüber geben kann, inwieweit mangelndes Interesse an der Schule durch Merkmale des Schulsystems selbst bzw. die Art und Weise bedingt ist, wie dieses System mit den Schülerinnen und Schülern sowie den Schulen in bestimmten Situationen interagiert.

Die größte Varianz hinsichtlich des Zugehörigkeitsgefühls findet sich innerhalb von Schulen …

Die beiden letzten Spalten von Abbildung 3.5 lassen, indem sie den jeweiligen schulspezifischen Durchschnitt des Zugehörigkeitsgefühls der Schülerinnen und Schüler zur Schule angeben, gewisse Rückschlüsse auf die zwischen den einzelnen Schulen eines Landes bestehenden Unterschiede zu. In der ersten dieser beiden Spalten wird das durchschnittliche Zugehörigkeitsgefühl der Schülerinnen und Schüler in einer Schule angegeben, in der dieses besonders schwach ist, so dass laut Definition die negative Einstellung zur Schule nur in 5% der übrigen Schulen noch schwächer ist. Die letzte Spalte bezieht sich auf eine Schule, in der das durchschnittliche Zugehörigkeitsgefühl größer ist als in 95% der übrigen Schulen.

… was darauf schließen lässt, dass eine nur auf bestimmte Schulen ausgerichtete Strategie nicht ausreichen wird, das Problem voll in den Griff zu bekommen.

Die Unterschiede zwischen den Schülern in Bezug auf ihr Zugehörigkeitsgefühl zur Schule sind in der Regel schulintern viel größer als zwischen den Schulen, wie am gesamten Spektrum vom 5. bis zum 95. Perzentil abzulesen ist (in den meisten Ländern machen die Differenzen zwischen den Schulen nur rd. 4% der Gesamtvarianz aus). Somit ist keine Schule gegen dieses Problem gefeit, und eine nur auf bestimmte Schulen ausgerichtete Strategie dürfte kaum in der Lage sein, das Problem vollständig zu lösen. In Ländern wie Dänemark, Italien, Mexiko, Norwegen, Österreich, der Schweiz und Ungarn sowie in den Partnerländern Liechtenstein und Thailand sind beim Zugehörigkeitsgefühl indessen große Unterschiede zwischen den Schulen festzustellen. Demgegenüber sind diese Differenzen in Finnland, Irland, Japan, den Niederlanden sowie in den Partnerländern Hongkong (China) und Macau (China) unerheblich.

Ähnlich wie bei der Einstellung zur Schule beschränkt sich auch ein geringes Zugehörigkeitsgefühl zur Schule nicht auf eine jeweils kleine Anzahl von Schulen je Land. In Japan, der Türkei und den Partnerländern Hongkong (China) und Macau (China) liegen selbst in den 5% der Schulen, in denen das Zugehörigkeitsgefühl der Schülerinnen und Schüler am stärksten ist, die Schulmittelwerte unter dem OECD-Durchschnitt.

Die Bestimmung des Ausmaßes der zwischen den Schulen bestehenden Unterschiede ist aus mindestens zwei Gründen wichtig. In Ländern, in denen die

In einigen Ländern scheinen die Schülerinnen und Schüler in berufsbildenden Zweigen ein geringeres Zugehörigkeitsgefühl zu haben als diejenigen in allgemeinbildenden Zweigen.

Differenzen zwischen Schulen erheblich sind, könnte es wirksamer sein, die Interventionen auf bestimmte Schulen zu konzentrieren, während in Ländern, wo das Phänomen landesweit in den meisten Schulen anzutreffen ist, wahrscheinlich globalere Politikmaßnahmen effizienter sein werden. Der zweite Grund ist, dass es im Falle einer erheblichen Varianz zwischen den Schulen in Bezug auf den Anteil der nicht mehr an der Schule interessierten Schülerinnen und Schüler eigentlich möglich sein müsste herauszufinden, ob das Zugehörigkeitsgefühl zur Schule mit bestimmten Schulfaktoren zusammenhängt, was wiederum gewisse Rückschlüsse darauf zulassen würde, welche Maßnahmen die größte Wirkung zu entfalten versprechen. Es würde den Rahmen dieses Berichts sprengen, derartige schulbedingte Faktoren zu untersuchen. Wichtig ist aber festzuhalten, dass in Bezug auf das Zugehörigkeitsgefühl der Schülerinnen und Schüler zur Schule in einigen Ländern erhebliche Differenzen je nach Art der Bildungsgänge bestehen (Tabelle 3.5b). Beispielsweise ist in den Niederlanden und Österreich sowie in den Partnerländern Indonesien und Serbien das Zugehörigkeitsgefühl der Schülerinnen und Schüler in beruflich orientierten Bildungsgängen deutlich niedriger als in hochschulorientierten Zweigen. Entsprechend ist das Zugehörigkeitsgefühl der Schülerinnen und Schüler zur Schule in Bildungsgängen, die auf den Zugang zum Arbeitsmarkt vorbereiten, in der Regel geringer als in Bildungsgängen, die auf die Hochschule vorbereiten, und zwar vor allem in Belgien, Griechenland, Japan, Korea, den Niederlanden, der Tschechischen Republik, Ungarn und dem Partnerland Serbien.

Der Zusammenhang zwischen dem Zugehörigkeitsgefühl der Schülerinnen und Schüler zur Schule und ihren Leistungen kann auch anders interpretiert werden …

Wenn, wie weiter oben dargelegt wurde, das Zugehörigkeitsgefühl zur Schule ebenfalls als ein wichtiges schulisches Ergebnis zu werten ist, muss darüber hinaus doch auch untersucht werden, in welchem Zusammenhang dieser Aspekt zu den Schülerleistungen steht. Was das schulische Engagement betrifft, so wird im Allgemeinen davon ausgegangen, dass es den schulischen Leistungen zeitlich vorgelagert ist und dass bei zunehmendem schulischem Desinteresse der Schülerinnen und Schüler auch die schulischen Leistungen nachzulassen beginnen. Das mag auf einen Teil der Schülerinnen und Schüler durchaus zutreffen. Ähnlich plausibel ist aber die These, dass ein Scheitern in der Schule zu Desinteresse und zu einem Rückzug von schulischen Aktivitäten führt. Einer dritten These zufolge beeinflusst eine Reihe anderer Faktoren, darunter persönliche, familiäre und schulische Gründe, zusammengenommen sowohl das schulische Engagement der Schülerinnen und Schüler als auch ihre Leistungen. Je nach Lernfähigkeit und familiärem sowie schulischem Kontext der Schülerinnen und Schüler kann der Kausalzusammenhang aber auch anders beschaffen sein. Außerdem schließen sich diese Erklärungsansätze nicht gegenseitig aus. Das richtige Verständnis der Kausalzusammenhänge in Verbindung mit dem schulischen Engagement und den schulischen Leistungen ist für die Bildungspolitik insofern von zentraler Bedeutung, als es die Entscheidungen darüber beeinflusst, wann und wie interveniert werden sollte.

PISA kann den Kausalzusammenhang, der dem Zusammenhang zwischen ihrem Zugehörigkeitsgefühl zur Schule und ihren Leistungen (oder umgekehrt) zu

Grunde liegt, nicht bestimmen. Hingegen kann PISA Hinweise darauf geben, wie stark die Zusammenhänge im Alter von 15 Jahren sind. Der Zusammenhang zwischen dem Zugehörigkeitsgefühl zur Schule und den Mathematikleistungen kann sowohl auf der Ebene einzelner Schülerinnen und Schüler als auch auf Schulebene untersucht werden (Tabelle 3.5c). Auf Schülerebene scheint der Zusammenhang schwach zu sein, was darauf hindeutet, dass Leistung und Zugehörigkeitsgefühl zur Schule deutlich verschiedene Ergebnismessgrößen sind. Demgegenüber scheint in den meisten Ländern das Zugehörigkeitsgefühl zur Schule in bestimmten Schulen in der Regel in einem engeren Zusammenhang zum durchschnittlichen Leistungsniveau der betreffenden Schule zu stehen. Vor allem in Japan, Mexiko, Türkei und dem Partnerland Hongkong (China) verzeichnen Schulen mit durchschnittlich hohem Zugehörigkeitsgefühl zur Schule in der Regel gleichzeitig auch ein hohes durchschnittliches Leistungsniveau.

... die Tatsache aber, dass die stärksten Zusammenhänge zwischen Zugehörigkeitsgefühl und Leistungen auf der Ebene ganzer Schulen und nicht einzelner Schüler beobachtet werden, spricht dafür, dass Einflussfaktoren auf Schulebene wirksam werden.

Das Zugehörigkeitsgefühl der Schülerinnen und Schüler auf Schulebene – das die gemeinsamen Erfahrungen der Schülerinnen und Schüler widerspiegelt – ist mit größerer Wahrscheinlichkeit von Merkmalen der Schule abhängig, die für das Zugehörigkeitsgefühl der Schülerinnen und Schüler von Bedeutung sind. So weisen Schulen, die Schülerinnen und Schülern beste Voraussetzungen für ihr Engagement und ihr Zugehörigkeitsgefühl bieten, ein höheres Gesamtleistungsniveau auf als Schulen, in denen sich die Schülerinnen und Schüler eher unwohl und fehl am Platz fühlen.

Diese Schlussfolgerung hat eine Reihe von Auswirkungen auf die Bildungspolitik und -praxis. Die schwache Korrelation auf Schülerebene deutet darauf hin, dass Lehrkräfte und Orientierungsberater wahrscheinlich auf jene Schülerinnen und Schüler treffen, deren Zugehörigkeitsgefühl zur Schule sehr gering ist, deren schulische Leistungen aber durchschnittlich bzw. überdurchschnittlich sind.

Das kann darauf hindeuten, dass nicht nur Schülerinnen und Schüler mit unterdurchschnittlichen Leistungen Hilfe benötigen ...

Die auf Schulebene mäßig starke Korrelation zwischen dem Zugehörigkeitsgefühl der Schülerinnen und Schüler zur Schule und ihren Mathematikleistungen bedeutet, dass Schulen, an denen das Zugehörigkeitsgefühl der Schülerinnen und Schüler in der Regel stärker ist, generell bessere schulische Leistungen erbringen. Die Konzeption der PISA-Erhebung ermöglicht es uns nicht, auf der Grundlage dieser Beobachtung die Schlussfolgerung zu ziehen, dass Bemühungen um eine Erhöhung des Zugehörigkeitsgefühls der Schülerinnen und Schüler zu besseren schulischen Leistungen führen dürften. Die Ergebnisse deuten indessen darauf hin, dass Bemühungen um eine Steigerung des Zugehörigkeitsgefühls der Schülerinnen und Schüler den schulischen Leistungen gewöhnlich nicht schadet und umgekehrt. In der Tat könnten sich beide Aspekte gegenseitig verstärken.

... und dass in Schulen, die Schülerinnen und Schülern bewusst bei der Integration helfen, dies nicht zu Lasten der schulischen Leistungen geht.

SELBSTEINSCHÄTZUNG DER SCHÜLERINNEN UND SCHÜLER

Eigenständiges Lernen setzt die Fähigkeit voraus, sowohl die Schwierigkeit einer Aufgabe kritisch und realistisch zu beurteilen als auch genügend Energie zu ihrer Bewältigung aufzubringen. Lernende bilden sich eine Meinung über ihre eigenen Kompetenzen und Lernmerkmale. Nachweislich haben diese Meinungen

PISA befasste sich auch mit dem Vertrauen der Schülerinnen und Schüler ...

... in ihre eigenen Fähigkeiten, ihrer Kapazität zur Bewältigung schwieriger Aufgaben wie auch ihrer Mathematikangst.

beachtliche Auswirkungen auf die Art und Weise, wie sie sich Ziele setzen, die Strategien, die sie anwenden und die von ihnen erbrachten Leistungen. Dieses Konzept der Selbsteinschätzung lässt sich anhand zweier Begriffe definieren, dem Selbstkonzept, das sich auf das Vertrauen der Schülerinnen und Schüler in ihre eigenen schulischen Fähigkeiten bezieht und der Selbstwirksamkeit, bei der es darum geht, wie stark das Vertrauen der Schülerinnen und Schüler in ihre Fähigkeit ist, Aufgaben effizient bewältigen und Schwierigkeiten überwinden zu können. Eine dritte Dimension bezieht sich auf emotionale Faktoren, wie Gefühle von Hilflosigkeit und emotionalem Stress im Umgang mit Mathematik. Alle drei Dimensionen wurden in PISA untersucht.

In diesem Abschnitt werden diese drei Aspekte der Selbsteinschätzung der Schülerinnen und Schüler als Lernende im Fach Mathematik untersucht. Im Anschluss daran werden die Zusammenhänge zwischen diesen Aspekten und den Mathematikleistungen analysiert.

Selbstkonzept der Schülerinnen und Schüler in Mathematik

Schülerinnen und Schüler, die Vertrauen in ihre Fähigkeiten haben, werden erfolgreich Lernende ...

Das schulische Selbstkonzept der Schülerinnen und Schüler ist sowohl ein wichtiges Bildungsziel als auch ein aussagekräftiger Prädiktor für schulischen Erfolg. Der Glaube an die eigenen Fähigkeiten ist für erfolgreiches Lernen von entscheidender Bedeutung (Marsh, 1986). Das Selbstkonzept kann auch andere Elemente beeinflussen, so z.B. Wohlergehen und persönliche Entwicklung, Faktoren, die für Schülerinnen und Schüler aus weniger günstigen familiären Verhältnissen von ganz besonders großer Bedeutung sind.

...hingegen finden zwei Drittel der Schülerinnen und Schüler einige ihrer Mathematikaufgaben zu schwierig und 50% sagen, dass sie in Mathematik nicht schnell lernen...

Wenn 15-Jährige gefragt werden, wie sie ihre mathematische Kompetenz einschätzen, ergibt sich ein Bild, das weniger positiv ist als das Selbstkonzept der Schülerinnen und Schüler in Lesen, das in PISA 2000 untersucht wurde (OECD, 2001a). Im Durchschnitt der OECD-Länder stimmen 67% der Schülerinnen und Schüler eher nicht bzw. überhaupt nicht der Aussage zu, dass sie im Mathematikunterricht sogar die schwierigsten Aufgaben verstehen. Die Länder weichen in Bezug auf die Antwortstrukturen voneinander ab. So reicht beispielsweise in Bezug auf das soeben genannte Item der Prozentsatz der Schülerinnen und Schüler, die eher nicht bzw. überhaupt nicht der Aussage zustimmen, von rd. 84% oder mehr in Japan und Korea bis nur 57% oder weniger in Kanada, Mexiko, Schweden und den Vereinigten Staaten. Entsprechend stimmt im Durchschnitt der OECD-Länder etwa die Hälfte der Schülerinnen und Schüler eher nicht bzw. überhaupt nicht der Aussage zu, dass sie in Mathematik schnell lernen. Während in Japan und Korea wie auch dem Partnerland Thailand aber über 62% der Schülerinnen und Schüler der Aussage nicht bzw. überhaupt nicht zustimmen, liegt der Anteil in Dänemark und Schweden hingegen nur bei rd. 40% (Abb. 3.6, wobei aber zu berücksichtigen ist, dass die Ergebnisse in dieser Abbildung als Zustimmung der Schülerinnen und Schüler zur entsprechenden Aussage und nicht Verneinung, wie im Text, festgehalten sind).

Abbildung 3.6 ▪ Selbstkonzept der Schülerinnen und Schüler in Mathematik

	Prozentsatz der Schülerinnen und Schüler, die folgenden Aussagen eher oder ganz zustimmen:					Erklärte Varianz der Schülerleistungen in %
	Ich bin einfach nicht gut in Mathematik.	Im Fach Mathematik bekomme ich gute Noten.	In Mathematik lerne ich schnell.	Ich war schon immer überzeugt, dass Mathematik eines meiner besten Fächer ist.	Im Mathematikunterricht verstehe ich sogar die schwierigsten Aufgaben.	
Vereinigte Staaten	36	72	58	44	44	14.6
Dänemark	30	70	60	48	34	27.6
Kanada	34	63	58	41	43	19.9
Mexiko	48	65	50	44	45	5.4
Tunesien	52	53	54	54	39	7.6
Deutschland	36	59	57	36	42	7.1
Neuseeland	33	71	56	40	38	17.0
Schweiz	34	61	57	37	40	6.9
Australien	32	65	56	38	38	16.8
Liechtenstein	35	65	59	35	41	6.5
Russ. Föderation	37	50	46	42	42	10.5
Schweden	34	59	60	31	44	24.4
Griechenland	43	63	59	44	24	16.6
Indonesien	68	64	47	57	36	0.3
Österreich	36	59	55	33	39	8.9
Luxemburg	38	61	55	35	37	5.3
Brasilien	51	61	48	33	41	4.3
Island	46	55	55	41	39	26.4
Polen	52	59	50	37	31	21.6
Serbien	37	45	55	38	27	8.9
Türkei	59	53	55	46	30	11.0
Uruguay	46	55	50	40	32	12.9
Finnland	40	56	54	33	38	33.0
Italien	50	56	51	36	40	7.1
Niederlande	38	62	54	33	29	6.1
Belgien	38	62	51	30	28	4.8
Irland	38	60	49	32	29	14.1
Slowak. Republik	44	58	48	28	26	16.1
Thailand	68	44	38	45	35	1.8
Tschech. Republik	38	55	46	30	21	15.8
Lettland	39	44	46	24	25	16.7
Ungarn	45	42	42	33	24	6.6
Frankreich	39	48	47	26	28	10.3
Norwegen	45	48	47	31	30	31.6
Portugal	53	47	46	27	32	15.4
Spanien	51	47	45	31	31	13.2
Macau (China)	50	29	45	26	28	11.7
Hongkong (China)	57	25	45	32	30	12.1
Korea	62	36	34	30	16	21.4
Japan	53	28	25	27	10	4.1
OECD-Durchschnitt	*42*	*57*	*51*	*35*	*33*	*10.8*
Verein. Staaten[1]	34	68	53	38	38	14.4

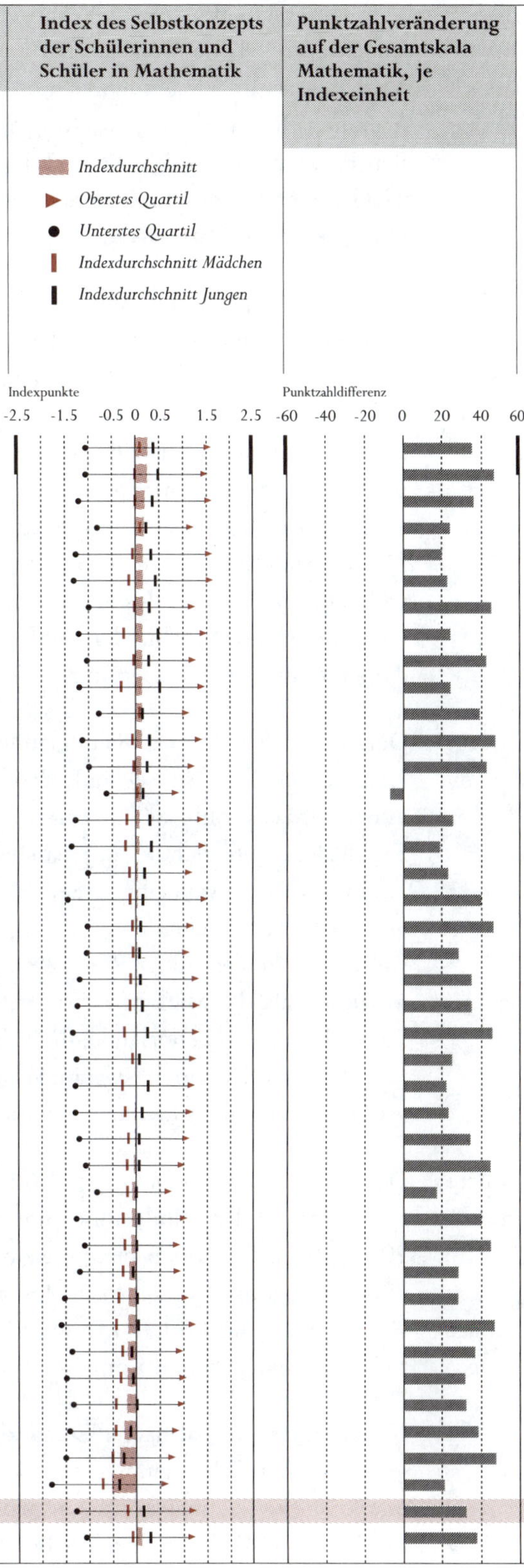

1. Die Beteiligungsquote ist zu niedrig, um die Vergleichbarkeit zu gewährleisten (siehe Anhang A3).
Quelle : OECD PISA-2003-Datenbank, Tabelle 3.6.

... während ein Drittel der Jungen und die Hälfte der Mädchen denken, in Mathematik einfach nicht gut zu sein.

Bei den meisten dieser Fragen treten vergleichsweise große geschlechtsspezifische Unterschiede zu Tage. Während im Durchschnitt der OECD-Länder beispielsweise 36% der Jungen eher bzw. ganz der Aussage zustimmen, dass sie in Mathematik einfach nicht gut sind, liegt der Durchschnitt für Mädchen bei 47%. In Italien, Japan, Korea, Norwegen, Polen, Portugal, Spanien, der Türkei und den Partnerländern Brasilien, Hongkong (China), Indonesien, Macau (China), Thailand und Tunesien stimmen zwischen 50% und 70% der Mädchen eher bzw. ganz dieser Aussage zu (wegen der Daten vgl. *www.pisa.oecd.org*).

Das Selbstkonzept in Mathematik wird in einem international vergleichbaren Index zusammengefasst ...

Die Länder lassen sich auf einem Index vergleichen, der die unterschiedlichen Fragen zum Selbstkonzept der Schülerinnen und Schüler in Mathematik zusammenfasst. Ebenso wie die anderen Indizes, so wurde auch dieser Index so konstruiert, dass die mittlere Punktzahl für die OECD-Schülerpopulation 0 beträgt, und zwei Drittel der OECD-Schülerpopulation im Bereich zwischen 1 und -1 liegen (vgl. *www.pisa.oecd.org* wegen der Itemkarte). Ergebnisse für einzelne Länder finden sich im zweiten Teil von Abbildung 3.6. Die Rangfolge der Länder orientiert sich hier am Mittelwert des Selbstkonzepts in Mathematik, wobei der Mittelwert des unteren und oberen Quartils der Verteilung in jedem Land miteinander verbunden wird. Das Indexmittel je Geschlecht findet sich in dieser Abbildung wie auch in Tabelle 3.6.

... der Länderunterschiede zusammen mit erheblichen geschlechtsspezifischen Unterschieden in jedem Land aufzeigt ...

Der Vergleich zeigt, dass Schülerinnen und Schüler in Dänemark, Deutschland, Kanada, Mexiko, Neuseeland, den Vereinigten Staaten und dem Partnerland Tunesien das größte Selbstvertrauen in ihre Mathematikkompetenzen haben. Schülerinnen und Schüler in Japan und Korea sowie dem Partnerland Hongkong (China) weisen das geringste Selbstkonzept auf. In nahezu allen Ländern gibt es erhebliche Unterschiede zwischen Jungen und Mädchen, und in allen Ländern weisen die Jungen in der Regel ein bedeutend höheres Selbstkonzept in Mathematik auf als die Mädchen. Das trifft vor allem auf Dänemark, Deutschland, Luxemburg, die Niederlande, die Schweiz und das Partnerland Liechtenstein zu (Tabelle 3.6). Dennoch ist beim Vergleich der Indexwerte anhand dieser Messgröße zwischen den Ländern gewisse Vorsicht geboten.

... sowie erhebliche Leistungsunterschiede zwischen den Schülern mit mehr oder minder starkem Selbstvertrauen in die eigenen Mathematikkompetenzen.

Der dritte Teil von Abbildung 3.6 zeigt ferner, dass innerhalb der Länder das Selbstkonzept der Schülerinnen und Schüler in Mathematik eng mit den in PISA 2003 getesteten Schülerleistungen in Mathematik verbunden ist. Ein Anstieg um einen Indexpunkt auf der Skala des Selbstkonzepts in Mathematik entspricht im Durchschnitt der OECD-Länder 32 Punkten auf der Gesamtskala Mathematik bzw. etwa einer halben Kompetenzstufe (Tabelle 3.6).

Neben einem verhältnismäßig starken Zusammenhang zwischen den Leistungen einzelner Schülerinnen und Schüler und ihrem Selbstkonzept in Mathematik ist es vielleicht noch von größerer Bedeutung, dass die Daten auf eine ähnlich starke Verbindung auf Schulebene hindeuten. Das legt den Schluss nahe, dass Schulen, in denen Schülerinnen und Schüler ein stärkeres Selbstkonzept in Mathematik haben, generell auch ein höheres Leistungsniveau in Mathematik aufweisen. An dieser Stelle sei aber festgehalten, dass Länder mit hohem durchschnittlichem Selbstkonzept in Mathematik nicht unbedingt Länder mit hoher mittlerer Punktzahl in Mathematik sind.

Auf einer gewissen Ebene ist es somit nicht überraschend, dass Schülerinnen und Schüler, die in PISA gut abschneiden, in der Regel auch eine hohe Meinung von ihren Fähigkeiten haben. Wie aber in Kasten 3.4 erläutert wird, muss das Selbstkonzept als sehr viel mehr als ein einfacher Spiegel der schulischen Leistungen der Schülerinnen und Schüler betrachtet werden: Es kann vielmehr einen entscheidenden Einflussfaktor auf den Lernprozess haben. Ob Schülerinnen und Schüler entscheiden, ein bestimmtes Lernziel zu verfolgen, hängt davon ab, wie sie ihre eigenen Fähigkeiten und ihr Potenzial in einem spezifischen Fach einschätzen, sowie von ihrem Vertrauen, dieses Ziel selbst unter Schwierigkeiten erreichen zu können. Der letztgenannte Aspekt der Selbsteinschätzung ist Thema des folgenden Abschnitts.

Das liegt nicht nur daran, dass leistungsstärkere Schüler mehr Selbstvertrauen haben, sondern auch daran, dass Schüler mit gesundem Selbstvertrauen mit größerer Wahrscheinlichkeit gewisse Lernziele anstreben.

Das Bild bleibt natürlich weitgehend deskriptiv, und es wird weiterer Analysen bedürfen, um zu untersuchen, bis zu welchem Grad die Selbsteinschätzung im Allgemeinen und das Selbstkonzept in Mathematik im Besonderen mit Faktoren wie didaktischen Praktiken und Lehrerfeedback zusammenhängt.

Vertrauen der Schülerinnen und Schüler in die Fähigkeiten zur Überwindung von Schwierigkeiten in Mathematik

Erfolgreich Lernende vertrauen nicht nur auf ihre Fähigkeiten. Sie glauben auch, dass Investitionen in Lernen nutzbringend sein und ihnen dabei helfen

Kasten 3.4 ▪ **Ist die Selbsteinschätzung der Schülerinnen und Schüler nur ein Spiegel ihrer Leistungen?**

Ein Thema, das sich stellt, wenn Schülerinnen und Schüler gefragt werden, wie sie ihre eigenen Fähigkeiten einschätzen, und insbesondere ob sie in der Lage sind, verbale und mathematische Aufgaben, die in PISA auch direkt getestet wurden, zu lösen, besteht darin, ob dieser Aspekt dem, was wir über die Fähigkeiten der Schülerinnen und Schüler aus dem Test wissen, etwas Wichtiges hinzufügt. In der Tat sprechen sowohl frühere Forschungen als auch die PISA-Ergebnisse eindeutig für die Annahme, dass Selbstvertrauen schulischen Erfolg fördert und diesen nicht einfach nur widerspiegelt. Insbesondere ist Folgendes festzustellen:

- Forschungsarbeiten zum Lernprozess haben gezeigt, dass Schülerinnen und Schüler zunächst einmal an ihre eigenen Fähigkeiten glauben müssen, bevor sie im notwendigen Umfang in Lernstrategien investieren, die ihnen zu besseren Leistungen verhelfen werden (vgl. Zimmerman, 1999). Diese Erkenntnis findet sich auch in PISA bestätigt: Aus Abbildung 3.7 geht hervor, dass der Glaube an die Selbstwirksamkeit ein ganz besonders zuverlässiger Prädiktor dafür ist, ob ein Schüler sein Lernen kontrollieren wird.

- Jedoch wird ein wesentlich größerer Teil der Varianz bei der Selbsteinschätzung der Schülerinnen und Schüler innerhalb der Länder, Schulen und Klassen beobachtet, als der Fall wäre, wenn das Selbstvertrauen nur die Leistungen widerspiegeln würde. Mit anderen Worten haben in jeder Gruppe Gleichrangiger, selbst in Gruppen mit sehr schwachem Mathematikniveau, die vergleichsweise leistungsstärkeren Schülerinnen und Schüler in der Regel ein stärkeres Selbstvertrauen, was darauf hindeutet, dass sie ihre Selbsteinschätzung auf jene Normen gründen, die sie in ihrem Umfeld beobachten. Das veranschaulicht die Bedeutung des unmittelbaren Umfelds für die Förderung des Selbstvertrauens, das Schülerinnen und Schüler entwickeln müssen, um effiziente Lernende zu werden.
- PISA 2000 zeigte, dass die Schülerinnen und Schüler, die angaben, bei der Lösung verbaler Aufgaben gut zu sein, nicht unbedingt denken, auch Mathematikaufgaben gut bewältigen zu können, obwohl aus PISA 2000 eine starke Korrelation zwischen den Leistungen auf beiden Skalen hervorging. In der Tat bestand in den meisten Ländern höchstens eine schwache und in einigen Fällen sogar eine negative Korrelation zwischen dem Selbstkonzept in verbalen Aufgaben und in mathematischen Aufgaben (OECD, 2003b). Das lässt sich wiederum durch die These erklären, dass die Schülerinnen und Schüler ihre eigenen Fähigkeiten anhand subjektiver Standards einschätzen, die ihrerseits wiederum vom Kontext abhängen, in dem sie sich befinden. So kann es sein, dass einige Schülerinnen und Schüler, die ein großes Selbstvertrauen in ihre Lesekompetenz haben, sich in Mathematik weniger zutrauen, z.T. weil Mathematik im Vergleich zu ihren eigenen Gesamtfähigkeiten eine *relative* Schwachstelle darstellt und z.T. weil bei ihnen die Wahrscheinlichkeit größer ist, als bei leseschwachen Schülerinnen und Schülern, Mitschüler vorzufinden, die ebenfalls gut in Mathematik sind.

Erfolgreich Lernende vertrauen nicht nur auf ihre Fähigkeiten. Sie glauben auch, dass Investitionen in Lernen nutzbringend sein und ihnen dabei helfen können, Schwierigkeiten zu überwinden.

können, Schwierigkeiten zu überwinden, d.h. sie haben ein starkes Gefühl ihrer eigenen Wirksamkeit. Schülerinnen und Schüler hingegen, die kein Zutrauen zu ihrer Fähigkeit haben, sich den nach eigenem Urteil wesentlichen Lernstoff anzueignen und Schwierigkeiten zu überwinden, laufen Gefahr, nicht nur in der Schule, sondern auch als Erwachsene im Leben zu versagen. Selbstwirksamkeit ist mehr als die Selbsteinschätzung der Schülerinnen und Schüler in bestimmten Fächern, wie Mathematik. Sie bezeichnet eher jene Form des Vertrauens, das notwendig ist, um spezifische Lernaufgaben erfolgreich zu meistern. Aus diesem Grund ist die Selbstwirksamkeit nicht einfach nur ein Spiegel der Fähigkeiten und Leistungen der Schülerinnen und Schüler, sondern nachweislich ein Faktor, der die Lernaktivität verstärkt und in der Folge wiederum die Schülerleistungen verbessert.

Diese Selbstwirksamkeit lässt sich anhand eines international vergleichbaren Index beschreiben, der zwischen und in Ländern bestehende Unterschiede aufzeigt.

Das Vertrauen der Schülerinnen und Schüler in ihre Fähigkeit, Schwierigkeiten mit spezifischen Mathematikaufgaben zu überwinden, kann anhand eines Index der Selbstwirksamkeit in Mathematik verglichen werden. Dieser fasst die verschiedenen Fragen zum Vertrauen der Schülerinnen und Schüler in ihre Fähigkeit, bestimmte Rechenprobleme in Mathematik zu lösen, zusammen. Der Index ist derart konstruiert, dass die durchschnittliche Punktzahl in allen OECD-Ländern 0 beträgt und zwei Drittel der OECD-Schülerpopulation Werte zwischen 1 und -1 aufweisen (d.h. eine Standardabweichung von 1) (vgl. *www.pisa.oecd.org* wegen der Itemkarte). Belege aus PISA 2000 und PISA 2003 legen den Schluss nahe, dass sich die Indexwerte der Selbstwirksamkeit in Mathematik auf Länderebene durchaus vergleichen lassen (OECD, 2003b). Die Ergebnisse für einzelne Länder sind im zweiten Teil von Abbildung 3.7 dargestellt, wo die Länder in der Rangfolge ihrer mittleren Punktzahl bei der Selbstwirksamkeit in Mathematik angeordnet sind und die Mittelwerte des unteren und oberen Quartils der Verteilung in jedem Land durch Linien miteinander verbunden werden. Im Durchschnitt geben die Schülerinnen und Schüler in Griechenland, Japan, Korea, Mexiko und in den Partnerländern Brasilien, Indonesien, Thailand und Tunesien die geringste Selbstwirksamkeit in Mathematik an, während sie in Kanada, der Schweiz, der Slowakischen Republik, Ungarn und den Vereinigten Staaten ein vergleichsweise hohes Niveau an Selbstwirksamkeit bekunden. Innerhalb der einzelnen Länder ist die Varianz aber erheblich, wobei das oberste Quartil der Schülerinnen und Schüler in den meisten Ländern angibt, im Umgang mit spezifischen Mathematikaufgaben über ein starkes Selbstvertrauen zu verfügen. Besonders stark ist die Varianz in Island, Kanada, Luxemburg, Norwegen, der Schweiz, der Türkei und den Vereinigten Staaten, wie dem Unterschied zwischen dem Indexmittel für das obere und untere Quartil zu entnehmen ist.

Der Zusammenhang zwischen Selbstwirksamkeit und Mathematikleistung ist besonders stark …

Abbildung 3.7 zeigt, dass im PISA-2003-Mathematiktest zwischen der Selbstwirksamkeit in Mathematik und den Schülerleistungen sogar ein noch engerer Zusammenhang besteht als zwischen dem Selbstkonzept in Mathematik und den Leistungen. In der Tat ist die Selbstwirksamkeit einer der aussagekräftigsten Prädiktoren für die Schülerleistungen, der im Durchschnitt der OECD-Länder 23% und in Japan, Korea, Norwegen, Schweden, der Slowakischen Republik, der Tschechischen Republik, Ungarn und dem Partnerland Hongkong (China) über 30% der Varianz der Mathematikleistungen erklärt. Selbst unter Berücksichtigung sonstiger Lernermerkmale, wie Mathematikangst, Interesse und Freude an Mathematik oder Einsatz von Kontrollstrategien, bestehen in praktisch allen Ländern erhebliche Effektstärken fort (Tabelle 3.12).

… und in keinem Land erreicht das Quartil der Schülerinnen und Schüler mit der geringsten Mathematikwirksamkeit das durchschnittliche OECD-Leistungsniveau.

Von einer anderen Warte aus betrachtet, entspricht ein durchschnittlicher OECD-weiter Anstieg um einen Indexpunkt auf der Skala der Selbstwirksamkeit in Mathematik 47 Punkten – etwas mehr als dem Äquivalent eines Schuljahrs – auf der Gesamtskala Mathematik (Tabelle 3.7 und Kasten 2.2). Noch nicht einmal in den OECD-Ländern mit den besten Ergebnissen erzielt das Quartil der Schülerinnen und Schüler mit dem geringsten Vertrauen in ihre eigene Lerneffizienz in Mathematik Punktzahlen, die dem OECD-Durchschnitt entsprechen oder darüber liegen. Demgegenüber erreichen in allen außer fünf OECD-Ländern die Schülerinnen und Schüler im dritten Quartil des Index der Selbstwirksamkeit in Mathematik über dem OECD-Durchschnitt liegende Punktzahlen, während die Ergebnisse der Schülerinnen und Schüler im obersten Quartil in allen außer sechs OECD-Ländern über der Durchschnittsleistung von Finnland, dem Land mit der höchsten Punktzahl im OECD-Raum insgesamt, liegen (Tabelle 3.7). In der Tat ist in einigen der am besten abschneidenden Länder, darunter Japan,

Abbildung 3.7 ▪ Selbstwirksamkeit der Schülerinnen und Schüler in Mathematik

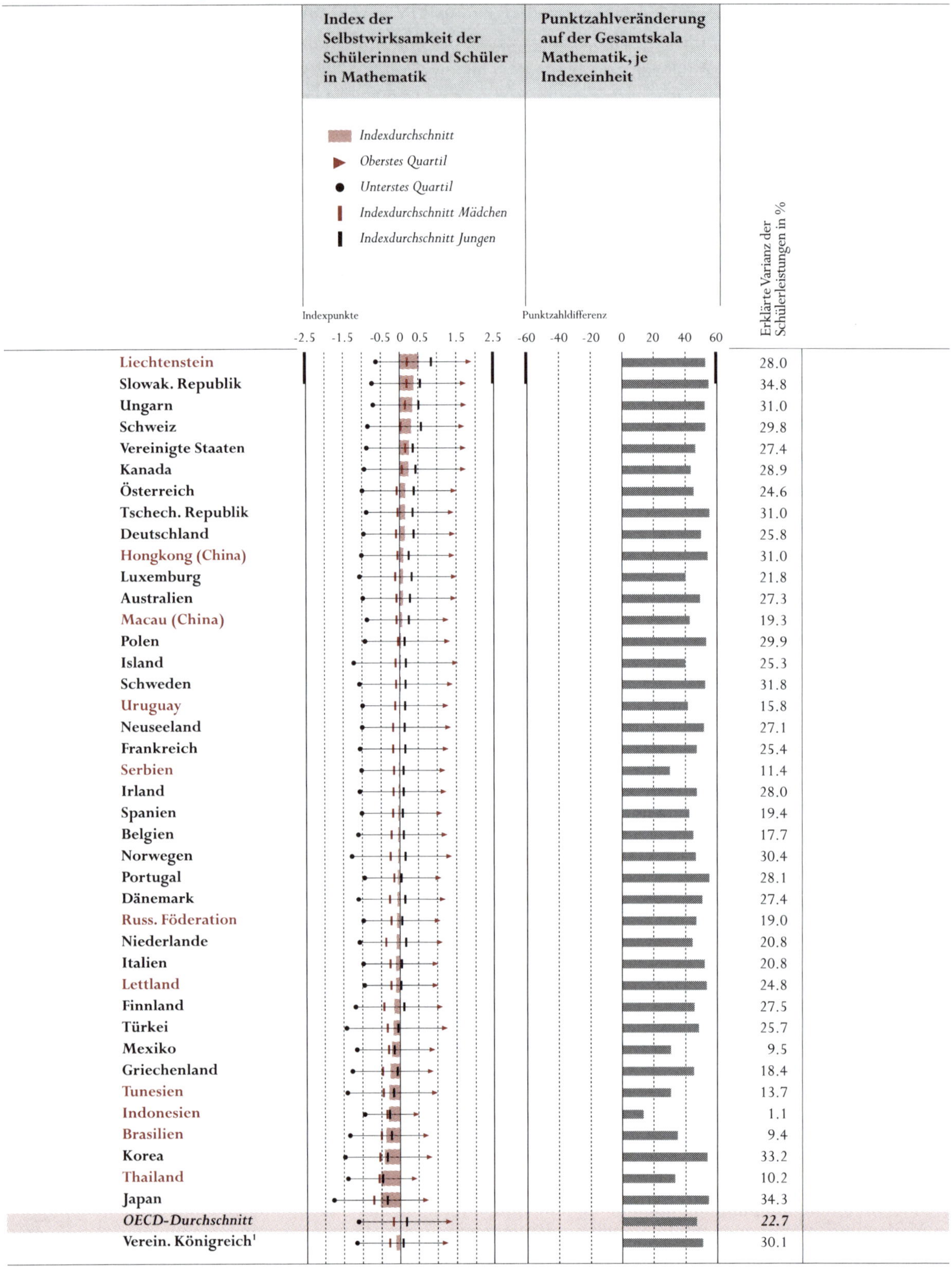

1. Die Beteiligungsquote ist zu niedrig, um die Vergleichbarkeit zu gewährleisten (siehe Anhang A3).
Quelle: OECD PISA-2003-Datenbank, Tabelle 3.7.

Korea, die Schweiz und die Tschechische Republik, die Wahrscheinlichkeit für das Quartil der Schülerinnen und Schüler mit der geringsten Selbstwirksamkeit, auf der Gesamtskala Mathematik im untersten Quartil angesiedelt zu sein, drei- bis viermal so hoch wie bei Schülerinnen und Schülern mit durchschnittlicher Selbstwirksamkeit.

Der Zusammenhang zwischen Mathematikeffizienz und Mathematikleistungen ist nicht nur auf Schülerebene stark, in den meisten Ländern ist auch ein klarer Trend dahingehend zu beobachten, dass Schülerinnen und Schüler in leistungsschwächeren Schulen in der Regel weniger Selbstvertrauen in ihre eigenen Fähigkeiten zur Überwindung von Schwierigkeiten haben. In der Tat lassen sich OECD-weit 23% der auf der Gesamtskala Mathematik unter Schulen beobachteten Unterschiede mit dem durchschnittlichen Niveau der Selbstwirksamkeit der Schülerinnen und Schüler in Mathematik in der Schule erklären (Abb. 3.7). Das deutet darauf hin, dass es weiterer Forschungsarbeiten, möglicherweise mit Langzeitstudien, bedarf, um herauszufinden, welche Schul- und Schülermerkmale mit einer hohen Wirksamkeit assoziiert werden, und zu untersuchen, ob Bemühungen um eine Steigerung der Wirksamkeit auch Leistungsverbesserungen zur Folge haben.

Ein Großteil des Unterschieds zwischen den Leistungen der Schulen hängt mit der abweichenden Selbstwirksamkeit ihrer Schüler zusammen …

Schließlich sollten, wie weiter oben bereits dargelegt wurde, die Meinungen der Schülerinnen und Schüler über ihre eigenen Fähigkeiten, Herausforderungen in Mathematik effizient zu meistern, nicht nur als Prädiktor der schulischen Leistungen angesehen werden. Diese Auffassungen sollten als ein wichtiger Bildungsertrag an sich angesehen werden, der in der Tat wesentliche Auswirkungen nicht zuletzt auf die Motivation und den Einsatz von Kontrollstrategien durch die Schülerinnen und Schüler hat (Tabelle 3.13).

… und die Selbstwirksamkeit in Mathematik ist neben ihrem Effekt auf die Leistungen auch ein positives Bildungsziel an sich.

MATHEMATIKANGST DER SCHÜLERINNEN UND SCHÜLER

Die weniger positive Einstellung einiger Schülerinnen und Schüler zur Mathematik ist möglicherweise eine natürliche Konsequenz früheren Versagens. In der Tat gab ein beachtlicher Anteil der 15-Jährigen in PISA an, beim Lösen von Mathematikaufgaben ein Gefühl der Hilflosigkeit bzw. emotionalen Stress zu empfinden (Tabelle 3.8 und Abb. 3.8). Im Durchschnitt der OECD-Länder berichten etwa 50% der 15-jährigen Jungen und über 60% der Mädchen, sich oft Sorgen zu machen, dass es für sie im Mathematikunterricht schwierig sein wird und dass sie schlechte Noten bekommen (wegen der Daten vgl. *www.pisa.oecd.org*). Demgegenüber stimmen weniger als 30% der Schülerinnen und Schüler im OECD-Raum eher oder ganz Aussagen zum Lernen in Mathematik zu, in denen es heißt, dass sie beim Lösen von Aufgaben in Mathematik ganz unruhig werden, sehr angespannt sind, wenn sie Mathematikhausaufgaben machen müssen, bzw. sich beim Lösen von Mathematikaufgaben hilflos fühlen (vgl. den ersten Teil von Abb. 3.8).

Die Mehrzahl der 15-Jährigen macht sich bis zu einem gewissen Grad Sorgen über eventuelle Schwierigkeiten in Mathematik, obwohl nur eine Minderheit beim Lösen von Aufgaben in Mathematik ganz unruhig wird …

Zwischen den Ländern gibt es erhebliche Unterschiede in Bezug auf das Ausmaß, in dem Schülerinnen und Schüler beim Lösen von Mathematikaufgaben Angst

... jedoch bestehen zwischen den Ländern große Unterschiede: So sind in einigen Ländern 50%, in anderen wiederum nur wenige Schüler angespannt, wenn sie Mathematikhausaufgaben machen müssen.

empfinden, wobei Schülerinnen und Schüler in Frankreich, Italien, Japan, Korea, Mexiko, Spanien und der Türkei angeben, sich am stärksten betroffen zu fühlen, während Schülerinnen und Schüler in Dänemark, Finnland, den Niederlanden und Schweden weniger betroffen sind (vgl. den zweiten Teil von Abb. 3.8). So gibt beispielsweise über die Hälfte der Schülerinnen und Schüler in Frankreich und Japan an, dass sie sehr angespannt sind, wenn sie Mathematikhausaufgaben machen müssen, gegenüber nur 7% in Finnland und den Niederlanden. Bemerkenswert ist in diesem Zusammenhang, dass Finnland und die Niederlande zu den leistungsstärksten Ländern zählen.

Über zwei Drittel der Schülerinnen und Schüler in Griechenland, Italien, Japan, Korea, Mexiko und Portugal geben an, sich oft Sorgen zu machen, dass es für sie im Mathematikunterricht schwierig sein wird, während in Dänemark und Schweden nur ein Drittel in diese Kategorie fällt. Unter den teilnehmenden Partnerländern geben die Schülerinnen und Schüler in Brasilien, Indonesien, Thailand, Tunesien und Uruguay an, dass sie im Umgang mit Mathematik mehr Angst verspüren, während sich die Schülerinnen und Schüler in Liechtenstein am wenigsten ängstlich fühlen. So bekunden beispielsweise über die Hälfte der Schülerinnen und Schüler in Thailand und Tunesien, sehr angespannt zu sein, wenn sie Mathematikhausaufgaben machen müssen. Über zwei Drittel der Schülerinnen und Schüler in Brasilien, Hongkong (China), Indonesien, Macau (China) und Tunesien geben an, sich oft Sorgen zu machen, dass es für sie im Mathematikunterricht schwierig sein wird.

Schülerinnen und Schüler mit starker Mathematikangst schneiden in Mathematik in der Regel schlecht ab ...

Erwartungsgemäß besteht zwischen Mathematikangst und Schülerleistungen eine negative Korrelation. Ein Ein-Punkte-Anstieg auf dem PISA-Index der Mathematikangst entspricht im Durchschnitt der OECD-Länder einem Punkterückgang auf der Gesamtskala Mathematik von 35 Punkten bzw. gut einer halben Kompetenzstufe (vgl. den dritten Teil von Abb. 3.8 und Tabelle 3.8). Schülerinnen und Schüler im untersten Quartil des Index der Mathematikangst weisen im Vergleich zum Durchschnittsschüler eine nur halb so große Wahrscheinlichkeit auf, im untersten Quartil der Schülerleistungen angesiedelt zu werden. Diese negative Korrelation bleibt sogar dann bestehen, wenn andere Lernermerkmale wie das Interesse und die Freude der Schülerinnen und Schüler an Mathematik, die Selbstwirksamkeit in Mathematik und der Einsatz von Kontrollstrategien von Seiten der Schülerinnen und Schüler berücksichtigt werden (Tabelle 3.12).

... und die Schülerinnen und Schüler in leistungsschwächeren Schulen sind generell ängstlicher.

Wie im Fall der Selbstwirksamkeit ist der Zusammenhang zwischen Mathematikangst und Mathematikleistung nicht nur auf Schülerebene stark. In den meisten Ländern besteht auch eine klare Tendenz, der zufolge Schülerinnen und Schüler in leistungsschwächeren Schulen ein höheres Niveau an Mathematikangst angeben (Tabelle 3.15), wobei sich 7% der Leistungsunterschiede zwischen Schulen durch das durchschnittliche Niveau der Mathematikangst der Schülerinnen und Schüler in der Schule erklären lassen.

Abbildung 3.8 ■ Mathematikangst der Schülerinnen und Schüler

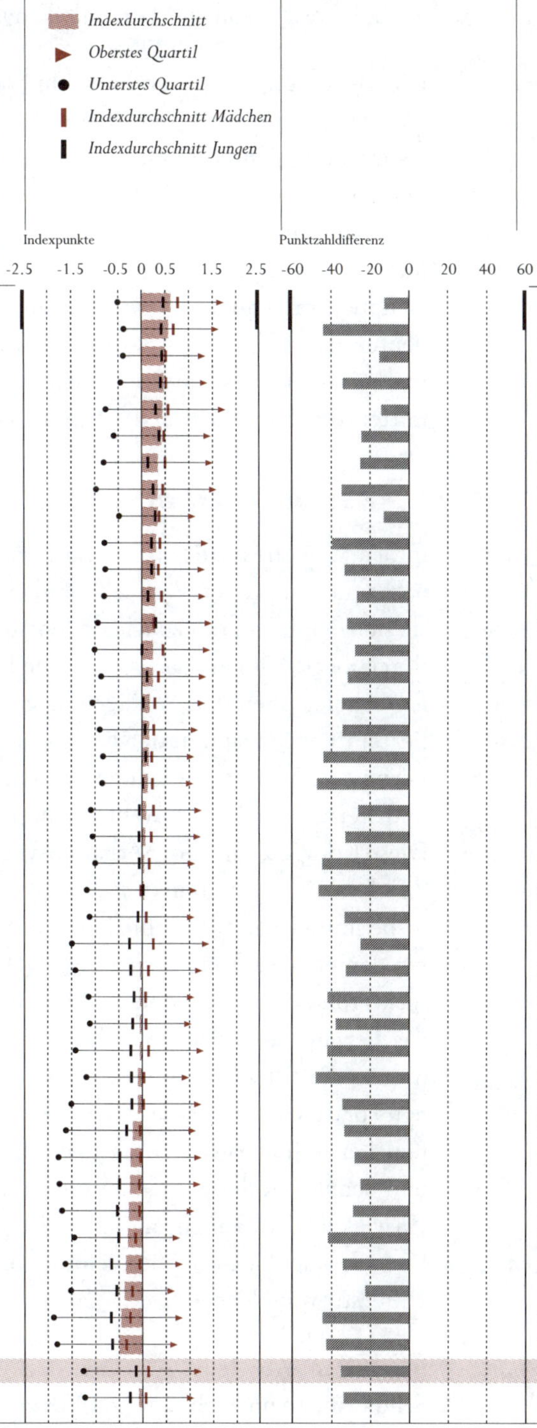

	Prozentsatz der Schülerinnen und Schüler, die folgenden Aussagen eher oder ganz zustimmen: Ich mache mir oft Sorgen, dass es für mich im Mathematikunterricht schwierig sein wird.	Ich bin sehr angespannt, wenn ich Mathematikhausaufgaben machen muss.	Beim Lösen von Aufgaben in Mathematik werde ich ganz unruhig.	Beim Lösen von Mathematikaufgaben fühle ich mich hilflos.	Ich mache mir Sorgen, dass ich in Mathematik schlechte Noten bekomme.	Erklärte Varianz der Schülerleistungen in %	Mathematikangst der Schülerinnen und Schüler in einer der Schulen mit dem geringsten Niveau[1]	Mathematikangst der Schülerinnen und Schüler in einer der Schulen mit dem höchsten Niveau[2]
Tunesien	80	65	48	39	79	1.8	0.3	1.0
Brasilien	70	45	48	43	90	12.1	0.2	1.2
Thailand	64	54	67	45	75	1.6	-0.5	0.8
Mexiko	77	45	49	27	87	8.6	-0.2	0.9
Japan	69	52	42	35	66	2.1	-0.1	0.8
Korea	79	33	44	44	78	4.8	-0.1	0.8
Frankreich	61	53	39	37	75	6.4	m	m
Türkei	64	50	41	46	68	11.7	-0.6	1.0
Indonesien	79	39	48	37	66	1.1	0.0	0.7
Uruguay	64	36	38	26	83	12.7	-0.2	0.8
Italien	70	28	44	44	72	8.6	-0.1	0.9
Spanien	66	36	40	31	77	6.9	-0.1	0.7
Serbien	63	45	43	32	63	13.7	-0.4	0.8
Macau (China)	68	32	39	37	63	9.7	-0.3	0.7
Hongkong (China)	68	29	33	35	72	7.9	-0.2	0.6
Griechenland	69	35	44	38	52	12.4	-0.2	0.9
Portugal	75	22	30	35	67	10.7	-0.2	0.8
Russ. Föderation	58	39	32	24	72	14.4	-0.3	0.6
Lettland	62	33	26	24	73	17.6	-0.3	0.5
Belgien	57	28	32	29	69	5.6	-0.3	0.7
Irland	60	30	26	26	60	13.2	-0.3	0.5
Slowak. Republik	58	25	40	28	53	16.7	-0.6	0.5
Polen	61	30	35	31	57	24.0	-0.7	0.4
Ungarn	62	19	22	29	62	10.1	-0.7	1.0
Luxemburg	58	29	32	30	61	9.8	-0.5	0.4
Kanada	54	32	26	24	58	16.0	-0.6	0.5
Tschech. Republik	52	20	32	29	51	16.8	-0.6	0.5
Australien	53	28	22	20	58	12.4	-0.3	0.3
Norwegen	47	37	20	31	58	24.5	-1.2	0.9
Neuseeland	52	24	21	21	56	19.2	-0.6	0.5
Vereinigte Staaten	56	34	26	23	47	15.7	-0.5	0.7
Island	50	19	17	28	59	15.9	-0.7	0.5
Deutschland	53	30	24	23	47	11.6	-0.7	0.3
Österreich	56	30	22	24	44	9.8	-1.3	0.5
Schweiz	48	26	19	25	47	10.1	-0.9	0.3
Finnland	50	7	15	26	51	19.7	-0.6	0.0
Liechtenstein	47	19	13	22	51	11.0	c	c
Niederlande	36	7	16	17	44	4.9	-0.8	0.0
Dänemark	34	26	15	17	41	26.5	-1.1	0.2
Schweden	32	14	11	17	46	19.9	-0.9	0.1
OECD-Durchschnitt	*57*	*29*	*29*	*29*	*59*	*12.7*	*-0.7*	*0.7*
Verein. Königreich[1]	47	28	25	22	58	11.8	-0.6	0.4

1. Diese Schule liegt am 5. Perzentil. In nur 5% der Schulen ist die Mathematikangst der Schülerinnen und Schüler geringer.
2. Diese Schule liegt am 95. Perzentil. Die Mathematikangst der Schülerinnen und Schüler ist größer als in 95% der anderen Schulen.
3. Die Beteiligungsquote ist zu niedrig, um die Vergleichbarkeit zu gewährleisten (siehe Anhang A3).
Quelle: OECD PISA-2003-Datenbank, Tabelle 3.8.

Die Tatsache, dass Jungen weniger Angst vor Mathematik haben als Mädchen und dass die Schülerschaft in einigen Ländern weniger ängstlich ist als in anderen, legt den Schluss nahe, dass es sich hierbei um ein Problem handelt, bei dem Abhilfe möglich ist.

Das statistisch signifikant höhere Niveau der Mathematikangst unter Mädchen (das in allen Ländern außer Polen zu Tage tritt) ist für die Bildungspolitik vor allem in Dänemark, Deutschland, Finnland, Frankreich, Kanada, Luxemburg, den Niederlanden, Norwegen, Österreich und der Schweiz besonderer Anlass zur Besorgnis. Auch in allen Partnerländern außer Serbien haben die Mädchen ein höheres Niveau an Mathematikangst als Jungen (Tabelle 3.8 und Abb. 3.8).

Die Bedeutung weiterer Forschungsarbeiten auf diesem Gebiet wird durch die starke Prävalenz der Mathematikangst unter 15-Jährigen generell und insbesondere unter Mädchen sowie im Zusammenhang mit der Feststellung unterstrichen, dass in Ländern wie Dänemark, den Niederlanden und Schweden die Schülerinnen und Schüler ein sehr viel niedrigeres Ausmaß an Mathematikangst angeben. Die positiven Erfahrungen der letztgenannten Gruppe von Ländern, die auch in Mathematik insgesamt gut abschneiden, deuten darauf hin, dass das Problem erfolgreich gemeistert werden kann und weckt das Interesse an Fragen darüber, wie diese Länder sich dieses Problems mittels der Organisation des Schulalltags und im Unterricht annehmen.

LERNSTRATEGIEN DER SCHÜLERINNEN UND SCHÜLER

Da die Schülerinnen und Schüler aktiv am Lernprozess beteiligt sind, indem sie sich den Inhalt des zu lernenden Stoffs auf eine Art und Weise erarbeiten, die durch ihr jeweiliges Vorwissen sowie ihre neu erworbenen Erfahrungen geprägt ist …

Informationen werden von Schülerinnen und Schülern nicht passiv aufgenommen und verarbeitet. Vielmehr sind diese aktiv am Lernprozess beteiligt, indem sie sich den Inhalt des zu lernenden Stoffs auf eine Art und Weise erarbeiten, die durch ihr jeweiliges Vorwissen sowie ihre neu erworbenen Erfahrungen geprägt ist. Schülerinnen und Schüler mit gut entwickelten Fähigkeiten zu selbstreguliertem Lernen sind in der Lage, sich geeignete Lernziele zu setzen, sich beim Lernen an bereits vorhandenen Kenntnissen und Fertigkeiten zu orientieren und Lernstrategien zu wählen, die der jeweiligen Aufgabe angemessen sind. Diese Kompetenzen und Verhaltensweisen, deren Entwicklung nicht immer ausdrücklich im Mittelpunkt des Schulunterrichts gestanden hat, werden mittlerweile immer häufiger explizit als wichtige schulische Ziele artikuliert und sollten dementsprechend auch als maßgebliche Erträge des Lernprozesses betrachtet werden. Das ist besonders wichtig, da die Schüler nach Abschluss der Schule das Lernen überwiegend selbst in die Hand nehmen müssen. Das setzt wiederum die Fähigkeit voraus, Ziele aufzustellen, Ausdauer zu zeigen, die eigenen Fortschritte zu überwachen, seine Lernstrategie gegebenenfalls anzupassen und Lernschwierigkeiten zu überwinden. Auch wenn es für die Schülerinnen und Schüler in der Schule bereits von Vorteil ist, die Strategien verstehen und entwickeln zu können, die ihren Lernprozess am besten fördern, dürften die Vorteile aber noch größer sein, wenn sie im Erwachsenenleben mit weniger Unterstützung lernen.

… war PISA auch bemüht, verschiedene Arten von Lernstrategien zu erfassen.

In diesem Abschnitt werden drei Konstrukte beschrieben, die bei den Schülerinnen und Schülern in PISA 2003 erhoben wurden und mit der Kontrolle der Lernstrategien generell (metakognitive Strategien, die Planung, Kontrolle und Regulation umfassen), Memorierstrategien (das Auswendiglernen von

Schlüsselbegriffen bzw. wiederholtes Lernen des Unterrichtsstoffs) und Elaborationsstrategien (Herstellung von Verbindungen zu verwandten Bereichen bzw. Nachdenken über alternative Lösungen) zusammenhängen.

Kontrolle des Lernprozesses

Effizient Lernende verfolgen ihren eigenen Lernprozess, indem sie überprüfen, ob sie ihre Lernziele erreichen …

Erfolgreich Lernende können ihren eigenen Lernprozess steuern und ein breites Spektrum an Lernstrategien effektiv anwenden. Demgegenüber haben Schülerinnen und Schüler, die Probleme mit dem selbstregulierten Lernen haben, häufig keinen Zugang zu effizienten Strategien, die ihnen das Lernen erleichtern und Fortschritte aufzeigen können bzw. es gelingt ihnen nicht, für die jeweilige Aufgabe die geeignete Strategie auszuwählen. Kontrollstrategien, mit deren Hilfe Schülerinnen und Schüler ihren Lernprozess verfolgen können, indem sie beispielsweise überprüfen, was sie gelernt haben und herausarbeiten, was sie noch lernen müssen, bilden eine wichtige Komponente wirksamer Lernstrategien, da sie den Lernenden helfen, ihre Lernstrategie den Bedürfnissen anzupassen.

… und die meisten Schülerinnen und Schüler geben an, dies bis zu einem gewissen Grad zu tun …

Auf Fragen über Strategien zur Beobachtung ihrer Lernfortschritte in Mathematik sowie der Zusammenhänge zwischen diesen und den aufgestellten Lernzielen stimmen 87% der 15-jährigen Schülerinnen und Schüler in den OECD-Ländern eher oder ganz genau der Aussage zu, dass sie, wenn sie sich für eine Mathematikprüfung vorbereiten, herauszufinden versuchen, welches die wichtigsten Dinge sind, die sie lernen müssen. 73% der Schülerinnen und Schüler stimmen eher bzw. ganz der Aussage zu, dass sie, wenn sie für Mathematik lernen, sich zwingen zu prüfen, ob sie das Gelernte auch behalten haben. 86% der Schülerinnen und Schüler stimmen eher bzw. ganz der Aussage zu, dass sie, wenn sie für Mathematik lernen, herauszufinden versuchen, was sie noch nicht richtig verstanden haben. 69% der Schülerinnen und Schüler stimmen eher bzw. ganz der Aussage zu, dass sie, wenn sie in Mathematik etwas nicht verstehen, nach zusätzlichen Informationen suchen, um das Problem zu klären. Und 75% der 15-Jährigen stimmen eher der Aussage zu, dass sie, wenn sie für Mathematik lernen, sich zuerst überlegen, was genau sie üben müssen (Abb. 3.9).

Die Schülerinnen und Schüler lassen sich auf einem Index vergleichen, der die verschiedenen Fragen über den Einsatz von Kontrollstrategien zusammenfasst (vgl. *www.pisa.oecd.org* wegen der Itemkarte und Tabelle 3.9 wegen der Daten). Analysen der PISA-2000-Daten deuten aber darauf hin, dass sich die absoluten Werte der Länder auf diesem Index auf Grund der kulturellen Unterschiede im Antwortverhalten der Schülerinnen und Schüler nicht so einfach vergleichen lassen. Es ist aber legitim zu vergleichen, wie stark der Zusammenhang zwischen Kontrollstrategien und Schülerleistungen in jedem Land ist und wie stark die zwischen Jungen und Mädchen (oder anderen Gruppen) beobachteten Unterschiede innerhalb jedes Landes abweichen (Tabelle 3.9). Bemerkenswert ist ferner, dass in 22 von 30 OECD-Ländern Mädchen global betrachtet in Mathematik deutlich stärker auf Kontrollstrategien zurückgreifen als Jungen.

Abbildung 3.9 ■ Effektives Lernen: Kontrollstrategien

	Prozentsatz der Schülerinnen und Schüler, die folgenden Aussagen eher oder ganz zustimmen:					Erklärte Varianz der Schülerleistungen in %
	Wenn ich mich für eine Mathematikprüfung vorbereite, versuche ich herauszufinden, welches die wichtigsten Dinge sind, die ich lernen muss.	Wenn ich etwas für Mathematik lerne, zwinge ich mich zu prüfen, ob ich das Gelernte auch behalten habe.	Wenn ich für Mathematik lerne, versuche ich herauszufinden, was ich noch nicht richtig verstanden habe.	Wenn ich in Mathematik etwas nicht verstehe, suche ich nach zusätzlichen Informationen, um das Problem zu lösen.	Wenn ich für Mathematik lerne, überlege ich mir zuerst, was ich genau üben muss.	
Tunesien	91	80	86	88	83	2.3
Brasilien	93	92	91	91	86	0.1
Österreich	86	81	91	70	84	0.2
Serbien	90	83	90	87	85	0.4
Mexiko	95	83	93	80	85	0.7
Indonesien	95	96	91	88	89	0.1
Deutschland	90	71	89	66	88	0.7
Griechenland	89	85	90	79	79	0.5
Türkei	88	85	85	61	86	2.7
Liechtenstein	85	60	89	72	81	2.1
Italien	90	76	91	83	85	0.1
Uruguay	91	79	88	72	78	0.0
Schweiz	89	63	89	72	80	0.1
Frankreich	91	72	87	78	78	0.8
Portugal	91	86	85	77	88	3.8
Luxemburg	83	78	84	66	71	0.4
Slowak. Republik	91	79	90	78	83	0.2
Macau (China)	87	77	91	65	89	0.7
Kanada	87	75	87	74	77	2.4
Ungarn	90	76	88	76	78	0.2
Tschech. Republik	84	82	93	80	80	0.0
Australien	89	77	86	69	79	2.4
Vereinigte Staaten	86	72	83	74	79	0.1
Island	89	73	84	58	76	0.3
Irland	90	75	86	69	76	0.2
Spanien	84	79	84	66	82	2.0
Polen	91	80	86	75	79	0.2
Thailand	94	82	85	74	76	0.6
Neuseeland	88	77	86	69	73	1.1
Belgien	85	71	85	67	80	0.0
Hongkong (China)	87	76	89	64	82	6.0
Russ. Föderation	87	74	86	71	71	0.0
Dänemark	84	68	86	78	57	0.2
Norwegen	87	61	78	66	59	2.3
Lettland	84	67	84	71	66	0.3
Niederlande	86	59	82	58	81	0.0
Schweden	79	57	84	72	41	0.0
Finnland	88	46	82	48	59	1.2
Korea	75	60	75	56	47	16.0
Japan	81	65	76	50	26	3.2
OECD-Durchschnitt	*87*	*73*	*86*	*69*	*75*	*0.0*
Verein. Königreich[1]	89	77	86	65	75	0.9

Index der Kontrollstrategien | **Punktzahlveränderung auf der Gesamtskala Mathematik, je Indexeinheit**

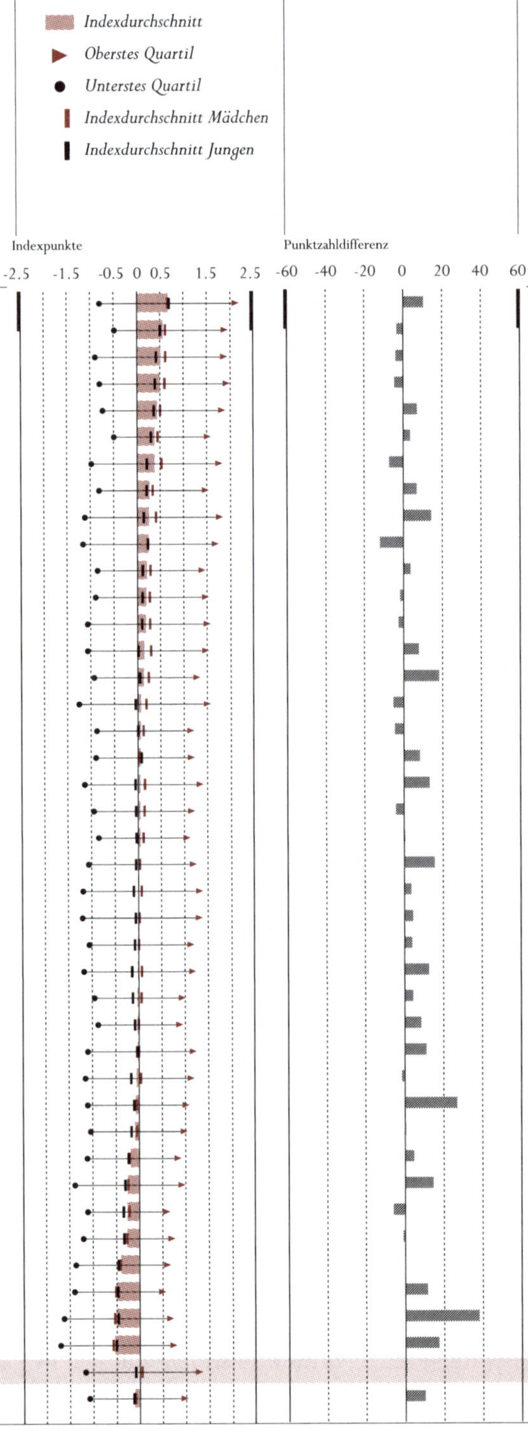

1. Die Beteiligungsquote ist zu niedrig, um die Vergleichbarkeit zu gewährleisten (siehe Anhang A3).
Quelle: OECD PISA-2003-Datenbank, Tabelle 3.9.

Der Zusammenhang zwischen dem genannten Einsatz von Kontrollstrategien und den Schülerleistungen in Mathematik ist in der Regel verhältnismäßig schwach ausgeprägt, wobei im Durchschnitt der OECD-Länder eine Indexeinheit etwa 6 Punkten auf der Gesamtskala Mathematik entspricht (Tabelle 3.9). Das ist anders als im Fall der Lesekompetenz in PISA 2000, wo zwischen dem Einsatz von Kontrollstrategien und der Lesekompetenz ein starker Zusammenhang bestand, und eine Indexeinheit einem Leistungsunterschied in der Lesekompetenz von 16 Punkten entsprach (Tabelle 4.5 und OECD, 2001a). Wie weiter unten in diesem Kapitel verdeutlicht wird, setzen Schülerinnen und Schüler mit Mathematikangst Kontrollstrategien möglicherweise häufiger als Hilfsinstrument ein als Schüler mit stärkerem Selbstvertrauen, so dass diese Strategien, auch wenn sie dem Einzelnen helfen, seine Leistung zu steigern, von leistungsstärkeren Schülern in der Regel nicht genutzt werden. Aus all diesen Gründen müssten die Schulen Maßnahmen, die Schülerinnen und Schülern die Steuerung und Kontrolle ihres Lernprozesses ermöglichen, u.U. größere Aufmerksamkeit widmen, um ihnen bei der Entwicklung effizienter Strategien zu helfen, und dies nicht nur mit dem Ziel, ihre Lernaktivitäten in der Schule zu unterstützen, sondern auch, um ihnen die Instrumente an die Hand zu geben, mit denen sie ihren Lernprozess im späteren Leben steuern können.

… jedoch scheint der in einigen Ländern zwar erhebliche Zusammenhang zwischen Kontrollstrategien und Leistungsniveau insgesamt schwach zu sein.

Erwähnenswert ist ferner, dass im Hinblick auf den Zusammenhang zwischen dem Einsatz von Kontrollstrategien in Mathematik und den Mathematikleistungen zwischen den Ländern große Unterschiede sichtbar werden. In Korea beispielsweise, wo der mittlere Punktwert für Kontrollstrategien vergleichsweise niedrig ist (-0,49), besteht zwischen dem Index und den Schülerleistungen ein starker Zusammenhang, wobei eine Indexeinheit 38 Punkten auf der Gesamtskala Mathematik entspricht. In Australien, Japan, Norwegen, Portugal, der Türkei und dem Partnerland Hongkong (China) entspricht eine Indexeinheit zwischen 14 und 27 Punkten. In anderen Ländern hingegen ist der Zusammenhang entweder statistisch nicht signifikant oder sogar geringfügig negativ.

Memorier- und Elaborationsstrategien

Memorierstrategien (z.B. Auswendiglernen von Fakten und Beispielen) sind bei vielen Aufgaben wichtig, führen aber normalerweise nur zu einer wörtlichen Repräsentation des Wissensstoffs, bei der neue Informationen mehr oder minder unverarbeitet im Gedächtnis gespeichert werden. Wenn sich der Lernende zum Ziel setzt, die gespeicherten Informationen in derselben Form abrufen zu können, wie sie eingegeben wurden, dann ist das Memorieren eine geeignete Strategie. Ein derartiges „mechanisches Lernen" führt aber nur selten zu wirklichem Textverständnis. Letzteres setzt vielmehr die Integration der neuen Informationen in die bereits bestehende Wissensbasis des Lernenden voraus. Zu diesem Zweck können Elaborationsstrategien eingesetzt werden (indem z.B. untersucht wird, wie die Informationen mit bereits in einem anderen Kontext gelernten Dingen zusammenhängen, bzw. indem gefragt wird, wie die betreffenden Informationen in einem anderen Kontext angewendet werden könnten).

Die Schülerinnen und Schüler müssen in manchen Fällen Informationen memorieren, doch führt dies nur dann zu tieferem Textverständnis, wenn die neuen Informationen in eine bereits bestehende Wissensbasis integriert werden …

Abbildung 3.10 ■ Effektives Lernen: Memorierstrategien

	Prozentsatz der Schülerinnen und Schüler, die folgenden Aussagen eher oder ganz zustimmen:				
	Manche Aufgaben in Mathematik rechne ich so oft durch, dass ich sie auch im Schlaf lösen könnte.	Wenn ich für Mathematik lerne, lerne ich so viel wie möglich auswendig.	Um mir den Lösungsweg einzuprägen, rechne ich die Mathematikaufgaben immer wieder durch.	Um für Mathematik zu lernen, versuche ich mir jeden einzelnen Lösungsschritt einzuprägen.	Erklärte Varianz der Schülerleistungen in %
Mexiko	41	82	68	92	0.1
Indonesien	68	52	88	79	3.6
Brasilien	30	62	88	88	4.1
Thailand	48	90	71	85	0.0
Tunesien	43	52	81	78	0.7
Vereinigte Staaten	42	67	70	83	0.0
Griechenland	29	60	75	81	0.1
Australien	30	64	71	80	0.9
Kanada	33	58	70	83	0.5
Uruguay	46	42	82	62	0.4
Ungarn	44	30	74	89	0.5
Polen	36	62	71	78	0.2
Neuseeland	31	66	70	74	0.2
Slowak. Republik	60	32	59	82	0.9
Irland	28	57	77	75	0.3
Türkei	44	30	78	75	0.0
Spanien	31	40	76	85	0.7
Österreich	43	29	70	78	5.1
Italien	30	32	79	84	1.2
Macau (China)	36	55	69	53	1.8
Island	26	55	62	72	0.0
Russ. Föderation	24	50	63	71	0.0
Luxemburg	42	27	72	73	1.1
Tschech. Republik	40	34	62	75	1.7
Serbien	33	24	84	68	4.3
Frankreich	25	37	70	82	0.0
Deutschland	42	34	61	68	5.1
Schweden	33	56	63	61	2.2
Belgien	28	36	71	76	0.7
Portugal	27	43	66	74	0.4
Norwegen	31	41	61	79	6.7
Lettland	19	40	71	74	0.0
Hongkong (China)	34	47	64	56	0.4
Niederlande	41	34	61	61	1.4
Schweiz	32	33	54	74	3.9
Finnland	26	44	54	72	0.6
Dänemark	19	45	50	69	0.9
Liechtenstein	36	27	50	61	17.7
Korea	30	34	61	52	3.6
Japan	21	27	45	62	1.9
OECD-Durchschnitt	***34***	***45***	***66***	***75***	***0.2***
Verein. Königreich[1]	30	63	70	76	1.6

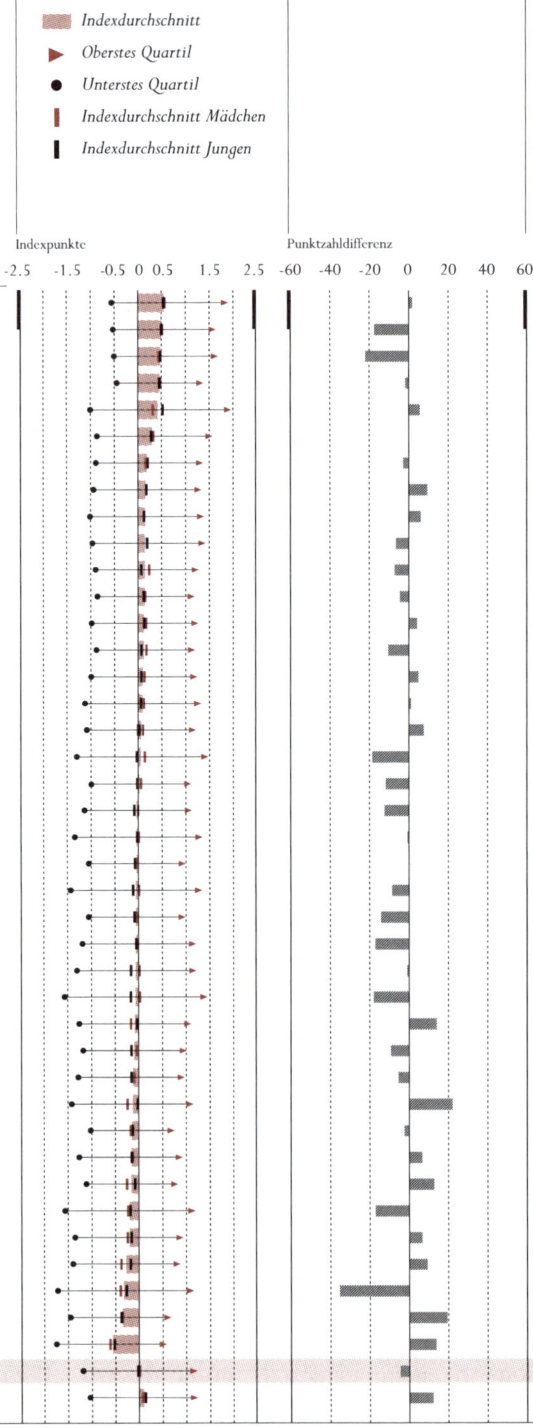

1. Die Beteiligungsquote ist zu niedrig, um die Vergleichbarkeit zu gewährleisten (siehe Anhang A3).
Quelle: OECD PISA-2003-Datenbank, Tabelle 3.10.

Abbildung 3.11 ■ Effektives Lernen: Elaborationsstrategien

Prozentsatz der Schülerinnen und Schüler, die folgenden Aussagen eher oder ganz zustimmen: | **Index der Elaborationsstrategien** | **Punktzahlveränderung auf der Gesamtskala Mathematik, je Indexeinheit**

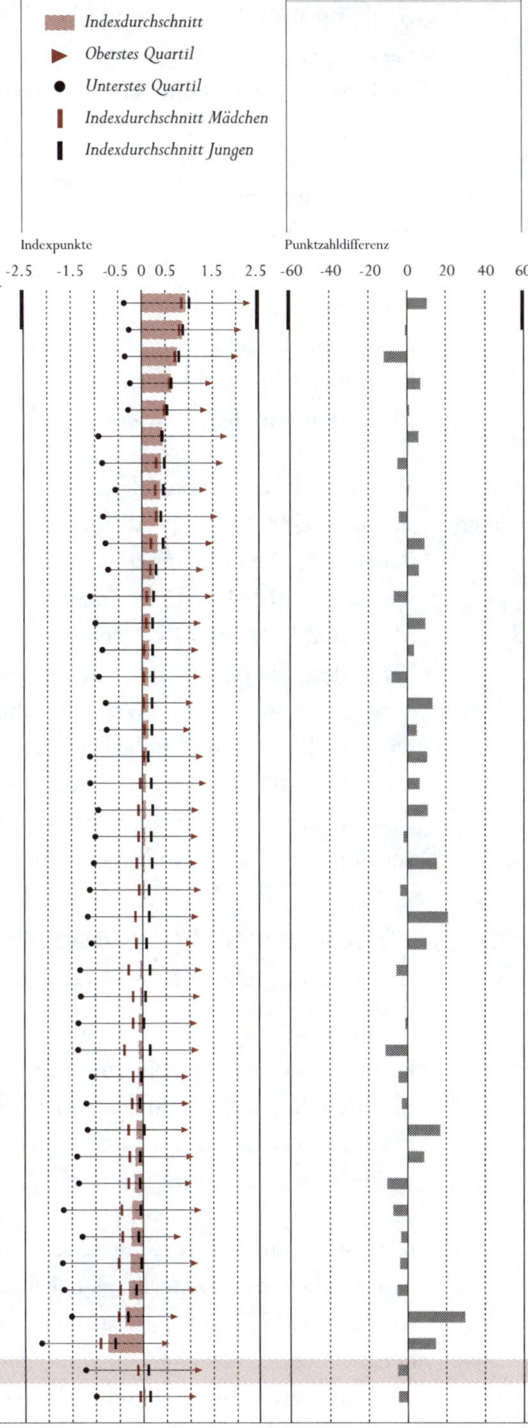

	Bei Mathematikaufgaben überlege ich mir oft neue Lösungswege.	Ich überlege mir, wie das, was ich in Mathematik gelernt habe, im Alltag angewendet werden kann.	Neues in Mathematik versuche ich besser zu verstehen, indem ich Verbindungen zu Dingen herstelle, die ich schon kenne.	Wenn ich eine Mathematikaufgabe löse, überlege ich oft, wie die Lösung für andere interessante Fragestellungen verwendet werden könnte.	Wenn ich für Mathematik lerne, versuche ich den Stoff mit Dingen zu verbinden, die ich in anderen Fächern gelernt habe.	Erklärte Varianz der Schülerleistungen in %
Tunesien	74	79	78	85	72	1.8
Mexiko	78	89	84	67	71	0.0
Brasilien	78	83	85	68	57	1.3
Thailand	64	90	81	74	75	0.3
Indonesien	74	86	82	71	43	0.0
Türkei	68	60	72	57	68	0.4
Serbien	60	62	78	62	54	0.4
Slowak. Republik	65	69	80	43	67	0.0
Uruguay	64	66	72	52	52	0.2
Griechenland	50	75	71	56	52	0.8
Polen	52	64	80	46	59	0.3
Vereinigte Staaten	56	55	70	48	52	0.6
Portugal	64	53	73	60	41	0.9
Russ. Föderation	32	68	68	48	57	0.1
Neuseeland	54	60	67	43	47	0.5
Tschech. Republik	33	77	76	38	49	1.1
Lettland	44	72	75	38	49	0.2
Spanien	55	63	63	44	44	1.3
Kanada	53	52	64	43	47	0.5
Dänemark	47	57	66	42	47	1.0
Australien	53	55	65	41	44	0.0
Macau (China)	56	54	65	40	38	2.4
Italien	54	51	64	43	44	0.2
Hongkong (China)	58	51	63	43	40	4.1
Schweden	48	61	64	33	41	0.9
Schweiz	44	47	66	37	45	0.4
Island	38	57	65	38	38	0.0
Frankreich	45	47	52	48	44	0.0
Liechtenstein	44	44	70	35	41	1.4
Ungarn	34	56	65	31	38	0.2
Irland	41	49	60	33	36	0.1
Finnland	43	51	62	27	40	3.1
Norwegen	35	59	58	35	37	0.8
Belgien	44	36	58	40	40	1.0
Luxemburg	54	40	44	37	34	1.0
Niederlande	40	27	56	36	41	0.1
Österreich	41	41	60	29	40	0.3
Deutschland	36	42	56	27	36	0.4
Korea	40	34	55	27	21	9.1
Japan	42	12	52	21	15	2.4
OECD-Durchschnitt	*49*	*53*	*64*	*40*	*44*	*0.3*
Verein. Königreich[1]	52	52	67	38	47	0.2

1. Die Beteiligungsquote ist zu niedrig, um die Vergleichbarkeit zu gewährleisten (siehe Anhang A3).
Quelle: OECD PISA-2003-Datenbank, Tabelle 3.11.

… so dass Memorier- und Elaborationsstrategien in PISA untersucht wurden.

In der PISA-2003-Erhebung wurden den Schülern separate Fragen über ihren Einsatz von Memorier- und Elaborationsstrategien in Mathematik gestellt. Auf der Basis ihrer Antworten wurde für jede dieser beiden Lernstrategien ein Index konstruiert. Ebenso wie bei den anderen Indizes dürfen Schlussfolgerungen nur in Bezug auf den spezifischen kulturellen und erzieherischen Kontext und die Analysen aus PISA 2000 und PISA 2003 gezogen werden. Das deutet darauf hin, dass sich die absoluten Werte auf diesen Indizes zwischen Ländern und Kulturen nach wie vor schwer vergleichen lassen (Tabelle 3.10 und Tabelle 3.11).

Die meisten Schülerinnen und Schüler memorieren Verfahren, geben aber an, die Antworten nicht einfach auswendig zu lernen …

Was den Einsatz von Memorierstrategien in den OECD-Ländern betrifft, so stimmen 66% der 15-jährigen Schülerinnen und Schüler eher bzw. ganz der Aussage zu, dass sie, um sich den Lösungsweg einzuprägen, die Mathematikaufgaben immer wieder durchrechnen. 75% stimmen eher bzw. ganz der Aussage zu, dass sie, wenn sie für Mathematik lernen, versuchen, sich jeden einzelnen Lösungsschritt einzuprägen. 65% hingegen stimmen eher nicht bzw. überhaupt nicht der Aussage zu, dass sie, wenn sie für Mathematik lernen, so viel wie möglich auswendig zu lernen versuchen (Abb. 3.10).

… und die meisten verbinden neue Konzepte mit dem, was sie bereits wissen, ohne aber weiter über diese nachzudenken.

Was den Einsatz von Elaborationsstrategien in OECD-Ländern betrifft, so stimmen 53% der 15-Jährigen eher bzw. ganz der Aussage zu, dass sie sich überlegen, wie das, was sie in Mathematik gelernt haben, im Alltag angewendet werden kann. 64% stimmen eher bzw. ganz der Aussage zu, dass sie Neues in Mathematik besser zu verstehen versuchen, indem sie Verbindungen zu Dingen herstellen, die sie schon kennen. 60% stimmen eher nicht oder überhaupt nicht der Aussage zu, dass sie, wenn sie eine Mathematikaufgabe lösen, oft überlegen, wie die Lösung für andere interessante Fragestellungen verwendet werden könnte. Und 56% stimmen eher nicht bzw. überhaupt nicht der Aussage zu, dass sie, wenn sie für Mathematik lernen, versuchen, den Stoff mit Dingen zu verbinden, die sie in anderen Fächern gelernt haben (Abb. 3.11).

ZUSAMMENHÄNGE ZWISCHEN LERNERMERKMALEN UND IHR EINFLUSS AUF DIE LEISTUNGEN

Eine Gesamtuntersuchung dieser Lernermerkmale …

In vorangegangenen Abschnitten dieses Kapitels wurden verschiedene Lernermerkmale einzeln untersucht. In diesem Abschnitt werden nun nach Berücksichtigung der Effekte sonstiger Merkmale die Zusammenhänge einzelner Lernermerkmale untereinander sowie die Zusammenhänge zwischen einzelnen Lernermerkmalen und Schülerleistungen untersucht.

… ermöglicht eine Unterscheidung der verschiedenen Einflussfaktoren auf die Leistungen.

Die zwischen den verschiedenen Lernermerkmalen bestehenden Verbindungen machen es schwierig, den Effekt jedes einzelnen Merkmals zu isolieren, wenn es darum geht, Leistungen vorherzusagen. Schülerinnen und Schüler beispielsweise, die angeben, an Mathematik interessiert zu sein, verzeichnen auch mit größerer Wahrscheinlichkeit bessere Leistungen, glauben auch mit größerer Wahrscheinlichkeit an ihre Selbstwirksamkeit, sind zu Anstrengungen bereit und zeigen Ausdauer, allesamt Faktoren, die nachweislich ebenfalls mit guten Leistungen assoziiert werden. Bis zu welchem Grad ist das Interesse an Mathematik an sich ein Prädiktor für gute Leistungen und inwieweit lassen sich die guten Leistungen von Schülerinnen und Schülern, die an Mathematik interessiert sind, durch die Tatsache erklären, dass sie auch über diese anderen positiven Attribute verfügen? Mit der Konstruktion eines Modells der multiplen Interaktionen zwischen diesen verschiedenen Variablen lässt sich der Effekt jeder einzelnen Variable isolieren und getrennt untersuchen – so dass effektiv der Zusammenhang zwischen beispielsweise dem Mathematikinteresse und den Leistungen in Mathematik bei gleichzeitiger Ausschaltung der Effekte anderer gemessener Merkmale betrachtet werden kann. Ein derartiges Verfahren ermöglicht die Unterscheidung der Einzeleffekte jeder Variablen.

Das hier für die Analyse dieser Effekte verwendete Modell erstreckt sich auf eine Auswahl der in PISA zur Messung des Schülerinteresses an Mathematik und der Mathematikangst verwendeten Messgrößen, neben dem Einsatz von Kontrollstrategien durch die Schüler und ihren Leistungen in mathematischer Grundbildung[7]. Im Modell wird von der Annahme ausgegangen, dass das Mathematikinteresse und ein geringer Grad von Mathematikangst Antriebskräfte sind, die Investitionen in Lernaktivitäten mobilisieren, wobei die Annahme spezifischer Strategien unterstellt wird, die im Modell durch die Tendenz der Schüler zur Kontrolle ihres eigenen Lernprozesses repräsentiert sind. Mit dem Modell sollen dann die Schülerleistungen in Mathematik anhand des Interesses der Schüler an Mathematik, der Freiheit von Mathematikangst sowie der Frequenz, mit der Schüler Kontrollstrategien einsetzen, vorhergesagt werden.

Abbildung 3.12 zeigt Messgrößen für den Zusammenhang zwischen den einzelnen Beziehungspaaren, und die Ergebnisse für die einzelnen Länder werden in Tabelle 3.12 gezeigt[8]. Diese unterscheiden sich von den individuellen Zusammenhängen zwischen den in den vorstehenden Abschnitten erörterten unterschiedlichen Merkmalen und Leistungen, da der Einzeleffekt nun durch die Berücksichtigung von Querverbindungen mit den anderen Variablen isoliert wird. Die Analyse kommt zu folgenden Ergebnissen.

Erstens wirken sich die verschiedenen Aspekte der Mathematikangst der Schülerinnen und Schüler ganz unabhängig vom Zusammenhang mit anderen Lernermerkmalen auf die Leistungen aus. Die Stärke des Einflusses wird durch die Breite des jeweiligen Pfeils verdeutlicht. Die Ergebnisse zeigen, dass Schüler ohne Mathematikangst unabhängig von anderen Aspekten ihrer Einstellung oder ihres Verhaltens in Mathematik besser abschneiden. Werden andere Faktoren mitberücksichtigt, besteht zwischen dem Interesse und der Freude der Schüler an Mathematik und ihren Leistungen in Mathematik im Durchschnitt kein eindeutiger Zusammenhang.

Diese Analyse zeigt, dass weniger ängstliche Schülerinnen und Schüler ungeachtet sonstiger Merkmale bessere Leistungen erbringen …

Das bedeutet aber nicht, dass Interesse und Freude an Mathematik keine Rolle spielen: Die Tatsache, dass Schülerinnen und Schüler mit diesen Merkmalen mit größerer Wahrscheinlichkeit effiziente Lernstrategien anwenden, steht in eindeutigem Widerspruch zu dieser Interpretation. Vielmehr legt der starke negative Zusammenhang zwischen dem Interesse und der Freude an Mathematik

… dass zwischen der Angst vor und der Freude sowie dem Interesse an Mathematik eine enge Wechselwirkung besteht …

Abbildung 3.12 ■ **Individuelle Faktoren im Zusammenhang mit Kontrollstrategien und Leistung, unter Berücksichtigung anderer Faktoren**

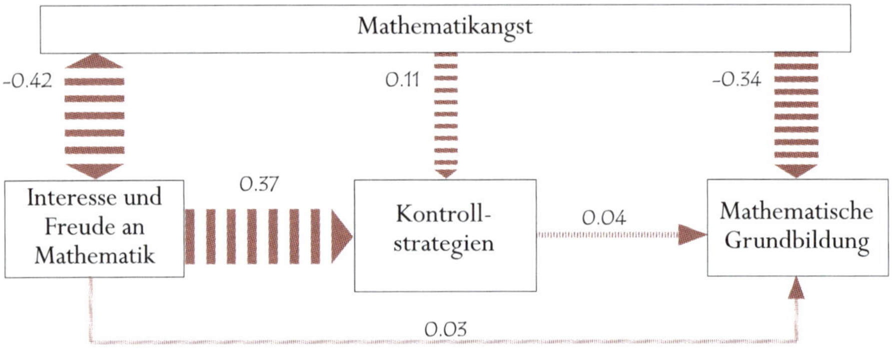

Anmerkung: Die Breite jedes Pfeils ist proportional zum in jedem Feld wiedergegebenen Regressionskoeffizienten, eine Messgröße für den Zusammenhang zwischen den Faktoren (der Anteil der erklärten Varianz kann jedoch nicht anhand des Koeffizienten für eine einzelne Variable berechnet werden, da mehrere Variablen gleichzeitig betrachtet werden). Die Richtung der Pfeile in diesem Diagramm bezeichnet nicht so sehr einen nachgewiesenen Kausalzusammenhang als vielmehr einen vermuteten Effekt.

Quelle: OECD PISA-2003-Datenbank, Tabellen 3.12, 3.13 und 3.14.

auf der einen und der Angst vor Mathematik auf der anderen Seite den Schluss nahe, dass diese beiden Faktoren zusammenspielen: Wie durch den Zusammenhang zwischen Mathematikangst sowie Interesse und Freude an Mathematik in Abbildung 3.12 veranschaulicht wird, zeigen Schüler mit Mathematikangst in der Regel kein Interesse an Mathematik. Die Zusammenhänge zwischen diesen beiden Lernermerkmalen auf der linken Seite der Modellabbildung finden sich nahezu in allen Ländern (vgl. Tabelle 3.14) und scheinen daher ein universelles Relationsmuster zu veranschaulichen.

... dass zwischen Kontrollstrategien, auch wenn sie nicht in einem direkten Zusammenhang zu den Leistungen stehen, und dem Interesse sowie der Angst Wechselwirkungen bestehen ...

Ein Effekt der Kontrollstrategien auf die Leistungen nach Berücksichtigung sonstiger Lernermerkmale ist nicht messbar. Das liegt nicht daran, dass die Kontrolle des eigenen Lernprozesses den Leistungen nicht zugute kommt, sondern vielmehr daran, dass ein Großteil der Varianz im Ausmaß der Kontrolle des eigenen Lernprozesses durch Unterschiede bei Interesse und Freude der Schüler an Mathematik und ihrer Angst vor diesem Fach bedingt ist.

... und dass Schülerinnen und Schüler auf Angst offenbar häufig mit dem Einsatz von Kontrollstrategien reagieren.

Aus den oben stehenden Analysen geht eindeutig hervor, dass, obwohl die Einzeleffekte individueller Schülermerkmale auf die Schülerleistungen und den Einsatz von Kontrollstrategien nicht immer groß sind, die Messung des Gesamteffekts von der Summe der Einzeleffekte abweicht, da mehrere Faktoren miteinander kombiniert noch mehr Einfluss ausüben können. Der Modellierungsprozess ermöglicht die Messung des kombinierten Effekts mehrerer Merkmale durch Betrachtung des Prozentsatzes der Varianz, beispielsweise bei den Schülerleistungen, die sich durch den kombinierten Zusammenhang mit verwandten Faktoren erklären lassen. Diese Ergebnisse sind in Abbildung 3.13 dargestellt.

Abbildung 3.13 ▪ **Die kombinierte Erklärungskraft von Lernermerkmalen auf Mathematikleistungen und Kontrollstrategien**

(A)
Varianz der Schülerleistungen in Mathematik (in %), erklärt durch den kombinierten Effekt von:
- Interesse und Freude an Mathematik
- Mathematikangst
- Kontrollstrategien

(B)
Varianz des Einsatzes von Kontrollstrategien (in %), erklärt durch den kombinierten Effekt von:
- Interesse und Freude an Mathematik
- Mathematikangst
- Kontrollstrategien

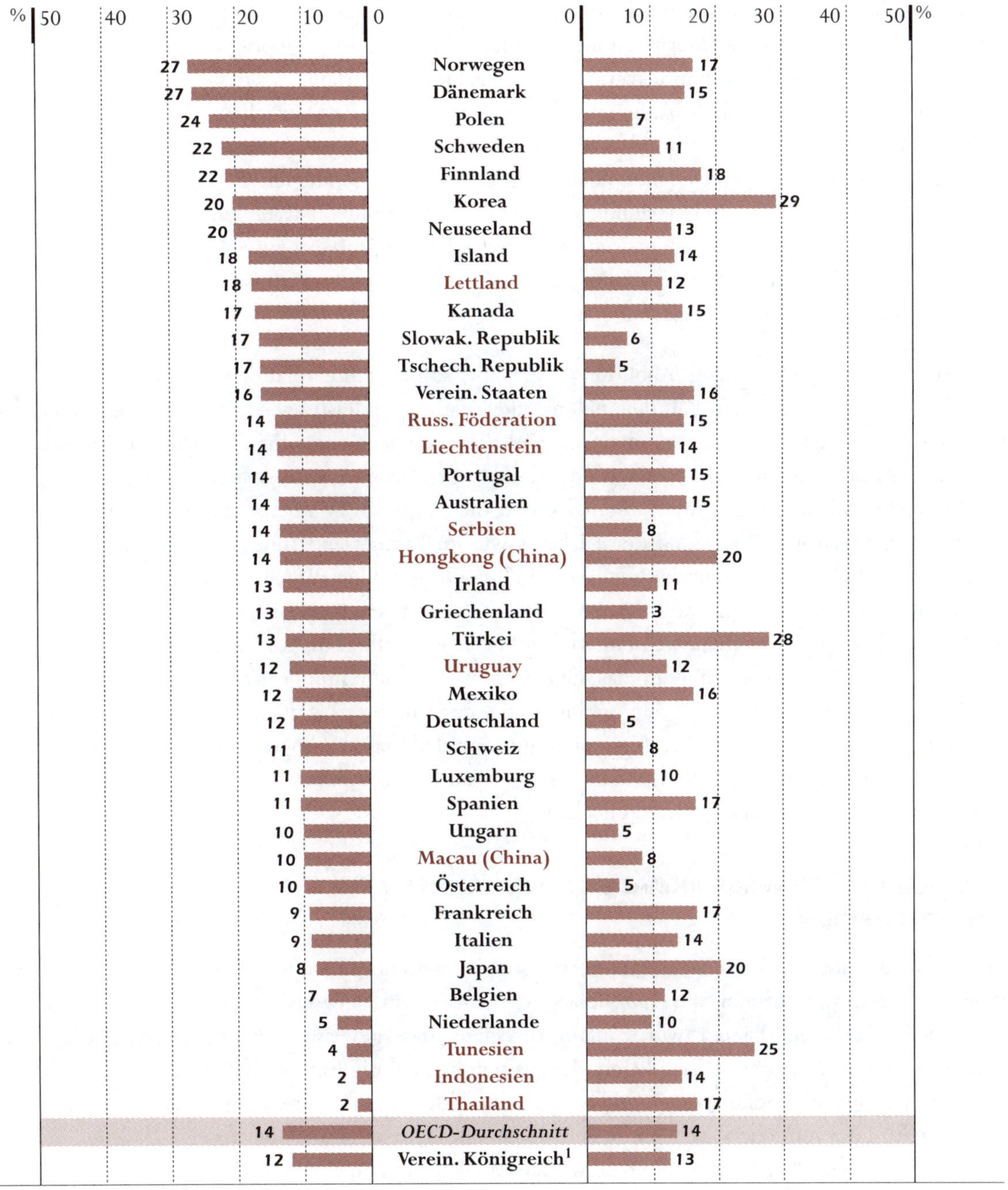

1. Die Beteiligungsquote ist zu niedrig, um die Vergleichbarkeit zu gewährleisten (siehe Anhang A3).
Quelle: OECD PISA-2003-Datenbank.

Außerdem zeigt der geringe, aber positive Zusammenhang zwischen der Mathematikangst der Schüler und dem nach Selbstaussagen effektiven Strategieeinsatz, der in Belgien, Luxemburg, den Niederlanden und Spanien sowie in den Partnerländern Lettland und Liechtenstein am deutlichsten zu Tage tritt (vgl. Tabelle 3.13), dass die Kontrollstrategien nicht nur von stark motivierten Schülern, sondern auch von Schülern mit Mathematikangst eingesetzt werden. Schüler, die Angst haben (und häufig leistungsschwach sind, wie der negative Effekt auf die Mathematikleistungen zeigt), scheinen ihren Lernprozess durch einen verstärkten Einsatz von Kontrollstrategien selbst zu regulieren, was angesichts ihrer spezifischen Bedürfnisse ein sehr effizienter Ansatz sein kann. Andererseits benötigen begabtere Schülerinnen und Schüler u.U. keine so ausgeprägte Selbstkontrolle, da die Informationsverarbeitung problemlos verläuft, so dass diese Schüler angeben, weniger häufig auf entsprechende Strategien zurückzugreifen. Ein Blick auf das Gesamtbild, wie er in Abbildung 3.12 erfolgt, zeigt, dass ein derart differenzierter (aber adaptiver) Einsatz von Strategien z.T. erklären kann, warum die Schülerinnen und Schüler, die Kontrollstrategien einsetzen, nicht unbedingt ein überdurchschnittliches Leistungsniveau aufweisen müssen, obgleich diese Strategien Personen mit spezifischen Bedürfnissen helfen können, ihre Leistungen zu steigern.

Alles in allem veranschaulicht Abbildung 3.13 die starken Interrelationen zwischen Lernermerkmalen auf der einen und Mathematikleistungen auf der anderen Seite. Betrachtet man entsprechend die erklärte Varianz für den Einsatz von Kontrollstrategien, erklären diese beiden Prädiktoren, namentlich das Interesse und die Freude an Mathematik und die Angst vor Mathematik, rd. 30% der Varianz in Korea und der Türkei sowie im Partnerland Tunesien (bei einem OECD-weiten Durchschnitt von 14%). Obwohl der PISA-Index der Kontrollstrategien auch andere Lernermerkmale erfassen kann, ist die Kontrolle des Lernprozesses an sich ein wichtiges Ziel, vor allem im Kontext des lebenslangen Lernens, in dem das eigenständige Lernen immer mehr an Bedeutung gewinnt. Das legt den Schluss nahe, dass in allen Ländern die Annahme einer effizienten Lernstrategie nicht nur von der Existenz kognitiver Instrumente (wissen, wie man lernt) abhängt, sondern auch von einer bestimmen Einstellung und Haltung (der Lernbereitschaft).

Diese Analyse verdeutlicht die starken Wechselwirkungen zwischen Lernermerkmalen und Mathematikleistung.

WIE SICH DIE LERNERMERKMALE IN DEN SCHULEN UNTERSCHEIDEN

Wie weichen die Strukturen der Lernermerkmale zwischen den Schulen global gesehen voneinander ab? Ein hohes Maß an Varianz zwischen den Schulen innerhalb der Länder würde dafür sprechen, dass gewisse Schulen herausragen, und den Schluss nahe legen, dass es möglich ist, die Entwicklung der Lernstrategien der Schülerinnen und Schüler durch die Art des Unterrichts und gezielte Interventionen zu beeinflussen. In Tabelle 3.15 wird die Varianz mehrerer, in diesem Kapitel genannter Lernermerkmale zwischen den Schulen, angegeben in Prozent, untersucht.

Bei den Lernermerkmalen zeigt PISA geringere Unterschiede zwischen den Schulen auf als bei den Leistungen …

Die Ergebnisse deuten darauf hin, dass die zwischen den Schulen bei den genannten Lernermerkmalen bestehenden Unterschiede sehr viel weniger ausgeprägt sind als die Unterschiede innerhalb der Schulen. Für die zehn, in Tabelle 3.15 berücksichtigten Merkmale macht die Varianz zwischen Schulen im Durchschnitt der OECD-Länder weniger als 15% der Gesamtvarianz unter den Schülerinnen und Schülern aus. Das dürfte darauf hindeuten, dass in den meisten Ländern vergleichsweise wenige Schulen in dem Sinne herausragen, dass sich die Schülerinnen und Schüler mit großer Wahrscheinlichkeit als sehr motiviert bezeichnen, ein starkes Selbstvertrauen haben und effiziente Lernstrategien anwenden.

... doch kann dies darauf zurückzuführen sein, dass sich die Schülerinnen und Schüler bei der Beschreibung ihrer Merkmale an ihren Mitschülern orientieren.

Bei der Interpretation solcher Ergebnisse ist Vorsicht geboten, da sie auf Selbstaussagen der Schüler basieren und sich die Schüler bei derartigen Selbsteinschätzungen sehr stark an ihren Mitschülern orientieren. Bei einigen Merkmalen kann dies zwischen den Schulen bedeutende Unterschiede bei den Lernstrategien verdecken. So ist es beispielsweise möglich, dass einige Schüler, deren Klassenkameraden sehr fleißig sind, ihren eigenen Einsatz und ihre Ausdauer im Vergleich zu weniger intensiv lernenden Klassenkameraden zu gering einschätzen, obwohl für den Schulerfolg der absolute Arbeitsaufwand zählt. Aus diesem Grund lassen sich Schulen, in denen die gesamte Schülerschaft vergleichsweise fleißig ist, nur schwer identifizieren. Auf der anderen Seite und in anderer Hinsicht ist die subjektive Einschätzung der Schüler im Vergleich zu ihren Peers auch ein wichtiger Teil des Gesamtbildes. Selbst wenn die Selbsteinschätzung der Schülerinnen und Schüler, in Mathematik nicht gut zu sein, mit den guten Mathematikleistungen anderer in der Schule zusammenhängt und nicht durch eine absolute Schwäche in diesem Fach bedingt ist, stellt dieser Mangel an Selbstvertrauen nach wie vor einen wichtigen Aspekt ihrer Lernstrategie dar, der sie vielleicht bremst.

Dennoch zeigt die starke Varianz innerhalb jeder Schule, dass selbst erfolgreiche Schulen Probleme bewältigen müssen.

Die Erkenntnis, dass die einzelnen Schulen in Bezug auf das Profil der von den Schülerinnen und Schülern angegebenen Lernstrategien nicht sehr stark voneinander abweichen, hat dennoch wichtige Konsequenzen, auch wenn es *nicht* bedeutet, dass alle Schulen in Bezug auf die Lernermerkmale ihrer Schülerpopulation ähnlich sind. Was aus dieser Erkenntnis aber deutlich hervorgeht, ist die starke Varianz der Lernermerkmale unter den Schülern innerhalb der Schulen. Die hohe Varianz innerhalb einer Schule unterstreicht, wie wichtig es ist, dass die Lehrkräfte in der Lage sind, konstruktiv mit der Heterogenität nicht nur der Fähigkeiten der Schüler, sondern auch ihrer Lernstrategien umzugehen. Selbst in Schulen mit hohem Leistungsniveau gibt es Schüler, denen es an Selbstvertrauen und Motivation mangelt und die nicht geneigt sind, ihre eigenen Lernziele aufzustellen und ihre Lernfortschritte auf dem Weg dorthin zu verfolgen.

GESAMTBILD DER GESCHLECHTSSPEZIFISCHEN UNTERSCHIEDE BEI LERNERMERKMALEN

Verschiedene geschlechtsspezifische Unterschiede lassen sich in standardisierter Form vergleichen …

In den vorhergehenden Abschnitten des vorliegenden Kapitels wurden die geschlechtsspezifischen Unterschiede für die verschiedenen Lernermerkmale getrennt untersucht. Abbildung 3.14 enthält eine Zusammenfassung der Informationen über geschlechtsspezifische Unterschiede bei den Lernermerkmalen, Einstellung der Schülerinnen und Schüler zur Schule, Angst, Strategien und Kognitionen in Verbindung mit Mathematik und stellt einen Zusammenhang zwischen den Ergebnissen und den beobachteten Leistungsunterschieden in Mathematik her. Alle Ergebnisse werden in Effektstärken ausgedrückt, so dass die Ergebnisse aus verschiedenen Messungen und zwischen den Ländern verglichen werden können, wobei eine Effektstärke von 0,2 als Kriterium für die Berücksichtigung von Unterschieden gewählt wurde, die die Aufmerksamkeit der Politikverantwortlichen verdienen (Kasten 3.3).

… und es zeigt sich, dass Jungen und Mädchen anders an das Lernen in Mathematik herangehen …

Ein erstes auffälliges Ergebnis ist, dass trotz der in der Regel geringen geschlechtsspezifischen Unterschiede bei den Schülerleistungen (vgl. den ersten Balken in Abb. 3.14) es zwischen Jungen und Mädchen in Bezug auf ihr Interesse und ihre Freude an Mathematik wie auch ihre Selbsteinschätzung, ihre Gefühle und Lernstrategien in Mathematik deutliche Unterschiede gibt.

… wobei sich Jungen vor allem in einigen Ländern durch eine stärkere Motivation auszeichnen.

Abbildung 3.14 zeigt, dass die Jungen in 21 Ländern ein höheres Niveau an Interesse und Freude an Mathematik bekunden als die Mädchen, mit einer durchschnittlichen Effektstärke von 0,21 sowie Effektstärken von über 0,50 in der Schweiz und im Partnerland Liechtenstein. In 26 Ländern sind die geschlechtsspezifischen Unterschiede bei der instrumentellen Motivation in Mathematik in der Regel sogar noch größer (die durchschnittliche Effektstärke beträgt 0,24) als beim Interesse an Mathematik, was darauf hindeutet, dass Jungen eine größere Lernmotivation aufweisen, da sie davon überzeugt sind, dass Mathematik ihnen in ihrem späteren Job weiterhelfen wird.

Ferner zeigen Jungen im Vergleich zu Mädchen auch ein stärkeres Selbstvertrauen in Mathematik als anhand der verhältnismäßig geringen Leistungsunterschiede zu erwarten wäre …

Neben der beobachteten Diskrepanz zwischen den geschlechtsspezifischen Unterschieden bei den tatsächlichen Leistungen (die vergleichsweise gering sind) und den geschlechtsspezifischen Unterschieden bei der inhärenten und externen Motivation der Schülerinnen und Schüler (die generell sehr viel größer sind) ergibt sich auch bei Betrachtung der Selbstwirksamkeit, Selbsteinschätzung, Selbstkonzepte und Mathematikangst ein ähnliches Bild. Auch wenn die Mädchen wiederum häufig gar nicht so viel schlechter abschneiden als die Jungen, geben sie dennoch in fast allen Ländern eine niedrigere Selbstwirksamkeit in Mathematik an als die Jungen, mit den stärksten Effekten in Finnland, den Niederlanden und der Schweiz sowie dem Partnerland Liechtenstein. Ähnliche Resultate ergeben sich für das Selbstkonzept der Schülerinnen und Schüler in Mathematik, wo Jungen ihre Fähigkeiten in den meisten Ländern generell höher einschätzen als Mädchen.

Abbildung 3.14 ■ **Geschlechtsspezifische Unterschiede bei den Mathematikleistungen und anderen Lernermerkmalen, gemessen anhand von Effektstärken**

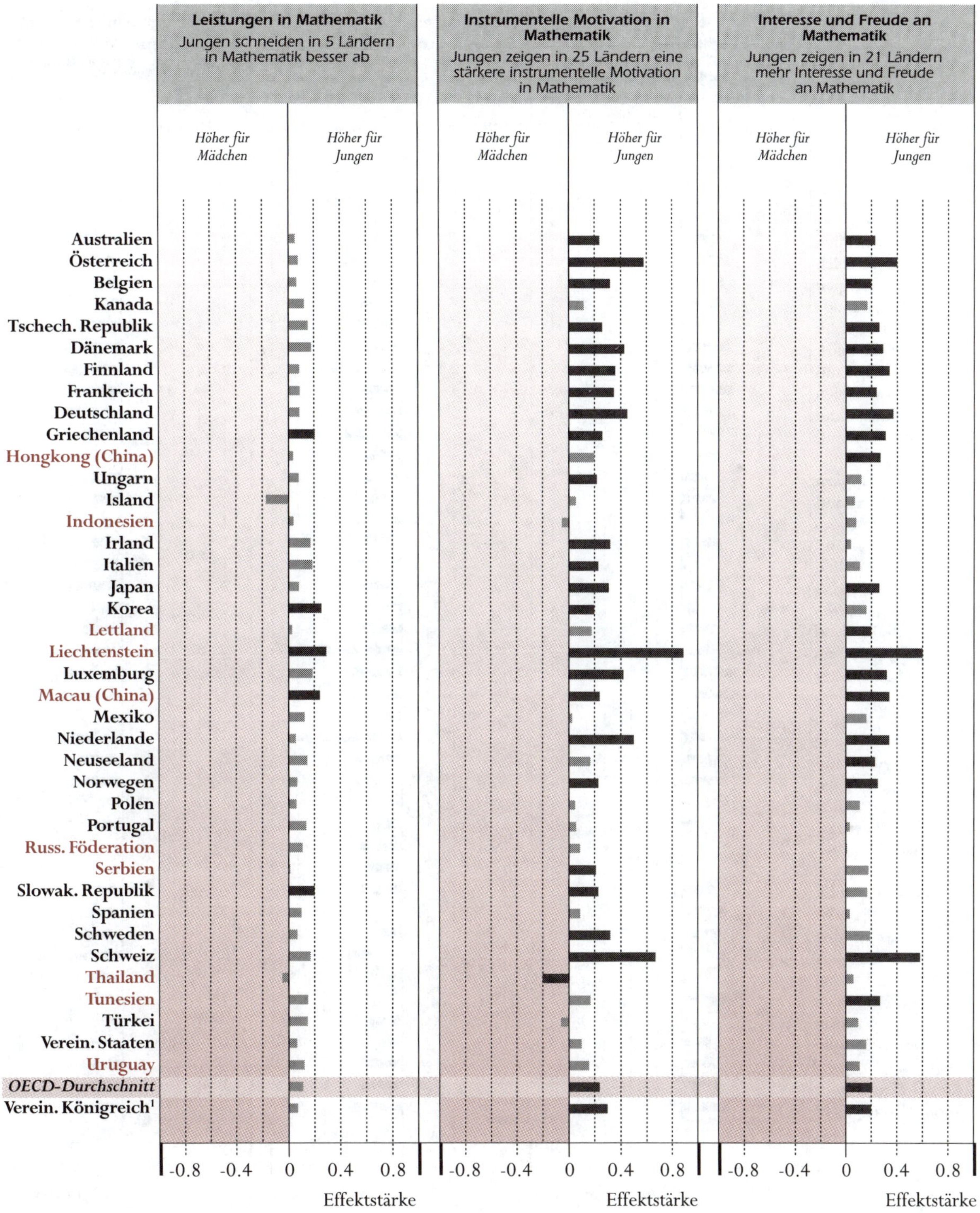

Anmerkung: Effektstärken von 0,20 und darüber sind in dunklerer Farbe gekennzeichnet (siehe Anhang A4).

1. Die Beteiligungsquote ist zu niedrig, um die Vergleichbarkeit zu gewährleisten (siehe Anhang A3).

Quelle: OECD PISA-2003-Datenbank, Tabelle 3.16.

Abbildung 3.14 (Fortsetzung-1) ■ **Geschlechtsspezifische Unterschiede bei den Mathematikleistungen und anderen Lernermerkmalen, gemessen anhand von Effektstärken**

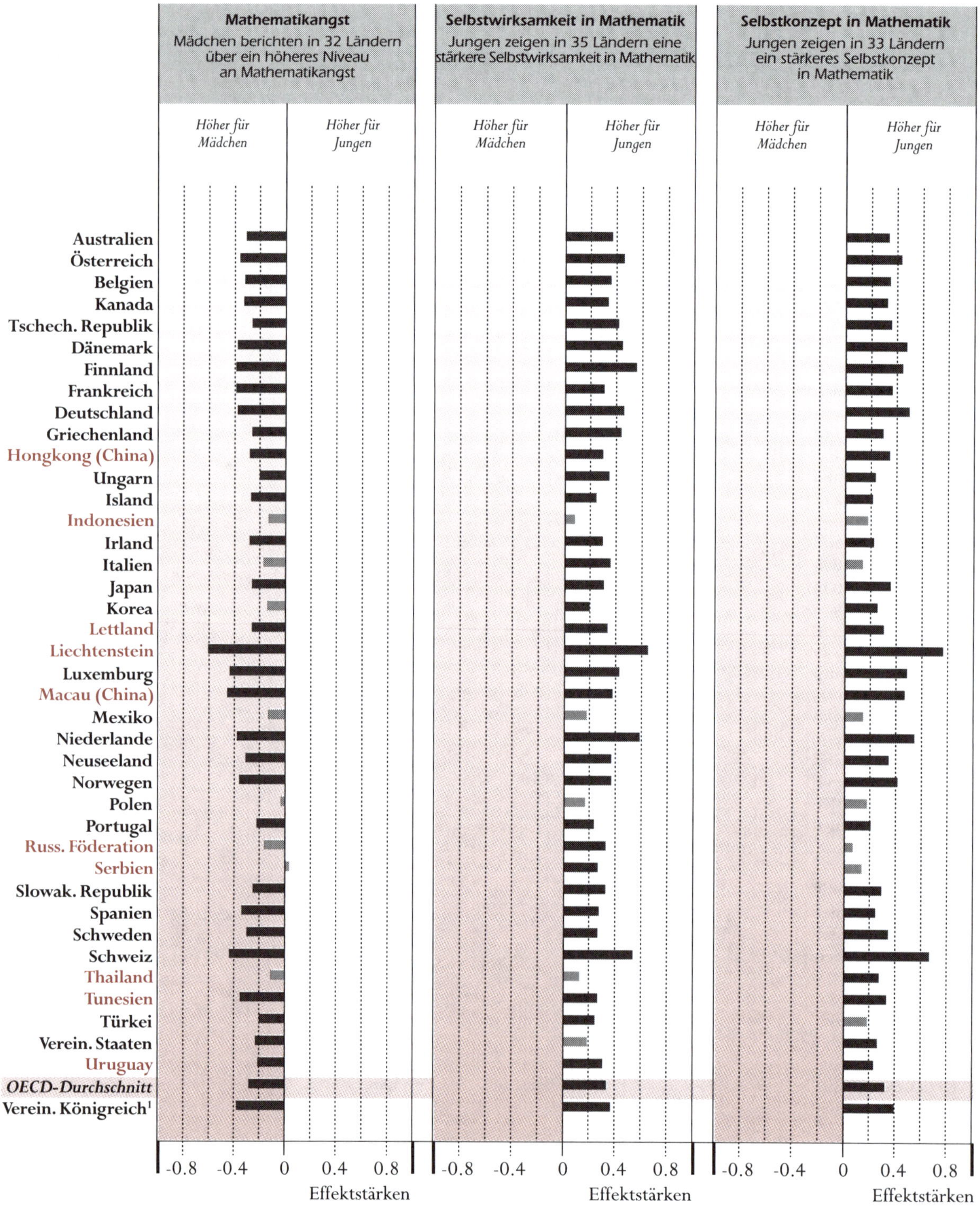

Anmerkung: Effektstärken von 0,20 und darüber sind in dunklerer Farbe gekennzeichnet (siehe Anhang A4).

1. Die Beteiligungsquote ist zu niedrig, um die Vergleichbarkeit zu gewährleisten (siehe Anhang A3).

Quelle: OECD PISA-2003-Datenbank, Tabelle 3.16.

Abbildung 3.14 (Fortsetzung-2) ■ **Geschlechtsspezifische Unterschiede bei den Mathematikleistungen und anderen Lernermerkmalen, gemessen anhand von Effektstärken**

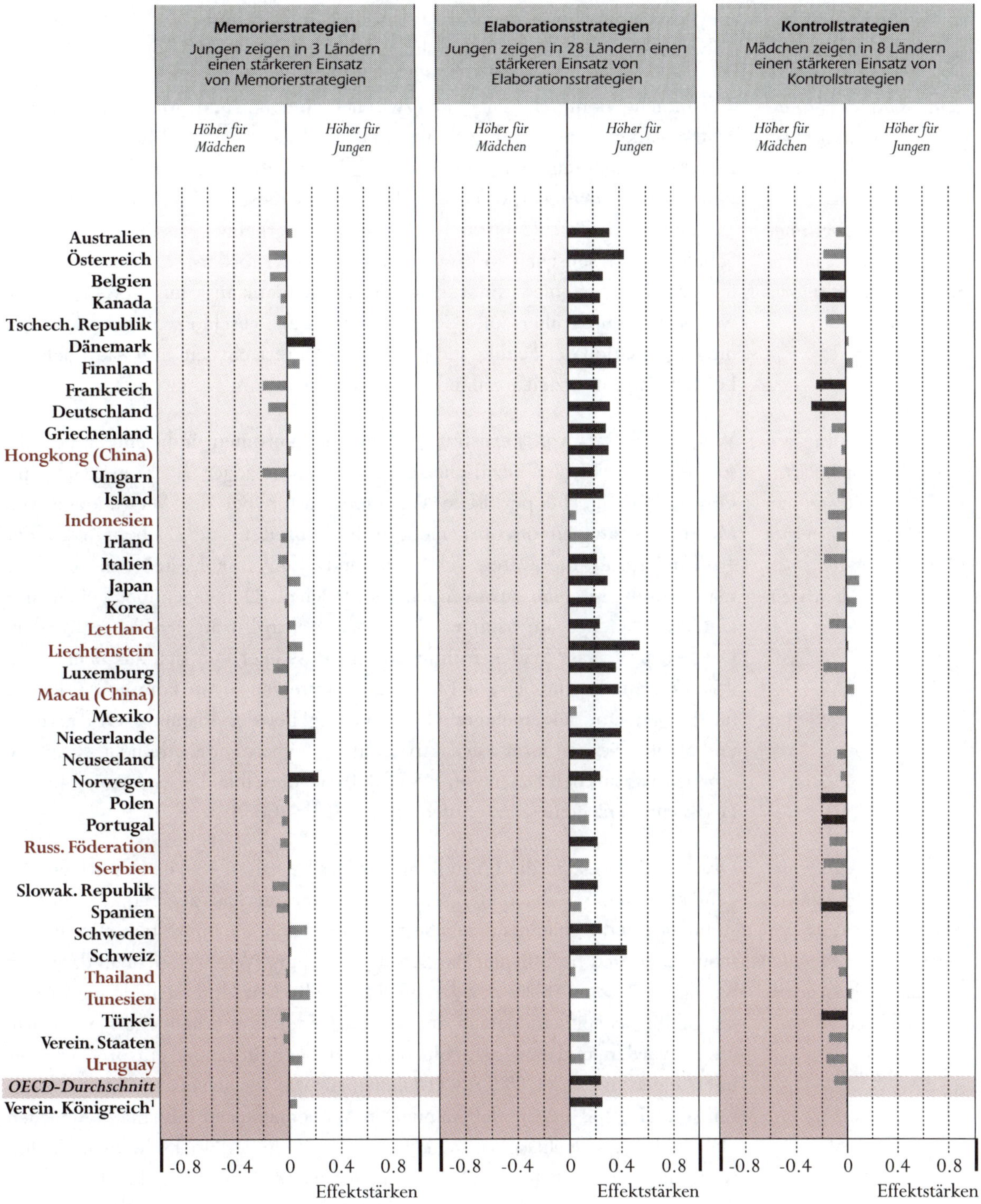

Anmerkung: Effektstärken von 0,20 und darüber sind in dunklerer Farbe gekennzeichnet (siehe Anhang A4).

1. Die Beteiligungsquote ist zu niedrig, um die Vergleichbarkeit zu gewährleisten (siehe Anhang A3).

Quelle: OECD PISA-2003-Datenbank, Tabelle 3.16.

... wohingegen Mädchen in den meisten Ländern ängstlicher sind.

Schließlich verspüren Mädchen in 32 von 40 Ländern im Mathematikunterricht deutlich häufiger Gefühle wie Angst, Hilflosigkeit und Stress als Jungen. Das Angstniveau unter Mädchen ist in Dänemark, Deutschland, Finnland, Frankreich, Luxemburg, den Niederlanden, Norwegen, Österreich, der Schweiz und Spanien sowie in den Partnerländern Liechtenstein, Macau (China) und Tunesien statistisch signifikant höher.

Das legt den Schluss nahe, dass die Schulen das Interesse an Mathematik und das entsprechende Selbstvertrauen unter Mädchen fördern müssen.

Zusammengenommen sind die zwischen Jungen und Mädchen bei den Mathematikleistungen auf der einen Seite und der Angst und Einstellung dem Fach gegenüber auf der anderen Seite beobachteten Unterschiede für die Politikverantwortlichen von hoher Relevanz, da diese Daten Ungleichgewichte zwischen den Geschlechtern in Bezug darauf erkennen lassen, wie effektiv Schule und Gesellschaft Motivation und Interesse fördern. Die Daten weisen ferner auf Unterschiede im Ausmaß der Mathematikangst hin. Die Ergebnisse werfen Fragen darüber auf, wie die Genderlücke geschlossen und wie durch die Organisation der Schule und die Art des Unterrichts ein insgesamt höheres Leistungsniveau erzielt werden kann.

In einigen Ländern kontrollieren Mädchen eher ihren Lernprozess, während Jungen eher Elaborationsstrategien anwenden.

Was den Einsatz von Lernstrategien der Schülerinnen und Schüler betrifft, so fallen geschlechtsspezifische Unterschiede weniger stark ins Gewicht. Obwohl geschlechtsspezifische Verhaltensmuster bei der Verwendung von Memorierstrategien offenbar nicht weit verbreitet sind[9], geben in 28 der 40 Länder, für die Daten verfügbar sind, Jungen konsistent an, häufiger Elaborationsstrategien anzuwenden als Mädchen. Demgegenüber geben in 8 Ländern Mädchen an, häufiger als Jungen Kontrollstrategien zu verwenden. Das bedeutet, dass Mädchen ihren Lernprozess eher von sich aus beurteilen. Ihnen könnte das Einüben von Elaborationsstrategien zugute kommen, während für Jungen eine allgemeinere Unterstützung bei der Planung, Organisation und Strukturierung ihrer Lernaktivitäten vorteilhaft wäre. Ähnliche Resultate ergaben sich aus den Daten von PISA 2000, wo dieselben Lernstrategien für die Lesekompetenz gemessen wurden (vgl. OECD, 2003b).

Diese geschlechtsspezifischen Unterschiede sind für die Zukunft der Schülerinnen und Schüler von Bedeutung, nicht nur ihre Leistungen in der Schule.

Obwohl diese Daten die Einstellung und das Verhalten 15-Jähriger widerspiegeln, können die beobachteten Verhaltensmuster durchaus als Prädiktor für Einstellungen und Verhaltensweisen betrachtet werden, die im weiteren Verlauf des schulischen und beruflichen Werdegangs auftreten. Wie weiter oben dargelegt wurde, sind beim Abbau der geschlechtsspezifischen Unterschiede bei formalen Bildungsqualifikationen in der letzten Generation erhebliche Fortschritte erzielt worden, und die Hochschulabschlussquoten für Frauen entsprechen oder übersteigen in 21 der 27 OECD-Länder, für die vergleichbare Daten existieren (OECD, 2004a), die der Männer. In Mathematik und Informatik hingegen bleiben die geschlechtsspezifischen Unterschiede in der Hochschulqualifikation weiterhin chronisch hoch: Der Anteil der weiblichen Hochschulabsolventen in Mathematik und Informatik beträgt im Durchschnitt der OECD-Länder nur 30%, und in Belgien, Deutschland, Island, den Niederlanden, Norwegen, Österreich, der Schweiz, der Slowakischen Republik und Ungarn liegt er nur zwischen 9% und 25%.

POLITIKIMPLIKATIONEN

Die Ergebnisse des vorliegenden Kapitels legen den Schluss nahe, dass Schüler dann am ehesten eine hohe Lernqualität erreichen und verschiedene Strategien anwenden, wenn sie stark motiviert sind, keine Angst vor dem Lernen haben und an ihre eigenen Fähigkeiten glauben.

Motivierte Schülerinnen und Schüler mit Selbstvertrauen investieren stark in ihren eigenen Lernprozess …

Die Motivation der Schülerinnen und Schüler, ihre positive Selbsteinschätzung wie auch ihre emotionale Verfassung beeinflussen ebenfalls ihren Einsatz von Lernstrategien. Hierfür gibt es gute Gründe: Eine hohe Lernqualität ist zeit- und arbeitsintensiv. Sie umfasst die Kontrolle des Lernprozesses wie auch die explizite Überprüfung der Zusammenhänge zwischen zuvor erworbenen Kenntnissen und neuen Informationen, die Formulierung von Hypothesen über mögliche Verknüpfungen und die Überprüfung dieser Hypothesen vor dem Hintergrund der neuen Informationen. Lernende sind nur dann bereit, derartige Anstrengungen zu unternehmen, wenn sie sehr an einem Fach interessiert sind oder sich ihre Anstrengungen in guten Noten niederschlagen, wobei Lernende auch durch externe Belohnungen für gute Leistungen motiviert werden. Aus diesem Grund müssen die Schülerinnen und Schüler auch bereit sein zu lernen, wie man am besten lernt. Von der Warte der Lehrkräfte aus betrachtet, bedeutet dies, dass wirksame Lernmethoden, darunter die Aufstellung von Zielen, die Auswahl von Strategien sowie die Kontrolle und Evaluation von Lernprozessen von den Bildungseinrichtungen und Lehrkräften gefördert werden können und sollten.

… und die Lehrkräfte können Schülerinnen und Schülern mit schwächerem Profil bei der Annahme effizienter Lernstrategien helfen …

Forschungsarbeiten über die Möglichkeiten für die Vermittlung von Lernstrategien an Schülerinnen und Schülern haben gezeigt, dass die Entwicklung von Lernkompetenzen nicht nur von der Existenz eines Fundus an kognitiven und metakognitiven Fähigkeiten der Informationsverarbeitung abhängt, sondern auch von der Bereitschaft des Einzelnen, seine eigenen Ziele zu definieren, proaktiv zu handeln, Erfolg und Misserfolg angemessen zu interpretieren, Wünsche in Intentionen und Pläne umzusetzen und das Lernen vor konkurrierenden Intentionen abzuschirmen. Ein Strategierepertoire entwickelt sich zusammen mit anderen lernfördernden Attributen nach und nach durch Lehrer, die effektives Lernverhalten modellieren, durch ausgeklügelte Aktivitäten mit dem Ziel, dem Schüler ein Lerngerüst zur Verfügung zu stellen, sowie durch eine Analyse der Gründe für schulischen Erfolg und Misserfolg. Auf dem Weg zu einem effizienten und selbstregulierten Lernen brauchen die Schüler Unterstützung und Feedback, und dies nicht nur in Bezug auf die Lernergebnisse, sondern auch hinsichtlich des Lernprozesses selbst. Es sind vor allem die Schülerinnen und Schüler mit den generell schwächsten Lernstrategien, die auf dem Weg zu effizientem und selbstreguliertem Lernen professionelle Hilfe brauchen.

… was eine Stärkung ihrer Motivation und ihres Selbstvertrauens voraussetzt.

Der Zusammenhang zwischen der Selbsteinschätzung der Schülerinnen und Schüler in Mathematik und ihrem Lernverhalten in Mathematik deutet darauf hin, dass Motivation und Selbstvertrauen für Bildungserträge, die lebenslanges Lernen fördern, unerlässlich sind. Der kombinierte Effekt von Motivation und

Selbstvertrauen auf Kontrollstrategien legt den Schluss nahe, dass den Schülern nur dann eigenständiges Lernen beigebracht werden kann, wenn sie an der Basis selbst über eine starke Motivation und Selbstvertrauen verfügen.

Die Lehrkräfte müssen Schülerinnen und Schülern nicht nur in Schulen mit schwachem Leistungsniveau, sondern in allen Schulen helfen, ihre Lernfähigkeit zu stärken …

Die Erkenntnis, dass das Profil der Lernstrategien der Schülerinnen und Schüler auf der Basis von Selbstaussagen innerhalb der Schulen sehr viel deutlicher abweicht als zwischen den Schulen hat ebenfalls Konsequenzen, auch wenn dies nicht bedeutet, dass alle Schulen in Bezug auf die Lernermerkmale ihrer jeweiligen Schülerpopulation identisch sind. Was aber hervorgehoben wird, ist die große Varianz der Lernermerkmale unter den Schülern in jeder Schule. Dies unterstreicht, wie wichtig es ist, dass Schulen und Lehrkräfte in der Lage sind, konstruktiv mit der Heterogenität nicht nur der Fähigkeiten der Schüler, sondern auch ihrer Lernermerkmale und ihrer Lernstrategien umgehen zu können. Es wird daher nicht ausreichen, nur von dem Prinzip auszugehen, dass „eine Flutwelle alle nach oben trägt", da es selbst in Schulen mit hohem Leistungsniveau Schülerinnen und Schüler gibt, denen es an Selbstvertrauen und Motivation mangelt und die nicht in der Lage sind, eigene Lernziele aufzustellen und zu verfolgen.

… und sollten dabei Mädchen besondere Aufmerksamkeit widmen, deren Mangel an Selbstvertrauen und Motivation in Mathematik stärker ist als ihr Leistungsrückstand.

Ein weiteres auffälliges Ergebnis der Analyse ist, dass Mädchen, obwohl sie in Mathematik nicht so sehr viel schlechter abschneiden als Jungen, kontinuierlich angeben, sehr viel weniger Interesse und Freude an Mathematik, eine geringere Selbsteinschätzung wie auch ein sehr viel höheres Niveau an Hilflosigkeit und Stress im Mathematikunterricht zu haben. Diese Erkenntnis ist für die Politikverantwortlichen von hoher Relevanz, da sie Ungleichgewichte zwischen den Geschlechtern in Bezug auf die Effizienz anzeigt, mit der Schule und Gesellschaft Motivation und Interesse fördern und – in noch größerem Maße – die Angst vor bestimmten Fächern überwinden hilft. Diese Verhaltensmuster können durchaus als Prädiktor für geschlechtsspezifische Unterschiede betrachtet werden, die im weiteren Verlauf des schulischen oder beruflichen Werdegangs von Männern und Frauen auftreten. Sie werfen Fragen darüber auf, wie die Genderlücke verringert und wie durch die Organisation der Schule und die Art des Unterrichts ein insgesamt höheres Leistungsniveau erzielt werden kann.

So besteht die Aufgabe der Schulen nicht nur darin, die Schülerinnen und Schüler zu unterrichten, sondern auch darin, sich mit ihren Lernstrategien auseinander zu setzen.

Alles in allem legen diese Ergebnisse den Schluss nahe, dass die Bildungssysteme in Strategien investieren müssen, die sich mit verschiedenen Aspekten der Einstellung und des Lernverhaltens von Schülerinnen und Schülern befassen, und dass sie diese Ziele ebenso in den Mittelpunkt ihres Lehrauftrags stellen müssen, wie die kognitiven Aspekte des Unterrichts. Dies könnte Auswirkungen auf die Lehrererstausbildung und die berufliche Weiterbildung der Lehrkräfte haben.

Anmerkungen

1. Diese Forschungsarbeiten werden in Kasten 3.1 weiter unten zusammengefasst und in OECD (2003b) näher beschrieben.

2. Die beiden anderen Kategorien beziehen sich auf den interaktiven Einsatz der Instrumente im weitestmöglichen Sinne und soziale Kompetenzen, die in Bezug auf die erfolgreiche Teilnahme an sozial heterogenen Gruppen definiert werden.

3. Für Serbien und Montenegro liegen keine Daten für den Landesteil Montenegro vor. Auf Montenegro entfallen 7,9% der nationalen Erhebungspopulation. Die Bezeichnung „Serbien“ wird kurz für den serbischen Landesteil von Serbien und Montenegro verwendet.

4. Zur besseren Veranschaulichung der Bedeutung der internationalen Punktwerte auf dem Index sind nach Punkten geordnete Itemkarten konstruiert worden, auf denen der Indexwert mit typischen Schülerantworten auf die gestellten Fragen verbunden wird. Diese nach Punkten geordneten Itemkarten finden sich unter *www.pisa.oecd.org*.

5. Vgl. Kasten 2.2 in Kapitel 2 wegen einer Erklärung für die Umrechnung der Punktwerte und Schuljahre.

6. Der Anteil der Frauen, die im Jahr 2002 eine Hochschulqualifikation (Tertiärbereich Typ A) in Mathematik oder Informatik erworben haben, lag im Durchschnitt der OECD-Länder mit verfügbaren Daten bei 30% und bei 19% in Österreich, 23% in Deutschland, 16% in den Niederlanden und 19% in der Schweiz. Auch in Luxemburg wurden große geschlechtsspezifische Unterschiede bei der instrumentellen Motivation beobachtet, da es aber in Luxemburg im Tertiärbereich keine Einrichtungen gibt, die Hochschulqualifikationen vom Typ A in Mathematik und Naturwissenschaften erteilen, lässt sich hinsichtlich der geschlechtsspezifischen Unterschiede kein Vergleich aufstellen (OECD, 2004a).

7. Für dieses Modell wurden folgende Variablen ausgewählt: Der Einsatz von *Kontrollstrategien in Mathematik* wird verwendet, um den Zusammenhang zwischen Lernstrategien und Leistung zu veranschaulichen. Das Nachdenken über den eigenen Lernbedarf und die Herstellung eines Zusammenhangs zwischen diesem und den Lernzielen ist ein besonders wichtiger Aspekt des selbstregulierten Lernens, und frühere Forschungsarbeiten haben ergeben, dass zwischen diesen Aspekten und den Leistungen ein besonders enger Zusammenhang besteht. Die Verbindung zwischen Motivation und Leistung wird anhand des *Interesses und der Freude an Mathematik* veranschaulicht, eine Variable, mit der motivationale Merkmale gemessen werden. Es hat sich herausgestellt, dass sich die *Mathematikangst* bzw. das Gefühl von Hilflosigkeit und Stress der Schüler im Kontakt mit Mathematik negativ auf das Leistungsniveau auswirkt. Statt aufgabengerechte Kognitionen zu verarbeiten, sind Schülerinnen und Schüler mit hohem Angstniveau häufig mit für die Aufgabenbewältigung irrelevanten Kognitionen und emotionalem Stress beschäftigt. Beides reduziert die Fähigkeit der Aufgabenbewältigung und hat daher ein schwächeres Leistungsniveau zur Folge.

8. Der Assoziationsgrad wird anhand der multiplen Regressionskoeffizienten im Modell gemessen. Diese Koeffizienten schwanken zwischen 1 bzw. -1 (bei einem eindeutig positiven bzw. negativen Zusammenhang) und 0 (falls kein Zusammenhang besteht).

9. Die Effektstärken sind nur in Dänemark, den Niederlanden und Norwegen größer als 0,2.

Varianz der Schülerleistungen zwischen den Schulen und Rolle des sozioökonomischen Hintergrunds als Bestimmungsfaktor

EINFÜHRUNG

Neun Zehntel der Varianz der in PISA gemessenen Schülerleistungen sind innerhalb der Länder zu beobachten, und in diesem Kapitel wird untersucht …

In Kapitel 2 wurde untersucht, wie gut die Schülerinnen und Schüler im Alter von 15 Jahren in den verschiedenen Ländern in Mathematik abschneiden. Bei dieser Analyse zeigte sich, dass zwischen der relativen Position der Länder in Bezug auf die Fähigkeit ihrer Schülerinnen und Schüler, mathematische Kenntnisse und Fertigkeiten konkret anzuwenden, erhebliche Unterschiede bestehen. Die Analyse ergab aber auch, dass nur ungefähr ein Zehntel der Gesamtvarianz der Schülerleistungen im OECD-Raum auf Unterschiede zwischen den Ländern zurückgeht[1].

… wie weit diese Varianz mit Leistungsunterschieden zwischen den Schulen und mit den jeweiligen sozioökonomischen Gruppen zusammenhängt …

Unterschiedliche Schülerleistungen innerhalb der einzelnen Länder können auf eine Vielzahl von Ursachen zurückgehen, namentlich: den sozioökonomischen Hintergrund der Schüler und Schulen, die Art und Weise, wie der Unterricht organisiert und in den Klassen erteilt wird, den Umfang der den Schulen zur Verfügung stehenden personellen und finanziellen Mittel sowie bildungssystembezogene Faktoren, wie z.B. unterschiedliche Lehrpläne oder Organisationsformen und -verfahren.

Das vorliegende Kapitel beginnt mit einer genaueren Untersuchung der in Kapitel 2 aufgezeigten Leistungsabstände und insbesondere der Frage, inwieweit die Gesamtvarianz der Schülerleistungen mit Differenzen bei den von den einzelnen Schulen erzielten Ergebnissen zusammenhängt. Anschließend werden die Zusammenhänge zwischen dem sozioökonomischen Hintergrund und den Schülerleistungen erörtert. Dabei werden die sozioökonomischen Gradienten beschrieben, mit denen die Beziehung zwischen den Leistungen der Schülerinnen und Schüler in Mathematik und ihren Hintergrundmerkmalen dargestellt werden kann. Im vorliegenden Kapitel wird das Zusammenspiel dieser beiden Faktoren (Leistungsunterschiede zwischen den Schulen und Auswirkungen des sozioökonomischen Hintergrunds auf die Schülerleistungen) untersucht. Dabei wird auf die Frage eingegangen, welche Wechselbeziehungen zwischen dem sozioökonomischen Hintergrund und der Chancengleichheit in der Bildung bestehen.

… und mit welchen Politikansätzen es möglich ist, die Leistungen zu steigern und die Chancengleichheit in der Bildung zu erhöhen.

Abschließend befasst sich das Kapitel mit den Implikationen dieser Ergebnisse für die Bildungspolitik und geht der Frage nach, weshalb sich verschiedene bildungspolitische Strategien für verschiedene Länder eignen dürften, je nachdem in welchem Umfang sich schwache Leistungen dort auf bestimmte Schulen oder bestimmte sozioökonomische Gruppen konzentrieren.

In Kapitel 5 wird die Analyse fortgesetzt, indem die Aspekte der schulischen Ressourcenausstattung sowie der Schulpolitik und -praxis untersucht werden, die mit der Leistung der Schulen zusammenhängen, wie sie bei PISA gemessen wird.

Der Gesamteffekt des häuslichen Umfelds auf die Leistungen der Schülerinnen und Schüler scheint in PISA 2003 für Mathematik, Lesekompetenz

und Naturwissenschaften ähnlich zu sein[2]. Im Interesse einer klareren Darstellung und zur Vermeidung von Wiederholungen beschränkt sich die Analyse dieses Kapitels daher auf die Schülerleistungen in Mathematik und befasst sich nicht jeweils gesondert mit den vier Subskalen, sondern nur mit der Gesamtskala Mathematik.

GEWÄHRLEISTUNG EINHEITLICHER LEISTUNGSSTANDARDS FÜR DIE SCHULEN: PROFIL DER UNTERSCHIEDE BEI DEN SCHÜLERLEISTUNGEN ZWISCHEN UND INNERHALB VON SCHULEN

Den Bedürfnissen einer heterogenen Schülerschaft gerecht zu werden und die Leistungsunterschiede zwischen den Schülerinnen und Schülern zu verringern, stellt für alle Länder eine gewaltige Herausforderung dar. Die von den Ländern gewählten Ansätze zur Bewältigung dieser Anforderungen sind unterschiedlich. Einige Länder haben Gesamtschulsysteme, deren institutionelle Struktur nur begrenzte oder überhaupt keine Differenzen aufweist. Sie wollen allen Schülerinnen und Schülern gleichartige Lernmöglichkeiten bieten und verlangen von sämtlichen Schulen und Lehrkräften, dass sie der gesamten Palette der Fähigkeiten, Interessen und Hintergrundmerkmale der Schüler Rechnung tragen. Andere Länder versuchen der Verschiedenheit der Schülerinnen und Schüler gerecht zu werden, indem sie die Schüler zwischen den Schulen bzw. zwischen den verschiedenen Klassen ein und derselben Schule in Bildungsgänge bzw. Leistungsgruppen einteilen, um sie so entsprechend ihrem jeweiligen schulischen Potenzial und/oder ihren Interessen an bestimmten Lehrprogrammen bestmöglich fördern zu können. In vielen Ländern werden diese beiden Ansätze auch miteinander kombiniert.

Unterschiede beim Leistungsniveau der Schulen können aus der Unterteilung der Schülerschaft in verschiedene Gruppen resultieren …

Selbst in Gesamtschulsystemen können erhebliche Leistungsunterschiede zwischen den Schulen bestehen, bedingt durch die sozioökonomischen und kulturellen Merkmale der jeweiligen Gemeinden oder durch geographische Unterschiede (zwischen einzelnen Regionen, Provinzen oder Bundesstaaten in föderativ gegliederten Ländern oder zwischen ländlichen und städtischen Gebieten). Schließlich können zwischen einzelnen Schulen auch Unterschiede bestehen, die sich schwerer quantifizieren bzw. beschreiben lassen und die z.T. auf Differenzen in der Qualität und der Effizienz des von ihnen angebotenen Unterrichts zurückzuführen sein können. Folglich kann das Leistungsniveau der Schülerinnen und Schüler verschiedener Schulen auch in Gesamtschulsystemen unterschiedlich sein.

… aber selbst bei Gesamtschulsystemen kann die Varianz z.B. mit geographischen Faktoren oder der Schulqualität zusammenhängen.

Welchen Einfluss haben die die Schulsysteme der einzelnen Länder prägenden politischen und historischen Strukturen auf die zwischen und in den Schulen bestehenden Leistungsunterschiede und wie korrelieren sie mit ihnen? Sind in Ländern, deren Bildungssysteme eine explizite Einteilung in Leistungsgruppen vorsehen, insgesamt größere Unterschiede in den Schülerleistungen zu beobachten als in Ländern mit nicht selektiven Bildungssystemen? Diese Fragen stellen sich vor allem für jene Länder, in denen in Mathematik insgesamt eine besonders große Leistungsheterogenität festzustellen ist (vgl. Tabelle 4.1a).

Die Gesamtvarianz beim Leistungsniveau der Schüler ist in einigen Ländern um bis zu ein Drittel höher als in anderen ...

Abbildung 4.1 zeigt, dass in Bezug auf das Ausmaß der Schwankungsbreite der Mathematikkompetenzen der 15-Jährigen in den einzelnen Ländern erhebliche Unterschiede bestehen (Tabelle 4.1a). Die Gesamtlänge der Balken verdeutlicht die beobachtete Varianz der Schülerleistungen auf der PISA-Gesamtskala Mathematik. Die Werte in Abbildung 4.1 sind als Prozentsätze der Durchschnittsvarianz der Schülerleistungen zwischen den OECD-Ländern nach der PISA-Gesamtskala Mathematik ausgedrückt, die 8 593 Einheiten entspricht[3]. An Werten über 100 ist abzulesen, dass die Varianz der Schülerleistungen im betreffenden Land größer ist als im Durchschnitt der OECD-Länder. Werte unter 100 stehen umgekehrt für geringere Leistungsdifferenzen als im OECD-Durchschnitt. Die Varianz der Schülerleistungen in Finnland, Irland und Mexiko sowie in den PISA-Partnerländern Indonesien, Serbien[4], Thailand und Tunesien ist beispielsweise um gut 15% geringer als im OECD-Durchschnitt, wohingegen sie in Belgien, Japan, der Türkei sowie in den Partnerländern Brasilien, Hongkong (China) und Uruguay um 15% über dem OECD-Durchschnittsniveau liegt[5].

... und es bestehen erhebliche Unterschiede in Bezug auf den Anteil, der davon auf die Varianz zwischen den Schulen entfällt.

Für jedes Land wird zwischen der Varianz unterschieden, die auf Differenzen zwischen den Ergebnissen der Schülerinnen und Schüler verschiedener Schulen (Varianz zwischen den Schulen) zurückgeht, und der Varianz, die aus Differenzen innerhalb der einzelnen Schulen folgt (schulinterne Varianz)[6]. Die Länge der Balkenabschnitte in Abbildung 4.1 links von der Mittellinie repräsentiert die Varianz zwischen den Schulen und dient auch dazu, die Rangfolge der Länder zu verdeutlichen. Die Länge der Balkenabschnitte rechts von dieser Linie stellt hingegen die Varianz innerhalb der Schulen dar. Längere Balkenabschnitte auf der linken Seite der Abbildungsmitte verdeutlichen daher eine stärkere Varianz der durchschnittlichen Ergebnisse der verschiedenen Schulen, wohingegen an längeren Balkenabschnitten auf der rechten Seite eine höhere Varianz der Schülerleistungen innerhalb der einzelnen Schulen abzulesen ist.

Die Varianz zwischen den Schulen ist im Durchschnitt nur halb so groß wie die innerhalb der Schulen ...

Wenngleich in allen Ländern, wie aus Abbildung 4.1 ersichtlich, eine erhebliche Varianz der Leistungen innerhalb der Schulen festzustellen ist, variieren doch in den meisten Ländern auch die Schülerleistungen zwischen den Schulen erheblich. In den OECD-Ländern gehen durchschnittlich 34% der im OECD-Durchschnitt beobachteten Varianz der Leistungen der 15-jährigen Schülerinnen und Schüler auf Leistungsdifferenzen zwischen den Schulen zurück.

... doch ist die Leistungsvarianz zwischen den Schulen in einigen Ländern doppelt so groß wie im OECD-Durchschnitt ...

In der Türkei und Ungarn sind die Leistungsunterschiede zwischen den Schulen besonders groß, sie entsprechen mehr als dem Doppelten der im OECD-Durchschnitt gemessenen Varianz zwischen den Schulen. In Belgien, Deutschland, Italien, Japan, den Niederlanden, Österreich und der Tschechischen Republik sowie in den Partnerländern Hongkong (China) und Uruguay beträgt die Varianz zwischen den Schulen immer noch mehr als das Anderthalbfache des OECD-Durchschnitts (Tabelle 4.1a, Spalte 3). Wo große Leistungsdifferenzen zwischen den Schulen bestehen, die Leistungsunterschiede zwischen den Schülern der einzelnen Schulen aber geringer sind, gilt in der Regel, dass die Schülerinnen und Schüler in Schulen zusammengefasst sind, in denen die anderen Schüler

Abbildung 4.1 ■ **Varianz der Schülerleistungen zwischen Schulen und innerhalb von Schulen auf der Gesamtskala Mathematik**

Ausgedrückt in Prozent der durchschnittlichen Varianz der Schülerleistungen in den OECD-Ländern

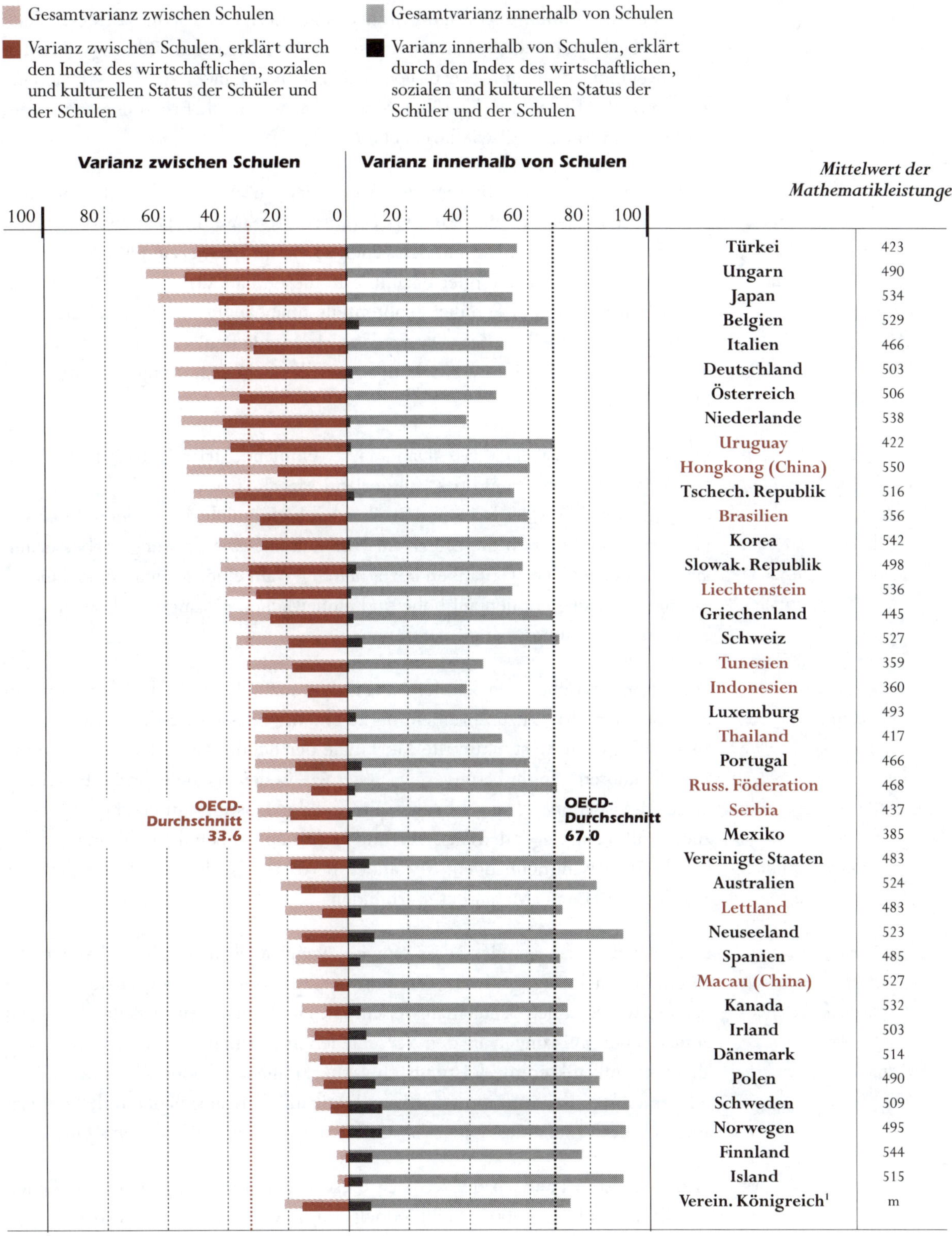

1. Die Beteiligungsquote ist zu niedrig, um die Vergleichbarkeit zu gewährleisten (siehe Anhang A3).

Quelle: OECD PISA-2003-Datenbank, Tabelle 4.1a.

ein ähnliches Leistungsniveau aufweisen wie sie selbst. Dies kann auf bewusste Entscheidungen der Familien in Bezug auf die Schul- oder Wohnortwahl, die Aufnahmebestimmungen der Schulen oder die Verteilung der Schüler auf verschiedene Bildungsprogramme zurückzuführen sein. Um Unterschieden innerhalb der einzelnen Länder zwischen verschiedenen Bildungssystemen oder Regionen Rechnung zu tragen, haben einige Länder die PISA-Erhebung auf regionaler Ebene durchgeführt. Soweit entsprechende Ergebnisse vorliegen, sind diese in Anhang B2 wiedergegeben.

... während sie in anderen Ländern nur ein Zehntel davon beträgt, weil die Schulen das gesamte Spektrum der Schülerleistungen abdecken.

In Finnland und Island beträgt der Anteil der Varianz zwischen den Schulen ungefähr ein Zehntel des OECD-Durchschnitts und in Dänemark, Irland, Kanada, Norwegen, Polen und Schweden sowie im Partnerland Macau (China) liegt er nur bei der Hälfte oder darunter. In diesen Ländern sind die Leistungen der Schülerinnen und Schüler größtenteils unabhängig von den Schulen, die sie besuchen (Tabelle 4.1a). Daraus lässt sich schließen, dass das Lernumfeld dort in Bezug auf seine Auswirkungen auf die Schülerleistungen weitgehend identisch ist.

In einigen Ländern können die Eltern auf hohe und einheitliche Leistungsstandards im gesamten Schulsystem vertrauen.

Es ist erwähnenswert, dass Dänemark, Finnland, Irland, Island, Kanada, Norwegen, Schweden und das Partnerland Macau (China) auch insgesamt gut oder im OECD-Vergleich zumindest überdurchschnittlich abschneiden. In diesen Ländern brauchen sich die Eltern im Hinblick auf eine Leistungsverbesserung ihrer Kinder weniger Gedanken bezüglich der Wahl einer geeigneten Schule zu machen, sondern können auf hohe und einheitliche Leistungsstandards in allen Schulen des Bildungssystems vertrauen.

Der sozioökonomische Gesamthintergrund hat Einfluss auf die Unterschiede zwischen den Schulen, aber ebenso der „Mehrwert", den die verschiedenen Schulen schaffen ...

Die Varianz zwischen den Schulen ist z.T. dem sozioökonomischen Hintergrund ihrer Schülerschaft zuzuschreiben, bis zu einem gewissen Grade dürfte sie aber auch auf bestimmte strukturelle Merkmale der Schulen und der Schulsysteme zurückzuführen sein, insbesondere in Systemen, in denen eine explizite Einteilung in Leistungsgruppen vorgesehen ist. Ein Teil der Leistungsunterschiede könnte zudem mit grundlegenden Ansätzen und Praktiken der Schulverwaltung und der Lehrkräfte zusammenhängen. Mit anderen Worten ist der Besuch bestimmter Schulen mit einem „Mehrwert" verbunden.

... und in einigen der am besten abschneidenden Länder ist dieser „Mehrwert" in allen Schulen in etwa identisch.

Es ist wichtig festzustellen, dass einige – wenn auch nicht alle – Länder mit einem hohen Leistungsniveau auch ein geringes oder nur begrenztes Maß an Varianz zwischen den Schulen aufweisen. Dies lässt vermuten, dass die Sicherung einheitlicher Leistungen in den verschiedenen Schulen – wobei es wohl vor allem darauf ankommt, leistungsschwache Schulen zu identifizieren und zu reformieren – nicht nur ein wichtiges Politikanliegen an sich darstellt, sondern auch mit dem Ziel eines hohen Gesamtleistungsniveaus in Einklang steht.

In ein paar Ländern wurde die Leistungsvarianz zwischen Schulen verringert ...

In den meisten Ländern decken sich diese Ergebnisse weitgehend mit denen der PISA-Erhebung 2000. Es gibt jedoch einige bemerkenswerte Ausnahmen. In Polen z.B. könnte die 1999 eingeleitete Umstellung auf ein stärker integriertes Schulsystem, in deren Folge die institutionelle Differenzierung jetzt im

Wesentlichen nach dem 15. Lebensjahr erfolgt, zu dem spektakulären Rückgang der zwischen den Schulen beobachteten Varianz bei den Leistungen der 15-Jährigen beigetragen haben.

... am deutlichsten in Polen, wo der Leistungsstand der schwächsten Schüler merklich gestiegen ist.

Der Anteil der Varianz zwischen Schulen sank in Polen von über der Hälfte der Gesamtvarianz im Jahr 2000 (vgl. Tabelle 4.1b, Spalte 9) auf nur 13% im Jahr 2003 (vgl. Tabelle 4.1a, Spalte 13)[7]. Zugleich sind die durchschnittlichen Leistungen der 15-Jährigen in Polen in den beiden mathematischen Inhaltsbereichen, für die vergleichbare Trenddaten vorliegen, deutlich gestiegen und der Gesamtleistungsabstand zwischen Schülerinnen und Schülern mit hohen und niedrigen Punktzahlen hat sich gegenüber dem Jahr 2000 verringert. Wie in Kapitel 2 erwähnt, ist der Anstieg der durchschnittlichen Leistungen in Mathematik also hauptsächlich einer Verbesserung der Ergebnisse im unteren Bereich des Leistungsspektrums (d.h. am 5., 10. und 25. Perzentil) zuzuschreiben. Diese Veränderung war so stark, dass 2003 weniger als 5% der Schülerinnen und Schüler unter dem Leistungsstandard lagen, den im Jahr 2000 noch 10% der polnischen Schüler nicht erreicht hatten (Kapitel 2, Tabellen 2.1c, 2.1d, 2.2c und 2.2d). Auch in anderen Ländern waren die Leistungsdisparitäten zwischen den Schulen 2003 geringer: In Belgien, Griechenland und Mexiko z.B. nahm der Unterschieden zwischen den Schulen zuzuschreibende Teil der nationalen Varianz der Schülerleistungen um 8-10 Prozentpunkte ab[8]. Im Gegensatz dazu vergrößerte sich der auf die Leistungsunterschiede zwischen den Schulen entfallende Anteil der Leistungsvarianz in Indonesien und Italien um über 10 Prozentpunkte (vgl. Tabelle 4.1, Spalte 13, und Tabelle 4.1b, Spalte 9).

QUALITÄT DER LERNERTRÄGE UND CHANCENGLEICHHEIT IN DER BILDUNG

Zur Klärung der Ursachen der Leistungsunterschiede zwischen den Schulen muss untersucht werden, wie sich sozioökonomische Faktoren auf die Leistungen auswirken, inwieweit dieser Einfluss die unterschiedliche Leistung der Schulen erklärt und wie dies mit der Chancengleichheit in der Bildung zusammenhängt.

Um Verbesserungen im Schulsystem herbeizuführen, muss die Frage geklärt werden, warum manche Schulen besser abschneiden als andere. Dazu bedarf es einer Analyse, die für jedes Land die Effekte von schüler- und schulbezogenen Faktoren auf die Leistungsunterschiede sowohl innerhalb der Schulen als auch zwischen den Schulen untersucht. Als erster Schritt einer solchen Analyse wird in diesem Kapitel die Wechselbeziehung erörtert, die zwischen den Schülerleistungen und dem sozioökonomischen Hintergrund besteht, wie er mit dem PISA-Index des wirtschaftlichen, sozialen und kulturellen Status gemessen wird. In einem zweiten Schritt wird dann der Anteil der zwischen den Schulen beobachteten Varianz der Schülerleistungen geschätzt, der auf den sozioökonomischen Hintergrund der Schüler zurückzuführen ist. Drittens werden die auf diese Weise gewonnenen Erkenntnisse mit Fragen der Chancengleichheit in der Bildung in Verbindung gesetzt.

Schülerinnen und Schüler kommen aus ganz unterschiedlichen sozioökonomischen und kulturellen Verhältnissen. Daher müssen sich die Schulen bemühen, dieser vielfältig zusammengesetzten Schülerschaft adäquate

Eine zentrale Aufgabe der Schulen ist es, einen Ausgleich für Unterschiede im sozioökonomischen Hintergrund der Schüler zu schaffen, die ein starker Bestimmungsfaktor sind.

und gleiche Bildungschancen zu geben. Wie gut ihnen dies gelingt, ist ein wichtiges Kriterium für die Beurteilung der Leistung von Bildungssystemen. Durch die Identifizierung der Merkmale von leistungsschwachen Schülern und Schulen wird es für Pädagogen und politische Entscheidungsträger auch leichter, Prioritäten für die Bildungspolitik festzulegen. Desgleichen kann die Bestimmung der spezifischen Merkmale von leistungsstarken Schülern und Schulen den politischen Entscheidungsträgern bei der Förderung eines hohen Gesamtleistungsniveaus helfen.

Die Ergebnisse von PISA 2003 zeigen, dass schlechte schulische Leistungen keine automatische Folge der Herkunft aus einem sozial benachteiligten Milieu sind. Dennoch bleibt der familiäre Hintergrund einer der wichtigsten Bestimmungsfaktoren der schulischen Leistungen. Art und Umfang dieses Einflusses wird im Folgenden beschrieben.

Das Schülerquartil mit den beruflich erfolgreichsten Eltern liegt anderthalb Kompetenzstufen über dem Quartil der Schüler, deren Eltern Berufe mit dem geringsten Status ausüben …

Zwischen der beruflichen Stellung der Eltern, die häufig eng mit anderen Attributen des sozioökonomischen Status verknüpft ist, und den Leistungen der Schülerinnen und Schülern besteht ein starker Zusammenhang (Tabelle 4.2a). Der durchschnittliche Leistungsabstand in Mathematik zwischen Schülern im oberen Quartil des PISA-Index der beruflichen Stellung (deren Eltern Berufe im medizinischen, akademischen und juristischen Bereich ausüben) und jenen im unteren Quartil (Berufe wie Kleinbauer, Lastwagenfahrer, Kellner) beläuft sich im Durchschnitt auf 93 Punkte bzw. über anderthalb Kompetenzstufen[9]. Anders ausgedrückt kann eine Standardabweichung (entsprechend 16,4 Indexeinheiten) auf dem Index der beruflichen Stellung mit einem durchschnittlichen Leistungsunterschied von 34 Punkten in Verbindung gebracht werden. Selbst wenn man den Wechselbeziehungen zwischen der beruflichen Stellung der Eltern und anderen sozioökonomischen Faktoren Rechnung trägt und nur den alleinigen Effekt des beruflichen Status betrachtet, bleibt ein durchschnittlicher Unterschied von 21 Punkten bestehen (vgl. Tabelle 4.2, Spalte 2).

… in einigen Ländern ist dieser Leistungsabstand jedoch wesentlich größer als in anderen.

In Belgien, Deutschland, Frankreich, Luxemburg, der Slowakischen Republik und Ungarn sowie im Partnerland Liechtenstein sind die Leistungsunterschiede besonders groß. In diesen Ländern schnitten die Schülerinnen und Schüler, deren Eltern Berufe mit dem höchsten Status ausüben, im Schnitt in etwa gleich gut ab wie ein Durchschnittsschüler in Finnland, dem Land, das bei PISA 2003 in Mathematik, Lesekompetenz und Naturwissenschaften die besten Leistungen erzielte. Demgegenüber waren die Leistungen der Schülerinnen und Schüler, deren Eltern den geringsten beruflichen Status besitzen, kaum höher als die der Schüler der OECD-Länder mit den niedrigsten Ergebnissen. Anders betrachtet haben Schülerinnen und Schüler im untersten Quartil des Verteilungsspektrums der beruflichen Stellung der Eltern in Belgien, Deutschland, Luxemburg und im Partnerland Liechtenstein eine mindestens 2,3-mal so hohe Wahrscheinlichkeit, auch im untersten Quartil der Mathematikleistungsverteilung zu liegen (vgl. Tabelle 4.2a, Spalte 11).

Das Bildungsniveau der Eltern (Tabelle 4.2b und 4.2c) kann sich ebenfalls sehr positiv auf den Bildungserfolg der Kinder auswirken. Der Zusammenhang zwischen dem Bildungsabschluss der Mutter und den Schülerleistungen in Mathematik ist in allen Teilnehmerländern positiv und statistisch signifikant[10]. Der Abstand bei den Mathematikleistungen von Schülern, deren Mütter einen Sekundarstufe-II-Abschluss aufweisen, und solchen, bei denen das nicht der Fall ist, beträgt durchschnittlich 50 Punkte, in Deutschland, Mexiko, der Schweiz, der Slowakischen Republik, der Türkei und im Partnerland Brasilien sogar rd. 60 Punkte oder mehr. In Deutschland ist die Wahrscheinlichkeit, im unteren Quartil der Mathematikleistungsverteilung zu liegen, für Schülerinnen und Schüler, deren Mütter oder Väter keinen Sekundarstufe-II-Abschluss besitzen, effektiv dreimal so groß wie im Durchschnitt der Schülerschaft (vgl. Tabelle 4.2b und 4.2c).

Die zu erwartende Leistung eines Schülers, dessen Mutter Sekundarstufe II abgeschlossen hat, ist um eine Kompetenzstufe höher als die eines Schülers, dessen Mutter keinen Sekundarstufe-II-Abschluss hat …

Im Fall eines Hochschulabschlusses der Mutter erhöht sich der Vorsprung der fraglichen Schüler in Mathematik im OECD-Durchschnitt um weitere 24 Punkte (vgl. Tabelle 4.2b). Selbst nach Bereinigung um die Effekte anderer sozioökonomischer Faktoren verbessern sich die Schülerleistungen mit jedem zusätzlichen formellen Bildungsjahr der Eltern[11] durchschnittlich um 5 Punkte (Tabelle 4.2, Spalte 3).

… und im Fall eines Hochschulabschlusses der Mutter sind sie sogar noch höher.

Neben dem Bildungsniveau der Eltern, auf das die Politik natürlich weniger Einfluss nehmen kann, wird die Lernförderung der Kinder im Elternhaus weithin als ein grundlegendes Element des schulischen Erfolgs angesehen. Wenn Interaktion und Kommunikation zwischen Eltern und Kindern gut funktionieren, können die Eltern ihre Kinder ermutigen, ihr Interesse an den Fortschritten der Kinder zeigen und generell zum Ausdruck bringen, wie wichtig die Entwicklung ihrer Kinder innerhalb und außerhalb der Schule für sie ist. PISA 2000 verdeutlichte in der Tat, dass zwischen elterlichem Engagement und schulischem Erfolg der Kinder ein starker Zusammenhang besteht. Auch zeigte sich, dass Bildungserfolge möglicherweise mit den Kommunikationsmustern zwischen Eltern und Kindern in Beziehung stehen (OECD, 2001a). Daher sollte ein zentrales Ziel der staatlichen Politik darin bestehen, die Eltern zu unterstützen, insbesondere jene, die nur niedrige Bildungsabschlüsse vorweisen können, um ihre Interaktion sowohl mit den Kindern als auch mit den Schulen ihrer Kinder in einer Weise zu fördern, die sich günstig auf den Lernprozess ihrer Kinder auswirkt. In PISA 2006 werden diese Fragen näher untersucht werden, wozu auch ein neuer Elternfragebogen als internationale Option vorgesehen ist.

Auch mit „klassischer" Kultur verbundene Besitztümer und Aktivitäten (z.B. klassische Literatur, Gedichtbände, Kunstgegenstände) sind in der Regel eng mit den schulischen Leistungen verknüpft (Tabelle 4.2d). Der Besitz des Typs von kulturellem Kapital, auf dem die Lehrpläne häufig aufbauen und das in Prüfungen und Tests bewertet wird, steht offenbar in engem Zusammenhang mit den schulischen Leistungen in Mathematik. Wenngleich zwischen Vorteilen

Der gesonderte Einfluss des kulturellen Kapitals ist fast genauso stark wie der Effekt der beruflichen Stellung der Eltern.

dieser Art und den anderen familiären Hintergrundfaktoren eine Verbindung besteht, sind ihre Effekte isoliert gesehen generell hoch. Selbst bei Bereinigung um andere sozioökonomische Hintergrundfaktoren ist eine Indexeinheit auf dem Index des Besitzes von Kulturgütern im Elternhaus mit einem durchschnittlichen Leistungsunterschied von 12 Punkten auf der Gesamtskala Mathematik assoziiert, so dass hier ein fast ebenso starker Zusammenhang besteht wie mit der beruflichen Stellung der Eltern (Tabelle 4.2, Spalte 4).

Für Alleinerziehende ist es u. U. schwieriger, die Lernanstrengungen ihrer Kinder zu unterstützen, und in einigen Ländern ist die Wahrscheinlichkeit, geringe Leistungen zu erzielen, für Schüler aus Ein-Eltern-Haushalten wesentlich höher …

Wie bereits erwähnt, kann das familiäre Umfeld zur Förderung schulischer Leistungen beitragen. Die Eltern können jungen Lernenden vorlesen, ihnen bei den Hausaufgaben helfen und in einigen Ländern ehrenamtliche Aufgaben in der Schule übernehmen. Für ältere Schülerinnen und Schüler kann ein unterstützendes familiäres Umfeld ebenfalls im Hinblick auf Hausaufgaben, Ermutigung sowie Teilnahme an Zusammenkünften mit Lehrkräften oder Angehörigen der Schulverwaltung von Bedeutung sein. Ein solches Umfeld zu schaffen und auf Dauer beizubehalten, dürfte mitunter schwierig sein, wenn die Schülerinnen und Schüler in Ein-Eltern-Familien leben, in denen die Eltern häufig die Doppelverantwortung von Beruf und Kindererziehung zu tragen haben. In einigen Ländern deuten die PISA-Ergebnisse darauf hin, dass Schüler aus Ein-Eltern-Haushalten erheblich im Nachteil sind (Tabelle 4.2e). In Belgien, Irland, den Niederlanden, Schweden und den Vereinigten Staaten ist die Wahrscheinlichkeit, im unteren Quartil der Mathematikleistungsverteilung zu liegen, für Schülerinnen und Schüler aus Ein-Eltern-Familien mindestens 1,5-mal so hoch wie für einen Durchschnittsschüler, der mit beiden Elternteilen lebt.

… und dies selbst nach Berücksichtigung anderer Faktoren, woran sich zeigt, dass hier zusätzliche Unterstützung erforderlich ist.

Selbst nach Bereinigung um den Einfluss anderer sozioökonomischer Faktoren besteht zwischen Schülern aus Ein-Eltern-Familien und Schülern aus anderen Familientypen immer noch ein durchschnittlicher Leistungsabstand von 18 Punkten. In Belgien, Irland und den Vereinigten Staaten beläuft sich dieser Abstand auf 25 bis 30 Punkte (Tabelle 4.2, Spalte 5).

Erkenntnisse, wonach Kinder in Familien mit beiden Elternteilen höhere Leistungen erzielen, könnten auf Ein-Eltern-Haushalte entmutigend wirken. Belege für einen tatsächlich bestehenden Nachteil liefern aber zugleich einen Ausgangspunkt für die Entwicklung von Gegenmaßnahmen. Es geht darum, wie das Lernen der Kinder durch konstruktive Unterstützung im Elternhaus in einer Weise gefördert werden kann, die den besonderen Lebensumständen alleinerziehender Eltern gerecht wird. Eine strategische Nutzung der Zeit der Eltern für Aktivitäten mit dem höchsten potenziellen Ertrag steigert die Effizienz, wenn nur begrenzte Zeit zur Verfügung steht. Die grundsätzlichen Fragen, die die Bildungssysteme und die einzelnen Schulen im Kontakt mit den Eltern klären müssen, betreffen die Art des elterlichen Engagements, das gefördert werden sollte. Es versteht sich von selbst, dass die bildungspolitischen Maßnahmen in diesem Bereich mit der Politik in anderen Bereichen, z.B. Sozialleistungen und Kinderbetreuung, abgestimmt werden müssen.

Darüber hinaus war in den letzten Jahrzehnten in den meisten OECD-Ländern eine zunehmende Migration zu beobachten, wobei in vielen Fällen die von den Migranten zu Hause gesprochene Sprache nicht die Unterrichtssprache der von ihren Kindern besuchten Schulen ist. Zur Untersuchung der Situation dieser Schüler empfiehlt es sich, zwischen drei Gruppen zu unterscheiden: den „Schülern der ersten Generation" (d.h. den Schülerinnen und Schülern, die im Land geboren sind, deren Eltern aber aus dem Ausland stammen), den zugewanderten Schülern (die selbst im Ausland geboren sind) und den Schülern, die im Elternhaus zumeist eine Sprache sprechen, die nicht zu den offiziellen Sprachen des Landes gehört, in dem sie leben.

In manchen Ländern stammt ein großer Prozentsatz der 15-Jährigen aus Migrantenfamilien, und einige dieser Schüler sprechen im Elternhaus nicht die Landessprache ...

In den Ländern, in denen die „Schüler der ersten Generation" mindestens 3% der in PISA 2003 erfassten Schülerinnen und Schüler ausmachen, lässt der Vergleich der Mathematikleistungen dieser Schüler mit denen der einheimischen Schüler auf einen statistisch signifikanten Leistungsvorsprung Letzterer schließen. Dies trifft für alle Länder mit Ausnahme von Australien und Kanada sowie der Partnerländer Lettland, Liechtenstein, Macau (China) und Serbien zu (Tabelle 4.2f). Diese Ergebnisse decken sich weitgehend mit denen, die PISA 2000 im Bereich Lesekompetenz lieferte.

... wobei die Leistungen von Migrantenkindern in der Tendenz unter dem Durchschnitt liegen.

Anlass zur Besorgnis über solche Unterschiede besteht vor allem in den Ländern, in denen erhebliche Leistungsdifferenzen mit einem vergleichsweise großen Anteil an Schülern der ersten Generation zusammentreffen, wie in Deutschland, Frankreich, Luxemburg, den Niederlanden, der Schweiz und den Vereinigten Staaten.

In Ländern, in denen es viele Schüler mit Migrationshintergrund gibt, ist dies Grund zur Besorgnis ...

In Deutschland, wo diese Disparitäten am größten sind, beträgt der Leistungsabstand auf der Gesamtskala Mathematik 93 Punkte, was einem durchschnittlichen Leistungsunterschied von mehr als zwei Klassenstufen entspricht (Kasten 2.2). Diese Unterschiede sind beunruhigend, da beide Schülergruppen im Erhebungsland geboren sind und anzunehmen ist, dass sie durch die gleichen Lehrinhalte geprägt wurden, die im Rahmen des jeweiligen nationalen Bildungssystems allen Schülern vermittelt werden. Trotz aller möglichen Ähnlichkeiten des individuellen schulischen Werdegangs ist die Tatsache, zu den Schülern der ersten Generation zu gehören, in diesen Ländern in irgendeiner Form mit einem relativen Nachteil verbunden (nach Berücksichtigung der sozioökonomischen Hintergrundmerkmale ist dieser Nachteil, wie nachstehend beschrieben, zwar geringer, verschwindet aber nicht).

... vor allem wenn diese Schüler denselben Bildungshintergrund haben wie die anderen im Land geborenen Schüler.

Wie zu erwarten, liegen nicht im Erhebungsland geborene Schülerinnen und Schüler in der Regel leistungsmäßig sogar noch deutlicher hinter den einheimischen Schülern als die Schüler der ersten Generation, wobei der größte Leistungsabstand mit 109 Punkten in Belgien zu beobachten ist (Tabelle 4.2f und Abb. 4.2).

Abbildung 4.2 ■ **Geburtsort und Schülerleistungen**

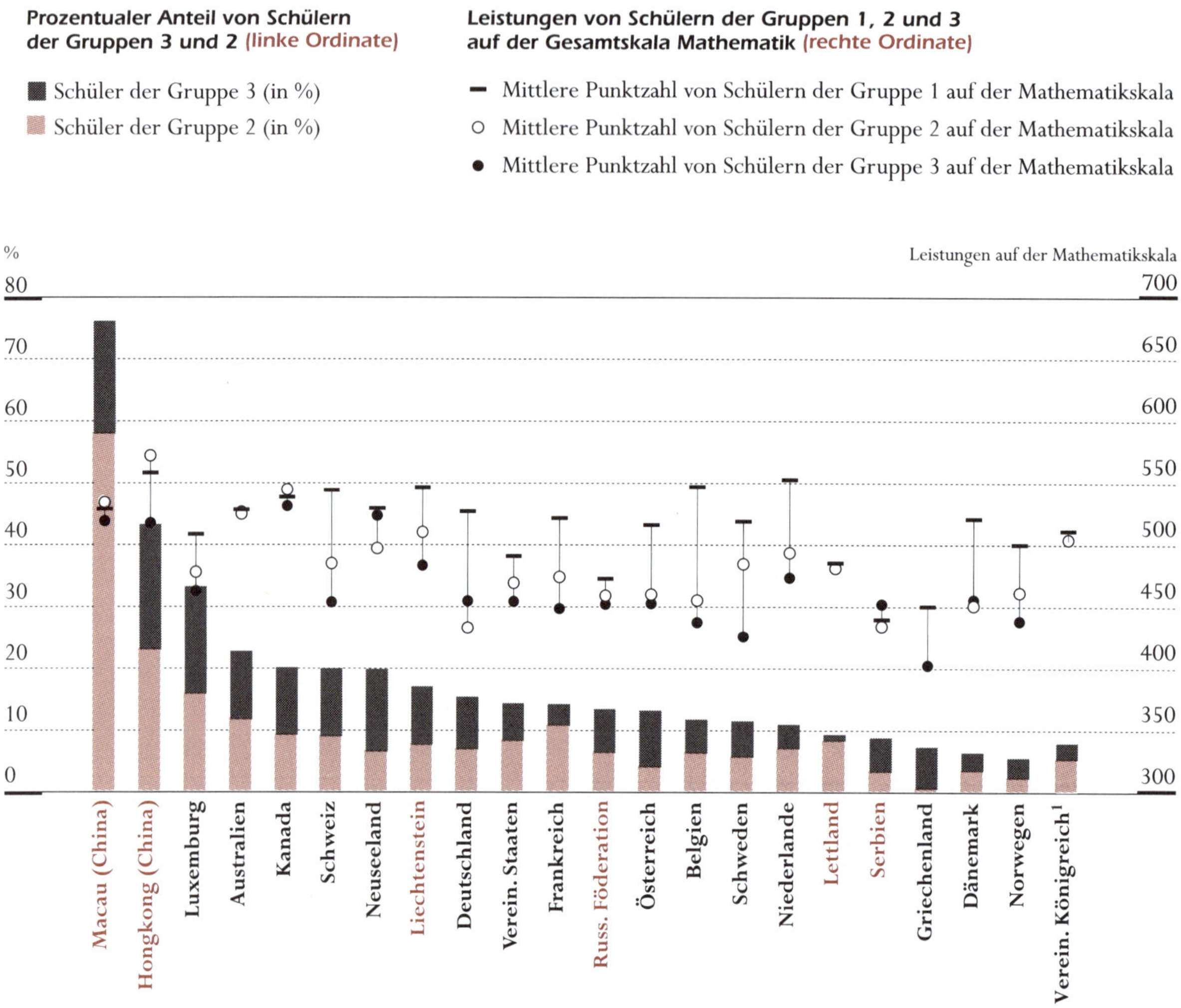

Anmerkung: Nur Länder, in denen mindestens 3% der Schülerinnen und Schüler in mindestens eine dieser Kategorien fallen.
1. Die Beteiligungsquote ist zu niedrig, um die Vergleichbarkeit zu gewährleisten (siehe Anhang A3).
Quelle: OECD PISA-2003-Datenbank, Tabelle 4.2f.

Sowohl Probleme bei der Anpassung an ein neues Bildungssystem als auch Sprachschwierigkeiten können die Leistungen beeinträchtigen ...

Welcher Art die Bildungsnachteile für ethnischen Minderheiten angehörende Schülerinnen und Schüler und/oder Migrantenkindern sind, wird in erheblichem Maß von dem Kontext bestimmt, aus dem sie kommen. Ein Bildungsnachteil, der bereits im Herkunftsland vorhanden war, kann sich im Aufnahmeland noch vergrößern, selbst wenn sich die schulischen Leistungen der fraglichen Schüler absolut betrachtet möglicherweise verbessert haben. Diese Schüler können im Bildungsbereich im Nachteil sein, entweder weil sie sich als Zuwanderer an ein neues Bildungssystem gewöhnen müssen oder weil sie eine neue Sprache in einem familiären Umfeld lernen müssen, das diesem Lernprozess u.U. nicht förderlich ist. In jedem Fall dürften sie besondere oder zusätzliche

Aufmerksamkeit benötigen. Gezielte Hilfe in der Unterrichtssprache ist eine Politikoption, die häufig für derartige Schülerinnen und Schüler gewählt wird. Zum Beispiel ist bei Schülerinnen und Schülern, die im Elternhaus nicht die Testsprache sprechen, die Wahrscheinlichkeit, im unteren Quartil der Mathematikleistungsverteilung zu liegen, in Belgien, Deutschland, den Niederlanden und der Schweiz mindestens 2,5-mal so groß (Tabelle 4.2g). Nicht im Lande geboren zu sein oder im Elternhaus eine andere Sprache als die Testsprache zu sprechen, sind generell Merkmale, die negative Auswirkungen auf die Mathematikleistungen haben und sich im OECD-Durchschnitt jeweils in einem Leistungsminus von 19 bzw. 9 Punkten niederschlagen (Tabelle 4.2).

... in einigen Ländern scheint es den Schülern jedoch zu gelingen, diese Hindernisse zu überwinden.

Gleichwohl zeigen die Ergebnisse, dass es einigen Ländern offenbar besser gelingt, die Bildungsnachteile von Schülerinnen und Schülern mit Migrationshintergrund gering zu halten. Das eindrucksvollste Beispiel hierfür liefert das Partnerland Hongkong (China). Dort haben 23% der Schülerinnen und Schüler außerhalb Hongkongs geborene Eltern, und weitere 20% sind selbst außerhalb Hongkongs geboren (viele von ihnen kommen allerdings aus China). Dennoch liegen die Leistungen aller drei Schülergruppen – der nicht in Hongkong geborenen Schüler, der Schüler der ersten Generation und Schüler, die im Elternhaus eine andere Sprache sprechen als die Testsprache – in Hongkong deutlich über dem OECD-Durchschnitt. Außerdem lässt der große Leistungsunterschied zwischen Schülern der ersten Generation und nicht in Hongkong geborenen Schülern darauf schließen, dass dem Bildungssystem über längere Zeit eine erfolgreiche Integration der Migrantenkinder gelingt. Weitere Länder mit hohem Migrantenanteil bei gleichzeitig hohem Gesamtleistungsniveau sind Australien und Kanada. Das Profil der Migrantenpopulation dieser Länder unterscheidet sich jedoch deutlich von dem der meisten anderen Teilnehmerländer, so dass sich schwer Vergleiche anstellen lassen. Namentlich die Tatsache, dass in diesen Ländern so gut wie keine Leistungsunterschiede zwischen den im Inland und den im Ausland geborenen Schülerinnen und Schülern festzustellen sind – wobei anzunehmen ist, dass viele der im Ausland geborenen Schüler zumindest ein paar Jahre im Heimatland zur Schule gegangen sind –, lässt darauf schließen, dass viele von ihnen bereits beim Eintritt in das Bildungssystem des Gastlandes ein hohes Leistungsniveau hatten. Die Situation stellt sich hier ganz anders dar als z.B. in Belgien, den Niederlanden, Schweden und der Schweiz. Dieser Gegensatz wird noch deutlicher, wenn der gesonderte Effekt der im Elternhaus gesprochenen Sprache ebenfalls berücksichtigt wird (Tabelle 4.2).

Bei Ländervergleichen müssen die unterschiedlichen Merkmale der Migrantenpopulationen berücksichtigt werden.

Bei der Interpretation von Leistungsdifferenzen zwischen einheimischen Schülern und Schülern mit Migrationshintergrund gilt es, Unterschiede zwischen den Ländern hinsichtlich der Merkmale der Migrantenpopulation zu berücksichtigen, z.B. deren nationale Herkunft, ihren sozioökonomischen und bildungsbezogenen Hintergrund sowie ihren sprachlichen Hintergrund. Die Zusammensetzung der Migrantenpopulation wird ihrerseits durch die Einwanderungspolitik und -praxis beeinflusst, und die Kriterien für die Aufnahme von Migranten sind je nach Land sehr unterschiedlich (OECD,

Abbildung 4.3 ■ **Zu Hause gesprochene Sprache und Schülerleistungen**

Prozentsatz der Schüler, bei denen sich die normalerweise zu Hause gesprochene Sprache von der Testsprache, anderen offiziellen Landessprachen oder anderen landesüblichen Dialekten unterscheidet (linke Ordinate)

■ Prozentsatz der Schüler, bei denen sich die normalerweise zu Hause gesprochene Sprache von der Testsprache, anderen offiziellen Landessprachen oder anderen landesüblichen Dialekten unterscheidet.

Schülerleistungen auf der Gesamtskala Mathematik, nach Sprachgruppe (rechte Ordinate)

– Mittlere Punktzahl auf der Mathematikskala von Schülern, bei denen die normalerweise zu Hause gesprochene Sprache mit der Testsprache, anderen offiziellen Landessprachen oder anderen landesüblichen Dialekten identisch ist.

○ Mittlere Punktzahl auf der Mathematikskala von Schülern, bei denen sich die normalerweise zu Hause gesprochene Sprache von der Testsprache, anderen offiziellen Landessprachen oder anderen landesüblichen Dialekten unterscheidet.

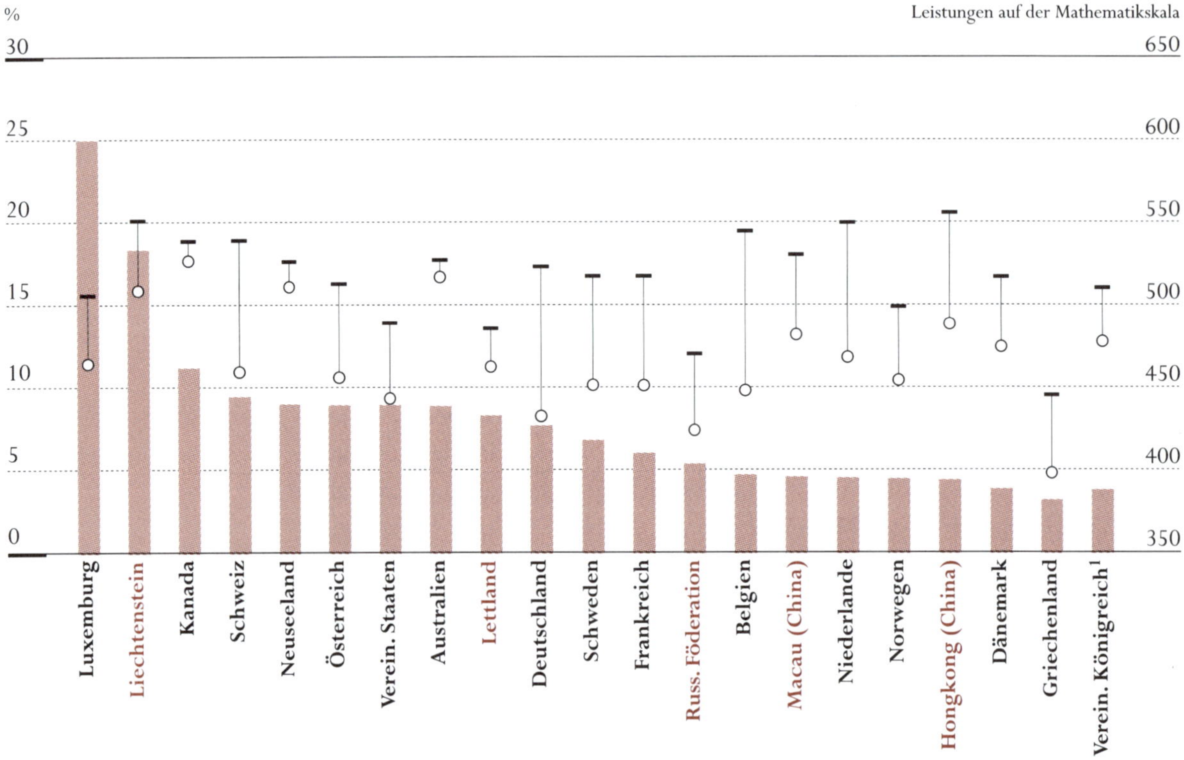

Anmerkung: Nur Länder, in denen mindestens 3% der Schülerinnen und Schüler in diese Kategorie fallen.
1. Die Beteiligungsquote ist zu niedrig, um die Vergleichbarkeit zu gewährleisten (siehe Anhang A3).
Quelle: OECD PISA-2003-Datenbank, Tabelle 4.2g.

2003f). Während einige Länder jedes Jahr eine relativ große Zahl an Zuwanderern aufnehmen und dabei oft wenig selektiv vorgehen, sind die Zuwandererströme in anderen Ländern wesentlich geringer und Gegenstand einer stärkeren Selektion. Zudem bestehen zwischen den Ländern Unterschiede in Bezug auf den Grad, in dem die soziale, bildungsmäßige oder berufliche Stellung der Zuwanderungskandidaten bei der Entscheidung über die Erteilung der Einwanderungserlaubnis oder der Staatsbürgerschaft berücksichtigt wird. Folglich stammen die Migranten in einigen Ländern tendenziell aus sozial besser gestellten Milieus als in anderen.

Forschungsergebnisse zeigen, dass zwischen dem Anteil an Schülerinnen und Schülern mit Migrationshintergrund und dem Umfang der positiven oder negativen Leistungsdifferenzen zwischen ihnen und ihren einheimischen Mitschülern kein Zusammenhang besteht (Stanat, 2004). Der Umfang der Migrantenpopulation allein kann also nicht als Erklärungsfaktor für die im internationalen Vergleich beobachteten Unterschiede in Bezug auf den Leistungsabstand zwischen diesen Schülergruppen dienen. Ein Zusammenhang konnte hingegen zwischen dem Grad der sozioökonomischen und bildungsmäßigen Benachteiligung der Schülerinnen und Schüler mit Migrationshintergrund und deren relativen Leistungsniveaus festgestellt werden, wie dies auch in den Teilnehmerländern von PISA 2000 zu beobachten war (Stanat, 2004). PISA 2003 bestätigt diese Ergebnisse. Abbildung 4.4 zeigt, dass der Leistungsunterschied zwischen Schülern mit oder ohne Migrationshintergrund in Ländern, in denen die Migranten einen vergleichsweise niedrigen bildungsbezogenen und sozioökonomischen Status besitzen, in der Regel größer ist.

Während der Umfang der Migrantenpopulation offenbar keinen Einfluss auf die Leistungen hat, spielt deren Zusammensetzung sehr wohl eine Rolle.

Abbildung 4.4 ■ **Leistungsunterschiede der Schüler und durch Zuwanderung bedingte Unterschiede beim sozioökonomischen Hintergrund der Schüler**

Zusammenhang zwischen Unterschieden bei den Mathematikleistungen von Schülern der Gruppe 1 und Schülern mit Migrationshintergrund und Differenzen in Bezug auf den sozioökonomischen Hintergrund dieser beiden Schülergruppen

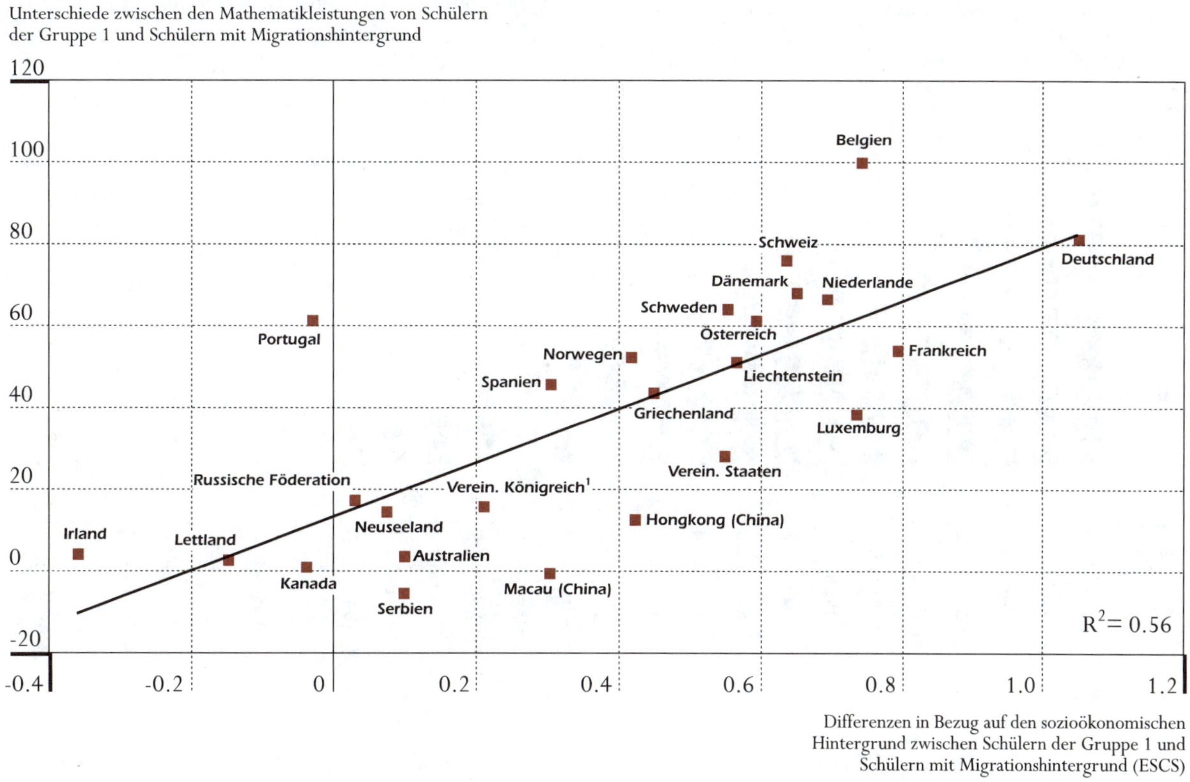

1. Die Beteiligungsquote ist zu niedrig, um die Vergleichbarkeit zu gewährleisten (siehe Anhang A3).
Quelle: OECD PISA-2003-Datenbank, Tabelle 4.2f.

Nach Berücksichtigung dieses Faktors verringert sich der Migrationseffekt, und in einigen Fällen verschwindet er sogar.

Um zu beurteilen, inwieweit im Ländervergleich beobachtete Unterschiede bei der relativen Leistung von Schülern mit Migrationshintergrund auf die jeweilige Zusammensetzung der Migrantenpopulation zurückzuführen sind, empfiehlt es sich, eine Bereinigung um den sozioökonomischen Hintergrund der Schülerinnen und Schüler vorzunehmen. Wie bereits in Abbildung 4.2 zu sehen war, schwankt der statistisch signifikante Leistungsabstand zwischen den einheimischen Schülern und den Schülern der ersten Generation zum einen und den im Ausland geborenen Schülern zum anderen im OECD-Raum zwischen fast 100 Punkten in Belgien und 42 Punkten in Luxemburg und den Vereinigten Staaten; in Australien, Kanada und Neuseeland sind die Leistungsunterschiede statistisch nicht signifikant. Nach Berücksichtigung des sozioökonomischen Hintergrunds der Schülerinnen und Schüler, wie er durch den PISA-Index des wirtschaftlichen, sozialen und kulturellen Status gemessen wird, verringert sich der Leistungsunterschied zwischen einheimischen Schülern und Schülern mit Migrationshintergrund in den meisten Ländern deutlich, wie aus Abbildung 4.5 und Tabelle 4.2h ersichtlich ist. In Belgien z.B. geht der Unterschied von 100 auf 60 Punkte zurück, und in Deutschland von 81 auf 35 Punkte. In den Vereinigten Staaten verringert sich der Leistungsabstand derart, dass er nicht mehr statistisch signifikant ist[12].

Abbildung 4.5 ■ **Mit dem Migrationshintergrund der Schüler assoziierte Unterschiede in den Mathematikleistungen**

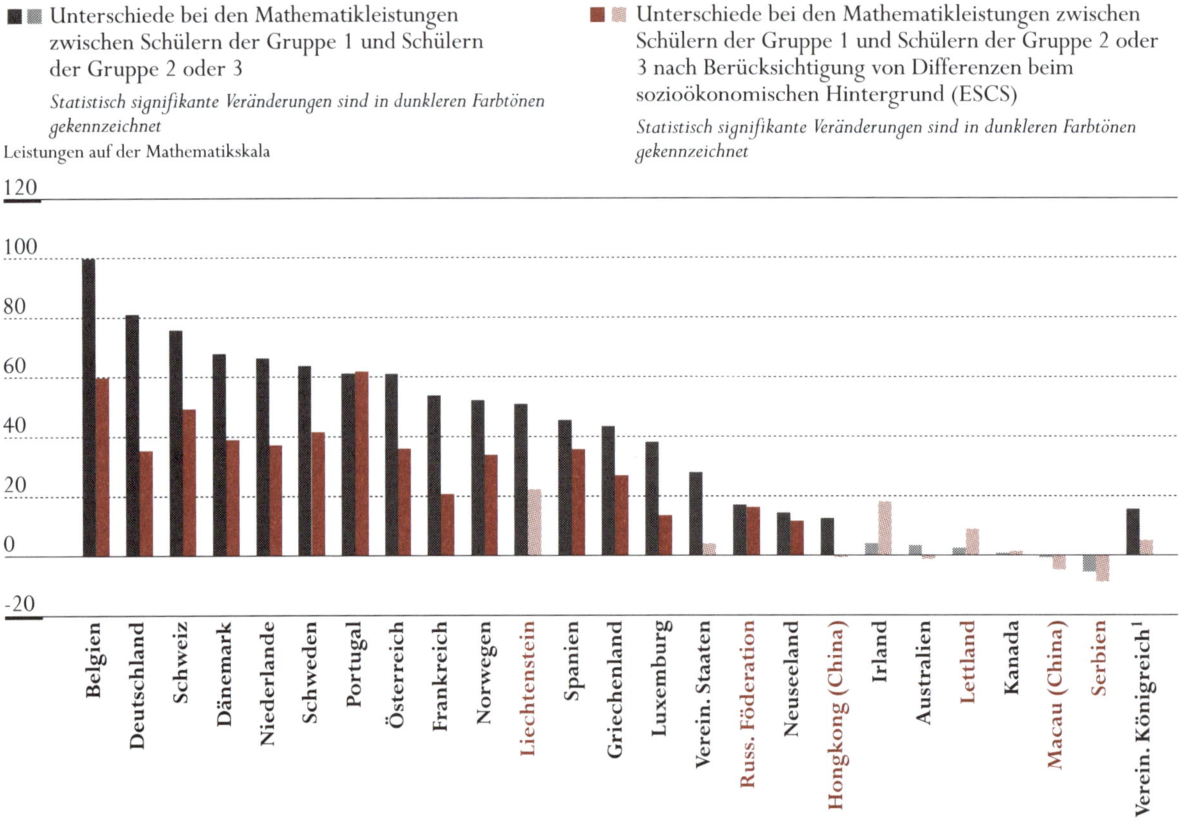

Anmerkung: Diese Abbildung zeigt Daten für Länder, in denen mehr als 3% der Schülerinnen und Schüler in die aggregierte Kategorie "Schüler der Gruppe 2 und 3" fallen.
1. Die Beteiligungsquote ist zu niedrig, um die Vergleichbarkeit zu gewährleisten (siehe Anhang A3).
Quelle: OECD PISA-2003-Datenbank, Tabelle 4.2h.

Unterdessen variiert der Umfang der Leistungsunterschiede zwischen Migrantenkindern und einheimischen Schülern selbst dann noch stark, wenn der sozioökonomische und bildungsmäßige Hintergrund berücksichtigt wird. Länder wie Belgien und die Schweiz gehören weiterhin zu der Gruppe, in der die größten Disparitäten zwischen Schülern mit Migrationshintergrund und Schülern aus einheimischen Familien zu beobachten sind. Dies lässt vermuten, dass abgesehen von der Zusammensetzung der Migrantenpopulation in den einzelnen Ländern noch andere Faktoren für die im Ländervergleich beobachteten Unterschiede zwischen den relativen schulischen Ergebnissen von Migrantenkindern ausschlaggebend sind.

Es bestehen jedoch immer noch große Unterschiede zwischen den relativen Leistungen der Migranten in den verschiedenen Ländern …

Einer dieser Faktoren könnte der sprachliche Hintergrund der Migranten in den verschiedenen Ländern sein. Das Ausmaß der Sprachbarrieren, die Migranten zu überwinden haben, ist von Land zu Land sehr unterschiedlich. In Ländern mit einer kolonialen Vergangenheit z.B. sprechen die Migranten häufig bereits bei der Ankunft die offizielle Landessprache. In Abbildung 4.6 wird die im Elternhaus gesprochene Sprache als Ersatzvariable verwendet, um die zwischen den Ländern bestehenden Unterschiede nach Berücksichtigung dieses Faktors darzustellen. Durch die Bereinigung um diesen Faktor verringert sich die Varianz der Mathematikleistungen im Ländervergleich geringfügig. Das Spektrum der statistisch signifikanten Unterschiede reicht von 42 Punkten in den Vereinigten Staaten bis zu 104 Punkten in Belgien. Wird zusätzlich auch der sozioökonomische Hintergrund berücksichtigt, nimmt die Varianz zwischen den Ländern zwar weiter ab, bleibt aber erheblich: Sie reicht von 9 Punkten in Luxemburg bis zu 51 Punkten in Belgien.

… die auch nach Berücksichtigung des sprachlichen Hintergrunds bestehen bleiben.

In Abbildung 4.7 ist für jedes Land zusammenfassend dargestellt, wie stark sich die verschiedenen familiären Hintergrundmerkmale auf die Mathematikleistungen auswirken. Zu diesen Merkmalen zählen die berufliche Stellung der Eltern, der Bildungsabschluss der Eltern (umgerechnet in Bildungsjahre), mit „klassischer" Kultur verbundene Besitztümer, die Familienstruktur, die Staatsangehörigkeit der Schüler und ihrer Eltern sowie die im Elternhaus gesprochene Sprache. Da diese Merkmale in der Regel miteinander verknüpft sind – Eltern mit einem höheren Bildungsabschluss werden wahrscheinlich auch einen höheren beruflichen Status haben –, ist in der Abbildung der Gesamteinfluss dieser Merkmale sowie der auf die einzelnen Faktoren entfallende Teil der Varianz der Schülerleistungen nach Ausklammerung des Einflusses aller anderen Merkmale dargestellt. Der letzte Balkenabschnitt steht jeweils für die Varianz, die sich aus dem Zusammenspiel sämtlicher sechs Faktoren erklärt (Tabelle 4.2).

Es ist möglich, den separaten und den gemeinsamen Einfluss der verschiedenen familiären Hintergrundfaktoren zu messen …

Im OECD-Raum insgesamt sind 17% der Varianz der Mathematikleistungen auf den kombinierten Effekt dieser Gruppe von schülerbezogenen Variablen zurückzuführen, der zwischen 10% in Island, Kanada und den Partnerländern Indonesien, Macau (China) und der Russischen Föderation und über 20% in Belgien, Deutschland, Portugal und Ungarn schwankt (vgl. Tabelle 4.2, letzte Spalte). Diese Ergebnisse sind für die politisch Verantwortlichen potenziell von

… woran sich zeigt, dass der familiäre Hintergrund erheblich zu den Leistungsunterschieden zwischen den Schülern beiträgt.

Abbildung 4.6 ■ Mit dem Migrationshintergrund der Schüler und der zu Hause gesprochenen Sprache assoziierte Unterschiede in den Mathematikleistungen

■ ■ Unterschiede bei den Mathematikleistungen zwischen Schülern der Gruppe 1 und Schülern der Gruppe 2 oder 3, die zu Hause eine Sprache sprechen, die sich von der Testsprache, anderen offiziellen Landessprachen oder anderen landesüblichen Dialekten unterscheidet

Statistisch signifikante Veränderungen sind in dunkleren Farbtönen gekennzeichnet

■ ■ Unterschiede bei den Mathematikleistungen zwischen Schülern der Gruppe 1 und Schülern der Gruppe 2 oder 3, die zu Hause eine Sprache sprechen, die sich von der Testsprache, anderen offiziellen Landessprachen oder anderen landesüblichen Dialekten unterscheidet, nach Berücksichtigung von Differenzen beim sozioökonomischen Hintergrund (ESCS)

Statistisch signifikante Veränderungen sind in dunkleren Farbtönen gekennzeichnet

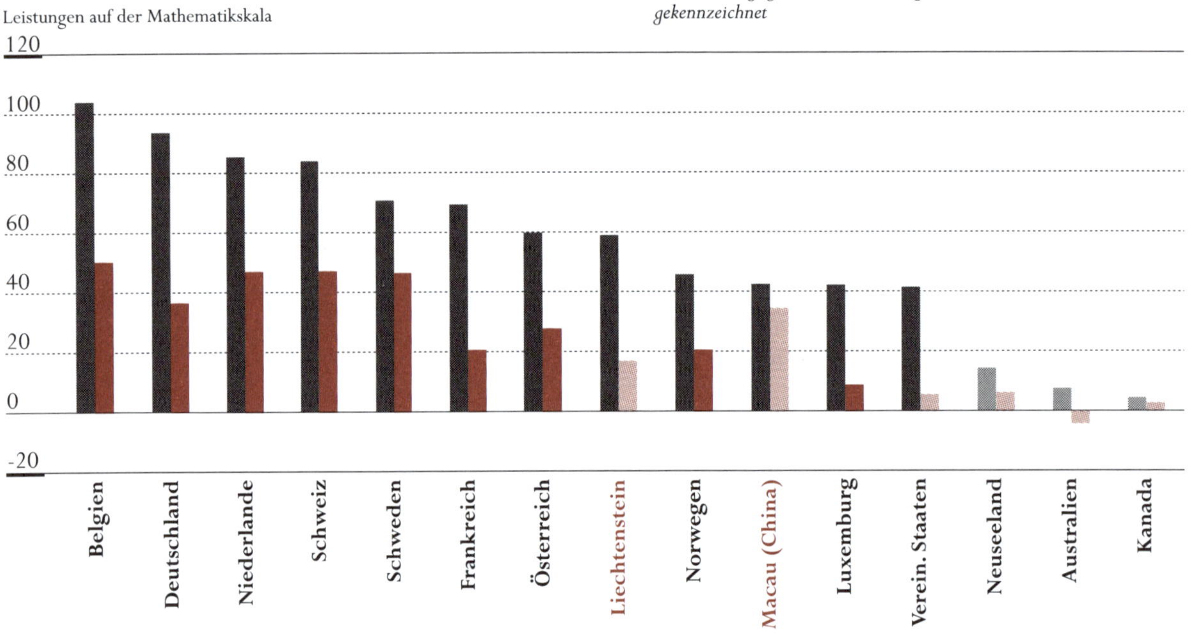

Anmerkung: Diese Abbildung zeigt nur Daten für Länder, in denen mindestens 3% der Schülerinnen und Schüler in diese Kategorie fallen.
Quelle: OECD PISA-2003-Datenbank, Tabelle 4.2h.

großer Bedeutung. Mathematikkompetenzen sind eine wichtige Grundlage für lebenslanges Lernen und erhöhen die Beschäftigungs- und Verdienstchancen im späteren Leben. Ländern, in denen zwischen den sozioökonomischen Hintergrundfaktoren und den Schülerleistungen ein starker Zusammenhang besteht, gelingt es somit nicht, das Kompetenzpotenzial von Schülerinnen und Schülern aus sozial benachteiligten Milieus voll auszuschöpfen, wodurch möglicherweise Humankapital vergeudet und die generationenübergreifende Mobilität zwischen niedrigerem und höherem sozioökonomischen Status begrenzt wird. Die schlechter abschneidenden Schülerinnen und Schüler werden mit ziemlicher Sicherheit diejenigen sein, die die geringsten Chancen haben, Beschäftigungsmöglichkeiten mit Aufstiegschancen zu finden. Dies ist nicht nur für die Betroffenen von Nachteil, sondern auch für die Gesellschaft insgesamt, die zunehmend auf Humankapital angewiesen ist.

Aus nationalen Forschungsarbeiten geht z.T. hervor, dass der familiäre Hintergrund die Entwicklung der Schüler in der gesamten Kindheit beeinflusst ...

Es ist daher eine große Herausforderung, eine ausgewogene Verteilung der Bildungserträge zu erzielen, ohne dabei eine Nivellierung nach unten hinnehmen zu müssen. Auf nationaler Ebene durchgeführte Analysen führten

Abbildung 4.7 ■ **Effekte von schülerbezogenen Faktoren auf die Mathematikleistungen**

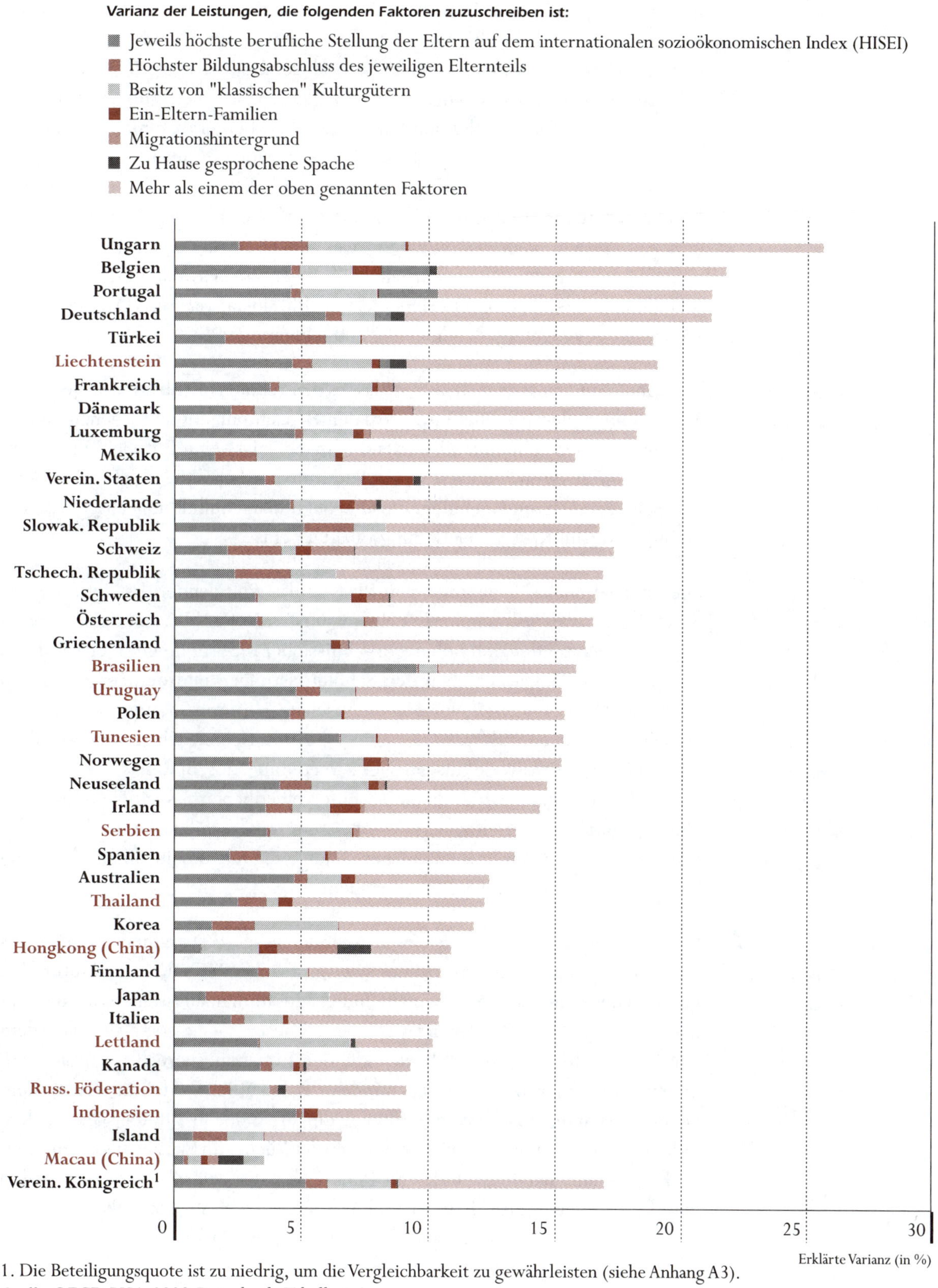

1. Die Beteiligungsquote ist zu niedrig, um die Vergleichbarkeit zu gewährleisten (siehe Anhang A3).
Quelle: OECD PISA-2003-Datenbank, Tabelle 4.2.

häufig zu wenig ermutigenden Ergebnissen. Längsschnittuntersuchungen der Wortschatzentwicklung von Kindern ergaben beispielsweise, dass die Entwicklungspfade von Kindern mit unterschiedlichem sozioökonomischen Hintergrund schon in einem sehr frühen Stadium voneinander abzuweichen beginnen (Hart und Risely, 1995) und dass sich der Einfluss der sozioökonomischen Faktoren sowohl auf die kognitiven Fähigkeiten als auch auf das Verhalten zum Zeitpunkt der Einschulung bereits deutlich bemerkbar macht. Während der ersten und mittleren Schuljahre ist zudem die Wahrscheinlichkeit, gute schulische Leistungen zu erbringen und an curricularen oder außercurricularen Schulaktivitäten teilzunehmen, für Kinder, deren Eltern ein geringes Einkommen beziehen und ein niedriges Bildungsniveau aufweisen, die erwerbslos sind oder in wenig angesehenen Berufen arbeiten, geringer als für Kinder, die in einem in sozioökonomischer Hinsicht privilegierten Umfeld aufwachsen (Datcher, 1982; Finn und Rock, 1997; Johnson et al., 2001; Voelkl, 1995).

… und dass die Schulen anscheinend nur wenig Einfluss ausüben können.

Aus Länderstudien geht auch hervor, dass es den Schulen offenbar nur in geringem Maße gelingt, den Effekten einer sozialen Benachteiligung entgegenzuwirken. Es wurde in der Tat mehrfach geltend gemacht, dass eine Entwicklung hin zu einem integrativeren Schulsystem – z.B. durch eine Erhöhung des Prozentsatzes der Schülerinnen und Schüler, die die Sekundarschulbildung abschließen – zwangsläufig auf Kosten der Bildungsqualität geht.

Die internationale Perspektive von PISA zeigt indessen, dass es möglich ist, Gleichheit in der Bildung unabhängig vom sozioökonomischen Status mit einem hohen Gesamtniveau an Bildungsqualität zu vereinbaren.

Die internationalen Ergebnisse von PISA sind ermutigender. Es stimmt zwar, dass Schülerinnen und Schüler mit einem günstigeren familiären Hintergrund in allen Ländern tendenziell höhere Ergebnisse bei PISA erzielen. Der Vergleich der Zusammenhänge zwischen den Schülerleistungen und den verschiedenen vorstehend untersuchten sozioökonomischen Hintergrundmerkmalen zeigt jedoch, dass einige Länder zugleich eine hohe durchschnittliche Bildungsqualität und eine vergleichsweise ausgewogene Verteilung der Bildungserträge unter Schülerinnen und Schülern mit unterschiedlichem sozioökonomischen Hintergrund aufweisen. Große Leistungsunterschiede innerhalb der Schülerpopulation sind also kein notwendiges Übel, um in einem Land ein hohes Gesamtbildungsniveau zu erreichen.

Dies kann mit Hilfe eines Gesamtindex des familiären Hintergrunds untersucht werden …

Im Interesse einer systematischeren Analyse dieser Feststellung empfiehlt es sich, die verschiedenen Aspekte des wirtschaftlichen, sozialen und kulturellen Hintergrunds in einem einzigen Index zusammenzufassen, wie dies in der nachstehenden Erörterung geschieht. Dieser Index setzt sich aus dem jeweils höchsten Wert der Eltern bzw. der Erziehungsberechtigten auf dem internationalen sozioökonomischen Index der beruflichen Stellung (ISEI), dem höchsten Bildungsabschluss der Eltern, umgerechnet in Bildungsjahre[13], dem Index der Bildungsressourcen[14] und der Zahl der Bücher im Elternhaus zusammen. Im Folgenden wird dieser Index als PISA-Index des wirtschaftlichen, sozialen und kulturellen Status bzw. manchmal auch kurz als sozioökonomischer Hintergrund der Schüler bezeichnet (vgl. Anhang A1).

In Abbildung 4.8 ist der Zusammenhang zwischen den Schülerleistungen und dem Index des wirtschaftlichen, sozialen und kulturellen Status der Schüler für den gesamten OECD-Raum dargestellt. Die Abbildung beschreibt, wie Schülerinnen und Schüler aus unterschiedlichen sozioökonomischen Milieus auf der PISA-Gesamtskala Mathematik abschneiden. Dieser Zusammenhang wird sowohl von der Leistung des jeweiligen Bildungssystems als auch von der Streuungsbreite der wirtschaftlichen, sozialen und kulturellen Faktoren, aus denen sich der Index zusammensetzt, beeinflusst (Kasten 4.1).

... der den Schülerleistungen gegenübergestellt wird ...

Die Analyse dieses Zusammenhangs, der mit der sozioökonomischen Gradienten dargestellt wird, liefert einen nützlichen Ausgangspunkt für die Untersuchung der Verteilung der Bildungschancen. Aus schulpolitischer Sicht ist das Verständnis dieses Zusammenhangs auch deshalb wichtig, weil er Aufschluss darüber gibt, wie gerecht die Erträge aus der Schulbildung, zumindest was die Schülerleistungen anbelangt, zwischen Schülern mit unterschiedlichem sozioökonomischen Hintergrund verteilt sind.

... woraus sich eine Gradiente ergibt, an der sich ablesen lässt, wie ausgewogen die sozioökonomische Verteilung der Bildungserträge ist.

Abbildung 4.8 ■ **Zusammenhang zwischen den Schülerleistungen in Mathematik und dem sozioökonomischen Hintergrund für den OECD-Raum insgesamt**

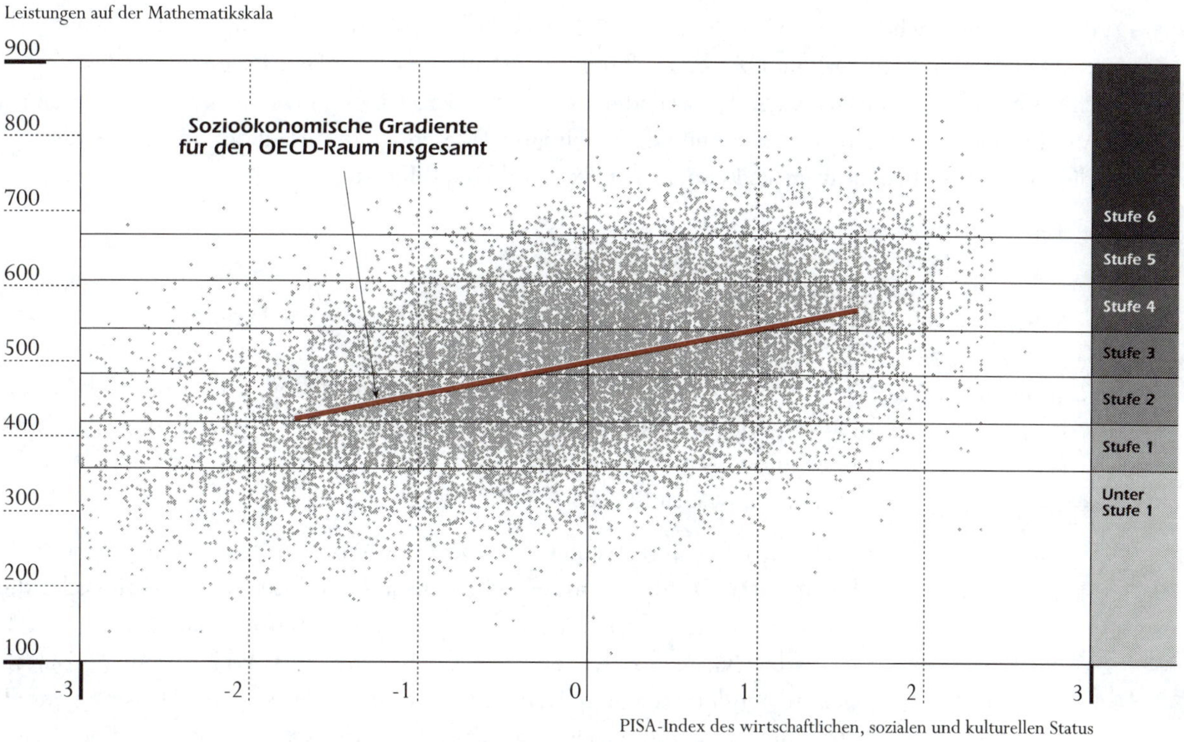

Anmerkung: Jeder Punkt steht für 538 Schülerinnen und Schüler aus dem OECD-Raum.
Quelle: OECD PISA-2003-Datenbank.

Kasten 4.1 ■ **Interpretation von Abbildung 4.8**

Jeder *Punkt* in dieser Graphik entspricht 538 15-jährigen Schülerinnen und Schülern aus dem gesamten OECD-Raum. Abbildung 4.8 stellt deren Leistung im Bereich Mathematik im Verhältnis zu ihrem wirtschaftlichen, sozialen und kulturellen Status dar.

Die *vertikale Achse* entspricht den Ergebnissen der Schülerinnen und Schüler auf der Gesamtskala Mathematik, deren Mittelwert 500 Punkte beträgt. Da die Standardabweichung bei der Konstruktion der PISA-Skala auf 100 gesetzt wurde, liegen ungefähr zwei Drittel der Punkte zwischen 400 und 600. Die Bereiche mit unterschiedlichem Schattierungsgrad entsprechen den sechs Mathematikkompetenzstufen.

Auf der *horizontalen Achse* sind die Werte des PISA-Index des wirtschaftlichen, sozialen und kulturellen Status eingetragen. Bei der Konstruktion dieses Index wurde der Mittelwert auf 0 und die Standardabweichung auf 1 gesetzt, so dass etwa zwei Drittel der Schülerinnen und Schüler zwischen +1 und -1 liegen.

Die *dunkle Linie* entspricht der internationalen sozioökonomischen Gradienten, die die Verbindung zwischen Mathematikleistung und sozioökonomischem Status in den OECD-Ländern am besten darstellt.

Da die Abbildung nicht auf einen Vergleich der Bildungssysteme abzielt, sondern auf die Darstellung eines im gesamten OECD-Raum zu beobachtenden Zusammenhangs, wurde jeder Schüler des OECD-Raums gleich stark gewichtet, was bedeutet, dass größere Länder, in denen mehr Schüler an PISA teilnahmen – z.B. Japan, Mexiko und die Vereinigten Staaten – den Verlauf der internationalen Gradienten stärker beeinflussen als kleinere Länder wie Island oder Luxemburg.

Daran zeigt sich, dass die Ergebnisse der Schüler, im Durchschnitt, mit zunehmend günstigem sozioökonomischen Hintergrund steigen …

Aus Abbildung 4.8 lassen sich mehrere Folgerungen ableiten:

- Schülerinnen und Schüler, die einem in sozioökonomischer Hinsicht privilegierten Milieu entstammen, erzielen in der Regel bessere Ergebnisse. Diese im Vorstehenden erwähnte Erkenntnis zeigt sich an der Steigung der Gradienten.
- Ein gegebener Unterschied im sozioökonomischen Status entspricht einer bestimmten Differenz in der Schülerleistung auf der Mathematikskala, die für das gesamte Verteilungsspektrum in etwa identisch ist. Das bedeutet, dass der Grenznutzen eines zusätzlichen sozioökonomischen Vorteils bei steigendem sozialen Niveau weder in nennenswerter Weise zu- noch abnimmt, was sich daran zeigt, dass die sozioökonomische Gradiente eine nahezu gerade Linie ist. Dass sie nicht ganz gerade ist, liegt daran, dass der Zusammenhang zwischen dem Index des wirtschaftlichen, sozialen und kulturellen Status und den Mathematikleistungen bei Schülern mit geringerem sozioökonomischem Status etwas stärker ausgeprägt ist als bei Schülern mit höherem sozioökonomischem Status[15].

- Der Zusammenhang zwischen den Schülerleistungen und dem Index des wirtschaftlichen, sozialen und kulturellen Status ist nicht deterministisch, insofern viele Schüler aus in sozialer Hinsicht benachteiligten Milieus (die auf der linken Seite der Graphik dargestellt sind) wesentlich bessere Ergebnisse erzielen, als die internationale Gradiente vermuten ließe, während die Leistungen eines beträchtlichen Teils der Schülerinnen und Schüler aus privilegierten familiären Verhältnissen niedriger sind, als angesichts ihres familiären Hintergrunds zu erwarten wäre. Innerhalb jeder Schülergruppe mit gleichem Hintergrund bestehen somit erhebliche Leistungsunterschiede.

... dass aber einige Schüler auch wesentlich besser oder schlechter abschneiden als demzufolge zu erwarten wäre.

Inwieweit ist dieser Zusammenhang eine unweigerliche Konsequenz sozioökonomischer Ungleichheiten und nicht etwa ein Resultat, das sich durch die öffentliche Politik beeinflussen lässt? Eine Möglichkeit zur Beantwortung dieser Frage besteht darin, zu untersuchen, inwieweit es den einzelnen Ländern gelingt, den Effekt des Zusammenhangs zwischen dem sozioökonomischen Hintergrund und den Schülerleistungen zu mindern. In Abbildung 4.9 wird das Verhältnis zwischen den Schülerleistungen auf der Gesamtskala Mathematik und dem Index des wirtschaftlichen, sozialen und kulturellen Status für jedes Land gesondert ausgewiesen. In Abbildung 4.9 A und 4.9 B sind die Länder hervorgehoben, in denen die Mathematikleistungen statistisch signifikant über dem OECD-Durchschnitt liegen, in Abbildung 4.9 C und 4.9 D die Länder, in denen die Mathematikleistungen statistisch nicht signifikant vom OECD-Durchschnitt abweichen, und in Abbildung 4.9 E und 4.9 F die Länder, in denen die Mathematikleistungen statistisch signifikant unter dem OECD-Durchschnitt liegen.

Die Stärke dieses Zusammenhangs schwankt im Ländervergleich.

Länder mit überdurchschnittlichen Mathematikergebnissen und einem dem OECD-Durchschnitt entsprechenden Effekt des sozioökonomischen Hintergrunds sind durch die schwarzen Linien in Abbildung 4.9 A dargestellt. Den Ländern mit überdurchschnittlichen Mathematikleistungen und einem schwächer als im OECD-Durchschnitt ausgeprägten Zusammenhang zwischen Leistungen und sozioökonomischem Hintergrund, die in Abbildung 4.9 B durch eine rote Linie gekennzeichnet sind, gelingt es, eine hohe Gesamtleistung mit geringen sozioökonomischen Disparitäten zu vereinbaren. In den Ländern mit überdurchschnittlichen Mathematikleistungen und einem stärker als im OECD-Durchschnitt ausgeprägten Zusammenhang mit dem sozioökonomischen Hintergrund, die in Abbildung 4.9 B durch eine schwarz gestrichelte Linie dargestellt sind, resultieren die hohen Leistungsniveaus hauptsächlich aus sehr hohen Leistungsstandards bei Schülern aus in sozioökonomischer Hinsicht besser gestellten Milieus.

Es gibt Länder, in denen die Schüler, unabhängig von ihrem sozioökonomischen Hintergrund, tendenziell gute Ergebnisse erzielen ...

Länder mit einem unterdurchschnittlichen Leistungsniveau in Mathematik und einem dem OECD-Durchschnitt entsprechenden Effekt des sozioökonomischen Hintergrunds sind durch die schwarzen Linien in Abbildung 4.9 E dargestellt. Länder mit unterdurchschnittlichem Leistungsniveau und einem schwächer als im OECD-Durchschnitt ausgeprägten Zusammenhang mit dem sozioökonomischen

...ebenso wie Länder mit einem unterdurchschnittlichen Leistungsniveau und großen sozioökonomischen Disparitäten.

Abbildung 4.9 ■ Zusammenhang zwischen Schülerleistungen in Mathematik und sozioökonomischem Hintergrund

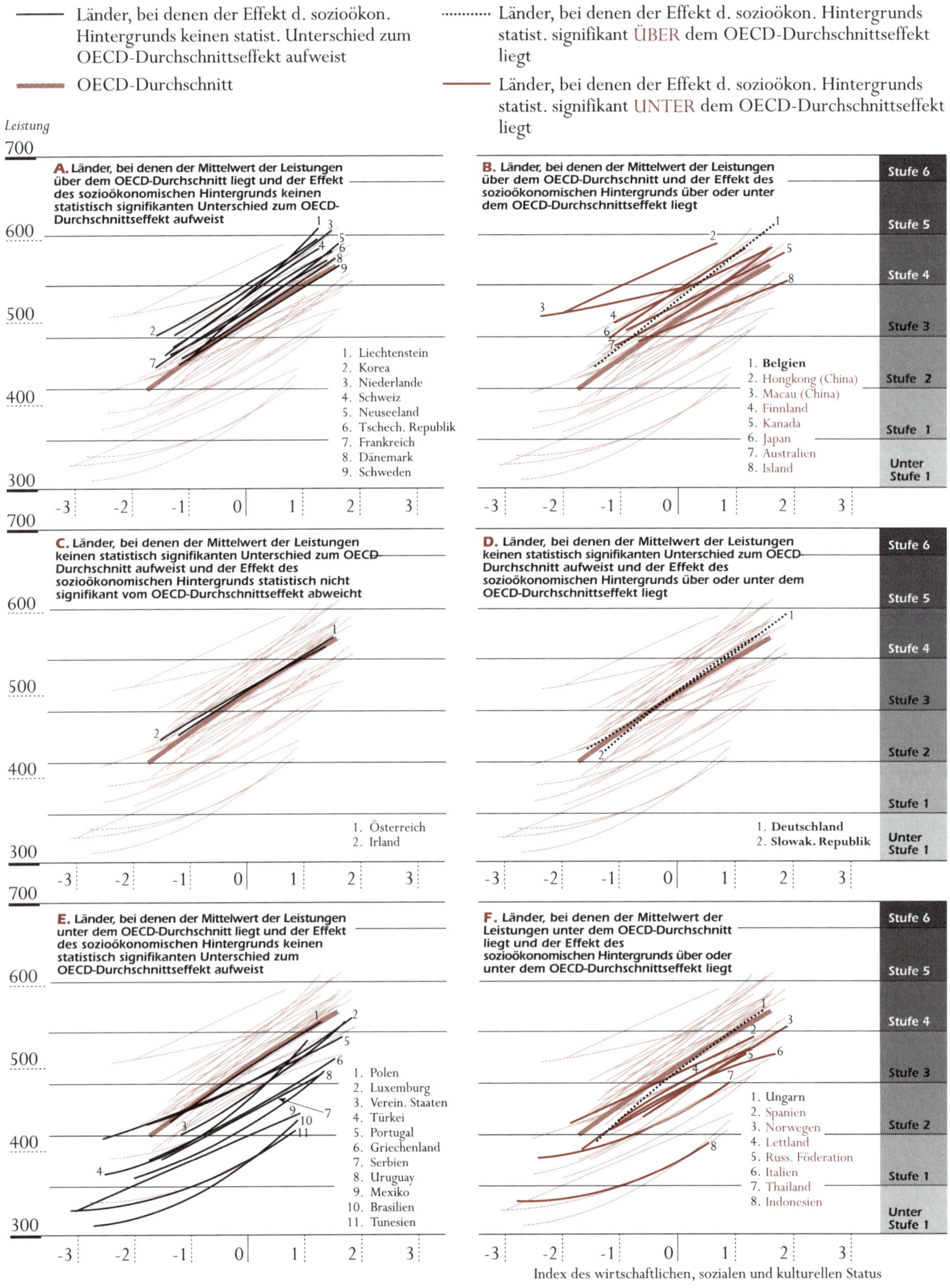

Quelle: OECD PISA-2003-Datenbank.

Hintergrund sind in Abbildung 4.9 F durch rote Linien gekennzeichnet. In diesen Ländern ist der Effekt, den der sozioökonomische Hintergrund auf die Schülerleistungen ausübt, zwar relativ gering, dies ist jedoch hauptsächlich dadurch bedingt, dass sowohl die Schüler aus privilegierten als auch diejenigen aus benachteiligten Milieus vergleichsweise niedrige Ergebnisse erzielen. Länder mit unterdurchschnittlichen Leistungen und einem stärkeren Zusammenhang mit dem sozioökonomischen Hintergrund als im OECD-Durchschnitt sind in Abbildung 4.9 F schließlich durch schwarz gestrichelte Linien dargestellt. In diesen Ländern bestehen große sozioökonomische Ungleichgewichte, und die Leistungen sind insgesamt schwach.

Länder mit statistisch nicht signifikant vom Durchschnitt abweichenden Leistungen und einem ebenfalls dem OECD-Durchschnitt entsprechenden Zusammenhang zwischen sozioökonomischem Hintergrund und Leistungen sind in Abbildung 4.9 C durch eine schwarze Linie dargestellt, während Länder, in denen dieser Effekt stärker oder schwächer ist als im Durchschnitt, in Abbildung 4.9 D durch schwarz gestrichelte Linien gekennzeichnet sind.

Die Gradiente kann in Bezug darauf beschrieben werden …

Bei der Beschreibung von Abbildung 4.9 und der entsprechenden Leistungsverteilung in den einzelnen Ländern, wie sie aus Tabelle 4.3a ersichtlich ist, können mehrere Aspekte der Gradiente betrachtet werden, z.B. wie sehr der sozioökonomische Hintergrund als Bestimmungsfaktor für die schulischen Leistungen wirkt, wie gut Schüler abschneiden, deren sozioökonomischer Hintergrund dem Durchschnitt entspricht, mit welchem Leistungsunterschied ein günstigerer oder ungünstigerer sozioökonomischer Hintergrund jeweils verbunden ist und wie groß die sozioökonomischen Unterschiede innerhalb der Schülerpopulation sind. Im Einzelnen lassen sich die Merkmale der Beziehung zwischen sozioökonomischem Hintergrund und schulischen Leistungen unter folgenden Aspekten beschreiben:

… wie groß der Teil der Leistungsvarianz ist, der sich aus dem Hintergrund der Schüler erklärt …

- *Die Stärke des Zusammenhangs zwischen Mathematikleistungen und sozioökonomischem Hintergrund.* Sie bezieht sich darauf, wie weit die Leistung der einzelnen Schüler nach unten oder oben von der Gradiente abweicht. Dies ist in Abbildung 4.8 für den OECD-Raum insgesamt aus der Streuung der Punkte unter- und oberhalb der Linie ersichtlich. Für die einzelnen Länder liefert Tabelle 4.3a, Spalte 3, die erklärte Varianz, einen statistischen Wert, der die Stärke des Zusammenhangs ausdrückt, indem er angibt, welcher Prozentsatz der beobachteten Differenz zwischen den Ergebnissen der Schülerinnen und Schüler auf den durch diese Gradiente dargestellten Zusammenhang zurückzuführen ist. Ist diese Zahl niedrig, geht nur ein vergleichsweise geringer Teil der Leistungsunterschiede zwischen Schülern auf deren sozioökonomischen Hintergrund zurück; ist sie hoch, ist es umgekehrt. Im Durchschnitt der OECD-Länder erklärt der Index des wirtschaftlichen, sozialen und kulturellen Status 17% der in den einzelnen Ländern beobachteten Unterschiede zwischen den Schülerleistungen in Mathematik[16]. Allerdings schwankt dieser Wert zwischen 7% oder weniger

in Island und in den Partnerländern Hongkong (China), Indonesien und Macau (China) und über 22% in Belgien, Deutschland, der Slowakischen Republik, der Türkei und Ungarn.

... wie gut Schülerinnen und Schüler abschneiden, deren sozioökonomischer Hintergrund dem internationalen Durchschnitt entspricht ...

- *Die Höhe der Gradienten* aus Abbildung 4.9, und zwar ihre durchschnittliche Höhe, ist Spalte 2 von Tabelle 4.3a zu entnehmen. An ihr lässt sich das durchschnittliche Mathematikergebnis der Schülerinnen und Schüler der einzelnen Länder ablesen, deren wirtschaftlicher, sozialer und kultureller Hintergrund dem durchschnittlichen sozioökonomischen Hintergrund sämtlicher OECD-Länder entspricht. Die Höhe der Gradienten eines Landes kann als Anhaltspunkt dafür dienen, wie hoch das Gesamtleistungsniveau des Bildungssystems eines Landes wäre, wenn der wirtschaftliche, soziale und kulturelle Hintergrund seiner Schülerschaft dem OECD-Durchschnitt entspräche.

... in welchem Umfang sich der sozioökonomische Hintergrund durchschnittlich auf die Leistungen auswirkt ...

- *Die Steigung der Gradienten* liefert einen Anhaltspunkt für das Ausmaß der Disparitäten bei den Mathematikleistungen, die auf sozioökonomische Faktoren zurückzuführen sind (vgl. Tabelle 4.3a, Spalte 4), und lässt sich daran messen, mit welchem Leistungsunterschied im Bereich Mathematik eine Einheit auf der Skala des sozioökonomischen Hintergrunds verbunden ist. Steilere Gradienten deuten auf einen stärkeren Einfluss des wirtschaftlichen, sozialen und kulturellen Status auf die Schülerleistungen hin, d.h. auf größere Ungleichheiten. Eine schwächere Steigung der Gradienten bedeutet hingegen, dass der sozioökonomische Hintergrund weniger Einfluss auf die Schülerleistungen ausübt, die Ungleichheiten also weniger ausgeprägt sind. Es ist wichtig, die Steigung der Gradienten von der Stärke des Zusammenhangs zu unterscheiden. Für Deutschland und Japan z.B. ist die Steigung der Gradienten in etwa ähnlich, wobei eine Einheit auf der Skala des sozioökonomischen Hintergrunds durchschnittlich mit einem Leistungsunterschied von 47 bzw. 46 Punkten auf der Gesamtskala Mathematik assoziiert ist. In Japan gibt es allerdings wesentlich mehr Ausnahmen von diesem allgemeinen Trend, so dass der Zusammenhang nur 12% der Leistungsvarianz erklärt, wohingegen die Leistungen der Schüler in Deutschland näher bei den aus ihrem sozioökonomischen Hintergrund jeweils abzuleitenden Erwartungswerten liegen, da 23% der Leistungsvarianz durch den sozioökonomischen Hintergrund erklärt werden. Im Durchschnitt der OECD-Länder beträgt die Steigung der Gradienten 42. Dies bedeutet, dass die Schülerpunktzahlen auf der Gesamtskala Mathematik für jede zusätzliche Einheit auf dem PISA-Index des wirtschaftlichen, sozialen und kulturellen Status um 42 Punkte ansteigen. Eine Einheit des Index des wirtschaftlichen, sozialen und kulturellen Status beträgt eine Standardabweichung, was heißt, dass die Ergebnisse von etwa zwei Dritteln der OECD-Schülerpopulation innerhalb eines Spektrums von zwei Indexeinheiten liegen. In Polen z.B., wo die Gradiente sehr nah am OECD-Durchschnitt verläuft, erzielten Schüler, die auf dem sozioökonomischen Index eine Einheit unter dem Durchschnitt liegen, 445 Punkte, was dem Durchschnittsergebnis der griechischen Schüler entspricht, während sich das durchschnittliche Mathematikergebnis von Schülern, die auf

der sozioökonomischen Skala eine Einheit über dem mittleren Wert platziert sind, auf 535 Punkte beläuft, was dem durchschnittlichen Leistungsniveau in Japan entspricht.

- *Die Länge der Gradienten* hängt von der Bandbreite der sozioökonomischen Werte der mittleren 90% der Schülerpopulation (vom 5. bis zum 95. Perzentil) in den einzelnen Ländern (vgl. Tabelle 4.3a, Spalte 5c) sowie von ihrer Steigung ab. In Spalte 5a und 5b von Tabelle 4.3a ist das 5. und 95. Perzentil des PISA-Index des wirtschaftlichen, sozialen und kulturellen Status dargestellt, deren Abstand durch die Gradiente erfasst wird. Die Länge der Gradienten gibt Aufschluss darüber, wie breit die Streuung der Schülerpopulation hinsichtlich ihres sozioökonomischen Hintergrunds ist. Längere Projektionen der Gradienten stehen für größere Diskrepanzen innerhalb der Schülerpopulation des betreffenden Landes, was deren sozioökonomischen Hintergrund anbelangt.

... und wie groß die Bandbreite der verschiedenen Hintergrundverhältnisse der Schüler in den einzelnen Ländern ist.

Aus Abbildung 4.9 und Tabelle 4.3a lassen sich folgende Schlüsse ziehen:

- Erstens bestehen zwischen den Ländern Unterschiede in Bezug auf die Stärke und die Neigung des Zusammenhangs zwischen sozioökonomischem Hintergrund und Schülerleistungen. Aus der Abbildung gehen nicht nur die Länder hervor, die auf der Gesamtskala Mathematik vergleichsweise hohe oder niedrige Ergebnisse erzielen, sondern auch jene, in denen die Leistungsdifferenzen zwischen Schülern mit unterschiedlichem sozioökonomischen Hintergrund mehr oder weniger stark ausgeprägt sind. Hierbei muss die Aufmerksamkeit insbesondere auf das erhebliche Ausmaß dieser Unterschiede gelenkt werden. Nehmen wir das Beispiel zweier Schüler. Der eine stammt aus einem relativ benachteiligten Milieu, d.h. er liegt beispielsweise eine Standardabweichung unter dem OECD-Durchschnittswert auf dem PISA-Index des wirtschaftlichen, sozialen und kulturellen Status, während der andere aus einem relativ privilegierten Milieu kommt, z.B. eine Standardabweichung über dem OECD-Mittel auf dem Index des wirtschaftlichen, sozialen und kulturellen Status. Der erwartete Leistungsabstand zwischen diesen beiden Schülern variiert zwischen den verschiedenen Ländern um einen Faktor von über zwei. Diese Differenz lässt sich anhand der Werte aus Spalte 4 von Tabelle 4.3a berechnen. In dieser Spalte ist jeweils der Punktzahlunterschied in Mathematik angegeben, der aus einer Veränderung um eine Einheit auf dem Index des wirtschaftlichen, sozialen und kulturellen Status resultiert, wobei zwischen den beiden Schülern aus diesem Beispiel zwei Standardabweichungen liegen. Daraus ergibt sich, dass der fragliche Leistungsabstand in Island 56 Punkte beträgt, während er sich in Belgien und Ungarn auf 110 Punkte beläuft, was zwei Kompetenzstufen entspricht (in beiden Fällen das Doppelte der Gradientenneigung, da Schüler verglichen werden, zwischen denen zwei Standardabweichungen liegen). Die Abbildung zeigt auch deutlich, dass ein hohes Leistungsniveau nicht zwangsläufig mit großen Ungleichheiten einhergehen muss, da die Gradienten einiger der leistungsstärksten Länder nur relativ schwache Steigungen aufweisen.

In einigen Ländern ist der aus einer gegebenen Differenz beim sozioökonomischen Hintergrund resultierende Unterschied bei den zu erwartenden Schülerleistungen mehr als zweimal so groß wie in anderen.

Andere Länder sehen sich mit einem wesentlich breiteren Spektrum unterschiedlicher sozioökonomischer Hintergrundsituationen innerhalb ihrer Schülerpopulation konfrontiert.

- Zweitens bestehen auch hinsichtlich der Streuung der von den Gradienten erfassten Werte auf dem Index des wirtschaftlichen, sozialen und kulturellen Status große Unterschiede zwischen den verschiedenen Ländern. Aus Abbildung 4.9 ist ersichtlich, dass die Bandbreite der unterschiedlichen sozioökonomischen Hintergrundverhältnisse der mittleren 90% der Schülerpopulation in Japan, Norwegen und den Partnerländern Lettland und Russische Föderation 2,5 Indexpunkten entspricht, in Mexiko, Portugal und dem Partnerland Tunesien hingegen 4 Indexpunkten oder mehr. Diese Zahlen machen deutlich, dass die Bildungssysteme in einigen Ländern einer Schülerschaft gerecht werden müssen, die einem breiteren Spektrum unterschiedlicher sozioökonomischer Hintergrundverhältnisse entstammt, als dies in anderen Ländern der Fall ist (vgl. Tabelle 4.3a, Spalte 5).

In den meisten Ländern sind die positiven Auswirkungen eines günstigeren sozioökonomischen Hintergrunds entlang des gesamten Spektrums gleich groß, in einigen Ländern sind sie jedoch am unteren oder oberen Ende stärker ausgeprägt.

- Drittens handelt es sich bei den Gradienten vieler Länder um nahezu gerade Linien, was heißt, dass jede Erhöhung auf dem Index des wirtschaftlichen, sozialen und kulturellen Status um eine Stufe mit einer in etwa konstanten Zunahme der Punktwerte auf der Gesamtskala Mathematik verbunden ist. Man hätte erwarten können, dass die Gradienten bei niedrigerem wirtschaftlichem, sozialem und kulturellem Status steil verlaufen und sich mit steigendem sozioökonomischem Status abflachen, was darauf schließen ließe, dass der aus dem sozioökonomischen Hintergrund resultierende Leistungsvorsprung der Schüler ab einem bestimmten Niveau nach und nach abnimmt. In der Tat folgen die Gradienten in einigen Ländern diesem Muster, so in Italien, der Slowakischen Republik, der Tschechischen Republik und Ungarn (mit statistisch signifikant negativen Werten in Spalte 8 von Tabelle 4.3a). In Australien, Deutschland, Luxemburg, Neuseeland, der Türkei und den Vereinigten Staaten sowie in den Partnerländern Brasilien, Indonesien, Liechtenstein, Thailand, Tunesien und Uruguay folgt die Gradiente jedoch dem umgekehrten Muster, d.h. die Steigung ist bei niedrigem wirtschaftlichem, sozialem und kulturellem Status noch relativ gering, wird mit zunehmendem Niveau aber steiler (mit statistisch signifikant positiven Werten in Spalte 8 von Tabelle 4.3a). In diesen Ländern hat der familiäre Hintergrund in der Gruppe der begünstigteren Schüler stärkere Auswirkungen auf die Mathematikleistungen. Anders ausgedrückt: je größer der sozioökonomische Vorteil, umso größer sind auch die Vorteile, die daraus in Bezug auf die Schülerleistungen resultieren. In den übrigen 24 PISA-Ländern sind diese Effekte gering und statistisch nicht signifikant. Die Feststellung, dass die Gradienten in allen Ländern in der Regel linear verlaufen bzw. entlang des Spektrums der Werte des wirtschaftlichen, sozialen und kulturellen Status nur eine leichte Krümmung aufweisen, ist für die staatliche Politik von großer Bedeutung. Viele sozioökonomische Maßnahmen zielen auf eine Erhöhung der Ressourcen der sozial Schwächsten ab, entweder durch Steuervorteile oder durch die Ausrichtung von Sozialleistungen oder Programmen auf bestimmte Bevölkerungsgruppen. Die PISA-Resultate legen den Schluss nahe, dass sich nicht einfach ein unteres Basisniveau des wirtschaftlichen, sozialen und kulturellen Status festlegen lässt, unterhalb dessen die Ergebnisse deutlich abfallen. Wird der wirtschaftliche, soziale und kulturelle Status außerdem als Ersatz für Entscheidungen und Aktionen seitens der Eltern genommen, die ihren Kindern ein reicheres Bildungsumfeld bieten wollen – z.B. indem sie sich für ihre schulische Arbeit interessieren –, lässt sich aus diesen Ergebnissen schließen, dass auf der gesamten Breite des sozioökonomischen Spektrums Raum für Verbesserungen besteht. Aus der Tatsache, dass sich nur schwer ein unteres Basisniveau definieren lässt, darf jedoch nicht gefolgert werden, dass differenzierte Unterstützungsmaßnahmen für bestimmte Schülergruppen fehl am Platze wären. Auf bestimmte Gruppen abzielende Anstrengungen können sehr wirkungsvoll zum Abbau von Leistungsunterschieden beitragen, wie sich beispielsweise an den erfolgreichen Bemühungen vieler Länder zur Verringerung der Leistungsunterschiede zwischen Mädchen und Jungen zeigt.

Beim Vergleich der Ausprägung der sozioökonomischen Gradienten mit den durchschnittlichen Schülerleistungen zeigt sich …

In Abbildung 4.10 werden die Ergebnisse zusammengefasst, indem die durchschnittlichen Mathematikergebnisse (auf der vertikalen Achse) der Stärke des Zusammenhangs zwischen dem sozioökonomischen Hintergrund und den Mathematikleistungen (horizontale Achse) gegenüber gestellt werden. Letztere kann als ein Indikator für die Chancengleichheit in der Bildung betrachtet werden, wobei vollkommene Chancengleichheit besteht, wenn kein Zusammenhang zwischen Schülerleistungen und sozioökonomischem Hintergrund festzustellen ist. Finnland, Japan, Kanada und das Partnerland Hongkong (China) im oberen rechten Quadrant der Abbildung sind Beispiele für Länder, in denen sich die Schülerleistungen in Mathematik auf hohem Niveau bewegen und der Effekt, den der sozioökonomische Hintergrund auf die Schülerleistungen ausübt, zugleich weniger stark ausgeprägt ist als im Länderdurchschnitt. Die Türkei und Ungarn im unteren linken Quadrant sind demgegenüber Länder, in denen unterdurchschnittliche Leistungen in Mathematik mit einem überdurchschnittlich starken Effekt des sozioökonomischen Hintergrunds einhergehen. Belgien, die Niederlande und die Tschechische Republik sind Beispiele für Länder, die sich durch ein hohes durchschnittliches Leistungsniveau auszeichnen, in denen aber ein vergleichsweise starker Zusammenhang zwischen den Schülerleistungen und dem sozioökonomischen Hintergrund besteht. Italien, Norwegen und Spanien schließlich sind Länder, in denen die durchschnittlichen Mathematikergebnisse unter dem OECD-Durchschnitt liegen, wobei aber kein starker Zusammenhang mit dem Hintergrund der Schüler zu beobachten ist. In Mexiko und der Türkei ist bei einem unterdurchschnittlichen Leistungsniveau in Mathematik zwar nur ein durchschnittlicher Effekt des sozioökonomischen Hintergrunds festzustellen, dabei darf jedoch nicht übersehen werden, dass der Effekt des sozioökonomischen Hintergrunds in diesen Ländern unterzeichnet sein dürfte, da dort nur etwa die Hälfte der 15-Jährigen noch zur Schule geht (was der geringste Prozentsatz unter allen Teilnehmerländern ist, vgl. Tabelle A3.1) und somit in PISA erfasst wird.

Abbildung 4.10 ■ Schülerleistungen in Mathematik und Effekt des sozioökonomischen Hintergrunds

Durchschnittsleistung der Länder auf der PISA-Gesamtskala Mathematik und Zusammenhang zwischen Leistung und dem Index des wirtschaftlichen, sozialen und kulturellen Status

■ Die Stärke des Zusammenhangs zwischen Leistung und sozioökonomischem Hintergrund liegt über dem OECD-Durchschnittseffekt

■ Die Stärke des Zusammenhangs zwischen Leistung und sozioökonomischem Hintergrund weist keinen statistisch signifikanten Unterschied zum OECD-Durchschnittseffekt auf

■ Die Stärke des Zusammenhangs zwischen Leistung und sozioökonomischem Hintergrund liegt unter dem OECD-Durchschnittseffekt

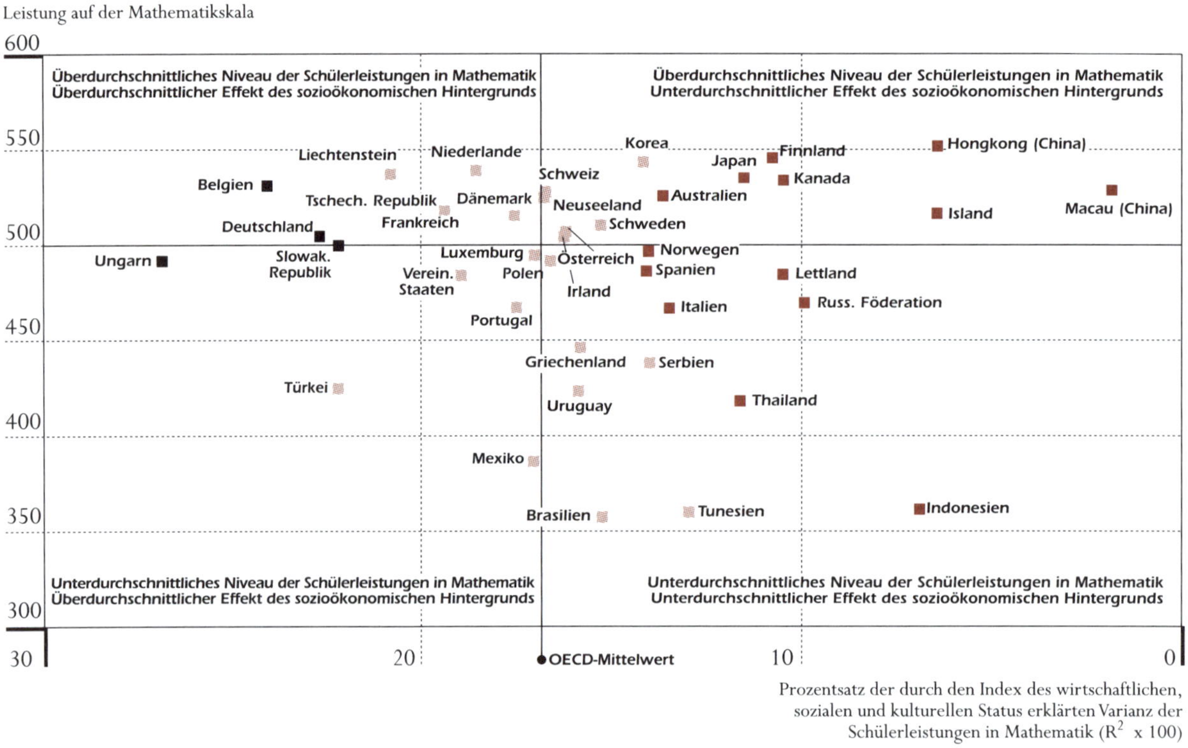

Anmerkung: Bei dem in dieser Abbildung verwendeten OECD-Mittelwert handelt es sich um das arithmetische Mittel aller OECD-Länder.
Quelle: OECD PISA-2003-Datenbank, Tabelle 4.3a.

... dass Qualität und Gleichheit keine sich gegenseitig ausschließenden Politikziele sein müssen.

Die Abbildung macht deutlich, dass zwischen den Ländern nicht nur in Bezug auf ihre Gesamtleistung Unterschiede bestehen, sondern auch in Bezug darauf, inwieweit es ihnen gelingt, den Zusammenhang zwischen Leistungsniveau und sozioökonomischem Hintergrund aufzubrechen. Die Ergebnisse von PISA lassen darauf schließen, dass es möglich ist, zugleich ein hohes Gesamtleistungsniveau und einheitliche Leistungsniveaus bei Schülern mit unterschiedlichem sozioökonomischen Hintergrund zu sichern. Die Ergebnisse zeigen somit, dass Qualität und Chancengleichheit in der Bildung keine einander ausschließenden Politikziele sein müssen.

Die Ergebnisse decken sich mit denen, die PISA 2000 im Bereich Mathematik lieferte. Einige Länder stellen diesbezüglich jedoch eine Ausnahme dar: In Australien und den Vereinigten Staaten ist der Zusammenhang zwischen Schülerleistungen und sozioökonomischem Hintergrund 2003 offenbar schwächer, wohingegen er in Belgien, Italien und dem Partnerland

Liechtenstein 2003 stärker ausgeprägt zu sein scheint (wegen der Ergebnisse von PISA 2000 vgl. Tabelle 4.3b)[17].

Vor dem Hintergrund der unterschiedlichen sozioökonomischen Gesamtstruktur der verschiedenen Länder erscheinen deren Leistungen in einem anderen Licht.

Beim Vergleich des Zusammenhangs zwischen dem sozioökonomischen Hintergrund und den Schülerleistungen ist es wichtig, zwischen den einzelnen Ländern bestehende deutliche Unterschiede bei der Verteilung der sozioökonomischen Merkmale zu berücksichtigen. In Tabelle 4.3a sind wichtige Merkmale der Verteilung des PISA-Index des wirtschaftlichen, sozialen und kulturellen Status im Jahr 2003 dargestellt. Wie bereits erwähnt, wurde dieser Index so konstruiert, dass rund zwei Drittel der OECD-Schülerpopulation zwischen den Werten -1 und 1 angesiedelt sind, wobei das Indexmittel bei 0 liegt (was heißt, dass der Durchschnittswert der gesamten Schülerpopulation der teilnehmenden OECD-Länder mit 0 und die Standardabweichung mit 1 angesetzt wurde). Länder mit negativen Mittelwerten auf diesem Index (vgl. Tabelle 4.3a, Spalte 6), insbesondere Mexiko, Portugal, die Türkei und die Partnerländer Brasilien, Hongkong (China), Indonesien, Macau (China), Thailand und Tunesien sind durch einen unter dem Durchschnitt liegenden sozioökonomischen Gesamthintergrund gekennzeichnet, so dass die Verringerung des Effekts des sozioökonomischen Hintergrunds für sie insgesamt eine wesentlich größere Herausforderung darstellt. Die hohen Leistungen, die in Hongkong (China) und Macau (China) erzielt wurden, sind daher umso beeindruckender. Vor diesem Hintergrund erscheinen aber auch die unterdurchschnittlichen Leistungen der anderen Länder dieser Gruppe in einem anderen Licht. Unter der hypothetischen Annahme, dass alle Länder auf dem Index des wirtschaftlichen, sozialen und kulturellen Status gleich platziert sind, würden sich die Mathematikergebnisse der Türkei effektiv von 423 auf 468 Punkte erhöhen, was dem beobachteten Leistungsniveau Portugals entspricht. Portugals Durchschnittsergebnis stiege dann seinerseits von 466 auf 485 Punkte, womit Portugal fast das beobachtete Leistungsniveau Spaniens und der Vereinigten Staaten erreichen würde. Diese berichtigten Werte sind Spalte 2 von Tabelle 4.3a zu entnehmen. Für Länder wie Island, Kanada, Norwegen und die Vereinigten Staaten, wo der sozioökonomische Kontext wesentlich günstiger ist, verringern sich die Ergebnisse bei einer Berichtigung um die damit verbundenen Vorteile hingegen deutlich. Natürlich ist eine solche Berichtigung vollkommen hypothetischer Art, da sich die Länder auf dem internationalen Markt behaupten müssen, wo nur die tatsächliche und nicht die berichtigte Leistung zählt. Zudem bleibt der komplexe kulturelle Kontext der verschiedenen Länder bei dieser Berichtigung unberücksichtigt. Dennoch gilt für einen Ländervergleich dasselbe wie für einen sachgemäßen Vergleich der Qualität der Schulen, bei dem der Blick ja auf den von den Schulen selbst geschaffenen „Mehrwert" gerichtet wird (durch die Berücksichtigung des sozioökonomischen Hintergrunds bei der Interpretation der Ergebnisse), nämlich dass die Nutzer solcher Vergleiche die unterschiedlichen wirtschaftlichen, sozialen und bildungspolitischen Verhältnisse in den verschiedenen Ländern berücksichtigen müssen.

Nicht nur der durchschnittliche sozioökonomische Hintergrund, sondern auch das Spektrum unterschiedlicher Hintergrundverhältnisse der Schüler wirkt sich auf die Herausforderungen aus, vor denen die Bildungssysteme stehen ...

Die Herausforderungen, vor denen die Bildungssysteme stehen, hängen nicht nur vom durchschnittlichen sozioökonomischen Hintergrund des jeweiligen Landes ab. Entscheidend ist auch die Verteilung der sozioökonomischen Merkmale innerhalb der einzelnen Länder. Die Heterogenität der sozioökonomischen Merkmale innerhalb der Länder kann anhand der Standardabweichung der Schülerwerte auf dem Index des wirtschaftlichen, sozialen und kulturellen Status gemessen werden (vgl. Tabelle 4.3a, Spalte 7). Je heterogener die familiären Hintergrundverhältnisse der 15-Jährigen in sozioökonomischer Hinsicht sind, umso größer sind die Herausforderungen, vor denen Lehrkräfte, Schulen sowie das Bildungssystem insgesamt stehen. In der Tat sehen sich viele Länder, die einen unterdurchschnittlichen sozioökonomischen Status aufweisen, namentlich Mexiko, Portugal, die Türkei und das Partnerland Tunesien, mit dem zusätzlichen Problem konfrontiert, dass der sozioökonomische Hintergrund der 15-Jährigen sehr heterogen ist.

... und kann den Effekt einer steilen sozioökonomischen Gradienten verstärken.

Selbst zwischen Ländern mit einem durchschnittlichen sozioökonomischen Hintergrund bestehen große Unterschiede in Bezug auf den Grad der Heterogenität ihrer Bevölkerung. Frankreich und Japan liegen auf dem PISA-Index des wirtschaftlichen, sozialen und kulturellen Status z.B. beide nahe beim OECD-Durchschnitt. Japan weist unter den OECD-Ländern allerdings die homogenste Verteilung der sozioökonomischen Merkmale auf, wohingegen die Variationsbreite in Frankreich vergleichsweise groß ist. Analog dazu ist die Streuungsbreite der sozioökonomischen Merkmale innerhalb der Gruppe der Länder mit dem höchsten sozioökonomischen Gesamtstatus in Island, Kanada, Norwegen und Schweden gering, wohingegen die sozioökonomischen Disparitäten in den Vereinigten Staaten vergleichsweise stark ausgeprägt sind.

Folglich ist der Effekt der Gradienten auf die Schülerleistungen im Falle einer sozioökonomisch heterogeneren Population stärker.

In Ländern, in denen die Schülerpopulation sehr heterogen ist, geht von ähnlich verlaufenden sozioökonomischen Gradienten ein wesentlich stärkerer Effekt auf das Leistungsgefälle aus als in Ländern, in denen die Schülerpopulation in sozioökonomischer Hinsicht homogener ist. In Deutschland und Polen ist die Steigung der sozioökonomischen Gradienten beispielsweise vergleichbar, was heißt, dass eine gegebene sozioökonomische Differenz in beiden Ländern in etwa mit dem gleichen Leistungsunterschied assoziiert ist. Insofern die Verteilung der sozioökonomischen Merkmale in Deutschland aber wesentlich heterogener ist als in Polen, ist der Leistungsabstand zwischen den Schülerinnen und Schülern im oberen und im unteren Quartil des PISA-Index des wirtschaftlichen, sozialen und kulturellen Hintergrunds in Deutschland wesentlich größer als in Polen (Tabelle 4.4).

In einigen Ländern ist die Zahl der Schüler, die auf Grund ihrer Hintergrundverhältnisse zum am meisten benachteiligten Sechstel der OECD-Schülerpopulation gehören würden, über zehnmal so hoch wie in anderen.

Länder mit einem geringen Durchschnittsniveau des sozioökonomischen Hintergrunds und einer großen Streuungsbreite der sozioökonomischen Merkmale stehen vor besonderen Herausforderungen, wenn sie den Bedürfnissen benachteiligter Schülerinnen und Schüler gerecht werden wollen, vor allem wenn in der Verteilung der sozioökonomischen Hintergrundmerkmale ein Übergewicht der ungünstigen Merkmale festzustellen ist, was sich in Tabelle 4.3a (Spalte 9) an positiven Werten auf dem Index der Verteilungsasymmetrie ablesen

lässt. In Mexiko und der Türkei sowie in den Partnerländern Indonesien, Thailand und Tunesien stammt beispielsweise über die Hälfte aller Schülerinnen und Schüler aus sozioökonomischen Verhältnissen, die ungünstiger sind als diejenigen der am meisten benachteiligten 15% der Schüler der OECD-Länder (vgl. Tabelle 4.3a, Spalte 10). In Island, Kanada und Norwegen kommen demgegenüber weniger als 5% der Schülerinnen und Schüler aus sozioökonomischen Verhältnissen, die ungünstiger sind als diejenigen der am meisten benachteiligten 15% der Schüler aller OECD-Länder.

SOZIOÖKONOMISCHE UNTERSCHIEDE, UNTERSCHIEDE ZWISCHEN SCHULEN UND DIE ROLLE, DIE DIE BILDUNGSPOLITIK ZUR MINDERUNG DER EFFEKTE SOZIOÖKONOMISCHER BENACHTEILIGUNG SPIELEN KANN

Zwar können die Bildungssysteme den familiären Hintergrund der Schülerinnen und Schüler nicht ändern, doch sind die Schulen potenziell in der Lage, seinen Effekt zu mindern.

Viele Faktoren einer sozioökonomischen Benachteiligung lassen sich auch nicht unmittelbar durch die Bildungspolitik beeinflussen, zumindest nicht auf kurze Sicht. Das Bildungsniveau der Eltern kann z.B. nur ganz allmählich steigen. Desgleichen ist die familiäre Vermögenssituation von der langfristigen wirtschaftlichen Entwicklung eines Landes wie auch der Entwicklung einer Kultur abhängig, die die individuelle Ersparnisbildung begünstigt. Die Bedeutung sozioökonomischer Benachteiligung und die Erkenntnis, dass sich einige Aspekte einer solchen Benachteiligung nur über einen sehr langen Zeitraum verändern, wirft eine für Bildungspolitiker entscheidende Frage auf: Bis zu welchem Grad ist es den Schulen und der Bildungspolitik möglich, die Auswirkungen einer sozioökonomischen Benachteiligung auf die Schülerleistungen zu mildern? Der globale Zusammenhang zwischen sozioökonomischem Hintergrund und Schülerleistungen liefert einen wichtigen Indikator für die Kapazität von Bildungssystemen, gleiche Bildungschancen anzubieten. Von einer bildungspolitischen Warte aus betrachtet hingegen ist die Verbindung zwischen sozioökonomischem Hintergrund und Schulleistungen sogar noch bedeutender, da dieser die Zusammenhänge zwischen Chancengleichheit und systemischen Bildungsaspekten aufzeigt.

Der Zusammenhang zwischen Leistungsniveau und sozioökonomischem Hintergrund scheint auf Schulebene stärker zu sein als auf Schülerebene …

Abbildung 4.1 zeigt bedeutende Unterschiede in der Varianz der Schülerleistungen zwischen Schulen in den einzelnen Ländern auf. Tabelle 4.1a geht stärker ins Detail und zeigt Komponenten der zwischen Schulen und innerhalb von Schulen bestehenden Varianz der Schülerleistungen, die sozioökonomischen Faktoren zuzuschreiben sind. Mit anderen Worten wird in dieser Abbildung die Stärke des Zusammenhangs zwischen dem sozioökonomischen Hintergrund und den Schülerleistungen zwischen und innerhalb von Schulen betrachtet. Es gibt ganz offensichtlich deutliche Unterschiede zwischen den Ländern in Bezug auf die in Prozent ausgedrückte Varianz innerhalb von Schulen, die dem sozioökonomischen Hintergrund zugeschrieben werden kann. Gleichzeitig ist dieser Prozentsatz in den meisten Ländern deutlich niedriger als die Leistungsunterschiede zwischen Schulen, die sich aus dem sozioökonomischen Hintergrund erklären lassen.

... vor allem in jenen Ländern, in denen der sozioökonomische Hintergrund der Schülerinnen und Schüler von Schule zu Schule deutlich voneinander abweicht ...

Belgien, Deutschland, die Tschechische Republik, Ungarn und das Partnerland Uruguay sind Länder, in denen sich die Schulen in Bezug auf den sozioökonomischen Hintergrund ihrer Schülerinnen und Schüler deutlich voneinander unterscheiden, obwohl innerhalb der Schulen die Schülerpopulation in der Regel aus einem vergleichsweise homogenen sozioökonomischen Milieu stammt. In Belgien, Deutschland, der Slowakischen Republik, der Tschechischen Republik, Ungarn und den Vereinigten Staaten macht die Varianz der Schülerleistungen zwischen Schulen, die auf den sozioökonomischen Hintergrund der Schülerinnen und Schüler zurückzuführen ist, über 12% der durchschnittlichen Varianz innerhalb von Schulen im OECD-Raum (vgl. die Spalten 5 und 6 in Tabelle 4.1a) aus, und in Belgien, Deutschland und Ungarn steigt dieser Wert unter Berücksichtigung des zusätzlichen Effekts der sozioökonomischen Zusammensetzung der gesamten Schule auf die Leistungen der einzelnen Schüler auf über 40% (vgl. Spalten 7 und 8 in Tabelle 4.1a). Innerhalb der Schulen hingegen macht der sozioökonomische Hintergrund in jedem dieser drei Länder weniger als 5% der Leistungsvarianz aus (vgl. Spalte 6 in Tabelle 4.1a).

... es gibt aber andere Länder, in denen es zwischen den Schulen Unterschiede gibt, die im Wesentlichen nicht durch den Hintergrund der Schülerinnen und Schüler bedingt sind.

Finnland, Island, Japan, Kanada, Mexiko, Norwegen, Schweden und die Partnerländer Hongkong (China), Indonesien und Macau (China) zählen zu den Ländern, in denen das sozioökonomische Milieu der einzelnen Schülerinnen und Schüler 5% oder weniger der Leistungsvarianz zwischen Schulen ausmachen (vgl. Spalten 5 und 6 in Tabelle 4.1a). Allerdings nimmt Japan in dieser Gruppe von Ländern eine Sonderstellung ein, da sich das Bild für Japan signifikant verändert, wenn dem sozioökonomischen Hintergrund der Gesamtheit der Schülerinnen und Schüler in der Schule Rechnung getragen wird. Bei Berücksichtigung des zusätzlichen Effekts der sozioökonomischen Zusammensetzung der gesamten Schule auf die Leistungen der einzelnen Schüler steigt der Prozentsatz der erklärten Varianz der Schülerleistungen von rd. 3% der durchschnittlichen Varianz der Schülerleistungen im OECD-Raum auf 42% (vgl. Spalten 5 und 7 in Tabelle 4.1a).

Zum besseren Verständnis muss untersucht werden, welchen Einfluss der familiäre Hintergrund der Schülerinnen und Schüler auf das Leistungsniveau innerhalb einer Schule hat ...

Es muss untersucht werden, inwieweit die Varianz in und zwischen Schulen auf den sozioökonomischen Hintergrund zurückgeführt werden kann. Das ist zur Bestimmung der Maßnahmen notwendig, mit denen die Gesamtleistung der Schülerinnen und Schüler angehoben und gleichzeitig die Auswirkungen des sozioökonomischen Hintergrunds gemildert werden können (um die sozioökonomischen Gradienten der jeweiligen Länder zu erhöhen und abzuflachen). Im folgenden Abschnitt werden die Auswirkungen sozioökonomischer Unterschiede auf die Schülerleistungen anhand der sozioökonomischen Gradienten untersucht. Zu diesem Zweck kann die Gradiente eines Landes zerlegt werden in eine Gradiente der Leistungsunterschiede *innerhalb der Schulen*, die den Zusammenhang zwischen der Leistung und dem familiären Hintergrund verschiedener Schülerinnen und Schüler einer selben Schule beschreibt, und eine Gradiente der Leistungsunterschiede *zwischen den Schulen*, die den Zusammenhang zwischen den durchschnittlichen Leistungsniveaus der Schulen und der durchschnittlichen wirtschaftlichen, sozialen und kulturellen Stellung ihrer Schüler beschreibt[18].

Abbildung 4.13 am Ende dieses Kapitels zeigt für jede Schule in der PISA-Stichprobe das durchschnittliche Leistungsniveau und die sozioökonomische Zusammensetzung der jeweiligen Schülerpopulation. Gemessen wird die sozioökonomische Zusammensetzung anhand des PISA-Indexmittels für den wirtschaftlichen, sozialen und kulturellen Status der Schülerschaft. Jeder Punkt in der Abbildung entspricht einer Schule, wobei die Größe des Punktes im Verhältnis zur Anzahl der 15-Jährigen steht, die die Schule besuchen. Die Abbildung zeigt, dass in einigen Ländern eine starke Segregation der Schülerinnen und Schüler nach sozioökonomischen Merkmalen zu beobachten ist, was z.T. aus einer entsprechenden Trennung bei den Wohngebieten sowie aus wirtschaftlichen Faktoren resultiert, aber auch durch die Selektion innerhalb des Bildungssystems bedingt sein kann. Die Abbildung zeigt ferner die Gesamtgradiente zwischen sozioökonomischem Hintergrund und Schülerleistungen (dicke gestrichelte schwarze Linie) (die bereits in Abb. 4.9 gezeigt wurde). Die Abbildung zeigt schließlich auch die zwischenschulische Gradiente (schwarze Linie) und die durchschnittliche innerschulische Gradiente (dünne gestrichelte schwarze Linie). Schulen, die oberhalb der zwischenschulischen Gradienten zwischen Schulen (dicke gestrichelte schwarze Linie) angesiedelt sind, schneiden besser ab, als der sozioökonomische Hintergrund ihrer Schülerinnen und Schüler vermuten ließe. Schulen, die unterhalb der zwischenschulischen Gradienten angesiedelt sind, liegen mit den Leistungen unter dem erwarteten Wert.

... und wie das Leistungsniveau der Schulen je nach sozioökonomischem Hintergrund ihrer Schülerinnen und Schüler differiert.

Abbildung 4.11 stellt die Steigung der inner- und zwischenschulischen Gradienten im Vergleich der Länder dar, die am Ende des Kapitels aufgeführt sind. Die Steigungen entsprechen jeweils dem Abstand zwischen den vorhergesagten Punktzahlen zweier Schüler innerhalb einer Schule, deren sozioökonomischer Hintergrund sich um einen festen messbaren Betrag unterscheidet, sowie dem Abstand bei den vorhergesagten Punktzahlen zweier Schüler mit identischem sozioökonomischen Hintergrund, die unterschiedliche Schulen besuchen, die sich vom durchschnittlichen sozioökonomischen Hintergrund ihrer Mitschüler um denselben messbaren Betrag unterscheiden. Die Steigung wurde anhand eines Multilevel-Modells ermittelt, bei dem der PISA-Index des wirtschaftlichen, sozialen und kulturellen Status auf Schüler- und Schulebene berücksichtigt wurde. Aus der Höhe der Balken in Abbildung 4.11 sind die Leistungsunterschiede auf der PISA-Gesamtskala Mathematik ersichtlich, die einem Unterschied im Umfang von einer halben internationalen Standardabweichung auf dem PISA-Index des wirtschaftlichen, sozialen und kulturellen Status für den einzelnen Schüler (roter Balken) sowie für den Durchschnitt der Schülerinnen und Schüler einer Schule (grauer Balken) entsprechen. Eine halbe Standardabweichung auf Schülerebene wurde als Richtwert für die Messung des Leistungsabstands gewählt, da dieser Wert die zwischen Schulen in Bezug auf die sozioökonomische Zusammensetzung bestehenden Unterschiede realistisch beschreibt: Im Durchschnitt der OECD-Länder beträgt der Unterschied zwischen dem 75. und 25. Quartil der Verteilung des durchschnittlichen Index des wirtschaftlichen, sozialen und kulturellen Status der Schulen 0,77 einer Standardabweichung auf Schülerebene. Dieser Wert

Die hier dargestellten Gradienten geben die Leistungsunterschiede an, die mit einer festen, messbaren Differenz beim sozioökonomischen Hintergrund verbunden sind. Diese Differenz entspricht in etwa der Varianz der Hälfte der Schulen in Bezug auf den sozioökonomischen Hintergrund ihrer Schülerschaft.

reicht von 0,42 Standardabweichungen oder weniger in Dänemark, Finnland, Norwegen und Schweden bis zu 0,90 Standardabweichungen oder mehr in Deutschland, Luxemburg, Mexiko und den Partnerländern Liechtenstein und Tunesien (vgl. Spalte 11 in Tabelle 4.5).

Die Ergebnisse zeigen, dass der Effekt des sozioökonomischen Hintergrunds der Gesamtheit der Schülerschaft einer Schule stärker ins Gewicht fällt, als der sozioökonomische Hintergrund einzelner Schüler.

In fast allen Ländern scheinen die Schülerinnen und Schüler durchweg klar im Vorteil zu sein, wenn sie Schulen besuchen, deren Schülerschaft im Durchschnitt aus eher privilegierten Milieus stammt, wie den verhältnismäßig hohen grauen Balken in Abbildung 4.11 zu entnehmen ist. Unabhängig von ihrem eigenen sozioökonomischen Hintergrund sind Schülerinnen und Schüler in Schulen mit generell hohem sozioökonomischem Hintergrund leistungsstärker als in Schulen mit einem generell unterdurchschnittlichen sozioökonomischen Hintergrund der Schülerschaft. In der Mehrzahl der OECD-Länder übersteigt der vom durchschnittlichen wirtschaftlichen, sozialen und kulturellen Status der Schülerinnen und Schüler ausgehende

Abbildung 4.11 ■ **Effekt des sozioökonomischen Hintergrunds der Schüler und der Schulen auf die Schülerleistungen in Mathematik**

Leistungsveränderung auf der Gesamtskala Mathematik, die einer halben Standardabweichung auf Schülerebene bei dem Index des wirtschaftlichen, sozialen und kulturellen Status entspricht

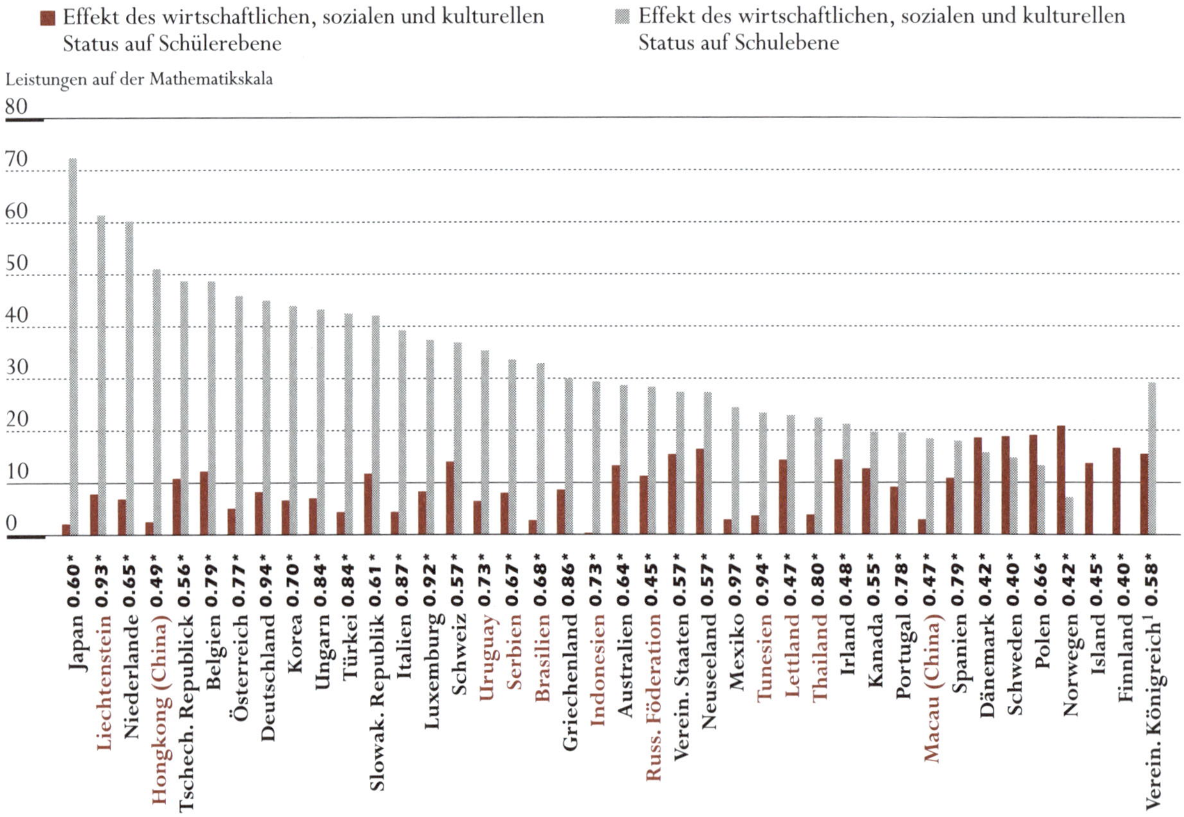

* Interquartilbereich des Mittelwerts der Schulen auf dem Index des wirtschaftlichen, sozialen und kulturellen Status.
1. Die Beteiligungsquote ist zu niedrig, um die Vergleichbarkeit zu gewährleisten (siehe Anhang A3).
Quelle: OECD PISA-2003-Datenbank, Tabelle 4.5. (Die Werte sind jeweils zur Hälfte den Spalten 2 und 7 entnommen.)

Effekt bei weitem den auf den familiären Hintergrund des einzelnen Schülers zurückzuführenden Effekt.

All dies überrascht vielleicht niemanden, die Größenordnung der Unterschiede ist aber dennoch erstaunlich. In Belgien, Deutschland, Japan, Korea, den Niederlanden, Österreich, der Slowakischen Republik, der Tschechischen Republik, der Türkei und Ungarn sowie in den Partnerländern Hongkong (China) und Liechtenstein ist der Einfluss des durchschnittlichen wirtschaftlichen, sozialen und kulturellen Status einer Schule auf die Schülerleistungen ganz erheblich. In diesen Ländern entspricht eine halbe Einheit auf dem Index des wirtschaftlichen, sozialen und kulturellen Status auf Schulebene einer Punktzahl zwischen 40 und 72 (50% des in Spalte 7 von Tabelle 4.5 gezeigten Werts). Nehmen wir das Beispiel zweier fiktiver Schüler in einem beliebigen dieser Länder, die in Familien aufwachsen, deren sozioökonomischer Hintergrund gemessen am Index des wirtschaftlichen, sozialen und kulturellen Status dem Durchschnitt entspricht. Einer dieser beiden Schüler besucht eine Schule in einer relativ gut situierten Wohngegend, in der das Indexmittel für den wirtschaftlichen, sozialen und kulturellen Status der Schülerschaft insgesamt (auf Schülerebene) eine viertel Standardabweichung über dem OECD-Durchschnitt liegt. Die meisten Mitschülerinnen und Mitschüler dieses Schülers stammen somit aus wirtschaftlich besser gestellten Familien als er selbst. Der andere Schüler besucht eine Schule in einer weniger gut situierten Wohngegend, in der das Indexmittel für den wirtschaftlichen, sozialen und kulturellen Status eine viertel Standardabweichung unter dem OECD-Durchschnitt liegt, so dass dieser Schüler folglich aus einer wohlhabenderen Familie kommt als die Mehrzahl seiner Mitschülerinnen und Mitschüler. Abbildung 4.11 zeigt, dass der erste Schüler in Bezug auf seine Mathematikleistungen wahrscheinlich wesentlich besser abschneiden würde als der zweite, und das um 40 bis 72 Punkte je nach Land auf dieser Liste.

Aus sozioökonomischer Sicht vergleichsweise besser gestellte Schulen verzeichnen einen Leistungsvorteil von über einer halben Kompetenzstufe bei den hier gemessenen Kompetenzen, der in einigen Ländern noch viel größer ist …

Sozioökonomische Unterschiede auf Schülerebene deuten sehr viel weniger auf ein bestimmtes Leistungsniveau hin als der sozioökonomische Kontext einer Schule. Nehmen wir das Beispiel zweier Schüler im selben Land, die in Familien leben, aus deren unterschiedlichem wirtschaftlichen, sozialen und kulturellen Status Indexwerte resultieren, die um eine viertel Standardabweichung auf Schülerebene über und unter dem Mittelwert liegen. Würden diese Schüler mit einem dem Durchschnitt entsprechenden sozioökonomischem Profil dieselbe Schule besuchen, wäre der erwartete Leistungsunterschied sehr viel geringer und würde in Japan gerade 2 Punkte und in Belgien sowie der Slowakischen Republik 12 Punkte ausmachen (50% des in Spalte 2 in Tabelle 4.5 gezeigten Werts).

… obgleich diese Unterschiede im Kontext der tatsächlichen durchschnittlichen Varianz des sozioökonomischen Hintergrunds zwischen Schulen betrachtet werden müssen.

Bei der Interpretation von Abbildung 4.11 muss ferner bedacht werden, dass die Differenzen hinsichtlich der Unterschiede im Durchschnitt des sozioökonomischen Hintergrunds natürlich wesentlich geringer sind als die entsprechenden Unterschiede zwischen den einzelnen Schülern, da die Zusammensetzung der

Schülerschaft jeder Schule bezüglich der sozioökonomischen Variablen gemischt ist. Um die Interpretation zu erleichtern, wurde in Abbildung 4.11 auch die typische Bandbreite des durchschnittlichen sozioökonomischen Status der verschiedenen Schulen dargestellt.

Der Effekt des sozioökonomischen Hintergrunds der Schülerinnen und Schüler einer Schule wird potenziell durch zahlreiche andere Einflussfaktoren bestimmt, darunter das Lernklima, die Qualität des Lehrpersonals sowie Peer-Interaktionen …

Die Art und Weise, wie die Schülerinnen und Schüler innerhalb eines Verwaltungsbezirks oder einer Region auf verschiedene Schulen oder innerhalb der Schulen auf verschiedene Klassen und Programme verteilt sind, kann Konsequenzen für die Lehr- und Lernbedingungen in den Schulen und somit auch für die Bildungserträge haben. Eine Reihe von Untersuchungen hat gezeigt, dass Schulen, die in sozioökonomischer Hinsicht im Durchschnitt besser gestellt sind, in der Regel mehrere Vorteile haben. Sie haben wahrscheinlich weniger Disziplinarprobleme, bessere Beziehungen zwischen Lehrkräften und Schülern, Stimmung und Arbeitshaltung der Lehrkräfte sind besser und das gesamte Klima an der Schule ist im Allgemeinen auf die Erzielung höherer Leistungen ausgerichtet. Häufig sieht auch der Lehrplan in solchen Schulen eine raschere Vorgehensweise vor. Begabte und motivierte Lehrkräfte geben in der Regel Schulen den Vorzug, die in sozioökonomischer Hinsicht besser gestellt sind, und tendieren dann auch seltener dazu, die Schule oder gar den Beruf zu wechseln. Ein Teil der „Umfeldeffekte", die sich aus einem hohen sozioökonomischen Status der Schulen ergeben, kann auch auf Peer-Interaktionen zurückzuführen sein, indem begabte Schülerinnen und Schüler zusammenarbeiten. Der potenzielle Einfluss derartiger Klassen- und Schulfaktoren wird in Kapitel 5 näher untersucht.

… wie auch durch schwerer messbare Einflussfaktoren, so u.a. das Engagement der Eltern und die natürliche Begabung und Motivation der Schülerinnen und Schüler.

Ein Teil des Umfeldeffekts könnte auch durch Faktoren bedingt sein, die in PISA nicht erfasst werden. Beispielsweise besteht die Möglichkeit, dass der Schüler, der eine in sozioökonomischer Hinsicht besser gestellte Schule besucht, im Durchschnitt von seinen Eltern zu Hause bei seiner Arbeit unterstützt wird, obwohl deren sozioökonomischer Hintergrund mit dem des Schülers vergleichbar ist, der die weniger gut gestellte Schule besucht. Eine weitere Einschränkung bezieht sich auf das zuvor genannte Beispiel der beiden fiktiven Schüler mit ähnlichen Fähigkeiten, die Schulen mit unterschiedlichem sozioökonomischem Hintergrund der Schülerschaft besuchten. Diese Einschränkung betrifft die Tatsache, dass in Ermangelung von Angaben über die früheren Leistungen der Schülerinnen und Schüler in der PISA-Erhebung keine Schlussfolgerung in Bezug auf ihre Fähigkeiten und Motivation gezogen werden kann. Aus diesem Grund kann ebenfalls nicht festgestellt werden, ob und inwieweit sich der sozioökonomische Hintergrund der Schulen direkt oder indirekt in den Schülerleistungen niederschlägt (indirekt z.B. durch Selektions- und Autoselektionsphänomene).

Hieraus ergeben sich zwei unterschiedliche Schlussfolgerungen, wenn es darum geht, sowohl die Bildungsqualität als auch die Bildungsgleichheit zu erhöhen. Einerseits hat sich gezeigt, dass soziale Segregation für die Privilegierteren Vorteile bringt, dank denen die Leistung einer Elite und damit u.U. auch die durchschnittliche Leistung angehoben werden kann. Andererseits dürfte die Bildungsungleichheit durch die schulische Segregation noch zunehmen. Es gibt allerdings auch stichhaltige Belege dafür, dass dieses Dilemma gelöst werden kann. Das zeigt sich an jenen Ländern, denen es gelungen ist, sowohl ein hohes Maß an Bildungsqualität als auch an Bildungsgleichheit zu erzielen. Die Frage ist nur, wie dieses Problem in anderen Ländern gelöst werden kann. Die Umsiedlung sämtlicher Schüler in Schulen mit gehobenem sozioökonomischem Status ist logischerweise unmöglich, und aus den Ergebnissen in Abbildung 4.11 darf nicht voreilig darauf geschlossen werden, dass es ausreichen würde, eine Schülergruppe aus einer Schule mit ungünstigem sozioökonomischem Hintergrund in eine Schule mit einer sozial besser gestellten Schülerschaft umzusiedeln, um bei dieser Schülergruppe automatisch den in Abbildung 4.11 dargestellten Leistungsanstieg zu erzielen. Anders ausgedrückt: Die geschätzten Umfeldeffekte aus Abbildung 4.11 sind beschreibende Faktoren der Verteilung der Schulleistungen und sollten nicht als Kausalfaktoren verstanden werden.

Bei der Konzipierung bildungspolitischer Maßnahmen unter Berücksichtigung der vorgenannten Ergebnisse ist es in jedem Fall wichtig, sich eine Vorstellung von der Art der formellen und informellen Selektionsmechanismen zu machen, die zu der sozioökonomischen Segregation zwischen den Schulen beitragen, sowie von den Auswirkungen dieser Segregation auf die Schülerleistungen. In einigen Ländern kann die sozioökonomische Segregation auf Grund der Unterteilung der großen Städte in besser und schlechter gestellte Viertel oder einer starken Kluft zwischen den ländlichen und städtischen Gebieten tief verwurzelt sein. In anderen Ländern sorgen die strukturellen Merkmale der Bildungssysteme dafür, dass bestimmte Schüler in bestimmte Schultypen gelenkt werden, deren Lehrinhalte und Unterrichtsmethoden u.U. abweichen (vgl. auch Kapitel 5). Die Politikoptionen sind entweder eine Reduzierung der sozioökonomischen Segregation oder eine Minderung ihrer Effekte.

Die sozioökonomische Segregation ist möglicherweise auf geographische Faktoren oder strukturelle Merkmale des Bildungssystems zurückzuführen.

POLITIKIMPLIKATIONEN

Soziale Hintergrundfaktoren wirken sich auf die schulischen Leistungen aus, und die in der Schule gesammelten Erfahrungen verstärken diese Effekte häufig. Obwohl PISA zeigt, dass schlechte schulische Leistungen keine automatische Folge eines ungünstigen sozioökonomischen Hintergrunds sind, scheinen die sozialen Hintergrundfaktoren doch zu denjenigen zu gehören, die sich am stärksten auf die Leistungen auswirken.

Zu häufig bauen die in der Schule gesammelten Erfahrungen den Einfluss familiärer Hintergrundfaktoren nicht ab, sondern verstärken diesen noch.

Dies bedeutet eine große Herausforderung für die staatliche Politik, die allen Schülerinnen und Schülern unabhängig von ihrem familiären Hintergrund Lernmöglichkeiten bieten will. Die Ergebnisse von Untersuchungen in einzelnen Ländern waren diesbezüglich im Allgemeinen entmutigend. Der Einfluss der Schulen galt oft als kaum nennenswert. Sei es, weil Familien aus privilegierten Milieus eher in der Lage sind, den Effekt der Schulen zu verstärken und zu verbessern, oder weil es den Schulen besser gelingt,

Der Grund dafür ist, dass privilegierte Schülerinnen und Schüler eher in der Lage sind, von Bildung zu profitieren, bzw. es für die Schulen einfacher ist, diese zu fördern …

junge Menschen zu erziehen und zu fördern, die einem privilegierten Milieu entstammen. Häufig hat sich gezeigt, dass die Schulen die bereits existierenden sozialen Muster reproduzieren, anstatt eine ausgewogenere Verteilung der Bildungserträge zu gewährleisten.

... und dennoch gelingt es einigen Ländern, mehr Bildungsgleichheit mit hoher Qualität zu kombinieren.

Die internationalen Resultate, die sich aus der PISA-Studie ergeben, sind ermutigender. Zwar besteht in allen Ländern ein klarer Zusammenhang zwischen dem familiären Hintergrund der Schülerinnen und Schüler und deren Bildungserträgen, doch zeigen einige Länder, dass eine hohe durchschnittliche Bildungsqualität mit einer ausgewogenen Verteilung der Bildungserträge einhergehen kann.

Die Politikmaßnahmen, die darauf ausgerichtet sind, zu diesen internationalen Standards aufzuschließen, können verschiedene Formen annehmen ...

In diesem Kapitel wurde ein Katalog von Indikatoren identifiziert, der von einer international vergleichenden Perspektive aus betrachtet politischen Entscheidungsträgern dabei helfen kann, Strategien zu identifizieren, die darauf ausgerichtet sind, das Leistungsniveau zu erhöhen und die Ausgewogenheit in der Verteilung von Bildungschancen zu verbessern. Auch wenn alle politischen Entscheidungen im Rahmen des jeweiligen nationalen sozioökonomischen, wirtschaftlichen und bildungspolitischen Kontextes definiert werden müssen, können internationale Vergleiche gewisse Hinweise darauf geben, mit welcher Art von Politik die größte Wirkung erreicht werden kann. Zur Beurteilung ihrer potenziellen Auswirkungen auf die Leistungssteigerung und Verbesserung der Chancengleichheit lassen sich die Maßnahmen wie folgt kategorisieren (Willms, 2004).

... einige versuchen, leistungsschwächeren Schülern zu helfen, indem ihnen zusätzliche Unterrichtsressourcen zur Verfügung gestellt werden ...

- *Leistungsorientierte Maßnahmen* bieten bestimmten Schülerinnen und Schülern entsprechend ihren schulischen Leistungen spezielle Lehrpläne oder zusätzliche Unterrichtsressourcen an. So sehen beispielsweise bestimmte Schulformen frühe Präventionsprogramme vor, die auf jene Kinder ausgerichtet sind, deren schulischer Erfolg beim Eintritt in die Vor- und Grundschule als gefährdet gilt, während andere Schulformen späte Präventions- oder Nachhilfeprogramme für Kinder einrichten, denen es nicht gelingt, in den ersten Jahren der Grundschule mit dem normalen Tempo Schritt zu halten. Einige leistungsorientierte Programme zielen darauf ab, Schülerinnen und Schülern mit guten schulischen Leistungen angepasste Curricula anzubieten, so z.B. Programme für besonders begabte Schülerinnen und Schüler. Ganz allgemein können Maßnahmen, die die Einteilung der Schülerinnen und Schüler in verschiedene Arten von Bildungsprogrammen vorsehen, als leistungsorientiert betrachtet werden, da sie darauf ausgerichtet sind, Curriculum und Unterricht den schulischen Fähigkeiten bzw. Leistungen der Schülerinnen und Schüler anzupassen. Auch die Klassenwiederholung wird manchmal als eine leistungsorientierte Maßnahme angesehen, da die Entscheidung, ein Kind eine Klasse wiederholen zu lassen, in der Regel hauptsächlich auf der Basis der schulischen Leistungen getroffen wird. In vielen Fällen hat eine Klassenwiederholung aber keine Änderung des Curriculums oder Bereitstellung zusätzlicher Unterrichtsressourcen zur Folge und entspricht

Abbildung 4.12 ■ **Politikmaßnahmen leistungsorientierter, sozioökonomischer, kompensatorischer, universeller und integrativer Art**

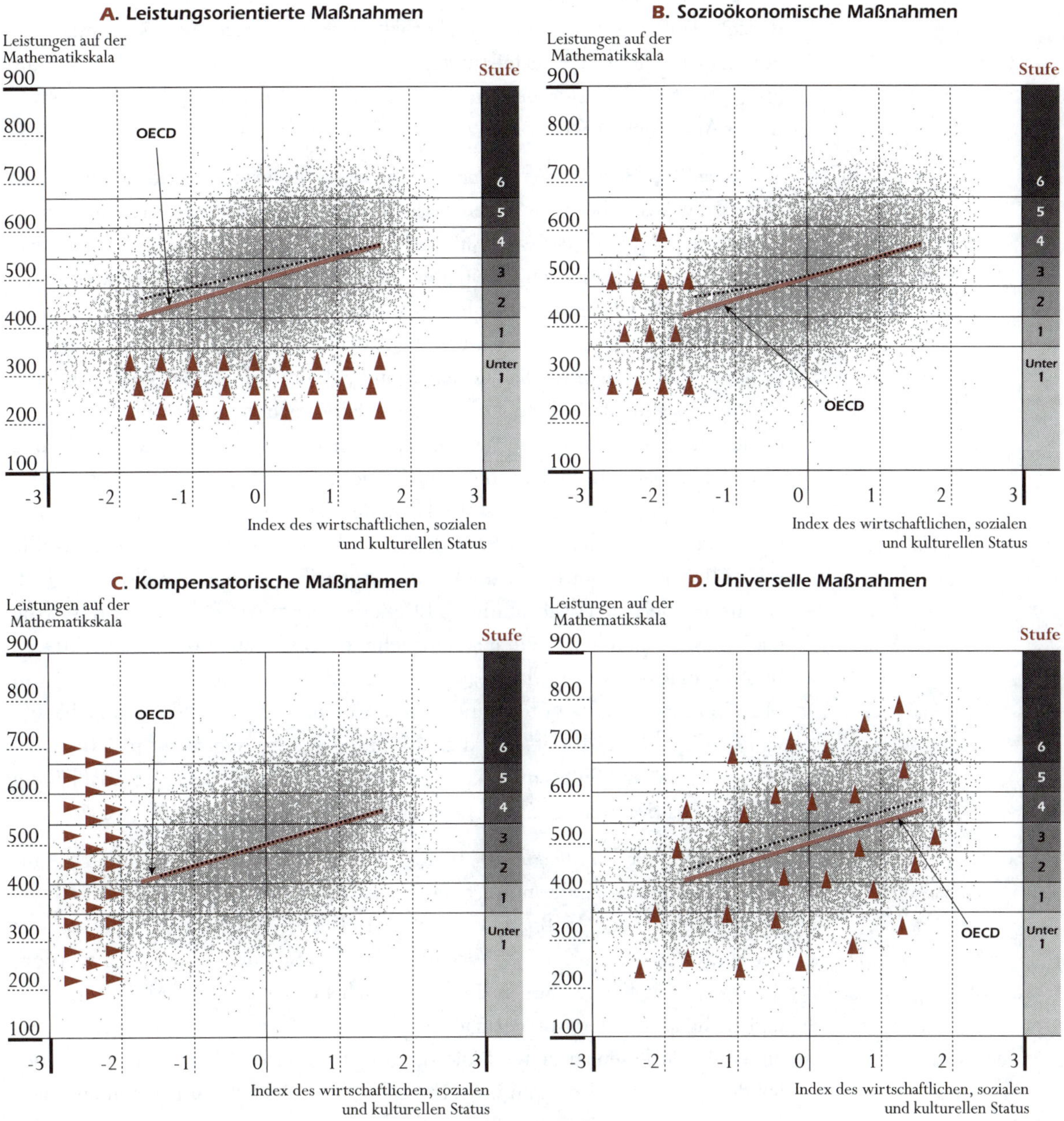

Quelle: OECD PISA-2003-Datenbank.

daher nicht der Definition einer leistungsorientierten Maßnahme, wie sie hier verwendet wird. Abbildung 4.12 A veranschaulicht den beabsichtigten Effekt einer derartigen Maßnahme. Diese Abbildung baut auf der Abbildung 4.8 auf und zeigt auf der vertikalen Achse die Schülerleistungen und auf der horizontalen Achse den sozioökonomischen Hintergrund der Schülerinnen und Schüler. Leistungsorientierte Maßnahmen finden sich hauptsächlich am unteren Ende der Leistungsskala, und dies unabhängig vom sozioökonomischen Hintergrund der Schülerinnen und Schüler (der in der Abbildung durch nach

oben zeigende Pfeile am unteren Ende der vertikalen Achse gekennzeichnet ist, unabhängig von der Position der Schülerinnen und Schüler auf der horizontalen Achse). Die durchgezogene Linie in Abbildung 4.12 A gibt die derzeit beobachtete Steigung des Verhältnisses zwischen sozioökonomischem Hintergrund und Schülerleistungen an, wobei die gepunktete Linie für die Steigung steht, die sich bei einer erfolgreichen Umsetzung der Maßnahmen dieser Art ergeben würde.

... einige helfen Schülerinnen und Schülern aus relativ benachteiligten Milieus ...

- *Sozioökonomisch orientierte Maßnahmen* bieten Schülerinnen und Schülern aus sozioökonomisch benachteiligten Verhältnissen ein spezielles Curriculum bzw. zusätzliche Unterrichtsressourcen an. Ein Beispiel hierfür ist das Head-Start-Vorschulprogramm in den Vereinigten Staaten für Kinder aus sozioökonomisch benachteiligten Milieus, obgleich es ein breites Spektrum an Programmen gibt, die auf gefährdete Kinder und Jugendliche zugeschnitten sind. In einigen Programmen werden die Schülerinnen und Schüler auf der Basis eines anderen Risikofaktors als dem sozioökonomischen Hintergrund ausgewählt, so z.B. ob es sich bei dem Schüler um Neueinwanderer oder Mitglied einer ethnischen Minderheit handelt oder er in einem Gebiet mit niedrigem Einkommen lebt. Der wichtige Unterschied besteht darin, dass die Schülerinnen und Schüler in diesen Programmen auf der Basis des sozioökonomischen Milieus der Familie und nicht ihrer kognitiven Fähigkeiten ausgewählt werden. Abbildung 4.12 B veranschaulicht den beabsichtigten Effekt dieser Art von Politik (der durch die nach oben zeigenden Pfeile gekennzeichnet ist) wie auch den beabsichtigten Bildungsertrag (der durch die gepunktete Gradiente wiedergegeben ist). Im Mittelpunkt steht das untere Ende der sozioökonomischen Skala, unabhängig von den Schülerleistungen (in der Abbildung gekennzeichnet durch die nach oben zeigenden Pfeile am linken Ende der horizontalen Achse, unabhängig von der Position der Schülerin oder des Schülers auf der Leistungsskala).

... oder mit wirtschaftlichen Ressourcen, die dazu beitragen, ihre Lebensbedingungen zu verbessern.

- *Kompensatorische Maßnahmen* bieten Schülerinnen und Schülern aus benachteiligten sozioökonomischen Verhältnissen zusätzliche wirtschaftliche Ressourcen. Diese Maßnahmen könnten als eine Untergruppe der bereits erwähnten sozioökonomisch orientierten Maßnahmen betrachtet werden, da sie sich an Kinder aus sozioökonomisch benachteiligten Milieus richten und nicht an Kinder mit geringen kognitiven Leistungen. Jedoch geht es bei diesen Maßnahmen in erster Linie darum, die wirtschaftlichen Umstände der Kinder aus armen Familien zu verbessern, und nicht darum, ihnen spezielle Curricula oder zusätzliche Bildungsressourcen zur Verfügung zu stellen. Das Angebot kostenloser Mahlzeiten für Schülerinnen und Schüler aus armen Familien ist ein Beispiel hierfür. Ganz allgemein gesehen ist die Bereitstellung von Transferleistungen an arme Familien in vielen Ländern eine der ersten Maßnahmen, die auf nationaler Ebene angeboten werden. Die Unterscheidung zwischen kompensatorischen Maßnahmen und sozioökonomisch orientierten Maßnahmen ist nicht immer eindeutig. In einigen Ländern beispielsweise gibt es kompensatorische Finanzierungsformeln, die den Schulen die Bildungsmittel nach anderen Kriterien zuteilen, so z.B. dem sozioökonomischen Hintergrund der Schülerinnen und Schüler. In einem gewissen Sinne handelt es sich hierbei um eine kompensatorische Maßnahme, die insofern aber auch als eine sozioökonomisch orientierte Intervention angesehen werden kann, als die Absicht darin besteht, Schülerinnen und Schülern aus sozioökonomisch benachteiligten Verhältnissen zusätzliche Bildungsressourcen zur Verfügung zu stellen. Abbildung 4.12 C veranschaulicht den beabsichtigten Effekt dieser Art von Maßnahmen (angezeigt durch die Pfeile, die in Richtung des rechten Endes der sozioökonomischen Skala zeigen, unabhängig von der Position der Schülerinnen und Schüler auf der Leistungsskala) wie auch durch den beabsichtigten Bildungsertrag (der durch die gepunktete Gradiente wiedergegeben wird).

Andere versuchen, das Leistungsniveau aller anzuheben …

- *Universelle Maßnahmen* zielen darauf ab, die schulischen Leistungen aller Kinder durch Reformen zu verbessern, die im gesamten Schulsystem in gleicher Weise Anwendung finden. In der Regel zielen universelle Maßnahmen darauf ab, Inhalt und Vorgehensweise im Curriculum zu verändern, die Unterrichtstechniken zu verbessern bzw. das Lernumfeld in Schulen und Klassenräumen freundlicher zu gestalten. Einige Länder reagierten auf die Ergebnisse von PISA 2000 z.T. mit der Umsetzung umfassender Schulreformen, u.a. einer Einführung der Ganztagsschule, Änderung des Einschulungsalters oder Erhöhung der für den Sprachunterricht vorgesehenen Zeit. All dies sind universelle Maßnahmen. Viele universelle Maßnahmen sind darauf ausgerichtet, das Lernumfeld der Kinder durch eine Veränderung der strukturellen Merkmale der Schulen zu verbessern. Außerdem sind Anstrengungen unternommen worden, um die Einbeziehung der Eltern in die Schule auf verschiedene Weise zu erhöhen, darunter durch eine stärkere Unterstützung zu Hause und stärkere Beteiligung an der Schulverwaltung. Viele universelle Maßnahmen zielen darauf ab, die Lehrerpraktiken zu verändern oder die Rechenschaftspflicht der Schulen und Schulsysteme durch die Beurteilung der Schülerleistungen zu erhöhen. All dem liegt die Überzeugung zu Grunde, dass bei einer erhöhten Rechenschaftspflicht Schulleitung und Lehrkräfte dazu angehalten werden, das Lernumfeld in Schulen und Klassenräumen angenehmer zu gestalten und einen besseren Unterricht zu erteilen. Abbildung 4.12 D veranschaulicht den erwarteten Effekt einer derartigen Politik sowie den erwarteten Bildungsertrag (der durch die gepunktete Gradiente gekennzeichnet ist).

… während wieder andere versuchen, benachteiligte Schülerinnen und Schüler zu integrieren, u.a. durch eine Reduzierung der sozioökonomischen Segregation.

- Schließlich zielen *integrative Maßnahmen* darauf ab, marginalisierte Schülerinnen und Schüler wieder in den Strom der allgemeinen Schulen und Klassen einzubeziehen. Integrative Praktiken bestehen häufig vor allem darin, Schülerinnen und Schüler mit Behinderungen in den regulären Unterricht einzugliedern, statt sie in Sonderklassen oder Sonderschulen zu segregieren. In diesem Bericht bezieht sich der Begriff integrative Maßnahmen generell auf alle Reformen, die darauf abzielen, jede Schülerkategorie einzugliedern, die auf Grund einer Behinderung, ihrer Zugehörigkeit zu einer ethnischen Minderheit oder ihres aus sozioökonomischer Sicht benachteiligten Hintergrunds segregiert wird. Einige integrative Maßnahmen sind darauf ausgerichtet, die zwischen den Schulen bestehende sozioökonomische Segregation dadurch zu verringern,

dass sie die Einzugsgebiete von Schulen neu bestimmen, Schulformen zusammenlegen bzw. in Gegenden mit niedrigem sozioökonomischen Status Magnetschulen einrichten.

Bei der Entscheidung zwischen Politikmaßnahmen, die auf Schüler aus sozioökonomisch benachteiligten Verhältnissen bzw. mit schwachen Leistungen abzielen, können Länder mit verhältnismäßig gleichmäßig steigenden sozioökonomischen Gradienten die letztgenannte Maßnahme für vorteilhafter halten.

Eine Frage, mit der Schulleitungen häufig konfrontiert werden, lautet, ob Bemühungen um eine Verbesserung der Schülerleistungen hauptsächlich auf jene Schülerinnen und Schüler ausgerichtet sein sollen, die leistungsschwach sind bzw. aus sozioökonomisch benachteiligten Verhältnissen stammen. Die Gesamtsteigung der sozioökonomischen Gradienten ist gemeinsam mit dem Anteil der Leistungsvarianz, die sich aus dem sozioökonomischen Hintergrund erklärt, ein hilfreicher Indikator für die Beurteilung dieser Frage. Länder mit verhältnismäßig flacher Gradienten halten leistungsorientierte Maßnahmen wahrscheinlich häufig für effizienter, wenn es gilt, das Leistungsniveau der Schülerinnen und Schüler zu steigern. Länder mit steilen sozioökonomischen Gradienten hingegen halten u.U. eine bestimmte Kombination aus leistungsorientierten und sozioökonomischen Maßnahmen für wirksamer. Wie weiter oben bereits dargelegt wurde, zeichnen sich Finnland, Island, Italien, Kanada, Luxemburg, Mexiko, Portugal und Spanien wie auch die Partnerländer Indonesien, Hongkong (China) und Macau (China) durch Gradienten aus, die flacher sind als im OECD-Durchschnitt (Tabelle 4.3a). In diesen Ländern kommt ein vergleichsweise geringer Anteil der leistungsschwachen Schüler aus benachteiligten Verhältnissen, und auch zwischen den Schulleistungen und dem sozioökonomischen Hintergrund der Schülerinnen und Schüler der jeweiligen Schule besteht kaum ein Zusammenhang. So würden Maßnahmen, die spezifisch auf Schülerinnen und Schüler aus benachteiligten Verhältnissen zugeschnitten sind, per se den Bedürfnissen vieler leistungsschwacher Schüler im Lande gar nicht gerecht werden. Lautet das Ziel außerdem zu gewährleisten, dass die meisten Schülerinnen und Schüler ein bestimmtes Mindestleistungsniveau erreichen, würden sozioökonomisch orientierte Maßnahmen in diesen Ländern auch einem erheblichen Teil der Schülerinnen und Schüler zugute kommen, die über ein hohes Leistungsniveau verfügen.

Die Ausrichtung der Maßnahmen auf sozioökonomisch benachteiligte Schülerinnen und Schüler könnte aber in Ländern, in denen zwischen niedrigen schulischen Leistungen und sozial benachteiligtem Milieu ein engerer Zusammenhang besteht, wirksamer sein …

In Ländern hingegen, in denen der Einfluss des sozioökonomischen Milieus auf die Schülerleistungen stark ist, würden sozioökonomisch orientierte Maßnahmen einen größeren Teil der Ressourcen Schülerinnen und Schülern zugute kommen, die diese Unterstützung wirklich benötigen. Zur Veranschaulichung nehmen wir zum Vergleich die Situationen in Deutschland und Finnland in Abbildung 4.13. Bei einer Konzentration auf den linken Bereich der Abbildung würden sozioökonomisch orientierte Maßnahmen in Finnland viele Schulen und Schüler mit vergleichsweise niedrigem Leistungsniveau, aber aus günstigerem familiären Hintergrund, die im rechten unteren Teil des Graphen gezeigt sind, ausschließen. Demgegenüber würden leistungsorientierte Maßnahmen die Mehrzahl der leistungsschwächeren Schüler und Schulen erreichen. In Deutschland, wo der Zusammenhang zwischen sozioökonomischem Hintergrund und Schülerleistungen sehr viel stärker ist, dürften sozioökonomisch orientierte Maßnahmen entsprechend auch einen sehr viel stärkeren Einfluss haben, da ein sehr viel größerer Anteil der Schüler und Schulen im unteren linken Quadranten der Abbildung angesiedelt ist.

Allerdings können die Argumente, die für sozioökonomisch orientierte Maßnahmen sprechen, in Ländern mit steiler sozioökonomischer Gradienten noch immer überbewertet werden. In Ländern mit steilen sozioökonomischen Gradienten, in denen aber die durch den sozioökonomischen Hintergrund bedingte Varianz nur moderat ist, gibt es in der Regel eine beachtliche Gruppe leistungsschwacher Schülerinnen und Schüler, die aus einem vergleichsweise günstigen sozioökonomischen Milieu stammen. In den meisten Fällen sind sozioökonomisch orientierte Maßnahmen auf Schülerinnen und Schüler aus Familien mit sehr ungünstigem sozioökonomischen Hintergrund ausgerichtet. Für die Tschechische Republik ergibt sich beispielsweise bei einer vertikalen Verschiebung nach links in Abbildung 4.13 – d.h. hin zu einer Konzentration auf einen ungünstigeren sozioökonomischen Hintergrund – ein Anstieg des Anteils der Schulen und Schüler mit niedrigem Leistungsniveau, die von diesen Maßnahmen nicht erfasst werden. Sozioökonomisch orientierte Maßnahmen dürften in derartigen Situationen demnach an einem Großteil der Schülerinnen und Schüler vorbeigehen, die verhältnismäßig schwache Leistungen erbringen.

… obwohl in Ländern mit steilen Gradienten eine derartige Ausrichtung vielen Schülerinnen und Schülern noch immer nicht helfen wird, wenn die Effektstärke gering ist.

Es lassen sich zwei Arten von leistungsorientierten Maßnahmen unterscheiden: Maßnahmen, die auf eine Verbesserung der Gesamtergebnisse leistungsschwacher Schulen ausgerichtet sind, und Maßnahmen, die auf eine Verbesserung der Ergebnisse leistungsschwacher Schüler innerhalb der einzelnen Schulen ausgerichtet sind. Der Anteil der Leistungsvarianz zwischen Schulen, der zu Beginn dieses Kapitels beschrieben wurde (Tabelle 4.1a), kann bei der Beurteilung der Angemessenheit bestimmter Politikansätze als hilfreicher Indikator dienen.

Verbesserungsstrategien können sich auf einzelne Schülerinnen und Schüler oder auf Schulen konzentrieren, je nach Größenordnung der Leistungsunterschiede zwischen Schulen …

Auch bei einer geringen Leistungsvarianz zwischen den Schulen, wie dies in Dänemark, Finnland, Irland, Island, Kanada, Norwegen, Polen oder Schweden der Fall ist, dürften innerschulische Maßnahmen, die auf eine Verbesserung des Niveaus leistungsschwacher Schüler ausgerichtet sind, wirksamer sein. In Ländern wie Belgien, Deutschland, Italien, Japan, den Niederlanden, Österreich, der Tschechischen Republik und der Türkei hingegen würden die großen Leistungsunterschiede zwischen Schulen den Schluss nahe legen, dass sich Maßnahmen empfehlen, in deren Mittelpunkt die leistungsschwachen Schulen stehen, zumindest innerhalb jeder Schulform, wenn das Bildungssystem aus verschiedenen Zügen besteht.

… wobei einige Länder sich auf das Problem der leistungsschwachen Schulen konzentrieren müssen, während sich andere vorwiegend innerschulischen Unterschieden gegenübersehen.

Zwei Variablen – die Asymmetrie der Verteilung des sozioökonomischen Hintergrunds als eine landesspezifische Messgröße der Benachteiligung und der Anteil der Schülerinnen und Schüler in jedem Land, die im untersten Sechstel der internationalen Verteilung des sozioökonomischen Hintergrunds angesiedelt sind – erleichtern die Beurteilung der Angemessenheit kompensatorischer Maßnahmen mit dem Ziel, den Bedürfnissen der Schülerinnen und Schüler aus benachteiligten Familien durch einen Ausgleich für ihre wirtschaftlichen Umstände gerecht zu werden (vgl. Spalten 9 und 10 in Tabelle 4.3a). Unter den OECD-Ländern beträgt der Wert für die Asymmetrie -0,31 (was

In einigen Ländern spricht die Existenz einer größeren Zahl benachteiligter Schülerinnen und Schüler stärker dafür, gezielt gegen sozioökonomische Benachteiligung vorzugehen.

darauf hindeutet, dass der sozioökonomische Hintergrund 15-Jähriger eine Asymmetrie zu Gunsten einer sozioökonomischen Besserstellung aufweist). Unter den Partnerländern liegt der Wert bei 0,16 (was darauf hindeutet, dass der sozioökonomische Hintergrund 15-Jähriger eine Asymmetrie zu Gunsten einer sozioökonomischen Benachteiligung aufweist). Und in einigen Partnerländern mit geringerem Volkseinkommen, aber auch in der Tschechischen Republik ist die Asymmetrie 1,5-mal so groß. Diese Daten legen den Schluss nahe, dass der Bedarf an Kompensationsmaßnahmen in einigen Niedrigeinkommensländern größer ist. Wie indessen weiter oben bereits dargelegt wurde, kann diese Art von Politik allein – ebenso wie sozioökonomisch orientierte Maßnahmen – die sozioökonomischen Gradienten nicht erheblich anheben oder nivellieren. Eine derartige Politik dürfte dann am effizientesten sein, wenn sie im Verein mit universellen und gleichzeitig leistungs- und sozioökonomisch orientierten Strategien umgesetzt wird.

In Ländern mit stärkerer sozioökonomischer Segregation zwischen den Schulen dürften die Gesamtunterschiede bei den sozioökonomischen Verhältnissen in der Regel größer sein …

Tabelle 4.5 enthält ferner auch einen Index der Integration (vgl. Spalte 12) (Willms, 2004). Je kleiner der Indexwert, desto größer die Zahl der Schulen, die nach sozioökonomischem Hintergrund segregiert sind. Je größer der Indexwert, desto geringer die Zahl der Schulen, die nach dem sozioökonomischen Hintergrund segregiert sind[19]. Im Ländervergleich ist das Verhältnis zwischen Durchschnittsleistung und Integrationsindex positiv. Das deutet darauf hin, dass Länder mit stärkerer sozioökonomischer Integration im Allgemeinen ein höheres Leistungsniveau aufweisen. Außerdem ist das Verhältnis zwischen den sozioökonomischen Gradienten und dem Index der sozioökonomischen Integration in den OECD-Ländern negativ, was den Schluss nahe legt, dass Länder mit stärkerer sozioökonomischer Integration in der Regel flachere Gradienten aufweisen. Zusammengenommen deuten diese Ergebnisse darauf hin, dass integrativere Schulsysteme sowohl ein höheres Leistungsniveau als auch geringere Differenzen zwischen Schülerinnen und Schülern aus unterschiedlichem sozioökonomischem Milieu aufweisen. In einigen Ländern kann die sozioökonomische Integration auf Grund eines wirtschaftlichen Gefälles zwischen städtischen und ländlichen Gebieten wie auch auf Grund einer Segregation nach Wohngebieten in Städten tief verankert sein. Allerdings kann die Segregation auch durch bildungspolitische Maßnahmen entstehen, die Kinder bereits sehr früh in ihrer Schullaufbahn bestimmten Bildungszügen zuordnen (vgl. Kapitel 5).

… und in diesen Ländern brauchen einige Schulen u.U. mehr Ressourcen für den Ausgleich, während in anderen Ländern Verbesserungsmöglichkeiten durchweg innerhalb der Schulen gefunden werden müssen.

Zur Steigerung von Qualität und Ausgewogenheit (d.h. zur Anhebung und Abflachung der Gradienten) in diesen Ländern bedarf es einer besonderen Beachtung der zwischen Schulen bestehenden Unterschiede. Die Verringerung der sozioökonomischen Segregation in Schulen wäre eine Strategie, weitere sind die Allokation der Ressourcen für Schulen und Bildungsgänge nach anderen Kriterien sowie Bemühungen, Schülerinnen und Schüler mit differenzierten und angemessenen Bildungsmöglichkeiten auszustatten. In Ländern mit niedrigem Integrationsindex ist es wichtig, den Zusammenhang zwischen der Allokation von Schulressourcen innerhalb eines Landes und dem sozioökonomischen Hintergrund der Gesamtheit aller Schülerinnen und Schüler einer Schule zu verstehen. In anderen Ländern gibt es zwischen den Schulen nur eine relativ geringfügige sozioökonomische Segregation, d.h. hier ähneln sich die Schulen in Bezug auf den durchschnittlichen sozioökonomischen Hintergrund ihrer Schülerinnen und Schüler. In diesen Ländern werden Qualität (Niveau) und Ausgewogenheit (Gradientensteigung) vor allem durch das Verhältnis zwischen Schülerleistungen und sozioökonomischem Hintergrund der einzelnen Schülerinnen und Schüler innerhalb jeder Schule bestimmt. Zur Steigerung von Qualität und Ausgewogenheit in diesen Ländern bedarf es Maßnahmen, die schwerpunktmäßig innerhalb der Schule ansetzen. Ein Abbau der Segregation innerhalb der Schule unter Schülern mit unterschiedlichem wirtschaftlichem, sozialem und kulturellem Status wäre eine Strategie, die eine Überprüfung der Praktiken bei der Klassenzusammensetzung erfordern würde. Eine direktere Unterstützung leistungsschwacher Schülerinnen und Schüler kann ebenfalls erforderlich sein. In diesen Ländern ist es wichtig, den Zusammenhang zwischen Ressourcenallokation innerhalb der Schulen und sozioökonomischen Merkmalen ihrer Schülerinnen und Schüler zu verstehen.

Politikerwägungen müssen den langfristigen Einflüssen auf die Leistungsfähigkeit 15-Jähriger Rechnung tragen …

Bei der Untersuchung der von PISA gelieferten Informationen konzentrieren die Politikanalysten ihre Aufmerksamkeit in der Regel auf das Schulsystem, und insbesondere die Merkmale des Sekundarschulsystems. Dies ist verständlich, da es sich bei der PISA-Erhebung um eine Beurteilung der Leistungen 15-Jähriger handelt. In der Tat basieren die im vorliegenden Bericht dargestellten Analysen der Schuleffizienz auf Daten, die das Schulangebot auf der späten Primar- und auf der Sekundarstufe beschreiben. PISA ist aber keine Beurteilung dessen, was junge Menschen im vergangenen Schuljahr oder sogar während ihrer gesamten Sekundarschulzeit gelernt haben. Vielmehr liefert PISA Hinweise auf die Lernentwicklung, die seit der Geburt stattgefunden hat. Die PISA-Ergebnisse eines Landes hängen von der Qualität der Betreuung und Förderung der Kinder in der frühen Kindheit und im Vorschulalter wie auch von den Lernmöglichkeiten ab, die Kindern in den Grundschul- und ersten Sekundarschuljahren, sowohl in der Schule als auch zu Hause, geboten werden.

… und eine globalere Perspektive einnehmen, die auch die frühen Kindheitsjahre und die Familie einbezieht.

Eine Verbesserung der Qualität und Ausgewogenheit setzt daher eine langfristige und weitreichende Perspektive voraus. In einigen Ländern kann dies bedeuten, dass Maßnahmen zur Sicherstellung der gesundheitlichen Entwicklung von Kleinkindern bzw. Verbesserung der frühkindlichen Bildung ergriffen werden müssen. In anderen Ländern bedeutet es möglicherweise, dass es sozioökonomischer Reformen bedarf, die es Familien ermöglichen, die Kinderbetreuung zu verbessern. In vielen Ländern hingegen kann es auch heißen, dass Anstrengungen zur Verstärkung der sozioökonomischen Integration und Verbesserung des Schulangebots unternommen werden.

Abbildung 4.13 ■ **Zusammenhang zwischen Schulleistungen und sozioökonomischem Hintergrund der Schulen**

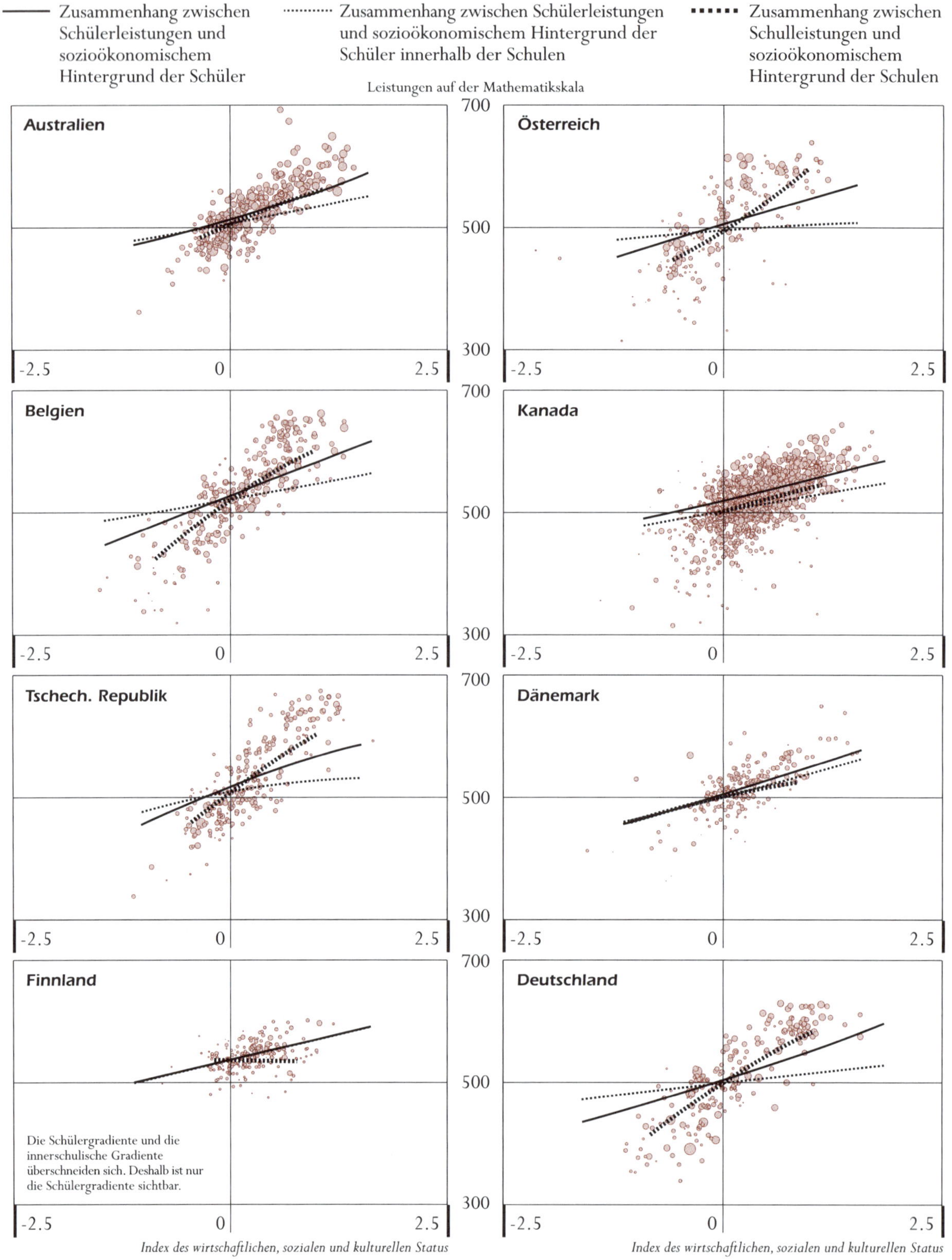

Anmerkung: Jedes Symbol repräsentiert eine Schule aus der PISA-Stichprobe, wobei die Größe der Symbole der Zahl der 15-jährigen Schüler entspricht.
Quelle: OECD PISA-2003-Datenbank.

Abbildung 4.13 (Fortsetzung-1) ■ **Zusammenhang zwischen Schulleistungen und sozioökonomischem Hintergrund der Schulen**

——— Zusammenhang zwischen Schülerleistungen und sozioökonomischem Hintergrund der Schüler

········ Zusammenhang zwischen Schülerleistungen und sozioökonomischem Hintergrund der Schüler innerhalb der Schulen

▪▪▪▪▪▪ Zusammenhang zwischen Schulleistungen und sozioökonomischem Hintergrund der Schulen

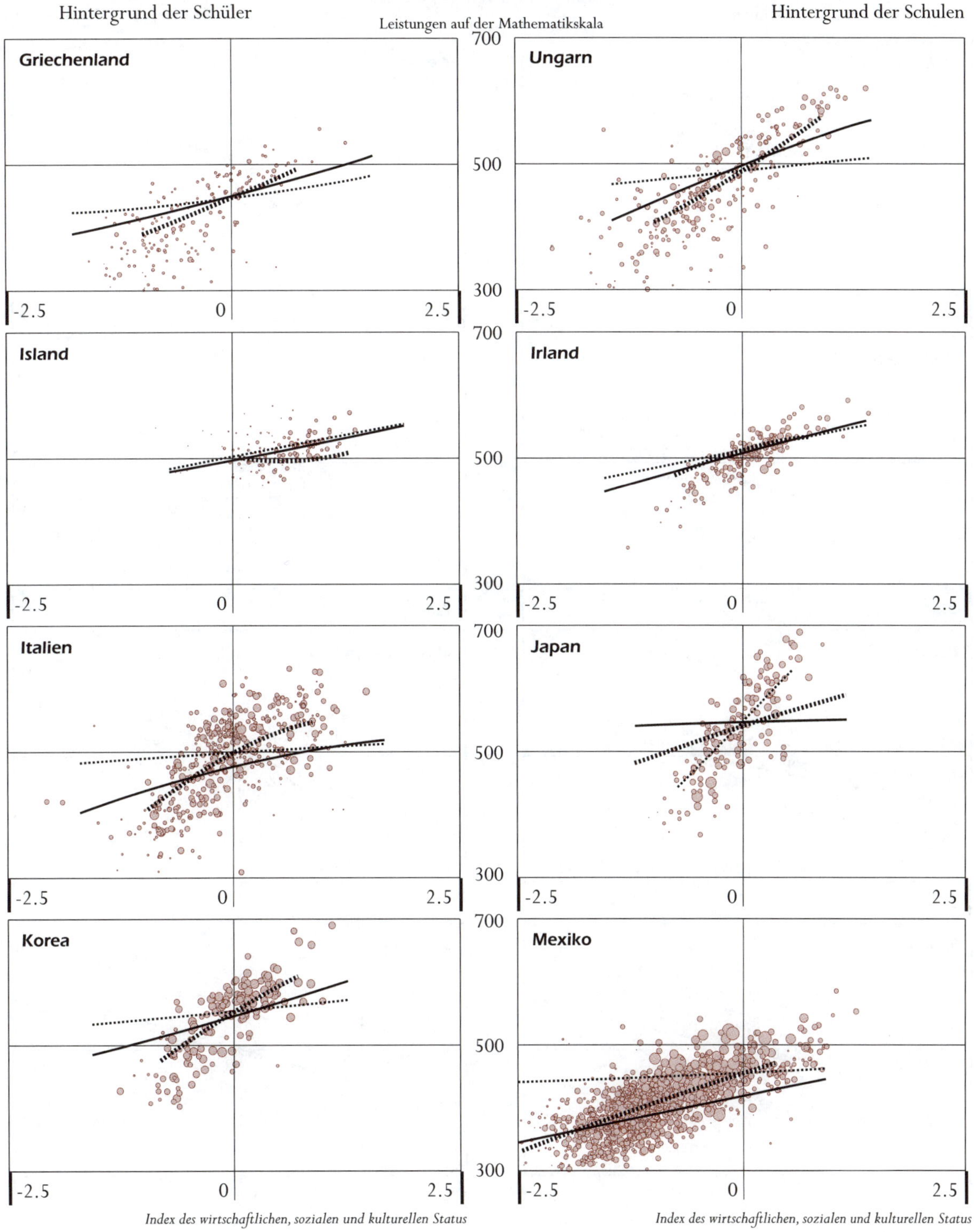

Anmerkung: Jedes Symbol repräsentiert eine Schule aus der PISA-Stichprobe, wobei die Größe der Symbole der Zahl der 15-jährigen Schüler entspricht.
Quelle: OECD PISA-2003-Datenbank.

Abbildung 4.13 (Fortsetzung-2) ■ **Zusammenhang zwischen Schulleistungen und sozioökonomischem Hintergrund der Schulen**

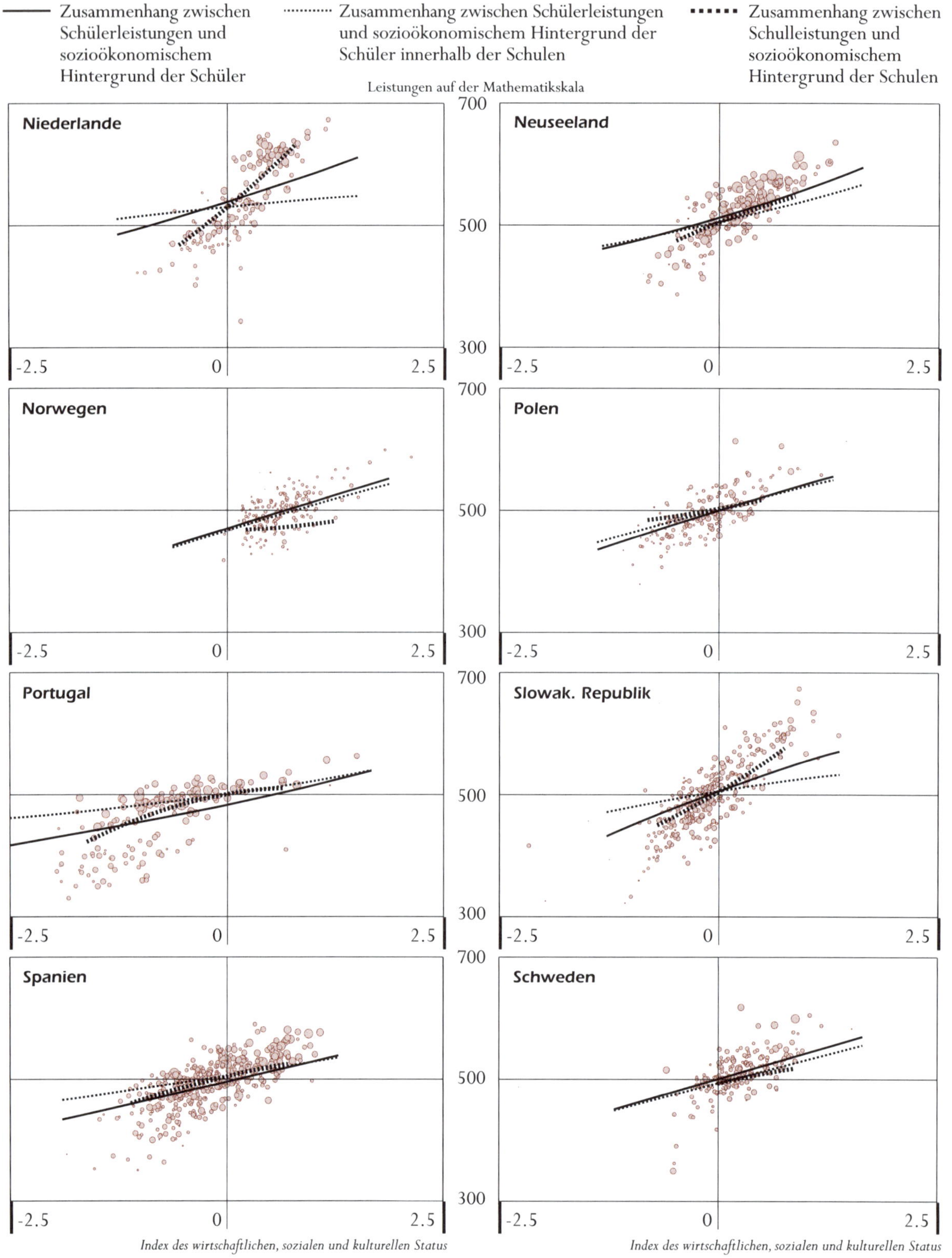

Anmerkung: Jedes Symbol repräsentiert eine Schule aus der PISA-Stichprobe, wobei die Größe der Symbole der Zahl der 15-jährigen Schüler entspricht.
Quelle: OECD PISA-2003-Datenbank.

Abbildung 4.13 (Fortsetzung-3) ■ **Zusammenhang zwischen Schulleistungen und sozioökonomischem Hintergrund der Schulen**

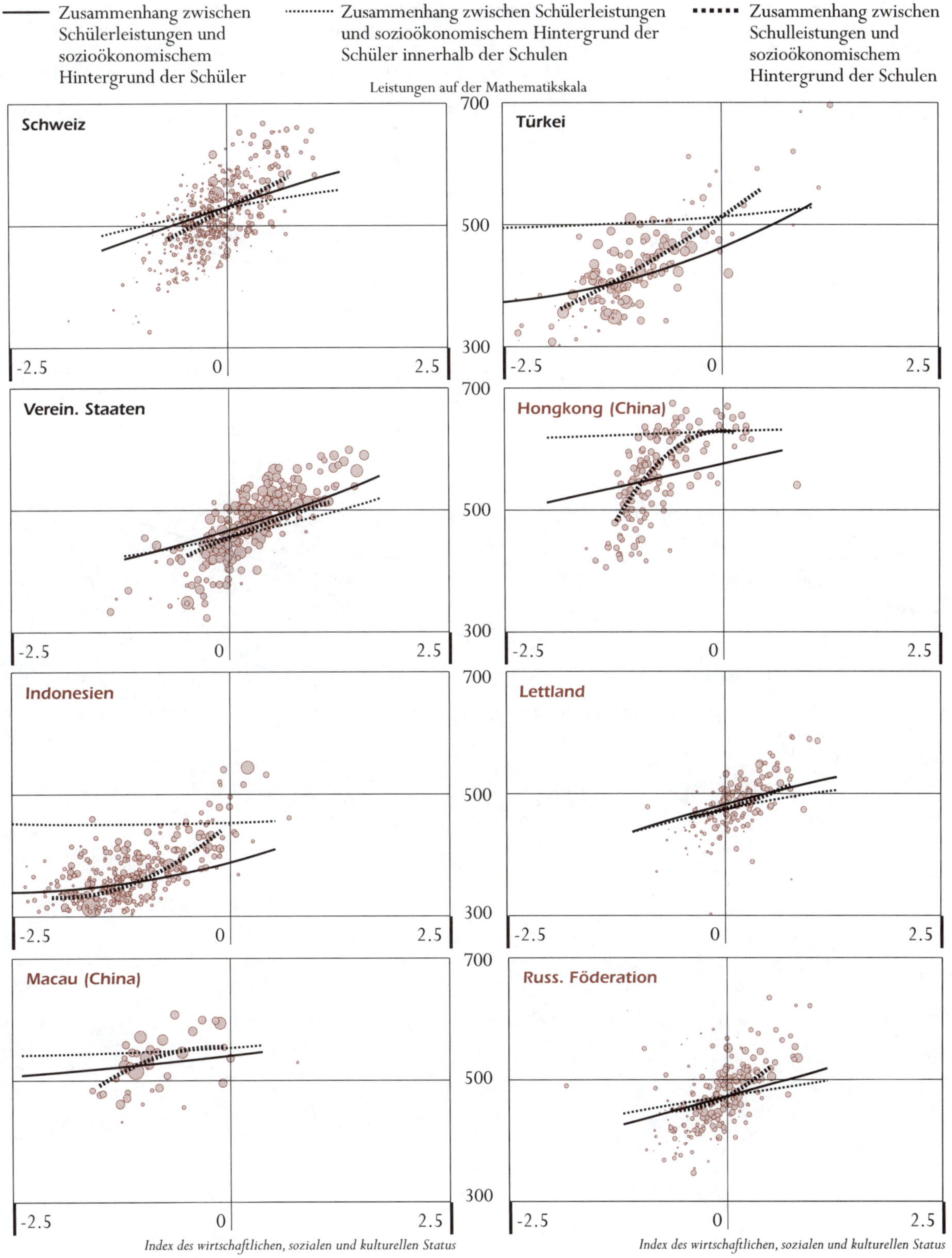

Anmerkung: Jedes Symbol repräsentiert eine Schule aus der PISA-Stichprobe, wobei die Größe der Symbole der Zahl der 15-jährigen Schüler entspricht.
Quelle: OECD PISA-2003-Datenbank.

Abbildung 4.13 (Fortsetzung-4) ■ **Zusammenhang zwischen Schulleistungen und sozioökonomischem Hintergrund der Schulen**

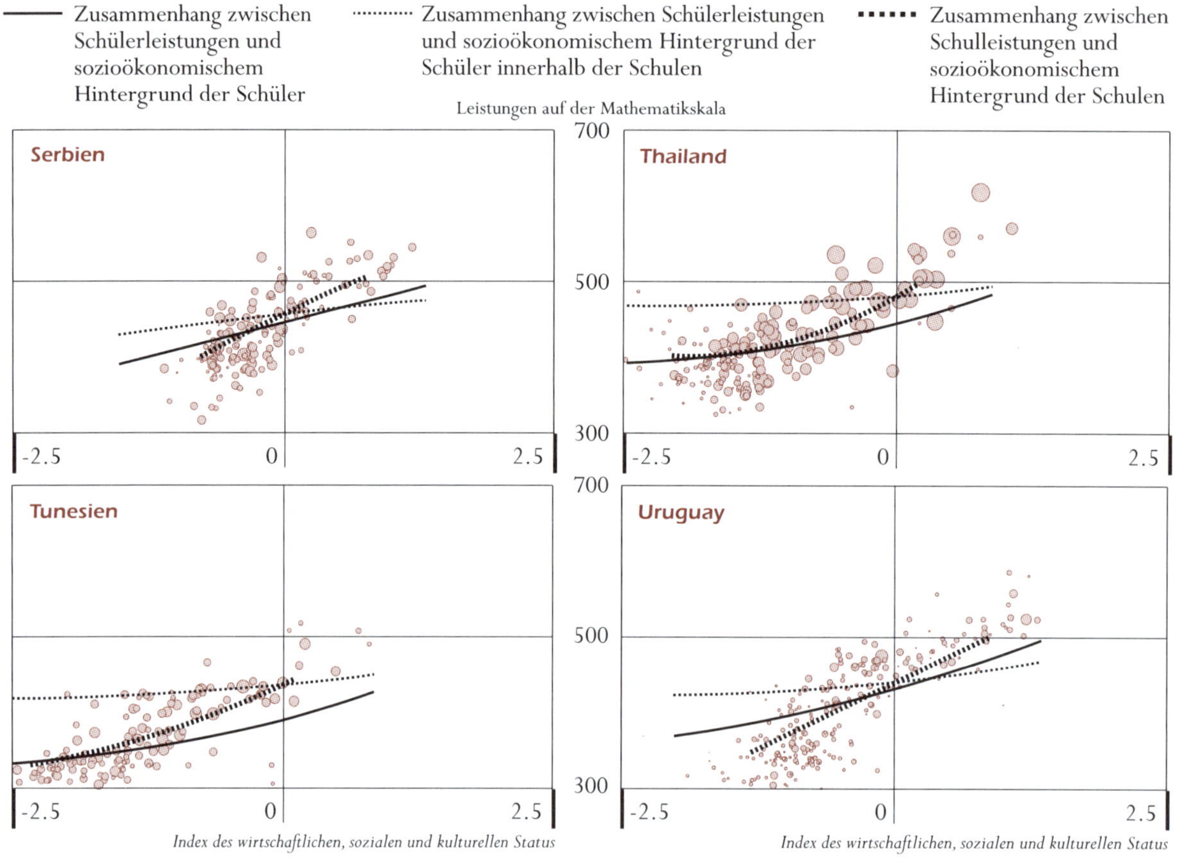

Anmerkung: Jedes Symbol repräsentiert eine Schule aus der PISA-Stichprobe, wobei die Größe der Symbole der Zahl der 15-jährigen Schüler entspricht.
Quelle: OECD PISA-2003-Datenbank.

Anmerkungen

1. Auf Leistungsunterschiede zwischen den Ländern entfallen 10% der beobachteten Gesamtvarianz der Schülerleistungen in Mathematik, wohingegen die Leistungsunterschiede zwischen den Schulen innerhalb der einzelnen Länder 28% und die Leistungsunterschiede zwischen den Schülerinnen und Schülern derselben Schulen 61% der Gesamtvarianz ausmachen (vgl. Tabelle 5.21a).

2. Der Zusammenhang zwischen dem sozioökonomischen Hintergrund und den Schülerleistungen ist in der Tendenz in den Bereichen Mathematik, Naturwissenschaften und Lesekompetenz zwar insgesamt ähnlich, in einigen Ländern gibt es jedoch Unterschiede. In Korea, der Tschechischen Republik und Ungarn sowie in den Partnerländern Brasilien, Tunesien und Uruguay z.B. ist der Anteil der Leistungsvarianz in Naturwissenschaften, der durch den Index des wirtschaftlichen, sozialen und kulturellen Status erklärt werden kann, um 3,0 bis 5,8 Prozentpunkte geringer als im Bereich Mathematik, wohingegen dieser Anteil in Deutschland in Mathematik um 3,2 Prozentpunkte größer ist. Desgleichen ist der Anteil der Varianz der Leseleistungen, der durch diesen Index erklärt wird, in Griechenland, Korea, den Niederlanden, Portugal, Spanien, der Tschechischen Republik und Ungarn sowie in den Partnerländern Brasilien, Tunesien und Uruguay um 3,1 bis 6,7 Prozentpunkte geringer als bei den Mathematikleistungen, wohingegen dieser Teil der Varianz in Österreich im Bereich Lesekompetenz um 5,0 Prozentpunkte größer ist (vgl. *www.pisa.oecd.org*).

3. Die Höhe der Unterschiede ist durch die statistische Varianz ausgedrückt, die sich aus der Quadrierung der in Kapitel 2 erwähnten Standardabweichung ergibt. Für die Zwecke dieses Vergleichs wurde statt auf die Standardabweichung auf die statistische Varianz zurückgegriffen, um die Anteile der Varianz in den Schülerleistungen aufschlüsseln zu können. Aus Gründen, die im *PISA 2003 Technical Report* näher erläutert werden, und vor allem, weil in den Daten der Tabelle nur die Schülerinnen und Schüler berücksichtigt sind, für die gültige Angaben zum sozioökonomischen Hintergrund vorliegen, kann die Varianz vom Quadrat der Standardabweichung in Kapitel 2 differieren. Im *PISA 2003 Technical Report* wird auch erläutert, warum die Summe der Komponenten der Leistungsvarianz zwischen den Schulen und der Leistungsvarianz innerhalb der Schulen für einige Länder geringfügig von der Gesamtvarianz abweicht. Der Durchschnitt wurde für die in der Tabelle enthaltenen OECD-Länder berechnet.

4. Für Serbien und Montenegro liegen keine Daten für den Landesteil Montenegro vor. Auf Montenegro entfallen 7,9% der nationalen Erhebungspopulation. Die Bezeichnung „Serbien“ wird kurz für den serbischen Landesteil von Serbien und Montenegro verwendet.

5. Das OECD-Durchschnittsniveau wurde einfach als arithmetisches Mittel der jeweiligen Länderwerte berechnet. Dieser Mittelwert unterscheidet sich vom Quadrat der OECD-durchschnittlichen Standardabweichung in Kapitel 2, da in Letzterer die Leistungsvarianz zwischen den Ländern enthalten ist, während es sich bei Ersterem nur um den Durchschnitt der innerhalb der verschiedenen Länder beobachteten Leistungsunterschiede handelt.

6. Es ist darauf hinzuweisen, dass die Ergebnisse auch dadurch beeinflusst werden, wie die Schulen in den einzelnen Ländern definiert und organisiert sind und welche Einheiten für die Stichprobenziehung gewählt wurden. In einigen Ländern wurden einige Schulen in der PISA-Stichprobe als Verwaltungseinheiten definiert (selbst wenn sie mehrere geographisch getrennte Einrichtungen umfassen), in anderen wiederum als die Teile größerer Bildungseinrichtungen, die von 15-Jährigen besucht werden; in manchen Ländern waren auch die einzelnen Schulgebäudeeinheiten maßgeblich, und in wieder anderen wurden die Schulen unter dem Aspekt der Verwaltung definiert (z.B. als Einheiten, die eine eigene Schulleitung haben). Der *PISA 2003 Technical Report* (OECD, erscheint demnächst) liefert einen Überblick über die verschiedenen Methoden der Definition der Schulen. Zu beachten ist auch, dass die Varianz innerhalb der Schulen auf Grund der Art und Weise, wie die Schülerinnen und Schüler in der Stichprobe erfasst wurden, sowohl die Leistungsunterschiede zwischen den Klassen als auch zwischen den einzelnen Schülern umfasst.

7. Die Veränderungen zwischen den Jahren 2000 und 2003 fielen in allen Ländern auf den beiden Mathematikskalen, für die Trendwerte geschätzt werden können, sehr ähnlich aus. Für die Zwecke dieses Vergleichs werden nur die Ergebnisse für die Gesamtskala Mathematik dargestellt, obwohl zwei der vier mathematischen Inhaltsbereiche in den Daten von PISA 2000 nicht erfasst sind.

8. In Belgien könnte ein Teil dieser Differenz auf Veränderungen in der Definition der Schulen für die Zwecke der PISA-Stichprobenerhebung zurückzuführen sein.

9. Dieser Vergleich bezog sich entweder auf den Beruf des Vaters oder den der Mutter, je nachdem welcher der beiden auf dem sozioökonomischen Index der beruflichen Stellung höher eingestuft ist.

10. Der Bildungsabschluss der Mutter wurde deshalb für diesen Vergleich herangezogen, weil für ihn in der Fachliteratur der stärkste Zusammenhang mit den Schülerleistungen nachgewiesen wurde. Bei Berücksichtigung des Bildungsniveaus des Vaters ist dieser Zusammenhang in der Regel ähnlich, wobei der Leistungsunterschied zwischen Schülerinnen und Schülern, deren Vater die Sekundarstufe II abgeschlossen hat, und solchen, bei denen das nicht der Fall ist, im OECD-Durchschnitt 40 Punkte beträgt (Tabelle 4.2c).

11. Für diesen Vergleich wurde sowohl das Bildungsniveau der Mutter als auch das des Vaters herangezogen; anschließend wurde das Bildungsniveau des Elternteils mit dem jeweils höheren Abschluss mit den Schülerleistungen verglichen. Um eine kontinuierliche Messgröße zu erhalten, die in Regressionsgleichungen verwendet werden kann, wurde der Bildungsabschluss entsprechend der in Tabelle A1.1 dargestellten Umrechnungstafel in Bildungsjahre umgewandelt.

12. In dieser Analyse wird der bildungsbezogene und sozioökonomische Status der Migrantenfamilien zum Erhebungszeitpunkt als Ersatzvariable für ihr Qualifikationsniveau zum Zeitpunkt der Umsiedlung ins Gastland verwendet. Zu bedenken ist, dass die familiäre Situation zum Erhebungszeitpunkt auch durch die Integrationspolitik und -praxis der jeweiligen Länder geprägt sein dürfte. Daher werden die Ergebnisse die Rolle der Zusammensetzung der Migrantenpopulation höchstwahrscheinlich überzeichnen und andererseits die Rolle, die die von den Ländern verfolgten Integrationsstrategien als potenzielle Bestimmungsfaktoren für die im Ländervergleich beobachteten Leistungsunterschiede zwischen Schülern mit oder ohne Migrationshintergrund spielen, vermutlich unterbewerten.

13. Zur Umrechnungsmethode vgl. Anhang A1.1.

14. Die Messgröße der Bildungsressourcen im Elternhaus wird auf der Grundlage der Angaben der Schüler darüber konstruiert, ob sie zu Hause einen Schreibtisch zum Lernen, ein eigenes Zimmer, einen ruhigen Platz zum Lernen, einen Computer zur Erledigung der Schularbeiten, Bildungssoftware, einen Internetanschluss, einen eigenen Taschenrechner, klassische Literatur, Gedichtbände, Kunstwerke (z.B. Gemälde), nützliche Bücher für die Schularbeiten und ein Lexikon haben.

15. Um dies zu ermitteln, wurde die Verteilung des Index des wirtschaftlichen, sozialen und kulturellen Status in Quartile unterteilt, innerhalb derer dann die Korrelation mit den Mathematikleistungen untersucht wurde. Daraus ergab sich: *a)* für das unterste Quartil: 0,336 (0,014) für den OECD-Raum insgesamt und 0,297 (0,009) für den OECD-Durchschnitt; *b)* für das oberste Quartil: 0,179 (0,012) für den OECD-Raum insgesamt und 0,147 (0,007) für den OECD-Durchschnitt.

16. Der Prozentsatz der erklärten Varianz und die durchschnittliche Steigung in den einzelnen OECD-Ländern weichen von dem in Tabelle 4.3 wiedergegebenen OECD-Durchschnitt und dem Wert OECD insgesamt ab, da bei letzteren auch die Unterschiede zwischen den Ländern berücksichtigt sind.

17. In PISA 2000 bezog sich eine Komponente des Index des wirtschaftlichen, sozialen und kulturellen Status auf die Vermögenssituation der Familien. Da die Analysen der Daten von PISA 2003 deutlich machten, dass sich Daten zur Vermögenssituation der Familien auf Grund der zu ihrer Ermittlung gestellten Fragen schlecht zwischen verschiedenen Ländern und Kulturkreisen vergleichen lassen, wurde diese Komponente aus dem Index herausgenommen. Wenngleich der Einfluss der Vermögenskomponente auf den Index gering war, wurde der PISA-2000-Index für Vergleiche im Zeitverlauf unter Ausschluss dieser Komponente neu berechnet. Aus diesem Grund weichen die in diesem Bericht wiedergegebenen Ergebnisse von PISA 2000 leicht von denen ab, die 2001 veröffentlicht wurden.

18. Die Zerlegung hängt von der zwischenschulischen Steigung, der durchschnittlichen innerschulischen Steigung sowie η^2 ab, das dem Anteil der zwischenschulischen Varianz beim sozioökonomischen Hintergrund entspricht. Die statistische Variable η^2 kann als Messgröße der durch den sozioökonomischen Hintergrund bedingten Segregation interpretiert werden (Willms und Paterson, 1995), die theoretisch Werte zwischen 0 für ein System ohne jegliche Segregation, in dem die Verteilung des sozioökonomischen Hintergrunds in jeder Schule dieselbe ist, und 1 annehmen kann, bei einem System, in dem die Schülerpopulation einer Schule dasselbe Niveau des sozioökonomischen Hintergrunds aufweisen, die Schulen aber in Bezug auf ihren durchschnittlichen sozioökonomischen Hintergrund voneinander abweichen. Zu denken ist ferner an den Term $1 - \eta^2$, als Index der sozioökonomischen Integration, der Werte von 0 bei einem völlig segregierten Schulsystem bis 1 bei einem völlig segregationsfreien Schulsystem annehmen kann. Die Gesamtgradiente hängt durch die Segregations- und Integrationsindizes mit den inner- und zwischenschulischen Gradienten zusammen: $\beta_t = \eta^2 \times \beta_b + (1 - \eta^2) \times \beta_w$, wobei β_t für die Gesamtgradiente, β_b die zwischenschulische Gradiente und β_w für die durchschnittliche innerschulische Gradiente steht.

19. Genauer wird der Index definiert als 1, abzüglich des Anteils der beim PISA-Index des wirtschaftlichen sozialen und kulturellen Status zwischen Schulen bestehenden Varianz.

5

Lernumfeld und Organisation des Schulbetriebs

EINFÜHRUNG

Was können die Schulen angesichts des festen Einflusses des Schülerhintergrunds unternehmen?

In Kapitel 4 wurde verdeutlicht, wie stark sich der sozioökonomische Hintergrund auf die Schülerleistungen und mithin auf die Verteilung der Bildungschancen auswirken kann. Zugleich lassen sich viele der für eine sozioökonomische Benachteiligung ausschlaggebenden Faktoren nicht direkt durch die Bildungspolitik beeinflussen, zumindest nicht auf kurze Sicht. Beispielsweise kann das allgemeine Bildungsniveau der Eltern nur ganz allmählich angehoben werden, und der durchschnittliche Wohlstand der Familien hängt von den langfristigen wirtschaftlichen Entwicklungen im jeweiligen Land wie auch von der Entstehung einer Kultur ab, die der individuellen Ersparnisbildung förderlich ist. Angesichts der großen Rolle, die eine sozioökonomische Benachteiligung spielen kann, und der Tatsache, dass sich die verschiedenen Aspekte einer solchen Benachteiligung nur über längere Zeiträume hinweg verändern, erhebt sich für die politisch Verantwortlichen eine entscheidende Frage: Was kann auf Ebene der Schulen und der Schulpolitik getan werden, um das Leistungsniveau anzuheben und die Chancengleichheit zu fördern?

Ausgehend von früheren Erkenntnissen, denen zufolge die Schulmerkmale die Situation verändern können, werden im vorliegenden Kapitel …

Ausgehend von den Ergebnissen von PISA 2000, denen zufolge die Leistungen von Schülern und Schulen in einem Umfeld steigen, das durch hohe Leistungserwartungen, die Bereitschaft der Schüler zu Anstrengungen, durch Freude am Lernen, eine positiv wirkende Schuldisziplin und ein gutes Verhältnis zwischen Schülern und Lehrkräften gekennzeichnet ist, werden in diesem Kapitel politische Instrumente und Schulmerkmale untersucht, von denen vielfach angenommen wird, dass sie zu einer Anhebung des Niveaus der Schülerleistungen und zu mehr Chancengleichheit in der Bildung beitragen.

… Politikinstrumente untersucht, die nach verbreiteter Ansicht zu einer Anhebung der Schülerleistungen und mehr Chancengleichheit führen können.

In Untersuchungen wie PISA können solche Probleme allerdings nur bis zu einem gewissen Punkt erörtert werden, zum einen weil viele wichtige Kontextfaktoren sich der Erfassung in internationalen Vergleichsstudien dieser Art entziehen und zum anderen weil in solchen Erhebungen keine Entwicklungen im Zeitverlauf beobachtet werden, was nötig wäre, um eine genaue Bestimmung der Kausalzusammenhänge zu gestatten.

Die Analyse stützt sich auf Kenntnisse über effektive Methoden zur Verbesserung des Schulbetriebs …

Die Auswahl der bei PISA untersuchten schulbezogenen Faktoren erfolgte auf der Grundlage dreier Arten von Forschungsarbeiten:

… darunter Studien zur Unterrichtseffizienz …

- Untersuchungen über die Unterrichtseffizienz, bei denen der Schwerpunkt in der Regel auf Fragen der Klassenführung und Unterrichtsstrategien liegt, z.B. in Bezug auf Lerngelegenheiten der Schüler, Zeitnutzung im Unterricht, Beobachtung der Leistungsentwicklung auf Klassenebene, Unterrichtsmethoden und Einteilung der Schüler in unterschiedliche Leistungsgruppen.

… zur Effizienz der Schulen …

- Untersuchungen über die Effizienz der Schulen, bei denen das Hauptaugenmerk auf organisatorischen und verwaltungstechnischen Merkmalen der Schulen liegt, z.B. Schul- und Unterrichtsklima, Leistungsorientiertheit, Autonomie und Entscheidungsverantwortung der Schulen in Bildungsfragen,

Beurteilungsstrategien und -methoden, Einbeziehung der Eltern und Fortbildung der Lehrkräfte.

- Untersuchungen ökonomischer Faktoren, die mit den Produktionsfunktionen zusammenhängen und bei denen die Inputfaktoren, wie Schulgröße, Schüler/Lehrer-Quote, Qualität der räumlichen Ausstattung sowie der Lehr- und Sachmittel der Schulen sowie Berufserfahrung, Ausbildung und Vergütung der Lehrkräfte, sowie die Auswirkungen dieser Faktoren auf die Bildungserträge im Vordergrund stehen.

... sowie Untersuchungen über wirtschaftliche Produktionsfunktionen.

Die bei PISA an Schülerinnen und Schüler sowie Schulleitungen gerichteten Fragen sollten dazu dienen, ein ausgewogenes Bild von verschiedenen Aspekten dieser drei Bereiche zu erlangen, wobei der Schwerpunkt auf jenen Faktoren lag, deren Bedeutung bereits durch frühere Forschungsarbeiten bestätigt wurde. Allerdings lagen keine Daten zu den Lerngelegenheiten der Schüler vor, die über die Wirksamkeit des Unterrichts und die Zeitnutzung hätten Aufschluss geben können[1]. Zudem wurden keine Daten bei den Lehrkräften erhoben, so dass in Bezug auf Unterricht und Lernen nur indirekte Rückschlüsse aus den Angaben der Schüler und der Schulleitungen gezogen werden können.

Forschungsarbeiten haben gezeigt, dass die in größter Nähe zum tatsächlichen Lernprozess der Schülerinnen und Schüler stehenden Faktoren tendenziell die stärksten Auswirkungen auf die Lernerträge haben (vgl. z.B. Wang et al., 1993), während der Einfluss von Faktoren, die weiter vom Unterrichtsgeschehen entfernt sind, in der Regel schwerer zu beurteilen ist. In diesem Kapitel wird daher mit der Untersuchung der proximalen Faktoren begonnen, um mit den distanteren, vom Unterrichtsgeschehen weiter entfernten Faktoren zu schließen, und zwar in folgender Reihenfolge:

Das Kapitel beginnt mit der unmittelbaren Unterrichtserfahrung der Schüler und befasst sich dann mit allgemeineren Merkmalen der Schulen und der Bildungssysteme ...

- Schulklima und Lernumfeld in den Klassen und in den Schulen;
- Zusammenhang zwischen den verschiedenen Aspekten von Schulpolitik und -praxis und den Schülerleistungen;
- Auswirkungen der schulischen Ressourcen auf die Leistungen der Schüler und der Schulen;
- strukturelle Aspekte der Bildungssysteme, namentlich Art und Grad ihrer Gliederung und institutionellen Differenzierung in den verschiedenen Teilnehmerländern.

Da viele Faktoren innerhalb dieser Kategorien in einer engen Wechselbeziehung zueinander stehen, schließt jeder Abschnitt mit einer Erörterung des kombinierten Effekts der jeweils untersuchten Faktoren.

... wobei die Wechselbeziehungen dieser Faktoren untereinander und mit dem sozioökonomischen Hintergrund berücksichtigt werden ...

Es ist auch wichtig zu berücksichtigen, inwieweit Leistungsunterschiede zwischen den Schulen mit sozioökonomischen Faktoren zusammenhängen. Wie in Kapitel 4 aufgezeigt wurde, wirken sich sozioökonomische Faktoren sowohl auf Ebene der einzelnen Schüler als auch auf aggregierter Ebene über den von ihnen geprägten schulischen Gesamtlernkontext aus, z.B. weil

Kasten 5.1 ■ Interpretation der Schuldaten und Zusammenhang mit den Schülerleistungen

Mehrere Indizes fassen die Antworten der Schülerinnen und Schüler bzw. der Schulleitungen auf eine Reihe miteinander zusammenhängender Fragen zusammen. Diese Fragen wurden aus größeren Konstrukten auf der Grundlage von theoretischen Überlegungen und früheren Forschungsarbeiten ausgewählt. Um die theoretisch erwarteten Dimensionen der Indizes zu überprüfen und deren länderübergreifende Vergleichbarkeit zu validieren, wurden Strukturgleichungsmodelle verwendet. Die Modelle wurden zu diesem Zweck für jedes Land einzeln sowie für alle OECD-Länder zusammengenommen geschätzt. Genauere Informationen bezüglich der Konstruktion der Indizes sind Anhang A1 zu entnehmen.

Die PISA-2003-Indizes basieren auf den Angaben der Schülerinnen und Schüler sowie der Schulleitungen zum Lernumfeld und zur Organisation der Schulen sowie zum sozialen und ökonomischen Kontext des Lernprozesses. Den Indizes liegen persönliche Einschätzungen und nicht etwa externe Beobachtungen zu Grunde, weshalb sie durch kulturell bedingte Unterschiede im Antwortverhalten der Befragten beeinflusst sein können. Die Beurteilung der Unterrichtssituation durch die Schüler liefert z.B. möglicherweise nur ein ungenaues Bild der tatsächlichen Unterrichtssituation, und es kann auch sein, dass die Schüler die Situation auf Grund der größeren sozialen Erwünschtheit mancher Antworten anders beschreiben, als sie sie selbst sehen.

Bei der Interpretation der Daten müssen gewisse Einschränkungen hinsichtlich der Zuverlässigkeit der bei den Schulleitungen erfassten Informationen berücksichtigt werden:

- Erstens wurden in jedem Land durchschnittlich nur 270 Schulleitungen befragt, und in fünf Ländern haben weniger als 150 Schulleitungen an der Erhebung teilgenommen.
- Zweitens ist festzustellen, dass sich die Schulleitungen zwar gut als Informationsquelle über ihre Schulen eignen, es aber schwierig ist, allgemeine Schlüsse aus Informationen zu ziehen, die für jede Schule jeweils nur aus einer einzigen Quelle stammen (und diese dann mit den Angaben der Schülerinnen und Schüler in Einklang zu bringen). Besonders erschwerend kommt dabei hinzu, dass die Schülerleistungen in jedem der geprüften Bereiche von zahlreichen Faktoren abhängen, und insbesondere von der gesamten Bildung, die sie in den Vorjahren erhalten haben, d.h. nicht nur während des Zeitraums, in dem sie von ihren derzeitigen Lehrkräften unterrichtet wurden.
- Drittens sind die Schulleitungen möglicherweise nicht die zuverlässigste Informationsquelle für manche Informationen über die Lehrkräfte, wie z.B. über deren Stimmung und Arbeitshaltung.
- Viertens lassen sich aus dem Lernumfeld, in dem sich die 15-Jährigen befinden und das von PISA 2003 untersucht wird, nur bedingt Schlüsse über das Lernumfeld ziehen, dass die Bildungserfahrungen der 15-Jährigen in den vorangegangenen Schuljahren geprägt hat, was vor allem für Bildungssysteme gilt, in denen die Schüler unterschiedliche Bildungseinrichtungen auf Vor- und Primarschulebene sowie in Sekundarstufe I und II besuchen. Insofern das Lernumfeld der 15-Jährigen zum Erhebungszeitraum von dem der vorangegangenen Schuljahre abweicht, sind die bei PISA erfassten Kontextinformationen nur eine unvollkommene Ersatzvariable für das kumulative Lernumfeld der Schülerinnen und Schüler, weshalb dessen Effekt auf die Lernerträge wahrscheinlich unterzeichnet ist.

- Fünftens bereitet die Definition der Schulen, in denen die Schülerinnen und Schüler unterrichtet werden, in einigen Ländern Probleme, weil 15-Jährige verschiedene Schultypen mit unterschiedlichem Niveau und unterschiedlicher Zielausrichtung besuchen können.

Trotz dieser Einschränkungen sind die aus den Schulleiterfragebogen gewonnenen Informationen aufschlussreich, da sie auf einzigartige Weise Einblick in die Methoden gewähren, mit denen die zuständigen Stellen auf nationaler und subnationaler Ebene ihre bildungspolitischen Zielvorgaben umsetzen.

In diesem Bericht wiedergegebene Informationen, die sich auf die Aussagen der Schulleitungen stützen, wurden entsprechend der Zahl der in der jeweiligen Schule eingeschriebenen 15-Jährigen gewichtet.

Soweit nicht anders angegeben, beziehen sich die Vergleiche der Schülerleistungen auf die Ergebnisse der Schülerinnen und Schüler auf der Gesamtskala Mathematik.

Schüler aus sozial besser gestellten Milieus bessere Schulen wählen oder bessere Lernbedingungen herstellen, indem sie ein dem Lernen stärker förderliches Umfeld schaffen. In jedem der folgenden Abschnitte werden daher auch die Wechselbeziehungen zwischen den schulspezifischen Faktoren und dem sozioökonomischen Hintergrund der Schüler untersucht.

Abschließend werden alle diese Faktoren in Kombination miteinander untersucht, um zu ermitteln, welchen Effekt jeder dieser Faktoren für sich genommen, d.h. nach Ausklammerung aller anderen Faktoren, auf die Schulleistungen ausübt. Dies dient als Grundlage, um aus dem internationalen Vergleich politikrelevante Schlussfolgerungen zu ziehen.

... und schließt mit der Bestimmung des Einzeleinflusses jedes dieser Faktoren.

LERNUMFELD UND SCHULKLIMA

Im vorliegenden Abschnitt wird das Schulklima und das Lernumfeld auf Klassen- und Schulebene untersucht. Dabei wird das Augenmerk auf den Grad der individuellen Unterstützung, die die Schüler von den Lehrkräften nach eigener Ansicht erhalten, sowie auf die Einschätzung des Schüler-Lehrer-Verhältnisses und der Schuldisziplin durch die Schüler gerichtet. Das Gesamtbild wird dabei durch Angaben zum Verhalten der Schüler und der Lehrkräfte sowie zu deren Stimmung und Arbeitshaltung aus Sicht der Schulleitungen ergänzt.

Schüler und Schulleitungen machten Angaben zu Lernumfeld und -klima.

Individuelle Unterstützung durch die Lehrkräfte aus Schülersicht

Die Anhebung des Leistungsniveaus hängt entscheidend von der Effizienz der Unterstützungssysteme ab, die den Schülerinnen und Schülern, den Lehrkräften und der Schulverwaltung mit professioneller Beratung und Hilfe zur Seite stehen. Um dies zu gewährleisten, verfolgen die einzelnen Länder

Die Länder wählen unterschiedliche Strategien zur Unterstützung der Schüler ...

unterschiedliche Strategien (OECD, 2004c). Einige versuchen in erster Linie der Heterogenität der Schülerschaft gerecht zu werden, indem sie den Schülern bedarfsorientierte Dienste anbieten, z.B. Dienste für Schüler mit besonderem Bildungsbedarf, soziale Unterstützung oder auch Bildungs- und Berufsberatung. Andere stützen sich auf Netzwerke zwischen den einzelnen Schulen oder zwischen den Schulen und anderen Institutionen, die Leistungssteigerungen auf Seiten der Lehrkräfte und der Schulen fördern sollen. Wieder andere gründen sich auf das Schulsystem als Ganzes und beziehen häufig externe Stellen ein. Einige Länder haben unabhängige professionelle Unterstützungsstrukturen eingerichtet, während andere mit integrierten Unterstützungssystemen arbeiten, die in die Schulverwaltung, die Schulaufsicht oder den akademischen Sektor eingebunden sind.

... die Förderung der individuellen Lernunterstützung durch die Lehrkräfte ist jedoch ein zentrales Element der meisten in diesem Bereich verfolgten Ansätze.

Die individuelle Lernunterstützung, die die Schülerinnen und Schüler von ihren Lehrern erhalten, ist ein zentrales Element sämtlicher Unterstützungskonzepte. Aus Forschungsarbeiten zur Effizienz der Schulen geht insbesondere hervor, dass Schülerinnen und Schüler (vor allem solche mit niedrigem Leistungsniveau) von Unterrichtsmethoden profitieren, die das Interesse der Lehrkräfte an den Fortschritten ihrer Schülerinnen und Schüler zum Ausdruck bringen, die deutlich machen, dass von sämtlichen Schülerinnen und Schülern ein angemessenes Leistungsniveau erwartet wird, und die von der Bereitschaft zeugen, allen Schülerinnen und Schülern dabei zu helfen, den entsprechenden Maßstäben gerecht zu werden. Dieser Aspekt der Unterstützung der Schüler wurde bei PISA 2003 untersucht.

Um zu prüfen, inwieweit solche Praktiken in den verschiedenen Ländern üblich sind, wurden die Schülerinnen und Schüler gebeten anzugeben, wie häufig Folgendes bei ihnen im Mathematikunterricht vorkommt: der Lehrer/die Lehrerin interessiert sich für den Lernfortschritt jedes einzelnen Schülers/jeder Schülerin; der Lehrer unterstützt die Schüler zusätzlich, wenn sie Hilfe brauchen; der Lehrer unterstützt die Schüler beim Lernen; der Lehrer erklärt etwas so lange, bis es die Schüler verstanden haben; der Lehrer gibt den Schülern Gelegenheit, ihre Meinung zu sagen[2].

In einigen Ländern hat die Mehrheit der Schüler den Eindruck, dass sie von ihren Lehrern unterstützt werden, in anderen nur eine Minderheit ...

Die Ergebnisse von PISA 2003 lassen darauf schließen, dass die Intensität der Anstrengungen der Lehrkräfte zur individuellen Unterstützung der Schüler beim Lernen – zumindest aus Sicht der Schüler – unterschiedlich ist, wobei zwischen den Ländern erhebliche Differenzen existieren. Während in Island, Mexiko, Portugal, Schweden, der Türkei und den Vereinigten Staaten sowie in den PISA-Partnerländern Brasilien, Russische Föderation, Thailand, Tunesien und Uruguay zwei Drittel der Schülerinnen und Schüler angeben, dass sich die Lehrkräfte in allen oder in den meisten Mathematikstunden für den Lernfortschritt der einzelnen Schülerinnen und Schüler interessieren, ist dies in Deutschland und Griechenland nur für 43% der Schüler der Fall (OECD-Durchschnitt: 58%) (Abb. 5.1 und Tabelle 5.1b).

Abbildung 5.1 ■ Individuelle Lernunterstützung durch die Lehrkräfte

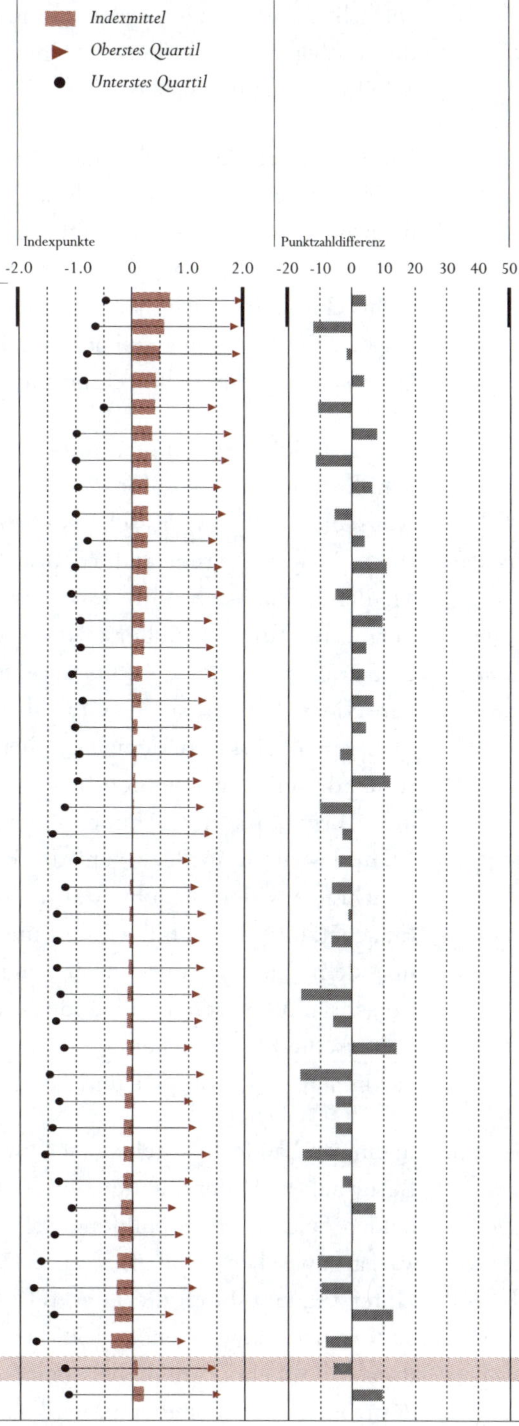

	Prozentsatz der Schülerinnen und Schüler, laut deren Angaben Folgendes in allen oder den meisten Unterrichtsstunden vorkommt					Index der Unterstützung durch die Lehrkräfte	Punktzahlveränderung auf der Gesamtskala Mathematik, je Indexeinheit			
	Der Lehrer interessiert sich für den Lernfortschritt jedes einzelnen Schülers	Der Lehrer unterstützt die Schüler zusätzlich, wenn sie Hilfe brauchen	Der Lehrer unterstützt die Schüler beim Lernen	Der Lehrer erklärt etwas so lange, bis es die Schüler verstehen	Der Lehrer gibt den Schülern Gelegenheit, ihre Meinung zu sagen			Erklärte Varianz der Schülerleistungen, in %	Unterstützung durch die Lehrkräfte in einer der Schulen mit dem niedrigsten Niveau[1], nach Schüleransicht	Unterstützung durch die Lehrkräfte in einer der Schulen mit dem höchsten Niveau[2], nach Schüleransicht
Thailand	85	77	88	83	79			0.2	0.0	1.4
Brasilien	81	71	86	81	76			1.4	0.0	1.5
Mexiko	81	68	78	70	73			0.0	-0.1	1.5
Türkei	77	74	82	68	70			0.1	-0.1	1.1
Indonesien	64	66	81	78	81			1.0	0.0	0.9
Vereinigte Staaten	69	78	84	71	63			0.8	-0.6	1.1
Uruguay	77	51	81	75	73			1.5	-0.4	1.2
Kanada	63	80	86	71	62			0.5	-0.3	1.0
Portugal	67	73	82	71	67			0.4	-0.2	1.0
Russ. Föderation	67	74	80	67	71			0.1	-0.2	1.0
Australien	64	78	85	72	63			1.3	-0.2	0.8
Tunesien	71	62	77	70	62			0.4	-0.3	0.7
Island	66	69	89	78	59			0.9	-0.4	0.9
Schweden	69	70	87	71	62			0.2	-0.4	0.9
Neuseeland	63	77	84	68	59			0.2	-0.4	0.9
Dänemark	57	68	85	73	69			0.4	-0.4	0.9
Finnland	54	77	86	61	62			0.2	-0.5	0.6
Lettland	51	72	82	63	64			0.1	-0.2	0.7
Hongkong (China)	62	67	74	68	60			1.1	-0.4	0.4
Schweiz	55	73	67	61	69			1.0	-0.6	0.7
Irland	62	62	75	68	50			0.1	-0.6	0.7
Macau (China)	60	57	68	64	57			0.2	-0.4	0.4
Griechenland	43	62	74	59	71			0.4	-0.6	0.8
Spanien	65	48	72	65	60			0.0	-0.7	0.6
Liechtenstein	55	72	63	60	66			0.4	c	c
Ungarn	54	64	72	55	62			0.0	-0.9	1.3
Slowak. Republik	57	58	65	52	60			2.7	-0.8	1.0
Belgien	49	65	66	64	53			0.3	-0.6	0.7
Norwegen	55	60	81	60	58			1.9	-0.6	0.6
Italien	57	49	70	61	61			3.3	-0.7	1.0
Tschech. Republik	47	75	59	51	57			0.3	-1.1	0.5
Frankreich	48	63	66	62	50			0.3	w	w
Serbien	53	49	54	51	55			4.4	-0.9	0.6
Polen	51	61	62	55	55			0.1	-0.7	0.5
Korea	58	56	79	40	49			0.4	-0.6	0.2
Niederlande	49	66	49	60	54			0.0	-0.8	0.3
Deutschland	43	59	59	54	53			1.4	-0.8	0.5
Luxemburg	53	61	49	57	59			1.5	-1.1	0.2
Japan	50	62	73	50	47			1.2	-0.9	0.0
Österreich	49	59	45	51	52			0.9	-1.2	0.6
OECD-Durchschnitt	*58*	*66*	*73*	*62*	*59*			*0.2*	*-0.7*	*0.9*
Verein. Königreich[3]	63	75	83	73	57			1.2	-0.3	0.8

1. Diese Schule liegt am 5. Perzentil. In nur 5% der Schulen ist der Index der Unterstützung durch die Lehrkräfte negativer.
2. Diese Schule liegt am 95. Perzentil. Der Index der Unterstützung durch die Lehrkräfte ist positiver als in 95% der anderen Schulen.
3. Die Beteiligungsquote ist zu niedrig, um die Vergleichbarkeit zu gewährleisten (siehe Anhang A3).
Quelle: OECD PISA-2003-Datenbank, Tabelle 5.1a und Tabelle 5.1b.

... und viele Schüler haben das Gefühl, nicht die Hilfe zu erhalten, die sie benötigen.

In Deutschland, Griechenland und Luxemburg bekundeten 18% der Schüler effektiv, dass sich ihre Mathematiklehrkräfte nie oder fast nie für den Lernfortschritt der einzelnen Schüler interessieren (wegen Daten, vgl. *www.pisa.oecd.org*). In den OECD-Ländern gaben durchschnittlich nur 66% der Schülerinnen und Schüler an, dass sie von ihren Lehrkräften im Allgemeinen zusätzlich unterstützt werden, wenn dies nötig ist, und nur 62% meinten, dass die Mathematiklehrkräfte ein Unterrichtsthema so lange erklären, bis es die Schüler verstanden haben.

Ein Gesamtindex ...

Die Antworten der Schülerinnen und Schüler auf diese Fragen können in einem Index der Unterstützung durch die Lehrkräfte zusammengefasst werden. Werte über dem OECD-Durchschnitt, der mit 0 angesetzt ist, bedeuten, dass die Schülerinnen und Schüler nach eigener Einschätzung im Mathematikunterricht mehr Unterstützung erhalten haben als der Schülerdurchschnitt, wohingegen negative Werte auf eine von den Schülern als unterdurchschnittlich eingeschätzte Unterstützung durch die Lehrerkräfte hinweisen[3].

... zeigt, dass zwischen den Ländern große Unterschiede in Bezug auf den Umfang der Unterstützung bestehen, die die Schüler ihrer Ansicht nach von ihren Lehrern erhalten.

Ein Vergleich dieses Index in den verschiedenen Ländern zeigt, dass sich die Schülerinnen und Schüler in Australien, Dänemark, Island, Kanada, Mexiko, Neuseeland, Portugal, Schweden, der Türkei und den Vereinigten Staaten sowie in den Partnerländern Brasilien, Indonesien, Russische Föderation, Thailand, Tunesien und Uruguay am positivsten über die individuelle Lernunterstützung äußern, die sie im Mathematikunterricht von ihren Lehrkräften erhalten. In Österreich, Deutschland, Japan, Luxemburg und den Niederlanden ist der Grad der individuellen Unterstützung durch die Mathematiklehrkräfte demgegenüber laut Angaben der Schüler am geringsten. Anhand der vorliegenden Daten lässt sich nicht beurteilen, inwieweit diese Ergebnisse tatsächliche – zwischen und in den Ländern bestehende – Unterschiede in Bezug auf die Einstellung und die Vorgehensweisen der Lehrkräfte widerspiegeln oder lediglich auf Unterschiede in der subjektiven Einschätzung der Schülerinnen und Schüler zurückzuführen sind, da diese in jedem Land jeweils nur ihr persönliches Urteil abgaben. Trotz dieser Einschränkung scheinen einige der im Ländervergleich beobachteten Unterschiede groß genug zu sein, um besondere Aufmerksamkeit zu verdienen (vgl. Abb. 5.1 und Tabelle 5.1a).

In einigen Ländern sind diesbezüglich auch große Unterschiede zwischen den Schulen zu beobachten, in anderen wieder nicht ...

In einigen Ländern bestehen auch zwischen den Schulen große Unterschiede in Bezug auf die Unterstützung durch die Lehrkräfte aus Schülersicht. Die letzten beiden Spalten von Abbildung 5.1 geben Aufschluss über die diesbezügliche Varianz zwischen Schulen: 5% der 15-Jährigen besuchen Schulen, in denen die Unterstützung durch die Lehrkräfte aus Schülersicht schlechter ist als in der ersten Spalte angegeben, und 5% besuchen Schulen, in denen die Unterstützung durch die Lehrkräfte höher eingeschätzt wird, als der zweiten Spalte zu entnehmen ist. In Italien, Mexiko, Österreich, der Slowakischen Republik, der Tschechischen Republik, Ungarn und den Vereinigten Staaten sowie in den Partnerländern Liechtenstein und Uruguay schwankt die Unterstützung durch

die Lehrkräfte aus Schülersicht stark von Schule zu Schule, was am großen Unterschied zwischen dem 95. und dem 5. Perzentil des Index der Unterstützung durch die Lehrkräfte auf Schulebene ersichtlich ist und darauf schließen lässt, dass diesbezügliche Probleme an bestimmte Schulen und Schultypen geknüpft sind und daher gezielte bildungspolitische Strategien am wirkungsvollsten sein dürften, um den Schülern stärker das Gefühl zu geben, dass sie von ihren Lehrern unterstützt werden. In Korea und Japan sowie in den Partnerländern Hongkong (China), Indonesien und Macau (China) hingegen sind die Unterschiede bei der Unterstützung durch die Lehrkräfte aus Schülersicht, wie aus den kleinen Differenzen ersichtlich ist, wesentlich schwächer ausgeprägt, was darauf hindeutet, dass ein eventuell empfundener Mangel an Unterstützung durch die Lehrkräfte eher ein generelles Problem des Bildungssystems ist.

In einigen Ländern sind bei der Einschätzung der Unterstützung durch die Lehrkräfte erhebliche Unterschiede zwischen Jungen und Mädchen festzustellen, so z.B. in Deutschland, Österreich und der Schweiz sowie in den Partnerländern Liechtenstein und Serbien[4], wo die Unterstützung durch die Lehrkräfte im Mathematikunterricht aus Sicht der Mädchen besonders gering ist, wohingegen in Portugal, der Türkei und den Vereinigten Staaten sowie im Partnerland Thailand das Gegenteil der Fall ist.

... und manchmal bestehen auch statistisch signifikante Abweichungen nach unten oder oben zwischen Mädchen und Jungen.

Insofern die Lehrkräfte für leistungsschwächere Schülerinnen und Schüler sowie für Klassen, die mehrheitlich von leistungsschwächeren Schülerinnen und Schülern besucht werden, in der Regel vergleichsweise häufiger auf „unterstützende" Praktiken zurückgreifen, wäre zu erwarten, dass die Korrelation zwischen Unterstützung und Leistungen negativ ist. Auf der anderen Seite dürfte, insofern die gebotene Förderung wirksam ist, gleichzeitig zu erwarten sein, dass die Leistungen in Klassen, die mehr Unterstützung als andere erfahren, höher sind. Wie aus dem Vorstehenden bereits geschlossen werden kann, sind die Zusammenhänge uneinheitlich und im Allgemeinen schwach ausgeprägt[5], und es bedarf weiterer Forschungsarbeiten und Analysen, um zu ermitteln, wie sich die Unterstützung durch die Lehrkräfte auf den Erfolg von Schülern und Schulen auswirkt.

Es lässt sich allerdings schwer messen, wie positiv sich eine solche Unterstützung auf das Leistungsniveau auswirkt, weil die Lehrkräfte leistungsschwache Schüler u.U. stärker unterstützen.

Schülerbezogene Faktoren für das Schulklima in Mathematik

Die in den von Schulleitungen und Schülern auszufüllenden Kontextfragebogen enthaltenen Fragen ermöglichten die Identifizierung sowie den Vergleich von das Lernklima in den Schulen beeinträchtigenden Faktoren, die aus der Einstellung und dem Verhalten der Schüler resultieren.

Sowohl die Schulleitungen als auch die Schüler wurden zum Klima in ihrer Schule befragt ...

Die Schulleitungen sollten angeben, inwieweit das Lernen an ihrer Schule durch Faktoren wie die häufige Abwesenheit von Schülerinnen und Schülern, den Konsum von Alkohol und Drogen und die Störung des Unterrichts durch Schülerinnen und Schüler beeinträchtigt wird. Ferner sollten sie die Arbeitshaltung der Schülerinnen und Schüler beurteilen, wozu danach gefragt wurde, ob die Schüler ihre Schule gerne besuchen, ob sie mit großem Engagement arbeiten, ob sie auf ihre Schule stolz sind,

ob sie schulische Leistungen hoch einschätzen, ob sie kooperativ sind und Respekt zeigen usw. Die Schülerinnen und Schüler wurden ihrerseits gefragt, wie häufig der Mathematikunterricht bei ihnen durch bestimmte Vorfälle gestört wird. So gaben die Schüler beispielsweise die Häufigkeit an, mit der folgende Aussagen für ihren Mathematikunterricht zutreffen: „Wir Schülerinnen/wir Schüler können nicht ungestört arbeiten", „es ist laut und alles geht durcheinander" und „es vergehen zu Beginn der Stunde mehr als fünf Minuten, in denen gar nichts passiert".

... und trotz eines unterschiedlichen Kontextes in den einzelnen Ländern sind die Grundmuster der Antworten insgesamt ähnlich.

Bei der Interpretation dieser Angaben ist jedoch eine gewisse Vorsicht angebracht. Schüler und Schulleitungen legen in verschiedenen Ländern und selbst in verschiedenen Schulen bei der Beurteilung des Schulklimas nicht zwangsläufig dieselben Kriterien zu Grunde. So können z.B. Schulleitungen in Ländern, in denen die Schülerinnen und Schüler dem Unterricht insgesamt selten fernbleiben, eine relativ geringe Abwesenheitsquote in ihren Schulen als eine der Hauptursachen für Disziplinprobleme ansehen, während Schulleitungen in Ländern, in denen die Abwesenheitsquote generell hoch ist, dies vielleicht anders beurteilen. Desgleichen bewerten die Schülerinnen und Schüler das Schulklima wahrscheinlich im Vergleich zu ihren eigenen Erfahrungen in anderen Klassen oder Schulen und nicht anhand objektiver Maßstäbe oder nationaler Durchschnittswerte. Trotz dieser Interpretationsprobleme sind viele bei PISA 2003 sichtbar gewordene Muster im Ländervergleich erstaunlich ähnlich.

Häufige Abwesenheit und Stören des Unterrichts sind die zwei von den Schulleitungen am häufigsten genannten Probleme ...

In den meisten OECD-Ländern nennen die Schulleiterinnen und Schulleiter die häufige Abwesenheit von Schülerinnen und Schülern als den schülerbezogenen Faktor, der den Lernprozess am häufigsten beeinträchtigt: Im Durchschnitt besuchen 48% der 15-Jährigen Schulen, deren Leitung angibt, dass dieser Faktor die 15-Jährigen bis zu einem gewissen Grad oder stark am Lernen hindert. Als nächsthäufiger Faktor wurde mit durchschnittlich 40% die Störung des Unterrichts genannt, gefolgt vom Schwänzen von Unterrichtsstunden mit 30%, dem Konsum von Alkohol oder Drogen mit 10% und dem Einschüchtern oder Schikanieren von Schülern durch Mitschüler mit 15% (Abb. 5.2 und Tabelle 5.2b).

... wohingegen das von den Schülern am häufigsten erwähnte Disziplinproblem Lärm und Durcheinander im Unterricht ist.

Aus Sicht der Schülerinnen und Schüler ist Lärm und Durcheinander das am häufigsten genannte Disziplinproblem im Mathematikunterricht, wobei 36% der Schüler angeben, dass es in jeder oder zumindest in den meisten Unterrichtsstunden vorkommt. Im Durchschnitt der OECD-Länder bekundete mehr als ein Viertel der Schülerinnen und Schüler, dass sie in allen oder zumindest in den meisten Stunden erst lange nach dem eigentlichen Unterrichtsbeginn zu arbeiten anfangen; ein Drittel der Schülerinnen und Schüler gab an, dass der Lehrer lange warten muss, bis Ruhe eintritt, oder dass die Schüler nicht auf das hören, was der Lehrer sagt (Abb. 5.3 und Tabelle 5.3b).

Abbildung 5.2 ■ **Schülerbezogene Faktoren für das Schulklima**

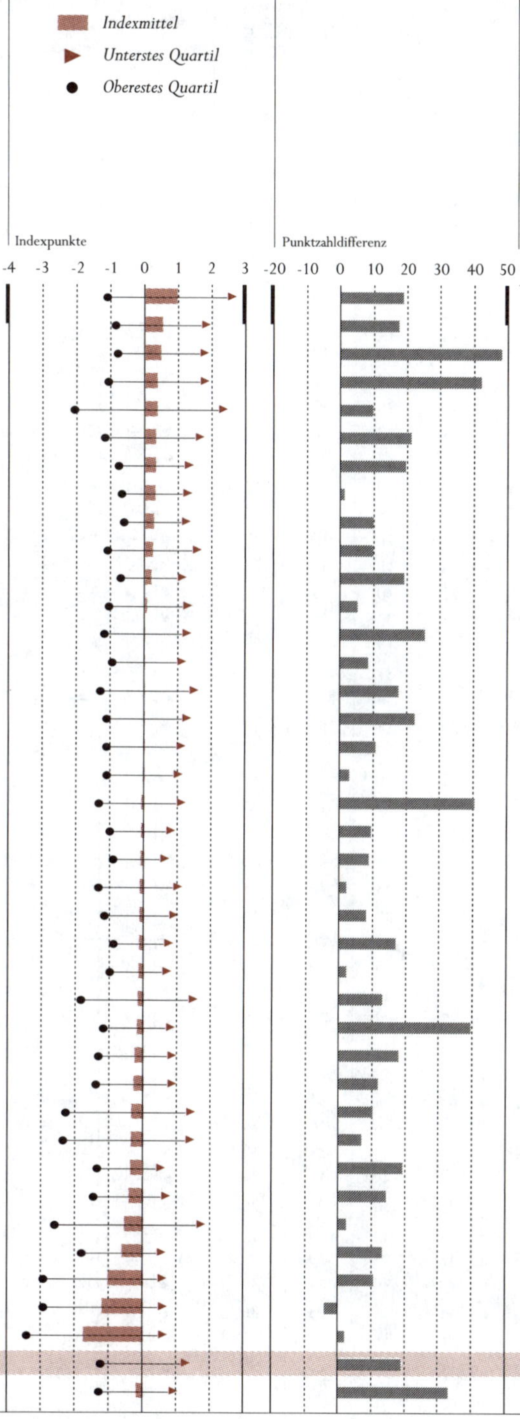

	Prozentsatz der Schüler in Schulen, deren Leitung eher oder ganz der Aussage zustimmt, dass das Lernen durch Folgendes beeinträchtigt wird								
	Häufige Abwesenheit von Schülern	Störung des Unterrichts durch Schüler	Schwänzen von Schülern	Fehlender Respekt vor den Lehrkräften	Alkohol- oder Drogenkonsum der Schüler	Schikanieren von Schülern durch Mitschüler	Erklärte Varianz der Schülerleistungen, in %	Schülerbezogene Faktoren für das Schulklima aus Schulleitersicht in einer der Schulen mit dem negativsten Klima[1]	Schülerbezogene Faktoren für das Schulklima aus Schulleitersicht in einer der Schulen mit dem positivsten Klima[2]
Korea	17	18	13	23	13	13	8.7	-1.7	2.6
Uruguay	58	12	42	17	7	11	3.4	-1.5	2.6
Japan	39	13	23	32	1	7	22.4	-1.3	1.8
Belgien	34	26	21	18	7	14	17.7	-1.5	1.8
Hongkong (China)	27	31	21	28	18	25	2.8	-3.6	2.6
Ungarn	56	42	26	14	6	8	6.4	-1.7	2.6
Slowak. Republik	61	40	a	12	4	5	3.1	-1.2	1.7
Thailand	45	19	19	8	2	4	0.0	-0.8	2.6
Dänemark	39	42	14	13	1	7	0.7	-0.8	1.8
Mexiko	44	27	32	13	8	24	1.4	-1.3	1.8
Tschech. Republik	65	36	24	16	2	2	2.0	-1.0	1.4
Island	38	62	28	22	5	25	0.3	-1.3	2.6
Italien	68	41	63	17	1	8	6.3	-1.3	1.8
Schweiz	27	52	11	17	19	24	0.5	-1.3	1.4
Spanien	44	59	38	34	5	13	4.6	-1.5	1.8
Australien	52	37	20	22	6	24	4.9	-1.3	1.8
Österreich	53	38	43	17	9	15	1.0	-1.3	1.8
Polen	47	40	45	21	10	8	0.1	-1.3	1.8
Deutschland	35	51	25	22	9	24	14.7	-2.2	1.4
Schweden	48	50	28	25	5	17	0.5	-1.3	1.4
Finnland	56	39	34	12	4	7	0.4	-1.0	1.0
Lettland	79	24	57	14	11	8	0.1	-1.3	1.4
Portugal	61	35	50	16	3	9	0.6	-1.5	1.4
Luxemburg	39	45	25	16	9	15	1.4	-1.3	1.0
Norwegen	37	74	20	35	3	12	0.0	-1.0	1.0
Brasilien	51	44	45	30	21	26	4.6	-1.9	1.8
Niederlande	43	43	30	28	7	22	12.0	-1.3	1.0
Vereinigte Staaten	69	27	36	22	21	14	2.7	-1.5	1.4
Irland	63	47	21	23	24	21	1.6	-1.7	1.4
Türkei	70	46	45	37	22	32	2.0	-2.5	1.8
Griechenland	66	52	46	47	31	23	1.2	-2.9	1.8
Neuseeland	63	41	38	24	20	15	2.2	-1.7	1.4
Kanada	65	34	58	25	32	18	2.0	-1.7	1.8
Macau (China)	62	54	51	56	39	32	0.3	-3.6	2.6
Serbien	90	45	82	34	24	12	2.1	-1.9	1.0
Russ. Föderation	90	41	86	49	41	41	2.5	-3.6	1.4
Tunesien	84	78	67	58	45	43	0.5	-3.6	1.0
Indonesien	80	79	72	69	67	64	0.2	-3.6	1.4
OECD-Durchschnitt	*48*	*40*	*30*	*22*	*10*	*15*	*3.6*	*-1.5*	*1.8*
Verein. Königreich[3]	m	m	m	m	m	m	10.3	-1.7	1.8

1. Diese Schule liegt am 5. Perzentil. In nur 5% der Schulen ist das Schulklima negativer.
2. Diese Schule liegt am 95. Perzentil. Das Schulklima ist positiver als in 95% der anderen Schulen.
3. Die Beteiligungsquote ist zu niedrig, um die Vergleichbarkeit zu gewährleisten (siehe Anhang A3).
Quelle: OECD PISA-2003-Datenbank, Tabelle 5.2a und Tabelle 5.2b.

Abbildung 5.3 ■ Schuldisziplin im Mathematikunterricht aus Schülersicht

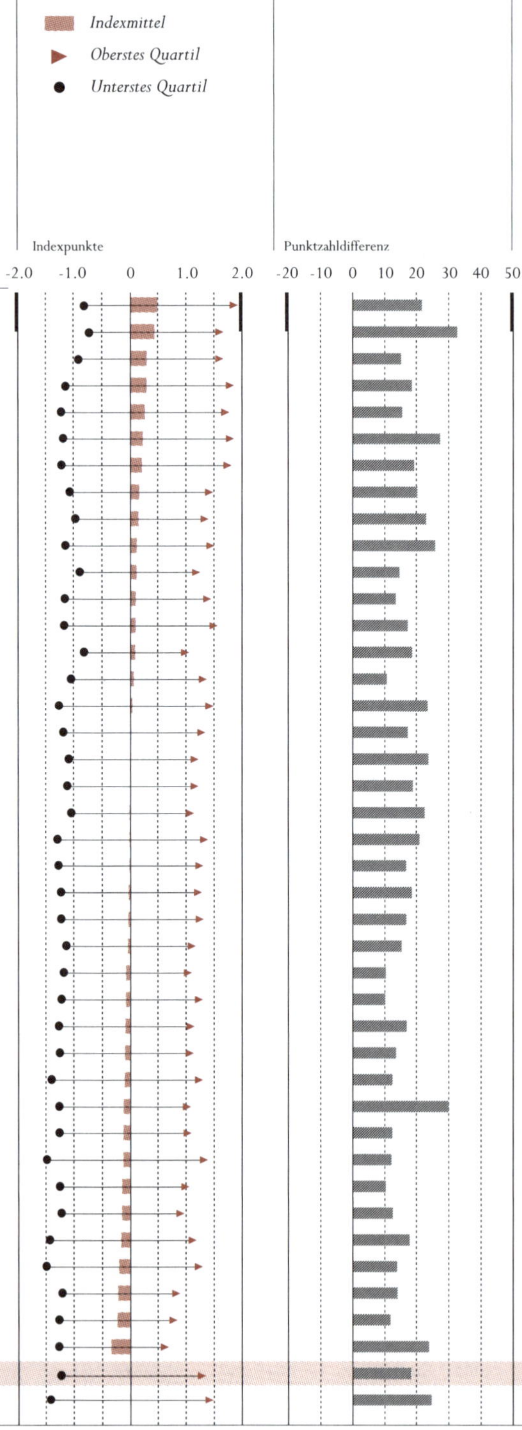

	Prozentsatz der Schülerinnen und Schüler, laut deren Angaben Folgendes in den meisten oder allen Mathematikstunden vorkommt: Die Schüler hören nicht auf das, was der Lehrer sagt	Es ist laut und alles geht durcheinander	Der Lehrer muss lange warten, bis Ruhe eintritt	Die Schüler können nicht ungestört arbeiten	Die Schüler fangen erst lange nach Beginn der Stunde zu arbeiten an	Erklärte Varianz der Schülerleistungen, in %	Schuldisziplin aus Schülersicht in einer der Schulen mit der schwächsten Disziplin[1]	Schuldisziplin aus Schülersicht in einer der Schulen mit der stärksten Disziplin[2]
Russ. Föderation	22	16	18	19	15	6.2	-0.2	1.6
Japan	19	17	14	25	15	9.3	-0.3	1.2
Lettland	27	20	20	18	21	2.9	-0.3	1.5
Deutschland	22	25	32	26	26	5.0	-0.6	1.0
Irland	32	32	25	19	21	4.5	-0.3	0.9
Liechtenstein	26	28	33	28	25	10.3	c	c
Österreich	31	27	33	27	30	5.9	-0.7	1.3
Ungarn	28	28	30	22	19	4.6	-1.3	1.1
Hongkong (China)	21	17	19	19	20	4.7	-0.4	0.6
Vereinigte Staaten	32	34	26	19	27	7.9	-0.6	1.0
Korea	27	a	19	18	21	1.8	-0.4	0.9
Polen	33	27	30	21	22	2.3	-0.5	1.3
Schweiz	28	33	32	26	31	3.5	-0.8	1.0
Macau (China)	18	15	17	21	20	2.5	-0.3	0.5
Indonesien	25	32	37	22	30	1.6	-0.5	0.8
Belgien	28	37	34	19	33	5.9	-0.8	0.9
Kanada	29	39	28	18	31	3.7	-0.6	0.8
Portugal	28	35	30	22	27	5.8	-0.7	0.4
Mexiko	29	27	26	24	34	4.1	-0.9	0.9
Thailand	22	27	32	23	28	5.6	-0.7	1.0
Australien	34	42	32	20	27	5.3	-0.6	0.6
Tschech. Republik	36	34	34	25	25	3.3	-0.9	0.8
Uruguay	32	37	32	24	31	3.4	-0.9	1.1
Spanien	30	35	36	24	35	3.6	-0.7	0.7
Schweden	26	36	33	20	28	2.2	-0.6	0.9
Dänemark	32	43	28	20	27	1.1	-0.7	0.7
Tunesien	26	37	36	33	52	1.5	-0.6	0.3
Serbien	33	32	28	27	28	3.7	-0.5	0.6
Slowak. Republik	39	34	34	25	28	1.8	-0.9	0.8
Italien	37	42	39	25	33	1.8	-1.1	0.6
Türkei	24	33	35	31	31	7.1	-0.8	0.7
Niederlande	27	42	36	19	39	1.7	-0.7	0.5
Frankreich	33	46	38	25	42	2.2	a	a
Finnland	36	48	35	19	32	1.3	-0.8	0.5
Island	31	41	36	25	26	1.5	-0.9	0.9
Neuseeland	38	47	37	23	31	3.5	-0.7	0.7
Luxemburg	35	48	43	39	35	2.8	-0.5	0.2
Griechenland	35	43	35	29	39	1.5	-0.8	0.3
Norwegen	34	41	36	28	36	1.2	-0.7	0.8
Brasilien	35	38	38	30	63	3.5	-0.9	0.1
OECD-Durchschnitt	*31*	*36*	*32*	*23*	*29*	*0.2*	*-0.8*	*0.9*
Verein. Königreich[3]	m	m	m	m	m	9.1	-0.7	0.7

1. Diese Schule liegt am 5. Perzentil. In nur 5% der Schulen ist die Schuldisziplin im Mathematikunterricht schwächer.
2. Diese Schule liegt am 95. Perzentil. Die Schuldisziplin im Mathematikunterricht ist stärker als in 95% der anderen Schulen.
3. Die Beteiligungsquote ist zu niedrig, um die Vergleichbarkeit zu gewährleisten (siehe Anhang A3).
Quelle: OECD PISA-2003-Datenbank, Tabelle 5.3a und Tabelle 5.3b.

Diese Durchschnittswerte deuten auf gemeinsame Tendenzen im gesamten OECD-Raum hin, hinter ihnen verbergen sich jedoch große Unterschiede zwischen und in den einzelnen Ländern. Um diese Unterschiede zu untersuchen, wurden summarische Indizes konstruiert, die zum einen auf den von den Schulleitungen und zum anderen auf den von den Schülerinnen und Schülern gemachten Angaben basieren. Was die Angaben der Schüler zur Schuldisziplin anbelangt, ist die Einschätzung des im Bildungssystem des jeweiligen Landes im Mathematikunterricht herrschenden Klimas durch die Schüler umso positiver, je weiter die Punktzahl *über* null liegt. Auf dem Schulleiterindex spiegeln Werte *über* null eine positive Einschätzung der Schuldisziplin durch die Schulleiterinnen und Schulleiter wider, was heißt, dass die verschiedenen in den Index einfließenden Faktoren, die den Lernprozess ihrer Ansicht nach beeinträchtigen, im jeweiligen Land als weniger ausgeprägt betrachtet werden als im OECD-Durchschnitt. An Indexzahlen *unter* Null lässt sich hingegen ablesen, dass die Qualität des Schulklimas (Schulleiterindex) und der Schuldisziplin (Schülerindex) jeweils geringer eingeschätzt wird als im OECD-Durchschnitt (Tabelle 5.2a und Tabelle 5.3a).

In den Gesamtindizes sind jeweils die Antworten der Schulleitungen und der Schüler zusammengefasst, wodurch die jeweiligen Stärken und Schwächen der verschiedenen Länder sichtbar werden.

Beim Vergleich der Schülerangaben mit Hilfe eines zusammenfassenden Index der Schuldisziplin zeigt sich, dass die Schülerinnen und Schüler in Deutschland, Irland, Japan, Österreich und den Partnerländern Lettland und Russische Föderation das positivste Urteil über die Schuldisziplin abgeben, während die Schüler in Griechenland, Luxemburg, Norwegen und dem Partnerland Brasilien von den größten Problemen berichten (Abb. 5.3 und Tabelle 5.3a). Die Beurteilung des Unterrichtsklimas durch die Schulleitungen ist in Japan, Korea sowie dem Partnerland Uruguay am positivsten und in den Partnerländern Indonesien, Russische Föderation und Tunesien sowie – unter den OECD-Ländern – in Griechenland, Kanada und Neuseeland am schlechtesten.

In Japan wird das Unterrichtsklima sowohl von den Schulleitungen als auch von den Schülern als gut eingeschätzt, während für Griechenland das Gegenteil gilt …

Doch selbst in den Ländern, in denen das Schulklima im internationalen Vergleich als relativ gut eingeschätzt wird, lässt sich aus den Antworten der Schulleitungen nicht schließen, dass Disziplinprobleme nicht vorhanden sind. Betrachten wir z.B. Japan und Korea, die beiden Länder mit der höchsten Punktzahl auf dem Index der schülerbezogenen Faktoren für das Schulklima aus Schulleitersicht. In Japan besuchen 39% der 15-Jährigen Schulen, in denen das Lernen laut Aussage der Schulleitungen durch die häufige Abwesenheit von Schülern etwas oder stark beeinträchtigt wird (OECD-Durchschnitt: 48%); 13% der Schüler werden in Schulen unterrichtet, deren Leitung angibt, dass das Lernen durch die Störung des Unterrichts durch Schüler behindert wird (OECD-Durchschnitt: 40%); 23% der Schulleitungen geben an, dass das Lernen durch das Schwänzen von Unterrichtsstunden behindert wird (OECD-Durchschnitt: 30%); 32% der Schulleiter nennen den mangelnden Respekt der Schüler vor den Lehrkräften als Lernhindernis (OECD-Durchschnitt: 22%) und 7% das Schikanieren von Schülern durch Mitschüler (OECD-Durchschnitt: 15%). Der Konsum von Alkohol und Drogen scheint in Japan kein Problem darzustellen (1% im Vergleich zu 10% im OECD-Durchschnitt). Analog dazu entfallen in Korea

… doch selbst in den Ländern mit den besten Gesamtbeurteilungen besteht Spielraum für Verbesserungen.

folgende Schülerprozentsätze auf die verschiedenen Disziplinprobleme, die das Lernen dort bis zu einem gewissen Grad oder stark behindern: 17% für die häufige Abwesenheit von Schülerinnen und Schülern, 18% für die Störung des Unterrichts durch Schüler, 13% für das Schwänzen von Unterrichtsstunden, 23% für den mangelnden Respekt vor den Lehrkräften, 13% für den Konsum von Alkohol und Drogen (ein Anstieg um 11 Prozentpunkte im Vergleich zum Jahr 2000) und 13% für das Schikanieren von Schülern durch Mitschüler (10 Prozentpunkte mehr als im Jahr 2000) (Tabelle 5.2b). Das lässt darauf schließen, dass selbst in Ländern mit relativ geringen Problemen Spielraum für Verbesserungen besteht.

Die Disziplinprobleme haben sich in einigen Ländern offenbar verschärft, wohingegen in anderen Verbesserungen zu beobachten waren.

Die Antwortmuster der Schülerinnen und Schüler sowie der Schulleitungen stimmen insgesamt weitgehend mit denen von PISA 2000 überein (Tabelle 5.2b und 5.3b)[6]. Einige Unterschiede sind jedoch zu erwähnen. In Dänemark und dem Partnerland Indonesien hat der Prozentsatz der 15-Jährigen, die Schulen besuchen, in denen das Lernen laut Aussage der Schulleitungen bis zu einem gewissen Grad oder stark durch die häufige Abwesenheit von Schülern beeinträchtigt wird, z.B. um mehr als 20 Prozentpunkte zugenommen. Im Gegensatz dazu werden derartige Probleme in Finnland und Griechenland jetzt wesentlich weniger häufig genannt, als dies im Jahr 2000 der Fall war. Desgleichen nahm der Prozentsatz der 15-Jährigen in Schulen, in denen das Lernen laut Angaben der Schulleitungen durch die Störung des Unterrichts durch Schüler behindert wird, in Dänemark, Neuseeland und Polen sowie im Partnerland Indonesien um 10 Prozentpunkte oder mehr zu, wohingegen er in Finnland, Luxemburg und Portugal in etwa in gleichem Umfang gesunken ist.

In Schulen, in denen die Einschätzung des Unterrichtsklimas günstiger ist, erzielen die Schüler in der Tendenz höhere Leistungen.

Welcher Zusammenhang besteht nun zwischen der Einschätzung des Schulklimas und den Schülerleistungen? Aus Abbildung 5.3 ist ersichtlich, dass eine Indexeinheit auf dem PISA-Index der Schuldisziplin aus Schülersicht im Durchschnitt der OECD-Länder mit einem Leistungsunterschied in Mathematik in Höhe von 18 Punkten in Verbindung gebracht werden kann, der aber in Australien, Belgien, Japan, Portugal, der Türkei, Ungarn und den Vereinigten Staaten sowie in den Partnerländern Brasilien, Hongkong (China), Liechtenstein, Russische Föderation und Thailand 20 bis 33 Punkte erreicht. Die Größenordung der Beziehung zwischen den schülerbezogenen Faktoren für das Schulklima aus Sicht der Schulleitungen zum einen und den Schülerleistungen zum anderen ist in der Tendenz etwa gleich stark ausgeprägt. Eine Beantwortung der Frage, wie diese Zusammenhänge zum Tragen kommen und welche Kontext- und Mittlerfaktoren auf sie Einfluss haben, würde den Rahmen dieser ersten Untersuchung sprengen, weshalb hier weitere Studien und Analysen erforderlich sind. Auf Ländervergleichsebene ist in der Tendenz zu beobachten, dass Länder, in denen das Schulklima von den Schulleitungen als günstiger eingeschätzt wird, bessere Ergebnisse erzielen, der entsprechende Zusammenhang erklärt aber nur 5% der im Ländervergleich beobachteten Leistungsvarianz und ist somit statistisch nicht signifikant. In Bezug auf die Schuldisziplin aus Schülersicht verhält sich die Situation ähnlich.

Lehrkräftebezogene Faktoren für das allgemeine Schulklima

Den Schulleiterinnen und Schulleitern wurden auch Fragen über ihre Einschätzung der lehrkräftebezogenen Faktoren mit Einfluss auf das Schulklima gestellt. Sie sollten insbesondere angeben, wie sehr der Lernprozess in ihrer Schule durch folgende Faktoren behindert wird: niedrige Erwartungen der Lehrkräfte gegenüber den Schülern, schlechtes Schüler-Lehrer-Verhältnis, häufige Abwesenheit von Lehrkräften, Widerstand des Kollegiums gegen Veränderungen, Nichteingehen der Lehrkräfte auf die individuellen Bedürfnisse der Schülerinnen und Schüler sowie mangelnde Ermutigung der Schülerinnen und Schüler zur vollen Ausschöpfung ihres Potenzials. Die Antworten wurden kombiniert, um einen Gesamtindex der lehrkräftebezogenen Faktoren für das Schulklima zu konstruieren. Positive Werte drücken aus, dass sich die lehrkräftebezogenen Faktoren für das Schulklima aus Schulleitersicht weniger nachteilig auf den Lernprozess auswirken als im OECD-Durchschnitt; negative Werte bedeuten, dass das Verhalten der Lehrkräfte den Lernprozess nach Ansicht der Schulleitungen stärker als im OECD-Durchschnitt beeinträchtigt.

Die Schulleitungen machten auch Angaben dazu, ob die Einstellung und das Verhalten der Lehrkräfte sowie deren Verhältnis zu den Schülern das Lernen beeinträchtigt …

Im OECD-Durchschnitt fällt das Urteil der Schulleitungen über die lehrkräftebezogenen Faktoren mit Einfluss auf das Schulklima recht positiv aus. Allerdings besuchen durchschnittlich 33% der 15-Jährigen Schulen, in denen der Lernprozess nach Ansicht der Schulleitungen bis zu einem gewissen Grad oder stark dadurch behindert wird, dass die Lehrkräfte nicht auf die Bedürfnisse der einzelnen Schüler eingehen. Weniger häufig genannte Hindernisse für einen wirkungsvollen Lernprozess sind: Widerstand des Kollegiums gegen Veränderungen (26%), fehlende Ermutigung der Schüler zur vollen Ausschöpfung ihres Potenzials (23%), niedrige Erwartungen der Lehrkräfte gegenüber den Schülern (22%), häufige Abwesenheit von Lehrkräften (19%) und schlechtes Schüler-Lehrer-Verhältnis (17%) (Tabelle 5.4b und Abb. 5.4).

… und wenngleich ihr Urteil insgesamt positiv ausfiel, sind in einigen Fällen doch Probleme festzustellen.

Bei der Zusammenfassung der Antworten der Schulleitungen in einem Index der lehrkräftebezogenen Faktoren aus Schulleitersicht zeigt sich, dass die Schulleitungen in Dänemark, Island, Korea, Polen, der Schweiz, der Slowakischen Republik und Ungarn das positivste Bild der lehrkräftebezogenen Faktoren mit Einfluss auf das Schulklima zeichnen (was an hohen positiven Indexwerten abzulesen ist), wohingegen die Schulleitungen in den Niederlanden und der Türkei sowie in den Partnerländern Indonesien, Macau (China) und Tunesien in der Regel mehr Probleme beklagen (was aus negativen Indexwerten ersichtlich ist) (Tabelle 5.4a).

Lehrkräftebezogene Faktoren für das Schulklima können auch im Ländervergleich untersucht werden …

In einigen Ländern, insbesondere in Griechenland, Island, Italien, Kanada, Korea, Mexiko, Polen, Spanien, der Türkei und Ungarn sowie in den Partnerländern Brasilien, Hongkong (China), Indonesien, Macau (China), Russische Föderation, Thailand, Tunesien und Uruguay bestehen in Bezug auf die lehrkräftebezogenen Faktoren für das Schulklima aus Schulleitersicht große Unterschiede zwischen den einzelnen Schulen. Insoweit das Urteil der Schulleitungen die Situation in den Schulen realistisch widerspiegelt, lässt dies vermuten, dass die Probleme

… und die Ergebnisse dieser Untersuchung deuten auf erhebliche Unterschiede innerhalb und zwischen den Ländern hin.

Abbildung 5.4 ▪ Lehrkräftebezogene Faktoren für das Schulklima

Prozentsatz der Schüler in Schulen, deren Leitung eher oder ganz der Aussage zustimmt, dass das Lernen durch Folgendes beeinträchtigt wird

	Niedrige Erwartungen der Lehrkräfte	Schlechtes Schüler-Lehrer-Verhältnis	Lehrkräfte gehen nicht auf die individuellen Bedürfnisse der Schüler ein	Häufige Abwesenheit von Lehrkräften	Widerstand des Kollegiums gegen Veränderungen	Lehrkräfte sind mit den Schülern zu streng	Schüler werden nicht ermutigt, ihr Potenzial voll auszuschöpfen	Erklärte Varianz der Schülerleistungen, in %	Lehrkräftebezogene Faktoren für das Schulklima aus Schulleitersicht in einer der Schulen mit dem negativsten Klima[1]	Lehrkräftebezogene Faktoren für das Schulklima aus Schulleitersicht in einer der Schulen mit dem positivsten Klima[2]
Slowak. Republik	17	7	10	19	8	6	12	0.2	-0.9	1.7
Dänemark	9	5	19	14	16	3	7	0.2	-0.6	2.5
Schweiz	8	11	21	5	23	3	11	2.0	-0.9	1.7
Ungarn	9	17	23	21	4	12	23	0.2	-1.8	2.5
Polen	12	10	19	10	10	5	19	0.1	-1.1	2.5
Korea	32	14	28	11	17	8	27	1.5	-1.8	2.5
Island	14	8	39	32	13	1	11	0.1	-1.1	2.5
Belgien	8	9	22	22	27	3	15	1.5	-1.1	2.1
Spanien	21	10	21	13	27	7	21	0.4	-1.1	2.5
Lettland	13	15	25	7	12	6	24	0.1	-0.9	2.5
Österreich	16	9	21	14	17	7	22	0.0	-1.1	1.7
Tschech. Republik	9	7	13	23	10	10	20	0.4	-0.9	1.7
Brasilien	28	19	27	27	24	13	28	0.6	-1.8	2.5
Schweden	12	11	33	16	31	2	16	0.2	-1.1	1.7
Finnland	7	14	35	20	13	6	16	0.0	-1.1	1.3
Italien	12	34	28	10	37	13	25	0.4	-1.1	2.5
Kanada	11	12	33	8	33	8	16	0.7	-1.3	2.5
Thailand	38	13	37	12	10	26	17	0.6	-1.3	2.5
Deutschland	10	14	31	23	25	3	23	0.1	-1.1	1.3
Vereinigte Staaten	24	14	32	13	34	5	13	1.8	-1.1	1.3
Irland	30	15	47	30	28	9	21	1.1	-1.3	1.3
Australien	31	15	48	16	34	7	19	2.9	-1.1	1.3
Neuseeland	40	18	46	8	23	6	24	2.6	-1.3	1.7
Japan	32	23	34	4	42	21	37	13.3	-1.5	1.7
Serbien	33	21	45	20	41	20	44	0.5	-1.5	1.7
Mexiko	41	24	35	27	40	27	46	1.0	-1.8	2.5
Griechenland	45	41	43	40	31	23	29	0.8	-3.4	2.5
Luxemburg	9	29	56	5	19	14	37	0.2	-1.3	0.6
Norwegen	20	22	72	24	35	4	24	0.0	-1.3	1.3
Hongkong (China)	43	24	44	21	31	20	40	0.4	-3.0	1.3
Portugal	44	16	45	30	44	2	35	0.2	-1.5	1.3
Uruguay	50	22	34	64	41	21	47	0.2	-2.0	2.5
Russ. Föderation	52	45	40	51	38	56	42	1.9	-2.6	1.3
Niederlande	39	20	56	46	60	18	40	1.6	-1.8	0.6
Türkei	61	58	46	37	46	34	63	0.3	-2.4	1.3
Macau (China)	59	44	60	37	48	45	56	0.2	-2.7	2.5
Tunesien	84	66	75	74	45	45	60	0.2	-3.0	0.6
Indonesien	75	73	76	78	61	72	74	0.0	-4.2	1.3
OECD-Durchschnitt	*22*	*17*	*33*	*19*	*26*	*9*	*23*	*0.9*	*-1.5*	*2.5*
Verein. Königreich[3]	m	m	m	m	m	m	m	3.7	-1.5	1.7

Index der lehrkräftebezogenen Faktoren für das Schulklima / **Punktzahlveränderung auf der Gesamtskala Mathematik, je Indexeinheit**

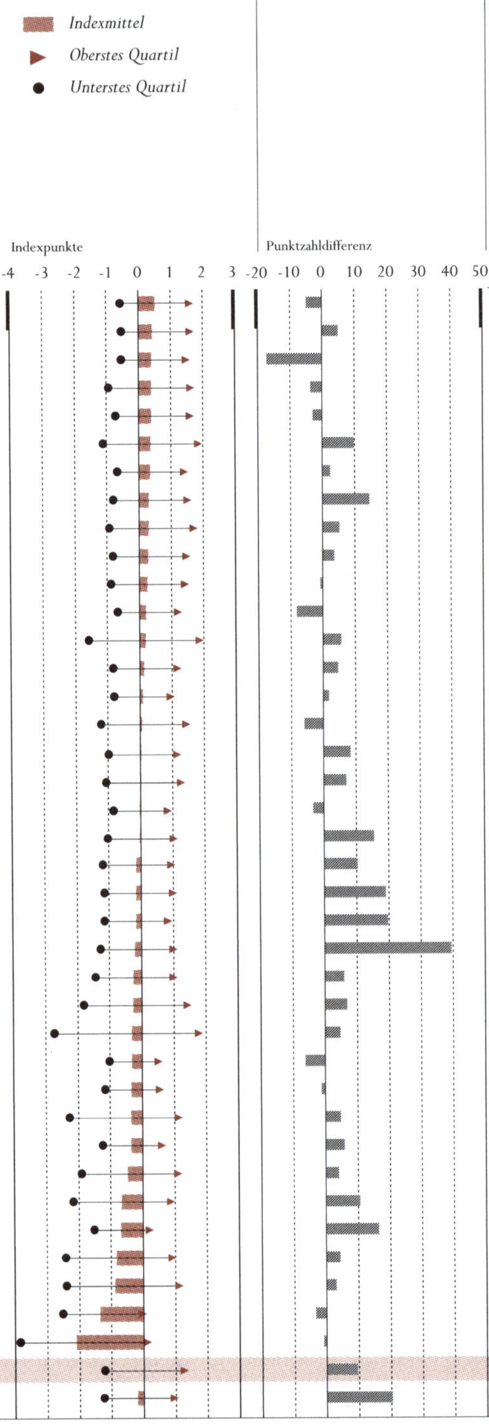

1. Diese Schule liegt am 5. Perzentil. In nur 5% der Schulen wird das Schulklima durch lehrkräftebezogene Faktoren stärker beeinträchtigt.
2. Diese Schule liegt am 95. Perzentil. Das Schulklima ist auf Grund lehrkräftebezogener Faktoren positiver als in 95% der anderen Schulen.
3. Die Beteiligungsquote ist zu niedrig, um die Vergleichbarkeit zu gewährleisten (siehe Anhang A3).

Quelle: OECD PISA-2003-Datenbank, Tabelle 5.4a und Tabelle 5.4b.

mit den Lehrkräften in diesen Ländern lokaler Natur sein dürften, weshalb hier wahrscheinlich gezielte bildungspolitische Strategien für bestimmte Schulen angezeigt sind. Die letzten beiden Spalten von Abbildung 5.4 geben Aufschluss über die zwischen den Schulen bestehende Varianz der lehrkräftebezogenen Faktoren mit Einfluss auf das Schulklima: 5% der 15-Jährigen besuchen Schulen, in denen die lehrkräftebezogenen Faktoren als ungünstiger eingestuft wurden als der Wert in der ersten Spalte, und 5% besuchen Schulen, in denen die lehrkräftebezogenen Faktoren positiver eingeschätzt wurden als der Wert in der zweiten Spalte. Je größer der Unterschied zwischen diesen beiden Zahlen, umso höher ist die zwischen Schulen beobachtete Varianz der lehrkräftebezogenen Faktoren für das Schulklima aus Sicht der Schulleitungen.

Wie zu erwarten, besteht in den meisten Ländern in der Tendenz ein positiver Zusammenhang zwischen der Schulleitereinschätzung der lehrkräftebezogenen Faktoren für das Schulklima und den Mathematikleistungen, d.h. je größer die Besorgnis der Schulleitungen über die lehrkräftebezogenen Faktoren für das Schulklima ist, umso geringer sind die Schülerleistungen im Bereich Mathematik. Dieser Zusammenhang ist jedoch in den meisten Ländern nicht sehr stark ausgeprägt.

Auf Ebene des Ländervergleichs ist auch festzustellen, dass Länder, in denen die Schulleitungen ein positiveres Urteil über die lehrkräftebezogenen Faktoren für das Schulklima abgeben, in der Tendenz bessere Ergebnisse erzielen, allerdings erklärt dieser Zusammenhang nur 14% der Leistungsvarianz zwischen den OECD-Ländern, womit er statistisch nicht signifikant ist.

In den meisten Ländern stellt sich das Bild ähnlich dar wie im Jahr 2000.

In den meisten Ländern deckten sich die Aussagen der Schulleitungen über die lehrkräftebezogenen Faktoren mit Einfluss auf das allgemeine Schulklima bei PISA 2003 im Großen und Ganzen mit denen von PISA 2000. Es gibt jedoch Ausnahmen (Tabelle 5.4b). Namentlich in Griechenland wurden die lehrkräftebezogenen Faktoren für das Schulklima 2003 von den Schulleitungen positiver beurteilt als im Jahr 2000. In Griechenland ist der Prozentsatz der Schülerinnen und Schüler, die in Schulen unterrichtet werden, in denen das Lernen nach Ansicht der Schulleitungen bis zu einem gewissen Grad oder stark durch ein schlechtes Verhältnis zwischen Schülern und Lehrkräften beeinträchtigt wird, z.B. erheblich zurückgegangen – von 62% auf 41%[7]. Auch was die mangelnde Ermutigung zur vollen Ausschöpfung des eigenen Potenzials, die häufige Abwesenheit von Lehrkräften und das Nichteingehen auf die individuellen Bedürfnisse der Schülerinnen und Schüler anbelangt, war eine Abnahme im Umfang von 32, 27 bzw. 24 Prozentpunkten zu verzeichnen. In Dänemark, Japan, Kanada, Neuseeland und der Tschechischen Republik sowie in den Partnerländern Hongkong (China) und Indonesien fiel das Urteil der Schulleitungen 2003 hingegen für mindestens drei der vier Aspekte negativer aus.

In Japan z.B. stieg der Prozentsatz der 15-Jährigen, die Schulen besuchen, in denen das Lernen laut Aussage der Schulleitungen in einem gewissen Umfang oder stark

durch den Widerstand des Kollegiums gegen Veränderungen beeinträchtigt wird, von 19% im Jahr 2000 auf 42% im Jahr 2003. Auch in Bezug darauf, dass die Lehrkräfte zu streng mit den Schülerinnen und Schülern sind und dass sie nicht auf deren individuelle Bedürfnisse eingehen, war den Angaben der japanischen Schulleitungen zufolge ein Anstieg um 17 bzw. 14 Prozentpunkte zu verzeichnen. Bei der Interpretation solcher Zahlen muss allerdings der Kontext des Schulbetriebs berücksichtigt werden. In Ländern beispielsweise, in denen ein größerer Prozentsatz der Schulleitungen angibt, dass das Kollegium Widerstand gegen Veränderungen leistet, könnte dies darauf zurückzuführen sein, dass zwischen 2000 und 2003 erhebliche Umstellungen und Reformen vorgenommen wurden, die Auswirkungen auf die Arbeit der Lehrkräfte haben und diese folglich vor neue Herausforderungen stellen. Bei einem geringen Prozentsatz an Schulleitungen, die den Widerstand des Kollegiums gegen Veränderungen als Problem nennen, könnte der Grund umgekehrt in der Tatsache liegen, dass es im fraglichen Bildungssystem nur in begrenztem Maß zu Veränderungen kam (Tabelle 5.4b).

Die Schulleitungen äußerten sich im Allgemeinen positiv über die Stimmung und Arbeitshaltung der Lehrkräfte ...

Ergänzend zu den Fragen über das Schulklima beeinträchtigende lehrkräftebezogene Faktoren wurden die Schulleitungen auch um Aussagen über die Stimmung und Arbeitshaltung der Lehrkräfte sowie deren Engagement gebeten. Zu diesem Zweck sollten sie angeben, in welchem Umfang sie folgende Aussagen über die Lehrkräfte ihrer Schule als zutreffend bzw. nicht zutreffend ansahen: „Die Lehrkräfte arbeiten mit großem Engagement", „die Lehrkräfte sind stolz auf diese Schule" und „die Stimmung und Arbeitshaltung der Lehrkräfte sind in dieser Schule gut". Insgesamt war das Urteil der Schulleitungen über die Arbeitshaltung der Lehrkräfte positiv. Der Prozentsatz der 15-Jährigen in Schulen, deren Leitung eher oder ganz der Aussage zustimmt, dass die Stimmung und Arbeitshaltung der Lehrkräfte in ihrer Schule gut sind, betrug nur in Italien, Portugal und Spanien weniger als 80%. Länder, in denen sich weniger als 85% der 15-Jährigen in Schulen befinden, wo die Lehrkräfte laut Aussage der Schulleitungen mit großem Engagement arbeiten, sind ferner Griechenland, Italien, Portugal, die Slowakische Republik und die Türkei sowie die Partnerländer Brasilien und Serbien. In allen Teilnehmerländern besuchen rd. 80% oder mehr der 15-Jährigen Schulen, deren Leitung angab, dass die Lehrkräfte auf ihre Schule stolz sind und Wert auf schulische Leistungen legen (Abb. 5.5 und Tabelle 5.5b).

Ausgehend von den Antworten der Schulleitungen wurde ein Index der Stimmung und Arbeitshaltung der Lehrkräfte konstruiert, wobei der OECD-Länderdurchschnitt mit 0 und die Standardabweichung mit 1 angesetzt wurde und höhere Indexwerte eine als überdurchschnittlich gut eingeschätzte Stimmung und Arbeitshaltung widerspiegeln. Dänemark, Finnland, Island, Österreich, Schweden und das Partnerland Indonesien haben den höchsten positiven Indexwert, was auf eine nach Ansicht der Schulleitungen sehr gute Situation in Bezug auf Arbeitshaltung und Engagement der Lehrkräfte hindeutet. In Italien, Korea und Portugal sowie in den Partnerländern Macau (China) und Serbien sind die Arbeitshaltung und das Engagement der Lehrkräfte laut Aussage der Schulleitungen hingegen vergleichsweise schlecht (Abb. 5.5 und Tabelle 5.5a).

Abbildung 5.5 ■ Stimmung und Arbeitshaltung der Lehrkräfte

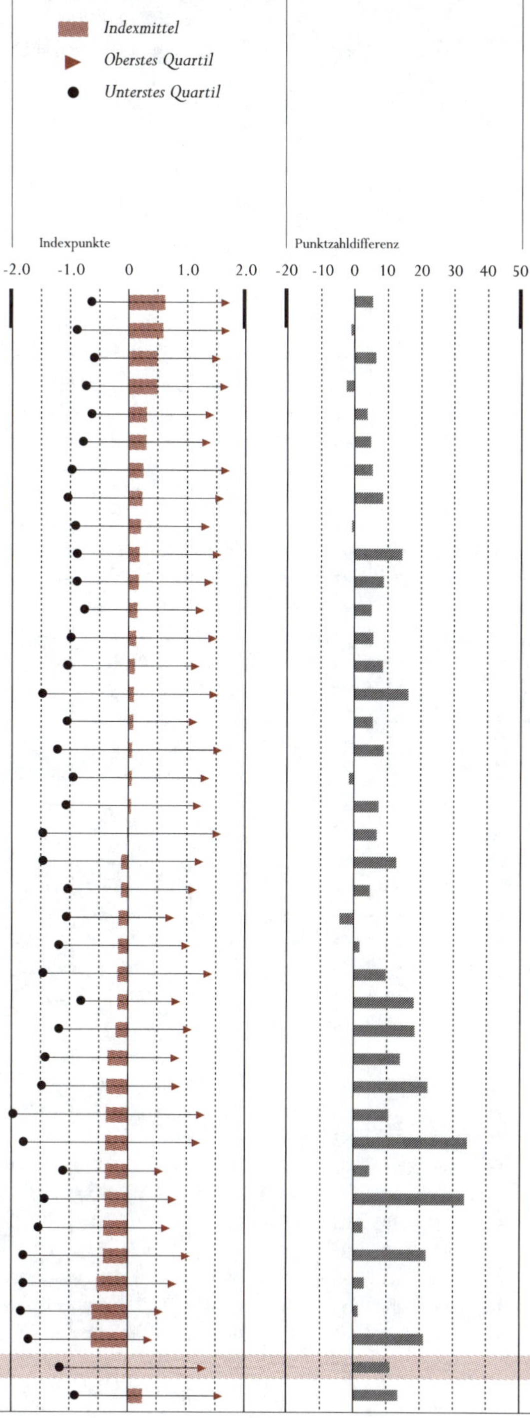

	Prozentsatz der Schüler in Schulen, deren Leitung folgenden Aussagen über die Lehrkräfte ihrer Schule eher oder ganz zustimmt: Stimmung und Arbeitshaltung der Lehrkräfte sind in dieser Schule gut	Die Lehrkräfte arbeiten mit großem Engagement	Die Lehrkräfte sind stolz auf diese Schule	Die Lehrkräfte legen Wert auf schulische Leistung	Erklärte Varianz der Schülerleistungen, in %	Stimmung und Arbeitshaltung der Lehrkräfte aus Schulleitersicht in einer der Schulen mit dem niedrigsten Niveau[1]	Stimmung und Arbeitshaltung der Lehrkräfte aus Schulleitersicht in einer der Schulen mit dem höchsten Niveau[2]
Island	99	99	98	99	0.3	-0.6	1.7
Indonesien	98	94	96	99	0.0	-1.4	1.7
Schweden	99	100	96	99	0.3	-0.6	1.7
Österreich	98	99	97	99	0.1	-0.6	1.7
Dänemark	99	100	99	98	0.1	-0.6	1.7
Finnland	98	96	96	99	0.3	-0.6	1.7
Irland	88	97	95	99	0.4	-1.8	1.7
Vereinigte Staaten	88	95	96	99	0.9	-1.8	1.7
Schweiz	94	99	94	98	0.0	-1.4	1.7
Australien	90	97	98	100	2.1	-1.4	1.7
Neuseeland	91	98	98	97	0.7	-1.4	1.7
Lettland	99	98	98	96	0.2	-1.4	1.7
Kanada	88	95	97	99	0.4	-1.4	1.7
Ungarn	96	87	96	100	0.7	-1.4	1.7
Griechenland	87	84	87	99	4.0	-2.2	1.7
Polen	81	97	95	99	0.3	-1.4	1.7
Tunesien	93	90	95	92	1.4	-1.8	1.7
Norwegen	98	95	91	100	0.0	-1.4	1.7
Deutschland	97	96	90	97	0.4	-1.4	1.7
Mexiko	91	90	87	92	0.9	-1.8	1.7
Brasilien	90	83	94	94	1.9	-1.8	1.7
Uruguay	98	91	95	98	0.2	-1.4	1.7
Tschech. Republik	96	86	97	99	0.1	-1.8	1.0
Slowak. Republik	98	82	94	99	0.0	-1.5	1.7
Thailand	89	87	92	91	1.8	-2.2	1.7
Niederlande	98	100	97	97	2.0	-1.4	1.7
Russ. Föderation	93	87	97	98	3.1	-1.8	1.7
Spanien	79	90	93	97	2.0	-1.8	1.7
Hongkong (China)	86	95	87	95	4.3	-1.8	1.0
Türkei	82	81	85	84	1.6	-2.8	1.7
Japan	90	94	80	75	15.6	-1.8	1.7
Luxemburg	92	92	86	100	0.1	-1.8	1.0
Belgien	87	93	95	91	7.2	-1.8	1.7
Portugal	71	85	97	99	0.1	-1.8	1.0
Korea	80	93	85	87	6.3	-1.8	1.7
Serbien	87	65	85	95	0.2	-2.2	1.0
Italien	75	81	87	94	0.0	-2.2	1.0
Macau (China)	82	97	83	92	4.3	-2.2	1.0
OECD-Durchschnitt	*87*	*90*	*90*	*93*	*1.2*	*-1.8*	*1.7*
Verein. Königreich[3]	m	m	m	m	2.1	-1.4	1.7

1. Diese Schule liegt am 5. Perzentil. In nur 5% der Schulen ist die Stimmung und Arbeitshaltung der Lehrkräfte schlechter.
2. Diese Schule liegt am 95. Perzentil. Die Stimmung und Arbeitshaltung der Lehrkräfte ist besser als in 95% der anderen Schulen.
3. Die Beteiligungsquote ist zu niedrig, um die Vergleichbarkeit zu gewährleisten (siehe Anhang A3).

Quelle: OECD PISA-2003-Datenbank, Tabelle 5.5a und Tabelle 5.5b.

Abbildung 5.6 ■ Stimmung und Arbeitshaltung der Schülerinnen und Schüler

Prozentsatz der Schüler in Schulen, deren Leitung folgenden Aussagen über die Schüler der Schule eher oder ganz zustimmt

	Die Schüler gehen gerne in die Schule	Die Schüler arbeiten mit großem Engagement	Die Schüler sind stolz auf diese Schule	Die Schüler schätzen schulische Leistungen hoch ein	Die Schüler sind kooperativ und zeigen Respekt	Die Schüler schätzen die Ausbildung, die ihnen an dieser Schule zuteil wird	Die Schüler tun was sie können, um möglichst viel zu lernen	Erklärte Varianz der Schülerleistungen, in %	Stimmung der Schüler aus Schulleitersicht in einer der Schulen mit dem niedrigsten Niveau[1]	Stimmung der Schüler aus Schulleitersicht in einer der Schulen mit dem höchsten Niveau[2]
Indonesien	98	96	99	99	99	99	94	0.0	-0.5	2.6
Thailand	99	88	98	99	100	99	95	0.4	-0.9	2.6
Australien	99	90	94	90	98	96	85	6.1	-1.2	2.6
Kanada	99	94	94	94	97	95	90	2.4	-1.2	2.6
Neuseeland	100	92	96	90	97	96	84	1.8	-1.5	2.6
Vereinigte Staaten	99	89	95	92	96	94	84	3.3	-1.5	1.4
Mexiko	95	89	96	90	88	88	83	1.1	-1.2	2.6
Irland	99	83	94	93	98	93	84	3.2	-1.2	1.6
Tunesien	98	76	94	84	85	82	78	0.4	-1.8	2.6
Japan	99	76	81	78	90	82	67	21.1	-2.2	2.6
Schweden	98	88	85	93	97	90	85	1.3	-1.2	2.6
Island	100	93	95	89	95	86	73	0.2	-1.5	1.6
Dänemark	99	93	95	87	93	95	84	1.6	-1.2	2.0
Österreich	97	85	90	82	93	91	72	4.2	-1.5	1.6
Brasilien	94	84	92	77	87	88	66	4.4	-1.5	1.4
Finnland	99	90	87	94	97	90	64	0.9	-1.2	1.4
Griechenland	78	65	89	90	93	86	60	4.5	-2.2	1.6
Macau (China)	97	75	94	97	97	96	55	4.2	-1.5	1.6
Polen	97	65	96	95	89	87	71	0.4	-1.5	1.4
Schweiz	98	80	79	92	96	90	77	1.8	-1.5	1.4
Italien	79	64	88	96	86	95	67	2.5	-1.5	1.4
Portugal	100	76	95	88	91	86	60	1.2	-1.8	1.1
Russ. Föderation	98	57	97	89	88	98	81	4.2	-1.5	1.1
Korea	86	65	81	73	93	81	70	15.1	-1.8	2.6
Türkei	88	57	89	75	89	87	64	5.4	-2.2	2.0
Norwegen	100	77	82	91	94	87	69	0.1	-1.5	1.1
Niederlande	95	87	86	90	89	91	67	7.6	-1.5	1.1
Hongkong (China)	99	71	86	75	94	95	57	17.1	-1.8	1.4
Lettland	100	72	99	95	91	96	39	1.4	-1.2	1.1
Uruguay	91	71	90	78	93	86	53	0.1	-1.5	1.4
Belgien	99	76	87	77	92	89	68	10.3	-1.8	0.8
Slowak. Republik	89	59	89	93	88	91	35	1.9	-1.8	0.8
Tschech. Republik	91	49	92	94	93	86	51	1.5	-1.2	0.8
Ungarn	93	53	93	59	84	90	32	9.4	-1.8	1.1
Spanien	97	54	92	77	81	89	35	6.1	-1.5	0.8
Deutschland	99	63	71	63	88	88	40	3.8	-1.8	1.1
Luxemburg	100	40	88	81	93	94	45	6.0	-1.5	0.0
Serbien	45	40	74	69	69	87	39	2.9	-2.8	1.1
OECD-Durchschnitt	*92*	*73*	*86*	*83*	*89*	*87*	*65*	*3.3*	*-1.5*	*1.6*
Verein. Königreich[3]	m	m	m	m	m	m	m	5.0	-1.5	2.6

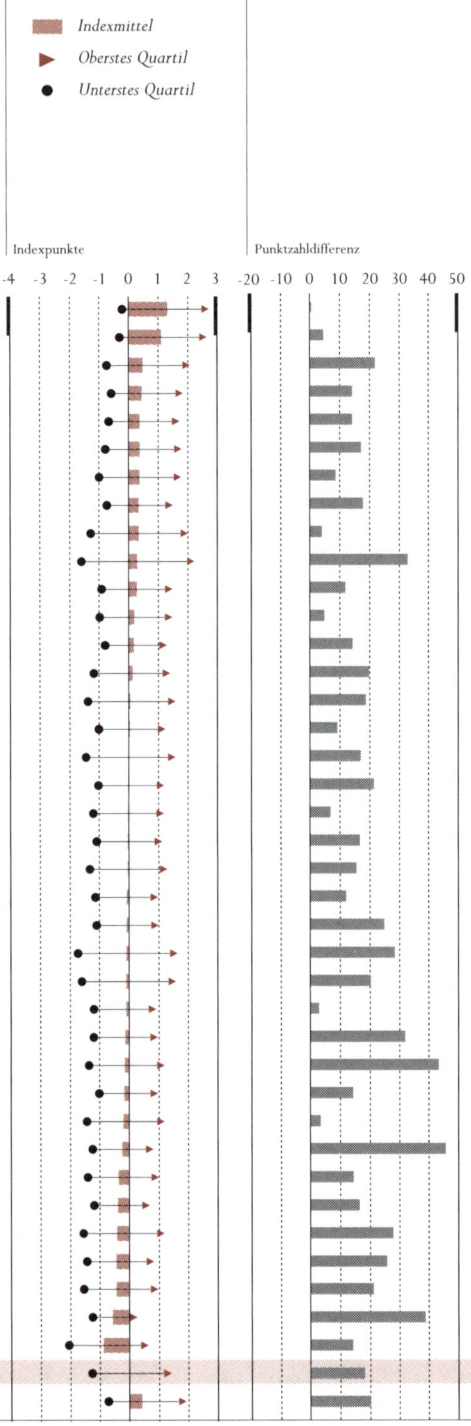

1. Diese Schule liegt am 5. Perzentil. In nur 5% der Schulen ist die Stimmung und Arbeitshaltung der Schülerinnen und Schüler schlechter.
2. Diese Schule liegt am 95. Perzentil. Die Stimmung und Arbeitshaltung der Schülerinnen und Schüler ist besser als in 95% der anderen Schulen.
3. Die Beteiligungsquote ist zu niedrig, um die Vergleichbarkeit zu gewährleisten (siehe Anhang A3).
Quelle: OECD PISA-2003-Datenbank, Tabelle 5.6a und Tabelle 5.6b.

Die Stimmung und Arbeitshaltung der Schülerinnen und Schüler, die mit dem Index der Stimmung und Arbeitshaltung aus Schulleitersicht gemessen wird, wurde von den Schulleitungen in der Tendenz niedriger eingeschätzt als die Stimmung und Arbeitshaltung der Lehrkräfte (Tabelle 5.6a). Der Prozentsatz der 15-Jährigen, die Schulen besuchen, in denen die Schülerinnen und Schüler ihren Schulleitungen zufolge mit großem Engagement arbeiten, war z.B. im Durchschnitt der OECD-Länder um 17% niedriger als der entsprechende Prozentsatz für das Engagement der Lehrkräfte, und in Deutschland, Luxemburg, Polen, Spanien, der Tschechischen Republik und Ungarn fiel die Beurteilung der Schüler 30 oder mehr Prozentpunkte schlechter aus als die der Lehrkräfte (Tabelle 5.5b und Tabelle 5.6b).

... während sie die Stimmung und Arbeitshaltung der Schüler in der Tendenz etwas negativer beurteilten.

Der Zusammenhang zwischen der Stimmung und Arbeitshaltung der Lehrkräfte aus Schulleitersicht und den Ergebnissen ihrer Schülerinnen und Schüler im Bereich Mathematik ist in der Tendenz schwach. In einigen Ländern ist er jedoch stärker ausgeprägt, namentlich in Belgien, Japan und Korea, wo er zwischen 6% und 15% der Varianz der Schülerleistungen erklärt (Tabelle 5.5a). Ein stärkerer Zusammenhang lässt sich für die Stimmung und Arbeitshaltung der Schüler aus Schulleitersicht feststellen. In den eben erwähnten Ländern erklären Stimmung und Arbeitshaltung der Schüler zwischen 20% und 21% der Leistungsvarianz (Tabelle 5.6a). Auf Ländervergleichsebene ist der Zusammenhang zwischen der Stimmung und Arbeitshaltung der Lehrkräfte und den Schülerleistungen tendenziell ebenfalls schwach, und zwischen der Stimmung und Arbeitshaltung der Schüler aus Schulleitersicht und den Schülerleistungen ist im Ländervergleich kein Zusammenhang zu beobachten.

Der kombinierte Effekt der Schulklimafaktoren

Da zwischen den verschiedenen vorstehend beschriebenen Faktoren Wechselwirkungen bestehen, kann der Gesamteffekt des Schulklimas auf die Schülerleistungen nicht mittels einer einfachen Addition der Einzelfaktoren geschätzt werden. Nur die gleichzeitige Analyse der für das Schulklima ausschlaggebenden Faktoren ermöglicht eine Schätzung ihres Gesamteinflusses auf die Leistungen von Schulen und Schülern.

Der gemeinsame Effekt dieser Schulklimafaktoren auf die Schülerleistungen lässt sich identifizieren ...

Bei einer solchen Analyse ist es auch wichtig zu berücksichtigen, inwieweit Unterschiede bei den Leistungen der Schulen mit sozioökonomischen Faktoren in Verbindung stehen. Wie in Kapitel 4 aufgezeigt wurde, kommen sozioökonomische Faktoren sowohl auf Ebene der einzelnen Schülerinnen und Schüler als auch auf aggregierter Ebene über den von ihnen geprägten Gesamtkontext des Lernens in den Schulen zum Tragen, z.B. wenn Schüler aus sozial besser gestellten Milieus bessere Schulen wählen oder aktiv bessere Lernbedingungen herstellen, indem sie ein dem Lernen stärker förderliches Klima schaffen. Um dies zu untersuchen, wird in der nachstehenden Analyse sowohl der sozioökonomische Hintergrund der einzelnen Schülerinnen und Schüler, der anhand des Index des wirtschaftlichen, sozialen und kulturellen Status gemessen wird, als auch der sozioökonomische Gesamthintergrund der

... dabei muss jedoch berücksichtigt werden, dass sozial besser gestellte Schüler u.U. Schulen besuchen, in denen ein günstigeres Klima herrscht.

jeweiligen Schülerschaft einbezogen, der mit dem Index des wirtschaftlichen, sozialen und kulturellen Status der Schulen gemessen wird.

Zu diesem Zweck können die Schulklimafaktoren nach Berücksichtigung sozioökonomischer Unterschiede untersucht werden …

Dies wirft die Frage auf, wie der Einfluss der sozioökonomischen Faktoren bei der Interpretation der PISA-Ergebnisse berücksichtigt werden sollte. Ein möglicher Ansatz ist die Untersuchung des Effekts der Schulfaktoren nach Bereinigung um sozioökonomische Unterschiede. Durch eine solche Anpassung können Schulen untersucht werden, die in einem ähnlichen sozioökonomischen Kontext tätig sind. Der Nettoeffekt einer solchen Anpassung dürfte jedoch den tatsächlichen Effekt des Schulklimas unterzeichnen, weil einige Leistungsunterschiede zugleich auf schulbezogene und sozioökonomische Faktoren zurückzuführen sind, wie dies z.B. der Fall ist, wenn Schülerinnen und Schüler aus einem sozioökonomisch begünstigten Milieu ein Schulklima schaffen, das dem Lernen stärker förderlich ist.

… dabei werden die Wechselbeziehungen zwischen Schulklima und sozialem Hintergrund jedoch unterzeichnet.

Umgekehrt könnte die Bedeutung der schulbezogenen Faktoren überzeichnet werden, wenn sie ohne Berücksichtigung der sozioökonomischen Faktoren interpretiert werden, wobei die Unterschiede in der sozioökonomischen Zusammensetzung der Schulen zugleich übersehen würden. Allerdings könnte der nicht bereinigte Bruttoeffekt ein wirklichkeitsgetreueres Bild der Entscheidungen liefern, die die Eltern bei der Auswahl einer Schule für ihre Kinder treffen müssen. Beispielsweise interessieren sich Eltern und andere Betroffene naturgemäß vor allem für die Gesamtergebnisse der Schulen, einschließlich sämtlicher Effekte, die vom sozioökonomischen Hintergrund der Schülerschaft ausgehen, wohingegen der „Mehrwert", den die Schulen selbst schaffen, für sie möglicherweise nur zweitrangig ist.

Die PISA-Ergebnisse zeigen in der Tat, dass der Großteil des Einflusses der Schulklimafaktoren in Kombination mit den sozioökonomischen Faktoren zum Tragen kommt …

In die nachstehende Analyse wurden beide Aspekte einbezogen. Wenn der sozioökonomische Hintergrund auf Schüler- und Schulebene sowie die in PISA erfassten Schulklimafaktoren zusammen untersucht werden, sind im OECD-Durchschnitt 46% der Leistungsunterschiede zwischen Schulen auf den sozioökonomischen Hintergrund (vgl. Tabelle 5.7, Spalte 1), 5% auf die Schulklimafaktoren ohne Berücksichtigung des sozioökonomischen Hintergrunds (Tabelle 5.7, Spalte 2) und 22% auf den kombinierten Effekt von sozioökonomischem Hintergrund und Schulklima (Tabelle 5.7, Spalte 3) zurückzuführen[8].

… z.B. wenn es besser gestellten Familien gelingt, zu einem günstigeren Lernklima in den Schulen beizutragen.

Daran zeigt sich, dass die sozioökonomischen Faktoren den Effekt, den das Schulklima auf die Leistungen der Schulen ausübt, anscheinend über wichtige Kanäle verstärken, möglicherweise, weil Schülerinnen und Schüler aus einem sozioökonomisch begünstigten Milieu ein höheres Maß an Disziplin und eine positivere Einstellung zu schulischen Werten einbringen oder weil die Eltern in Schulen, deren sozioökonomischer Gesamthintergrund günstiger ist, vielleicht höhere Anforderungen an die Unterrichtsdisziplin und das Engagement der Lehrkräfte stellen. Schulen mit einem ungünstigeren Gesamthintergrund könnten umgekehrt von Seiten der Eltern geringerem Druck ausgesetzt sein, wirkungsvolle Maßnahmen zur Durchsetzung von Disziplin anzuwenden

Abbildung 5.7 ■ Effekt des Schulklimas auf die Mathematikleistung der Schulen

Prozentsatz der Varianz zwischen den Schulen bei der Mathematikleistung, der zurückzuführen ist auf:

- sozialen Gesamthintergrund der Schülerschaft
- Schulklimafaktoren nach Ausklammerung des Effekts des sozialen Gesamthintergrunds der Schülerschaft
- sozialen Gesamthintergrund und Schulklima zusammen

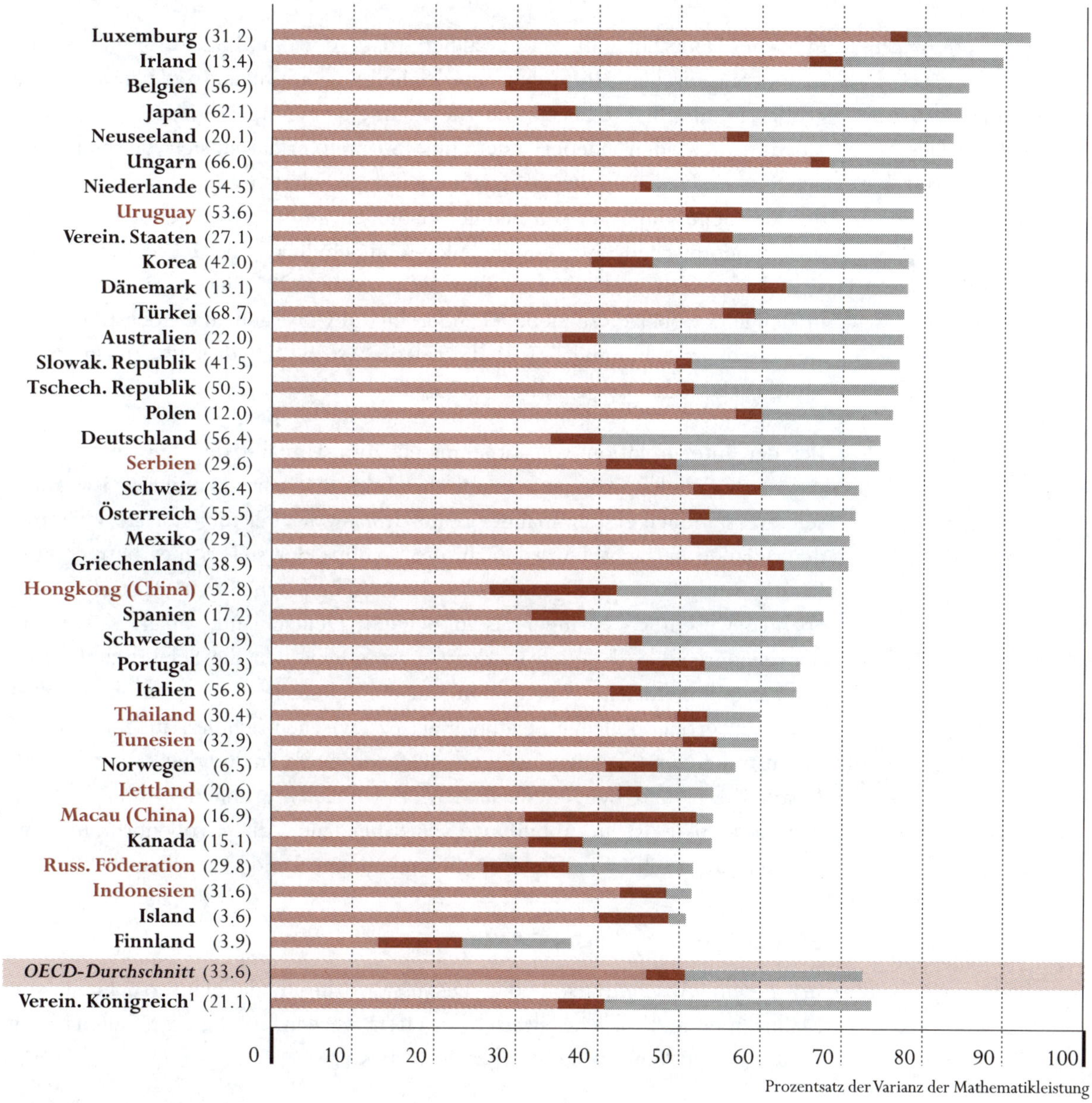

Anmerkung: Die in Klammern gesetzten Zahlen geben die Varianz zwischen Schulen an, ausgedrückt in Prozent der durchschnittlichen Varianz der Schülerleistungen in den OECD-Ländern.

1. Die Beteiligungsquote ist zu niedrig, um die Vergleichbarkeit zu gewährleisten (vgl. Anhang A3).

Quelle: OECD PISA-2003-Datenbank, Tabelle 5.7.

und häufig fehlende oder unmotivierte Lehrkräfte zu ersetzen. Der starke kombinierte Einfluss des sozioökonomischen Hintergrunds und des Schulklimas ist daher ein Punkt, mit dem sich die politischen Entscheidungsträger auseinander setzen sollten, wenn ihnen daran gelegen ist, dass an allen Schulen unabhängig vom sozioökonomischen Gesamthintergrund ihrer Schülerschaft engagierte Lehrer arbeiten und ein geordnetes Klima herrscht.

In einigen Ländern ist fast die Hälfte der Leistungsvarianz zwischen Schulen auf den gemeinsamen Effekt des Schülerhintergrunds und des Schulklimas zurückzuführen.

In dieser Hinsicht gilt zu erwähnen, dass der kombinierte Einfluss von sozioökonomischem Hintergrund und Schulklima in einigen Ländern wesentlich größer ist als im OECD-Durchschnitt. In Australien, Belgien, Deutschland, Japan, Korea, den Niederlanden und Spanien erklären sich beispielsweise nur 1,4-7,5% der Leistungsvarianz zwischen Schulen aus dem Nettoeffekt, den das Schulklima auf die Schülerleistungen ausübt, wird jedoch auch der sozioökonomische Kontext auf Schüler- und Schulebene berücksichtigt, erhöht sich der resultierende Bruttoeffekt auf zwischen 29% in Spanien und 49% in Belgien, wobei diese sieben Länder im OECD-Raum die höchsten Werte aufweisen. In Abbildung 5.7 ist die relative Größe der drei Effekte in einem Multilevel-Modell dargestellt.

Bei der Interpretation von Ergebnissen zum Umfang der Leistungsvarianz zwischen Schulen, die auf schulische Faktoren zurückzuführen ist, muss selbstverständlich erst einmal der reine Umfang der Leistungsvarianz zwischen den Schulen betrachtet werden. In der Gruppe der sieben hier betrachteten Länder sind die Leistungsunterschiede zwischen Schulen in Australien und Spanien wesentlich geringer als in Belgien, Deutschland, Japan, Korea und den Niederlanden. Folglich ist der Gesamteffekt, den die Schuldisziplin und der sozioökonomische Hintergrund auf die Schülerleistungen ausüben, selbst wenn ein großer Teil der Leistungsvarianz zwischen Schulen auf ihn entfällt, in Australien und Spanien wesentlich geringer als in Belgien, Deutschland, Japan, Korea und den Niederlanden. Zur Erleichterung der Interpretation der Ergebnisse ist in Abbildung 5.7 daher auch die Größenordnung der Leistungsunterschiede zwischen Schulen in jedem Land angegeben.

SCHULPOLITIK UND -PRAXIS

In diesem Abschnitt soll die Diskussion durch die Untersuchung von Maßnahmen und Vorgehensweisen erweitert werden, auf die die Schulen häufig zurückgreifen, um ihre Leistungen zu verbessern.

Bei PISA wurden die Schulleitungen um Angaben zu einer Reihe von Maßnahmen und Praktiken gebeten, die Einfluss auf die Schülerleistungen haben können.

Obwohl bei PISA nur ein begrenztes Spektrum von Aspekten der Schulpolitik und -praxis untersucht werden konnte, die für die Schulleitungen leicht quantifizierbar waren und sich somit für den Ländervergleich eigneten, liefert die Erhebung Informationen über: von den Schulen angewandte Aufnahmeregelungen und Methoden zur Einteilung der Schüler in verschiedene Gruppen; Nutzung von Schülerbeurteilungen und den entsprechenden Instrumenten, z.B. standardisierte Tests, Klassenarbeiten, direkte Beurteilungen durch die Lehrkräfte; Angebot an Neigungs- oder Nachhilfekursen und

sonstigen von den Schulen organisierten mathematikbezogenen Aktivitäten; Beteiligung der Schulen an verschiedenen Aspekten der Entscheidungsfindung, auch in Fragen des Ressourcenmanagements – u.a. Einstellung von Lehrkräften, Festlegung des Schulbudgets und dessen Verwendung innerhalb der Schule –, der Unterrichtsgestaltung und der Lehrinhalte, z.B. durch Bestimmung von Lehrstoff und Kursangebot oder Wahl der Lehrbücher und der Beurteilungsmethoden. Der Abschnitt schließt mit einer Beurteilung des kombinierten Effekts, den diese Faktoren auf die Schülerleistungen ausüben.

Aufnahmeregelungen

In einigen Ländern besucht die Mehrzahl der 15-Jährigen Schulen, die eine Selektion durchführen; in anderen gilt dies nur für einen geringen Teil von ihnen.

Um die Selektivität der Schulsysteme zu beurteilen, wurden die Schulleitungen gebeten anzugeben, inwieweit sie sich bei Entscheidungen über die Aufnahme von Schülerinnen und Schülern auf deren bisherige schulische Leistungen (einschließlich Ergebnisse von Aufnahmeprüfungen) oder Empfehlungen der letzten Schule stützen oder besondere Bedürfnisse der Schülerinnen und Schüler bzw. deren Interesse an speziellen Unterrichtsangeboten berücksichtigen[9]. Unter diesen Kriterien wurden die bisherigen schulischen Leistungen am häufigsten genannt. Allerdings besucht in Japan, Korea, Luxemburg, den Niederlanden, Österreich, der Schweiz, der Tschechischen Republik und Ungarn sowie in den Partnerländern Hongkong (China), Indonesien, Macau (China) und Serbien über die Hälfte der 15-Jährigen Schulen, in denen die bisherigen schulischen Leistungen laut Angaben der Schulleitungen als Vorbedingung oder zumindest als hohe Priorität behandelt werden, wohingegen dies in Australien, Dänemark, Finnland, Griechenland, Irland, Italien, Portugal, Schweden und Spanien nur für weniger als 10% der 15-Jährigen der Fall ist (OECD-Durchschnitt: 25%). Als nächstwichtigste Kriterien folgen die besonderen Bedürfnisse der Schülerinnen und Schüler bzw. deren Interesse an spezifischen Bildungsprogrammen mit einem OECD-Durchschnitt von 21% und die Empfehlungen der letzten Schule mit einem OECD-Durchschnitt von 13% (Tabelle 5.8 und Abb. 5.8).

Der Zusammenhang zwischen den Aufnahmeregelungen der Schulen und deren Leistung lässt sich nur schwer interpretieren, da Schulen, die eine stärkere Selektion vornehmen, u.U. nur deshalb bessere Ergebnisse erzielen, weil sie leistungsschwächere Schüler nicht aufnehmen und nicht zwangsläufig weil sie bessere Bildungsdienste anbieten. Diese Frage wird daher erst im letzten Abschnitt dieses Kapitels erörtert werden, wo der Effekt der Selektivität der Schulen nach Berücksichtigung anderer Indikatoren der Schulpolitik und -praxis untersucht wird. Auf Ländervergleichsebene steht die Prävalenz einiger Merkmale schulischer Selektivität, darunter die Berücksichtigung der bisherigen Schulleistungen der Schüler oder von Empfehlungen der letzten Schule, in der Tendenz in einem positiven Zusammenhang zum Leistungsniveau der Länder, dieser Zusammenhang ist jedoch schwach und statistisch nicht signifikant, da er nur zwischen 6% und 10% der im Ländervergleich beobachteten Leistungsvarianz erklärt.

Abbildung 5.8 ■ **Aufnahmeregelungen der Schulen**

Prozentsatz der Schüler in Schulen, deren Leitung Folgendes als Vorbedingung oder hohe Priorität für die Aufnahme in ihre Schule ansieht

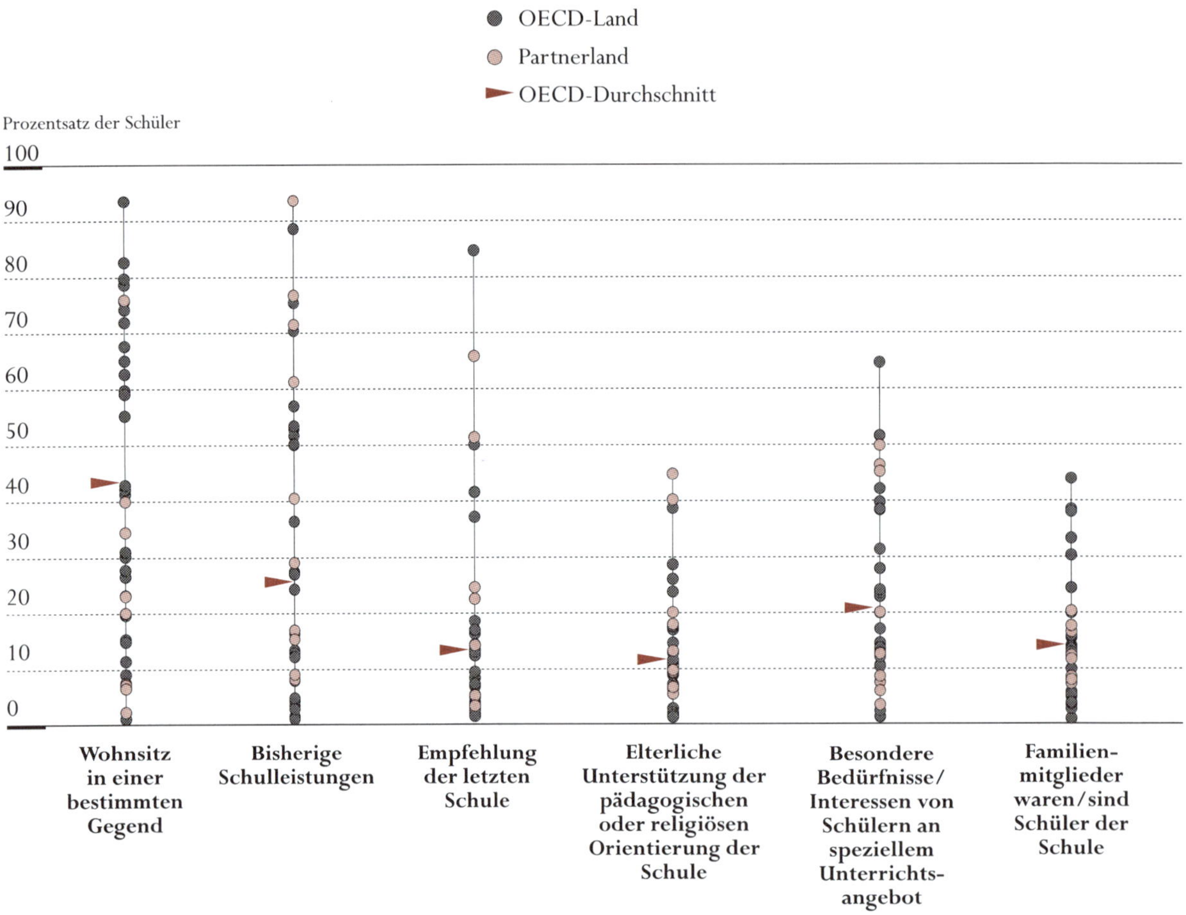

Quelle: OECD PISA-2003-Datenbank, Tabelle 5.8.

Beurteilungsverfahren und -praktiken

Die Art und Weise, wie die Fortschritte der Schüler beobachtet und beurteilt werden, kann sich auf die Leistung auswirken …

Die Verlagerung des Interesses der Öffentlichkeit und der staatlichen Stellen weg von der reinen Kontrolle der Ressourcen und der Bildungsinhalte hin zu einer größeren Aufmerksamkeit für die Bildungsresultate hat in vielen Ländern zur Aufstellung von Qualitätsstandards für die Arbeit von Bildungseinrichtungen geführt. Die angewandten Konzepte reichen von der Definition allgemeiner Bildungsziele bis hin zur Ausarbeitung präziser Leistungsvorgaben in klar definierten Fachbereichen. Solche Leistungsstandards können nur dann Wirkung zeigen, wenn ihre Umsetzung konsequent überwacht wird. Daher dürfte es nicht überraschen, dass Beurteilungen der Schülerleistungen jetzt in vielen OECD-Ländern üblich sind – und dass ihre Ergebnisse häufig weiten Kreisen zur Kenntnis gebracht werden, Gegenstand öffentlicher Debatten sind und auch von den für die Verbesserung der schulischen Leistungen zuständigen Instanzen genutzt werden. Hinsichtlich der Beweggründe solcher Beurteilungen und der Art der dazu eingesetzten Instrumente bestehen jedoch

große Unterschiede, sowohl innerhalb der einzelnen Länder als auch zwischen ihnen. Zu den in den OECD-Ländern angewandten Beurteilungsmethoden gehören standardisierte Tests ebenso wie Klassenarbeiten oder direkte Beurteilungen durch die Lehrkräfte.

Abbildung 5.9 ■ **Beurteilungsmethoden und Mathematikleistungen**

Leistungsunterschiede in Mathematik zwischen Schulen, in denen laut Angaben ihrer Leitung folgende Beurteilungsmethoden im vorangegangenen Schuljahr mindestens dreimal jährlich angewandt wurden, und solchen, in denen dies zweimal jährlich oder weniger oft der Fall war

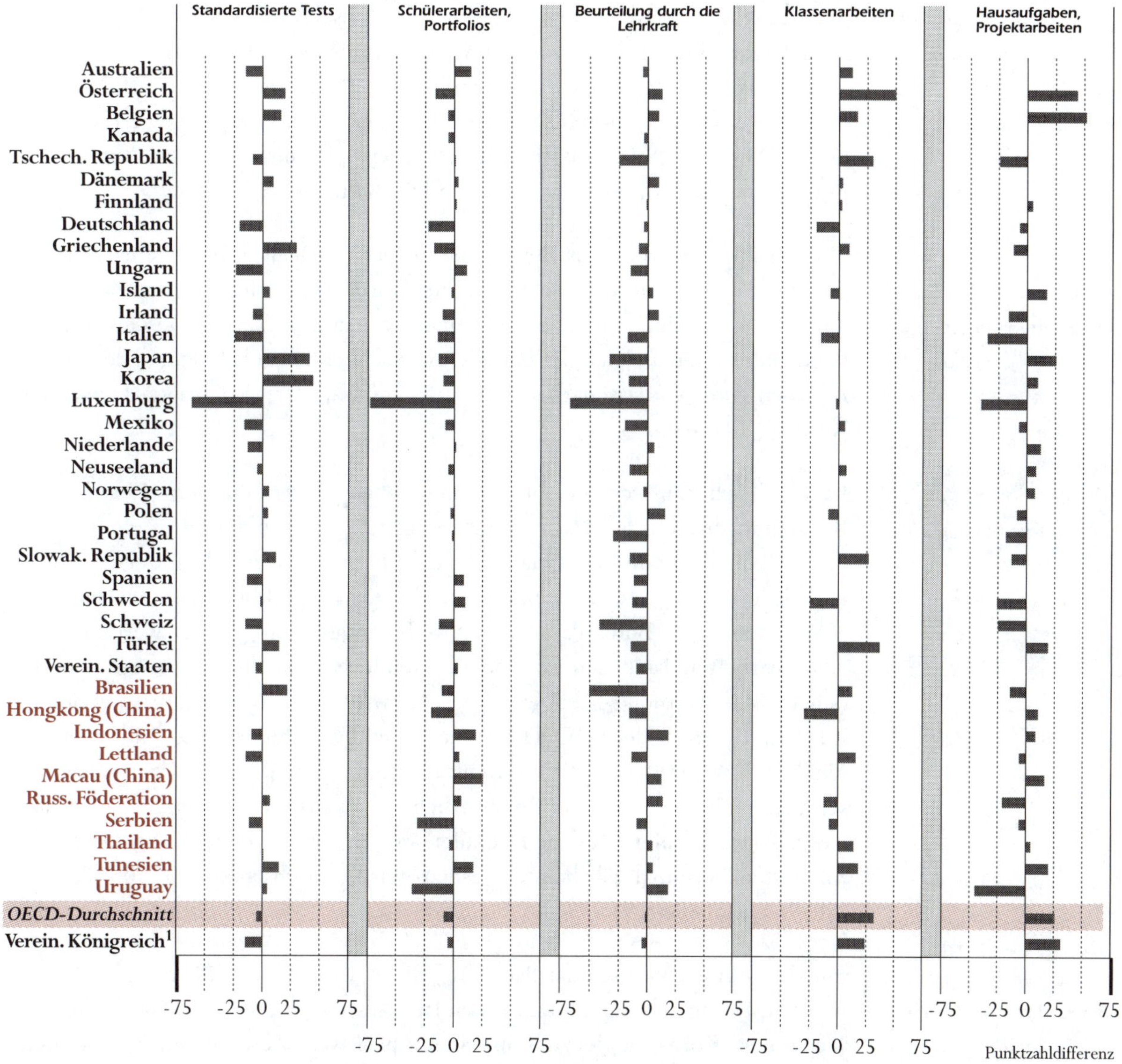

1. Die Beteiligungsquote ist zu niedrig, um die Vergleichbarkeit zu gewährleisten (siehe Anhang A3).
Quelle: OECD PISA-2003-Datenbank, Tabelle 5.9.

… und während ein Viertel der Schüler häufig geprüft wird, nimmt ein anderes Viertel nie an standardisierten Tests teil.

Im Durchschnitt der OECD-Länder befinden sich 23% der 15-Jährigen in Schulen, in denen mindestens dreimal pro Jahr standardisierte Tests durchgeführt werden, und in Korea, Neuseeland sowie dem Partnerland Tunesien gilt dies für über die Hälfte der Schüler (Tabelle 5.9). Demgegenüber gibt ein gleich großer Prozentsatz der Schulleitungen an, dass die 15-Jährigen nie mit Hilfe standardisierter Tests geprüft werden, und in Belgien, Deutschland, Österreich und der Schweiz ist dies für über die Hälfte der 15-Jährigen der Fall (wegen Daten vgl. *www.pisa.oecd.org*).

Schülerarbeiten, Schülermappen und Portfolios werden häufig als Beurteilungsmethode eingesetzt …

Eine weitere Beurteilungsmethode sind Schülerarbeiten, Schülermappen und Portfolios, auf die im OECD-Durchschnitt tendenziell häufiger zurückgegriffen wird als auf standardisierte Tests. In den OECD-Ländern gaben durchschnittlich 43% der Schulleitungen an, dass Schülerportfolios usw. mindestens dreimal jährlich zur Beurteilung der 15-Jährigen eingesetzt werden, und in Dänemark, Island, Italien, Japan, Mexiko, Spanien sowie im Partnerland Brasilien galt dies für zwischen 75% und 96% (Tabelle 5.9).

… noch weiter verbreitet sind direkte Beurteilungen durch die Lehrkräfte.

Noch häufiger werden zur Bewertung der 15-Jährigen direkte Beurteilungen durch die Lehrkräfte eingesetzt, was im Durchschnitt der OECD-Länder für 75% der Schülerinnen und Schüler mindestens dreimal jährlich geschieht. 92% der Schülerinnen und Schüler befinden sich schließlich in Schulen, in denen den Angaben zufolge Klassenarbeiten zur Beurteilung der 15-Jährigen verwendet werden (Tabelle 5.9).

Schüler, die häufiger Klassenarbeiten schreiben, erzielen tendenziell bessere Ergebnisse …

Es lässt sich nur schwer ein Zusammenhang zwischen dem Einsatz von Beurteilungen und den Lernresultaten auf nationaler Ebene herstellen, nicht nur weil die Form und die Qualität solcher Beurteilungen sehr unterschiedlich ist, sondern auch weil Beurteilungsverfahren und -praktiken in verschiedenen Schultypen und Bildungsgängen jeweils anders umgesetzt werden. Für Klassenarbeiten lässt sich aber in der Tendenz feststellen, dass Schulen, in denen diese Methode häufiger eingesetzt wird, bessere Ergebnisse erzielen. Im Durchschnitt der OECD-Länder erzielten Schülerinnen und Schüler, die laut Angaben der Schulen weniger als dreimal jährlich Klassenarbeiten schreiben, beispielsweise durchschnittlich 471 Punkte auf der Mathematikskala, wohingegen Schülerinnen und Schüler an Schulen, in denen diese Methode mindestens dreimal jährlich eingesetzt wird, durchschnittlich 503 Punkte erhielten (Tabelle 5.9).

… der Effekt anderer Beurteilungsmethoden ist jedoch weniger eindeutig.

Für den Einsatz von standardisierten Tests stellt sich das Bild uneinheitlicher dar. Die Häufigkeit der Nutzung standardisierter Tests steht in Griechenland, Japan und Korea tendenziell in einem positiven Zusammenhang mit den schulischen Leistungen, während in Italien, Luxemburg, den Niederlanden und dem Partnerland Lettland eine negative Beziehung festzustellen ist. Was den Einsatz von direkten Beurteilungen durch die Lehrkraft und von Schülerportfolios anbelangt, so ist der Zusammenhang tendenziell schwächer ausgeprägt, und es zeichnet sich auch kein klares Muster ab. Ausgehend von den

begrenzten Informationen, die PISA liefert, lässt sich diese Frage nur schwer klären, weshalb weitere Forschungsarbeiten und Analysen nötig sind, um zu untersuchen, wie der Einsatz verschiedener Beurteilungsinstrumente zu einer Anhebung des Leistungsniveaus beitragen kann. Auf Ländervergleichsebene ist der Zusammenhang zwischen der Häufigkeit des Einsatzes der verschiedenen Beurteilungsmethoden und den Ländererergebnissen ebenfalls uneinheitlich, wobei sich nur für einen häufigeren Einsatz von Klassenarbeiten sowie Schülerarbeiten, Schülermappen und Portfolios ein klarer positiver Zusammenhang mit den Leistungen der Länder abzeichnet.

Es wird viel darüber diskutiert, wie die Ergebnisse von Beurteilungen am besten genutzt werden können, um den Bildungsehrgeiz zu erhöhen, mehr Transparenz in Bezug auf Bildungsziele und -inhalte zu schaffen und einen Bezugsrahmen herzustellen, der es den Lehrkräften ermöglicht, den Lernprozess der Schülerinnen und Schüler zu begreifen und zu fördern. Einige Länder betrachten Beurteilungen in erster Linie als ein Instrument zur Beschaffung von Feedback über einzelne Schülerinnen und Schüler, zur Bestimmung optimaler Vorgehensweisen und zur Identifikation gemeinsamer Probleme, um Lehrkräfte und Schulen zu ermutigen, ein die Leistung stärker förderndes und produktiveres Lernumfeld zu schaffen bzw. weiter zu verbessern. Andere nutzen sie auch als Instrument im Wettstreit zwischen öffentlichem Dienst und Marktmechanismen bei der Ressourcenallokation, z.B. durch die Veröffentlichung vergleichender Daten zu den Ergebnissen der Schulen, die den Familien die Wahl der Schule erleichtern sollen, oder durch die Zuweisung finanzieller Mittel entsprechend der Schülerzahlen.

Manche Länder betrachten Tests in erster Linie als ein Instrument für die Lehrkräfte, andere als eine Methode zur Ausdehnung ihrer Rechenschaftspflicht …

Die PISA-Daten bestätigen diese Unterschiede in Bezug auf Ziele und Strategien. Im Durchschnitt der OECD-Länder besuchen 40% der 15-Jährigen Schulen, in denen Beurteilungen den Angaben zufolge zum Leistungsvergleich zwischen den Schulen genutzt werden. Allerdings gilt dies in Belgien, Dänemark, Irland, Luxemburg und dem Partnerland Uruguay für nur 10% oder weniger der Schüler und in Deutschland, Griechenland, Japan, der Schweiz, Spanien und im Partnerland Macau (China) nur für 12-17%, wohingegen in Neuseeland, Ungarn und den Vereinigten Staaten sowie im Partnerland Indonesien über 70% der Schülerinnen und Schüler in Schulen unterrichtet werden, die Beurteilungen für solche Benchmarking-Verfahren einsetzen (vgl. Abb. 5.10). Desgleichen besuchen in Island, Neuseeland, Polen, Schweden, Ungarn und den Vereinigten Staaten über 70% der 15-Jährigen Schulen, die Beurteilungen zum Vergleich mit regionalen oder nationalen Leistungsstandards einsetzen, während dies in Belgien, Griechenland, Österreich und dem Partnerland Macau (China) nur für 6-12% der Schüler der Fall ist (Tabelle 5.10 und Abb. 5.10). In einigen dieser Länder fehlen die entsprechenden Instrumente einfach, so dass sich die Schüler nicht mit anderen vergleichen können, selbst wenn sie dies wünschen[10].

… und bei PISA traten große Unterschiede in Bezug darauf zu Tage, inwieweit die Ergebnisse von Tests zum Vergleich der Schulen eingesetzt werden …

Abbildung 5.10 ■ **Prozentsatz der Schüler in Schulen, in denen die Ergebnisse von Schülerbeurteilungen laut Angaben der Schulleitung für folgende Zwecke genutzt werden**

Die Ergebnisse basieren auf Angaben der Schulleitungen und beziehen sich auf den jeweiligen zahlenmäßigen Anteil der 15-Jährigen in den Schulen

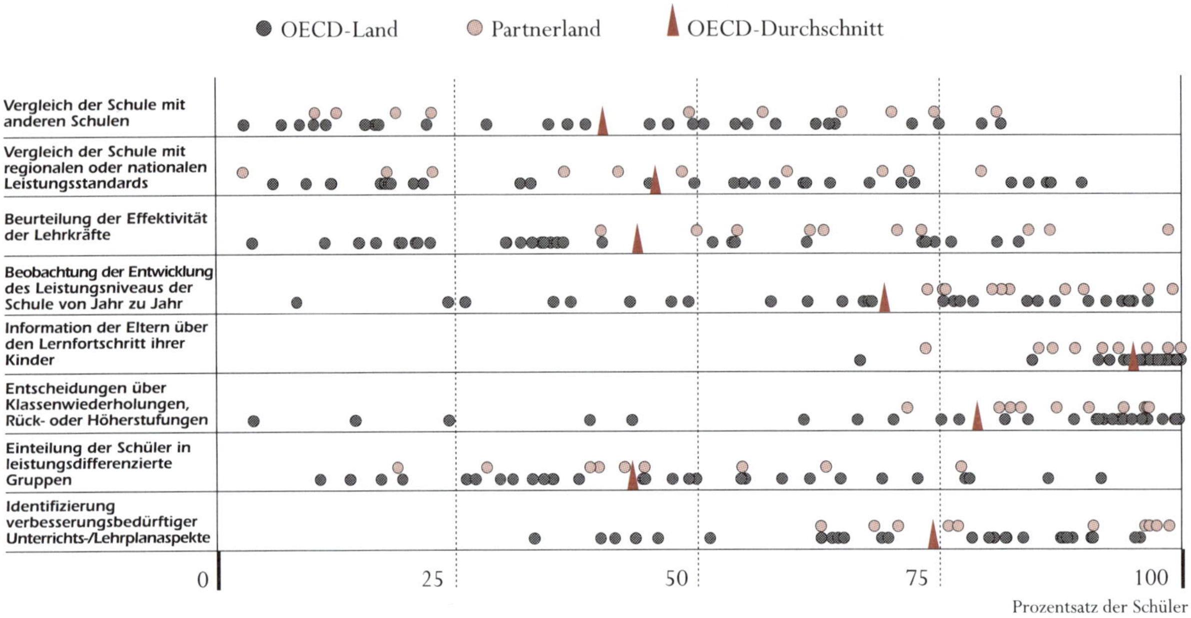

Quelle: OECD PISA-2003-Datenbank, Tabelle 5.10.

... und darauf, inwieweit sie zur Beurteilung der Lehrkräfte verwendet werden ...

Die Nutzung von Beurteilungen zur Bewertung der Effizienz der Lehrkräfte ist in den einzelnen Ländern unterschiedlich weit verbreitet. Im OECD-Durchschnitt befinden sich 44% der 15-Jährigen in Schulen, die laut eigener Angabe solche Verfahren verwenden, der entsprechende Prozentsatz schwankt jedoch zwischen nur 4% bzw. 11% in Dänemark und Deutschland und über 80% in Japan und in den Partnerländern Indonesien und Lettland und ganzen 99% in der Russischen Föderation.

... wenngleich die Nutzung einiger Beobachtungsfunktionen in den Ländern weiter verbreitet ist.

Häufiger werden Beurteilungen zur Beobachtung der Entwicklung des Leistungsniveaus der Schule (OECD-Durchschnitt: 69%), für Entscheidungen über Klassenwiederholungen, Rück- und Höherstufungen der Schülerinnen und Schüler (OECD-Durchschnitt: 79%) oder zur Information der Eltern über die Lernfortschritte ihrer Kinder eingesetzt, wobei von Letzterem außer in Dänemark und dem Partnerland Tunesien mindestens 85% der 15-Jährigen betroffen sind (OECD-Durchschnitt: 95%).

In welchem Zusammenhang stehen diese Regeln und Vorgehensweisen nun mit den Schülerleistungen? Auch diese Frage lässt sich nur schwer beantworten, in erster Linie weil die Nutzung von Beurteilungsergebnissen häufig eng mit anderen Aspekten der Schulpolitik und -praxis verknüpft ist (vgl. den letzten Abschnitt dieses Kapitels), zweitens aber auch, weil sich der Zusammenhang mit den Schülerleistungen in den einzelnen OECD-Ländern

recht unterschiedlich darstellt. In Belgien, Japan, Korea, den Niederlanden und dem Partnerland Indonesien erzielen Schulen, die ihre Ergebnisse mit regionalen oder nationalen Leistungsstandards vergleichen, zwischen 20 und 50 Punkte mehr als Schulen, die das nicht tun, und im OECD-Durchschnitt bleibt ein statistisch signifikanter Leistungsvorsprung im Umfang von 9 Punkten für Länder bestehen, die Beurteilungen zu diesem Zweck verwenden (Tabelle 5.10). In Luxemburg ist hingegen ein statistisch signifikanter negativer Zusammenhang zu beobachten. Im Durchschnitt des OECD-Raums zeichnet sich auch ein Vorteil für Schulen ab, die Beurteilungen für Entscheidungen über Klassenwiederholung, Rück- oder Höherstufungen oder zur Information der Eltern über die Lernfortschritte ihrer Kinder verwenden. Gleichwohl ist das Bild im Ländervergleich auch hier uneinheitlich.

Formen der Schulverwaltung

Mehr Autonomie kann die Verwaltung der Schulen erleichtern, von einigen wird jedoch befürchtet, dass dies zu einer Verstärkung der Chancenungleichheit führen könnte.

Hinter den ab Anfang der achtziger Jahre eingeleiteten Struktur- und Systemreformen stand in erster Linie die Absicht, die Autonomie in einem breiten Spektrum von Aspekten des Schulbetriebs zu erhöhen, mit dem Ziel einer Anhebung der Leistungsniveaus durch Übertragung von Verantwortlichkeiten an die Schulen selbst und Förderung der Anpassungsfähigkeit an die Bedürfnisse des jeweiligen Einzugsgebiets. Dies beinhaltete eine Stärkung der Entscheidungsverantwortung und der Rechenschaftspflicht der Schulleiterinnen und Schulleiter sowie in manchen Fällen auch der Verantwortung der Lehrkräfte und Fachbereichsleiter in Verwaltungsangelegenheiten. Eine größere Autonomie ermöglicht es den Schulen zwar, den Anforderungen des jeweiligen lokalen Umfelds besser gerecht zu werden, sie wird jedoch gelegentlich auch als ein Faktor angesehen, der Auswahlmechanismen in Gang setzt, die hauptsächlich bereits privilegierten gesellschaftlichen Gruppen zugute kommen.

Bei PISA wurden Fragen zu einer Reihe von Entscheidungsbefugnissen gestellt …

Um den Umfang des Mitspracherechts des Lehrerkollegiums und der Schulleitung in Fragen der schulischen Politik und Verwaltung beurteilen zu können, wurden die Schulleitungen gebeten anzugeben, ob sie selbst, die Lehrkräfte, die Fachbereichsleiter oder ein ernanntes oder gewähltes Gremium in folgenden Bereichen Verantwortung tragen: Einstellung von Lehrkräften, Entlassung von Lehrkräften, Festlegung der Anfangsgehälter der Lehrkräfte, Entscheidung über die Beförderung bzw. Höhergruppierung von Lehrkräften, Festlegung des Schulbudgets, Entscheidung über die Verwendung des Budgets innerhalb der Schulen, Festlegung von disziplinären Regeln für die Schülerinnen und Schüler, Festlegung von Kriterien für die Schülerbeurteilung, Aufnahme von Schülerinnen und Schülern in die Schule, Wahl der verwendeten Lehrbücher, Bestimmung des Lehrstoffs und Entscheidung über das Fächer- und Kursangebot.

Aus Abbildung 5.11 ist der Prozentsatz der Schülerinnen und Schüler ersichtlich, die in Schulen unterrichtet werden, in denen die Schulleitung Verantwortung für verschiedene Aspekte der Schulverwaltung trägt[11].

Abbildung 5.11 ■ **Beteiligung der Schulen an den Entscheidungsprozessen**

Prozentsatz der Schüler in Schulen, die laut Angaben ihrer Leitung Verantwortung für folgende Aspekte der Schulpolitik und -verwaltung tragen

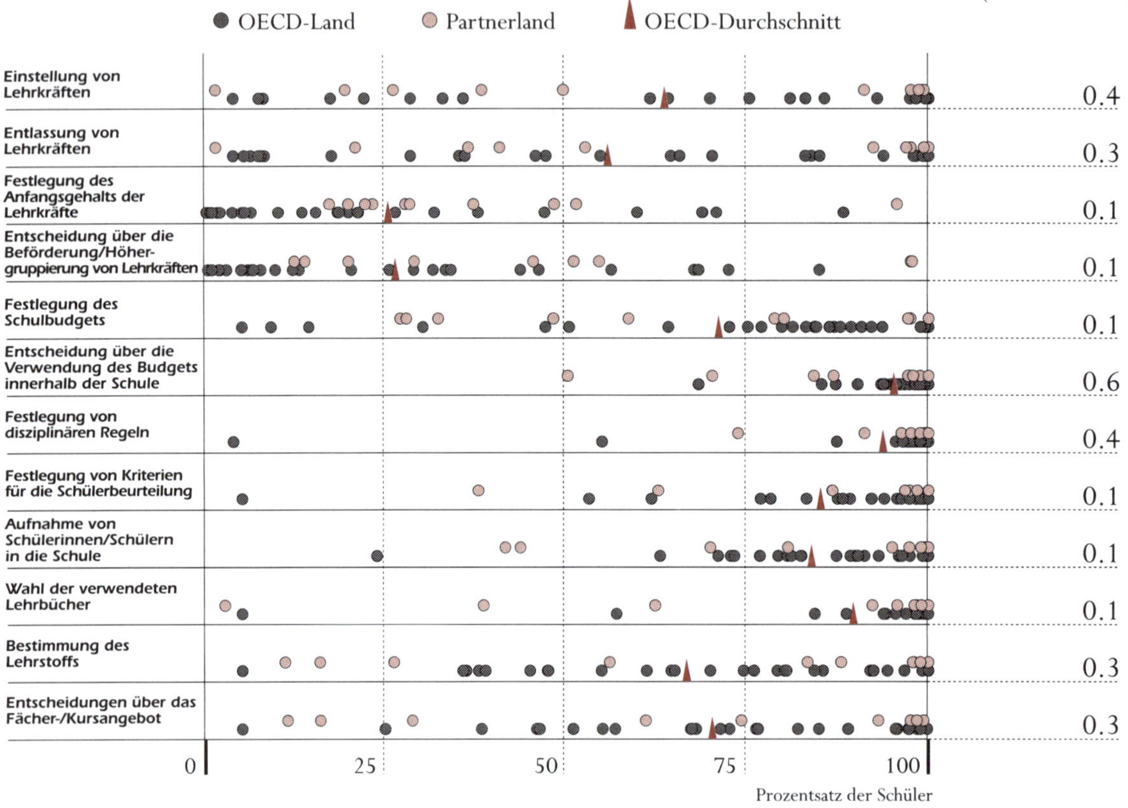

Quelle: OECD PISA-2003-Datenbank, Tabelle 5.11a und 5.11b.

... und die Ergebnisse zeigen, dass die Schulen in der Regel wenig Einfluss auf die Vergütung der Lehrkräfte haben ...

Tabelle 5.11a zeigt, dass die Schulen in den meisten Ländern anders als Privatunternehmen kaum Einfluss auf die Höhe der Anfangsgehälter ihrer Lehrkräfte haben. Außer in Mexiko, den Niederlanden, Schweden, der Slowakischen Republik, Ungarn und den Vereinigten Staaten sowie in den Partnerländern Indonesien, Lettland, Macau (China) und Russische Föderation besuchen weniger als ein Drittel der 15-Jährigen Schulen, die laut Aussage der Schulleitungen ein gewisses Maß an Verantwortung für die Festsetzung der Anfangsgehälter der Lehrkräfte tragen (OECD-Durchschnitt: 26%). Auch der Spielraum der Schulen für eine leistungsorientierte Anpassung der Gehälter der bereits bei ihnen beschäftigten Lehrkräfte ist begrenzt. Nur in den Niederlanden, Schweden, der Tschechischen Republik und den Vereinigten Staaten sowie in den Partnerländern Macau (China) und Thailand werden mehr als zwei Drittel der Schülerinnen und Schüler in Schulen unterrichtet, in denen die Schulleitungen den Angaben zufolge Einfluss auf Entscheidungen über die Beförderung bzw. Höhergruppierung ihrer Lehrkräfte haben (OECD-Durchschnitt: 27%).

Was die Einstellung oder Entlassung von Lehrkräften anbelangt, scheinen die Schulen über mehr Flexibilität zu verfügen. Im Durchschnitt der OECD-

Länder befinden sich 56% der 15-Jährigen in Schulen, deren Schulleitungen laut eigener Aussage über Befugnisse zur Entlassung von Lehrkräften verfügen. In Belgien, Island, Neuseeland, den Niederlanden, Polen, Schweden, der Schweiz, der Slowakischen Republik, der Tschechischen Republik, Ungarn und den Vereinigten Staaten sowie in den Partnerländern Hongkong (China), Lettland, Macau (China), Russische Föderation und Serbien gilt dies für über 80% der Schüler. Effektiv sind Deutschland, Griechenland, Luxemburg, Österreich, Portugal, die Türkei und das Partnerland Tunesien die einzigen Länder, in denen mindestens 90% der Schülerinnen und Schüler in Schulen unterrichtet werden, die laut Aussage ihrer Leitung keinerlei Befugnisse für die Entlassung von Lehrkräften besitzen. In den meisten Ländern ist das Mitspracherecht der Schulen bei der Einstellung von Lehrkräften etwas größer als bei der Entlassung. Im OECD-Raum besuchen durchschnittlich 64% der 15-Jährigen Schulen, deren Leitung laut eigener Angabe eine Verantwortung bei der Einstellung von Lehrkräften zukommt. In diesem Bereich kam es seit dem Jahr 2000 in einigen Ländern zu Veränderungen; in Deutschland ist der Prozentsatz der Schulen, die hier jetzt Befugnisse haben, z.B. von 10% im Jahr 2000 auf 18% im Jahr 2003 gestiegen.

... bei deren Einstellung kommen ihnen allerdings mehr – in einigen Ländern sogar zunehmend mehr – Befugnisse zu.

Außer in Deutschland, Irland, Kanada, Norwegen, Portugal, der Schweiz, der Türkei und den Partnerländern Serbien, Tunesien und Uruguay wird die Mehrzahl der 15-Jährigen in Schulen unterrichtet, die laut eigener Angabe Einfluss auf Entscheidungen bezüglich der Lehrinhalte haben (OECD-Durchschnitt: 67%), und außer in Norwegen, Polen, der Schweiz, der Türkei und den Partnerländern Serbien, Tunesien und Uruguay gilt dies auch für das Fächer- und Kursangebot.

Die Schulen entscheiden in den meisten Fällen über den Unterrichtsinhalt ...

Hinsichtlich der Befugnisse der Schulen zur Festlegung ihres Budgets bestehen ebenfalls erhebliche Unterschiede. Während in Deutschland, Luxemburg und Österreich 15% oder weniger der Schulen angeben, dass sie in diesem Bereich über Befugnisse verfügen, gilt dies in Australien, Belgien, Finnland, Mexiko, Portugal, Schweden, der Slowakischen Republik, Spanien, der Tschechischen Republik, Ungarn, den Vereinigten Staaten und dem Partnerland Thailand für über 80% und in Dänemark, Island, Korea, Neuseeland und den Niederlanden sowie in den Partnerländern Hongkong (China) und Indonesien für über 90% (OECD-Durchschnitt: 71%). Außer in Mexiko, der Türkei und dem Partnerland Uruguay besuchen fast alle 15-Jährigen Schulen, die den Angaben zufolge über Befugnisse für Entscheidungen über die Mittelverwendung verfügen (OECD-Durchschnitt: 95%).

... in Bezug auf den Einfluss der Schulen auf Budgetentscheidungen bestehen jedoch große Unterschiede zwischen den Ländern.

Die meisten Schulleitungen gaben schließlich noch an, dass die Schulen Befugnisse in Bezug auf die Festlegung der disziplinären Regeln, die Wahl der Lehrbücher und die Aufnahme von Schülerinnen und Schülern besitzen. Die Schülerbeurteilungen sind ebenfalls ein Bereich, in dem den Schulen anscheinend Entscheidungsverantwortung zukommt. In den meisten OECD-Ländern besucht die Mehrzahl der 15-Jährigen jedoch Schulen, in denen

Den Schulen kommt ferner eine wichtige Rolle bei der Wahl der Lehrbücher, bei Aufnahmeentscheidungen und bei der Festlegung von Beurteilungsrichtlinien zu.

regionale oder nationale Behörden laut Angaben der Schulleitungen direkten Einfluss auf Entscheidungen in diesem Bereich haben, und in Deutschland, Griechenland, Kanada, Mexiko, Neuseeland und den Vereinigten Staaten gilt dies für 80% oder mehr der Schüler (wegen Daten vgl. *www.pisa.oecd.org*).

Innerhalb der Länder ist der Grad der Entscheidungsverantwortung relativ einheitlich, so dass sich schwer ein Zusammenhang mit den Leistungen identifizieren lässt …

Inwieweit wirkt sich die Aufteilung der Entscheidungsbefugnisse nun auf die Schülerleistungen aus? In diesem Bereich bestehen innerhalb der einzelnen Länder oft nur schwache Zusammenhänge zwischen den verschiedenen Aspekten schulischer Autonomie und den Schülerleistungen. Dies ist einleuchtend, da die Verteilung der Entscheidungskompetenzen häufig durch die nationale Gesetzgebung geregelt wird, so dass oft kaum Unterschiede innerhalb der einzelnen Länder bestehen.

… im Ländervergleich besteht in mancher Hinsicht jedoch ein positiver Zusammenhang zwischen der Autonomie der Schulen und den Schülerleistungen.

Gleichwohl lässt sich aus den vorliegenden Daten schließen, dass in jenen Ländern, in denen die Schulen laut Aussage der Schulleitungen im Durchschnitt über ein höheres Maß an Autonomie in Bezug auf bestimmte Aspekte der Schulverwaltung verfügen, die durchschnittlichen Leistungen in Mathematik in der Regel höher sind, wie sich an den länderübergreifenden Korrelationen im unteren Bereich von Tabelle 5.11 zeigt. Auf den Prozentsatz der Schulen, denen Befugnisse bei Entscheidungen über die Verwendung der Budgetmittel zukommen, entfallen beispielsweise 36% der im Ländervergleich festgestellten Varianz der Leistungen der Schulen, und was die Einstellung und Entlassung von Lehrkräften, den Unterrichtsinhalt, das Fächer- bzw. Kursangebot und die disziplinären Regeln anbelangt, sind es immerhin noch zwischen 9% und 16%[12]. Wie in anderen Analysen dieser Art können solche Korrelationen allerdings nicht als Kausalzusammenhänge interpretiert werden, da zahlreiche andere Faktoren mitspielen können. Dennoch legen die Ergebnisse den Schluss nahe, dass eine stärkere Beteiligung der Schulen in verschiedenen Bereichen der Entscheidungsfindung, zumindest im Ländervergleich, in einem positiven Zusammenhang mit den Mathematikergebnissen steht.

Mehrere externe Gremien können in den Schulen Einfluss geltend machen, insbesondere nationale oder regionale Behörden …

Größere Unterschiede zwischen den Ländern zeichnen sich auch in Bezug darauf ab, inwieweit externe und interne Gremien Einfluss auf Entscheidungen haben, die die Schulen betreffen. In den vier Bereichen der Entscheidungsfindung – Stellenbesetzung, Haushaltsmittel, Unterrichtsinhalt und Beurteilungsrichtlinien – gaben die Schulleitungen an, dass unter den sieben berücksichtigten Instanzen die regionalen und nationalen Bildungsbehörden den größten Einfluss ausüben, gefolgt von der lokalen Schulbehörde oder dem Schulträger, den Lehrervertretungen, externen Prüfungsausschüssen und schließlich den Arbeitgebern im Unternehmenssektor, den Elternvertretungen und den Schülervertretungen (vgl. Abb. 5.12 und Tabelle 5.12)[13].

… in einigen Ländern schwankt der Einfluss der nationalen Behörden jedoch stark je nach Bereich.

Die Beteiligung regionaler oder nationaler Bildungsbehörden ist in allen vier Bereichen in der Regel stark. Es gibt jedoch Ausnahmen. In Korea, Norwegen, Polen, Schweden und Ungarn besuchen z.B. nur zwischen 11% und 26% der 15-Jährigen Schulen, in denen die regionalen oder nationalen Bildungsbehörden

Abbildung 5.12 ■ **Beteiligung verschiedener Gremien an den Entscheidungen der Schule**

Prozentsatz der Schüler in Schulen, in denen die in der Abbildung genannten Gremien laut Angaben der Schulleitung direkten Einfluss auf Entscheidungen in folgenden Bereichen haben: Personal, Budget, Unterrichtsinhalt und Beurteilungsrichtlinien

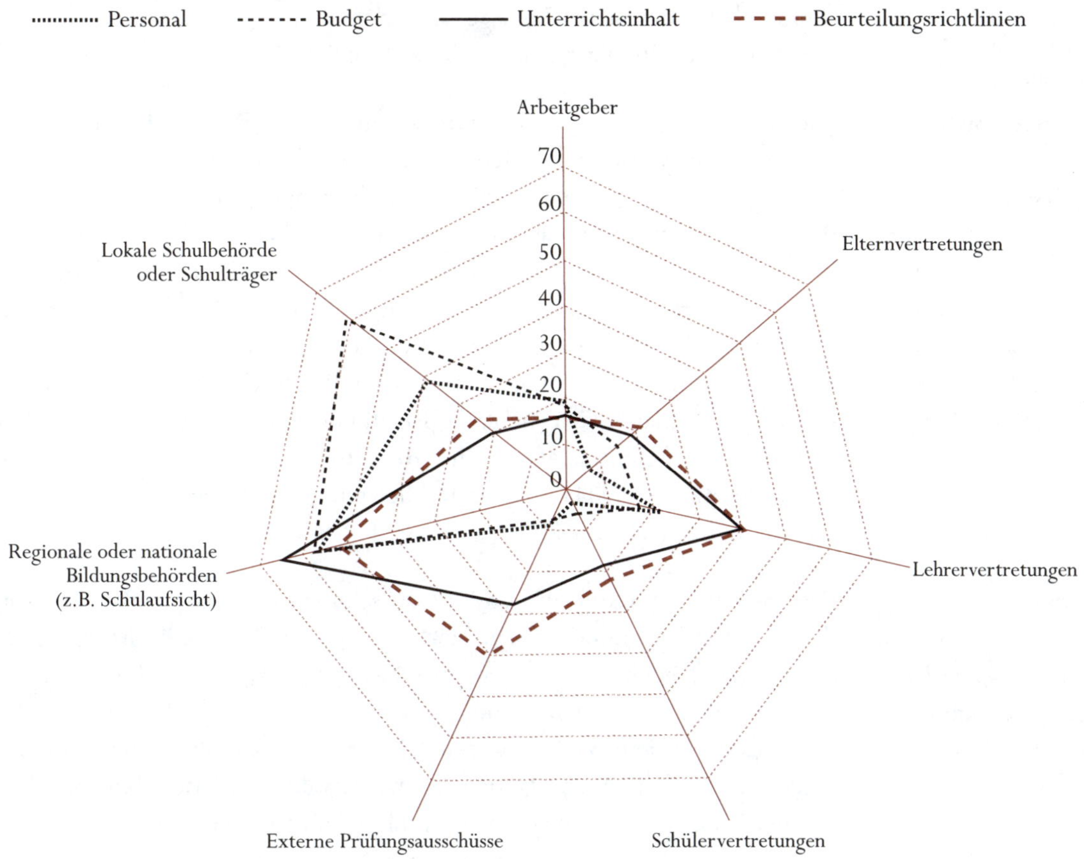

Quelle : OECD PISA-2003-Datenbank, Tabelle 5.12.

laut Angaben der Schulleitungen direkten Einfluss auf Entscheidungen in Personalfragen ausüben (OECD-Durchschnitt: 57%). In Deutschland, Polen, Schweden, der Türkei und dem Partnerland Tunesien beläuft sich der entsprechende Prozentsatz für die Haushaltsmittel desgleichen nur auf zwischen 10% und 25% (OECD-Durchschnitt: 58%); in Island, Korea und Polen beträgt der Prozentsatz für Entscheidungen in Lehrinhaltsfragen nur 20-29% (OECD-Durchschnitt: 66%); und in Island, Italien, Polen und der Slowakischen Republik besuchen nur 13-27% der Schüler Schulen, in denen regionale oder nationale Behörden Einfluss auf Entscheidungen in Prüfungsfragen ausüben (OECD-Durchschnitt: 53%).

Darüber hinaus ist das Ausmaß der Beteiligung der regionalen oder nationalen Bildungsbehörden in einigen Ländern je nach Bereich sehr unterschiedlich. In Schweden z.B. scheinen nationale und regionale Behörden mit 62% den meisten Einfluss auf schulische Entscheidungen bezüglich der Festlegung des

Unterrichtsinhalts und der Überwachung der Einhaltung der Bildungsstandards durch Schülerbeurteilungen auszuüben, wohingegen sie wenig in die konkrete Umsetzung der Bildungsziele in den Schulen eingreifen, da nur rd. 10% der 15-Jährigen in Schulen unterrichtet werden, in denen regionale oder nationale Bildungsbehörden laut Aussage der Schulleitungen direkten Einfluss auf Personal- oder Budgetfragen ausüben (Abb. 5.12).

Andere Gremien haben Einfluss auf bestimmte Bereiche: Lehrerverbände und -gewerkschaften können ein Mitspracherecht bei Entscheidungen in Lehrinhalts- und Prüfungsfragen haben …

Die Beteiligung von Lehrervertretungen, wie z.B. Lehrerverbänden oder Gewerkschaften, ist in der Tendenz bei Entscheidungen in Lehrinhalts- und Prüfungsfragen am größten. Hier bestehen allerdings große Unterschiede zwischen den OECD-Ländern. Während in Australien, Dänemark, der Slowakischen Republik, Ungarn und den Vereinigten Staaten sowie in den Partnerländern Russische Föderation und Thailand beispielsweise mehr als zwei Drittel der 15-Jährigen Schulen besuchen, in denen Lehrervertretungen laut Angaben der Schulleitungen direkten Einfluss auf Fragen des Unterrichtsinhalts ausüben, gilt dies in Deutschland, Griechenland, Island und Japan nur für 9% oder weniger (OECD-Durchschnitt: 40%). In den Bereichen Beurteilungsrichtlinien, Stellenbesetzung und Haushaltsmittel belaufen sich die entsprechenden OECD-Durchschnittswerte auf 41%, 22% bzw. 17% (Abb. 5.12).

… Prüfungsausschüsse bei Entscheidungen über die Beurteilungsmethoden und manchmal auch über den Unterrichtsinhalt …

Die Beteiligung externer Prüfungsausschüsse ist naturgemäß im Bereich der Beurteilungsmethoden am stärksten, in einigen Ländern berichten die Schulen aber auch, dass solche Ausschüsse in Fragen des Unterrichtsinhalts ebenfalls einen erheblichen Einfluss ausüben. Allerdings bestehen auch hier große Unterschiede zwischen den Ländern. In Australien, Finnland, Irland, Neuseeland, den Niederlanden, der Slowakischen Republik sowie den Partnerländern Hongkong (China) und Thailand besuchen über drei Viertel der 15-Jährigen Schulen, in denen externe Prüfungsausschüsse laut Angaben der Schulleitungen an Entscheidungen bezüglich der Beurteilungsmethoden beteiligt sind, wohingegen solche Ausschüsse in Deutschland, Griechenland, Japan, Schweden und Österreich entweder nicht existieren oder keine wesentliche Rolle spielen (OECD-Durchschnitt: 40%). In den Bereichen Unterrichtsinhalt, Haushaltsmittel und Stellenbesetzung betragen die entsprechenden OECD-Durchschnittswerte 28%, 7% und 8%.

Nur in wenigen Ländern haben Arbeitgeber den Angaben zufolge großen Einfluss auf Entscheidungen in den vier Bereichen Stellenbesetzung, Haushaltsmittel, Unterrichtsinhalt und Beurteilungsrichtlinien.

… und Elternvertretungen manchmal in Bezug auf den Unterrichtsinhalt und die Beurteilungsmethoden.

Der Einfluss von Elternvertretungen auf die Entscheidungen in der Schule ist tendenziell beim Unterrichtsinhalt und bei den Beurteilungsrichtlinien am stärksten, in Haushaltsfragen ist er geringer und im Bereich der Stellenbesetzung am schwächsten. In Korea, Polen, Schweden, der Slowakischen Republik und den Vereinigten Staaten sowie in den Partnerländern Hongkong (China), Macau (China), Russische Föderation und Thailand werden zwischen einem Viertel und zwei Dritteln der 15-Jährigen in Schulen unterrichtet, in denen

Elternvertretungen laut Aussage der Schulleitungen direkten Einfluss auf den Unterrichtsinhalt ausüben, und in Finnland und Lettland beträgt dieser Prozentsatz sogar 84% bzw. 86%. Im Gegensatz dazu beläuft er sich in Griechenland, Irland, Portugal und der Schweiz auf weniger als 5% (OECD-Durchschnitt: 19%). In Finnland, Polen, Ungarn und im Partnerland Lettland werden zwei Drittel oder mehr der Schüler in Schulen unterrichtet, in denen Elternvertretungen direkten Einfluss auf Entscheidungen in Prüfungsfragen geltend machen, in Japan, Österreich, der Schweiz und dem Partnerland Uruguay jedoch weniger als 5% (OECD-Durchschnitt: 22%). Die größten Unterschiede bestehen bei der Beteiligung der Elternvertretungen an Entscheidungen in Personalfragen. In Finnland besuchen 42% der 15-Jährigen Schulen, in denen die Eltern laut Aussage der Schulleitungen direkten Einfluss auf Personalentscheidungen haben, wohingegen dies in Irland, Island, Italien, Japan, Luxemburg, Norwegen, Portugal, der Schweiz, der Slowakischen Republik und der Tschechischen Republik sowie in den Partnerländern Hongkong (China) und Tunesien nur für weniger als 1% der Fall ist (OECD-Durchschnitt: 7%). Bei den Haushaltsentscheidungen liegt der OECD-Durchschnitt bei 15%.

Der kombinierte Effekt von Schulpolitik und -praxis

Der Effekt dieser Faktoren kann zusammen, in Kombination mit dem sozialen Hintergrund untersucht werden …

Wie bei den im vorherigen Abschnitt erläuterten Variablen des Schulklimas können die Effekte der verschiedenen Aspekte von Schulpolitik und -praxis nicht einfach addiert werden, da sie in Wechselbeziehungen zueinander stehen. Nachstehend werden sie daher zusammen untersucht. Bei der Untersuchung von Schulpolitik und -praxis ist auch die Wechselwirkung dieser Faktoren mit dem sozioökonomischen Hintergrund der Schüler und Schulen für die Politik von Bedeutung, da solche Wechselwirkungen Fragen der Chancengleichheit in der Bildung aufwerfen.

… und auch hier kommen die stärksten Effekte in Kombination mit dem sozioökonomischen Hintergrund zum Tragen.

In Abbildung 5.13 sind die Ergebnisse dargestellt. Wenn der sozioökonomische Hintergrund auf Schüler- und Schulebene sowie die bei PISA gemessenen Aspekte von Schulpolitik und -praxis zusammen untersucht werden, sind im Durchschnitt der OECD-Länder 53% der Leistungsvarianz zwischen Schulen auf den sozioökonomischen Hintergrund zurückzuführen, 2% auf Schulpolitik und -praxis ohne sozioökonomische Hintergrundfaktoren und 15% auf den kombinierten Effekt von sozioökonomischem Hintergrund und Schulpolitik und -praxis[14]. Somit zeigt sich, dass der bei PISA beobachtete Nettoeffekt der Schulpolitik und -praxis auf die Leistungen der Schulen zwar in den meisten Ländern tendenziell gering ist, dass der Bruttoeffekt, der auch die geschätzte Interaktion der schulischen Regeln und Vorgehensweisen mit dem sozioökonomischen Hintergrund umfasst, aber in vielen Ländern beträchtlich ist, namentlich in Belgien, Deutschland, Korea, den Niederlanden, Österreich und Portugal sowie im Partnerland Uruguay (Tabelle 5.13). Wie im vorherigen Abschnitt müssen diese Ergebnisse allerdings zuerst im Kontext des Umfangs der Varianz der Schulleistungen interpretiert werden. Schätzungen der Leistungsvarianz zwischen Schulen wurden in die Abbildung aufgenommen.

Abbildung 5.13 ■ **Effekt von Schulpolitik und -praxis auf die Mathematikleistung der Schulen**

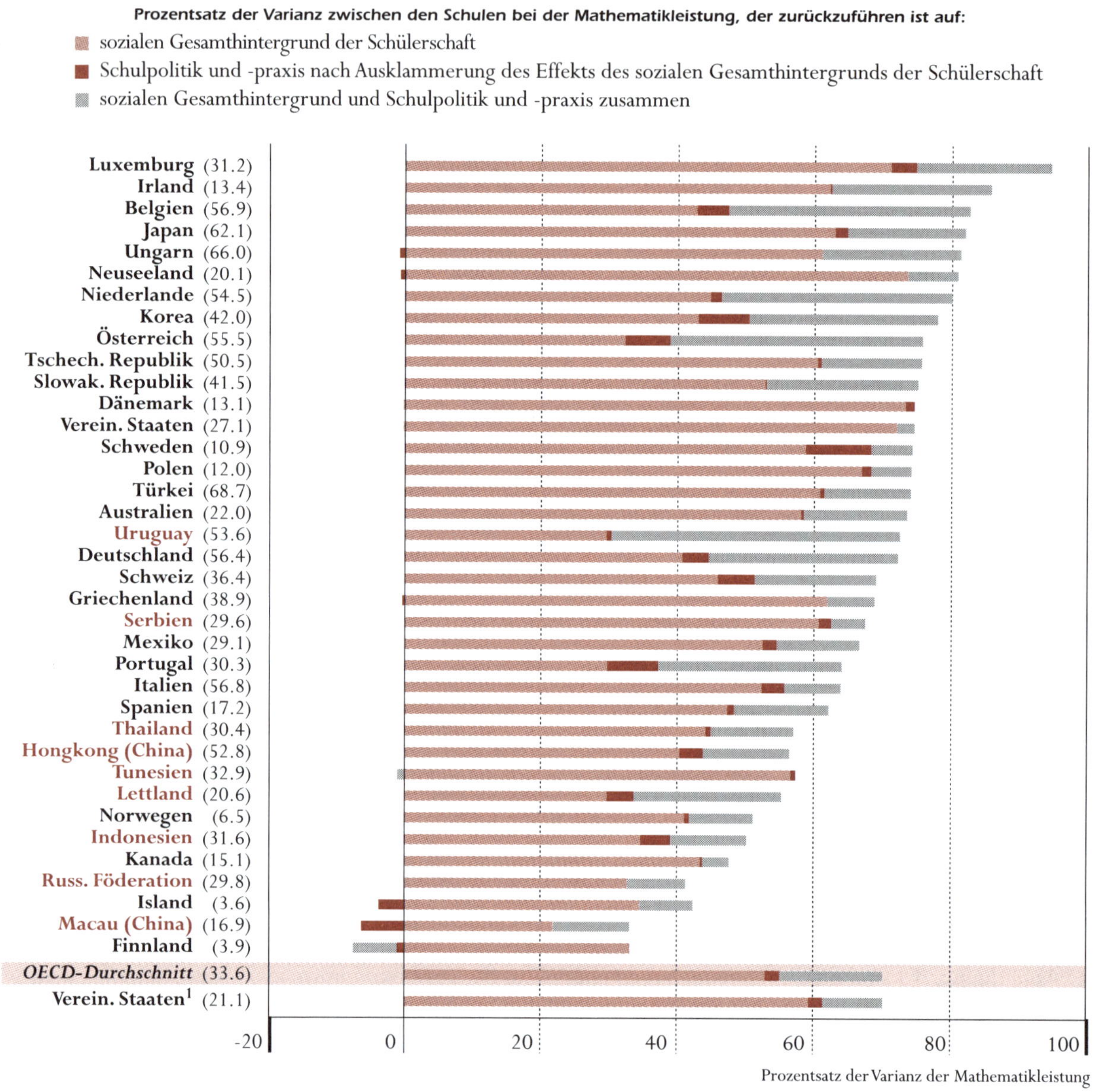

Anmerkung: Die in Klammern gesetzten Zahlen geben die Varianz zwischen Schulen an, ausgedrückt in Prozent der durchschnittlichen Varianz der Schülerleistungen in den OECD-Ländern.

1. Die Beteiligungsquote ist zu niedrig, um die Vergleichbarkeit zu gewährleisten (siehe Anhang A3).

Quelle: OECD PISA-2003-Datenbank, Tabelle 5.13.

Der Nettoeffekt ist nur gering …

Wenngleich mit dem Nettoeffekt der über die Auswirkungen des sozioökonomischen Hintergrunds hinausgehende Effekt der Schulpolitik und -praxis geschätzt wird – mit anderen Worten der Effekt, den die Schulen mit ihrer Politik und Praxis zusätzlich zum Effekt ihrer Schülerschaft erzeugen –, dürften solche Schätzungen den tatsächlichen Effekt dieser Regeln und Vorgehensweisen doch unterzeichnen, insofern einige Leistungsunterschiede gleichzeitig Schul- und Hintergrundfaktoren zuzuschreiben sind. So kann die

Schulpolitik und -praxis z.B. in Schulen effizienter sein, die in sozioökonomischer Hinsicht besser gestellt sind, weil diese die besten Lehrkräfte anwerben können. Diesem kombinierten Effekt sollten die politisch Verantwortlichen große Aufmerksamkeit schenken, da sich an ihm ablesen lässt, in welchem Umfang die Regeln und Vorgehensweisen der Schulen die sozioökonomischen Ungleichheiten im Schulsystem verstärken.

Wenn nur der Bruttoeffekt von Schulpolitik und -praxis ohne Bereinigung um sozioökonomische Faktoren untersucht wird, könnten deren Bedeutung umgekehrt überzeichnet und die sozioökonomischen Verhältnisse übersehen werden, mit denen die Schulen konfrontiert sind. Wie bereits erwähnt, sind die Bruttoeffekte für die Eltern häufig am interessantesten, da diese in erster Linie Informationen über die Gesamtergebnisse der Schulen erhalten möchten, einschließlich sämtlicher Effekte, die aus dem sozioökonomischen Hintergrund ihrer Schülerschaft herrühren.

... am stärkeren Bruttoeffekt zeigt sich jedoch, dass Schüler in Schulen, die eine energischere Politik und Praxis verfolgen, bessere Ergebnisse erzielen.

INVESTITIONEN IN DIE BILDUNG

Der letzte Abschnitt dieses Kapitels befasst sich mit Fragen der Ressourcenausstattung, die in der öffentlichen Debatte häufig mit den Schülerleistungen in Zusammenhang gebracht werden, wie z.B. der Zeitaufwand der Schülerinnen und Schüler für das Lernen, die Klassen- und Schulgröße, die Schüler/Lehrer-Quote, die räumlichen Bedingungen in den Schulen bzw. in dieser Hinsicht festgestellte Unzulänglichkeiten sowie die Beurteilung des Lehrermangels und der Qualität der Lehr- und Sachmittel in den Schulen. Außerdem werden Leistungsunterschiede zwischen Schulen in privater und öffentlicher Trägerschaft untersucht.

Bei PISA wurden ferner die Investitionen an Zeit sowie an personellen und materiellen Mitteln untersucht.

Zeitaufwand der Schülerinnen und Schüler fürs Lernen

Die wertvollste Ressource im Bildungsprozess ist zweifelsohne die von den Schülerinnen und Schülern in das Lernen investierte Zeit. Politischen Entscheidungsträgern, die um eine Steigerung der Bildungserträge bemüht sind, muss daran gelegen sein, dass die Schülerinnen und Schüler mehr Zeit auf schulbezogene Lernaktivitäten verwenden bzw. diese Zeit effektiver nutzen.

Die von den Schülern ins Lernen investierte Zeit ist eine wichtige Ressource ...

Auf den Unterricht im Klassenverband entfällt der größte Teil der öffentlichen Investitionen in den Lernprozess der Schüler (OECD, 2004b). Laut eigenen Angaben verbringen die 15-Jährigen im OECD-Raum durchschnittlich 24 Stunden wöchentlich mit Unterricht im Klassenverband, wobei der entsprechende Zeitaufwand allerdings zwischen 19 bis 23 Stunden in Dänemark, Deutschland, Finnland, Norwegen, Polen, Schweden und den Vereinigten Staaten sowie in den Partnerländern Brasilien und Uruguay und 27 bis 30 Stunden in Irland, Korea und Österreich sowie in den Partnerländern Liechtenstein, Thailand und Tunesien schwankt (Tabelle 5.14)[15]. Im Durchschnitt entfallen von dieser Gesamtzeit 3,3 Stunden auf den Mathematikunterricht. Bildungspolitische Entscheidungen über die Unterrichtsdauer, d.h. die Zahl der Stunden, die

... und die Unterrichtszeit schwankt stark von Land zu Land ...

die Schülerinnen und Schüler im Schulunterricht zubringen, stehen in einer engen Wechselbeziehung mit Maßnahmen bezüglich der Klassengröße, der Arbeitszeit (Unterrichtszeit) der Lehrkräfte sowie der Schüler/Lehrer-Quote. Das optimale Gleichgewicht zwischen diesen Faktoren kann je nach Fachbereich oder Klassenstufe unterschiedlich sein.

... und in einigen Ländern geht sie weit über die Zeit hinaus, die die Schüler im regulären Schulunterricht verbringen.

Der Unterricht im Klassenverband ist jedoch nur ein Aspekt der von den Schülerinnen und Schülern in das Lernen investierten Zeit. Während auf den Unterricht im Klassenverband in Belgien, Island, Japan, Norwegen, Österreich, Portugal, Schweden, der Schweiz und der Tschechischen Republik 80% der für das schulbezogene Lernen insgesamt aufgewendeten Zeit entfallen, verbringen die Schülerinnen und Schüler in Griechenland und dem Partnerland Russische Föderation laut eigenen Angaben mehr als 40% ihrer in schulbezogenes Lernen investierten Zeit mit anderen Lernaktivitäten, wie Hausarbeiten und sonstigen von den Lehrkräften erteilten Aufgaben (OECD-Durchschnitt: 7,5 Stunden insgesamt, davon 3,0 Stunden für Mathematik), außerhalb der Schule stattfindenden Kursen (OECD-Durchschnitt: 0,8 Stunden, davon 0,3 für Mathematik), Nachhilfeunterricht (OECD-Durchschnitt: 0,9 Stunden, davon 0,3 für Mathematik) oder Neigungskursen bzw. Zusatzunterricht in der Schule (OECD-Durchschnitt: 0,7 Stunden, davon 0,2 Stunden für Mathematik), Nachhilfeunterricht zu Hause oder privat organisiert (OECD-Durchschnitt: 0,5 Stunden, davon über die Hälfte für Mathematik) und anderen Formen der Beschäftigung mit Schulinhalten (OECD-Durchschnitt: 1,6 Stunden, davon 0,2 für Mathematik). Dabei ist zu beachten, dass sich diese Angaben nur auf Schulwochen beziehen und dass die Zahl der Wochen, während denen die Schulen jährlich geöffnet sind, von Land zu Land unterschiedlich ist. Um die Interpretation dieser Zahlen zu erleichtern, wurde in Abbildung 5.14 auch die Zahl der Unterrichtswochen pro Schuljahr angegeben.

Aus der Addition dieser Einzelposten ergibt sich, dass die Schülerinnen und Schüler in Korea mehr als 40 Stunden je Unterrichtswoche mit schulbezogenem Lernen verbringen (Abb. 5.14).

Ein großer Teil des Lernens außerhalb der Schule entfällt auf die Hausaufgaben, deren Auswirkungen auf die Schülerleistungen sich allerdings nur schwer messen lassen.

Durch die verschiedenen Formen des Lernens außerhalb des formellen Klassenverbands, unter denen die Hausaufgaben in den meisten Ländern den größten Platz einnehmen, erhalten die Schülerinnen und Schüler mehr Gelegenheiten, Zeit mit Lernen zu verbringen. Sie müssten somit in einem positiven Zusammenhang mit den Lernerträgen stehen. Auf Grund verschiedener Faktoren ist dieser Zusammenhang jedoch wesentlich komplizierter. So können z.B. die Lehrkräfte dazu neigen, jenen Schülerinnen und Schülern, die ihre Leistungen deutlich verbessern müssen, mehr (oder regelmäßiger) Hausaufgaben aufzutragen. Desgleichen benötigen Schüler, die langsamer lernen, u.U. mehr Zeit als andere, um eine gleiche Menge an Hausaufgaben zu erledigen. Umgekehrt kann es sich bei den Schülerinnen und Schülern, die nach eigener Angabe vergleichsweise wenig Zeit auf die Hausaufgaben verwenden, entweder um besonders begabte Schüler handeln, die

Abbildung 5.14 ■ Zeitaufwand der Schüler für das Lernen

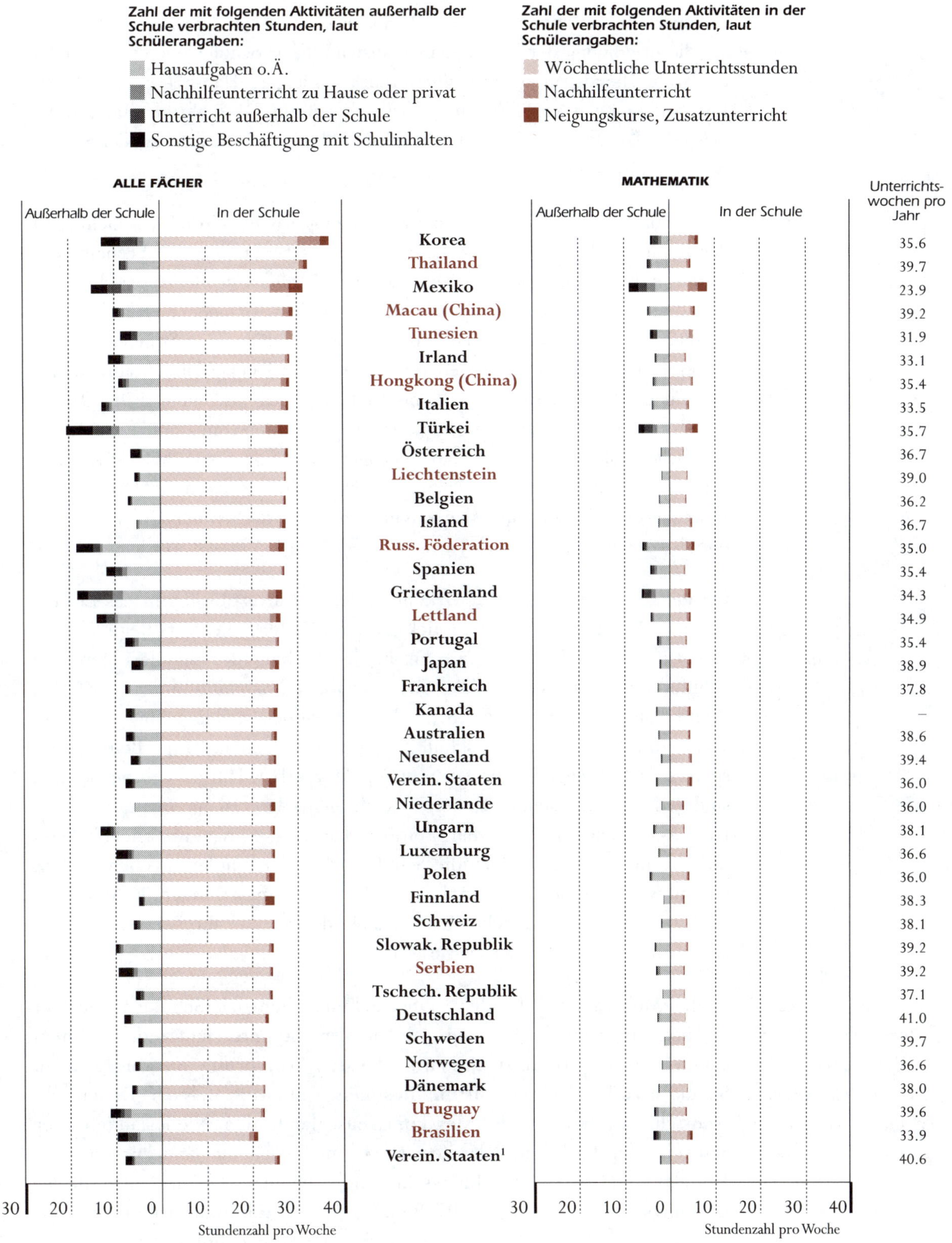

1. Die Beteiligungsquote ist zu niedrig, um die Vergleichbarkeit zu gewährleisten (siehe Anhang A3).
Quelle: OECD PISA-2003-Datenbank, Tabelle 5.14.

ihre Hausaufgaben rasch erledigen können, oder um desinteressierte Schüler, die zu Hause nicht viel Zeit auf schulische Aktivitäten verwenden wollen. Darüber hinaus können sich auch sozioökonomische Hintergrundfaktoren auf die Erledigung der Hausaufgaben auswirken, da Schülerinnen und Schüler aus wohlhabenderen oder gebildeteren Familien zu Hause u.U. günstigere Lernbedingungen vorfinden und besser bei ihren Hausaufgaben unterstützt werden. Das Gleiche gilt für andere Formen des Lernens außerhalb der Schule, wie Nachhilfeunterricht oder Neigungskurse.

Außer durch Fragen der Effizienz der Zeitnutzung erhöht sich die Vielschichtigkeit des Zusammenhangs zwischen Zeitaufwand für das Lernen und Lernerträgen auch durch die Tatsache, dass zwischen den Ländern große Unterschiede in Bezug auf die Verteilung der Unterrichtszeit auf die verschiedenen Klassenstufen bestehen. In Schweden werden beispielsweise deutlich mehr Stunden auf den Unterricht der 6- bis 7-Jährigen verwendet als in Deutschland, während sich dies für die Altersgruppe der 12- bis 14-Jährigen umgekehrt verhält (OECD, 2004b). Insofern die Lernerträge im Alter von 15 Jahren vom kumulativen Effekt sämtlicher Bildungsgelegenheiten abhängen, die sich den Schülerinnen und Schülern während ihrer schulischen Laufbahn bieten, verzerren die Unterschiede zwischen den Klassenstufen den Zusammenhang zwischen der Unterrichtszeit und den Lernerträgen der 15-Jährigen, wie sie in PISA erfasst werden.

Sogar Bildungsinvestitionen in der Vorschulzeit sind von Bedeutung, weshalb bei PISA auch hierzu Fragen gestellt wurden …

Bei der Evaluierung der Auswirkungen der Zeitinvestitionen in das Lernen muss u.U. auch die Zeit berücksichtigt werden, die vor Beginn ihrer eigentlichen schulischen Laufbahn in die Bildung der Schülerinnen und Schüler investiert wurde. Die Bedeutung der Vorschulbildung wurde im Politikdialog der letzten Jahre häufig hervorgehoben, und laut einigen Studien könnte die Qualität der Vorschulbildung und -betreuung einen Beitrag zum späteren schulischen Erfolg leisten (OECD, 2001b). Um dies zu beurteilen, sind jedoch Längsschnittstudien erforderlich, die bislang nicht in vielen Ländern durchgeführt wurden. Bei PISA kann diese Frage nur rückblickend untersucht werden, insofern die Schülerinnen und Schüler angeben sollten, ob und wie lange sie an Vorschulunterricht teilgenommen haben. In Abbildung 5.15 werden die entsprechenden Angaben der Schüler ihren Leistungen im Alter von 15 Jahren gegenübergestellt.

… wobei sich zeigte, dass Schüler, die an Vorschulunterricht teilgenommen haben, im Alter von 15 Jahren durchschnittlich bessere Ergebnisse erzielen.

In der Mehrzahl der Länder ist bei Schülerinnen und Schülern, die laut eigenen Angaben mehr als ein Jahr an Vorschulunterricht teilgenommen haben, ein statistisch signifikanter Leistungsvorsprung im Vergleich zu Schülern zu beobachten, für die dies nicht Fall ist; in Belgien, Dänemark, Deutschland, Frankreich, Mexiko, Neuseeland, den Niederlanden, der Schweiz, der Türkei und Ungarn sowie in den Partnerländern Brasilien, Hongkong (China), Liechtenstein und Uruguay beläuft sich dieser Leistungsvorsprung auf 50-107 Punkte. In der Abbildung ist dies jeweils an längeren hell schattierten Balken für eine ausgedehntere oder kürzere Teilnahme an Vorschulunterricht zu erkennen.

Gleichzeitig muss berücksichtigt werden, dass Kinder aus sozioökonomisch besser gestellten Familien – in einigen Ländern zumindest – stärker von Vorschulbildung profitieren können, da solche Familien in der Regel eher über die erforderlichen Mittel und Informationen verfügen, um ihre Kinder in den entsprechenden Einrichtungen anzumelden und qualitativ hochwertige Programme für sie auszuwählen. Dieser sozioökonomische Hintergrund kann bei PISA allerdings einbezogen werden. An den dunkel schattierten Balken in Abbildung 5.15 ist der Leistungsvorsprung von 15-jährigen Schülerinnen und Schülern in Mathematik abzulesen, die an Vorschulunterricht teilgenommen haben, bereinigt um den sozioökonomischen Hintergrund, der mit dem PISA-Index des wirtschaftlichen, sozialen und kulturellen Status gemessen wird. Erwartungsgemäß fällt der Effekt bei Berücksichtigung des sozioökonomischen Hintergrunds weniger stark aus: Im Durchschnitt verringert sich der Leistungsabstand zwischen Schülern, die an Vorschulunterricht teilgenommen haben, und solchen, für die dies nicht der Fall ist, nach der Bereinigung etwa um die Hälfte[16].

Dies kann z.T. dadurch bedingt sein, dass sich sozial begünstigten Familien in diesem Bereich bessere Möglichkeiten bieten, allerdings lässt sich selbst nach Berücksichtigung dieses Faktors ein Zusammenhang feststellen …

Dennoch bleibt in über der Hälfte der OECD-Länder ein nennenswerter Effekt bestehen. In Belgien, Dänemark, Deutschland, Frankreich, Mexiko, den Niederlanden, der Schweiz, der Türkei und Ungarn sowie in den Partnerländern Brasilien, Hongkong (China), Indonesien, Liechtenstein und Macau (China) ist auch dieser Effekt noch groß und schwankt zwischen 30 und 73 Punkten.

… wobei der Vorschulbesuch in einigen Ländern mit deutlich besseren Ergebnissen verbunden ist …

Kinder aus besser gestellten Familien kommen in der Mehrzahl der Länder tendenziell in größerem Umfang in den Genuss von Vorschulbildung. In Ungarn sowie in geringerem Maße auch in Deutschland, Frankreich, Italien, Korea, der Slowakischen Republik und der Tschechischen Republik ist der an die Vorschulbildung geknüpfte Leistungsvorsprung allerdings bei Schülerinnen und Schülern mit weniger günstigem sozioökonomischem Hintergrund größer, was vermuten lässt, dass die Vorschulbildung einen ausgleichenden Effekt haben könnte[17].

… und manchmal ist dieser Vorsprung bei Schülern mit weniger günstigem Hintergrund sogar besonders groß.

Verfügbarkeit und Qualität der Humanressourcen

Lehrermangel

Hoch qualifizierte Lehrkräfte einzustellen und halten zu können, ist in den OECD-Ländern ein wichtiges Anliegen der Politik. Auf Grund der zunehmenden Alterung der Lehrerschaft und steigender Schülerzahlen erhöht sich in vielen Ländern nach wie vor der Druck auf die Nachfrage nach Lehrkräften; gleichzeitig aber sind angehende Lehrerinnen und Lehrer in einigen Ländern der Ansicht, dass der Lehrerberuf mit unverhältnismäßig viel Stress verbunden ist, nicht genügend Ansehen genießt und das Gehaltsniveau zudem unter dem anderer Berufe mit ähnlichem Qualifikationsniveau liegt (OECD, 2004b).

Bei einer alternden Lehrerpopulation kann deren Ablösung durch junge Nachwuchskräfte Probleme bereiten …

Abbildung 5.15 ▪ Vorschulbesuch und schulischer Erfolg

	Prozentsatz der Schüler, die eine Vorschule besucht haben (ISCED 0)	
	1 Jahr oder kürzer	Mehr als 1 Jahr
Schweiz	30	67
Liechtenstein	6	91
Türkei	16	8
Frankreich	5	94
Belgien	4	94
Hongkong (China)	7	87
Deutschland	13	83
Dänemark	32	66
Ungarn	5	94
Brasilien	31	45
Mexiko	21	66
Niederlande	3	94
Uruguay	21	64
Neuseeland	20	72
Indonesien	25	25
Österreich	16	80
Schweden	29	60
Tunesien	26	27
Griechenland	33	62
Polen	52	44
Macau (China)	16	80
Kanada	45	46
Japan	2	97
Norwegen	14	78
Australien	47	46
Thailand	21	74
Spanien	10	84
Slowak. Republik	16	76
Italien	8	87
Luxemburg	9	79
Russ. Föderation	10	78
Portugal	17	55
Serbien	34	41
Tschech. Republik	14	79
Vereinigte Staaten	87	10
Finnland	25	67
Korea	10	87
Irland	40	32
Island	4	89
Lettland	15	56
Verein. Königreich[1]	26	68

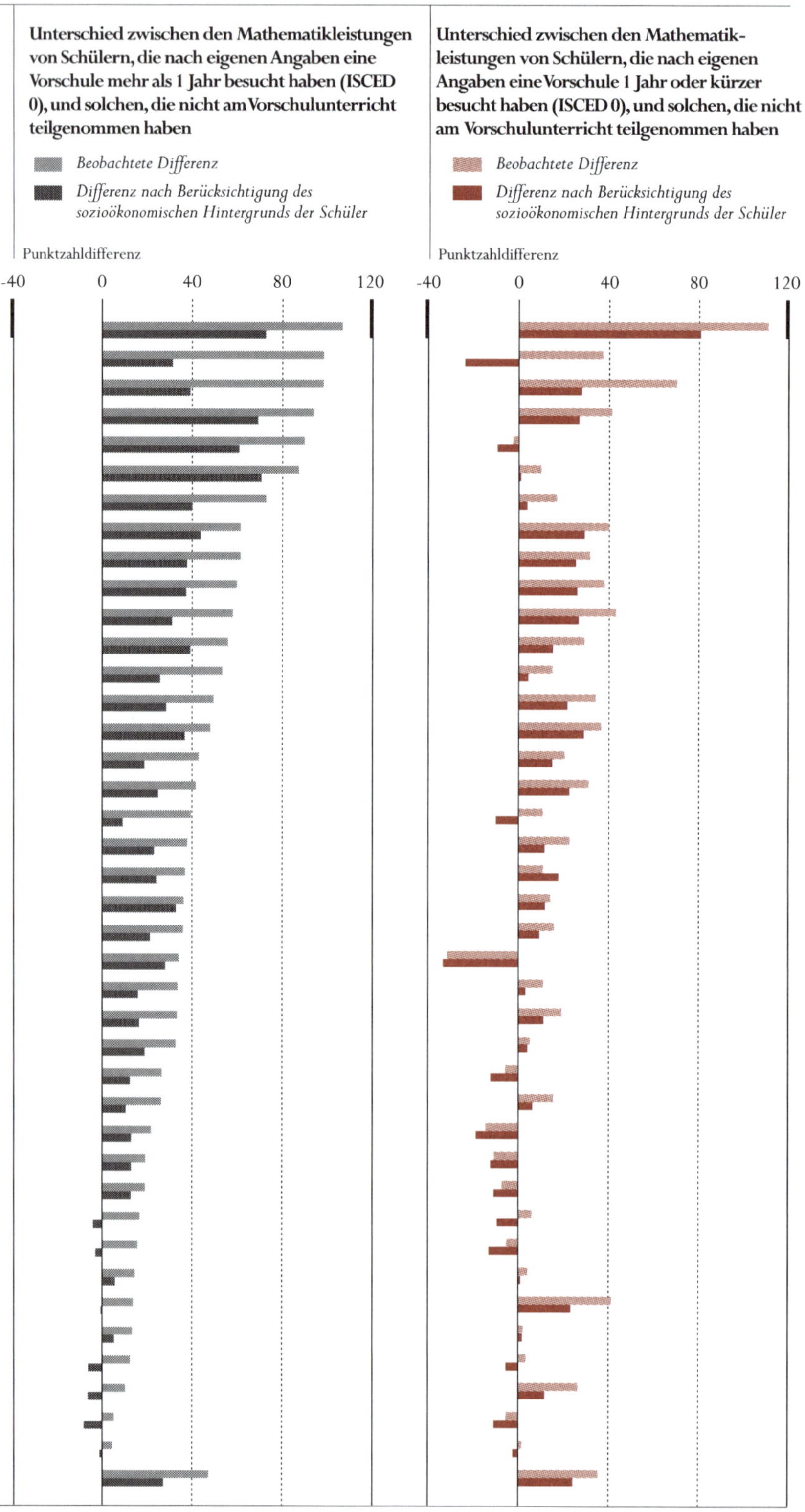

Anmerkung: Die Länder sind in absteigender Reihenfolge des Unterschieds zwischen den Mathematikleistungen von Schülern aufgeführt, die eine Vorschule mehr als 1 Jahr besucht haben (ISCED 0), und solchen, die nicht am Vorschulunterricht teilgenommen haben.
1. Die Beteiligungsquote ist zu niedrig, um die Vergleichbarkeit zu gewährleisten (siehe Anhang A3).
Quelle: OECD PISA-2003-Datenbank.

Der PISA-Fragebogen für Schulleiterinnen und Schulleiter bietet eine Möglichkeit, um zu beurteilen, ob die Schulleitungen das Lehrkräfteangebot für ausreichend halten und wie sie die Qualität und Verfügbarkeit des Lehrpersonals einschätzen.

… weshalb PISA die Schulleitungen fragte, inwieweit Lehrermangel als Lernhindernis wirkt …

Im Durchschnitt der OECD-Länder besuchen 22% der 15-Jährigen Schulen, deren Kapazitäten laut Aussage der Schulleitungen bis zu einem gewissen Grad oder sogar stark durch den Mangel an qualifizierten Lehrkräften für Mathematik beeinträchtigt werden. Der entsprechende Prozentsatz schwankt allerdings im Einzelnen zwischen unter 10% in Dänemark, Finnland, Korea, Österreich, Portugal, der Schweiz, der Slowakischen Republik sowie Ungarn, bis zu 41% in Neuseeland und 54%, 56%, 60% bzw. 84% in Indonesien, Uruguay, Luxemburg und der Türkei. Bei den Lehrkräften für den Unterricht in Naturwissenschaften und Fremdsprachen scheint sich die Situation ähnlich darzustellen, wohingegen der Mangel an Lehrkräften für den Testsprachenunterricht offenbar weniger ausgeprägt ist (Abb. 5.16).

… wobei sich ergab, dass ein Viertel der 15-Jährigen in Schulen unterrichtet wird, deren Leitung das Vorhandensein eines solchen Hindernisses bestätigt.

Ausgehend von den Antworten auf Fragen darüber, wie sehr der Lernprozess der 15-Jährigen in ihrer Schule durch fehlende oder unzureichend qualifizierte Lehrkräfte für den Unterricht in Mathematik, den Naturwissenschaften, der Testsprache und Fremdsprachen beeinträchtigt wird, kann ein Index des Lehrkräftemangels konstruiert und der entsprechende Effekt auf die Lernerfolge der Schülerinnen und Schüler untersucht werden. Für alle OECD-Länder wurde bei diesem Index ein Mittelwert von 0 festgesetzt. Je weiter der Wert über dem Indexmittel liegt, umso stärker wirkt sich der Lehrermangel nach Ansicht der Schulleitungen auf den Lernprozess aus. Werte über 0 bedeuten, dass die festgestellte Beeinträchtigung des Lernprozesses der 15-Jährigen durch fehlende oder unzureichend qualifizierte Lehrkräfte höher ist als im OECD-Durchschnitt.

Der Lehrermangel kann anhand eines Index verglichen werden …

Beim Vergleich der OECD-Länder anhand dieses Index ergibt sich, dass die Wahrscheinlichkeit, mit der die Schulleitungen fehlende bzw. unzureichend qualifizierte Lehrkräfte als ein Hindernis für den Lernprozess in ihren Schulen betrachten, in Belgien, Deutschland, Griechenland, Luxemburg, Mexiko, Neuseeland, den Niederlanden und der Türkei sowie in den Partnerländern Brasilien, Indonesien, Macau (China), Russische Föderation, Thailand, Tunesien und Uruguay am größten ist. Demgegenüber ist die Wahrscheinlichkeit, dass die Schulleitungen fehlende bzw. unzureichend qualifizierte Lehrkräfte als Hindernis für den Lernprozess ansehen, in Finnland, Korea, Österreich, Portugal und Spanien am geringsten (vgl. Tabelle 5.15).

… an dem sich zeigt, wo dieser Mangel am akutesten ist …

Bei der Interpretation dieser Antworten muss berücksichtigt werden, dass der Lehrkräftemangel nicht in Form einer international vergleichbaren Messgröße bestimmt wurde, wie dem Prozentsatz der unbesetzten Stellen oder der Zahl der Schülerinnen und Schüler pro Lehrkraft, sondern dass der Schwerpunkt bei PISA auf der Frage lag, wie sehr ein unzureichendes Lehrkräfteangebot

… diese Messgröße bezieht sich jedoch auf das subjektive Urteil der Schulleitungen und nicht auf objektive Vergleichsmaßstäbe.

Abbildung 5.16 ▪ Lehrermangel

Prozentsatz der Schüler in Schulen, in denen die Unterrichtsversorgung laut Angaben der Schulleitung durch Mängel in folgenden Bereichen etwas oder stark beeinträchtigt wird

	Qualifizierte Mathematiklehrkräfte	Qualifizierte Lehrkräfte in den naturwissenschaftlichen Fächern	Qualifizierte Lehrkräfte für die Testsprache	Qualifizierte Lehrkräfte für den Fremdsprachenunterricht	Erfahrene Lehrkräfte
Türkei	84	77	78	77	80
Indonesien	54	54	48	59	63
Luxemburg	60	13	64	48	59
Uruguay	56	43	28	45	56
Mexiko	36	36	37	34	35
Russ. Föderation	35	33	31	42	39
Neuseeland	41	32	28	26	39
Macau (China)	18	27	8	22	56
Thailand	37	34	27	28	24
Belgien	36	26	20	20	45
Griechenland	30	32	30	33	38
Brasilien	33	30	24	40	36
Niederlande	22	26	16	29	46
Tunesien	29	17	6	40	47
Deutschland	28	41	21	31	17
Australien	30	26	14	40	27
Island	29	43	14	15	24
Tschech. Republik	10	15	6	51	16
Italien	20	19	17	19	23
Schweden	17	22	18	26	20
Polen	15	11	9	50	30
Norwegen	15	20	11	27	8
Japan	21	21	19	20	37
Lettland	14	12	8	21	13
Slowak. Republik	6	10	5	45	16
Vereinigte Staaten	22	22	6	20	16
Kanada	19	18	7	20	16
Hongkong (China)	16	7	10	14	18
Irland	13	10	5	16	26
Dänemark	4	13	4	9	5
Schweiz	9	16	10	12	17
Serbien	10	7	5	24	18
Ungarn	7	7	3	13	20
Spanien	10	9	10	13	14
Portugal	6	4	5	4	24
Finnland	7	4	7	7	9
Österreich	6	11	4	7	9
Korea	3	4	1	9	7
OECD-Durchschnitt	*22*	*21*	*17*	*26*	*26*
Verein. Königreich[1]	41	35	28	31	38

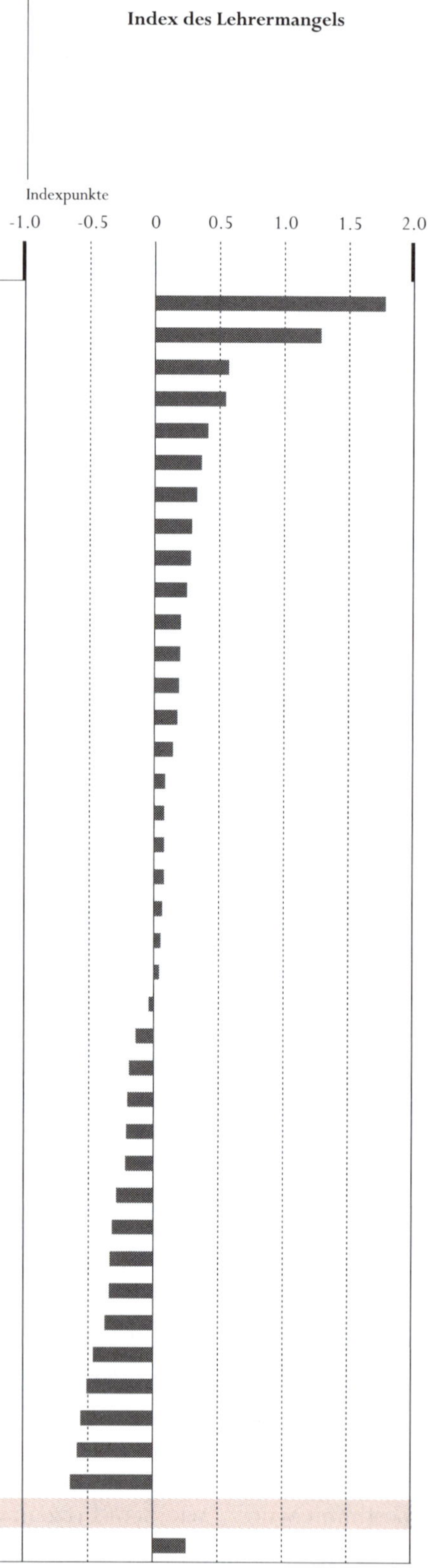

1. Die Beteiligungsquote ist zu niedrig, um die Vergleichbarkeit zu gewährleisten (siehe Anhang A3).
Quelle: OECD PISA-2003-Datenbank, Tabelle 5.15.

den Lernprozess nach Ansicht der Schulleitungen beeinträchtigt. So weisen beispielsweise einige Länder, in denen sich die Schulleitungen überdurchschnittlich stark über den negativen Effekt eines unzureichenden Lehrkräfteangebots auf die Schülerleistungen besorgt zeigten, relativ geringe Schüler/Lehrer-Quoten und Klassengrößen auf (OECD, 2004b). Die Schüler/Lehrer-Quote liegt in Griechenland z.B., wo ein großer Prozentsatz der Schulleitungen angab, dass Lehrermangel den Lernprozess behindert, weit unter dem OECD-Durchschnitt.

Beobachtung der Unterrichtspraxis

An diesen Ergebnissen zeigt sich, dass die Schulleitungen in vielen Ländern über das Lehrkräfteangebot besorgt sind. Wie im ersten Abschnitt dieses Berichts deutlich wurde, vertritt ein großer Teil der Schulleitungen in vielen Ländern auch die Ansicht, dass der Lernprozess durch die schlechte Stimmung und Arbeitshaltung der Lehrkräfte sowie durch sonstige lehrkräftebezogene Schulklimafaktoren beeinträchtigt wird.

Inwieweit beobachten die Schulleitungen die Unterrichtspraxis der Lehrkräfte?

In Anbetracht der von den Schulleitungen geäußerten Besorgnis über die Qualität der Humanressourcen ihrer Schulen stellt sich die Frage, was sie selbst unternehmen, um die Unterrichtspraktiken der Lehrkräfte in ihren Schulen zu überprüfen.

Im Durchschnitt der OECD-Länder werden 61% der 15-Jährigen in Schulen unterrichtet, in denen die Unterrichtspraxis der Mathematiklehrkräfte laut Angaben der Schulleitungen im vorangegangenen Jahr durch Unterrichtsbesuche der Schulleitung selbst oder der Fachbereichsleitung geprüft wurde (Tabelle 5.16). In Korea, Neuseeland, Polen, der Slowakischen Republik, der Tschechischen Republik, Ungarn und den Vereinigten Staaten sowie in den Partnerländern Hongkong (China), Indonesien, Lettland, Macau (China), Russische Föderation und Uruguay gilt dies für über 90% der Schülerinnen und Schüler. In Griechenland, Irland, Italien, Portugal und Spanien scheinen solche Vorgehensweisen wesentlich weniger stark verbreitet zu sein, da dort nur 5-16% der Schulleitungen angeben, sie zu nutzen. Schulen, in denen die Unterrichtspraxis der Mathematiklehrkräfte laut Angaben der Schulleitungen im Vorjahr durch Unterrichtsbesuche der Schul- oder Fachleitung beobachtet wurde, erzielen in Deutschland, Luxemburg, Norwegen, Spanien und der Schweiz sowie im Partnerland Indonesien bessere Ergebnisse (Leistungsdifferenz im OECD-Durchschnitt: 12 Punkte), in Island scheint hingegen das Gegenteil der Fall zu sein.

In den meisten Fällen gaben die Schulleitungen an, dass entweder sie oder die Fachleitung die Unterrichtspraxis der Lehrkräfte beobachten, in einigen Ländern kommt dies jedoch nur selten vor.

Unterrichtsbesuche durch die Schulaufsicht oder andere externe Personen werden weniger häufig zur Beobachtung der Unterrichtspraxis der Mathematiklehrkräfte eingesetzt: Im Durchschnitt des OECD-Raums wird weniger als ein Viertel der Schülerinnen und Schüler in Schulen unterrichtet, in denen diese Methode laut Aussage der Schulleitungen im Vorjahr eingesetzt wurde (Tabelle 5.16). Ausnahmen sind Belgien, Korea, Neuseeland und die

Die Länder, in denen die Unterrichtspraxis von Außenstehenden geprüft wird, sind in der Minderzahl.

Abbildung 5.17 ■ **Methoden zur Erfassung der Unterrichtspraxis von Mathematiklehrkräften**

Prozentsatz der Schüler in Schulen, in denen die Unterrichtspraxis der Mathematiklehrkräfte im Vorjahr laut Angaben der Schulleitung durch folgende Methoden erfasst wurde

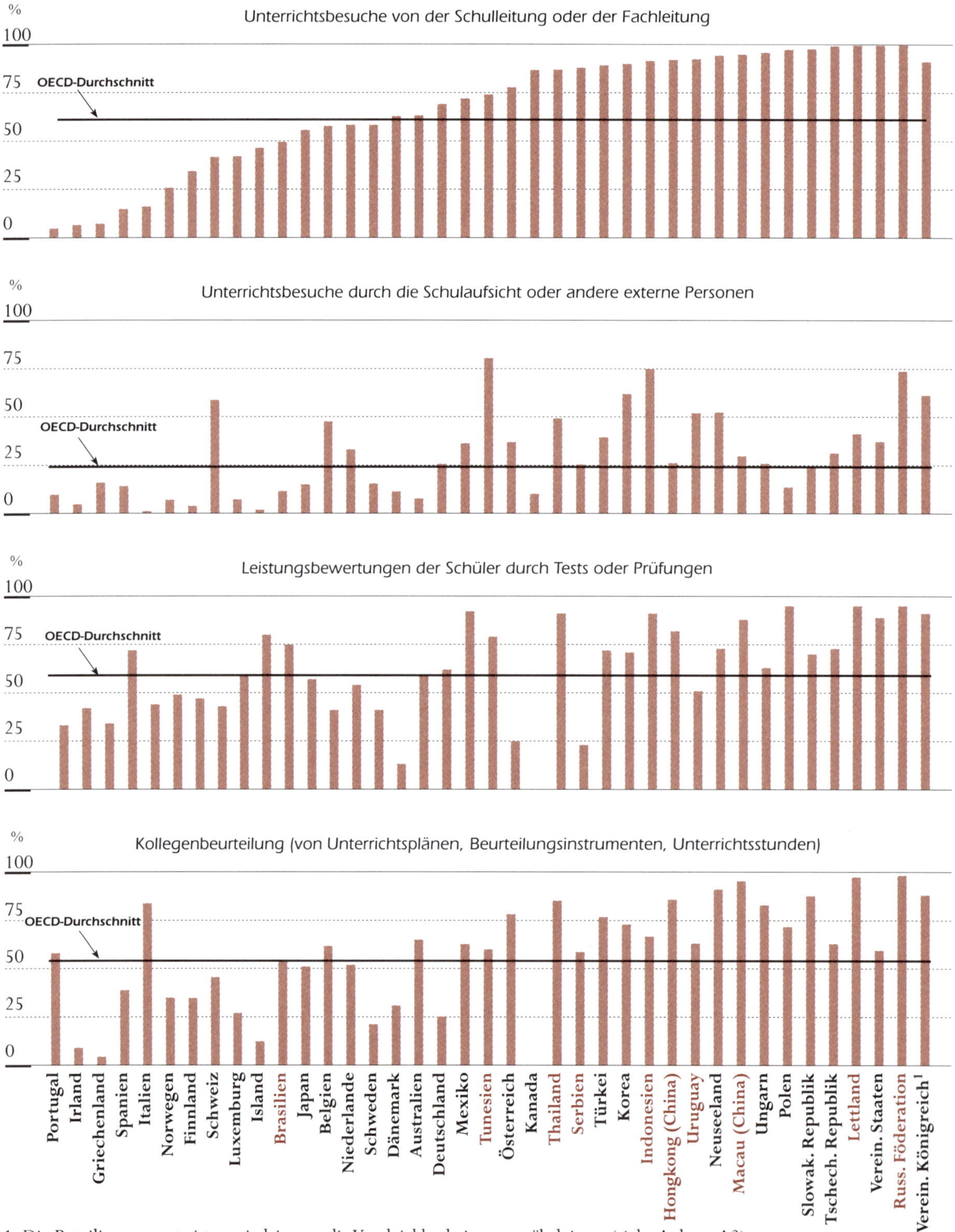

1. Die Beteiligungsquote ist zu niedrig, um die Vergleichbarkeit zu gewährleisten (siehe Anhang A3).
Quelle: OECD PISA-2003-Datenbank, Tabelle 5.16.

Schweiz sowie die Partnerländer Indonesien, Russische Föderation, Thailand, Tunesien und Uruguay, wo 48-80% der 15-Jährigen Schulen besuchen, in denen die Unterrichtspraxis der Mathematiklehrkräfte im Vorjahr laut Angaben der Schulleitungen auf diese Weise geprüft wurde. Auch hier ist festzustellen, dass Schulen, in denen diese Methoden den Angaben zufolge eingesetzt wurden, in der Tendenz besser abschnitten, wobei im Durchschnitt ein Leistungsunterschied von 6 Punkten in den OECD-Ländern zu beobachten war, der in Australien, Luxemburg, Polen, Schweden und dem Partnerland Tunesien statistisch signifikant um 20 oder mehr Punkte höher war. In anderen Ländern war der Leistungsunterschied allerdings geringer, und im Fall von Mexiko, der Schweiz und den Vereinigten Staaten fiel er sogar negativ aus.

Es ist jedoch nicht möglich, hier einen Kausalzusammenhang abzuleiten, zumal solche Vorgehensweisen in einer engen Wechselbeziehung mit anderen schulbezogenen Faktoren stehen. In einigen Ländern unterliegen die häufig sehr gut abschneidenden unabhängigen Privatschulen z.B. keinen staatlichen Regeln im Hinblick auf derartige Aufsichtsverfahren. Folglich können die Ergebnisse von Schulen, die nicht auf solche Methoden zurückgreifen, höher wirken, selbst wenn der Einfluss der fraglichen Vorgehensweisen auf die Leistungen der Schulen bei sonst gleichen Bedingungen nach wie vor positiv ist. Auf der Ländervergleichsebene lässt sich kein konsistenter Zusammenhang zwischen den verschiedenen Methoden zur Beobachtung der Unterrichtspraxis der Mathematiklehrkräfte und den Ergebnissen der Länder feststellen.

Es ist auch üblich, die Unterrichtseffizienz der Lehrkräfte an den Resultaten ihrer Schüler zu messen, in einigen Ländern geschieht dies jedoch nach wie vor nur selten.

Eine weitere Methode zur Beurteilung der Unterrichtspraktiken der Mathematiklehrkräfte ist die Untersuchung der von ihnen erzielten Resultate, die sich an den Ergebnissen von Tests und sonstigen Formen von Schülerbeurteilungen messen lassen. In vielen Ländern ist diese Praxis inzwischen recht verbreitet, wobei durchschnittlich 59% der Schülerinnen und Schüler Schulen besuchen, in denen diese Methode laut Angaben der Schulleitungen im Vorjahr eingesetzt wurde. Zwischen den Ländern bestehen jedoch große Unterschiede in Bezug auf den Umfang der Anwendung dieser Praktiken. In Island, Mexiko, Polen und den Vereinigten Staaten sowie in den Partnerländern Brasilien, Hongkong (China), Indonesien, Lettland, Macau (China), Russische Föderation, Thailand und Tunesien werden über drei Viertel der Schülerinnen und Schüler in Schulen unterrichtet, in denen solche Methoden laut Aussage der Schulleitungen im vorangegangenen Jahr eingesetzt wurden, wohingegen sich der entsprechende Prozentsatz in Dänemark nur auf 13% beläuft. In Mexiko, den Niederlanden, Schweden und im Partnerland Thailand lässt sich für Schulen, die diese Methode anwenden, ein Leistungsvorsprung beobachten, das Gegenteil gilt jedoch für Luxemburg, die Vereinigten Staaten und das Partnerland Macau (China).

Darüber hinaus besucht rund die Hälfte der Schülerinnen und Schüler im OECD-Durchschnitt Schulen, in denen die Unterrichtspraxis der Mathematiklehrkräfte laut Angaben der Schulleitungen durch Kollegenbeurteilungen von Unterrichtsplänen, Beurteilungsmethoden und Unterrichtsstunden geprüft wird. Hier

bestehen große Unterschiede zwischen den Ländern, und es zeichnet sich ebenfalls kein konsistenter Zusammenhang mit den Leistungen der Schulen ab.

Qualität der räumlichen Bedingungen der Schulen und der Ausstattung mit Lehr- und Sachmitteln

Eine adäquate Ressourcenausstattung ist eine notwendige, wenn auch nicht ausreichende Voraussetzung für effizientes Lernen …

Die Bereitstellung einer geeigneten räumlichen Infrastruktur und einer hinreichenden Ausstattung mit Lehr- und Sachmitteln ist zwar keine Garantie für hohe Leistungen, doch kann sich das Fehlen eines solchen Umfelds möglicherweise negativ auf den Lernprozess auswirken. Gebäude in gutem Zustand und ausreichende Unterrichtsräume sind beides Faktoren, die zu einem lernfördernden materiellen Umfeld beitragen. Dasselbe gilt mehr oder minder für die ausreichende Ausstattung der Schulen mit Lehr- und Sachmitteln, wie Computern, Bibliotheken und Unterrichtsmaterialien, einschließlich Schulbüchern, sowie Multimediaressourcen für Unterrichtszwecke.

… und kann anhand der Angaben der Schulleitungen darüber gemessen werden, ob ein etwaiger Mangel an materiellen Ressourcen den Lernprozess behindert.

Ausgehend von den Antworten der Schulleitungen auf eine Reihe von Fragen darüber, inwieweit der Lernprozess der 15-Jährigen nach ihrer Ansicht durch den Mangel an geeigneten Räumlichkeiten sowie Lehr- und Sachmitteln gehemmt wird, wurden zwei kombinierte Indizes konstruiert: einer für die Qualität der räumlichen Bedingungen der Schulen und ein anderer für die Ausstattung mit Lehr- und Sachmitteln. Wie bei den vorstehend erörterten Indizes wurde der Mittelwert der OECD-Länder auch hier mit 0 und die Standardabweichung mit 1 angesetzt. Die Indizes wurden umgepolt, so dass positive Indexwerte bedeuten, dass die Besorgnis der Schulleitungen über etwaige negative Auswirkungen der räumlichen Bedingungen und der Lehr- und Sachmittelausstattung ihrer Schulen auf den Lernprozess der 15-Jährigen weniger groß ist als im Länderdurchschnitt.

Probleme mit der räumlichen Infrastruktur sind nur in wenigen OECD-Ländern verbreitet …

In der Korea und der Tschechischen Republik gaben relativ wenige Schulleitungen an, dass die Unterrichtskapazität ihrer Schulen durch fehlende oder ungeeignete Schulgebäude oder -gelände, schlechte Heiz-, Klima- oder Beleuchtungsanlagen oder einen Mangel an Unterrichtsräumen eingeschränkt wird. Im Gegensatz dazu gaben die Schulleitungen in Griechenland, Norwegen und der Türkei sowie in den Partnerländern Indonesien und Uruguay häufig an, dass die unzureichende Qualität ihrer räumlichen Infrastruktur den Lernprozess beeinträchtigt. Allerdings ließ sich nur in wenigen Ländern ein Zusammenhang zwischen diesen Ergebnissen und der Leistung der Schulen feststellen (Tabelle 5.17)[18].

… wohingegen mangelnde Lehr- und Sachmittel offenbar ein häufiger anzutreffendes Problem sind …

Was die Ausstattung mit Lehr- und Sachmitteln anbelangt – z.B. Unterrichtsmaterialien, Computer und Software für Unterrichtszwecke, Taschenrechner, Büchereimaterial, audiovisuelle Ressourcen und Laborausstattung –, gaben in Australien, Korea, den Niederlanden, der Schweiz und den Vereinigten Staaten nur wenige Schulleitungen an, dass deren Mangel bzw. unzureichende Qualität den Unterricht behindert. In Griechenland, Mexiko, Polen, der Slowakischen Republik und der Türkei und mehr noch in den Partnerländern Brasilien,

Indonesien, Lettland, Russische Föderation, Serbien, Thailand, Tunesien und Uruguay ist dies jedoch ein von vielen Schulleitungen genanntes Problem (Tabelle 5.18).

Der beobachtete Zusammenhang mit den Leistungen der Schulen ist in der Tendenz zwar etwas stärker[19] als bei den räumlichen Bedingungen der Schulen, bleibt aber schwach (Tabelle 5.18). Dennoch ist die Wahrscheinlichkeit, im unteren Quartil der Leistungsverteilung zu liegen, für die unteren 25% der Schülerinnen und Schüler, die Schulen besuchen, deren Leitung die größte Besorgnis über die Qualität der Lehr- und Sachmittel äußerte, in Deutschland, Italien, Korea und den Niederlanden sowie im Partnerland Brasilien 1,5-mal größer als für die übrigen Schülerinnen und Schüler.

… das sich manchmal auch in den Leistungen der Schulen widerspiegelt.

Bei der Interpretation dieser Zahlen darf nicht vergessen werden, dass die Schulleitungen keine objektiven Messgrößen des Zustands der Lehr- und Sachmittel und der räumlichen Bedingungen der Schulen lieferten, sondern nur ihre eigene Ansicht darüber zum Ausdruck brachten, ob das Lernen der 15-Jährigen durch die fehlende oder unzureichende materielle Ausstattung der Schulen beeinträchtigt wird. Diese Messgrößen lassen sich daher schwer zum Vergleich verschiedener Schulen und Länder einsetzen. Solche subjektiv wahrgenommenen Probleme können jedoch großen Einfluss auf die Arbeit der Schulleitungen haben und verdienen daher besondere Aufmerksamkeit.

Allerdings beruhen diese Messgrößen auf subjektiven Beurteilungen und nicht auf objektiven Vergleichsmaßstäben.

Öffentliche oder private Trägerschaft

Das Schulwesen ist großenteils eine öffentliche Unternehmung. Innerhalb der Gruppe der 20 OECD-Länder, für die vergleichbare Daten vorliegen, übersteigt der Anteil der in die Primar- und Sekundarschulbildung investierten privaten Mittel nur in sechs Ländern 10%, und in keinem Land liegt er über 20% (OECD, 2004b). Unter dem Einfluss einer wachsenden Vielfalt an Bildungsmöglichkeiten, -programmen und -anbietern gehen die staatlichen Stellen gleichwohl neue Partnerschaften ein, um Mittel für das Bildungswesen zu mobilisieren und innovative Politiken für eine stärkere Einbindung der verschiedenen Akteure und eine gerechtere Verteilung von Kosten und Nutzen auszuarbeiten.

Das Schulwesen ist zwar nach wie vor in der Mehrheit öffentlich, es werden jedoch auch andere Partner einbezogen.

Im Durchschnitt der OECD-Länder besuchen nur 4% der 15-Jährigen privat verwaltete und überwiegend privat finanzierte Schulen (im Folgenden unabhängige Privatschulen genannt) (Tabelle 5.19). Die Leiterinnen und Leiter dieser Schulen geben an, dass sie von nicht staatlichen Trägern, wie Kirchen, Gewerkschaften oder Unternehmen, verwaltet werden und/oder Aufsichtsgremien unterstehen, deren Mitglieder in der Mehrzahl von nicht öffentlichen Stellen ernannt wurden. Mindestens 50% ihrer Mittel stammen aus privaten Quellen, z.B. aus von den Eltern bezahlten Schulgebühren, aus Spenden von Stiftungen und Sponsoren, aus von den Eltern gesammelten Geldern oder aus sonstigen nicht öffentlichen Quellen.

Ein kleiner Teil der Schulen ist ganz privat …

… die Zahl der in diesen Schulen eingeschriebenen Schüler übersteigt jedoch nur in drei OECD-Ländern 10%.

Ein solches Modell der privaten Trägerschaft ist jedoch nur in wenigen Ländern üblich. Der Prozentsatz der in unabhängigen Privatschulen unterrichteten Schülerinnen und Schüler übersteigt nur in Japan (26%), Korea (22%), Mexiko (13%) und den Partnerländern Brasilien (13%), Indonesien (45%), Macau (China) (46%) und Uruguay (14%) die 10%-Marke. In vielen Ländern hingegen wird die Tatsache, dass solche Schulen von den Schülerinnen und Schülern bzw. ihren Eltern finanziert werden müssen, als potenzielle Zugangsbarriere angesehen. In 12 OECD-Ländern sind 3% oder weniger der Schüler in unabhängigen Privatschulen eingeschrieben.

Üblicher ist es, dass privat verwaltete Einrichtungen aus öffentlichen Mitteln unterstützt werden …

Das private Schulwesen ist zwar nicht nur ein Mittel, um ein breiteres Spektrum von Finanzierungsquellen zu erschließen, es wird jedoch gelegentlich auch als eine Möglichkeit für eine kosteneffizientere Erfüllung von Bildungsaufgaben angesehen. Öffentlich finanzierte Schulen müssen nicht zwangsläufig von öffentlichen Stellen verwaltet werden. Der Staat kann öffentlichen und privaten Bildungseinrichtungen auch über verschiedene Allokationsmechanismen Mittel zukommen lassen (OECD, 2004b). Indem er die Finanzierung von Bildungseinrichtungen von der Entscheidung der Eltern, ihre Kinder dort anzumelden, abhängig macht, kann der Staat Anreize schaffen, die die Bildungseinrichtungen dazu bewegen sollen, ihr Lehrprogramm und ihr Unterrichtsangebot besser auf die vielfältigen Bedürfnisse und Interessen der Schülerinnen und Schüler abzustimmen und so die Kosten von schulischem Versagen und bedarfsfremden Lehrangeboten zu reduzieren. Ein mögliches Modell hierfür ist die Finanzierung schulischer Einrichtungen durch den Staat auf Grundlage der Zahl der angemeldeten Schülerinnen und Schüler oder der von diesen besuchten Unterrichtseinheiten. Eine andere Methode besteht darin, den Schülern bzw. ihren Familien Geld zukommen zu lassen (z.B. in Form von Stipendien oder Bildungsgutscheinen), mit dem sie die Ausbildung an öffentlichen oder privaten Bildungseinrichtungen ihrer Wahl finanzieren können.

… was in einigen Fällen für die Mehrzahl der Privatschulen zutrifft.

Schulen, die zwar privat verwaltet sind, aber überwiegend aus öffentlichen Mitteln finanziert werden (im Folgenden vom Staat abhängige Privatschulen genannt), sind in den OECD-Ländern wesentlich stärker verbreitet als die unabhängigen Privatschulen. Im Durchschnitt der OECD-Länder, für die Vergleichsdaten zur Verfügung stehen, besuchen 13% der 15-Jährigen vom Staat abhängige Privatschulen; in Irland, Korea und den Niederlanden sind es 58%, 36% bzw. 77% (Tabelle 5.19)[20].

Die Schüler von Privatschulen schneiden im Durchschnitt wesentlich besser ab …

In welchem Zusammenhang stehen diese institutionellen Regelungen nun mit den Schülerleistungen? Diese Frage lässt sich nur schwer beantworten, nicht nur weil gelegentlich Unterschiede zwischen den Schülermerkmalen von öffentlichen und privaten Schulen bestehen, sondern auch weil die Privatschulen in einigen Ländern unter den verschiedenen Schultypen – z.B. berufs- und allgemeinbildende Schulen – unterschiedlich stark vertreten sind, was sich wiederum in den Schülerleistungen niederschlagen kann. Im Durchschnitt der

in diesen Vergleich einbezogenen Teilnehmerländer liegen die Ergebnisse der Schülerinnen und Schüler von Privatschulen im Bereich Mathematik in zehn OECD-Ländern und in drei Partnerländern über denen der Schülerinnen und Schüler öffentlicher Schulen, wohingegen öffentliche Schulen nur in Japan, Luxemburg und im Partnerland Indonesien besser abschneiden als die Privatschulen[21]. Der Leistungsvorsprung der Privatschulen, der sich im OECD-Durchschnitt auf 33 Punkte beläuft, beträgt in Irland, Kanada, Korea, der Slowakischen Republik, Spanien, den Vereinigten Staaten und dem Partnerland Macau (China) zwischen 24 und 46 Punkten, in Deutschland, Mexiko und Neuseeland zwischen 55 und 66 Punkten und in den Partnerländern Brasilien und Uruguay über 90 Punkte.

... dies hängt jedoch mit den Merkmalen der Kundengruppe zusammen.

Bei der Interpretation dieser Zahlen muss berücksichtigt werden, dass die Schulwahl von vielen Faktoren beeinflusst wird. Unzureichende Finanzmittel ihrer Familien können z.B. für Schülerinnen und Schüler ein großes Hindernis darstellen, wenn sie unabhängige Privatschulen besuchen wollen, die hohe Schulgebühren verlangen. Zudem können auch vom Staat abhängige Privatschulen, die kein Schulgeld erheben, auf eine besondere Schülerschaft ausgerichtet sein oder strengere Kriterien für den Schulwechsel bzw. die Aufnahme anlegen.

Der Leistungsvorsprung der Privatschulen ist auch nach Berücksichtigung des Hintergrunds der einzelnen Schüler zu beobachten ...

Als eine Möglichkeit, dies zu untersuchen, empfiehlt es sich, eine Anpassung um Unterschiede beim sozioökonomischen Hintergrund der Schüler und der Schulen vorzunehmen. Die Ergebnisse dieser Berechnung sind in Abbildung 5.18 dargestellt. Selbst nach Berücksichtigung des familiären Hintergrunds der einzelnen Schülerinnen und Schüler bleibt ein Leistungsvorsprung der Privatschulen in Höhe von 24 Punkten bestehen. Effektiv schwankt der Leistungsvorsprung der Privatschulen bei Berücksichtigung des familiären Hintergrunds zwischen 16-19 Punkten in Irland, der Slowakischen Republik und Spanien, 25-40 Punkten in Deutschland, Kanada, Mexiko, Neuseeland und dem Partnerland Macau (China) und über 50 Punkten in Brasilien und Uruguay.

... verschwindet jedoch, wenn die soziale Zusammensetzung der gesamten Schülerschaft berücksichtigt wird ...

Das Bild ändert sich jedoch, wenn zusätzlich zum familiären Hintergrund der einzelnen Schülerinnen und Schüler auch der sozioökonomische Gesamthintergrund der Schülerschaft der Schulen berücksichtigt wird. Dieser in Kapitel 4 bereits eingehend untersuchte Kontexteffekt hat starke Auswirkungen auf die Leistungen der Schulen, weshalb der Leistungsvorsprung der Privatschulen nach Bereinigung um diesen Effekt nicht mehr sichtbar ist. Dies legt den Schluss nahe, dass ein großer Teil des Leistungsvorsprungs der Privatschulen nicht nur auf den sozioökonomischen Vorteil zurückzuführen ist, den die einzelnen Schülerinnen und Schüler mitbringen, sondern mehr noch auf den kombinierten Effekt des sozioökonomischen Gesamthintergrunds ihrer Schülerschaft, der es ihnen erlaubt, ein dem Lernen stärker förderliches Umfeld zu schaffen.

Abbildung 5.18 ■ Öffentliche und private Schulen

	Prozentsatz der Schüler in öffentlichen Schulen	Prozentsatz der Schüler in Privatschulen	
		Vom Staat abhängige Privatschulen	Vom Staat unabhängige Privatschulen
Luxemburg	86	14	0
Hongkong (China)	93	7	0
Japan	73	1	26
Indonesien	51	4	45
Italien	96	0	4
Schweiz	95	1	4
Finnland	93	7	0
Dänemark	78	22	0
Tschech. Republik	93	6	1
Thailand	88	6	6
Schweden	96	4	0
Ungarn	89	10	1
Österreich	92	7	1
Portugal	94	4	2
Vereinigte Staaten	94	0	6
Niederlande	23	77	0
Slowak. Republik	87	13	0
Korea	42	36	22
Irland	42	58	1
Spanien	64	28	8
Kanada	94	4	2
Macau (China)	5	49	46
Mexiko	87	0	13
Neuseeland	95	0	5
Deutschland	92	7	0
Uruguay	86	0	14
Brasilien	87	0	13
OECD-Durchschnitt	*80*	*12*	*4*
Verein. Königreich[1]	94	1	5

Leistungsunterschiede zwischen öffentlichen und privaten Schulen (vom Staat abhängige und unabhängige Schulen)

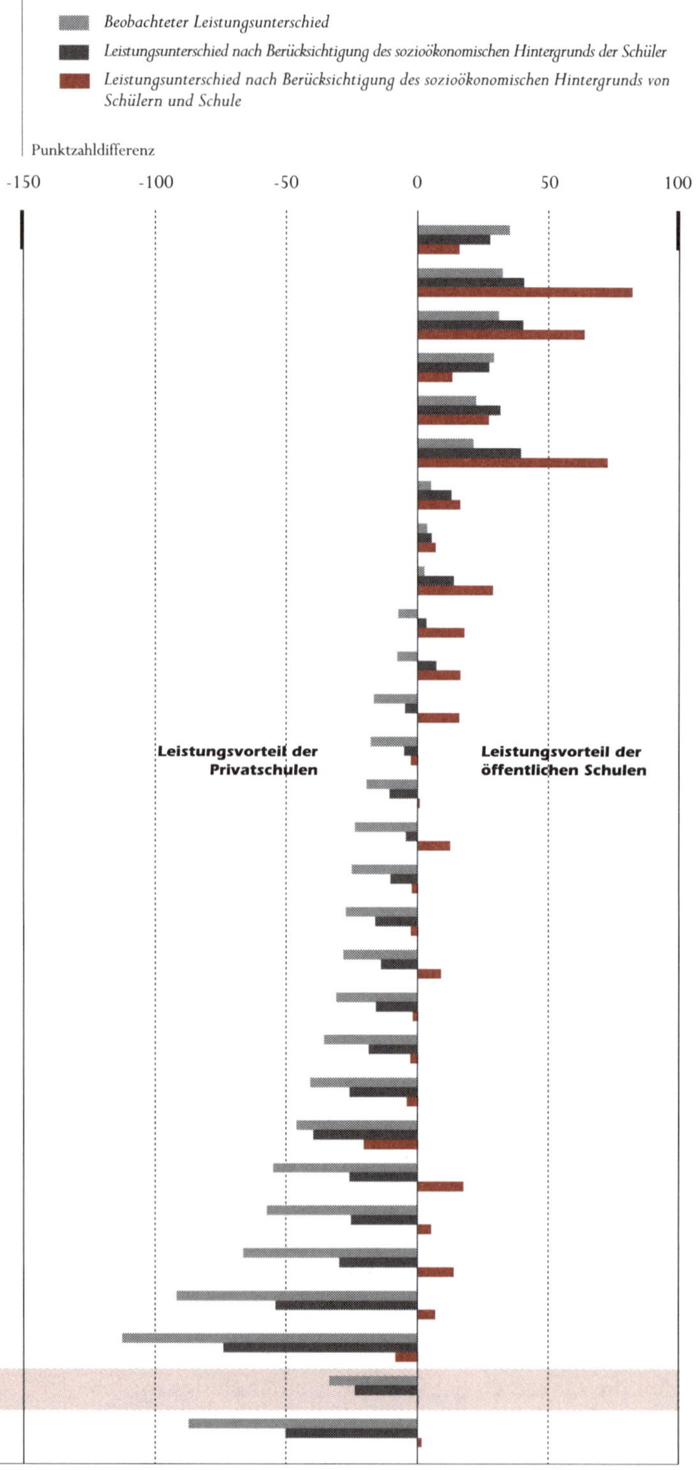

1. Die Beteiligungsquote ist zu niedrig, um die Vergleichbarkeit zu gewährleisten (siehe Anhang A3).
Quelle: OECD PISA-2003-Datenbank, Tabelle 5.19.

Dessen ungeachtet stellen Privatschulen, auch wenn ihre Leistung nach Berücksichtigung sozioökonomischer Faktoren in der Regel nicht höher ist, in vielen Ländern eine attraktive Alternative für Eltern dar, die bestrebt sind, ihren Kindern größtmögliche Vorteile zu bieten, einschließlich solcher Vorteile, die aus dem sozioökonomischen Gesamthintergrund der Schülerschaft der Schulen resultieren.

... auch wenn Privatschulen aus Sicht der Eltern immer noch eine attraktive Alternative darstellen.

Der kombinierte Effekt der Ressourcenausstattung der Schulen

Ebenso wie die Variablen des Schulklimas können auch die Effekte der verschiedenen hier erörterten schulischen Ressourcen nicht einfach addiert werden, da zwischen ihnen enge Wechselbeziehungen bestehen. Im Folgenden werden sie deshalb zusammen erörtert. Bei der Untersuchung der schulischen Ressourcen ist auch die Wechselwirkung dieser Faktoren mit dem sozioökonomischen Hintergrund der Schüler und Schulen für die Politikgestaltung von Bedeutung, weil solche Wechselwirkungen Fragen der Chancengleichheit in der Bildung aufwerfen.

Der Gesamteffekt der Ressourcenausstattung der Schulen und dessen Wechselwirkung mit dem sozialen Hintergrund wirken sich auf die Chancengleichheit aus ...

In Abbildung 5.19 sind die Ergebnisse dargestellt. Wenn der sozioökonomische Hintergrund auf Schüler- und Schulebene sowie die bei PISA gemessenen schulischen Ressourcen zusammen untersucht werden, sind im Durchschnitt der OECD-Länder 49% der Leistungsvarianz zwischen Schulen auf den sozioökonomischen Hintergrund, 1% auf die Ressourcenausstattung der Schulen und 19% auf den kombinierten Effekt des sozioökonomischen Hintergrunds und der Ressourcenausstattung zurückzuführen[22]. Folglich ist der bei PISA beobachtete Nettoeffekt der Ressourcenausstattung auf die Leistungen der Schulen in den meisten Ländern in der Tendenz gering, wohingegen der Bruttoeffekt (der auch eine Messung der Auswirkungen des sozioökonomischen Hintergrunds der Schüler und der Schulen auf die qualitative und quantitative Verteilung der Bildungsressourcen beinhaltet) in vielen Ländern erheblich ist, und dies ganz besonders in Australien, Belgien, Deutschland, Neuseeland, den Niederlanden, Österreich und der Tschechischen Republik sowie in den Partnerländern Thailand und Uruguay (vgl. letzte Spalte von Tabelle 5.20). In diesen Ländern müssen sich die politischen Entscheidungsträger mit der Tatsache auseinander setzen, dass die schulischen Ressourcen sozioökonomische Unterschiede anscheinend verstärken anstatt ihren Effekt zu mindern.

... und während häufig nur ein geringer Nettoeffekt sichtbar wird, ist der Effekt in Kombination mit dem sozialen Hintergrund erheblich ...

Während der Nettoeffekt eine Schätzung des über die Auswirkungen des sozioökonomischen Hintergrunds hinausgehenden Effekts der schulischen Ressourcen liefert – oder anders gesagt des Effekts, den die Schulen zusätzlich zum Effekt ihrer Schülerschaft erzeugen –, dürften solche Schätzungen den tatsächlichen Effekt dieser Ressourcen doch unterzeichnen, insofern einige Leistungsunterschiede gleichzeitig schulischen und sozioökonomischen Faktoren zuzuschreiben sind, wie dies beispielsweise der Fall ist, wenn in sozioökonomischer Hinsicht privilegierte Schüler die schulischen Ressourcen effizienter nutzen oder in sozioökonomischer Hinsicht besser gestellte Schulen sich die fraglichen schulischen Ressourcen leichter beschaffen können.

... was vermuten lässt, dass sozial begünstigte Schüler Zugang zu besseren schulischen Ressourcen haben.

Abbildung 5.19 ■ Effekt der Ressourcenausstattung auf die Mathematikleistung der Schulen

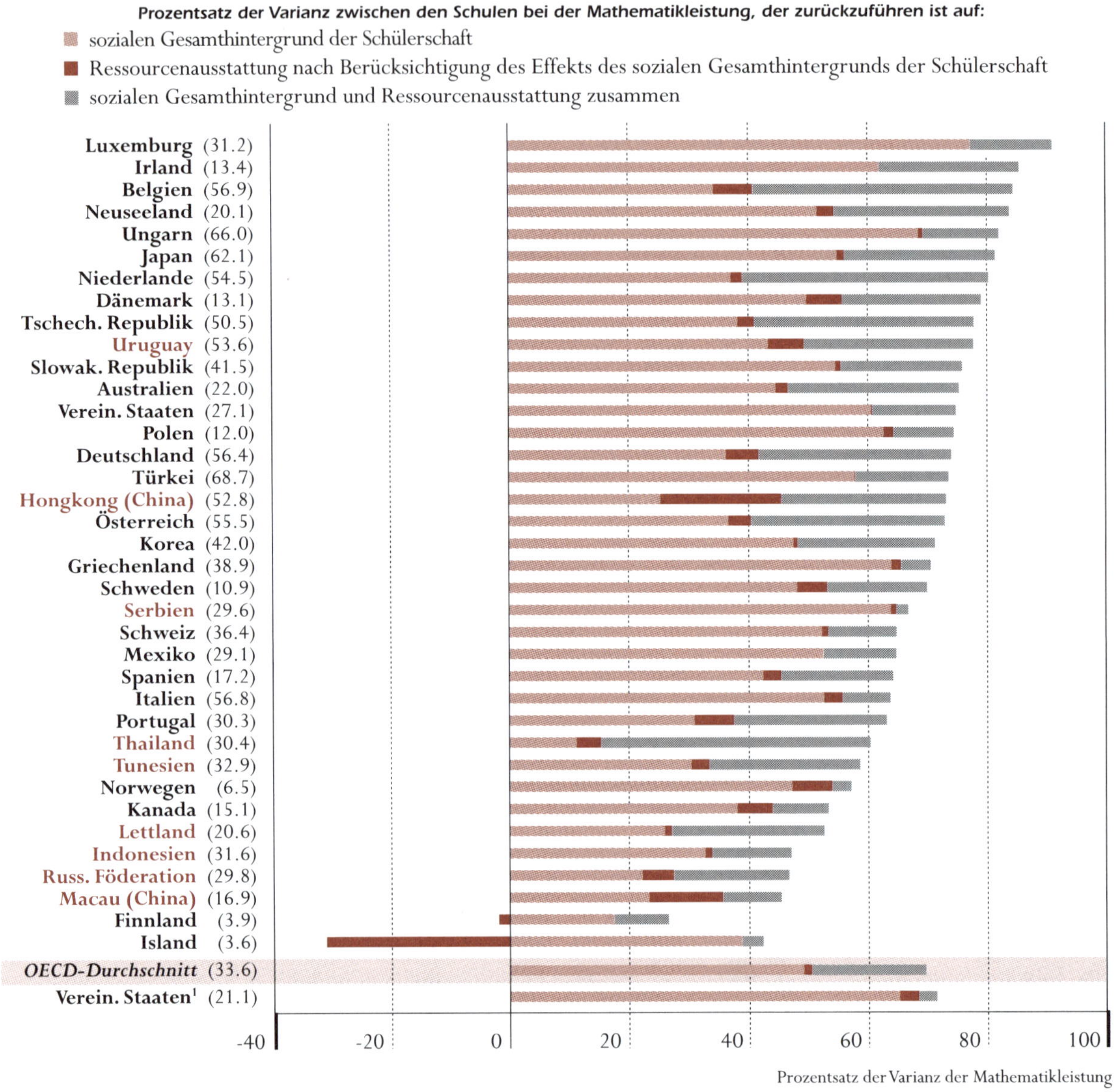

Anmerkung: Die in Klammern gesetzten Zahlen geben die Varianz zwischen Schulen an, ausgedrückt in Prozent der durchschnittlichen Varianz der Schülerleistungen in den OECD-Ländern.

1. Die Beteiligungsquote ist zu niedrig, um die Vergleichbarkeit zu gewährleisten (siehe Anhang A3).

Quelle: OECD PISA-2003-Datenbank, Tabelle 5.20.

Wenn nur der Bruttoeffekt der Ressourcenausstattung der Schulen ohne Bereinigung um sozioökonomische Faktoren untersucht wird, könnte deren Bedeutung umgekehrt überzeichnet und übersehen werden, inwieweit die Schulen mit bestimmten sozioökonomischen Verhältnissen konfrontiert sind. Wie bereits erwähnt, sind die Bruttoeffekte für die Eltern allerdings häufig am interessantesten, da Letztere in erster Linie Informationen über die Gesamtergebnisse der Schulen erhalten möchten, in denen sich auch alle etwaigen Effekte des sozioökonomischen Hintergrunds ihrer Schülerschaft niederschlagen.

WODURCH KANN DIE LEISTUNG DER SCHULEN GESTEIGERT WERDEN?

Alle drei Gruppen schulspezifischer Faktoren können zusammen untersucht werden.

Während in den vorangegangenen Abschnitten der Einfluss untersucht wurde, den drei Gruppen schulischer Faktoren – in Bezug auf das Schulklima, die Schulpolitik und -praxis und die Ressourcenausstattung der Schulen – auf die Leistungen der Schulen ausüben, wobei auf dessen Wechselwirkungen mit dem sozioökonomischen Hintergrund eingegangen wurde, sollen die verschiedenen Faktoren dieser drei Gruppen im letzten Abschnitt nun in einem einzigen Modell zusammengefasst werden, um den Effekt jedes einzelnen Faktors unter Berücksichtigung aller anderen Faktoren zu bestimmen. Dadurch wird es für die politischen Entscheidungsträger möglich sein, Schlüsse über die relative Bedeutung dieser Faktoren zu ziehen.

Die Ergebnisse dieser Analyse, die zunächst für die gesamte OECD-Schülerpopulation bei gleicher Gewichtung sämtlicher Länder durchgeführt und anschließend für alle Teilnehmerländer wiederholt wurde, sind in Tabelle 5.21a und Tabelle 5.21b dargestellt. Dabei gilt es allerdings zu erwähnen, dass für einige der schulischen Faktoren, für die sich bei der Betrachtung der OECD-Länder insgesamt ein statistisch signifikanter Effekt auf die Schülerleistungen beobachten lässt, innerhalb der einzelnen Länder nicht dieselben Wechselbeziehungen festgestellt werden können. Schulische Faktoren, die bereits keinen messbaren Bruttoeffekt aufwiesen, wurden nicht in die Modellrechnung aufgenommen.

Die kombinierten Schüler- und Schulmerkmale erklären über 70% der Leistungsunterschiede zwischen Schulen …

Zusammengenommen entfallen auf die Merkmale der Schülerinnen und Schüler, den sozioökonomischen Hintergrund der Schüler und der Schulen, das Schulklima aus Schüler- und Schulleitersicht, die Angaben der Schulleitungen zu Schulpolitik und -praxis sowie die Einschätzung der Verfügbarkeit und Qualität der schulischen Ressourcen, wie sie jeweils bei PISA gemessen werden, 54% der Varianz der Durchschnittsergebnisse der OECD-Länder, durchschnittlich 71% der Leistungsvarianz zwischen den Schulen innerhalb der verschiedenen Länder und durchschnittlich 8% der Varianz der Schülerleistungen innerhalb der einzelnen Schulen (vgl. Modell 4 in Tabelle 5.21a).

… innerhalb von denen sich der Nettoeffekt bestimmter Faktoren vergleichen lässt …

Wo können die Schulen am meisten erreichen? Bei einer Analyse der Frage des „Mehrwerts“, den die Schulen schaffen können, liegt das Hauptaugenmerk auf den Nettoeffekten schulischer Faktoren, d.h. den Auswirkungen des Schulklimas, der Schulpolitik und -praxis sowie der schulischen Ressourcen, die über die durch den sozioökonomischen Hintergrund bedingten Leistungsunterschiede zwischen den Schülern und Schulen hinausgehen.

… selbst wenn der Beitrag dieser Faktoren zur Schulleistung dabei u.U. unterzeichnet wird.

Wie vorstehend erläutert, dürften diese Ergebnisse den tatsächlichen Effekt des Schulklimas, der Schulpolitik und -praxis sowie der schulischen Ressourcen auf die Leistungen der Schulen wohl unterzeichnen, weil einige Leistungsunterschiede gleichzeitig auf schulische und sozioökonomische Faktoren zurückzuführen sind, wie dies z.B. der Fall ist, wenn in sozioökonomischer Hinsicht besser gestellte Schülerinnen und Schüler ein günstigeres Lernklima

schaffen, von einer stärkeren Schulpolitik und -praxis profitieren können oder Zugang zu besseren schulischen Ressourcen haben. In der nachstehenden Analyse, bei der eigentlich die Nettoeffekte im Vordergrund stehen, wird der Leser daher auf Fälle hingewiesen, in denen der Unterschied zwischen Netto- und Bruttoeffekt besonders groß ist.

Zur Beurteilung des Einflusses schulspezifischer Faktoren kann eine Bereinigung um demographische und sozioökonomische Merkmale der einzelnen Schüler vorgenommen werden …

Um die Nettoeffekte der schulischen Faktoren zu untersuchen, wurden Anpassungen um folgende Aspekte des demographischen und sozioökonomischen Hintergrunds der Schülerinnen und Schüler sowie ihrer Familien vorgenommen (vgl. Modell 2 in Tabelle 5.21a):

- *Wirtschaftlicher, sozialer und kultureller Status*. Der Beruf und Bildungsstand der Eltern sowie der Zugang der Schüler zu bildungsbezogenen und kulturellen Ressourcen im Elternhaus, ist je Einheit auf dem PISA-Index des wirtschaftlichen, sozialen und kulturellen Status, mit einem Leistungsunterschied in Mathematik im Umfang von 24 Punkten verbunden, der zum Effekt der nachstehend genannten sozioökonomischen Variablen hinzukommt.
- *Geschlecht der Schüler*. Jungen haben in Mathematik bei sonst gleichem sozioökonomischem Hintergrund einen Leistungsvorsprung in Höhe von 15 Punkten gegenüber den Mädchen.
- *Geburtsland der Schüler*. Im Durchschnitt der OECD-Länder erzielen die im Ausland geborenen Schülerinnen und Schüler bei sonst gleichem sozioökonomischem Hintergrund in Mathematik 12 Punkte weniger als diejenigen, die im Erhebungsland geboren sind, selbst wenn deren Eltern im Ausland geboren sind.
- *Im Elternhaus gesprochene Sprache*. Zusätzlich zum Effekt der anderen hier untersuchten sozioökonomischen Aspekte ist die Tatsache, zu Hause meistens oder immer eine andere Sprache zu sprechen als die Testsprache bzw. sonstige Amts- oder Landessprachen mit einem Leistungsrückstand in Mathematik von 10 Punkten verbunden.
- *Teilnahme an Vorschulunterricht und Früherziehung*. Schülerinnen und Schüler, die mindestens ein Jahr lang eine Vorschule besucht haben, weisen bei sonst gleichem sozioökonomischem Hintergrund einen Leistungsvorsprung von 8 Punkten in Mathematik auf.

… sowie um die Merkmale der Schulen insgesamt.

Wie im vorangegangenen Abschnitt deutlich wurde, kann der sozioökonomische Gesamthintergrund der Schülerschaft der Schulen einen signifikanten Effekt ausüben, der über die Auswirkungen des individuellen sozioökonomischen Hintergrunds der einzelnen Schülerinnen und Schüler hinausgeht. Um diesem Umstand Rechnung zu tragen, wurden ebenfalls entsprechende Anpassungen vorgenommen. Der Mittelwert aller 15-Jährigen, die die jeweilige Schule besuchen, auf dem PISA-Index des wirtschaftlichen, sozialen und kulturellen Status (Näherungsvariable für den sozioökonomischen Gesamthintergrund ihrer Schülerschaft), übt mit 63

Punkten im OECD-Durchschnitt den größten über den sozioökonomischen Hintergrund der einzelnen Schüler hinausgehenden Einfluss aus (vgl. Modell 3 in Tabelle 5.21a).

Nachstehend wird die Beziehung zwischen dem Schulklima, der Schulpolitik und -praxis, der Ressourcenausstattung der Schulen und sonstigen Schulmerkmalen einerseits und den Schülerleistungen in Mathematik andererseits untersucht. Für jeden Faktor ist aus den Ergebnissen die Stärke des Zusammenhangs ersichtlich, der nach Berücksichtigung aller anderen untersuchten Faktoren sowie des sozioökonomischen Hintergrunds der Schüler und der Schulen bestehen bleibt (Modell 4 in Tabelle 5.21a). Bei der Interpretation der Ergebnisse muss berücksichtigt werden, dass einige Aspekte der Schulpolitik und -praxis auf nationaler oder subnationaler Ebene geregelt werden, so dass bei ihnen innerhalb der einzelnen Länder wenig Unterschiede bestehen. In solchen Fällen kann die Bedeutung dieser Variablen in den Modellen unterschätzt werden. Ein Beispiel hierfür ist die Entscheidungsverantwortung der Schulen. Hier lässt sich innerhalb der einzelnen Länder oft kein Zusammenhang mit den Schulleistungen messen, da in Bezug auf die Entscheidungsverantwortung zwischen den Schulen derselben Länder in der Regel kaum Unterschiede bestehen. Wie vorstehend erwähnt, erzielen Länder, in denen den Schulen in einigen Aspekten der schulischen Verwaltung mehr Entscheidungsverantwortung zukommt, tendenziell insgesamt höhere Ergebnisse.

Unter den Schulklimafaktoren wirkt sich ein schlechtes Schüler-Lehrer-Verhältnis am negativsten auf die Schülerleistungen aus …

Unter den in die Modellrechnung aufgenommenen Variablen des Schulklimas[23] hat ein schlechtes Schüler-Lehrer-Verhältnis aus Schülersicht im Durchschnitt der OECD-Länder den stärksten negativen Effekt auf die Leistungen. Durchschnittlich war für Schülerinnen und Schüler, die die entsprechenden Aussagen im Fragebogen (d.h. „die Schüler kommen mit den meisten Lehrkräften gut aus", „den meisten Lehrern ist es wichtig, dass sich die Schüler wohl fühlen", „die meisten Lehrkräfte interessieren sich für das, was ich zu sagen habe", „wenn ich zusätzlich Hilfe brauche, bekomme ich sie von meinen Lehrern" und „die meisten Lehrer behandeln mich fair") klar verneinten, ein Leistungsrückstand in Mathematik in Höhe von 74 Punkten nach Berücksichtigung der sozioökonomischen Faktoren festzustellen (Tabelle 5.21a). Dabei muss allerdings bedacht werden, dass der Prozentsatz der Schülerinnen und Schüler, die sich derart negativ über das Schüler-Lehrer-Verhältnis äußern, in der Regel gering ist, weshalb der Effekt nur in Australien, Finnland, Kanada, Mexiko, Schweden und den Vereinigten Staaten statistisch signifikant ist (Tabelle 5.21b).

… während von der Schuldisziplin und der Arbeitshaltung der Schüler jeweils ein geringerer Einzeleffekt ausgeht.

Mit einer Einheit auf dem Index des Schulklimas aus Schülersicht erhöht sich die Leistungsdifferenz im Durchschnitt der OECD-Länder selbst nach Berücksichtigung der sozioökonomischen Faktoren um weitere 27 Punkte (Tabelle 5.21a). Dieser Effekt ist in allen Ländern außer Finnland, Island, Luxemburg, den Niederlanden und Schweden statistisch signifikant und beläuft sich in Portugal und der Türkei sowie im Partnerland Serbien auf 60 Punkte oder mehr (Tabelle 5.21b).

Der Effekt der Arbeitshaltung von Lehrkräften und Schülern ist in der Tendenz schwächer …

Im Durchschnitt der OECD-Länder geht auch von der Stimmung und Arbeitshaltung der Schüler aus Schulleitersicht ein kleiner positiver Effekt aus. Das Muster war hier jedoch uneinheitlich, und in einigen Ländern waren negative Effekte zu beobachten. Eine Einheit auf dem Index der Stimmung und Arbeitshaltung der Schüler aus Schulleitersicht schlug sich in einem Leistungsunterschied von 10 Punkten ohne Berücksichtigung der sozioökonomischen Faktoren (Modell 5 in Tabelle 5.21a) und von 3 Punkten nach Berücksichtigung dieser Faktoren nieder (Modell 4 in Tabelle 5.21a). Statistisch signifikante positive Effekte waren in Australien, Finnland, Kanada, Korea, Schweden, Spanien und im Partnerland Hongkong (China) festzustellen.

… als der Effekt des Zugehörigkeitsgefühls der Schüler zur Schule.

Eine Einheit auf dem Index des Zugehörigkeitsgefühls zur Schule hat vor Berücksichtigung der sozioökonomischen Hintergrundfaktoren noch einen erheblichen Effekt in einer Größenordnung von 15 Punkten (Tabelle 5.21a). Nach Berücksichtigung des sozioökonomischen Hintergrunds der Schülerschaft ist dieser Effekt jedoch nur noch gering und nicht mehr statistisch signifikant, was darauf schließen lässt, dass die soziale Zusammensetzung der Schülerschaft großen Einfluss auf das Zugehörigkeitsgefühl der Schüler zur Schule haben kann. In einigen Ländern – besonders in Belgien, Luxemburg, der Schweiz und den Partnerländern Indonesien und Lettland – ist der fragliche Effekt allerdings auch nach Bereinigung um sozioökonomische Merkmale noch stark, wobei eine Einheit auf dem Index des Zugehörigkeitsgefühls zur Schule mit einem Leistungsunterschied von 20-65 Punkten assoziiert ist. In Finnland und Irland ist ein negativer Effekt zu beobachten (Tabelle 5.21b).

Unter den verschiedenen Aspekten der Schulpolitik und -praxis üben selektive Aufnahmeregelungen den stärksten Effekt auf die Leistungen aus …

Es dürfte kaum überraschen, dass unter den in diesem Vergleich untersuchten Aspekten der Schulpolitik und -praxis der stärkste positive Effekt für selektive Aufnahmeregelungen festzustellen war. Schulen, in denen die bisherigen schulischen Leistungen oder Empfehlungen der letzten Schule bei der Entscheidung über die Aufnahme als Vorbedingung oder hohe Priorität behandelt werden, erzielten durchschnittlich 12 Punkte mehr (Tabelle 5.21a), und in Deutschland, Finnland, Luxemburg, Norwegen, Schweden, der Slowakischen Republik, der Tschechischen Republik, Ungarn und den Partnerländern Brasilien und Lettland belief sich ihr Leistungsvorsprung sogar auf 15-31 Punkte (Tabelle 5.21b). In Dänemark wurde allerdings ein negativer Effekt in Höhe von 17 Punkten beobachtet.

… wohingegen vom Verzicht auf eine Einteilung in leistungsdifferenzierte Gruppen …

Im Durchschnitt der OECD-Länder war für den Verzicht auf eine Einteilung in leistungsdifferenzierte Gruppen im Mathematikunterricht insgesamt ein positiver Effekt zu beobachten, der sich in einem Leistungsunterschied von 9 Punkten niederschlug, welcher nach Bereinigung um die Auswirkungen des sozioökonomischen Hintergrunds auf 5 Punkte sank (Tabelle 5.21a). In Anbetracht des in den vielen Ländern geringen Prozentsatzes der Schulen, in denen den Angaben zufolge keine Einteilung in Leistungsgruppen vorgenommen wird, ist dieser Effekt auf Länderebene in der Regel statistisch nicht signifikant.

Für Schulen, die Aktivitäten zur Förderung des Mathematikengagements der Schülerinnen und Schüler – wie Mathematikwettbewerbe, Mathematikzirkel oder Computerclubs mit speziellem Mathematikbezug – anbieten, war ebenfalls ein zu den Auswirkungen aller anderen Faktoren hinzukommender positiver Effekt festzustellen. Jede zusätzliche Aktivität dieser Art, die von den Schulen angeboten wird, kann mit einem Leistungsvorsprung in Höhe von durchschnittlich 7 Punkten in Verbindung gebracht werden. Nach Berücksichtigung sozioökonomischer Faktoren macht dieser Effekt jedoch nur noch 2 Punkte aus, was vermuten lässt, dass das Angebot an Aktivitäten zur Förderung des Mathematikengagements in den Schulen stark von deren sozioökonomischen Merkmalen abhängt (Tabelle 5.21a).

... sowie vom Angebot zusätzlicher Aktivitäten zur Förderung des Mathematikengagements in den Schulen geringere positive Effekte ausgehen.

Von der Häufigkeit des Einsatzes von Klassenarbeiten geht ein geringer Effekt in Höhe von 1 Punkt je zusätzlichen Test pro Jahr aus. Dieser Effekt verschwindet jedoch nach Berücksichtigung der sozioökonomischen Faktoren. Für standardisierte Tests lässt sich ein kleiner negativer Effekt in Höhe von 1 Punkt feststellen, der aber nach Berücksichtigung der sozioökonomischen Faktoren ebenfalls verschwindet (Tabelle 5.21a).

Die Schüler/Lehrer-Quote und die Klassengröße werden häufig als wichtige Faktoren der Ressourcenausstattung der Schulen betrachtet. Eltern und Lehrkräfte legen Wert auf kleine Klassen, weil die Lehrer in solchen Klassen wahrscheinlich stärker auf die einzelnen Schüler eingehen können und weil die aus der gleichzeitigen Beschäftigung mit zahlreichen Schülern und deren Arbeit resultierende Benachteiligung geringer ist. Da die Lohnkosten für die Lehrkräfte innerhalb der Bildungsausgaben stark ins Gewicht fallen, zieht eine Verringerung der Klassengröße jedoch einen steilen Anstieg der Bildungsausgaben nach sich. Zudem ist es schwierig, den Zusammenhang zwischen den Schüler/Lehrer-Quoten und den Klassengrößen zum einen und den Schülerleistungen zum anderen zu untersuchen. In vielen Ländern tendieren Schulen und Lehrkräfte dazu, leistungsschwache Schülerinnen und Schüler in kleineren Klassen unterzubringen, damit sie die nötige Aufmerksamkeit erhalten. Unter solchen Umständen dürften kleinere Klassen in der Tendenz niedrigere Ergebnisse erzielen, selbst wenn die Verringerung der Klassengröße bei sonst gleichen Bedingungen zu einem Leistungsanstieg führen würde. Möglicherweise lässt sich deshalb im Modell kein statistisch signifikanter Zusammenhang zwischen Schüler/Lehrer-Quote und Schülerleistungen feststellen, weil sich diese verschiedenen Einflüsse häufig gegenseitig aufheben (Tabelle 5.21a).

Im Bereich der Ressourcenausstattung gilt die Schüler/Lehrer-Quote als wichtig, bei PISA ließ sich jedoch kein mit ihr zusammenhängender Leistungsunterschied feststellen, vielleicht weil leistungsschwächere Schüler häufig in kleineren Klassen untergebracht sind.

Im Durchschnitt der OECD-Länder besteht bei sonst gleichen Bedingungen in der Tendenz ein positiver Zusammenhang zwischen der Größe der Schulen und ihrer Leistung. 100 zusätzliche Schülerinnen und Schüler sind jeweils mit einem Leistungsvorsprung von 5 Punkten ohne Berücksichtigung der sozioökonomischen Faktoren und 2 Punkten nach Berücksichtigung dieser Faktoren verbunden (Tabelle 5.21a).

Der Leistungsvorsprung von Privatschulen verwandelt sich nach Berücksichtigung des sozioökonomischen Hintergrunds in einen Vorsprung der öffentlichen Schulen.

Privatschulen haben einen Leistungsvorsprung von 11 Punkten, nach Berücksichtigung der sozioökonomischen Faktoren tritt jedoch ein Leistungsvorsprung der öffentlichen Schulen in Höhe von 7 Punkten zu Tage. Wie bereits erwähnt, könnte ein großer Teil des Vorsprungs der Privatschulen darauf zurückzuführen sein, dass sie dank ihres sozioökonomischen Gesamthintergrunds ein dem Lernen stärker förderliches Umfeld schaffen können (Tabelle 5.21a).

Auch der Nachteil von Schulen in ländlichen Gegenden verwandelt sich nach Berücksichtigung ihres sozioökonomischen Hintergrunds in einen Vorteil.

Schulen in Gemeinden mit weniger als 3 000 Einwohnern haben nach Berücksichtigung des durchschnittlichen sozioökonomischen Hintergrunds ihrer Schülerschaft einen Leistungsvorsprung von 9 Punkten (Tabelle 5.21a). Dies lässt vermuten, dass ein Großteil des Leistungsrückstands, der für Schulen in ländlichen Gegenden manchmal festzustellen ist, eher mit sozioökonomischen Faktoren zusammenhängt als mit der Qualität der in diesen Schulen angebotenen Bildungsdienste. Dieser Effekt schwankt im Ländervergleich jedoch stark und ist in einigen Ländern positiv, namentlich vor allem in Kanada und den Vereinigten Staaten, wohingegen er in anderen negativ ist, insbesondere in Mexiko (Tabelle 5.21b).

Zwischen der Ausstattung mit Lehr- und Sachmitteln und den Leistungen ist nur ein geringer Zusammenhang festzustellen.

Im OECD-Raum besteht im Durchschnitt auch ein positiver Zusammenhang zwischen der Ausstattung der Schulen mit Lehr- und Sachmitteln und ihrer Leistung; einer Einheit auf dem Index der Qualität der Ausstattung mit Lehr- und Sachmitteln entspricht jedoch nur ein Leistungsunterschied von 2 Punkten (Tabelle 5.21a)[24]. Starke Effekte sind nur in Belgien (6 Punkte), Italien (10 Punkte) und dem Partnerland Russische Föderation (8 Punkte) zu beobachten (Tabelle 5.21b).

Zuletzt ist noch festzustellen, dass Schülerinnen und Schüler in Schulen, in denen nach Einschätzung der Schulleitungen ein starker Lehrermangel besteht, im Durchschnitt der OECD-Länder in der Tendenz niedrigere Ergebnisse erzielen, nach Berücksichtigung der sozioökonomischen Faktoren ist dieser Nachteil allerdings gering (Tabelle 5.21a)[25]. Der Zusammenhang zwischen dem subjektiv festgestellten Lehrermangel und den Leistungen fiel in der Tschechischen Republik besonders stark aus, wo eine Einheit auf dem Index des Lehrermangels mit einem Leistungsabfall von 16 Punkten in Verbindung gebracht werden konnte. Für Belgien und Luxemburg wurde ein Leistungsunterschied von 6 bzw. 13 Punkten beobachtet (Tabelle 5.21b).

Alles in allem geht von den verschiedenen schulspezifischen Faktoren also nur ein geringer Einzeleffekt aus, der aber den von einem sozioökonomischen Vorteil ausgehenden Effekt verstärken kann.

Aus der Analyse geht hervor, dass zwischen den schulischen und den sozioökonomischen Hintergrundfaktoren eine starke Wechselbeziehung besteht. Beim kombinierten Effekt, den Schul- und Hintergrundfaktoren auf die Leistungsunterschiede zwischen den Schulen ausüben, handelt es sich nicht einfach um die Summe des Einflusses der schulischen Faktoren und des Einflusses der familiären Hintergrundfaktoren. Zurückzuführen ist dies darauf, dass viele Merkmale der Schulen eng mit den Merkmalen der Familien ihrer Schüler verknüpft sind. Das bedeutet, dass ein Teil der Effekte des familiären Hintergrunds auf die Schulleistungen durch die Merkmale der

Schule *vermittelt* wird. Nehmen wir das Beispiel des im Bereich Mathematik bei PISA zu erwartenden Unterschieds zwischen den Leistungen zweier Schulen, deren Schülerinnen und Schüler einem unterschiedlichen Milieu entstammen, wobei die Differenz ihrer durchschnittlichen Bewertung auf dem Index des wirtschaftlichen, sozialen und kulturellen Status eine Einheit beträgt. Insgesamt ist zu erwarten, dass die Schülerinnen und Schüler der sozial besser gestellten Schule im OECD-Durchschnitt 63 Punkte mehr erzielen (Modell 3 in Tabelle 5.21a).

Ein Teil dieses Leistungsunterschieds ist darauf zurückzuführen, dass besser gestellte Schülerinnen und Schüler im Durchschnitt Schulen besuchen, deren Merkmale als leistungsfördernd angesehen werden können: Hierbei handelt es sich um den *vermittelten* Teil des Leistungsunterschieds, auf den ca. 10 Punkte der Ergebnisdifferenz von insgesamt 63 Punkten entfallen. Die übrigen Effekte des sozialen Hintergrunds der Schülerinnen und Schüler, die nicht mit den Merkmalen der Schule verknüpft sind, machen 53 Punkte aus (Modell 4 in Tabelle 5.21a). Die Differenz von 10 Punkten kann als ein Maß dafür angesehen werden, inwieweit die Schulsysteme im Durchschnitt dazu tendieren, den Vorteil der sozial bereits besser gestellten Schüler weiter zu verstärken. Politische Entscheidungsträger, denen an gleichen Bildungschancen für alle Schülerinnen und Schüler gelegen ist, sollten sich mit diesem Problem auseinander setzen.

Ein Teil dieses Vorteils kann darauf zurückzuführen sein, dass er die Wahrscheinlichkeit des Besuchs einer Schule mit besseren Merkmalen erhöht.

INSTITUTIONELLE DIFFERENZIERUNG

Wie in Kapitel 4 erwähnt, stellt die Anpassung des Bildungsangebots an eine heterogene Schülerschaft und die Verringerung der Leistungsunterschiede zwischen den Schülerinnen und Schülern für alle Länder eine gewaltige Herausforderung dar, zu deren Bewältigung die Länder unterschiedliche Ansätze gewählt haben. Einige Länder haben nichtselektive Schulsysteme eingerichtet, die allen Schülerinnen und Schülern die gleichen Lernmöglichkeiten bieten sollen und deshalb von allen Schulen verlangen, das gesamte Spektrum der Schülerleistungsniveaus abzudecken. Andere Länder versuchen der Verschiedenheit der Schülerinnen und Schüler gerecht zu werden, indem sie sie – durch Selektion zwischen den Schulen oder zwischen den verschiedenen Klassen derselben Schulen – in Gruppen einteilen, um sie so entsprechend ihres schulischen Potenzials und/oder ihrer Interessen an bestimmten Lehrprogrammen bestmöglich fördern zu können. Die Bildungssysteme können entlang eines Kontinuums angeordnet werden, das von einer geringen Gliederung auf System-, Schul- und Klassenebene bis hin zu einer starken Differenzierung reicht. In Abbildung 5.20a sind in diesem Kontext wichtige Schulsystemmerkmale dargestellt.

Bildungssysteme können nach dem Grad der von ihnen durchgeführten Selektion und Aufteilung der Schüler gegliedert werden …

Eine Möglichkeit zur Differenzierung zwischen den Schülern sind unterschiedliche Bildungseinrichtungen bzw. Bildungsgänge, auf die die verschiedenen Schülerinnen und Schüler entsprechend ihrem Leistungsniveau oder ihren sonstigen Merkmalen aufgeteilt werden. Die Einteilung der Schüler nach ihrem

… und die Zahl der verschiedenen Bildungsgänge, auf die Schüler mit unterschiedlichen Fähigkeiten verteilt werden, erklärt z. T. sowohl den Umfang der zwischen den Schulen zu beobachtenden Leistungsunterschiede …

Abbildung 5.20a ■ Strukturelle Merkmale der Schulsysteme in den OECD-Ländern

	Zahl der Schultypen oder verschiedenen Bildungsgänge, die 15-Jährigen offen stehen	Prozentsatz der 15-Jährigen in Bildungsgängen, die den Zugang zur nächsthöheren berufsbildenden Stufe ermöglichen oder auf den direkten Arbeitsmarktzugang ausgerichtet sind[1]	Vorgesehenes Alter für die erste Selektion im Bildungssystem	Anteil der Sitzenbleiber unter den 15-Jährigen in		
				Primarstufe	Sekundarstufe I	Sekundarstufe II
Australien	1	8.9	16	8.1	1.3	m
Österreich	4	42.9	10	5.0	4.7	3.9
Belgien	4	22.8	12	16.6	7.7	8.2
Kanada	1	a	13	5.8	5.6	0.8
Tschech. Republik	5	16.9	11	1.9	1.7	0.0
Dänemark	1	0.0	16	2.8	0.7	0.0
Finnland	1	0.0	16	2.4	0.0	0.0
Frankreich	m	9.5	15	15.6	26.7	m
Deutschland	4	a	10	9.0	14.1	m
Griechenland	2	19.9	15	0.9	6.3	1.1
Ungarn	3	19.6	11	4.3	3.8	3.3
Island	1	0.0	16	0.6	0.4	0.0
Irland	4	17.8	15	13.4	1.2	0.3
Italien	3	m	14	1.6	5.7	8.8
Japan	2	25.4	15	0.0	0.0	0.0
Korea	3	26.7	14	0.3	0.5	0.2
Luxemburg	4	4.6	13	15.1	25.3	m
Mexiko	3	5.8	12	22.6	6.3	2.7
Niederlande	4	61.3	12	21.4	9.5	m
Neuseeland	1	0.0	16	3.9	1.6	0.8
Norwegen	1	0.0	16	0.0	0.0	0.0
Polen	3	m	15	2.7	1.9	m
Portugal	3	8.8	15	17.1	16.9	0.2
Slowak. Republik	5	2.7	11	1.7	1.3	m
Spanien	1	0.0	16	6.5	25.2	m
Schweden	1	0.0	16	3.0	1.0	0.0
Schweiz	4	8.8	15	14.1	8.2	1.3
Türkei	3	m	11	5.1	4.0	9.9
Vereinigte Staaten	1	0.0	16	8.0	4.2	1.0
OECD-Durchschnitt	3	12.6	14	7.2	6.4	2.0
Verein. Königreich[3]	1	m	16	2.1	0.9	0.7

	Leistungen auf der Gesamtskala Mathematik				Varianz im Verhältnis zur durchschnittlichen Varianz der Schülerleistungen in den OECD-Ländern (in %)		
	Mittelwert	S.E.	Standardabweichung	S.E.	Gesamtvarianz der Schülerleistungen	Gesamtvarianz der Schülerleistungen der verschiedenen Schulen	Durchschnitt der standardisierten Indizes[2]
Australien	524	(2.1)	95	(1.5)	105	22	-0.64
Österreich	506	(3.3)	93	(1.7)	98	55	1.21
Belgien	529	(2.3)	110	(1.8)	122	57	0.94
Kanada	532	(1.8)	87	(1.0)	89	15	-0.24
Tschech. Republik	516	(3.5)	96	(1.9)	100	51	0.73
Dänemark	514	(2.7)	91	(1.4)	96	13	-0.89
Finnland	544	(1.9)	84	(1.1)	81	4	-0.90
Frankreich	511	(2.5)	92	(1.8)	w	w	0.41
Deutschland	503	(3.3)	103	(1.8)	108	56	1.15
Griechenland	445	(3.9)	94	(1.8)	102	39	-0.15
Ungarn	490	(2.8)	94	(2.0)	102	66	0.50
Island	515	(1.4)	90	(1.2)	95	4	-0.92
Irland	503	(2.4)	85	(1.3)	84	13	0.25
Italien	466	(3.1)	96	(1.9)	107	57	-0.03
Japan	534	(4.0)	101	(2.8)	116	62	-0.22
Korea	542	(3.2)	92	(2.1)	99	42	0.11
Luxemburg	493	(1.0)	92	(1.0)	98	31	0.74
Mexiko	385	(3.6)	85	(1.9)	85	29	0.46
Niederlande	538	(3.1)	93	(2.3)	92	55	1.60
Neuseeland	523	(2.3)	98	(1.2)	110	20	-0.85
Norwegen	495	(2.4)	92	(1.2)	98	6	-0.88
Polen	490	(2.5)	90	(1.3)	95	12	-0.27
Portugal	466	(3.4)	88	(1.7)	89	30	0.14
Slowak. Republik	498	(3.3)	93	(2.3)	99	42	0.49
Spanien	485	(2.4)	88	(1.3)	91	17	-0.43
Schweden	509	(2.6)	95	(1.8)	103	11	-0.89
Schweiz	527	(3.4)	98	(2.0)	111	36	0.16
Türkei	423	(6.7)	105	(5.3)	127	69	0.76
Vereinigte Staaten	483	(2.9)	95	(1.3)	105	27	-0.76
OECD-Durchschnitt	500	(0.6)	100	(0.4)	100	34	0.00
Verein. Königreich[3]	m	m	m	m	97	21	-0.91

1. Auf Basis der Ziele des Bildungsgangs (ISCED-Kategorien B und C).
2. Dieser Durchschnittswert enthält die standardisierten Indizes des vorgesehenen Alters für die erste Selektion, der Zahl der Schultypen oder bestimmter für 15-Jährige zugänglicher Bildungsgänge, des Anteils der Sitzenbleiber in den verschiedenen Bildungsstufen und des Anteils der Schüler in Programmen, die Zugang zu weiterer beruflicher Bildung eröffnen oder direkt auf den Arbeitsmarkteintritt vorbereiten.
3. Die Beteiligungsquote ist zu niedrig, um die Vergleichbarkeit zu gewährleisten (siehe Anhang A3).

Quelle: OECD PISA-2003-Datenbank; OECD-Bildungsdatenbank; Bildungspolitische Analyse (OECD, 2002e).

Abbildung 5.20b ■ **Interkorrelationsmatrix der Durchschnittswerte bei den strukturellen Merkmalen in den OECD-Ländern**

	Zahl der Schultypen oder verschiedenen Bildungsgänge, die 15-Jährigen offen stehen	Prozentsatz der 15-Jährigen in Bildungsgängen, die den Zugang zur nächsthöheren berufsbildenden Stufe ermöglichen oder auf den direkten Arbeitsmarktzugang ausgerichtet sind	Vorgesehenes Alter für die erste Selektion im Bildungssystem	Anteil der Sitzenbleiber in der Primarstufe	Anteil der Sitzenbleiber in Sekundarstufe I	Anteil der Sitzenbleiber in Sekundarstufe II	Leistungen auf der Gesamtskala Mathematik – Mittelwert	Leistungen auf der Gesamtskala Mathematik – Standardabweichung	Gesamtvarianz der Schülerleistung zwischen Schulen	Stärke des Zusammenhangs zwischen dem Index des wirtschaftlichen, sozialen und kulturellen Hintergrunds und den Schülerleistungen
Zahl der Schultypen oder verschiedenen Bildungsgänge, die 15-Jährigen offen stehen	1									
Prozentsatz der 15-Jährigen in Bildungsgängen, die den Zugang zur nächsthöheren berufsbildenden Stufe ermöglichen oder auf den direkten Arbeitsmarktzugang ausgerichtet sind	**0.50**	1								
Vorgesehenes Alter für die erste Selektion im Bildungssystem	**–0.76**	**–0.52**	1							
Anteil der Sitzenbleiber in der Primarstufe	**0.39**	0.27	–0.23	1						
Anteil der Sitzenbleiber in Sekundarstufe I	0.22	–0.02	–0.11	**0.56**	1					
Anteil der Sitzenbleiber in Sekundarstufe II	**0.45**	0.22	**–0.53**	0.23	0.27	1				
Leistungen auf der Gesamtskala Mathematik – Mittelwert	–0.09	0.26	0.23	–0.21	–0.17	–0.40	1			
Leistungen auf der Gesamtskala Mathematik – Standardabweichung	0.25	0.19	–0.29	–0.05	–0.06	**0.58**	0.08	1		
Gesamtvarianz der Schülerleistung zwischen Schulen	**0.62**	**0.63**	**–0.70**	0.15	0.16	**0.65**	–0.14	**0.62**	1	
Stärke des Zusammenhangs zwischen dem Index des wirtschaftlichen, sozialen und kulturellen Hintergrunds und den Schülerleistungen	**0.51**	0.24	**–0.53**	0.29	0.17	**0.43**	–0.19	**0.48**	**0.57**	1

Anmerkung: Die Daten in Fettdruck sind statistisch signifikant auf Ebene 0,05 (zweiseitig). Der Anteil der erklärten Varianz wird durch Quadrierung der in dieser Abbildung gezeigten Werte ermittelt.
Quelle: OECD PISA-2003-Datenbank; OECD-Bildungsdatenbank; Bildungspolitische Analyse (OECD, 2002e).

Leistungsniveau gründet sich häufig auf die Annahme, dass sie ihre Fähigkeiten in einem Lernumfeld am besten entfalten können, in dem sie sich gegenseitig gleich gut stimulieren können, und dass eine in Bezug auf ihre intellektuellen Fähigkeiten homogene Schülerschaft effizienter unterrichtet werden kann. Die in Abbildung 5.20a dargestellte Messgröße reicht von einer weitgehend undifferenzierten Sekundarschulbildung bis zum Alter von 15 Jahren bis zu Systemen mit vier oder mehr verschiedenen Schultypen oder Bildungsgängen (Belgien, Deutschland, Irland, Niederlande, Österreich, Schweiz, Slowakische Republik und Tschechische Republik). Aus dem einfachen Ländervergleich ist ersichtlich, dass zwar kein Zusammenhang zwischen der Zahl der verschiedenen Schultypen oder Bildungsgänge, die 15-Jährige besuchen können, und den durchschnittlichen Mathematikleistungen der jeweiligen Länder besteht (vgl. Abb. 5.20b, Spalte 1, Zeile 7), dass sie aber 39% der im OECD-Durchschnitt festgestellten Varianz zwischen den Schulen erklärt (Abb. 5.20b, Spalte 1, Zeile 9)[26].

... als auch die Stärke des Effekts, den der sozioökonomische Hintergrund auf die Lernerträge ausübt.

Auf sie entfallen auch, was nicht minder wichtig ist, 26% der im Ländervergleich beobachteten Varianz der Stärke des Zusammenhangs zwischen dem sozioökonomischen Hintergrund und den Schülerleistungen (vgl. Abb. 5.20b, Spalte 1, Zeile 10). Anders gesagt hat der sozioökonomische Hintergrund in Ländern mit einer größeren Zahl verschiedener Bildungsgänge in der Tendenz einen signifikant stärkeren Einfluss auf die Schülerleistungen, weshalb sich die Chancengleichheit in der Bildung dort wesentlich schwerer herstellen lässt.

Für den Prozentsatz der 15-Jährigen in berufsbildenden Programmen ist ein ähnlicher Zusammenhang festzustellen.

Ein besonderer Aspekt der institutionellen Differenzierung ist das getrennte Angebot von allgemein- und berufsbildenden Programmen. Berufsbildende Programme unterscheiden sich von allgemeinbildenden nicht nur in Bezug auf den Lehrplan, sondern auch dadurch, dass sie die Schülerinnen und Schüler im Allgemeinen auf bestimmte Berufe und in einigen Fällen auch auf den direkten Eintritt in den Arbeitsmarkt vorbereiten. Das Bild, das sich bei der Gegenüberstellung des Prozentsatzes der Schülerinnen und Schüler in berufsbildenden Programmen und der Leistungsunterschiede zwischen Schulen abzeichnet, ähnelt stark dem Zusammenhang, der sich aus der Zahl der verschiedenen Schultypen und Bildungsgänge ableiten lässt (vgl. Abb. 5.20b, Spalte 2).

Eine frühzeitige Selektion steht auch stark mit Unterschieden zwischen Schulen und mit sozialen Ungleichgewichten in Zusammenhang ...

Ein wichtiger Aspekt der Einteilung in Leistungsgruppen ist das Alter, in dem die Aufteilung auf verschiedene Schultypen im Allgemeinen erfolgt und Schüler und Eltern folglich mit Entscheidungen konfrontiert werden. In Deutschland und Österreich werden solche Entscheidungen sehr früh getroffen, in etwa im Alter von 10 Jahren. In Ländern wie Neuseeland, Spanien und den Vereinigten Staaten findet hingegen keine formelle Differenzierung vor Ende der Sekundarschulzeit statt, zumindest nicht zwischen den Schulen. Es besteht kein statistisch signifikanter Zusammenhang zwischen dem Alter, in dem die Selektion stattfindet, und den Durchschnittsergebnissen der Länder. Der Anteil der im OECD-Durchschnitt festgestellten Varianz der Schülerleistungen, der auf Unterschiede zwischen Schülern und Schulen entfällt, ist in Ländern mit frühzeitig greifenden Selektionsmechanismen in der Tendenz jedoch höher. Tatsächlich kann das Alter, in dem die erste Selektion stattfindet, mit der Hälfte der Leistungsvarianz zwischen den Schulen in Zusammenhang gebracht werden (vgl. Abb. 5.20b, Spalte 3, Zeile 9). Dies ist zwar an sich nicht verwunderlich, da Leistungsunterschiede zwischen den Schulen ja gerade das Ziel der Gliederung der Schulsysteme sind, die Ergebnisse zeigen aber auch, dass die sozialen Disparitäten tendenziell in solchen Bildungssystemen stärker ausgeprägt sind, in denen die Selektion in einem früheren Alter stattfindet, wobei sich aus dem Alter der ersten Selektion 28% der im Landesdurchschnitt beobachteten Stärke des Zusammenhangs zwischen dem PISA-Index des wirtschaftlichen, sozialen und kulturellen Status und den Schülerleistungen erklären (vgl. Abb. 5.20b, Spalte 3, Zeile 10).

... was auch für hohe Sitzenbleiberquoten gilt.

Klassenwiederholungen können ebenfalls als eine Form der Differenzierung angesehen werden, insofern damit versucht wird, den Schülern einen an ihre Fähigkeiten angepassten Lehrinhalt zu bieten. Aus den Ergebnissen lässt sich

schließen, dass Länder mit einem hohen Prozentsatz an Schülerinnen und Schülern, die in der Sekundarstufe II mindestens einmal eine Klasse wiederholt haben, in der Tendenz schlechter abschneiden (wobei auf diesen Zusammenhang rd. 16% der Varianz entfallen) (vgl. Abb. 5.20b, Spalte 6, Zeile 7). Darüber hinaus erklärt die Häufigkeit von Klassenwiederholungen in Sekundarstufe II 34% der im OECD-Durchschnitt beobachteten Leistungsunterschiede zwischen Schülern und 43% der OECD-durchschnittlichen Leistungsvarianz zwischen Schulen (vgl. Abb. 5.20b, Spalte 6, Zeile 8 und 9). Außerdem weisen Länder mit einem höheren Sitzenbleiberanteil in Sekundarstufe II auch stärkere soziale Disparitäten auf, wobei 19% der durchschnittlichen Varianz der Schülerleistungen im OECD-Raum auf diese Variable entfallen (vgl. Abb. 5.20b, Spalte 6, Zeile 10). Der Zusammenhang mit den Sitzenbleiberquoten in der Primarbildung und in Sekundarstufe I ist statistisch nicht signifikant.

Alles in allem zeigt sich an diesen Ergebnissen, dass die Aufteilung der Schüler mit Leistungsunterschieden zwischen Schulen und zwischen sozialen Gruppen verbunden ist.

Diese Messgrößen der Differenzierung lassen sich nur schwer so definieren, dass sie für eine Gegenüberstellung und Interpretation im Ländervergleich geeignet sind. Wie in Abbildung 5.20b aufgezeigt wird, besteht zwischen den verschiedenen in diesem Vergleich verwendeten Indikatoren der Gliederung jedoch eine starke Wechselbeziehung, so dass die Ergebnisse nicht signifikant dadurch beeinflusst werden, wie die Gliederung des Systems gemessen wird. Diese Ergebnisse können durch die Konstruktion eines Index der verschiedenen Messgrößen der Systemgliederung zusammengefasst werden[27]. An der Gegenüberstellung dieses Index mit den PISA-Messgrößen der Schülerleistungen zeigt sich, dass stärker differenzierte und selektivere Bildungssysteme tendenziell nicht nur eine wesentlich stärkere Leistungsvarianz zwischen Schulen, sondern auch größere Leistungsunterschiede zwischen Schülerinnen und Schülern mit ungünstigem und günstigem Hintergrund aufweisen. Dies bezieht sich auf die verschiedenen Aspekte des familiären Hintergrunds, die bei PISA gemessen werden, und gilt auch dann noch, wenn Kontrollvariablen wie das Nationaleinkommen berücksichtigt werden.

Folglich sind sowohl die Gesamtvarianz der Schülerleistungen als auch die Leistungsunterschiede zwischen Schulen in solchen Ländern größer, in denen die Schülerinnen und Schüler bereits in einem früheren Alter auf verschiedene Bildungsgänge und Schultypen aufgeteilt werden.

Zuletzt gilt noch zu erwähnen, dass es sich bei der Mehrzahl der Länder, in denen die Schülerangaben auf ein relativ geringes Niveau der Unterstützung durch die Lehrkräfte schließen lassen, um jene Länder handelt, in denen auch die institutionelle Differenzierung besonders stark ausgeprägt ist[28].

Es gibt keinen inhärenten Grund dafür, dass eine Differenzierung zu solchen Ergebnissen führt, aber mehrere mögliche Erklärungen …

Für diese Ergebnisse lässt sich keine einfache Erklärung finden. Es gibt keinen inhärenten Grund dafür, warum institutionelle Differenzierung zwangsläufig zu einer größeren Varianz der Schülerleistungen oder sogar zu stärkeren sozialen Disparitäten führen sollte. Wenn homogene Schülergruppen effizienter unterrichtet werden können als heterogene Gruppen, müsste sich dadurch

eigentlich das Gesamtleistungsniveau und nicht die Streuungsbreite der Ergebnisse erhöhen. Allerdings kann es in einem homogenen Umfeld sein, dass sich leistungsstarken Schülerinnen und Schülern zwar mehr Möglichkeiten bieten, voneinander zu lernen und sich gegenseitig zu stimulieren, dass leistungsschwache Schüler aber u.U. weniger leicht Zugang zu effizienten Unterrichtsmodellen und wirksamer Unterstützung erlangen.

... ... u.a. dass Schüler, die bestimmte Standards nicht erfüllen, in stark differenzierten Systemen eher auf weniger anspruchsvolle Bildungsgänge verwiesen werden, anstatt Anstrengungen zur Anhebung ihrer Leistungen zu unternehmen ...

Es ist auch möglich, dass Schülerinnen und Schüler, die bestimmte Leistungsstandards nicht erfüllen, in stark differenzierten Systemen eher auf andere Schulen, Bildungsgänge oder Bildungszweige verwiesen werden, in denen die Anforderungen niedriger sind, als dass Anstrengungen unternommen werden, um ihr Leistungsniveau zu heben. Schließlich ist auch denkbar, dass ein durch eine größere Vielfalt der Fähigkeiten und Hintergrundmerkmale der Schülerinnen und Schüler gekennzeichnetes Lernumfeld die Lehrkräfte zur Anwendung von Unterrichtskonzepten anspornt, bei denen stärker auf die einzelnen Schülerinnen und Schüler eingegangen wird.

... und dass eine frühzeitige Differenzierung den Einfluss des Elternhauses bei jüngeren Schülern verstärken kann.

Das Alter, in dem die Selektion beginnt, könnte deshalb in einem engen Zusammenhang mit der sozialen Selektivität stehen, weil jüngere Schülerinnen und Schüler stärker von ihren Eltern und deren Ressourcen abhängig sind. In Systemen mit einem hohen Grad an Bildungsdifferenzierung ist es für Eltern aus in sozioökonomischer Hinsicht privilegierten Milieus leichter, die Bildungschancen ihrer Kinder zu fördern als in einem System, in dem die entsprechenden Entscheidungen zu einem späteren Zeitpunkt getroffen werden und die Schülerinnen und Schüler somit selbst eine größere Rolle dabei spielen können.

Hier bleibt natürlich die Frage offen, ob die Differenzierung dennoch zu einer Anhebung des Gesamtleistungsniveaus beitragen kann. Diese Frage kann anhand der Ergebnisse einer Querschnittsstudie wie PISA nicht abschließend beantwortet werden. Stärker gegliederte Systeme schneiden in der Tendenz zwar schlechter ab, diese Tendenz ist jedoch nur schwach ausgeprägt und statistisch nicht signifikant.

POLITIKIMPLIKATIONEN

Die Häufigkeit von Schulmerkmalen, die erwiesenermaßen lernfördernd wirken, schwankt stark zwischen verschiedenen Schulen und Ländern, was Fragen der Politikgestaltung aufwirft.

In diesem Kapitel wurde eine Reihe von Schulmerkmalen identifiziert, die Auswirkungen auf die Lernerträge sowie auf die hinsichtlich dieser Lernerträge bestehenden Unterschiede zwischen den Schulen haben können. Zusammengenommen entfallen auf die Merkmale der Schülerinnen und Schüler, den sozioökonomischen Hintergrund der Schüler und der Schulen, das Schulklima aus Schüler- und Schulleitersicht, die Angaben der Schulleitungen zu Schulpolitik und -praxis sowie die Einschätzung der Verfügbarkeit und Qualität der schulischen Ressourcen, wie sie in diesem Kapitel beschrieben wurden, 54% der Varianz der durchschnittlichen Ergebnisse der OECD-Länder, durchschnittlich 71% der innerhalb der verschiedenen Länder beobachteten Varianz zwischen Schulen und durchschnittlich 8% der Varianz der Schülerleistungen innerhalb der einzelnen Schulen.

Selbst wenn sich der Effekt jedes dieser Faktoren auf die Schülerleistungen nicht immer genau messen lässt, werfen viele der zwischen den Schulen festgestellten Unterschiede doch kritische Fragen auf, denen sich die politischen Entscheidungsträger stellen müssen. Beispielsweise gingen sowohl die Ansichten der Schülerinnen und Schüler als auch der Schulleitungen über die Qualität des Lernumfelds in den verschiedenen Ländern sowie innerhalb der einzelnen Länder zwischen den verschiedenen Schulen weit auseinander. In Forschungsarbeiten wurde nachgewiesen, dass sich diese Unterschiede auf die Effizienz von Unterricht und Lernprozess auswirken, was im Übrigen auch für Unterschiede bei der Verwaltung der Schulen gilt. Diese Ergebnisse zeigen also zuerst einmal, dass dafür gesorgt werden muss, dass das Lernklima, die Verwaltungskultur und die Ressourcenausstattung in allen Schulen mit den Anforderungen eines effizienten Unterrichts- und Lernprozesses vereinbar sind.

PISA liefert Belege für die verschiedenen Zusammenhänge zwischen schulspezifischen Faktoren und Schülerleistungen; darunter erstens der auf den Einzeleinfluss eines Schulmerkmals zurückzuführende Leistungsunterschied …

Zusätzlich zur Beschreibung dieser schulspezifischen Phänomene wird bei PISA der Versuch einer Messung ihrer Auswirkungen auf die Leistungen von Schulen und Schülern unternommen, bei denen sich drei Formen unterscheiden lassen.

Bei der ersten handelt es sich um einen von anderen schulspezifischen Faktoren und vom sozioökonomischen Hintergrund unabhängigen Effekt. Im Fall der Schuldisziplin entspricht dieser z.B. dem Umfang des Leistungsvorsprungs der Schüler einer Schule mit gutem disziplinären Klima im Vergleich zu Schülern einer Schule mit schlechtem disziplinären Klima, wenn der soziale Gesamthintergrund der Schülerschaft der beiden Schulen identisch ist und sie in Bezug auf Schulpolitik, Vorgehensweisen und Ressourcenausstattung vergleichbar sind. Bei PISA konnten nur wenige Schulfaktoren identifiziert werden, die nach diesen Kriterien wesentliche Auswirkungen auf die Leistungen haben. Dennoch zeigen die Ergebnisse, dass die Schulen einen Einfluss ausüben können. Schüler und Schulen erzielen tendenziell höhere Ergebnisse in einem Klima, das durch Disziplin und eine gute Stimmung und Arbeitshaltung der Schüler gekennzeichnet ist. In Schulen, in denen das Verhältnis zwischen Schülern und Lehrern schlecht ist, sind die Leistungen hingegen in der Tendenz niedriger. Folglich können Schulen ihre Leistungen verbessern, indem sie nicht nur Wert auf gute Unterrichtstechniken legen, sondern auch darauf achten, wie sich die Lehrer gegenüber den Schülern verhalten. Darüber hinaus schneiden in der Regel auch solche Schulen besser ab, die Zusatzaktivitäten in Mathematik anbieten, die eine Einteilung in leistungsdifferenzierte Gruppen im Mathematikunterricht vermeiden und in denen das Lehrkräfteangebot und die Ausstattung mit Lehr- und Sachmitteln laut Ansicht der Schulleitungen gut sind.

… zweitens der Effekt des überdurchschnittlich günstigen familiären Hintergrunds der Schüler, die Schulen mit bestimmten Merkmalen besuchen …

Zu einem zweiten Typ von Effekten kommt es, wenn die Wahrscheinlichkeit besserer Ergebnisse für Schulen mit bestimmten Merkmalen auf Grund der sozioökonomischen Zusammensetzung ihrer Schülerschaft höher ist. Dieser

Teil des Gesamteffekts dürfte weniger direkte Implikationen für die politisch Verantwortlichen haben, da es unangebracht wäre, die Verbesserung eines Aspekts anzustreben, der sich zwar offenbar auf die Leistungen auswirkt, aber in Wirklichkeit auf den sozialen Hintergrund zurückzuführen ist. Für die Eltern kann es allerdings durchaus sinnvoll sein, bei der Schulwahl auf solche Faktoren zu achten, weil es ihnen auf die Gesamtleistung der Schulen ankommt, was auch sämtliche Effekte beinhaltet, die aus dem sozioökonomischen Hintergrund ihrer Schülerschaft herrühren.

... und drittens der kombinierte Effekt der schul- und schülerspezifischen Hintergrundfaktoren, an dem deutlich wird, dass die Unterstützung benachteiligter Schulen in mehreren Bereichen in der Politik im Vordergrund stehen sollte.

Zum dritten und wichtigsten der hier identifizierten Effekte kommt es, wo sozioökonomische und schulspezifische Faktoren zusammenwirken. Die in diesem Kapitel durchgeführte Analyse zeigt, dass die sozioökonomischen Faktoren den Effekt, den das Schulklima auf die Leistungen der Schulen ausübt, über wichtige Kanäle verstärken, weshalb dies ein Punkt ist, mit dem sich die politischen Entscheidungsträger auseinander setzen sollten, wenn ihnen daran gelegen ist, dass an allen Schulen unabhängig vom sozioökonomischen Hintergrund ihrer Schülerschaft engagierte Lehrer arbeiten und ein geordnetes Klima herrscht. Zu diesem Effekt kann es kommen, weil Schülerinnen und Schüler aus einem sozioökonomisch begünstigten Milieu u.U. ein höheres Maß an Disziplin und eine positivere Einstellung zu schulischen Werten einbringen oder weil die Eltern in Schulen, deren sozioökonomischer Gesamthintergrund günstiger ist, vielleicht höhere Anforderungen an die Unterrichtsdisziplin und das Engagement der Lehrkräfte stellen. Schulen mit einem ungünstigeren Gesamthintergrund könnten umgekehrt von Seiten der Eltern geringerem Druck ausgesetzt sein, wirkungsvolle Maßnahmen zur Durchsetzung von Disziplin anzuwenden und sicherzustellen, dass häufig fehlende oder unmotivierte Lehrkräfte ersetzt werden.

Die Analyse hat auch gezeigt, dass ein großer Teil der Leistungsvarianz zwischen Schulen gleichzeitig auf die Schulpolitik und -praxis, die Ressourcenausstattung und die sozioökonomischen Faktoren zurückzuführen ist. So kann die Schulpolitik und -praxis in Schulen z.B. effizienter sein, die in sozioökonomischer Hinsicht besser gestellt sind, weil diese die besten Lehrkräfte anwerben können oder Zugang zu besseren und umfangreicheren Ressourcen haben.

Solche Verbesserungen sind vor allem in Sekundarschulsystemen notwendig, in denen die Schüler in verschiedene Gruppen unterteilt werden und von sozioökonomischen Vorteilen tendenziell ein stärkerer Effekt ausgeht.

All dies macht deutlich, dass Schulen, deren Schüler aus einem begünstigten Milieu stammen, selbst im Hinblick auf ein breites Spektrum an Faktoren im Vorteil sind und dass bildungspolitische Maßnahmen, die auf eine Verbesserung der Schulbildung von Kindern aus weniger privilegierten Familien abzielen, deshalb ein ebenso breites Spektrum abdecken müssen. Konkret heißt das für die Politik, dass die Bedingungen in den Schulen verbessert werden müssen, die von sozial benachteiligten Schülern besucht werden, um so auf eine gerechtere Verteilung der Bildungserträge hinzuwirken.

Besonders dringend notwendig ist dies in Schulsystemen, in denen die Schüler frühzeitig auf verschiedene Schultypen verteilt werden, weil diese Form

der Gliederung anscheinend nicht nur zu größeren Leistungsunterschieden zwischen den Schulen führt, sondern auch mit im Durchschnitt stärkeren sozioökonomischen Disparitäten bei den Lernerträgen verbunden ist. Dies hängt in großem Maße mit den unterschiedlichen Merkmalen der Schulen zusammen, die Schüler aus unterschiedlichen sozialen Gruppen in den fraglichen Ländern besuchen. Eine Möglichkeit, um diesem Phänomen entgegenzuwirken, wäre die Verringerung der Segregation der sozioökonomischen Gruppen, die sich möglicherweise durch einen geringeren Grad der Gliederung der Schüler innerhalb der fraglichen Schulsysteme herbeiführen ließe. Eine weitere Möglichkeit bestünde darin, verstärkte Anstrengungen zur Verbesserung der Ressourcenausstattung, der Regeln und Vorgehensweisen sowie des Klimas in jenen Schulen zu unternehmen, die innerhalb dieser Schulsysteme von Schülern mit ungünstigerem sozioökonomischem Hintergrund besucht werden. Dies könnte in Schulsystemen, die eine Differenzierung vorsehen, in gewisser Weise leichter sein als in Systemen, in denen eine soziale Segregation de facto existiert, die meisten Schulen aber im Prinzip Gesamtschulen sind. Insofern die sozial benachteiligten Schüler verstärkt in bestimmten Schultypen anzutreffen sind, ist es im Fall ersterer Schulsysteme möglich, die bildungspolitischen Maßnahmen gezielt auf eine Verbesserung der Bedingungen in diesen Schulen auszurichten. Häufig lassen sich solche Veränderungen allerdings nicht ohne Weiteres umsetzen, da einige der Vorteile von Schulen mit einer in sozioökonomischer Hinsicht privilegierten Schülerschaft nicht das Resultat der Bildungspolitik, sondern von Verhaltensmustern sind, z.B. wenn sozial begünstigte Familien mehr Verbesserungen in den Schulen fordern oder wenn sich bessere Lehrkräfte von Schulen mit leichter zu unterrichtenden Schülern anwerben lassen. Solchen Ungleichgewichten kann nur mit energischen Maßnahmen beigekommen werden.

Besonders wichtig für die Bildungspolitik ist, dass diese Vergleiche die Bedeutung der Vorschulbildung bestätigen …

Schließlich trägt die Analyse zur Klärung zweier wichtiger Fragen bei, die in der Debatte über die Verbesserung des Schulwesens eine zentrale Stellung einnehmen. Bei der ersten geht es um den Umfang der langfristigen Vorteile der Vorschulbildung. Einige Studien, bei denen der Werdegang relativ kleiner Schülergruppen in einzelnen Ländern verfolgt wurde, haben gezeigt, dass die Vorschulbildung mit erheblichen Vorteilen verbunden sein kann, die auch noch während der Jugend und dem frühen Erwachsenenalter zum Tragen kommen. Eine umfangreichere Messung dieses Effekts lässt sich jedoch nur schwer durchführen, da groß angelegte internationale Studien, bei denen Schüler über einen längeren Zeitraum beobachtet werden, kostspielig sind. PISA konnte sich nur auf die Angaben der 15-Jährigen darüber stützen, ob sie an Vorschulunterricht teilgenommen haben. Es ist daher bemerkenswert, dass in vielen Ländern dennoch ein sehr deutlicher Zusammenhang zwischen der Teilnahme an Vorschulunterricht und guten Leistungen im Alter von 15 Jahren festgestellt werden konnte, und dies selbst nach Berücksichtigung der Tatsache, dass Schüler mit einem günstigeren sozioökonomischen Hintergrund tendenziell sowohl häufiger an Vorschulunterricht teilnehmen als auch bessere Ergebnisse erzielen. In neun OECD-Ländern war dieser Effekt besonders

stark und schwankte zwischen einer halben Kompetenzstufe und knapp über einer Kompetenzstufe auf der Mathematikskala (30-73 Punkte). Daraus lässt sich schließen, dass von Investitionen in die Vorschulbildung Effekte ausgehen, die selbst nach 8-10 weiteren Bildungsjahren in der Schülerpopulation noch deutlich sichtbar und weit verbreitet sind (und in einigen Fällen bei sozial benachteiligten Schülern sogar stärker ausfallen).

... wohingegen Maßnahmen, die das Gesamtleistungsniveau nur durch eine Umverteilung der Finanzmittel von öffentlichen auf private Schulen anheben sollen, einer erheblichen Unsicherheit unterworfen sind.

Eine zweite Erkenntnis, die für die bildungspolitische Debatte von großer Bedeutung ist, betrifft die Leistung von Privatschulen, einschließlich solcher, die vom Staat finanziell unterstützt werden. Insgesamt schneiden die Schüler von Privatschulen besser ab, wenn auch nicht in allen Ländern. Ein großer Teil dieses Leistungsvorsprungs verschwindet jedoch, wenn der Effekt des sozialen Hintergrunds der Schüler, die Privatschulen besuchen, berücksichtigt wird. In einigen Ländern bleibt ein statistisch signifikanter Unterschied bestehen, der aber in allen außer fünf OECD-Ländern (Deutschland, Kanada, Neuseeland, Mexiko und Spanien) weniger als eine viertel Kompetenzstufe ausmacht. Daran zeigt sich, dass der potenzielle Leistungsvorteil, der aus der Unterstützung des Privatschulbesuchs resultiert, offenbar nur halb so groß und in weniger Ländern zu beobachten ist wie der im letzten Absatz beschriebene Vorteil von mindestens einem Jahr Vorschulunterricht. Zudem verschwindet der Leistungsvorsprung der Privatschulen ganz, wenn eine Anpassung um den sozialen Gesamthintergrund ihrer Schülerschaft vorgenommen wird, d.h. um den zu erwartenden Leistungsvorsprung eines Schüler, dessen Mitschüler einem günstigen sozioökonomischen Milieu entstammen. Dennoch können Privatschulen Vorteile bieten, die nicht nur auf die Zusammensetzung ihrer Schülerschaft zurückzuführen sind; denn der Vorteil, der an einen günstigen Hintergrund der Mitschüler geknüpft ist, kann in Kombination mit bestimmten Ansätzen in der Schulpolitik und -praxis, die von Privatschulen verfolgt werden, u.U. stärker zum Tragen kommen. Diese Vergleiche zeigen jedoch, dass der Zusammenhang zwischen dem Merkmal Privatschule und guten Leistungen bestenfalls schwach ist. Folglich unterliegen die Erfolgsaussichten sämtlicher Maßnahmen, bei denen die Anhebung der Gesamtleistungen nur durch eine Umverteilung von Finanzmitteln von öffentlichen auf private Bildungseinrichtungen herbeigeführt werden soll, erheblicher Ungewissheit.

Anmerkungen

1. Derartige Daten wurden deshalb nicht erfasst, weil PISA nur Informationen über 15-Jährige liefert. Werden nur die Leistungen und Lernmöglichkeiten *zum Erhebungszeitpunkt* gegenübergestellt, wird der Zusammenhang zwischen diesen Faktoren unterzeichnet, da die Lernerträge der 15-Jährigen auch das Resultat der kumulativen Bildungserfahrungen der vorangegangenen Schuljahre sind.
2. Die Antwortkategorien lauteten: „in jeder Stunde", „in den meisten Stunden", „in einigen Stunden" und „nie oder fast nie".
3. Dabei gilt zu erwähnen, dass die Schülerinnen und Schüler Angaben zu ihrer Einschätzung der Mathematiklehrer in einem einzigen Schuljahr machen sollten. Die Ergebnisse sollten folglich nicht als eine Beschreibung aller Lehrkräfte interpretiert werden, von denen die 15-Jährigen im Lauf ihrer Schulzeit unterrichtet wurden.
4. Für Serbien und Montenegro liegen keine Daten für den Landesteil Montenegro vor. Auf Montenegro entfallen 7,9% der nationalen Erhebungspopulation. Die Bezeichnung „Serbien" wird kurz für den serbischen Landesteil von Serbien und Montenegro verwendet.
5. Im Durchschnitt der OECD-Länder erklärt der Index 0,2% der Varianz der Schülerleistungen auf der Gesamtskala Mathematik, wobei der entsprechende Anteil nur in acht OECD-Ländern 1% übersteigt.
6. Beim Vergleich der Daten der Jahre 2000 und 2003 muss berücksichtigt werden, dass die Schulleitungen im Jahr 2000 um Angaben zur Situation der 15-Jährigen in ihrer Schule gebeten wurden, wohingegen sie 2003 zur Gesamtsituation in ihrer Schule befragt wurden. Analog dazu wurden die Schülerinnen und Schüler im Jahr 2000 aufgefordert, Angaben zur Situation im Sprachunterricht zu machen, während sie sich 2003 zur Situation im Mathematikunterricht äußern sollten.
7. Diese allgemeine Tendenz errechnete sich aus der durchschnittlichen Differenz zwischen den jeweiligen Prozentsätzen der Schulleitungen in den Jahren 2000 und 2003, deren Angaben zufolge das Lernen in gewissem Umfang oder stark durch die verschiedenen in den Index einfließenden Faktoren beeinträchtigt wird.
8. Die Schätzungen stützen sich auf den kombinierten Effekt der Variablen des sozioökonomischen Hintergrunds und des Schulklimas auf Schulebene. Die Messung des sozioökonomischen Kontextes stützte sich auf: den Index des wirtschaftlichen, sozialen und kulturellen Status, den Geburtsort der Schüler, die im Elternhaus gesprochene Sprache, die Zahl der Bücher im Elternhaus, den Index des Besitzes „klassischer" Kulturgüter im Elternhaus, das Geschlecht der Schüler, den Durchschnittswert der Schule auf dem Index des wirtschaftlichen, sozialen und kulturellen Status, den Standort der Schule (ländliche Gegend/Stadt) und den Schultyp (öffentlich/privat). Die Messung des Schulklimas stützte sich auf: den Index des Schüler-Lehrer-Verhältnisses, den Index des Zugehörigkeitsgefühls zur Schule, den Index der Unterstützung durch die Lehrkräfte, den Index der Schuldisziplin, den Index der Stimmung und Arbeitshaltung der Schüler, den Index der Stimmung und Arbeitshaltung der Lehrer, den Index der lehrkräftebezogenen Faktoren für das Schulklima und den Index der schülerbezogenen Faktoren für das Schulklima (siehe Anhang A1). Die Analyse wurde für die Gesamtschülerpopulation im OECD-Raum durchgeführt, wobei alle Länder gleich gewichtet wurden. Das daraus resultierende internationale Modell wurde dann auf jedes Land angewandt, um die Effekte auf Länderebene zu schätzen.
9. Die Antwortkategorien bei diesen Fragen waren: „Vorbedingung", „hohe Priorität", „berücksichtigt" und „nicht berücksichtigt".
10. Dänemark fällt auch in diese Kategorie, in den dänischen Fragebogen bezog sich die Frage zu den Beurteilungsmethoden aber nur auf Leistungstests, was die geringen Zahlen z.T. erklären könnte.
11. Konkret wurde dieser Prozentsatz durch die Subtraktion von 100 des gewichteten Prozentsatzes der Schulleitungen ermittelt, die für die jeweilige Frage die Antwort „nicht hauptsächlich im Verantwortungsbereich der Schule" angekreuzt hatten.
12. Die erklärte Varianz ergibt sich aus der Quadrierung der in der Tabelle aufgezeigten länderübergreifenden Korrelation.
13. Der relative Einfluss der sieben Instanzen wurde durch die Ermittlung des durchschnittlichen Prozentsatzes der 15-Jährigen bestimmt, deren Schulleitungen angaben, dass die jeweilige Instanz in den vier Bereichen der Entscheidungsfindung Stellenbesetzung, Haushaltsmittel, Unterrichtsinhalt und Beurteilungsrichtlinien einen direkten Einfluss ausübt.

14. Die Schätzungen stützen sich auf den kombinierten Effekt der Variablen des sozioökonomischen Hintergrunds und der Schulpolitik und -praxis. Die Messung des sozioökonomischen Kontextes stützte sich auf: den Index des wirtschaftlichen, sozialen und kulturellen Status, den Geburtsort der Schüler, die im Elternhaus gesprochene Sprache, die Zahl der Bücher im Elternhaus, den Index des Besitzes „klassischer" Kulturgüter im Elternhaus, das Geschlecht der Schüler, den Durchschnittswert der Schule auf dem Index des wirtschaftlichen, sozialen und kulturellen Status, den Standort der Schule (ländliche Gegend/Stadt) und den Schultyp (öffentlich/privat). Die Messung der Schulpolitik und -praxis stützte sich auf: die Selektivität der Schulen, die geschätzte Häufigkeit des Einsatzes von standardisierten Tests pro Jahr, die geschätzte Häufigkeit des Einsatzes von Klassenarbeiten pro Jahr, die Einteilung in Leistungsgruppen in allen Klassen, das Angebot von Zusatzaktivitäten, die Zahl der auf Schulebene getroffenen Entscheidungen in Personal- und Haushaltsfragen und die Zahl der auf Schulebene getroffenen Entscheidungen in Lehrinhalts- und Prüfungsfragen (vgl. Anhang A1). Die Analyse wurde für die gesamte Schülerpopulation des OECD-Raums durchgeführt, die Länder wurden gleich gewichtet. Die daraus resultierende internationale Modellrechnung wurde dann auf jedes Land angewandt, um die Effekte auf Länderebene zu schätzen.

15. Die Schülerinnen und Schüler sollten angeben, wie viele Minuten eine durchschnittliche Unterrichtsstunde bei ihnen dauert. Sie wurden auch gebeten, die Zahl der Unterrichtsstunden zu nennen, die sie in der vorangegangenen Woche in ihrer Schule insgesamt und in Mathematik hatten. Die Zahlen in der Tabelle wurden durch eine einfache Multiplikation dieser beiden Faktoren ermittelt, wobei unterstellt wurde, dass die vorangegangene Woche eine typische Unterrichtswoche war, die dem Durchschnitt des jeweiligen Schuljahres entspricht. Unterschiede bei der Zahl der Unterrichtswochen pro Schuljahr sind in diesen Daten nicht erfasst.

16. Diese Abnahme wurde für die Länder berechnet, in denen vor der Bereinigung ein statistisch signifikanter Effekt festzustellen war.

17. Dies wurde durch die Gegenüberstellung des PISA-Index des wirtschaftlichen, sozialen und kulturellen Status mit der Häufigkeit der Teilnahme an Vorschulunterricht geschätzt.

18. Im Durchschnitt der OECD-Länder erklärt der Index der Qualität der räumlichen Bedingungen der Schulen 1% der Varianz der Mathematikleistungen.

19. Im Durchschnitt der OECD-Länder erklärt der PISA-Index der Qualität der Ausstattung der Schulen mit Lehr- und Sachmitteln 2,5% der Varianz der Mathematikleistungen.

20. Für die Zwecke von PISA wurden öffentliche Schulen als Bildungseinrichtungen definiert, die der direkten Kontrolle oder Verwaltung folgender Stellen unterstehen: einer Behörde oder einem Amt für das Bildungswesen, einer Regierungsbehörde selbst oder einem Direktorium (Rat, Ausschuss usw.), dessen Mitglieder zumeist von einer öffentlichen Stelle ernannt oder öffentlich gewählt wurden. Privatschulen wurden als Bildungseinrichtungen definiert, die der Kontrolle oder Verwaltung einer nicht staatlichen Organisation (z.B. einer Kirche, einer Gewerkschaft oder eines Unternehmens) unterstehen oder deren Direktorium sich hauptsächlich aus Mitgliedern zusammensetzt, die nicht von einer öffentlichen Stelle ausgewählt wurden.

21. Für die nachstehenden Vergleiche wurden vom Staat abhängige und unabhängige Privatschulen zusammengefasst, da die Feldgrößen in der Modellrechnung sonst zu klein gewesen wären. Außerdem wurden in den Vergleich nur Länder aufgenommen, in denen mindestens 3% der Schülerinnen und Schüler Privatschulen besuchen.

22. Die Schätzungen stützen sich auf den kombinierten Effekt der Variablen des sozioökonomischen Hintergrunds und der Ressourcenausstattung der Schulen. Die Messung des sozioökonomischen Kontextes beinhaltete: den Index des wirtschaftlichen, sozialen und kulturellen Status, den Geburtsort der Schüler, die im Elternhaus gesprochene Sprache, die Zahl der Bücher im Elternhaus, den Index des Besitzes „klassischer" Kulturgüter im Elternhaus, das Geschlecht der Schüler, den Durchschnittswert der Schule auf dem Index des wirtschaftlichen, sozialen und kulturellen Status, den Standort der Schule (ländliche Gegend/Stadt) und den Schultyp (öffentlich/privat). Die Messung der Ressourcenausstattung der Schulen beinhaltete: die Klassengröße, die Schulgröße, die Schulgröße quadriert, die Schüler/Lehrer-Quote, den Index der Qualität der Ausstattung der Schulen mit Lehr- und Sachmitteln und den Index des Lehrermangels (vgl. Anhang A1). Die Analyse wurde für die Gesamtschülerpopulation im OECD-Raum durchgeführt, wobei alle Länder gleich gewichtet wurden. Die daraus resultierende internationale Modellrechnung wurde dann auf jedes Land angewandt, um die Effekte auf Länderebene zu schätzen.

23. Diese Variablen sind: der Index des Schulklimas aus Schulleitersicht, der Index des Schüler-Lehrer-Verhältnisses, der Index des Zugehörigkeitsgefühls zur Schule, der Index der Schuldisziplin, der Index der Stimmung und Arbeitshaltung der Schüler aus Schulleitersicht, der Index der Stimmung und Arbeitshaltung der Lehrkräfte aus Schulleitersicht und der Index des Lehrkräfteverhaltens aus Schulleitersicht.

24. Eine Einheit auf dem Index der Qualität der Ausstattung der Schulen mit Lehr- und Sachmitteln entspricht einem Leistungsunterschied von 2,4 Punkten vor Berücksichtigung der sozioökonomischen Faktoren und 1,7 Punkten nach Berücksichtigung dieser Faktoren.

25. Eine Einheit auf dem Index des Lehrermangels entspricht einem Leistungsunterschied von 4 Punkten ohne Berücksichtigung der sozioökonomischen Faktoren und 2 Punkten (was statistisch nicht signifikant ist) nach Berücksichtigung dieser Faktoren.

26. Der Prozentsatz der erklärten Varianz ergibt sich aus der Quadrierung der in Abbildung 5.20b dargestellten Korrelation.

27. Für die Zwecke dieser Analyse wurde der Durchschnitt der normalisierten Komponenten ermittelt, die jeweils gleich gewichtet wurden, wobei die Messgröße des vorgesehenen Alters für die Selektion umgepolt wurde.

28. In Deutschland, Italien, Luxemburg und der Tschechischen Republik gaben beispielsweise mindestens 51% der Schülerinnen und Schüler an, dass sich ihre Lehrkräfte in Mathematik nie oder nur in einigen Stunden (im Gegensatz zu in jeder Stunde und in den meisten Stunden) für den Lernfortschritt jedes einzelnen Schülers interessieren, mindestens 27%, dass die Lehrer den Schülern nie oder nur in einigen Stunden Gelegenheit geben, ihre Meinung zu sagen, und 58% oder mehr, dass sie von ihren Lehrern nie oder nur in einigen Stunden beim Lernen unterstützt werden. (Wegen einer eingehenderen Analyse des Zusammenhangs zwischen der Unterstützung durch die Lehrkräfte und den Schülerleistungen vgl. OECD, 2001a).

6

Profil der Schülerleistungen in den Bereichen Lesekompetenz und naturwissenschaftliche Grundbildung

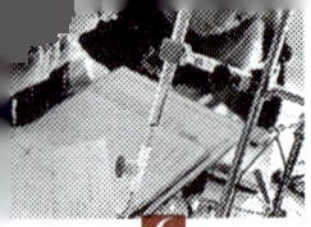

EINFÜHRUNG

PISA 2003 liefert eine aktualisierte Beurteilung der Leistungen in den Bereichen Lesekompetenz und Naturwissenschaften.

Bei PISA 2003 war für die Bereiche Lesekompetenz und naturwissenschaftliche Grundbildung mit jeweils 60 Minuten ein geringerer Teil der Testzeit vorgesehen als für die mathematische Grundbildung (die das Schwerpunktthema der Erhebung 2003 bildete), weshalb keine detaillierte Analyse der Kenntnisse und Fähigkeiten möglich war, wie sie in Kapitel 2 für die mathematische Grundbildung durchgeführt wurde, sondern nur eine aktualisierte Beurteilung der Gesamtleistungen. In diesem Kapitel wird beschrieben, wie die Schülerleistungen in Lesekompetenz und Naturwissenschaften bei PISA 2003 gemessen wurden, welche Ergebnisse die Schülerinnen und Schüler in diesen beiden Bereichen erzielten und wie sich diese Ergebnisse bei PISA 2003 im Vergleich zu PISA 2000 ausnehmen.

WIE LESEKOMPETENZ IN PISA GEMESSEN WIRD

In PISA wird die angewandte Fähigkeit der Schülerinnen und Schüler zur Nutzung von Textmaterial gemessen ...

Bei der Lesekompetenz geht es um die Fähigkeit der Schülerinnen und Schüler, schriftliche Informationen in Situationen zu nutzen, denen sie im Alltag begegnen. Im Rahmen von PISA wird Lesekompetenz definiert als die Fähigkeit, geschriebene Texte zu verstehen, zu nutzen und über sie zu reflektieren, um eigene Ziele zu erreichen, das eigene Wissen und Potenzial weiterzuentwickeln und aktiv am gesellschaftlichen Leben teilzunehmen. Diese Definition geht über das traditionelle Konzept des Dekodierens von Informationen und des wörtlichen Verständnisses von Texten hinaus und bezieht sich stärker auf die praktische Anwendung der Lesekompetenz.

Das Konzept der Lesekompetenz wird in PISA unter Bezugnahme auf drei Dimensionen definiert: erstens das *Format* des Lesestoffs, zweitens die *Art* der Leseaufgabe bzw. den Aspekt der Lesekompetenz und drittens die *Situation* bzw. den Zweck, für den der Text geschrieben wurde.

... durch den Umgang mit verschiedenen Texttypen ...

Die erste Dimension, das Textformat, bezieht sich auf die Unterteilung des Lesestoffs bzw. der Texte in kontinuierliche und nichtkontinuierliche Texte. Kontinuierliche Texte bestehen in der Regel aus Sätzen, die wiederum in Absätzen organisiert sind. Diese können ihrerseits Bestandteil größerer Strukturen wie Abschnitte, Kapitel oder Bücher sein. Nichtkontinuierliche Texte sind anders aufgebaut als kontinuierliche Texte, da sie einen anderen Ansatz beim Lesen erfordern und je nach Format untergliedert werden können. Die Ergebnisse der Schülerinnen und Schüler auf den beiden dem jeweiligen Textformat entsprechenden Lesekompetenzskalen sind in dem PISA-2000-Bericht *Lesen kann die Welt verändern* beschrieben (OECD, 2002b).

... sowie die Lösung verschiedener Arten von Leseaufgaben ...

Die zweite Dimension gründet sich auf die drei Aspekte der Lesekompetenz. Bei einigen Fragen mussten die Schülerinnen und Schüler Informationen ermitteln, d.h. einzelne oder mehrgliedrige Informationen in einem Text lokalisieren. Bei anderen Aufgaben mussten die Schülerinnen und Schüler ihre Fähigkeit zum textbezogenen Interpretieren unter Beweis stellen, d.h. die Bedeutung der schriftlichen Information herausarbeiten und Schlüsse daraus ziehen. Bei der dritten Art von Aufgabe mussten die Schülerinnen und Schüler reflektieren und bewerten, d.h. Verbindungen zwischen den im Text enthaltenen Informationen und ihren bereits früher erworbenen Kenntnissen, ihren Vorstellungen und Erfahrungen herstellen. In PISA 2000 wurden die Ergebnisse, die die Schülerinnen und Schüler bei diesen drei Aufgabenarten erzielten, jeweils auf einer besonderen Skala erfasst. 2003 stand hingegen weniger Testzeit für den Bereich Lesekompetenz zur Verfügung, und die Ergebnisse wurden nur anhand einer einzigen Skala gemessen, in der die drei Aufgabenarten miteinander kombiniert sind.

Bei der dritten Dimension, der Situation bzw. dem Kontext, handelt es sich um die Kategorisierung von Texten nach folgenden Kriterien: vom Verfasser beabsichtigte Verwendung, im Text implizit oder explizit enthaltene Bezüge zu anderen Personen und allgemeine Inhalte des Textes. Die bei PISA berücksichtigten Situationen, mit deren Auswahl eine möglichst große inhaltliche Vielfalt gewährleistet werden sollte, sind das Lesen für den privaten Gebrauch (persönlich), das Lesen für den öffentlichen Gebrauch, das Lesen für die Arbeit (beruflich) und das bildungsbezogene Lesen.

... unter Bezugnahme auf verschiedene Situationen, in denen Lesekompetenz erforderlich ist.

Eine ausführliche Beschreibung des Rahmenkonzepts, das der Beurteilung der Lesekompetenz bei PISA zu Grunde liegt, findet sich in *The PISA 2003 Assessment Framework: Mathematics, Reading, Science and Problem Solving* (OECD, 2003e).

SCHÜLERLEISTUNGEN IM BEREICH LESEKOMPETENZ

Für die Erfassung der Ergebnisse im Bereich Lesekompetenz gelten die gleichen Prinzipien wie im Bereich Mathematik (vgl. Kapitel 2). Allerdings wurde die Lesekompetenzskala in PISA 2003 anders als im Bereich Mathematik, wo für die Erhebung des Jahres 2003 neue Skalen konstruiert wurden, gewissermaßen in den Ergebnissen des Jahres 2000 „verankert". Da der Schwerpunkt der Erhebung 2000 auf der Lesekompetenz lag, konnte das Messinstrumentarium für die Lesekompetenz in dieser Erhebungsetappe voll ausgebaut werden; so wurde die mittlere Punktzahl von PISA 2000, nämlich 500, als Referenzgröße für die Messung der Leseleistung in den weiteren Erhebungen gewählt. Im Bereich der Lesekompetenz stützte sich PISA 2003 auf dasselbe Rahmenkonzept und verwendete einen Teil des Aufgabenblocks von PISA 2000. Um bei der Trendberechnung Vergleichbarkeit zu gewährleisten, wurden die 28 bei PISA 2003 eingesetzten Leseaufgaben unter den 141 Items ausgewählt, die schon im Jahr 2000 verwendet worden waren. Die Auswahl der Items orientierte sich am relativen Gewicht der verschiedenen Aspekte innerhalb des Rahmenkonzepts; so ist z.B. der auf die verschiedenen Aufgabenarten entfallende Anteil der Items in beiden Jahren weitgehend identisch (vgl. Tabelle A6.2 wegen einer Aufschlüsselung der Aufgaben nach verschiedenen Aspekten des Rahmenkonzepts).

In PISA 2003 wurde die Lesekompetenz gemäß dem im Jahr 2000 erstellten Rahmenkonzept anhand eines Teils des in PISA 2000 verwendeten Aufgabenblocks gemessen ...

… und zur Darstellung der Ergebnisse wurde dieselbe Skala verwendet wie im Jahr 2000.

Die in diesem Kapitel wiedergegebenen Lesekompetenzergebnisse stützen sich somit auf die Gesamtskala Lesekompetenz, die für PISA 2000 entwickelt wurde und die für die 27 teilnehmenden OECD-Länder einen Mittelwert von 500 und eine Standardabweichung von 100 hatte. In den Ergebnissen von PISA 2003 sind 29 OECD-Länder berücksichtigt: 2003 nahmen auch die Slowakische Republik und die Türkei teil und die Niederlande erfüllten diesmal sämtliche technischen Standards; hingegen musste das Vereinigte Königreich in den Ergebnissen ausgeklammert werden, weil es nicht allen technischen Standards von PISA 2003 gerecht wurde. In den 25 OECD-Ländern, für die vergleichbare Ergebnisse aus PISA 2000 und PISA 2003 vorliegen, sind die durchschnittlichen Leistungen weitgehend unverändert geblieben[1]. Allerdings liegt der OECD-Gesamtmittelwert auf der Lesekompetenzskala – hauptsächlich wegen der Einbeziehung neuer Länder im Jahr 2003 – jetzt bei 494 Punkten und die Standardabweichung beträgt 100 Punkte.

Auf der Skala werden die Schülerinnen und Schüler in fünf Kompetenzstufen eingeteilt …

Wie im Jahr 2000 wurden die Ergebnisse im Bereich Lesekompetenz auch 2003 fünf Kompetenzstufen zugeordnet, die Aufgaben mit unterschiedlichem Schwierigkeitsgrad entsprechen. Die Kompetenzstufen werden durch Aufgaben definiert, die die gleichen Merkmale aufweisen – darunter Merkmale konzeptueller, inhaltlicher oder statistischer Art –, so dass die Aufgaben auf jeder Kompetenzstufe bestimmten technischen Anforderungen genügen (vgl. Kapitel 2). Kompetenzstufe 5 entspricht einer Punktzahl von über 625, Stufe 4 einer Punktzahl zwischen 553 und 625, Stufe 3 einer Punktzahl zwischen 481 und 552, Stufe 2 einer Punktzahl zwischen 408 und 480 und Stufe 1 einer Punktzahl zwischen 335 und 407.

… entsprechend dem Schwierigkeitsgrad der Aufgaben, die sie normalerweise richtig zu beantworten imstande sind …

Auf einer gegebenen Stufe können die Schülerinnen und Schüler nicht nur die dieser Stufe zugeordneten Kenntnisse und Fähigkeiten unter Beweis stellen, sondern sie verfügen auch über die in den darunter liegenden Stufen geforderten Fähigkeiten. Alle Schülerinnen und Schüler, die den Anforderungen von Stufe 3 genügen, werden z.B. auch den Anforderungen von Stufe 1 und 2 gerecht. Von allen Schülerinnen und Schülern auf einer bestimmten Stufe wird erwartet, dass sie mindestens die Hälfte der Aufgaben dieser Stufe richtig beantworten (vgl. Kapitel 2).

… wobei eine sechste Schülergruppe hinzukommt, der es selbst an grundlegenden funktionalen Lesekompetenzen mangelt.

Schülerinnen und Schüler, die weniger als 335 Punkte erzielen, d.h. Stufe 1 nicht erreichen, sind nicht in der Lage, routinemäßig die elementarsten Lesekompetenzen nachzuweisen, die in PISA gemessen werden. Wenn das auch nicht unbedingt heißen muss, dass die fraglichen Schülerinnen und Schüler über keinerlei Grundqualifikationen verfügen, lassen Leistungen unterhalb der Stufe 1 doch auf gravierende Defizite in Bezug auf die Fähigkeit schließen, Lesekompetenzen als Mittel zum Erwerb von Wissen und Fertigkeiten in anderen Bereichen einzusetzen. Analog dazu gilt für die Kompetenzstufe 5, die ja nach oben nicht begrenzt ist, dass die Lesekompetenzen einiger an PISA teilnehmenden Schülerinnen und Schüler die in dieser Erhebung effektiv gemessenen Lesekompetenzen möglicherweise überschreiten.

Die Festlegung von Kompetenzstufen im Bereich Lesekompetenz ermöglicht nicht nur eine Einstufung der Leistungen der Schülerinnen und Schüler, sondern auch eine Beschreibung ihrer Fähigkeiten (Abb. 6.1). Jeder der aufeinander aufbauenden Lesekompetenzstufen entsprechen Aufgaben mit steigendem Schwierigkeitsgrad. Die Aufgaben einer jeden Stufe wurden von einem Expertenteam daraufhin beurteilt, ob sie durch bestimmte gemeinsame Aufgabenmerkmale und -anforderungen gekennzeichnet sind und sich zugleich systematisch von den Aufgaben der nächsthöheren oder niedrigeren Stufe abheben. Der unterstellte Schwierigkeitsgrad der Aufgaben wurde dann empirisch auf der Grundlage der Schülerleistungen in den Teilnehmerländern validiert.

Die Aufgaben weisen auf jeder Kompetenzstufe identifizierbare Merkmale auf …

Die Lesekompetenzaufgaben in PISA 2003 umfassen die drei vorstehend beschriebenen Dimensionen und erstrecken sich auf ein jeweils anderes Spektrum von Schwierigkeitsgraden. Im Anschluss an PISA 2000 wurden Beispiele der Leseaufgaben (insgesamt 45 Items) veröffentlicht, die der Publikation *Beispielaufgaben aus der PISA-2000-Erhebung: Lesekompetenz, mathematische und naturwissenschaftliche Grundbildung* (OECD, 2002c) zu entnehmen sind. Jedes Item enthält einen Hinweis auf die jeweils erfasste Dimension sowie eine Beschreibung der geprüften Kenntnisse und Fähigkeiten. Diese Beschreibungen lassen gewisse Rückschlüsse auf die Bandbreite der von den Schülerinnen und Schülern erwarteten Denkprozesse und die auf den verschiedenen Lesekompetenzstufen zu erbringenden Leistungen zu. Weitere Beispielaufgaben finden sich auch unter *www.pisa.oecd.org*.

Schon ein flüchtiger Blick auf diese Items genügt, um festzustellen, dass zur Lösung der Aufgaben am unteren Ende der Skala ganz andere Fähigkeiten erforderlich sind als zur Beantwortung der Fragen am oberen Ende. Bei einer genaueren Analyse des Aufgabenspektrums lässt sich eine Art geordneter Abfolge von Fähigkeiten und Strategien des Wissensaufbaus erkennen. Zur Lösung der einfachsten dieser Aufgaben muss z.B. eine explizit ausgedrückte Information anhand eines einzigen Kriteriums in einem Text gefunden werden, der nur wenige bzw. keine konkurrierenden Informationen enthält, das Hauptthema eines Textes aus einem vertrauten Bereich erkannt werden oder ein einfacher Zusammenhang zwischen einem Textteil und dem Alltagsleben hergestellt werden. Im Allgemeinen sticht die zu suchende Information im Text deutlich hervor, und der Text selbst ist thematisch vergleichsweise weniger dicht und komplex im Aufbau.

… wobei leichtere Aufgaben grundlegende Kompetenzen im Umgang mit einfachen Texten voraussetzen …

Im Gegensatz dazu müssen die Schülerinnen und Schüler zur Lösung schwierigerer Aufgaben vom Typ „Informationen ermitteln" mehrere Teile einer tief eingebetteten Information finden und in die richtige Reihenfolge bringen, teilweise unter Berücksichtigung mehrerer Kriterien. Der Text enthält dabei häufig konkurrierende Informationen mit einigen Merkmalen, die auch die Informationen kennzeichnen, auf die sich die Frage bezieht. Bei Items, die „textbezogenes Interpretieren" oder „Reflektieren und Bewerten" erfordern, unterscheiden sich die Aufgaben am unteren Ende ebenfalls von jenen am oberen Ende der Skala, und zwar sowohl in Bezug auf die zur richtigen Beantwortung notwendigen Denkschritte, den Grad, bis zu dem

… während die schwierigeren durch ein zunehmendes Maß an Komplexität und weniger explizite Informationen gekennzeichnet sind.

Abbildung 6.1 ■ Kurzbeschreibung der fünf Kompetenzstufen auf der Lesekompetenzskala

Stufe	Informationen ermitteln	Textbezogenes Interpretieren	Reflektieren und Bewerten
5	Mehrere Teile einer tief eingebetteten Information, die z.T. auch außerhalb des Hauptteils des Textes liegen können, lokalisieren und u.U. ordnen oder zusammenfügen. Feststellen, welche der im Text enthaltenen Informationen für die Aufgabe wichtig sind. Mit sehr plausiblen und/oder stark konkurrierenden Informationen umgehen können.	Die Bedeutung einer nuancierten Ausdrucksweise analysieren oder ein volles und detailliertes Verständnis eines Textes unter Beweis stellen.	Kritisch bewerten oder ausgehend von Fachwissen Hypothesen aufstellen. Mit Konzepten umgehen können, die im Gegensatz zum Erwarteten stehen, und gestützt auf eine tiefgreifende Analyse langer oder komplexer Texte Rückschlüsse ziehen.

Kontinuierliche Texte: Texte analysieren, deren dargebotene Struktur nicht einfach oder deutlich erkennbar ist, um den Zusammenhang zwischen bestimmten Teilen des Textes und seinem impliziten Thema oder seiner Absicht zu ermitteln.

Nichtkontinuierliche Texte: Unter vielen Einzelinformationen, die u.U. ausführlich und detailliert dargestellt wurden, Strukturen identifizieren, wobei zuweilen auf textexterne Informationen zurückzugreifen ist. In manchen Fällen muss der Leser von selbst bemerken, dass für ein umfassendes Verständnis des Textabschnitts auf einen gesonderten Teil desselben Dokuments, wie z.B. eine Fußnote, Bezug genommen werden muss.

Stufe	Informationen ermitteln	Textbezogenes Interpretieren	Reflektieren und Bewerten
4	Mehrere Teile einer eingebetteten Information in einem Text, dessen Kontext oder Form ungewohnt ist, lokalisieren und u.U. ordnen oder zusammenfügen, wobei jedes Informationsteil möglicherweise mehreren Kriterien entsprechen muss. Feststellen, welche im Text enthaltenen Informationen für die Aufgabe wichtig sind.	Anspruchsvolle aus dem Text gezogene Schlüsse zum Verständnis und zur Anlegung von Kategorien in einem ungewohnten Kontext einsetzen und die Bedeutung eines Textteils unter Berücksichtigung des Textes als Ganzem analysieren. Mit Mehrdeutigkeiten, den eigenen Erwartungen zuwiderlaufenden Vorstellungen und in der Negativform ausgedrückten Gedanken umgehen können.	Unter Rückgriff auf schulisches oder Allgemeinwissen Hypothesen über einen Text aufstellen oder ihn kritisch bewerten. Ein genaues Verständnis langer oder komplexer Texte unter Beweis stellen.

Kontinuierliche Texte: Sprachliche oder thematische Zusammenhänge über mehrere Absätze hinweg verfolgen, häufig ohne sich auf klare Anhaltspunkte stützen zu können, um eingebettete Informationen zu lokalisieren, zu interpretieren oder zu bewerten oder um psychologische oder metaphysische Bedeutungen abzuleiten.

Nichtkontinuierliche Texte: Einen langen detaillierten Text nach relevanten Informationen durchsuchen, häufig ohne besondere Hilfen in Form äußerer Anhaltspunkte wie Kennzeichnungen oder verschiedene Arten der Formatierung, um mehrere Einzelinformationen zu lokalisieren, die zu vergleichen oder zusammenzufügen sind.

Stufe	Informationen ermitteln	Textbezogenes Interpretieren	Reflektieren und Bewerten
3	Mehrere Informationsteile, die u.U. jeweils mehreren Kriterien entsprechen müssen, lokalisieren und manchmal auch die zwischen ihnen bestehenden Zusammenhänge erkennen. Mit gut sichtbaren konkurrierenden Informationen umgehen können.	Mehrere Textteile gedanklich verbinden, um eine Hauptidee zu identifizieren, einen Zusammenhang zu begreifen oder die Bedeutung eines Wortes oder Satzes zu analysieren. Vergleichen, gegenüberstellen oder kategorisieren mit Berücksichtigung zahlreicher Kriterien. Mit konkurrierenden Informationen umgehen können.	Verbindungen herstellen, Vergleiche anstellen, Erklärungen liefern oder einen Textbestandteil beurteilen. Ein detailliertes Verständnis des Textes unter Bezugnahme auf vertraute Alltagskenntnisse unter Beweis stellen oder dafür auf weniger bekanntes Wissen zurückgreifen.

Kontinuierliche Texte: Soweit vorhanden, konventionelle Regeln der Textorganisation anwenden und impliziten oder expliziten logischen Zusammenhängen, wie z.B. zwischen Ursache und Wirkung, über Sätze oder Absätze hinweg folgen, um Informationen zu lokalisieren, zu interpretieren oder zu bewerten.

Nichtkontinuierliche Texte: Eine Abbildung im Licht eines zweiten gesonderten Dokuments oder einer anderen Abbildung, möglicherweise einem unterschiedlichen Format, betrachten, prüfen oder verschiedene räumliche, verbale und numerische Informationsteile in einer Graphik oder Karte zusammenfügen, um Schlussfolgerungen über die dargestellte Information zu ziehen.

Abbildung 6.1 (Fortsetzung) ■ **Kurzbeschreibung der fünf Kompetenzstufen auf der Lesekompetenzskala**

Stufe	Informationen ermitteln	Textbezogenes Interpretieren	Reflektieren und Bewerten
2	Ein oder mehrere Informationsteile lokalisieren, wobei jedes u.U. mehreren Kriterien entsprechen muss. Mit konkurrierenden Informationen umgehen können.	Die Hauptidee eines Textes identifizieren, Zusammenhänge begreifen, einfache Kategorien entwickeln und anlegen oder die Bedeutung eines begrenzten Textteils analysieren, wenn die Information nicht leicht sichtbar ist und wenig anspruchsvolle Schlüsse gezogen werden müssen.	Vergleiche anstellen oder Zusammenhänge zwischen dem Text und außertextlichen Kenntnissen erkennen oder einen Bestandteil des Textes ausgehend von eigenen Erfahrungen oder Standpunkten erklären.
	Kontinuierliche Texte: Logischen und sprachlichen Zusammenhängen innerhalb eines Absatzes folgen, um Informationen zu lokalisieren oder zu interpretieren; oder Informationen aus Texten oder Textteilen zusammenziehen, um zu Schlussfolgerungen im Hinblick auf die Absicht des Verfassers zu gelangen. ***Nichtkontinuierliche Texte:*** Ein Verständnis der grundlegenden Struktur einer Abbildung wie einem einfachen Baumdiagramm oder einer Tabelle nachweisen oder zwei Informationsteile aus einer Graphik oder einer Tabelle zusammenfügen.		
1	Ein oder mehrere unabhängige Teile einer explizit ausgedrückten Information unter Berücksichtigung eines einzigen Kriteriums lokalisieren.	Das Hauptthema oder die Absicht des Autors in einem Text über ein vertrautes Thema erkennen, wenn die erforderliche Information im Text gut sichtbar ist.	Eine einfache Verbindung zwischen der im Text enthaltenen Information und allgemeinem Alltagswissen herstellen.
	Kontinuierliche Texte: Wiederholungen, Absatzüberschriften oder übliche Druckregeln zu Hilfe nehmen, um sich eine Vorstellung von der Hauptidee eines Textes zu verschaffen oder um Informationen zu lokalisieren, die explizit in einem kurzen Abschnitt des Textes ausgedrückt sind. ***Nichtkontinuierliche Texte:*** Sich auf einzelne Informationsteile konzentrieren, in der Regel in einer einzigen Abbildung wie z.B. einer einfachen Karte, einer Kurvengraphik oder einem Balkendiagramm, die nur wenig und klar ausgedrückte Informationen enthält und bei der der verbale Text größtenteils aus einer geringen Zahl von Wörtern oder Sätzen besteht.		

die für eine korrekte Antwort erforderlichen Lesestrategien bereits in der Frage bzw. der Anleitung enthalten sind, als auch in Bezug auf die Komplexität und den Vertrautheitsgrad des Textes sowie die darin enthaltene Menge an konkurrierenden oder ablenkenden Informationen.

Abbildung 6.2 liefert einen Überblick über die Leistungen auf der Gesamtskala Lesekompetenz, wobei der Prozentsatz der Schülerinnen und Schüler auf den verschiedenen Kompetenzstufen aus der Länge der Balken ersichtlich ist.

Kompetenzstufe 5 (über 625 Punkte)

Die schwierigsten Aufgaben sind anspruchsvoll und erfordern kritisches Denken …

Schülerinnen und Schüler, die die Anforderungen von Stufe 5 der Gesamtskala Lesekompetenz erfüllen, sind in der Lage, anspruchsvolle Leseaufgaben zu lösen, d.h. mit Informationen umzugehen, die in ungewohnten Texten nur schwer zu finden sind, ein genaues Verständnis dieser Texte nachzuweisen und herauszufinden, welche der im Text enthaltenen Informationen für die Aufgabe von Belang sind, sowie einen Text

Abbildung 6.2 ■ **Prozentualer Anteil der Schülerinnen und Schüler auf jeder Kompetenzstufe der Gesamtskala Lesekompetenz**

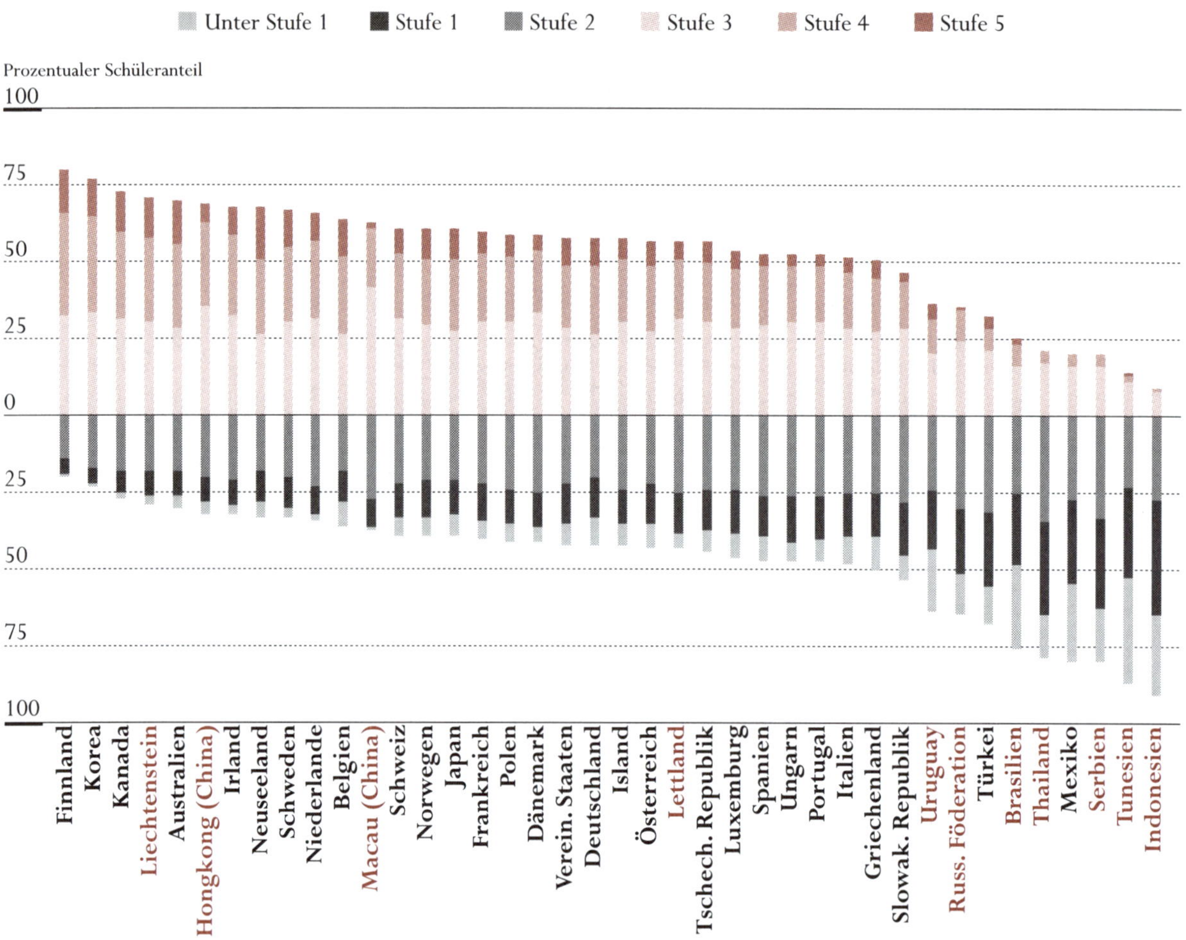

Die Länder sind in absteigender Reihenfolge nach dem Prozentsatz der 15-Jährigen auf den Stufen 3, 4 und 5 angeordnet.
Quelle: OECD PISA-2003-Datenbank, Tabelle 6.1

kritisch zu bewerten und Hypothesen aufzustellen, dabei Fachwissen heranzuziehen und Konzepte zu begreifen, die u.U. im Widerspruch zu den eigenen Erwartungen stehen. Vgl. Abbildung 6.1 wegen einer genaueren Beschreibung.

... an ihnen können die Fähigkeiten gemessen werden, über die hoch qualifizierte Geistesarbeiter verfügen müssen.

Angaben über den Prozentsatz der Schülerinnen und Schüler, die in den Teilnehmerländern den Anforderungen der höchsten PISA-Kompetenzstufen genügen, sind deshalb von Interesse, weil der Prozentsatz der Schülerinnen und Schüler, die heute dieses Leistungsniveau erreichen, Einfluss darauf haben dürfte, welchen potenziellen Beitrag das jeweilige Land zum künftigen Gesamtangebot an Spitzenkräften in der globalen Wissensökonomie leisten kann.

Im OECD-Raum insgesamt entfallen 8% der Schülerinnen und Schüler auf Kompetenzstufe 5. In Neuseeland erfüllen mehr als 16% der Schülerinnen und Schüler die Anforderungen dieser Kompetenzstufe und in Australien, Belgien,

Finnland, Kanada, Korea sowie im Partnerland Liechtenstein über 12%. Im Gegensatz dazu erreichen in Mexiko weniger als 1% der Schüler dieses Niveau, was auch auf die Partnerländer Indonesien, Serbien[2], Thailand und Tunesien zutrifft (Abb. 6.2 und Tabelle 6.1).

Zu beachten gilt, dass nicht nur die Gesamtleistung des Landes im Bereich Lesekompetenz ausschlaggebend ist für den Prozentsatz der Schülerinnen und Schüler, die Stufe 5 erreichen, sondern auch die innerhalb dieses Landes bestehenden Differenzen zwischen den Schülern mit dem höchsten und dem niedrigsten Leistungsniveau. Auch wenn Länder mit einem höheren Schüleranteil auf Stufe 5 tendenziell einen geringeren Prozentsatz an Schülerinnen und Schülern auf Stufe 1 oder darunter aufweisen, ist dies doch keineswegs immer der Fall. In Finnland beispielsweise erreichen 15% der Schülerinnen und Schüler Stufe 5, während nur 1% unterhalb der Stufe 1 liegt. Belgien und Neuseeland hingegen, wo ebenfalls ein hoher Prozentsatz der Schülerinnen und Schüler die Anforderungen von Stufe 5 erfüllt, weisen zugleich einen relativ hohen Anteil an Schülerinnen und Schülern auf, deren Ergebnisse unter der Stufe 1 liegen (8% bzw. 5%). In den Partnerländern Hongkong (China) und Macau (China) schließlich erreichen nur 6% bzw. 2% der Schülerinnen und Schüler Stufe 5; gleichzeitig werden aber auch nur 3% bzw. 1% den Anforderungen von Stufe 1 nicht gerecht.

Ein hoher Anteil von Schülern auf dem obersten Leistungsniveau geht nicht zwangsläufig mit einem niedrigen Anteil von Schülern auf den unteren Leistungsstufen einher.

Kompetenzstufe 4 (553 bis 625 Punkte)

Schülerinnen und Schüler, deren Leistungen Stufe 4 auf der Gesamtskala Lesekompetenz entsprechen, sind in der Lage, schwierige Leseaufgaben zu lösen, beispielsweise eingebettete Informationen zu finden, mit Mehrdeutigkeiten umzugehen und einen Text kritisch zu bewerten (Abb. 6.1). Im OECD-Raum insgesamt liegt das Leistungsniveau von 28% der Schülerinnen und Schüler auf Stufe 4 und höher (also Stufe 4 und 5) (Abb. 6.2 und Tabelle 6.1). Fast die Hälfte der Schülerinnen und Schüler in Finnland und zwischen 40% und 50% in Australien, Kanada, Korea und Neuseeland sowie im Partnerland Liechtenstein erreichen mindestens Stufe 4. In jedem OECD-Land außer in Mexiko, der Slowakischen Republik und der Türkei erfüllt wenigstens jeder fünfte Schüler die Leistungsanforderungen von Stufe 4. Auch wird in vier der Partnerländer – Indonesien, Serbien, Thailand und Tunesien – diese Stufe von weniger als 5% der Schüler erreicht.

In einigen Ländern können rd. 40% der Schüler zumindest schwierige Aufgaben der Stufe 4 lösen, in anderen Ländern sind dazu jedoch nur sehr wenige in der Lage.

Kompetenzstufe 3 (481 bis 552 Punkte)

Auf Stufe 3 der Lesekompetenzskala sind die Schülerinnen und Schüler in der Lage, Leseaufgaben mittleren Komplexitätsgrads zu lösen, z.B. mehrere Informationen aufzufinden, Verbindungen zwischen verschiedenen Abschnitten eines Textes herzustellen und den Text zu Alltagswissen in Beziehung zu setzen (Abb. 6.1). Im OECD-Raum insgesamt erreichen 55% der Schülerinnen und Schüler mindestens Stufe 3 (d.h. Stufe 3, 4 oder 5) auf der Lesekompetenzskala (Abb. 6.2 und Tabelle 6.1). In 8 der 30 OECD-Länder (Australien, Finnland,

Die meisten Schülerinnen und Schüler im OECD-Raum weisen zumindest ein mittleres Lesekompetenzniveau auf …

Irland, Kanada, Korea, Neuseeland, Niederlande und Schweden) sowie in zwei Partnerländern (Hongkong-China und Liechtenstein) erfüllen zwischen 65% und 80% der 15-jährigen Schülerinnen und Schüler mindestens die Anforderungen von Stufe 3. Diese Kompetenzstufe entspricht dem theoretischen Durchschnittsniveau der Schülerinnen und Schüler des OECD-Raums, d.h. der Stufe, die die meisten Schüler als höchstes Niveau erreichen (insgesamt 27%).

Kompetenzstufe 2 (408 bis 480 Punkte)

... und in allen außer zwei OECD-Ländern können mindestens 75% einfache Leseaufgaben lösen.

Auf Stufe 2 sind die Schülerinnen und Schüler in der Lage, grundlegende Leseaufgaben zu lösen, z.B. eindeutige Informationen zu finden, wenig anspruchsvolle Schlussfolgerungen verschiedener Art zu ziehen, die Bedeutung eines genau definierten Textteils herauszuarbeiten und gewisse externe Kenntnisse zu dessen Verständnis heranzuziehen (Abb. 6.1). Im OECD-Raum insgesamt erfüllen oder übertreffen 78% der Schülerinnen und Schüler die Anforderungen von Stufe 2 der Lesekompetenzskala. In allen OECD-Ländern außer Mexiko und der Türkei weisen mindestens drei von vier Schülern Leistungen auf, die auf der Stufe 2 oder darüber liegen (Abb. 6.2 und Tabelle 6.1).

Kompetenzstufe 1 (335 bis 407 Punkte) oder darunter (weniger als 335 Punkte)

Stufe 1 steht für die einfachsten funktionalen Leseaufgaben ...

Beim PISA-Konzept der Lesekompetenz liegt der Schwerpunkt auf den Kenntnissen und Fähigkeiten, die notwendig sind für das „Lesen, um zu lernen", im Gegensatz zu den beim „Lesen lernen" erworbenen technischen Fertigkeiten. Da in den OECD-Ländern nur vergleichsweise wenige junge Erwachsene diese rein „technischen" Lesefertigkeiten nicht erworben haben, soll mit PISA nicht gemessen werden, inwieweit 15-Jährige fließend lesen, die Rechtschreibung beherrschen oder Wörter richtig erkennen können. In Einklang mit den meisten gegenwärtig anerkannten Definitionen der Lesekompetenz zielt PISA darauf ab festzustellen, inwieweit die Schülerinnen und Schüler in der Lage sind, die Bedeutung eines breiten Spektrums von Texten aus allgemeinen schulischen wie außerschulischen Kontexten zu erfassen, zu erweitern und darüber zu reflektieren. Die einfachsten Aufgaben, die diesem Konzept der Lesekompetenz gerecht werden, sind die der Stufe 1. Schülerinnen und Schüler, deren Leistungen nur den Anforderungen dieser Stufe entsprechen, können lediglich die einfachsten der für PISA ausgearbeiteten Leseaufgaben lösen, z.B. eine Einzelinformation finden, das Hauptthema eines Textes erkennen oder eine einfache Verbindung zu Alltagskenntnissen herstellen (Abb. 6.1).

... und wer diese Stufe nicht erreicht, kann zwar u.U. lesen, dürfte aber ernste Probleme dabei haben, das Lesen als Lerninstrument einzusetzen.

Schülerinnen und Schülern, die weniger als 335 Punkte erzielen, Stufe 1 also nicht erreichen, dürfte es wahrscheinlich nicht gelingen, die elementarsten Lesekompetenzen unter Beweis zu stellen, die in PISA gemessen werden. Das soll nicht heißen, dass die fraglichen Schülerinnen und Schüler über keinerlei Grundqualifikationen verfügen. Allerdings lässt das Muster ihrer Antworten bei den Testaufgaben darauf schließen, dass sie weniger als die Hälfte der Fragen eines Tests mit ausschließlich Stufe 1 entsprechenden Aufgaben beantworten können und den Anforderungen von Stufe 1 folglich nicht gerecht werden. Solchen Schülerinnen und Schülern bereitet es große Schwierigkeiten, Lesekompetenzen als effizientes Mittel zur Förderung und Erweiterung ihrer Kenntnisse und Fähigkeiten in anderen Bereichen einzusetzen. Für Schülerinnen und Schüler, deren Grundqualifikationen unter Stufe 1 liegen, besteht daher nicht nur die Gefahr, dass sie beim Übergang vom Schul- ins Arbeitsleben großen Problemen gegenüberstehen, sondern auch dass sie in ihrem weiteren Leben Möglichkeiten zur Fort- und Weiterbildung nicht nutzen können.

Wenngleich mehr als neun von zehn Schülern im OECD-Raum mindestens den Anforderungen von Stufe 1 gerecht werden …

Im OECD-Raum insgesamt liegen die Leistungen von 14% der Schülerinnen und Schüler auf Stufe 1 und von 8% darunter, wobei zwischen den einzelnen Ländern aber große Unterschiede bestehen. In Finnland und Korea befinden sich nur 5% der Schülerinnen und Schüler auf Stufe 1 und nur 1% darunter, diese beiden Länder bilden jedoch die Ausnahme. In allen anderen OECD-Ländern schwankt der Prozentsatz der Schülerinnen und Schüler, deren Leistungen nur oder nicht einmal den Anforderungen von Stufe 1 entsprechen, zwischen 10% und 52% (Abb. 6.2 und Tabelle 6.1). In einem Viertel der OECD-Länder erreichen zwischen 2% und 5% der Schülerinnen und Schüler nicht einmal Stufe 1.

… gehen in 11 OECD-Ländern die Kompetenzen von mindestens jedem fünften Schüler nicht über die Stufe 1 hinaus.

Die OECD-Länder, in denen 20% oder mehr der Schülerinnen und Schüler auf oder unter Stufe 1 stehen, sind (in absteigender Reihenfolge): Mexiko, Türkei, Griechenland, die Slowakische Republik, Italien, Luxemburg, Deutschland, Portugal, Spanien, Österreich und Ungarn. Ähnlich hohe Prozentsätze sind auch in folgenden Partnerländern (in absteigender Reihenfolge) zu beobachten: Indonesien, Tunesien, Brasilien, Serbien, Thailand, Uruguay und Russische Föderation. Unter diesen Ländern sticht Deutschland dadurch hervor, dass dort der Prozentsatz der Schülerinnen und Schüler auf Kompetenzstufe 5 mit nahezu 10% ebenfalls relativ hoch ist.

Darüber hinaus erreichen in Mexiko sowie in den Partnerländern Brasilien, Indonesien und Tunesien 25-34% der Schülerinnen und Schüler nicht einmal Stufe 1. Diese Schülerinnen und Schüler sind normalerweise nicht in der Lage, die elementarsten in PISA gemessenen Fähigkeiten unter Beweis zu stellen.

Durchschnittsergebnisse der Länder im Bereich Lesekompetenz

Die Leistungen der einzelnen Länder können durch einen Mittelwert zusammengefasst werden …

Im Vordergrund der obigen Analyse stand der Vergleich der Verteilung der Schülerleistungen in den verschiedenen Ländern. Eine weitere Möglichkeit, die Schülerleistungen im Bereich Lesekompetenz zusammenfassend darzustellen und die jeweiligen Positionen der Länder miteinander zu vergleichen, ist die Darstellung der Ländermittelwerte. Da eine hohe Durchschnittsleistung der 15-Jährigen eine künftige hoch qualifizierte Erwerbsbevölkerung in Aussicht stellt, haben Länder mit hohen Durchschnittsergebnissen einen erheblichen wirtschaftlichen und sozialen Vorteil.

... wobei sich Ländermittelwerte aber nur dann vergleichen lassen, wenn ein statistisch signifikanter Unterschied besteht.

Wie bereits in Kapitel 2 erläutert, sollten bei der Interpretation der Durchschnittsergebnisse nur solche Unterschiede zwischen den Ländern berücksichtigt werden, die statistisch signifikant sind. In Abbildung 6.3 sind die Länderpaare dargestellt, deren Durchschnittsergebnisse stark genug voneinander abweichen, um mit relativer Sicherheit sagen zu können, dass die höheren Leistungen der Schülerstichprobe des einen Landes für dessen gesamte Population 15-jähriger Schülerinnen und Schüler repräsentativ sind. Zum Vergleich der Leistungen eines Landes mit denen der Länder im Tabellenkopf ist die gesamte Zeile des betreffenden Landes zu lesen. An der farblichen Kennzeichnung ist zu erkennen, ob die Durchschnittsergebnisse des Landes in der jeweiligen Zeile statistisch signifikant über oder unter denen des Vergleichslandes liegen bzw. keine signifikanten Unterschiede erkennen lassen.

Bei Mehrfachvergleichen – z.B. beim Vergleich der Leistungen eines Landes mit denen aller anderen Länder – ist noch mehr Vorsicht geboten, weshalb bei solchen Vergleichen nur die Unterschiede, die in der Abbildung durch dunkel schraffierte Symbole hervorgehoben sind, als statistisch signifikant betrachtet werden sollten. Aus der Abbildung ist auch ersichtlich, in welchen Ländern die Leistungen über, unter oder im OECD-Durchschnitt liegen.

Diese Durchschnittsergebnisse erstrecken sich über ein breites Spektrum, wobei die finnischen Schülerinnen und Schüler insgesamt am besten abschneiden.

In Finnland sind die Leistungen auf der Lesekompetenzskala höher als in allen anderen OECD-Ländern. Finnlands Mittelwert liegt mit 543 Punkten um mehr als eine halbe Kompetenzstufe über dem OECD-Durchschnitt, der sich in PISA 2003 auf 494 Punkte beläuft. Zu weiteren OECD-Ländern, in denen die mittleren Ergebnisse deutlich über dem OECD-Durchschnitt liegen, zählen Australien, Belgien, Irland, Kanada, Korea, Neuseeland, die Niederlande und Schweden. Unter den Partnerländern gehören Hongkong (China) und Liechtenstein zur Gruppe der Länder mit überdurchschnittlichen Ergebnissen. In elf OECD-Ländern entsprechen die Leistungen in etwa dem OECD-Durchschnitt, nämlich in Dänemark, Deutschland, Frankreich, Island, Japan, Norwegen, Österreich, Polen, der Schweiz, der Tschechischen Republik und den Vereinigten Staaten. In den Partnerländern Lettland und Macau (China) entsprechen die Leistungen ebenfalls dem OECD-Durchschnittsniveau[3]. Unter den OECD-Ländern sind die Leistungsunterschiede relativ groß: 143 Punkte liegen zwischen dem obersten und dem untersten Ende des Spektrums (d.h. zwischen den Ländern mit den höchsten und denen mit den niedrigsten Durchschnittsergebnissen). In der Gruppe der Partnerländer beträgt dieser Abstand 150 Punkte.

Innerhalb der einzelnen Länder sind die Leistungsunterschiede jedoch noch größer, und einigen Ländern gelingt es besser als anderen, das Ausmaß dieser Differenzen zu begrenzen.

Es bestehen große Unterschiede zwischen den Durchschnittsergebnissen der Länder, in noch stärkerem Maße variieren aber die Leistungen der Schülerinnen und Schüler innerhalb der einzelnen Länder. Zu den großen Herausforderungen der Bildungssysteme gehört es, hohe Leistungen zu fördern und Leistungsschwächen zugleich gering zu halten. Das Problem der Leistungsschwächen ist im Bereich Lesekompetenz von besonderer Bedeutung, denn das hier vorhandene Kompetenzniveau hat erhebliche Auswirkungen auf das Wohlergehen des Einzelnen, den Zustand der Gesellschaft und die

Abbildung 6.3 ■ Vergleich der Durchschnittsergebnisse der Länder auf der Gesamtskala Lesekompetenz

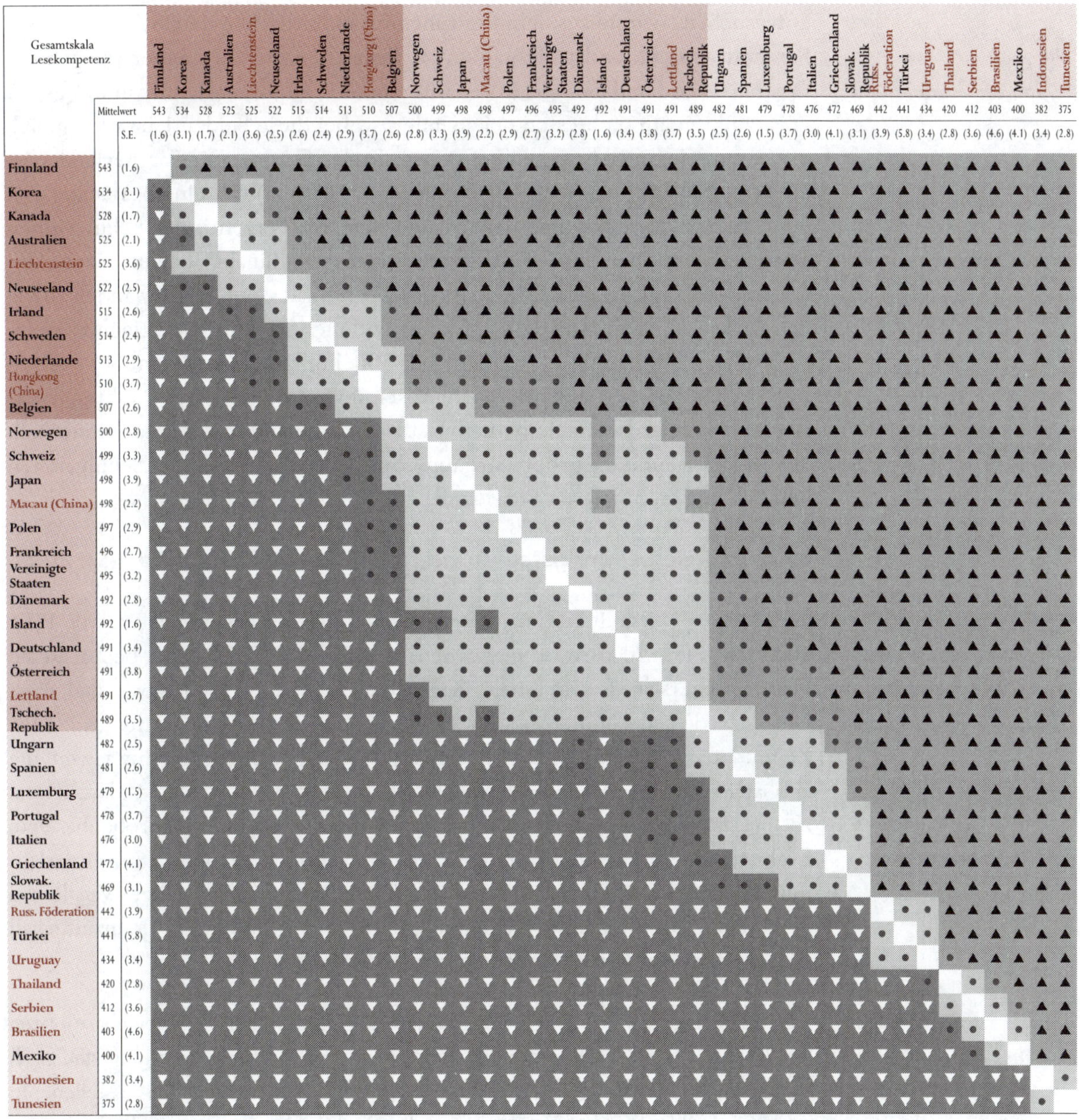

Spannweite der Rangplätze*

Land	OECD-Länder: Oberer Rangplatz	OECD-Länder: Unterer Rangplatz	Alle Länder: Oberer Rangplatz	Alle Länder: Unterer Rangplatz
Finnland	1	1	1	1
Korea	2	3	2	3
Kanada	2	4	2	5
Australien	3	5	3	6
Liechtenstein			2	6
Neuseeland	4	6	4	7
Irland	6	8	6	10
Schweden	6	9	7	10
Niederlande	6	9	7	11
Hongkong (China)			7	12
Belgien	8	10	9	12
Norwegen	10	15	11	18
Schweiz	10	17	12	20
Japan	10	18	12	22
Macau (China)			12	19
Polen	10	18	12	21
Frankreich	10	18	12	22
Vereinigte Staaten	10	19	12	23
Dänemark	12	20	15	24
Island	14	20	17	24
Deutschland	12	20	15	24
Österreich	12	21	14	25
Lettland			14	25
Tschech. Republik	14	21	17	25
Ungarn	20	24	24	28
Spanien	20	25	24	29
Luxemburg	21	25	25	29
Portugal	21	26	25	30
Italien	21	26	26	31
Griechenland	23	27	27	31
Slowak. Republik	25	27	29	31
Russ. Föderation			32	34
Türkei	28	28	32	34
Uruguay			33	34
Thailand			35	36
Serbien			35	37
Brasilien			36	38
Mexiko	29	29	37	38
Indonesien			39	40
Tunesien			39	40

* *Anmerkung:* Da die Daten auf Stichprobenbeziehungen beruhen, ist es nicht möglich, den genauen Rangplatz eines Landes zu bestimmen. Es können jedoch der jeweils obere und untere Rangplatz angegeben werden, zwischen denen das Land mit 95%iger Wahrscheinlichkeit liegt.

Erläuterungen:

Zum Vergleich der Ergebnisse eines Landes mit denen der Länder im Tabellenkopf ist die Zeile des betreffenden Landes zu lesen. Die Symbole zeigen, ob die Durchschnittsergebnisse des Landes in der jeweiligen Zeile über oder unter denen des Vergleichslandes liegen oder ob zwischen den Durchschnittsergebnissen beider Länder kein statistisch signifikanter Unterschied besteht.

Ohne Bonferroni-Korrektur:
- Durchschnittsergebnisse statistisch signifikant höher als im Vergleichsland
- Kein statistisch signifikanter Unterschied gegenüber dem Vergleichsland
- Durchschnittsergebnisse statistisch signifikant niedriger als im Vergleichsland

Mit Bonferroni-Korrektur:
- ▲ Durchschnittsergebnisse statistisch signifikant höher als im Vergleichsland
- ● Kein statistisch signifikanter Unterschied gegenüber dem Vergleichsland
- ▽ Durchschnittsergebnisse statistisch signifikant niedriger als im Vergleichsland

- Statistisch signifikant über dem OECD-Durchschnitt
- Kein statistisch signifikanter Unterschied zum OECD-Durchschnitt
- Statistisch signifikant unter dem OECD-Durchschnitt

Quelle: OECD PISA-2003-Datenbank.

Stellung der Länder in der Weltwirtschaft (OECD, 2003c). Ungleichheiten in diesem Kontext lassen sich anhand der Streuungsbreite der Ergebnisse untersuchen, wie sie aus dem Leistungsabstand zwischen dem 5. und dem 95. Perzentil ersichtlich ist (Tabelle 6.2). Unter den OECD-Ländern liegen die Ergebnisse in Finnland und Korea mit einem Leistungsabstand von insgesamt 267 Punkten am dichtesten beieinander, wobei diese beiden Länder zugleich die besten Gesamtleistungen aufweisen. In der Gruppe der Partnerländer ist die Streuungsbreite der Ergebnisse in Macau (China) mit einem Abstand von nur 220 Punkten zwischen dem 5. und dem 95. Perzentil der Schülerinnen und Schüler ebenfalls sehr gering. Darüber hinaus beläuft sich der Leistungsabstand auch in Dänemark, Irland, Kanada, den Niederlanden sowie den Partnerländern Hongkong (China), Indonesien, Lettland, Liechtenstein, Serbien und Thailand auf weniger als 300 Punkte. Demgegenüber weisen Belgien und Deutschland mit einem Abstand von 362 bzw. 357 Punkten – was fast eine Standardabweichung mehr ist als in Finnland und Korea – innerhalb des OECD-Raums die größte Streuungsbreite der Ergebnisse der Schülerinnen und Schüler im mittleren Bereich des Verteilungsspektrums auf.

Unterschiede bei der Leseleistung zwischen PISA 2000 und PISA 2003

Bei der Interpretation der Ergebnisse der beiden PISA-Erhebungen ist Vorsicht angebracht.

In Abbildung 6.4 sind die Gesamtergebnisse im Bereich Lesekompetenz von PISA 2000 und PISA 2003 sowie die zwischen den beiden Erhebungen beobachteten Leistungsunterschiede dargestellt. Wie bereits in Kapitel 2 erläutert, sind diese Unterschiede jedoch mit Vorsicht zu interpretieren. Da nur Daten für zwei Zeitpunkte vorliegen, lässt sich zunächst einmal nicht sagen, inwieweit die beobachteten Unterschiede längerfristige Trends widerspiegeln. Zudem treten zwangsläufig Stichproben- und Messfehler auf, wenn stichprobenbasierte Evaluationen durch eine begrenzte Zahl gemeinsamer Elemente im Zeitverlauf miteinander verknüpft werden, was die Reliabilität solcher Vergleiche beschränkt. Um Letzterem Rechnung zu tragen, wurde das Konfidenzintervall für Vergleiche im Zeitverlauf entsprechend ausgeweitet[4].

In einigen Ländern fielen die Leistungen 2003 etwas besser, in anderen etwas schlechter aus.

Wie Abbildung 6.5 zeigt, sind in neun der 32 Länder, für die vergleichbare Daten für 2000 und 2003 vorliegen, an keinem Punkt der Leistungsverteilung statistisch signifikante Unterschiede zwischen den beiden Erhebungen festzustellen. In weiteren 15 Ländern ist eine Abnahme der Punktzahlen an einem oder mehreren Perzentilpunkten zu beobachten, in sechs Ländern wurde eine Verbesserung an einem oder mehreren Perzentilpunkten verzeichnet, und in nur einem Land waren in beide Richtungen gehende Veränderungen festzustellen.

In Polen verbesserten sich die Gesamtergebnisse dank Leistungssteigerungen im unteren Bereich des Verteilungsspektrums ...

In Polen sowie in den Partnerländern Indonesien, Lettland und Liechtenstein fielen die Ergebnisse 2003 deutlich besser aus als im Jahr 2000[5]. In Polen verringerte sich der globale Leistungsabstand zwischen leistungsstarken und leistungsschwachen Schülerinnen und Schülern, während zugleich die Durchschnittsleistung der 15-Jährigen insgesamt zunahm. Diese Verbesserung der Gesamtleistung ist hauptsächlich den höheren Punktzahlen im unteren Bereich des Verteilungsspektrums zuzu-

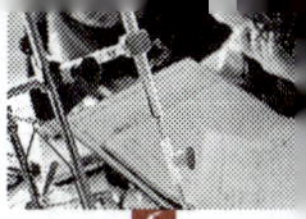

Abbildung 6.4 ■ Unterschiede bei den Mittelwerten zwischen PISA 2003 und PISA 2000 auf der Gesamtskala Lesekompetenz

Nur Länder mit validen Daten für 2003 sowie 2000

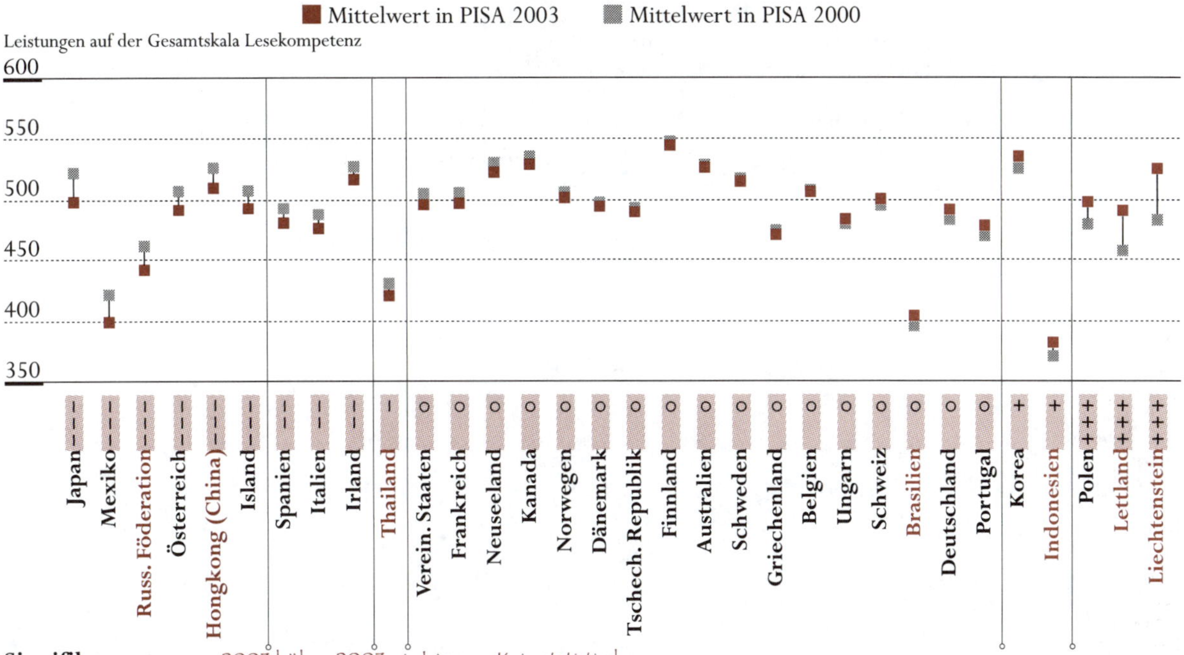

Signifikanz-niveaus	2003 höher als 2000	2003 niedriger als 2000	Kein statistisch signifikanter Unterschied
90 % Konfidenzniveau	+	–	o
95 % Konfidenzniveau	++	– –	
99 % Konfidenzniveau	+++	– – –	

Die Länder sind in aufsteigender Reihenfolge der Unterschiede bei den Ergebnissen von PISA 2003 und PISA 2000 angeordnet.
Quelle: OECD PISA-2003-Datenbank, Tabelle 6.2; OECD PISA-2000-Datenbank, Tabelle 2.3a (OECD 2001a).

schreiben (d.h. am 5., 10. und 25. Perzentil), oder anders gesagt, der Tatsache, dass die leistungsschwächsten Schülerinnen und Schüler diesmal besser abschnitten. Im Jahr 2000 lag die Punktzahl für die leistungsschwächsten 10% der 15-Jährigen in Polen unterhalb von 343 Punkten, im Jahr 2003 hingegen bei 374 Punkten. Das Gegenteil gilt für Korea, wo in der oberen Hälfte des Verteilungsspektrums zwischen 2000 und 2003 ein statistisch signifikanter Leistungsanstieg verzeichnet wurde, der sich daran messen lässt, dass im Jahr 2000 nur 5% der Schülerinnen und Schüler das Leistungsniveau der besten 10% des Jahres 2003 erreicht hatten. In Lettland und Liechtenstein stiegen die Leistungen im gesamten Verteilungsspektrum.

In Dänemark, Finnland und Kanada waren keine messbaren Gesamtleistungsunterschiede zwischen den Jahren 2000 und 2003 zu beobachten. In diesen Ländern nahmen die Leistungen am oberen Ende des Verteilungsspektrums (d.h. beim 75., 90. und 95. Perzentil) jedoch etwas ab.

... während in anderen Ländern Veränderungen in verschiedenen Bereichen des Verteilungsspektrums keine nennenswerte Gesamtveränderung bewirkten.

Zu den Ländern, in denen die Leistungen 2003 niedriger waren als im Jahr 2000, gehören Irland, Island, Italien, Japan, Mexiko, Österreich und Spanien sowie die

Abbildung 6.5 ■ **Vergleich zwischen PISA 2003 und PISA 2000 im Bereich Lesekompetenz**

Signifikanzniveaus	2003 höher als 2000	2003 niedriger als 2000	Kein statistisch signifikanter Unterschied
90 % Konfidenzniveau	+	-	○
95 % Konfidenzniveau	++	--	
99 % Konfidenzniveau	+++	---	

	Beobachtete Unterschiede bei Mittelwert und Perzentilen						
	5.	10.	25.	Mittelwert	75.	90.	95.
OECD-Länder							
Australien	○	○	○	○	○	-	-
Österreich	---	---	---	---	○	○	○
Belgien	○	○	○	○	○	○	○
Kanada	○	○	○	○	--	---	---
Tschech. Republik	○	○	○	○	○	○	○
Dänemark	○	○	○	○	--	---	---
Finnland	○	○	○	○	-	--	---
Frankreich	--	○	○	○	○	○	○
Deutschland	○	○	○	○	○	○	○
Griechenland	○	○	○	○	○	○	○
Ungarn	○	○	○	○	○	○	○
Island	---	---	---	---	--	○	○
Irland	○	○	○	--	---	---	---
Italien	---	---	--	--	○	○	○
Japan	---	---	---	---	○	○	○
Korea	○	○	○	+	+++	+++	+++
Mexiko	---	---	---	---	--	○	○
Neuseeland	○	○	○	○	-	○	○
Norwegen	○	○	○	○	○	○	○
Polen	++	+++	+++	+++	○	○	+
Portugal	○	○	○	○	○	○	○
Spanien	---	---	--	--	○	○	○
Schweden	○	○	○	○	○	○	○
Schweiz	○	++	○	○	○	○	○
Vereinigte Staaten	○	○	○	○	○	○	--
OECD insgesamt	---	---	---	--	-	○	○
OECD-Durchschnitt	○	○	○	○	○	○	○
Partnerländer							
Brasilien	---	---	○	○	+++	+++	+++
Hongkong (China)	○	○	--	---	---	---	--
Indonesien	○	○	○	+	○	○	○
Lettland	+++	+++	+++	+++	+++	++	+
Liechtenstein	++	+++	+++	+++	+++	++	++
Russ. Föderation	--	--	--	---	---	---	--
Thailand	○	○	--	-	-	○	○

Quelle: OECD PISA-2003-Datenbank, Tabelle 6.2; OECD PISA-2000-Datenbank, Tabelle 2.3a (OECD 2001a).

Partnerländer Hongkong (China), die Russische Föderation und Thailand. In Island, Italien, Japan, Österreich und Spanien war der Leistungsrückgang auf schwächere Ergebnisse beim 5., 10. und 25. Perzentil zurückzuführen (d.h. an den Punkten, unter denen jeweils 5%, 10% bzw. 25% der Erhebungspopulation liegen). Anders gesagt fielen die Leistungen in diesen Ländern 2000 und 2003 am oberen Ende des Verteilungsspektrums ähnlich aus, wohingegen am unteren Ende des Spektrums deutlich niedrigere Ergebnisse erzielt wurden, wodurch sich die Streuungsbreite vergrößerte. Die Russische Förderation ist das einzige Land, in dem die Leistungen durchweg abnahmen.

Geschlechtsspezifische Unterschiede im Bereich Lesekompetenz

In Abbildung 6.6 werden die Leistungsunterschiede zwischen Jungen und Mädchen im Bereich Lesekompetenz von PISA 2000 und PISA 2003 gegenübergestellt (vgl. auch Tabelle 6.3 sowie Tabelle 5.1 in OECD, 2001a). Die Situation stellt sich ähnlich dar wie im Jahr 2000. Die durchschnittliche Leseleistung der Mädchen ist in allen Ländern außer Liechtenstein deutlich höher als die der Jungen, wobei sich der Leistungsabstand im OECD-Durchschnitt auf 34 Punkte beläuft, was einer halben Kompetenzstufe entspricht (vgl. Kapitel 2 und OECD, 2001a). Die Größenordnung dieser Unterschiede schwankt zwischen den verschiedenen Ländern. Mindestens 40 Punkte liegen beispielsweise zwischen der Leseleistung von Mädchen und Jungen in Deutschland, Finnland, Island, Norwegen, Österreich und Polen sowie in den Partnerländern Serbien und Thailand. Besonders groß ist der geschlechtsspezifische Unterschied in Island, wo er 58 Punkte beträgt. In dieser Ländergruppe entspricht die durchschnittliche Leseleistung der Mädchen Stufe 3, die der Jungen Stufe 2. Eine Ausnahme bildet Finnland, wo die Mädchen im Durchschnitt auf Stufe 4 stehen, die Jungen hingegen auf Stufe 3.

Mädchen schneiden im Bereich Lesekompetenz besser ab als Jungen, das Ausmaß der geschlechtsspezifischen Unterschiede schwankt jedoch von Land zu Land.

Dass Mädchen bessere Leseleistungen und Jungen bessere Mathematikleistungen erzielen (vgl. Kapitel 2), deckt sich mit den Ergebnissen anderer Untersuchungen für vergleichbare Altersgruppen.

Abbildung 6.6 ■ **Geschlechtsspezifische Unterschiede bei der Lesekompetenz in PISA 2003 und PISA 2000**
Unterschiede bei den Ergebnissen auf den PISA-Skalen

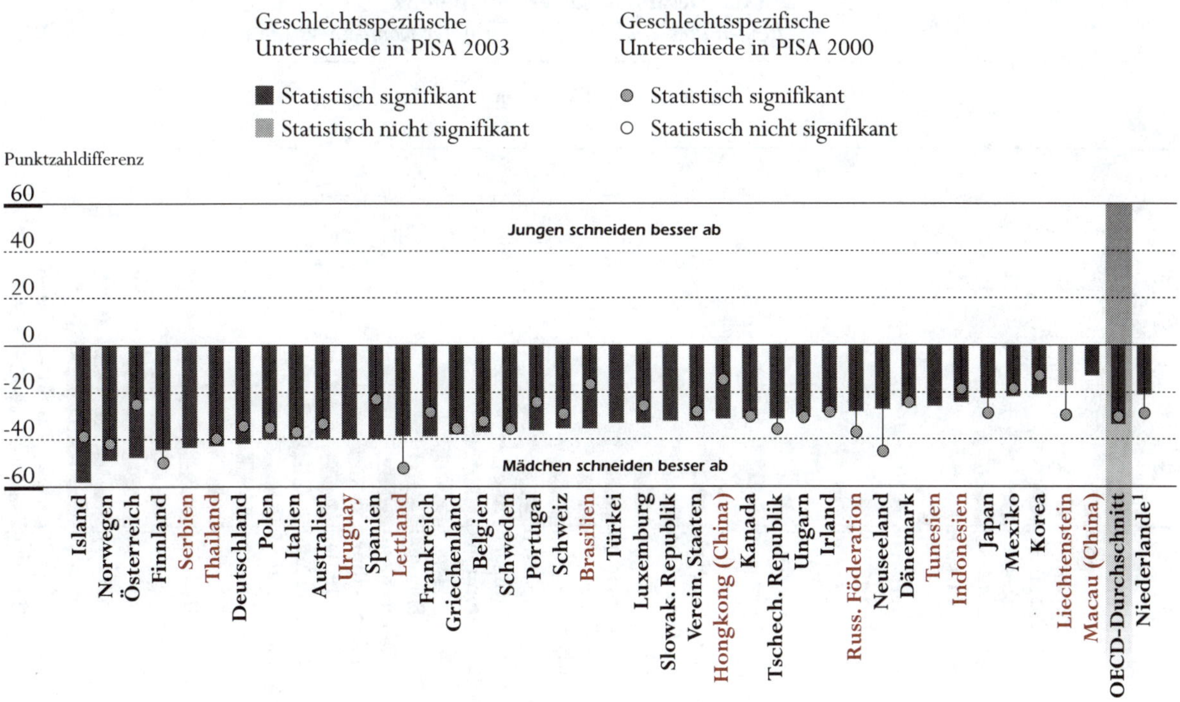

1. Die Beteiligungsquote für die Niederlande im Jahr 2000 ist zu niedrig, um die Vergleichbarkeit zu gewährleisten (vgl. Anhang A3, OECD, 2001a).

Quelle: OECD PISA-2003-Datenbank, Tabelle 6.3; OECD PISA-2000-Datenbank, Tabelle 5.1a (OECD 2001a).

Die in PISA 2003 festgestellten geschlechtsspezifischen Unterschiede stimmen im Allgemeinen mit den Beobachtungen von 2000 überein. Es gibt jedoch einige Ausnahmen.

In vielen Ländern ist die Wahrscheinlichkeit, zu den leistungsschwächsten Schülern zu gehören, für Jungen wesentlich größer als für Mädchen.

Um diese geschlechtsspezifischen Unterschiede besser zu verstehen, wurden das jeweils obere und untere Ende des Verteilungsspektrums untersucht. Frühere Studien haben bereits gezeigt, dass die Leistungsunterschiede zwischen Jungen und Mädchen an den äußersten Enden des Verteilungsspektrums zunehmen, und die starken geschlechtsspezifischen Unterschiede bei den Schülern mit den niedrigsten Ergebnissen sind für die politischen Entscheidungsträger Grund zur Besorgnis. In allen Teilnehmerländern außer den Partnerländern Liechtenstein und Macau (China) ist die Wahrscheinlichkeit, zu den leistungsschwächsten Schülern zu gehören, für Jungen größer als für Mädchen. In zwölf OECD-Ländern ist die Wahrscheinlichkeit, weniger als 400 Punkte zu erzielen (was einer negativen Standardabweichung vom OECD-Durchschnitt entspricht), für Jungen mindestens zweimal so groß wie für Mädchen, und in Finnland und Island ist diese Wahrscheinlichkeit für Jungen ungefähr dreimal so hoch oder sogar noch höher (Tabelle 6.4). In Abbildung 6.7 sind die Prozentsätze der Jungen und Mädchen auf oder unter Stufe 1 der Lesekompetenzskala dargestellt (Tabelle 6.5). In Island befinden sich 10% der Mädchen auf oder unter Stufe 1, gegenüber 27% der Jungen. In den Partnerländern Serbien und

Abbildung 6.7 ■ **Anteil der Jungen und Mädchen bei den leistungsschwächsten Schülern auf der Gesamtskala Lesekompetenz**

Prozentsatz der Jungen und Mädchen auf oder unter Kompetenzstufe 1

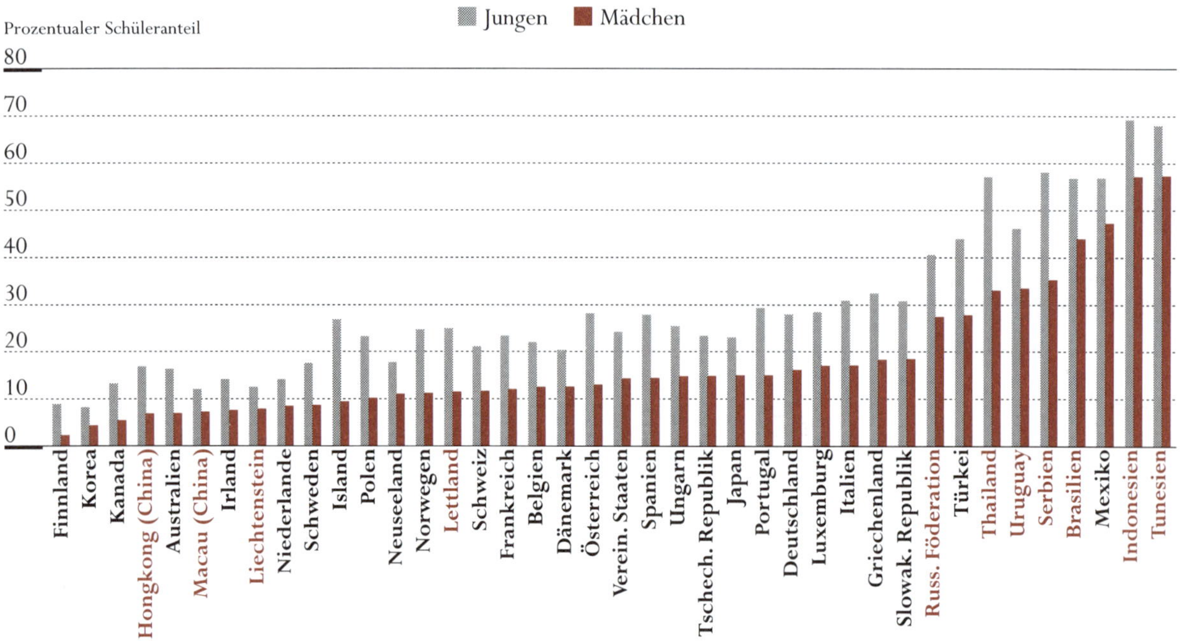

Quelle: OECD PISA-2003-Datenbank, Tabelle 6.5.

Thailand stehen mindestens 20% mehr Jungen als Mädchen auf oder unter Stufe 1. Der Unterschied zwischen den prozentualen Anteilen von Jungen und Mädchen auf den unteren Stufen der Leistungsskala ist in der Gruppe der OECD-Länder in Korea und den Niederlanden und in der Gruppe der Partnerländer in Liechtenstein und Macau (China) am geringsten.

WIE LEISTUNGEN IN NATURWISSENSCHAFTEN IN PISA GEMESSEN WERDEN

In der Erhebung Naturwissenschaften in PISA 2003 geht es in erster Linie um die Anwendung naturwissenschaftlicher Kenntnisse und Kompetenzen auf realitätsnahe Situationen und nicht um eine Überprüfung der Beherrschung bestimmter Curriculum-Inhalte. Die naturwissenschaftliche Grundbildung wird definiert als die Fähigkeit, naturwissenschaftliches Wissen anzuwenden, naturwissenschaftliche Fragen zu erkennen und aus Belegen Schlussfolgerungen zu ziehen, um Entscheidungen zu verstehen und zu treffen, die die natürliche Welt und die durch menschliches Handeln an ihr vorgenommenen Veränderungen betreffen.

Bei dem Naturwissenschaftstest steht die Anwendung von Kenntnissen im Vordergrund …

Diese Definition basiert auf drei Dimensionen: naturwissenschaftliche Kenntnisse oder Konzepte, naturwissenschaftliche Prozesse sowie die Situationen oder Bereiche, in denen das naturwissenschaftliche Verständnis und die Prozesse getestet werden.

Angesichts der nur begrenzten Testdauer, die 2003 für Naturwissenschaften zur Verfügung stand, war es nicht möglich, die ganze Breite naturwissenschaftlicher Kenntnisse zu bewerten, so dass sich der Test auf eine Auswahl von Konzepten erstreckte. Die Auswahl dieser Konzepte aus den wichtigsten naturwissenschaftlichen Fächern – Physik, Chemie, Biologie sowie Geo- und Raumwissenschaften – folgte einer Reihe von Grundsätzen: Erstens sollte das geprüfte Wissen für Realsituationen relevant sein. Zweitens sollte das geprüfte Wissen bleibende Bedeutung für das Leben im nächsten Jahrzehnt und darüber hinaus haben. Drittens sollten die Kenntnisse, die für die richtige Beantwortung der PISA-Testaufgaben im Bereich Naturwissenschaften notwendig sind, mit einem wichtigen naturwissenschaftlichen Prozess in Zusammenhang stehen – d.h. es sollte sich nicht um ein isoliertes Abfragen von Einzelinformationen oder Bezeichnungen handeln.

… die sich auf eine Auswahl von Konzepten erstrecken, die von zentraler Bedeutung für die Naturwissenschaften, von bleibender Bedeutung und wichtig für das alltägliche Leben sind.

Die PISA-Erhebung 2003 bezog sich auf drei wesentliche naturwissenschaftliche Prozesse. Der erste ist die Beschreibung, Erklärung und Vorhersage naturwissenschaftlicher Phänomene – dies sind wichtige Facetten des naturwissenschaftlichen Prozesses überhaupt. Den Schülerinnen und Schülern wurden Aufgaben gestellt, bei denen sie Phänomene erkennen, Erklärungen geben und wohlüberlegte Aussagen zu den Auswirkungen dieser Phänomene machen mussten. Der zweite ist das Verständnis naturwissenschaftlicher Untersuchungen, bei dem es um die Fähigkeit geht, Fragen und Probleme zu erkennen, die mit Hilfe naturwissenschaftlicher Methoden gelöst werden

Die Schülerinnen und Schüler mussten naturwissenschaftliche Phänomene erkennen und erklären, naturwissenschaftliche Untersuchungen verstehen und interpretieren …

könnten, und herauszufinden, welche Nachweise notwendig sein könnten, um dies zu erreichen, wobei u.U. auch ein Verständnis der Variablen gefragt sein kann, die es bei naturwissenschaftlichen Experimenten zu messen und zu kontrollieren gilt. Ferner wurden die Schülerinnen und Schüler in Bezug auf ihre Fähigkeit geprüft, diese Ideen zu kommunizieren. Beim dritten Prozess geht es um die Interpretation naturwissenschaftlicher Beweise und Schlussfolgerungen, also darum, naturwissenschaftliche Erkenntnisse als Beweis für ein breites Spektrum an Behauptungen und Schlussfolgerungen zu nutzen. Über die Medien kommen die Schülerinnen und Schüler ständig mit Behauptungen in Kontakt, die von der Werbung, Befürwortern von Veränderungen und Kommentatoren unter Hinweis auf naturwissenschaftliche Daten aufgestellt werden.

... wobei die Testaufgaben einem Spektrum naturwissenschaftlicher Situationen entnommen wurden.

Der dritte wichtige Aspekt des Naturwissenschaftstests in PISA gilt den Anwendungsfeldern. Für PISA 2003 sind dies Naturwissenschaften im Bereich Leben und Gesundheit, Naturwissenschaften im Bereich Erde und Umwelt und Naturwissenschaften im Bereich Technologie. Das Spektrum der Testaufgaben im Bereich Naturwissenschaften beinhaltet Probleme, die uns als Individuen betreffen können (z.B. Nahrungsmittel und Energieverbrauch), als Mitglieder einer lokalen Gemeinschaft (z.B. Standort eines Kraftwerks) oder als Weltbürger (z.B. globale Erwärmung).

Die 2003 eingesetzten Tests im Bereich Naturwissenschaften überschneiden sich mit denen, die 2000 verwendet wurden ...

Im Anschluss an PISA 2000 wurden zwei Testeinheiten mit acht Aufgaben veröffentlicht, um eine Vorstellung der Art von Problemen zu vermitteln, denen sich die Schülerinnen und Schüler gegenübersahen. Diese Testaufgaben wurden durch neu konzipierte Items ersetzt, die einem eingehenden Feldtest-Verfahren unterzogen wurden, um sicherzustellen, dass sie einen ähnlichen Schwierigkeitsgrad aufweisen wie die veröffentlichten Aufgaben. Es wurde eine hinreichende Anzahl von Items in den Aufgabenpool eingestellt, um Verknüpfungen zwischen den zu verschiedenen Zeitpunkten durchgeführten Erhebungen zu ermöglichen.

... und die Ergebnisse wurden auf derselben Skala erfasst.

Ebenso wie in der Lesekompetenz, wurden auch die Leistungen in Naturwissenschaften in PISA 2000 anhand einer einzigen Skala gemessen, die so aufgebaut war, dass das Durchschnittsergebnis bei 500 Punkten lag und die Standardabweichung 100 Punkte betrug. Etwa zwei Drittel der Schülerinnen und Schüler in den OECD-Ländern wiesen Ergebnisse zwischen 400 und 600 Punkten auf. Dieselbe Skala wurde für PISA 2003 im Bereich Naturwissenschaften verwendet. Die Skala misst die Fähigkeit der Schülerinnen und Schüler, naturwissenschaftliches Wissen anzuwenden (Verständnis naturwissenschaftlicher Konzepte), naturwissenschaftliche Fragen zu erkennen bzw. zu identifizieren, worum es bei naturwissenschaftlichen Untersuchungen geht (Verständnis für das Wesen einer naturwissenschaftlichen Untersuchung), Behauptungen und Schlussfolgerungen mit naturwissenschaftlichen Daten zu verbinden (Einsatz naturwissenschaftlicher Belege) und diese Aspekte der Naturwissenschaften zu kommunizieren.

Bestimmt wird der wachsende Schwierigkeitsgrad der Aufgaben auf der Skala durch die Komplexität der verwendeten Konzepte, den Umfang des gelieferten Datenmaterials, die notwendige Argumentationskette und die hinsichtlich der Kommunikation geforderte Genauigkeit. Außerdem wird der Schwierigkeitsgrad durch den Kontext der Information, das Format und die Präsentation der Frage beeinflusst. Die PISA-Aufgaben setzen folgende naturwissenschaftlichen Kenntnisse voraus (mit aufsteigendem Schwierigkeitsgrad): Abrufen von einfachen naturwissenschaftlichen Kenntnissen oder von naturwissenschaftlichem Allgemeinwissen bzw. allgemein bekannten Daten; die Anwendung naturwissenschaftlicher Konzepte oder Fragestellungen und Grundlagenkenntnisse über Untersuchungen; die Anwendung elaborierterer Wissenschaftskonzepte bzw. Argumentationsketten sowie Kenntnis einfacher konzeptueller Modelle oder Analysen von Belegen für alternative Perspektiven.

Schwierigere Aufgaben beinhalten komplexere Konzepte und größere Kompetenzanforderungen und setzen weiter entwickelte naturwissenschaftliche Kenntnisse voraus.

Anders als in den Bereichen Lesekompetenz und Mathematik (vgl. Kapitel 2) kann die Skala für Naturwissenschaften noch nicht in Bezug auf Kompetenzstufen definiert werden. Das wird erst ab 2006 möglich sein, wenn die Naturwissenschaften erstmals den Schwerpunktbereich der PISA-Erhebung bilden und ein umfassendes Instrument für die Messung und Erfassung der Kenntnisse in Naturwissenschaften entwickelt wird. Die Kriterien für schwierigere und einfachere Aufgaben können aber gleichwohl anhand der Aufgaben beschrieben werden, die mit unterschiedlichen Punktwerten auf der Skala für Naturwissenschaften assoziiert sind.

Die Kenntnisse in Naturwissenschaften werden nicht in Bezug auf Kompetenzstufen gemessen, sondern vielmehr anhand der Definition der Merkmale schwieriger, mittlerer und einfacher naturwissenschaftlicher Aufgaben.

- Am oberen Ende der Skala für Naturwissenschaften (bei rund 690 Punkten) sind die Schülerinnen und Schüler generell in der Lage, mit Hilfe konzeptueller Modelle Vorhersagen zu machen oder Erklärungen zu geben; naturwissenschaftliche Untersuchungen, z.B. in Verbindung mit der Versuchsanordnung oder Erkennung einer Idee, die in einer bestimmten Untersuchung geprüft wurde, zu analysieren; auf der Basis des Vergleichs von Daten, alternative Standpunkte oder unterschiedliche Perspektiven zu evaluieren; und wissenschaftliche Argumente und/oder Darlegungen in allen Einzelheiten und mit Präzision zu kommunizieren.
- Bei rund 550 Punkten sind die Schülerinnen und Schüler generell in der Lage, naturwissenschaftliche Konzepte zu benutzen, um Vorhersagen zu machen oder Erklärungen zu geben; Fragen zu erkennen, die durch naturwissenschaftliche Untersuchungen beantwortet werden können, und/oder Details über den Gegenstand einer naturwissenschaftlichen Untersuchung zu identifizieren; ferner können sie beim Ziehen bzw. der kritischen Bewertung von Schlussfolgerungen relevante Informationen aus konkurrierenden Daten oder Argumentationsketten auswählen.
- Am unteren Ende der Skala (bei rund 400 Punkten) sind die Schülerinnen und Schüler in der Lage, einfaches naturwissenschaftliches Faktenwissen abzurufen (z.B. Namen, Fakten, Terminologie, einfache Regeln) und

naturwissenschaftliches Allgemeinwissen beim Ziehen oder Bewerten von Schlussfolgerungen zu verwenden.

Eine ausführliche Beschreibung des Rahmenkonzepts, die der PISA-Erhebung der Kompetenzen in Naturwissenschaften zu Grunde liegt, findet sich in *The PISA 2003 Assessment Framework: Mathematics, Reading, Science and Problem Solving* (OECD, 2003e).

Zur Beurteilung der Kompetenzen in Naturwissenschaften werden in PISA ganz unterschiedliche Aufgaben gestellt. In den Abbildungen 6.8 und 6.9 sind Beispiele der in PISA 2003 verwendeten Testeinheiten dargestellt, zusammen mit einer Beschreibung der Kriterien für die Kodierung der von den Schülerinnen und Schülern gegebenen Antworten. Ein vollständigeres Set von Beispielaufgaben findet sich unter *www.pisa.oecd.org*. Der Naturwissenschaftstest umfasste 35 Aufgaben, die in 13 Testeinheiten unterteilt waren, wobei 25 Aufgaben aus 10 Einheiten von PISA 2000 übernommen wurden (vgl. Anhang A6, Tabelle A6.3 wegen der Verteilung der Testaufgaben nach verschiedenen Aspekten des Rahmenkonzepts).

Abbildung 6.8 ■ **Ein Beispiel für in PISA verwendete naturwissenschaftliche Aufgaben: Testeinheit TAGESLICHT**

TAGESLICHT

Lies folgende Informationen und beantworte die anschließenden Fragen.

Wenn sich heute die Leute in der nördlichen Hemisphäre über den längsten Tag des Jahres freuen, erleben die Australier gleichzeitig den kürzesten.

In Melbourne* geht die Sonne um 7.36 Uhr auf und um 17.08 Uhr wieder unter: An diesem Tag ist es nur während neun Stunden und 32 Minuten hell.

Vergleichen wir den heutigen Tag mit dem längsten im Jahr in der südlichen Hemisphäre, der am 22. Dezember erwartet wird:

Die Sonne geht dann bereits um 5.55 Uhr auf und um 20.42 Uhr wieder unter, und spendet demnach während 14 Stunden und 47 Minuten ihr Licht.

Der Präsident der Astronomischen Gesellschaft, Perry Vlahos, erklärte, dass der Wechsel der Jahreszeiten in der nördlichen und südlichen Hemisphäre mit der 23-Grad-Neigung der Erde zusammenhängt.

* Melbourne ist eine Stadt in Australien, die sich ungefähr auf dem 38. Breitengrad südlich des Äquators befindet.

TAGESLICHT

FRAGE 1

Welche Aussage erklärt, warum es auf der Erde Tageslicht und Dunkelheit gibt?

A. Die Erde rotiert um ihre Achse.

B. Die Sonne rotiert um ihre Achse.

C. Die Erdachse ist geneigt.

D. Die Erde dreht sich um die Sonne.

Code 1 (592)
Die korrekte Antwort ist Option A.

Dies ist eine Multiple-Choice-Aufgabe, bei der die Schülerinnen und Schüler in der Lage sein müssen, die Rotation der Erde um ihre Achse auf das Phänomen des Wechsels zwischen Tag und Nacht zu beziehen und diesen Sachverhalt vom Phänomen des Wechsels der Jahreszeiten zu unterscheiden, der durch die Neigung der Erdachse bei ihrer Umkreisung der Sonne bedingt ist. Alle vier vorgegebenen Aussagen sind wissenschaftlich korrekt.

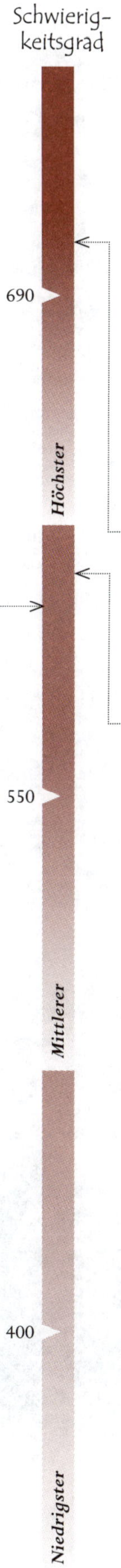

FRAGE 2

In der Abbildung wird gezeigt, wie Lichtstrahlen von der Sonne auf die Erde scheinen.

Abbildung: Lichtstrahlen von der Sonne

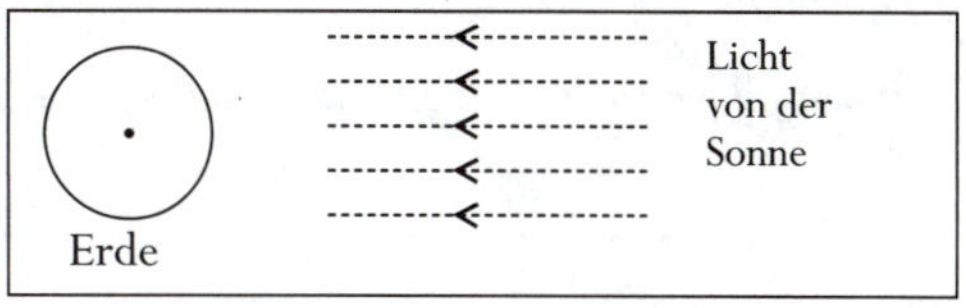

Nimm an, es wäre der kürzeste Tag in Melbourne.

Zeichne die Erdachse, die nördliche Hemisphäre, die südliche Hemisphäre und den Äquator in die Abbildung ein. Beschrifte alle Teile deiner Antwort.

Code 2 (720)
Antworten mit einem Diagramm, bei dem der Äquator in einem Winkel zwischen 10° und 45° geneigt zur Sonne eingezeichnet ist, die Erdachse zwischen 10° und 45° (von der Vertikale) zur Sonne geneigt ist und die nördliche und/oder die südliche Hemisphäre korrekt beschriftet sind (oder eine beschriftet, die andere impliziert).

Code 1 (667)
Antworten mit einem Diagramm, bei dem:

- der Neigungswinkel der Erdachse zwischen 10° und 45° liegt, die nördliche und/oder die südliche Hemisphäre korrekt beschriftet sind (oder eine beschriftet, die andere impliziert), aber der Neigungswinkel des Äquators nicht zwischen 10° und 45° liegt oder der Äquator fehlt.
- der Neigungswinkel des Äquators zwischen 10° und 45° liegt, die nördliche und/oder die südliche Hemisphäre korrekt beschriftet sind (oder eine beschriftet, die andere impliziert), aber der Neigungswinkel der Achse nicht zwischen 10° und 45° liegt oder die Achse fehlt.
- der Neigungswinkel des Äquators zwischen 10° und 45° liegt, der Neigungswinkel der Achse ebenfalls zwischen 10° und 45°, aber die nördliche und die südliche Hemisphäre nicht korrekt beschriftet sind (oder eine beschriftet, die andere impliziert oder beide fehlen).

Dies ist eine Aufgabe mit offenem Antwortformat, bei der die Schülerinnen und Schüler ein konzeptuelles Modell in Form eines Diagramms konzipieren müssen, das die Beziehung zwischen der Rotation der Erde um ihre geneigte Achse und ihre Orientierung zur Sonne am kürzesten Tag in einer Stadt der südlichen Hemisphäre zeigt. Zudem mussten sie in diesem Diagramm die Position des Äquators in einem Winkel von 90° zur geneigten Achse angeben. Vollständig gelöst ist die Aufgabe, wenn die Schülerinnen und Schüler alle drei signifikanten Elemente, die Hemisphären, die geneigte Achse und den Äquator, korrekt anordnen und beschriften. Teilweise gelöst ist die Aufgabe, wenn im Diagramm zwei von drei Elementen korrekt angeordnet und beschriftet sind.

Abbildung 6.9 ■ **Ein Beispiel für in PISA verwendete naturwissenschaftliche Aufgaben: Testeinheit KLONEN**

KLONEN

Lies den folgenden Zeitungsartikel und beantworte die anschließenden Fragen.

Ein Kopierapparat für Lebewesen?

Hätte es Wahlen zum Tier des Jahres 1997 gegeben, wäre Dolly ohne Zweifel der sichere Sieger gewesen. Dolly ist das schottische Schaf, das Sie auf dem Foto sehen können. Dolly ist allerdings kein gewöhnliches Schaf. Sie ist ein Klon eines anderen Schafs. Ein Klon bedeutet: eine Kopie. Klonen heißt kopieren „von einem einzigen Original". Es ist Wissenschaftlern gelungen, ein Schaf (Dolly) zu erschaffen, das mit einem Schaf identisch ist, das als „Original" ausgewählt worden war.

Es war der schottische Wissenschaftler Ian Wilmut, der die „Kopiermaschine" für Schafe entworfen hat. Er nahm ein sehr kleines Stück vom Euter eines erwachsenen Schafs (Schaf 1). Diesem kleinen Stück hat er den Zellkern entnommen, den er in eine Eizelle eines zweiten (weiblichen) Schafs (Schaf 2) eingepflanzt hat. Zunächst entfernte er aber aus dieser Eizelle das ganze Material, das Eigenschaften von Schaf 2 in einem aus dieser Eizelle entstehenden Lamm bestimmt hätte. Ian Wilmut implantierte die manipulierte Eizelle von Schaf 2 in ein weiteres (weibliches) Schaf (Schaf 3). Schaf 3 wurde trächtig und gebar ein Lämmchen: Dolly.

Manche Naturwissenschaftler glauben, dass es in wenigen Jahren möglich sein wird, auch Menschen zu klonen. Doch viele Regierungen haben bereits beschlossen, das Klonen von Menschen gesetzlich zu verbieten

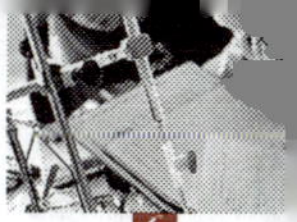

KLONEN

Frage 1

Mit welchem Schaf ist Dolly identisch?

A. Schaf 1

B. Schaf 2

C. Schaf 3

D. Dollys Vater

Code 1 (494)

Die korrekte Antwort ist Option A.

Dies ist eine Multiple-Choice-Aufgabe, die testet, inwieweit die Schülerinnen und Schüler den Prozess des Klonens verstehen. Der Text enthält eine ausführliche Beschreibung hierzu, und die Schülerinnen und Schüler müssen diesen Text aufmerksam lesen, um die erforderlichen Informationen zu entnehmen. Sie müssen wissen, dass der Zellkern das Material enthält, das die Eigenschaften der Abkömmlinge bestimmt.

FRAGE 2

In Zeile 16 wird der Teil, der vom Euter verwendet wurde, als ein „sehr kleines Stück" bezeichnet. Du kannst dem Artikel entnehmen, was mit dem „sehr kleinen Stück" gemeint ist.

Dieses „sehr kleine Stück" ist

A. eine Zelle.

B. ein Gen.

C. ein Zellkern.

D. ein Chromosom.

Code 1 (572)

Die korrekte Antwort ist Option A.

Dies ist eine Multiple-Choice-Aufgabe, bei der die Schülerinnen und Schüler Verständnis der Struktur von Zellen unter Beweis stellen müssen.

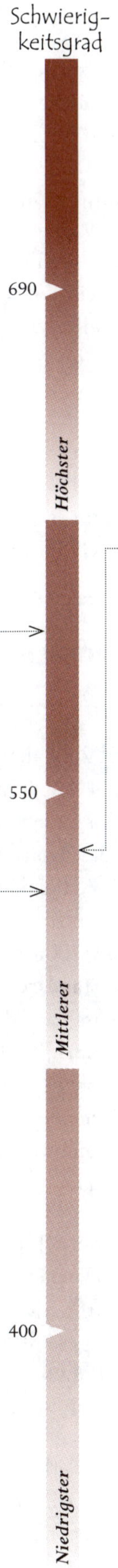

FRAGE 3

Im letzten Satz des Artikels steht, dass viele Regierungen bereits beschlossen haben, das Klonen von Menschen gesetzlich zu verbieten.

Zwei mögliche Gründe dafür werden unten angegeben.

Beurteile, ob es sich hierbei um wissenschaftliche Gründe handelt.

Kreise jeweils „Ja" oder „Nein" ein.

Grund:	Wissenschaftlich?
Geklonte Menschen könnten für gewisse Krankheiten anfälliger sein als normale Menschen.	Ja / Nein
Menschen sollten nicht die Rolle des Schöpfers übernehmen.	Ja / Nein

Code 1 (507)

Antworten mit Ja, Nein, in dieser Reihenfolge.

Dies ist eine komplexe Multiple-Choice-Aufgabe, bei der die Schülerinnen und Schüler zeigen müssen, dass sie imstande sind, zwischen wissenschaftlich fundierten und wissenschaftlich nicht fundierten Aussagen zu unterscheiden. Einer der Aspekte des PISA-Rahmenkonzepts für naturwissenschaftliche Grundbildung ist, dass die Schülerinnen und Schüler naturwissenschaftliche Untersuchungen und Argumentationen verstehen sollten. In der Frage werden zwei Gründe genannt, warum die Regierungen das Klonen von Menschen verbieten könnten. Einer dieser Gründe ist die Annahme, dass geklonte Menschen für Krankheiten anfälliger sein könnten als normale Menschen (ein Grund, der als „wissenschaftlich" bezeichnet werden könnte), während der zweite Grund die Aussage ist, dass Menschen nicht die Rolle des Schöpfers übernehmen sollten (ein triftiger Grund für viele Menschen, der aber nicht als „wissenschaftlich" bezeichnet werden kann). Vollständig gelöst ist die Aufgabe bei korrekter Beurteilung beider Aussagen.

Die als Beispiel vorgestellte Testeinheit *Tageslicht* enthält verbale Informationen über die Veränderung der Länge des Tageslichts zwischen der nördlichen und der südlichen Hemisphäre (Abb. 6.8). Es wird auch gesagt, dass der Wechsel der Jahreszeiten in diesen Hemisphären mit der Neigung der Erdachse zusammenhängt.

Der Stimulus für die Testeinheit *Klonen* war ein Auszug aus einem Zeitungsartikel und ein Foto von „Dolly", dem ersten geklonten Schaf (Abb. 6.9). Die hierzu gestellten Fragen testen die Kenntnisse der Schülerinnen und Schüler hinsichtlich der Struktur tierischer Zellen und wissenschaftlicher Untersuchungsmethoden.

Zusammengenommen veranschaulichen diese Testeinheiten im Bereich Naturwissenschaften das grundlegende naturwissenschaftliche Verständnis, wie es PISA in seinem Rahmenkonzept hierfür definiert hat, insbesondere die Fähigkeit, naturwissenschaftliches Wissen anzuwenden, um Erklärungen zu geben.

SCHÜLERLEISTUNGEN IM BEREICH NATURWISSENSCHAFTEN

Die Durchschnittsergebnisse der Länder in Naturwissenschaften

Im Durchschnitt erzielten die Schülerinnen und Schüler in Naturwissenschaften 2003 ebenso gute Resultate wie 2000, ihre Ergebnisse waren aber etwas breiter gestreut.

Wie zuvor in Kapitel 2 für den Fall der Mathematik und weiter oben in diesem Kapitel für die Lesekompetenz beschrieben, geben die Durchschnittswerte der Länder Aufschluss über das globale Leistungsniveau, wobei es jedoch zu beachten gilt, dass mittlere Punktzahlen ein unvollständiges Bild der Leistungen liefern. Wie bei der Lesekompetenz basieren die Ergebnisse für den naturwissenschaftlichen Bereich auf der Skala, die für die Naturwissenschaften im Rahmen von PISA 2000 entwickelt wurde, mit einem Mittelwert von 500 Punkten und einer Standardabweichung von 100. Abbildung 6.10 zeigt die Durchschnittsergebnisse auf der Skala für Naturwissenschaften (Tabelle 6.6). Die Ergebnisse von PISA 2003 umfassen 29 OECD-Länder – die Slowakische Republik und die Türkei kamen 2003 zum Kreis der PISA-Teilnehmerländer hinzu, und die Niederlande erfüllten 2003 alle technischen Standards, während das Vereinigte Königreich von den Ergebnissen ausgeschlossen wurde, da es die in PISA 2003 geforderten technischen Standards nicht erfüllte.

Vier Länder verzeichneten die besten Ergebnisse, und ihre Durchschnittswerte weisen keine Unterschiede auf.

In den 25 OECD-Ländern, für die vergleichbare Daten aus den PISA-Erhebungen 2000 und 2003 zur Verfügung stehen, blieben die Durchschnittsergebnisse unverändert (Abb. 6.10)[6]. Jedoch liegt der Mittelwert für Naturwissenschaften im OECD-Raum insgesamt nunmehr bei 496 Punkten und die Standardabweichung bei 105 Punkten, was vor allem auf die Einbeziehung neuer Länder in PISA 2003 zurückzuführen ist.

Der Leistungsunterschied zwischen dem am besten und am schlechtesten abschneidenden OECD-Land beträgt 143 Punkte. Das heißt, während der Mittelwert der leistungsstärksten Länder Finnland und Japan bei 548 bzw. um

Abbildung 6.10 ■ Vergleich der Durchschnittsergebnisse der Länder auf der Gesamtskala Naturwissenschaften

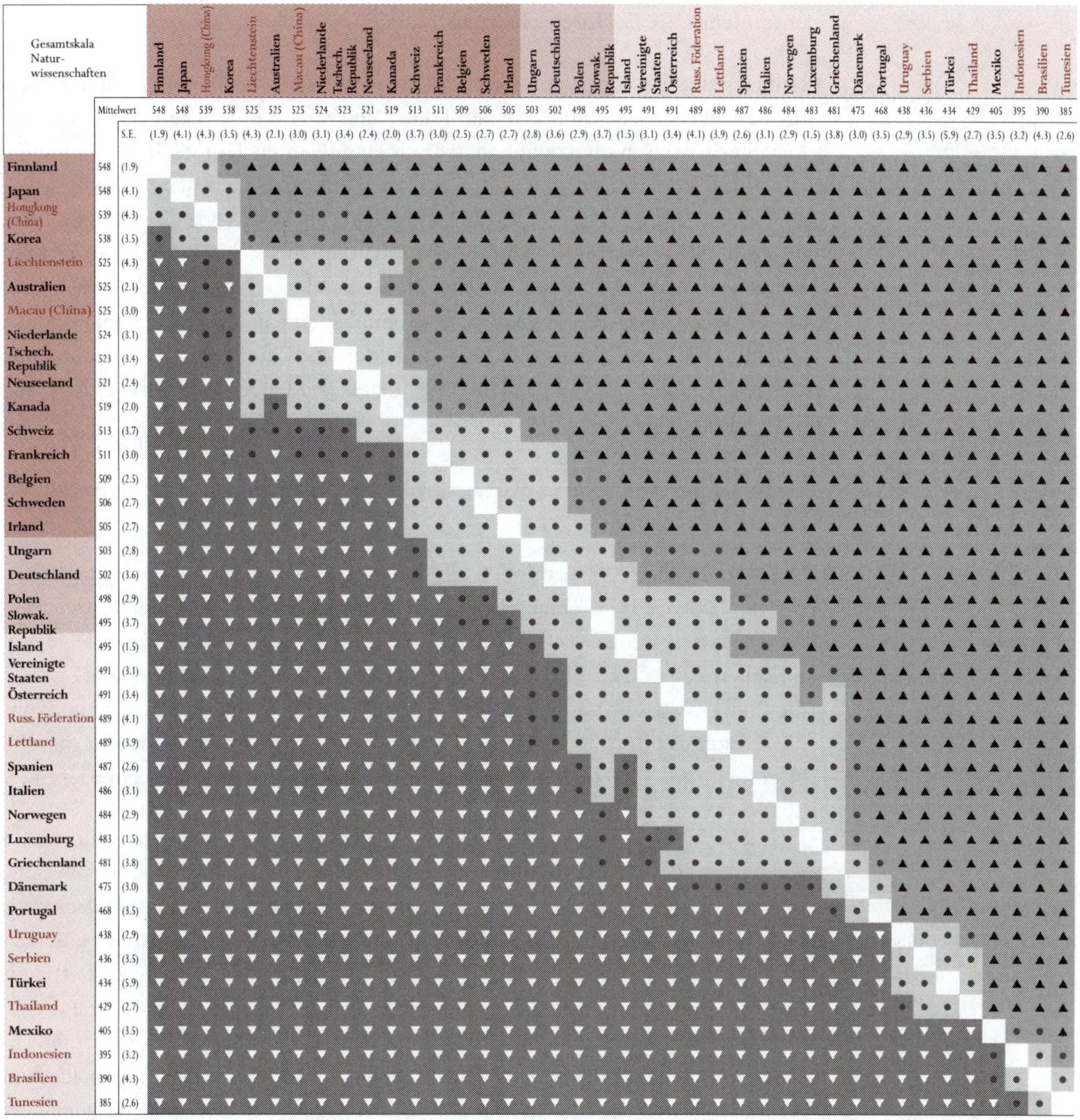

Land	Mittelwert	S.E.	OECD-Länder Oberer Rangplatz	OECD-Länder Unterer Rangplatz	Alle Länder Oberer Rangplatz	Alle Länder Unterer Rangplatz
Finnland	548	(1.9)	1	2	1	3
Japan	548	(4.1)	1	3	1	3
Hongkong (China)	539	(4.3)			2	4
Korea	538	(3.5)	2	3	2	4
Liechtenstein	525	(4.3)			5	11
Australien	525	(2.1)	4	7	5	10
Macau (China)	525	(3.0)			5	10
Niederlande	524	(3.1)	4	8	5	11
Tschech. Republik	523	(3.4)	4	8	5	11
Neuseeland	521	(2.4)	4	8	6	11
Kanada	519	(2.0)	6	9	8	12
Schweiz	513	(3.7)	7	13	10	15
Frankreich	511	(3.0)	9	13	12	16
Belgien	509	(2.5)	9	13	12	16
Schweden	506	(2.7)	10	15	13	18
Irland	505	(2.7)	10	15	13	18
Ungarn	503	(2.8)	11	16	14	19
Deutschland	502	(3.6)	11	17	14	21
Polen	498	(2.9)	14	19	17	22
Slowak. Republik	495	(3.7)	15	21	18	25
Island	495	(1.5)	16	19	19	23
Vereinigte Staaten	491	(3.1)	17	23	20	27
Österreich	491	(3.4)	16	23	19	28
Russ. Föderation	489	(4.1)			20	30
Lettland	489	(3.9)			20	29
Spanien	487	(2.6)	19	24	22	29
Italien	486	(3.1)	19	25	22	30
Norwegen	484	(2.9)	20	25	24	30
Luxemburg	483	(1.5)	22	25	26	30
Griechenland	481	(3.8)	21	26	25	31
Dänemark	475	(3.0)	25	27	30	32
Portugal	468	(3.5)	26	27	31	32
Uruguay	438	(2.9)			33	35
Serbien	436	(3.5)			33	36
Türkei	434	(5.9)	28	28	33	36
Thailand	429	(2.7)			34	36
Mexiko	405	(3.5)	29	29	37	37
Indonesien	395	(3.2)			38	39
Brasilien	390	(4.3)			38	40
Tunesien	385	(2.6)			39	40

Spannweite der Rangplätze*

* *Anmerkung:* Da die Daten auf Stichprobenbeziehungen beruhen, ist es nicht möglich, den genauen Rangplatz eines Landes zu bestimmen. Es können jedoch der jeweils obere und untere Rangplatz angegeben werden, zwischen denen das Land mit 95%iger Wahrscheinlichkeit liegt.

Erläuterungen:

Zum Vergleich der Ergebnisse eines Landes mit denen der Länder im Tabellenkopf ist die Zeile des betreffenden Landes zu lesen. Die Symbole zeigen, ob die Durchschnittsergebnisse des Landes in der jeweiligen Zeile über oder unter denen des Vergleichslandes liegen oder ob zwischen den Durchschnittsergebnissen beider Länder kein statistisch signifikanter Unterschied besteht.

Ohne Bonferroni-Korrektur:
- (dunkelgrau schraffiert) Durchschnittsergebnisse statistisch signifikant höher als im Vergleichsland
- (hellgrau) Kein statistisch signifikanter Unterschied gegenüber dem Vergleichsland
- (dunkelgrau) Durchschnittsergebnisse statistisch signifikant niedriger als im Vergleichsland

Mit Bonferroni-Korrektur:
- ▲ Durchschnittsergebnisse statistisch signifikant höher als im Vergleichsland
- ● Kein statistisch signifikanter Unterschied gegenüber dem Vergleichsland
- ▽ Durchschnittsergebnisse statistisch signifikant niedriger als im Vergleichsland

- Durchschnittsergebnisse statistisch signifikant höher als im Vergleichsland
- Kein statistisch signifikanter Unterschied gegenüber dem Vergleichsland
- Durchschnittsergebnisse statistisch signifikant niedriger als im Vergleichsland

Quelle: OECD PISA-2003-Datenbank.

etwa eine halbe Standardabweichung über dem OECD-Durchschnitt liegt, siedelt sich der Mittelwert Mexikos mit 405 Punkten um fast eine Standardabweichung unter dem OECD-Durchschnitt an.

Finnland und Japan erzielen die höchsten Mittelwerte und nehmen auf der Skala für naturwissenschaftliche Grundbildung den ersten bis dritten Rang ein, ihre Ergebnisse weisen aber keine statistisch signifikanten Unterschiede zu denen von Korea und Hongkong (China) auf, die beide zwischen Rang zwei und vier angesiedelt sind. Weitere OECD-Länder, die über dem OECD-Durchschnitt liegende Mittelwerte in Naturwissenschaften verzeichnen, sind Australien, Belgien, Frankreich, Irland, Kanada, Neuseeland, die Niederlande, Schweden, die Schweiz sowie die Tschechische Republik und unter den Partnerländern Liechtenstein und Macau (China). Länder mit vom OECD-Durchschnitt statistisch nicht abweichenden Leistungen sind Deutschland, Polen, die Slowakische Republik und Ungarn[7].

Unterschiede bei den naturwissenschaftlichen Leistungen zwischen PISA 2000 und PISA 2003

Bei einem Vergleich der Ergebnisse der beiden Erhebungen in Naturwissenschaften ist Vorsicht angebracht.

Die meisten der 2000 verwendeten Testaufgaben im Bereich Naturwissenschaften wurden auch 2003 eingesetzt. Das bedeutete, dass mit jedem der neu verwendeten Items Verknüpfungen hergestellt und mithin Veränderungen zwischen 2000 und 2003 berücksichtigt werden konnten. Abbildung 6.11 zeigt die Punktwerte, die die Länder in PISA 2000 und PISA 2003 erzielten, und gibt die Leistungsunterschiede zwischen den beiden Erhebungen an. Wie bereits erläutert, sind derartige Unterschiede jedoch mit Vorsicht zu interpretieren.

Einige Länder zeigten Verbesserungen, die in den meisten Fällen begabteren Schülerinnen und Schülern zu verdanken waren …

Dreizehn Länder, darunter neun OECD-Länder, verzeichneten bei PISA 2003 gegenüber PISA 2000 deutliche Steigerungen des globalen Leistungsniveaus, wie sich an dem Mittelwert ablesen lässt. Hierzu zählen Belgien, Deutschland, Finnland, Frankreich, Griechenland, Italien, Polen, die Schweiz und die Tschechische Republik wie auch die Partnerländer Brasilien, Lettland, Liechtenstein und die Russische Föderation. Abbildung 6.12 zeigt die Differenzen innerhalb jeden Landes auf den verschiedenen Perzentilstufen. In Belgien, Deutschland, Finnland, Frankreich, Italien, Polen und der Tschechischen Republik sowie dem Partnerland Brasilien waren die Leistungssteigerungen hauptsächlich auf Verbesserungen in der oberen Hälfte der Leistungsverteilung (75., 90. und 95. Perzentil) zurückzuführen, d.h. die leistungsstärkeren Schüler verbesserten sich.

… während sich die Leistungen in Naturwissenschaften in einer geringeren Zahl von Ländern verschlechterten und meistens durch weniger begabte Schüler nach unten gezogen wurden.

Fünf Länder wiesen einen deutlichen Leistungsrückgang auf, namentlich Kanada, Korea, Mexiko, Norwegen und Österreich. Im Falle Koreas erzielten die leistungsstärksten 5% der Schülerinnen und Schüler bessere Ergebnisse im Jahr 2003, während die leistungsschwächsten 25% der Schülerinnen und Schüler wesentlich schlechter abschnitten als zuvor und die Gesamtleistung nach unten zogen. Ein ähnliches Bild ergibt sich für Japan und Schweden, wobei die Durchschnittsergebnisse jedoch unverändert blieben.

Abbildung 6.11 ■ **Unterschiede bei den Mittelwerten zwischen PISA 2003 und PISA 2000 auf der Gesamtskala Naturwissenschaften**

Nur Länder mit validen Daten für 2003 sowie 2000

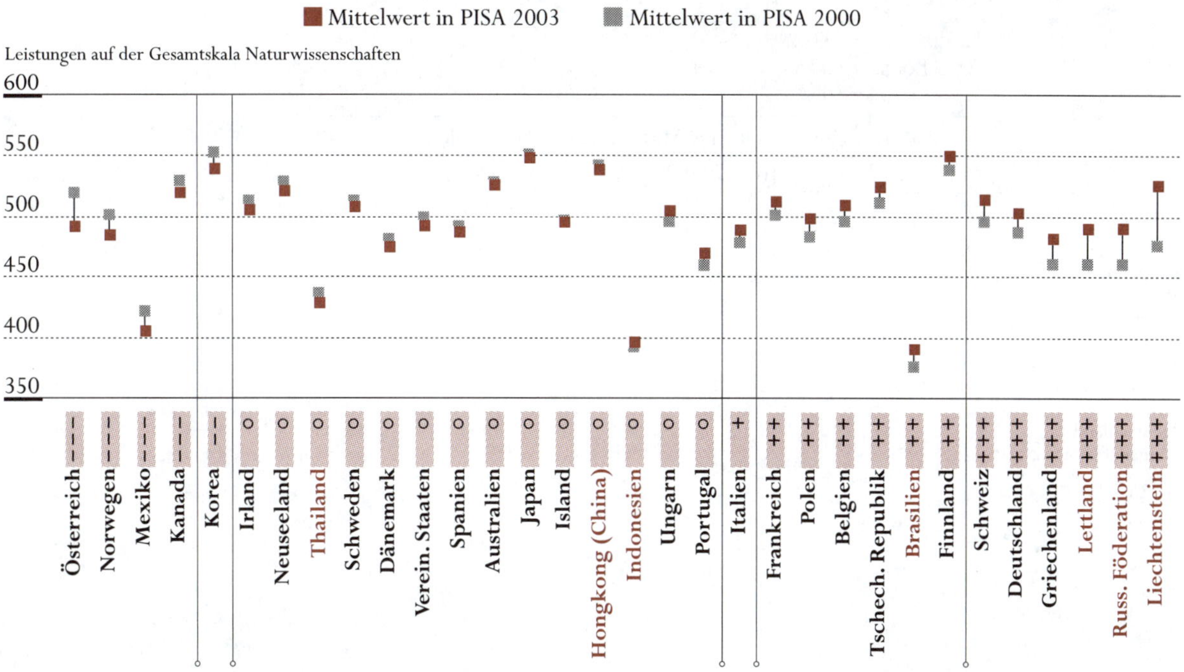

Signifikanz-niveaus	2003 höher als 2000	2003 niedriger als 2000	Kein statistisch signifikanter Unterschied
90 % Konfidenzniveau	+	–	o
95 % Konfidenzniveau	++	– –	
99 % Konfidenzniveau	+++	– – –	

Die Länder sind in aufsteigender Reihenfolge der Unterschiede bei den Ergebnissen von PISA 2003 und PISA 2000 angeordnet.
Quelle: OECD PISA-2003-Datenbank, Tabelle 6.6; OECD PISA-2000-Datenbank, Tabelle 3.3 (OECD 2001a).

Geschlechtsspezifische Unterschiede in Naturwissenschaften

Unter allen getesteten Grundbildungsbereichen wurden in den Naturwissenschaften im Durchschnitt die geringsten geschlechtsspezifischen Unterschiede festgestellt.

Wie in PISA 2000, wies der Bereich Naturwissenschaften im Durchschnitt die geringsten geschlechtsspezifischen Unterschiede von allen Grundbildungsbereichen auf (Tabelle 6.7 und Abb. 6.13), wobei die Differenz zwischen Jungen und Mädchen im OECD-Durchschnitt sechs Punkte zu Gunsten von Jungen betrug. Signifikante Unterschiede zu Gunsten von Jungen wurden in Dänemark, Griechenland, Kanada, Korea, Luxemburg, Mexiko, Neuseeland, Polen, Portugal, der Schweiz, der Slowakischen Republik und den Partnerländern Liechtenstein und Russische Föderation beobachtet. Demgegenüber schnitten in Finnland, Island und dem Partnerland Tunesien die Mädchen besser ab als die Jungen.

Eine andere Betrachtungsweise der Punkteverteilung besteht darin, den prozentualen Anteil der Schüler zu untersuchen, die weniger als 400 Punkte erreichen, d.h. um eine Standardabweichung unter dem OECD-Mittelwert liegen, bzw. den Anteil derjenigen, die auf über 600 Punkte kommen – d.h. um eine Standardabweichung

Abbildung 6.12 ■ **Vergleich zwischen PISA 2003 und PISA 2000 im Bereich Naturwissenschaften**

Signifikanzniveaus	2003 höher als 2000	2003 niedriger als 2000	Kein statistisch signifikanter Unterschied
90 % Konfidenzniveau	+	-	O
95 % Konfidenzniveau	++	--	
99 % Konfidenzniveau	+++	---	

Beobachtete Unterschiede bei Mittelwert und Perzentilen

	5.	10.	25.	Mittelwert	75.	90.	95.
OECD-Länder							
Australien	--	-	O	O	O	O	O
Österreich	---	---	---	---	---	---	--
Belgien	+	O	O	++	++	++	++
Kanada	---	---	---	---	O	O	O
Tschech. Republik	O	O	O	++	+++	+++	+++
Dänemark	O	O	O	O	O	O	O
Finnland	O	O	O	++	+++	+++	+++
Frankreich	O	O	O	++	+++	+++	+++
Deutschland	O	O	O	+++	+++	+++	+++
Griechenland	O	O	++	+++	+++	+++	+++
Ungarn	O	++	+	O	O	O	O
Island	--	-	O	O	O	O	+
Irland	O	O	O	O	O	O	O
Italien	O	O	O	+	+++	+++	+++
Japan	--	--	--	O	+	+++	+++
Korea	---	---	---	--	O	O	++
Mexiko	---	---	---	---	O	O	O
Neuseeland	O	O	-	O	O	O	O
Norwegen	---	---	---	---	--	O	O
Polen	O	O	O	++	++	++	+++
Portugal	O	O	O	O	+	+	+
Spanien	-	-	O	O	O	O	O
Schweden	---	---	-	O	O	++	+
Schweiz	O	O	+	+++	++	++	++
Vereinigte Staaten	O	O	O	O	O	O	O
OECD insgesamt	---	---	---	-	O	O	++
OECD-Durchschnitt	--	--	O	O	O	++	+++
Partnerländer							
Brasilien	O	O	O	++	++	++	++
Hongkong (China)	O	O	O	O	O	O	O
Indonesien	O	O	O	O	O	O	O
Lettland	+++	+++	+++	+++	+++	+++	++
Liechtenstein	O	O	+++	+++	+++	+++	++
Russ. Föderation	+++	+++	+++	+++	+++	+++	+++
Thailand	-	--	--	O	O	O	O

Quelle: OECD PISA-2003-Datenbank, Tabelle 6.6; OECD PISA-2000-Datenbank, Tabelle 3.3 (OECD 2001a).

über dem OECD-Mittelwert liegen. Dies ist im Bereich Naturwissenschaften besonders sinnvoll, da die Leistungen hier noch nicht Kompetenzstufen zugeordnet sind. Etwa zwei Drittel der Schülerinnen und Schüler erreichen eine Punktzahl zwischen 400 und 600, rund ein Sechstel der Schülerinnen und Schüler befindet sich jeweils am oberen oder unteren Ende der Skala.

Wie angesichts der vorangegangenen Analyse in PISA 2000, die auf minimale geschlechtsspezifische Unterschiede bei den Ergebnissen in Naturwissenschaften hindeutete, zu erwarten stand, sind die Differenzen zwischen dem Prozentsatz der Jungen und Mädchen, die unter 400 Punkten bleiben, ebenfalls sehr gering (weniger als 5% in beide Richtungen für die OECD-Länder). Dasselbe gilt für Schülerinnen und Schüler mit über 600 Punkten (Tabelle 6.8).

Abbildung 6.13 ■ **Geschlechtsspezifische Unterschiede bei den Leistungen in Naturwissenschaften in PISA 2003 und PISA 2000**

Unterschiede bei den Ergebnissen auf den PISA-Skalen

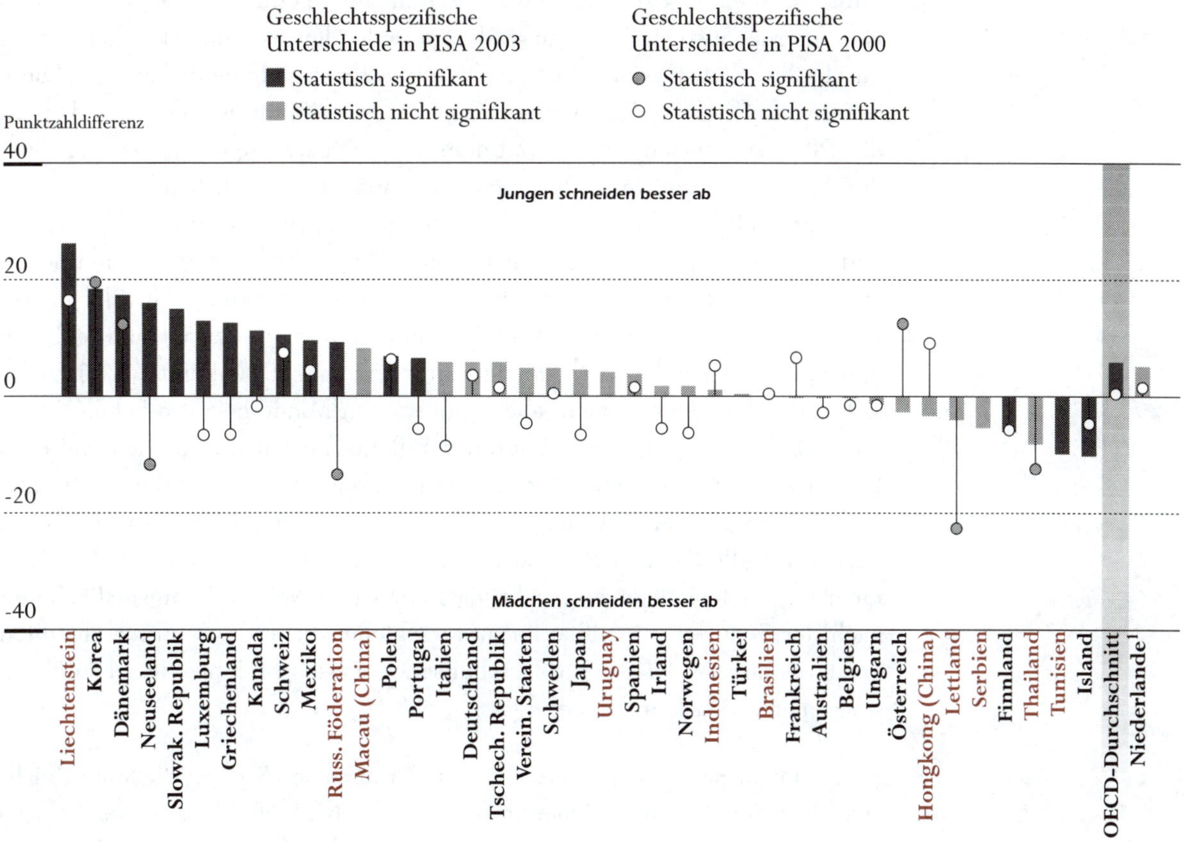

1. Die Beteiligungsquote für die Niederlande im Jahr 2000 ist zu niedrig, um die Vergleichbarkeit zu gewährleisten (vgl. Anhang A3, OECD, 2001a).

Quelle: OECD PISA-2003-Datenbank, Tabelle 6.7; OECD (2001a), Tabelle 5.1a.

POLITIKIMPLIKATIONEN

Lesekompetenz

Die Ergebnisse von PISA 2000 zeigen, dass hinsichtlich der Kenntnisse und Fähigkeiten der 15-Jährigen im Bereich der Lesekompetenz zwischen den Ländern große Unterschiede bestehen. Die Unterschiede zwischen den Ländern machen jedoch nur einen Bruchteil der Gesamtdifferenzen in den Schülerleistungen aus, wobei die Leistungsunterschiede innerhalb der Länder durchschnittlich ungefähr zehnmal so groß sind wie die Unterschiede zwischen den Durchschnittsleistungen der einzelnen Länder.

Das Fortbestehen einer kleinen, aber signifikanten Minderheit von Schülerinnen und Schülern, die nicht einmal einfache Leseaufgaben lösen können, bleibt besorgniserregend …

Einer derart unterschiedlich zusammengesetzten Schülerschaft gerecht zu werden und die Leistungsunterschiede der Schülerinnen und Schüler zu verringern, stellt für alle Länder eine große Herausforderung dar: Durchschnittlich 8% der 15-Jährigen erreichen die höchste in PISA vorgesehene Lesekompetenzstufe und stellen damit ihre Fähigkeit unter Beweis, komplexe Leseaufgaben zu lösen, ein detailliertes Verständnis der Texte sowie der Bedeutung ihrer einzelnen Bestandteile zum Ausdruck zu bringen, Informationen kritisch zu bewerten und ausgehend von Fachkenntnissen Hypothesen aufzustellen. Am anderen Ende der Leistungsskala erreichen durchschnittlich 8% der Schülerinnen und Schüler nicht einmal Stufe 1. Diese Schüler sind nicht in der Lage, die elementarsten Kenntnisse und Fähigkeiten, die PISA zu messen sucht, routinemäßig nachzuweisen. Sie können zwar durchaus des Lesens im technischen Sinne mächtig sein, haben jedoch ernste Schwierigkeiten dabei, die Lesekompetenz als ein Mittel zur Förderung und Erweiterung ihrer Kenntnisse und Fähigkeiten in anderen Bereichen einzusetzen. Obwohl der Prozentsatz dieser Schülerinnen und Schüler in drei Ländern, einschließlich zwei OECD-Ländern, nur 2% beträgt und lediglich in drei OECD-Ländern und sieben Partnerländern 10% übersteigt, muss das Vorhandensein einer kleinen, aber signifikanten Minderheit von Schülerinnen und Schülern, denen gegen Ende der Pflichtschulzeit die für den weiteren Lernprozess erforderlichen Grundqualifikationen fehlen, für die politischen Entscheidungsträger ein Grund zur Besorgnis sein, wenn sie lebensbegleitendes Lernen für alle zu einer Realität machen wollen. Dies gilt umso mehr, als es mehr und mehr Belege dafür gibt, dass Fort- und Weiterbildungsmaßnahmen nach der Schulzeit Qualifikationsunterschiede, die auf eine unterschiedlich erfolgreiche Absolvierung der schulischen Erstausbildung zurückzuführen sind, eher verstärken als verringern.

... ebenso wie die Tatsache, dass nahezu jeder Fünfte nur die einfachsten Aufgaben lösen kann.

Rechnet man zu dem Prozentsatz der Schülerinnen und Schüler, die Stufe 1 nicht erreichen, den Prozentsatz jener hinzu, die nicht über Stufe 1 hinauskommen, also nur die einfachsten Leseaufgaben bewältigen können, z.B. eine einfache Information finden, das Hauptthema eines Textes identifizieren oder eine simple Verbindung mit Alltagswissen herstellen, erhöht sich der Prozentsatz der leistungsschwachen Schülerinnen und Schüler in den OECD-Ländern auf durchschnittlich 19%. In Ländern, in denen ein hoher Prozentsatz der Schüler unter oder auf Stufe 1 liegt, müssen sich Eltern, Pädagogen und politische Entscheidungsträger darüber klar werden, dass eine erhebliche Zahl von Schülerinnen und Schülern keinen ausreichenden Nutzen aus den vorhandenen Bildungsmöglichkeiten zieht und nicht die notwendigen Kenntnisse und Fähigkeiten erwirbt, um dies während der weiteren Schulzeit oder im späteren Leben effizient zu tun.

In einigen leistungsstärkeren Ländern kann eine breite Streuung der Ergebnisse Anlass zur Besorgnis geben, selbst wenn die meisten Schüler nicht am unteren Ende der internationalen Verteilung angesiedelt sind.

Große Unterschiede in den Schülerleistungen bedeuten indessen nicht immer, dass ein großer Prozentsatz der Schülerinnen und Schüler ein niedriges Lesekompetenzniveau besitzt. In einigen Ländern, die hohe Durchschnittswerte aufweisen, liegt das 25. Perzentil auf der Gesamtskala Lesekompetenz klar im Bereich von Stufe 2, woraus sich schließen lässt, dass die Schülerinnen und Schüler beim 25. Perzentil im internationalen Vergleich noch immer recht gut abschneiden. Die Streuung bei den Schülerleistungen in diesen Ländern deutet jedoch darauf hin, dass die Schülerinnen und Schüler beim 25. Perzentil möglicherweise unter den Leistungsnormen des betreffenden Landes liegen.

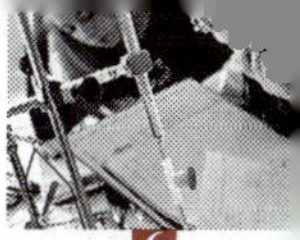

Nun stellt sich die Frage, inwieweit die in PISA 2003 beobachtete Leistungsheterogenität zwischen den Schülern eine Verteilung der Schülerbegabungen widerspiegelt und die Bildungssysteme somit vor eine Herausforderung stellt, der nicht unmittelbar mit bildungspolitischen Maßnahmen begegnet werden kann. Die in diesem Kapitel enthaltene Analyse hat gezeigt, dass es nicht nur große Unterschiede in Bezug auf die Differenzen bei den Schülerleistungen in Lesekompetenz innerhalb eines Landes gibt, sondern auch dass eine breite Streuung der Leistungen nicht zwangsläufig Voraussetzung für ein hohes Gesamtniveau ist. Obwohl beim Vergleich solcher Unterschiede zwischen den Ländern auch allgemeinere Umfeldfaktoren berücksichtigt werden müssen, kann man davon ausgehen, dass die staatliche Politik durchaus zur Gewährleistung von Chancengleichheit und ausgewogenen Lernständen beitragen kann. Wenn gezeigt werden kann, dass zwischen den Ländern nicht nur Unterschiede in Bezug auf die durchschnittlichen Schülerleistungen bestehen, sondern auch im Hinblick auf die Fähigkeit, den Abstand zwischen den leistungsschwächsten und den leistungsstärksten Schülern zu verringern und einige der Barrieren abzubauen, die einer ausgewogenen Verteilung der Lernergebnisse entgegenstehen, so ist dies eine Erkenntnis, die für die Bildungspolitiker von unmittelbarer Relevanz ist.

Der Erfolg einiger Länder bei der Verringerung des Abstands zwischen den Schülerleistungen bei gleichzeitig hohem Gesamtleistungsniveau legt den Schluss nahe, dass die Bildungspolitik durchaus etwas bewirken kann.

Naturwissenschaften

In einer zunehmend technologischen Welt erstreckt sich Grundbildung nicht allein auf Lesekompetenz, vielmehr müssen die Bürger auch über eine naturwissenschaftliche Grundbildung verfügen. Naturwissenschaftliche Grundbildung ist wesentlich für das Verständnis ökologischer, medizinischer, ökonomischer und sonstiger Probleme, denen sich moderne Gesellschaften gegenübersehen, die sehr stark vom technologischen und naturwissenschaftlichen Fortschritt abhängen. Außerdem haben die Ergebnisse der leistungsstärksten Schülerinnen und Schüler eines Landes in naturwissenschaftlichen Fächern möglicherweise Auswirkungen auf die Rolle, die dieses Land in den Spitzentechnologiesektoren von morgen einnehmen wird und auf seine allgemeine internationale Wettbewerbsfähigkeit. Defizite in mathematischer und naturwissenschaftlicher Grundbildung können andererseits negative Konsequenzen für die Arbeitsmarkt- und Verdienstaussichten des Einzelnen sowie für dessen aktive Teilnahme am gesellschaftlichen Leben haben.

Naturwissenschaftliche Grundbildung ist heute für den Einzelnen und die Gesellschaft wichtig …

Um der wachsenden Nachfrage nach naturwissenschaftlichen Kompetenzen gerecht zu werden, bedarf es eines in jeder Hinsicht hervorragenden Bildungssystems, und es ist wichtig zu verfolgen, wie gut die Länder junge Erwachsene mit Grundkompetenzen in diesem Bereich ausstatten. Allerdings deuten die großen Unterschiede bei den Schülerleistungen auf der Skala für Naturwissenschaften, die die Analyse in diesem Kapitel zu Tage gefördert hat, darauf hin, dass dieses Ziel noch in weiter Ferne liegt und dass die Länder einem breiten Kompetenzspektrum der Schüler gerecht werden müssen, und dies gilt nicht nur für die Schülerinnen und Schüler mit außergewöhnlichen Leistungsstärken, sondern auch die mit den größten Defiziten.

… und die Länder müssen mehr Schülerinnen und Schülern naturwissenschaftliche Kompetenzen vermitteln.

Es ist ermutigend, dass geschlechtsspezifische Unterschiede in Naturwissenschaften nun gering sind.

Die geschlechtsspezifischen Unterschiede in Naturwissenschaften, ein Bereich, in dem Jungen in früheren Erhebungen häufig leistungsstärker waren, sind in der Regel sehr viel geringer als die Unterschiede zu Gunsten der Mädchen in der Lesekompetenz. In der Tat ist im Bereich der Naturwissenschaften kein klares Muster geschlechtsspezifischer Unterschiede zu erkennen, und diese sind in den meisten Ländern gering. Auch wenn es noch einige Zeit dauern wird, bis sich diese Ergebnisse in entsprechenden Teilnahmestrukturen an Hochschulstudien wie auch in den beruflichen Strukturen niederschlagen werden, ist darin doch ein ermutigendes Signal zu sehen.

PISA wird die Leistungen in Naturwissenschaften 2006 eingehender testen.

Die PISA-Erhebung 2006, deren Schwerpunkt auf den Kenntnissen, Kompetenzen und Einstellungen 15-Jähriger zu Naturwissenschaften liegen wird, dürfte Aufschluss darüber geben, inwieweit die Länder auf dem Weg zur Verbesserung der Leistungen in Naturwissenschaften, Förderung von mehr Gerechtigkeit bei den Lernchancen und, was vielleicht der von allen mit Abstand wichtigste Aspekt ist, bei der Entwicklung einer positiven Einstellung und Haltung gegenüber naturwissenschaftlichen Themen und Berufen unter jungen Menschen Fortschritte erzielt haben.

Anmerkungen

1. Für die 25 Länder, für die vergleichbare Daten aus 2000 und 2003 vorliegen, belief sich die Durchschnittsleistung im Jahr 2000 auf 501 Punkte, wohingegen sie 2003 bei 497 Punkten lag. Auf Grund von Stichprobenfehlern und Fehlern im Zusammenhang mit der Verknüpfung der beiden Erhebungen ist dieser Unterschied statistisch nicht signifikant.

2. Für Serbien und Montenegro liegen keine Daten für den Landesteil Montenegro vor. Auf Montenegro entfallen 7,9% der nationalen Erhebungspopulation. Die Bezeichnung „Serbien" wird kurz für den serbischen Landesteil von Serbien und Montenegro verwendet.

3. Vergleiche des Durchschnittswerts eines bestimmten Landes mit dem OECD-Durchschnitt insgesamt stützen sich auf einen neu berechneten OECD-Durchschnittswert, aus dem die Daten für das betreffende Land herausgenommen wurden. Auf diese Weise soll jede Abhängigkeit zwischen den beiden Durchschnittswerten ausgeschlossen werden.

4. Vgl. Anhang A8 wegen einer Erläuterung der Methoden für die Verknüpfung der PISA-Erhebungen 2000 und 2003.

5. In Luxemburg wurden die Erhebungsbedingungen 2003 im Vergleich zum Jahr 2000 erheblich geändert, um die Sprachbarrieren für die Schülerinnen und Schüler zu verringern. Deshalb können die Ergebnisse von 2000 und 2003 nicht verglichen werden.

6 In den 25 Ländern mit vergleichbaren Daten für 2000 und 2003 betrug die mittlere Punktzahl in den Erhebungen 2000 und 2003 501 Punkte.

7. Vergleiche des Durchschnittswerts eines bestimmten Landes mit dem OECD-Durchschnitt insgesamt stützen sich auf einem neu berechneten OECD-Durchschnittswert, aus dem die Daten für das betreffende Land herausgenommen wurden. Auf diese Weise soll jede Abhängigkeit zwischen den beiden Durchschnittswerten ausgeschlossen werden.

LITERATURVERZEICHNIS

Artelt, C. (2000), *Strategisches Lernen,* Waxmann, Münster.

Bandura, A. (1994), *Self-Efficacy: The Exercise of Control,* Freeman, New York.

Beaton, A.E., M.O. Martin, I.V.S. Mullis, E.J. Gonzalez, T.A. Smith und D.L. Kelly (1996), *Science Achievement in the Middle School Years: IEA's Third International Mathematics and Science Study (TIMSS),* Center for the Study of Testing, Evaluation, and Educational Policy, Boston College, Chestnut Hill, M.A.

Bempechat, J., N.V. Jimenez und B.A. Boulay (2002), "Cultural-Cognitive Issues in Academic Achievement: New Directions for Cross-National Research", in A.C. Porter und A. Gamoran (Hrsg.), *Methodological Advances in Cross-National Surveys of Educational Achievement,* National Academic Press, Washington, D.C.

Boekaerts, M. (1999), "Self-regulated learning: Where we are today", *International Journal of Educational Research*, Vol. 31, Issue 6, Elsevier Ltd., S. 445-475.

Brown, A.L., J.D. Bransford, R.A. Ferrara und J.C. Campione (1983), "Learning, remembering and understanding", in J.H. Flavell und E.M. Markman (Hrsg.), *Handbook of Child Psychology, Cognitive Development,* New York, Wiley, S. 77-166.

Datcher, L. (1982), "Effects of Community and Family Background on Achievement", *Review of Economics and Statistics,* Vol. 64, No. 1, The MIT Press, Cambridge, M.A., S. 32-41.

Deci, E.L. und R.M. Ryan (1985), *Intrinsic Motivation and Self-Determination in Human Behavior,* Plenum Press, New York.

Eccles, J. S. (1994), "Understanding women's educational and occupational choice: Applying the Eccles et al. model of achievement-related choices", *Psychology of Women Quarterly,* Vol. 18, Blackwell Publishing, Oxford, S. 585-609.

Finn, J. (1989), "Withdrawing from school", *Review of Educational Research*, Vol. 59, No. 2, American Educational Research Association , Washington, D.C., S. 117-142.

Finn, J.D. (1993), *School Engagement & Students At Risk,* National Center for Educational Statistics, Washington, D.C., S. 221-234.

Finn, J. und D.A. Rock (1997), "Academic success among students at risk for school failure", *Journal of Applied Psychology,* Vol. 82, No. 2, American Psychological Association, Washington, D.C., S. 221-234.

Flavell, J.H. und H.M. Wellman (1977), "Metamemory", in R.V. Kail, Jr. und W. Hagen (Hrsg.), *Perspectives on the Development of Memory and Cognition*, Erlbaum, Hillsdale, N.J., S. 3-31.

Ganzeboom, H.B.G., P.M. De Graaf und D.J. Treiman (1992), "A standard international socio-economic index of occupational status", *Social Science Research*, Vol. 21, Issue 1, Elsevier Ltd., S. 1-56.

Hart, B. und T.R. Risely (1995), *Meaningful Differences in the Everyday Experience of Young American Children,* Brookes, Baltimore, M.D.

Hatano, G. (1998), "Comprehension activity in individuals and groups", in M. Sabourin, F. Craik und M. Robert (Hrsg.), *Advances in Psychological Science, Volume 2: Biological and Cognitive Aspects,* Psychology Press/Erlbaum, Hove, S. 399-417.

Heine, S.J., D.R. Lehman, H.R. Markus und S. Kitayama (1999), "Is there a universal need for positive self-regard?", *Psychological Review*, Vol. 106, No. 4, American Psychological Association, Washington, D.C., S. 766-794.

Jenkins, P. H. (1995), "School delinquency and school commitment", *Sociology of Education*, Vol. 68, American Sociological Association, Washington, D.C., S. 221-239.

Johnson, M.K., R. Crosnoe und G.H. Elder (2001), "Students' attachment and academic engagement: The role of race and ethnicity", *Sociology of Education*, Vol. 74, American Sociological Association, Washington, D.C., S. 318-340.

Lehtinen, E. (1992), "Lern- und Bewältigungsstrategien im Unterricht", in H. Mandl und F.H. Friedrich (Hrsg.), *Lern- und Denkstrategien: Analyse und Intervention,* Hogrefe, Göttingen, S. 125-149.

Marsh, H.W. (1986), "Verbal and math self-concepts: An internal/external frame of reference model", *American Educational Research Journal,* Vol. 23, No. 1, American Educational Research Association, Washington, D.C., S. 129-149.

Marsh, H.W. (1993), "The multidimensional structure of academic self-concept: Invariance over gender and age", *American Educational Research Journal,* Vol. 30, No. 4, American Educational Research Association, Washington, D.C., S. 841-860.

Meece, J.L., A. Wigfield und J.S. Eccles (1990), "Predictors of math anxiety and its influence on young adolescents' course enrolment intentions and performance in mathematics", *Journal of Educational Psychology*, Vol. 82, No. 1, American Psychological Association, Washington, D.C., S. 60-70.

OECD (Organisation für wirtschaftliche Zusammenarbeit und Entwicklung) (1996), *Bildung auf einen Blick*, OECD, Paris.

OECD (1997), *Bildung auf einen Blick,* OECD, Paris.

OECD (1999a), *Schülerleistungen im Vergleich. Eine neue Rahmenkonzeption für die Erfassung von Wissen und Fähigkeiten,* Deutsches PISA-Konsortium (Hrsg.), 2000, Paris.

OECD (1999b), *Classifying Educational Programmes: Manual for ISCED-97 Implementation in OECD Countries*, OECD, Paris.

OECD (2000a), *Bildung auf einen Blick,* OECD, Paris.

OECD (2001a), *Lernen für das Leben – Erste Ergebnisse von PISA 2000,* OECD, Paris.

OECD (2001b), *Starting Strong – Early Childhood Education and Care,* OECD, Paris.

OECD (2002a), *Manual for the PISA 2000 Database,* OECD, Paris.

OECD (2002b), *Lesen kann die Welt verändern – Leistung und Engagement im Ländervergleich*, OECD, Paris.

OECD (2002c), *Beispielaufgaben aus der PISA-2000-Erhebung – Lesekompetenz, mathematische und naturwissenschaftliche Grundbildung*. OECD, Paris.

OECD (2002d), *PISA 2000 Technical Report*, OECD, Paris.

OECD (2002e), *Bildungspolitische Analyse*, OECD, Paris.

OECD (2003a), *Bildung auf einen Blick,* OECD, Paris.

OECD (2003b), *Das Lernen lernen – Voraussetzungen für lebensbegleitendes Lernen,* OECD, Paris.

OECD (2003c), *Literacy Skills for the World of Tomorrow – Further Results from PISA 2003,* OECD, Paris.

OECD (2003d), *Student Engagement at School – A Sense of Belonging and Participation,* OECD, Paris.

OECD (2003e), *The PISA 2003 Assessment Framework – Mathematics, Reading, Science and Problem Solving Knowledge and Skills,* OECD, Paris.

OECD (2003f), *Trends in International Migration,* OECD, Paris.

OECD (2004a), *Bildung auf einen Blick,* OECD, Paris.

OECD (2004b), *Attracting, Developing and Retaining Effective Teachers,* OECD, Paris.

OECD (2004c), *What Makes School Systems Perform*, OECD, Paris.

OECD (2004d), *Problem Solving for Tomorrow's World – First Measures of Cross-Curricular Competencies*, OECD, Paris.

OECD (erscheint demnächst), *PISA 2003 Technical Report*, OECD, Paris.

OECD und **Statistics Canada** (1995), *Grundqualifikationen, Wirtschaft und Gesellschaft. Ergebnisse der ersten internationalen Untersuchung von Grundqualifikationen Erwachsener*, OECD, Paris und Ottawa.

OECD und **Statistics Canada** (2000b), *Literacy in the Information Age,* OECD, Paris und Ottawa.

Offord, D.R. und B.G. Waters (1983), "Socialization and its failure", in M.D. Levine, W.B. Carey, A.C. Crocker und R.T. Gross (Hrsg.), *Developmental-Behavioral Pediatrics*, John Wiley and Sons Inc., New York, S. 650-682.

Offord, D.R. und K. Bennett (1994), "Conduct disorder: Long-term outcomes and intervention effectiveness", *Journal of the American Academy of Child & Adolescent Psychiatry*, Vol. 33, Issue 8, Lippincott Williams & Wilkins, Baltimore, M.D., S.1069-1078.

Owens, L. und J. Barnes (1992), *Learning Preferences Scales,* ACER, Victoria.

Rosenshine, B. und C. Meister (1994), "Reciprocal teaching: A review of the research", *Review of Educational Research*, Vol. 64, No. 4, American Educational Research Association, Washington, D.C., S. 479-531.

Rychen, D.S. und L.H. Salganik (Hrsg.) (2002), *Defining and Selecting Key Competencies*, Hogrefe and Huber Publishers, Seattle, W.A.

Schiefele, U., A. Krapp und A. Winteler (1992), "Interest as a predictor of academic achievement: A meta-analysis of research", in K.A. Renninger, S. Hidi und A. Krapp (Hrsg.), *The Role of Interest in Learning and Development*, Erlbaum, Hillsdale, N.J., S. 183-212.

Schneider, W. (1996), "Zum Zusammenhang zwischen Metakognition und Motivation bei Lern- und Gedächtnisvorgängen", in C. Spiel, U. Kastner-Koller und P. Deimann (Hrgs.), *Motivation und Lernen aus der Perspektive lebenslanger Entwicklung*, Waxmann, Münster, S. 121-133.

Schunk, D.H. (1991), *Learning Theories: An Educational Perspective,* Macmillan Publishing Company, New York.

Steen (1990), *On the Shoulders of Giants: New Approaches to Numeracy*, National Academy Press, Washington, D.C.

Stanat, P. (2004), "The role of migration background for student performance: an international comparison", Papier für die Jahrestagung 2004 der American Educational Research Association (AERA) San Diego, C.A., 12.-16. April.

Veenman, M.V.J. und B.H.A.M. van Hout-Wolters (2002), "Het meten van metacognitieve vaardigheden", in F. Daems, R. Rymenans und G. Rogiest (Hrsg.), *Onderwijsonderzoek in Nederland en Vlaanderen. Prooceedings van de 29e Onderwijs Research Dagen 2002 te Antwerpen*, Universiteit Antwerpen, Antwerpen, S. 102-103.

van de Vijver, F. und K. Leung (1997), "Methods and data analysis of comparative research", in J.W. Berry, Y.H. Poortinga und J. Pandey (Hrsg.), *Handbook of Cross-Cultural Psychology, Vol. 1 Theory and Method,* Allyn and Bacon, Needham Heights, M.A., S. 257-300.

Voelkl, K.E. (1995), "School warmth, student participation, and achievement", *Journal of Experimental Education,* Vol. 63, No. 2, HELDREF Publications, Washington, D.C., S. 127-138.

Wang, M., G. Haertel und H. Walberg (1993), "Toward a knowledge base for school learning", *Review of Educational Research,* Vol. 63, S. 249-294.

Warm, T.A. (1985), "Weighted maximum likelihood estimation of ability in Item Response Theory with tests of finite length", *Technical Report CGI-TR-85-08*, U.S. Coast Guard Institute, Oklahoma City.

Weinert, F.E. (1994), "Lernen lernen und das eigene Lernen verstehen", in K. Reusser und M. Reusser-Weyeneth (Hrsg.), *Verstehen. Psychologischer Prozeß und didaktische Aufgabe,* Huber, Bern, S. 183-205.

Wigfield, A., J.S. Eccles und D. Rodriguez (1998), "The development of children's motivation in school context", *Review of Research in Education,* Vol. 23, American Educational Research Association, Washington, D.C., S. 73-118.

Willms, J.D. (2002), *Vulnerable Children: Findings from Canada's National Longitudinal Survey of Children and Youth,* University of Alberta Press, Edmonton.

Willms, J.D. (2004) "Student Performance and Socio-economic Background", unveröffentlichtes Dokument, University of New Brunswick.

Willoughby, T. und E. Wood (1994), "Elaborative interrogation examined at encoding and retrieval", *Learning and Instruction,* Vol. 4, Issue 2, Elsevier Ltd., S. 139-149.

Winne, P.H. (2001), "Self-regulated learning viewed from models of information processing", in B.J. Zimmerman und D.H. Schunk (Hrsg.), *Self-regulated learning and academic achievement: theoretical perspectives*, Lawrence Erlbaum Associates, Inc., Mahwah, N.J., S. 153-189.

Zimmerman, B.J. (1999), "Commentary: toward a cyclically interactive view of self-regulated learning", *International Journal of Educational Research,* Vol. 31, Issue 6, Elsevier Ltd., S. 545-551.

Zimmerman, B.J. und M. Martinez-Pons (1990), "Student differences in self-regulated learning: Relating grade, sex and giftedness to self efficacy and strategy use", *Journal of Educational Psychology,* Vol. 82, No. 1, American Psychological Association, Washington, D.C., S. 51-59.

Anhang A

TECHNISCHE HINWEISE

Anhang A1: Konstruktion der Indizes und anderer von den Kontextfragebogen für Schülerinnen und Schüler und für Schulen abgeleiteten Messgrößen

Dieser Abschnitt erklärt die von den Kontextfragebogen für Schüler und Schulen abgeleiteten Indizes, die in diesem Bericht verwendet werden.

Bei mehreren PISA-Messgrößen handelt es sich um Indizes, die Antworten von Schülern bzw. Schulvertretern (in der Regel Schulleitungen) auf eine Reihe miteinander verknüpfter Fragen zusammenfassen. Die Fragen wurden auf der Basis theoretischer Überlegungen und vorangegangener Forschungen aus einem umfassenderen Konstrukt ausgewählt. Zur Bestätigung des theoretisch erwarteten Verhaltens der Indizes und zur Validierung ihrer Vergleichbarkeit zwischen den Ländern wurden Strukturgleichungsmodelle verwendet. Zu diesem Zweck wurde für jedes Land separat und für alle OECD-Länder insgesamt ein Modell geschätzt.

Eine Beschreibung anderer PISA-Indizes und Einzelheiten über die gewählten Methoden sind im *PISA 2000 Technical Report* (OECD, 2002d) und im *PISA 2003 Technical Report* (OECD, erscheint demnächst) enthalten.

Sofern nicht anders vermerkt, wurde ein Index, der mehrere Fragen und Schülerantworten umfasst, mit Hilfe einer gewichteten Maximum-Likelihood-Schätzung (WLE – *weighted maximum likelihood estimate*) (vgl. Warm, 1985) auf der Basis eines einparametrigen Item-Response-Modells skaliert, wobei im Fall von Items mit mehr als zwei Antwortkategorien das Modell abgestufter Punktwerte (*Partial Credit Model*) eingesetzt wurde. Die Skalierung erfolgte in drei Stufen:

- Die Itemparameter wurden auf der Basis gleich großer Teilstichproben von Schülerinnen und Schülern aus jedem OECD-Land geschätzt.
- Die Schätzungen wurden für alle Schüler und alle Schulen durch die im vorangegangenen Schritt ermittelten Itemparameter geankert.
- Die Indizes wurden dann standardisiert, so dass der mittlere Indexwert für die OECD-Schülerpopulation gleich 0 und die Standardabweichung gleich 1 gesetzt wurde (wobei den Ländern bei dem Standardisierungsprozess dieselbe Gewichtung gegeben wurde).

Zur besseren Veranschaulichung der Bedeutung der internationalen Punktwerte auf dem Index sind Itemkarten konstruiert worden, auf denen der Indexwert mit typischen Schülerantworten auf die gestellten Fragen verbunden wird. Diese Itemkarten finden sich unter *www.pisa.oecd.org*. Die vertikalen Linien auf den Karten geben für jeden Indexwert in der obersten Zeile der Abbildung an, welche Antwort der Schüler mit größter Wahrscheinlichkeit gibt, wobei eine 0 für die Durchschnittsantwort in der OECD-Schülerpopulation steht.

Es ist zu beachten, dass negative Werte bei einem Index nicht zwangsläufig auf negative Antworten der Schülerinnen und Schüler auf die gestellten Fragen schließen lassen. Ein negativer Wert weist lediglich darauf hin, dass eine Gruppe von Schülern (oder alle Schüler in einem Land zusammengenommen) oder eine Gruppe von Schulleitern weniger positiv antworteten, als das beim Durchschnitt aller Schüler oder Schulleiter in den OECD-Ländern der Fall war. Dementsprechend bedeutet ein positiver Wert bei einem Index, dass eine Gruppe von Schülern oder Schulleitern positivere Antworten gab, als dies beim Durchschnitt der Schüler oder Schulleiter in den OECD-Ländern der Fall war.

Die bei den folgenden Beschreibungen in Klammern < > gesetzten Begriffe wurden in den nationalen Fassungen der Schüler- und Schulleiterfragebogen durch den entsprechenden nationalen Ausdruck ersetzt. So wurde z.B. der Begriff <Abschluss entsprechend ISCED-Stufe 5 A> in den Vereinigten Staaten übersetzt in „Bachelor's Degree, post-graduate certificate program, Master's degree program or first professional degree program". Desgleichen wurde der Ausdruck <Testsprachenunterricht> in Luxemburg übersetzt in „Deutschunterricht" oder „Französischunterricht", je nachdem ob die Schülerinnen und Schüler die deutsche oder die französische Fassung der Erhebungsinstrumente erhielten.

Zusätzliche Informationen zum Aufbau dieser Indizes finden sich im *PISA 2000 Technical Report* (OECD, 2002d) und im *PISA 2003 Technical Report* (OECD, erscheint demnächst).

Variablen auf Schülerebene

Umfeld der Schülerinnen und Schüler

Familienstruktur

Die Schülerinnen und Schüler wurden gebeten anzugeben, wer normalerweise mit ihnen zusammen wohnt. Die Antworten wurden in vier Kategorien unterteilt: *a)* ***Familie mit einem Elternteil*** (Schülerinnen und Schüler, die angaben, mit einer der folgenden Personen zusammenzuleben: Vater, Mutter, weiblichem oder männlichem Erziehungsberechtigten); *b)* ***Kernfamilien*** (Schülerinnen und Schüler, die angaben, mit Mutter und Vater zusammenzuleben); *c)* ***zusammengesetzte Familien*** (Schülerinnen und Schüler, die angaben, mit der Mutter und einem männlichen Erziehungsberechtigten, dem Vater und einem weiblichen Erziehungsberechtigten oder mit zwei Erziehungsberechtigten zusammenzuleben) und *d)* ***andere Antwortkombinationen***. Nicht beantwortete Fragen werden als fehlend betrachtet.

Beruf der Eltern und erwarteter Beruf der Schülerinnen und Schüler

Die Schülerinnen und Schüler wurden gebeten, den Beruf ihrer Mutter und ihres Vaters zu nennen und anzugeben, ob er/sie voll- oder teilzeit beschäftigt ist, ob er/sie nicht berufstätig, aber auf Arbeitsuche ist oder etwas anderes macht.

Die Schülerinnen und Schüler wurden ebenfalls gebeten, ihre Berufserwartungen im Alter von 30 Jahren anzugeben. Die offenen Antworten wurden dann entsprechend der internationalen Standardklassifikation der Berufe (ISCO 1988) kodiert.

Der in der PISA-Studie verwendete ***Internationale sozioökonomische Index der beruflichen Stellung*** (ISEI) wurde von den Schülerantworten auf die Frage nach dem Beruf der Eltern abgeleitet. Der Index erfasst die Attribute von Berufen, die die Bildungsabschlüsse der Eltern in Einkommen umsetzen. Zur Konstruktion dieses Index wurden die Berufsgruppen auf einer linearen Skala so angeordnet, dass der indirekte Einfluss der Bildung auf das Einkommen mittels der Bildungsabschlüsse maximiert und der direkte Einfluss der Bildung auf das Einkommen, unabhängig vom Beruf, minimiert wurde (bei beiden Effekten wurde dem Alter nicht Rechnung getragen). Weitere Informationen über die Methodik finden sich in Ganzeboom et al. (1992). Der ***Höchste internationale sozioökonomische Index der beruflichen Stellung*** (HISEI) entspricht der höchsten ISEI-Stufe von Vater oder Mutter.

Die Variablen zur Berufserwartung der Schülerinnen und Schüler und zum Beruf ihres Vaters und ihrer Mutter wurden ebenfalls in vier ***sozioökonomische Kategorien*** umgewandelt: *a)* Führungskräfte: Abgeordnete, hochrangige Beamte und Manager, Wissenschaftler, Techniker und gleichrangige nichttechnische Fachkräfte; *b)* weniger anspruchsvolle Angestelltentätigkeit: Arbeitskräfte in Dienstleistungs- und Handelsberufen, Verkäufer und Bürokräfte; *c)* hoch qualifizierte Arbeiter: Fachkräfte in Landwirtschaft und Fischerei sowie in Handwerks- und verwandten Berufen und *d)* gering qualifizierte Arbeiter: Fabrik- und Montagearbeiter sowie Hilfsarbeitskräfte.

Index des wirtschaftlichen, sozialen und kulturellen Status

Der ***Index des wirtschaftlichen, sozialen und kulturellen Status*** wurde konstruiert, um neben der beruflichen Stellung auch allgemeinere Aspekte des familiären und häuslichen Umfelds der Schülerinnen und Schüler zu erfassen, und ist eine Variante des in PISA 2000 verwendeten Index. Er wurde anhand folgender Variablen konstruiert: *a)* dem Höchsten internationalen sozioökonomischen Index der beruflichen Stellung des Vaters oder der Mutter; *b)* dem höchsten Bildungsabschluss des Vaters oder der Mutter, umgerechnet in Schuljahre (wegen der Umrechnung des Bildungsstands in Schuljahre, vgl. Tabelle A1.1); sowie *c)* Anzahl der Bücher zu Hause sowie Zugang zu Bildungs- und Kulturressourcen im Elternhaus, laut Angaben der Schüler zum Vorhandensein in ihrem häuslichen Umfeld: eines Schreibtisches zum Lernen, eines eigenen Zimmers, eines ruhigen Platzes zum Lernen, eines Computers, den sie zum Arbeiten für die Schule benutzen können, von Lernsoftware, eines Internetanschlusses, eines eigenen Taschenrechners, klassischer Literatur, von Gedichtbänden und Kunstwerken (z.B. Gemälde), von Büchern, die beim Arbeiten für die Schule helfen sowie eines Wörterbuchs. Ausgewählt wurden diese Variablen, da generell die Auffassung vertreten wird, dass der sozioökonomische Status durch den beruflichen Status, Bildung und Wohlstand bestimmt wird. Da die PISA-Erhebung keine direkten Messungen des elterlichen Wohlstands enthält, wurde die Existenz relevanter Gegenstände im Haushalt als Proxy-Variable verwendet. Bei den Punktzahlen der Schülerinnen und Schüler auf dem Index handelt es sich um Faktorpunkte, die einer *Principal-Component*-Analyse entnommen und derart standardisiert sind, dass der Mittelwert für die OECD-Länder 0 entspricht und die Standardabweichung 1 beträgt.

Die *Principal-Component*-Analyse wurde ebenfalls für jedes Teilnehmerland durchgeführt, um festzustellen, inwieweit die Indexkomponenten in den Ländern auf dieselbe Art und Weise operieren. Aus der Analyse ging hervor, dass die Strukturen für die

Gewichtung der einzelnen Faktoren in den Ländern sehr ähnlich waren und dass alle drei Komponenten in gleichem Ausmaß im Index berücksichtigt wurden. Für die Beschäftigungskomponente betrug die durchschnittliche Faktorgewichtung in den Ländern 0,81 bei einer Bandbreite von 0,72-0,86. Für die Bildungskomponente lag die durchschnittliche Faktorgewichtung in den Ländern bei 0,80, bei einer Bandbreite von 0,70-0,87. Für die Wohlstandskomponente belief sich die durchschnittliche Faktorgewichtung auf 0,76, bei einer Bandbreite von 0,65-0,80 zwischen den Ländern. Die Reliabilität des Index reichte von 0,56 bis 0,77. Diese Ergebnisse untermauern die länderübergreifende Validität des Index des wirtschaftlichen, sozialen und kulturellen Status.

Die Korrelation zwischen dem Durchschnittswert auf dem Index und dem Bruttoinlandsprodukt der Länder beträgt 0,62 (und steigt unter Ausklammerung von Luxemburg auf 0,69).

Der in PISA 2000 (OECD, 2001) verwendete Index ähnelte dem Index von PISA 2003. Jedoch wurden einige Anpassungen vorgenommen. Erstens enthielten beide Erhebungen nur 11 gemeinsame Fragen zu den Bildungsressourcen im Elternhaus. Zweitens wurde in Bezug auf die Frage nach dem Bildungsniveau der Eltern in PISA 2000 keine Unterscheidung getroffen zwischen dem universitären und nichtuniversitären Tertiärbereich. Bei Vergleichen zwischen Daten aus PISA 2000 und PISA 2003 wurde der Index für PISA 2000 anhand einer in beiden Erhebungen verwendeten, gemeinsamen Methodik neu berechnet. Aus diesem Grund können die Ergebnisse geringfügig von denen in PISA 2000 abweichen. Unabhängig davon ist die Korrelation zwischen den Indizes in PISA 2000 und PISA 2003 sehr hoch (R von 0,96). Das zeigt, dass die unterschiedlichen Berechnungsmethoden der Indizes keinen großen Einfluss auf die Ergebnisse haben. Wegen weiterer Informationen zu diesem Index, vgl. *PISA 2003 Technical Report* (OECD, erscheint demnächst).

Bildungsabschluss der Eltern

Der Bildungsabschluss der Eltern ist eine Variable des familiären Hintergrunds, die bei der Analyse von Bildungsergebnissen häufig verwendet wird. Die Indizes wurden anhand des ***Bildungsabschlusses des Vaters***, des ***Bildungsabschlusses der Mutter*** und des höchsten Bildungsabschlusses beider Elternteile, der als ***höchster Bildungsabschluss der Eltern*** bezeichnet wird, konstruiert. Die Schülerinnen und Schüler wurden gebeten, den höchsten Bildungsabschluss ihrer Mutter und ihres Vaters entsprechend dem jeweiligen nationalen System anzugeben, der dann gemäß der Internationalen Standardklassifikation des Bildungswesens (ISCED 1997, vgl. OECD, 1999b) kodiert wurde, um international vergleichbare Kategorien der erreichten Bildungsabschlüsse zu erhalten. Daraus ergaben sich folgende Kategorien: (0) kein Abschluss, (1) Abschluss <ISCED-Stufe 1> (Grundschule), (2) Abschluss <ISCED-Stufe 2> (Sekundarbereich I), (3) Abschluss <ISCED-Stufe 3b oder 3c> (beruflicher/vorberuflicher Sekundarbereich II, der in den meisten Ländern zum Erwerb der Berufsreife führt), (4) Abschluss <ISCED-Stufe 3A> (Sekundarbereich II, der in den meisten Ländern zum Erwerb der Hochschulreife für den (universitären) Tertiärbereich A führt), (5) Abschluss <ISCED-Stufe 5B> (Tertiärbereich B), (6) Abschluss <ISCED-Stufe 5A, 6> (Tertiärbereich A und weiterführende forschungsorientierte Studien).

Wie weiter oben dargelegt, wurde unter Verwendung der in Tabelle A1.1 gezeigten Umwandlungskoeffizienten auch eine Umwandlung des höchsten Bildungsabschlusses der Eltern in ***Schuljahre*** vorgenommen.

Zuwanderungshintergrund

Der Index des ***Migrationshintergrunds*** wurde von den Angaben der Schülerinnen und Schüler zu Fragen darüber abgeleitet, ob ihre Mutter oder ihr Vater im Inland oder in einem anderen Land geboren sind. Die Angaben wurden dann in drei Kategorien unterteilt: *a)* **Gruppe 1** (die im Inland geborenen Schülerinnen und Schüler mit mindestens einem im Inland geborenen Elternteil); *b)* **Gruppe 2** (im Inland geborene Schülerinnen und Schüler mit im Ausland geborenen Eltern) und *c)* **Gruppe 3** (im Ausland geborene Schülerinnen und Schüler mit im Ausland geborenen Eltern). Bei einigen Vergleichen wurden die im Inland geborenen Schülerinnen und Schüler mit im Ausland geborenen Eltern und die im Ausland geborenen Schülerinnen und Schüler mit im Ausland geborenen Eltern zusammengelegt.

Zu Hause gesprochene Sprache

Die Schülerinnen und Schüler wurden gefragt, ob es sich bei der normalerweise oder immer zu Hause gesprochenen Sprache um die Testsprache, eine andere offizielle Landessprache, einen landesüblichen Dialekt oder um andere Sprachen handelt. Der Index der ***zu Hause gesprochenen Sprache*** unterscheidet zwischen Schülern, die angeben, die Testsprache, eine andere offizielle Landessprache, einen nationalen Dialekt oder eine andere Landessprache immer oder normalerweise zu Hause zu verwenden und jenen, die angeben, zu Hause immer oder normalerweise eine andere Sprache zu sprechen.

Tabelle A1.1
Bildungsabschluss der Eltern, umgerechnet in Schuljahre

	Hat keine Schule besucht	Abschluss ISCED 1 (Primarbereich)	Abschluss ISCED 2 (Sekundarbereich I)	Abschluss ISCED 3B oder 3C (Sekundarbereich II, zur Berufsreife oder ISCED 5B-Programmen führend)	Abschluss ISCED 3A (Sekundarbereich II, zur Hochschulreife oder ISCED 5A- und 5B-Programmen führend)	Abschluss ISCED 5A (universitärer Tertiärbereich)	Abschluss ISCED 5B (nichtuniversitärer Tertiärbereich)
OECD-Länder							
Australien	0.0	6.5	10.0	11.0	12.0	15.0	14.0
Österreich	0.0	4.0	8.0	9.0	13.0	17.0	15.0
Belgien	0.0	6.0	8.0	12.0	12.0	16.0	15.0
Kanada	0.0	6.0	9.0	12.0	12.0	17.0	15.0
Tschech. Republik	0.0	5.0	9.0	12.0	13.0	16.0	15.0
Dänemark	0.0	6.0	9.0	12.0	12.0	15.0	14.0
Finnland	0.0	6.0	9.0	12.0	12.0	15.0	14.0
Frankreich	0.0	5.0	9.0	11.0	12.0	14.0	14.0
Deutschland	0.0	4.0	10.0	11.0	12.0	17.0	15.0
Griechenland	0.0	6.0	9.0	11.0	12.0	16.0	16.0
Ungarn	0.0	4.0	8.0	10.0	12.0	15.0	14.0
Island	0.0	7.0	10.0	10.5	14.0	15.5	15.0
Irland	0.0	8.0	11.0	12.0	13.0	17.0	15.0
Italien	0.0	5.0	8.0	11.0	13.0	16.0	15.0
Japan	0.0	6.0	9.0	10.0	12.0	16.0	14.0
Korea	0.0	6.0	9.0	12.0	12.0	16.0	14.0
Luxemburg	0.0	6.0	9.0	12.0	13.0	17.0	17.0
Mexiko	0.0	6.0	9.0	12.0	12.0	16.0	14.0
Niederlande	0.0	6.0	8.0	12.0	13.0	15.0	13.0
Neuseeland	0.0	6.0	10.0	12.0	13.0	16.0	16.0
Norwegen	0.0	7.0	10.0	13.0	13.0	16.0	14.0
Polen	0.0	6.0	9.0	11.0	12.0	15.0	15.0
Portugal	0.0	4.0	7.0	12.0	12.0	17.0	15.0
Slowak. Republik	0.0	4.0	9.0	12.0	12.0	16.0	15.0
Spanien	0.0	6.0	10.0	11.0	12.0	15.0	14.0
Schweden	0.0	6.0	9.0	12.0	12.0	15.0	13.5
Schweiz	0.0	6.0	9.0	11.0	12.0	15.0	14.0
Türkei	0.0	4.0	8.0	11.0	11.0	15.0	13.0
Vereinigte Staaten	0.0	6.0	9.0	a	12.0	15.0	14.0
Partnerländer							
Brasilien	0.0	7.0	11.0	14.0	14.0	18.0	17.0
Hongkong (China)	0.0	6.0	9.0	11.0	13.0	17.0	16.0
Indonesien	0.0	6.0	9.0	12.0	12.0	15.0	16.0
Lettland	0.0	4.0	9.0	12.0	12.0	16.0	16.0
Liechtenstein	0.0	6.0	9.0	11.0	12.0	15.0	14.0
Russ. Föderation	0.0	4.0	9.0	11.0	11.0	15.0	13.0
Serbien	0.0	4.0	8.0	11.0	12.0	16.0	14.0
Thailand	0.0	6.0	9.0	12.0	12.0	16.0	14.0
Tunesien	0.0	6.0	9.0	11.0	13.0	17.0	15.0
Uruguay	0.0	6.0	9.0	11.0	12.0	16.0	14.0
Verein. Königreich[1]	0.0	6.0	9.0	11.0	12.0	15.0	14.0

1. Die Beteiligungsquote ist zu niedrig, um die Vergleichbarkeit zu gewährleisten (siehe Anhang A3).

In den meisten Ländern wurden die Sprachen einzeln identifiziert und international kodiert, um auf diesem Gebiet weitere Forschungen und Analysen zu ermöglichen.

Bildungsressourcen im Elternhaus

Der PISA-Index der ***Bildungsressourcen im Elternhaus*** wurde von den Angaben der Schülerinnen und Schüler über das Vorhandensein folgender Dinge im Elternhaus abgeleitet: *a)* ein Wörterbuch, *b)* ein ruhiger Platz zum Lernen, *c)* ein Schreibtisch zum Lernen, *d)* ein Taschenrechner und *e)* Bücher, die beim Arbeiten für die Schule helfen. Konstruiert wurde der Index anhand der Item-Response-Theorie-(IRT)-Skalierung, und positive Werte deuten auf ein höheres Niveau an Bildungsressourcen im Elternhaus hin.

Besitz von „klassischen“ Kulturgütern im Elternhaus

Der PISA-Index des ***Besitzes von „klassischen“ Kulturgütern im Elternhaus*** wurde von den Angaben der Schülerinnen und Schüler über das Vorhandensein folgender Dinge im Elternhaus abgeleitet: Klassische Literatur (es wurden Beispiele gegeben), Gedichtbände und Kunstwerke (es wurden Beispiele gegeben). Die Skalen wurden mit Hilfe des IRT-Modells konstruiert, und positive Werte deuten auf einen größeren Besitz von Kulturgütern hin.

Schulklima (aus Schülersicht)

Einstellung zur Schule

Der PISA-Index der ***Einstellung zur Schule*** wurde von den Angaben über die Zustimmung der Schülerinnen und Schüler zu den folgenden Aussagen abgeleitet: *a)* Die Schule hat wenig dazu beigetragen, mich auf das Erwachsenenleben vorzubereiten; *b)* die Schule war reine Zeitverschwendung; *c)* die Schule hat mir Selbstvertrauen gegeben, Entscheidungen treffen zu können, und *d)* in der Schule habe ich Dinge gelernt, die mir im Berufsleben nützen könnten. Es wurde eine Vierpunkteskala mit den Antwortkategorien „stimmt ganz genau“ (=1), „stimmt eher“ (=2), „stimmt eher nicht“ (=3), „stimmt überhaupt nicht“ (=4) verwendet. Da die Aussagen *c)* und *d)* für die Skalierung umgepolt wurden, stehen positive Werte auf diesem Index für eine positive Einstellung zur Schule. Die Skala wurde mit Hilfe der IRT-Skalierung konstruiert.

Schüler-Lehrer-Verhältnis

Der PISA-Index des ***Schüler-Lehrer-Verhältnisses*** wurde von den Angaben über die Zustimmung der Schülerinnen und Schüler zu den folgenden Aussagen abgeleitet: *a)* Den meisten Lehrern/Lehrerinnen ist es wichtig, dass die Schüler/innen sich wohlfühlen, *b)* wenn ich zusätzliche Hilfe brauche, bekomme ich sie von meinen Lehrern/Lehrerinnen, *c)* die meisten Lehrer/Lehrerinnen behandeln mich fair, *d)* die Schüler/innen kommen mit den meisten Lehrern/Lehrerinnen gut aus und *e)* die meisten meiner Lehrer/Lehrerinnen interessieren sich für das, was ich zu sagen habe. Es wurde eine Vierpunkteskala mit den Antwortkategorien „stimme ganz zu“, „stimme eher zu“, stimme eher nicht zu“ und „stimme überhaupt nicht zu“ verwendet. Alle Aussagen wurden für die Skalierung umgepolt, und positive Werte auf diesem Index weisen auf ein gutes Schüler-Lehrer-Verhältnis in der Schule hin. Dieser Index wurde mit Hilfe der IRT-Skalierung konstruiert.

Zugehörigkeitsgefühl zur Schule

Der PISA-Index des ***Zugehörigkeitsgefühls zur Schule*** wurde von den Angaben über die Zustimmung der Schülerinnen und Schüler zu den folgenden Aussagen abgeleitet: *a)* Ich fühle mich in der Schule als Außenseiter; *b)* ich finde in der Schule leicht Freunde; *c)* ich fühle mich in der Schule dazugehörig; *d)* ich fühle mich in der Schule oft unwohl und fehl am Platze; *e)* ich bin in der Schule anscheinend beliebt; und *f)* ich fühle mich in der Schule einsam. Es wurde eine Vierpunkteskala mit folgenden Antwortkategorien verwendet: „stimmt ganz genau“ „stimmt eher“, „stimmt eher nicht“, „stimmt überhaupt nicht“. Die Aussagen *b)*, *c)* und *e)* wurden für die Skalierung umgepolt, und positive Werte weisen auf positive Gefühle der Schule gegenüber hin. Dieser Index wurde mit Hilfe der IRT-Skalierung konstruiert.

Selbstbezogene Kognitionen in Bezug auf Mathematik

Interesse und Freude an Mathematik

Der PISA-Index ***des Interesses und der Freude an Mathematik*** wurde von den Angaben über die Zustimmung der Schülerinnen und Schüler zu den folgenden Aussagen abgeleitet: *a)* Ich mag Bücher über Mathematik; *b)* ich freue mich auf meine Mathematikstunden; *c)* ich mache Mathematik, weil es mir Spaß macht und *d)* mich interessiert das, was ich in Mathematik lerne. Es wurde eine Vierpunkteskala mit folgenden Antwortkategorien verwendet: „stimmt ganz genau“, „stimmt eher“, „stimmt eher nicht“ und „stimmt überhaupt nicht“. Alle Aussagen wurden für die Skalierung umgepolt, und positive Werte auf diesem Index weisen auf ein größeres Interesse und Freude an Mathematik hin. Dieser Index wurde mit Hilfe der IRT-Skalierung konstruiert.

Instrumentelle Motivation in Mathematik

Der PISA-Index ***der instrumentellen Motivation in Mathematik*** wurde von den Angaben über die Zustimmung der Schülerinnen und Schüler zu den folgenden Aussagen abgeleitet: *a)* Ich gebe mir in Mathematik Mühe, weil es mir in meinem späteren Job weiterhelfen wird; *b)* Mathematik zu lernen lohnt sich, weil es meine Berufs- und Karriereaussichten verbessert; *c)* Mathematik ist für mich ein wichtiges Fach, weil ich es für mein späteres Studium brauche und *d)* ich werde viele Dinge in Mathematik lernen, die mir dabei helfen werden, einen Job zu bekommen. Es wurde eine Vierpunkteskala mit folgenden Antwortkategorien verwendet: „stimmt ganz genau“, „stimmt eher“, „stimmt eher nicht“ und „stimmt überhaupt nicht“. Alle Aussagen wurden für die Skalierung umgepolt, und positive Werte auf diesem Index weisen auf ein höheres Niveau an instrumenteller Motivation in Mathematik hin. Dieser Index wurde mit Hilfe der IRT-Skalierung konstruiert.

Selbstwirksamkeit in Mathematik

Der PISA-Index der ***Selbstwirksamkeit in Mathematik*** wurde von den Angaben über das Vertrauen der Schülerinnen und Schüler abgeleitet, folgende Mathematikaufgaben lösen zu können: *a)* Anhand des Zugfahrplans ausrechnen, wie lange die Fahrt von einem Ort x zu einem Ort y dauern würde; *b)* ausrechnen, wie viel billiger ein Fernseher bei 30% Rabatt wäre; *c)* ausrechnen, wie viele Quadratmeter Fliesen gebraucht werden, um einen Fußboden damit auszulegen; *d)* Diagramme in Zeitungen verstehen; *e)* eine Gleichung wie $3x + 5 = 17$ lösen; *f)* auf einer Karte mit einem Maßstab von 1:10 000 die tatsächliche Entfernung zwischen zwei Orten bestimmen; *g)* eine Gleichung wie $2(x + 3)=(x + 3)\ (x - 3)$ lösen und *h)* den Benzinverbrauch eines Autos berechnen. Es wurde eine Vierpunkteskala mit den Antwortkategorien „sehr sicher“, „sicher“, „nicht sehr sicher“ und „gar nicht sicher“ verwendet. Alle Aussagen wurden für die Skalierung umgepolt, und positive Werte auf diesem Index weisen auf ein höheres Niveau an Selbstwirksamkeit in Mathematik hin. Dieser Index wurde mit Hilfe der IRT-Skalierung konstruiert.

Mathematikangst

Der PISA-Index der ***Mathematikangst*** wurde von den Angaben über die Zustimmung der Schülerinnen und Schüler zu den folgenden Aussagen abgeleitet: *a)* Ich mache mir oft Sorgen, dass es für mich im Mathematikunterricht schwierig sein wird; *b)* ich bin sehr angespannt, wenn ich Mathematikhausaufgaben machen muss; *c)* beim Lösen von Aufgaben in Mathematik werde ich ganz unruhig; *d)* beim Lösen von Mathematikaufgaben fühle ich mich hilflos und *e)* ich mache mir Sorgen, dass ich in Mathematik schlechte Noten bekomme. Es wurde eine Vierpunkteskala mit den Antwortkategorien „stimmt ganz genau“, „stimmt eher“, „stimmt eher nicht“ und „stimmt überhaupt nicht“ verwendet. Alle Aussagen wurden für die Skalierung umgepolt, und positive Werte auf diesem Index weisen auf ein höheres Niveau an Mathematikangst hin. Dieser Index wurde mit Hilfe der IRT-Skalierung konstruiert.

Selbstkonzept in Mathematik

Der PISA-Index des ***Mathematik-Selbstkonzepts*** wurde vom Niveau der Zustimmung der Schülerinnen und Schüler zu folgenden Aussagen abgeleitet: *a)* Ich bin einfach nicht gut in Mathematik; *b)* im Fach Mathematik bekomme ich gute Noten; *c)* in Mathematik lerne ich schnell; *d)* ich war schon immer überzeugt, dass Mathematik eines meiner besten Fächer ist und *e)* im Mathematikunterricht verstehe ich sogar die schwierigsten Aufgaben. Es wurde eine Vierpunkteskala mit den Antwortkategorien „stimmt ganz genau“, „stimmt eher, „stimmt eher nicht“ und „stimmt überhaupt nicht“ verwendet. Die Aussagen *b), c), d)* und *e)* wurden für die Skalierung umgepolt, und positive Werte auf diesem Index weisen auf ein positives Selbstkonzept in Mathematik hin. Dieser Index wurde mit Hilfe der IRT-Skalierung konstruiert.

Lernen und Unterricht

Klassenstufe

Angaben zur Klassenstufe, die von den Schülerinnen und Schülern besucht wird, können sowohl dem Schülerfragebogen als auch den Unterlagen über den bisherigen Bildungsweg der Schülerinnen und Schüler entnommen werden. Der Zusammenhang zwischen Klassenstufe und Schülerleistungen wurde mit Hilfe eines Multilevel-Modells geschätzt, in dem folgende Hintergrundvariablen berücksichtigt wurden: *a)* Der Index des wirtschaftlichen, sozialen und kulturellen Status, *b)* der Index des wirtschaftlichen, sozialen und kulturellen Status zum Quadrat, *c)* der Mittelwert der Schule auf dem Index des wirtschaftlichen, sozialen und kulturellen Status, *d)* ein Indikator für im Ausland geborene Schülerinnen und Schüler, *e)* der Prozentsatz der im Ausland geborenen Schülerinnen und Schüler in der Schule sowie *f)* das Geschlecht der Schülerinnen und Schüler.

In Tabelle A1.2 werden die Ergebnisse des Multilevel-Modells dargestellt. Spalte 1 in Tabelle A1.2 enthält eine Schätzung der mit einer Klassenstufe (oder einem Schuljahr) assoziierten Punktzahldifferenz. Schätzen lässt sich diese Differenz für die 26 OECD-Länder, in denen eine beträchtliche Zahl 15-Jähriger in den PISA-Stichproben mindestens zwei unterschiedliche Klassenstufen besuchte. Da nicht davon ausgegangen werden kann, dass die 15-Jährigen nach dem Zufallsprinzip auf die Klassenstufen verteilt sind, mussten für die oben genannten Umfeldfaktoren, die einen Einfluss auf die Zuordnung der Schülerinnen und Schüler zu bestimmten Klassenstufen haben können, Anpassungen vorgenommen werden. Diese

Anpassungen sind in den Spalten 2-7 dargestellt. So kann zwar der typische Leistungsunterschied zwischen Schülerinnen und Schülern aus zwei aufeinander folgenden Klassenstufen unter Bereinigung der Selektions- und Umfeldeffekte geschätzt werden, doch kann dieser Unterschied nicht automatisch mit den Lernfortschritten gleichgesetzt werden, die die Schülerinnen und Schüler im vergangenen Jahr gemacht haben, sondern sollte vielmehr als Untergrenze der erzielten Fortschritte interpretiert werden. Dies ist nicht nur darauf zurückzuführen, dass unterschiedliche Schülerinnen und Schüler getestet werden, sondern auch auf die Tatsache, dass der Gegenstand der PISA-Erhebung nicht ausdrücklich mit dem Ziel einer Übereinstimmung mit dem Lehrprogramm der Schülerinnen und Schüler im vergangenen Jahr konzipiert wurde, sondern vielmehr breiter angelegt war, um die in der Schule bis zum Alter von 15 Jahren insgesamt erworbenen Kenntnisse zu beurteilen. Enthält beispielsweise das Curriculum der von 15-Jährigen besuchten Klassenstufen hauptsächlich Unterrichtsstoff, der in PISA nicht beurteilt wird (aber in früheren Schuljahren auf dem Lehrplan stand), weist der beobachtete Leistungsunterschied die von den Schülern erzielten Lernfortschritte zu niedrig aus.

Um die Varianz zwischen den Ländern zu berücksichtigen, gibt der ***relative Klassenstufenindex*** an, ob sich die Schülerinnen und Schüler in Bezug auf ein gegebenes Land in der Modellklassenstufe (Wert = 0) oder über bzw. unter der Modellklassenstufe befinden (+ x-Klassenstufen, - x-Klassenstufen).

Erwarteter Bildungsabschluss

In PISA 2003 wurden Schülerinnen und Schüler zum ersten Mal nach ihren beruflichen Ambitionen befragt. Die Bildungsabschlüsse wurden entsprechend der Internationalen Standardklassifikation des Bildungswesens eingestuft (OECD, 1999b).

Ein ***Index des erwarteten Bildungsniveaus*** wurde unter Zugrundelegung folgender Kategorien erstellt: *a)* hat keine Schule besucht; *b)* Abschluss ISCED 1 (Primarbereich); *c)* Abschluss ISCED 2 (Sekundarbereich I); *d)* Abschluss ISCED 3B oder 3C (Sekundarbereich II, zu Berufsreife oder ISCED 5B-Programmen führend); *e)* Abschluss ISCED 3A (Sekundarbereich II, zu Hochschulreife oder ISCED 5A- oder 5B-Programmen führend); *f)* Abschluss ISCED 5A (universitärer Tertiärbereich); *g)* Abschluss ISCED 5B (nichtuniversitärer Tertiärbereich).

Mathematikunterricht in Minuten

Die Schülerinnen und Schüler wurden gebeten, Informationen über die Dauer einer durchschnittlichen Unterrichtsstunde in Minuten und die Anzahl der Unterrichtsstunden in Mathematik in der letzten vollen Schulwoche zu liefern. Der Index des ***Mathematikunterrichts in Minuten*** wurde durch Multiplikation des Medianwerts der von den Schülern angegebenen Dauer einer durchschnittlichen Unterrichtsstunde innerhalb des Unterrichtsprogramms einer Schule mit der von den Schülerinnen und Schülern angegebenen Anzahl der Mathematikstunden berechnet. An dieser Stelle sei darauf hingewiesen, dass bei diesem Index Unterschiede, die zwischen den Ländern in Bezug auf die Anzahl der Schulwochen bestehen, unberücksichtigt bleiben.

Lernstrategien und Präferenzen in Mathematik

Die Schülerinnen und Schüler entwickeln möglicherweise unterschiedliche Lernstrategien, die ihr Lernverhalten prägen. Zu den kognitiven Strategien zählt das *Memorieren* (Auswendiglernen von Schlüsselbegriffen, wiederholtes Lernen des Unterrichtsstoffs) und *Elaborieren* (Herstellung von Verbindungen zu verwandten Bereichen, Nachdenken über alternative Lösungen usw.). *Kontrollstrategien* sind metakognitive Strategien, die auf Techniken wie Planung, Beobachtung und Regulierung zurückgreifen.

Beeinflusst wird das Lernverhalten ferner durch die Präferenzen der Schülerinnen und Schüler für bestimmte Lernsituationen: Diesbezüglich zählen z.B. Präferenzen für kooperatives Lernen, wie das Lernen in Gruppen, sowie Präferenzen für wettbewerbsorientiertes Lernen, z.B. mit dem Ziel, besser zu sein als andere (Owens und Barnes, 1992), zu den herausragendsten Methoden. Die kognitiven und nicht kognitiven Vorteile kooperativer Zielstrukturen sind in der Vergangenheit bereits untersucht worden.

Lernstrategien: Memorieren/Aufsagen

Der PISA-Index des ***Memorierens/Aufsagens*** wurde vom Niveau der Zustimmung der Schülerinnen und Schüler zu den folgenden Aussagen abgeleitet: *a)* Manche Aufgaben in Mathematik rechne ich so oft durch, dass ich sie auch im Schlaf lösen könnte; *b)* wenn ich für Mathematik lerne, lerne ich so viel wie möglich auswendig; *c)* um mir den Lösungsweg einzuprägen, rechne ich die Mathematikaufgaben immer wieder durch und *d)* um für Mathematik zu lernen, versuche ich mir jeden einzelnen Lösungsschritt einzuprägen. Es wurde eine Vierpunkteskala mit den Antwortkategorien „stimmt ganz genau", „stimmt

Tabelle A1.2

Ein Multilevel-Modell zur Schätzung von Klasseneffekten in Mathematik unter Berücksichtigung einiger Hintergrundvariablen

	Klassenstufe		Index des wirtschaftlichen, sozialen und kulturellen Status		Index des wirtschaftlichen, sozialen und kulturellen Status, quadriert		Durchschnittlicher Index des wirtschaftlichen, sozialen und kulturellen Status der Schulen	
	Koeffizient	**S.E.**	**Koeffizient**	**S.E.**	**Koeffizient**	**S.E.**	**Koeffizient**	**S.E.**
Australien	40.7	(1.6)	24.1	(1.1)	1.2	(0.8)	56.9	(3.6)
Österreich	34.3	(2.3)	5.2	(1.4)	–0.9	(1.1)	79.1	(6.1)
Belgien	53.7	(1.6)	18.2	(1.0)	0.2	(0.7)	72.3	(4.5)
Kanada	53.1	(1.2)	22.7	(0.9)	1.1	(0.6)	25.1	(2.9)
Tschech. Republik	29.2	(3.2)	22.7	(1.5)	–7.0	(1.2)	99.3	(5.0)
Dänemark	44.5	(4.3)	31.4	(1.9)	1.1	(1.4)	29.7	(5.7)
Finnland	45.3	(3.0)	32.4	(1.4)	1.9	(1.2)	–0.5	(5.2)
Frankreich	a	a	a	a	a	a	a	a
Deutschland	39.2	(1.6)	10.1	(1.2)	–0.5	(0.8)	81.6	(5.4)
Griechenland	21.2	(3.0)	17.7	(1.5)	3.4	(1.1)	51.3	(6.0)
Ungarn	30.9	(2.0)	11.4	(1.5)	0.7	(1.1)	74.0	(4.5)
Island	0.0	a	26.4	(4.1)	3.0	(2.5)	–5.7	(8.0)
Irland	18.5	(1.6)	29.7	(1.7)	–0.6	(1.2)	40.6	(4.7)
Italien	40.9	(1.7)	4.6	(0.8)	–0.5	(0.6)	70.9	(4.5)
Japan	0.0	a	3.5	(1.7)	–0.8	(1.5)	152.8	(9.3)
Korea	45.6	(13.5)	12.8	(1.5)	0.5	(1.1)	91.3	(7.0)
Luxemburg	41.3	(1.8)	10.9	(1.2)	0.1	(0.8)	59.1	(5.9)
Mexiko	a	a	a	a	a	a	a	a
Niederlande	38.7	(1.7)	10.8	(1.2)	0.3	(0.9)	108.9	(7.4)
Neuseeland	49.5	(4.2)	30.4	(1.6)	2.4	(1.1)	56.1	(5.8)
Norwegen	37.9	(19.6)	37.0	(2.7)	1.9	(1.7)	13.0	(6.8)
Polen	76.8	(5.5)	35.9	(1.8)	–0.4	(1.4)	22.6	(4.6)
Portugal	55.9	(1.5)	13.9	(1.0)	2.4	(0.6)	11.7	(2.3)
Slowak. Republik	12.3	(3.1)	21.4	(1.2)	–3.5	(1.0)	81.6	(4.7)
Spanien	70.0	(1.5)	11.9	(1.0)	0.9	(0.6)	29.7	(3.1)
Schweden	64.7	(6.9)	33.9	(1.8)	2.3	(1.4)	18.8	(5.4)
Schweiz	55.4	(2.0)	19.6	(1.1)	–3.7	(0.9)	43.7	(5.6)
Türkei	21.4	(2.2)	11.2	(1.9)	1.7	(0.8)	76.9	(5.8)
Vereinigte Staaten	27.0	(2.3)	28.4	(1.7)	3.6	(1.1)	45.2	(5.0)
Verein. Königreich[1]	12.8	(1.8)	30.2	(1.1)	0.7	(0.9)	57.1	(4.1)

	Im Ausland geborene Schüler mit im Ausland geborenen Eltern (Gruppe 3)		Prozentsatz der Schülerinnen und Schüler der Gruppe 3		Geschlecht - Schülerinnen		Auffangvariable	
	Koeffizient	**S.E.**	**Koeffizient**	**S.E.**	**Koeffizient**	**S.E.**	**Koeffizient**	**S.E.**
Australien	–3.5	(2.4)	–0.2	(0.1)	–13.1	(1.7)	512	(2.4)
Österreich	–28.4	(3.6)	–0.1	(0.2)	–23.2	(2.5)	546	(4.4)
Belgien	–16.1	(3.4)	–0.4	(0.2)	–29.8	(1.8)	562	(3.1)
Kanada	–4.2	(1.8)	0.0	(0.1)	–18.3	(1.0)	530	(1.8)
Tschech. Republik	–0.6	(7.4)	–1.7	(0.8)	–22.7	(2.0)	536	(3.3)
Dänemark	–31.0	(6.5)	–0.8	(0.4)	–18.0	(2.8)	521	(3.5)
Finnland	–32.3	(6.1)	–0.6	(0.4)	–11.5	(2.0)	550	(2.5)
Frankreich	a	a	a	a	a	a	a	a
Deutschland	–9.9	(3.8)	0.2	(0.3)	–33.6	(2.1)	513	(4.1)
Griechenland	10.6	(5.0)	–0.1	(0.2)	–26.6	(2.5)	465	(4.3)
Ungarn	5.1	(6.3)	–0.5	(0.4)	–26.0	(2.2)	505	(3.2)
Island	–16.2	(9.6)	–0.1	(0.6)	5.9	(4.5)	499	(6.0)
Irland	–5.2	(5.3)	–0.2	(0.3)	–19.7	(3.0)	503	(3.5)
Italien	12.7	(4.3)	0.4	(0.2)	–28.2	(1.6)	513	(2.9)
Japan	–18.1	(16.6)	–1.0	(3.0)	–17.0	(2.3)	556	(4.2)
Korea	19.6	(21.7)	–0.9	(2.4)	–16.1	(2.9)	561	(3.6)
Luxemburg	–12.6	(3.0)	–0.5	(0.3)	–29.1	(2.4)	502	(6.4)
Mexiko	a	a	a	a	a	a	a	a
Niederlande	–16.3	(4.2)	–0.3	(0.5)	–16.5	(1.9)	519	(4.6)
Neuseeland	–6.7	(3.9)	–0.1	(0.2)	–13.9	(3.0)	519	(3.6)
Norwegen	–31.3	(6.7)	–0.1	(0.3)	–10.5	(2.9)	474	(4.9)
Polen	–47.7	(56.4)	–5.4	(4.5)	–10.2	(2.5)	512	(2.5)
Portugal	–7.3	(4.1)	–0.3	(0.2)	–24.3	(2.0)	526	(2.5)
Slowak. Republik	–8.2	(7.9)	–0.8	(1.0)	–26.1	(1.8)	532	(3.0)
Spanien	–23.7	(4.0)	–0.5	(0.3)	–20.3	(1.5)	535	(2.3)
Schweden	–41.0	(5.4)	–0.7	(0.2)	–8.9	(2.7)	510	(3.0)
Schweiz	–27.7	(2.6)	–1.1	(0.2)	–28.0	(1.7)	569	(3.3)
Türkei	–21.2	(10.7)	0.2	(1.3)	–21.2	(2.4)	516	(7.3)
Vereinigte Staaten	–1.4	(5.1)	–0.2	(0.2)	–15.4	(2.5)	480	(3.7)
Verein. Königreich[1]	–10.4	(4.0)	–0.1	(0.2)	–11.5	(1.8)	511	(2.4)

1. Die Beteiligungsquote ist zu niedrig, um die Vergleichbarkeit zu gewährleisten (siehe Anhang A3).

eher", „stimmt eher nicht" und „stimmt überhaupt nicht" verwendet. Alle Aussagen wurden für die Skalierung umgepolt, und positive Werte bei diesem neuen PISA-2003-Index weisen auf eine Präferenz für die jeweilige Lernstrategie hin. Dieser Index wurde mit Hilfe der IRT-Skalierung konstruiert.

Lernstrategien: Elaboration

Der PISA-Index der ***Elaborationsstrategien*** wurde von den Angaben über die Zustimmung der Schülerinnen und Schüler zu folgenden Aussagen abgeleitet: *a)* Bei Mathematikaufgaben überlege ich mir oft neue Lösungswege; *b)* ich überlege mir, wie dass, was ich in Mathematik gelernt habe, im Alltag angewendet werden kann; *c)* neues in Mathematik versuche ich besser zu verstehen, indem ich Verbindungen zu Dingen herstelle, die ich schon kenne; *d)* wenn ich eine Mathematikaufgabe löse, überlege ich oft, wie die Lösung für andere interessante Fragestellungen verwendet werden könnte, und *e)* wenn ich für Mathematik lerne, versuche ich den Stoff mit Dingen zu verbinden, die ich in anderen Fächern gelernt habe. Es wurde eine Vierpunkteskala mit den Antwortkategorien „stimmt ganz genau", „stimmt eher", „stimmt eher nicht", „stimmt überhaupt nicht" verwendet. Alle Aussagen wurden für die Skalierung umgepolt, und positive Werte bei diesem neuen PISA-2003-Index weisen auf eine Präferenz für die betreffende Lernstrategie hin. Dieser Index wurde mit Hilfe der IRT-Skalierung konstruiert.

Lernstrategien: Kontrollstrategien

Der PISA-Index der ***Kontrollstrategien*** wurde von den Angaben über die Zustimmung der Schülerinnen und Schüler zu den folgenden Aussagen abgeleitet: *a)* Wenn ich mich für eine Mathematikprüfung vorbereite, versuche ich herauszufinden, welches die wichtigsten Dinge sind, die ich lernen muss; *b)* wenn ich etwas für Mathematik lerne, zwinge ich mich zu prüfen, ob ich das Gelernte auch behalten habe; *c)* wenn ich für Mathematik lerne, versuche ich herauszufinden, was ich noch nicht richtig verstanden habe; *d)* wenn ich in Mathematik etwas nicht verstehe, suche ich nach zusätzlichen Informationen, um das Problem zu klären, und *e)* wenn ich für Mathematik lerne, überlege ich mir zuerst, was genau ich üben muss. Es wurde eine Vierpunkteskala mit den Antwortkategorien „stimmt ganz genau", stimmt eher", „stimmt eher nicht", „stimmt überhaupt nicht" verwendet. Alle Aussagen wurden für die Skalierung umgepolt, und positive Werte weisen auf eine Präferenz für die betreffende Lernstrategie hin. Dieser Index wurde mit Hilfe der IRT-Skalierung konstruiert.

Präferenz für wettbewerbsorientierte Lernsituationen

Der PISA-Index des ***wettbewerbsorientierten Lernens*** wurde von den Angaben über die Zustimmung der Schülerinnen und Schüler zu folgenden Aussagen abgeleitet: *a)* In Mathematik wäre ich gerne der/die Beste; *b)* ich lerne gerne in Mathematik, weil ich in den Prüfungen besser abschneiden will als die anderen; *c)* ich strenge mich in Mathematik an, weil ich zu den Besten gehören möchte; *d)* in Mathematik versuche ich immer, besser als die anderen Schülerinnen und Schüler in meiner Klasse zu sein, und *e)* die besten Leistungen in Mathematik bringe ich, wenn ich versuche, besser als die anderen zu sein. Es wurde eine Vierpunkteskala mit den Antwortkategorien „stimmt ganz genau", „stimmt eher", „stimmt eher nicht" und „stimmt überhaupt nicht" verwendet. Alle Aussagen wurden für die Skalierung umgepolt, und positive Werte bei diesem neuen PISA-2003-Index weisen auf eine Präferenz für wettbewerbsorientierte Lernsituationen hin. Die Indizes wurden mit Hilfe der IRT-Skalierung konstruiert.

Präferenz für kooperative Lernsituationen

Der PISA-Index des ***kooperativen Lernens*** wurde von den Angaben über die Zustimmung der Schülerinnen und Schüler zu den folgenden Aussagen abgeleitet: *a*) In Mathematik arbeite ich gern in Gruppen mit Mitschülerinnen und Mitschülern zusammen; *b*) in Mathematik finde ich es nützlich, die Ideen von allen zusammen zu bringen, wenn man an einem Projekt arbeitet; *c*) in Mathematik leiste ich die beste Arbeit, wenn ich mit anderen Schülerinnen und Schülern zusammenarbeite; *d*) in Mathematik helfe ich anderen gern dabei, in einer Gruppe gute Arbeit zu leisten, und *e*) in Mathematik lerne ich am meisten, wenn ich mit anderen Schülerinnen und Schülern zusammenarbeite. Es wurde eine Vierpunkteskala mit den Antwortkategorien „stimmt ganz genau", „stimmt eher", „stimmt eher nicht" und „stimmt überhaupt nicht" verwendet. Alle Aussagen werden für die Skalierung umgepolt, und positive Werte bei diesem neuen PISA-2003-Index weisen auf eine Präferenz für kooperative Lernsituationen hin. Dieser Index wurde mit Hilfe der IRT-Skalierung konstruiert.

Unterrichtsklima

Unterstützung durch die Lehrkräfte

Der PISA-Index der ***Unterstützung durch die Lehrkräfte*** wurde von den Angaben der Schülerinnen und Schüler darüber abgeleitet, wie häufig Folgendes vorkommt: *a)* Unser Lehrer/unsere Lehrerin interessiert sich für den Lernfortschritt jedes

einzelnen Schülers/jeder Schülerin; *b)* der Lehrer/die Lehrerin unterstützt uns zusätzlich, wenn wir Hilfe brauchen; *c)* der Lehrer/die Lehrerin unterstützt uns beim Lernen; *d)* unser Lehrer/unsere Lehrerin erklärt etwas so lange, bis wir es verstehen, und *e)* der Lehrer/die Lehrerin gibt uns die Gelegenheit, unsere Meinung zu sagen. Es wurde eine Vierpunkteskala mit den Antwortkategorien „in jeder Stunde", „in den meisten Stunden", „in einigen Stunden" und „nie oder fast nie" verwendet. Alle Aussagen wurden für die Skalierung umgepolt, und positive Werte bei diesem PISA-2003-Index weisen auf ein höheres Niveau an Unterstützung durch die Lehrkräfte hin. Dieser Index wurde mit Hilfe der IRT-Skalierung konstruiert.

Schuldisziplin

Der PISA-Index der ***Schuldisziplin*** wurde von den Aussagen der Schülerinnen und Schüler darüber abgeleitet, wie häufig in ihrem Mathematikunterricht Folgendes vorkommt: *a)* Wir hören nicht auf das, was der Lehrer/die Lehrerin sagt; *b)* im Mathematikunterricht ist es laut und alles geht durcheinander; *c)* unser Lehrer/unsere Lehrerin muss lange warten, bis Ruhe eintritt; *d)* wir können nicht ungestört arbeiten und *e)* wir fangen erst lange nach dem Beginn der Stunde an zu arbeiten. Es wurde eine Vierpunkteskala mit den Antwortkategorien „in jeder Stunde", „in den meisten Stunden", „in einigen Stunden" und „nie oder fast nie" verwendet. Positive Werte bei diesem PISA-2000/2003-Index weisen auf eine positivere, niedrige Werte hingegen auf eine schlechtere Schuldisziplin hin. Dieser Index wurde mit Hilfe der IRT-Skalierung konstruiert.

Variablen auf Schulebene

Schulmerkmale

Schulgröße

Der Index der Schulgröße umfasst die gesamte Schülerzahl, basierend auf den von der Schulleitung zur Verfügung gestellten Schulbesuchsdaten, wobei die Anzahl der Jungen und Mädchen addiert wurde.

Anteil der eingeschriebenen Mädchen

Der Index des ***Schülerinnenanteils*** gibt auf der Basis der von der Schulleitung zur Verfügung gestellten Schulbesuchsdaten den Mädchenanteil der Schule an, indem die Anzahl der Mädchen durch die Gesamtzahl der Schülerinnen und Schüler in der Schule geteilt wird.

Schultyp

Schulen werden entweder als öffentliche oder private Einrichtungen eingestuft, je nach dem, ob die letzte Entscheidungsgewalt über ihre Angelegenheiten einem privaten Träger oder einer staatlichen Behörde obliegt. Der Index des ***Schultyps*** besteht aus drei Kategorien: 1. öffentliche Einrichtungen, die der direkten Kontrolle und Verwaltung einer Behörde oder eines Amts für das Bildungswesen unterstehen; 2. vom Staat abhängige Privatschulen, die nach Angaben der Schulleitung einer nicht staatlichen Organisation, wie Kirchen, Gewerkschaften oder Unternehmen, unterstehen oder deren Direktorium sich hauptsächlich aus Mitgliedern zusammensetzt, die nicht von einer öffentlichen Stelle ausgewählt wurden, und die mindestens 50% der Kernfinanzierung von staatlichen Quellen beziehen; 3. vom Staat unabhängige Privatschulen, die einer nicht staatlichen Organisation oder einem Direktorium unterstanden, dessen Mitglieder nicht von einer staatlichen Stelle ausgewählt wurden, und die weniger als 50% der Kernfinanzierung von staatlichen Stellen bezogen.

Indikatoren der Schulressourcen

Zahl der Lehrkräfte in Schulen

Die Schulleitungen nannten die Gesamtzahl der Vollzeit- und Teilzeitlehrkräfte, die Anzahl der Vollzeit- und Teilzeitkräfte mit einer von einer <zuständigen nationalen Behörde> ausgestellten ordentlichen Lehrbefähigung und die Anzahl der Vollzeit- und Teilzeitkräfte mit einem <ISCED 5A>-Abschluss in Pädagogik. Anhand dieses Index ergibt sich durch eine Division der Schulgröße mit der Gesamtzahl der Lehrkräfte eine ***Schüler/Lehrer-Gesamtquote***. Die Anzahl der Teilzeitkräfte trägt 0,5 und die Anzahl der Vollzeitkräfte 1,0 zur Gesamtzahl der Lehrkräfte bei.

Aufnahmekriterien und Unterrichtsumfeld

Selektivität der Schulen

Die Schulleitungen wurden nach den Aufnahmekriterien ihrer Schulen gefragt. Insbesondere wurden sie gefragt, welche der

folgenden Kriterien bei der Aufnahme von Schülerinnen und Schülern in ihre Schule in Betracht gezogen wurden, wobei eine Skala mit den Antwortkategorien „nicht berücksichtigt", „berücksichtigt", „hohe Priorität" und „Vorbedingung" verwendet wurde: *a)* bisherige Schulleistungen (darunter Aufnahmeprüfungen), *b)* Empfehlungen der letzten Schulen, *c)* elterliche Unterstützung der pädagogischen oder religiösen Orientierung der Schule, *d)* besondere Bedürfnisse oder Interessen von Schülern / Schülerinnen an einem speziellen Unterrichtsangebot, *e)* Familienmitglieder waren oder sind Schüler / Schülerinnen der Schule und *f)* Wohnsitz in einer bestimmten Gegend. Als Schule mit Aufnahmekriterien galten Schulen, in denen die schulischen Leistungen der Schüler bzw. Empfehlungen einer früheren Schule hohe Priorität hatten oder eine Vorbedingung für die Aufnahme waren. Als Schule ohne Aufnahmekriterien galten Schulen, die diese Kriterien bei der Zulassung nicht in Betracht zogen.

Durchführung von Schülerbeurteilungen

Die Schulleitungen wurden gefragt, wie häufig in ihrer Schule die 15-jährigen Schülerinnen und Schüler durch Folgendes beurteilt werden: *a)* standardisierte Tests, *b)* Klassenarbeiten, *c)* Beurteilungen durch die Lehrkraft (z.B. auf Grund mündlicher Prüfungen, Beobachtung der Mitarbeit), *d)* Schülerarbeiten, Schülermappen, Portfolios sowie *e)* Hausaufgaben, Hausarbeiten, Projektarbeiten. Alle fünf Aussagen wurden in numerische Werte umkodiert, die die ungefähre Frequenz der Beurteilungen pro Jahr widerspiegeln („nie = 0", „1- bis 2-mal im Jahr = 1,5", „3- bis 5-mal im Jahr = 4", „einmal im Monat = 8", „häufiger als einmal im Monat = 12"). Der Index der ***Nutzung von Beurteilungen*** wird berechnet als die Summe dieser unkodierten Aussagen, die dann in drei Kategorien aufgeteilt wird: *a)* weniger als 20-mal pro Jahr, *b)* 20- bis 39-mal pro Jahr, und *c)* mehr als 40-mal pro Jahr.

Differenzierung nach Gruppen mit gleichen Fähigkeiten

Um den Umfang der Gruppierung nach Fähigkeiten an Schulen festzustellen, wurden die Schulleitungen gebeten anzugeben, inwieweit an ihrer Schule Möglichkeiten der Wahl bzw. Zuordnung von Schülerinnen und Schülern mit unterschiedlichen Fähigkeiten bestehen, beispielsweise in Form folgender Optionen: *a)* Die Inhalte des Mathematikunterrichts sind zwar in allen Klassen ähnlich, der Schwierigkeitsgrad ist jedoch unterschiedlich (z.B. äußere Differenzierung) oder *b)* für unterschiedliche Klassen bestehen im Mathematikunterricht unterschiedliche Lehrinhalte mit unterschiedlichen Schwierigkeitsgraden. Ein Index der ***Gruppierung nach Fähigkeiten im Mathematikunterricht*** wurde von der Einteilung der Schulen in eine der drei Kategorien abgeleitet: *a)* Schulen ohne Gruppierung nach Fähigkeiten; *b)* Schulen mit einer Form der Gruppierung nach Fähigkeiten von Schülern verschiedener Klassen für einige Klassen und *c)* Schulen mit einer Form der Gruppierung nach Fähigkeiten für alle Klassen.

Förderung mathematikbezogener Aktivitäten

Die Schulleiterinnen und Schulleiter wurden gebeten anzugeben, ob die nachfolgend aufgeführten Aktivitäten zur Förderung der Schülerinnen und Schüler in Mathematik in ihrer Schule angeboten werden: *a)* Mathematikneigungskurse, Mathematikzirkel, Mathematik-AG; *b)* Mathematiknachhilfekurse; *c)* Mathematikwettbewerbe; *d)* Mathematikclubs und *e)* Computerclubs (mit speziellem Mathematikbezug). Dabei wird davon ausgegangen, dass eine Schule Zusatzunterricht anbietet, sobald sie Mathematikneigungskurse in der ein oder anderen Form bzw. Mathematiknachhilfekurse vorsieht, wobei der Index des ***Zusatzunterrichts in Mathematik*** ganz einfach der Zahl der in der Schule angebotenen, verschiedenen Arten von Zusatzunterricht entspricht. Sie gelten als Schulen, die andere Formen von Mathematikaktivitäten anbieten, sobald sie die Veranstaltung von Wettbewerben, Organisation von Clubs oder Computerclubs mit Mathematikbezug vorsehen, wobei der ***Index der Mathematikaktivitäten*** ganz einfach der Zahl der in der Schule angebotenen verschiedenen Aktivitäten entspricht.

Schulmanagement

Die Schulleiterinnen und Schulleiter wurden gebeten anzugeben, ob die Lehrkräfte, die Fachbereichsleitungen, die Schulleitung, ein ernanntes oder gewähltes Gremium in der Schule oder eine Bildungsbehörde auf höherer Ebene die Verantwortung tragen für: *a)* Einstellung von Lehrkräften; *b)* Entlassung von Lehrkräften; c) Festlegung des Anfangsgehalts der Lehrkräfte; d) Entscheidungen über die Beförderung / Höhergruppierung von Lehrkräften; e) Festlegung des Schulbudgets; *f)* Entscheidungen über die Verwendung des Budgets innerhalb der Schule; *g)* Festlegung von disziplinären Regeln für Schüler / innen; *h)* Festlegung von Kriterien für die Schülerbeurteilung; i) Aufnahme von Schülerinnen/Schülern in die Schule; *j)* Wahl der verwendeten Lehrbücher; *k)* Bestimmung des Lehrstoffs und *l)* Entscheidungen über das Fächer-/Kursangebot. Der Index der ***Ressourcenautonomie*** entspricht der Anzahl der Entscheidungen bezüglich der Schulressourcen, die in den Verantwortungsbereich der Schulen fallen (Aussagen d-f). Der Index der ***Curricularautonomie*** entspricht der Anzahl lehrplanmäßiger Entscheidungen, die in den Zuständigkeitsbereich der Schule fallen (Aussagen h, i, k und l).

Schulressourcen

Qualität der räumlichen Bedingungen der Schule

Der Index der ***Qualität der räumlichen Bedingungen der Schule*** wurde von drei Aussagen abgeleitet, die messen, inwieweit aus der Sicht der Schulleitungen die Unterrichtsversorgung ihrer Schule durch Mängel in folgenden Bereichen beeinträchtigt wird: *a)* Schulgebäude und Außenanlagen; *b)* Heiz-/Lüftungssystem und Beleuchtung sowie *c)* Unterrichtsräume (z.B. Klassenräume). Es wurde eine Vierpunkteskala mit den Antwortkategorien „gar nicht“, „sehr wenig“, „etwas“ und “viel“ verwendet. Alle Aussagen wurden für die Skalierung umgepolt, und positive Werte weisen auf eine positive Beurteilung des jeweiligen Kriteriums hin. Dieser Index wurde mit Hilfe der IRT-Skalierung konstruiert.

Qualität der Ausstattung der Schule mit Lehr- und Sachmitteln

Der Index der ***Qualität der Ausstattung der Schule mit Lehr- und Sachmitteln*** wurde abgeleitet von sieben Aussagen, die messen, inwieweit aus der Sicht der Schulleitung die Unterrichtsversorgung ihrer Schule durch Mängel in folgenden Bereichen beeinträchtigt wird: *a)* Unterrichtsmaterialien (z.B. Lehrbücher); *b)* Computer für den Unterricht; *c)* Software für den Unterricht; *d)* Taschenrechner für den Unterricht; *e)* Materialien aus der Schulbücherei; *f)* audiovisuelle Lehrmittel und *g)* Laborausrüstung und -materialien für die naturwissenschaftlichen Fächer. Es wurde eine Vierpunkteskala mit den Antwortkategorien „gar nicht“, „sehr wenig“, „etwas“ und „viel“ verwendet. Alle Aussagen wurden für die Skalierung umgepolt, und positive Werte weisen auf eine positive Beurteilung des jeweiligen Kriteriums hin. Dieser Index wurde mit Hilfe der IRT-Skalierung konstruiert.

Lehrermangel

Der Index des ***Lehrermangels*** wurde von Aussagen abgeleitet, die messen, ob aus der Sicht der Schulleitung die Unterrichtsversorgung an ihrer Schule durch potenzielle Faktoren beeinträchtigt wird. Diese Faktoren beziehen sich auf einen Mangel oder eine Unzulänglichkeit in der: *a)* Verfügbarkeit von ausreichend qualifizierten Mathematiklehrkräften; *b)* Verfügbarkeit von ausreichend qualifizierten Lehrkräften in den naturwissenschaftlichen Fächern; *c)* Verfügbarkeit von ausreichend qualifizierten Lehrkräften für das Fach Deutsch; *d)* Verfügbarkeit von ausreichend qualifizierten Lehrkräften für den Fremdsprachenunterricht sowie *e)* Verfügbarkeit von erfahrenen Lehrkräften. Für PISA 2003 wurden diese Angaben zusammen mit den Angaben über die Qualität der räumlichen Bedingungen und der Ausstattung mit Lehr- und Sachmitteln erhoben. Es wurde eine Vierpunkteskala mit den Antwortkategorien „gar nicht“, „sehr wenig“, „etwas“ und „viel“ verwendet. Die Aussagen wurden für die Skalierung nicht umgepolt, und positive Werte weisen auf einen Lehrermangel an der betreffenden Schule aus Sicht der Schulleitung hin. Dieser Index wurde mit Hilfe der IRT-Skalierung konstruiert.

Schulklima (aus Sicht der Schulleitungen)

Stimmung und Arbeitshaltung der Lehrkräfte aus Sicht der Schulleitungen

Der Index der ***Stimmung und Arbeitshaltung der Lehrkräfte*** wurde von Aussagen abgeleitet, die die Auffassung der Schulleitung von den Lehrkräften anhand folgender Aussagen messen: *a)* Stimmung und Arbeitshaltung der Lehrkräfte sind in dieser Schule gut; *b)* die Lehrkräfte arbeiten mit großem Engagement; *c)* die Lehrkräfte sind stolz auf diese Schule und *d)* die Lehrkräfte legen Wert auf schulische Leistung. Es wurde eine Vierpunkteskala mit den Antwortkategorien „stimme ganz zu“, „stimme eher zu“, „stimme eher nicht zu“, „stimme überhaupt nicht zu“ verwendet. Alle Aussagen wurden für die Skalierung umgepolt, und die Antwortkategorien „stimme eher nicht zu“ und „stimme überhaupt nicht zu“ wurden in einer Kategorie zusammengefasst. Positive Werte weisen auf ein höheres Ausmaß an guter Stimmung und Arbeitshaltung der Lehrkräfte nach Angaben der Schulleitung hin. Dieser Index wurde mit Hilfe der IRT-Skalierung konstruiert.

Stimmung und Arbeitshaltung der Schülerinnen und Schüler aus Sicht der Schulleitungen

Der Index der ***Stimmung und Arbeitshaltung der Schülerinnen und Schüler*** wurde von Aussagen abgeleitet, die die Auffassung der Schulleitung von den Schülerinnen und Schülern anhand folgender Aussagen messen: *a)* Die Schülerinnen und Schüler gehen gerne auf diese Schule; *b)* die Schülerinnen und Schüler arbeiten mit großem Engagement; *c)* die Schülerinnen und Schüler sind stolz auf diese Schule; sie schätzen schulische Leistungen hoch ein; *d)* die Schülerinnen und Schüler sind kooperativ und zeigen Respekt; *e)* die Schülerinnen und Schüler schätzen die Ausbildung, die ihnen an dieser Schule zuteil wird und *f)* die Schülerinnen und Schüler tun was sie können, um möglichst viel zu lernen. Die Aussagen weisen z.T. Parallelen zu den Antwortmöglichkeiten in Bezug auf Stimmung und Arbeitshaltung der Lehrkräfte auf. Es wurde eine Vierpunkteskala mit den Antwortkategorien „stimme genau zu“, „stimme eher zu“, „stimme eher nicht zu“, „stimme überhaupt nicht zu“ verwendet.

Alle Aussagen wurden für die Skalierung umgepolt, und die Kategorien „stimme eher nicht zu" und „stimme überhaupt nicht zu" wurden in einer Kategorie zusammengefasst. Positive Werte weisen auf eine bessere Stimmung und Arbeitshaltung der Schülerinnen und Schüler nach Angaben der Schulleitung hin. Dieser Index wurde mit Hilfe der IRT-Skalierung konstruiert.

Lehrkräftebezogene Faktoren für das Schulklima aus Sicht der Schulleitungen

Der Index der ***lehrkräftebezogenen Faktoren für das Schulklima*** wurde von Aussagen abgeleitet, die die Angaben der Schulleitung über potenzielle Faktoren, die das Lernen der Schülerinnen und Schüler an ihrer Schule beeinträchtigen könnten, anhand folgender Aussagen messen: *a)* Niedrige Erwartungen der Lehrkräfte; *b)* schlechtes Schüler-Lehrer-Verhältnis; *c)* Lehrer gehen nicht auf die individuellen Bedürfnisse der Schüler/innen ein; *d)* häufige Abwesenheit von Lehrkräften; *e)* Widerstand des Kollegiums gegen Veränderungen; *f)* Lehrkräfte sind mit den Schülern/innen zu streng und *g)* Schüler/innen werden nicht ermutigt, ihr Potenzial voll auszuschöpfen. Es wurde eine Vierpunkteskala mit den Antwortkategorien „sehr", „etwas", „kaum", „gar nicht" verwendet. Alle Aussagen wurden für die Skalierung umgepolt, und positive Werte weisen auf eine positive Beurteilung des jeweiligen Kriteriums hin. Dieser Index wurde mit Hilfe der IRT-Skalierung konstruiert.

Schülerbezogene Faktoren für das Schulklima aus Sicht der Schulleitungen

Der Index der ***schülerbezogenen Faktoren für das Schulklima*** wurde von Aussagen abgeleitet, die die Auffassung der Schulleitung über potenzielle Faktoren, die das Lernen an der Schule beeinträchtigen könnten, anhand folgender Aussagen messen: *a)* Häufige Abwesenheit von Schülern/innen; *b)* Störung des Unterrichts durch Schüler/innen; *c)* Schwänzen von Schülern/innen; *d)* fehlender Respekt der Schüler/innen vor den Lehrkräften; *e)* Konsum von Alkohol oder Drogen durch Schüler/innen und *f)* Einschüchtern oder Schikanieren von Schülern/innen durch Mitschüler/innen. Es wurde eine Vierpunkteskala mit den Antwortkategorien „sehr", „etwas", „kaum", „gar nicht" verwendet. Alle Aussagen wurden für die Skalierung umgepolt, und positive Werte weisen auf eine positive Beurteilung des jeweiligen Kriteriums hin. Dieser Index wurde mit Hilfe der IRT-Skalierung konstruiert.

Anhang A2: Fragen im Zusammenhang mit der Erfassung der Mathematikleistungen

Die Progression über die Kompetenzstufen der Mathematikskala

Dieser Abschnitt veranschaulicht die Progression über die sechs Kompetenzstufen der PISA-Mathematikskala nach der Weise, in der die einzelnen im Kapitel 2 beschriebenen mathematischen Prozesse mit steigender Kompetenzstufe ins Spiel kommen.

- Die Schülerinnen und Schüler müssen nach und nach ausgeprägtere *Denk- und Argumentationsfähigkeiten* einsetzen, um auf höhere Kompetenzstufen zu kommen, und zwar wie folgt:
  - Auf Stufe 1: direkten Instruktionen folgen und klar ersichtliche Handlungen ausführen;
  - Auf Stufe 2: direkte Schlussfolgerungen ziehen und wörtliche Interpretationen vornehmen;
  - Auf Stufe 3: sequenzielle Entscheidungen treffen, Informationen aus verschiedenen Quellen interpretieren und Schlüsse ableiten;
  - Auf Stufe 4: mit einem gewissen mathematischen Verständnis flexibel argumentieren;
  - Auf Stufe 5: gut entwickelte Denk- und Argumentationsfähigkeiten anwenden;
  - Auf Stufe 6: mathematisches Denken und Argumentieren auf fortgeschrittenem Niveau unter Beweis stellen.
- Im Hinblick auf *Kommunikationsfähigkeit* müssen die Schülerinnen und Schüler über folgende Stufen progressiv steigenden Anforderungen genügen:
  - Auf Stufe 1: expliziten Anleitungen folgen;
  - Auf Stufe 2: Informationen entnehmen und wörtliche Interpretationen vornehmen;
  - Auf Stufe 3: kurze Berichte zu ihren Interpretationen geben;
  - Auf Stufe 4: Erklärungen und Begründungen geben und mitteilen;
  - Auf Stufe 5: Interpretationen und Denkschritte formulieren und kommunizieren;
  - Auf Stufe 6: präzise Beschreibungen abfassen.
- Im Hinblick auf *Modellierung* werden mit steigenden Kompetenzstufen folgende Anforderungen gestellt:
  - Auf Stufe 1: einfache vorgegebene Modelle anwenden;
  - Auf Stufe 2: elementare vorgegebene Modelle erkennen, anwenden und interpretieren;
  - Auf Stufe 3: verschiedene Darstellungsmodelle nutzen;
  - Auf Stufe 4: mit expliziten Modellen und darin enthaltenen einschränkenden Bedingungen und Annahmen arbeiten;
  - Auf Stufe 5: komplexe Modelle konzipieren und mit ihnen arbeiten und über Modellierungsprozesse und Ergebnisse reflektieren;
  - Auf Stufe 6: Modelle komplexer mathematischer Prozesse und Beziehungen konzeptualisieren und damit arbeiten und über die Modellierungsergebnisse reflektieren, sie verallgemeinern und erklären.
- Im Hinblick auf *Problemstellung und -lösung* müssen die Schülerinnen und Schüler in folgender Weise progressiv steigenden Anforderungen genügen:
  - Auf Stufe 1: mit direkten und explizit vorgegebenen Problemen umgehen;
  - Auf Stufe 2: unmittelbare Schlüsse ziehen;
  - Auf Stufe 3: einfache Problemlösungsstrategien anwenden;
  - Auf Stufe 4: mit einschränkenden Bedingungen und Annahmen arbeiten;
  - Auf Stufe 5: geeignete Problemlösungsstrategien auswählen, vergleichen und bewerten;
  - Auf Stufe 6: komplexe Problemsituationen untersuchen und modellieren.
- Im Hinblick auf die Kompetenz der *Darstellung* müssen die Schülerinnen und Schüler in folgender Weise progressiv steigenden Anforderungen genügen:
  - Auf Stufe 1: mit vertrauten und direkten Informationen umgehen;
  - Auf Stufe 2: einer einzigen Quelle Informationen entnehmen;
  - Auf Stufe 3: verschiedene Darstellungen interpretieren und nutzen;

- Auf Stufe 4: verschiedene Darstellungen auswählen und zusammenführen und sie mit Realsituationen in Beziehung setzen;
- Auf Stufe 5: passende Darstellungen strategisch nutzen;
- Auf Stufe 6: verschiedene Informationen und Darstellungen miteinander verknüpfen und flexibel zwischen diesen hin- und herwechseln.

▪ Im Hinblick auf den *Umgang mit den symbolischen, formalen und technischen Elementen der Mathematik* müssen die Schülerinnen und Schüler in folgender Weise progressiv steigenden Anforderungen genügen:
  - Auf Stufe 1: Routineverfahren anwenden;
  - Auf Stufe 2: elementare Algorithmen, Formeln, Verfahren und Regeln anwenden;
  - Auf Stufe 3: mit symbolischen Darstellungen arbeiten;
  - Auf Stufe 4: symbolische und formale Beschreibungen nutzen;
  - Auf den Stufen 5 und 6: symbolische und formale mathematische Operationen und Beziehungen beherrschen.

Leistungsvergleich zwischen den vier Mathematikskalen

Die Tabelle A2.1, auf die in Kapitel 2 verwiesen wird, zeigt für jedes Land den Vergleich der Leistungen auf den vier Mathematik-Subskalen, d.h. auf der Subskala Raum und Form (im Folgenden M1), der Subskala Veränderung und Beziehungen (im Folgenden M2), der Subskala quantitatives Denken (im Folgenden M3) und der Subskala Unsicherheit (im Folgenden M4). Die Tabelle verdeutlicht die relative Leistungsstärke der einzelnen Länder auf den vier Skalen: *a)* die Pfeile zeigen die Beziehung zwischen den beiden Skalen, und weisen auf die „stärkere" der beiden hin, bei einem Konfidenzniveau von 95%; *b)* die Kreise deuten an, dass es bei den beiden Skalen bei 95% Konfidenzniveau keinen statistisch signifikanten Unterschied gibt; und *c)* das freie Feld bedeutet, dass keinerlei Relation zwischen den Leistungen auf diesen Skalen bei 95% Konfidenzniveau erfasst werden kann.

Tabelle A2.1
Vergleich der Leistungen auf den vier Subskalen Mathematik

M1: Mathematik / Subskala Raum und Form	**M2:** Mathematik / Subskala Veränderung und Beziehungen	**M3:** Mathematik / Subskala quantitatives Denken	**M4:** Mathematik / Subskala Unsicherheit

Australien	M1	M2	M3	M4
M1		∧		∧
M2	<		<	
M3		∧		∧
M4	<		<	

Österreich	M1	M2	M3	M4
M1		<		<
M2	∧		∧	
M3		<		<
M4	∧		∧	

Belgien	M1	M2	M3	M4
M1				<
M2				<
M3				<
M4	∧	∧	∧	

Kanada	M1	M2	M3	M4
M1		∧	∧	∧
M2	<		<	
M3	<	∧		∧
M4	<		<	

Tschech. Republik	M1	M2	M3	M4
M1		<		<
M2	∧		∧	<
M3		<		<
M4	∧	∧	∧	

Dänemark	M1	M2	M3	M4
M1				
M2				
M3				
M4				

Finnland	M1	M2	M3	M4
M1			∧	∧
M2			∧	
M3	<	<		<
M4	<		∧	

Frankreich	M1	M2	M3	M4
M1		∧	<	
M2	<		<	<
M3	∧	∧		
M4		∧		

Deutschland	M1	M2	M3	M4
M1			∧	<
M2				<
M3	<			<
M4	∧	∧	∧	

Griechenland	M1	M2	M3	M4
M1				∧
M2				∧
M3				∧
M4	<	<	<	

Ungarn	M1	M2	M3	M4
M1		∧	∧	
M2	<		<	<
M3	<	∧		
M4		∧		

Island	M1	M2	M3	M4
M1				∧
M2				∧
M3				∧
M4	<	<	<	

Irland	M1	M2	M3	M4
M1		∧	∧	∧
M2	<		<	∧
M3	<	∧		∧
M4	<	<	<	

Italien	M1	M2	M3	M4
M1		<		
M2	∧		∧	
M3		<		
M4				

Japan	M1	M2	M3	M4
M1		<	<	<
M2	∧		<	<
M3	∧	∧		
M4	∧	∧		

Korea	M1	M2	M3	M4
M1				<
M2				<
M3				
M4	∧	∧		

Luxemburg	M1	M2	M3	M4
M1		<		
M2	∧		∧	
M3		<		
M4				

Mexiko	M1	M2	M3	M4
M1		○	○	
M2	○		○	
M3	○	○		
M4				

Niederlande	M1	M2	M3	M4
M1		∧		∧
M2	<		<	
M3		∧		∧
M4	<		<	

Neuseeland	M1	M2	M3	M4
M1			<	∧
M2			<	∧
M3	∧	∧		∧
M4	<	<	<	

Norwegen	M1	M2	M3	M4
M1				∧
M2				∧
M3				∧
M4	<	<	<	

Polen	M1	M2	M3	M4
M1		<	<	
M2	∧			∧
M3	∧			∧
M4		<	<	

Portugal	M1	M2	M3	M4
M1		∧		∧
M2	<			
M3				∧
M4	<		<	

Slowak. Republik	M1	M2	M3	M4
M1		<		<
M2	∧		∧	<
M3		<		<
M4	∧	∧	∧	

Spanien	M1	M2	M3	M4
M1				
M2			∧	∧
M3		<		
M4		<		

Schweden	M1	M2	M3	M4
M1			∧	∧
M2				
M3	<			
M4	<			

Schweiz	M1	M2	M3	M4
M1		<		<
M2	∧		∧	<
M3		<		<
M4	∧	∧	∧	

Türkei	M1	M2	M3	M4
M1				∧
M2			<	
M3		∧		∧
M4	<		<	

Vereinigte Staaten	M1	M2	M3	M4
M1		∧		∧
M2	<		<	
M3		∧		∧
M4	<		<	

Brasilien	M1	M2	M3	M4
M1				∧
M2				
M3				
M4	<			

Hongkong (China)	M1	M2	M3	M4
M1		<		
M2	∧		∧	∧
M3		<		
M4		<		

Indonesien	M1	M2	M3	M4
M1				
M2				
M3				∧
M4			<	

Lettland	M1	M2	M3	M4
M1			<	<
M2				
M3	∧			
M4	∧			

Liechtenstein	M1	M2	M3	M4
M1				<
M2				<
M3				<
M4	∧	∧	∧	

Macau (China)	M1	M2	M3	M4
M1		<	∧	
M2	∧		∧	∧
M3	<	<		
M4		<		

Russ. Föderation	M1	M2	M3	M4
M1				<
M2				<
M3				<
M4	∧	∧	∧	

Serbien	M1	M2	M3	M4
M1				
M2			∧	
M3		<		<
M4			∧	

Thailand	M1	M2	M3	M4
M1		<	<	
M2	∧			
M3	∧			
M4				

Tunesien	M1	M2	M3	M4
M1				<
M2				
M3				<
M4	∧		∧	

Uruguay	M1	M2	M3	M4
M1		∧	∧	
M2	<			
M3	<			<
M4			∧	

Anhang A3: PISA-Zielpopulation, PISA-Stichproben und Definition der Schulen

Das PISA-Konzept der „Erträge" und die Definition der PISA-Zielpopulation

PISA 2003 erfasst die kumulativen Bildungserträge und Lernergebnisse zu einem Zeitpunkt, an dem sich die meisten Jugendlichen noch in der Phase der Erstausbildung befinden.

Eine große Herausforderung bei einer internationalen Erhebung besteht darin, ein solches Konzept operationell so umzusetzen, dass die internationale Vergleichbarkeit der Zielpopulationen in den verschiedenen Ländern gewährleistet ist.

Auf Grund länderspezifischer Unterschiede bei Art und Verbreitung von Einrichtungen des Elementarbereichs, dem regulären Einschulungsalter und der institutionellen Struktur der Bildungssysteme ist die Definition über bestimmte Klassenstufen für internationale Vergleiche ungeeignet. Daher werden bei internationalen Vergleichen von Schulleistungen die Populationen in der Regel in Bezug auf ein Zielalter definiert. Einige frühere internationale Erhebungen definierten ihre Zielpopulationen auf der Basis der Klassenstufe, die eine maximale Erfassung einer bestimmten Alterskohorte gewährleistet. Dieser Ansatz weist den Nachteil auf, dass leichte Abweichungen bei der altersmäßigen Verteilung der Schülerinnen und Schüler auf die einzelnen Klassenstufen sowie auch Unterschiede zwischen den Bildungssystemen innerhalb der einzelnen Länder häufig dazu führen, dass in den verschiedenen Ländern unterschiedliche Zielklassen ausgewählt werden, was die Vergleichbarkeit der Ergebnisse zwischen den einzelnen Ländern und zuweilen auch innerhalb der Länder ernsthaft in Frage stellt. Darüber hinaus kann es, da gewöhnlich nicht alle Schülerinnen und Schüler einer gewünschten Altersgruppe bei klassenspezifischen Stichproben repräsentiert sind, zu potenziell gravierenderen Verzerrungen der Ergebnisse kommen, wenn sich die unterrepräsentierten Schülerinnen und Schüler in einigen Ländern typischerweise in der nächsthöheren Klasse, in anderen Ländern wiederum in der gerade darunter liegenden Klasse befinden. Dadurch blieben Schülerinnen und Schüler mit einem potenziell höheren Leistungsniveau in den erstgenannten Ländern und Schülerinnen und Schüler mit einem potenziell niedrigeren Leistungsniveau in den an zweiter Stelle genannten Ländern unberücksichtigt.

Um dieses Problem zu vermeiden, geht PISA von einer altersspezifischen Definition ihrer Zielpopulation aus, d.h. einer Definition, die unabhängig ist von der institutionellen Struktur der Bildungssysteme der jeweiligen Länder: PISA erfasste Schülerinnen und Schüler, die zu Beginn der Testperiode im Alter von 15 Jahren und 3 (vollen) Monaten bis zu 16 Jahren und 2 (vollen) Monaten waren, gleichgültig welche Klasse oder Art von Bildungseinrichtung sie besuchten und unabhängig davon, ob es sich um eine Ganztags- oder Halbtagsschule handelte (15-Jährige, die sich in der Klassenstufe 6 oder darunter befanden, wurden in PISA 2003 nicht mit einbezogen, aber solche Schülerinnen und Schüler gibt es unter den an PISA 2003 teilnehmenden Ländern in größerer Anzahl nur in Brasilien). Bildungseinrichtungen werden in dieser Veröffentlichung generell mit dem Begriff ***Schulen*** bezeichnet, obwohl einige davon (insbesondere manche Formen von berufsbildenden Einrichtungen) im landesüblichen Sprachgebrauch vielleicht nicht als Schulen bezeichnet werden. Wie auf Grund dieser Definition zu erwarten, beträgt das Durchschnittsalter der Schülerinnen und Schüler OECD-weit 15 Jahre und 9 Monate, und dieser Wert schwankte zwischen den einzelnen Teilnehmerländern um weniger als 0,2 Jahre.

Auf Grund dieser Populationsdefinition gelangt PISA zu Feststellungen über die Kenntnisse und Fähigkeiten einer Schülergruppe, die in einer vergleichbaren Referenzperiode geboren sind, die aber über unterschiedliche inner- wie außerschulische Bildungserfahrungen verfügen. Im Rahmen von PISA werden diese Kenntnisse und Fähigkeiten als ***Erträge*** der Bildung in einem für die verschiedenen Länder gleichen Alter bezeichnet. Je nach der von den einzelnen Ländern verfolgten Politik in Bezug auf Einschulung und Versetzung können sich diese Schülerinnen und Schüler auf ein engeres oder ein breiteres Spektrum von Klassenstufen verteilen. In einigen Ländern sind die Schülerinnen und Schüler der PISA-Zielpopulation zudem unterschiedlichen Bildungssystemen, Bildungsgängen oder -zweigen zuzuordnen.

Wenn ein Land auf den Skalen für Lesekompetenz, mathematische und naturwissenschaftliche Grundbildung eine wesentlich höhere Punktzahl erreicht als ein anderes, ist daraus nicht automatisch zu folgern, dass die Schulen oder bestimmte Teile des Bildungssystems in diesem Land effektiver sind als in dem anderen. Gleichwohl lässt sich aber durchaus die Schlussfolgerung ableiten, dass der kumulative Effekt der Lernerfahrungen in dem Land mit der höheren Punktzahl von der frühen Kindheit bis zum Alter von 15 Jahren, und zwar sowohl im schulischen als auch im außerschulischen Umfeld, zu positiveren Ergebnissen in den von PISA getesteten Grundbildungsbereichen geführt hat.

In der PISA-Zielpopulation nicht enthalten sind Schülerinnen und Schüler des jeweiligen Landes, die eine Schule im Ausland besuchen.

Um den Ländern entgegenzukommen, die zum Zweck nationaler Analysen nach Klassenstufen aufgeschlüsselte Ergebnisse wünschten, stand bei PISA 2003 eine internationale Option zur Ergänzung der altersbezogenen Stichprobe durch eine klassenstufenbezogene Stichprobe offen.

Erfassungsbereich der PISA-Schülerpopulation

Alle Länder waren um eine möglichst breite Erfassung der 15-jährigen Schülerinnen und Schüler in ihren nationalen Stichproben bemüht, darunter auch solche in Sondereinrichtungen. Daher erreichte PISA 2003 einen für internationale Erhebungen dieser Art beispiellosen Standard der Populationserfassung.

Die PISA-Stichprobenstandards erlaubten es den Ländern, bis zu insgesamt 5% der relevanten Population auszuschließen, sei es durch Ausschluss von Schulen oder durch Ausschluss von Schülern innerhalb der Schulen. Mit Ausnahme von sieben Ländern, d.h. Neuseeland (5,1%), Dänemark (5,3%), Vereinigtes Königreich (5,4%), Serbien[1] (5,7%), Kanada (6,8%), Vereinigte Staaten (7,3%) und Spanien (7,3%), erreichten alle Länder diesen Standard, und in 20 Ländern lag die Gesamtausschlussrate bei weniger als 2%. In einigen der Länder mit Ausschlussraten von über 5% waren Ausschlüsse unvermeidlich. In Neuseeland wurden z.B. 2,3% der Schülerinnen und Schüler ausgeschlossen, da sie weniger als 1 Jahr Unterricht in Englisch hatten (häufig weil es sich um Schulgebühren zahlende ausländische Schüler handelte), weshalb sie nicht in der Lage gewesen wären, den Prüfanleitungen zu folgen. Wenn sprachlich bedingte Ausschlüsse berücksichtigt, d.h. aus der Gesamtausschlussrate herausgerechnet werden, liegen die Ausschlussraten in Dänemark und Neuseeland nicht mehr über 5%. Wegen Einzelheiten vgl. *www.pisa.oecd.org*.

Zu den Ausklammerungen innerhalb der oben genannten Begrenzung zählen:

- *Auf Schulebene: a)* Schulen, die geographisch unzugänglich waren oder wo die Durchführung der PISA-Erhebung als nicht praktikabel angesehen wurde, sowie *b)* Schulen, deren Unterrichtsangebot sich auf die Kategorien beschränkt, die unter der Rubrik „Ausschlüsse innerhalb der Schulen“ definiert sind, wie z.B. Blindenschulen. Der Prozentsatz der 15-Jährigen, die solche Schulen besuchten, musste weniger als 2,5% der angestrebten Grundgesamtheit auf Länderebene betragen. Der *PISA 2003 Technical Report* (OECD, erscheint demnächst) enthält Angaben über die Größenordnung, Art und Begründung von Ausschlüssen auf Schulebene.
- *Auf Schülerebene: a)* Schülerinnen und Schüler mit geistiger Behinderung, *b)* funktionsgestörte Schülerinnen und Schüler, und *c)* Schülerinnen und Schüler mit beschränkter Beherrschung der Testsprache. Schülerinnen und Schüler konnten auf Grund eines niedrigen Leistungsniveaus und normaler Disziplinprobleme nicht ausgeschlossen werden. Der Prozentsatz der innerhalb der Schulen ausgeklammerten 15-Jährigen musste weniger als 2,5% der auf Länderebene angestrebten Grundgesamtheit betragen.

Tabelle A3.1 beschreibt die Zielpopulation der an PISA 2003 teilnehmenden Länder. Nähere Einzelheiten über die Zielpopulation und die Anwendung der PISA-Stichprobenstandards enthält der *PISA 2003 Technical Report* (OECD, erscheint demnächst).

- **Spalte 1** zeigt die Gesamtzahl der 15-Jährigen gemäß den aktuellsten vorliegenden Informationen, d.h. für die meisten Länder das Jahr 2002, das der Erhebung vorausging.
- **Spalte 2** zeigt die Zahl der 15-Jährigen in Klassenstufe 7 oder darüber (gemäß obiger Definition), also die *in* ***Betracht kommende Population.***
- **Spalte 3** zeigt die ***angestrebte Grundgesamtheit auf Länderebene***. Im Rahmen der Ausschlüsse auf Schulebene konnten die Länder a priori bis zu 0,5% der Schülerinnen und Schüler von der in Betracht kommenden Population ausschließen, im Wesentlichen aus praktischen Gründen. In folgenden Fällen wurde diese Höchstgrenze überschritten, was aber im Einvernehmen mit dem PISA-Konsortium geschah: Australien hat 1,04% seiner Schülerpopulation von TAFE-Colleges (Schulen für Berufsausbildung) ausgeklammert; in Frankreich blieben Schülerinnen und Schüler in den Überseeterritorien (Territoires d'Outre-Mer) unberücksichtigt, da die Erhebung nicht auf Schüler in Überseegebieten auszudehnen war, sie nicht unter die nationalen Bildungssysteme fallen, ebenso wie die in Betracht kommenden Schülerinnen und Schüler in Krankenhäusern oder Handelskammern (französische Schülerinnen und Schüler in Übersee-Departements wurden einbezogen). Und im Fall Indonesiens wurden 4,65% der Schülerinnen und Schüler aus vier Provinzen aus Sicherheitsgründen ausgeschlossen.

1. Für Serbien und Montenegro liegen keine Daten für den Landesteil Montenegro vor. Auf Montenegro entfallen 7,9% der nationalen Erhebungspopulation. Die Bezeichnung „Serbien“ wird kurz für den serbischen Landesteil von Serbien und Montenegro verwendet.

Tabelle A3.1
PISA-Zielpopulationen und -Stichproben

		Informationen über die Grundgesamtheit und die Stichproben				
		(1) Gesamtpopulation der 15-Jährigen	(2) Gesamtzahl der 15-jährigen Schüler in Klassenstufe 7 oder darüber	(3) Angestrebte Grundgesamtheit auf Länderebene	(4) Ausschlüsse auf Schulebene, insgesamt	(5) Ang. Länder-Grundgesamtheit nach Ausschluss von und vor Ausschl. in Schulen
OECD-Länder	Australien	268 164	250 635	248 035	1 621	246 414
	Österreich	94 515	89 049	89 049	321	88 728
	Belgien	120 802	118 185	118 185	561	117 624
	Kanada	398 865	399 265	397 520	6 600	390 920
	Tschech. Republik	130 679	126 348	126 348	1 294	125 054
	Dänemark	59 156	58 188	58 188	628	57 560
	Finnland	61 107	61 107	61 107	1 324	59 783
	Frankreich	809 053	808 276	774 711	18 056	756 655
	Deutschland	951 800	916 869	916 869	5 600	911 269
	Griechenland	111 286	108 314	108 314	808	107 506
	Ungarn	129 138	123 762	123 762	3 688	120 074
	Island	4 168	4 112	4 112	26	4 086
	Irland	61 535	58 997	58 906	864	58 042
	Italien	561 304	574 611	574 611	2 868	571 743
	Japan	1 365 471	1 328 498	1 328 498	13 592	1 314 906
	Korea	606 722	606 370	606 370	2 729	603 641
	Luxemburg	4 204	4 204	4 204	0	4 204
	Mexiko	2 192 452	1 273 163	1 273 163	46 483	1 226 680
	Niederlande	194 216	194 216	194 216	2 559	191 657
	Neuseeland	55 440	53 293	53 160	194	52 966
	Norwegen	56 060	55 648	55 531	294	55 237
	Polen	589 506	569 294	569 294	14 600	554 694
	Portugal	109 149	99 216	99 216	826	98 390
	Slowak. Republik	84 242	81 945	81 890	1 042	80 848
	Spanien	454 064	418 005	418 005	1 639	416 366
	Schweden	109 482	112 258	112 258	1 615	110 643
	Schweiz	83 247	81 020	81 020	2 760	78 260
	Türkei	1 351 492	725 030	725 030	5 328	719 702
	Verein. Königreich	768 180	736 785	736 785	24 773	712 012
	Vereinigte Staaten	3 979 116	3 979 116	3 979 116	0	3 979 116
Partnerländer	Brasilien	3 618 332	2 359 854	2 348 405	0	2 348 405
	Hongkong (China)	75 000	72 631	72 631	601	72 030
	Indonesien	4 281 895	3 113 548	2 968 756	9 292	2 959 464
	Lettland	37 544	37 138	37 138	1 419	35 719
	Liechtenstein	402	348	348	0	348
	Macau (China)	8 318	6 939	6 939	0	6 939
	Russ. Föderation	2 496 216	2 366 285	2 366 285	23 445	2 342 840
	Serbien	98 729	92 617	92 617	4 931	87 686
	Thailand	927 070	778 267	778 267	7 597	770 670
	Tunesien	164 758	164 758	164 758	553	164 205
	Uruguay	53 948	40 023	40 023	59	39 964

		Informationen über die Grundgesamtheit und die Stichproben				
		(6) Prozent. Anteil der Ausschlüsse auf Schulebene	(7) Zahl der teilnehmenden Schüler	(8) Gewichtete Zahl der teilnehmenden Schüler	(9) Zahl der ausgeschlossenen Schüler	(10) Gewichtete Zahl der ausgeschlossenen Schüler
OECD-Länder	Australien	0.65	12 551	235 591	228	3 612
	Österreich	0.36	4 597	85 931	60	1 099
	Belgien	0.47	8 796	111 831	102	1 193
	Kanada	1.66	27 953	330 436	1 993	18 328
	Tschech. Republik	1.02	6 320	121 183	22	218
	Dänemark	1.08	4 218	51 741	214	2 321
	Finnland	2.17	5 796	57 883	79	725
	Frankreich	2.33	4 300	734 579	51	8 158
	Deutschland	0.61	4 660	884 358	61	11 533
	Griechenland	0.75	4 627	105 131	144	2 652
	Ungarn	2.98	4 765	107 044	62	1 065
	Island	0.63	3 350	3 928	79	79
	Irland	1.47	3 880	54 850	139	1 619
	Italien	0.50	11 639	481 521	188	6 794
	Japan	1.02	4 707	1 240 054	0	0
	Korea	0.45	5 444	533 504	24	2 283
	Luxemburg	0.00	3 923	4 080	66	66
	Mexiko	3.65	29 983	1 071 650	34	7 264
	Niederlande	1.32	3 992	184 943	20	1 041
	Neuseeland	0.36	4 511	48 638	263	2 411
	Norwegen	0.53	4 064	52 816	139	1 563
	Polen	2.56	4 383	534 900	75	7 517
	Portugal	0.83	4 608	96 857	84	1 450
	Slowak. Republik	1.27	7 346	77 067	109	1 341
	Spanien	0.39	10 791	344 372	591	25 619
	Schweden	1.44	4 624	107 104	144	3 085
	Schweiz	3.41	8 420	86 491	194	893
	Türkei	0.73	4 855	481 279	0	0
	Verein. Königreich	3.36	9 535	698 579	270	15 062
	Vereinigte Staaten	0.00	5 456	3 147 089	534	246 991
Partnerländer	Brasilien	0.00	4 452	1 952 253	5	2 142
	Hongkong (China)	0.83	4 478	72 484	8	103
	Indonesien	0.31	10 761	1 971 476	0	0
	Lettland	3.82	4 627	33 643	44	380
	Liechtenstein	0.00	332	338	5	5
	Macau (China)	0.00	1 250	6 546	4	13
	Russ. Föderation	0.99	5 974	2 153 373	35	14 716
	Serbien	5.32	4 405	68 596	15	241
	Thailand	0.98	5 236	637 076	5	563
	Tunesien	0.34	4 721	150 875	1	31
	Uruguay	0.15	5 835	33 775	18	80

Tabelle A3.1 *(Fortsetzung)*

PISA-Zielpopulationen und -Stichproben

		Informationen über die Grundgesamtheit und die Stichproben		Erfassungsindizes		
		(11) Ausschlussrate innerhalb der Schulen (in %)	(12) Ausschlussrate insgesamt (in %)	(13) Erfassungsindex 1: Erfassung der angestrebten Grundgesamtheit auf Länderebene	(14) Erfassungsindex 2: Erfassung der nationalen Schülerpopulation	(15) Erfassungsindex 3: Prozentsatz der Schülerpopulation
OECD-Länder	Australien	1.51	2.15	0.98	0.97	0.93
	Österreich	1.26	1.62	0.98	0.98	0.94
	Belgien	1.06	1.53	0.98	0.98	0.98
	Kanada	5.26	6.83	0.93	0.93	1.00
	Tschech. Republik	0.18	1.20	0.99	0.99	0.97
	Dänemark	4.29	5.33	0.95	0.95	0.98
	Finnland	1.24	3.38	0.97	0.97	1.00
	Frankreich	1.10	3.40	0.97	0.93	1.00
	Deutschland	1.29	1.89	0.98	0.98	0.96
	Griechenland	2.46	3.19	0.97	0.97	0.97
	Ungarn	0.99	3.94	0.96	0.96	0.96
	Island	1.97	2.59	0.97	0.97	0.99
	Irland	2.87	4.29	0.96	0.96	0.96
	Italien	1.39	1.88	0.98	0.98	1.02
	Japan	0.00	1.02	0.99	0.99	0.97
	Korea	0.43	0.87	0.99	0.99	1.00
	Luxemburg	1.59	1.59	0.98	0.98	1.00
	Mexiko	0.67	4.30	0.96	0.96	0.58
	Niederlande	0.56	1.87	0.98	0.98	1.00
	Neuseeland	4.72	5.07	0.95	0.95	0.96
	Norwegen	2.87	3.39	0.97	0.96	0.99
	Polen	1.39	3.91	0.96	0.96	0.97
	Portugal	1.47	2.30	0.98	0.98	0.91
	Slowak. Republik	1.71	2.96	0.97	0.97	0.97
	Spanien	6.92	7.29	0.93	0.93	0.92
	Schweden	2.80	4.20	0.96	0.96	1.03
	Schweiz	1.02	4.39	0.96	0.96	0.97
	Türkei	0.00	0.73	0.99	0.99	0.54
	Verein. Königreich	2.11	5.40	0.95	0.95	0.96
	Vereinigte Staaten	7.28	7.28	0.93	0.93	1.00
Partnerländer	Brasilien	0.11	0.11	1.00	0.99	0.65
	Hongkong (China)	0.14	0.97	0.99	0.99	0.97
	Indonesien	0.00	0.31	1.00	0.95	0.73
	Lettland	1.12	4.89	0.95	0.95	0.99
	Liechtenstein	1.46	1.46	0.99	0.99	0.87
	Macau (China)	0.20	0.20	1.00	1.00	0.83
	Russ. Föderation	0.68	1.66	0.98	0.98	0.95
	Serbien	0.35	5.66	0.94	0.94	0.94
	Thailand	0.09	1.06	0.99	0.99	0.84
	Tunesien	0.02	0.36	1.00	1.00	1.00
	Uruguay	0.24	0.38	1.00	1.00	0.74

Anmerkung: Wegen einer ausführlichen Erläuterung der in dieser Tabelle enthaltenen Einzelheiten vgl. den *PISA 2003 Technical Report* (OECD, erscheint demnächst).

- **Spalte 4** zeigt die Zahl der Schülerinnen und Schüler in Schulen, die von der angestrebten Grundgesamtheit auf Länderebene bei der Stichprobenziehung oder zu einem späteren Zeitpunkt während der Datensammlung ausgeschlossen wurden.
- **Spalte 5** zeigt die Größe der angestrebten Grundgesamtheit auf Länderebene nach Abzug der Schülerinnen und Schüler in den ausgeschlossenen Schulen. Sie ergibt sich durch Subtraktion der Spalte 4 von Spalte 3.
- **Spalte 6** zeigt den prozentualen Anteil der Schülerinnen und Schüler in den ausgeschlossenen Schulen. Er wird durch Division der Spalte 4 durch Spalte 3 und durch Multiplikation mit 100 ermittelt.
- **Spalte 7** zeigt die ***Zahl der an PISA 2003 teilnehmenden Schülerinnen und Schüler***. Dabei ist zu beachten, dass dieser Wert die im Rahmen nationaler Optionen zusätzlich einbezogenen Schülerinnen und Schüler nicht berücksichtigt.
- **Spalte 8** zeigt die ***gewichtete Zahl der teilnehmenden Schülerinnen und Schüler***, d.h. die Zahl der Schülerinnen und Schüler in der definierten Grundgesamtheit auf Länderebene, die die PISA-Stichprobe repräsentiert.
- Jedes Land war bestrebt, den Erfassungsbereich der PISA-Zielpopulation bei den in die Stichprobe einbezogenen Schulen zu maximieren. Für jede einbezogene Schule wurden alle in Betracht kommenden Schülerinnen und Schüler, d.h. die 15-Jährigen, unabhängig von ihrer Klasse, zuerst aufgelistet. Auch die von der Stichprobe auszuschließenden Schülerinnen und Schüler mussten in der Stichprobendokumentation aufgeführt sein, und auf einer Liste waren die Gründe für ihren Ausschluss darzulegen. **Spalte 9** gibt die Gesamtzahl der ***ausgeschlossenen Schülerinnen und Schüler*** an, die in Tabelle A3.2 näher beschrieben und in spezifische Kategorien unterteilt wird. Der in **Spalte 10** angegebene Wert steht für die ***gewichtete Zahl der ausgeschlossenen Schülerinnen und Schüler***, d.h. die Gesamtzahl der Schüler in der definierten Grundgesamtheit auf Länderebene, die die Zahl der von der Stichprobe ausgeschlossenen Schülerinnen und Schüler repräsentiert, die ebenfalls in Tabelle A3.2 näher beschrieben und in verschiedene Kategorien unterteilt wurde. Der Ausschluss der Schülerinnen und Schüler erfolgt auf der Basis von vier Kategorien: *a)* Schülerinnen und Schüler mit geistiger Behinderung, d.h. die eine mentale oder emotionale Behinderung aufweisen und kognitiv zurückgeblieben sind,

Tabelle A3.2
Ausschlüsse

	Zahl der ausgeschlossenen Schüler (ungewichtet)					Zahl der ausgeschlossenen Schüler (gewichtet)				
	(1) Zahl der ausgeschlossenen Schüler mit Behinderungen (Code 1)	(2) Zahl der ausgeschlossenen Schüler mit Behinderungen (Code 2)	(3) Zahl der auf Grund der Sprache ausgeschlossenen Schüler (Code 3)	(4) Zahl der aus anderen Gründen ausgeschlossenen Schüler (Code 4)	(5) Gesamtzahl der ausgeschlossenen Schüler	(6) Gewichtete Zahl der ausgeschlossenen Schüler mit Behinderungen (Code 1)	(7) Gewichtete Zahl der ausgeschlossenen Schüler mit Behinderungen (Code 2)	(8) Zahl der auf Grund der Sprache ausgeschlossenen Schüler (Code 3)	(9) Gewichtete Zahl der aus anderen Gründen ausgeschlossenen Schüler (Code 4)	(10) Gewichtete Gesamtzahl der ausgeschlossenen Schüler
OECD Länder										
Australien	33	133	62	0	228	457	2 443	712	0	3 612
Österreich	3	27	30	0	60	62	573	465	0	1 099
Belgien	4	49	49	0	102	64	507	622	0	1 193
Kanada	100	1 590	303	0	1 993	874	13 720	3 734	0	18 328
Tschech. Republik	5	14	2	1	22	106	35	66	11	218
Dänemark	9	70	79	56	214	101	768	861	591	2 321
Finnland	15	37	20	7	79	138	334	200	53	725
Frankreich	9	31	11	0	51	1 227	5 110	1 821	0	8 158
Deutschland	4	21	30	6	61	768	4 526	5 347	893	11 533
Griechenland	14	30	31	69	144	289	555	498	1 310	2 652
Ungarn	0	55	7	0	62	0	928	138	0	1 065
Island	12	45	22	0	79	12	45	22	0	79
Irland	14	78	16	31	139	152	906	183	377	1 619
Italien	20	99	69	0	188	619	3 655	2 521	0	6 794
Japan	0	0	0	0	0	0	0	0	0	0
Korea	3	21	0	0	24	284	1 999	0	0	2 283
Luxemburg	2	15	45	4	66	2	15	45	4	66
Mexiko	7	10	17	0	34	167	1 618	5 479	0	7 264
Niederlande	2	17	1	0	20	154	773	114	0	1 041
Neuseeland	29	94	140	0	263	260	880	1 271	0	2 411
Norwegen	7	90	42	0	139	77	1 019	468	0	1 563
Polen	9	26	3	37	75	894	2 623	310	3 691	7 517
Portugal	14	55	15	0	84	255	929	265	0	1 450
Slowak. Republik	16	74	19	0	109	108	913	320	0	1 341
Spanien	34	421	136	0	591	1 594	17 246	6 779	0	25 619
Schweden	1	110	33	0	144	18	2 297	769	0	3 085
Schweiz	26	93	75	0	194	127	344	422	0	893
Türkei	0	0	0	0	0	0	0	0	0	0
Verein. Königreich	23	208	39	0	270	1 146	12 401	1 515	0	15 062
Vereinigte Staaten	32	431	71	0	534	14 239	201 562	31 190	0	246 991
Partnerländer										
Brasilien	4	1	0	0	5	1 642	500	0	0	2 142
Hongkong (China)	2	5	1	0	8	26	63	14	0	103
Indonesien	0	0	0	0	0	0	0	0	0	0
Lettland	21	23	0	0	44	148	231	0	0	380
Liechtenstein	1	0	4	0	5	1	0	4	0	5
Macau (China)	4	0	0	0	4	13	0	0	0	13
Russ. Föderation	13	19	3	0	35	4 538	8 969	1 209	0	14 716
Serbien	5	8	2	0	15	78	129	34	0	241
Thailand	4	1	0	0	5	463	100	0	0	563
Tunesien	0	0	1	0	1	0	0	31	0	31
Uruguay	5	9	4	0	18	30	38	12	0	80

Ausschlusscodes:

Code 1: *Funktionale Behinderung* - die Schülerin/der Schüler hat eine geringfügige bis schwere dauerhafte physische Behinderung.

Code 2: *Intellektuelle Behinderung* - die Schülerin/der Schüler hat eine geistige oder seelische Behinderung und ist entweder als kognitiv zurückgeblieben getestet worden oder wird nach professioneller Meinung qualifizierter Kräfte als geistig zurückgeblieben angesehen.

Code 3: *Begrenzte Beherrschung der Testsprache* - für die Schülerin/den Schüler ist keine der Testsprachen im gegebenen Land die Muttersprache, und sie/er verfügt nur über begrenzte Kompetenzen in diesen Sprachen.

Code 4: *Sonstige* - sie werden von den nationalen Zentren definiert und vom internationalen Zentrum genehmigt.

Anmerkung: Wegen einer ausführlichen Erläuterung anderer Details in dieser Tabelle vgl. den *PISA 2003 Technical Report* (OECD, erscheint demnächst).

so dass sie nicht an der Erhebung unter den PISA-Testbedingungen teilnehmen konnten; *b)* funktionsgestörte Schülerinnen und Schüler, die an einer leichten bis zu einer schwerwiegenden bleibenden körperlichen Behinderung leiden, so dass sie nicht an der Erhebung unter den PISA-Testbedingungen teilnehmen konnten; und *c)* Schülerinnen und Schüler mit einer begrenzten Beherrschung der Testsprache, die nicht in der Lage sind, in einer der Testsprachen des Landes zu lesen oder zu sprechen, und die die Sprachbarriere in der Testsituation nicht hätten überwinden können. In der Regel können Schülerinnen und Schüler, die weniger als ein Jahr Unterricht in der Testsprache hatten, von der Erhebung ausgeschlossen werden; und *d)* sonstige Schülerinnen und Schüler, eine Kategorie, die von den nationalen Zentren definiert und vom Internationalen Konsortium genehmigt werden muss.

- **Spalte 11** zeigt den ***prozentualen Anteil der Schülerinnen und Schüler, die innerhalb der Schulen*** ausgeschlossen wurden. Er ist berechnet als die gewichtete Zahl der ausgeschlossenen Schülerinnen und Schüler (Spalte 10), dividiert durch die gewichtete Zahl der ausgeschlossenen und der teilnehmenden Schülerinnen und Schüler (Spalte 8 plus Spalte 10).
- **Spalte 12** zeigt die ***Ausschlussrate insgesamt***, die dem gewichteten Prozentsatz der angestrebten Grundgesamtheit auf Länderebene entspricht, der von PISA entweder auf Schulebene oder auf innerschulischer Ebene von der Erhebung ausgeschlossen wurde. Sie wird wie folgt berechnet: Ausschlussrate auf Schulebene (Spalte 6 dividiert durch 100) zuzüglich Ausschlussrate innerhalb der Schulen (Spalte 11 dividiert durch 100), multipliziert mit 1, abzüglich der Ausschlussrate auf Schulebene (Spalte 6 dividiert durch 100). Dieses Ergebnis wird dann mit 100 multipliziert. Bei sieben Ländern, nämlich Dänemark, Kanada, Neuseeland, Spanien, dem Vereinigten Königreich und den Vereinigten Staaten, sowie dem Partnerland Serbien, war die Ausschlussrate größer als 5% (vgl. auch *www.oecd.org* wegen näherer Einzelheiten hierzu). Wenn sprachlich bedingte Ausschlüsse berücksichtigt, d.h. aus der Gesamtausschlussrate herausgerechnet werden, liegen die Ausschlussraten in Dänemark und Neuseeland nicht mehr über 5%.
- **Spalte 13** zeigt einen Index für den ***Erfassungsgrad der angestrebten Grundgesamtheit auf Länderebene durch die PISA-Stichprobe***. Kanada, Spanien, die Vereinigten Staaten und das Partnerland Serbien waren die einzigen Länder, in denen weniger als 95% der Population von der PISA-Erhebung erfasst wurden.
- **Spalte 14** zeigt einen Index für den ***Erfassungsgrad der 15-jährigen Schülerinnen und Schüler durch die PISA-Stichprobe***. Der Index misst den Gesamtanteil der nationalen Schülerpopulation, der durch die nach den Ausschlüssen verbleibende Schülerstichprobe erfasst wird. Bei dem Index werden Ausschlüsse sowohl auf Schulebene als auch auf Schülerebene berücksichtigt. Die nahe bei 100 liegenden Werte weisen darauf hin, dass die PISA-Stichprobe das gesamte Schulsystem nach Definition für PISA 2003 repräsentiert. Der Index ergibt sich aus der gewichteten Zahl der teilnehmenden Schülerinnen und Schüler (Spalte 8), dividiert durch die gewichtete Zahl der teilnehmenden und der ausgeschlossenen Schüler (Spalte 8 plus Spalte 10), multipliziert mit der definierten Grundgesamtheit auf Länderebene (Spalte 5), dividiert durch die angestrebte Grundgesamtheit auf Länderebene (Spalte 2) (mal 100). In denselben Ländern, in denen der Index 1 unter 0,95 lag, betrug der Index 2 ebenfalls weniger als 0,95. Außerdem lag dieser Index wegen des Ausschlusses der Überseeterritorien auch in Frankreich unter 95%. Das stimmt mit den Ergebnissen von PISA 2000 überein.
- **Spalte 15** zeigt einen Index **des *prozentualen Anteils der erfassten Schülerpopulation***. Dieser Index ergibt sich aus der Gesamtzahl der erfassten Population der 15-Jährigen (Spalte 2), dividiert durch die gesamte Population der 15-jährigen Schülerinnen und Schüler (Spalte 1).

Dieser hohe Erfassungsgrad trägt zur Vergleichbarkeit der Testergebnisse bei. Selbst wenn z.B. davon ausgegangen wird, dass die ausgeschlossenen Schülerinnen und Schüler systematisch schlechtere Ergebnisse erzielt hätten als die am Test teilnehmenden und dass diese Korrelation mittelstark ausgeprägt ist, würde eine Ausschlussrate in der Größenordnung von 5% wahrscheinlich zu einer Überzeichnung der nationalen Durchschnittsergebnisse um weniger als 5 Punkte führen (auf einer Skala mit einem internationalen Mittelwert von 500 Punkten und einer Standardabweichung von 100 Punkten). Diese Bewertung basiert auf den folgenden Berechnungen: Bei einer Korrelation zwischen der Ausschlussneigung und den Schülerleistungen von 0,3 wären die resultierenden Mittelwerte bei einer Ausschlussrate von 1% um 1 Punkt, bei einer Ausschlussrate von 5% um 3 Punkte und bei einer Ausschlussrate von 10% um 6 Punkte überzeichnet. Betrüge die Korrelation zwischen der Ausschlussneigung und den Schülerleistungen 0,5, wären die resultierenden Mittelwerte bei einer Ausschlussrate von 1% um 1 Punkt, um 5 Punkte bei einer Ausschlussrate von 5% und bei einer Ausschlussrate von 10% um 10 Punkte zu hoch geschätzt. Für diese Berechnung wurde ein Modell verwendet, das von einer bivariaten Normalverteilung der Teilnahmeneigung und der Leistungen ausgeht. Wegen näherer Einzelheiten vgl. den *PISA 2003 Technical Report* (OECD, erscheint demnächst).

Stichprobenziehung und Beteiligungsquoten

Die Genauigkeit jeglicher Untersuchungsergebnisse hängt von der Qualität der Informationen ab, auf denen die nationalen Stichproben basieren, sowie von der Stichprobenziehung. Für PISA wurden Qualitätsstandards, Verfahren, Instrumente und Verifikationsmechanismen entwickelt, die gewährleisteten, dass die nationalen Stichproben vergleichbare Daten ergaben und dass die Ergebnisse ohne Vorbehalte miteinander verglichen werden können.

Die meisten PISA-Stichproben wurden nach dem Konzept der zweistufigen geschichteten Stichproben konzipiert (soweit die Länder unterschiedliche Stichprobenkonzepte anwandten, sind diese dokumentiert in dem *PISA 2003 Technical Report*, OECD, erscheint demnächst). Die erste Stufe bestand darin, eine Stichprobe einzelner Schulen zu ziehen, die von 15-jährigen Schülerinnen und Schülern besucht wurden. Die Schulstichprobe wurde systematisch gezogen, mit Wahrscheinlichkeiten

proportional zur Größe, die wiederum in Abhängigkeit zur geschätzten Zahl der in Betracht kommenden (15-jährigen) Schülerinnen und Schüler stand. In jedem Land wurden mindestens 150 Schulen (sofern vorhanden) ausgewählt, wobei die Anforderungen für die nationalen Analysen häufig eine etwas größere Stichprobe bedingten. Gleichzeitig mit der Stichprobenziehung wurden Ersatzschulen ermittelt für den Fall, dass eine der ausgewählten Schulen nicht an der PISA-2003-Erhebung teilnehmen wollte.

In Island, Liechtenstein und Luxemburg wurden alle Schulen und alle innerhalb der Schulen in Betracht kommenden Schülerinnen und Schüler in die Stichprobe aufgenommen. Da jedoch nicht alle zu den PISA-Stichproben gehörenden Schülerinnen und Schüler in allen Bereichen getestet wurden, liegt mit diesen nationalen Stichproben nur für die Erfassung der mathematischen Grundbildung als dem Hauptbereich eine Vollerhebung vor.

Experten des PISA-Konsortiums führten den Auswahlprozess der Stichproben in jedem Teilnehmerland durch und überwachten diesen Prozess sorgfältig in jenen Ländern, die ihre eigenen Stichproben auswählten.

In der zweiten Phase des Auswahlprozesses wurden Schülerstichproben innerhalb der teilnehmenden Schulen gezogen. Nach der Auswahl der Schulen wurde eine Liste aller 15-jährigen Schülerinnen und Schüler an den für die Stichprobe gezogenen Schulen erstellt. Aus dieser Liste wurden 35 Schülerinnen und Schüler mit gleicher Wahrscheinlichkeit ausgewählt (wenn es weniger als 35 gab, wurden alle 15-jährigen Schülerinnen und Schüler ausgewählt).

Die Qualitätsstandards der PISA-Daten setzten eine Mindestteilnahmequote sowohl für die Schulen als auch für die Schülerinnen und Schüler voraus. Diese Standards wurden aufgestellt, um mögliche beteiligungsbedingte Verzerrungen zu minimieren. Bei den Ländern, die diese Standards erfüllten, dürften etwaige Verzerrungen infolge von Nichtbeteiligung unerheblich, d.h. in der Regel geringer als der Stichprobenfehler sein.

Für die ursprünglich ausgewählten Schulen galt eine Mindestbeteiligungsquote von 85% als erforderlich. Wenn die ursprüngliche Beteiligungsquote auf Schulebene zwischen 65% und 85% lag, konnte eine akzeptable Quote jedoch immer noch durch die Einbeziehung von Ersatzschulen erzielt werden. Dieses Verfahren brachte die Gefahr eines erhöhten Beteiligungsbias mit sich. Daher wurden die Teilnehmerländer ersucht, so viele der ursprünglich für die Stichprobe gezogenen Schulen wie möglich zu einer Teilnahme zu veranlassen. Wenn die Beteiligungsquote der Schülerinnen und Schüler zwischen 25% und 50% lag, galt die betreffende Schule nicht als teilnehmende Schule, aber die diesbezüglichen Daten wurden in die Datenbank aufgenommen und bei den verschiedenen Schätzungen berücksichtigt. Daten von Schulen mit einer Schülerbeteiligungsquote von weniger als 25% wurden nicht in die Datenbank aufgenommen.

Für PISA 2003 wurde auch eine minimale Schülerbeteiligungsquote von 80% innerhalb der teilnehmenden Schulen festgesetzt. Diese Mindestquote musste auf Landesebene und nicht zwangsläufig von jeder teilnehmenden Schule erreicht werden. Folgesitzungen waren in Schulen erforderlich, in denen zu wenig Schülerinnen und Schüler an der ursprünglichen Testsitzung teilgenommen hatten. Die Schülerbeteiligungsquoten wurden für alle ursprünglichen Schulen sowie für alle Schulen, d.h. ursprünglich ausgewählte oder Ersatzschulen, und auf der Basis der Teilnahme der Schülerinnen und Schüler an der ursprünglichen Testsitzung wie auch an etwaigen Folgesitzungen errechnet. Schüler, die bei der ersten Testsitzung oder einer Folgesitzung anwesend waren, galten als Teilnehmer. Solche, die sich nur an der Beantwortung der Fragebogen beteiligten, wurden in die internationale Datenbank aufgenommen und bei den Statistiken in dieser Veröffentlichung berücksichtigt, wenn sie zumindest Angaben über die berufliche Tätigkeit des Vaters oder der Mutter gemacht hatten.

Tabelle A3.3 gibt Auskunft über die Beteiligungsquoten auf Schüler- und auf Schulebene, vor und nach Einbeziehung von Ersatzschulen.

- **Spalte 1** zeigt die ***gewichtete Beteiligungsquote der Schulen vor Einbeziehung von Ersatzschulen.*** Sie wird durch Division von Spalte 2 durch Spalte 3 ermittelt.
- **Spalte 2** zeigt die ***gewichtete Zahl der teilnehmenden Schulen vor Einbeziehung von Ersatzschulen*** (gewichtet nach der Schülerzahl).
- **Spalte 3** zeigt die ***gewichtete Zahl der für die Stichprobe gezogenen Schulen vor Einbeziehung von Ersatzschulen*** (sowohl effektiv teilnehmende als auch nicht teilnehmende Schulen) (gewichtet nach der Schülerzahl).
- **Spalte 4** zeigt die ***ungewichtete Zahl der teilnehmenden Schulen, vor Einbeziehung von Ersatzschulen.***
- **Spalte 5** zeigt die ***ungewichtete Zahl der teilnehmenden und nicht teilnehmenden Schulen, vor Einbeziehung von Ersatzschulen.***

- **Spalte 6** zeigt die ***gewichtete Schulbeteiligungsquote nach Einbeziehung von Ersatzschulen.*** Sie ergibt sich durch Division von Spalte 7 durch Spalte 8. Kanada, das Vereinigte Königreich und die Vereinigten Staaten wurden den PISA-Anforderungen in Bezug auf die Beteiligungsquoten vor Einbeziehung von Ersatzschulen, d.h. 85%, nicht gerecht. Für Kanada belief sich die Beteiligungsquote vor Einbeziehung von Ersatzschulen auf 79,9% (Spalte 1) und erreichte nach Einbeziehung von Ersatzschulen 84,4%, womit sie um 3,1% unter der erforderlichen Quote von 87,5% blieb. Im Vereinigten Königreich betrug die Beteiligungsquote vor Einbeziehung von Ersatzschulen 64,3% (Spalte 1), damit unterschritt sie die erforderliche Mindestquote um 0,7%. Nach Einbeziehung von Ersatzschulen erhöhte sich die Beteiligungsquote auf 77,4%, was immer noch unter der letztlich erforderlichen Beteiligungsquote lag. In den Vereinigten Staaten belief sich die Beteiligungsquote vor Einbeziehung von Ersatzschulen zunächst auf 64,9%, und nach Einbeziehung von Ersatzschulen erreichte sie 68,1%.
- **Spalte 7** zeigt die ***gewichtete Zahl der teilnehmenden Schulen, nach Einbeziehung von Ersatzschulen*** (gewichtet nach der Schülerzahl).
- **Spalte 8** zeigt die ***gewichtete Zahl der für die Stichprobe gezogenen Schulen nach Einbeziehung von Ersatzschulen*** (sowohl effektiv teilnehmende als auch nicht teilnehmende Schulen) (gewichtet nach der Schülerzahl).
- **Spalte 9** zeigt die ***ungewichtete Zahl der teilnehmenden Schulen nach Einbeziehung von Ersatzschulen***.
- **Spalte 10** zeigt die ***ungewichtete Zahl der teilnehmenden und nicht teilnehmenden Schulen nach Einbeziehung von Ersatzschulen***.
- **Spalte 11** zeigt die ***gewichtete Schülerbeteiligungsquote nach Einbeziehung von Ersatzschulen***. Sie ergibt sich durch Division der Spalte 12 durch Spalte 13. Das **Vereinigte Königreich** war das einzige Land, in dem die Schülerbeteiligungsquote von 77,9% unter der erforderlichen Quote von 80% lag.
- **Spalte 12** zeigt die ***gewichtete Zahl der getesteten Schülerinnen und Schüler.***
- **Spalte 13** zeigt die ***gewichtete Zahl der Stichprobenschüler*** (sowohl an der Testsitzung teilnehmende als auch dabei abwesende Schülerinnen und Schüler).
- **Spalte 14** zeigt die ***ungewichtete Zahl der getesteten Schülerinnen und Schüler.*** Zu beachten ist, dass alle Schüler in Schulen mit einer Schülerbeteiligungsquote von weniger als 50% nicht in diese (sowohl gewichteten als auch ungewichteten) Quoten mit einbezogen wurden.
- **Spalte 15** zeigt die ***ungewichtete Zahl der Stichprobenschüler*** (sowohl an der Testsitzung teilnehmende als auch dabei abwesende Schülerinnen und Schüler). Zu beachten ist, dass alle Schüler in Schulen mit einer Schülerbeteiligungsquote von weniger als 50% nicht in diese (sowohl gewichteten als auch ungewichteten) Quoten mit einbezogen wurden.

Erfassung der Daten für das Vereinigte Königreich in PISA 2003

Um zu gewährleisten, dass PISA zu verlässlichen und international vergleichbaren Daten führt, vereinbarten die OECD-Länder einen Prozess zur Validierung aller nationalen Datenvorlagen. Als Basis für diesen Prozess legte PISA technische Standards für die Qualität der Datenreihen fest, die die Länder erfüllen müssen, um in die OECD-Veröffentlichungen aufgenommen zu werden. Diese Standards sind in Einzelheiten in dem *PISA 2003 Technical Report* (OECD, erscheint demnächst) beschrieben. Eine der Anforderungen lautet, dass die ursprüngliche Beteiligungsquote auf Schulebene 85% und auf Schülerebene 80% betragen sollte. Die Beteiligungsquoten sind in Tabelle A3.3 wiedergegeben.

Das Vereinigte Königreich lag deutlich unter diesen Standards mit einer gewichteten Beteiligungsquote vor Einbeziehung von Ersatzschulen von 64,3% auf Schulebene. Wie bereits erwähnt, umfassen die technischen Standards ein genehmigtes Verfahren, in dessen Rahmen Länder mit einer ursprünglichen Beteiligungsquote auf Schulebene von mindestens 65% diese durch die Einbeziehung bestimmter Ersatzschulen verbessern konnten. Für das Vereinigte Königreich war eine Beteiligungsquote auf Schulebene von 96% erforderlich, nach Einbeziehung von Ersatzschulen wurden jedoch lediglich 77,4% erreicht und auf Schülerebene betrug die Quote 77,9%.

Die Ergebnisse einer anschließenden Biasanalyse lieferten keinen Hinweis auf signifikante Verzerrungen der Leistungsergebnisse auf Schulebene, deuteten jedoch auf mögliche durch Nichtbeteiligung bedingte Verzerrungen auf Schülerebene hin. Das PISA-Konsortium gelangte zu dem Schluss, dass es nicht möglich war, den Umfang oder selbst die Richtung dieser durch Nichtbeteiligung bedingten Verzerrungen verlässlich zu bewerten und entsprechend zu bereinigen. Daher kann nicht darauf vertraut werden, dass die Stichprobenergebnisse für das Vereinigte Königreich die Resultate für die gesamte Bevölkerung zu dem für PISA erforderlichen Grad an Genauigkeit widerspiegeln. Im Vereinigten Königreich betrugen die mittleren Punktzahlen für die teilnehmende Schülerstichprobe 508, 507 bzw. 518 in mathematischer Grundbildung, Lesekompetenz

Tabelle A3.3
Beteiligungsquoten

		Ursprüngl. Stichprobe - vor Einbeziehung von Ersatzschulen					Endgültige Stichprobe - nach Einbeziehung von Ersatzschulen				
		(1) Gewichtete Schulbeteiligungsquote vor Einbeziehung von Ersatzschulen (%)	(2) Zahl der teilnehmenden Schulen (gewichtet nach Schülerzahlen)	(3) Gewichtete Zahl der Stichprobenschulen (effektiv teilnehmende u. nicht teilnehmende) (gew. nach Schülerzahlen)	(4) Zahl der teilnehmenden Schulen (ungewichtet)	(5) Zahl der teilnehmenden und nicht teilnehmenden Schulen (ungewichtet)	(6) Gewichtete Schulbeteiligungsquote nach Einbeziehung von Ersatzschulen (%)	(7) Gewichtete Zahl der teilnehmenden Schulen (gewichtet nach Schülerzahlen)	(8) Zahl der Stichprobenschulen (effektiv teilnehmende u. nicht teilnehmende) (gew. nach Schülerzahlen)	(9) Zahl der teilnehmenden Schulen (ungewichtet)	(10) Zahl der teilnehmenden und nicht teilnehmenden Schulen (ungewichtet)
OECD-Länder	Australien	86.31	237 525	275 208	301	355	90.43	248 876	275 208	314	355
	Österreich	99.29	87 169	87 795	192	194	99.29	87 169	87 795	192	194
	Belgien	83.40	98 423	118 010	248	296	95.63	112 775	117 924	282	296
	Kanada	79.95	300 328	375 622	1 040	1 162	84.38	316 977	375 638	1 066	1 162
	Tschech. Republik	91.38	113 178	123 855	239	262	99.05	122 629	123 811	259	262
	Dänemark	84.60	47 573	56 234	175	210	98.32	55 271	56 213	205	210
	Finnland	97.39	58 209	59 766	193	197	100.00	59 766	59 766	197	197
	Frankreich	88.65	671 417	757 355	162	183	89.24	675 840	757 355	163	183
	Deutschland	98.06	886 841	904 387	211	216	98.82	893 879	904 559	213	216
	Griechenland	80.60	82 526	102 384	145	179	95.77	104 859	109 490	171	179
	Ungarn	97.32	115 041	118 207	248	262	99.37	117 269	118 012	252	262
	Island	99.90	4 082	4 086	129	131	99.90	4 082	4 086	129	131
	Irland	90.24	52 791	58 499	139	154	92.84	54 310	58 499	143	154
	Italien	97.54	549 168	563 039	398	406	100.00	563 039	563 039	406	406
	Japan	87.12	1 144 942	1 314 227	131	150	95.91	1 260 428	1 314 227	144	150
	Korea	95.89	589 540	614 825	143	149	100.00	614 825	614 825	149	149
	Luxemburg	99.93	4 087	4 090	29	32	99.93	4 087	4 090	29	32
	Mexiko	93.98	1 132 315	1 204 851	1 090	1 154	95.45	1 150 023	1 204 851	1 102	1 154
	Niederlande	82.61	161 682	195 725	144	175	87.86	171 955	195 725	153	175
	Neuseeland	91.09	48 401	53 135	158	175	97.55	51 842	53 145	171	175
	Norwegen	87.87	48 219	54 874	175	200	90.40	49 608	54 874	180	200
	Polen	95.12	531 479	558 752	157	166	98.09	548 168	558 853	163	166
	Portugal	99.31	106 174	106 916	152	153	99.31	106 174	106 916	152	153
	Slowak. Republik	98.39	406 170	412 829	377	383	100.00	412 777	412 777	383	383
	Spanien	78.92	63 629	80 626	223	284	99.08	80 394	81 141	281	284
	Schweden	99.08	112 467	113 511	185	188	99.08	112 467	113 511	185	188
	Schweiz	97.32	77 867	80 011	437	456	98.53	78 838	80 014	444	456
	Türkei	93.29	671 385	719 702	145	159	100.00	719 405	719 405	159	159
	Verein. Königreich	64.32	456 818	710 203	311	451	77.37	549 059	709 641	361	451
	Vereinigte Staaten	64.94	2 451 083	3 774 330	249	382	68.12	2 571 003	3 774 322	262	382
Partnerländer	Brasilien	93.20	2 181 287	2 340 538	213	229	99.51	2 328 972	2 340 538	228	229
	Hongkong (China)	81.89	59 216	72 312	124	151	95.90	69 345	72 312	145	151
	Indonesien	100.00	2 173 824	2 173 824	344	344	100.00	2 173 824	2 173 824	344	344
	Lettland	95.31	33 845	35 509	157	164	95.31	33 845	35 509	157	164
	Liechtenstein	100.00	348	348	12	12	100.00	348	348	12	12
	Macau (China)	100.00	6 992	6 992	39	39	100.00	6 992	6 992	39	39
	Russ. Föderation	99.51	1 798 096	1 806 954	210	211	100.00	1 806 954	1 806 954	211	211
	Serbien	100.00	90 178	90 178	149	149	100.00	90 178	90 178	149	149
	Thailand	91.46	704 344	770 109	163	179	100.00	769 392	769 392	179	179
	Tunesien	100.00	163 555	163 555	149	149	100.00	163 555	163 555	149	149
	Uruguay	93.20	39 773	42 677	233	245	97.11	41 474	42 709	239	245

		Endgültige Stichprobe - Schüler innerhalb der Schulen nach Einbeziehung von Ersatzschulen				
		(11) Gewichtete Schülerbeteiligungsquote nach Einbeziehung von Ersatzschulen (%)	(12) Zahl der getesteten Schüler (gewichtet)	(13) Zahl der Stichprobenschüler (teilnehmende u. abwesende) (gewichtet)	(14) Zahl der getesteten Schüler (ungewichtet)	(15) Zahl der Stichprobenschüler (teilnehmende u. abwesende) (ungewichtet)
OECD-Länder	Australien	83.31	176 085	211 357	12 425	15 179
	Österreich	83.56	71 392	85 439	4 566	6 212
	Belgien	92.47	98 936	106 995	8 796	9 498
	Kanada	83.90	233 829	278 714	27 712	31 899
	Tschech. Republik	89.03	106 645	119 791	6 316	7 036
	Dänemark	89.88	45 356	50 464	4 216	4 687
	Finnland	92.84	53 737	57 883	5 796	6 235
	Frankreich	88.11	581 957	660 491	4 214	4 774
	Deutschland	92.18	806 312	874 762	4 642	5 040
	Griechenland	95.43	96 273	100 883	4 627	4 854
	Ungarn	92.87	98 996	106 594	4 764	5 132
	Island	85.37	3 350	3 924	3 350	3 924
	Irland	82.58	42 009	50 873	3 852	4 670
	Italien	92.52	445 502	481 521	11 639	12 407
	Japan	95.08	1 132 200	1 190 768	4 707	4 951
	Korea	98.81	527 177	533 504	5 444	5 509
	Luxemburg	96.22	3 923	4 077	3 923	4 077
	Mexiko	92.26	938 902	1 017 667	29 734	32 276
	Niederlande	88.25	144 212	163 418	3 979	4 498
	Neuseeland	85.71	40 595	47 363	4 483	5 233
	Norwegen	87.86	41 923	47 715	4 039	4 594
	Polen	81.95	429 921	524 584	4 338	5 296
	Portugal	87.92	84 783	96 437	4 590	5 199
	Slowak. Republik	90.61	312 044	344 372	10 791	11 655
	Spanien	91.90	70 246	76 441	7 346	7 994
	Schweden	92.61	98 095	105 927	4 624	4 970
	Schweiz	94.70	81 026	85 556	8 415	8 880
	Türkei	96.87	466 201	481 279	4 855	5 010
	Verein. Königreich	77.92	419 810	538 737	9 265	11 352
	Vereinigte Staaten	82.73	1 772 279	2 142 288	5 342	6 502
Partnerländer	Brasilien	91.19	1 772 522	1 943 751	4 452	4 871
	Hongkong (China)	90.20	62 756	69 576	4 478	4 966
	Indonesien	98.09	1 933 839	1 971 476	10 761	10 960
	Lettland	93.88	30 043	32 001	4 627	4 940
	Liechtenstein	98.22	332	338	332	338
	Macau (China)	98.02	6 642	6 775	1 250	1 274
	Russ. Föderation	95.71	2 061 050	2 153 373	5 974	6 253
	Serbien	91.36	62 669	68 596	4 405	4 829
	Thailand	97.81	623 093	637 076	5 236	5 339
	Tunesien	96.27	145 251	150 875	4 721	4 902
	Uruguay	90.83	29 756	32 759	5 797	6 422

und naturwissenschaftlicher Grundbildung. Auf den Mathematik-Subskalen ergaben sich mittlere Punktzahlen von 496 auf der Skala Raum und Form, 513 auf der Skala Veränderung und Beziehungen, 520 auf der Skala Unsicherheit und 499 auf der Skala quantitatives Denken. Wenn unterstellt wird, dass die durch Nichtbeteiligung bedingten Verzerrungen unerheblich bis moderat sind, könnten die Durchschnittsergebnisse des Vereinigten Königreichs auf der Skala für mathematische Grundbildung zwischen 492 und 524, auf der Lesekompetenzskala zwischen 491 und 523 und auf der Skala für naturwissenschaftliche Grundbildung zwischen 502 und 534 liegen (wegen näherer Einzelheiten vergleiche den *PISA 2003 Technical Report*, OECD, erscheint demnächst). Die Unsicherheiten in Bezug auf die Stichprobe und die damit verbundenen Verzerrungen sind so groß, dass keine verlässlichen Vergleiche der mittleren Punktzahlen für das Vereinigte Königreich mit denen anderer Länder möglich sind. Sie können auch nicht mit den Punktzahlen für das Vereinigte Königreich in PISA 2000 verglichen werden.

Die Ergebnisse sind jedoch für viele Vergleiche zwischen Untergruppen innerhalb des Landes (z.B. Jungen und Mädchen) sowie für relationale Analysen verlässlich. Daher wurden die Ergebnisse für das Vereinigte Königreich in einer getrennten Kategorie unter den Ergebnissen für die anderen Teilnehmerländer dargestellt. Andere Daten für das Vereinigte Königreich, die in diesem Bericht nicht erfasst sind, können unter *www.pisa.oecd.org* abgerufen werden, was es Forschern erlaubt, die Ergebnisse der internationalen Vergleiche wiederzugeben.

Bei allen internationalen Durchschnittswerten und globalen Statistiken sind die Daten für das Vereinigte Königreich mit eingeschlossen.

Es ist zu beachten, dass Schottland und Nordirland eine unabhängige Stichprobenerhebung durchführten, die den technischen Standards von PISA entsprach. Die Ergebnisse für Schottland, darunter auch Informationen über die Stichproben, sind in Anhang B2 wiedergegeben, und sind ohne Einschränkung mit den Ergebnissen der anderen OECD-Länder und den Ergebnissen von PISA 2000 vergleichbar.

Definition der Schulen

PISA 2003

In einigen Ländern wurden Untereinheiten von Schulen anstelle von Schulen als Verwaltungseinheiten für die Stichprobe herangezogen, und das kann die Schätzung der Anteile der Varianz zwischen Schulen beeinflussen. In Italien, Japan, Österreich, der Tschechischen Republik und Ungarn wurden Schulen mit mehr als einem Bildungsgang in die den jeweiligen Bildungsgängen entsprechende Einheiten unterteilt. In den Niederlanden wurden Schulen, die sowohl die Sekundarstufe I als auch II umfassen, in die jeweiligen Stufen unterteilt. In Uruguay und Mexiko, wo die Schulen Schichtunterricht erteilen, wurden sie in die entsprechenden Einheiten unterteilt. Was Belgien betrifft, so wurden in der flämischen Gemeinschaft bei Multi-Campus-Schulen die verschiedenen Einrichtungen in die Stichprobe einbezogen, während in der französischen Gemeinschaft im Fall von Multi-Campus-Schulen die jeweils größere Verwaltungseinheit berücksichtigt wurde. In der Slowakischen Republik wurden Schulen, in denen sowohl Slowakisch als auch Ungarisch Unterrichtssprachen sind, in die den jeweiligen Sprachen entsprechende Einheiten unterteilt. Wegen einer Definition der Stichprobeneinheiten in den einzelnen Ländern vgl. *www.oecd.pisa.org*.

Anhang A4: Standardfehler, Signifikanztests und Vergleiche zwischen Untergruppen

Die in diesem Bericht enthaltenen Statistiken stellen ***Schätzwerte*** der nationalen Leistung auf der Basis der Schülerstichproben dar, und nicht etwa aus den Antworten sämtlicher Schülerinnen und Schüler eines Landes auf sämtliche Fragen errechnete Werte. Daher ist es wichtig, die mögliche Höhe des Messfehlers dieser Schätzungen zu kennen. In PISA wird bei jeder Schätzung ein Messfehler angegeben, der durch den ***Standardfehler*** (S.E.) ausgedrückt ist. Die Verwendung von ***Konfidenzintervallen*** ermöglicht es, Schlüsse in Bezug auf die Populationsdurchschnittswerte und -prozentsätze zu ziehen und dabei den an die Stichprobenschätzungen geknüpften Messfehler zu berücksichtigen. Es kann davon ausgegangen werden, dass das tatsächlich beobachtete statistische Ergebnis einer gegebenen Population in 95 von 100 Wiederholungsmessungen mit unterschiedlichen Stichproben derselben Population innerhalb des Konfidenzintervalls liegen würde.

Die Leser sind häufig in erster Linie daran interessiert, ob sich ein bestimmter Wert für ein gegebenes Land von einem zweiten Wert für dasselbe Land oder für ein anderes Land unterscheidet, z.B. ob in einem bestimmten Land Mädchen bessere Leistungen als Jungen aufweisen. In den Tabellen und Abbildungen dieses Berichts werden Unterschiede als ***statistisch signifikant*** bezeichnet, wenn ein Unterschied dieser Größe oder darüber in weniger als 5% der Fälle beobachtet würde, in denen bei den entsprechenden Populationswerten ein solcher Unterschied tatsächlich nicht vorhanden wäre. Entsprechend wird das Risiko, eine Korrelation als signifikant zu bezeichnen, wenn effektiv keine Korrelation zwischen zwei Messgrößen besteht, auf 5% begrenzt.

Zwar ist die Wahrscheinlichkeit, bestimmte Differenzen fälschlicherweise für statistisch signifikant zu erklären, bei jedem einzelnen Vergleich gering (5%), sie nimmt jedoch zu, wenn mehrere Vergleiche gleichzeitig gemacht werden.

Hier kann eine Anpassung vorgenommen werden, die die maximale Wahrscheinlichkeit, dass zumindest einmal bei allen vorgenommenen Vergleichen Unterschiede fälschlicherweise als statistisch signifikant bezeichnet werden, auf 5% reduziert. Eine solche Korrektur wurde auf der Basis der Bonferroni-Methode bei den in den Kapiteln 2 und 6 enthaltenen Abbildungen mit Vergleichen der Durchschnittsergebnisse vorgenommen. Der in dieser Weise angepasste Signifikanztest sollte verwendet werden, wenn das Interesse der Leser darauf gerichtet ist, das Ergebnis eines Landes mit den Ergebnissen aller anderen Länder zu vergleichen. Für den Vergleich eines Landes mit nur einem anderen Land ist eine Anpassung nicht erforderlich.

Bei allen anderen Tabellen und Abbildungen sollte der Leser beachten, dass die Vergleiche der Länder in Verbindung mit einem Signifikanzniveau von 5%, wenn bei einer gegebenen Messgröße keine wirklichen Differenzen bestünden, fälschlicherweise bei 0,05-mal der Zahl der vorgenommenen Vergleiche Differenzen ermitteln würden. Obwohl die in PISA angewandten Signifikanztests zur Ermittlung geschlechtsspezifischer Unterschiede gewährleisten, dass die Wahrscheinlichkeit einer fälschlichen Ermittlung von geschlechtsspezifischen Unterschieden für jedes Land weniger als 5% beträgt, würden z.B. bei einem Vergleich, der Unterschiede für 30 Länder zeigt, durchschnittlich 1,35 Fälle (0,05 x 30) mit signifikanten geschlechtsspezifischen Unterschieden ermittelt, selbst wenn in keinem der Länder wirklich geschlechtsspezifische Unterschiede vorlägen. Dasselbe gilt für andere Statistiken, für die im Rahmen dieser Veröffentlichung Signifikanztests durchgeführt wurden, wie z.B. Korrelationen und Regressionskoeffizienten.

Für sämtliche Teile des Berichts wurden Signifikanztests durchgeführt, um die statistische Signifikanz der vorgenommenen Vergleiche zu prüfen.

Leistungsunterschiede zwischen 2000 und 2003

Vergleiche Anhang A8 wegen Anmerkungen zur Interpretation der Unterschiede zwischen den Erhebungen PISA 2003 und PISA 2000.

Geschlechtsspezifische Unterschiede

Die geschlechtsspezifischen Unterschiede bei den Schülerleistungen oder anderen Indizes wurden auf ihre statistische Signifikanz hin getestet. Positive Unterschiede weisen auf höhere Punktzahlen für Jungen hin, während negative Unterschiede höhere Punktzahlen für Mädchen bezeichnen. Die in den Tabellen in den Anhängen B1 und B2 fettgedruckten Unterschiede sind bei einem Konfidenzniveau von 95% statistisch signifikant. Vgl. z.B. Tabelle 2.1c und Tabelle 3.1, Anhang B1.

Leistungsunterschied zwischen dem obersten und dem untersten Quartil

Unterschiede bei den Durchschnittsleistungen zwischen dem obersten und dem untersten Quartil bei den PISA-Indizes wurden auf ihre statistische Signifikanz hin getestet. Die fettgedruckten Werte zeigen an, dass zwischen der Leistung des obersten und des untersten Quartils der Schüler auf dem jeweiligen Index ein statistisch signifikanter Unterschied bei einem Konfidenzniveau von 95% besteht.

Veränderung der Leistung je Indexeinheit

Für viele Tabellen in Anhang B1 wurde die Veränderung der Leistung je Indexeinheit berechnet. Die fettgedruckten Werte zeigen an, dass die Veränderungen bei einem Konfidenzniveau von 95% statistisch signifikant von null abweichen.

Relatives Risiko oder erhöhte Wahrscheinlichkeit

Das relative Risiko ist eine Messgröße für die kausale Abhängigkeit zwischen einem Antezedens- und Konsequenzfaktor. Das relative Risiko ist nichts anderes als das Verhältnis zwischen zwei Risiken, d.h. dem Risiko der Beobachtung eines Ergebnisses bei Anwesenheit des Antezedens und dem Risiko der Beobachtung eines Ergebnisses bei Abwesenheit des Antezedens. Tafel 1 stellt die im Folgenden verwendete Einteilung in zweidimensionaler Form dar.

Bezeichnungen in einer zweidimensionalen Tabelle

p_{11}	p_{12}	$p_{1.}$
p_{21}	p_{22}	$p_{2.}$
$p_{.1}$	$p_{.2}$	$p_{..}$

Darin ist $p_{..}$ gleich $\frac{n_{..}}{n_{..}}$, wobei $n_{..}$ die Gesamtzahl der Schüler und $p_{..}$ daher gleich 1 ist, $p_{i.}$, $p_{.j}$ jeweils die bedingte Wahrscheinlichkeit für jede Zeile und jede Spalte darstellen. Die bedingte Wahrscheinlichkeit entspricht der bedingten Häufigkeit, dividiert durch die Gesamtzahl der Schüler. schließlich bezeichnet die Wahrscheinlichkeit für jede Zelle und entspricht der Zahl der Beobachtungen in einer bestimmten Zelle, dividiert durch die Gesamtzahl der Beobachtungen.

Bei PISA stellen die Zeilen den Antezedensfaktor dar, wobei die erste Zeile „die Anwesenheit" und die zweite Zeile „die Abwesenheit" des Antezedensfaktors veranschaulicht, während die Spalten den Konsequenzfaktor darstellen, wobei die erste Spalte „die Anwesenheit" und die zweite Spalte „die Abwesenheit" des Konsequenzfaktors veranschaulicht. Das relative Risiko entspricht dann:

$$RR = \frac{(p_{11} / p_{1.})}{(p_{21} / p_{2.})}$$

Die fettgedruckten Werte in Anhang B1 weisen darauf hin, dass das relative Risiko bei einem Konfidenzniveau von 95% statistisch signifikant von 1 abweicht.

Unterschiede bei den Prozentwerten zwischen 2003 und 2000

Bei Vergleichen der Prozentwerte zwischen den Stichproben von PISA 2003 und PISA 2000 wurden Unterschiede auf ihre statistische Signifikanz hin getestet. Die fettgedruckten Werte in Anhang B1 weisen auf einen statistisch signifikanten Unterschied der Prozentwerte bei einem Konfidenzniveau von 95% hin. Bei einem Vergleich der Daten von 2003 und 2000 sollte beachtet werden, dass die Schulleitungen im Jahr 2000 um Angaben zur Situation der 15-Jährigen in ihren Schulen gebeten wurden, während die Schulleitungen im Jahr 2003 gebeten wurden, bei ihren Antworten die Gesamtsituation in ihrer Schule zu berücksichtigen. Desgleichen wurden die Schülerinnen und Schüler 2000 gebeten, über die Situation im Testsprachenunterricht nachzudenken, während sie dies 2003 in Bezug auf den Mathematikunterricht tun sollten.

Unterschiede bei den Mathematikleistungen zwischen öffentlichen und privaten Schulen

Leistungsdifferenzen zwischen öffentlichen und privaten Schulen wurden auf ihre statistische Signifikanz hin getestet. Zu diesem Zweck wurden vom Staat abhängige und unabhängige private Schulen gemeinsam betrachtet. Positive Differenzen bezeichnen

höhere Punktwerte für öffentliche Schulen, während negative Differenzen höhere Punktwerte für private Schulen bezeichnen. Die fettgedruckten Werte in Anhang B1 weisen auf einen statistisch signifikanten Unterschied der prozentualen Anteile bei einem Konfidenzniveau von 95% hin.

Unterschiede bei den Mathematikleistungen zwischen einheimischen Schülern (Gruppe 1) und Schülern mit Migrationshintergrund (Gruppe 2 und 3)

Leistungsunterschiede zwischen einheimischen Schülern und Schülern mit Migrationshintergrund wurden auf ihre statistische Signifikanz hin getestet. Zu diesem Zweck wurden im Ausland geborene Schüler (Gruppe 3) und im Inland geborene Schüler mit im Ausland geborenen Eltern (Gruppe 2) gemeinsam betrachtet. Positive Differenzen bezeichnen höhere Punktzahlen für Schüler der Gruppe 1, während negative Differenzen höhere Punktzahlen für Schüler der Gruppe 2 und 3 darstellen. Fettgedruckte Werte in Anhang B1 weisen auf einen statistisch signifikanten Unterschied der prozentualen Anteile bei einem Konfidenzniveau von 95% hin.

Effektstärken

Es kann zuweilen nützlich sein, die Indexunterschiede zwischen Gruppen, z.B. zwischen Jungen und Mädchen, in den einzelnen Ländern miteinander zu vergleichen. Ein Problem, das dabei auftreten kann, ergibt sich durch die unterschiedliche Indexverteilung in den einzelnen Ländern. Eine Möglichkeit dieses Problem zu lösen, besteht darin, eine Effektstärke zu berechnen, die den Verteilungsunterschieden Rechnung trägt. Eine Effektstärke misst z. B. den Unterschied bei der Selbstwirksamkeit in Mathematik zwischen Jungen und Mädchen in einem gegebenen Land in Relation zu der Durchschnittsvarianz der Punktwerte bei der Selbstwirksamkeit in Mathematik zwischen Jungen und Mädchen in demselben Land.

Eine Effektstärke erlaubt auch einen Vergleich der Unterschiede der Messgrößen mit unterschiedlichem metrischen System. Es ist z.B. möglich, Effektstärken zwischen den PISA-Indizes und den PISA-Testergebnissen miteinander zu vergleichen. Ein Beispiel hierfür findet sich in Tabelle 3.16, wo die Mathematikleistungen geschlechtsspezifischen Unterschieden bei einer Reihe von Indizes gegenübergestellt werden.

Entsprechend der üblichen Praxis werden Effektstärken von weniger als 0,20 in diesem Kontext als klein, Effektstärken in der Größenordnung von 0,50 als mittelgroß und von mehr als 0,80 als groß angesehen. Bei vielen Vergleichen in diesem Bericht werden Unterschiede nur dann berücksichtigt, wenn die Effektstärken mindestens 0,20 betragen, selbst wenn kleinere Unterschiede immer noch statistisch signifikant sind; fettgedruckte Zahlen in Anhang B1 weisen darauf hin, dass die Werte gleich oder größer als 0,20 sind, Werte von weniger als 0,20, die aber auf Grund von Rundungen in den Tabellen als 0,20 erscheinen, sind nicht hervorgehoben.

Die Effektstärke zwischen zwei Untergruppen wird berechnet als:

$$\frac{m_1 - m_2}{\sqrt{\frac{\sigma_1^2 + \sigma_2^2}{2}}}$$

das entspricht der durchschnittlichen Differenz zwischen zwei Untergruppen, dividiert durch die kombinierte Standardabweichung, d.h. die Quadratwurzel der Summe der Untergruppenvarianz dividiert durch 2.

Verteilungsschiefe

Die Schiefe der Verteilung beim sozioökonomischen Hintergrund wurde berechnet. Negative Werte für die Schiefe weisen auf einen längeren Ausläufer von Schülerinnen und Schülern mit benachteiligtem sozioökonomischem Hintergrund hin, während positive Werte auf einen längeren Ausläufer von Schülerinnen und Schülern mit privilegiertem sozioökonomischem Hintergrund hindeuten.

Anhang A5: Qualitätssicherung

Qualitätssicherungsverfahren wurden in sämtlichen Teilen von PISA durchgeführt.

Die einheitliche Qualität und sprachliche Äquivalenz der PISA-Erhebungsinstrumente wurden dadurch erleichtert, dass den Ländern äquivalente Originalfassungen der Erhebungsinstrumente in Englisch und Französisch vorgelegt und die Länder (soweit es sich um solche handelte, in denen die Schülerleistungen nicht in diesen zwei Sprachen erhoben wurden) aufgefordert wurden, ausgehend von den beiden Originalversionen zwei unabhängige Übersetzungen anzufertigen und dann zusammenzufassen. Es wurden genaue Übersetzungs- und Bearbeitungsrichtlinien vorgegeben und Anweisungen hinsichtlich der Auswahl und Ausbildung der Übersetzer erteilt. Für jedes Land wurden die Übersetzung und das Format der Erhebungsinstrumente (einschl. des Testmaterials, der Kodieranweisungen, der Fragebogen und der Handbücher) durch vom PISA-Konsortium eingesetzte erfahrene Übersetzer überprüft (deren Muttersprache die Unterrichtssprache in dem betreffenden Land war und die ausreichende Kenntnisse bezüglich der Bildungssysteme hatten), bevor sie im PISA-Feldtest und in der PISA-Haupterhebung eingesetzt wurden. Nähere Informationen über die PISA-Übersetzungsverfahren enthält der *PISA 2003 Technical Report* (OECD, erscheint demnächst).

Die Erhebung wurde mit Hilfe standardisierter Verfahren durchgeführt. Das PISA-Konsortium stellte umfassende Handbücher zur Verfügung, die den Ablauf der Erhebung erklärten und u.a. präzise Anweisungen für die Arbeit der Schulkoordinatoren sowie Vorlagen für die Testleiter zum Gebrauch bei den Testsitzungen enthielten. Vorgeschlagene Anpassungen der Erhebungsmethoden oder vorgeschlagene Änderungen der Testsitzungen wurden vor der Überprüfung dem PISA-Konsortium zur Genehmigung vorgelegt. Das PISA-Konsortium überprüfte dann die nationalen Übersetzungen und die Anpassung dieser Handbücher.

Um die Glaubwürdigkeit von PISA im Hinblick auf Validität und Unvoreingenommenheit zu gewährleisten und einen einheitlichen Ablauf der Testsitzungen zu fördern, wurden die Testleiterinnen und Testleiter in den Teilnehmerländern nach folgenden Kriterien ausgewählt: Vorgeschrieben wurde, dass die Leiterinnen und Leiter der vorgesehenen PISA-Testsitzungen nicht zugleich die Fachlehrer der teilnehmenden Schülerinnen und Schüler in den Bereichen Lesen, Mathematik und Naturwissenschaften sein durften; empfohlen wurde, dass die Testleiterinnen und Testleiter nicht Mitglied des Kollegiums einer Schule sein sollten, an der sie die Leitung der PISA-Tests übernahmen; als wünschenswert wurde erachtet, dass die Testleiterinnen und Testleiter nicht zum Kollegium einer für die PISA-Stichprobe gezogenen Schule gehören sollten. Die Teilnehmerländer organisierten für die Testleiterinnen und Testleiter einen individuellen Trainingskurs.

Es war Aufgabe der Teilnehmerländer sicherzustellen, dass: die Testleiterinnen und Testleiter mit den Schulkoordinatoren bei der Vorbereitung der Testsitzung zusammenarbeiteten, u.a. bei der Aktualisierung der Unterlagen über den bisherigen Bildungsweg der Schülerinnen und Schüler sowie der Identifizierung ausgeschlossener Schülerinnen und Schüler; für die kognitiven Items keine zusätzliche Zeit eingeräumt wurde (während es erlaubt war, für die Beantwortung des Schülerfragebogens mehr Zeit zuzugestehen); kein Instrument vor Beginn der zwei einstündigen Teile der kognitiven Sitzung bekannt gegeben wurde; die Testleiterinnen und Testleiter den Stand der Schülerbeteiligung auf den Unterlagen über die Bildungswege der Schülerinnen und Schüler festhielten und ein Formular für den Sitzungsbericht ausfüllten; kein kognitives Instrument fotokopiert werden durfte; kein kognitives Instrument von dem Schulpersonal vor der Testsitzung gesehen werden durfte; und die Testleiterinnen und Testleiter das Material unmittelbar nach Abschluss der Testsitzungen an das nationale Zentrum zurückgaben.

Die nationalen Projektmanager wurden dazu angehalten, eine Folgesitzung zu organisieren, wenn mehr als 15% der PISA-Stichprobe nicht an der ursprünglichen Testsitzung teilnehmen konnten.

Für das Qualitätsmonitoring zuständige nationale Vertreter des PISA-Konsortiums besuchten alle nationalen Zentren, um die Verfahren der Datenerhebung zu überprüfen. Schließlich besuchten „School Quality Monitors“ aus dem PISA-Konsortium eine Stichprobe von 15 Schulen während der Erhebung. Nähere Informationen über die Feldoperationen enthält der *PISA 2003 Technical Report* (OECD, erscheint demnächst).

Die Verfahren zur Gewährleistung einer konsistenten und genauen Anwendung der Kodieranweisungen wurden in den PISA-Handbüchern festgelegt. Die nationalen Projektleiter wurden gebeten, dem Konsortium Änderungsvorschläge zur Genehmigung vorzulegen. Es wurden Reliabilitätsuntersuchungen durchgeführt, um die Konsistenz des Kodierungsprozesses zu analysieren, worauf weiter unten noch näher eingegangen wird.

Eine speziell für PISA 2003 konzipierte Software erleichterte die Dateneingabe, deckte häufig gemachte Fehler während der Dateneingabe auf und machte den Prozess der Datenbereinigung einfacher. Durch Trainingskurse wurden die nationalen Projektleiter mit diesem Verfahren vertraut gemacht.

Eine Beschreibung der für PISA angewandten Verfahren zur Qualitätssicherung und deren Ergebnisse enthält der *PISA 2003 Technical Report* (OECD, erscheint demnächst).

Anhang A6: Entwicklung der Erhebungsinstrumente

Die Erhebungsinstrumente für PISA 2003 wurden in einem interaktiven Prozess zwischen dem PISA-Konsortium, den verschiedenen Expertenausschüssen, dem PISA-Ausschuss der Teilnehmerländer sowie nationalen Sachverständigen entwickelt. Eine internationale Expertengruppe übernahm – in enger Konsultation mit den Teilnehmerländern – die Führungsrolle bei der Ermittlung von Kenntnissen und Kompetenzen, die in den jeweiligen Erhebungsbereichen als unabdingbar für die Fähigkeit des Einzelnen erachtet werden, in vollem Umfang an einer erfolgreichen modernen Gesellschaft teilzuhaben und einen Beitrag dazu zu leisten. Eine Beschreibung der Erhebungsinstrumente – die Rahmenkonzeption – diente den Teilnehmerländern und anderen Fachleuten dann für die Entwicklung von Testaufgaben als Grundlage für Beiträge zum Aufgabenpool. Die Erarbeitung dieser Rahmenkonzeption umfasste folgende Schritte:

- Entwicklung einer Arbeitsdefinition für den jeweiligen Bereich und Beschreibung der Annahmen, die dieser Definition zu Grunde liegen;
- Evaluierung von Möglichkeiten der Organisation der Aufgabensets in einer Weise, die gewährleistet, dass die Ergebnisberichte Politikern und Forschern Aufschluss über die Leistungen von 15-jährigen Schülerinnen und Schülern der Teilnehmerländer in jedem Erhebungsbereich geben;
- Festlegung einer Reihe von Schlüsselmerkmalen, die bei der Entwicklung von international einsetzbaren Testaufgaben zu berücksichtigen sind;
- Operationalisierung der bei der Testkonstruktion zu berücksichtigenden Schlüsselmerkmale, wobei den Definitionen die vorhandene Literatur sowie die Erfahrungen aus anderen großen Leistungsstudien zu Grunde gelegt werden;
- Validierung der Variablen und Bestimmung ihres Beitrags zur Erklärung der Schwierigkeit der Aufgaben in den Teilnehmerländern; und
- Entwicklung eines Interpretationsschemas für die Ergebnisse.

Die Rahmenkonzeptionen wurden auf wissenschaftlicher wie auch politischer Ebene verabschiedet und bildeten dann die Grundlage für die Entwicklung der Erhebungsinstrumente. Sie sind beschrieben in *The PISA 2003 Assessment Framework – Mathematics, Reading, Science and Problem Solving Knowledge and Skills* (OECD, 2003e). Sie lieferten eine gemeinsame Sprache und boten den Teilnehmerländern eine Grundlage zur Konsensbildung im Hinblick auf die Ziele der PISA-Messung.

Danach wurden Erhebungsitems entsprechend den Intentionen der Rahmenkonzeptionen entworfen und in einem Feldtest in allen Teilnehmerländern erprobt, bevor ein endgültiger Aufgabenset für die PISA-2003-Haupterhebung ausgewählt wurde. Die Tabellen A6.1 bis A6.3 zeigen die Verteilung der Erhebungsitems für PISA 2003 nach den verschiedenen Dimensionen der PISA-Rahmenkonzeptionen.

Es wurde darauf geachtet, der nationalen, kulturellen und sprachlichen Vielfalt unter den OECD-Ländern gebührend Rechnung zu tragen. Im Zuge dieser Bemühungen hat das PISA-Konsortium in mehreren Ländern, darunter Australien, dem Vereinigten Königreich, den Niederlanden und Japan, professionelle Teams für die Entwicklung von Testaufgaben eingesetzt. Zusätzlich zu den von den Teams des PISA-Konsortiums entwickelten Items wurde von den Teilnehmerländern Erhebungsmaterial beigesteuert. Das vom Konsortium für die Aufgabenentwicklung eingesetzte multinationale Expertenteam hielt einen beachtlichen Teil dieses übermittelten Materials von den Anforderungen der PISA-Rahmenkonzeptionen her für geeignet. Infolgedessen wurden in den Aufgabenpool Items aus Argentinien, Australien, Dänemark, Deutschland, Finnland, Frankreich, Griechenland, Irland, Italien, Japan, Kanada, Korea, Neuseeland, den Niederlanden, Norwegen, Österreich, Portugal, Schweden, der Schweiz, der Tschechischen Republik und den Vereinigten Staaten aufgenommen. Etwa ein Drittel der für die Aufnahme in den Feldtest ausgewählten Items wurden von den Teilnehmerländern eingereicht, und etwa 37% der für die Haupterhebung ausgewählten Items stammten aus Teilnehmerländern.

In die Aufgabenblöcke für die nationale Prüfung wurden ungefähr 232 Einheiten mit etwa 530 Items für die Bereiche Mathematik, Problemlösung und Naturwissenschaften eingestellt. Nach Abschluss des ersten Konsultationsprozesses mit den Ländern wurden im Feldtest 115 Mathematikeinheiten mit 217 Mathematik-Items eingesetzt. Bei diesen Mathematikeinheiten stammte das Stimulusmaterial in 53 Fällen aus nationalen Beiträgen, während 80 Einheiten auf das PISA-Konsortium und 1 Einheit auf die Dritte Internationale Mathematik- und Naturwissenschaftsstudie (TIMSS) zurückgingen. Jedes in den Aufgabenpool einbezogene Item wurde dann von jedem Land unter folgenden Gesichtspunkten bewertet: der kulturellen, geschlechtsspezifischen oder sonstigen Akzeptanz; der Relevanz für 15-Jährige im schulischen und außerschulischen Kontext sowie der Vertrautheit und dem Grad des Interesses. Im Rahmen des Prozesses der Entwicklung der Erhebungsinstrumente

Tabelle A6.1

Itemverteilung nach den Dimensionen der PISA-Rahmenkonzeption für den Mathematiktest

	Zahl der Aufgaben[1]	Zahl der Multiple-Choice-Aufgaben	Zahl der komplexen Multiple-Choice-Aufgaben	Zahl der Aufgaben mit einer einzigen richtigen Antwort	Zahl der Aufgaben mit mehreren richtigen Antworten	Zahl der Aufgaben mit Kurzantworten
Verteilung der Mathematikaufgaben nach "Leitideen"						
Raum und Form	20	4	4	6	4	2
Veränderung und Beziehungen	22	1	2	4	11	4
Quantitatives Denken	23	4	2	2	1	14
Unsicherheit	20	8	3	1	5	3
Insgesamt	***85***	***17***	***11***	***13***	***21***	***23***
Verteilung der Mathematikaufgaben nach Kompetenzklassen						
Wiedergabe von Fakten und Routineverfahren	26	7	0	7	3	9
Herstellen von Zusammenhängen	40	5	9	4	9	13
Mathematisches Denken	19	5	2	2	9	1
Insgesamt	***85***	***17***	***11***	***13***	***21***	***23***
Verteilung der Mathematikaufgaben nach Situationen oder Kontexten						
Privat	18	5	3	1	3	6
Bildungs-/berufsbezogen	20	2	4	6	2	6
Öffentlich	29	8	2	4	8	7
Wissenschaftlich	18	2	2	2	8	4
Insgesamt	***85***	***17***	***11***	***13***	***21***	***23***

1. Eine Aufgabe wurde bei späteren Analysen eliminiert: Item ID M434Q01.

Tabelle A6.2

Itemverteilung nach den Dimensionen der PISA-Rahmenkonzeption für den Lesekompetenztest

	Zahl der Aufgaben	Zahl der Multiple-Choice-Aufgaben	Zahl der komplexen Multiple-Choice-Aufgaben	Zahl der Aufgaben mit einer einzigen richtigen Antwort	Zahl der Aufgaben mit mehreren richtigen Antworten	Zahl der Aufgaben mit Kurzantworten
Verteilung der Leseaufgaben nach der Textstruktur						
Kontinuierlich	18	8	1	0	9	0
Nichtkontinuierlich	10	1	0	4	1	4
Insgesamt	***28***	***9***	***1***	***4***	***10***	***4***
Verteilung der Leseaufgaben nach Art der Leseaufgabe						
Informationen ermitteln	7	0	1	3	0	3
Textbezogenes Interpretieren	14	9	0	1	3	1
Reflektieren und Bewerten	7	0	0	0	7	0
Insgesamt	***28***	***9***	***1***	***4***	***10***	***4***
Verteilung der Leseaufgaben nach Art des Textes						
Diagramme und Graphen	2	1	0	0	0	1
Beschreibung	3	1	1	0	1	0
Darlegung	12	6	0	0	6	0
Formulare	3	0	0	1	1	1
Karten	1	0	0	0	0	1
Erzählung	3	1	0	0	2	0
Tabellen	4	0	0	3	0	1
Insgesamt	***28***	***9***	***1***	***4***	***10***	***4***
Verteilung der Leseaufgaben nach dem Kontext						
Privat	6	2	0	1	3	0
Öffentlich	7	1	0	2	3	1
Bildungsbezogen	8	5	0	0	2	1
Berufsbezogen	7	1	1	1	2	2
Insgesamt	***28***	***9***	***1***	***4***	***10***	***4***

Tabelle A6.3
Itemverteilung nach den Dimensionen der PISA-Rahmenkonzeption für den Naturwissenschaftstest

	Zahl der Aufgaben[1]	Zahl der Multiple-Choice-Aufgaben	Zahl der komplexen Multiple-Choice-Aufgaben	Zahl der Aufgaben mit mehreren richtigen Antworten	Zahl der Aufgaben mit Kurzantworten
Verteilung d. naturwissenschaftl. Aufgaben nach Prozessen					
Prozess 1: Beschreibung, Erklärung und Vorhersage naturwiss. Phänomene	17	7	3	6	1
Prozess 2: Verständnis naturwissenschaftl. Untersuchungen	7	2	2	3	0
Prozess 3: Interpretation naturwiss. Beweise und Schlussfolgerungen	11	4	2	5	0
Insgesamt	*35*	*13*	*7*	*14*	*1*
Verteilung d. naturwissenschaftl. Aufgaben nach Bereichen					
Naturwissenschaften im Bereich Erde und Umwelt	12	3	2	6	1
Naturwissenschaften im Bereich Leben und Gesundheit	12	5	2	5	0
Naturwissenschaften im Bereich Technologie	11	5	3	3	0
Insgesamt	*35*	*13*	*7*	*14*	*1*
Verteilung d. naturwissenschaftl. Aufgaben nach Anwendungsgebieten[2]					
Struktur und Eigenschaften von Stoffen	6	4	2	0	0
Atmosphärische Veränderungen	3	0	0	3	0
Chemische und physikalische Veränderungen	1	0	0	1	0
Energieumwandlungen	4	0	1	3	0
Kräfte und Bewegung	1	1	0	0	0
Form und Funktion	3	1	0	2	0
Physiologische Veränderungen	4	1	1	2	0
Genetische Steuerung	2	1	1	0	0
Ökosysteme	3	2	0	1	0
Die Erde und ihre Stellung im Universum	7	3	2	1	1
Geologische Veränderungen	1	0	0	1	0
Insgesamt	*35*	*13*	*7*	*14*	*1*

1. Eine Aufgabe wurde bei späteren Analysen eliminiert: Item ID S327Q02.
2. In den Kategorien "Humanbiologie" und "Artenvielfalt" wurden in PISA 2003 keine Aufgaben gestellt.

für den Feldtest wurde eine erste Konsultation der Länder im Hinblick auf die Aufgabensammlung durchgeführt. Eine zweite Konsultation fand nach dem Feldtest als Hilfe für die endgültige Aufgabenauswahl für die Haupterhebung statt.

Im Anschluss an den Feldtest, bei dem sämtliche Items in allen Teilnehmerländern getestet wurden, betrachteten die Testentwickler und die Expertengruppen bei der Aufgabenauswahl für die Haupterhebung eine Reihe von Aspekten: *a*) die Ergebnisse des Feldtests, *b*) die Resultate der Itemüberprüfungen durch die Länder und *c*) die während der Bewertung des Feldtests eingegangenen Anfragen. Die Testentwickler und Expertengruppen trafen im Oktober 2002 eine endgültige Auswahl der Aufgabensets, die nach einer Verhandlungsrunde von den Teilnehmerländern auf wissenschaftlicher wie auch politischer Ebene angenommen wurde.

Die Haupterhebung umfasste 54 Mathematikeinheiten mit 85 Items. Davon entstammten 24 Einheiten den von Teilnehmerländern eingereichten Beiträgen. 28 Einheiten kamen von den verschiedenen vom Konsortium eingesetzten Teams, und 2 Einheiten wurden dem TIMSS-Material entnommen. Die bei der Haupterhebung eingesetzten Instrumente enthielten auch 8 Leseeinheiten (28 Items), 13 naturwissenschaftliche Einheiten (35 Items) und 10 Problemlöseeinheiten (19 Items).

Für den PISA-Fragenkatalog wurden fünf unterschiedliche Arten von Items verwendet:

- ***Aufgaben mit mehreren richtigen Antworten:*** Bei diesen Aufgaben formulierten die Schülerinnen und Schüler eine ausführlichere Antwort, womit der Möglichkeit einer Vielfalt divergierender individueller Antworten und gegensätzlicher Auffassungen Rechnung getragen wurde. Bei diesen Aufgaben wurde von den Schülerinnen und Schülern gewöhnlich verlangt, Informationen oder Ideen aus dem Stimulustext zu ihren eigenen Erfahrungen oder Auffassungen in Beziehung zu setzen, wobei die Bewertung ihrer Antwort weniger von dem jeweils vertretenen Standpunkt abhing als vielmehr von der Fähigkeit, diesen Standpunkt unter Hinweise auf das Gelesene zu begründen und zu erläutern. Bei diesen Items waren häufig für teilweise richtige oder weniger ausgefeilte Antworten abgestufte Punktwerte vorgesehen, und sie wurden durchweg per Hand kodiert.

- ***Aufgaben mit einer richtigen Antwort:*** Bei diesen Aufgaben mussten die Schülerinnen und Schüler ihre eigene Antwort unter einer begrenzten Auswahl akzeptabler Antworten formulieren. Die meisten dieser Items wurden dichotom bewertet, wobei einige Items im Kodierungsprozess zu beurteilen waren.
- ***Aufgaben mit kurzen Antworten:*** Ähnlich wie bei den Items mit nur einer richtigen Antwort mussten die Schülerinnen und Schüler eine kurze Antwort geben, wobei ihnen eine umfassende Reihe möglicher Antworten offen stand. Diese Items wurden per Hand kodiert, sie erlaubten daher sowohl eine dichotome Bewertung als auch abgestufte Punktwerte.
- ***Komplexe Multiple-Choice-Aufgaben:*** Bei diesen Aufgaben hatten die Schülerinnen und Schüler mehrere – gewöhnlich binäre – Antwortmöglichkeiten. Sie beantworteten die jeweiligen Fragen, indem sie ein Wort oder einen kurzen Ausdruck (z.B. *ja* oder *nein*) für jeden Punkt umkreisten. Diese Items wurden für jede Wahl dichotom bewertet, wobei für die Antworten die volle oder eine Teilpunktzahl gegeben werden konnte, je nachdem ob die Aufgabe vollständig oder teilweise gelöst worden war.
- ***Multiple-Choice-Aufgaben:*** Bei diesen Aufgaben mussten die Schülerinnen und Schüler einen Buchstaben umkreisen, um unter vier oder fünf Alternativen eine Antwort auszuwählen, wobei es sich jeweils um eine Zahl, ein Wort, einen Ausdruck oder einen Satz handeln konnte. Diese Items wurden dichotom kodiert.

PISA 2003 zielte darauf ab, gruppenspezifische Informationen über ein breites Spektrum von Inhalten zu erhalten. Im Bereich Mathematik wurden Aufgaben mit einer Testdauer von insgesamt 210 Minuten eingesetzt. Die Aufgaben in den Bereichen Lesekompetenz, Naturwissenschaften und Problemlösung waren auf eine Testzeit von 60 Minuten ausgelegt. Alle Schülerinnen und Schüler nahmen jedoch an Testsitzungen von insgesamt 120 Minuten teil.

Um das beabsichtigte breite Spektrum von Inhalten abzudecken und gleichzeitig die auf 120 Minuten beschränkte individuelle Testzeit einzuhalten, wurden die Aufgaben in jedem Bereich in Blöcke untergliedert und auf 13 Testhefte verteilt. Es gab sieben 30-minütige Mathematikblöcke, jeweils zwei 30-minütige Blöcke für Lesekompetenz, Naturwissenschaften und Problemlösung. Im Rahmen von PISA 2003 beantwortete jeder Schüler Mathematik-Items, und über die Hälfte der Schüler bearbeitete Items in Lesen, Naturwissenschaften und Problemlösung.

Diese Testkonzeption war ausgewogen, so dass jede Testeinheit viermal erschien, jeweils an einer der vier möglichen Positionen in einem Testheft. Darüber hinaus wurde jede Testeinheit einmal in Kombination mit den anderen Einheiten gestellt. Mit dieser endgültigen Konzeption wurde sichergestellt, dass eine repräsentative Schülerstichprobe jede der Testeinheiten beantwortete.

Nähere Einzelheiten über die Entwicklung der PISA-Erhebungsinstrumente und das PISA-Erhebungskonzept enthält der *PISA 2003 Technical Report* (OECD, erscheint demnächst).

Anhang A7: Reliabilität der Kodierung offener Items

Der Prozess der Kodierung offener Items stellte einen wichtigen Schritt zur Gewährleistung der Qualität und Vergleichbarkeit der Ergebnisse der PISA-Erhebung dar.

Detaillierte Richtlinien trugen dazu bei, dass der Kodierungsprozess richtig und in den einzelnen Ländern in gleicher Weise durchgeführt wurde. Die Richtlinien für die Kodierung umfassten Kodieranweisungen, Ausbildungsmaterial für die Einstellung von Kodierern und Material aus Fachseminaren für die Ausbildung nationaler Kodierer. Vor nationalen Schulungen organisierte das PISA-Konsortium Ausbildungssitzungen zur Vorstellung des Materials und zur Ausbildung der in den Teilnehmerländern zuständigen Koordinatoren, die später die Ausbildung der Kodierer in ihren jeweiligen Ländern übernahmen.

Für jede Testaufgabe wurde in der relevanten Kodieranweisung der Zweck der Frage beschrieben und erklärt, wie die Antworten der Schülerinnen und Schüler auf jede Aufgabe zu kodieren sind. Hinsichtlich der verschiedenen möglichen Antwortkategorien wurde auch die Abstufung der Punktwerte beschrieben, je nachdem ob es sich um vollständig bzw. teilweise richtige Antworten oder falsche Antworten handelte. PISA 2003 sah ferner ein zweistelliges Kodiersystem für die mathematischen und naturwissenschaftlichen Items vor, wobei die erste Zahl die erreichte Punktzahl wiedergibt und die zweite Zahl die unterschiedlichen Strategien oder Konzepte, die die Schülerinnen und Schüler zur Lösung des Problems anwendeten. Mit Hilfe der zweistelligen Kodierung konnten nationale Profile der Lösungsstrategien und der Fehlkonzeptionen von Schülerinnen und Schülern erstellt werden. Die Kodieranweisungen enthielten zur Veranschaulichung zudem echte Beispiele der Antworten von Schülerinnen und Schülern (aus dem Feldtest), mit denen eine Begründung ihrer Einstufung einherging.

In jedem Land wurde eine Teilstichprobe von Testheften unabhängig von vier Kodierern bewertet und vom PISA-Konsortium geprüft. Um die Konsistenz des Kodierungsprozesses in den einzelnen Ländern eingehender zu untersuchen und den Umfang der Varianzkomponenten im Zusammenhang mit dem Einsatz der Kodierer zu schätzen, führte das PISA-Konsortium bei einer Teilstichprobe von Testheften eine Reliabilitätsanalyse auf der Ebene der Kodierer durch. Hinsichtlich der nationalen Sets der multiplen Kodierung wurden Homogenitätsanalysen vorgenommen und die Ergebnisse mit denen des Feldtests verglichen. Nähere Einzelheiten hierzu enthält der *PISA 2003 Technical Report* (OECD, erscheint demnächst).

Was die zwischenstaatliche Ebene betrifft, so wurde eine ländervergleichende Reliabilitätsanalyse bei einer Untergruppe von Items durchgeführt. Ihr Ziel bestand darin festzustellen, ob die von den nationalen Kodierern für die Aufgaben insgesamt sowie auch für bestimmte Items gegebenen Bewertungen in den einzelnen Ländern gleich streng waren. Bei diesem Prozess wurde von ausgebildetem mehrsprachigem Personal eine unabhängige Kodierung der Originaltesthefte vorgenommen und mit den Bewertungen der nationalen Kodierer in den verschiedenen Ländern verglichen. Die Ergebnisse ließen eine sehr große Konsistenz der in den einzelnen Ländern vorgenommenen Bewertungen erkennen. Der Durchschnittsindex der „Übereinstimmung" betrug bei den Reliabilitätsanalysen in den Ländern 92% (bei insgesamt 71 941 Schülerantworten, die von internationalen Prüfern unabhängig bewertet wurden). Als „übereinstimmend" galten sowohl Fälle, in denen die internationalen Prüfer mit mindestens drei der nationalen Kodierer übereinstimmten, als auch Fälle, in denen der Prüfer nicht derselben Meinung war wie die nationalen Kodierer, die Testentwickler des PISA-Konsortiums aber nach Überprüfung der übersetzten Schülerantwort zu dem Urteil kamen, dass die nationalen Kodierer die richtige Bewertung gegeben hatten. Lediglich sechs Länder hatten Übereinstimmungsquoten von weniger als 90% (mit der geringsten Übereinstimmungsquote von 86% in Spanien (Katalonien)). Im Durchschnitt wurde die Kodierung in 1,8% der Fälle als zu streng befunden, in 3,1% der Fälle als zu positiv. Der höchste Prozentsatz an als zu streng empfundenen Bewertungen (7,0%) wurde bei naturwissenschaftlichen Items in Portugal beobachtet, und der höchste Prozentsatz an als zu positiv empfundenen Bewertungen (10,0%) wurde bei naturwissenschaftlichen Items in Indonesien festgestellt. Eine umfassende Beschreibung dieses Prozesses und der Ergebnisse enthält der *PISA 2003 Technical Report* (OECD, erscheint demnächst).

Anhang A8: Vergleich der Ergebnisse der Erhebungen PISA 2000 und PISA 2003

Die in PISA 2000 und PISA 2003 für die Erfassung der Lesekompetenz und der naturwissenschaftlichen Grundbildung verwendeten Skalen sind direkt vergleichbar. So hat der Wert von 500 z.B. die gleiche Bedeutung wie in PISA 2000, wo diese Punktzahl den Mittelwert für die Schülerstichprobe in den 27 an PISA 2000 teilnehmenden OECD-Ländern darstellte.

Das trifft allerdings für Mathematik nicht zu. Als Haupterhebungsbereich war Mathematik in PISA 2003 Gegenstand umfassender Entwicklungsarbeiten, und der Mathematiktest war bei PISA 2003 sehr viel umfangreicher als bei PISA 2000 – in PISA 2000 deckte die Erhebung nur zwei der vier Bereiche ab, die in PISA 2003 erfasst wurden (*Raum und Form* sowie *Veränderung und Beziehungen*). Wegen dieser Erweiterung des Erhebungsspektrums wurde es für unzweckmäßig gehalten, die Mathematikergebnisse von PISA 2003 auf derselben Skala darzustellen wie die Mathematikergebnisse von PISA 2000.

Bei den 2000 und 2003 durchgeführten PISA-Erhebungen in Mathematik, Lesekompetenz und Naturwissenschaften handelt es sich um mittels gemeinsamer Items verknüpfte Tests. Das heißt, die Aufgabensets, die zur Beurteilung der jeweiligen Kompetenzen in Mathematik, Lesekompetenz und Naturwissenschaften in PISA 2000 bzw. in PISA 2003 eingesetzt wurden, enthalten Untergruppen von Aufgaben, die beiden Tests gemeinsam sind. In Mathematik wurden 20 Items in beiden Erhebungen gestellt, bei der Lesekompetenz waren es 28 Items, die in beiden Tests verwendet wurden und im Bereich der Naturwissenschaften 25 Items. Diese gemeinsamen Items werden als „Link-Items" bezeichnet.

Um eine gemeinsame Basis für die Darstellung der Ergebnisse von PISA 2000 und PISA 2003 zu erhalten, wurde der Schwierigkeitsgrad dieser gemeinsamen Items in beiden Erhebungsrunden verglichen. Mit Hilfe von Verfahren, die in dem *PISA 2003 Technical Report* (OECD, erscheint demnächst) näher beschrieben sind, wurde der Vergleich des Schwierigkeitsgrads der Aufgaben in beiden Erhebungen verwendet, um einen Transformationsschlüssel für die Punktzahlen zu bestimmen, der eine Wiedergabe der Daten aus beiden Erhebungen auf einer gemeinsamen Skala ermöglicht. Als Indikator für die Bestimmung des Transformationsschlüssels werden die Veränderungen im Schwierigkeitsgrad der einzelnen Link-Items zu Grunde gelegt.

Da jedes Item etwas unterschiedliche Informationen für die Transformation solcher Aufgaben beisteuert, hat die ausgewählte Stichprobe von Link-Items natürlich Einfluss auf den geschätzten Transformationsschlüssel. Das bedeutet, dass sich bei Auswahl eines alternativen Aufgabensets ein geringfügig anderer Transformationsschlüssel ergeben würde. Mithin entsteht ein gewisses Maß an Unsicherheit bei der Transformation, das durch die Stichprobenauswahl der Link-Items bedingt ist, genau wie es auf Grund der Stichprobenauswahl der Schülerinnen und Schüler auch bei Werten wie Ländermitteln der Fall ist.

Die Unsicherheit, die aus der Stichprobenauswahl der Link-Items resultiert, ist ein zusätzlicher Messfehler, der auf Grund der begrenzten Anzahl gemeinsamer Items entsteht, und dieser Fehler muss bei bestimmten Vergleichen zwischen den Ergebnissen von PISA 2000 und PISA 2003 berücksichtigt werden. Ebenso wie bei dem Messfehler, der durch den Prozess der Stichprobenauswahl von Schülerinnen und Schülern entsteht, kann die exakte Größenordnung dieses zusätzlichen Messfehlers nur geschätzt werden. Wie bei Stichprobenfehlern, wird die wahrscheinliche Bandbreite der Größenordnung für die Fehler durch einen Standardfehler wiedergegeben. Dieser Standardkopplungsfehler liegt für die Lesekompetenzskala bei 3,74, für die Skala für naturwissenschaftliche Grundbildung bei 3,02, für die Mathematik-Subskala Raum und Form bei 6,01 und für die Mathematik-Subskala Veränderung und Beziehungen bei 4,84.

Anhang B

DATENTABELLEN

Anhang B1: Datentabellen zu den Kapiteln (Ländereinträge in der Reihenfolge der englischen Länderbezeichnungen sortiert)

Anhang B2: Leistungsunterschiede zwischen Regionen innerhalb der Länder

Anhang B1: Datentabellen zu den Kapiteln

Tabelle 2.1a

Prozentualer Anteil der Schülerinnen und Schüler auf den jeweiligen Kompetenzstufen der Mathematik-Subskala Raum und Form

		Kompetenzstufen													
		Unter Stufe 1 (weniger als 358 Punkte)		Stufe 1 (358-420 Punkte)		Stufe 2 (421-482 Punkte)		Stufe 3 (483-544 Punkte)		Stufe 4 (545-606 Punkte)		Stufe 5 (607-668 Punkte)		Stufe 6 (über 668 Punkte)	
		%	**S.E.**	**%**	**S.E.**	**%**	**S.E.**	**%**	**S.E.**	**%**	**S.E.**	**%**	**S.E.**	**%**	**S.E.**
OECD-Länder	Australien	6.1	(0.5)	10.8	(0.6)	18.4	(0.5)	23.0	(0.7)	21.2	(0.7)	13.2	(0.6)	7.3	(0.5)
	Österreich	8.0	(0.7)	12.0	(0.8)	18.6	(0.8)	21.4	(0.7)	19.1	(0.9)	12.3	(0.9)	8.5	(0.7)
	Belgien	6.6	(0.5)	10.4	(0.5)	16.7	(0.5)	20.3	(0.7)	20.0	(0.9)	15.7	(0.8)	10.2	(0.5)
	Kanada	4.7	(0.4)	10.7	(0.6)	20.4	(0.6)	25.0	(0.5)	21.4	(0.5)	12.1	(0.5)	5.6	(0.4)
	Tschech. Republik	8.1	(0.9)	10.6	(0.7)	17.0	(0.7)	19.3	(0.7)	18.9	(0.8)	14.4	(0.8)	11.7	(0.8)
	Dänemark	7.1	(0.6)	11.2	(0.7)	19.5	(0.7)	23.8	(0.8)	20.0	(0.7)	12.5	(0.7)	5.9	(0.5)
	Finnland	2.5	(0.3)	7.3	(0.5)	17.0	(0.7)	25.5	(0.8)	24.6	(0.8)	15.2	(0.6)	7.9	(0.6)
	Frankreich	7.7	(0.8)	12.0	(0.7)	19.6	(0.9)	23.4	(1.1)	20.0	(0.8)	12.0	(0.8)	5.1	(0.5)
	Deutschland	11.1	(0.8)	13.3	(1.0)	18.6	(0.9)	21.2	(0.9)	18.4	(0.8)	11.4	(0.7)	6.0	(0.4)
	Griechenland	21.3	(1.2)	21.7	(1.0)	24.4	(1.0)	18.7	(0.9)	9.6	(0.7)	3.6	(0.5)	0.8	(0.3)
	Ungarn	13.1	(1.0)	17.3	(0.8)	21.8	(0.8)	20.5	(0.7)	14.8	(0.9)	8.0	(0.7)	4.5	(0.6)
	Island	6.5	(0.6)	12.1	(0.7)	21.6	(0.8)	26.0	(1.1)	20.5	(0.8)	10.0	(0.6)	3.3	(0.4)
	Irland	10.7	(0.8)	16.9	(1.1)	25.4	(0.9)	23.0	(1.0)	15.4	(0.8)	6.8	(0.6)	1.8	(0.2)
	Italien	15.1	(1.0)	16.8	(0.9)	22.0	(0.7)	21.1	(0.7)	14.5	(0.6)	7.2	(0.5)	3.3	(0.3)
	Japan	4.2	(0.7)	7.4	(0.8)	13.9	(0.7)	20.0	(0.8)	21.9	(1.0)	18.2	(0.9)	14.3	(1.2)
	Korea	4.8	(0.5)	8.4	(0.6)	14.7	(0.9)	19.7	(0.9)	19.9	(1.0)	16.5	(0.8)	16.0	(1.3)
	Luxemburg	9.5	(0.5)	15.6	(0.6)	23.0	(0.9)	22.6	(1.1)	17.1	(0.7)	8.5	(0.8)	3.6	(0.4)
	Mexiko	39.1	(1.6)	27.8	(0.8)	20.6	(0.9)	9.4	(0.7)	2.5	(0.4)	0.5	(0.1)	0.0	(0.0)
	Niederlande	3.7	(0.7)	10.1	(0.8)	18.6	(1.1)	24.9	(1.2)	21.9	(1.1)	14.6	(0.8)	6.2	(0.6)
	Neuseeland	5.8	(0.5)	10.8	(0.7)	18.1	(0.8)	21.8	(0.8)	20.7	(0.9)	14.4	(0.7)	8.5	(0.5)
	Norwegen	11.5	(0.6)	16.1	(0.6)	22.2	(0.9)	22.3	(0.8)	16.4	(0.7)	8.2	(0.5)	3.3	(0.3)
	Polen	10.7	(0.8)	14.9	(0.7)	22.0	(0.9)	22.1	(0.9)	16.4	(0.7)	8.8	(0.5)	5.0	(0.5)
	Portugal	16.4	(1.4)	21.5	(0.8)	26.0	(1.0)	20.2	(1.0)	10.9	(0.7)	4.1	(0.4)	0.9	(0.2)
	Slowak. Republik	10.2	(0.9)	13.4	(0.8)	19.0	(0.8)	20.2	(0.8)	17.4	(0.8)	11.6	(0.7)	8.2	(0.7)
	Spanien	10.1	(0.8)	16.7	(0.8)	25.5	(0.8)	24.7	(0.8)	15.3	(0.8)	6.0	(0.5)	1.6	(0.3)
	Schweden	7.9	(0.6)	13.4	(0.6)	22.1	(0.8)	24.2	(1.0)	18.2	(0.8)	10.0	(0.6)	4.2	(0.4)
	Schweiz	5.4	(0.5)	8.6	(0.5)	15.7	(0.8)	21.4	(0.9)	21.4	(0.9)	15.9	(0.7)	11.7	(1.1)
	Türkei	28.6	(1.9)	26.0	(1.2)	22.3	(1.2)	12.7	(1.1)	5.8	(1.0)	2.5	(0.7)	2.1	(0.9)
	Vereinigte Staaten	12.1	(0.8)	18.2	(1.1)	24.7	(1.1)	22.0	(0.9)	14.2	(0.7)	6.5	(0.5)	2.3	(0.3)
	OECD insgesamt	***12.8***	***(0.3)***	***15.7***	***(0.3)***	***20.8***	***(0.3)***	***20.5***	***(0.3)***	***15.6***	***(0.2)***	***9.3***	***(0.2)***	***5.2***	***(0.2)***
	OECD-Durchschnitt	***10.6***	***(0.2)***	***14.2***	***(0.2)***	***20.4***	***(0.1)***	***21.5***	***(0.2)***	***17.2***	***(0.1)***	***10.4***	***(0.1)***	***5.8***	***(0.1)***
Partnerländer	Brasilien	54.8	(1.7)	22.7	(1.1)	13.6	(0.9)	6.2	(0.8)	2.0	(0.4)	0.6	(0.2)	0.1	(0.1)
	Hongkong (China)	4.1	(0.7)	7.0	(0.9)	13.2	(1.2)	18.7	(0.9)	21.5	(1.1)	19.9	(0.9)	15.6	(1.0)
	Indonesien	49.7	(1.7)	25.9	(1.2)	15.5	(1.0)	6.6	(0.7)	1.8	(0.4)	0.4	(0.1)	0.1	(0.0)
	Lettland	10.7	(0.9)	15.1	(1.0)	22.4	(0.9)	23.3	(1.1)	16.8	(0.9)	8.2	(0.7)	3.5	(0.5)
	Liechtenstein	5.7	(1.4)	8.1	(1.7)	14.9	(2.8)	21.5	(3.5)	23.2	(4.2)	16.5	(2.6)	10.1	(1.8)
	Macau (China)	4.0	(0.7)	9.8	(1.5)	17.6	(2.0)	24.5	(2.0)	23.2	(1.7)	13.7	(1.3)	7.2	(0.9)
	Russ. Föderation	14.9	(1.0)	16.5	(0.8)	21.9	(0.9)	20.4	(0.8)	14.2	(0.9)	7.7	(0.7)	4.3	(0.6)
	Serbien	21.8	(1.3)	24.4	(1.0)	24.5	(0.8)	16.9	(1.0)	8.6	(0.9)	2.8	(0.5)	0.9	(0.2)
	Thailand	23.4	(1.2)	26.8	(0.9)	24.7	(1.1)	15.4	(0.9)	7.0	(0.6)	2.2	(0.4)	0.5	(0.2)
	Tunesien	49.7	(1.3)	26.0	(1.1)	15.5	(0.7)	6.3	(0.5)	2.1	(0.4)	0.5	(0.1)	0.0	a
	Uruguay	29.3	(1.2)	23.3	(0.9)	22.9	(0.9)	15.2	(0.8)	6.7	(0.5)	2.2	(0.4)	0.4	(0.1)
	Verein. Königreich[1]	m	m	m	m	m	m	m	m	m	m	m	m	m	m

1. Die Beteiligungsquote ist zu niedrig, um die Vergleichbarkeit zu gewährleisten (siehe Anhang A3).

Tabelle 2.1b

Prozentualer Anteil der Schülerinnen und Schüler auf den jeweiligen Kompetenzstufen der Mathematik-Subskala Raum und Form, nach Geschlecht

Jungen – Kompetenzstufen

	Unter Stufe 1 (weniger als 358 Punkte)		Stufe 1 (358-420 Punkte)		Stufe 2 (421-482 Punkte)		Stufe 3 (483-544 Punkte)		Stufe 4 (545-606 Punkte)		Stufe 5 (607-668 Punkte)		Stufe 6 (über 668 Punkte)	
	%	**S.E.**	**%**	**S.E.**	**%**	**S.E.**	**%**	**S.E.**	**%**	**S.E.**	**%**	**S.E.**	**%**	**S.E.**
OECD-Länder														
Australien	5.8	(0.7)	10.5	(0.8)	17.4	(0.8)	22.0	(1.1)	21.4	(1.0)	13.8	(1.0)	9.0	(0.9)
Österreich	7.6	(0.8)	11.4	(0.8)	17.1	(1.0)	20.5	(1.2)	18.8	(1.3)	13.8	(1.4)	10.7	(1.1)
Belgien	6.3	(0.7)	9.8	(0.7)	15.4	(0.8)	19.4	(1.0)	19.7	(1.2)	16.8	(1.1)	12.6	(0.8)
Kanada	4.4	(0.4)	9.4	(0.5)	17.8	(1.0)	22.9	(0.9)	22.7	(0.9)	14.9	(0.7)	7.8	(0.7)
Tschech. Republik	6.1	(0.8)	9.6	(1.0)	15.6	(1.1)	18.9	(0.9)	19.3	(1.0)	16.0	(0.9)	14.5	(1.2)
Dänemark	6.0	(0.7)	10.1	(0.9)	18.2	(1.2)	24.1	(1.5)	21.2	(1.3)	13.6	(1.1)	6.8	(0.7)
Finnland	2.8	(0.5)	7.6	(0.6)	16.3	(0.8)	24.9	(1.3)	24.3	(0.9)	15.4	(0.7)	8.8	(0.9)
Frankreich	7.6	(1.1)	10.7	(1.0)	17.7	(1.0)	22.7	(1.3)	20.4	(1.2)	14.0	(1.2)	6.8	(0.9)
Deutschland	10.6	(1.0)	13.2	(1.2)	17.2	(1.0)	20.8	(1.5)	18.5	(1.1)	12.7	(1.0)	7.0	(0.7)
Griechenland	19.5	(1.4)	19.8	(1.4)	23.3	(1.4)	19.9	(1.5)	11.5	(1.3)	4.6	(0.8)	1.3	(0.5)
Ungarn	11.7	(1.0)	16.4	(1.2)	21.4	(1.4)	20.8	(1.5)	15.5	(1.5)	8.7	(1.0)	5.5	(0.8)
Island	8.3	(1.0)	13.2	(1.1)	21.5	(1.5)	25.4	(1.4)	19.0	(1.1)	9.3	(0.8)	3.3	(0.6)
Irland	8.6	(0.9)	14.8	(1.3)	24.4	(1.1)	24.0	(1.2)	17.5	(1.1)	8.3	(1.0)	2.5	(0.4)
Italien	14.3	(1.4)	15.8	(1.2)	20.2	(1.1)	20.8	(1.0)	15.6	(0.9)	8.7	(0.8)	4.7	(0.4)
Japan	4.5	(0.8)	7.8	(0.9)	13.8	(1.0)	18.3	(1.2)	20.4	(1.5)	18.0	(1.2)	17.3	(2.0)
Korea	4.3	(0.7)	7.4	(0.8)	13.3	(1.3)	18.2	(1.0)	20.4	(1.0)	17.8	(1.3)	18.6	(1.6)
Luxemburg	7.8	(0.7)	14.3	(1.0)	20.4	(1.2)	22.2	(1.6)	19.4	(1.2)	10.7	(1.2)	5.3	(0.7)
Mexiko	36.1	(2.0)	27.1	(1.4)	21.5	(1.3)	11.4	(1.0)	3.3	(0.6)	0.6	(0.2)	0.1	(0.0)
Niederlande	3.3	(0.8)	9.6	(1.2)	17.8	(1.2)	25.5	(1.6)	22.2	(1.6)	14.8	(1.2)	6.9	(0.7)
Neuseeland	5.4	(0.5)	10.2	(0.8)	16.8	(1.1)	20.4	(0.9)	21.0	(1.4)	15.7	(1.1)	10.6	(0.7)
Norwegen	11.4	(0.9)	15.6	(0.9)	21.9	(1.1)	21.5	(1.0)	16.7	(0.9)	8.8	(0.7)	4.2	(0.6)
Polen	10.7	(1.2)	14.0	(1.0)	20.3	(1.3)	21.9	(1.1)	16.8	(1.2)	10.0	(0.8)	6.5	(0.8)
Portugal	15.9	(1.8)	19.3	(1.0)	24.5	(1.4)	20.8	(1.4)	12.8	(1.1)	5.5	(0.7)	1.2	(0.3)
Slowak. Republik	8.3	(0.9)	11.3	(1.0)	17.4	(1.3)	20.1	(0.9)	18.5	(1.0)	13.4	(1.1)	11.1	(1.0)
Spanien	9.5	(0.9)	15.0	(1.0)	23.6	(1.4)	24.6	(1.2)	17.2	(1.1)	8.0	(0.7)	2.2	(0.5)
Schweden	7.5	(0.8)	12.5	(1.0)	21.4	(1.3)	24.4	(1.4)	18.7	(1.3)	10.4	(0.8)	5.2	(0.6)
Schweiz	4.5	(0.5)	7.5	(0.9)	14.3	(1.2)	20.6	(1.3)	21.4	(1.5)	17.1	(1.2)	14.6	(1.6)
Türkei	27.8	(2.3)	24.1	(1.4)	22.3	(1.5)	13.7	(1.4)	6.6	(1.2)	2.9	(0.8)	2.6	(1.2)
Vereinigte Staaten	11.2	(1.0)	16.9	(1.1)	24.2	(1.5)	22.1	(1.3)	14.7	(1.0)	7.8	(0.7)	3.2	(0.5)
OECD insgesamt	***12.0***	***(0.4)***	***14.8***	***(0.4)***	***20.0***	***(0.5)***	***20.3***	***(0.4)***	***16.0***	***(0.3)***	***10.3***	***(0.2)***	***6.6***	***(0.3)***
OECD-Durchschnitt	***9.8***	***(0.2)***	***13.2***	***(0.2)***	***19.2***	***(0.2)***	***21.2***	***(0.2)***	***17.8***	***(0.2)***	***11.5***	***(0.1)***	***7.3***	***(0.1)***
Partnerländer														
Brasilien	52.3	(2.1)	22.1	(1.2)	14.4	(1.3)	7.3	(1.3)	2.7	(0.6)	1.0	(0.3)	0.3	(0.2)
Hongkong (China)	5.0	(1.0)	6.9	(1.1)	12.6	(1.4)	18.0	(1.1)	20.1	(1.4)	20.0	(1.3)	17.4	(1.6)
Indonesien	45.7	(2.0)	27.2	(1.9)	17.2	(1.3)	7.2	(0.7)	2.1	(0.4)	0.5	(0.2)	0.1	(0.1)
Lettland	10.6	(1.4)	13.7	(1.2)	21.5	(1.6)	22.9	(1.7)	17.1	(1.3)	9.5	(1.1)	4.8	(0.8)
Liechtenstein	5.8	(1.8)	4.5	(2.0)	12.1	(3.4)	21.1	(3.2)	22.6	(4.6)	19.2	(4.8)	14.7	(2.9)
Macau (China)	3.4	(1.0)	9.5	(1.9)	15.5	(1.9)	21.4	(2.6)	24.2	(2.3)	16.5	(1.9)	9.5	(1.7)
Russ. Föderation	13.4	(1.3)	15.3	(1.0)	21.0	(1.1)	20.6	(1.2)	14.9	(1.1)	9.1	(1.1)	5.7	(0.8)
Serbien	22.4	(1.5)	24.6	(1.3)	22.4	(1.1)	16.5	(1.1)	9.3	(1.1)	3.5	(0.7)	1.3	(0.3)
Thailand	23.5	(1.7)	25.6	(1.7)	24.0	(1.5)	15.9	(1.4)	7.7	(0.9)	2.6	(0.5)	0.6	(0.3)
Tunesien	46.0	(1.5)	27.0	(1.3)	16.6	(1.0)	7.2	(0.7)	2.6	(0.5)	0.7	(0.2)	0.0	a
Uruguay	26.1	(1.3)	22.6	(1.5)	23.0	(1.9)	16.8	(1.2)	8.0	(0.8)	2.9	(0.6)	0.8	(0.3)
Verein. Königreich[1]	m	m	m	m	m	m	m	m	m	m	m	m	m	m

Mädchen – Kompetenzstufen

	Unter Stufe 1 (weniger als 358 Punkte)		Stufe 1 (358-420 Punkte)		Stufe 2 (421-482 Punkte)		Stufe 3 (483-544 Punkte)		Stufe 4 (545-606 Punkte)		Stufe 5 (607-668 Punkte)		Stufe 6 (über 668 Punkte)	
	%	**S.E.**	**%**	**S.E.**	**%**	**S.E.**	**%**	**S.E.**	**%**	**S.E.**	**%**	**S.E.**	**%**	**S.E.**
OECD-Länder														
Australien	6.4	(0.7)	11.0	(0.7)	19.4	(0.9)	24.1	(1.0)	20.9	(1.1)	12.6	(0.7)	5.6	(0.5)
Österreich	8.4	(1.2)	12.7	(1.4)	20.1	(1.2)	22.4	(1.1)	19.3	(1.1)	10.9	(1.2)	6.3	(0.9)
Belgien	6.9	(0.8)	11.1	(0.7)	18.2	(0.8)	21.4	(0.9)	20.3	(1.0)	14.4	(0.9)	7.6	(0.6)
Kanada	4.9	(0.4)	11.1	(0.8)	21.8	(0.9)	26.7	(0.7)	20.9	(0.7)	10.3	(0.5)	4.2	(0.4)
Tschech. Republik	10.1	(1.3)	11.7	(1.1)	18.5	(1.0)	19.7	(1.1)	18.5	(1.6)	12.7	(1.2)	8.8	(0.8)
Dänemark	8.2	(1.0)	12.3	(0.9)	20.7	(1.5)	23.4	(1.3)	18.8	(1.2)	11.5	(0.8)	5.0	(0.6)
Finnland	2.2	(0.4)	6.9	(0.6)	17.8	(0.9)	26.1	(0.9)	24.9	(1.1)	14.9	(0.9)	7.1	(0.6)
Frankreich	7.9	(0.9)	13.2	(1.0)	21.4	(1.2)	24.1	(1.4)	19.6	(1.1)	10.3	(0.9)	3.6	(0.5)
Deutschland	11.3	(1.0)	13.4	(1.1)	20.1	(1.2)	21.8	(1.1)	18.3	(1.2)	10.2	(1.0)	5.0	(0.5)
Griechenland	22.9	(1.4)	23.3	(1.4)	25.4	(1.3)	17.5	(1.3)	7.8	(0.9)	2.6	(0.5)	0.4	(0.1)
Ungarn	14.6	(1.3)	18.2	(1.1)	22.2	(1.6)	20.2	(1.5)	14.1	(1.0)	7.3	(0.9)	3.5	(0.5)
Island	4.6	(0.6)	10.8	(1.4)	21.7	(1.4)	26.7	(1.4)	22.1	(1.1)	10.7	(0.9)	3.4	(0.5)
Irland	13.0	(1.2)	19.0	(1.5)	26.4	(1.4)	22.1	(1.4)	13.3	(1.2)	5.2	(0.8)	1.1	(0.3)
Italien	15.8	(1.4)	17.8	(1.2)	23.7	(1.1)	21.3	(0.9)	13.6	(0.9)	5.8	(0.7)	1.9	(0.3)
Japan	3.9	(0.9)	7.1	(1.0)	14.1	(1.1)	21.7	(1.2)	23.2	(1.1)	18.5	(1.2)	11.5	(0.9)
Korea	5.5	(0.8)	9.7	(1.1)	16.8	(1.3)	22.0	(1.3)	19.2	(1.5)	14.7	(1.2)	12.2	(1.6)
Luxemburg	11.2	(0.7)	17.0	(1.2)	25.6	(1.1)	23.0	(1.3)	14.8	(1.1)	6.4	(0.8)	2.0	(0.4)
Mexiko	41.9	(1.8)	28.5	(1.3)	19.8	(1.3)	7.6	(0.9)	1.8	(0.3)	0.3	(0.1)	0.0	(0.0)
Niederlande	4.2	(0.9)	10.7	(1.1)	19.4	(1.4)	24.4	(2.1)	21.7	(1.8)	14.3	(1.1)	5.5	(0.6)
Neuseeland	6.2	(0.8)	11.4	(1.0)	19.5	(1.2)	23.1	(1.1)	20.3	(1.1)	13.1	(0.9)	6.3	(0.6)
Norwegen	11.6	(1.0)	16.6	(1.1)	22.6	(1.6)	23.1	(1.1)	16.1	(1.1)	7.5	(0.7)	2.4	(0.5)
Polen	10.7	(0.9)	15.9	(0.9)	23.7	(1.4)	22.4	(1.1)	16.1	(1.1)	7.7	(0.7)	3.5	(0.5)
Portugal	16.9	(1.4)	23.5	(1.2)	27.4	(1.2)	19.7	(1.0)	9.1	(0.9)	2.8	(0.4)	0.7	(0.3)
Slowak. Republik	12.1	(1.1)	15.6	(0.9)	20.7	(0.9)	20.4	(1.3)	16.3	(1.1)	9.8	(0.8)	5.2	(0.6)
Spanien	10.7	(0.8)	18.4	(1.0)	27.3	(1.1)	24.9	(1.0)	13.5	(0.9)	4.2	(0.5)	1.1	(0.3)
Schweden	8.3	(1.0)	14.4	(0.9)	22.7	(1.2)	24.1	(1.4)	17.8	(1.2)	9.5	(0.7)	3.2	(0.6)
Schweiz	6.4	(0.8)	9.7	(0.9)	17.2	(1.5)	22.2	(1.1)	21.4	(1.1)	14.6	(1.2)	8.6	(1.0)
Türkei	29.5	(2.2)	28.3	(1.7)	22.2	(1.7)	11.6	(1.3)	4.9	(1.1)	2.1	(0.7)	1.5	(0.7)
Vereinigte Staaten	13.1	(1.0)	19.6	(1.3)	25.2	(1.4)	21.9	(1.6)	13.6	(0.8)	5.2	(0.8)	1.4	(0.3)
OECD insgesamt	***13.6***	***(0.4)***	***16.7***	***(0.4)***	***21.6***	***(0.3)***	***20.7***	***(0.4)***	***15.2***	***(0.3)***	***8.3***	***(0.3)***	***3.9***	***(0.2)***
OECD-Durchschnitt	***11.3***	***(0.2)***	***15.2***	***(0.2)***	***21.5***	***(0.3)***	***21.8***	***(0.2)***	***16.6***	***(0.2)***	***9.3***	***(0.2)***	***4.3***	***(0.1)***
Partnerländer														
Brasilien	57.0	(1.9)	23.1	(1.7)	12.9	(1.3)	5.3	(0.7)	1.3	(0.4)	0.4	(0.3)	0.0	a
Hongkong (China)	3.2	(0.6)	7.1	(1.1)	13.7	(1.5)	19.5	(1.3)	22.9	(1.6)	19.8	(1.5)	13.8	(1.2)
Indonesien	53.7	(2.0)	24.6	(1.2)	13.9	(1.2)	5.9	(0.9)	1.6	(0.5)	0.3	(0.1)	0.0	(0.0)
Lettland	10.9	(1.0)	16.3	(1.5)	23.3	(1.2)	23.8	(1.7)	16.4	(1.1)	7.0	(0.9)	2.3	(0.5)
Liechtenstein	5.6	(2.4)	11.8	(3.5)	17.9	(4.2)	21.9	(6.8)	23.8	(5.4)	13.6	(3.4)	5.3	(2.1)
Macau (China)	4.6	(1.0)	10.0	(2.2)	19.6	(3.1)	27.5	(2.9)	22.1	(2.3)	11.0	(1.5)	5.1	(1.5)
Russ. Föderation	16.4	(1.2)	17.7	(1.1)	22.9	(1.3)	20.3	(1.0)	13.5	(1.0)	6.4	(0.8)	2.9	(0.7)
Serbien	21.3	(1.8)	24.2	(1.4)	26.6	(1.1)	17.4	(1.3)	7.9	(1.0)	2.2	(0.6)	0.6	(0.2)
Thailand	23.2	(1.4)	27.7	(1.3)	25.4	(1.3)	15.0	(1.2)	6.4	(0.9)	1.9	(0.5)	0.4	(0.2)
Tunesien	53.2	(1.7)	25.0	(1.6)	14.4	(1.1)	5.5	(0.8)	1.6	(0.4)	0.3	(0.1)	0.0	a
Uruguay	32.4	(1.5)	23.9	(1.2)	22.9	(1.3)	13.6	(1.0)	5.5	(0.7)	1.5	(0.4)	0.1	(0.1)
Verein. Königreich[1]	m	m	m	m	m	m	m	m	m	m	m	m	m	m

1. Die Beteiligungsquote ist zu niedrig, um die Vergleichbarkeit zu gewährleisten (siehe Anhang A3).

Tabelle 2.1c

Mittelwert, Varianz und geschlechtsspezifische Unterschiede bei den Schülerleistungen auf der Mathematik-Subskala Raum und Form in PISA 2003

		Alle Schüler				Geschlechtsspezifische Unterschiede					
		Mittelwert		Standardabweichung		Jungen		Mädchen		Differenz (J-M)	
		Punktzahl	**S.E.**	**S.D.**	**S.E.**	**Mittelwert**	**S.E.**	**Mittelwert**	**S.E.**	**Punktdiff.**	**S.E.**
OECD-Länder	Australien	521	(2.3)	104	(1.7)	526	(3.2)	515	(2.9)	**12**	(3.9)
	Österreich	515	(3.5)	112	(1.7)	525	(4.4)	506	(4.3)	**19**	(5.2)
	Belgien	530	(2.3)	111	(1.4)	538	(3.2)	520	(3.3)	**18**	(4.6)
	Kanada	518	(1.8)	95	(0.9)	530	(2.1)	511	(2.2)	**20**	(2.5)
	Tschech. Republik	527	(4.1)	119	(2.3)	542	(4.8)	512	(5.1)	**30**	(5.7)
	Dänemark	512	(2.8)	103	(1.6)	521	(3.4)	504	(3.3)	**16**	(3.7)
	Finnland	539	(2.0)	92	(1.2)	540	(2.6)	538	(2.4)	2	(3.0)
	Frankreich	508	(3.0)	102	(2.0)	517	(4.3)	499	(3.2)	**18**	(4.7)
	Deutschland	500	(3.3)	112	(1.9)	506	(4.0)	494	(4.0)	**11**	(4.7)
	Griechenland	437	(3.8)	100	(1.6)	447	(4.7)	428	(3.8)	**19**	(4.0)
	Ungarn	479	(3.3)	109	(2.2)	486	(3.8)	471	(3.9)	**15**	(4.0)
	Island	504	(1.5)	94	(1.5)	496	(2.4)	511	(2.3)	**–15**	(3.7)
	Irland	476	(2.4)	94	(1.5)	489	(3.0)	463	(3.4)	**25**	(4.3)
	Italien	470	(3.1)	109	(1.8)	480	(4.7)	462	(4.1)	**18**	(6.3)
	Japan	553	(4.3)	110	(2.9)	558	(6.3)	549	(4.2)	9	(6.3)
	Korea	552	(3.8)	117	(2.5)	563	(5.1)	536	(6.2)	**27**	(8.0)
	Luxemburg	488	(1.4)	100	(1.2)	503	(2.2)	474	(2.0)	**28**	(3.3)
	Mexiko	382	(3.2)	87	(1.4)	390	(4.1)	374	(3.5)	**16**	(3.8)
	Niederlande	526	(2.9)	94	(2.3)	530	(3.7)	522	(3.4)	8	(4.3)
	Neuseeland	525	(2.3)	106	(1.3)	534	(2.7)	516	(3.3)	**18**	(3.9)
	Norwegen	483	(2.5)	103	(1.3)	486	(3.1)	479	(3.5)	7	(4.3)
	Polen	490	(2.7)	107	(1.9)	497	(3.2)	484	(3.3)	**13**	(3.7)
	Portugal	450	(3.4)	93	(1.7)	458	(4.2)	443	(3.5)	**15**	(3.5)
	Slowak. Republik	505	(4.0)	117	(2.3)	522	(4.7)	487	(4.1)	**35**	(4.5)
	Spanien	476	(2.6)	92	(1.4)	486	(3.5)	467	(2.4)	**18**	(3.0)
	Schweden	498	(2.6)	100	(1.7)	503	(3.0)	493	(3.2)	**10**	(3.5)
	Schweiz	540	(3.5)	110	(2.1)	552	(5.3)	526	(3.7)	**25**	(5.6)
	Türkei	417	(6.3)	102	(5.1)	423	(7.6)	411	(6.2)	**12**	(6.0)
	Vereinigte Staaten	472	(2.8)	97	(1.4)	480	(3.3)	464	(3.1)	**15**	(3.2)
	OECD insgesamt	*486*	*(1.0)*	*112*	*(0.7)*	*494*	*(1.4)*	*478*	*(1.3)*	**16**	*(1.6)*
	OECD-Durchschnitt	*496*	*(0.6)*	*110*	*(0.4)*	*505*	*(0.8)*	*488*	*(0.8)*	**17**	*(0.9)*
Partnerländer	Brasilien	350	(4.1)	96	(2.3)	358	(5.2)	343	(4.0)	**15**	(4.1)
	Hongkong (China)	558	(4.8)	111	(2.9)	560	(6.8)	556	(5.0)	4	(6.8)
	Indonesien	361	(3.7)	88	(1.9)	369	(3.7)	353	(4.2)	**16**	(2.9)
	Lettland	486	(4.0)	102	(1.7)	494	(5.2)	480	(3.9)	**14**	(4.2)
	Liechtenstein	538	(4.6)	107	(4.3)	557	(7.9)	518	(7.1)	**39**	(12.1)
	Macau (China)	528	(3.3)	97	(3.3)	540	(5.1)	517	(4.3)	**23**	(6.8)
	Russ. Föderation	474	(4.7)	112	(2.0)	485	(5.8)	464	(5.0)	**21**	(5.0)
	Serbien	432	(3.9)	96	(1.8)	434	(4.3)	431	(4.9)	3	(4.9)
	Thailand	424	(3.3)	90	(1.8)	426	(4.3)	422	(3.8)	5	(4.7)
	Tunesien	359	(2.6)	92	(1.7)	367	(2.8)	351	(3.2)	**16**	(3.0)
	Uruguay	412	(3.0)	101	(1.7)	423	(3.6)	402	(3.4)	**21**	(3.6)
	Verein. Königreich[1]	m	m	m	m	m	m	m	m	m	m

		Perzentile											
		5.		10.		25.		75.		90.		95.	
		Punktzahl	**S.E.**	**Punktzahl**	**S.E.**	**Punktzahl**	**S.E.**	**Punktzahl**	**S.E.**	**Punktzahl**	**S.E.**	**Punktzahl**	**S.E.**
OECD-Länder	Australien	347	(4.7)	385	(3.8)	450	(3.3)	592	(2.6)	653	(3.1)	687	(3.8)
	Österreich	334	(5.5)	371	(5.6)	438	(4.4)	592	(3.8)	661	(5.0)	698	(6.8)
	Belgien	342	(4.9)	382	(4.2)	453	(3.4)	610	(3.1)	670	(2.5)	704	(2.4)
	Kanada	361	(3.5)	395	(2.6)	453	(2.0)	583	(2.4)	640	(2.7)	674	(2.8)
	Tschech. Republik	330	(7.4)	373	(6.9)	445	(4.7)	611	(4.8)	681	(5.2)	721	(5.1)
	Dänemark	339	(6.5)	380	(5.5)	444	(3.9)	584	(3.3)	644	(3.9)	677	(4.2)
	Finnland	386	(4.1)	421	(3.0)	477	(2.4)	602	(2.4)	658	(3.5)	690	(3.6)
	Frankreich	333	(7.6)	374	(5.8)	439	(3.9)	579	(3.4)	638	(4.3)	670	(5.1)
	Deutschland	310	(5.3)	350	(4.7)	422	(5.0)	579	(4.0)	641	(4.4)	679	(4.9)
	Griechenland	273	(5.1)	310	(4.4)	371	(4.4)	505	(4.3)	565	(5.1)	601	(6.3)
	Ungarn	304	(5.8)	341	(5.0)	404	(3.7)	554	(4.2)	623	(6.4)	665	(6.2)
	Island	344	(5.1)	380	(3.5)	441	(2.6)	569	(2.3)	622	(3.0)	654	(3.7)
	Irland	324	(4.4)	354	(3.6)	412	(3.3)	542	(2.9)	599	(4.5)	632	(4.2)
	Italien	287	(6.2)	329	(5.9)	398	(4.3)	545	(3.3)	610	(3.4)	648	(4.3)
	Japan	366	(6.7)	410	(6.8)	480	(5.1)	629	(4.8)	690	(6.0)	726	(7.6)
	Korea	360	(5.6)	401	(5.1)	472	(4.3)	634	(5.1)	701	(6.9)	742	(7.9)
	Luxemburg	323	(4.1)	360	(2.9)	420	(2.0)	557	(1.9)	618	(3.2)	653	(4.0)
	Mexiko	240	(6.4)	269	(5.1)	322	(3.8)	441	(3.6)	494	(4.3)	525	(4.6)
	Niederlande	370	(5.9)	403	(5.5)	461	(4.9)	593	(3.5)	648	(3.5)	678	(4.6)
	Neuseeland	350	(5.1)	388	(4.3)	451	(3.3)	600	(2.5)	660	(3.0)	695	(4.0)
	Norwegen	312	(4.5)	350	(4.0)	412	(2.9)	554	(3.5)	615	(3.9)	652	(3.7)
	Polen	318	(5.0)	355	(4.2)	418	(3.5)	562	(3.4)	628	(3.9)	669	(5.6)
	Portugal	298	(5.7)	331	(5.1)	387	(4.7)	513	(3.6)	572	(4.1)	607	(4.2)
	Slowak. Republik	315	(6.4)	356	(6.2)	425	(5.5)	587	(4.2)	657	(4.4)	696	(5.8)
	Spanien	324	(4.4)	358	(4.0)	415	(3.0)	539	(3.2)	595	(3.5)	626	(4.8)
	Schweden	334	(5.0)	371	(4.0)	432	(3.5)	566	(3.3)	627	(3.8)	661	(4.3)
	Schweiz	353	(5.8)	397	(5.6)	467	(3.9)	616	(4.6)	678	(5.7)	714	(6.0)
	Türkei	266	(6.0)	297	(5.3)	349	(4.7)	476	(8.0)	548	(14.0)	601	(22.5)
	Vereinigte Staaten	315	(4.8)	347	(4.2)	404	(3.6)	538	(3.4)	601	(3.6)	637	(4.2)
	OECD insgesamt	*304*	*(2.0)*	*342*	*(1.6)*	*408*	*(1.4)*	*563*	*(1.3)*	*632*	*(1.3)*	*672*	*(1.8)*
	OECD-Durchschnitt	*315*	*(1.4)*	*354*	*(1.2)*	*421*	*(0.9)*	*572*	*(0.7)*	*639*	*(0.8)*	*677*	*(1.0)*
Partnerländer	Brasilien	198	(5.5)	229	(4.9)	284	(4.5)	412	(5.3)	475	(6.8)	513	(9.2)
	Hongkong (China)	367	(7.3)	412	(9.6)	485	(7.4)	638	(3.6)	697	(4.6)	729	(4.8)
	Indonesien	219	(5.0)	251	(4.2)	301	(3.9)	418	(5.1)	476	(6.1)	510	(6.6)
	Lettland	318	(6.7)	353	(5.0)	418	(4.6)	555	(4.4)	616	(5.6)	652	(6.3)
	Liechtenstein	354	(16.1)	394	(11.4)	469	(10.5)	613	(9.2)	669	(12.6)	706	(14.3)
	Macau (China)	368	(9.5)	402	(10.1)	463	(6.4)	595	(4.7)	652	(7.2)	687	(8.7)
	Russ. Föderation	289	(6.0)	332	(5.5)	399	(4.9)	549	(5.9)	620	(6.6)	661	(7.5)
	Serbien	280	(4.4)	312	(3.7)	368	(4.3)	495	(4.7)	557	(6.4)	593	(6.0)
	Thailand	283	(4.8)	311	(3.7)	362	(3.3)	483	(4.1)	543	(5.3)	580	(6.8)
	Tunesien	208	(4.0)	242	(3.6)	298	(2.7)	418	(3.2)	476	(4.8)	513	(6.4)
	Uruguay	245	(3.7)	279	(4.5)	343	(4.2)	481	(3.6)	541	(4.2)	576	(6.2)
	Verein. Königreich[1]	m	m	m	m	m	m	m	m	m	m	m	m

Anmerkung: Statistisch signifikante Werte sind durch Fettdruck gekennzeichnet (siehe Anhang A4).

1. Die Beteiligungsquote ist zu niedrig, um die Vergleichbarkeit zu gewährleisten (siehe Anhang A3).

Tabelle 2.1d

Mittelwert, Varianz und geschlechtsspezifische Unterschiede auf der Mathematik-Subskala Raum und Form in PISA 2000

	Alle Schüler				Geschlechtsspezifische Unterschiede					
	Mittelwert		Standardabweichung		Jungen		Mädchen		Differenz (J-M)	
	Punktzahl	**S.E.**	**S.D.**	**S.E.**	**Mittelwert**	**S.E.**	**Mittelwert**	**S.E.**	**Punktdiff.**	**S.E.**
OECD-Länder										
Australien	520	(3.1)	101	(2.0)	523	(4.1)	516	(4.7)	8	(6.1)
Österreich	510	(2.8)	106	(1.7)	519	(4.2)	503	(4.4)	**16**	(6.5)
Belgien	502	(3.1)	104	(1.7)	505	(3.8)	500	(4.0)	4	(4.9)
Kanada	515	(1.5)	99	(1.6)	520	(2.1)	512	(1.7)	**8**	(2.5)
Tschech. Republik	510	(3.5)	123	(2.8)	517	(5.6)	504	(3.9)	13	(6.8)
Dänemark	526	(2.6)	88	(1.7)	531	(3.9)	521	(2.9)	**10**	(4.6)
Finnland	533	(2.0)	97	(1.7)	533	(3.5)	533	(2.7)	0	(4.7)
Frankreich	501	(2.7)	96	(2.1)	506	(3.7)	497	(3.0)	**9**	(4.0)
Deutschland	486	(3.1)	113	(2.8)	490	(4.3)	482	(5.0)	8	(7.0)
Griechenland	450	(4.4)	109	(2.5)	454	(6.6)	448	(4.3)	6	(7.1)
Ungarn	478	(3.3)	99	(1.9)	480	(4.1)	477	(4.5)	3	(5.4)
Island	519	(2.3)	83	(1.9)	517	(3.2)	521	(2.9)	–4	(4.0)
Irland	474	(3.2)	96	(1.7)	480	(4.6)	468	(4.1)	**12**	(5.7)
Italien	455	(3.6)	106	(2.6)	460	(6.2)	450	(3.9)	10	(7.3)
Japan	565	(5.1)	109	(2.5)	567	(7.0)	562	(5.8)	5	(7.9)
Korea	538	(3.6)	117	(2.1)	549	(4.8)	525	(5.8)	**23**	(7.8)
Luxemburg	449	(3.0)	110	(1.9)	455	(4.5)	442	(3.6)	**13**	(5.7)
Mexiko	400	(2.6)	85	(1.6)	404	(4.0)	396	(2.9)	8	(4.6)
Neuseeland	524	(4.0)	114	(2.5)	525	(5.4)	523	(5.7)	2	(7.6)
Norwegen	490	(3.1)	104	(1.8)	495	(4.2)	487	(3.5)	8	(4.6)
Polen	470	(5.5)	123	(3.0)	472	(7.9)	468	(6.5)	5	(9.4)
Portugal	440	(3.5)	106	(1.7)	448	(4.4)	432	(4.8)	**16**	(5.9)
Spanien	473	(2.6)	96	(1.7)	480	(3.7)	467	(2.9)	**12**	(4.3)
Schweden	510	(2.6)	106	(1.9)	513	(3.6)	507	(4.3)	7	(5.9)
Schweiz	539	(3.6)	105	(1.9)	545	(4.8)	534	(4.3)	11	(5.5)
Verein. Königreich	505	(2.6)	99	(1.7)	507	(3.7)	503	(3.3)	4	(4.7)
Vereinigte Staaten	461	(4.9)	96	(2.3)	465	(5.9)	458	(5.6)	7	(5.9)
OECD insgesamt	*486*	*(1.6)*	*112*	*(1.0)*	*491*	*(2.0)*	*482*	*(1.9)*	*9*	*(2.3)*
OECD-Durchschnitt	*494*	*(0.7)*	*110*	*(0.4)*	*499*	*(1.0)*	*490*	*(0.9)*	*9*	*(1.3)*
Partnerländer										
Brasilien	300	(4.2)	131	(2.3)	315	(5.8)	288	(5.8)	**26**	(7.9)
Hongkong (China)	543	(3.4)	107	(2.0)	551	(5.0)	535	(4.4)	**16**	(6.5)
Indonesien	333	(4.7)	109	(2.1)	337	(6.1)	330	(6.0)	7	(7.6)
Lettland	452	(4.6)	118	(2.1)	455	(5.5)	450	(5.6)	6	(6.1)
Liechtenstein	533	(9.4)	104	(8.5)	530	(13.7)	539	(13.3)	–9	(19.4)
Russ. Föderation	469	(4.9)	114	(2.2)	470	(5.3)	469	(6.1)	1	(5.8)
Thailand	407	(3.5)	98	(1.9)	406	(4.7)	408	(3.9)	–3	(4.9)
Niederlande[1]	m	m	m	m	m	m	m	m	m	m

	Perzentile											
	5.		10.		25.		75.		90.		95.	
	Punktzahl	**S.E.**	**Punktzahl**	**S.E.**	**Punktzahl**	**S.E.**	**Punktzahl**	**S.E.**	**Punktzahl**	**S.E.**	**Punktzahl**	**S.E.**
OECD-Länder												
Australien	350	(8.0)	387	(6.6)	454	(6.0)	588	(3.8)	649	(5.6)	684	(5.0)
Österreich	332	(6.8)	368	(3.3)	438	(4.5)	583	(4.2)	646	(6.2)	685	(3.1)
Belgien	322	(8.2)	367	(7.7)	435	(5.0)	574	(3.0)	631	(3.3)	668	(7.1)
Kanada	349	(4.9)	385	(3.9)	450	(2.3)	584	(1.9)	640	(2.0)	674	(1.8)
Tschech. Republik	301	(8.0)	347	(8.0)	427	(3.7)	596	(5.1)	668	(5.4)	714	(6.5)
Dänemark	375	(6.9)	415	(5.5)	468	(3.5)	588	(3.9)	635	(5.1)	666	(5.5)
Finnland	368	(5.3)	405	(4.7)	469	(3.0)	600	(3.4)	656	(4.4)	691	(4.1)
Frankreich	337	(9.3)	378	(3.7)	438	(4.5)	568	(3.1)	621	(3.8)	658	(5.3)
Deutschland	300	(4.6)	338	(6.6)	410	(3.9)	565	(3.6)	632	(6.5)	675	(6.3)
Griechenland	263	(9.3)	310	(5.8)	378	(7.0)	527	(4.5)	587	(6.1)	629	(7.6)
Ungarn	310	(8.5)	352	(6.0)	411	(4.5)	547	(4.0)	606	(5.3)	642	(4.6)
Island	375	(7.9)	413	(4.1)	463	(3.6)	577	(2.6)	622	(5.1)	655	(6.4)
Irland	312	(5.4)	346	(6.1)	411	(5.3)	540	(4.2)	597	(5.4)	629	(4.5)
Italien	275	(7.8)	315	(4.8)	383	(3.8)	529	(4.1)	590	(5.0)	627	(7.9)
Japan	377	(8.7)	421	(8.5)	495	(5.7)	641	(4.1)	701	(5.6)	740	(9.0)
Korea	344	(6.7)	386	(6.4)	463	(5.5)	620	(4.3)	689	(4.0)	726	(6.3)
Luxemburg	257	(9.5)	307	(5.9)	375	(3.7)	526	(3.5)	584	(5.8)	626	(9.8)
Mexiko	259	(5.7)	292	(4.3)	341	(3.9)	460	(4.5)	510	(5.1)	541	(4.8)
Neuseeland	331	(11.3)	375	(6.3)	449	(6.4)	601	(5.7)	669	(5.7)	707	(5.8)
Norwegen	315	(7.7)	353	(6.6)	422	(4.2)	562	(3.7)	625	(5.1)	662	(4.1)
Polen	265	(9.8)	306	(6.8)	389	(6.9)	557	(6.4)	627	(9.9)	666	(6.3)
Portugal	262	(7.1)	298	(6.8)	367	(5.2)	514	(3.8)	575	(3.7)	613	(6.3)
Spanien	309	(6.0)	349	(4.8)	409	(3.9)	540	(2.9)	595	(5.1)	629	(5.5)
Schweden	331	(5.3)	371	(4.5)	442	(5.0)	582	(2.9)	645	(4.5)	681	(6.5)
Schweiz	360	(6.0)	405	(6.4)	468	(6.2)	612	(5.3)	669	(5.5)	708	(7.9)
Verein. Königreich	337	(5.7)	372	(4.8)	440	(3.6)	574	(4.5)	632	(5.1)	665	(3.7)
Vereinigte Staaten	299	(8.4)	338	(8.7)	398	(7.2)	530	(5.3)	583	(6.0)	618	(5.9)
OECD insgesamt	*303*	*(2.8)*	*343*	*(2.3)*	*410*	*(2.4)*	*562*	*(2.3)*	*631*	*(2.3)*	*671*	*(2.7)*
OECD-Durchschnitt	*309*	*(1.7)*	*351*	*(1.3)*	*421*	*(1.2)*	*570*	*(1.2)*	*634*	*(1.1)*	*671*	*(1.5)*
Partnerländer												
Brasilien	80	(15.7)	130	(6.8)	211	(4.3)	394	(6.3)	467	(7.3)	516	(7.5)
Hongkong (China)	362	(5.2)	399	(6.9)	473	(5.4)	616	(3.6)	680	(4.5)	717	(4.3)
Indonesien	153	(6.7)	191	(6.9)	260	(6.7)	409	(5.0)	475	(8.3)	504	(6.3)
Lettland	256	(11.0)	303	(8.2)	373	(7.3)	535	(5.6)	597	(5.9)	642	(6.5)
Liechtenstein	356	(25.4)	397	(17.5)	462	(16.2)	603	(13.9)	666	(18.3)	708	(29.4)
Russ. Föderation	276	(7.3)	323	(5.7)	393	(6.9)	549	(6.9)	614	(5.4)	656	(8.1)
Thailand	243	(5.6)	280	(5.6)	342	(5.7)	474	(5.4)	535	(7.3)	565	(6.9)
Niederlande[1]	m	m	m	m	m	m	m	m	m	m	m	m

Anmerkung: Statistisch signifikante Werte sind durch Fettdruck gekennzeichnet (siehe Anhang A4).

1. Die Beteiligungsquote ist zu niedrig, um die Vergleichbarkeit zu gewährleisten (siehe Anhang A3).

Tabelle 2.2a

Prozentualer Anteil der Schülerinnen und Schüler auf den jeweiligen Kompetenzstufen der Mathematik-Subskala Veränderung und Beziehungen

	Kompetenzstufen													
	Unter Stufe 1 (weniger als 358 Punkte)		Stufe 1 (358-420 Punkte)		Stufe 2 (421-482 Punkte)		Stufe 3 (483-544 Punkte)		Stufe 4 (545-606 Punkte)		Stufe 5 (607-668 Punkte)		Stufe 6 (über 668 Punkte)	
	%	S.E.	%	S.E.	%	S.E.	%	S.E.	%	S.E.	%	S.E.	%	S.E.
OECD-Länder														
Australien	4.8	(0.4)	9.5	(0.5)	18.5	(0.6)	23.8	(0.7)	22.9	(0.7)	14.0	(0.6)	6.5	(0.6)
Österreich	8.6	(0.8)	14.1	(0.9)	20.5	(0.9)	22.5	(1.1)	18.8	(1.0)	10.9	(0.8)	4.6	(0.5)
Belgien	7.6	(0.6)	9.7	(0.6)	14.8	(0.6)	18.2	(0.7)	19.7	(0.7)	17.5	(0.9)	12.4	(0.5)
Kanada	2.9	(0.2)	7.6	(0.4)	17.2	(0.6)	24.9	(0.5)	24.4	(0.6)	15.6	(0.6)	7.3	(0.4)
Tschech. Republik	5.7	(0.7)	11.8	(1.0)	20.8	(0.9)	23.5	(0.8)	19.4	(0.8)	12.5	(0.7)	6.4	(0.6)
Dänemark	6.3	(0.6)	11.9	(0.8)	20.4	(1.1)	24.5	(0.9)	20.7	(0.8)	11.4	(0.8)	4.6	(0.5)
Finnland	2.7	(0.3)	7.0	(0.6)	16.1	(0.7)	24.5	(0.9)	24.1	(0.8)	16.7	(0.7)	8.9	(0.5)
Frankreich	6.4	(0.8)	9.5	(0.7)	18.2	(0.7)	23.9	(0.9)	22.2	(0.8)	14.2	(0.7)	5.6	(0.5)
Deutschland	9.5	(0.9)	12.6	(0.7)	18.5	(0.9)	20.6	(0.8)	19.6	(0.9)	13.2	(0.8)	6.1	(0.5)
Griechenland	23.3	(1.4)	19.9	(0.9)	22.9	(0.8)	18.0	(0.9)	10.8	(0.9)	4.0	(0.5)	1.1	(0.2)
Ungarn	8.4	(0.8)	14.5	(0.7)	22.0	(1.2)	23.5	(1.0)	18.4	(0.8)	9.6	(0.7)	3.6	(0.4)
Island	6.3	(0.4)	12.0	(0.6)	20.2	(0.8)	24.4	(0.8)	21.0	(0.8)	11.9	(0.7)	4.2	(0.4)
Irland	5.1	(0.5)	11.2	(0.9)	22.6	(0.8)	27.0	(1.1)	21.6	(0.9)	10.2	(0.6)	2.3	(0.4)
Italien	18.2	(1.3)	19.2	(0.8)	23.7	(0.8)	20.4	(0.9)	11.8	(0.8)	5.2	(0.4)	1.5	(0.2)
Japan	6.4	(0.7)	8.5	(0.7)	15.7	(0.8)	20.6	(0.8)	21.1	(1.1)	16.4	(0.8)	11.3	(1.2)
Korea	3.0	(0.4)	7.0	(0.7)	15.7	(1.0)	22.3	(0.9)	23.6	(1.0)	17.5	(0.9)	10.9	(1.1)
Luxemburg	10.7	(0.6)	15.3	(0.9)	21.5	(1.1)	22.5	(0.9)	18.1	(1.0)	8.5	(0.6)	3.4	(0.4)
Mexiko	47.2	(1.7)	24.1	(0.8)	17.0	(0.9)	8.6	(0.8)	2.6	(0.4)	0.4	(0.1)	0.1	(0.0)
Niederlande	1.4	(0.4)	7.2	(0.8)	16.4	(1.2)	22.7	(1.1)	21.8	(1.1)	19.2	(0.9)	11.3	(0.7)
Neuseeland	5.6	(0.6)	10.2	(0.9)	17.5	(0.7)	22.5	(1.0)	22.2	(0.8)	14.0	(0.7)	7.9	(0.5)
Norwegen	9.5	(0.7)	15.1	(0.7)	22.8	(1.0)	23.9	(0.8)	17.4	(0.9)	8.3	(0.6)	2.9	(0.4)
Polen	10.1	(0.8)	16.1	(0.7)	23.6	(0.8)	23.0	(0.9)	16.1	(0.8)	7.9	(0.6)	3.3	(0.3)
Portugal	13.6	(1.3)	17.5	(1.0)	23.8	(0.9)	22.5	(1.1)	15.1	(0.9)	5.8	(0.5)	1.7	(0.3)
Slowak. Republik	9.7	(0.9)	14.3	(0.9)	21.0	(0.9)	22.4	(0.9)	18.1	(1.0)	10.1	(0.7)	4.4	(0.5)
Spanien	11.3	(0.7)	14.9	(1.0)	22.9	(0.7)	24.0	(0.9)	17.1	(0.6)	7.7	(0.5)	2.0	(0.2)
Schweden	9.4	(0.6)	12.6	(0.6)	19.6	(0.9)	21.7	(0.9)	18.3	(0.8)	11.6	(0.5)	6.7	(0.6)
Schweiz	7.6	(0.6)	10.1	(0.6)	17.3	(1.1)	21.3	(1.0)	20.9	(0.8)	13.9	(0.8)	8.8	(0.9)
Türkei	30.0	(2.0)	21.1	(1.1)	20.1	(1.2)	13.9	(1.2)	7.9	(1.2)	3.8	(0.8)	3.2	(1.2)
Vereinigte Staaten	10.4	(0.8)	14.4	(0.7)	22.6	(0.8)	24.3	(0.7)	17.7	(0.8)	8.4	(0.6)	2.2	(0.3)
OECD insgesamt	***12.9***	***(0.3)***	***13.8***	***(0.2)***	***19.8***	***(0.2)***	***21.3***	***(0.3)***	***17.3***	***(0.3)***	***10.2***	***(0.2)***	***4.7***	***(0.2)***
OECD-Durchschnitt	***10.2***	***(0.2)***	***13.0***	***(0.1)***	***19.8***	***(0.1)***	***22.0***	***(0.2)***	***18.5***	***(0.2)***	***11.1***	***(0.1)***	***5.3***	***(0.1)***
Partnerländer														
Brasilien	59.7	(2.0)	16.9	(0.9)	11.4	(0.8)	6.6	(0.8)	3.3	(0.5)	1.2	(0.4)	0.7	(0.3)
Hongkong (China)	5.6	(0.9)	8.0	(0.8)	14.5	(1.1)	20.6	(1.0)	23.0	(1.0)	18.6	(1.0)	9.8	(0.9)
Indonesien	59.6	(1.8)	20.2	(0.8)	12.3	(0.8)	5.4	(0.6)	1.9	(0.4)	0.6	(0.2)	0.1	(0.1)
Lettland	10.6	(1.0)	14.7	(1.1)	22.2	(1.3)	23.5	(1.2)	17.6	(1.2)	8.2	(0.7)	3.2	(0.5)
Liechtenstein	4.6	(1.1)	10.0	(1.9)	15.1	(2.4)	20.7	(3.0)	20.5	(3.4)	18.6	(2.3)	10.5	(1.6)
Macau (China)	5.2	(1.1)	12.2	(1.3)	18.2	(1.5)	23.4	(1.8)	21.6	(1.8)	13.8	(1.2)	5.7	(1.0)
Russ. Föderation	11.8	(1.1)	16.2	(0.9)	23.7	(1.0)	23.5	(0.9)	15.3	(1.1)	6.9	(0.7)	2.6	(0.4)
Serbien	26.5	(1.6)	24.1	(1.1)	23.5	(0.9)	15.7	(0.9)	7.2	(0.7)	2.5	(0.4)	0.5	(0.1)
Thailand	31.9	(1.6)	26.4	(1.3)	22.0	(0.9)	12.1	(0.8)	5.3	(0.6)	1.8	(0.4)	0.4	(0.2)
Tunesien	58.8	(1.2)	20.4	(0.7)	12.9	(0.7)	5.8	(0.4)	1.8	(0.3)	0.4	(0.1)	0.0	
Uruguay	29.8	(1.3)	19.1	(0.8)	21.6	(1.1)	16.5	(1.0)	8.8	(0.7)	3.4	(0.4)	0.9	(0.2)
Verein. Königreich[1]	m	m	m	m	m	m	m	m	m	m	m	m	m	m

1. Die Beteiligungsquote ist zu niedrig, um die Vergleichbarkeit zu gewährleisten (siehe Anhang A3).

Tabelle 2.2b

Prozentualer Anteil der Schülerinnen und Schüler auf den jeweiligen Kompetenzstufen der Mathematik-Subskala Veränderung und Beziehungen, nach Geschlecht

		Jungen – Kompetenzstufen													
		Unter Stufe 1 (weniger als 358 Punkte)		Stufe 1 (358-420 Punkte)		Stufe 2 (421-482 Punkte)		Stufe 3 (483-544 Punkte)		Stufe 4 (545-606 Punkte)		Stufe 5 (607-668 Punkte)		Stufe 6 (über 668 Punkte)	
		%	**S.E.**	**%**	**S.E.**	**%**	**S.E.**	**%**	**S.E.**	**%**	**S.E.**	**%**	**S.E.**	**%**	**S.E.**
OECD-Länder	Australien	5.3	(0.6)	9.9	(0.7)	17.6	(0.8)	22.6	(0.9)	22.2	(0.9)	14.4	(0.9)	8.0	(0.8)
	Österreich	9.5	(1.0)	13.6	(1.4)	19.8	(1.3)	21.2	(1.6)	18.3	(1.2)	11.9	(1.1)	5.7	(0.7)
	Belgien	7.8	(0.8)	10.2	(0.9)	14.2	(1.0)	17.0	(0.9)	18.6	(0.9)	17.8	(1.2)	14.3	(0.8)
	Kanada	3.2	(0.3)	7.2	(0.5)	15.2	(0.6)	22.5	(0.8)	23.8	(0.8)	18.0	(0.7)	10.1	(0.7)
	Tschech. Republik	5.0	(0.8)	11.3	(1.1)	20.7	(1.3)	22.4	(1.1)	18.9	(1.1)	14.1	(1.0)	7.6	(0.8)
	Dänemark	5.4	(0.7)	10.2	(0.9)	19.0	(1.2)	24.1	(1.1)	22.0	(1.4)	13.4	(1.1)	5.9	(0.7)
	Finnland	2.7	(0.5)	7.0	(0.8)	14.9	(0.8)	23.2	(0.9)	23.3	(1.2)	18.0	(1.0)	10.9	(0.8)
	Frankreich	7.2	(1.0)	9.6	(1.0)	17.2	(1.0)	22.6	(1.3)	20.7	(1.2)	15.6	(1.0)	7.1	(0.7)
	Deutschland	8.6	(1.0)	12.4	(1.0)	18.4	(1.1)	19.7	(1.1)	19.5	(1.1)	13.9	(1.0)	7.6	(0.9)
	Griechenland	21.6	(1.6)	19.0	(1.3)	21.5	(1.1)	18.3	(1.3)	12.7	(1.4)	5.1	(0.7)	1.7	(0.3)
	Ungarn	8.1	(0.9)	13.7	(1.0)	21.7	(1.4)	23.1	(1.4)	18.8	(1.2)	10.1	(0.8)	4.5	(0.7)
	Island	7.7	(0.8)	13.2	(1.0)	19.6	(1.1)	23.3	(1.4)	20.1	(1.3)	11.2	(0.8)	4.9	(0.8)
	Irland	4.7	(0.6)	10.3	(1.0)	21.2	(1.2)	26.8	(1.5)	22.5	(1.1)	11.5	(0.8)	3.0	(0.6)
	Italien	16.7	(1.7)	17.8	(1.1)	21.6	(1.0)	20.9	(1.3)	13.7	(1.1)	6.8	(0.6)	2.4	(0.3)
	Japan	7.1	(1.0)	8.8	(0.9)	15.2	(1.1)	18.6	(1.1)	19.9	(1.2)	16.5	(1.5)	13.9	(2.0)
	Korea	2.6	(0.5)	6.2	(0.8)	13.7	(1.1)	20.7	(1.0)	24.4	(1.1)	19.5	(1.2)	12.9	(1.2)
	Luxemburg	10.5	(0.8)	15.2	(1.1)	19.5	(2.1)	20.9	(1.5)	19.1	(1.6)	10.2	(0.9)	4.7	(0.6)
	Mexiko	45.9	(2.2)	23.4	(1.3)	17.3	(1.3)	9.5	(1.1)	3.3	(0.5)	0.6	(0.2)	0.1	(0.1)
	Niederlande	0.9	(0.4)	6.8	(1.1)	16.4	(1.9)	23.1	(1.6)	21.9	(1.9)	18.6	(1.3)	12.3	(0.9)
	Neuseeland	5.1	(0.6)	9.6	(1.0)	16.6	(0.9)	20.6	(1.2)	23.0	(1.2)	15.1	(0.8)	10.1	(0.7)
	Norwegen	9.9	(0.8)	14.8	(0.9)	22.1	(1.4)	23.3	(1.1)	17.2	(1.0)	9.1	(0.7)	3.6	(0.6)
	Polen	10.7	(1.1)	15.2	(1.2)	22.4	(1.3)	22.3	(1.1)	16.4	(1.0)	8.8	(0.8)	4.3	(0.5)
	Portugal	14.4	(1.6)	15.6	(1.4)	21.3	(1.2)	21.9	(1.3)	16.8	(1.3)	7.3	(0.7)	2.6	(0.4)
	Slowak. Republik	9.1	(1.1)	12.9	(1.1)	20.5	(1.1)	21.6	(1.3)	18.8	(1.3)	11.4	(1.0)	5.7	(0.6)
	Spanien	11.8	(0.9)	13.9	(1.2)	21.7	(1.1)	23.0	(1.2)	17.8	(1.0)	9.3	(0.8)	2.5	(0.4)
	Schweden	9.9	(0.9)	12.3	(0.9)	19.4	(1.0)	21.2	(1.5)	18.2	(1.4)	11.8	(0.8)	7.2	(0.8)
	Schweiz	7.0	(0.6)	10.0	(0.8)	16.1	(1.5)	20.8	(1.6)	20.5	(1.0)	14.7	(1.1)	10.8	(1.4)
	Türkei	30.6	(2.6)	19.5	(1.3)	18.8	(1.4)	14.8	(1.4)	8.4	(1.3)	4.2	(0.9)	3.8	(1.4)
	Vereinigte Staaten	11.0	(1.0)	13.6	(0.9)	21.9	(1.2)	23.2	(1.1)	18.1	(1.0)	9.1	(0.8)	3.1	(0.5)
	OECD insgesamt	***12.9***	***(0.5)***	***13.2***	***(0.3)***	***19.0***	***(0.4)***	***20.5***	***(0.4)***	***17.5***	***(0.4)***	***11.0***	***(0.3)***	***5.9***	***(0.3)***
	OECD -Durchschnitt	***10.2***	***(0.2)***	***12.4***	***(0.2)***	***18.8***	***(0.2)***	***21.2***	***(0.3)***	***18.7***	***(0.2)***	***12.1***	***(0.2)***	***6.6***	***(0.1)***
Partnerländer	Brasilien	56.7	(2.4)	16.8	(1.3)	11.8	(1.1)	7.7	(1.0)	4.2	(0.9)	1.6	(0.6)	1.2	(0.5)
	Hongkong (China)	7.1	(1.4)	8.3	(1.1)	13.6	(1.7)	18.7	(1.2)	21.3	(1.6)	19.2	(1.3)	11.8	(1.6)
	Indonesien	58.6	(1.9)	21.1	(1.3)	12.4	(0.9)	5.5	(0.7)	1.8	(0.4)	0.5	(0.2)	0.1	(0.1)
	Lettland	11.3	(1.5)	15.4	(1.4)	21.4	(1.6)	22.7	(1.8)	17.3	(1.5)	7.8	(1.0)	4.0	(0.7)
	Liechtenstein	5.0	(1.9)	7.5	(2.4)	13.1	(2.7)	20.2	(3.4)	19.3	(3.3)	21.2	(3.7)	13.8	(3.1)
	Macau (China)	5.3	(1.4)	10.6	(1.8)	17.7	(1.9)	19.8	(2.4)	22.5	(2.9)	16.9	(2.1)	7.2	(1.5)
	Russ. Föderation	12.5	(1.6)	16.3	(1.1)	22.2	(1.2)	22.5	(1.3)	15.5	(1.2)	7.5	(1.1)	3.4	(0.7)
	Serbien	28.0	(1.7)	23.1	(1.4)	21.4	(1.1)	15.1	(1.0)	8.4	(0.9)	3.2	(0.7)	0.7	(0.2)
	Thailand	35.0	(2.2)	25.4	(1.6)	20.1	(1.1)	11.8	(1.1)	5.4	(0.9)	1.8	(0.5)	0.4	(0.2)
	Tunesien	57.0	(1.4)	20.5	(1.0)	13.1	(0.9)	6.6	(0.6)	2.3	(0.4)	0.5	(0.2)	0.0	
	Uruguay	29.8	(1.6)	18.3	(1.1)	20.9	(1.3)	16.7	(1.2)	9.2	(0.9)	4.0	(0.5)	1.2	(0.4)
	Verein. Königreich[1]	m	m	m	m	m	m	m	m	m	m	m	m	m	m

		Mädchen – Kompetenzstufen													
		Unter Stufe 1 (weniger als 358 Punkte)		Stufe 1 (358-420 Punkte)		Stufe 2 (421-482 Punkte)		Stufe 3 (483-544 Punkte)		Stufe 4 (545-606 Punkte)		Stufe 5 (607-668 Punkte)		Stufe 6 (über 668 Punkte)	
		%	**S.E.**	**%**	**S.E.**	**%**	**S.E.**	**%**	**S.E.**	**%**	**S.E.**	**%**	**S.E.**	**%**	**S.E.**
OECD-Länder	Australien	4.3	(0.5)	9.1	(0.7)	19.3	(0.7)	25.0	(1.0)	23.7	(0.8)	13.5	(0.8)	5.0	(0.6)
	Österreich	7.7	(1.1)	14.6	(1.3)	21.1	(1.2)	23.8	(1.4)	19.3	(1.4)	10.0	(1.0)	3.5	(0.5)
	Belgien	7.4	(0.8)	9.2	(0.7)	15.5	(0.9)	19.6	(1.1)	20.9	(1.1)	17.1	(1.1)	10.3	(0.7)
	Kanada	2.6	(0.3)	7.8	(0.4)	17.7	(0.7)	26.5	(0.8)	25.3	(0.7)	14.5	(0.6)	5.6	(0.4)
	Tschech. Republik	6.3	(1.0)	12.3	(1.2)	20.9	(1.2)	24.7	(1.3)	19.8	(1.2)	10.9	(0.9)	5.1	(0.6)
	Dänemark	7.2	(0.9)	13.6	(1.1)	21.8	(1.5)	24.9	(1.3)	19.4	(1.2)	9.6	(0.9)	3.5	(0.6)
	Finnland	2.6	(0.4)	7.0	(0.7)	17.4	(1.1)	25.8	(1.5)	24.9	(1.2)	15.5	(0.8)	6.9	(0.6)
	Frankreich	5.7	(0.9)	9.4	(0.9)	19.2	(1.1)	25.0	(1.5)	23.5	(1.3)	13.0	(1.0)	4.3	(0.5)
	Deutschland	10.0	(1.0)	12.8	(1.1)	18.7	(1.4)	21.6	(1.6)	19.8	(1.3)	12.5	(1.0)	4.6	(0.6)
	Griechenland	25.0	(1.7)	20.7	(1.2)	24.2	(1.0)	17.7	(1.3)	9.0	(0.9)	2.9	(0.5)	0.5	(0.2)
	Ungarn	8.6	(1.0)	15.5	(1.2)	22.5	(1.3)	23.9	(1.3)	17.8	(1.1)	9.1	(1.0)	2.6	(0.4)
	Island	4.8	(0.7)	10.6	(1.1)	20.7	(1.2)	25.6	(1.6)	22.0	(1.4)	12.7	(1.1)	3.5	(0.6)
	Irland	5.4	(0.7)	12.0	(1.2)	23.9	(1.2)	27.3	(1.2)	20.7	(1.3)	8.9	(1.0)	1.6	(0.5)
	Italien	19.5	(1.8)	20.6	(1.2)	25.5	(1.1)	19.9	(1.0)	10.1	(0.9)	3.7	(0.4)	0.7	(0.2)
	Japan	5.8	(0.9)	8.3	(0.9)	16.1	(1.1)	22.5	(1.3)	22.3	(1.7)	16.3	(1.1)	8.8	(0.7)
	Korea	3.5	(0.7)	8.2	(1.1)	18.7	(1.7)	24.7	(1.5)	22.4	(1.7)	14.6	(1.3)	7.9	(1.4)
	Luxemburg	10.9	(0.8)	15.4	(1.1)	23.5	(1.1)	24.1	(1.1)	17.3	(1.0)	6.8	(0.8)	2.1	(0.3)
	Mexiko	48.4	(2.0)	24.7	(1.3)	16.7	(1.1)	7.8	(0.9)	2.0	(0.4)	0.3	(0.1)	0.0	(0.0)
	Niederlande	1.9	(0.5)	7.6	(1.1)	16.4	(1.3)	22.2	(1.7)	21.8	(1.5)	19.9	(1.2)	10.2	(1.0)
	Neuseeland	6.1	(0.8)	10.8	(1.1)	18.5	(1.2)	24.4	(1.4)	21.4	(1.5)	13.0	(1.0)	5.7	(0.5)
	Norwegen	9.2	(0.9)	15.5	(1.1)	23.6	(1.4)	24.5	(1.1)	17.5	(1.3)	7.6	(0.9)	2.2	(0.4)
	Polen	9.5	(0.9)	17.0	(1.0)	24.7	(1.0)	23.6	(1.2)	15.8	(1.1)	7.0	(0.7)	2.2	(0.4)
	Portugal	13.0	(1.5)	19.1	(1.3)	26.0	(1.5)	23.1	(1.4)	13.5	(1.0)	4.3	(0.6)	1.0	(0.3)
	Slowak. Republik	10.2	(1.0)	15.7	(1.2)	21.6	(1.4)	23.2	(1.1)	17.4	(1.3)	8.7	(0.9)	3.1	(0.6)
	Spanien	10.9	(0.8)	15.8	(1.1)	24.1	(1.1)	25.1	(1.1)	16.4	(0.8)	6.2	(0.6)	1.5	(0.4)
	Schweden	8.9	(1.0)	13.0	(0.9)	19.8	(1.5)	22.2	(1.4)	18.5	(1.0)	11.5	(0.8)	6.2	(0.9)
	Schweiz	8.3	(0.8)	10.2	(1.0)	18.5	(1.2)	21.9	(1.2)	21.2	(1.1)	13.1	(1.0)	6.8	(0.8)
	Türkei	29.3	(2.3)	23.1	(1.7)	21.7	(1.7)	12.9	(1.6)	7.3	(1.3)	3.3	(1.0)	2.4	(1.0)
	Vereinigte Staaten	9.8	(1.1)	15.2	(0.9)	23.2	(1.1)	25.3	(1.3)	17.3	(1.1)	7.7	(0.8)	1.4	(0.3)
	OECD insgesamt	***12.9***	***(0.4)***	***14.4***	***(0.4)***	***20.6***	***(0.4)***	***22.0***	***(0.4)***	***17.1***	***(0.4)***	***9.4***	***(0.3)***	***3.5***	***(0.2)***
	OECD -Durchschnitt	***10.4***	***(0.2)***	***13.6***	***(0.2)***	***20.8***	***(0.2)***	***22.8***	***(0.2)***	***18.3***	***(0.2)***	***10.1***	***(0.2)***	***4.1***	***(0.1)***
Partnerländer	Brasilien	62.4	(2.0)	17.0	(1.2)	11.1	(1.1)	5.7	(0.8)	2.6	(0.6)	0.9	(0.5)	0.3	(0.2)
	Hongkong (China)	4.1	(0.7)	7.7	(0.9)	15.4	(1.4)	22.5	(1.9)	24.7	(1.3)	17.9	(1.3)	7.8	(0.8)
	Indonesien	60.6	(2.1)	19.2	(0.9)	12.3	(1.1)	5.3	(0.8)	1.9	(0.5)	0.6	(0.3)	0.1	(0.1)
	Lettland	9.9	(1.1)	14.1	(1.4)	22.9	(1.5)	24.3	(1.6)	17.9	(1.4)	8.5	(0.8)	2.5	(0.5)
	Liechtenstein	4.1	(1.8)	12.7	(2.7)	17.2	(3.9)	21.2	(4.4)	21.7	(5.1)	15.8	(3.6)	7.1	(2.6)
	Macau (China)	5.1	(1.3)	13.7	(1.8)	18.7	(2.1)	26.8	(2.3)	20.6	(2.4)	10.9	(1.6)	4.2	(1.1)
	Russ. Föderation	11.0	(1.1)	16.2	(1.1)	25.3	(1.4)	24.6	(1.2)	15.1	(1.3)	6.2	(0.8)	1.7	(0.5)
	Serbien	25.0	(2.0)	25.1	(1.6)	25.5	(1.6)	16.3	(1.3)	6.1	(1.0)	1.8	(0.4)	0.2	(0.2)
	Thailand	29.4	(1.7)	27.3	(1.5)	23.5	(1.2)	12.3	(1.2)	5.3	(0.6)	1.9	(0.5)	0.4	(0.2)
	Tunesien	60.5	(1.5)	20.3	(0.9)	12.6	(1.0)	4.9	(0.6)	1.3	(0.3)	0.3	(0.2)	0.0	
	Uruguay	29.8	(1.7)	19.8	(1.4)	22.3	(1.6)	16.3	(1.3)	8.3	(0.9)	2.9	(0.5)	0.5	(0.2)
	Verein. Königreich[1]	m	m	m	m	m	m	m	m	m	m	m	m	m	m

1. Die Beteiligungsquote ist zu niedrig, um die Vergleichbarkeit zu gewährleisten (siehe Anhang A3).

Tabelle 2.2c

Mittelwert, Varianz und geschlechtsspezifische Unterschiede bei den Schülerleistungen auf der Mathematik-Subskala Veränderung und Beziehungen in PISA 2003

		Alle Schüler				Geschlechtsspezifische Unterschiede					
		Mittelwert		Standardabweichung		Jungen		Mädchen		Differenz (J-M)	
		Punktzahl	**S.E.**	**S.D.**	**S.E.**	**Mittelwert**	**S.E.**	**Mittelwert**	**S.E.**	**Punktdiff.**	**S.E.**
OECD-Länder	Australien	525	(2.3)	98	(1.8)	527	(3.2)	523	(2.8)	4	(3.8)
	Österreich	500	(3.6)	102	(1.8)	502	(4.4)	497	(4.4)	5	(5.0)
	Belgien	535	(2.4)	116	(1.6)	539	(3.6)	531	(3.5)	8	(5.1)
	Kanada	537	(1.9)	92	(0.9)	546	(2.2)	532	(2.0)	**13**	(2.3)
	Tschech. Republik	515	(3.5)	100	(1.8)	521	(4.5)	508	(4.0)	**13**	(4.9)
	Dänemark	509	(3.0)	98	(1.8)	520	(3.7)	499	(3.3)	**21**	(3.5)
	Finnland	543	(2.2)	95	(1.4)	549	(2.8)	537	(2.4)	**11**	(2.8)
	Frankreich	520	(2.6)	100	(2.1)	522	(4.0)	518	(3.2)	4	(5.0)
	Deutschland	507	(3.7)	109	(1.7)	514	(4.3)	502	(4.4)	**12**	(4.4)
	Griechenland	436	(4.3)	107	(1.7)	445	(5.2)	427	(4.4)	**18**	(4.2)
	Ungarn	495	(3.1)	99	(2.1)	499	(3.6)	490	(3.6)	**10**	(3.9)
	Island	509	(1.4)	97	(1.2)	505	(2.4)	514	(2.3)	**–10**	(3.8)
	Irland	506	(2.4)	87	(1.4)	512	(3.0)	500	(3.5)	**13**	(4.4)
	Italien	452	(3.2)	103	(1.9)	463	(4.9)	442	(4.0)	**21**	(6.3)
	Japan	536	(4.3)	112	(3.0)	539	(6.4)	533	(4.3)	6	(6.6)
	Korea	548	(3.5)	99	(2.4)	558	(4.7)	532	(5.8)	**25**	(7.3)
	Luxemburg	487	(1.2)	102	(1.0)	494	(2.5)	480	(1.8)	**14**	(3.7)
	Mexiko	364	(4.1)	98	(1.9)	368	(4.9)	360	(4.6)	8	(4.4)
	Niederlande	551	(3.1)	94	(2.0)	554	(3.8)	548	(3.7)	6	(4.3)
	Neuseeland	526	(2.4)	103	(1.5)	534	(2.8)	517	(3.4)	**17**	(4.1)
	Norwegen	488	(2.6)	98	(1.3)	490	(3.2)	486	(3.1)	4	(3.3)
	Polen	484	(2.7)	99	(1.7)	488	(3.1)	481	(3.4)	**8**	(3.6)
	Portugal	468	(4.0)	99	(2.2)	475	(4.8)	462	(4.0)	**13**	(3.8)
	Slowak. Republik	494	(3.5)	105	(2.3)	502	(4.1)	486	(3.9)	**16**	(4.2)
	Spanien	481	(2.8)	99	(1.4)	485	(3.8)	477	(2.6)	**8**	(3.3)
	Schweden	505	(2.9)	111	(1.9)	506	(3.4)	504	(3.9)	1	(4.3)
	Schweiz	523	(3.7)	112	(2.2)	530	(5.1)	515	(3.9)	**15**	(5.3)
	Türkei	423	(7.6)	121	(5.4)	425	(9.1)	419	(7.4)	6	(7.2)
	Vereinigte Staaten	486	(3.0)	98	(1.6)	488	(3.4)	483	(3.3)	6	(2.9)
	OECD insgesamt	*489*	*(1.2)*	*113*	*(0.8)*	*493*	*(1.4)*	*484*	*(1.4)*	***10***	*(1.5)*
	OECD-Durchschnitt	*499*	*(0.7)*	*109*	*(0.5)*	*504*	*(0.8)*	*493*	*(0.8)*	***11***	*(0.9)*
Partnerländer	Brasilien	333	(6.0)	124	(3.4)	344	(7.3)	324	(5.5)	**20**	(4.7)
	Hongkong (China)	540	(4.7)	106	(2.9)	540	(6.8)	539	(4.8)	1	(7.2)
	Indonesien	334	(4.6)	105	(2.6)	336	(4.4)	332	(5.4)	4	(3.4)
	Lettland	487	(4.4)	101	(1.6)	487	(5.3)	488	(4.3)	–1	(4.0)
	Liechtenstein	540	(3.7)	107	(3.8)	552	(7.4)	526	(6.5)	**26**	(12.1)
	Macau (China)	519	(3.5)	99	(2.9)	529	(5.0)	509	(4.6)	**20**	(6.6)
	Russ. Föderation	477	(4.6)	100	(2.1)	479	(6.0)	475	(4.5)	3	(5.1)
	Serbien	419	(4.0)	99	(1.7)	420	(4.5)	418	(4.9)	1	(4.9)
	Thailand	405	(3.4)	93	(2.1)	400	(4.5)	409	(4.0)	–10	(5.1)
	Tunesien	337	(2.8)	103	(1.9)	342	(3.0)	331	(3.3)	**11**	(3.0)
	Uruguay	417	(3.6)	115	(1.7)	420	(4.2)	414	(4.2)	5	(4.4)
	Verein. Königreich[1]	m	m	m	m	m	m	m	m	m	m

		Perzentile											
		5.		10.		25.		75.		90.		95.	
		Punktzahl	**S.E.**	**Punktzahl**	**S.E.**	**Punktzahl**	**S.E.**	**Punktzahl**	**S.E.**	**Punktzahl**	**S.E.**	**Punktzahl**	**S.E.**
OECD-Länder	Australien	360	(4.9)	398	(3.7)	459	(3.0)	594	(2.7)	648	(3.3)	681	(4.7)
	Österreich	331	(6.3)	366	(4.8)	428	(4.4)	572	(4.0)	633	(4.0)	666	(4.6)
	Belgien	332	(5.6)	375	(4.5)	454	(4.0)	623	(2.8)	680	(2.2)	711	(2.4)
	Kanada	382	(3.4)	417	(2.6)	474	(2.5)	601	(2.3)	654	(2.7)	685	(2.9)
	Tschech. Republik	353	(6.4)	388	(5.8)	446	(3.9)	585	(4.6)	647	(5.2)	681	(5.0)
	Dänemark	345	(6.0)	382	(4.5)	443	(3.9)	578	(3.2)	634	(3.9)	665	(5.1)
	Finnland	387	(5.1)	422	(3.7)	480	(2.6)	609	(2.7)	664	(3.0)	695	(3.2)
	Frankreich	345	(7.0)	386	(5.8)	454	(3.8)	591	(2.5)	644	(3.3)	674	(4.2)
	Deutschland	323	(6.8)	362	(6.4)	430	(4.5)	588	(4.5)	645	(3.9)	678	(3.7)
	Griechenland	256	(5.8)	296	(5.5)	364	(5.1)	509	(5.6)	572	(4.6)	607	(5.7)
	Ungarn	332	(5.5)	367	(5.0)	427	(3.4)	563	(4.2)	623	(5.1)	656	(4.5)
	Island	345	(4.1)	382	(3.5)	444	(2.3)	579	(2.4)	633	(2.6)	662	(3.8)
	Irland	357	(4.4)	393	(4.6)	448	(3.4)	568	(2.8)	618	(2.6)	645	(3.6)
	Italien	281	(6.5)	319	(6.4)	382	(4.6)	522	(3.6)	585	(3.4)	622	(3.6)
	Japan	342	(8.3)	389	(7.0)	462	(5.5)	616	(4.6)	676	(6.6)	709	(7.6)
	Korea	383	(5.8)	420	(5.0)	480	(4.5)	617	(4.3)	674	(5.8)	708	(6.7)
	Luxemburg	315	(4.0)	354	(3.5)	417	(2.2)	559	(1.9)	616	(2.8)	651	(4.5)
	Mexiko	199	(6.6)	236	(4.9)	297	(4.5)	432	(5.0)	491	(5.7)	525	(5.2)
	Niederlande	398	(5.3)	426	(4.7)	482	(5.0)	623	(3.8)	675	(2.9)	702	(3.8)
	Neuseeland	352	(5.4)	390	(4.9)	456	(3.6)	598	(2.7)	657	(2.9)	691	(3.9)
	Norwegen	324	(4.7)	360	(4.4)	421	(3.2)	555	(3.4)	613	(3.9)	646	(3.6)
	Polen	323	(5.4)	357	(4.6)	417	(3.1)	552	(3.1)	613	(3.9)	650	(4.9)
	Portugal	301	(7.0)	338	(6.8)	401	(5.6)	537	(4.1)	594	(3.4)	626	(4.7)
	Slowak. Republik	320	(7.7)	360	(5.7)	424	(4.8)	568	(3.8)	629	(3.9)	663	(4.7)
	Spanien	310	(4.3)	350	(4.2)	416	(3.6)	550	(3.2)	606	(4.0)	637	(3.7)
	Schweden	318	(6.4)	362	(4.2)	431	(3.6)	582	(3.5)	648	(4.5)	684	(5.5)
	Schweiz	329	(5.6)	375	(5.5)	449	(3.7)	599	(4.5)	662	(5.8)	700	(7.3)
	Türkei	238	(9.1)	276	(7.1)	341	(6.7)	496	(10.0)	578	(15.6)	633	(22.9)
	Vereinigte Staaten	318	(6.5)	355	(4.8)	421	(3.6)	555	(3.3)	610	(3.7)	642	(3.7)
	OECD insgesamt	*295*	*(2.5)*	*339*	*(2.2)*	*414*	*(1.6)*	*568*	*(1.4)*	*631*	*(1.3)*	*667*	*(1.5)*
	OECD-Durchschnitt	*313*	*(1.5)*	*356*	*(1.2)*	*426*	*(1.0)*	*576*	*(0.7)*	*637*	*(0.8)*	*672*	*(0.9)*
Partnerländer	Brasilien	140	(7.0)	180	(6.4)	247	(5.9)	414	(6.9)	498	(10.9)	548	(12.0)
	Hongkong (China)	351	(10.6)	397	(8.8)	471	(7.1)	617	(4.3)	668	(4.4)	699	(5.1)
	Indonesien	164	(6.8)	202	(6.4)	263	(4.7)	402	(5.7)	469	(6.9)	509	(8.9)
	Lettland	319	(5.2)	355	(4.8)	419	(5.0)	556	(5.4)	615	(5.5)	649	(6.0)
	Liechtenstein	362	(12.7)	401	(10.2)	467	(7.6)	619	(7.4)	673	(11.5)	705	(13.3)
	Macau (China)	356	(10.1)	388	(7.3)	449	(6.2)	590	(5.0)	644	(5.7)	675	(9.0)
	Russ. Föderation	309	(6.9)	348	(5.8)	411	(5.2)	544	(5.3)	604	(5.3)	641	(6.9)
	Serbien	257	(5.0)	293	(4.7)	353	(4.7)	485	(4.5)	546	(5.3)	582	(7.4)
	Thailand	261	(4.4)	289	(3.9)	341	(3.8)	465	(4.2)	528	(6.1)	568	(7.5)
	Tunesien	169	(4.2)	205	(3.7)	267	(3.7)	405	(4.0)	469	(4.9)	508	(5.3)
	Uruguay	219	(5.3)	262	(4.5)	339	(4.9)	497	(3.8)	561	(4.6)	600	(5.6)
	Verein. Königreich[1]	m	m	m	m	m	m	m	m	m	m	m	m

Anmerkung: Statistisch signifikante Werte sind durch Fettdruck gekennzeichnet (siehe Anhang A4).

1. Die Beteiligungsquote ist zu niedrig, um die Vergleichbarkeit zu gewährleisten (siehe Anhang A3).

Tabelle 2.2d

Mittelwert, Varianz und geschlechtsspezifische Unterschiede auf der Mathematik-Subskala Veränderung und Beziehungen in PISA 2000

		Alle Schüler				Geschlechtsspezifische Unterschiede					
		Mittelwert		Standardabweichung		Jungen		Mädchen		Differenz (J-M)	
		Punktzahl	**S.E.**	**S.D.**	**S.E.**	**Mittelwert**	**S.E.**	**Mittelwert**	**S.E.**	**Punktdiff.**	**S.E.**
OECD-Länder	Australien	522	(3.2)	95	(1.8)	525	(4.1)	519	(4.6)	6	(5.8)
	Österreich	499	(3.1)	97	(2.4)	506	(4.7)	495	(3.9)	11	(6.1)
	Belgien	514	(3.8)	121	(2.8)	516	(5.1)	513	(4.7)	2	(6.1)
	Kanada	520	(1.3)	91	(1.1)	523	(1.7)	518	(1.4)	**5**	(1.9)
	Tschech. Republik	484	(3.0)	114	(1.8)	487	(4.6)	482	(3.5)	4	(5.8)
	Dänemark	499	(2.7)	102	(1.9)	505	(3.9)	494	(3.4)	**12**	(5.0)
	Finnland	529	(2.1)	92	(1.7)	529	(3.2)	530	(2.7)	–1	(4.1)
	Frankreich	515	(2.7)	106	(2.0)	518	(4.3)	511	(3.6)	7	(5.6)
	Deutschland	485	(2.4)	111	(2.2)	488	(3.9)	483	(3.8)	5	(5.9)
	Griechenland	430	(5.2)	124	(2.8)	433	(7.9)	428	(5.1)	5	(8.4)
	Ungarn	479	(4.1)	115	(2.0)	477	(4.9)	480	(5.3)	–3	(6.2)
	Island	507	(2.8)	97	(1.9)	505	(4.3)	511	(3.6)	–5	(5.5)
	Irland	501	(2.7)	85	(1.6)	504	(4.1)	499	(3.6)	6	(5.4)
	Italien	443	(3.0)	101	(2.7)	444	(5.4)	442	(3.7)	2	(7.1)
	Japan	536	(5.1)	105	(2.5)	538	(6.7)	534	(5.8)	4	(7.1)
	Korea	530	(2.6)	84	(1.4)	537	(3.7)	522	(4.3)	**15**	(6.1)
	Luxemburg	424	(2.6)	111	(2.4)	427	(3.5)	421	(3.8)	6	(5.1)
	Mexiko	358	(3.1)	100	(2.5)	361	(4.5)	355	(3.4)	6	(4.8)
	Neuseeland	527	(3.0)	100	(1.8)	527	(4.9)	529	(4.1)	–2	(6.6)
	Norwegen	494	(3.1)	94	(1.9)	497	(3.7)	491	(3.4)	6	(4.0)
	Polen	451	(5.7)	121	(2.9)	451	(7.9)	451	(6.3)	0	(8.7)
	Portugal	448	(3.6)	99	(2.7)	455	(4.2)	443	(4.6)	**12**	(5.3)
	Spanien	468	(2.8)	104	(2.0)	475	(4.0)	462	(3.3)	**13**	(4.7)
	Schweden	502	(2.6)	102	(1.8)	504	(3.6)	500	(3.6)	4	(4.8)
	Schweiz	510	(4.8)	125	(2.2)	514	(5.9)	506	(5.7)	8	(6.4)
	Verein. Königreich	519	(2.2)	92	(1.8)	520	(3.2)	519	(3.2)	1	(4.6)
	Vereinigte Staaten	486	(6.0)	101	(2.3)	488	(6.7)	483	(6.6)	5	(5.8)
	OECD insgesamt	***485***	***(1.6)***	***113***	***(0.9)***	***488***	***(2.0)***	***482***	***(1.9)***	***6***	***(2.1)***
	OECD-Durchschnitt	***488***	***(0.7)***	***111***	***(0.5)***	***491***	***(1.0)***	***486***	***(0.9)***	***6***	***(1.2)***
Partnerländer	Brasilien	263	(4.8)	140	(3.6)	272	(5.4)	255	(6.4)	**17**	(7.1)
	Hongkong (China)	546	(3.0)	99	(1.9)	551	(4.7)	540	(4.1)	12	(6.6)
	Indonesien	345	(3.0)	71	(1.8)	346	(3.7)	344	(3.3)	2	(3.7)
	Lettland	450	(4.7)	124	(2.4)	450	(5.9)	452	(5.8)	–2	(6.6)
	Liechtenstein	502	(12.4)	131	(7.5)	502	(19.7)	506	(17.2)	–4	(26.8)
	Russ. Föderation	467	(5.5)	121	(2.3)	465	(5.7)	469	(6.6)	–5	(5.6)
	Thailand	421	(2.2)	62	(1.3)	419	(3.2)	422	(2.5)	–3	(3.5)
	Niederlande[1]	m	m	m	m	m	m	m	m	m	m

		Perzentile											
		5.		10.		25.		75.		90.		95.	
		Punktzahl	**S.E.**	**Punktzahl**	**S.E.**	**Punktzahl**	**S.E.**	**Punktzahl**	**S.E.**	**Punktzahl**	**S.E.**	**Punktzahl**	**S.E.**
OECD-Länder	Australien	361	(11.3)	398	(3.7)	463	(3.2)	587	(4.8)	643	(4.8)	674	(6.3)
	Österreich	337	(9.3)	374	(5.5)	437	(2.6)	567	(5.9)	620	(6.3)	654	(6.0)
	Belgien	298	(10.5)	356	(9.2)	439	(6.4)	595	(3.2)	661	(5.4)	698	(5.1)
	Kanada	365	(4.6)	402	(2.9)	462	(2.3)	583	(2.0)	632	(2.0)	664	(2.1)
	Tschech. Republik	294	(9.2)	336	(3.6)	412	(6.1)	562	(5.3)	629	(3.3)	667	(4.2)
	Dänemark	326	(5.7)	367	(5.7)	434	(3.7)	568	(3.1)	630	(4.7)	663	(6.9)
	Finnland	375	(7.6)	410	(2.5)	472	(4.6)	592	(3.6)	645	(2.8)	677	(3.2)
	Frankreich	331	(8.0)	376	(6.6)	447	(3.5)	585	(2.7)	648	(4.4)	685	(6.1)
	Deutschland	293	(8.7)	340	(7.7)	413	(4.1)	562	(3.4)	624	(2.9)	659	(3.7)
	Griechenland	221	(10.2)	270	(8.1)	350	(6.8)	514	(6.0)	590	(7.4)	630	(8.5)
	Ungarn	288	(9.3)	330	(6.7)	401	(4.7)	556	(4.2)	629	(5.8)	667	(7.3)
	Island	343	(9.8)	382	(6.7)	446	(4.6)	571	(3.0)	632	(4.2)	667	(6.2)
	Irland	357	(8.2)	390	(4.0)	447	(5.2)	558	(4.7)	607	(3.1)	636	(4.5)
	Italien	270	(12.0)	312	(6.1)	377	(6.2)	512	(3.5)	568	(3.8)	600	(3.9)
	Japan	355	(9.0)	403	(8.5)	468	(7.3)	608	(5.1)	667	(7.1)	701	(5.8)
	Korea	389	(6.8)	424	(4.8)	475	(3.3)	588	(3.0)	635	(5.7)	667	(5.6)
	Luxemburg	236	(10.0)	278	(6.8)	353	(4.8)	499	(4.6)	565	(6.5)	598	(8.2)
	Mexiko	193	(6.8)	228	(7.4)	290	(4.6)	427	(4.0)	486	(4.5)	520	(6.1)
	Neuseeland	354	(8.4)	398	(5.8)	465	(5.4)	596	(4.9)	651	(5.5)	682	(5.0)
	Norwegen	335	(10.7)	372	(4.7)	433	(4.6)	556	(4.1)	611	(4.7)	642	(5.8)
	Polen	251	(16.0)	293	(5.8)	372	(6.3)	537	(8.4)	602	(9.5)	638	(7.9)
	Portugal	279	(10.0)	319	(6.0)	384	(6.1)	516	(3.5)	573	(5.3)	605	(3.8)
	Spanien	290	(9.1)	332	(7.0)	401	(4.8)	538	(3.2)	602	(5.5)	637	(6.3)
	Schweden	328	(10.8)	371	(3.7)	435	(4.0)	572	(3.7)	630	(4.0)	664	(6.5)
	Schweiz	297	(9.5)	346	(6.5)	428	(6.2)	593	(4.9)	669	(8.1)	713	(6.5)
	Verein. Königreich	365	(8.5)	399	(3.5)	459	(2.9)	583	(3.0)	636	(2.8)	666	(5.3)
	Vereinigte Staaten	314	(13.1)	353	(7.1)	420	(6.8)	554	(8.5)	614	(5.3)	648	(8.4)
	OECD insgesamt	***289***	***(2.8)***	***335***	***(2.8)***	***413***	***(2.4)***	***563***	***(1.7)***	***626***	***(1.9)***	***660***	***(2.3)***
	OECD-Durchschnitt	***295***	***(2.5)***	***342***	***(2.1)***	***418***	***(1.4)***	***564***	***(0.9)***	***626***	***(1.0)***	***662***	***(1.9)***
Partnerländer	Brasilien	33	(9.0)	81	(6.2)	166	(6.1)	363	(8.2)	448	(10.1)	492	(13.0)
	Hongkong (China)	371	(8.7)	416	(4.6)	482	(5.2)	614	(4.4)	669	(4.9)	703	(6.2)
	Indonesien	224	(7.3)	255	(4.7)	297	(3.1)	394	(4.1)	435	(5.3)	459	(5.5)
	Lettland	241	(11.3)	289	(8.6)	369	(6.5)	538	(7.3)	613	(5.3)	647	(7.6)
	Liechtenstein	278	(36.8)	331	(31.1)	416	(16.9)	591	(14.9)	666	(25.0)	720	(28.6)
	Russ. Föderation	260	(9.3)	308	(10.0)	389	(6.1)	548	(6.1)	622	(6.6)	661	(8.9)
	Thailand	321	(6.3)	343	(4.3)	380	(3.2)	462	(3.7)	499	(3.7)	524	(4.6)
	Niederlande[1]	m	m	m	m	m	m	m	m	m	m	m	m

Anmerkung: Statistisch signifikante Werte sind durch Fettdruck gekennzeichnet (siehe Anhang A4).

1. Die Beteiligungsquote ist zu niedrig, um die Vergleichbarkeit zu gewährleisten (siehe Anhang A3).

Tabelle 2.3a

Prozentualer Anteil der Schülerinnen und Schüler auf den jeweiligen Kompetenzstufen der Mathematik-Subskala quantitatives Denken

		Kompetenzstufen													
		Unter Stufe 1 (weniger als 358 Punkte)		Stufe 1 (358-420 Punkte)		Stufe 2 (421-482 Punkte)		Stufe 3 (483-544 Punkte)		Stufe 4 (545-606 Punkte)		Stufe 5 (607-668 Punkte)		Stufe 6 (über 668 Punkte)	
		%	S.E.	%	S.E.	%	S.E.	%	S.E.	%	S.E.	%	S.E.	%	S.E.
OECD-Länder	Australien	5.5	(0.4)	11.0	(0.5)	19.0	(0.8)	24.3	(0.9)	22.4	(0.6)	12.5	(0.6)	5.2	(0.4)
	Österreich	3.7	(0.5)	11.2	(0.9)	20.9	(1.0)	27.2	(1.1)	23.1	(1.0)	11.2	(0.8)	2.8	(0.4)
	Belgien	7.2	(0.6)	8.9	(0.5)	15.1	(0.5)	20.6	(0.6)	22.3	(0.6)	17.5	(0.6)	8.5	(0.5)
	Kanada	3.8	(0.3)	8.8	(0.4)	18.1	(0.6)	25.2	(0.6)	23.7	(0.5)	14.4	(0.5)	6.0	(0.3)
	Tschech. Republik	4.7	(0.7)	9.7	(0.9)	17.2	(0.9)	23.5	(1.0)	23.1	(0.9)	15.0	(0.7)	6.7	(0.6)
	Dänemark	4.7	(0.6)	10.4	(0.6)	19.9	(0.8)	26.3	(0.9)	22.7	(0.9)	12.0	(0.7)	4.0	(0.4)
	Finnland	1.4	(0.2)	5.0	(0.5)	14.6	(0.7)	26.9	(0.7)	27.3	(0.9)	17.9	(0.7)	7.0	(0.4)
	Frankreich	6.7	(0.7)	11.1	(0.8)	20.4	(1.0)	25.4	(1.2)	21.9	(0.8)	11.0	(0.7)	3.5	(0.3)
	Deutschland	8.5	(0.7)	10.4	(0.8)	17.5	(0.9)	22.0	(1.1)	22.0	(1.2)	14.1	(1.0)	5.5	(0.4)
	Griechenland	19.0	(1.2)	19.8	(0.9)	25.1	(0.9)	20.0	(0.9)	11.0	(0.8)	4.1	(0.6)	1.0	(0.3)
	Ungarn	7.8	(0.7)	13.5	(0.8)	21.6	(0.9)	25.2	(0.9)	19.7	(0.8)	9.7	(0.7)	2.5	(0.3)
	Island	6.2	(0.4)	10.9	(0.6)	19.1	(1.1)	24.3	(1.0)	22.5	(0.8)	12.7	(0.7)	4.2	(0.5)
	Irland	5.6	(0.6)	12.3	(0.9)	23.0	(1.0)	26.9	(1.1)	20.6	(0.8)	9.5	(0.6)	2.2	(0.4)
	Italien	13.7	(1.1)	16.1	(0.7)	22.0	(0.8)	22.4	(0.8)	15.2	(0.8)	7.7	(0.5)	2.8	(0.3)
	Japan	5.7	(0.7)	9.2	(0.8)	16.6	(0.8)	23.1	(1.1)	23.6	(1.0)	15.1	(0.8)	6.7	(0.8)
	Korea	2.6	(0.3)	7.2	(0.7)	17.0	(0.8)	25.2	(0.8)	26.0	(1.0)	15.6	(0.9)	6.4	(0.8)
	Luxemburg	6.5	(0.4)	12.4	(0.8)	21.8	(1.0)	26.2	(1.3)	21.0	(0.8)	9.4	(0.6)	2.7	(0.3)
	Mexiko	35.5	(1.8)	25.0	(1.2)	21.4	(1.1)	12.4	(0.8)	4.6	(0.5)	1.0	(0.2)	0.1	(0.1)
	Niederlande	4.1	(0.7)	10.1	(1.0)	18.3	(1.2)	23.0	(1.2)	21.9	(1.1)	15.9	(1.0)	6.7	(0.6)
	Neuseeland	6.4	(0.6)	11.9	(0.7)	20.1	(0.7)	23.6	(0.8)	21.2	(0.8)	11.9	(0.6)	5.0	(0.3)
	Norwegen	7.7	(0.5)	13.8	(0.7)	22.8	(0.9)	25.4	(1.1)	18.8	(0.9)	8.9	(0.6)	2.6	(0.3)
	Polen	7.1	(0.7)	13.5	(0.7)	24.2	(1.0)	27.1	(0.9)	18.7	(0.8)	7.6	(0.6)	1.8	(0.3)
	Portugal	12.9	(1.2)	18.3	(1.1)	25.2	(0.8)	23.4	(1.2)	13.8	(0.8)	5.2	(0.4)	1.2	(0.2)
	Slowak. Republik	5.6	(0.7)	10.6	(0.8)	20.0	(0.8)	26.1	(0.9)	21.9	(0.8)	12.3	(0.8)	3.6	(0.4)
	Spanien	8.9	(0.7)	13.2	(0.9)	22.5	(0.8)	25.0	(0.7)	18.8	(0.8)	8.8	(0.6)	2.6	(0.3)
	Schweden	4.4	(0.5)	10.3	(0.6)	21.4	(0.8)	27.3	(1.0)	21.6	(0.9)	11.1	(0.8)	3.9	(0.6)
	Schweiz	4.2	(0.4)	8.6	(0.6)	16.0	(0.8)	24.2	(1.0)	24.6	(0.8)	15.7	(0.9)	6.7	(0.9)
	Türkei	32.1	(2.1)	23.1	(1.0)	20.2	(1.1)	12.6	(1.1)	6.5	(1.0)	3.2	(0.7)	2.3	(0.9)
	Vereinigte Staaten	13.7	(1.0)	15.6	(0.8)	22.0	(0.7)	21.9	(0.8)	16.0	(0.7)	8.1	(0.7)	2.8	(0.4)
	OECD insgesamt	***12.3***	***(0.3)***	***14.1***	***(0.3)***	***20.3***	***(0.3)***	***22.0***	***(0.3)***	***17.8***	***(0.3)***	***9.7***	***(0.2)***	***3.7***	***(0.1)***
	OECD-Durchschnitt	***8.8***	***(0.2)***	***12.5***	***(0.2)***	***20.1***	***(0.2)***	***23.7***	***(0.2)***	***19.9***	***(0.2)***	***11.0***	***(0.1)***	***4.0***	***(0.1)***
Partnerländer	Brasilien	51.1	(1.8)	20.7	(1.1)	15.0	(0.8)	8.3	(0.8)	3.4	(0.6)	1.2	(0.3)	0.4	(0.2)
	Hongkong (China)	4.1	(0.7)	7.0	(0.7)	13.7	(1.2)	21.5	(1.3)	25.8	(1.2)	18.7	(0.9)	9.2	(0.7)
	Indonesien	51.5	(1.9)	24.7	(0.9)	14.9	(1.0)	6.1	(0.6)	2.1	(0.5)	0.6	(0.2)	0.1	(0.1)
	Lettland	7.4	(0.9)	15.5	(1.2)	26.4	(1.1)	27.7	(1.2)	16.3	(1.1)	5.5	(0.6)	1.2	(0.3)
	Liechtenstein	4.0	(1.4)	7.6	(1.4)	16.5	(2.9)	24.1	(2.9)	24.8	(2.6)	17.1	(2.4)	6.0	(1.5)
	Macau (China)	2.4	(0.6)	8.1	(1.3)	17.8	(1.4)	25.8	(1.7)	25.3	(1.8)	15.6	(1.5)	5.1	(1.1)
	Russ. Föderation	11.1	(1.0)	16.8	(1.0)	25.8	(0.9)	24.6	(1.0)	14.8	(1.0)	5.6	(0.6)	1.4	(0.3)
	Serbien	13.6	(1.1)	20.6	(1.1)	27.1	(1.2)	22.1	(1.1)	12.3	(1.0)	3.7	(0.6)	0.7	(0.2)
	Thailand	27.7	(1.4)	26.4	(1.2)	23.3	(0.9)	13.7	(0.8)	6.3	(0.6)	2.0	(0.4)	0.6	(0.2)
	Tunesien	49.0	(1.3)	25.2	(1.0)	16.1	(0.9)	7.0	(0.6)	2.2	(0.4)	0.4	(0.2)	0.1	(0.1)
	Uruguay	25.6	(1.1)	19.5	(0.8)	22.1	(0.8)	18.1	(1.2)	10.0	(0.7)	3.7	(0.4)	0.9	(0.2)
	Verein. Königreich[1]	m	m	m	m	m	m	m	m	m	m	m	m	m	m

1. Die Beteiligungsquote ist zu niedrig, um die Vergleichbarkeit zu gewährleisten (siehe Anhang A3).

Tabelle 2.3b

Prozentualer Anteil der Schülerinnen und Schüler auf den jeweiligen Kompetenzstufen der Mathematik-Subskala quantitatives Denken, nach Geschlecht

Jungen – Kompetenzstufen

		Unter Stufe 1 (weniger als 358 Punkte)		Stufe 1 (358-420 Punkte)		Stufe 2 (421-482 Punkte)		Stufe 3 (483-544 Punkte)		Stufe 4 (545-606 Punkte)		Stufe 5 (607-668 Punkte)		Stufe 6 (über 668 Punkte)	
		%	S.E.	%	S.E.	%	S.E.	%	S.E.	%	S.E.	%	S.E.	%	S.E.
OECD-Länder	Australien	5.9	(0.6)	11.5	(0.6)	18.2	(1.2)	23.8	(1.5)	21.6	(1.1)	12.9	(0.8)	6.0	(0.6)
	Österreich	3.9	(0.6)	11.4	(1.1)	20.6	(1.1)	26.0	(1.4)	22.6	(1.4)	12.2	(1.1)	3.3	(0.7)
	Belgien	7.9	(0.8)	9.4	(0.7)	14.6	(0.8)	19.3	(0.8)	21.6	(0.9)	17.6	(0.8)	9.7	(0.6)
	Kanada	4.5	(0.4)	8.8	(0.5)	16.6	(0.7)	23.2	(0.7)	23.4	(0.8)	16.1	(0.8)	7.5	(0.5)
	Tschech. Republik	4.1	(0.7)	9.7	(1.0)	17.5	(1.1)	23.0	(1.1)	22.3	(1.1)	16.0	(1.2)	7.3	(0.8)
	Dänemark	4.2	(0.6)	9.9	(0.9)	18.8	(1.2)	26.3	(1.3)	23.8	(1.1)	12.8	(1.0)	4.2	(0.5)
	Finnland	1.5	(0.3)	5.5	(0.7)	14.3	(0.9)	25.9	(1.0)	26.5	(1.1)	18.3	(0.8)	8.0	(0.6)
	Frankreich	7.3	(1.1)	11.1	(0.9)	19.7	(1.3)	24.5	(1.3)	21.2	(1.0)	12.1	(0.9)	4.1	(0.5)
	Deutschland	8.8	(1.0)	10.9	(0.9)	17.3	(1.3)	20.7	(1.4)	21.3	(1.8)	14.8	(1.4)	6.2	(0.6)
	Griechenland	16.9	(1.4)	17.9	(1.1)	24.0	(1.4)	20.7	(1.3)	13.3	(1.1)	5.6	(0.9)	1.6	(0.5)
	Ungarn	7.9	(0.8)	13.6	(0.9)	21.6	(1.1)	24.7	(1.2)	19.1	(1.1)	10.0	(0.8)	3.1	(0.5)
	Island	8.8	(0.8)	13.0	(0.9)	20.2	(1.6)	23.6	(1.6)	20.1	(1.3)	10.8	(0.9)	3.6	(0.8)
	Irland	5.1	(0.7)	11.4	(1.2)	22.7	(1.2)	26.6	(1.8)	21.2	(1.3)	10.3	(0.8)	2.7	(0.5)
	Italien	13.4	(1.4)	15.4	(1.0)	20.3	(1.0)	21.9	(1.1)	15.8	(1.2)	9.1	(0.9)	4.0	(0.4)
	Japan	6.4	(1.0)	9.8	(0.9)	16.1	(0.9)	21.3	(1.3)	22.2	(1.3)	15.5	(1.1)	8.5	(1.5)
	Korea	2.4	(0.4)	6.2	(0.8)	15.0	(1.1)	23.8	(1.0)	27.2	(1.4)	17.8	(1.3)	7.6	(0.8)
	Luxemburg	6.3	(0.7)	12.6	(0.9)	21.0	(1.1)	24.0	(1.7)	21.8	(1.7)	10.9	(1.1)	3.4	(0.5)
	Mexiko	33.8	(2.1)	24.4	(1.1)	21.1	(1.4)	13.8	(1.1)	5.4	(0.6)	1.3	(0.3)	0.2	(0.1)
	Niederlande	4.0	(0.9)	10.4	(1.2)	19.0	(1.5)	23.1	(1.7)	21.7	(1.4)	15.1	(1.3)	6.7	(0.7)
	Neuseeland	6.2	(0.7)	11.5	(0.9)	18.9	(0.9)	22.1	(1.1)	22.2	(1.0)	13.1	(0.9)	6.0	(0.5)
	Norwegen	8.7	(0.7)	13.5	(0.8)	22.3	(1.3)	24.4	(1.6)	18.5	(1.0)	9.7	(0.9)	3.0	(0.5)
	Polen	8.5	(1.0)	12.8	(0.8)	23.0	(1.4)	25.7	(1.3)	18.9	(1.2)	8.7	(0.8)	2.3	(0.5)
	Portugal	13.2	(1.4)	16.8	(1.4)	23.1	(1.1)	22.7	(1.4)	15.5	(1.1)	6.9	(0.7)	1.8	(0.4)
	Slowak. Republik	5.2	(0.9)	10.3	(1.1)	18.9	(1.1)	25.1	(1.3)	22.0	(1.2)	13.9	(1.0)	4.5	(0.6)
	Spanien	9.5	(0.9)	12.8	(1.3)	21.5	(1.2)	24.0	(1.0)	19.1	(1.1)	9.9	(0.8)	3.2	(0.4)
	Schweden	4.6	(0.7)	10.1	(0.9)	21.0	(1.2)	26.9	(1.4)	21.6	(1.3)	11.4	(1.1)	4.5	(0.7)
	Schweiz	3.9	(0.5)	8.8	(0.8)	15.8	(1.1)	23.4	(1.7)	24.1	(1.1)	16.1	(1.2)	7.9	(1.2)
	Türkei	30.2	(2.4)	21.5	(1.3)	20.8	(1.5)	13.8	(1.2)	7.1	(1.1)	3.7	(0.9)	2.9	(1.2)
	Vereinigte Staaten	14.2	(1.2)	14.9	(1.1)	21.4	(1.0)	21.4	(1.1)	15.8	(0.9)	8.8	(0.9)	3.5	(0.5)
	OECD insgesamt	*12.4*	*(0.4)*	*13.7*	*(0.4)*	*19.7*	*(0.4)*	*21.4*	*(0.4)*	*17.8*	*(0.4)*	*10.5*	*(0.3)*	*4.5*	*(0.2)*
	OECD-Durchschnitt	*8.8*	*(0.2)*	*12.3*	*(0.2)*	*19.5*	*(0.2)*	*23.0*	*(0.3)*	*19.9*	*(0.2)*	*11.8*	*(0.1)*	*4.7*	*(0.1)*
Partnerländer	Brasilien	48.5	(2.5)	20.3	(1.8)	15.3	(1.1)	9.2	(1.0)	4.2	(1.0)	1.8	(0.6)	0.7	(0.4)
	Hongkong (China)	5.2	(1.1)	7.6	(0.9)	13.4	(1.5)	20.1	(1.8)	24.6	(1.7)	18.8	(1.3)	10.3	(1.2)
	Indonesien	50.6	(2.0)	26.0	(1.5)	14.9	(1.2)	5.8	(0.7)	2.0	(0.4)	0.6	(0.2)	0.1	(0.1)
	Lettland	7.5	(1.2)	16.0	(1.4)	25.7	(1.4)	26.5	(1.6)	16.5	(1.3)	6.1	(0.9)	1.7	(0.4)
	Liechtenstein	5.2	(2.3)	5.8	(2.3)	12.5	(3.5)	23.6	(4.6)	24.9	(3.9)	19.1	(3.1)	8.9	(2.3)
	Macau (China)	2.4	(1.1)	7.7	(1.8)	16.0	(2.0)	23.7	(2.8)	25.9	(2.5)	17.7	(2.3)	6.7	(1.8)
	Russ. Föderation	11.4	(1.4)	16.5	(1.3)	24.4	(1.2)	24.2	(1.3)	15.2	(1.3)	6.6	(0.9)	1.9	(0.5)
	Serbien	15.2	(1.4)	21.1	(1.4)	26.1	(1.4)	19.3	(1.5)	12.8	(1.2)	4.6	(0.8)	0.9	(0.3)
	Thailand	29.0	(1.7)	26.1	(1.3)	22.7	(1.2)	13.3	(1.1)	6.1	(1.0)	2.0	(0.5)	0.7	(0.3)
	Tunesien	45.4	(1.4)	26.5	(1.3)	17.0	(1.3)	7.5	(0.8)	2.9	(0.5)	0.5	(0.2)	0.1	(0.1)
	Uruguay	24.3	(1.5)	18.8	(1.1)	22.0	(1.2)	18.7	(1.5)	10.5	(0.9)	4.3	(0.6)	1.4	(0.3)
	Verein. Königreich[1]	m	m	m	m	m	m	m	m	m	m	m	m	m	m

Mädchen – Kompetenzstufen

		Unter Stufe 1 (weniger als 358 Punkte)		Stufe 1 (358-420 Punkte)		Stufe 2 (421-482 Punkte)		Stufe 3 (483-544 Punkte)		Stufe 4 (545-606 Punkte)		Stufe 5 (607-668 Punkte)		Stufe 6 (über 668 Punkte)	
		%	S.E.	%	S.E.	%	S.E.	%	S.E.	%	S.E.	%	S.E.	%	S.E.
OECD-Länder	Australien	5.0	(0.5)	10.5	(0.7)	19.9	(0.8)	24.8	(0.7)	23.2	(0.8)	12.2	(0.8)	4.4	(0.4)
	Österreich	3.4	(0.6)	11.0	(1.3)	21.2	(1.6)	28.4	(1.2)	23.6	(1.3)	10.1	(0.9)	2.3	(0.5)
	Belgien	6.5	(0.8)	8.3	(0.8)	15.6	(0.8)	22.1	(0.8)	23.0	(0.9)	17.4	(0.8)	7.2	(0.6)
	Kanada	3.3	(0.3)	8.4	(0.5)	18.2	(0.7)	26.7	(0.7)	24.5	(0.6)	13.6	(0.6)	5.3	(0.5)
	Tschech. Republik	5.2	(1.1)	9.7	(1.2)	16.9	(1.2)	24.0	(1.4)	23.9	(1.5)	14.1	(1.2)	6.1	(0.7)
	Dänemark	5.2	(0.8)	10.9	(0.8)	21.0	(1.1)	26.3	(1.2)	21.6	(1.1)	11.2	(0.8)	3.7	(0.6)
	Finnland	1.2	(0.3)	4.4	(0.6)	14.9	(0.8)	27.9	(1.1)	28.2	(1.3)	17.4	(1.0)	5.9	(0.5)
	Frankreich	6.1	(0.8)	11.1	(1.1)	21.0	(1.2)	26.2	(1.6)	22.5	(1.2)	10.0	(1.1)	2.9	(0.5)
	Deutschland	7.9	(0.8)	9.8	(1.2)	17.7	(1.2)	23.5	(1.3)	22.7	(1.1)	13.6	(1.2)	4.7	(0.6)
	Griechenland	21.0	(1.5)	21.5	(1.3)	26.2	(1.5)	19.3	(1.7)	8.9	(1.0)	2.7	(0.6)	0.5	(0.2)
	Ungarn	7.7	(0.9)	13.3	(1.2)	21.7	(1.2)	25.8	(1.4)	20.4	(1.1)	9.3	(0.9)	1.9	(0.4)
	Island	3.4	(0.6)	8.7	(1.0)	18.1	(1.1)	25.0	(1.3)	25.2	(1.3)	14.7	(1.0)	4.9	(0.6)
	Irland	6.0	(0.8)	13.2	(1.0)	23.4	(1.3)	27.1	(1.1)	20.0	(1.4)	8.6	(1.0)	1.8	(0.5)
	Italien	13.9	(1.5)	16.8	(1.0)	23.5	(1.0)	22.9	(1.1)	14.7	(1.0)	6.5	(0.5)	1.8	(0.2)
	Japan	5.1	(0.9)	8.6	(1.1)	17.1	(1.1)	24.8	(1.5)	24.9	(1.3)	14.7	(1.0)	4.9	(0.5)
	Korea	2.8	(0.5)	8.8	(1.2)	20.0	(1.4)	27.1	(1.3)	24.2	(1.4)	12.4	(1.1)	4.7	(1.0)
	Luxemburg	6.7	(0.6)	12.3	(1.1)	22.6	(1.3)	28.3	(1.5)	20.2	(1.2)	7.9	(0.7)	2.0	(0.3)
	Mexiko	37.1	(2.1)	25.6	(1.8)	21.7	(1.3)	11.1	(0.9)	3.7	(0.5)	0.7	(0.2)	0.1	(0.0)
	Niederlande	4.2	(0.9)	9.8	(1.2)	17.5	(1.5)	22.9	(1.4)	22.2	(1.3)	16.7	(1.3)	6.7	(0.8)
	Neuseeland	6.6	(0.7)	12.2	(1.0)	21.4	(1.2)	25.1	(1.0)	20.1	(1.2)	10.7	(0.9)	4.0	(0.5)
	Norwegen	6.6	(0.7)	14.1	(1.1)	23.2	(1.2)	26.5	(1.4)	19.1	(1.3)	8.1	(0.8)	2.2	(0.4)
	Polen	5.6	(0.8)	14.2	(1.3)	25.3	(1.3)	28.5	(1.1)	18.5	(1.0)	6.6	(0.7)	1.4	(0.4)
	Portugal	12.6	(1.4)	19.8	(1.4)	27.2	(1.5)	24.0	(1.4)	12.3	(1.0)	3.6	(0.5)	0.6	(0.3)
	Slowak. Republik	6.0	(0.9)	10.8	(1.0)	21.1	(1.1)	27.1	(1.1)	21.8	(1.1)	10.5	(1.0)	2.7	(0.5)
	Spanien	8.4	(0.6)	13.6	(1.0)	23.5	(1.1)	26.1	(1.1)	18.6	(1.0)	7.8	(0.7)	2.1	(0.3)
	Schweden	4.2	(0.7)	10.4	(0.9)	21.9	(1.3)	27.6	(1.8)	21.7	(1.4)	10.9	(0.9)	3.3	(0.8)
	Schweiz	4.4	(0.6)	8.5	(0.8)	16.2	(0.9)	25.1	(1.2)	25.2	(1.0)	15.2	(1.3)	5.4	(0.7)
	Türkei	34.4	(2.5)	25.0	(1.6)	19.5	(1.4)	11.1	(1.3)	5.9	(1.3)	2.6	(0.8)	1.5	(0.7)
	Vereinigte Staaten	13.2	(1.0)	16.3	(0.9)	22.7	(1.0)	22.4	(1.1)	16.1	(0.9)	7.3	(0.8)	2.0	(0.5)
	OECD insgesamt	*12.2*	*(0.4)*	*14.5*	*(0.4)*	*20.9*	*(0.3)*	*22.6*	*(0.4)*	*17.9*	*(0.3)*	*8.9*	*(0.3)*	*2.9*	*(0.2)*
	OECD-Durchschnitt	*8.8*	*(0.2)*	*12.8*	*(0.2)*	*20.7*	*(0.2)*	*24.4*	*(0.2)*	*19.8*	*(0.2)*	*10.2*	*(0.2)*	*3.3*	*(0.1)*
Partnerländer	Brasilien	53.4	(1.9)	21.0	(1.5)	14.7	(1.0)	7.5	(1.0)	2.7	(0.5)	0.7	(0.3)	0.2	(0.2)
	Hongkong (China)	3.0	(0.6)	6.3	(0.9)	14.0	(1.3)	22.9	(1.4)	27.0	(1.3)	18.7	(1.6)	8.1	(0.9)
	Indonesien	52.5	(2.2)	23.5	(1.2)	14.8	(1.2)	6.4	(0.8)	2.2	(0.7)	0.5	(0.2)	0.1	(0.1)
	Lettland	7.4	(0.9)	15.1	(1.6)	27.0	(1.8)	28.7	(1.5)	16.2	(1.4)	4.9	(0.7)	0.7	(0.2)
	Liechtenstein	2.8	(1.9)	9.4	(2.8)	20.7	(6.0)	24.7	(5.6)	24.6	(4.5)	14.9	(3.4)	3.0	(1.6)
	Macau (China)	2.3	(0.7)	8.6	(1.6)	19.5	(2.0)	27.7	(2.5)	24.7	(3.1)	13.6	(2.2)	3.5	(1.0)
	Russ. Föderation	10.9	(1.1)	17.1	(1.2)	27.2	(1.1)	24.9	(1.3)	14.4	(1.1)	4.6	(0.6)	0.9	(0.3)
	Serbien	12.1	(1.4)	20.1	(1.5)	28.0	(1.5)	24.9	(1.6)	11.7	(1.6)	2.8	(0.6)	0.4	(0.2)
	Thailand	26.7	(1.8)	26.6	(1.7)	23.7	(1.1)	13.9	(1.0)	6.5	(0.8)	2.0	(0.5)	0.6	(0.2)
	Tunesien	52.5	(1.6)	23.9	(1.3)	15.2	(1.1)	6.5	(0.9)	1.6	(0.4)	0.3	(0.2)	0.0	a
	Uruguay	27.0	(1.3)	20.2	(1.4)	22.2	(1.2)	17.6	(1.5)	9.6	(0.9)	3.0	(0.5)	0.4	(0.2)
	Verein. Königreich[1]	m	m	m	m	m	m	m	m	m	m	m	m	m	m

1. Die Beteiligungsquote ist zu niedrig, um die Vergleichbarkeit zu gewährleisten (siehe Anhang A3).

Tabelle 2.3c

Mittelwert, Varianz und geschlechtsspezifische Unterschiede bei den Schülerleistungen auf der Mathematik-Subskala quantitatives Denken

		Alle Schüler				Geschlechtsspezifische Unterschiede					
		Mittelwert		Standardabweichung		Jungen		Mädchen		Differenz (J-M)	
		Punktzahl	**S.E.**	**S.D.**	**S.E.**	**Mittelwert**	**S.E.**	**Mittelwert**	**S.E.**	**Punktdiff.**	**S.E.**
OECD-Länder	Australien	517	(2.1)	97	(1.5)	518	(2.9)	516	(2.7)	1	(3.7)
	Österreich	513	(3.0)	86	(1.7)	515	(3.7)	512	(3.7)	3	(4.2)
	Belgien	530	(2.3)	109	(1.8)	530	(3.3)	529	(3.3)	1	(4.7)
	Kanada	528	(1.8)	94	(0.9)	533	(2.2)	528	(1.9)	**5**	(2.2)
	Tschech. Republik	528	(3.5)	98	(2.1)	531	(4.2)	525	(4.5)	6	(5.1)
	Dänemark	516	(2.6)	92	(1.6)	520	(3.2)	511	(2.9)	**9**	(3.1)
	Finnland	549	(1.8)	83	(1.1)	550	(2.3)	547	(2.1)	3	(2.3)
	Frankreich	507	(2.5)	95	(1.8)	508	(3.8)	506	(2.9)	2	(4.4)
	Deutschland	514	(3.4)	106	(1.9)	515	(4.2)	514	(3.8)	1	(4.4)
	Griechenland	446	(4.0)	100	(1.7)	458	(4.9)	435	(4.0)	**23**	(4.0)
	Ungarn	496	(2.7)	95	(1.9)	497	(3.3)	495	(3.2)	2	(3.6)
	Island	513	(1.5)	96	(1.3)	500	(2.5)	528	(2.3)	**–28**	(3.9)
	Irland	502	(2.5)	88	(1.3)	506	(3.1)	497	(3.5)	**9**	(4.3)
	Italien	475	(3.4)	106	(2.0)	481	(5.0)	469	(4.4)	13	(6.5)
	Japan	527	(3.8)	102	(2.5)	528	(5.6)	525	(3.7)	3	(5.7)
	Korea	537	(3.0)	90	(1.9)	546	(4.0)	524	(4.9)	**22**	(6.2)
	Luxemburg	501	(1.1)	91	(1.1)	506	(2.2)	497	(1.6)	**9**	(3.2)
	Mexiko	394	(3.9)	95	(1.9)	400	(4.8)	388	(4.3)	**12**	(4.5)
	Niederlande	528	(3.1)	97	(2.4)	526	(4.2)	530	(3.6)	–4	(4.7)
	Neuseeland	511	(2.2)	99	(1.3)	517	(2.7)	505	(3.2)	**12**	(3.9)
	Norwegen	494	(2.2)	94	(1.1)	494	(2.8)	494	(2.7)	0	(3.3)
	Polen	492	(2.5)	89	(1.7)	493	(2.9)	491	(3.0)	2	(3.3)
	Portugal	465	(3.5)	94	(1.8)	473	(4.1)	459	(3.7)	**14**	(3.3)
	Slowak. Republik	513	(3.4)	94	(2.3)	519	(4.0)	506	(3.6)	**13**	(3.6)
	Spanien	492	(2.5)	97	(1.3)	495	(3.6)	490	(2.2)	5	(3.1)
	Schweden	514	(2.5)	90	(1.7)	515	(2.9)	512	(3.2)	3	(3.6)
	Schweiz	533	(3.1)	96	(1.7)	536	(4.4)	529	(3.2)	7	(4.6)
	Türkei	413	(6.8)	112	(5.1)	421	(8.0)	404	(6.6)	**18**	(6.3)
	Vereinigte Staaten	476	(3.2)	105	(1.5)	478	(3.6)	474	(3.6)	4	(3.4)
	OECD insgesamt	***487***	***(1.1)***	***108***	***(0.7)***	***490***	***(1.4)***	***484***	***(1.3)***	**6**	***(1.5)***
	OECD-Durchschnitt	***501***	***(0.6)***	***102***	***(0.4)***	***504***	***(0.8)***	***498***	***(0.8)***	**6**	***(0.8)***
Partnerländer	Brasilien	360	(5.0)	109	(3.0)	370	(6.3)	351	(4.8)	**18**	(4.5)
	Hongkong (China)	545	(4.2)	99	(2.6)	544	(6.0)	546	(4.1)	–3	(6.1)
	Indonesien	357	(4.3)	91	(2.4)	359	(4.0)	356	(5.0)	2	(3.1)
	Lettland	482	(3.6)	85	(1.4)	483	(4.4)	480	(3.6)	3	(3.4)
	Liechtenstein	534	(4.1)	93	(4.5)	544	(7.0)	523	(5.6)	**21**	(9.9)
	Macau (China)	533	(3.0)	87	(2.3)	542	(4.3)	525	(4.2)	**17**	(6.0)
	Russ. Föderation	472	(4.0)	92	(1.7)	476	(5.0)	469	(4.2)	6	(4.4)
	Serbien	456	(3.8)	89	(1.6)	455	(4.2)	458	(4.7)	–3	(4.7)
	Thailand	415	(3.1)	93	(2.1)	412	(4.1)	417	(3.8)	–5	(4.9)
	Tunesien	364	(2.8)	88	(2.1)	372	(2.9)	357	(3.3)	**16**	(2.7)
	Uruguay	430	(3.2)	109	(1.6)	436	(3.9)	424	(3.8)	**12**	(4.1)
	Verein. Königreich[1]	m	m	m	m	m	m	m	m	m	m

		Perzentile											
		5.		10.		25.		75.		90.		95.	
		Punktzahl	**S.E.**	**Punktzahl**	**S.E.**	**Punktzahl**	**S.E.**	**Punktzahl**	**S.E.**	**Punktzahl**	**S.E.**	**Punktzahl**	**S.E.**
OECD-Länder	Australien	352	(4.3)	390	(3.4)	451	(2.8)	585	(2.3)	639	(2.7)	671	(3.1)
	Österreich	370	(4.6)	400	(5.3)	454	(3.5)	574	(3.4)	622	(3.6)	650	(4.1)
	Belgien	332	(7.8)	382	(5.4)	460	(3.4)	610	(2.2)	662	(2.2)	690	(2.4)
	Kanada	370	(3.0)	407	(2.8)	466	(2.3)	593	(1.9)	647	(2.6)	677	(2.8)
	Tschech. Republik	361	(7.3)	398	(6.4)	462	(4.6)	597	(3.4)	651	(3.9)	682	(3.9)
	Dänemark	360	(5.4)	395	(3.9)	454	(3.1)	580	(2.9)	632	(3.8)	661	(4.5)
	Finnland	409	(3.9)	441	(3.2)	494	(2.4)	607	(2.2)	654	(2.3)	683	(2.8)
	Frankreich	341	(7.3)	381	(5.4)	445	(3.6)	574	(2.8)	626	(3.4)	656	(3.8)
	Deutschland	325	(6.8)	369	(6.4)	445	(4.7)	590	(4.0)	645	(3.2)	673	(3.2)
	Griechenland	279	(5.0)	316	(4.8)	379	(4.7)	514	(5.0)	573	(5.6)	609	(5.7)
	Ungarn	335	(5.7)	371	(5.2)	433	(4.1)	565	(3.3)	616	(3.4)	644	(3.7)
	Island	347	(4.0)	386	(3.4)	449	(3.0)	583	(2.2)	633	(2.8)	664	(4.6)
	Irland	353	(5.3)	388	(4.3)	442	(3.4)	564	(3.0)	615	(3.1)	644	(3.2)
	Italien	297	(6.9)	336	(6.1)	404	(5.0)	548	(3.8)	610	(3.6)	645	(3.4)
	Japan	350	(8.5)	393	(6.5)	462	(5.1)	598	(4.1)	652	(5.3)	682	(6.4)
	Korea	386	(5.1)	421	(4.5)	477	(3.8)	599	(3.6)	650	(4.6)	680	(5.9)
	Luxemburg	345	(3.8)	382	(3.3)	440	(2.3)	565	(2.3)	617	(2.8)	647	(3.6)
	Mexiko	237	(6.5)	270	(5.5)	329	(4.7)	460	(4.7)	517	(5.1)	550	(4.8)
	Niederlande	367	(7.0)	400	(6.1)	461	(4.6)	600	(3.2)	651	(3.3)	681	(4.1)
	Neuseeland	346	(4.6)	381	(4.2)	443	(3.5)	580	(3.0)	638	(2.5)	669	(3.5)
	Norwegen	336	(4.0)	372	(4.0)	431	(3.3)	559	(3.2)	614	(2.7)	645	(4.3)
	Polen	342	(5.1)	376	(5.0)	433	(3.4)	553	(2.7)	605	(3.6)	634	(3.8)
	Portugal	308	(7.1)	343	(6.3)	401	(5.0)	529	(3.3)	585	(3.7)	618	(4.0)
	Slowak. Republik	352	(7.6)	391	(6.2)	451	(4.7)	578	(3.3)	630	(3.1)	659	(3.6)
	Spanien	327	(5.5)	365	(4.6)	429	(3.6)	560	(2.9)	614	(3.2)	645	(4.3)
	Schweden	364	(5.0)	398	(3.6)	454	(2.9)	575	(3.6)	628	(3.8)	659	(5.1)
	Schweiz	366	(4.8)	405	(3.7)	471	(3.8)	599	(3.6)	652	(5.4)	682	(6.3)
	Türkei	242	(6.7)	277	(5.4)	337	(5.6)	481	(8.9)	559	(14.3)	614	(21.3)
	Vereinigte Staaten	300	(5.9)	337	(5.4)	406	(4.4)	551	(3.3)	611	(3.8)	645	(5.7)
	OECD insgesamt	***303***	***(2.5)***	***343***	***(1.9)***	***415***	***(1.6)***	***564***	***(1.1)***	***623***	***(1.2)***	***657***	***(1.5)***
	OECD-Durchschnitt	***325***	***(1.4)***	***366***	***(1.2)***	***433***	***(0.9)***	***573***	***(0.6)***	***629***	***(0.7)***	***661***	***(0.8)***
Partnerländer	Brasilien	188	(5.3)	223	(5.6)	286	(5.0)	432	(6.5)	502	(9.8)	545	(10.6)
	Hongkong (China)	369	(9.2)	413	(7.7)	483	(6.0)	615	(3.6)	665	(3.9)	694	(4.6)
	Indonesien	213	(4.8)	243	(4.6)	295	(4.4)	416	(5.4)	475	(6.9)	514	(9.5)
	Lettland	339	(6.8)	371	(5.4)	426	(4.1)	539	(4.2)	589	(4.5)	618	(4.4)
	Liechtenstein	369	(16.2)	410	(14.3)	474	(7.2)	601	(6.2)	648	(10.6)	675	(11.0)
	Macau (China)	388	(7.8)	418	(5.9)	472	(5.6)	594	(4.1)	645	(5.3)	669	(7.6)
	Russ. Föderation	316	(5.7)	353	(4.8)	411	(4.8)	535	(4.6)	590	(4.5)	622	(4.9)
	Serbien	311	(3.9)	341	(4.4)	396	(4.6)	518	(4.6)	570	(4.7)	602	(5.9)
	Thailand	269	(4.6)	299	(3.5)	351	(3.5)	475	(4.1)	537	(6.0)	576	(6.7)
	Tunesien	225	(3.1)	255	(3.4)	303	(3.2)	422	(3.8)	481	(5.5)	518	(6.4)
	Uruguay	246	(5.4)	286	(4.6)	355	(4.1)	506	(4.0)	566	(3.7)	602	(5.1)
	Verein. Königreich[1]	m	m	m	m	m	m	m	m	m	m	m	m

Anmerkung: Statistisch signifikante Werte sind durch Fettdruck gekennzeichnet (siehe Anhang A4).

1. Die Beteiligungsquote ist zu niedrig, um die Vergleichbarkeit zu gewährleisten (siehe Anhang A3).

Tabelle 2.4a

Prozentualer Anteil der Schülerinnen und Schüler auf den jeweiligen Kompetenzstufen der Mathematik-Subskala Unsicherheit

	Kompetenzstufen													
	Unter Stufe 1 (weniger als 358 Punkte)		Stufe 1 (358-420 Punkte)		Stufe 2 (421-482 Punkte)		Stufe 3 (483-544 Punkte)		Stufe 4 (545-606 Punkte)		Stufe 5 (607-668 Punkte)		Stufe 6 (über 668 Punkte)	
	%	S.E.	%	S.E.	%	S.E.	%	S.E.	%	S.E.	%	S.E.	%	S.E.
OECD-Länder														
Australien	4.1	(0.4)	9.0	(0.5)	17.5	(0.6)	23.8	(0.6)	23.0	(0.6)	15.1	(0.5)	7.4	(0.5)
Österreich	7.4	(0.7)	15.2	(1.0)	22.9	(1.3)	24.3	(1.1)	17.9	(1.1)	9.3	(0.7)	3.0	(0.4)
Belgien	6.2	(0.5)	11.1	(0.5)	17.3	(0.6)	20.4	(0.6)	20.8	(0.6)	15.8	(0.5)	8.4	(0.4)
Kanada	2.0	(0.2)	6.4	(0.4)	16.5	(0.6)	25.6	(0.5)	26.3	(0.6)	16.4	(0.6)	6.8	(0.5)
Tschech. Republik	5.2	(0.6)	14.4	(0.8)	24.4	(1.1)	24.2	(1.0)	19.2	(0.9)	9.3	(0.9)	3.3	(0.4)
Dänemark	4.4	(0.6)	10.4	(0.7)	20.8	(0.8)	25.8	(0.8)	22.0	(0.8)	12.6	(0.7)	4.0	(0.4)
Finnland	1.6	(0.2)	5.5	(0.6)	15.4	(0.6)	27.2	(0.8)	27.0	(0.9)	16.4	(0.8)	6.8	(0.6)
Frankreich	6.0	(0.7)	12.3	(0.9)	20.9	(0.8)	25.3	(1.0)	21.7	(0.7)	11.0	(0.6)	2.8	(0.3)
Deutschland	8.7	(0.8)	15.2	(0.8)	21.8	(0.9)	22.6	(1.0)	19.0	(0.9)	9.7	(0.8)	2.9	(0.3)
Griechenland	12.8	(1.1)	20.4	(1.3)	27.3	(1.0)	23.1	(0.9)	11.8	(0.9)	4.0	(0.6)	0.7	(0.2)
Ungarn	6.0	(0.7)	15.2	(0.9)	26.2	(1.1)	26.5	(0.9)	17.3	(0.9)	7.1	(0.7)	1.6	(0.3)
Island	4.0	(0.4)	8.9	(0.6)	18.8	(0.7)	24.4	(1.1)	22.9	(0.9)	14.8	(0.7)	6.1	(0.5)
Irland	3.6	(0.4)	10.2	(0.7)	21.2	(0.9)	26.5	(0.9)	22.0	(0.9)	12.4	(0.7)	4.0	(0.4)
Italien	13.7	(1.1)	18.9	(0.7)	25.6	(0.7)	22.2	(0.9)	13.0	(0.8)	5.1	(0.4)	1.4	(0.2)
Japan	4.9	(0.6)	9.1	(0.9)	17.5	(0.8)	23.7	(1.1)	23.5	(1.3)	14.8	(1.0)	6.6	(0.9)
Korea	2.2	(0.3)	7.2	(0.6)	17.3	(0.8)	25.0	(1.0)	25.7	(0.9)	15.7	(0.8)	6.7	(0.8)
Luxemburg	8.2	(0.4)	14.6	(0.8)	22.8	(1.0)	24.5	(1.2)	18.2	(0.7)	8.7	(0.6)	2.9	(0.4)
Mexiko	35.3	(1.7)	30.6	(1.3)	21.3	(1.0)	9.5	(0.8)	2.7	(0.4)	0.5	(0.1)	0.0	(0.0)
Niederlande	1.0	(0.2)	6.7	(0.8)	17.0	(1.0)	23.4	(1.2)	23.2	(1.3)	19.1	(1.1)	9.5	(0.8)
Neuseeland	3.9	(0.5)	9.4	(0.8)	18.0	(1.0)	23.3	(1.0)	22.1	(1.0)	14.6	(0.7)	8.6	(0.5)
Norwegen	5.7	(0.6)	11.8	(0.8)	20.6	(0.8)	24.4	(1.2)	20.3	(0.8)	11.6	(0.9)	5.6	(0.4)
Polen	5.2	(0.6)	13.9	(0.9)	25.7	(1.0)	27.4	(0.9)	18.7	(1.0)	7.5	(0.8)	1.6	(0.3)
Portugal	9.0	(1.1)	18.4	(1.1)	27.7	(1.0)	25.6	(1.1)	14.5	(1.0)	4.2	(0.4)	0.6	(0.2)
Slowak. Republik	8.6	(1.0)	17.9	(0.8)	26.8	(0.9)	24.1	(0.9)	15.7	(0.8)	5.6	(0.5)	1.2	(0.2)
Spanien	7.1	(0.6)	13.7	(0.7)	25.5	(0.8)	26.9	(0.8)	18.4	(0.7)	6.9	(0.5)	1.5	(0.3)
Schweden	6.4	(0.5)	11.8	(0.7)	21.5	(0.8)	22.9	(0.8)	19.7	(0.8)	12.1	(0.6)	5.6	(0.5)
Schweiz	6.3	(0.5)	10.7	(0.7)	19.1	(0.8)	24.0	(0.9)	21.2	(0.8)	12.9	(1.0)	5.8	(0.7)
Türkei	18.6	(1.5)	25.6	(1.4)	25.3	(1.2)	16.6	(1.3)	8.0	(1.1)	3.4	(0.8)	2.6	(1.1)
Vereinigte Staaten	9.0	(0.8)	14.9	(0.7)	22.3	(0.7)	23.6	(0.7)	17.4	(0.8)	9.5	(0.7)	3.2	(0.4)
OECD insgesamt	*9.8*	*(0.3)*	*14.9*	*(0.3)*	*21.5*	*(0.2)*	*22.6*	*(0.3)*	*17.9*	*(0.3)*	*9.7*	*(0.2)*	*3.6*	*(0.2)*
OECD -Durchschnitt	*7.4*	*(0.1)*	*13.3*	*(0.2)*	*21.5*	*(0.2)*	*23.8*	*(0.2)*	*19.2*	*(0.2)*	*10.6*	*(0.1)*	*4.2*	*(0.1)*
Partnerländer														
Brasilien	43.5	(1.9)	29.1	(1.3)	17.0	(0.9)	7.0	(0.7)	2.6	(0.5)	0.7	(0.3)	0.2	(0.1)
Hongkong (China)	3.3	(0.7)	6.3	(0.7)	12.5	(0.9)	19.3	(0.9)	24.8	(1.2)	21.1	(1.1)	12.7	(1.1)
Indonesien	35.3	(1.6)	36.7	(1.0)	20.4	(1.1)	6.2	(0.7)	1.3	(0.3)	0.1	(0.1)	0.0	
Lettland	8.3	(0.8)	17.8	(1.2)	28.1	(1.3)	25.7	(1.2)	14.6	(0.9)	4.5	(0.5)	1.0	(0.2)
Liechtenstein	5.2	(1.6)	9.5	(2.0)	18.4	(2.3)	23.0	(2.9)	23.8	(3.0)	14.9	(2.5)	5.1	(1.4)
Macau (China)	2.5	(0.6)	7.2	(1.3)	18.9	(1.6)	27.4	(2.0)	23.5	(1.7)	14.9	(1.5)	5.4	(1.0)
Russ. Föderation	19.0	(1.4)	24.8	(1.1)	26.3	(1.0)	18.1	(1.0)	8.6	(0.8)	2.7	(0.4)	0.5	(0.1)
Serbien	20.1	(1.3)	27.3	(1.1)	26.8	(1.1)	17.4	(1.3)	6.7	(0.7)	1.5	(0.3)	0.2	(0.1)
Thailand	18.1	(1.1)	32.8	(1.0)	29.6	(1.0)	14.1	(0.9)	4.3	(0.5)	1.1	(0.3)	0.1	(0.1)
Tunesien	47.9	(1.3)	32.3	(1.0)	14.8	(0.9)	4.2	(0.6)	0.8	(0.3)	0.0	(0.0)		
Uruguay	27.1	(1.3)	23.5	(1.1)	23.5	(1.3)	16.0	(0.8)	7.1	(0.5)	2.4	(0.3)	0.4	(0.1)
Verein. Königreich[1]	m	m	m	m	m	m	m	m	m	m	m	m	m	m

1. Die Beteiligungsquote ist zu niedrig, um die Vergleichbarkeit zu gewährleisten (siehe Anhang A3).

Tabelle 2.4b

Prozentualer Anteil der Schülerinnen und Schüler auf den jeweiligen Kompetenzstufen der Mathematik-Subskala Unsicherheit, nach Geschlecht

Jungen – Kompetenzstufen

		Unter Stufe 1 (weniger als 358 Punkte)		Stufe 1 (358-420 Punkte)		Stufe 2 (421-482 Punkte)		Stufe 3 (483-544 Punkte)		Stufe 4 (545-606 Punkte)		Stufe 5 (607-668 Punkte)		Stufe 6 (über 668 Punkte)	
		%	S.E.	%	S.E.	%	S.E.	%	S.E.	%	S.E.	%	S.E.	%	S.E.
OECD-Länder	Australien	4.4	(0.5)	9.2	(0.7)	16.7	(0.8)	22.7	(0.9)	22.2	(0.8)	15.7	(0.7)	9.1	(0.8)
	Österreich	7.8	(0.9)	14.6	(1.3)	22.4	(1.3)	22.7	(1.3)	17.7	(1.2)	11.0	(0.9)	3.8	(0.6)
	Belgien	6.3	(0.7)	11.6	(0.8)	16.4	(0.8)	19.2	(0.8)	20.2	(0.9)	16.3	(0.9)	10.0	(0.7)
	Kanada	2.4	(0.3)	6.1	(0.4)	14.4	(0.6)	22.5	(0.8)	25.9	(0.7)	19.0	(0.8)	9.7	(0.7)
	Tschech. Republik	4.2	(0.6)	13.2	(1.0)	23.7	(1.2)	23.7	(1.2)	19.7	(1.2)	11.3	(1.0)	4.1	(0.6)
	Dänemark	3.7	(0.6)	8.7	(0.8)	18.7	(1.1)	25.2	(1.1)	23.9	(1.2)	14.7	(1.0)	5.2	(0.7)
	Finnland	1.6	(0.3)	5.5	(0.7)	14.2	(0.8)	25.4	(1.0)	26.8	(1.1)	17.9	(1.1)	8.6	(1.0)
	Frankreich	6.4	(1.0)	11.4	(1.2)	19.4	(1.2)	24.1	(1.5)	21.9	(1.2)	13.0	(0.9)	3.7	(0.5)
	Deutschland	7.1	(1.1)	15.0	(1.2)	21.1	(1.2)	21.4	(1.3)	19.8	(1.1)	11.5	(1.0)	4.1	(0.6)
	Griechenland	11.5	(1.3)	17.8	(1.4)	26.3	(1.4)	23.8	(1.4)	14.1	(1.2)	5.4	(0.8)	1.1	(0.2)
	Ungarn	5.9	(0.8)	14.5	(1.0)	25.6	(1.3)	26.3	(1.2)	17.7	(1.3)	7.9	(0.9)	2.1	(0.5)
	Island	4.8	(0.6)	10.0	(1.0)	19.4	(1.1)	22.7	(1.7)	22.1	(1.6)	14.4	(1.1)	6.4	(0.7)
	Irland	3.3	(0.5)	9.2	(1.0)	19.3	(1.3)	26.5	(1.3)	22.7	(1.3)	13.6	(1.0)	5.2	(0.7)
	Italien	12.2	(1.4)	17.1	(1.0)	23.2	(1.0)	23.0	(1.5)	15.1	(1.1)	7.0	(0.6)	2.3	(0.3)
	Japan	5.0	(0.8)	9.1	(0.9)	15.9	(1.1)	21.5	(1.6)	22.8	(2.2)	16.6	(1.4)	9.1	(1.6)
	Korea	2.1	(0.4)	6.3	(0.8)	15.3	(1.1)	23.5	(1.2)	27.1	(1.2)	17.8	(1.1)	8.0	(0.9)
	Luxemburg	7.3	(0.6)	13.5	(0.9)	21.0	(1.4)	22.8	(1.6)	20.3	(1.1)	11.0	(0.9)	4.1	(0.6)
	Mexiko	34.8	(2.0)	29.9	(1.3)	21.1	(1.2)	10.2	(1.0)	3.2	(0.5)	0.6	(0.2)	0.0	(0.0)
	Niederlande	0.6	(0.2)	5.9	(1.1)	16.8	(1.4)	23.8	(1.4)	23.1	(1.8)	19.2	(1.6)	10.6	(0.9)
	Neuseeland	3.9	(0.6)	9.2	(1.0)	17.1	(1.3)	21.7	(1.4)	22.3	(1.3)	15.4	(1.0)	10.4	(0.7)
	Norwegen	5.6	(0.6)	11.3	(0.9)	19.8	(1.1)	23.7	(1.5)	19.9	(1.2)	12.8	(1.0)	7.0	(0.6)
	Polen	6.3	(0.9)	14.1	(1.2)	23.4	(1.2)	26.5	(1.1)	18.7	(1.1)	8.8	(0.9)	2.1	(0.4)
	Portugal	9.5	(1.3)	17.6	(1.1)	25.3	(1.4)	24.7	(1.3)	16.4	(1.2)	5.6	(0.7)	0.9	(0.3)
	Slowak. Republik	7.8	(1.2)	16.2	(1.3)	25.8	(1.2)	23.9	(1.2)	17.7	(1.3)	6.9	(0.7)	1.7	(0.4)
	Spanien	7.5	(0.8)	13.2	(0.9)	23.7	(1.0)	26.2	(1.1)	19.4	(1.2)	8.4	(0.8)	1.8	(0.3)
	Schweden	6.5	(0.7)	10.9	(0.8)	20.6	(1.1)	22.7	(1.0)	19.9	(1.1)	12.6	(0.9)	6.7	(0.7)
	Schweiz	5.4	(0.5)	10.0	(0.9)	17.7	(1.2)	23.3	(1.3)	21.5	(0.9)	14.6	(1.4)	7.7	(1.1)
	Türkei	17.5	(1.8)	23.1	(1.9)	24.5	(1.7)	18.0	(1.7)	9.6	(1.4)	4.1	(1.0)	3.1	(1.4)
	Vereinigte Staaten	9.9	(1.0)	14.5	(1.0)	21.4	(1.0)	22.7	(1.1)	17.4	(0.9)	10.0	(0.8)	4.1	(0.6)
	OECD insgesamt	***9.8***	***(0.4)***	***14.2***	***(0.3)***	***20.3***	***(0.3)***	***21.9***	***(0.4)***	***18.2***	***(0.4)***	***10.9***	***(0.3)***	***4.7***	***(0.2)***
	OECD-Durchschnitt	***7.1***	***(0.2)***	***12.6***	***(0.2)***	***20.3***	***(0.2)***	***23.0***	***(0.3)***	***19.7***	***(0.2)***	***11.9***	***(0.2)***	***5.3***	***(0.1)***
Partnerländer	Brasilien	40.4	(2.2)	28.8	(1.7)	17.6	(1.4)	8.2	(1.1)	3.5	(0.9)	1.1	(0.5)	0.3	(0.3)
	Hongkong (China)	4.1	(1.0)	6.4	(1.0)	11.3	(1.1)	17.6	(1.1)	22.7	(1.4)	22.0	(1.5)	16.0	(1.8)
	Indonesien	36.1	(1.8)	36.9	(1.2)	20.4	(1.2)	5.6	(0.6)	1.0	(0.3)	0.1	(0.1)		
	Lettland	9.0	(1.2)	18.4	(1.6)	26.6	(1.7)	25.2	(1.8)	14.6	(1.2)	4.9	(0.7)	1.3	(0.3)
	Liechtenstein	5.3	(2.3)	6.2	(2.3)	17.1	(3.0)	21.3	(4.1)	22.5	(3.7)	18.9	(3.2)	8.8	(2.6)
	Macau (China)	2.9	(1.0)	7.0	(2.0)	16.2	(2.4)	24.6	(2.4)	24.6	(2.3)	17.4	(2.6)	7.3	(1.8)
	Russ. Föderation	18.9	(1.8)	23.7	(1.3)	25.5	(1.3)	17.9	(1.3)	9.7	(1.2)	3.5	(0.7)	0.8	(0.2)
	Serbien	20.3	(1.5)	26.8	(1.7)	25.3	(1.5)	17.0	(1.4)	8.1	(1.0)	2.1	(0.5)	0.3	(0.2)
	Thailand	20.0	(1.6)	32.4	(1.6)	28.0	(1.7)	14.1	(1.3)	4.4	(0.7)	1.1	(0.3)	0.1	(0.1)
	Tunesien	46.0	(1.8)	32.8	(1.6)	15.1	(1.1)	4.8	(0.7)	1.1	(0.4)	0.1	(0.1)		
	Uruguay	26.5	(1.6)	22.5	(1.9)	23.6	(2.0)	16.1	(1.3)	7.7	(0.7)	3.0	(0.4)	0.7	(0.2)
	Verein. Königreich[1]	m	m	m	m	m	m	m	m	m	m	m	m	m	m

Mädchen – Kompetenzstufen

		Unter Stufe 1 (weniger als 358 Punkte)		Stufe 1 (358-420 Punkte)		Stufe 2 (421-482 Punkte)		Stufe 3 (483-544 Punkte)		Stufe 4 (545-606 Punkte)		Stufe 5 (607-668 Punkte)		Stufe 6 (über 668 Punkte)	
		%	S.E.	%	S.E.	%	S.E.	%	S.E.	%	S.E.	%	S.E.	%	S.E.
OECD-Länder	Australien	3.9	(0.6)	8.8	(0.6)	18.4	(0.7)	25.0	(0.8)	23.8	(0.9)	14.5	(0.8)	5.7	(0.6)
	Österreich	7.0	(1.0)	15.9	(1.3)	23.5	(1.9)	25.9	(1.7)	18.0	(1.6)	7.5	(1.0)	2.2	(0.4)
	Belgien	6.0	(0.8)	10.6	(0.8)	18.2	(0.9)	21.7	(1.0)	21.4	(0.8)	15.3	(0.8)	6.6	(0.5)
	Kanada	1.7	(0.3)	6.2	(0.5)	16.3	(0.7)	27.8	(0.9)	27.3	(0.8)	15.6	(0.7)	5.0	(0.4)
	Tschech. Republik	6.1	(0.9)	15.6	(1.5)	25.2	(1.8)	24.7	(1.7)	18.6	(1.1)	7.3	(1.0)	2.5	(0.5)
	Dänemark	5.1	(0.9)	12.1	(0.9)	22.7	(1.2)	26.4	(1.5)	20.2	(1.4)	10.6	(0.8)	2.8	(0.4)
	Finnland	1.6	(0.3)	5.4	(0.8)	16.7	(1.0)	29.1	(1.1)	27.3	(1.2)	15.0	(1.1)	4.9	(0.5)
	Frankreich	5.6	(0.7)	13.0	(1.1)	22.3	(1.0)	26.4	(1.6)	21.6	(1.1)	9.2	(0.9)	2.0	(0.4)
	Deutschland	10.1	(1.0)	15.4	(1.2)	22.6	(1.5)	24.1	(1.5)	18.3	(1.2)	7.9	(0.9)	1.6	(0.3)
	Griechenland	14.0	(1.3)	22.8	(1.6)	28.2	(1.4)	22.4	(1.3)	9.6	(1.1)	2.7	(0.7)	0.3	(0.2)
	Ungarn	6.2	(0.9)	16.0	(1.5)	26.8	(1.3)	26.7	(1.6)	16.9	(1.1)	6.2	(0.8)	1.1	(0.3)
	Island	3.2	(0.5)	7.8	(0.8)	18.2	(1.2)	26.1	(1.4)	23.8	(1.3)	15.2	(1.1)	5.8	(0.8)
	Irland	4.0	(0.7)	11.3	(1.1)	23.0	(1.3)	26.5	(1.2)	21.3	(1.4)	11.2	(1.2)	2.7	(0.5)
	Italien	15.2	(1.6)	20.6	(1.1)	27.8	(1.2)	21.5	(1.0)	11.0	(0.8)	3.4	(0.4)	0.6	(0.2)
	Japan	4.6	(0.9)	9.0	(1.3)	18.9	(1.2)	25.7	(1.4)	24.2	(1.3)	13.2	(1.0)	4.3	(0.5)
	Korea	2.5	(0.4)	8.6	(1.0)	20.4	(1.5)	27.3	(1.4)	23.7	(1.5)	12.7	(1.2)	4.8	(1.0)
	Luxemburg	9.2	(0.8)	15.7	(1.0)	24.6	(1.4)	26.0	(1.6)	16.2	(1.0)	6.5	(0.8)	1.8	(0.5)
	Mexiko	35.7	(1.8)	31.3	(1.7)	21.5	(1.1)	8.9	(1.0)	2.3	(0.5)	0.3	(0.1)	0.0	(0.0)
	Niederlande	1.5	(0.4)	7.6	(1.2)	17.2	(1.3)	23.1	(1.7)	23.2	(1.6)	19.0	(1.1)	8.4	(1.0)
	Neuseeland	4.0	(0.7)	9.7	(1.0)	18.9	(1.3)	24.9	(1.3)	21.8	(1.2)	13.8	(0.9)	6.9	(0.8)
	Norwegen	5.8	(0.8)	12.3	(1.1)	21.4	(1.1)	25.2	(1.6)	20.8	(1.7)	10.5	(1.3)	4.2	(0.6)
	Polen	4.2	(0.6)	13.6	(1.0)	27.9	(1.3)	28.2	(1.1)	18.8	(1.4)	6.2	(0.8)	1.1	(0.3)
	Portugal	8.6	(1.1)	19.1	(1.5)	29.9	(1.4)	26.4	(1.3)	12.8	(1.2)	2.9	(0.4)	0.3	(0.2)
	Slowak. Republik	9.5	(1.2)	19.8	(1.3)	27.9	(1.3)	24.3	(1.5)	13.7	(1.0)	4.2	(0.6)	0.6	(0.2)
	Spanien	6.8	(0.7)	14.2	(0.8)	27.2	(1.2)	27.6	(1.1)	17.5	(0.8)	5.5	(0.5)	1.2	(0.3)
	Schweden	6.3	(0.8)	12.6	(1.1)	22.3	(1.4)	23.1	(1.4)	19.6	(1.2)	11.5	(0.8)	4.6	(0.7)
	Schweiz	7.3	(0.7)	11.5	(1.1)	20.5	(1.1)	24.7	(1.2)	21.0	(1.3)	11.2	(1.0)	3.7	(0.6)
	Türkei	19.9	(1.9)	28.5	(1.8)	26.3	(2.0)	14.9	(1.4)	6.1	(1.3)	2.5	(0.8)	1.9	(0.8)
	Vereinigte Staaten	8.2	(0.8)	15.3	(0.9)	23.3	(1.1)	24.6	(1.2)	17.3	(1.0)	9.1	(0.9)	2.3	(0.5)
	OECD insgesamt	***9.8***	***(0.3)***	***15.5***	***(0.4)***	***22.6***	***(0.4)***	***23.4***	***(0.4)***	***17.5***	***(0.3)***	***8.6***	***(0.3)***	***2.6***	***(0.2)***
	OECD-Durchschnitt	***7.6***	***(0.2)***	***14.1***	***(0.2)***	***22.7***	***(0.2)***	***24.5***	***(0.2)***	***18.6***	***(0.2)***	***9.4***	***(0.2)***	***3.1***	***(0.1)***
Partnerländer	Brasilien	46.2	(2.2)	29.3	(1.5)	16.4	(1.3)	5.9	(0.9)	1.8	(0.5)	0.4	(0.2)	0.0	
	Hongkong (China)	2.5	(0.5)	6.2	(0.9)	13.8	(1.2)	21.0	(1.3)	26.9	(1.4)	20.2	(1.5)	9.4	(1.0)
	Indonesien	34.5	(1.8)	36.6	(1.3)	20.5	(1.3)	6.7	(0.9)	1.6	(0.5)	0.1	(0.1)	0.0	
	Lettland	7.7	(0.9)	17.2	(1.3)	29.6	(1.7)	26.1	(1.8)	14.5	(1.0)	4.1	(0.7)	0.8	(0.3)
	Liechtenstein	5.1	(1.9)	13.1	(3.0)	19.8	(3.4)	24.8	(3.5)	25.1	(4.1)	10.7	(4.2)	1.4	(1.1)
	Macau (China)	2.0	(0.8)	7.5	(1.4)	21.5	(2.3)	30.1	(3.0)	22.6	(2.4)	12.6	(1.8)	3.7	(0.9)
	Russ. Föderation	19.1	(1.4)	25.8	(1.4)	27.0	(1.4)	18.3	(1.3)	7.6	(0.7)	2.0	(0.5)	0.3	(0.1)
	Serbien	19.9	(1.9)	27.8	(1.6)	28.3	(1.2)	17.8	(1.6)	5.3	(0.9)	0.9	(0.2)	0.1	(0.1)
	Thailand	16.6	(1.2)	33.0	(1.3)	30.9	(1.3)	14.1	(1.1)	4.2	(0.6)	1.1	(0.3)	0.2	(0.1)
	Tunesien	49.8	(1.9)	31.7	(1.8)	14.4	(1.1)	3.6	(0.7)	0.6	(0.2)	0.0			
	Uruguay	27.8	(1.6)	24.5	(1.2)	23.4	(1.4)	15.9	(1.1)	6.6	(0.6)	1.7	(0.4)	0.2	(0.1)
	Verein. Königreich[1]	m	m	m	m	m	m	m	m	m	m	m	m	m	m

1. Die Beteiligungsquote ist zu niedrig, um die Vergleichbarkeit zu gewährleisten (siehe Anhang A3).

Tabelle 2.4c

Mittelwert, Varianz und geschlechtsspezifische Unterschiede bei den Schülerleistungen auf der Mathematik-Subskala Unsicherheit

		Alle Schüler				Geschlechtsspezifische Unterschiede					
		Mittelwert		Standardabweichung		Jungen		Mädchen		Differenz (J-M)	
		Punktzahl	**S.E.**	**S.D.**	**S.E.**	**Mittelwert**	**S.E.**	**Mittelwert**	**S.E.**	**Punktdiff.**	**S.E.**
OECD-Länder	Australien	531	(2.2)	98	(1.6)	535	(3.0)	527	(2.7)	**7**	(3.7)
	Österreich	494	(3.1)	94	(1.7)	498	(3.8)	490	(4.0)	8	(4.6)
	Belgien	526	(2.2)	106	(1.5)	529	(3.2)	522	(3.2)	7	(4.7)
	Kanada	542	(1.8)	87	(0.9)	551	(2.2)	538	(1.9)	**13**	(2.3)
	Tschech. Republik	500	(3.1)	91	(1.7)	509	(3.9)	492	(3.8)	**17**	(4.6)
	Dänemark	516	(2.8)	92	(1.6)	527	(3.4)	505	(3.0)	**22**	(3.2)
	Finnland	545	(2.1)	85	(1.1)	551	(2.6)	539	(2.3)	**12**	(2.6)
	Frankreich	506	(2.4)	92	(1.7)	512	(3.5)	501	(2.8)	**11**	(4.2)
	Deutschland	493	(3.3)	98	(1.7)	502	(3.9)	484	(3.8)	**18**	(4.0)
	Griechenland	458	(3.5)	88	(1.5)	469	(4.3)	449	(3.7)	**20**	(3.7)
	Ungarn	489	(2.6)	86	(1.8)	493	(3.2)	485	(3.0)	**8**	(3.3)
	Island	528	(1.5)	95	(1.4)	524	(2.4)	532	(2.4)	**–8**	(3.8)
	Irland	517	(2.6)	89	(1.4)	525	(3.2)	509	(3.7)	**15**	(4.6)
	Italien	463	(3.0)	95	(1.7)	475	(4.5)	451	(3.8)	**24**	(5.9)
	Japan	528	(3.9)	98	(2.6)	535	(5.6)	521	(3.8)	**14**	(5.7)
	Korea	538	(3.0)	89	(1.9)	547	(4.1)	525	(5.2)	**22**	(6.6)
	Luxemburg	492	(1.1)	96	(1.0)	503	(2.2)	481	(1.8)	**22**	(3.5)
	Mexiko	390	(3.3)	80	(1.5)	392	(3.8)	388	(3.6)	4	(3.5)
	Niederlande	549	(3.0)	90	(2.0)	554	(3.6)	544	(3.7)	**9**	(4.1)
	Neuseeland	532	(2.3)	99	(1.3)	538	(2.7)	526	(3.3)	**12**	(3.9)
	Norwegen	513	(2.6)	98	(1.1)	518	(3.0)	508	(3.2)	**10**	(3.3)
	Polen	494	(2.3)	85	(1.7)	495	(2.8)	492	(2.8)	3	(3.2)
	Portugal	471	(3.4)	83	(1.8)	476	(4.1)	466	(3.5)	**10**	(3.1)
	Slowak. Republik	476	(3.2)	87	(1.8)	484	(3.8)	467	(3.4)	**17**	(3.5)
	Spanien	489	(2.4)	88	(1.4)	493	(3.3)	485	(2.2)	**8**	(2.8)
	Schweden	511	(2.7)	101	(1.7)	515	(3.2)	506	(3.4)	**9**	(3.7)
	Schweiz	517	(3.3)	100	(2.1)	526	(4.7)	506	(3.7)	**20**	(5.2)
	Türkei	443	(6.2)	98	(5.0)	451	(7.3)	432	(6.1)	**19**	(5.7)
	Vereinigte Staaten	491	(3.0)	98	(1.5)	493	(3.4)	490	(3.1)	3	(2.8)
	OECD insgesamt	*492*	*(1.1)*	*102*	*(0.7)*	*497*	*(1.3)*	*487*	*(1.2)*	***11***	*(1.3)*
	OECD-Durchschnitt	*502*	*(0.6)*	*99*	*(0.4)*	*508*	*(0.7)*	*496*	*(0.8)*	***13***	*(0.8)*
Partnerländer	Brasilien	377	(3.9)	84	(2.7)	385	(4.9)	369	(3.7)	**15**	(3.4)
	Hongkong (China)	558	(4.6)	101	(3.0)	564	(6.6)	552	(4.6)	12	(6.7)
	Indonesien	385	(2.9)	66	(1.5)	382	(2.8)	387	(3.4)	**–5**	(2.4)
	Lettland	474	(3.3)	84	(1.4)	474	(4.2)	474	(3.1)	0	(3.3)
	Liechtenstein	523	(3.7)	96	(3.7)	538	(6.9)	508	(5.6)	**31**	(10.5)
	Macau (China)	532	(3.2)	88	(2.6)	541	(4.5)	523	(4.2)	**18**	(5.9)
	Russ. Föderation	436	(4.0)	90	(1.6)	441	(5.1)	432	(3.9)	**8**	(4.2)
	Serbien	428	(3.5)	83	(1.5)	431	(4.0)	425	(4.2)	5	(4.2)
	Thailand	423	(2.5)	73	(1.8)	420	(3.4)	425	(3.0)	–5	(4.0)
	Tunesien	363	(2.3)	71	(1.7)	367	(2.5)	360	(2.8)	**7**	(2.6)
	Uruguay	419	(3.1)	98	(1.7)	423	(3.9)	415	(3.6)	**8**	(4.1)
	Verein. Königreich[1]	m	m	m	m	m	m	m	m	m	m

		Perzentile											
		5.		10.		25.		75.		90.		95.	
		Punktzahl	**S.E.**	**Punktzahl**	**S.E.**	**Punktzahl**	**S.E.**	**Punktzahl**	**S.E.**	**Punktzahl**	**S.E.**	**Punktzahl**	**S.E.**
OECD-Länder	Australien	367	(4.0)	404	(3.5)	464	(2.9)	600	(2.7)	655	(3.1)	686	(3.5)
	Österreich	340	(4.4)	372	(4.3)	427	(3.7)	560	(3.8)	618	(4.4)	649	(4.7)
	Belgien	348	(4.9)	383	(4.1)	450	(3.6)	605	(2.4)	661	(2.3)	692	(2.4)
	Kanada	397	(3.2)	429	(2.4)	483	(2.1)	602	(2.0)	653	(2.6)	682	(3.1)
	Tschech. Republik	357	(5.4)	385	(3.9)	436	(3.2)	564	(3.8)	620	(4.2)	652	(4.4)
	Dänemark	363	(5.2)	396	(4.9)	454	(3.4)	580	(3.1)	632	(3.6)	661	(4.3)
	Finnland	403	(3.4)	437	(4.1)	489	(2.6)	602	(2.4)	652	(3.6)	683	(3.3)
	Frankreich	349	(6.0)	384	(4.2)	443	(3.6)	572	(2.6)	622	(3.3)	651	(3.2)
	Deutschland	331	(5.5)	365	(4.1)	423	(4.0)	564	(3.4)	618	(3.5)	649	(4.0)
	Griechenland	313	(5.4)	345	(4.4)	398	(3.8)	518	(3.8)	572	(5.0)	605	(5.0)
	Ungarn	351	(4.7)	380	(4.3)	430	(3.0)	548	(3.4)	601	(3.6)	631	(4.5)
	Island	368	(4.9)	405	(3.4)	463	(2.5)	595	(2.6)	647	(3.2)	678	(3.9)
	Irland	371	(5.6)	403	(4.5)	456	(3.5)	580	(3.4)	633	(3.4)	661	(3.5)
	Italien	306	(6.4)	339	(5.2)	399	(4.2)	528	(3.0)	585	(3.1)	620	(3.4)
	Japan	359	(7.0)	399	(6.7)	463	(4.9)	597	(4.2)	649	(5.7)	681	(7.5)
	Korea	390	(4.8)	423	(4.0)	477	(4.0)	600	(3.4)	651	(5.0)	682	(5.7)
	Luxemburg	332	(5.0)	369	(2.5)	427	(2.1)	558	(2.2)	615	(2.9)	648	(3.6)
	Mexiko	262	(4.7)	289	(3.9)	335	(3.3)	442	(4.4)	494	(5.0)	528	(5.7)
	Niederlande	403	(5.2)	431	(5.1)	483	(5.0)	617	(3.7)	667	(3.6)	693	(3.2)
	Neuseeland	368	(5.6)	403	(4.5)	463	(3.1)	601	(2.6)	662	(2.7)	695	(3.6)
	Norwegen	352	(3.9)	386	(4.2)	445	(3.4)	580	(3.8)	640	(3.9)	675	(3.8)
	Polen	355	(6.1)	387	(4.2)	437	(3.0)	552	(2.7)	603	(3.4)	631	(3.4)
	Portugal	333	(5.8)	363	(5.5)	414	(4.7)	528	(3.2)	578	(2.9)	605	(4.1)
	Slowak. Republik	335	(6.0)	364	(5.4)	416	(3.8)	537	(3.6)	589	(3.5)	619	(3.7)
	Spanien	340	(5.2)	376	(4.2)	432	(3.0)	549	(3.1)	600	(2.9)	628	(3.9)
	Schweden	345	(5.0)	384	(4.7)	442	(3.4)	581	(3.6)	640	(3.9)	675	(4.8)
	Schweiz	346	(4.6)	384	(3.8)	450	(3.5)	587	(4.2)	642	(5.6)	676	(6.9)
	Türkei	299	(5.0)	328	(4.3)	375	(4.8)	499	(8.2)	571	(13.9)	622	(22.2)
	Vereinigte Staaten	328	(5.6)	363	(4.8)	424	(3.8)	560	(3.2)	620	(3.5)	654	(5.1)
	OECD insgesamt	*323*	*(1.9)*	*359*	*(1.7)*	*421*	*(1.4)*	*564*	*(1.2)*	*623*	*(1.2)*	*657*	*(1.6)*
	OECD-Durchschnitt	*339*	*(1.1)*	*374*	*(1.0)*	*434*	*(0.9)*	*571*	*(0.7)*	*629*	*(0.7)*	*662*	*(0.9)*
Partnerländer	Brasilien	250	(4.2)	276	(3.7)	320	(3.5)	427	(5.0)	485	(7.7)	525	(9.4)
	Hongkong (China)	382	(10.1)	423	(8.3)	493	(6.6)	630	(3.7)	680	(4.3)	709	(4.9)
	Indonesien	281	(4.2)	303	(3.5)	340	(2.7)	426	(3.6)	471	(4.6)	499	(6.2)
	Lettland	337	(5.4)	366	(4.6)	417	(3.9)	530	(4.0)	582	(4.0)	611	(4.8)
	Liechtenstein	356	(20.2)	394	(16.9)	461	(5.8)	594	(6.8)	641	(8.3)	672	(16.6)
	Macau (China)	391	(11.8)	421	(7.3)	473	(5.9)	592	(5.1)	644	(5.7)	673	(7.7)
	Russ. Föderation	293	(4.4)	324	(4.6)	375	(4.2)	496	(4.5)	554	(4.6)	588	(6.3)
	Serbien	294	(4.3)	323	(4.2)	371	(3.6)	485	(4.8)	536	(5.0)	568	(5.3)
	Thailand	310	(3.4)	333	(3.1)	373	(2.5)	468	(3.2)	518	(4.6)	549	(6.3)
	Tunesien	250	(3.5)	276	(2.6)	317	(2.7)	408	(2.8)	453	(4.8)	483	(6.1)
	Uruguay	258	(4.6)	293	(4.4)	352	(3.9)	486	(4.0)	544	(4.2)	581	(5.2)
	Verein. Königreich[1]	m	m	m	m	m	m	m	m	m	m	m	m

Anmerkung: Statistisch signifikante Werte sind durch Fettdruck gekennzeichnet (siehe Anhang A4).

1. Die Beteiligungsquote ist zu niedrig, um die Vergleichbarkeit zu gewährleisten (siehe Anhang A3).

Tabelle 2.5a

Prozentualer Anteil der Schülerinnen und Schüler auf den jeweiligen Kompetenzstufen der Gesamtskala Mathematik

	Kompetenzstufen													
	Unter Stufe 1 (weniger als 358 Punkte)		Stufe 1 (358-420 Punkte)		Stufe 2 (421-482 Punkte)		Stufe 3 (483-544 Punkte)		Stufe 4 (545-606 Punkte)		Stufe 5 (607-668 Punkte)		Stufe 6 (über 668 Punkte)	
	%	S.E.	%	S.E.	%	S.E.	%	S.E.	%	S.E.	%	S.E.	%	S.E.
OECD-Länder														
Australien	4.3	(0.4)	10.0	(0.5)	18.6	(0.6)	24.0	(0.7)	23.3	(0.6)	14.0	(0.5)	5.8	(0.4)
Österreich	5.6	(0.7)	13.2	(0.8)	21.6	(0.9)	24.9	(1.1)	20.5	(0.8)	10.5	(0.9)	3.7	(0.5)
Belgien	7.2	(0.6)	9.3	(0.5)	15.9	(0.6)	20.1	(0.7)	21.0	(0.6)	17.5	(0.7)	9.0	(0.5)
Kanada	2.4	(0.3)	7.7	(0.4)	18.3	(0.6)	26.2	(0.7)	25.1	(0.6)	14.8	(0.5)	5.5	(0.4)
Tschech. Republik	5.0	(0.7)	11.6	(0.9)	20.1	(1.0)	24.3	(0.9)	20.8	(0.9)	12.9	(0.8)	5.3	(0.5)
Dänemark	4.7	(0.5)	10.7	(0.6)	20.6	(0.9)	26.2	(0.9)	21.9	(0.8)	11.8	(0.9)	4.1	(0.5)
Finnland	1.5	(0.2)	5.3	(0.4)	16.0	(0.6)	27.7	(0.7)	26.1	(0.9)	16.7	(0.6)	6.7	(0.5)
Frankreich	5.6	(0.7)	11.0	(0.8)	20.2	(0.8)	25.9	(1.0)	22.1	(1.0)	11.6	(0.7)	3.5	(0.4)
Deutschland	9.2	(0.8)	12.4	(0.8)	19.0	(1.0)	22.6	(0.8)	20.6	(1.0)	12.2	(0.9)	4.1	(0.5)
Griechenland	17.8	(1.2)	21.2	(1.2)	26.3	(1.0)	20.2	(1.0)	10.6	(0.9)	3.4	(0.5)	0.6	(0.2)
Ungarn	7.8	(0.8)	15.2	(0.8)	23.8	(1.0)	24.3	(0.9)	18.2	(0.9)	8.2	(0.7)	2.5	(0.4)
Island	4.5	(0.4)	10.5	(0.6)	20.2	(1.0)	26.1	(0.9)	23.2	(0.8)	11.7	(0.6)	3.7	(0.4)
Irland	4.7	(0.6)	12.1	(0.8)	23.6	(0.8)	28.0	(0.8)	20.2	(1.1)	9.1	(0.8)	2.2	(0.3)
Italien	13.2	(1.2)	18.7	(0.9)	24.7	(1.0)	22.9	(0.8)	13.4	(0.7)	5.5	(0.4)	1.5	(0.2)
Japan	4.7	(0.7)	8.6	(0.7)	16.3	(0.8)	22.4	(1.0)	23.6	(1.2)	16.1	(1.0)	8.2	(1.1)
Korea	2.5	(0.3)	7.1	(0.7)	16.6	(0.8)	24.1	(1.0)	25.0	(1.1)	16.7	(0.8)	8.1	(0.9)
Luxemburg	7.4	(0.4)	14.3	(0.6)	22.9	(0.9)	25.9	(0.8)	18.7	(0.8)	8.5	(0.6)	2.4	(0.3)
Mexiko	38.1	(1.7)	27.9	(1.0)	20.8	(0.9)	10.1	(0.8)	2.7	(0.4)	0.4	(0.1)	0.0	(0.0)
Niederlande	2.6	(0.7)	8.4	(0.9)	18.0	(1.1)	23.0	(1.1)	22.6	(1.3)	18.2	(1.1)	7.3	(0.6)
Neuseeland	4.9	(0.4)	10.1	(0.6)	19.2	(0.7)	23.2	(0.9)	21.9	(0.8)	14.1	(0.6)	6.6	(0.4)
Norwegen	6.9	(0.5)	13.9	(0.8)	23.7	(1.2)	25.2	(1.0)	18.9	(1.0)	8.7	(0.6)	2.7	(0.3)
Polen	6.8	(0.6)	15.2	(0.8)	24.8	(0.7)	25.3	(0.9)	17.7	(0.9)	7.8	(0.5)	2.3	(0.3)
Portugal	11.3	(1.1)	18.8	(1.0)	27.1	(1.0)	24.0	(1.0)	13.4	(0.9)	4.6	(0.5)	0.8	(0.2)
Slowak. Republik	6.7	(0.8)	13.2	(0.9)	23.5	(0.9)	24.9	(1.1)	18.9	(0.8)	9.8	(0.7)	2.9	(0.4)
Spanien	8.1	(0.7)	14.9	(0.9)	24.7	(0.8)	26.7	(1.0)	17.7	(0.6)	6.5	(0.6)	1.4	(0.2)
Schweden	5.6	(0.5)	11.7	(0.6)	21.7	(0.8)	25.5	(0.9)	19.8	(0.8)	11.6	(0.6)	4.1	(0.5)
Schweiz	4.9	(0.4)	9.6	(0.6)	17.5	(0.8)	24.3	(1.0)	22.5	(0.7)	14.2	(1.1)	7.0	(0.9)
Türkei	27.7	(2.0)	24.6	(1.3)	22.1	(1.1)	13.5	(1.3)	6.8	(1.0)	3.1	(0.8)	2.4	(1.0)
Vereinigte Staaten	10.2	(0.8)	15.5	(0.8)	23.9	(0.8)	23.8	(0.8)	16.6	(0.7)	8.0	(0.5)	2.0	(0.4)
OECD insgesamt	*11.0*	*(0.3)*	*14.6*	*(0.3)*	*21.2*	*(0.3)*	*22.4*	*(0.3)*	*17.6*	*(0.2)*	*9.6*	*(0.2)*	*3.5*	*(0.2)*
OECD-Durchschnitt	*8.2*	*(0.2)*	*13.2*	*(0.2)*	*21.1*	*(0.1)*	*23.7*	*(0.2)*	*19.1*	*(0.2)*	*10.6*	*(0.1)*	*4.0*	*(0.1)*
Partnerländer														
Brasilien	53.3	(1.9)	21.9	(1.1)	14.1	(0.9)	6.8	(0.8)	2.7	(0.5)	0.9	(0.4)	0.3	(0.2)
Hongkong (China)	3.9	(0.7)	6.5	(0.6)	13.9	(1.0)	20.0	(1.2)	25.0	(1.2)	20.2	(1.0)	10.5	(0.9)
Indonesien	50.5	(2.1)	27.6	(1.1)	14.8	(1.1)	5.5	(0.7)	1.4	(0.4)	0.2	(0.1)	0.0	a
Lettland	7.6	(0.9)	16.1	(1.1)	25.5	(1.2)	26.3	(1.2)	16.6	(1.2)	6.3	(0.7)	1.6	(0.4)
Liechtenstein	4.8	(1.3)	7.5	(1.7)	17.3	(2.8)	21.6	(2.5)	23.2	(3.1)	18.3	(3.2)	7.3	(1.7)
Macau (China)	2.3	(0.6)	8.8	(1.3)	19.6	(1.4)	26.8	(1.8)	23.7	(1.7)	13.8	(1.6)	4.8	(1.0)
Russ. Föderation	11.4	(1.0)	18.8	(1.1)	26.4	(1.1)	23.1	(1.0)	13.2	(0.9)	5.4	(0.6)	1.6	(0.4)
Serbien	17.6	(1.3)	24.5	(1.1)	28.6	(1.2)	18.9	(1.1)	8.1	(0.9)	2.1	(0.4)	0.2	(0.1)
Thailand	23.8	(1.3)	30.2	(1.2)	25.4	(1.1)	13.7	(0.8)	5.3	(0.5)	1.5	(0.3)	0.2	(0.1)
Tunesien	51.1	(1.4)	26.9	(1.0)	14.7	(0.8)	5.7	(0.6)	1.4	(0.3)	0.2	(0.1)	0.0	a
Uruguay	26.3	(1.3)	21.8	(0.8)	24.2	(0.9)	16.8	(0.7)	8.2	(0.7)	2.3	(0.3)	0.5	(0.2)
Verein. Königreich[1]	m	m	m	m	m	m	m	m	m	m	m	m	m	m

1. Die Beteiligungsquote ist zu niedrig, um die Vergleichbarkeit zu gewährleisten (siehe Anhang A3).

Tabelle 2.5b

Prozentualer Anteil der Schülerinnen und Schüler auf den jeweiligen Kompetenzstufen der Gesamtskala Mathematik, nach Geschlecht

Jungen – Kompetenzstufen

		Unter Stufe 1 (weniger als 358 Punkte)		Stufe 1 (358-420 Punkte)		Stufe 2 (421-482 Punkte)		Stufe 3 (483-544 Punkte)		Stufe 4 (545-606 Punkte)		Stufe 5 (607-668 Punkte)		Stufe 6 (über 668 Punkte)	
		%	S.E.	%	S.E.	%	S.E.	%	S.E.	%	S.E.	%	S.E.	%	S.E.
OECD-Länder	Australien	4.6	(0.6)	10.3	(0.8)	17.8	(1.0)	22.7	(1.2)	22.9	(1.1)	14.6	(1.0)	7.0	(0.7)
	Österreich	6.1	(1.0)	13.1	(1.0)	20.4	(1.1)	23.3	(1.5)	20.4	(1.3)	11.9	(1.0)	4.8	(0.7)
	Belgien	7.4	(0.8)	9.8	(0.9)	15.1	(0.9)	18.6	(0.8)	20.1	(0.9)	18.1	(1.0)	10.9	(0.7)
	Kanada	2.9	(0.4)	7.4	(0.5)	16.1	(0.9)	23.4	(0.9)	25.0	(0.7)	17.6	(0.9)	7.5	(0.8)
	Tschech. Republik	4.3	(0.7)	10.9	(1.1)	19.8	(1.3)	23.2	(1.1)	20.3	(1.0)	15.0	(1.1)	6.6	(0.7)
	Dänemark	3.8	(0.6)	9.6	(0.9)	18.7	(1.3)	26.4	(1.3)	23.5	(1.1)	13.1	(1.0)	4.9	(0.6)
	Finnland	1.6	(0.3)	5.8	(0.6)	15.4	(0.8)	25.9	(0.9)	25.4	(1.1)	17.7	(1.1)	8.2	(0.8)
	Frankreich	6.1	(1.0)	10.7	(1.0)	18.7	(1.0)	25.1	(1.5)	21.6	(1.5)	13.3	(1.2)	4.6	(0.6)
	Deutschland	8.9	(1.0)	12.5	(1.0)	18.1	(1.2)	21.4	(1.0)	20.7	(1.3)	13.0	(1.1)	5.3	(0.6)
	Griechenland	16.4	(1.3)	19.4	(1.3)	24.7	(1.4)	21.0	(1.0)	12.8	(1.2)	4.8	(0.8)	1.0	(0.3)
	Ungarn	7.6	(0.8)	14.6	(1.0)	23.6	(1.4)	23.9	(1.3)	18.3	(1.2)	8.6	(0.8)	3.3	(0.6)
	Island	6.1	(0.6)	12.1	(0.9)	20.4	(1.2)	25.3	(1.3)	21.0	(1.2)	11.4	(0.9)	3.7	(0.5)
	Irland	4.2	(0.8)	10.8	(1.1)	22.5	(1.4)	27.8	(1.5)	21.0	(1.6)	10.8	(1.1)	2.9	(0.5)
	Italien	12.5	(1.6)	17.2	(1.6)	22.8	(1.3)	22.7	(1.1)	15.1	(1.1)	7.1	(0.6)	2.5	(0.3)
	Japan	5.2	(0.9)	9.1	(0.9)	15.8	(1.1)	20.2	(1.4)	22.3	(1.4)	16.5	(1.4)	10.9	(1.9)
	Korea	2.3	(0.4)	6.2	(0.8)	14.6	(1.0)	22.3	(1.0)	25.9	(1.4)	18.9	(1.2)	9.7	(1.0)
	Luxemburg	6.8	(0.6)	13.2	(0.8)	21.4	(1.1)	24.8	(1.1)	20.0	(1.1)	10.5	(0.9)	3.4	(0.6)
	Mexiko	36.2	(2.1)	26.9	(1.6)	21.6	(1.5)	11.4	(1.0)	3.4	(0.5)	0.5	(0.2)	0.0	(0.0)
	Niederlande	2.2	(0.7)	8.0	(1.2)	18.2	(1.5)	22.9	(1.6)	22.6	(1.7)	18.1	(1.5)	8.0	(0.8)
	Neuseeland	4.7	(0.6)	9.9	(0.8)	17.7	(0.9)	21.9	(1.2)	21.9	(1.2)	15.7	(1.0)	8.3	(0.7)
	Norwegen	7.3	(0.7)	13.3	(0.9)	23.2	(1.2)	23.9	(1.4)	19.1	(1.2)	9.7	(0.8)	3.5	(0.5)
	Polen	7.7	(0.9)	14.9	(0.9)	22.9	(1.1)	24.5	(1.2)	17.9	(1.2)	9.0	(0.9)	3.1	(0.5)
	Portugal	12.0	(1.4)	16.7	(1.1)	24.6	(1.2)	23.9	(1.2)	15.6	(1.6)	5.9	(0.8)	1.3	(0.3)
	Slowak. Republik	6.1	(0.9)	12.0	(1.1)	22.0	(1.1)	24.5	(1.3)	20.0	(1.2)	11.4	(0.9)	4.1	(0.6)
	Spanien	8.4	(0.9)	14.1	(1.1)	23.3	(1.2)	25.6	(1.5)	18.7	(1.1)	8.0	(1.1)	1.9	(0.4)
	Schweden	5.6	(0.6)	11.1	(0.9)	21.3	(1.1)	25.4	(1.5)	19.4	(1.4)	12.4	(1.0)	4.9	(0.7)
	Schweiz	4.4	(0.5)	9.1	(0.8)	16.5	(1.2)	23.2	(1.5)	22.6	(1.2)	15.2	(1.8)	9.0	(1.3)
	Türkei	26.4	(2.3)	22.9	(1.5)	22.2	(1.3)	14.3	(1.5)	7.5	(1.1)	3.5	(0.9)	3.0	(1.2)
	Vereinigte Staaten	10.5	(1.0)	14.7	(0.8)	23.2	(1.0)	23.1	(1.4)	16.9	(1.1)	8.9	(0.7)	2.8	(0.5)
	OECD insgesamt	*10.9*	*(0.4)*	*14.0*	*(0.3)*	*20.3*	*(0.3)*	*21.7*	*(0.5)*	*17.8*	*(0.4)*	*10.6*	*(0.2)*	*4.6*	*(0.3)*
	OECD-Durchschnitt	*8.1*	*(0.2)*	*12.6*	*(0.2)*	*20.0*	*(0.2)*	*22.9*	*(0.2)*	*19.5*	*(0.2)*	*11.8*	*(0.2)*	*5.1*	*(0.1)*
Partnerländer	Brasilien	51.1	(2.3)	21.4	(1.4)	13.9	(1.1)	8.1	(1.1)	3.6	(0.8)	1.4	(0.6)	0.5	(0.3)
	Hongkong (China)	5.1	(1.1)	6.7	(0.9)	13.0	(0.9)	18.1	(1.0)	23.9	(1.6)	20.4	(1.5)	12.7	(1.5)
	Indonesien	49.2	(2.2)	28.8	(1.3)	15.2	(1.2)	5.1	(0.6)	1.4	(0.4)	0.2	(0.1)	0.0	
	Lettland	8.1	(1.6)	16.3	(1.5)	24.6	(1.4)	25.6	(1.5)	16.1	(1.5)	7.1	(1.0)	2.3	(0.5)
	Liechtenstein	4.7	(1.8)	5.5	(2.2)	15.6	(3.1)	19.6	(3.5)	22.2	(4.9)	21.5	(5.5)	10.8	(2.7)
	Macau (China)	2.3	(1.1)	8.5	(1.8)	16.8	(1.7)	23.7	(2.6)	24.7	(3.2)	17.2	(3.3)	6.8	(1.9)
	Russ. Föderation	11.4	(1.5)	18.4	(1.5)	24.5	(1.6)	22.6	(1.5)	14.1	(1.1)	6.6	(0.9)	2.3	(0.6)
	Serbien	19.2	(1.7)	24.1	(1.4)	26.3	(1.5)	17.5	(1.2)	9.6	(1.0)	2.9	(0.6)	0.4	(0.2)
	Thailand	25.3	(1.7)	29.7	(1.5)	24.5	(1.4)	13.2	(1.3)	5.6	(0.8)	1.5	(0.4)	0.2	(0.1)
	Tunesien	48.2	(1.7)	28.1	(1.4)	15.1	(1.0)	6.3	(0.7)	2.0	(0.4)	0.3	(0.2)	0.0	
	Uruguay	24.7	(1.6)	20.9	(0.9)	24.3	(1.3)	17.4	(1.0)	8.9	(0.8)	3.0	(0.4)	0.8	(0.3)
	Verein. Königreich[1]	m	m	m	m	m	m	m	m	m	m	m	m	m	m

Mädchen – Kompetenzstufen

		Unter Stufe 1 (weniger als 358 Punkte)		Stufe 1 (358-420 Punkte)		Stufe 2 (421-482 Punkte)		Stufe 3 (483-544 Punkte)		Stufe 4 (545-606 Punkte)		Stufe 5 (607-668 Punkte)		Stufe 6 (über 668 Punkte)	
		%	S.E.	%	S.E.	%	S.E.	%	S.E.	%	S.E.	%	S.E.	%	S.E.
OECD-Länder	Australien	4.0	(0.5)	9.7	(0.7)	19.4	(0.8)	25.3	(0.8)	23.6	(1.0)	13.4	(0.8)	4.5	(0.5)
	Österreich	5.1	(0.7)	13.3	(1.2)	22.7	(1.3)	26.5	(1.4)	20.5	(1.4)	9.2	(1.0)	2.7	(0.5)
	Belgien	6.9	(0.8)	8.8	(0.8)	16.9	(0.9)	21.8	(1.0)	22.1	(0.8)	16.7	(0.7)	6.8	(0.5)
	Kanada	2.0	(0.3)	7.4	(0.5)	18.7	(0.8)	28.6	(1.2)	25.4	(1.0)	13.6	(0.8)	4.2	(0.4)
	Tschech. Republik	5.7	(1.1)	12.3	(1.3)	20.4	(1.4)	25.4	(1.4)	21.3	(1.3)	10.8	(1.0)	4.1	(0.5)
	Dänemark	5.6	(0.8)	11.8	(0.9)	22.3	(1.1)	26.0	(1.2)	20.4	(1.3)	10.6	(1.0)	3.3	(0.6)
	Finnland	1.4	(0.3)	4.9	(0.6)	16.7	(0.8)	29.5	(1.1)	26.9	(1.2)	15.7	(0.8)	5.1	(0.5)
	Frankreich	5.2	(0.7)	11.3	(1.0)	21.6	(1.1)	26.6	(1.4)	22.6	(1.1)	10.1	(1.0)	2.5	(0.6)
	Deutschland	9.2	(1.0)	12.1	(1.0)	19.9	(1.4)	23.9	(1.4)	20.6	(1.2)	11.3	(1.0)	2.9	(0.6)
	Griechenland	19.1	(1.5)	22.8	(1.5)	27.8	(1.2)	19.4	(1.5)	8.6	(0.8)	2.1	(0.5)	0.2	(0.1)
	Ungarn	8.0	(1.1)	15.9	(1.1)	24.0	(1.6)	24.7	(1.3)	18.1	(1.1)	7.7	(1.0)	1.6	(0.4)
	Island	2.8	(0.5)	8.8	(0.8)	20.1	(1.4)	26.9	(1.2)	25.5	(1.1)	12.2	(0.9)	3.8	(0.5)
	Irland	5.2	(0.7)	13.5	(1.3)	24.7	(1.4)	28.2	(1.4)	19.4	(1.2)	7.4	(0.8)	1.6	(0.4)
	Italien	13.9	(1.7)	20.1	(1.3)	26.4	(1.4)	23.1	(1.2)	11.9	(0.8)	3.9	(0.4)	0.7	(0.1)
	Japan	4.3	(0.7)	8.1	(0.9)	16.9	(1.1)	24.5	(1.2)	24.9	(1.6)	15.6	(1.2)	5.7	(0.8)
	Korea	2.7	(0.5)	8.3	(1.0)	19.6	(1.7)	26.7	(1.5)	23.6	(1.5)	13.4	(1.2)	5.7	(1.2)
	Luxemburg	8.0	(0.7)	15.3	(1.1)	24.4	(1.2)	26.9	(1.1)	17.4	(1.1)	6.6	(0.7)	1.4	(0.3)
	Mexiko	39.7	(1.9)	28.8	(1.3)	20.2	(1.3)	8.9	(1.1)	2.1	(0.5)	0.2	(0.1)	0.0	(0.0)
	Niederlande	2.9	(0.8)	8.7	(1.2)	17.9	(1.4)	23.0	(1.3)	22.5	(1.5)	18.3	(1.2)	6.6	(0.7)
	Neuseeland	5.2	(0.7)	10.4	(1.0)	20.6	(1.2)	24.5	(1.2)	21.8	(1.1)	12.4	(1.0)	5.0	(0.6)
	Norwegen	6.5	(0.8)	14.5	(1.1)	24.1	(1.5)	26.5	(1.2)	18.7	(1.2)	7.7	(0.7)	1.9	(0.4)
	Polen	5.9	(0.7)	15.5	(1.1)	26.8	(1.0)	26.2	(1.1)	17.5	(1.1)	6.5	(0.8)	1.5	(0.3)
	Portugal	10.6	(1.2)	20.6	(1.3)	29.4	(1.3)	24.1	(1.4)	11.5	(1.0)	3.3	(0.6)	0.4	(0.2)
	Slowak. Republik	7.4	(0.9)	14.5	(1.3)	25.0	(1.4)	25.4	(1.5)	17.8	(1.0)	8.1	(0.8)	1.7	(0.3)
	Spanien	7.8	(0.7)	15.7	(1.0)	26.1	(1.0)	27.7	(1.1)	16.7	(0.9)	5.1	(0.5)	1.0	(0.3)
	Schweden	5.6	(0.7)	12.3	(0.8)	22.1	(1.0)	25.6	(1.0)	20.2	(1.2)	10.9	(1.0)	3.4	(0.6)
	Schweiz	5.5	(0.6)	10.2	(0.8)	18.6	(1.1)	25.4	(1.2)	22.3	(1.2)	13.1	(1.2)	4.9	(0.9)
	Türkei	29.2	(2.4)	26.6	(1.8)	21.9	(1.7)	12.4	(1.5)	5.8	(1.2)	2.6	(0.8)	1.6	(0.9)
	Vereinigte Staaten	9.9	(1.0)	16.4	(1.2)	24.6	(1.4)	24.5	(1.1)	16.2	(1.0)	7.2	(0.8)	1.2	(0.4)
	OECD insgesamt	*11.1*	*(0.4)*	*15.2*	*(0.4)*	*22.1*	*(0.5)*	*23.1*	*(0.4)*	*17.3*	*(0.4)*	*8.6*	*(0.3)*	*2.5*	*(0.2)*
	OECD-Durchschnitt	*8.4*	*(0.2)*	*13.8*	*(0.2)*	*22.1*	*(0.2)*	*24.5*	*(0.2)*	*18.8*	*(0.2)*	*9.5*	*(0.2)*	*2.9*	*(0.1)*
Partnerländer	Brasilien	55.1	(2.0)	22.3	(1.3)	14.3	(1.0)	5.7	(0.8)	2.0	(0.4)	0.5	(0.2)	0.1	
	Hongkong (China)	2.7	(0.7)	6.3	(0.9)	14.9	(1.6)	21.8	(2.3)	26.1	(1.3)	19.9	(1.6)	8.3	(1.0)
	Indonesien	51.8	(2.2)	26.5	(1.3)	14.3	(1.2)	5.8	(0.9)	1.3	(0.5)	0.2	(0.1)	0.0	
	Lettland	7.2	(1.0)	15.9	(1.3)	26.3	(1.5)	26.9	(1.7)	17.0	(1.3)	5.6	(0.8)	1.1	(0.3)
	Liechtenstein	4.9	(2.4)	9.6	(3.0)	19.2	(3.9)	23.6	(3.7)	24.2	(4.5)	15.0	(3.6)	3.6	(1.8)
	Macau (China)	2.4	(0.8)	9.1	(1.7)	22.3	(2.1)	29.8	(2.6)	22.7	(2.2)	10.7	(1.5)	3.0	(0.9)
	Russ. Föderation	11.4	(1.0)	19.2	(1.4)	28.3	(1.5)	23.6	(1.3)	12.3	(1.1)	4.2	(0.6)	1.0	(0.3)
	Serbien	16.1	(1.7)	24.8	(1.6)	30.9	(1.5)	20.2	(1.5)	6.7	(1.2)	1.3	(0.3)	0.1	(0.1)
	Thailand	22.6	(1.5)	30.6	(1.8)	26.1	(1.4)	14.0	(1.0)	5.1	(0.7)	1.4	(0.5)	0.2	(0.1)
	Tunesien	53.8	(1.7)	25.8	(1.4)	14.3	(1.0)	5.1	(0.9)	0.9	(0.4)	0.2	(0.1)		
	Uruguay	27.7	(1.6)	22.7	(1.3)	24.1	(1.5)	16.1	(1.1)	7.4	(0.9)	1.7	(0.3)	0.2	(0.1)
	Verein. Königreich[1]	m	m	m	m	m	m	m	m	m	m	m	m	m	m

1. Die Beteiligungsquote ist zu niedrig, um die Vergleichbarkeit zu gewährleisten (siehe Anhang A3).

Tabelle 2.5c

Mittelwert, Varianz und geschlechtsspezifische Unterschiede bei den Schülerleistungen auf der Gesamtskala Mathematik

		Alle Schüler				Geschlechtsspezifische Unterschiede					
		Mittelwert		Standardabweichung		Jungen		Mädchen		Differenz (J-M)	
		Punktzahl	**S.E.**	**S.D.**	**S.E.**	**Mittelwert**	**S.E.**	**Mittelwert**	**S.E.**	**Punktdiff.**	**S.E.**
OECD-Länder	Australien	524	(2.1)	95	(1.5)	527	(3.0)	522	(2.7)	5	(3.8)
	Österreich	506	(3.3)	93	(1.7)	509	(4.0)	502	(4.0)	8	(4.4)
	Belgien	529	(2.3)	110	(1.8)	533	(3.4)	525	(3.2)	8	(4.8)
	Kanada	532	(1.8)	87	(1.0)	541	(2.1)	530	(1.9)	**11**	(2.1)
	Tschech. Republik	516	(3.5)	96	(1.9)	524	(4.3)	509	(4.4)	**15**	(5.1)
	Dänemark	514	(2.7)	91	(1.4)	523	(3.4)	506	(3.0)	**17**	(3.2)
	Finnland	544	(1.9)	84	(1.1)	548	(2.5)	541	(2.1)	**7**	(2.7)
	Frankreich	511	(2.5)	92	(1.8)	515	(3.6)	507	(2.9)	**9**	(4.2)
	Deutschland	503	(3.3)	103	(1.8)	508	(4.0)	499	(3.9)	**9**	(4.4)
	Griechenland	445	(3.9)	94	(1.8)	455	(4.8)	436	(3.8)	**19**	(3.6)
	Ungarn	490	(2.8)	94	(2.0)	494	(3.3)	486	(3.3)	**8**	(3.5)
	Island	515	(1.4)	90	(1.2)	508	(2.3)	523	(2.2)	**–15**	(3.5)
	Irland	503	(2.4)	85	(1.3)	510	(3.0)	495	(3.4)	**15**	(4.2)
	Italien	466	(3.1)	96	(1.9)	475	(4.6)	457	(3.8)	**18**	(5.9)
	Japan	534	(4.0)	101	(2.8)	539	(5.8)	530	(4.0)	8	(5.9)
	Korea	542	(3.2)	92	(2.1)	552	(4.4)	528	(5.3)	**23**	(6.8)
	Luxemburg	493	(1.0)	92	(1.0)	502	(1.9)	485	(1.5)	**17**	(2.8)
	Mexiko	385	(3.6)	85	(1.9)	391	(4.3)	380	(4.1)	**11**	(3.9)
	Niederlande	538	(3.1)	93	(2.3)	540	(4.1)	535	(3.5)	5	(4.3)
	Neuseeland	523	(2.3)	98	(1.2)	531	(2.8)	516	(3.2)	**14**	(3.9)
	Norwegen	495	(2.4)	92	(1.2)	498	(2.8)	492	(2.9)	6	(3.2)
	Polen	490	(2.5)	90	(1.3)	493	(3.0)	487	(2.9)	6	(3.1)
	Portugal	466	(3.4)	88	(1.7)	472	(4.2)	460	(3.4)	**12**	(3.3)
	Slowak. Republik	498	(3.3)	93	(2.3)	507	(3.9)	489	(3.6)	**19**	(3.7)
	Spanien	485	(2.4)	88	(1.3)	490	(3.4)	481	(2.2)	**9**	(3.0)
	Schweden	509	(2.6)	95	(1.8)	512	(3.0)	506	(3.1)	**7**	(3.3)
	Schweiz	527	(3.4)	98	(2.0)	535	(4.7)	518	(3.6)	**17**	(4.9)
	Türkei	423	(6.7)	105	(5.3)	430	(7.9)	415	(6.7)	**15**	(6.2)
	Vereinigte Staaten	483	(2.9)	95	(1.3)	486	(3.3)	480	(3.2)	**6**	(2.9)
	OECD insgesamt	***489***	***(1.1)***	***104***	***(0.7)***	***494***	***(1.3)***	***484***	***(1.3)***	***10***	***(1.4)***
	OECD-Durchschnitt	***500***	***(0.6)***	***100***	***(0.4)***	***506***	***(0.8)***	***494***	***(0.8)***	***11***	***(0.8)***
Partnerländer	Brasilien	356	(4.8)	100	(3.0)	365	(6.1)	348	(4.4)	**16**	(4.1)
	Hongkong (China)	550	(4.5)	100	(3.0)	552	(6.5)	548	(4.6)	4	(6.6)
	Indonesien	360	(3.9)	81	(2.1)	362	(3.9)	358	(4.6)	3	(3.4)
	Lettland	483	(3.7)	88	(1.7)	485	(4.8)	482	(3.6)	3	(4.0)
	Liechtenstein	536	(4.1)	99	(4.4)	550	(7.2)	521	(6.3)	**29**	(10.9)
	Macau (China)	527	(2.9)	87	(2.4)	538	(4.8)	517	(3.3)	**21**	(5.8)
	Russ. Föderation	468	(4.2)	92	(1.9)	473	(5.3)	463	(4.2)	**10**	(4.4)
	Serbien	437	(3.8)	85	(1.6)	437	(4.2)	436	(4.5)	1	(4.4)
	Thailand	417	(3.0)	82	(1.8)	415	(4.0)	419	(3.4)	–4	(4.2)
	Tunesien	359	(2.5)	82	(2.0)	365	(2.7)	353	(2.9)	**12**	(2.5)
	Uruguay	422	(3.3)	100	(1.6)	428	(4.0)	416	(3.8)	**12**	(4.2)
	Verein. Königreich[1]	m	m	m	m	m	m	m	m	m	m

		Perzentile											
		5.		10.		25.		75.		90.		95.	
		Punktzahl	**S.E.**	**Punktzahl**	**S.E.**	**Punktzahl**	**S.E.**	**Punktzahl**	**S.E.**	**Punktzahl**	**S.E.**	**Punktzahl**	**S.E.**
OECD-Länder	Australien	364	(4.4)	399	(3.4)	460	(2.7)	592	(2.5)	645	(3.0)	676	(3.5)
	Österreich	353	(6.6)	384	(4.4)	439	(4.0)	571	(4.2)	626	(4.0)	658	(5.0)
	Belgien	334	(6.5)	381	(4.6)	456	(3.4)	611	(2.5)	664	(2.4)	693	(2.4)
	Kanada	386	(3.0)	419	(2.5)	474	(2.2)	593	(2.1)	644	(2.6)	673	(3.4)
	Tschech. Republik	358	(6.2)	392	(5.7)	449	(4.5)	584	(4.0)	641	(4.3)	672	(4.9)
	Dänemark	361	(4.4)	396	(4.5)	453	(3.7)	578	(3.1)	632	(3.7)	662	(4.7)
	Finnland	406	(3.8)	438	(2.8)	488	(2.2)	603	(2.3)	652	(2.8)	680	(3.1)
	Frankreich	352	(6.0)	389	(5.6)	449	(3.7)	575	(3.0)	628	(3.6)	656	(3.5)
	Deutschland	324	(6.1)	363	(5.6)	432	(4.7)	578	(3.5)	632	(3.5)	662	(3.6)
	Griechenland	288	(5.4)	324	(5.1)	382	(4.6)	508	(4.3)	566	(5.3)	598	(5.1)
	Ungarn	335	(5.6)	370	(4.2)	426	(3.0)	556	(3.9)	611	(4.7)	644	(4.6)
	Island	362	(4.0)	396	(2.7)	454	(2.8)	578	(1.9)	629	(3.0)	658	(3.8)
	Irland	360	(4.7)	393	(3.2)	445	(3.4)	562	(3.0)	614	(3.6)	641	(3.3)
	Italien	307	(6.4)	342	(5.9)	400	(4.3)	530	(3.0)	589	(3.6)	623	(3.7)
	Japan	361	(8.2)	402	(6.3)	467	(5.4)	605	(4.4)	660	(6.1)	690	(6.6)
	Korea	388	(4.6)	423	(4.5)	479	(3.7)	606	(4.2)	659	(5.4)	690	(6.8)
	Luxemburg	338	(3.9)	373	(2.7)	430	(2.2)	557	(1.9)	611	(3.2)	641	(2.7)
	Mexiko	247	(5.4)	276	(4.7)	327	(4.3)	444	(4.5)	497	(4.7)	527	(5.6)
	Niederlande	385	(6.9)	415	(5.8)	471	(5.4)	608	(3.8)	657	(3.2)	683	(3.4)
	Neuseeland	358	(4.1)	394	(3.9)	455	(2.9)	593	(2.2)	650	(3.2)	682	(2.9)
	Norwegen	343	(4.0)	376	(3.4)	433	(2.9)	560	(3.3)	614	(3.6)	645	(3.9)
	Polen	343	(5.8)	376	(3.6)	428	(3.1)	553	(2.9)	607	(3.3)	640	(3.5)
	Portugal	321	(6.3)	352	(5.3)	406	(5.0)	526	(3.5)	580	(3.3)	610	(3.7)
	Slowak. Republik	342	(6.9)	379	(5.8)	436	(4.6)	565	(3.8)	619	(3.5)	648	(4.1)
	Spanien	335	(5.1)	369	(3.5)	426	(3.0)	546	(3.1)	597	(3.5)	626	(3.7)
	Schweden	353	(5.3)	387	(4.4)	446	(3.0)	576	(3.2)	630	(3.8)	662	(4.8)
	Schweiz	359	(4.8)	396	(4.2)	461	(3.6)	595	(4.9)	652	(5.2)	684	(6.8)
	Türkei	270	(5.8)	300	(5.0)	351	(5.3)	485	(8.5)	560	(14.2)	614	(22.7)
	Vereinigte Staaten	323	(4.9)	356	(4.5)	418	(3.7)	550	(3.4)	607	(3.9)	638	(5.1)
	OECD insgesamt	***315***	***(2.1)***	***352***	***(1.7)***	***418***	***(1.6)***	***563***	***(1.1)***	***622***	***(1.3)***	***655***	***(1.8)***
	OECD-Durchschnitt	***332***	***(1.3)***	***369***	***(1.1)***	***432***	***(0.9)***	***571***	***(0.7)***	***628***	***(0.7)***	***660***	***(1.0)***
Partnerländer	Brasilien	203	(6.0)	233	(5.3)	286	(4.6)	419	(6.2)	488	(9.5)	528	(11.3)
	Hongkong (China)	374	(11.0)	417	(8.0)	485	(6.9)	622	(3.7)	672	(4.1)	700	(4.0)
	Indonesien	233	(5.2)	260	(4.8)	306	(3.5)	412	(4.8)	466	(6.5)	499	(7.7)
	Lettland	339	(5.9)	371	(5.1)	424	(3.9)	544	(4.7)	596	(4.4)	626	(5.0)
	Liechtenstein	362	(19.7)	408	(9.8)	470	(7.6)	609	(7.9)	655	(9.5)	686	(16.4)
	Macau (China)	382	(8.8)	414	(6.0)	467	(4.4)	587	(4.0)	639	(5.5)	668	(8.3)
	Russ. Föderation	319	(5.5)	351	(5.0)	406	(4.8)	530	(5.0)	588	(5.3)	622	(6.1)
	Serbien	299	(4.4)	329	(4.5)	379	(4.0)	493	(4.8)	546	(5.1)	579	(5.3)
	Thailand	290	(4.0)	316	(3.1)	361	(2.9)	469	(3.8)	526	(4.7)	560	(6.4)
	Tunesien	229	(3.8)	256	(3.5)	303	(2.6)	412	(3.6)	466	(4.8)	501	(6.8)
	Uruguay	255	(4.3)	291	(3.8)	353	(4.1)	491	(3.8)	550	(4.4)	583	(4.7)
	Verein. Königreich[1]	m	m	m	m	m	m	m	m	m	m	m	m

Anmerkung: Statistisch signifikante Werte sind durch Fettdruck gekennzeichnet (siehe Anhang A4).

1. Die Beteiligungsquote ist zu niedrig, um die Vergleichbarkeit zu gewährleisten (siehe Anhang A3).

Tabelle 2.5d

Geschlechtsspezifische Unterschiede bei den Schülerleistungen auf der Gesamtskala Mathematik nach Berücksichtigung von Faktoren auf Schulebene

		Geschlechtsspezifische Unterschiede bei den Mathematikleistungen (J - M)					
		Beobachtet		Schulintern		Nach Berücksichtigung von Art und Ziel des Bildungsgangs[1]	
		Punktzahldifferenz	S.E.	Punktzahldifferenz	S.E.	Punktzahldifferenz	S.E.
OECD-Länder	Australien	5	(3.8)	**8**	(2.4)	7	(3.7)
	Österreich	8	(4.4)	**17**	(2.6)	**30**	(3.1)
	Belgien	8	(4.8)	**26**	(2.4)	**19**	(3.0)
	Kanada	**11**	(2.1)	**12**	(1.8)	**15**	(2.1)
	Tschech. Republik	**15**	(5.1)	**25**	(2.7)	**29**	(3.9)
	Dänemark	**17**	(3.2)	**16**	(3.0)	**17**	(3.2)
	Finnland	**7**	(2.7)	**8**	(2.6)	**7**	(2.7)
	Frankreich	**9**	(4.2)	**18**	(2.6)	**23**	(2.9)
	Deutschland	**9**	(4.4)	**31**	(2.6)	**9**	(4.4)
	Griechenland	**19**	(3.6)	**26**	(2.0)	**29**	(2.3)
	Ungarn	8	(3.5)	**26**	(2.4)	**21**	(3.2)
	Island	**–15**	(3.5)	**–15**	(3.5)	**–15**	(3.5)
	Irland	**15**	(4.2)	**17**	(3.3)	**19**	(4.0)
	Italien	**18**	(5.9)	**24**	(2.3)	**20**	(5.9)
	Japan	8	(5.9)	**16**	(2.5)	**11**	(5.5)
	Korea	**23**	(6.8)	**16**	(3.5)	**18**	(4.1)
	Luxemburg	**17**	(2.8)	**21**	(2.5)	**26**	(2.6)
	Mexiko	**11**	(3.9)	**17**	(2.3)	**16**	(3.9)
	Niederlande	5	(4.3)	**13**	(2.1)	**15**	(2.6)
	Neuseeland	**14**	(3.9)	**12**	(3.4)	**15**	(3.9)
	Norwegen	6	(3.2)	6	(3.2)	**6**	(3.2)
	Polen	6	(3.1)	**6**	(3.0)	6	(3.2)
	Portugal	**12**	(3.3)	**20**	(2.6)	**25**	(2.3)
	Slowak. Republik	**19**	(3.7)	**26**	(2.8)	**20**	(3.8)
	Spanien	**9**	(3.0)	**11**	(2.7)	**9**	(3.0)
	Schweden	**7**	(3.3)	**7**	(3.1)	**9**	(3.2)
	Schweiz	**17**	(4.9)	**25**	(2.4)	**18**	(4.5)
	Türkei	**15**	(6.2)	**20**	(3.0)	**21**	(6.2)
	Vereinigte Staaten	**6**	(2.9)	**8**	(2.8)	**10**	(2.7)
	OECD insgesamt	*10*	*(1.4)*	*15*	*(1.1)*	*12*	*(1.3)*
	OECD -Durchschnitt	*11*	*(0.8)*	*15*	*(0.5)*	*12*	*(0.8)*
Partnerländer	Brasilien	**16**	(4.1)	**17**	(2.7)	**26**	(3.7)
	Hongkong (China)	4	(6.6)	**17**	(2.8)	6	(6.3)
	Indonesien	3	(3.4)	**9**	(2.7)	**8**	(3.5)
	Lettland	3	(4.0)	**8**	(3.8)	4	(4.2)
	Liechtenstein	**29**	(10.9)	**42**	(7.5)	**28**	(11.0)
	Macau (China)	**21**	(5.8)	**23**	(6.8)	**24**	(5.5)
	Russ. Föderation	**10**	(4.4)	**19**	(2.7)	**17**	(4.4)
	Serbien	1	(4.4)	**22**	(3.1)	**25**	(4.1)
	Thailand	–4	(4.2)	–2	(2.5)	0	(3.8)
	Tunesien	**12**	(2.5)	**23**	(1.9)	**23**	(2.0)
	Uruguay	**12**	(4.2)	**19**	(3.1)	**24**	(3.3)
	Verein. Königreich[2]	7	(4.9)	**10**	(2.6)	7	(4.7)

Anmerkung: Statistisch signifikante Werte sind durch Fettdruck gekennzeichnet (siehe Anhang A4).

1. Die Art des Bildungsgangs gibt Aufschluss darüber, ob die Schülerinnen und Schüler die Sekundarstufe I (ISCED 2) oder die Sekundarstufe II (ISCED 3) besuchen. Das Ziel des Bildungsgangs zeigt an, zu welchem Abschluss das jeweilige Programm führt: A, B, oder C (siehe Anhang A1).
2. Die Beteiligungsquote ist zu niedrig, um die Vergleichbarkeit zu gewährleisten (siehe Anhang A3).

Tabelle 2.6

Wirtschaftliche und soziale Indikatoren und Zusammenhang mit den Leistungen im Bereich mathematische Grundbildung

		Wirtschaftliche und soziale Indikatoren				Bereinigte Leistungen auf der Gesamtskala Mathematik			
	Durchschnittsleistungen auf der Gesamtskala Mathematik	Pro-Kopf-BIP (in US-$, umgerechnet auf KKP-Basis)	Bevölkerung in der Altersgruppe 35-45 Jahre, mit mindestens Sekundarstufe-II-Abschluss[1]	Mittelwert auf dem Index des wirtschaftlichen, sozialen und kulturellen Status (ESCS)	Kumulative Ausgaben je Schüler zwischen 6 und 15 Jahren (in US-$, umgerechnet auf KKP-Basis)[1]	Mathematikleistungen, bereinigt um Pro-Kopf-BIP	Mathematikleistungen, bereinigt um Pro-Kopf-BIP und Bildungsniveau	Mathematikleistungen, bereinigt um den Mittelwert auf dem Index des wirtschaftl., sozialen und kulturellen Status	Mathematikleistungen, bereinigt um kumulative Ausgaben je Schüler zwischen 6 und 15 Jahren
OECD-Länder									
Australien	524	26 685	62	0.23	58 480	516	528	509	520
Österreich	506	28 372	82	0.06	77 255	493	487	501	489
Belgien	529	27 096	66	0.15	63 571	520	529	519	522
Kanada	532	29 290	86	0.45	59 810	518	510	502	528
Tschech. Republik	516	14 861	91	0.16	26 000	536	504	505	534
Dänemark	514	29 223	81	0.20	72 934	500	496	501	501
Finnland	544	26 344	85	0.25	54 373	537	525	528	543
Frankreich	511	26 818	68	-0.08	62 731	502	508	516	504
Deutschland	503	25 453	86	0.16	49 145	498	484	492	505
Griechenland	445	17 020	58	-0.15	32 990	460	463	455	458
Ungarn	490	13 043	79	-0.07	25 631	514	492	495	508
Island	515	28 968	62	0.69	65 977	501	517	469	506
Irland	503	29 821	65	-0.08	41 845	487	500	508	510
Italien	466	25 377	50	-0.11	75 693	460	483	473	450
Japan	534	26 636	94	-0.08	60 004	526	506	539	529
Korea	542	15 916	79	-0.10	41 802	560	541	549	549
Luxemburg	493	w	w	w	w	w	w	w	w
Mexiko	385	9 148	26	-1.13	15 312	419	444	461	410
Niederlande	538	28 711	71	0.10	55 416	525	531	531	536
Neuseeland	523	21 230	80	0.21	m	528	515	509	m
Norwegen	495	36 587	91	0.61	74 040	463	459	454	481
Polen	490	10 360	48	-0.20	23 387	521	526	504	510
Portugal	466	17 912	20	-0.63	48 811	479	521	508	468
Slowak. Republik	498	11 323	91	-0.08	14 874	527	490	504	523
Spanien	485	21 347	46	-0.30	46 774	490	511	505	489
Schweden	509	26 902	87	0.25	60 130	500	487	492	504
Schweiz	527	30 036	85	-0.06	79 691	510	504	530	508
Türkei	423	6 046	25	-0.98	m	465	487	489	m
Vereinigte Staaten	483	35 179	88	0.30	79 716	454	451	463	465
Verein. Königreich[2]	m	m	m	m	m	m	m	m	m

1. *Quelle:* Bildung auf einen Blick (OECD, 2004a).
2. Die Beteiligungsquote ist zu niedrig, um die Vergleichbarkeit zu gewährleisten (siehe Anhang A3).

Tabelle 3.1
Index des Interesses und der Freude an Mathematik und Leistungen auf der Gesamtskala Mathematik, nach nationalen Indexquartilen
Die Ergebnisse basieren auf Schülerangaben

		Index des Interesses und der Freude an Mathematik															
		Alle Schüler		Jungen		Mädchen		Unterschied (J – M)		Unterstes Quartil		Zweites Quartil		Drittes Quartil		Oberstes Quartil	
		Indexmittel	S.E.	Indexmittel	S.E.	Indexmittel	S.E.	Diff.	S.E.	Indexmittel	S.E.	Indexmittel	S.E.	Indexmittel	S.E.	Indexmittel	S.E.
OECD-Länder	Australien	0.01	(0.02)	0.12	(0.02)	–0.10	(0.02)	**0.22**	(0.02)	–1.22	(0.01)	–0.26	(0.00)	0.32	(0.01)	1.20	(0.01)
	Österreich	–0.28	(0.02)	–0.08	(0.03)	–0.49	(0.02)	**0.42**	(0.04)	–1.60	(0.01)	–0.67	(0.01)	0.02	(0.01)	1.10	(0.02)
	Belgien	–0.17	(0.02)	–0.07	(0.02)	–0.27	(0.02)	**0.20**	(0.03)	–1.44	(0.01)	–0.45	(0.00)	0.17	(0.00)	1.07	(0.01)
	Kanada	–0.01	(0.01)	0.08	(0.02)	–0.10	(0.02)	**0.18**	(0.02)	–1.35	(0.01)	–0.34	(0.00)	0.33	(0.00)	1.32	(0.01)
	Tschech. Republik	–0.19	(0.02)	–0.09	(0.02)	–0.29	(0.02)	**0.21**	(0.03)	–1.21	(0.02)	–0.42	(0.00)	0.03	(0.01)	0.85	(0.01)
	Dänemark	0.41	(0.02)	0.56	(0.02)	0.27	(0.02)	**0.29**	(0.03)	–0.85	(0.02)	0.11	(0.01)	0.80	(0.01)	1.59	(0.02)
	Finnland	–0.24	(0.02)	–0.09	(0.02)	–0.40	(0.02)	**0.31**	(0.03)	–1.41	(0.01)	–0.49	(0.01)	–0.01	(0.01)	0.94	(0.02)
	Frankreich	0.04	(0.02)	0.17	(0.03)	–0.06	(0.02)	**0.23**	(0.03)	–1.24	(0.01)	–0.21	(0.01)	0.41	(0.01)	1.22	(0.01)
	Deutschland	0.04	(0.02)	0.25	(0.03)	–0.16	(0.03)	**0.41**	(0.04)	–1.38	(0.01)	–0.39	(0.01)	0.41	(0.01)	1.54	(0.02)
	Griechenland	0.10	(0.02)	0.27	(0.03)	–0.05	(0.03)	**0.32**	(0.03)	–1.20	(0.01)	–0.22	(0.01)	0.42	(0.01)	1.41	(0.02)
	Ungarn	–0.21	(0.02)	–0.16	(0.02)	–0.27	(0.02)	**0.11**	(0.03)	–1.33	(0.01)	–0.44	(0.01)	0.01	(0.01)	0.92	(0.01)
	Island	–0.11	(0.02)	–0.08	(0.02)	–0.15	(0.03)	0.07	(0.04)	–1.52	(0.01)	–0.48	(0.01)	0.29	(0.01)	1.26	(0.02)
	Irland	–0.05	(0.02)	–0.03	(0.03)	–0.07	(0.03)	0.04	(0.04)	–1.28	(0.01)	–0.34	(0.01)	0.26	(0.01)	1.16	(0.02)
	Italien	0.07	(0.02)	0.12	(0.03)	0.02	(0.03)	**0.10**	(0.04)	–1.17	(0.01)	–0.21	(0.01)	0.41	(0.01)	1.24	(0.01)
	Japan	–0.39	(0.03)	–0.25	(0.03)	–0.51	(0.03)	**0.26**	(0.04)	–1.68	(0.01)	–0.69	(0.01)	–0.14	(0.01)	0.96	(0.02)
	Korea	–0.12	(0.02)	–0.06	(0.03)	–0.21	(0.03)	**0.16**	(0.04)	–1.41	(0.01)	–0.40	(0.00)	0.14	(0.01)	1.19	(0.02)
	Luxemburg	–0.26	(0.02)	–0.08	(0.02)	–0.43	(0.02)	**0.35**	(0.03)	–1.64	(0.01)	–0.68	(0.01)	0.08	(0.01)	1.21	(0.02)
	Mexiko	0.58	(0.02)	0.65	(0.02)	0.52	(0.02)	**0.13**	(0.02)	–0.42	(0.01)	0.35	(0.00)	0.84	(0.00)	1.54	(0.02)
	Niederlande	–0.20	(0.02)	–0.05	(0.03)	–0.35	(0.03)	**0.30**	(0.03)	–1.38	(0.01)	–0.43	(0.01)	0.10	(0.01)	0.93	(0.01)
	Neuseeland	0.12	(0.02)	0.23	(0.02)	0.01	(0.03)	**0.22**	(0.04)	–1.11	(0.02)	–0.17	(0.01)	0.46	(0.01)	1.32	(0.01)
	Norwegen	–0.17	(0.02)	–0.03	(0.03)	–0.30	(0.03)	**0.26**	(0.04)	–1.54	(0.01)	–0.54	(0.01)	0.20	(0.01)	1.23	(0.02)
	Polen	0.11	(0.02)	0.16	(0.02)	0.05	(0.02)	**0.10**	(0.03)	–1.03	(0.02)	–0.20	(0.01)	0.39	(0.01)	1.26	(0.02)
	Portugal	0.16	(0.02)	0.17	(0.03)	0.15	(0.02)	0.02	(0.04)	–0.94	(0.02)	–0.05	(0.01)	0.47	(0.01)	1.16	(0.01)
	Slowak. Republik	0.03	(0.02)	0.10	(0.02)	–0.04	(0.02)	**0.14**	(0.03)	–1.01	(0.02)	–0.20	(0.00)	0.26	(0.01)	1.07	(0.01)
	Spanien	–0.07	(0.02)	–0.06	(0.02)	–0.08	(0.02)	0.03	(0.03)	–1.34	(0.01)	–0.35	(0.01)	0.26	(0.01)	1.14	(0.01)
	Schweden	0.09	(0.02)	0.18	(0.03)	–0.01	(0.03)	**0.19**	(0.04)	–1.23	(0.01)	–0.21	(0.01)	0.43	(0.01)	1.36	(0.02)
	Schweiz	0.12	(0.02)	0.41	(0.02)	–0.19	(0.02)	**0.60**	(0.03)	–1.22	(0.02)	–0.23	(0.01)	0.49	(0.01)	1.43	(0.02)
	Türkei	0.55	(0.03)	0.60	(0.04)	0.49	(0.04)	**0.10**	(0.04)	–0.85	(0.02)	0.23	(0.01)	0.94	(0.01)	1.89	(0.02)
	Vereinigte Staaten	0.04	(0.02)	0.13	(0.03)	–0.04	(0.02)	**0.17**	(0.03)	–1.30	(0.01)	–0.29	(0.00)	0.37	(0.01)	1.40	(0.01)
	OECD insgesamt	***0.04***	***(0.01)***	***0.14***	***(0.01)***	***–0.05***	***(0.01)***	***0.19***	***(0.01)***	***–1.28***	***(0.00)***	***–0.28***	***(0.00)***	***0.38***	***(0.00)***	***1.34***	***(0.01)***
	OECD-Durchschnitt	***0.00***	***(0.00)***	***0.10***	***(0.00)***	***–0.11***	***(0.01)***	***0.21***	***(0.01)***	***–1.29***	***(0.00)***	***–0.31***	***(0.00)***	***0.33***	***(0.01)***	***1.26***	***(0.01)***
Partnerländer	Brasilien	0.57	(0.02)	0.65	(0.03)	0.50	(0.03)	**0.15**	(0.03)	–0.54	(0.02)	0.31	(0.01)	0.85	(0.01)	1.64	(0.02)
	Hongkong (China)	0.22	(0.02)	0.35	(0.03)	0.10	(0.02)	**0.26**	(0.03)	–0.95	(0.02)	–0.11	(0.01)	0.60	(0.01)	1.37	(0.02)
	Indonesien	0.74	(0.02)	0.76	(0.02)	0.71	(0.02)	**0.05**	(0.02)	–0.14	(0.02)	0.63	(0.01)	0.97	(0.00)	1.48	(0.01)
	Lettland	0.05	(0.02)	0.12	(0.02)	–0.02	(0.02)	**0.14**	(0.03)	–0.87	(0.02)	–0.17	(0.01)	0.27	(0.01)	0.96	(0.01)
	Liechtenstein	0.09	(0.05)	0.39	(0.06)	–0.22	(0.07)	**0.61**	(0.10)	–1.19	(0.04)	–0.27	(0.03)	0.44	(0.02)	1.40	(0.05)
	Macau (China)	0.13	(0.03)	0.28	(0.04)	–0.02	(0.04)	**0.30**	(0.06)	–0.92	(0.04)	–0.22	(0.01)	0.40	(0.02)	1.26	(0.03)
	Russ. Föderation	0.25	(0.02)	0.25	(0.03)	0.25	(0.02)	0.01	(0.03)	–0.72	(0.02)	–0.04	(0.00)	0.48	(0.00)	1.27	(0.01)
	Serbien	–0.06	(0.02)	0.03	(0.03)	–0.14	(0.03)	**0.17**	(0.04)	–1.26	(0.01)	–0.36	(0.00)	0.21	(0.01)	1.17	(0.02)
	Thailand	0.71	(0.01)	0.74	(0.02)	0.70	(0.02)	0.04	(0.02)	–0.17	(0.01)	0.63	(0.01)	0.97	(0.00)	1.43	(0.01)
	Tunesien	0.94	(0.02)	1.08	(0.03)	0.81	(0.03)	**0.27**	(0.03)	–0.44	(0.02)	0.72	(0.01)	1.33	(0.01)	2.16	(0.01)
	Uruguay	0.36	(0.02)	0.41	(0.03)	0.30	(0.03)	**0.11**	(0.04)	–0.93	(0.01)	0.03	(0.01)	0.72	(0.01)	1.61	(0.02)
	Verein. Königreich[1]	0.00	(0.02)	0.11	(0.02)	–0.09	(0.02)	**0.19**	(0.03)	–1.20	(0.01)	–0.27	(0.00)	0.30	(0.01)	1.19	(0.01)

		Leistungen auf der Gesamtskala Mathematik, nach nationalen Indexquartilen								Punktzahlveränderung auf der Gesamtskala Mathematik, je Indexeinheit		Größere Wahrscheinlichkeit für Schüler im untersten Indexquartil, im untersten nationalen Quartil der Gesamtskala Mathematik zu liegen		Erklärte Varianz der Schülerleistungen (R^2 x 100)	
		Unterstes Quartil		Zweites Quartil		Drittes Quartil		Oberstes Quartil							
		Mittelwert	S.E.	Mittelwert	S.E.	Mittelwert	S.E.	Mittelwert	S.E	Veränderung	S.E.	Quotient	S.E.	%	S.E.
OECD-Länder	Australien	**502**	(3.3)	517	(2.5)	535	(2.6)	**547**	(3.0)	**18.6**	(1.36)	**1.4**	(0.06)	3.5	(0.49)
	Österreich	**495**	(3.9)	503	(3.4)	512	(5.0)	**520**	(5.3)	**8.7**	(1.92)	1.2	(0.08)	1.0	(0.43)
	Belgien	**514**	(3.2)	533	(3.3)	544	(3.4)	**554**	(3.5)	**15.0**	(1.55)	**1.3**	(0.07)	1.9	(0.41)
	Kanada	**511**	(2.0)	527	(2.1)	543	(2.8)	**564**	(2.5)	**20.3**	(0.96)	**1.5**	(0.06)	5.8	(0.58)
	Tschech. Republik	**505**	(3.4)	509	(4.1)	524	(4.8)	**552**	(5.0)	**22.5**	(2.22)	**1.3**	(0.08)	3.9	(0.77)
	Dänemark	**478**	(3.3)	505	(3.9)	532	(4.0)	**546**	(4.4)	**27.7**	(1.71)	**1.8**	(0.11)	8.8	(1.11)
	Finnland	**511**	(2.6)	536	(2.5)	550	(2.8)	**583**	(3.4)	**30.5**	(1.59)	**1.8**	(0.10)	11.2	(1.11)
	Frankreich	**487**	(3.4)	500	(3.1)	526	(4.0)	**537**	(4.1)	**20.9**	(1.76)	**1.6**	(0.10)	4.9	(0.85)
	Deutschland	**493**	(4.9)	510	(3.9)	521	(4.4)	**524**	(4.7)	**10.2**	(1.67)	**1.2**	(0.09)	1.4	(0.46)
	Griechenland	**418**	(4.0)	431	(4.9)	459	(4.4)	**476**	(5.4)	**23.7**	(1.88)	**1.5**	(0.09)	6.7	(0.97)
	Ungarn	**486**	(3.5)	482	(3.9)	484	(4.3)	**509**	(4.9)	**10.0**	(2.30)	0.9	(0.07)	0.9	(0.42)
	Island	**477**	(3.1)	507	(3.6)	531	(3.7)	**547**	(3.2)	**24.5**	(1.44)	**2.0**	(0.11)	8.6	(1.00)
	Irland	**482**	(3.3)	499	(3.3)	507	(3.6)	**524**	(4.1)	**17.4**	(1.78)	**1.4**	(0.10)	3.8	(0.79)
	Italien	**450**	(3.6)	462	(3.8)	481	(4.4)	**471**	(4.5)	**10.3**	(1.70)	1.1	(0.07)	1.0	(0.35)
	Japan	**494**	(4.7)	531	(4.6)	543	(5.0)	**572**	(5.9)	**27.6**	(2.44)	**1.9**	(0.12)	7.9	(1.21)
	Korea	**500**	(3.9)	520	(4.0)	557	(4.6)	**593**	(3.8)	**36.2**	(1.62)	**2.0**	(0.11)	15.5	(1.05)
	Luxemburg	**485**	(2.6)	489	(3.1)	498	(2.9)	**503**	(3.5)	**6.7**	(1.48)	1.1	(0.06)	0.6	(0.28)
	Mexiko	**395**	(4.3)	393	(3.9)	389	(4.6)	**381**	(5.6)	**–6.3**	(2.50)	**0.8**	(0.08)	0.4	(0.29)
	Niederlande	**525**	(4.0)	541	(4.7)	548	(4.0)	**559**	(4.9)	**14.3**	(2.09)	**1.3**	(0.10)	2.1	(0.63)
	Neuseeland	**513**	(3.5)	519	(3.3)	533	(4.1)	**534**	(4.0)	**11.4**	(1.72)	1.0	(0.08)	1.3	(0.39)
	Norwegen	**447**	(3.1)	481	(3.3)	512	(4.0)	**544**	(3.6)	**34.3**	(1.41)	**2.2**	(0.14)	16.2	(1.30)
	Polen	**479**	(3.1)	478	(3.2)	495	(4.0)	**511**	(3.9)	**15.6**	(1.48)	**1.2**	(0.07)	2.5	(0.50)
	Portugal	**452**	(3.7)	462	(3.9)	475	(4.6)	**479**	(5.3)	**14.2**	(2.20)	**1.3**	(0.08)	1.9	(0.59)
	Slowak. Republik	**488**	(3.9)	492	(4.5)	504	(4.0)	**513**	(5.1)	**12.1**	(2.26)	**1.3**	(0.09)	1.2	(0.44)
	Spanien	**460**	(2.8)	479	(2.8)	494	(3.7)	**511**	(4.1)	**20.4**	(1.61)	**1.5**	(0.10)	5.1	(0.83)
	Schweden	**476**	(2.5)	499	(3.6)	522	(4.1)	**543**	(4.6)	**27.0**	(1.79)	**1.6**	(0.10)	8.4	(1.07)
	Schweiz	**513**	(4.2)	519	(4.6)	538	(4.4)	**538**	(4.2)	**10.4**	(1.47)	**1.2**	(0.08)	1.2	(0.35)
	Türkei	**401**	(4.8)	421	(7.3)	434	(8.8)	**452**	(10.0)	**16.9**	(3.08)	**1.3**	(0.11)	3.0	(1.01)
	Vereinigte Staaten	**472**	(3.2)	486	(3.9)	484	(4.1)	**494**	(4.9)	**7.8**	(1.47)	1.0	(0.06)	0.7	(0.28)
	OECD insgesamt	***483***	***(1.3)***	***492***	***(1.3)***	***495***	***(1.6)***	***494***	***(1.9)***	***5.1***	***(0.72)***	***1.0***	***(0.02)***	***0.3***	***(0.07)***
	OECD-Durchschnitt	***486***	***(0.7)***	***498***	***(0.7)***	***509***	***(0.9)***	***515***	***(1.1)***	***11.9***	***(0.45)***	***1.2***	***(0.02)***	***1.5***	***(0.11)***
Partnerländer	Brasilien	**375**	(4.4)	367	(6.0)	352	(6.0)	**346**	(6.9)	**–13.3**	(2.98)	**0.8**	(0.06)	1.4	(0.64)
	Hongkong (China)	**512**	(6.1)	539	(5.2)	567	(5.8)	**585**	(4.5)	**32.0**	(1.80)	**1.9**	(0.12)	9.2	(0.85)
	Indonesien	**371**	(6.5)	363	(4.1)	361	(3.9)	**351**	(4.7)	**–8.8**	(3.41)	**0.8**	(0.10)	0.5	(0.46)
	Lettland	**475**	(4.5)	474	(4.9)	485	(4.9)	**501**	(6.4)	**15.7**	(2.64)	1.1	(0.08)	1.8	(0.57)
	Liechtenstein	537	(10.9)	528	(10.9)	534	(11.6)	544	(12.1)	2.5	(5.86)	0.7	(0.18)	0.1	(0.42)
	Macau (China)	**505**	(7.3)	515	(5.8)	539	(6.7)	**550**	(6.7)	**20.2**	(4.02)	**1.3**	(0.17)	4.2	(1.60)
	Russ. Föderation	**458**	(4.8)	459	(4.3)	475	(5.2)	**486**	(5.5)	**13.2**	(1.97)	**1.2**	(0.06)	1.3	(0.38)
	Serbien	444	(4.1)	437	(4.1)	447	(5.4)	434	(5.4)	–3.5	(1.97)	0.9	(0.07)	0.2	(0.19)
	Thailand	419	(3.8)	412	(4.0)	412	(3.9)	425	(4.8)	4.0	(2.45)	1.0	(0.07)	0.1	(0.13)
	Tunesien	**350**	(3.6)	359	(3.4)	356	(3.6)	**374**	(3.7)	**8.2**	(1.57)	1.1	(0.08)	1.0	(0.40)
	Uruguay	**413**	(4.6)	414	(4.2)	433	(3.9)	**444**	(5.1)	**14.4**	(1.56)	**1.2**	(0.08)	2.2	(0.47)
	Verein. Königreich[1]	**492**	(3.8)	503	(3.5)	514	(3.6)	**524**	(3.7)	**13.6**	(1.45)	**1.3**	(0.07)	1.9	(0.43)

Anmerkung: Statistisch signifikante Werte sind durch Fettdruck gekennzeichnet (siehe Anhang A4).
1. Die Beteiligungsquote ist zu niedrig, um die Vergleichbarkeit zu gewährleisten (siehe Anhang A3).

Tabelle 3.2a

Index der instrumentellen Motivation in Mathematik und Leistungen auf der Gesamtskala Mathematik, nach nationalen Indexquartilen

Die Ergebnisse basieren auf Schülerangaben

		Index des Interesses und der Freude an Mathematik															
		Alle Schüler		Jungen		Mädchen		Unterschied (J– M)		Unterstes Quartil		Zweites Quartil		Drittes Quartil		Oberstes Quartil	
		Indexmittel	S.E.	Indexmittel	S.E.	Indexmittel	S.E.	Diff.	S.E.	Indexmittel	S.E.	Indexmittel	S.E.	Indexmittel	S.E.	Indexmittel	S.E.
OECD-Länder	Australien	0.23	(0.02)	0.34	(0.02)	0.11	(0.02)	**0.23**	(0.02)	–0.99	(0.02)	–0.04	(0.00)	0.42	(0.01)	1.52	(0.01)
	Österreich	–0.49	(0.03)	–0.20	(0.03)	–0.78	(0.03)	**0.58**	(0.04)	–1.68	(0.01)	–0.90	(0.01)	–0.26	(0.01)	0.87	(0.01)
	Belgien	–0.32	(0.02)	–0.17	(0.02)	–0.49	(0.02)	**0.32**	(0.03)	–1.54	(0.01)	–0.66	(0.00)	–0.04	(0.00)	0.95	(0.01)
	Kanada	0.23	(0.01)	0.30	(0.02)	0.17	(0.02)	**0.13**	(0.02)	–1.09	(0.01)	–0.06	(0.00)	0.50	(0.01)	1.57	(0.00)
	Tschech. Republik	0.01	(0.02)	0.12	(0.02)	–0.10	(0.03)	**0.22**	(0.03)	–1.05	(0.01)	–0.21	(0.01)	0.15	(0.00)	1.14	(0.01)
	Dänemark	0.37	(0.02)	0.57	(0.02)	0.19	(0.02)	**0.38**	(0.03)	–0.77	(0.02)	0.03	(0.00)	0.70	(0.01)	1.54	(0.01)
	Finnland	0.06	(0.01)	0.22	(0.02)	–0.10	(0.02)	**0.32**	(0.03)	–1.06	(0.01)	–0.16	(0.01)	0.20	(0.01)	1.27	(0.01)
	Frankreich	–0.08	(0.02)	0.11	(0.03)	–0.25	(0.03)	**0.36**	(0.03)	–1.37	(0.02)	–0.44	(0.01)	0.22	(0.01)	1.26	(0.01)
	Deutschland	–0.04	(0.02)	0.18	(0.02)	–0.26	(0.02)	**0.44**	(0.03)	–1.25	(0.01)	–0.47	(0.01)	0.26	(0.01)	1.30	(0.01)
	Griechenland	–0.05	(0.02)	0.09	(0.03)	–0.18	(0.03)	**0.27**	(0.03)	–1.31	(0.02)	–0.38	(0.01)	0.22	(0.01)	1.28	(0.01)
	Ungarn	–0.11	(0.02)	–0.02	(0.02)	–0.22	(0.02)	**0.19**	(0.02)	–1.18	(0.02)	–0.39	(0.01)	0.10	(0.00)	1.02	(0.01)
	Island	0.31	(0.02)	0.34	(0.02)	0.28	(0.03)	0.06	(0.04)	–1.01	(0.02)	0.02	(0.01)	0.63	(0.01)	1.60	(0.01)
	Irland	0.10	(0.02)	0.25	(0.03)	–0.06	(0.03)	**0.31**	(0.04)	–1.11	(0.02)	–0.15	(0.01)	0.30	(0.01)	1.35	(0.01)
	Italien	–0.15	(0.02)	–0.04	(0.02)	–0.26	(0.03)	**0.21**	(0.03)	–1.32	(0.02)	–0.45	(0.01)	0.10	(0.00)	1.05	(0.01)
	Japan	–0.66	(0.03)	–0.49	(0.04)	–0.81	(0.03)	**0.32**	(0.04)	–1.92	(0.01)	–1.03	(0.00)	–0.39	(0.01)	0.71	(0.02)
	Korea	–0.44	(0.02)	–0.36	(0.02)	–0.55	(0.04)	**0.20**	(0.05)	–1.59	(0.01)	–0.81	(0.01)	–0.15	(0.01)	0.81	(0.02)
	Luxemburg	–0.41	(0.02)	–0.16	(0.03)	–0.64	(0.02)	**0.48**	(0.03)	–1.80	(0.01)	–0.88	(0.01)	–0.09	(0.01)	1.14	(0.02)
	Mexiko	0.58	(0.02)	0.59	(0.02)	0.57	(0.02)	0.02	(0.03)	–0.44	(0.01)	0.22	(0.01)	0.94	(0.01)	1.60	(0.01)
	Niederlande	–0.26	(0.02)	–0.04	(0.02)	–0.48	(0.03)	**0.44**	(0.03)	–1.37	(0.02)	–0.52	(0.01)	0.05	(0.00)	0.82	(0.02)
	Neuseeland	0.29	(0.02)	0.37	(0.02)	0.21	(0.02)	**0.16**	(0.03)	–0.87	(0.02)	0.02	(0.01)	0.49	(0.01)	1.52	(0.01)
	Norwegen	0.15	(0.02)	0.27	(0.03)	0.03	(0.03)	**0.24**	(0.04)	–1.16	(0.02)	–0.11	(0.01)	0.41	(0.01)	1.47	(0.01)
	Polen	0.04	(0.02)	0.06	(0.02)	0.02	(0.02)	0.04	(0.03)	–0.95	(0.02)	–0.08	(0.01)	0.10	(0.00)	1.10	(0.02)
	Portugal	0.27	(0.02)	0.30	(0.03)	0.25	(0.02)	0.05	(0.04)	–0.93	(0.02)	0.03	(0.01)	0.47	(0.01)	1.51	(0.01)
	Slowak. Republik	–0.05	(0.02)	0.05	(0.02)	–0.15	(0.03)	**0.20**	(0.03)	–1.10	(0.02)	–0.28	(0.01)	0.11	(0.00)	1.08	(0.01)
	Spanien	–0.05	(0.02)	0.00	(0.03)	–0.09	(0.03)	**0.09**	(0.03)	–1.35	(0.02)	–0.34	(0.01)	0.21	(0.00)	1.28	(0.01)
	Schweden	0.02	(0.02)	0.17	(0.02)	–0.13	(0.02)	**0.30**	(0.03)	–1.12	(0.02)	–0.30	(0.01)	0.21	(0.01)	1.30	(0.01)
	Schweiz	–0.04	(0.02)	0.30	(0.02)	–0.40	(0.02)	**0.70**	(0.03)	–1.34	(0.01)	–0.47	(0.01)	0.30	(0.01)	1.34	(0.01)
	Türkei	0.23	(0.02)	0.20	(0.03)	0.26	(0.03)	–0.06	(0.04)	–1.04	(0.02)	–0.09	(0.01)	0.54	(0.01)	1.49	(0.01)
	Vereinigte Staaten	0.17	(0.02)	0.22	(0.02)	0.12	(0.02)	**0.10**	(0.03)	–1.05	(0.02)	–0.07	(0.01)	0.34	(0.01)	1.47	(0.01)
	OECD insgesamt	***0.02***	***(0.01)***	***0.11***	***(0.01)***	***–0.08***	***(0.01)***	***0.19***	***(0.01)***	***–1.27***	***(0.01)***	***–0.28***	***(0.00)***	***0.25***	***(0.00)***	***1.35***	***(0.01)***
	OECD-Durchschnitt	***0.00***	***(0.00)***	***0.12***	***(0.00)***	***–0.12***	***(0.00)***	***0.25***	***(0.01)***	***–1.26***	***(0.00)***	***–0.30***	***(0.00)***	***0.23***	***(0.01)***	***1.31***	***(0.01)***
Partnerländer	Brasilien	0.48	(0.02)	0.52	(0.03)	0.44	(0.03)	**0.07**	(0.03)	–0.68	(0.02)	0.14	(0.00)	0.84	(0.01)	1.61	(0.01)
	Hongkong (China)	–0.12	(0.02)	–0.03	(0.03)	–0.20	(0.02)	**0.17**	(0.03)	–1.17	(0.02)	–0.33	(0.01)	0.10	(0.00)	0.94	(0.02)
	Indonesien	0.46	(0.01)	0.44	(0.02)	0.47	(0.02)	–0.04	(0.02)	–0.34	(0.01)	0.10	(0.00)	0.66	(0.01)	1.41	(0.01)
	Lettland	0.07	(0.02)	0.15	(0.02)	0.00	(0.02)	**0.15**	(0.03)	–0.95	(0.01)	–0.17	(0.01)	0.21	(0.01)	1.20	(0.02)
	Liechtenstein	–0.05	(0.04)	0.41	(0.07)	–0.53	(0.06)	**0.94**	(0.09)	–1.31	(0.04)	–0.57	(0.02)	0.32	(0.04)	1.39	(0.03)
	Macau (China)	–0.03	(0.03)	0.07	(0.04)	–0.13	(0.03)	**0.20**	(0.05)	–1.06	(0.03)	–0.24	(0.02)	0.13	(0.01)	1.05	(0.03)
	Russ. Föderation	–0.01	(0.02)	0.04	(0.03)	–0.05	(0.02)	**0.08**	(0.04)	–1.13	(0.01)	–0.30	(0.01)	0.20	(0.01)	1.21	(0.01)
	Serbien	–0.20	(0.03)	–0.09	(0.03)	–0.30	(0.03)	**0.21**	(0.04)	–1.41	(0.02)	–0.53	(0.01)	0.06	(0.00)	1.10	(0.02)
	Thailand	0.49	(0.01)	0.41	(0.02)	0.55	(0.02)	**–0.14**	(0.02)	–0.25	(0.01)	0.10	(0.00)	0.63	(0.01)	1.47	(0.01)
	Tunesien	0.52	(0.02)	0.61	(0.02)	0.43	(0.03)	**0.18**	(0.03)	–0.92	(0.02)	0.28	(0.01)	1.00	(0.01)	1.72	(0.00)
	Uruguay	0.27	(0.02)	0.35	(0.03)	0.20	(0.03)	**0.16**	(0.03)	–0.98	(0.02)	–0.03	(0.01)	0.57	(0.01)	1.53	(0.01)
	Verein. Königreich[1]	0.12	(0.02)	0.27	(0.02)	0.00	(0.02)	**0.27**	(0.03)	–1.00	(0.01)	–0.16	(0.01)	0.29	(0.01)	1.37	(0.01)

		Leistungen auf der Gesamtskala Mathematik, nach nationalen Indexquartilen								Punktzahlveränderung auf der Gesamtskala Mathematik, je Indexeinheit		Größere Wahrscheinlichkeit für Schüler im untersten Indexquartil, im untersten nationalen Quartil der Gesamtskala Mathematik zu liegen		Erklärte Varianz der Schülerleistungen (R^2 x 100)	
		Unterstes Quartil		Zweites Quartil		Drittes Quartil		Oberstes Quartil							
		Mittelwert	S.E.	Mittelwert	S.E.	Mittelwert	S.E.	Mittelwert	S.E	Veränderung	S.E.	Quotient	S.E.	%	S.E.
OECD-Länder	Australien	**508**	(3.0)	518	(3.1)	527	(3.6)	**548**	(2.9)	**16.9**	(0.91)	**1.3**	(0.04)	3.0	(0.33)
	Österreich	511	(3.9)	511	(4.2)	506	(4.8)	503	(4.1)	**–3.7**	(1.60)	**0.8**	(0.06)	0.2	(0.15)
	Belgien	**520**	(3.3)	533	(3.4)	547	(3.1)	**546**	(3.9)	**11.0**	(1.63)	1.1	(0.06)	1.1	(0.33)
	Kanada	**513**	(2.4)	528	(2.0)	540	(2.5)	**564**	(2.3)	**19.8**	(0.96)	**1.5**	(0.06)	5.4	(0.54)
	Tschech. Republik	**513**	(3.9)	518	(4.5)	526	(4.2)	**535**	(4.5)	**10.7**	(1.82)	**1.2**	(0.08)	1.0	(0.35)
	Dänemark	**489**	(4.0)	510	(3.8)	522	(4.1)	**540**	(3.8)	**20.9**	(1.77)	**1.5**	(0.11)	4.3	(0.74)
	Finnland	**517**	(2.7)	536	(2.5)	548	(2.8)	**579**	(3.4)	**26.9**	(1.70)	**1.5**	(0.08)	8.5	(1.06)
	Frankreich	**492**	(3.0)	509	(2.9)	519	(4.4)	**529**	(4.3)	**13.7**	(1.61)	**1.4**	(0.09)	2.4	(0.59)
	Deutschland	509	(4.3)	512	(4.2)	518	(4.7)	509	(4.8)	1.1	(1.93)	0.9	(0.06)	0.0	(0.06)
	Griechenland	**428**	(4.1)	438	(4.3)	450	(5.1)	**468**	(4.8)	**14.9**	(1.76)	**1.3**	(0.09)	2.6	(0.58)
	Ungarn	**489**	(3.9)	479	(3.8)	487	(3.9)	**506**	(4.9)	**7.9**	(1.90)	0.9	(0.07)	0.5	(0.26)
	Island	**494**	(3.5)	509	(3.8)	523	(3.0)	**537**	(3.2)	**17.7**	(1.72)	**1.4**	(0.11)	4.0	(0.78)
	Irland	**498**	(3.4)	500	(3.8)	501	(4.1)	**514**	(3.5)	**7.7**	(1.45)	1.1	(0.07)	0.7	(0.29)
	Italien	**456**	(3.9)	461	(3.8)	477	(3.8)	**471**	(4.9)	**8.5**	(1.58)	1.0	(0.08)	0.7	(0.27)
	Japan	**500**	(4.9)	534	(4.3)	541	(5.5)	**565**	(5.5)	**23.9**	(2.25)	**1.7**	(0.12)	6.2	(1.04)
	Korea	**504**	(3.8)	527	(3.8)	556	(4.2)	**583**	(4.1)	**32.8**	(1.77)	**2.0**	(0.11)	12.0	(1.05)
	Luxemburg	492	(2.7)	498	(3.3)	494	(2.9)	491	(3.0)	0.0	(1.35)	0.9	(0.06)	0.0	(0.03)
	Mexiko	382	(5.4)	388	(4.0)	388	(4.6)	390	(4.9)	**5.4**	(2.44)	1.1	(0.11)	0.3	(0.24)
	Niederlande	**534**	(4.0)	547	(4.5)	546	(4.4)	**546**	(5.1)	**6.1**	(2.00)	1.1	(0.09)	0.4	(0.24)
	Neuseeland	**508**	(3.5)	520	(3.7)	525	(3.9)	**546**	(4.2)	**15.6**	(1.81)	**1.2**	(0.08)	2.2	(0.51)
	Norwegen	**457**	(3.6)	491	(3.0)	503	(3.9)	**534**	(3.8)	**28.5**	(1.49)	**2.0**	(0.11)	10.1	(1.06)
	Polen	**475**	(3.6)	488	(3.4)	491	(4.6)	**510**	(4.1)	**17.0**	(1.82)	**1.4**	(0.09)	2.4	(0.51)
	Portugal	**446**	(4.1)	461	(4.7)	471	(4.6)	**489**	(5.1)	**17.3**	(2.04)	**1.5**	(0.09)	3.5	(0.84)
	Slowak. Republik	**492**	(3.6)	495	(4.5)	503	(4.4)	**505**	(4.7)	**6.3**	(1.98)	1.2	(0.09)	0.3	(0.21)
	Spanien	**461**	(2.9)	479	(3.0)	494	(3.8)	**511**	(3.6)	**19.4**	(1.39)	**1.5**	(0.09)	5.1	(0.74)
	Schweden	**485**	(2.9)	504	(3.0)	511	(3.6)	**540**	(4.9)	**23.0**	(2.00)	**1.5**	(0.09)	5.3	(0.88)
	Schweiz	529	(5.1)	529	(4.2)	526	(3.9)	525	(3.6)	–2.4	(1.62)	1.1	(0.07)	0.1	(0.09)
	Türkei	**411**	(6.4)	424	(8.2)	434	(7.6)	**441**	(8.9)	**12.9**	(2.39)	1.2	(0.10)	1.5	(0.55)
	Vereinigte Staaten	**470**	(3.5)	483	(3.6)	482	(4.2)	**503**	(4.2)	**13.6**	(1.52)	**1.2**	(0.06)	2.0	(0.44)
	OECD insgesamt	***490***	***(1.4)***	***490***	***(1.3)***	***491***	***(1.6)***	***493***	***(1.8)***	***3.0***	***(0.75)***	***0.9***	***(0.02)***	***0.1***	***(0.04)***
	OECD-Durchschnitt	***493***	***(0.8)***	***498***	***(0.9)***	***503***	***(0.8)***	***513***	***(1.0)***	***8.5***	***(0.41)***	***1.1***	***(0.02)***	***0.7***	***(0.07)***
Partnerländer	Brasilien	**383**	(7.8)	361	(6.0)	349	(4.5)	**343**	(6.3)	**–17.1**	(3.10)	**0.6**	(0.06)	2.4	(0.84)
	Hongkong (China)	**525**	(5.4)	544	(5.7)	557	(6.0)	**576**	(4.6)	**25.9**	(2.25)	**1.5**	(0.10)	4.9	(0.78)
	Indonesien	**362**	(5.6)	370	(4.6)	361	(4.0)	**352**	(4.6)	**–5.6**	(2.78)	1.0	(0.09)	0.3	(0.25)
	Lettland	**466**	(4.2)	475	(4.3)	487	(5.1)	**506**	(5.1)	**19.7**	(2.00)	**1.3**	(0.08)	3.6	(0.69)
	Liechtenstein	540	(10.1)	542	(11.8)	535	(11.6)	527	(11.9)	–5.8	(5.21)	1.1	(0.26)	0.4	(0.69)
	Macau (China)	527	(6.4)	525	(6.3)	525	(7.9)	533	(6.6)	3.4	(3.79)	1.0	(0.14)	0.1	(0.26)
	Russ. Föderation	**456**	(4.3)	459	(4.9)	475	(5.0)	**488**	(5.3)	**13.9**	(1.66)	**1.3**	(0.08)	1.9	(0.44)
	Serbien	443	(4.7)	443	(4.6)	439	(4.7)	434	(5.2)	–3.1	(2.10)	0.9	(0.07)	0.1	(0.19)
	Thailand	**412**	(4.1)	411	(4.0)	419	(3.9)	**426**	(4.6)	**9.1**	(2.56)	1.1	(0.09)	0.6	(0.34)
	Tunesien	**339**	(3.0)	358	(3.1)	356	(3.4)	**386**	(4.0)	**13.8**	(1.41)	**1.4**	(0.07)	3.1	(0.61)
	Uruguay	421	(4.3)	420	(4.5)	425	(4.4)	431	(5.7)	**5.0**	(2.13)	0.9	(0.06)	0.2	(0.20)
	Verein. Königreich[1]	**500**	(4.2)	502	(3.8)	507	(3.9)	**525**	(3.7)	**10.4**	(1.48)	**1.2**	(0.08)	1.1	(0.33)

Anmerkung: Statistisch signifikante Werte sind durch Fettdruck gekennzeichnet (siehe Anhang A4).

1. Die Beteiligungsquote ist zu niedrig, um die Vergleichbarkeit zu gewährleisten (siehe Anhang A3).

Tabelle 3.2b

Index der instrumentellen Motivation in Mathematik, nach erwartetem Bildungsabschluss der Schülerinnen und Schüler

Die Ergebnisse basieren auf Schülerangaben

		Alle Schüler, nach erwartetem Bildungsabschluss									
		Abschluss von Sekundarstufe I (ISCED 2)		Abschluss von Sekundarstufe II in einem Bildungsgang, der keinen Hochschulzugang ermöglicht (ISCED 3B und 3C)		Abschluss von Sekundarstufe II mit Hochschulreife (ISCED 3A und 4)		Abschluss eines nichtuniversitären Bildungsgangs des tertiären Bereichs (ISCED 5B)		Abschluss eines Hochschulstudiums (ISCED 5A und 6)	
		Indexmittel	S.E.	Indexmittel	S.E.	Indexmittel	S.E.	Indexmittel	S.E.	Indexmittel	S.E.
OECD-Länder	Australien	−0.14	(0.08)	−0.01	(0.06)	−0.08	(0.02)	−0.07	(0.04)	0.41	(0.02)
	Österreich	−0.37	(0.09)	−0.42	(0.04)	−0.65	(0.04)	−0.25	(0.05)	−0.59	(0.05)
	Belgien	−0.31	(0.05)	−0.48	(0.06)	−0.43	(0.03)	−0.47	(0.03)	−0.12	(0.02)
	Kanada	−0.43	(0.15)	−0.33	(0.04)	−0.10	(0.03)	−0.02	(0.02)	0.43	(0.02)
	Tschech. Republik	−0.16	(0.19)	−0.23	(0.03)	−0.03	(0.03)	0.04	(0.04)	0.12	(0.03)
	Dänemark	0.07	(0.04)	0.28	(0.04)	0.30	(0.02)	0.30	(0.04)	0.69	(0.03)
	Finnland	−0.48	(0.06)	a	a	−0.11	(0.02)	a	a	0.25	(0.02)
	Frankreich	0.00	(0.13)	−0.22	(0.04)	−0.16	(0.03)	−0.13	(0.05)	0.13	(0.04)
	Deutschland	m	m	m	m	m	m	m	m	m	m
	Griechenland	−0.23	(0.19)	−0.18	(0.04)	−0.22	(0.05)	−0.17	(0.05)	0.03	(0.03)
	Ungarn	−0.07	(0.17)	−0.10	(0.04)	−0.15	(0.03)	−0.16	(0.04)	−0.09	(0.02)
	Island	−0.54	(0.17)	−0.11	(0.06)	0.13	(0.02)	0.46	(0.04)	0.56	(0.03)
	Irland	−0.12	(0.10)	−0.04	(0.06)	0.04	(0.03)	−0.02	(0.05)	0.18	(0.02)
	Italien	−0.20	(0.13)	−0.37	(0.07)	−0.17	(0.03)	−0.35	(0.05)	−0.10	(0.03)
	Japan	a	a	−0.70	(0.07)	−1.01	(0.04)	−0.86	(0.03)	−0.45	(0.03)
	Korea	0.36	(0.36)	−0.92	(0.06)	−1.16	(0.13)	−0.76	(0.03)	−0.33	(0.02)
	Luxemburg	−0.71	(0.08)	−0.30	(0.04)	−0.39	(0.04)	−0.57	(0.05)	−0.36	(0.03)
	Mexiko	0.35	(0.06)	0.42	(0.05)	0.59	(0.03)	0.59	(0.03)	0.65	(0.02)
	Niederlande	−0.26	(0.04)	a	a	−0.31	(0.03)	a	a	−0.22	(0.02)
	Neuseeland	−0.17	(0.12)	−0.02	(0.04)	0.16	(0.02)	0.36	(0.04)	0.51	(0.02)
	Norwegen	−0.42	(0.21)	−0.15	(0.04)	−0.04	(0.04)	0.20	(0.03)	0.55	(0.04)
	Polen	−0.06	(0.05)	−0.03	(0.03)	0.05	(0.03)	0.10	(0.03)	0.08	(0.03)
	Portugal	−0.05	(0.05)	0.19	(0.06)	0.13	(0.03)	a	a	0.45	(0.02)
	Slowak. Republik	0.09	(0.09)	−0.11	(0.05)	−0.08	(0.02)	−0.04	(0.06)	−0.02	(0.03)
	Spanien	−0.45	(0.04)	−0.35	(0.04)	−0.17	(0.04)	−0.08	(0.04)	0.20	(0.03)
	Schweden	−0.25	(0.07)	−0.20	(0.04)	−0.22	(0.03)	−0.01	(0.03)	0.35	(0.03)
	Schweiz	−0.13	(0.05)	0.04	(0.03)	−0.22	(0.03)	0.25	(0.08)	−0.17	(0.05)
	Türkei	m	m	m	m	m	m	m	m	m	m
	Vereinigte Staaten	−0.10	(0.19)	a	a	−0.08	(0.03)	0.05	(0.04)	0.29	(0.02)
	OECD insgesamt	***−0.03***	***(0.02)***	***−0.19***	***(0.02)***	***−0.10***	***(0.01)***	***−0.16***	***(0.02)***	***0.15***	***(0.01)***
	OECD-Durchschnitt	***−0.18***	***(0.01)***	***−0.14***	***(0.01)***	***−0.09***	***(0.01)***	***−0.08***	***(0.01)***	***0.13***	***(0.01)***
Partnerländer	Brasilien	m	m	m	m	m	m	m	m	m	m
	Hongkong (China)	−0.54	(0.13)	−0.43	(0.04)	−0.22	(0.03)	−0.20	(0.04)	0.03	(0.02)
	Indonesien	0.49	(0.06)	0.40	(0.04)	0.45	(0.02)	0.48	(0.03)	0.47	(0.02)
	Lettland	−0.25	(0.07)	−0.07	(0.04)	−0.05	(0.03)	0.10	(0.02)	0.25	(0.03)
	Liechtenstein	−0.38	(0.20)	0.11	(0.09)	−0.30	(0.12)	0.92	(0.24)	−0.15	(0.10)
	Macau (China)	−0.21	(0.11)	−0.45	(0.28)	−0.13	(0.05)	−0.06	(0.07)	0.07	(0.04)
	Russ. Föderation	−0.20	(0.09)	−0.30	(0.05)	−0.11	(0.03)	a	a	0.08	(0.02)
	Serbien	−0.23	(0.57)	−0.18	(0.04)	−0.02	(0.32)	−0.18	(0.04)	−0.21	(0.05)
	Thailand	0.25	(0.05)	0.31	(0.04)	0.42	(0.02)	a	a	0.57	(0.02)
	Tunesien	0.34	(0.07)	0.23	(0.08)	0.35	(0.04)	0.41	(0.06)	0.69	(0.02)
	Uruguay	0.27	(0.06)	0.43	(0.05)	0.12	(0.06)	0.32	(0.05)	0.28	(0.03)
	Verein. Königreich[1]	−0.13	(0.08)	0.00	(0.03)	0.11	(0.02)	0.20	(0.04)	0.27	(0.04)

1. Die Beteiligungsquote ist zu niedrig, um die Vergleichbarkeit zu gewährleisten (siehe Anhang A3).

Tabelle 3.2b *(Fortsetzung)*

Index der instrumentellen Motivation in Mathematik, nach erwartetem Bildungsabschluss der Schülerinnen und Schüler

Die Ergebnisse basieren auf Schülerangaben

	Jungen, nach erwartetem Bildungsabschluss									
	Abschluss von Sekundarstufe I (ISCED 2)		Abschluss von Sekundarstufe II in einem Bildungsgang, der keinen Hochschulzugang ermöglicht (ISCED 3B und 3C)		Abschluss von Sekundarstufe II mit Hochschulreife (ISCED 3A und 4)		Abschluss eines nichtuniversitären Bildungsgangs des tertiären Bereichs (ISCED 5B)		Abschluss eines Hochschulstudiums (ISCED 5A und 6)	
	Indexmittel	S.E.	Indexmittel	S.E.	Indexmittel	S.E.	Indexmittel	S.E.	Indexmittel	S.E.
OECD-Länder										
Australien	–0.06	(0.09)	0.12	(0.07)	0.07	(0.03)	0.10	(0.05)	0.56	(0.02)
Österreich	–0.35	(0.11)	–0.24	(0.05)	–0.24	(0.06)	0.00	(0.06)	–0.30	(0.07)
Belgien	–0.21	(0.06)	–0.41	(0.08)	–0.31	(0.03)	–0.22	(0.04)	0.08	(0.03)
Kanada	–0.26	(0.18)	–0.30	(0.05)	–0.05	(0.04)	0.07	(0.03)	0.55	(0.02)
Tschech. Republik	–0.21	(0.26)	–0.27	(0.05)	0.05	(0.03)	0.35	(0.07)	0.35	(0.04)
Dänemark	0.20	(0.05)	0.56	(0.05)	0.50	(0.04)	0.50	(0.05)	0.87	(0.05)
Finnland	–0.38	(0.10)	a	a	0.03	(0.03)	a	a	0.46	(0.03)
Frankreich	0.09	(0.17)	–0.12	(0.05)	0.04	(0.05)	0.08	(0.06)	0.45	(0.05)
Deutschland	m	m	m	m	m	m	m	m	m	m
Griechenland	–0.48	(0.22)	–0.19	(0.05)	–0.18	(0.08)	–0.05	(0.05)	0.25	(0.04)
Ungarn	–0.10	(0.20)	–0.08	(0.05)	–0.15	(0.03)	–0.05	(0.06)	0.09	(0.03)
Island	–0.59	(0.22)	–0.09	(0.07)	0.23	(0.04)	0.51	(0.06)	0.63	(0.05)
Irland	–0.02	(0.12)	–0.01	(0.08)	0.15	(0.04)	0.24	(0.07)	0.38	(0.04)
Italien	–0.14	(0.16)	–0.28	(0.08)	–0.13	(0.03)	–0.14	(0.12)	0.11	(0.04)
Japan	a	a	–0.59	(0.08)	–0.86	(0.05)	–0.68	(0.07)	–0.29	(0.05)
Korea	0.14	(0.62)	–0.82	(0.10)	–1.08	(0.15)	–0.70	(0.04)	–0.25	(0.02)
Luxemburg	–0.50	(0.12)	–0.16	(0.06)	–0.16	(0.06)	–0.12	(0.07)	–0.12	(0.04)
Mexiko	0.32	(0.06)	0.42	(0.05)	0.62	(0.04)	0.57	(0.04)	0.71	(0.03)
Niederlande	–0.09	(0.04)	a	a	–0.05	(0.05)	a	a	0.00	(0.03)
Neuseeland	–0.40	(0.20)	–0.01	(0.05)	0.29	(0.03)	0.50	(0.06)	0.59	(0.04)
Norwegen	–0.47	(0.28)	0.00	(0.05)	0.09	(0.05)	0.46	(0.05)	0.66	(0.06)
Polen	–0.06	(0.05)	–0.04	(0.03)	0.06	(0.03)	0.23	(0.05)	0.14	(0.04)
Portugal	–0.03	(0.06)	0.21	(0.09)	0.19	(0.04)	a	a	0.54	(0.03)
Slowak. Republik	0.12	(0.12)	–0.15	(0.05)	–0.03	(0.03)	–0.01	(0.06)	0.19	(0.03)
Spanien	–0.45	(0.06)	–0.34	(0.06)	–0.12	(0.06)	0.03	(0.05)	0.37	(0.04)
Schweden	–0.09	(0.09)	0.00	(0.05)	–0.11	(0.04)	0.23	(0.04)	0.54	(0.04)
Schweiz	0.30	(0.07)	0.36	(0.04)	0.10	(0.05)	0.56	(0.07)	0.15	(0.05)
Türkei	m	m	m	m	m	m	m	m	m	m
Vereinigte Staaten	–0.07	(0.26)	a	a	–0.09	(0.04)	0.13	(0.06)	0.39	(0.03)
OECD insgesamt	***0.00***	***(0.03)***	***–0.11***	***(0.02)***	***–0.03***	***(0.02)***	***0.01***	***(0.02)***	***0.25***	***(0.01)***
OECD-Durchschnitt	***–0.08***	***(0.02)***	***–0.03***	***(0.01)***	***0.03***	***(0.01)***	***0.11***	***(0.01)***	***0.27***	***(0.01)***
Partnerländer										
Brasilien	m	m	m	m	m	m	m	m	m	m
Hongkong (China)	–0.52	(0.15)	–0.38	(0.05)	–0.11	(0.04)	–0.10	(0.05)	0.16	(0.04)
Indonesien	0.49	(0.11)	0.38	(0.04)	0.43	(0.03)	0.45	(0.04)	0.47	(0.03)
Lettland	–0.23	(0.07)	0.00	(0.05)	0.03	(0.04)	0.20	(0.04)	0.42	(0.04)
Liechtenstein	–0.09	(0.29)	0.63	(0.11)	0.17	(0.24)	1.06	(0.19)	0.22	(0.14)
Macau (China)	–0.16	(0.12)	–0.36	(0.35)	–0.03	(0.06)	0.22	(0.13)	0.17	(0.06)
Russ. Föderation	–0.18	(0.12)	–0.30	(0.08)	–0.10	(0.03)	a	a	0.19	(0.03)
Serbien	–0.05	(0.57)	–0.20	(0.05)	–0.25	(0.37)	–0.08	(0.05)	0.03	(0.05)
Thailand	0.20	(0.06)	0.28	(0.06)	0.33	(0.03)	a	a	0.53	(0.03)
Tunesien	0.42	(0.09)	0.26	(0.10)	0.47	(0.05)	0.59	(0.08)	0.83	(0.03)
Uruguay	0.26	(0.07)	0.45	(0.06)	0.19	(0.07)	0.46	(0.06)	0.40	(0.04)
Verein. Königreich[1]	–0.06	(0.11)	0.12	(0.03)	0.29	(0.03)	0.39	(0.06)	0.46	(0.05)

	Mädchen, nach erwartetem Bildungsabschluss									
	Abschluss von Sekundarstufe I (ISCED 2)		Abschluss von Sekundarstufe II in einem Bildungsgang, der keinen Hochschulzugang ermöglicht (ISCED 3B und 3C)		Abschluss von Sekundarstufe II mit Hochschulreife (ISCED 3A und 4)		Abschluss eines nichtuniversitären Bildungsgangs des tertiären Bereichs (ISCED 5B)		Abschluss eines Hochschulstudiums (ISCED 5A und 6)	
	Indexmittel	S.E.	Indexmittel	S.E.	Indexmittel	S.E.	Indexmittel	S.E.	Indexmittel	S.E.
OECD-Länder										
Australien	–0.41	(0.13)	–0.35	(0.08)	–0.30	(0.03)	–0.22	(0.04)	0.28	(0.02)
Österreich	–0.40	(0.12)	–0.63	(0.05)	–0.92	(0.04)	–0.69	(0.08)	–0.85	(0.05)
Belgien	–0.45	(0.08)	–0.59	(0.06)	–0.59	(0.04)	–0.66	(0.03)	–0.30	(0.03)
Kanada	–0.65	(0.21)	–0.37	(0.06)	–0.24	(0.07)	–0.12	(0.03)	0.33	(0.02)
Tschech. Republik	–0.10	(0.24)	–0.14	(0.06)	–0.14	(0.04)	–0.12	(0.06)	–0.07	(0.04)
Dänemark	–0.10	(0.05)	–0.18	(0.08)	0.10	(0.03)	0.18	(0.05)	0.52	(0.04)
Finnland	–0.61	(0.10)	a	a	–0.26	(0.02)	a	a	0.06	(0.03)
Frankreich	–0.11	(0.19)	–0.32	(0.05)	–0.33	(0.04)	–0.41	(0.06)	–0.09	(0.04)
Deutschland	m	m	m	m	m	m	m	m	m	m
Griechenland	0.14	(0.27)	–0.16	(0.07)	–0.28	(0.06)	–0.31	(0.06)	–0.14	(0.03)
Ungarn	0.03	(0.29)	–0.16	(0.08)	–0.16	(0.03)	–0.28	(0.06)	–0.23	(0.03)
Island	–0.48	(0.29)	–0.16	(0.12)	0.03	(0.04)	0.41	(0.06)	0.51	(0.03)
Irland	–0.32	(0.14)	–0.07	(0.10)	–0.18	(0.05)	–0.25	(0.05)	0.03	(0.03)
Italien	–0.33	(0.15)	–0.57	(0.12)	–0.23	(0.04)	–0.44	(0.06)	–0.23	(0.03)
Japan	a	a	–0.88	(0.09)	–1.18	(0.06)	–0.93	(0.04)	–0.61	(0.03)
Korea	0.62	(0.05)	–1.02	(0.07)	–1.34	(0.16)	–0.86	(0.05)	–0.45	(0.04)
Luxemburg	–0.89	(0.10)	–0.46	(0.06)	–0.67	(0.05)	–0.93	(0.06)	–0.59	(0.03)
Mexiko	0.38	(0.10)	0.43	(0.11)	0.57	(0.05)	0.61	(0.05)	0.61	(0.03)
Niederlande	–0.48	(0.05)	a	a	–0.57	(0.04)	a	a	–0.42	(0.04)
Neuseeland	0.01	(0.14)	–0.04	(0.07)	0.01	(0.03)	0.27	(0.04)	0.43	(0.03)
Norwegen	–0.37	(0.28)	–0.37	(0.05)	–0.21	(0.06)	0.01	(0.04)	0.47	(0.05)
Polen	–0.08	(0.10)	0.00	(0.04)	0.03	(0.04)	–0.02	(0.05)	0.04	(0.04)
Portugal	–0.09	(0.07)	0.16	(0.06)	0.07	(0.05)	a	a	0.39	(0.03)
Slowak. Republik	0.05	(0.13)	–0.04	(0.08)	–0.14	(0.03)	–0.07	(0.10)	–0.19	(0.03)
Spanien	–0.45	(0.08)	–0.36	(0.06)	–0.23	(0.05)	–0.21	(0.05)	0.08	(0.03)
Schweden	–0.50	(0.11)	–0.44	(0.05)	–0.38	(0.04)	–0.21	(0.03)	0.20	(0.03)
Schweiz	–0.50	(0.06)	–0.34	(0.03)	–0.44	(0.03)	–0.45	(0.12)	–0.47	(0.06)
Türkei	m	m	m	m	m	m	m	m	m	m
Vereinigte Staaten	–0.13	(0.27)	a	a	–0.07	(0.05)	–0.03	(0.06)	0.21	(0.03)
OECD insgesamt	***–0.07***	***(0.04)***	***–0.31***	***(0.02)***	***–0.18***	***(0.02)***	***–0.30***	***(0.02)***	***0.05***	***(0.01)***
OECD-Durchschnitt	***–0.31***	***(0.02)***	***–0.31***	***(0.02)***	***–0.23***	***(0.01)***	***–0.24***	***(0.01)***	***0.01***	***(0.01)***
Partnerländer										
Brasilien	m	m	m	m	m	m	m	m	m	m
Hongkong (China)	–0.64	(0.23)	–0.52	(0.07)	–0.33	(0.03)	–0.28	(0.05)	–0.08	(0.03)
Indonesien	0.50	(0.07)	0.42	(0.05)	0.46	(0.04)	0.53	(0.04)	0.48	(0.03)
Lettland	–0.30	(0.13)	–0.17	(0.07)	–0.15	(0.05)	0.01	(0.04)	0.14	(0.04)
Liechtenstein	–0.68	(0.21)	–0.45	(0.10)	–0.63	(0.16)	0.51	(0.72)	–0.59	(0.15)
Macau (China)	–0.33	(0.29)	–0.83	(0.10)	–0.30	(0.07)	–0.24	(0.08)	–0.01	(0.05)
Russ. Föderation	–0.22	(0.13)	–0.29	(0.07)	–0.12	(0.04)	a	a	0.00	(0.03)
Serbien	–0.76	(1.27)	–0.15	(0.06)	0.21	(0.51)	–0.26	(0.05)	–0.36	(0.05)
Thailand	0.37	(0.09)	0.37	(0.06)	0.51	(0.03)	a	a	0.59	(0.02)
Tunesien	0.19	(0.13)	0.17	(0.13)	0.19	(0.06)	0.27	(0.07)	0.58	(0.03)
Uruguay	0.28	(0.08)	0.37	(0.09)	0.02	(0.09)	0.17	(0.06)	0.20	(0.03)
Verein. Königreich[1]	–0.26	(0.11)	–0.15	(0.03)	–0.05	(0.03)	0.08	(0.05)	0.14	(0.04)

1. Die Beteiligungsquote ist zu niedrig, um die Vergleichbarkeit zu gewährleisten (siehe Anhang A3).

Tabelle 3.2c

Index der instrumentellen Motivation in Mathematik, nach Bildungsgang

Die Ergebnisse basieren auf Schülerangaben

		Alle Schüler											
		Bildungsgang Typ A[1]				Bildungsgang Typ B[2]				Bildungsgang Typ C[3]			
		%	S.E.	Indexmittel	S.E.	%	S.E.	Indexmittel	S.E.	%	S.E.	Indexmittel	S.E.
OECD-Länder	Australien	91.1	(0.6)	0.23	(0.02)	8.9	(0.6)	0.14	(0.03)	a	a	a	a
	Österreich	56.8	(1.9)	–0.61	(0.03)	34.1	(1.9)	–0.35	(0.04)	9.2	(0.7)	–0.22	(0.04)
	Belgien	77.1	(1.1)	–0.31	(0.02)	2.1	(0.4)	c	c	20.9	(1.1)	–0.35	(0.03)
	Kanada	100.0	(0.0)	0.22	(0.01)	a	a	a	a	a	a	a	a
	Tschech. Republik	83.1	(1.2)	0.04	(0.02)	0.3	(0.3)	c	c	16.6	(1.2)	–0.15	(0.03)
	Dänemark	100.0	(0.0)	0.37	(0.02)	a	a	a	a	a	a	a	a
	Finnland	100.0	(0.0)	0.06	(0.01)	a	a	a	a	a	a	a	a
	Frankreich	90.5	(0.9)	–0.08	(0.02)	2.1	(0.6)	c	c	7.4	(0.7)	–0.19	(0.07)
	Deutschland	98.4	(0.2)	–0.04	(0.02)	1.6	(0.2)	c	c	a	a	a	a
	Griechenland	80.1	(2.2)	–0.03	(0.03)	a	a	a	a	19.9	(2.2)	–0.11	(0.06)
	Ungarn	80.4	(0.7)	–0.13	(0.02)	a	a	a	a	19.6	(0.7)	–0.05	(0.04)
	Island	100.0	(0.0)	0.31	(0.02)	a	a	a	a	a	a	a	a
	Irland	82.2	(1.4)	0.12	(0.02)	1.1	(0.3)	c	c	16.7	(1.3)	–0.02	(0.05)
	Italien	99.9	(0.0)	–0.15	(0.02)	a	a	a	a	0.1	(0.0)	c	c
	Japan	74.6	(0.5)	–0.64	(0.03)	0.9	(0.9)	c	c	24.5	(1.0)	–0.72	(0.06)
	Korea	73.3	(0.9)	–0.31	(0.02)	a	a	a	a	26.7	(0.9)	–0.79	(0.03)
	Luxemburg	95.4	(0.1)	–0.41	(0.02)	3.2	(0.1)	–0.27	(0.10)	1.3	(0.1)	c	c
	Mexiko	94.2	(1.2)	0.57	(0.02)	a	a	a	a	5.8	(1.2)	0.52	(0.05)
	Niederlande	38.6	(1.8)	–0.31	(0.02)	58.0	(2.0)	–0.22	(0.03)	3.4	(1.4)	0.01	(0.01)
	Neuseeland	100.0	(0.0)	0.29	(0.02)	a	a	a	a	a	a	a	a
	Norwegen	100.0	(0.0)	0.15	(0.02)	a	a	a	a	a	a	a	a
	Polen	100.0	(0.0)	0.04	(0.02)	a	a	a	a	a	a	a	a
	Portugal	91.2	(1.0)	0.27	(0.02)	8.5	(0.9)	0.20	(0.05)	0.3	(0.1)	c	c
	Slowak. Republik	97.3	(0.8)	–0.05	(0.02)	1.0	(0.6)	c	c	1.8	(0.5)	c	c
	Spanien	100.0	(0.0)	–0.05	(0.02)	a	a	a	a	a	a	a	a
	Schweden	100.0	(0.0)	0.02	(0.02)	a	a	a	a	a	a	a	a
	Schweiz	91.2	(2.8)	–0.04	(0.02)	8.4	(2.8)	–0.08	(0.10)	0.4	(0.2)	c	c
	Türkei	100.0	(0.0)	0.22	(0.02)	a	a	a	a	a	a	a	a
	Vereinigte Staaten	100.0	(0.0)	0.17	(0.02)	a	a	a	a	a	a	a	a
	OECD insgesamt	*86.9*	*(0.2)*	*0.04*	*(0.01)*	*1.8*	*(0.1)*	*–0.12*	*(0.03)*	*11.3*	*(0.2)*	*–0.18*	*(0.02)*
	OECD-Durchschnitt	*86.5*	*(0.2)*	*0.03*	*(0.00)*	*4.4*	*(0.2)*	*–0.18*	*(0.02)*	*9.1*	*(0.2)*	*–0.15*	*(0.01)*
Partnerländer	Brasilien	100.0	(0.0)	0.46	(0.02)	a	a	a	a	a	a	a	a
	Hongkong (China)	100.0	(0.0)	–0.12	(0.02)	a	a	a	a	a	a	a	a
	Indonesien	89.1	(1.2)	0.46	(0.02)	10.9	(1.2)	0.36	(0.04)	a	a	a	a
	Lettland	100.0	(0.0)	0.06	(0.02)	a	a	a	a	a	a	a	a
	Liechtenstein	100.0	(0.0)	–0.05	(0.05)	a	a	a	a	a	a	a	a
	Macau (China)	99.0	(0.1)	–0.03	(0.03)	1.0	(0.1)	c	c	a	a	a	a
	Russ. Föderation	92.5	(2.6)	0.02	(0.02)	a	a	a	a	7.5	(2.6)	–0.26	(0.06)
	Serbien	21.4	(2.6)	–0.29	(0.06)	45.4	(2.5)	–0.14	(0.04)	33.3	(2.4)	–0.18	(0.04)
	Thailand	89.7	(1.4)	0.50	(0.02)	a	a	a	a	10.3	(1.4)	0.38	(0.03)
	Tunesien	100.0	(0.0)	0.52	(0.02)	a	a	a	a	a	a	a	a
	Uruguay	91.9	(1.2)	0.25	(0.02)	4.2	(1.1)	0.60	(0.06)	3.9	(0.5)	0.37	(0.05)
	Verein. Königreich[4]	0.9	(0.3)	c	c	0.6	(0.1)	c	c	98.5	(0.3)	0.12	(0.02)

1. Typ A: Allgemeinbildender Zweig, der den Zugang zur nächsthöheren Bildungsstufe ermöglicht.
2. Typ B: Bildungsgang, der den Zugang zur nächsthöheren berufsbildenden Stufe ermöglicht.
3. Typ C: Bildungsgang, der auf den direkten Arbeitsmarktzugang ausgerichtet ist.
4. Die Beteiligungsquote ist zu niedrig, um die Vergleichbarkeit zu gewährleisten (siehe Anhang A3).

Tabelle 3.2c *(Fortsetzung)*

Index der instrumentellen Motivation in Mathematik, nach Bildungsgang

Die Ergebnisse basieren auf Schülerangaben

Jungen

	Bildungsgang Typ A[1]				Bildungsgang Typ B[2]				Bildungsgang Typ C[3]			
	%	S.E.	Indexmittel	S.E.	%	S.E.	Indexmittel	S.E.	%	S.E.	Indexmittel	S.E.
OECD-Länder												
Australien	90.3	(0.8)	0.35	(0.02)	9.7	(0.8)	0.23	(0.04)	a	a	a	a
Österreich	49.0	(2.4)	–0.28	(0.05)	38.6	(2.6)	–0.15	(0.05)	12.4	(1.2)	–0.05	(0.06)
Belgien	74.0	(1.7)	–0.14	(0.02)	2.2	(0.4)	c	c	23.8	(1.7)	–0.23	(0.04)
Kanada	100.0	(0.0)	0.29	(0.02)	a	a	a	a	a	a	a	a
Tschech. Republik	78.4	(1.7)	0.19	(0.02)	0.1	(0.1)	c	c	21.4	(1.7)	–0.17	(0.04)
Dänemark	100.0	(0.0)	0.56	(0.02)	a	a	a	a	a	a	a	a
Finnland	100.0	(0.0)	0.22	(0.02)	a	a	a	a	a	a	a	a
Frankreich	91.2	(1.4)	0.11	(0.03)	2.6	(0.9)	c	c	6.2	(1.2)	0.03	(0.07)
Deutschland	98.3	(0.8)	0.17	(0.02)	1.7	(0.8)	c	c	a	a	a	a
Griechenland	76.2	(3.1)	0.13	(0.04)	a	a	a	a	23.8	(3.1)	–0.03	(0.05)
Ungarn	76.8	(1.5)	–0.02	(0.02)	a	a	a	a	23.2	(1.5)	–0.03	(0.05)
Island	100.0	(0.0)	0.33	(0.02)	a	a	a	a	a	a	a	a
Irland	85.5	(1.3)	0.26	(0.02)	0.9	(0.3)	c	c	13.6	(1.3)	0.17	(0.08)
Italien	99.9	(0.0)	–0.04	(0.02)	a	a	a	a	0.1	(0.0)	c	c
Japan	71.2	(2.6)	–0.48	(0.04)	1.5	(1.5)	c	c	27.2	(2.5)	–0.55	(0.07)
Korea	75.4	(2.5)	–0.25	(0.02)	a	a	a	a	24.6	(2.5)	–0.69	(0.05)
Luxemburg	93.5	(0.3)	–0.16	(0.03)	4.2	(0.3)	–0.22	(0.11)	2.3	(0.2)	c	c
Mexiko	93.7	(1.2)	0.58	(0.03)	a	a	a	a	6.3	(1.2)	0.51	(0.06)
Niederlande	35.4	(2.0)	–0.09	(0.03)	60.8	(2.4)	–0.01	(0.03)	3.9	(1.7)	0.01	(0.02)
Neuseeland	100.0	(0.0)	0.37	(0.02)	a	a	a	a	a	a	a	a
Norwegen	100.0	(0.0)	0.26	(0.03)	a	a	a	a	a	a	a	a
Polen	100.0	(0.0)	0.06	(0.02)	a	a	a	a	a	a	a	a
Portugal	89.6	(1.3)	0.31	(0.03)	10.1	(1.3)	0.21	(0.06)	0.3	(0.1)	c	c
Slowak. Republik	96.8	(1.0)	0.05	(0.02)	1.2	(0.7)	c	c	1.9	(0.6)	c	c
Spanien	100.0	(0.0)	–0.01	(0.03)	a	a	a	a	a	a	a	a
Schweden	100.0	(0.0)	0.17	(0.02)	a	a	a	a	a	a	a	a
Schweiz	88.6	(5.1)	0.32	(0.03)	11.2	(5.1)	0.13	(0.06)	0.2	(0.2)	c	c
Türkei	100.0	(0.0)	0.19	(0.03)	a	a	a	a	a	a	a	a
Vereinigte Staaten	100.0	(0.0)	0.22	(0.02)	a	a	a	a	a	a	a	a
OECD insgesamt	***86.6***	***(0.4)***	***0.13***	***(0.01)***	***2.1***	***(0.2)***	***0.05***	***(0.03)***	***11.3***	***(0.4)***	***–0.07***	***(0.02)***
OECD-Durchschnitt	***85.6***	***(0.3)***	***0.15***	***(0.01)***	***4.9***	***(0.3)***	***0.00***	***(0.02)***	***9.6***	***(0.3)***	***–0.06***	***(0.02)***
Partnerländer												
Brasilien	100.0	(0.0)	0.49	(0.03)	a	a	a	a	a	a	a	a
Hongkong (China)	100.0	(0.0)	–0.03	(0.03)	a	a	a	a	a	a	a	a
Indonesien	86.7	(2.3)	0.44	(0.02)	13.3	(2.3)	0.39	(0.04)	a	a	a	a
Lettland	100.0	(0.0)	0.15	(0.02)	a	a	a	a	a	a	a	a
Liechtenstein	100.0	(0.0)	0.41	(0.07)	a	a	a	a	a	a	a	a
Macau (China)	99.1	(0.3)	0.07	(0.04)	0.9	(0.3)	c	c	a	a	a	a
Russ. Föderation	88.3	(3.8)	0.08	(0.03)	a	a	a	a	11.7	(3.8)	–0.28	(0.07)
Serbien	14.4	(2.2)	–0.02	(0.06)	40.8	(2.6)	0.00	(0.04)	44.8	(2.8)	–0.19	(0.04)
Thailand	85.7	(2.4)	0.42	(0.02)	a	a	a	a	14.3	(2.4)	0.33	(0.03)
Tunesien	100.0	(0.0)	0.60	(0.02)	a	a	a	a	a	a	a	a
Uruguay	88.0	(1.8)	0.33	(0.03)	6.2	(1.6)	0.64	(0.08)	5.8	(0.9)	0.32	(0.07)
Verein. Königreich[4]	1.1	(0.6)	c	c	0.8	(0.2)	c	c	98.0	(0.6)	0.26	(0.02)

Mädchen

	Bildungsgang Typ A[1]				Bildungsgang Typ B[2]				Bildungsgang Typ C[3]			
	%	S.E.	Indexmittel	S.E.	%	S.E.	Indexmittel	S.E.	%	S.E.	Indexmittel	S.E.
OECD-Länder												
Australien	91.9	(0.7)	0.11	(0.02)	8.1	(0.7)	0.03	(0.04)	a	a	a	a
Österreich	64.5	(2.6)	–0.87	(0.03)	29.6	(2.6)	–0.62	(0.05)	5.9	(0.6)	–0.57	(0.07)
Belgien	80.3	(1.1)	–0.47	(0.02)	2.0	(0.5)	c	c	17.7	(1.1)	–0.53	(0.04)
Kanada	100.0	(0.0)	0.16	(0.02)	a	a	a	a	a	a	a	a
Tschech. Republik	87.9	(1.8)	–0.10	(0.03)	0.4	(0.4)	c	c	11.7	(1.7)	–0.12	(0.05)
Dänemark	100.0	(0.0)	0.18	(0.02)	a	a	a	a	a	a	a	a
Finnland	100.0	(0.0)	–0.10	(0.02)	a	a	a	a	a	a	a	a
Frankreich	89.9	(1.0)	–0.25	(0.03)	1.7	(0.5)	c	c	8.4	(0.9)	–0.33	(0.09)
Deutschland	98.7	(0.3)	–0.25	(0.02)	1.3	(0.3)	c	c	a	a	a	a
Griechenland	83.6	(2.1)	–0.17	(0.03)	a	a	a	a	16.4	(2.1)	–0.22	(0.06)
Ungarn	84.4	(1.3)	–0.24	(0.02)	a	a	a	a	15.6	(1.3)	–0.09	(0.04)
Island	100.0	(0.0)	0.27	(0.03)	a	a	a	a	a	a	a	a
Irland	78.8	(2.2)	–0.03	(0.04)	1.4	(0.5)	c	c	19.8	(2.1)	–0.15	(0.05)
Italien	99.9	(0.0)	–0.26	(0.03)	a	a	a	a	0.1	(0.0)	c	c
Japan	77.8	(2.9)	–0.78	(0.03)	0.2	(0.2)	c	c	22.0	(3.0)	–0.92	(0.05)
Korea	70.4	(3.2)	–0.40	(0.04)	a	a	a	a	29.6	(3.2)	–0.90	(0.04)
Luxemburg	97.3	(0.3)	–0.65	(0.02)	2.3	(0.2)	c	c	0.5	(0.1)	c	c
Mexiko	94.7	(1.3)	0.56	(0.02)	a	a	a	a	5.3	(1.3)	0.52	(0.09)
Niederlande	42.0	(2.1)	–0.50	(0.03)	55.2	(2.3)	–0.46	(0.04)	2.9	(1.0)	c	c
Neuseeland	100.0	(0.0)	0.21	(0.02)	a	a	a	a	a	a	a	a
Norwegen	100.0	(0.0)	0.03	(0.03)	a	a	a	a	a	a	a	a
Polen	100.0	(0.0)	0.02	(0.02)	a	a	a	a	a	a	a	a
Portugal	92.6	(0.8)	0.25	(0.03)	7.0	(0.8)	0.18	(0.08)	0.3	(0.2)	c	c
Slowak. Republik	97.7	(0.8)	–0.15	(0.03)	0.7	(0.4)	c	c	1.6	(0.7)	c	c
Spanien	100.0	(0.0)	–0.09	(0.03)	a	a	a	a	a	a	a	a
Schweden	100.0	(0.0)	–0.13	(0.02)	a	a	a	a	a	a	a	a
Schweiz	93.9	(1.3)	–0.40	(0.02)	5.4	(1.1)	–0.56	(0.07)	0.7	(0.3)	c	c
Türkei	100.0	(0.0)	0.25	(0.03)	a	a	a	a	a	a	a	a
Vereinigte Staaten	100.0	(0.0)	0.12	(0.02)	a	a	a	a	a	a	a	a
OECD insgesamt	***87.1***	***(0.4)***	***–0.05***	***(0.01)***	***1.6***	***(0.1)***	***–0.34***	***(0.03)***	***11.3***	***(0.4)***	***–0.29***	***(0.03)***
OECD-Durchschnitt	***87.5***	***(0.3)***	***–0.10***	***(0.01)***	***3.9***	***(0.2)***	***–0.40***	***(0.03)***	***8.7***	***(0.2)***	***–0.26***	***(0.02)***
Partnerländer												
Brasilien	100.0	(0.0)	0.43	(0.02)	a	a	a	a	a	a	a	a
Hongkong (China)	100.0	(0.0)	–0.20	(0.02)	a	a	a	a	a	a	a	a
Indonesien	91.4	(2.3)	0.48	(0.02)	8.6	(2.3)	0.31	(0.08)	a	a	a	a
Lettland	100.0	(0.0)	–0.01	(0.02)	a	a	a	a	a	a	a	a
Liechtenstein	100.0	(0.0)	–0.53	(0.06)	a	a	a	a	a	a	a	a
Macau (China)	99.0	(0.2)	–0.13	(0.03)	1.0	(0.2)	c	c	a	a	a	a
Russ. Föderation	96.6	(1.4)	–0.04	(0.02)	a	a	a	a	3.4	(1.4)	–0.19	(0.09)
Serbien	28.1	(3.2)	–0.43	(0.07)	49.9	(3.2)	–0.26	(0.04)	22.0	(2.7)	–0.16	(0.06)
Thailand	93.0	(1.2)	0.56	(0.02)	a	a	a	a	7.0	(1.2)	0.46	(0.09)
Tunesien	100.0	(0.0)	0.43	(0.03)	a	a	a	a	a	a	a	a
Uruguay	95.5	(0.9)	0.18	(0.03)	2.4	(0.8)	c	c	2.1	(0.4)	c	c
Verein. Königreich[4]	0.6	(0.1)	c	c	0.5	(0.2)	c	c	98.9	(0.2)	–0.01	(0.02)

1. Typ A: Allgemeinbildender Zweig, der den Zugang zur nächsthöheren Bildungsstufe ermöglicht.
2. Typ B: Bildungsgang, der den Zugang zur nächsthöheren berufsbildenden Stufe ermöglicht.
3. Typ C: Bildungsgang, der auf den direkten Arbeitsmarktzugang ausgerichtet ist.
4. Die Beteiligungsquote ist zu niedrig, um die Vergleichbarkeit zu gewährleisten (siehe Anhang A3).

Tabelle 3.3

Prozentuale Anteile der Schülerinnen und Schüler mit bestimmten Berufsvorstellungen (im Alter von 30 Jahren) und Leistungen auf den Gesamtskalen Mathematik bzw. Lesekompetenz, nach Geschlecht

Die Ergebnisse basieren auf Schülerangaben

Jungen	Streben einen Angestelltenberuf an, der hohe Qualifikationen erfordert						Streben einen Angestelltenberuf an, der geringe Qualifikationen erfordert					
			Leistungen auf der Mathematikskala		Leistungen auf der Lesekompetenzskala				Leistungen auf der Mathematikskala		Leistungen auf der Lesekompetenzskala	
	%	S.E.	Mittelwert	S.E.	Mittelwert	S.E.	%	S.E.	Mittelwert	S.E.	Mittelwert	S.E.
OECD-Länder												
Australien	70.1	(1.1)	552	(3.2)	534	(2.9)	8.8	(0.5)	491	(5.9)	474	(6.2)
Österreich	53.8	(2.2)	546	(4.1)	511	(4.4)	11.5	(1.7)	470	(8.0)	433	(7.5)
Belgien	60.5	(2.3)	577	(3.0)	536	(3.2)	6.7	(0.6)	492	(11.1)	455	(11.4)
Kanada	m	m	m	m	m	m	m	m	m	m	m	m
Tschech. Republik	54.0	(1.8)	571	(3.8)	516	(3.4)	13.7	(1.5)	472	(5.0)	435	(4.9)
Dänemark	m	m	m	m	m	m	m	m	m	m	m	m
Finnland	m	m	m	m	m	m	m	m	m	m	m	m
Frankreich	67.7	(1.7)	545	(3.8)	509	(3.8)	10.0	(0.8)	476	(8.2)	427	(8.6)
Deutschland	52.6	(1.8)	560	(4.6)	525	(4.7)	11.9	(1.0)	491	(7.6)	457	(8.9)
Griechenland	72.0	(1.8)	475	(4.5)	474	(4.7)	10.0	(1.0)	433	(6.3)	435	(9.7)
Ungarn	56.1	(2.3)	535	(4.0)	507	(3.6)	12.7	(1.5)	453	(7.9)	431	(8.9)
Island	65.3	(1.2)	523	(3.2)	480	(3.2)	11.8	(0.9)	475	(6.5)	441	(7.6)
Irland	63.5	(1.7)	540	(3.2)	534	(3.2)	7.1	(0.8)	479	(8.7)	478	(8.9)
Italien	69.5	(1.9)	499	(3.8)	481	(4.2)	12.6	(1.5)	423	(8.9)	403	(12.8)
Japan	m	m	m	m	m	m	m	m	m	m	m	m
Korea	79.1	(1.1)	563	(4.1)	537	(3.4)	18.6	(1.0)	521	(5.3)	499	(5.0)
Luxemburg	m	m	m	m	m	m	m	m	m	m	m	m
Mexiko	85.6	(1.0)	411	(4.3)	411	(4.6)	3.2	(0.5)	394	(14.8)	398	(16.8)
Niederlande	m	m	m	m	m	m	m	m	m	m	m	m
Neuseeland	m	m	m	m	m	m	m	m	m	m	m	m
Norwegen	m	m	m	m	m	m	m	m	m	m	m	m
Polen	65.8	(1.3)	528	(2.9)	514	(3.1)	7.8	(0.7)	458	(9.4)	450	(8.8)
Portugal	79.8	(1.5)	496	(4.7)	482	(4.5)	7.1	(0.6)	433	(9.0)	424	(11.1)
Slowak. Republik	55.5	(2.1)	552	(4.2)	497	(3.7)	14.2	(1.6)	468	(6.4)	423	(7.6)
Spanien	m	m	m	m	m	m	m	m	m	m	m	m
Schweden	m	m	m	m	m	m	m	m	m	m	m	m
Schweiz	m	m	m	m	m	m	m	m	m	m	m	m
Türkei	m	m	m	m	m	m	m	m	m	m	m	m
Vereinigte Staaten	81.4	(0.9)	500	(3.5)	495	(3.6)	6.0	(0.5)	455	(7.4)	447	(9.4)
OECD insgesamt	***68.2***	***(0.5)***	***508***	***(1.7)***	***494***	***(1.6)***	***8.0***	***(0.2)***	***471***	***(2.9)***	***451***	***(3.3)***
OECD-Durchschnitt	***59.0***	***(0.4)***	***526***	***(1.0)***	***502***	***(1.0)***	***9.2***	***(0.3)***	***471***	***(1.9)***	***447***	***(2.1)***
Partnerländer												
Brasilien	m	m	m	m	m	m	m	m	m	m	m	m
Hongkong (China)	63.2	(1.7)	591	(5.4)	526	(4.1)	28.1	(1.6)	556	(8.7)	499	(6.5)
Indonesien	72.7	(1.4)	378	(4.3)	384	(3.9)	8.8	(1.0)	360	(7.1)	374	(7.3)
Lettland	66.1	(2.8)	518	(7.9)	506	(7.3)	10.6	(1.4)	431	(13.0)	436	(11.5)
Liechtenstein	m	m	m	m	m	m	m	m	m	m	m	m
Macau (China)	64.6	(2.8)	569	(5.8)	517	(5.3)	32.8	(2.7)	528	(8.9)	477	(6.2)
Russ. Föderation	m	m	m	m	m	m	m	m	m	m	m	m
Serbien	53.8	(2.3)	478	(5.1)	424	(4.3)	8.7	(1.3)	405	(8.4)	374	(8.6)
Thailand	53.5	(1.9)	440	(5.1)	423	(4.4)	26.4	(1.6)	416	(5.1)	397	(5.1)
Tunesien	m	m	m	m	m	m	m	m	m	m	m	m
Uruguay	m	m	m	m	m	m	m	m	m	m	m	m
Verein. Königreich[1]	68.4	(1.7)	554	(3.0)	532	(3.1)	10.4	(0.9)	500	(8.9)	472	(8.5)

Jungen	Streben einen manuellen Beruf an, der hohe Qualifikationen erfordert						Streben einen manuellen Beruf an, der geringe Qualifikationen erfordert					
			Leistungen auf der Mathematikskala		Leistungen auf der Lesekompetenzskala				Leistungen auf der Mathematikskala		Leistungen auf der Lesekompetenzskala	
	%	S.E.	Mittelwert	S.E.	Mittelwert	S.E.	%	S.E.	Mittelwert	S.E.	Mittelwert	S.E.
OECD-Länder												
Australien	19.9	(0.9)	481	(3.6)	458	(4.5)	1.3	(0.2)	c	c	c	c
Österreich	31.2	(2.8)	464	(5.5)	412	(5.7)	3.6	(0.6)	458	(12.2)	415	(15.3)
Belgien	29.4	(2.4)	464	(6.0)	422	(6.6)	3.4	(0.5)	490	(11.2)	442	(13.3)
Kanada	m	m	m	m	m	m	m	m	m	m	m	m
Tschech. Republik	27.9	(2.1)	471	(5.3)	429	(5.6)	4.5	(0.7)	505	(9.2)	455	(9.0)
Dänemark	m	m	m	m	m	m	m	m	m	m	m	m
Finnland	m	m	m	m	m	m	m	m	m	m	m	m
Frankreich	20.5	(1.8)	442	(6.6)	396	(8.8)	1.8	(0.4)	c	c	c	c
Deutschland	31.3	(1.5)	476	(5.3)	439	(5.7)	4.3	(0.6)	480	(12.6)	445	(15.8)
Griechenland	16.4	(1.7)	395	(5.7)	391	(7.5)	1.5	(0.3)	c	c	c	c
Ungarn	28.7	(2.5)	425	(4.9)	405	(4.9)	2.5	(0.4)	c	c	c	c
Island	20.5	(0.9)	481	(5.1)	440	(5.7)	2.5	(0.5)	c	c	c	c
Irland	27.4	(1.7)	469	(4.7)	457	(5.1)	2.0	(0.4)	c	c	c	c
Italien	15.3	(1.4)	414	(11.5)	394	(11.2)	2.6	(0.4)	c	c	c	c
Japan	m	m	m	m	m	m	m	m	m	m	m	m
Korea	1.4	(0.3)	c	c	c	c	0.9	(0.2)	c	c	c	c
Luxemburg	m	m	m	m	m	m	m	m	m	m	m	m
Mexiko	6.7	(0.6)	375	(11.9)	370	(9.9)	4.5	(0.6)	369	(10.9)	379	(11.6)
Niederlande	m	m	m	m	m	m	m	m	m	m	m	m
Neuseeland	m	m	m	m	m	m	m	m	m	m	m	m
Norwegen	m	m	m	m	m	m	m	m	m	m	m	m
Polen	23.3	(1.2)	429	(4.3)	410	(4.7)	3.1	(0.4)	461	(15.0)	445	(14.7)
Portugal	10.4	(1.1)	400	(7.0)	378	(9.1)	2.7	(0.4)	c	c	c	c
Slowak. Republik	25.9	(2.2)	440	(5.7)	387	(5.2)	4.4	(0.7)	473	(9.9)	421	(13.1)
Spanien	m	m	m	m	m	m	m	m	m	m	m	m
Schweden	m	m	m	m	m	m	m	m	m	m	m	m
Schweiz	m	m	m	m	m	m	m	m	m	m	m	m
Türkei	m	m	m	m	m	m	m	m	m	m	m	m
Vereinigte Staaten	10.5	(0.8)	458	(6.8)	453	(7.4)	2.1	(0.3)	c	c	c	c
OECD insgesamt	***13.4***	***(0.4)***	***450***	***(2.9)***	***426***	***(2.9)***	***10.4***	***(0.2)***	***476***	***(3.5)***	***452***	***(3.6)***
OECD-Durchschnitt	***17.5***	***(0.4)***	***450***	***(1.7)***	***419***	***(1.8)***	***14.4***	***(0.2)***	***499***	***(2.0)***	***467***	***(2.0)***
Partnerländer												
Brasilien	m	m	m	m	m	m	m	m	m	m	m	m
Hongkong (China)	2.3	(0.3)	c	c	c	c	6.3	(0.7)	521	(13.6)	463	(10.7)
Indonesien	7.4	(1.0)	350	(7.9)	364	(8.7)	11.1	(0.9)	340	(7.0)	349	(7.3)
Lettland	19.5	(1.9)	443	(8.4)	431	(9.6)	3.8	(0.7)	452	(19.0)	438	(16.6)
Liechtenstein	m	m	m	m	m	m	m	m	m	m	m	m
Macau (China)	1.5	(1.0)	c	c	c	c	1.1	(0.4)	c	c	c	c
Russ. Föderation	m	m	m	m	m	m	m	m	m	m	m	m
Serbien	31.1	(2.1)	391	(4.6)	353	(4.1)	6.4	(1.1)	417	(8.9)	368	(8.7)
Thailand	11.5	(1.6)	384	(10.8)	370	(9.2)	8.6	(2.1)	387	(15.4)	367	(9.0)
Tunesien	m	m	m	m	m	m	m	m	m	m	m	m
Uruguay	m	m	m	m	m	m	m	m	m	m	m	m
Verein. Königreich[1]	19.1	(1.4)	474	(6.5)	449	(6.8)	2.0	(0.5)	c	c	c	c

1. Die Beteiligungsquote ist zu niedrig, um die Vergleichbarkeit zu gewährleisten (siehe Anhang A3).

Tabelle 3.3 (*Fortsetzung*)

Prozentuale Anteile der Schülerinnen und Schüler mit bestimmten Berufsvorstellungen (im Alter von 30 Jahren) und Leistungen auf den Gesamtskalen Mathematik bzw. Lesekompetenz, nach Geschlecht

Die Ergebnisse basieren auf Schülerangaben

Mädchen	Streben einen Angestelltenberuf an, der hohe Qualifikationen erfordert						Streben einen Angestelltenberuf an, der geringe Qualifikationen erfordert					
			Leistungen auf der Mathematikskala		Leistungen auf der Lesekompetenzskala				Leistungen auf der Mathematikskala		Leistungen auf der Lesekompetenzskala	
	%	S.E.	Mittelwert	S.E.	Mittelwert	S.E.	%	S.E.	Mittelwert	S.E.	Mittelwert	S.E.
OECD-Länder												
Australien	81.8	(0.7)	536	(2.6)	562	(2.4)	16.1	(0.7)	468	(4.3)	491	(4.5)
Österreich	63.3	(2.0)	527	(4.4)	546	(4.2)	31.0	(2.0)	454	(4.6)	460	(5.2)
Belgien	75.1	(1.4)	549	(2.9)	552	(3.0)	22.5	(1.5)	452	(5.3)	459	(6.0)
Kanada	m	m	m	m	m	m	m	m	m	m	m	m
Tschech. Republik	63.0	(1.8)	543	(4.0)	537	(3.5)	31.2	(1.5)	465	(4.6)	468	(4.5)
Dänemark	m	m	m	m	m	m	m	m	m	m	m	m
Finnland	m	m	m	m	m	m	m	m	m	m	m	m
Frankreich	71.5	(1.4)	524	(3.4)	533	(3.2)	26.0	(1.5)	455	(4.0)	459	(5.2)
Deutschland	69.8	(1.3)	529	(4.0)	543	(3.9)	24.6	(1.3)	462	(5.0)	481	(6.3)
Griechenland	81.8	(1.5)	449	(4.0)	502	(4.0)	17.5	(1.6)	380	(6.0)	445	(7.4)
Ungarn	66.1	(1.8)	514	(4.2)	526	(3.7)	27.3	(1.6)	433	(4.9)	451	(5.1)
Island	75.7	(1.3)	534	(2.7)	535	(2.7)	17.3	(1.2)	483	(5.7)	484	(6.6)
Irland	77.7	(1.3)	514	(3.1)	552	(3.2)	20.4	(1.3)	441	(4.8)	475	(4.7)
Italien	80.2	(1.4)	466	(4.8)	506	(4.1)	18.6	(1.4)	419	(5.9)	455	(6.1)
Japan	m	m	m	m	m	m	m	m	m	m	m	m
Korea	80.3	(1.4)	541	(5.5)	559	(4.1)	15.8	(1.2)	486	(5.8)	509	(5.9)
Luxemburg	m	m	m	m	m	m	m	m	m	m	m	m
Mexiko	86.7	(0.9)	398	(3.9)	432	(4.2)	9.5	(0.9)	359	(11.0)	389	(12.8)
Niederlande	m	m	m	m	m	m	m	m	m	m	m	m
Neuseeland	m	m	m	m	m	m	m	m	m	m	m	m
Norwegen	m	m	m	m	m	m	m	m	m	m	m	m
Polen	78.8	(1.2)	510	(3.0)	539	(3.4)	19.1	(1.1)	436	(5.4)	470	(5.5)
Portugal	88.3	(0.9)	472	(3.4)	506	(3.5)	10.5	(0.9)	408	(5.6)	446	(7.0)
Slowak. Republik	64.0	(2.0)	522	(3.5)	520	(3.1)	28.8	(1.9)	446	(6.3)	446	(6.0)
Spanien	m	m	m	m	m	m	m	m	m	m	m	m
Schweden	m	m	m	m	m	m	m	m	m	m	m	m
Schweiz	m	m	m	m	m	m	m	m	m	m	m	m
Türkei	m	m	m	m	m	m	m	m	m	m	m	m
Vereinigte Staaten	88.9	(0.8)	485	(3.3)	518	(3.3)	9.5	(0.7)	445	(5.9)	477	(6.4)
OECD insgesamt	***74.8***	***(0.4)***	***488***	***(1.8)***	***516***	***(1.8)***	***13.9***	***(0.4)***	***443***	***(2.2)***	***466***	***(2.2)***
OECD-Durchschnitt	***66.5***	***(0.4)***	***503***	***(1.1)***	***526***	***(1.1)***	***17.4***	***(0.3)***	***444***	***(1.6)***	***463***	***(1.4)***
Partnerländer												
Brasilien	m	m	m	m	m	m	m	m	m	m	m	m
Hongkong (China)	66.0	(1.5)	571	(4.6)	542	(3.7)	29.4	(1.3)	539	(5.4)	520	(4.1)
Indonesien	75.5	(1.4)	371	(4.8)	405	(4.4)	12.1	(1.1)	363	(7.9)	400	(7.2)
Lettland	76.8	(2.1)	503	(4.6)	528	(4.9)	20.6	(1.9)	436	(7.0)	472	(6.0)
Liechtenstein	m	m	m	m	m	m	m	m	m	m	m	m
Macau (China)	69.3	(2.5)	534	(4.9)	518	(5.1)	28.3	(2.5)	512	(7.6)	506	(6.0)
Russ. Föderation	m	m	m	m	m	m	m	m	m	m	m	m
Serbien	75.5	(2.5)	458	(4.2)	452	(3.8)	19.4	(2.3)	392	(5.8)	398	(5.5)
Thailand	66.3	(1.4)	433	(4.3)	452	(3.7)	27.7	(1.2)	412	(4.8)	434	(3.5)
Tunesien	m	m	m	m	m	m	m	m	m	m	m	m
Uruguay	m	m	m	m	m	m	m	m	m	m	m	m
Verein. Königreich[1]	78.5	(1.4)	537	(3.2)	544	(3.4)	20.2	(1.3)	460	(5.0)	470	(5.9)

Mädchen	Streben einen manuellen Beruf an, der hohe Qualifikationen erfordert						Streben einen manuellen Beruf an, der geringe Qualifikationen erfordert					
			Leistungen auf der Mathematikskala		Leistungen auf der Lesekompetenzskala				Leistungen auf der Mathematikskala		Leistungen auf der Lesekompetenzskala	
	%	S.E.	Mittelwert	S.E.	Mittelwert	S.E.	%	S.E.	Mittelwert	S.E.	Mittelwert	S.E.
OECD-Länder												
Australien	1.6	(0.2)	c	c	c	c	0.5	(0.1)	c	c	c	c
Österreich	2.9	(0.8)	c	c	c	c	2.8	(0.5)	c	c	c	c
Belgien	2.1	(0.3)	c	c	c	c	0.3	(0.1)	c	c	c	c
Kanada	m	m	m	m	m	m	m	m	m	m	m	m
Tschech. Republik	4.8	(0.7)	447	(13.7)	458	(16.6)	1.0	(0.2)	c	c	c	c
Dänemark	m	m	m	m	m	m	m	m	m	m	m	m
Finnland	m	m	m	m	m	m	m	m	m	m	m	m
Frankreich	2.1	(0.5)	c	c	c	c	0.5	(0.2)	c	c	c	c
Deutschland	3.9	(0.5)	500	(11.4)	510	(11.4)	1.8	(0.3)	c	c	c	c
Griechenland	0.5	(0.1)	c	c	c	c	0.2	(0.1)	c	c	c	c
Ungarn	6.3	(1.2)	431	(10.0)	454	(10.3)	0.2	(0.2)	c	c	c	c
Island	5.5	(0.7)	516	(10.4)	518	(10.8)	1.5	(0.3)	c	c	c	c
Irland	1.2	(0.3)	c	c	c	c	0.7	(0.3)	c	c	c	c
Italien	0.9	(0.2)	c	c	c	c	0.4	(0.1)	c	c	c	c
Japan	m	m	m	m	m	m	m	m	m	m	m	m
Korea	0.7	(0.2)	c	c	c	c	3.2	(0.5)	472	(11.2)	486	(11.3)
Luxemburg	m	m	m	m	m	m	m	m	m	m	m	m
Mexiko	1.1	(0.4)	c	c	c	c	2.6	(0.4)	c	c	c	c
Niederlande	m	m	m	m	m	m	m	m	m	m	m	m
Neuseeland	m	m	m	m	m	m	m	m	m	m	m	m
Norwegen	m	m	m	m	m	m	m	m	m	m	m	m
Polen	1.7	(0.3)	c	c	c	c	0.4	(0.2)	c	c	c	c
Portugal	0.8	(0.2)	c	c	c	c	0.4	(0.1)	c	c	c	c
Slowak. Republik	6.1	(0.9)	390	(7.2)	399	(8.4)	1.1	(0.4)	c	c	c	c
Spanien	m	m	m	m	m	m	m	m	m	m	m	m
Schweden	m	m	m	m	m	m	m	m	m	m	m	m
Schweiz	m	m	m	m	m	m	m	m	m	m	m	m
Türkei	m	m	m	m	m	m	m	m	m	m	m	m
Vereinigte Staaten	1.5	(0.3)	c	c	c	c	0.1	(0.1)	c	c	c	c
OECD insgesamt	***1.6***	***(0.1)***	***465***	***(6.9)***	***485***	***(8.9)***	***9.6***	***(0.3)***	***467***	***(3.5)***	***487***	***(3.6)***
OECD-Durchschnitt	***2.1***	***(0.1)***	***455***	***(4.4)***	***468***	***(4.9)***	***13.9***	***(0.3)***	***488***	***(1.9)***	***501***	***(2.0)***
Partnerländer												
Brasilien	m	m	m	m	m	m	m	m	m	m	m	m
Hongkong (China)	0.3	(0.1)	c	c	c	c	4.4	(0.6)	514	(12.5)	500	(10.3)
Indonesien	2.0	(0.5)	c	c	c	c	10.3	(1.0)	340	(8.2)	375	(7.4)
Lettland	2.1	(0.6)	c	c	c	c	0.5	(0.3)	c	c	c	c
Liechtenstein	m	m	m	m	m	m	m	m	m	m	m	m
Macau (China)	0.8	(0.7)	c	c	c	c	1.7	(0.5)	c	c	c	c
Russ. Föderation	m	m	m	m	m	m	m	m	m	m	m	m
Serbien	4.2	(0.9)	377	(11.2)	387	(14.8)	0.9	(0.2)	c	c	c	c
Thailand	1.5	(0.4)	c	c	c	c	4.5	(0.7)	377	(8.6)	403	(8.3)
Tunesien	m	m	m	m	m	m	m	m	m	m	m	m
Uruguay	m	m	m	m	m	m	m	m	m	m	m	m
Verein. Königreich[1]	1.0	(0.3)	c	c	c	c	0.2	(0.1)	c	c	c	c

1. Die Beteiligungsquote ist zu niedrig, um die Vergleichbarkeit zu gewährleisten (siehe Anhang A3).

Tabelle 3.4

Index der Einstellung zur Schule und Leistungen auf der Gesamtskala Mathematik, nach nationalen Indexquartilen

Die Ergebnisse basieren auf Schülerangaben

		Index der Einstellung zur Schule															
		Alle Schüler		Jungen		Mädchen		Unterschied (J – M)		Unterstes Quartil		Zweites Quartil		Drittes Quartil		Oberstes Quartil	
		Indexmittel	S.E.	Indexmittel	S.E.	Indexmittel	S.E.	Diff.	S.E.	Indexmittel	S.E.	Indexmittel	S.E.	Indexmittel	S.E.	Indexmittel	S.E.
OECD-Länder	Australien	0.25	(0.01)	0.20	(0.02)	0.31	(0.02)	**–0.10**	(0.03)	–0.97	(0.01)	–0.20	(0.00)	0.48	(0.01)	1.70	(0.01)
	Österreich	0.12	(0.02)	0.06	(0.02)	0.17	(0.03)	**–0.11**	(0.03)	–1.16	(0.01)	–0.29	(0.01)	0.45	(0.01)	1.46	(0.02)
	Belgien	–0.19	(0.02)	–0.27	(0.02)	–0.10	(0.02)	**–0.17**	(0.03)	–1.21	(0.01)	–0.52	(0.00)	–0.02	(0.01)	1.01	(0.02)
	Kanada	0.06	(0.01)	–0.06	(0.02)	0.17	(0.02)	**–0.23**	(0.02)	–1.14	(0.01)	–0.40	(0.00)	0.28	(0.01)	1.47	(0.02)
	Tschech. Republik	–0.01	(0.02)	–0.08	(0.02)	0.06	(0.02)	**–0.14**	(0.03)	–1.06	(0.01)	–0.37	(0.00)	0.23	(0.01)	1.14	(0.02)
	Dänemark	–0.03	(0.02)	–0.09	(0.03)	0.02	(0.02)	**–0.11**	(0.03)	–1.14	(0.01)	–0.41	(0.01)	0.19	(0.01)	1.23	(0.02)
	Finnland	0.11	(0.02)	–0.02	(0.02)	0.24	(0.02)	**–0.26**	(0.03)	–0.97	(0.01)	–0.28	(0.00)	0.34	(0.01)	1.35	(0.02)
	Frankreich	0.14	(0.02)	–0.01	(0.03)	0.28	(0.03)	**–0.29**	(0.04)	–1.08	(0.02)	–0.27	(0.01)	0.46	(0.01)	1.45	(0.02)
	Deutschland	–0.08	(0.02)	–0.16	(0.02)	0.00	(0.02)	**–0.16**	(0.03)	–1.21	(0.01)	–0.47	(0.01)	0.14	(0.01)	1.23	(0.02)
	Griechenland	0.08	(0.02)	–0.01	(0.02)	0.16	(0.03)	**–0.18**	(0.03)	–1.08	(0.02)	–0.33	(0.01)	0.38	(0.01)	1.34	(0.02)
	Ungarn	–0.22	(0.02)	–0.28	(0.02)	–0.16	(0.02)	**–0.12**	(0.02)	–1.16	(0.01)	–0.54	(0.01)	–0.06	(0.01)	0.87	(0.02)
	Island	0.00	(0.02)	–0.16	(0.03)	0.17	(0.03)	**–0.33**	(0.05)	–1.29	(0.02)	–0.45	(0.01)	0.32	(0.01)	1.43	(0.02)
	Irland	0.13	(0.02)	0.02	(0.03)	0.24	(0.03)	**–0.22**	(0.04)	–1.08	(0.02)	–0.30	(0.01)	0.41	(0.01)	1.49	(0.02)
	Italien	–0.06	(0.02)	–0.17	(0.02)	0.05	(0.02)	**–0.22**	(0.03)	–1.13	(0.01)	–0.40	(0.00)	0.19	(0.01)	1.11	(0.01)
	Japan	–0.50	(0.01)	–0.60	(0.02)	–0.42	(0.02)	**–0.18**	(0.03)	–1.48	(0.02)	–0.83	(0.00)	–0.35	(0.01)	0.64	(0.02)
	Korea	–0.37	(0.02)	–0.36	(0.02)	–0.39	(0.02)	0.03	(0.02)	–1.33	(0.01)	–0.68	(0.01)	–0.25	(0.00)	0.77	(0.02)
	Luxemburg	–0.23	(0.02)	–0.32	(0.02)	–0.15	(0.02)	**–0.18**	(0.03)	–1.39	(0.01)	–0.63	(0.01)	–0.02	(0.01)	1.10	(0.02)
	Mexiko	0.42	(0.03)	0.31	(0.03)	0.53	(0.03)	**–0.23**	(0.03)	–0.90	(0.02)	–0.01	(0.01)	0.72	(0.01)	1.89	(0.02)
	Niederlande	–0.19	(0.02)	–0.24	(0.03)	–0.15	(0.02)	**–0.09**	(0.03)	–1.06	(0.02)	–0.45	(0.01)	–0.05	(0.01)	0.79	(0.03)
	Neuseeland	0.10	(0.02)	0.07	(0.02)	0.12	(0.02)	–0.04	(0.03)	–1.08	(0.01)	–0.35	(0.00)	0.35	(0.01)	1.46	(0.02)
	Norwegen	–0.21	(0.02)	–0.31	(0.03)	–0.11	(0.03)	**–0.20**	(0.04)	–1.35	(0.02)	–0.55	(0.01)	0.01	(0.01)	1.05	(0.02)
	Polen	–0.12	(0.02)	–0.24	(0.02)	0.00	(0.02)	**–0.24**	(0.03)	–1.27	(0.01)	–0.49	(0.01)	0.02	(0.01)	1.26	(0.02)
	Portugal	0.27	(0.02)	0.12	(0.03)	0.40	(0.03)	**–0.28**	(0.03)	–0.84	(0.01)	–0.11	(0.01)	0.50	(0.01)	1.53	(0.02)
	Slowak. Republik	0.03	(0.02)	–0.04	(0.02)	0.11	(0.02)	**–0.15**	(0.03)	–0.98	(0.01)	–0.33	(0.00)	0.24	(0.01)	1.19	(0.02)
	Spanien	0.14	(0.02)	–0.01	(0.02)	0.28	(0.02)	**–0.29**	(0.03)	–1.05	(0.01)	–0.27	(0.01)	0.41	(0.01)	1.47	(0.02)
	Schweden	0.02	(0.02)	–0.03	(0.03)	0.07	(0.02)	**–0.10**	(0.03)	–1.10	(0.01)	–0.40	(0.01)	0.27	(0.01)	1.31	(0.02)
	Schweiz	0.03	(0.02)	–0.02	(0.03)	0.08	(0.02)	**–0.11**	(0.03)	–1.19	(0.02)	–0.42	(0.01)	0.35	(0.01)	1.37	(0.02)
	Türkei	0.13	(0.03)	–0.01	(0.04)	0.29	(0.03)	**–0.31**	(0.05)	–1.11	(0.01)	–0.33	(0.01)	0.39	(0.01)	1.56	(0.02)
	Vereinigte Staaten	0.09	(0.02)	–0.02	(0.03)	0.20	(0.03)	**–0.23**	(0.04)	–1.11	(0.01)	–0.37	(0.00)	0.29	(0.01)	1.55	(0.02)
	OECD insgesamt	*0.01*	*(0.01)*	*–0.09*	*(0.01)*	*0.11*	*(0.01)*	*–0.20*	*(0.01)*	*–1.17*	*(0.00)*	*–0.42*	*(0.00)*	*0.22*	*(0.01)*	*1.39*	*(0.01)*
	OECD-Durchschnitt	*0.00*	*(0.00)*	*–0.09*	*(0.00)*	*0.09*	*(0.00)*	*–0.18*	*(0.01)*	*–1.15*	*(0.00)*	*–0.41*	*(0.00)*	*0.23*	*(0.01)*	*1.33*	*(0.01)*
Partnerländer	Brasilien	0.53	(0.02)	0.43	(0.04)	0.61	(0.03)	**–0.18**	(0.05)	–0.73	(0.02)	0.11	(0.01)	0.81	(0.00)	1.92	(0.02)
	Hongkong (China)	–0.52	(0.01)	–0.53	(0.02)	–0.51	(0.02)	–0.03	(0.02)	–1.33	(0.01)	–0.78	(0.00)	–0.38	(0.00)	0.41	(0.02)
	Indonesien	0.59	(0.02)	0.55	(0.03)	0.64	(0.02)	**–0.08**	(0.03)	–0.57	(0.01)	0.25	(0.01)	0.80	(0.00)	1.90	(0.02)
	Lettland	0.22	(0.02)	0.10	(0.03)	0.34	(0.03)	**–0.24**	(0.04)	–0.85	(0.01)	–0.11	(0.01)	0.47	(0.01)	1.37	(0.02)
	Liechtenstein	–0.10	(0.05)	–0.06	(0.07)	–0.14	(0.07)	0.09	(0.10)	–1.26	(0.06)	–0.45	(0.02)	0.12	(0.03)	1.21	(0.06)
	Macau (China)	–0.37	(0.03)	–0.37	(0.05)	–0.38	(0.03)	0.01	(0.07)	–1.30	(0.03)	–0.65	(0.01)	–0.20	(0.01)	0.66	(0.04)
	Russ. Föderation	0.19	(0.03)	0.08	(0.03)	0.30	(0.03)	**–0.22**	(0.03)	–0.93	(0.01)	–0.22	(0.00)	0.44	(0.01)	1.48	(0.02)
	Serbien	0.17	(0.02)	0.11	(0.03)	0.23	(0.03)	**–0.13**	(0.04)	–1.02	(0.01)	–0.23	(0.01)	0.45	(0.01)	1.50	(0.02)
	Thailand	0.28	(0.02)	0.15	(0.02)	0.38	(0.03)	**–0.23**	(0.03)	–0.72	(0.01)	–0.05	(0.01)	0.52	(0.01)	1.37	(0.03)
	Tunesien	0.72	(0.02)	0.60	(0.03)	0.84	(0.03)	**–0.24**	(0.04)	–0.74	(0.02)	0.37	(0.01)	1.07	(0.01)	2.19	(0.01)
	Uruguay	0.11	(0.02)	0.04	(0.02)	0.18	(0.02)	**–0.15**	(0.02)	–1.02	(0.01)	–0.26	(0.01)	0.39	(0.01)	1.34	(0.02)
	Verein. Königreich[1]	0.12	(0.02)	0.08	(0.02)	0.16	(0.02)	**–0.08**	(0.03)	–1.11	(0.02)	–0.27	(0.01)	0.39	(0.01)	1.46	(0.02)

		Leistungen auf der Gesamtskala Mathematik, nach nationalen Indexquartilen								Punktzahlveränderung auf der Gesamtskala Mathematik, je Indexeinheit		Größere Wahrscheinlichkeit für Schüler im untersten Indexquartil, im untersten nationalen Quartil der Gesamtskala Mathematik zu liegen		Erklärte Varianz der Schülerleistungen (R^2 x 100)	
		Unterstes Quartil		Zweites Quartil		Drittes Quartil		Oberstes Quartil							
		Mittelwert	S.E.	Mittelwert	S.E.	Mittelwert	S.E.	Mittelwert	S.E	Veränderung	S.E.	Quotient	S.E.	%	S.E.
OECD-Länder	Australien	**502**	(3.2)	521	(2.6)	536	(2.3)	**540**	(2.6)	**13.8**	(1.03)	**1.5**	(0.06)	2.4	(0.36)
	Österreich	501	(4.2)	517	(4.7)	516	(4.8)	496	(4.5)	–2.7	(1.72)	1.0	(0.06)	0.1	(0.14)
	Belgien	528	(4.0)	544	(3.5)	540	(3.8)	523	(3.9)	**–4.3**	(2.16)	1.1	(0.06)	0.1	(0.14)
	Kanada	**524**	(2.4)	536	(2.2)	540	(2.4)	**545**	(2.4)	**7.2**	(1.00)	**1.3**	(0.06)	0.8	(0.21)
	Tschech. Republik	**516**	(4.6)	522	(4.7)	528	(4.0)	**525**	(3.5)	**3.6**	(1.72)	**1.2**	(0.08)	0.1	(0.11)
	Dänemark	**503**	(4.0)	513	(4.3)	526	(3.7)	**520**	(4.4)	**7.0**	(1.78)	**1.3**	(0.08)	0.5	(0.27)
	Finnland	**525**	(2.9)	542	(2.4)	553	(2.7)	**558**	(3.4)	**12.5**	(1.50)	**1.5**	(0.07)	2.0	(0.47)
	Frankreich	**495**	(3.5)	518	(3.6)	524	(3.8)	**513**	(4.2)	**6.8**	(1.69)	**1.5**	(0.10)	0.6	(0.30)
	Deutschland	**516**	(4.8)	522	(4.5)	514	(4.8)	**496**	(4.5)	**–9.4**	(1.98)	0.9	(0.06)	0.9	(0.37)
	Griechenland	**459**	(4.5)	450	(5.1)	443	(5.3)	**431**	(3.7)	**–11.4**	(1.74)	**0.8**	(0.06)	1.5	(0.43)
	Ungarn	**496**	(4.7)	493	(4.1)	487	(4.4)	**485**	(4.1)	**–6.5**	(2.28)	**0.9**	(0.07)	0.3	(0.24)
	Island	**490**	(3.3)	511	(3.0)	526	(3.2)	**536**	(2.9)	**15.3**	(1.42)	**1.8**	(0.12)	3.4	(0.64)
	Irland	**491**	(4.0)	499	(4.0)	513	(3.7)	**508**	(3.8)	**6.8**	(1.53)	**1.4**	(0.10)	0.7	(0.31)
	Italien	**467**	(4.1)	472	(3.9)	468	(4.3)	**456**	(3.9)	**–5.6**	(1.73)	1.0	(0.07)	0.3	(0.17)
	Japan	530	(5.0)	533	(5.4)	538	(4.9)	537	(4.7)	2.6	(2.03)	1.1	(0.07)	0.1	(0.09)
	Korea	546	(4.0)	539	(4.0)	540	(4.0)	544	(4.8)	0.2	(1.78)	0.9	(0.06)	0.0	(0.03)
	Luxemburg	**497**	(3.4)	506	(2.9)	497	(3.5)	**476**	(3.0)	**–9.2**	(1.46)	**0.8**	(0.07)	1.0	(0.33)
	Mexiko	**353**	(4.7)	385	(4.0)	394	(3.9)	**414**	(4.1)	**21.4**	(1.71)	**2.0**	(0.14)	7.6	(1.10)
	Niederlande	532	(4.6)	547	(4.4)	548	(3.9)	545	(5.2)	3.8	(3.05)	**1.3**	(0.11)	0.1	(0.18)
	Neuseeland	**502**	(3.5)	522	(4.0)	529	(3.6)	**545**	(4.2)	**14.6**	(1.70)	**1.4**	(0.08)	2.3	(0.54)
	Norwegen	**467**	(3.8)	497	(4.0)	512	(3.9)	**510**	(3.9)	**16.3**	(1.80)	**1.6**	(0.10)	2.9	(0.63)
	Polen	489	(4.1)	496	(3.7)	496	(3.5)	483	(3.5)	–3.3	(1.73)	1.1	(0.06)	0.1	(0.14)
	Portugal	**450**	(4.4)	465	(4.0)	475	(4.2)	**475**	(4.7)	**9.5**	(1.73)	**1.5**	(0.11)	1.1	(0.39)
	Slowak. Republik	**510**	(4.1)	500	(4.1)	502	(4.2)	**482**	(4.5)	**–10.5**	(1.51)	**0.9**	(0.06)	1.0	(0.27)
	Spanien	**477**	(4.2)	484	(2.8)	495	(3.8)	**487**	(3.5)	**4.2**	(1.41)	**1.2**	(0.06)	0.2	(0.16)
	Schweden	**489**	(4.0)	509	(3.6)	515	(4.0)	**526**	(4.4)	**14.3**	(1.65)	**1.4**	(0.09)	2.2	(0.48)
	Schweiz	517	(4.7)	535	(4.4)	536	(4.0)	521	(4.2)	1.1	(1.95)	**1.2**	(0.09)	0.0	(0.07)
	Türkei	426	(11.1)	424	(7.3)	433	(6.4)	414	(7.1)	–3.3	(3.75)	1.1	(0.11)	0.1	(0.27)
	Vereinigte Staaten	**470**	(4.3)	485	(3.9)	491	(4.3)	**489**	(4.8)	**6.6**	(1.39)	**1.3**	(0.08)	0.6	(0.23)
	OECD insgesamt	*489*	*(1.5)*	*495*	*(1.3)*	*494*	*(1.5)*	*484*	*(1.5)*	*–1.8*	*(0.61)*	*1.1*	*(0.02)*	*0.0*	*(0.02)*
	OECD-Durchschnitt	*496*	*(0.9)*	*505*	*(0.8)*	*506*	*(0.8)*	*499*	*(0.9)*	*0.9*	*(0.35)*	*1.1*	*(0.01)*	*0.0*	*(0.01)*
Partnerländer	Brasilien	351	(6.4)	367	(5.6)	358	(5.2)	357	(6.3)	0.8	(1.75)	1.1	(0.09)	0.0	(0.04)
	Hongkong (China)	**539**	(5.6)	545	(5.6)	555	(5.0)	**565**	(5.4)	**13.9**	(2.48)	**1.2**	(0.07)	1.1	(0.36)
	Indonesien	**352**	(5.1)	366	(4.8)	361	(4.3)	**366**	(3.9)	**5.7**	(1.62)	**1.4**	(0.07)	0.5	(0.27)
	Lettland	**471**	(4.8)	482	(4.6)	488	(5.4)	**494**	(4.9)	**9.8**	(1.92)	**1.3**	(0.09)	1.0	(0.38)
	Liechtenstein	537	(11.4)	542	(10.9)	536	(10.2)	532	(11.4)	–9.2	(5.31)	1.1	(0.25)	0.9	(1.05)
	Macau (China)	533	(6.3)	522	(7.1)	522	(6.4)	534	(6.2)	2.0	(5.21)	0.9	(0.11)	0.1	(0.25)
	Russ. Föderation	**461**	(5.4)	467	(4.7)	476	(4.6)	**471**	(4.8)	**4.9**	(1.71)	1.1	(0.07)	0.3	(0.19)
	Serbien	**442**	(4.8)	443	(4.5)	443	(4.8)	**426**	(4.3)	–2.8	(1.50)	1.1	(0.07)	0.1	(0.12)
	Thailand	**404**	(4.4)	417	(4.1)	422	(3.7)	**425**	(4.1)	**9.5**	(2.06)	**1.3**	(0.09)	1.0	(0.47)
	Tunesien	**348**	(3.9)	360	(3.6)	362	(3.4)	**371**	(3.6)	**8.4**	(1.35)	**1.4**	(0.09)	1.4	(0.46)
	Uruguay	418	(5.2)	426	(4.9)	431	(4.7)	419	(4.8)	1.9	(2.16)	1.1	(0.09)	0.0	(0.08)
	Verein. Königreich[1]	**492**	(3.2)	501	(3.7)	518	(4.2)	**520**	(3.8)	**12.1**	(1.39)	**1.3**	(0.08)	1.9	(0.43)

Anmerkung: Statistisch signifikante Werte sind durch Fettdruck gekennzeichnet (siehe Anhang A4).

1. Die Beteiligungsquote ist zu niedrig, um die Vergleichbarkeit zu gewährleisten (siehe Anhang A3).

Tabelle 3.5a

Index des Zugehörigkeitsgefühls und Leistungen auf der Gesamtskala Mathematik, nach nationalen Indexquartilen

Die Ergebnisse basieren auf Schülerangaben

		Index des Zugehörigkeitsgefühls															
		Alle Schüler		Jungen		Mädchen		Unterschied (J – M)		Unterstes Quartil		Zweites Quartil		Drittes Quartil		Oberstes Quartil	
		Indexmittel	S.E.	Indexmittel	S.E.	Indexmittel	S.E.	Diff.	S.E.	Indexmittel	S.E.	Indexmittel	S.E.	Indexmittel	S.E.	Indexmittel	S.E.
OECD-Länder	Australien	0.04	(0.02)	0.00	(0.02)	0.09	(0.02)	**–0.09**	(0.02)	–1.07	(0.01)	–0.48	(0.00)	0.29	(0.00)	1.43	(0.01)
	Österreich	0.44	(0.02)	0.41	(0.03)	0.47	(0.03)	–0.06	(0.04)	–0.98	(0.02)	0.20	(0.01)	0.85	(0.01)	1.71	(0.01)
	Belgien	–0.28	(0.01)	–0.33	(0.02)	–0.23	(0.02)	**–0.10**	(0.03)	–1.30	(0.01)	–0.69	(0.00)	–0.09	(0.01)	0.94	(0.01)
	Kanada	0.02	(0.01)	–0.03	(0.02)	0.06	(0.02)	**–0.09**	(0.02)	–1.18	(0.01)	–0.51	(0.00)	0.26	(0.01)	1.50	(0.01)
	Tschech. Republik	–0.27	(0.01)	–0.27	(0.02)	–0.28	(0.02)	0.01	(0.02)	–1.19	(0.01)	–0.63	(0.00)	–0.11	(0.01)	0.83	(0.01)
	Dänemark	0.01	(0.02)	0.01	(0.02)	0.01	(0.02)	0.01	(0.03)	–1.17	(0.01)	–0.37	(0.01)	0.31	(0.01)	1.28	(0.02)
	Finnland	–0.02	(0.02)	0.03	(0.02)	–0.07	(0.02)	**0.10**	(0.03)	–1.13	(0.01)	–0.46	(0.00)	0.31	(0.01)	1.22	(0.02)
	Frankreich	–0.18	(0.02)	–0.19	(0.03)	–0.17	(0.02)	–0.02	(0.03)	–1.28	(0.01)	–0.58	(0.01)	0.08	(0.01)	1.05	(0.02)
	Deutschland	0.24	(0.02)	0.24	(0.03)	0.24	(0.02)	0.00	(0.04)	–1.16	(0.02)	–0.08	(0.01)	0.65	(0.01)	1.56	(0.01)
	Griechenland	0.04	(0.02)	0.03	(0.02)	0.04	(0.02)	–0.01	(0.03)	–1.01	(0.01)	–0.40	(0.01)	0.29	(0.01)	1.27	(0.02)
	Ungarn	0.08	(0.02)	0.04	(0.02)	0.13	(0.03)	**–0.09**	(0.03)	–1.08	(0.01)	–0.34	(0.01)	0.34	(0.01)	1.40	(0.02)
	Island	0.16	(0.02)	0.19	(0.03)	0.13	(0.03)	0.06	(0.04)	–1.22	(0.02)	–0.30	(0.01)	0.49	(0.01)	1.67	(0.02)
	Irland	0.08	(0.02)	0.04	(0.02)	0.12	(0.03)	**–0.07**	(0.04)	–1.02	(0.01)	–0.42	(0.01)	0.32	(0.01)	1.43	(0.02)
	Italien	0.05	(0.01)	0.05	(0.02)	0.05	(0.02)	0.01	(0.03)	–1.02	(0.01)	–0.35	(0.01)	0.32	(0.00)	1.25	(0.02)
	Japan	–0.53	(0.02)	–0.59	(0.02)	–0.47	(0.02)	**–0.13**	(0.03)	–1.49	(0.01)	–0.88	(0.00)	–0.41	(0.01)	0.67	(0.02)
	Korea	–0.39	(0.01)	–0.36	(0.02)	–0.43	(0.02)	**0.07**	(0.03)	–1.32	(0.01)	–0.80	(0.00)	–0.20	(0.01)	0.76	(0.02)
	Luxemburg	0.23	(0.02)	0.23	(0.02)	0.22	(0.02)	0.01	(0.03)	–1.14	(0.01)	–0.15	(0.01)	0.58	(0.01)	1.62	(0.02)
	Mexiko	0.08	(0.02)	0.02	(0.03)	0.13	(0.02)	**–0.12**	(0.03)	–1.11	(0.01)	–0.44	(0.01)	0.36	(0.01)	1.50	(0.01)
	Niederlande	–0.06	(0.02)	–0.08	(0.02)	–0.04	(0.02)	–0.04	(0.03)	–1.02	(0.01)	–0.45	(0.01)	0.24	(0.01)	1.00	(0.02)
	Neuseeland	–0.01	(0.01)	0.00	(0.02)	–0.02	(0.02)	0.02	(0.03)	–1.11	(0.01)	–0.49	(0.01)	0.26	(0.01)	1.31	(0.02)
	Norwegen	0.24	(0.02)	0.27	(0.03)	0.21	(0.03)	0.06	(0.04)	–1.09	(0.01)	–0.13	(0.01)	0.57	(0.01)	1.60	(0.02)
	Polen	–0.17	(0.02)	–0.20	(0.02)	–0.14	(0.02)	**–0.06**	(0.03)	–1.21	(0.01)	–0.60	(0.00)	0.04	(0.01)	1.10	(0.02)
	Portugal	0.09	(0.02)	0.09	(0.03)	0.10	(0.02)	–0.01	(0.04)	–0.99	(0.01)	–0.31	(0.01)	0.33	(0.01)	1.34	(0.02)
	Slowak. Republik	–0.16	(0.01)	–0.16	(0.02)	–0.16	(0.02)	0.00	(0.03)	–1.13	(0.01)	–0.56	(0.00)	0.00	(0.01)	1.05	(0.02)
	Spanien	0.20	(0.02)	0.24	(0.02)	0.16	(0.03)	**0.08**	(0.04)	–1.00	(0.01)	–0.21	(0.01)	0.48	(0.01)	1.54	(0.01)
	Schweden	0.25	(0.02)	0.35	(0.02)	0.14	(0.03)	**0.21**	(0.03)	–1.06	(0.02)	–0.10	(0.01)	0.56	(0.00)	1.58	(0.02)
	Schweiz	0.19	(0.03)	0.17	(0.04)	0.22	(0.02)	–0.04	(0.05)	–1.15	(0.02)	–0.18	(0.01)	0.59	(0.01)	1.50	(0.01)
	Türkei	–0.44	(0.02)	–0.48	(0.02)	–0.39	(0.03)	**–0.09**	(0.04)	–1.44	(0.01)	–0.83	(0.00)	–0.26	(0.01)	0.76	(0.02)
	Vereinigte Staaten	m	m	m	m	m	m	m	m	m	m	m	m	m	m	m	m
	OECD insgesamt	*–0.09*	*(0.01)*	*–0.12*	*(0.01)*	*–0.07*	*(0.01)*	*–0.05*	*(0.01)*	*–1.26*	*(0.00)*	*–0.53*	*(0.00)*	*0.18*	*(0.01)*	*1.23*	*(0.01)*
	OECD-Durchschnitt	*0.00*	*(0.00)*	*–0.01*	*(0.00)*	*0.01*	*(0.00)*	*–0.02*	*(0.01)*	*–1.17*	*(0.00)*	*–0.46*	*(0.00)*	*0.30*	*(0.00)*	*1.33*	*(0.01)*
Partnerländer	Brasilien	0.13	(0.02)	0.12	(0.03)	0.14	(0.02)	–0.02	(0.04)	–1.08	(0.02)	–0.38	(0.01)	0.41	(0.01)	1.57	(0.02)
	Hongkong (China)	–0.61	(0.01)	–0.63	(0.02)	–0.58	(0.02)	**–0.06**	(0.02)	–1.38	(0.01)	–0.84	(0.00)	–0.55	(0.00)	0.34	(0.02)
	Indonesien	–0.30	(0.02)	–0.33	(0.02)	–0.28	(0.02)	**–0.05**	(0.02)	–1.10	(0.01)	–0.66	(0.00)	–0.23	(0.01)	0.79	(0.02)
	Lettland	–0.21	(0.02)	–0.25	(0.02)	–0.18	(0.02)	**–0.07**	(0.03)	–1.16	(0.01)	–0.55	(0.01)	–0.01	(0.01)	0.87	(0.02)
	Liechtenstein	0.19	(0.05)	0.14	(0.07)	0.26	(0.08)	–0.12	(0.11)	–1.17	(0.06)	–0.11	(0.02)	0.57	(0.02)	1.50	(0.04)
	Macau (China)	–0.61	(0.02)	–0.60	(0.04)	–0.63	(0.03)	0.03	(0.05)	–1.46	(0.02)	–0.87	(0.01)	–0.50	(0.01)	0.38	(0.04)
	Russ. Föderation	–0.29	(0.02)	–0.31	(0.02)	–0.26	(0.02)	**–0.05**	(0.03)	–1.26	(0.01)	–0.72	(0.00)	–0.13	(0.01)	0.96	(0.02)
	Serbien	0.03	(0.02)	0.02	(0.03)	0.05	(0.02)	–0.03	(0.04)	–1.08	(0.01)	–0.47	(0.00)	0.26	(0.01)	1.42	(0.02)
	Thailand	–0.29	(0.02)	–0.32	(0.03)	–0.26	(0.03)	**–0.07**	(0.03)	–1.11	(0.01)	–0.64	(0.00)	–0.20	(0.01)	0.82	(0.04)
	Tunesien	–0.09	(0.02)	–0.10	(0.03)	–0.08	(0.03)	–0.02	(0.03)	–1.32	(0.01)	–0.54	(0.01)	0.19	(0.01)	1.32	(0.02)
	Uruguay	0.24	(0.01)	0.30	(0.02)	0.18	(0.02)	**0.12**	(0.04)	–1.01	(0.02)	–0.21	(0.01)	0.58	(0.01)	1.61	(0.01)
	Verein. Königreich[1]	0.08	(0.01)	0.12	(0.02)	0.05	(0.02)	**0.07**	(0.03)	–1.08	(0.01)	–0.37	(0.01)	0.35	(0.01)	1.42	(0.01)

		Leistungen auf der Gesamtskala Mathematik, nach nationalen Indexquartilen								Punktzahlveränderung auf der Gesamtskala Mathematik, je Indexeinheit		Größere Wahrscheinlichkeit für Schüler im untersten Indexquartil, im untersten nationalen Quartil der Gesamtskala Mathematik zu liegen		Erklärte Varianz der Schülerleistungen (R^2 x 100)	
		Unterstes Quartil		Zweites Quartil		Drittes Quartil		Oberstes Quartil							
		Mittelwert	S.E.	Mittelwert	S.E.	Mittelwert	S.E.	Mittelwert	S.E	Veränderung	S.E.	Quotient	S.E.	%	S.E.
OECD-Länder	Australien	**518**	(3.8)	524	(2.7)	530	(2.9)	**527**	(2.7)	3.1	(1.63)	**1.2**	(0.06)	0.1	(0.12)
	Österreich	497	(3.8)	513	(4.4)	515	(4.3)	505	(4.4)	2.9	(1.64)	**1.2**	(0.08)	0.1	(0.11)
	Belgien	**517**	(5.0)	537	(3.9)	543	(3.2)	**539**	(2.8)	**6.3**	(2.18)	**1.3**	(0.08)	0.3	(0.20)
	Kanada	534	(2.5)	541	(2.1)	538	(2.5)	532	(2.5)	–1.0	(0.85)	**1.1**	(0.05)	0.0	(0.03)
	Tschech. Republik	**505**	(4.7)	516	(3.8)	532	(4.5)	**537**	(3.8)	**12.7**	(1.98)	**1.4**	(0.09)	1.3	(0.39)
	Dänemark	511	(4.1)	513	(4.1)	522	(4.5)	516	(4.1)	3.1	(1.92)	**1.2**	(0.10)	0.1	(0.14)
	Finnland	544	(3.5)	547	(2.7)	547	(3.1)	540	(3.2)	–1.9	(1.37)	1.1	(0.06)	0.0	(0.07)
	Frankreich	505	(3.9)	516	(4.5)	515	(4.1)	513	(3.3)	1.2	(1.28)	1.1	(0.08)	0.0	(0.04)
	Deutschland	509	(4.5)	516	(4.2)	519	(4.3)	504	(5.2)	–1.4	(1.81)	1.1	(0.09)	0.0	(0.07)
	Griechenland	**433**	(5.1)	446	(4.5)	455	(4.3)	**448**	(5.1)	**5.8**	(1.69)	**1.3**	(0.09)	0.3	(0.18)
	Ungarn	**476**	(4.0)	484	(4.2)	500	(4.3)	**501**	(3.5)	**10.0**	(1.63)	**1.4**	(0.08)	1.1	(0.35)
	Island	512	(3.7)	518	(3.8)	519	(3.7)	513	(3.8)	0.5	(1.55)	1.1	(0.09)	0.0	(0.04)
	Irland	**506**	(4.2)	503	(3.6)	511	(3.4)	**492**	(3.6)	**–5.2**	(1.55)	1.0	(0.07)	0.4	(0.22)
	Italien	467	(4.4)	467	(3.9)	469	(3.8)	460	(4.6)	–3.7	(1.92)	1.0	(0.08)	0.1	(0.13)
	Japan	**512**	(4.9)	535	(5.3)	546	(4.6)	**546**	(4.8)	**12.9**	(2.16)	**1.4**	(0.08)	1.3	(0.39)
	Korea	**528**	(4.3)	539	(3.8)	549	(3.7)	**553**	(4.8)	**11.1**	(2.09)	**1.3**	(0.07)	1.0	(0.35)
	Luxemburg	**482**	(3.1)	491	(3.2)	504	(2.7)	**497**	(3.3)	**5.9**	(1.45)	**1.2**	(0.08)	0.5	(0.24)
	Mexiko	**363**	(4.3)	383	(3.8)	398	(4.4)	**399**	(4.3)	**13.3**	(1.41)	**1.6**	(0.09)	2.6	(0.51)
	Niederlande	**531**	(4.2)	539	(4.3)	553	(4.4)	**549**	(4.2)	**7.0**	(2.31)	**1.2**	(0.09)	0.4	(0.28)
	Neuseeland	515	(4.0)	529	(3.7)	532	(3.2)	523	(3.9)	2.6	(1.51)	**1.3**	(0.07)	0.1	(0.08)
	Norwegen	492	(3.8)	499	(3.5)	504	(3.9)	490	(3.9)	0.1	(1.57)	**1.2**	(0.07)	0.0	(0.03)
	Polen	**480**	(3.2)	484	(3.6)	499	(4.0)	**499**	(3.8)	**7.7**	(1.51)	**1.3**	(0.07)	0.6	(0.25)
	Portugal	**438**	(4.7)	469	(4.4)	480	(3.8)	**479**	(3.9)	**15.7**	(1.72)	**1.8**	(0.11)	2.8	(0.58)
	Slowak. Republik	**489**	(4.0)	495	(3.9)	510	(3.9)	**499**	(4.9)	**3.1**	(1.41)	**1.2**	(0.07)	0.1	(0.08)
	Spanien	479	(3.3)	486	(2.6)	494	(3.1)	482	(4.1)	2.4	(1.34)	**1.2**	(0.06)	0.1	(0.10)
	Schweden	506	(3.4)	512	(4.0)	516	(3.4)	505	(4.1)	0.3	(1.57)	**1.2**	(0.08)	0.0	(0.03)
	Schweiz	**512**	(4.8)	523	(3.9)	540	(4.8)	**532**	(4.5)	**8.4**	(1.90)	**1.3**	(0.07)	0.8	(0.36)
	Türkei	**390**	(6.6)	419	(7.0)	444	(8.2)	**442**	(8.0)	**21.0**	(2.87)	**1.7**	(0.14)	3.1	(0.83)
	Vereinigte Staaten	m	m	m	m	m	m	m	m	m	m	m	m	m	m
	OECD insgesamt	*485*	*(1.6)*	*494*	*(1.4)*	*500*	*(1.3)*	*492*	*(1.4)*	*2.0*	*(0.63)*	*1.2*	*(0.02)*	*0.0*	*(0.02)*
	OECD-Durchschnitt	*492*	*(1.0)*	*502*	*(0.8)*	*511*	*(0.7)*	*502*	*(0.9)*	*3.5*	*(0.38)*	*1.3*	*(0.02)*	*0.1*	*(0.03)*
Partnerländer	Brasilien	**346**	(5.2)	360	(5.6)	364	(6.2)	**361**	(6.1)	**4.7**	(1.56)	1.2	(0.08)	0.3	(0.17)
	Hongkong (China)	**531**	(4.6)	547	(4.8)	558	(5.9)	**566**	(5.9)	**16.3**	(2.65)	**1.5**	(0.11)	1.3	(0.44)
	Indonesien	**347**	(4.6)	366	(3.9)	364	(4.8)	**366**	(4.8)	**5.8**	(1.81)	**1.4**	(0.08)	0.3	(0.18)
	Lettland	**469**	(4.5)	479	(4.5)	489	(4.9)	**498**	(4.6)	**13.1**	(1.98)	**1.4**	(0.10)	1.5	(0.43)
	Liechtenstein	517	(11.0)	549	(9.4)	542	(12.3)	538	(9.4)	9.5	(5.05)	1.4	(0.29)	1.0	(1.12)
	Macau (China)	517	(7.6)	527	(7.1)	533	(6.8)	533	(7.0)	6.2	(5.24)	1.3	(0.18)	0.3	(0.49)
	Russ. Föderation	**453**	(5.2)	462	(4.4)	481	(4.9)	**479**	(4.4)	**11.1**	(1.38)	**1.4**	(0.09)	1.2	(0.28)
	Serbien	428	(4.7)	442	(4.7)	451	(4.5)	431	(4.8)	1.0	(1.50)	**1.2**	(0.09)	0.0	(0.05)
	Thailand	**401**	(4.1)	417	(3.6)	421	(3.6)	**429**	(4.2)	**13.0**	(2.14)	**1.4**	(0.09)	1.6	(0.57)
	Tunesien	354	(4.0)	360	(4.6)	360	(3.7)	363	(2.9)	3.0	(1.74)	**1.2**	(0.09)	0.2	(0.18)
	Uruguay	414	(3.7)	422	(4.1)	437	(5.5)	418	(5.1)	**3.4**	(1.55)	**1.2**	(0.08)	0.1	(0.12)
	Verein. Königreich[1]	507	(4.5)	505	(3.1)	514	(3.8)	505	(3.8)	0.7	(1.29)	1.1	(0.07)	0.0	(0.03)

Anmerkung: Statistisch signifikante Werte sind durch Fettdruck gekennzeichnet (siehe Anhang A4).

1. Die Beteiligungsquote ist zu niedrig, um die Vergleichbarkeit zu gewährleisten (siehe Anhang A3).

Tabelle 3.5b

Index des Zugehörigkeitsgefühls, nach Bildungsgang

Die Ergebnisse basieren auf Schülerangaben

		Alle Schüler											
		Bildungsgang Typ A[1]				Bildungsgang Typ B[2]				Bildungsgang Typ C[3]			
		%	S.E.	Indexmittel	S.E.	%	S.E.	Indexmittel	S.E.	%	S.E.	Indexmittel	S.E.
OECD-Länder	Australien	91.1	(0.6)	0.05	(0.02)	8.9	(0.6)	–0.01	(0.04)	a	a	a	a
	Österreich	56.8	(1.9)	0.48	(0.03)	34.1	(1.9)	0.38	(0.03)	9.2	(0.7)	0.37	(0.10)
	Belgien	77.1	(1.1)	–0.25	(0.01)	2.1	(0.4)	c	c	20.9	(1.1)	–0.37	(0.04)
	Kanada	100.0	(0.0)	0.02	(0.01)	a	a	a	a	a	a	a	a
	Tschech. Republik	83.1	(1.2)	–0.24	(0.02)	0.3	(0.3)	c	c	16.6	(1.2)	–0.36	(0.04)
	Dänemark	100.0	(0.0)	0.01	(0.02)	a	a	a	a	a	a	a	a
	Finnland	100.0	(0.0)	–0.02	(0.02)	a	a	a	a	a	a	a	a
	Frankreich	90.5	(0.9)	–0.17	(0.02)	2.1	(0.6)	c	c	7.4	(0.7)	–0.19	(0.04)
	Deutschland	98.4	(0.2)	0.23	(0.02)	1.6	(0.2)	c	c	a	a	a	a
	Griechenland	80.1	(2.2)	0.07	(0.02)	a	a	a	a	19.9	(2.2)	–0.10	(0.03)
	Ungarn	80.4	(0.7)	0.13	(0.02)	a	a	a	a	19.6	(0.7)	–0.12	(0.03)
	Island	100.0	(0.0)	0.16	(0.02)	a	a	a	a	a	a	a	a
	Irland	82.2	(1.4)	0.08	(0.02)	1.1	(0.3)	c	c	16.7	(1.3)	0.08	(0.04)
	Italien	99.9	(0.0)	0.05	(0.01)	a	a	a	a	0.1	(0.0)	c	c
	Japan	74.6	(0.5)	–0.50	(0.02)	0.9	(0.9)	c	c	24.5	(1.0)	–0.60	(0.03)
	Korea	73.3	(0.9)	–0.34	(0.02)	a	a	a	a	26.7	(0.9)	–0.53	(0.02)
	Luxemburg	95.4	(0.1)	0.23	(0.02)	3.2	(0.1)	0.16	(0.09)	1.3	(0.1)	c	c
	Mexiko	94.2	(1.2)	0.07	(0.02)	a	a	a	a	5.8	(1.2)	0.16	(0.06)
	Niederlande	38.6	(1.8)	0.05	(0.02)	58.0	(2.0)	–0.13	(0.02)	3.4	(1.4)	–0.04	(0.04)
	Neuseeland	100.0	(0.0)	–0.01	(0.01)	a	a	a	a	a	a	a	a
	Norwegen	100.0	(0.0)	0.23	(0.02)	a	a	a	a	a	a	a	a
	Polen	100.0	(0.0)	–0.17	(0.02)	a	a	a	a	a	a	a	a
	Portugal	91.2	(1.0)	0.09	(0.02)	8.5	(0.9)	0.13	(0.05)	0.3	(0.1)	c	c
	Slowak. Republik	97.3	(0.8)	–0.15	(0.01)	1.0	(0.6)	c	c	1.8	(0.5)	c	c
	Spanien	100.0	(0.0)	0.20	(0.02)	a	a	a	a	a	a	a	a
	Schweden	100.0	(0.0)	0.24	(0.02)	a	a	a	a	a	a	a	a
	Schweiz	91.2	(2.8)	0.22	(0.02)	8.4	(2.8)	–0.07	(0.17)	0.4	(0.2)	c	c
	Türkei	100.0	(0.0)	–0.44	(0.02)	a	a	a	a	a	a	a	a
	Vereinigte Staaten	100.0	(0.0)	m	m	a	a	a	a	a	a	a	a
	OECD insgesamt	***86.9***	***(0.2)***	***–0.06***	***(0.00)***	***1.8***	***(0.1)***	***–0.06***	***(0.02)***	***11.3***	***(0.2)***	***–0.16***	***(0.01)***
	OECD-Durchschnitt	***86.5***	***(0.2)***	***0.01***	***(0.00)***	***4.4***	***(0.2)***	***0.03***	***(0.02)***	***9.1***	***(0.2)***	***–0.13***	***(0.01)***
Partnerländer	Brasilien	100.0	(0.0)	0.13	(0.02)	a	a	a	a	a	a	a	a
	Hongkong (China)	100.0	(0.0)	–0.61	(0.01)	a	a	a	a	a	a	a	a
	Indonesien	89.1	(1.2)	–0.29	(0.02)	10.9	(1.2)	–0.39	(0.03)	a	a	a	a
	Lettland	100.0	(0.0)	–0.21	(0.02)	a	a	a	a	a	a	a	a
	Liechtenstein	100.0	(0.0)	0.19	(0.05)	a	a	a	a	a	a	a	a
	Macau (China)	99.0	(0.1)	–0.61	(0.02)	1.0	(0.1)	c	c	a	a	a	a
	Russ. Föderation	92.5	(2.6)	–0.28	(0.02)	a	a	a	a	7.5	(2.6)	–0.35	(0.06)
	Serbien	21.4	(2.6)	0.13	(0.04)	45.4	(2.5)	0.01	(0.02)	33.3	(2.4)	0.00	(0.04)
	Thailand	89.7	(1.4)	–0.29	(0.03)	a	a	a	a	10.3	(1.4)	–0.26	(0.06)
	Tunesien	100.0	(0.0)	–0.09	(0.02)	a	a	a	a	a	a	a	a
	Uruguay	91.9	(1.2)	0.24	(0.02)	4.2	(1.1)	0.20	(0.06)	3.9	(0.5)	0.21	(0.06)
	Verein. Königreich[4]	0.9	(0.3)	c	c	0.6	(0.1)	c	c	98.5	(0.3)	0.08	(0.01)

1. Typ A: Allgemeinbildender Zweig, der den Zugang zur nächsthöheren Bildungsstufe ermöglicht.
2. Typ B: Bildungsgang, der den Zugang zur nächsthöheren berufsbildenden Stufe ermöglicht.
3. Typ C: Bildungsgang, der auf den direkten Arbeitsmarktzugang ausgerichtet ist.
4. Die Beteiligungsquote ist zu niedrig, um die Vergleichbarkeit zu gewährleisten (siehe Anhang A3).

Tabelle 3.5b *(Fortsetzung)*

Index des Zugehörigkeitsgefühls, nach Bildungsgang

Die Ergebnisse basieren auf Schülerangaben

Jungen

	Bildungsgang Typ A[1]				Bildungsgang Typ B[2]				Bildungsgang Typ C[3]			
	%	S.E.	Indexmittel	S.E.	%	S.E.	Indexmittel	S.E.	%	S.E.	Indexmittel	S.E.
OECD-Länder												
Australien	90.3	(0.8)	0.00	(0.02)	9.7	(0.8)	–0.04	(0.05)	a	a	a	a
Österreich	49.0	(2.4)	0.48	(0.04)	38.6	(2.6)	0.32	(0.04)	12.4	(1.2)	0.38	(0.12)
Belgien	74.0	(1.7)	–0.29	(0.02)	2.2	(0.4)	c	c	23.8	(1.7)	–0.45	(0.04)
Kanada	100.0	(0.0)	–0.03	(0.02)	a	a	a	a	a	a	a	a
Tschech. Republik	78.4	(1.7)	–0.22	(0.02)	0.1	(0.1)	c	c	21.4	(1.7)	–0.38	(0.04)
Dänemark	100.0	(0.0)	0.02	(0.02)	a	a	a	a	a	a	a	a
Finnland	100.0	(0.0)	0.03	(0.02)	a	a	a	a	a	a	a	a
Frankreich	91.2	(1.4)	–0.19	(0.03)	2.6	(0.9)	c	c	6.2	(1.2)	–0.19	(0.08)
Deutschland	98.3	(0.8)	0.23	(0.03)	1.7	(0.8)	c	c	a	a	a	a
Griechenland	76.2	(3.1)	0.08	(0.03)	a	a	a	a	23.8	(3.1)	–0.11	(0.05)
Ungarn	76.8	(1.5)	0.09	(0.03)	a	a	a	a	23.2	(1.5)	–0.13	(0.03)
Island	100.0	(0.0)	0.19	(0.03)	a	a	a	a	a	a	a	a
Irland	85.5	(1.3)	0.06	(0.02)	0.9	(0.3)	c	c	13.6	(1.3)	–0.03	(0.07)
Italien	99.9	(0.0)	0.05	(0.02)	a	a	a	a	0.1	(0.0)	c	c
Japan	71.2	(2.6)	–0.58	(0.02)	1.5	(1.5)	c	c	27.2	(2.5)	–0.64	(0.03)
Korea	75.4	(2.5)	–0.32	(0.02)	a	a	a	a	24.6	(2.5)	–0.50	(0.03)
Luxemburg	93.5	(0.3)	0.23	(0.02)	4.2	(0.3)	0.23	(0.13)	2.3	(0.2)	c	c
Mexiko	93.7	(1.2)	0.01	(0.03)	a	a	a	a	6.3	(1.2)	0.09	(0.08)
Niederlande	35.4	(2.0)	0.09	(0.03)	60.8	(2.4)	–0.17	(0.03)	3.9	(1.7)	–0.08	(0.06)
Neuseeland	100.0	(0.0)	0.00	(0.02)	a	a	a	a	a	a	a	a
Norwegen	100.0	(0.0)	0.26	(0.03)	a	a	a	a	a	a	a	a
Polen	100.0	(0.0)	–0.20	(0.02)	a	a	a	a	a	a	a	a
Portugal	89.6	(1.3)	0.09	(0.03)	10.1	(1.3)	0.11	(0.06)	0.3	(0.1)	c	c
Slowak. Republik	96.8	(1.0)	–0.15	(0.02)	1.2	(0.7)	c	c	1.9	(0.6)	c	c
Spanien	100.0	(0.0)	0.24	(0.02)	a	a	a	a	a	a	a	a
Schweden	100.0	(0.0)	0.35	(0.02)	a	a	a	a	a	a	a	a
Schweiz	88.6	(5.1)	0.22	(0.02)	11.2	(5.1)	–0.21	(0.18)	0.2	(0.2)	c	c
Türkei	100.0	(0.0)	–0.48	(0.02)	a	a	a	a	a	a	a	a
Vereinigte Staaten	100.0	(0.0)	m	m	a	a	a	a	a	a	a	a
OECD insgesamt	***86.6***	***(0.4)***	***–0.07***	***(0.01)***	***2.1***	***(0.2)***	***–0.12***	***(0.03)***	***11.3***	***(0.4)***	***–0.18***	***(0.02)***
OECD-Durchschnitt	***85.6***	***(0.3)***	***0.01***	***(0.01)***	***4.9***	***(0.3)***	***–0.02***	***(0.03)***	***9.6***	***(0.3)***	***–0.15***	***(0.01)***
Partnerländer												
Brasilien	100.0	(0.0)	0.11	(0.03)	a	a	a	a	a	a	a	a
Hongkong (China)	100.0	(0.0)	–0.63	(0.02)	a	a	a	a	a	a	a	a
Indonesien	86.7	(2.3)	–0.32	(0.02)	13.3	(2.3)	–0.38	(0.04)	a	a	a	a
Lettland	100.0	(0.0)	–0.24	(0.02)	a	a	a	a	a	a	a	a
Liechtenstein	100.0	(0.0)	0.14	(0.07)	a	a	a	a	a	a	a	a
Macau (China)	99.1	(0.3)	–0.60	(0.04)	0.9	(0.3)	c	c	a	a	a	a
Russ. Föderation	88.3	(3.8)	–0.30	(0.02)	a	a	a	a	11.7	(3.8)	–0.39	(0.03)
Serbien	14.4	(2.2)	0.06	(0.08)	40.8	(2.6)	0.01	(0.03)	44.8	(2.8)	0.00	(0.05)
Thailand	85.7	(2.4)	–0.32	(0.03)	a	a	a	a	14.3	(2.4)	–0.32	(0.05)
Tunesien	100.0	(0.0)	–0.10	(0.03)	a	a	a	a	a	a	a	a
Uruguay	88.0	(1.8)	0.32	(0.03)	6.2	(1.6)	0.22	(0.09)	5.8	(0.9)	0.18	(0.07)
Verein. Königreich[4]	1.1	(0.6)	c	c	0.8	(0.2)	c	c	98.0	(0.6)	0.12	(0.02)

Mädchen

	Bildungsgang Typ A[1]				Bildungsgang Typ B[2]				Bildungsgang Typ C[3]			
	%	S.E.	Indexmittel	S.E.	%	S.E.	Indexmittel	S.E.	%	S.E.	Indexmittel	S.E.
OECD-Länder												
Australien	91.9	(0.7)	0.09	(0.02)	8.1	(0.7)	0.04	(0.05)	a	a	a	a
Österreich	64.5	(2.6)	0.48	(0.03)	29.6	(2.6)	0.47	(0.05)	5.9	(0.6)	0.34	(0.12)
Belgien	80.3	(1.1)	–0.22	(0.02)	2.0	(0.5)	c	c	17.7	(1.1)	–0.25	(0.05)
Kanada	100.0	(0.0)	0.06	(0.02)	a	a	a	a	a	a	a	a
Tschech. Republik	87.9	(1.8)	–0.26	(0.02)	0.4	(0.4)	c	c	11.7	(1.7)	–0.32	(0.06)
Dänemark	100.0	(0.0)	0.01	(0.02)	a	a	a	a	a	a	a	a
Finnland	100.0	(0.0)	–0.07	(0.02)	a	a	a	a	a	a	a	a
Frankreich	89.9	(1.0)	–0.16	(0.02)	1.7	(0.5)	c	c	8.4	(0.9)	–0.18	(0.06)
Deutschland	98.7	(0.3)	0.24	(0.02)	1.3	(0.3)	c	c	a	a	a	a
Griechenland	83.6	(2.1)	0.06	(0.02)	a	a	a	a	16.4	(2.1)	–0.08	(0.04)
Ungarn	84.4	(1.3)	0.17	(0.03)	a	a	a	a	15.6	(1.3)	–0.09	(0.05)
Island	100.0	(0.0)	0.13	(0.03)	a	a	a	a	a	a	a	a
Irland	78.8	(2.2)	0.10	(0.03)	1.4	(0.5)	c	c	19.8	(2.1)	0.15	(0.05)
Italien	99.9	(0.0)	0.05	(0.02)	a	a	a	a	0.1	(0.0)	c	c
Japan	77.8	(2.9)	–0.44	(0.02)	0.2	(0.2)	c	c	22.0	(3.0)	–0.56	(0.05)
Korea	70.4	(3.2)	–0.38	(0.02)	a	a	a	a	29.6	(3.2)	–0.55	(0.03)
Luxemburg	97.3	(0.3)	0.22	(0.03)	2.3	(0.2)	c	c	0.5	(0.1)	c	c
Mexiko	94.7	(1.3)	0.13	(0.03)	a	a	a	a	5.3	(1.3)	0.24	(0.06)
Niederlande	42.0	(2.1)	0.02	(0.03)	55.2	(2.3)	–0.08	(0.03)	2.9	(1.0)	c	c
Neuseeland	100.0	(0.0)	–0.02	(0.02)	a	a	a	a	a	a	a	a
Norwegen	100.0	(0.0)	0.21	(0.03)	a	a	a	a	a	a	a	a
Polen	100.0	(0.0)	–0.14	(0.02)	a	a	a	a	a	a	a	a
Portugal	92.6	(0.8)	0.09	(0.03)	7.0	(0.8)	0.16	(0.09)	0.3	(0.2)	c	c
Slowak. Republik	97.7	(0.8)	–0.16	(0.02)	0.7	(0.4)	c	c	1.6	(0.7)	c	c
Spanien	100.0	(0.0)	0.16	(0.03)	a	a	a	a	a	a	a	a
Schweden	100.0	(0.0)	0.14	(0.03)	a	a	a	a	a	a	a	a
Schweiz	93.9	(1.3)	0.22	(0.02)	5.4	(1.1)	0.25	(0.13)	0.7	(0.3)	c	c
Türkei	100.0	(0.0)	–0.39	(0.03)	a	a	a	a	a	a	a	a
Vereinigte Staaten	100.0	(0.0)	m	m	a	a	a	a	a	a	a	a
OECD insgesamt	***87.1***	***(0.4)***	***–0.04***	***(0.01)***	***1.6***	***(0.1)***	***0.01***	***(0.03)***	***11.3***	***(0.4)***	***–0.15***	***(0.02)***
OECD-Durchschnitt	***87.5***	***(0.3)***	***0.02***	***(0.01)***	***3.9***	***(0.2)***	***0.10***	***(0.03)***	***8.7***	***(0.2)***	***–0.10***	***(0.02)***
Partnerländer												
Brasilien	100.0	(0.0)	0.14	(0.02)	a	a	a	a	a	a	a	a
Hongkong (China)	100.0	(0.0)	–0.58	(0.02)	a	a	a	a	a	a	a	a
Indonesien	91.4	(2.3)	–0.27	(0.02)	8.6	(2.3)	–0.40	(0.06)	a	a	a	a
Lettland	100.0	(0.0)	–0.19	(0.02)	a	a	a	a	a	a	a	a
Liechtenstein	100.0	(0.0)	0.25	(0.08)	a	a	a	a	a	a	a	a
Macau (China)	99.0	(0.2)	–0.62	(0.03)	1.0	(0.2)	c	c	a	a	a	a
Russ. Föderation	96.6	(1.4)	–0.26	(0.02)	a	a	a	a	3.4	(1.4)	–0.23	(0.19)
Serbien	28.1	(3.2)	0.17	(0.05)	49.9	(3.2)	0.01	(0.03)	22.0	(2.7)	–0.01	(0.07)
Thailand	93.0	(1.2)	–0.26	(0.03)	a	a	a	a	7.0	(1.2)	–0.16	(0.12)
Tunesien	100.0	(0.0)	–0.08	(0.03)	a	a	a	a	a	a	a	a
Uruguay	95.5	(0.9)	0.18	(0.02)	2.4	(0.8)	c	c	2.1	(0.4)	c	c
Verein. Königreich[4]	0.6	(0.1)	c	c	0.5	(0.2)	c	c	98.9	(0.2)	0.05	(0.02)

1. Typ A: Allgemeinbildender Zweig, der den Zugang zur nächsthöheren Bildungsstufe ermöglicht.
2. Typ B: Bildungsgang, der den Zugang zur nächsthöheren berufsbildenden Stufe ermöglicht.
3. Typ C: Bildungsgang, der auf den direkten Arbeitsmarktzugang ausgerichtet ist.
4. Die Beteiligungsquote ist zu niedrig, um die Vergleichbarkeit zu gewährleisten (siehe Anhang A3).

Tabelle 3.5c

Korrelation zwischen Zugehörigkeitsgefühl und Schülerleistungen auf Schüler- und Schulebene sowie durch das Zugehörigkeitsgefühl erklärte Varianz der Schülerleistungen auf der Gesamtskala Mathematik

	Auf Schülerebene				Auf Schulebene	
	Korrelationskoeffizient		Erklärte Varianz, in %		Korrelationskoeffizient	Erklärte Varianz, in %
	R	S.E.	R^2 x 100	S.E.	R	R^2 x 100
OECD-Länder						
Australien	0.03	0.02	0.11	0.12	0.38	14.80
Österreich	0.03	0.02	0.11	0.11	0.01	0.03
Belgien	0.05	0.02	0.29	0.20	0.42	17.43
Kanada	-0.01	0.01	0.02	0.03	0.09	0.83
Tschech. Republik	0.11	0.02	1.26	0.39	0.13	1.82
Dänemark	0.03	0.02	0.11	0.14	0.30	9.38
Finnland	-0.02	0.02	0.05	0.07	-0.10	1.08
Frankreich	0.01	0.01	0.02	0.04	m	m
Deutschland	-0.02	0.02	0.03	0.07	0.12	1.47
Griechenland	0.06	0.02	0.33	0.18	0.03	0.09
Ungarn	0.11	0.02	1.10	0.35	0.24	5.63
Island	0.01	0.02	0.01	0.04	0.04	0.18
Irland	-0.06	0.02	0.37	0.22	-0.22	4.78
Italien	-0.04	0.02	0.13	0.13	0.12	1.54
Japan	0.11	0.02	1.26	0.39	0.58	33.64
Korea	0.10	0.02	1.00	0.35	0.13	2.09
Luxemburg	0.07	0.02	0.49	0.24	0.07	0.57
Mexiko	0.16	0.02	2.63	0.51	0.62	37.97
Niederlande	0.07	0.02	0.42	0.28	0.44	19.46
Neuseeland	0.03	0.02	0.07	0.08	-0.02	0.38
Norwegen	0.00	0.02	0.00	0.03	-0.03	0.44
Polen	0.08	0.02	0.64	0.25	0.20	4.10
Portugal	0.17	0.02	2.79	0.58	0.37	13.75
Slowak. Republik	0.03	0.01	0.09	0.08	0.07	0.62
Spanien	0.03	0.02	0.08	0.10	0.13	1.83
Schweden	0.00	0.02	0.00	0.03	0.15	2.55
Schweiz	0.09	0.02	0.80	0.36	0.13	1.75
Türkei	0.18	0.02	3.15	0.83	0.69	47.60
Vereinigte Staaten	m	m	m	m	m	m
OECD insgesamt	*0.02*	*0.01*	*0.03*	*0.02*	*0.24*	*5.75*
OECD-Durchschnitt	*0.04*	*0.00*	*0.12*	*0.03*	*0.19*	*8.02*
Partnerländer						
Brasilien	0.05	0.02	0.25	0.17	-0.04	0.22
Hongkong (China)	0.12	0.02	1.35	0.44	0.51	25.92
Indonesien	0.06	0.02	0.32	0.18	0.29	8.23
Lettland	0.12	0.02	1.46	0.43	0.21	4.66
Liechtenstein	0.10	0.05	1.02	1.12	0.33	11.24
Macau (China)	0.05	0.05	0.31	0.49	0.38	14.72
Russ. Föderation	0.11	0.01	1.15	0.28	-0.05	0.25
Serbien	0.01	0.02	0.01	0.05	0.09	0.81
Thailand	0.13	0.02	1.56	0.57	0.30	9.18
Tunesien	0.04	0.02	0.15	0.18	-0.01	0.03
Uruguay	0.04	0.02	0.13	0.12	-0.07	0.48
Verein. Königreich[1]	0.01	0.01	0.01	0.03	0.10	1.04

1. Die Beteiligungsquote ist zu niedrig, um die Vergleichbarkeit zu gewährleisten (siehe Anhang A3).

Tabelle 3.6

Index des Selbstkonzepts in Mathematik und Leistungen auf der Gesamtskala Mathematik, nach nationalen Indexquartilen

Die Ergebnisse basieren auf Schülerangaben

		Index des Selbstkonzepts in Mathematik															
		Alle Schüler		Jungen		Mädchen		Unterschied (J – M)		Unterstes Quartil		Zweites Quartil		Drittes Quartil		Oberstes Quartil	
		Indexmittel	S.E.	Indexmittel	S.E.	Indexmittel	S.E.	Diff.	S.E.	Indexmittel	S.E.	Indexmittel	S.E.	Indexmittel	S.E.	Indexmittel	S.E.
OECD-Länder	Australien	0.13	(0.02)	0.28	(0.02)	–0.03	(0.02)	**0.31**	(0.02)	–1.03	(0.02)	–0.14	(0.00)	0.43	(0.00)	1.26	(0.01)
	Österreich	0.07	(0.02)	0.31	(0.03)	–0.17	(0.03)	**0.47**	(0.04)	–1.29	(0.02)	–0.30	(0.01)	0.43	(0.01)	1.44	(0.02)
	Belgien	–0.03	(0.02)	0.14	(0.02)	–0.21	(0.02)	**0.34**	(0.03)	–1.28	(0.01)	–0.30	(0.01)	0.28	(0.00)	1.18	(0.01)
	Kanada	0.19	(0.01)	0.37	(0.02)	0.01	(0.02)	**0.36**	(0.02)	–1.19	(0.01)	–0.17	(0.01)	0.53	(0.00)	1.58	(0.01)
	Tschech. Republik	–0.09	(0.02)	0.07	(0.02)	–0.26	(0.03)	**0.33**	(0.03)	–1.26	(0.01)	–0.36	(0.01)	0.18	(0.01)	1.06	(0.02)
	Dänemark	0.24	(0.02)	0.49	(0.02)	0.00	(0.02)	**0.49**	(0.03)	–1.09	(0.02)	–0.06	(0.01)	0.60	(0.01)	1.52	(0.02)
	Finnland	0.01	(0.02)	0.25	(0.02)	–0.23	(0.02)	**0.47**	(0.03)	–1.34	(0.02)	–0.33	(0.01)	0.38	(0.01)	1.33	(0.02)
	Frankreich	–0.17	(0.02)	0.03	(0.03)	–0.35	(0.02)	**0.38**	(0.03)	–1.51	(0.02)	–0.47	(0.01)	0.21	(0.01)	1.10	(0.02)
	Deutschland	0.15	(0.02)	0.44	(0.02)	–0.13	(0.03)	**0.56**	(0.04)	–1.30	(0.01)	–0.25	(0.01)	0.53	(0.01)	1.62	(0.01)
	Griechenland	0.11	(0.02)	0.25	(0.03)	–0.02	(0.02)	**0.27**	(0.03)	–0.97	(0.01)	–0.20	(0.01)	0.37	(0.00)	1.24	(0.01)
	Ungarn	–0.15	(0.02)	–0.06	(0.02)	–0.26	(0.02)	**0.20**	(0.03)	–1.19	(0.01)	–0.40	(0.00)	0.06	(0.00)	0.92	(0.01)
	Island	0.03	(0.02)	0.16	(0.03)	–0.10	(0.03)	**0.26**	(0.05)	–1.46	(0.02)	–0.36	(0.01)	0.45	(0.01)	1.50	(0.02)
	Irland	–0.03	(0.02)	0.08	(0.02)	–0.14	(0.03)	**0.21**	(0.03)	–1.20	(0.02)	–0.29	(0.01)	0.26	(0.01)	1.11	(0.02)
	Italien	0.00	(0.02)	0.08	(0.03)	–0.07	(0.02)	**0.14**	(0.03)	–1.26	(0.02)	–0.34	(0.01)	0.34	(0.01)	1.27	(0.02)
	Japan	–0.53	(0.02)	–0.35	(0.03)	–0.70	(0.02)	**0.35**	(0.03)	–1.78	(0.01)	–0.76	(0.01)	–0.24	(0.01)	0.67	(0.02)
	Korea	–0.35	(0.02)	–0.26	(0.03)	–0.49	(0.03)	**0.24**	(0.04)	–1.49	(0.01)	–0.60	(0.00)	–0.12	(0.00)	0.81	(0.01)
	Luxemburg	0.07	(0.02)	0.34	(0.02)	–0.20	(0.02)	**0.54**	(0.03)	–1.35	(0.02)	–0.30	(0.01)	0.45	(0.01)	1.47	(0.02)
	Mexiko	0.17	(0.02)	0.24	(0.02)	0.12	(0.02)	**0.12**	(0.02)	–0.79	(0.01)	–0.12	(0.00)	0.39	(0.00)	1.22	(0.02)
	Niederlande	0.00	(0.02)	0.26	(0.03)	–0.28	(0.03)	**0.55**	(0.04)	–1.28	(0.02)	–0.28	(0.01)	0.33	(0.01)	1.22	(0.02)
	Neuseeland	0.15	(0.02)	0.31	(0.02)	–0.01	(0.02)	**0.32**	(0.03)	–0.98	(0.02)	–0.11	(0.01)	0.44	(0.01)	1.25	(0.02)
	Norwegen	–0.18	(0.02)	0.06	(0.03)	–0.41	(0.03)	**0.47**	(0.04)	–1.59	(0.01)	–0.55	(0.01)	0.18	(0.01)	1.25	(0.02)
	Polen	0.03	(0.02)	0.11	(0.02)	–0.05	(0.02)	**0.17**	(0.03)	–1.02	(0.02)	–0.33	(0.00)	0.25	(0.01)	1.21	(0.02)
	Portugal	–0.18	(0.02)	–0.08	(0.02)	–0.28	(0.02)	**0.20**	(0.03)	–1.37	(0.02)	–0.45	(0.00)	0.11	(0.01)	0.98	(0.02)
	Slowak. Republik	–0.05	(0.02)	0.07	(0.02)	–0.18	(0.02)	**0.25**	(0.02)	–1.06	(0.01)	–0.33	(0.00)	0.18	(0.00)	1.01	(0.02)
	Spanien	–0.19	(0.02)	–0.06	(0.03)	–0.31	(0.03)	**0.25**	(0.03)	–1.47	(0.01)	–0.49	(0.00)	0.15	(0.01)	1.06	(0.01)
	Schweden	0.13	(0.02)	0.30	(0.03)	–0.05	(0.03)	**0.35**	(0.04)	–1.11	(0.01)	–0.20	(0.01)	0.43	(0.01)	1.39	(0.02)
	Schweiz	0.13	(0.02)	0.48	(0.02)	–0.23	(0.02)	**0.72**	(0.03)	–1.21	(0.02)	–0.23	(0.01)	0.49	(0.01)	1.49	(0.01)
	Türkei	0.02	(0.03)	0.10	(0.04)	–0.09	(0.04)	**0.19**	(0.04)	–1.17	(0.02)	–0.35	(0.01)	0.27	(0.01)	1.32	(0.02)
	Vereinigte Staaten	0.25	(0.02)	0.39	(0.02)	0.11	(0.02)	**0.28**	(0.03)	–1.04	(0.02)	–0.08	(0.01)	0.56	(0.01)	1.58	(0.02)
	OECD insgesamt	*0.02*	*(0.01)*	*0.17*	*(0.01)*	*–0.13*	*(0.01)*	*0.30*	*(0.01)*	*–1.25*	*(0.01)*	*–0.30*	*(0.00)*	*0.33*	*(0.01)*	*1.31*	*(0.01)*
	OECD-Durchschnitt	*0.00*	*(0.00)*	*0.17*	*(0.00)*	*–0.17*	*(0.00)*	*0.33*	*(0.01)*	*–1.26*	*(0.00)*	*–0.32*	*(0.00)*	*0.30*	*(0.01)*	*1.27*	*(0.01)*
Partnerländer	Brasilien	0.04	(0.02)	0.20	(0.03)	–0.10	(0.02)	**0.30**	(0.03)	–1.02	(0.02)	–0.27	(0.01)	0.26	(0.01)	1.18	(0.02)
	Hongkong (China)	–0.26	(0.02)	–0.10	(0.03)	–0.42	(0.03)	**0.32**	(0.04)	–1.40	(0.02)	–0.53	(0.00)	–0.02	(0.01)	0.90	(0.02)
	Indonesien	0.11	(0.02)	0.17	(0.02)	0.05	(0.02)	**0.11**	(0.02)	–0.62	(0.01)	–0.15	(0.00)	0.29	(0.01)	0.91	(0.01)
	Lettland	–0.11	(0.02)	0.02	(0.03)	–0.23	(0.02)	**0.25**	(0.03)	–1.09	(0.01)	–0.37	(0.00)	0.13	(0.01)	0.91	(0.02)
	Liechtenstein	0.13	(0.05)	0.52	(0.07)	–0.28	(0.08)	**0.80**	(0.10)	–1.18	(0.06)	–0.21	(0.03)	0.48	(0.02)	1.44	(0.05)
	Macau (China)	–0.20	(0.03)	0.02	(0.04)	–0.42	(0.04)	**0.44**	(0.06)	–1.32	(0.03)	–0.48	(0.01)	0.00	(0.01)	1.00	(0.04)
	Russ. Föderation	0.13	(0.02)	0.15	(0.03)	0.10	(0.02)	**0.05**	(0.02)	–0.77	(0.01)	–0.16	(0.00)	0.31	(0.00)	1.13	(0.01)
	Serbien	0.02	(0.02)	0.09	(0.02)	–0.04	(0.03)	**0.12**	(0.03)	–1.03	(0.02)	–0.25	(0.01)	0.26	(0.01)	1.12	(0.02)
	Thailand	–0.09	(0.01)	0.01	(0.02)	–0.17	(0.02)	**0.18**	(0.03)	–0.82	(0.01)	–0.35	(0.00)	0.10	(0.00)	0.73	(0.01)
	Tunesien	0.15	(0.02)	0.34	(0.03)	–0.04	(0.03)	**0.38**	(0.03)	–1.25	(0.01)	–0.26	(0.01)	0.51	(0.01)	1.60	(0.01)
	Uruguay	0.02	(0.02)	0.14	(0.03)	–0.10	(0.03)	**0.24**	(0.04)	–1.23	(0.02)	–0.33	(0.01)	0.30	(0.01)	1.32	(0.02)
	Verein. Königreich[1]	0.11	(0.02)	0.31	(0.02)	–0.06	(0.02)	**0.37**	(0.03)	–1.05	(0.01)	–0.16	(0.01)	0.41	(0.00)	1.24	(0.02)

		Leistungen auf der Gesamtskala Mathematik, nach nationalen Indexquartilen								Punktzahlveränderung auf der Gesamtskala Mathematik, je Indexeinheit		Größere Wahrscheinlichkeit für Schüler im untersten Indexquartil, im untersten nationalen Quartil der Gesamtskala Mathematik zu liegen		Erklärte Varianz der Schülerleistungen (R^2 x 100)	
		Unterstes Quartil		Zweites Quartil		Drittes Quartil		Oberstes Quartil							
		Mittelwert	S.E.	Mittelwert	S.E.	Mittelwert	S.E.	Mittelwert	S.E	Veränderung	S.E.	Quotient	S.E.	%	S.E.
OECD-Länder	Australien	**479**	(2.8)	507	(2.2)	537	(3.0)	**579**	(3.1)	**42.3**	(1.40)	**2.0**	(0.07)	16.8	(0.99)
	Österreich	**474**	(3.7)	497	(3.7)	511	(4.6)	**549**	(4.3)	**25.7**	(1.75)	**1.7**	(0.10)	8.9	(1.15)
	Belgien	**506**	(3.2)	529	(3.5)	546	(3.4)	**567**	(3.9)	**23.3**	(1.44)	**1.5**	(0.07)	4.8	(0.62)
	Kanada	**490**	(2.0)	516	(2.2)	548	(2.5)	**590**	(2.1)	**35.9**	(0.78)	**2.2**	(0.08)	19.9	(0.84)
	Tschech. Republik	**481**	(3.6)	499	(3.6)	535	(4.2)	**575**	(3.9)	**39.8**	(1.60)	**2.1**	(0.11)	15.8	(1.07)
	Dänemark	**456**	(3.0)	493	(3.7)	536	(3.5)	**578**	(3.6)	**46.5**	(1.32)	**2.8**	(0.16)	27.6	(1.32)
	Finnland	**488**	(2.2)	517	(2.5)	562	(2.3)	**611**	(3.0)	**45.5**	(1.12)	**2.8**	(0.14)	33.0	(1.40)
	Frankreich	**475**	(3.2)	500	(3.4)	523	(3.9)	**552**	(4.0)	**28.3**	(1.71)	**1.9**	(0.12)	10.3	(1.21)
	Deutschland	**484**	(4.6)	498	(4.3)	516	(4.0)	**551**	(4.6)	**22.7**	(1.51)	**1.4**	(0.08)	7.1	(0.90)
	Griechenland	**400**	(3.5)	423	(4.5)	464	(4.7)	**498**	(4.5)	**42.6**	(1.88)	**2.0**	(0.12)	16.6	(1.23)
	Ungarn	**471**	(3.2)	473	(3.6)	488	(3.7)	**531**	(4.8)	**28.4**	(1.99)	**1.2**	(0.08)	6.6	(0.94)
	Island	**461**	(3.0)	489	(3.2)	534	(3.2)	**580**	(2.8)	**39.7**	(1.15)	**2.5**	(0.14)	26.4	(1.26)
	Irland	**467**	(3.4)	488	(3.4)	513	(3.7)	**546**	(3.9)	**34.4**	(1.77)	**1.9**	(0.14)	14.1	(1.44)
	Italien	**436**	(3.9)	448	(4.0)	476	(3.5)	**505**	(3.5)	**25.3**	(1.43)	**1.5**	(0.08)	7.1	(0.73)
	Japan	**505**	(4.8)	532	(4.7)	545	(4.7)	**558**	(5.4)	**21.2**	(1.96)	**1.6**	(0.10)	4.1	(0.72)
	Korea	**493**	(3.3)	517	(4.1)	555	(3.7)	**604**	(4.1)	**47.3**	(1.89)	**2.3**	(0.13)	21.4	(1.24)
	Luxemburg	**474**	(2.8)	478	(2.8)	498	(2.7)	**526**	(3.0)	**19.1**	(1.35)	**1.4**	(0.08)	5.3	(0.71)
	Mexiko	**373**	(3.3)	378	(3.5)	387	(4.3)	**419**	(6.4)	**24.1**	(2.42)	**1.2**	(0.07)	5.4	(1.09)
	Niederlande	**518**	(4.0)	534	(4.0)	549	(4.0)	**574**	(4.1)	**22.2**	(1.75)	**1.5**	(0.10)	6.1	(0.95)
	Neuseeland	**476**	(3.5)	510	(3.1)	530	(3.7)	**583**	(3.6)	**44.9**	(1.47)	**2.0**	(0.13)	17.0	(1.06)
	Norwegen	**435**	(2.3)	470	(2.9)	510	(3.5)	**570**	(3.2)	**46.6**	(1.16)	**2.7**	(0.14)	31.6	(1.51)
	Polen	**451**	(3.2)	464	(3.5)	497	(3.6)	**554**	(3.6)	**46.0**	(1.48)	**1.9**	(0.11)	21.6	(1.28)
	Portugal	**426**	(3.4)	449	(4.6)	478	(3.8)	**513**	(4.4)	**36.8**	(1.53)	**2.1**	(0.13)	15.4	(1.37)
	Slowak. Republik	**457**	(4.0)	477	(4.6)	512	(3.0)	**551**	(5.0)	**44.5**	(1.89)	**2.2**	(0.13)	16.1	(1.63)
	Spanien	**447**	(2.7)	470	(3.4)	497	(2.9)	**531**	(4.3)	**31.9**	(1.61)	**1.9**	(0.13)	13.2	(1.30)
	Schweden	**458**	(3.0)	487	(3.2)	519	(3.4)	**577**	(4.4)	**47.0**	(1.70)	**2.2**	(0.12)	24.4	(1.47)
	Schweiz	**498**	(3.8)	511	(4.7)	536	(4.4)	**564**	(4.3)	**24.2**	(1.47)	**1.6**	(0.07)	6.9	(0.80)
	Türkei	**387**	(4.5)	409	(5.6)	431	(7.1)	**484**	(11.5)	**34.8**	(4.23)	**1.6**	(0.12)	11.0	(1.77)
	Vereinigte Staaten	**443**	(3.5)	465	(3.8)	494	(3.6)	**536**	(3.9)	**35.1**	(1.54)	**1.8**	(0.09)	14.6	(1.18)
	OECD insgesamt	*465*	*(1.3)*	*474*	*(1.4)*	*494*	*(1.6)*	*532*	*(1.6)*	*25.5*	*(0.65)*	*1.4*	*(0.03)*	*6.4*	*(0.34)*
	OECD-Durchschnitt	*467*	*(0.7)*	*482*	*(0.9)*	*509*	*(0.8)*	*550*	*(0.9)*	*32.4*	*(0.37)*	*1.7*	*(0.02)*	*10.8*	*(0.24)*
Partnerländer	Brasilien	**340**	(4.5)	342	(5.9)	367	(6.7)	**390**	(7.7)	**23.2**	(3.00)	1.2	(0.10)	4.3	(0.98)
	Hongkong (China)	**509**	(5.4)	534	(5.8)	562	(5.6)	**598**	(4.4)	**38.4**	(2.05)	**2.0**	(0.14)	12.1	(1.19)
	Indonesien	367	(5.5)	365	(4.4)	358	(4.0)	357	(5.3)	**–7.0**	(3.36)	**0.8**	(0.08)	0.3	(0.30)
	Lettland	**448**	(3.5)	458	(4.6)	495	(4.1)	**535**	(5.8)	**44.6**	(1.99)	**1.8**	(0.10)	16.7	(1.57)
	Liechtenstein	**516**	(9.9)	520	(11.0)	533	(13.8)	**574**	(9.1)	**24.4**	(4.76)	1.2	(0.27)	6.5	(2.45)
	Macau (China)	**498**	(5.8)	507	(6.1)	530	(6.1)	**573**	(6.8)	**32.3**	(3.69)	**1.5**	(0.18)	11.7	(2.50)
	Russ. Föderation	**435**	(4.7)	449	(4.0)	476	(5.2)	**516**	(5.0)	**39.0**	(2.03)	**1.7**	(0.09)	10.5	(0.98)
	Serbien	**410**	(3.9)	429	(3.6)	450	(4.1)	**474**	(5.4)	**28.4**	(1.85)	**1.7**	(0.11)	8.9	(1.05)
	Thailand	**412**	(3.2)	407	(3.1)	411	(4.1)	**438**	(4.4)	**17.3**	(2.29)	1.0	(0.06)	1.8	(0.48)
	Tunesien	**337**	(2.8)	344	(3.1)	363	(3.5)	**395**	(4.3)	**20.1**	(1.49)	**1.3**	(0.08)	7.6	(0.97)
	Uruguay	**383**	(3.7)	409	(3.7)	436	(4.3)	**474**	(4.3)	**35.0**	(1.53)	**1.9**	(0.09)	12.9	(1.11)
	Verein. Königreich[1]	**472**	(3.6)	489	(2.9)	514	(3.9)	**560**	(3.2)	**37.7**	(1.49)	**1.8**	(0.10)	14.4	(1.06)

Anmerkung: Statistisch signifikante Werte sind durch Fettdruck gekennzeichnet (siehe Anhang A4).

1. Die Beteiligungsquote ist zu niedrig, um die Vergleichbarkeit zu gewährleisten (siehe Anhang A3).

Tabelle 3.7

Index der Selbstwirksamkeit in Mathematik und Leistungen auf der Gesamtskala Mathematik, nach nationalen Indexquartilen

Die Ergebnisse basieren auf Schülerangaben

	Index der Selbstwirksamkeit in Mathematik															
	Alle Schüler		Jungen		Mädchen		Unterschied (J – M)		Unterstes Quartil		Zweites Quartil		Drittes Quartil		Oberstes Quartil	
	Indexmittel	S.E.	Indexmittel	S.E.	Indexmittel	S.E.	Diff.	S.E.	Indexmittel	S.E.	Indexmittel	S.E.	Indexmittel	S.E.	Indexmittel	S.E.
OECD-Länder																
Australien	0.10	(0.02)	0.28	(0.03)	–0.09	(0.02)	**0.37**	(0.03)	–0.97	(0.01)	–0.31	(0.00)	0.22	(0.01)	1.47	(0.02)
Österreich	0.16	(0.02)	0.39	(0.03)	–0.07	(0.03)	**0.46**	(0.03)	–1.00	(0.02)	–0.21	(0.01)	0.37	(0.01)	1.48	(0.02)
Belgien	–0.04	(0.02)	0.12	(0.02)	–0.22	(0.02)	**0.35**	(0.03)	–1.11	(0.02)	–0.40	(0.00)	0.11	(0.00)	1.23	(0.02)
Kanada	0.25	(0.02)	0.44	(0.02)	0.07	(0.02)	**0.37**	(0.03)	–0.93	(0.01)	–0.20	(0.00)	0.42	(0.01)	1.71	(0.02)
Tschech. Republik	0.16	(0.02)	0.35	(0.03)	–0.04	(0.02)	**0.39**	(0.03)	–0.88	(0.01)	–0.23	(0.00)	0.34	(0.01)	1.41	(0.02)
Dänemark	–0.07	(0.02)	0.15	(0.02)	–0.27	(0.02)	**0.42**	(0.03)	–1.11	(0.02)	–0.43	(0.00)	0.10	(0.01)	1.17	(0.02)
Finnland	–0.15	(0.02)	0.12	(0.02)	–0.42	(0.02)	**0.53**	(0.03)	–1.21	(0.02)	–0.52	(0.00)	0.01	(0.01)	1.11	(0.02)
Frankreich	–0.01	(0.02)	0.15	(0.04)	–0.15	(0.02)	**0.29**	(0.04)	–1.07	(0.02)	–0.38	(0.00)	0.15	(0.01)	1.28	(0.02)
Deutschland	0.15	(0.02)	0.39	(0.03)	–0.07	(0.02)	**0.45**	(0.04)	–0.97	(0.02)	–0.21	(0.01)	0.35	(0.01)	1.44	(0.02)
Griechenland	–0.26	(0.02)	–0.06	(0.03)	–0.45	(0.02)	**0.39**	(0.03)	–1.28	(0.02)	–0.56	(0.00)	–0.07	(0.00)	0.86	(0.02)
Ungarn	0.36	(0.02)	0.52	(0.03)	0.17	(0.03)	**0.35**	(0.03)	–0.71	(0.01)	–0.13	(0.00)	0.51	(0.01)	1.75	(0.02)
Island	0.04	(0.02)	0.17	(0.03)	–0.10	(0.03)	**0.28**	(0.04)	–1.24	(0.03)	–0.36	(0.01)	0.23	(0.01)	1.51	(0.02)
Irland	–0.03	(0.02)	0.11	(0.02)	–0.17	(0.03)	**0.28**	(0.04)	–1.07	(0.02)	–0.39	(0.00)	0.13	(0.01)	1.22	(0.02)
Italien	–0.11	(0.02)	0.05	(0.03)	–0.25	(0.02)	**0.30**	(0.03)	–0.99	(0.02)	–0.41	(0.00)	0.00	(0.00)	0.98	(0.02)
Japan	–0.53	(0.04)	–0.35	(0.05)	–0.69	(0.03)	**0.33**	(0.06)	–1.77	(0.03)	–0.76	(0.00)	–0.30	(0.00)	0.73	(0.04)
Korea	–0.42	(0.02)	–0.34	(0.03)	–0.54	(0.04)	**0.19**	(0.05)	–1.48	(0.02)	–0.73	(0.00)	–0.29	(0.00)	0.83	(0.03)
Luxemburg	0.10	(0.02)	0.33	(0.03)	–0.12	(0.02)	**0.45**	(0.03)	–1.07	(0.02)	–0.29	(0.00)	0.27	(0.01)	1.49	(0.02)
Mexiko	–0.22	(0.02)	–0.14	(0.02)	–0.30	(0.03)	**0.15**	(0.03)	–1.15	(0.01)	–0.56	(0.00)	–0.09	(0.00)	0.91	(0.02)
Niederlande	–0.09	(0.02)	0.17	(0.02)	–0.37	(0.02)	**0.53**	(0.03)	–1.09	(0.03)	–0.42	(0.00)	0.03	(0.01)	1.11	(0.03)
Neuseeland	0.01	(0.02)	0.19	(0.02)	–0.17	(0.02)	**0.36**	(0.03)	–1.02	(0.02)	–0.40	(0.00)	0.11	(0.01)	1.34	(0.02)
Norwegen	–0.04	(0.02)	0.15	(0.03)	–0.24	(0.03)	**0.40**	(0.04)	–1.28	(0.02)	–0.43	(0.01)	0.16	(0.01)	1.37	(0.02)
Polen	0.05	(0.02)	0.12	(0.03)	–0.03	(0.02)	**0.16**	(0.03)	–0.93	(0.01)	–0.34	(0.00)	0.14	(0.01)	1.32	(0.02)
Portugal	–0.06	(0.02)	0.05	(0.02)	–0.15	(0.03)	**0.20**	(0.03)	–0.95	(0.02)	–0.39	(0.00)	0.05	(0.01)	1.06	(0.02)
Slowak. Republik	0.39	(0.03)	0.55	(0.04)	0.22	(0.03)	**0.33**	(0.04)	–0.73	(0.03)	–0.04	(0.00)	0.60	(0.01)	1.73	(0.02)
Spanien	–0.04	(0.02)	0.09	(0.03)	–0.16	(0.02)	**0.25**	(0.03)	–1.02	(0.02)	–0.33	(0.00)	0.09	(0.00)	1.10	(0.02)
Schweden	0.03	(0.03)	0.17	(0.03)	–0.10	(0.03)	**0.27**	(0.04)	–1.09	(0.02)	–0.38	(0.00)	0.21	(0.01)	1.39	(0.02)
Schweiz	0.32	(0.03)	0.59	(0.04)	0.04	(0.03)	**0.55**	(0.04)	–0.84	(0.02)	–0.08	(0.01)	0.56	(0.01)	1.67	(0.02)
Türkei	–0.18	(0.05)	–0.05	(0.06)	–0.33	(0.05)	**0.28**	(0.05)	–1.42	(0.02)	–0.51	(0.00)	0.00	(0.01)	1.22	(0.05)
Vereinigte Staaten	0.27	(0.02)	0.37	(0.03)	0.16	(0.03)	**0.21**	(0.03)	–0.88	(0.02)	–0.18	(0.00)	0.39	(0.01)	1.73	(0.02)
OECD insgesamt	***–0.02***	***(0.01)***	***0.12***	***(0.01)***	***–0.16***	***(0.01)***	*0.28*	***(0.01)***	***–1.15***	***(0.01)***	***–0.39***	***(0.00)***	***0.12***	***(0.00)***	***1.35***	***(0.01)***
OECD-Durchschnitt	***0.00***	***(0.00)***	***0.17***	***(0.01)***	***–0.17***	***(0.01)***	*0.34*	***(0.01)***	***–1.11***	***(0.00)***	***–0.38***	***(0.00)***	***0.15***	***(0.01)***	***1.33***	***(0.01)***
Partnerländer																
Brasilien	–0.38	(0.02)	–0.23	(0.03)	–0.50	(0.03)	**0.27**	(0.03)	–1.34	(0.02)	–0.68	(0.00)	–0.23	(0.01)	0.74	(0.03)
Hongkong (China)	0.11	(0.03)	0.26	(0.04)	–0.04	(0.03)	**0.30**	(0.05)	–1.02	(0.02)	–0.27	(0.00)	0.29	(0.01)	1.44	(0.03)
Indonesien	–0.31	(0.01)	–0.28	(0.02)	–0.33	(0.02)	**0.05**	(0.02)	–0.95	(0.01)	–0.53	(0.00)	–0.22	(0.00)	0.48	(0.02)
Lettland	–0.11	(0.03)	0.04	(0.04)	–0.24	(0.02)	**0.28**	(0.03)	–0.95	(0.02)	–0.43	(0.00)	–0.03	(0.01)	0.98	(0.03)
Liechtenstein	0.53	(0.05)	0.85	(0.07)	0.20	(0.07)	**0.64**	(0.10)	–0.64	(0.04)	0.13	(0.02)	0.77	(0.02)	1.89	(0.07)
Macau (China)	0.08	(0.03)	0.25	(0.05)	–0.09	(0.04)	**0.34**	(0.06)	–0.87	(0.02)	–0.29	(0.01)	0.19	(0.01)	1.28	(0.04)
Russ. Föderation	–0.08	(0.02)	0.06	(0.04)	–0.22	(0.02)	**0.28**	(0.03)	–0.97	(0.01)	–0.42	(0.00)	0.00	(0.00)	1.07	(0.03)
Serbien	–0.02	(0.03)	0.11	(0.03)	–0.14	(0.03)	**0.25**	(0.03)	–1.02	(0.02)	–0.36	(0.00)	0.11	(0.01)	1.18	(0.03)
Thailand	–0.52	(0.02)	–0.47	(0.02)	–0.57	(0.03)	**0.10**	(0.03)	–1.41	(0.02)	–0.79	(0.00)	–0.33	(0.00)	0.45	(0.02)
Tunesien	–0.29	(0.02)	–0.16	(0.03)	–0.43	(0.03)	**0.27**	(0.03)	–1.41	(0.02)	–0.63	(0.00)	–0.11	(0.01)	0.97	(0.02)
Uruguay	0.02	(0.02)	0.17	(0.03)	–0.12	(0.02)	**0.29**	(0.03)	–1.01	(0.02)	–0.34	(0.00)	0.17	(0.01)	1.26	(0.02)
Verein. Königreich[1]	–0.11	(0.02)	0.09	(0.03)	–0.28	(0.03)	**0.37**	(0.04)	–1.15	(0.02)	–0.53	(0.00)	0.00	(0.01)	1.23	(0.02)

	Leistungen auf der Gesamtskala Mathematik, nach nationalen Indexquartilen								Punktzahlveränderung auf der Gesamtskala Mathematik, je Indexeinheit		Größere Wahrscheinlichkeit für Schüler im untersten Indexquartil, im untersten nationalen Quartil der Gesamtskala Mathematik zu liegen		Erklärte Varianz der Schülerleistungen (R^2 x 100)	
	Unterstes Quartil		Zweites Quartil		Drittes Quartil		Oberstes Quartil							
	Mittelwert	S.E.	Mittelwert	S.E.	Mittelwert	S.E.	Mittelwert	S.E	Veränderung	S.E.	Quotient	S.E.	%	S.E.
OECD-Länder														
Australien	**461**	(2.5)	507	(2.5)	541	(2.2)	**593**	(2.9)	**49.6**	(1.28)	**2.9**	(0.11)	27.3	(1.18)
Österreich	**449**	(3.4)	488	(3.5)	523	(3.4)	**571**	(4.5)	**45.5**	(1.80)	**2.8**	(0.14)	24.6	(1.67)
Belgien	**471**	(3.5)	526	(3.1)	559	(3.0)	**590**	(2.7)	**45.2**	(1.52)	**2.8**	(0.13)	17.7	(0.98)
Kanada	**475**	(2.0)	516	(2.2)	555	(1.9)	**599**	(1.9)	**43.8**	(0.77)	**3.0**	(0.12)	28.9	(0.99)
Tschech. Republik	**454**	(3.7)	502	(3.5)	543	(3.6)	**591**	(3.4)	**55.5**	(1.54)	**3.3**	(0.21)	31.0	(1.30)
Dänemark	**449**	(3.0)	498	(3.2)	536	(3.6)	**579**	(3.5)	**50.8**	(1.80)	**3.3**	(0.16)	27.4	(1.39)
Finnland	**488**	(2.5)	527	(2.3)	559	(2.3)	**606**	(3.0)	**45.9**	(1.41)	**2.9**	(0.16)	27.5	(1.50)
Frankreich	**451**	(3.8)	497	(3.0)	528	(3.6)	**574**	(3.1)	**47.4**	(1.72)	**3.1**	(0.18)	25.4	(1.42)
Deutschland	**442**	(3.7)	497	(3.8)	537	(4.1)	**574**	(3.9)	**50.2**	(1.86)	**3.1**	(0.22)	25.8	(1.59)
Griechenland	**394**	(3.8)	433	(4.0)	461	(4.0)	**500**	(4.8)	**45.5**	(2.13)	**2.5**	(0.15)	18.4	(1.35)
Ungarn	**420**	(3.5)	471	(3.1)	510	(3.1)	**560**	(3.9)	**52.6**	(1.74)	**3.5**	(0.24)	31.0	(1.58)
Island	**453**	(3.1)	498	(2.7)	537	(2.8)	**577**	(2.6)	**40.2**	(1.33)	**3.1**	(0.19)	25.3	(1.36)
Irland	**446**	(2.6)	488	(3.0)	515	(3.1)	**565**	(3.1)	**47.5**	(1.32)	**3.1**	(0.21)	28.0	(1.43)
Italien	**407**	(4.7)	449	(3.1)	482	(3.0)	**525**	(3.8)	**52.4**	(2.24)	**2.7**	(0.15)	20.8	(1.51)
Japan	**452**	(4.8)	519	(3.4)	559	(3.2)	**609**	(5.3)	**54.9**	(2.06)	**3.9**	(0.23)	34.3	(2.21)
Korea	**469**	(3.6)	524	(2.8)	559	(2.8)	**617**	(4.2)	**54.0**	(1.71)	**3.6**	(0.18)	33.2	(1.48)
Luxemburg	**436**	(2.3)	481	(2.6)	509	(2.6)	**552**	(2.7)	**40.5**	(1.37)	**2.8**	(0.13)	21.8	(1.18)
Mexiko	**353**	(4.0)	376	(3.7)	391	(3.9)	**426**	(4.8)	**30.9**	(2.20)	**1.7**	(0.09)	9.5	(1.20)
Niederlande	**490**	(4.2)	529	(3.8)	554	(3.8)	**602**	(3.4)	**44.6**	(1.99)	**2.8**	(0.22)	20.8	(1.42)
Neuseeland	**464**	(3.4)	503	(3.2)	535	(3.5)	**597**	(3.0)	**52.0**	(1.44)	**2.4**	(0.14)	27.1	(1.17)
Norwegen	**431**	(2.6)	474	(3.3)	516	(2.9)	**565**	(3.6)	**46.8**	(1.49)	**2.9**	(0.17)	30.4	(1.58)
Polen	**426**	(2.8)	471	(3.2)	505	(3.1)	**562**	(3.0)	**53.3**	(1.98)	**3.1**	(0.17)	29.9	(1.52)
Portugal	**407**	(4.0)	448	(4.0)	479	(3.5)	**532**	(3.3)	**55.3**	(1.92)	**3.0**	(0.19)	28.1	(1.56)
Slowak. Republik	**424**	(4.3)	479	(3.2)	522	(2.8)	**570**	(2.9)	**55.0**	(1.99)	**4.0**	(0.20)	34.8	(1.61)
Spanien	**434**	(2.6)	470	(2.9)	503	(2.7)	**539**	(3.0)	**42.7**	(1.46)	**2.6**	(0.13)	19.4	(1.00)
Schweden	**443**	(3.0)	485	(2.8)	528	(3.3)	**583**	(3.6)	**52.8**	(1.65)	**3.1**	(0.19)	31.8	(1.57)
Schweiz	**456**	(3.1)	505	(3.0)	552	(3.3)	**595**	(5.4)	**53.2**	(2.33)	**3.3**	(0.19)	29.8	(2.27)
Türkei	**366**	(3.8)	405	(5.1)	432	(6.3)	**503**	(13.5)	**48.6**	(5.07)	**2.2**	(0.20)	25.7	(4.11)
Vereinigte Staaten	**425**	(2.9)	457	(2.7)	502	(3.4)	**554**	(3.9)	**46.7**	(1.30)	**2.5**	(0.13)	27.4	(1.38)
OECD insgesamt	*434*	***(1.4)***	*472*	***(1.3)***	*502*	***(1.4)***	*555*	***(1.7)***	*44.4*	***(0.71)***	*2.3*	***(0.05)***	*19.8*	***(0.58)***
OECD-Durchschnitt	*441*	***(0.8)***	*482*	***(0.7)***	*516*	***(0.8)***	*567*	***(0.9)***	*47.2*	***(0.42)***	*2.6*	***(0.03)***	*22.7*	***(0.34)***
Partnerländer														
Brasilien	**318**	(4.3)	348	(4.0)	369	(5.1)	**401**	(9.2)	**35.1**	(4.44)	**1.7**	(0.13)	9.4	(2.15)
Hongkong (China)	**471**	(5.7)	538	(4.3)	575	(3.5)	**619**	(4.0)	**54.5**	(2.18)	**3.9**	(0.25)	31.0	(1.71)
Indonesien	**347**	(4.5)	364	(3.8)	363	(4.3)	**371**	(6.1)	**13.6**	(3.70)	1.2	(0.09)	1.1	(0.54)
Lettland	**428**	(3.1)	465	(4.3)	497	(3.4)	**545**	(4.7)	**53.8**	(2.41)	**2.7**	(0.27)	24.8	(1.88)
Liechtenstein	**461**	(10.3)	515	(11.0)	566	(9.3)	**600**	(10.2)	**52.9**	(5.46)	**3.2**	(0.52)	28.0	(4.80)
Macau (China)	**478**	(6.1)	517	(6.3)	536	(6.0)	**579**	(6.0)	**43.1**	(3.43)	**2.2**	(0.25)	19.3	(2.91)
Russ. Föderation	**418**	(4.6)	453	(4.1)	481	(4.3)	**525**	(5.2)	**47.1**	(2.03)	**2.4**	(0.14)	19.0	(1.39)
Serbien	**402**	(3.4)	428	(3.5)	452	(4.2)	**478**	(6.1)	**30.7**	(2.48)	**2.0**	(0.13)	11.4	(1.68)
Thailand	**387**	(2.9)	403	(3.8)	425	(4.0)	**454**	(4.9)	**33.5**	(2.42)	**1.5**	(0.09)	10.2	(1.30)
Tunesien	**323**	(2.6)	344	(3.2)	368	(2.9)	**406**	(5.4)	**30.9**	(2.29)	**1.9**	(0.11)	13.7	(1.80)
Uruguay	**375**	(3.6)	411	(3.3)	438	(4.2)	**478**	(4.9)	**41.9**	(1.73)	**2.1**	(0.11)	15.8	(1.10)
Verein. Königreich[1]	**446**	(3.1)	484	(3.0)	523	(3.2)	**582**	(3.0)	**51.1**	(1.62)	**3.0**	(0.18)	30.1	(1.35)

Anmerkung: Statistisch signifikante Werte sind durch Fettdruck gekennzeichnet (siehe Anhang A4).
1. Die Beteiligungsquote ist zu niedrig, um die Vergleichbarkeit zu gewährleisten (siehe Anhang A3).

Tabelle 3.8

Index der Mathematikangst und Leistungen auf der Gesamtskala Mathematik, nach nationalen Indexquartilen

Die Ergebnisse basieren auf Schülerangaben

	Index der Mathematikangst															
	Alle Schüler		Jungen		Mädchen		Unterschied (J – M)		Unterstes Quartil		Zweites Quartil		Drittes Quartil		Oberstes Quartil	
	Indexmittel	S.E.	Indexmittel	S.E.	Indexmittel	S.E.	Diff.	S.E.	Indexmittel	S.E.	Indexmittel	S.E.	Indexmittel	S.E.	Indexmittel	S.E.
OECD-Länder																
Australien	–0.05	(0.01)	–0.19	(0.02)	0.09	(0.02)	**–0.28**	(0.02)	–1.13	(0.02)	–0.29	(0.00)	0.21	(0.00)	0.99	(0.01)
Österreich	–0.27	(0.02)	–0.47	(0.03)	–0.06	(0.03)	**–0.42**	(0.04)	–1.77	(0.02)	–0.61	(0.01)	0.12	(0.01)	1.18	(0.02)
Belgien	0.09	(0.02)	–0.06	(0.02)	0.24	(0.02)	**–0.30**	(0.02)	–1.09	(0.02)	–0.14	(0.00)	0.36	(0.00)	1.22	(0.01)
Kanada	–0.04	(0.01)	–0.23	(0.02)	0.13	(0.02)	**–0.36**	(0.02)	–1.42	(0.02)	–0.30	(0.00)	0.30	(0.00)	1.24	(0.01)
Tschech. Republik	–0.05	(0.02)	–0.16	(0.02)	0.07	(0.03)	**–0.23**	(0.03)	–1.13	(0.02)	–0.31	(0.00)	0.22	(0.00)	1.05	(0.02)
Dänemark	–0.46	(0.02)	–0.66	(0.03)	–0.26	(0.03)	**–0.40**	(0.03)	–1.87	(0.02)	–0.65	(0.01)	–0.10	(0.01)	0.81	(0.02)
Finnland	–0.31	(0.01)	–0.49	(0.02)	–0.14	(0.02)	**–0.35**	(0.02)	–1.47	(0.02)	–0.51	(0.00)	–0.02	(0.00)	0.74	(0.01)
Frankreich	0.34	(0.02)	0.15	(0.02)	0.51	(0.02)	**–0.35**	(0.03)	–0.81	(0.02)	0.11	(0.01)	0.64	(0.01)	1.43	(0.02)
Deutschland	–0.25	(0.02)	–0.48	(0.03)	–0.03	(0.03)	**–0.44**	(0.04)	–1.79	(0.02)	–0.59	(0.01)	0.15	(0.01)	1.20	(0.02)
Griechenland	0.16	(0.02)	0.03	(0.03)	0.28	(0.03)	**–0.25**	(0.03)	–1.06	(0.02)	–0.07	(0.01)	0.51	(0.01)	1.28	(0.01)
Ungarn	–0.01	(0.02)	–0.09	(0.02)	0.08	(0.02)	**–0.17**	(0.03)	–1.13	(0.02)	–0.22	(0.01)	0.26	(0.00)	1.06	(0.02)
Island	–0.20	(0.02)	–0.34	(0.02)	–0.06	(0.03)	**–0.29**	(0.04)	–1.62	(0.02)	–0.43	(0.01)	0.15	(0.01)	1.08	(0.02)
Irland	0.07	(0.02)	–0.06	(0.02)	0.20	(0.03)	**–0.27**	(0.03)	–1.06	(0.03)	–0.18	(0.01)	0.32	(0.01)	1.20	(0.02)
Italien	0.29	(0.01)	0.21	(0.02)	0.35	(0.02)	**–0.14**	(0.02)	–0.79	(0.02)	0.08	(0.00)	0.58	(0.00)	1.27	(0.01)
Japan	0.44	(0.02)	0.31	(0.03)	0.57	(0.02)	**–0.26**	(0.03)	–0.76	(0.02)	0.12	(0.01)	0.70	(0.01)	1.73	(0.02)
Korea	0.41	(0.01)	0.37	(0.02)	0.48	(0.02)	**–0.12**	(0.03)	–0.60	(0.01)	0.21	(0.00)	0.64	(0.00)	1.40	(0.02)
Luxemburg	–0.01	(0.02)	–0.26	(0.02)	0.23	(0.02)	**–0.50**	(0.03)	–1.50	(0.02)	–0.30	(0.01)	0.39	(0.01)	1.37	(0.02)
Mexiko	0.47	(0.02)	0.42	(0.02)	0.52	(0.02)	**–0.10**	(0.02)	–0.44	(0.02)	0.28	(0.00)	0.70	(0.00)	1.35	(0.01)
Niederlande	–0.38	(0.02)	–0.54	(0.03)	–0.21	(0.02)	**–0.33**	(0.03)	–1.52	(0.02)	–0.51	(0.00)	–0.13	(0.01)	0.64	(0.02)
Neuseeland	–0.10	(0.02)	–0.23	(0.02)	0.04	(0.02)	**–0.27**	(0.03)	–1.20	(0.02)	–0.30	(0.00)	0.18	(0.01)	0.94	(0.02)
Norwegen	–0.05	(0.02)	–0.25	(0.03)	0.14	(0.03)	**–0.39**	(0.04)	–1.45	(0.02)	–0.33	(0.00)	0.31	(0.01)	1.26	(0.02)
Polen	0.04	(0.02)	0.02	(0.02)	0.05	(0.02)	–0.03	(0.03)	–1.17	(0.02)	–0.16	(0.01)	0.37	(0.01)	1.11	(0.02)
Portugal	0.15	(0.02)	0.06	(0.02)	0.24	(0.03)	**–0.18**	(0.03)	–0.90	(0.02)	–0.03	(0.01)	0.40	(0.01)	1.14	(0.02)
Slowak. Republik	0.04	(0.02)	–0.06	(0.02)	0.15	(0.02)	**–0.21**	(0.03)	–0.99	(0.02)	–0.21	(0.00)	0.30	(0.00)	1.07	(0.02)
Spanien	0.28	(0.01)	0.13	(0.02)	0.42	(0.02)	**–0.29**	(0.03)	–0.79	(0.02)	0.07	(0.01)	0.54	(0.00)	1.30	(0.01)
Schweden	–0.49	(0.02)	–0.64	(0.02)	–0.34	(0.03)	**–0.30**	(0.03)	–1.82	(0.02)	–0.66	(0.01)	–0.17	(0.01)	0.68	(0.01)
Schweiz	–0.29	(0.02)	–0.52	(0.02)	–0.05	(0.03)	**–0.47**	(0.03)	–1.71	(0.02)	–0.56	(0.01)	0.08	(0.01)	1.03	(0.02)
Türkei	0.34	(0.03)	0.25	(0.04)	0.45	(0.04)	**–0.20**	(0.04)	–0.97	(0.02)	0.10	(0.01)	0.68	(0.01)	1.55	(0.02)
Vereinigte Staaten	–0.10	(0.02)	–0.22	(0.02)	0.03	(0.02)	**–0.25**	(0.03)	–1.51	(0.02)	–0.34	(0.00)	0.26	(0.01)	1.21	(0.02)
OECD insgesamt	***0.10***	***(0.01)***	***–0.03***	***(0.01)***	***0.22***	***(0.01)***	***–0.25***	***(0.01)***	***–1.20***	***(0.01)***	***–0.15***	***(0.00)***	***0.43***	***(0.00)***	***1.30***	***(0.01)***
OECD-Durchschnitt	***0.00***	***(0.00)***	***–0.14***	***(0.00)***	***0.14***	***(0.00)***	***–0.28***	***(0.01)***	***–1.28***	***(0.00)***	***–0.24***	***(0.00)***	***0.33***	***(0.01)***	***1.19***	***(0.01)***
Partnerländer																
Brasilien	0.57	(0.02)	0.43	(0.02)	0.69	(0.02)	**–0.25**	(0.02)	–0.36	(0.01)	0.30	(0.00)	0.78	(0.00)	1.57	(0.02)
Hongkong (China)	0.23	(0.02)	0.11	(0.03)	0.36	(0.02)	**–0.25**	(0.03)	–0.86	(0.02)	0.00	(0.00)	0.49	(0.00)	1.31	(0.02)
Indonesien	0.34	(0.01)	0.29	(0.01)	0.38	(0.02)	**–0.09**	(0.02)	–0.47	(0.02)	0.19	(0.00)	0.55	(0.00)	1.09	(0.01)
Lettland	0.12	(0.02)	0.02	(0.02)	0.22	(0.02)	**–0.20**	(0.03)	–0.87	(0.02)	–0.04	(0.00)	0.36	(0.01)	1.04	(0.01)
Liechtenstein	–0.35	(0.05)	–0.64	(0.07)	–0.06	(0.08)	**–0.58**	(0.10)	–1.64	(0.06)	–0.54	(0.02)	–0.02	(0.02)	0.80	(0.05)
Macau (China)	0.24	(0.04)	0.00	(0.05)	0.46	(0.04)	**–0.45**	(0.07)	–1.00	(0.05)	–0.03	(0.01)	0.59	(0.01)	1.40	(0.03)
Russ. Föderation	0.14	(0.01)	0.08	(0.02)	0.21	(0.02)	**–0.13**	(0.02)	–0.85	(0.02)	–0.04	(0.00)	0.40	(0.01)	1.06	(0.01)
Serbien	0.28	(0.03)	0.30	(0.03)	0.26	(0.03)	0.04	(0.04)	–0.92	(0.02)	0.01	(0.01)	0.59	(0.01)	1.44	(0.02)
Thailand	0.49	(0.01)	0.44	(0.02)	0.52	(0.02)	**–0.08**	(0.02)	–0.37	(0.02)	0.29	(0.00)	0.74	(0.00)	1.29	(0.01)
Tunesien	0.62	(0.02)	0.46	(0.02)	0.77	(0.02)	**–0.32**	(0.03)	–0.51	(0.02)	0.39	(0.01)	0.88	(0.00)	1.71	(0.01)
Uruguay	0.30	(0.02)	0.21	(0.02)	0.39	(0.02)	**–0.18**	(0.03)	–0.82	(0.02)	0.09	(0.01)	0.58	(0.01)	1.36	(0.01)
Verein. Königreich[1]	–0.08	(0.02)	–0.27	(0.02)	0.09	(0.02)	**–0.35**	(0.03)	–1.23	(0.02)	–0.30	(0.00)	0.20	(0.01)	1.02	(0.01)

	Leistungen auf der Gesamtskala Mathematik, nach nationalen Indexquartilen								Punktzahlveränderung auf der Gesamtskala Mathematik, je Indexeinheit		Größere Wahrscheinlichkeit für Schüler im untersten Indexquartil, im untersten nationalen Quartil der Gesamtskala Mathematik zu liegen		Erklärte Varianz der Schülerleistungen (R^2 x 100)	
	Unterstes Quartil		Zweites Quartil		Drittes Quartil		Oberstes Quartil							
	Mittelwert	S.E.	Mittelwert	S.E.	Mittelwert	S.E.	Mittelwert	S.E	Veränderung	S.E.	Quotient	S.E.	%	S.E.
OECD-Länder														
Australien	**569**	(3.2)	536	(2.4)	515	(2.5)	**483**	(3.3)	**–37.8**	(1.50)	**2.1**	(0.10)	12.4	(0.85)
Österreich	**545**	(5.0)	518	(4.1)	496	(4.0)	**470**	(3.7)	**–25.1**	(1.67)	**1.8**	(0.11)	9.8	(1.25)
Belgien	**568**	(3.4)	552	(3.6)	529	(3.2)	**499**	(3.5)	**–26.1**	(1.72)	**1.8**	(0.09)	5.6	(0.71)
Kanada	**584**	(2.0)	545	(2.3)	522	(2.4)	**493**	(2.1)	**–32.6**	(0.81)	**2.1**	(0.07)	16.0	(0.72)
Tschech. Republik	**574**	(3.7)	538	(3.9)	507	(3.8)	**472**	(3.9)	**–42.1**	(1.88)	**2.5**	(0.14)	16.8	(1.15)
Dänemark	**578**	(3.5)	532	(3.1)	497	(3.6)	**455**	(3.5)	**–44.6**	(1.50)	**2.8**	(0.16)	26.5	(1.48)
Finnland	**594**	(3.1)	556	(2.7)	530	(2.5)	**499**	(2.6)	**–41.9**	(1.53)	**2.3**	(0.11)	19.7	(1.23)
Frankreich	**540**	(3.5)	527	(3.6)	502	(3.0)	**482**	(3.8)	**–25.0**	(1.68)	**1.6**	(0.11)	6.4	(0.82)
Deutschland	**556**	(4.0)	525	(3.7)	497	(4.2)	**471**	(5.1)	**–28.1**	(1.42)	**1.8**	(0.10)	11.6	(1.06)
Griechenland	**496**	(4.7)	457	(4.5)	424	(4.1)	**408**	(3.5)	**–34.5**	(1.75)	**1.7**	(0.10)	12.4	(1.20)
Ungarn	**534**	(4.6)	499	(4.0)	475	(3.5)	**455**	(3.7)	**–33.2**	(1.83)	**1.9**	(0.12)	10.1	(1.09)
Island	**568**	(2.8)	526	(3.3)	500	(3.7)	**470**	(3.1)	**–33.4**	(1.36)	**2.1**	(0.12)	15.9	(1.22)
Irland	**541**	(4.2)	513	(3.8)	495	(4.1)	**465**	(3.0)	**–32.9**	(1.65)	**2.0**	(0.14)	13.2	(1.29)
Italien	**505**	(3.8)	479	(3.6)	451	(3.8)	**431**	(4.0)	**–33.2**	(1.70)	**1.8**	(0.09)	8.6	(0.85)
Japan	**548**	(6.2)	547	(4.4)	531	(4.4)	**514**	(4.7)	**–14.3**	(2.06)	**1.4**	(0.08)	2.1	(0.59)
Korea	**571**	(4.6)	547	(3.9)	530	(4.0)	**521**	(3.4)	**–24.5**	(1.66)	**1.3**	(0.07)	4.8	(0.64)
Luxemburg	**531**	(2.8)	505	(2.9)	482	(2.8)	**458**	(3.2)	**–25.0**	(1.43)	**2.0**	(0.12)	9.8	(1.04)
Mexiko	**422**	(6.0)	392	(4.1)	377	(3.2)	**359**	(3.7)	**–34.0**	(2.61)	**1.6**	(0.10)	8.6	(1.32)
Niederlande	**568**	(4.2)	551	(4.5)	541	(4.1)	**515**	(4.3)	**–22.6**	(2.32)	**1.7**	(0.11)	4.9	(0.95)
Neuseeland	**581**	(3.0)	539	(3.3)	508	(3.2)	**473**	(4.0)	**–48.0**	(1.56)	**2.2**	(0.15)	19.2	(1.12)
Norwegen	**558**	(3.5)	513	(3.1)	474	(3.1)	**441**	(2.9)	**–42.1**	(1.22)	**2.4**	(0.15)	24.5	(1.42)
Polen	**554**	(3.4)	503	(3.5)	466	(3.3)	**441**	(2.9)	**–46.4**	(1.53)	**2.4**	(0.14)	24.0	(1.24)
Portugal	**506**	(4.2)	472	(4.1)	458	(4.4)	**431**	(3.9)	**–34.2**	(1.81)	**1.9**	(0.11)	10.7	(1.10)
Slowak. Republik	**547**	(4.1)	511	(3.9)	490	(3.1)	**447**	(4.7)	**–44.8**	(1.71)	**2.6**	(0.14)	16.7	(1.40)
Spanien	**519**	(4.0)	497	(3.4)	474	(2.9)	**455**	(2.7)	**–26.7**	(1.79)	**1.6**	(0.09)	6.9	(0.88)
Schweden	**568**	(3.3)	520	(3.8)	494	(3.5)	**458**	(3.8)	**–42.8**	(1.69)	**2.3**	(0.14)	19.9	(1.21)
Schweiz	**568**	(5.2)	539	(4.7)	517	(4.1)	**486**	(3.6)	**–28.9**	(1.73)	**1.9**	(0.11)	10.1	(1.03)
Türkei	**484**	(11.5)	433	(6.6)	401	(5.3)	**389**	(5.6)	**–34.6**	(4.01)	**1.6**	(0.11)	11.7	(1.79)
Vereinigte Staaten	**537**	(4.1)	495	(3.3)	470	(3.8)	**436**	(3.5)	**–34.4**	(1.52)	**2.1**	(0.10)	15.7	(1.21)
OECD insgesamt	***537***	***(1.4)***	***502***	***(1.3)***	***474***	***(1.4)***	***452***	***(1.5)***	***–31.9***	***(0.61)***	***1.8***	***(0.04)***	***10.1***	***(0.34)***
OECD-Durchschnitt	***550***	***(0.8)***	***515***	***(0.7)***	***486***	***(0.8)***	***458***	***(0.9)***	***–35.3***	***(0.37)***	***2.0***	***(0.02)***	***12.7***	***(0.22)***
Partnerländer														
Brasilien	**407**	(7.4)	371	(5.8)	342	(4.5)	**317**	(4.5)	**–44.0**	(3.70)	**1.8**	(0.12)	12.1	(1.56)
Hongkong (China)	**592**	(4.5)	560	(5.8)	537	(5.7)	**514**	(5.8)	**–31.5**	(2.37)	**1.8**	(0.13)	7.9	(1.09)
Indonesien	**368**	(5.5)	371	(4.4)	360	(4.2)	**348**	(4.4)	**–13.0**	(2.85)	**1.2**	(0.07)	1.1	(0.46)
Lettland	**538**	(5.3)	493	(4.1)	465	(3.9)	**440**	(3.6)	**–47.3**	(2.27)	**2.2**	(0.14)	17.6	(1.57)
Liechtenstein	**588**	(9.3)	536	(11.3)	517	(10.2)	**500**	(11.0)	**–34.3**	(5.40)	1.6	(0.33)	11.0	(3.16)
Macau (China)	**566**	(7.4)	532	(5.9)	511	(5.7)	**501**	(5.7)	**–27.6**	(3.68)	**1.5**	(0.20)	9.7	(2.49)
Russ. Föderation	**517**	(5.1)	479	(4.9)	454	(4.2)	**425**	(4.2)	**–44.1**	(1.87)	**2.1**	(0.13)	14.4	(1.03)
Serbien	**481**	(4.4)	454	(3.7)	422	(3.6)	**399**	(4.3)	**–31.9**	(1.69)	**2.2**	(0.13)	13.7	(1.22)
Thailand	**435**	(4.3)	417	(3.8)	407	(4.0)	**410**	(3.7)	**–15.2**	(2.26)	1.1	(0.08)	1.6	(0.50)
Tunesien	**374**	(4.2)	362	(3.2)	358	(3.3)	**344**	(3.0)	**–12.4**	(1.68)	**1.2**	(0.08)	1.8	(0.48)
Uruguay	**474**	(5.0)	435	(4.8)	407	(4.2)	**382**	(3.5)	**–39.7**	(1.97)	**1.9**	(0.11)	12.7	(1.11)
Verein. Königreich[1]	**551**	(3.2)	517	(3.7)	495	(3.8)	**472**	(3.4)	**–34.0**	(1.51)	**1.8**	(0.09)	11.8	(0.99)

Anmerkung: Statistisch signifikante Werte sind durch Fettdruck gekennzeichnet (siehe Anhang A4).

1. Die Beteiligungsquote ist zu niedrig, um die Vergleichbarkeit zu gewährleisten (siehe Anhang A3).

Tabelle 3.9

Index der Kontrollstrategien und Leistungen auf der Gesamtskala Mathematik, nach nationalen Indexquartilen

Die Ergebnisse basieren auf Schülerangaben

		Index der Kontrollstrategien															
		Alle Schüler		Jungen		Mädchen		Unterschied (J – M)		Unterstes Quartil		Zweites Quartil		Drittes Quartil		Oberstes Quartil	
		Indexmittel	S.E.	Indexmittel	S.E.	Indexmittel	S.E.	Diff.	S.E.	Indexmittel	S.E.	Indexmittel	S.E.	Indexmittel	S.E.	Indexmittel	S.E.
OECD-Länder	Australien	0.01	(0.01)	–0.02	(0.02)	0.05	(0.01)	**–0.07**	(0.02)	–1.05	(0.01)	–0.28	(0.00)	0.13	(0.00)	1.24	(0.01)
	Österreich	0.52	(0.02)	0.42	(0.03)	0.62	(0.03)	**–0.20**	(0.04)	–0.90	(0.03)	0.17	(0.01)	0.90	(0.01)	1.92	(0.02)
	Belgien	–0.05	(0.01)	–0.15	(0.02)	0.05	(0.02)	**–0.20**	(0.03)	–1.14	(0.02)	–0.36	(0.00)	0.11	(0.00)	1.18	(0.01)
	Kanada	0.06	(0.01)	–0.05	(0.02)	0.16	(0.02)	**–0.21**	(0.02)	–1.13	(0.01)	–0.24	(0.00)	0.21	(0.00)	1.39	(0.02)
	Tschech. Republik	0.06	(0.02)	–0.01	(0.02)	0.12	(0.02)	**–0.13**	(0.02)	–0.84	(0.02)	–0.15	(0.01)	0.13	(0.00)	1.09	(0.02)
	Dänemark	–0.19	(0.01)	–0.18	(0.02)	–0.20	(0.02)	0.01	(0.03)	–1.10	(0.01)	–0.49	(0.00)	–0.04	(0.01)	0.87	(0.02)
	Finnland	–0.48	(0.01)	–0.46	(0.02)	–0.50	(0.02)	0.04	(0.02)	–1.39	(0.01)	–0.78	(0.00)	–0.30	(0.00)	0.54	(0.02)
	Frankreich	0.15	(0.02)	0.02	(0.02)	0.27	(0.02)	**–0.25**	(0.03)	–1.06	(0.02)	–0.16	(0.01)	0.33	(0.01)	1.52	(0.02)
	Deutschland	0.38	(0.02)	0.23	(0.02)	0.54	(0.03)	**–0.31**	(0.03)	–0.99	(0.02)	–0.04	(0.01)	0.75	(0.01)	1.81	(0.02)
	Griechenland	0.27	(0.02)	0.21	(0.02)	0.33	(0.02)	**–0.11**	(0.03)	–0.82	(0.02)	–0.05	(0.01)	0.43	(0.01)	1.53	(0.02)
	Ungarn	0.06	(0.01)	–0.02	(0.02)	0.14	(0.02)	**–0.16**	(0.03)	–0.94	(0.02)	–0.21	(0.01)	0.19	(0.01)	1.19	(0.02)
	Island	0.00	(0.02)	–0.03	(0.03)	0.04	(0.03)	–0.07	(0.04)	–1.19	(0.02)	–0.34	(0.01)	0.20	(0.01)	1.34	(0.02)
	Irland	–0.01	(0.02)	–0.05	(0.02)	0.02	(0.03)	**–0.07**	(0.03)	–1.05	(0.02)	–0.30	(0.01)	0.14	(0.00)	1.16	(0.02)
	Italien	0.21	(0.02)	0.12	(0.03)	0.29	(0.03)	**–0.17**	(0.04)	–0.85	(0.02)	–0.07	(0.01)	0.32	(0.01)	1.46	(0.02)
	Japan	–0.54	(0.02)	–0.49	(0.03)	–0.59	(0.03)	**0.10**	(0.04)	–1.71	(0.03)	–0.87	(0.00)	–0.36	(0.01)	0.79	(0.02)
	Korea	–0.49	(0.02)	–0.46	(0.03)	–0.53	(0.04)	0.07	(0.05)	–1.63	(0.02)	–0.79	(0.00)	–0.23	(0.01)	0.71	(0.02)
	Luxemburg	0.08	(0.02)	–0.03	(0.03)	0.18	(0.02)	**–0.21**	(0.03)	–1.26	(0.02)	–0.30	(0.01)	0.32	(0.01)	1.55	(0.02)
	Mexiko	0.45	(0.02)	0.37	(0.03)	0.52	(0.03)	**–0.16**	(0.03)	–0.72	(0.01)	0.02	(0.00)	0.63	(0.01)	1.87	(0.02)
	Niederlande	–0.27	(0.02)	–0.27	(0.02)	–0.26	(0.02)	–0.01	(0.03)	–1.20	(0.03)	–0.52	(0.01)	–0.09	(0.01)	0.75	(0.02)
	Neuseeland	–0.03	(0.01)	–0.07	(0.02)	0.01	(0.02)	**–0.08**	(0.03)	–1.10	(0.02)	–0.34	(0.01)	0.10	(0.00)	1.21	(0.02)
	Norwegen	–0.26	(0.02)	–0.28	(0.02)	–0.23	(0.02)	–0.05	(0.03)	–1.37	(0.02)	–0.55	(0.01)	–0.05	(0.01)	0.95	(0.02)
	Polen	–0.03	(0.01)	–0.11	(0.02)	0.06	(0.02)	**–0.17**	(0.03)	–0.93	(0.02)	–0.25	(0.01)	0.07	(0.00)	0.99	(0.02)
	Portugal	0.14	(0.02)	0.04	(0.03)	0.23	(0.02)	**–0.19**	(0.03)	–0.92	(0.03)	–0.06	(0.01)	0.23	(0.01)	1.32	(0.02)
	Slowak. Republik	0.07	(0.01)	0.02	(0.02)	0.13	(0.02)	**–0.11**	(0.03)	–0.86	(0.02)	–0.18	(0.01)	0.14	(0.01)	1.18	(0.02)
	Spanien	–0.02	(0.02)	–0.12	(0.03)	0.09	(0.02)	**–0.21**	(0.03)	–1.16	(0.02)	–0.26	(0.01)	0.15	(0.00)	1.20	(0.02)
	Schweden	–0.40	(0.01)	–0.40	(0.02)	–0.40	(0.02)	0.00	(0.03)	–1.36	(0.01)	–0.69	(0.00)	–0.23	(0.01)	0.67	(0.02)
	Schweiz	0.19	(0.01)	0.13	(0.02)	0.26	(0.02)	**–0.14**	(0.03)	–1.06	(0.02)	–0.17	(0.01)	0.45	(0.01)	1.55	(0.02)
	Türkei	0.26	(0.03)	0.15	(0.04)	0.40	(0.03)	**–0.25**	(0.04)	–1.12	(0.03)	–0.13	(0.01)	0.47	(0.01)	1.82	(0.02)
	Vereinigte Staaten	0.01	(0.02)	–0.07	(0.02)	0.09	(0.02)	**–0.16**	(0.03)	–1.17	(0.02)	–0.29	(0.01)	0.13	(0.00)	1.36	(0.02)
	OECD insgesamt	*0.01*	*(0.01)*	*–0.06*	*(0.01)*	*0.08*	*(0.01)*	*–0.14*	*(0.01)*	*–1.20*	*(0.01)*	*–0.32*	*(0.00)*	*0.18*	*(0.00)*	*1.37*	*(0.01)*
	OECD-Durchschnitt	*0.00*	*(0.00)*	*–0.06*	*(0.01)*	*0.06*	*(0.01)*	*–0.12*	*(0.01)*	*–1.16*	*(0.00)*	*–0.32*	*(0.00)*	*0.17*	*(0.01)*	*1.30*	*(0.01)*
Partnerländer	Brasilien	0.57	(0.02)	0.51	(0.03)	0.62	(0.02)	**–0.11**	(0.04)	–0.49	(0.02)	0.10	(0.00)	0.76	(0.01)	1.92	(0.02)
	Hongkong (China)	–0.07	(0.02)	–0.09	(0.03)	–0.05	(0.02)	–0.04	(0.04)	–1.10	(0.02)	–0.30	(0.01)	0.07	(0.00)	1.05	(0.02)
	Indonesien	0.38	(0.02)	0.32	(0.02)	0.45	(0.02)	**–0.13**	(0.02)	–0.49	(0.01)	0.07	(0.00)	0.38	(0.01)	1.57	(0.02)
	Lettland	–0.26	(0.01)	–0.32	(0.02)	–0.21	(0.02)	**–0.11**	(0.02)	–1.11	(0.01)	–0.51	(0.01)	–0.07	(0.01)	0.63	(0.02)
	Liechtenstein	0.25	(0.06)	0.26	(0.08)	0.25	(0.08)	0.01	(0.11)	–1.17	(0.07)	–0.16	(0.02)	0.63	(0.03)	1.72	(0.07)
	Macau (China)	0.07	(0.02)	0.09	(0.04)	0.04	(0.03)	0.05	(0.05)	–0.89	(0.03)	–0.23	(0.01)	0.21	(0.01)	1.18	(0.03)
	Russ. Föderation	–0.09	(0.02)	–0.15	(0.02)	–0.04	(0.02)	**–0.12**	(0.03)	–1.05	(0.01)	–0.40	(0.00)	0.07	(0.00)	1.00	(0.02)
	Serbien	0.50	(0.02)	0.40	(0.03)	0.61	(0.03)	**–0.21**	(0.04)	–0.80	(0.03)	0.08	(0.00)	0.78	(0.01)	1.96	(0.02)
	Thailand	–0.03	(0.02)	–0.06	(0.02)	–0.01	(0.02)	**–0.05**	(0.02)	–0.87	(0.01)	–0.24	(0.01)	0.08	(0.00)	0.92	(0.02)
	Tunesien	0.68	(0.02)	0.70	(0.03)	0.67	(0.02)	0.04	(0.03)	–0.80	(0.02)	0.29	(0.01)	1.09	(0.01)	2.15	(0.02)
	Uruguay	0.20	(0.02)	0.11	(0.02)	0.28	(0.02)	**–0.17**	(0.03)	–0.90	(0.02)	–0.16	(0.01)	0.34	(0.01)	1.52	(0.02)
	Verein. Königreich[1]	–0.11	(0.01)	–0.11	(0.02)	–0.10	(0.02)	–0.01	(0.02)	–1.08	(0.01)	–0.42	(0.00)	0.06	(0.00)	1.00	(0.02)

		Leistungen auf der Gesamtskala Mathematik, nach nationalen Indexquartilen								Punktzahlveränderung auf der Gesamtskala Mathematik, je Indexeinheit		Größere Wahrscheinlichkeit für Schüler im untersten Indexquartil, im untersten nationalen Quartil der Gesamtskala Mathematik zu liegen		Erklärte Varianz der Schülerleistungen (R^2 x 100)	
		Unterstes Quartil		Zweites Quartil		Drittes Quartil		Oberstes Quartil							
		Mittelwert	S.E.	Mittelwert	S.E.	Mittelwert	S.E.	Mittelwert	S.E	Veränderung	S.E.	Quotient	S.E.	%	S.E.
OECD-Länder	Australien	**503**	(3.4)	523	(2.2)	531	(2.7)	**545**	(3.1)	**15.6**	(1.14)	**1.5**	(0.07)	2.4	(0.35)
	Österreich	**511**	(4.0)	513	(4.1)	510	(4.5)	**496**	(4.5)	**–4.0**	(1.47)	1.0	(0.06)	0.2	(0.18)
	Belgien	532	(4.1)	549	(3.1)	541	(3.3)	527	(3.2)	–1.7	(1.69)	**1.1**	(0.05)	0.0	(0.05)
	Kanada	**517**	(2.4)	535	(2.2)	540	(2.4)	**553**	(2.7)	**13.2**	(1.13)	**1.5**	(0.06)	2.4	(0.41)
	Tschech. Republik	524	(4.4)	520	(4.0)	522	(3.6)	525	(4.5)	0.4	(2.10)	1.1	(0.07)	0.0	(0.03)
	Dänemark	511	(3.9)	517	(4.3)	515	(3.8)	519	(4.9)	**4.6**	(2.23)	1.1	(0.09)	0.2	(0.18)
	Finnland	**533**	(2.7)	547	(2.2)	542	(3.0)	**556**	(3.0)	**11.5**	(1.42)	**1.2**	(0.06)	1.2	(0.31)
	Frankreich	**496**	(3.7)	516	(4.4)	522	(3.8)	**516**	(3.6)	**7.9**	(1.34)	**1.4**	(0.08)	0.8	(0.29)
	Deutschland	**521**	(4.7)	517	(4.4)	517	(4.3)	**496**	(4.5)	**–7.3**	(1.87)	0.9	(0.06)	0.7	(0.38)
	Griechenland	**434**	(4.8)	447	(5.3)	453	(5.0)	**451**	(4.8)	**6.8**	(1.55)	**1.4**	(0.08)	0.5	(0.22)
	Ungarn	496	(4.3)	489	(4.2)	487	(3.8)	490	(4.2)	**–4.4**	(1.99)	0.9	(0.08)	0.2	(0.16)
	Island	**504**	(3.8)	522	(3.7)	518	(3.6)	**519**	(3.4)	**4.5**	(1.66)	**1.3**	(0.09)	0.3	(0.20)
	Irland	**495**	(3.1)	504	(4.1)	510	(4.7)	**505**	(4.0)	**3.9**	(1.54)	1.2	(0.08)	0.2	(0.14)
	Italien	457	(4.2)	469	(4.6)	473	(4.0)	464	(4.2)	3.6	(1.87)	**1.2**	(0.08)	0.1	(0.14)
	Japan	**504**	(5.2)	541	(4.9)	546	(4.7)	**550**	(5.5)	**17.2**	(2.44)	**1.7**	(0.11)	3.2	(0.80)
	Korea	**487**	(4.2)	533	(3.3)	563	(3.5)	**587**	(4.0)	**38.0**	(1.75)	**2.7**	(0.16)	16.0	(1.14)
	Luxemburg	**500**	(2.8)	502	(2.6)	492	(2.9)	**484**	(2.9)	**–5.4**	(1.41)	0.9	(0.06)	0.4	(0.24)
	Mexiko	**375**	(4.8)	389	(3.7)	394	(4.2)	**391**	(4.8)	**7.1**	(1.77)	**1.3**	(0.08)	0.7	(0.36)
	Niederlande	538	(4.9)	553	(4.8)	549	(4.8)	536	(4.7)	–1.2	(2.84)	1.2	(0.10)	0.0	(0.09)
	Neuseeland	**508**	(3.4)	525	(3.3)	527	(3.8)	**539**	(4.1)	**11.1**	(1.85)	**1.3**	(0.09)	1.1	(0.38)
	Norwegen	**473**	(3.7)	502	(3.5)	502	(3.6)	**510**	(3.8)	**14.5**	(1.59)	**1.4**	(0.09)	2.3	(0.51)
	Polen	**486**	(4.3)	490	(3.8)	492	(3.9)	**497**	(3.6)	**4.3**	(1.88)	**1.2**	(0.08)	0.2	(0.14)
	Portugal	**441**	(4.9)	465	(4.5)	474	(4.2)	**487**	(4.9)	**18.2**	(1.79)	**1.7**	(0.10)	3.8	(0.73)
	Slowak. Republik	**500**	(4.9)	502	(4.3)	501	(4.2)	**491**	(4.6)	**–4.7**	(1.93)	1.1	(0.07)	0.2	(0.15)
	Spanien	**464**	(3.6)	491	(3.2)	497	(3.4)	**494**	(3.0)	**12.6**	(1.22)	**1.7**	(0.09)	2.0	(0.42)
	Schweden	507	(3.3)	517	(3.7)	511	(4.0)	506	(4.6)	–0.4	(1.95)	1.0	(0.06)	0.0	(0.03)
	Schweiz	527	(4.5)	529	(5.4)	533	(4.0)	520	(3.7)	**–2.6**	(1.43)	1.0	(0.06)	0.1	(0.09)
	Türkei	**398**	(5.8)	424	(7.0)	445	(9.3)	**440**	(8.6)	**14.4**	(2.15)	**1.6**	(0.11)	2.7	(0.77)
	Vereinigte Staaten	**477**	(3.9)	487	(3.7)	486	(4.0)	**488**	(4.3)	**3.4**	(1.60)	1.1	(0.07)	0.1	(0.13)
	OECD insgesamt	*489*	*(1.5)*	*496*	*(1.4)*	*492*	*(1.4)*	*488*	*(1.6)*	*–0.5*	*(0.73)*	*1.0*	*(0.03)*	*0.0*	*(0.01)*
	OECD-Durchschnitt	*498*	*(0.7)*	*506*	*(0.8)*	*503*	*(0.8)*	*500*	*(1.0)*	*6.4*[2]	*m*	*1.1*	*(0.01)*	*0.0*	*(0.01)*
Partnerländer	Brasilien	361	(5.5)	362	(5.3)	358	(5.5)	356	(6.5)	–3.4	(1.83)	0.9	(0.07)	0.1	(0.14)
	Hongkong (China)	**518**	(5.8)	553	(5.1)	556	(5.8)	**576**	(4.9)	**27.0**	(2.23)	**1.8**	(0.11)	6.0	(0.88)
	Indonesien	**350**	(5.5)	370	(4.7)	364	(4.7)	**360**	(4.6)	3.4	(1.88)	**1.3**	(0.09)	0.1	(0.14)
	Lettland	492	(4.7)	486	(5.2)	476	(6.0)	482	(5.4)	**–6.2**	(2.52)	1.0	(0.08)	0.3	(0.23)
	Liechtenstein	553	(11.3)	541	(9.9)	524	(10.6)	524	(12.7)	**–12.2**	(5.52)	0.7	(0.17)	2.1	(1.77)
	Macau (China)	518	(7.2)	522	(5.8)	530	(5.9)	538	(6.8)	**8.2**	(3.92)	1.2	(0.14)	0.7	(0.64)
	Russ. Föderation	469	(4.8)	468	(4.5)	464	(5.1)	475	(4.7)	0.5	(1.52)	1.0	(0.06)	0.0	(0.02)
	Serbien	**443**	(4.5)	443	(4.6)	446	(4.5)	**426**	(4.4)	**–4.6**	(1.21)	1.0	(0.07)	0.4	(0.19)
	Thailand	**412**	(3.8)	417	(4.0)	414	(4.6)	**425**	(4.2)	**8.5**	(2.07)	1.1	(0.07)	0.6	(0.29)
	Tunesien	**341**	(2.8)	362	(3.8)	363	(3.5)	**374**	(4.1)	**10.5**	(1.31)	**1.4**	(0.09)	2.3	(0.58)
	Uruguay	425	(5.1)	428	(4.2)	427	(4.2)	420	(5.0)	–1.9	(1.94)	1.1	(0.07)	0.0	(0.08)
	Verein. Königreich[1]	**496**	(4.0)	511	(3.5)	511	(3.4)	**517**	(3.5)	**10.1**	(1.68)	**1.4**	(0.08)	0.9	(0.31)

Anmerkung: Statistisch signifikante Werte sind durch Fettdruck gekennzeichnet (siehe Anhang A4).
1. Die Beteiligungsquote ist zu niedrig, um die Vergleichbarkeit zu gewährleisten (siehe Anhang A3).
2. Der Index der Kontrollstrategien wirkt sich in den einzelnen Ländern unterschiedlich aus, deshalb wird hier das arithmetische Mittel verwendet.

Tabelle 3.10

Index der Memorierstrategien und Leistungen auf der Gesamtskala Mathematik, nach nationalen Indexquartilen

Die Ergebnisse basieren auf Schülerangaben

		Index der Memorierstrategien															
		Alle Schüler		Jungen		Mädchen		Unterschied (J – M)		Unterstes Quartil		Zweites Quartil		Drittes Quartil		Oberstes Quartil	
		Indexmittel	S.E.	Indexmittel	S.E.	Indexmittel	S.E.	Diff.	S.E.	Indexmittel	S.E.	Indexmittel	S.E.	Indexmittel	S.E.	Indexmittel	S.E.
OECD-Länder	Australien	0.17	(0.01)	0.19	(0.02)	0.14	(0.01)	**0.05**	(0.03)	–0.93	(0.02)	–0.07	(0.00)	0.39	(0.00)	1.29	(0.02)
	Österreich	0.06	(0.02)	–0.01	(0.03)	0.14	(0.03)	**–0.15**	(0.03)	–1.32	(0.03)	–0.28	(0.01)	0.42	(0.01)	1.43	(0.02)
	Belgien	–0.09	(0.01)	–0.14	(0.02)	–0.04	(0.02)	**–0.11**	(0.02)	–1.17	(0.02)	–0.29	(0.00)	0.13	(0.00)	0.97	(0.02)
	Kanada	0.16	(0.01)	0.14	(0.02)	0.19	(0.02)	**–0.04**	(0.02)	–1.01	(0.01)	–0.10	(0.00)	0.41	(0.00)	1.36	(0.02)
	Tschech. Republik	–0.05	(0.02)	–0.08	(0.02)	–0.02	(0.02)	**–0.06**	(0.03)	–1.05	(0.02)	–0.27	(0.01)	0.16	(0.01)	0.96	(0.02)
	Dänemark	–0.27	(0.02)	–0.17	(0.03)	–0.37	(0.02)	**0.20**	(0.03)	–1.39	(0.02)	–0.51	(0.00)	–0.01	(0.01)	0.83	(0.02)
	Finnland	–0.19	(0.01)	–0.15	(0.02)	–0.24	(0.02)	**0.10**	(0.03)	–1.35	(0.02)	–0.40	(0.01)	0.07	(0.01)	0.90	(0.02)
	Frankreich	–0.06	(0.02)	–0.16	(0.03)	0.03	(0.03)	**–0.18**	(0.03)	–1.30	(0.03)	–0.28	(0.01)	0.17	(0.01)	1.17	(0.02)
	Deutschland	–0.06	(0.02)	–0.14	(0.03)	0.03	(0.03)	**–0.17**	(0.04)	–1.56	(0.02)	–0.37	(0.01)	0.26	(0.01)	1.43	(0.02)
	Griechenland	0.20	(0.02)	0.21	(0.02)	0.18	(0.02)	0.03	(0.03)	–0.88	(0.02)	–0.04	(0.00)	0.39	(0.01)	1.32	(0.03)
	Ungarn	0.16	(0.02)	0.08	(0.02)	0.25	(0.02)	**–0.17**	(0.03)	–0.89	(0.02)	–0.11	(0.00)	0.37	(0.00)	1.25	(0.02)
	Island	–0.03	(0.02)	–0.02	(0.03)	–0.05	(0.03)	0.03	(0.04)	–1.34	(0.03)	–0.32	(0.01)	0.21	(0.01)	1.32	(0.03)
	Irland	0.11	(0.02)	0.08	(0.02)	0.13	(0.02)	–0.04	(0.03)	–0.98	(0.02)	–0.13	(0.00)	0.34	(0.00)	1.20	(0.02)
	Italien	0.03	(0.02)	0.00	(0.02)	0.06	(0.02)	**–0.07**	(0.03)	–1.01	(0.02)	–0.17	(0.00)	0.22	(0.01)	1.08	(0.02)
	Japan	–0.56	(0.02)	–0.51	(0.03)	–0.61	(0.02)	**0.10**	(0.03)	–1.78	(0.03)	–0.74	(0.01)	–0.26	(0.01)	0.54	(0.02)
	Korea	–0.35	(0.02)	–0.35	(0.02)	–0.34	(0.03)	–0.01	(0.03)	–1.47	(0.02)	–0.51	(0.01)	–0.05	(0.00)	0.64	(0.01)
	Luxemburg	–0.05	(0.02)	–0.11	(0.02)	0.01	(0.02)	**–0.13**	(0.04)	–1.43	(0.03)	–0.32	(0.01)	0.25	(0.01)	1.31	(0.02)
	Mexiko	0.56	(0.02)	0.55	(0.03)	0.56	(0.02)	–0.01	(0.03)	–0.54	(0.02)	0.19	(0.00)	0.71	(0.01)	1.86	(0.02)
	Niederlande	–0.16	(0.02)	–0.07	(0.02)	–0.25	(0.02)	**0.17**	(0.03)	–1.11	(0.03)	–0.37	(0.01)	0.06	(0.01)	0.78	(0.02)
	Neuseeland	0.13	(0.02)	0.14	(0.02)	0.12	(0.02)	0.02	(0.03)	–0.97	(0.02)	–0.10	(0.00)	0.37	(0.00)	1.22	(0.02)
	Norwegen	–0.12	(0.02)	0.00	(0.03)	–0.25	(0.02)	**0.24**	(0.04)	–1.41	(0.03)	–0.34	(0.01)	0.14	(0.01)	1.12	(0.02)
	Polen	0.15	(0.01)	0.13	(0.02)	0.16	(0.02)	–0.02	(0.03)	–0.88	(0.02)	–0.05	(0.00)	0.36	(0.00)	1.15	(0.02)
	Portugal	–0.11	(0.02)	–0.14	(0.03)	–0.09	(0.02)	–0.05	(0.03)	–1.27	(0.03)	–0.29	(0.01)	0.17	(0.01)	0.94	(0.02)
	Slowak. Republik	0.13	(0.01)	0.08	(0.02)	0.18	(0.01)	**–0.11**	(0.02)	–0.87	(0.02)	–0.12	(0.00)	0.34	(0.00)	1.16	(0.02)
	Spanien	0.07	(0.02)	0.02	(0.02)	0.11	(0.02)	**–0.09**	(0.03)	–1.08	(0.03)	–0.12	(0.00)	0.30	(0.00)	1.18	(0.02)
	Schweden	–0.08	(0.02)	–0.01	(0.02)	–0.15	(0.03)	**0.14**	(0.03)	–1.25	(0.02)	–0.32	(0.01)	0.17	(0.01)	1.08	(0.02)
	Schweiz	–0.19	(0.02)	–0.18	(0.03)	–0.20	(0.03)	0.03	(0.04)	–1.55	(0.02)	–0.48	(0.01)	0.11	(0.01)	1.16	(0.02)
	Türkei	0.10	(0.02)	0.07	(0.03)	0.13	(0.02)	–0.06	(0.03)	–1.09	(0.02)	–0.16	(0.00)	0.37	(0.01)	1.28	(0.03)
	Vereinigte Staaten	0.31	(0.02)	0.29	(0.03)	0.33	(0.02)	–0.05	(0.03)	–0.87	(0.02)	0.04	(0.01)	0.53	(0.01)	1.54	(0.03)
	OECD insgesamt	***0.07***	***(0.01)***	***0.05***	***(0.01)***	***0.09***	***(0.01)***	***–0.04***	***(0.01)***	***–1.16***	***(0.01)***	***–0.22***	***(0.00)***	***0.33***	***(0.01)***	***1.31***	***(0.01)***
	OECD-Durchschnitt	***0.00***	***(0.00)***	***–0.01***	***(0.00)***	***0.01***	***(0.00)***	***–0.02***	***(0.01)***	***–1.18***	***(0.01)***	***–0.25***	***(0.00)***	***0.23***	***(0.00)***	***1.19***	***(0.01)***
Partnerländer	Brasilien	0.48	(0.02)	0.49	(0.03)	0.48	(0.02)	0.01	(0.03)	–0.50	(0.02)	0.17	(0.01)	0.58	(0.01)	1.68	(0.02)
	Hongkong (China)	–0.15	(0.02)	–0.14	(0.03)	–0.17	(0.02)	0.03	(0.03)	–1.26	(0.02)	–0.35	(0.01)	0.10	(0.01)	0.89	(0.02)
	Indonesien	0.50	(0.02)	0.50	(0.02)	0.50	(0.02)	0.00	(0.03)	–0.49	(0.01)	0.21	(0.01)	0.69	(0.00)	1.60	(0.02)
	Lettland	–0.14	(0.02)	–0.12	(0.02)	–0.16	(0.02)	0.04	(0.03)	–1.01	(0.02)	–0.32	(0.01)	0.06	(0.01)	0.71	(0.02)
	Liechtenstein	–0.32	(0.05)	–0.25	(0.09)	–0.38	(0.07)	0.13	(0.12)	–1.76	(0.08)	–0.67	(0.02)	0.05	(0.02)	1.13	(0.07)
	Macau (China)	–0.03	(0.04)	–0.06	(0.06)	0.00	(0.04)	–0.07	(0.06)	–1.13	(0.05)	–0.26	(0.01)	0.17	(0.01)	1.10	(0.04)
	Russ. Föderation	–0.04	(0.02)	–0.07	(0.03)	–0.01	(0.02)	–0.05	(0.03)	–1.02	(0.02)	–0.28	(0.01)	0.17	(0.01)	0.96	(0.02)
	Serbien	–0.05	(0.02)	–0.05	(0.03)	–0.06	(0.03)	0.02	(0.04)	–1.18	(0.03)	–0.33	(0.01)	0.12	(0.01)	1.17	(0.03)
	Thailand	0.47	(0.02)	0.46	(0.02)	0.48	(0.02)	–0.01	(0.02)	–0.41	(0.02)	0.27	(0.00)	0.68	(0.01)	1.34	(0.02)
	Tunesien	0.43	(0.02)	0.53	(0.03)	0.33	(0.02)	**0.19**	(0.04)	–1.00	(0.02)	0.06	(0.01)	0.72	(0.01)	1.93	(0.02)
	Uruguay	0.16	(0.02)	0.21	(0.03)	0.11	(0.02)	**0.10**	(0.03)	–0.99	(0.02)	–0.16	(0.00)	0.40	(0.01)	1.38	(0.02)
	Verein. Königreich[1]	0.11	(0.02)	0.14	(0.03)	0.08	(0.02)	**0.06**	(0.03)	–1.00	(0.02)	–0.12	(0.00)	0.34	(0.00)	1.20	(0.02)

		Leistungen auf der Gesamtskala Mathematik, nach nationalen Indexquartilen								Punktzahlveränderung auf der Gesamtskala Mathematik, je Indexeinheit		Größere Wahrscheinlichkeit für Schüler im untersten Indexquartil, im untersten nationalen Quartil der Gesamtskala Mathematik zu liegen		Erklärte Varianz der Schülerleistungen (R^2 x 100)	
		Unterstes Quartil		Zweites Quartil		Drittes Quartil		Oberstes Quartil							
		Mittelwert	S.E.	Mittelwert	S.E.	Mittelwert	S.E.	Mittelwert	S.E	Veränderung	S.E.	Quotient	S.E.	%	S.E.
OECD-Länder	Australien	**515**	(3.2)	526	(2.6)	527	(2.8)	**535**	(3.2)	**9.7**	(1.29)	**1.2**	(0.04)	0.9	(0.25)
	Österreich	**535**	(4.3)	516	(3.6)	499	(4.0)	**481**	(4.5)	**–18.5**	(1.72)	**0.7**	(0.06)	5.1	(0.84)
	Belgien	**544**	(4.4)	551	(3.0)	540	(3.4)	**517**	(3.3)	**–9.3**	(1.96)	1.0	(0.06)	0.7	(0.30)
	Kanada	**531**	(2.3)	537	(2.5)	534	(2.1)	**544**	(2.4)	**6.2**	(1.02)	**1.2**	(0.05)	0.5	(0.17)
	Tschech. Republik	**543**	(4.4)	525	(4.6)	513	(3.8)	**511**	(4.4)	**–14.2**	(2.06)	0.9	(0.08)	1.7	(0.47)
	Dänemark	**506**	(4.3)	516	(3.5)	520	(3.6)	**524**	(3.9)	**9.3**	(1.79)	**1.2**	(0.08)	0.9	(0.36)
	Finnland	**535**	(2.9)	548	(3.5)	548	(3.0)	**546**	(3.3)	**6.7**	(1.53)	**1.3**	(0.06)	0.6	(0.27)
	Frankreich	513	(3.7)	520	(3.8)	514	(3.6)	506	(4.0)	–0.9	(1.41)	1.1	(0.07)	0.0	(0.03)
	Deutschland	**543**	(4.3)	521	(4.0)	505	(4.1)	**483**	(4.6)	**–17.9**	(1.46)	**0.7**	(0.05)	5.1	(0.82)
	Griechenland	**454**	(5.7)	446	(4.4)	443	(4.6)	**443**	(4.4)	–2.9	(2.09)	1.0	(0.06)	0.1	(0.12)
	Ungarn	**500**	(4.1)	489	(3.8)	489	(3.7)	**485**	(3.3)	**–7.3**	(1.88)	0.9	(0.05)	0.5	(0.25)
	Island	515	(3.5)	519	(4.2)	520	(3.4)	509	(3.1)	–0.7	(1.50)	1.0	(0.08)	0.0	(0.05)
	Irland	**496**	(3.3)	510	(3.7)	503	(4.0)	**506**	(3.7)	**5.0**	(1.74)	**1.2**	(0.08)	0.3	(0.21)
	Italien	**479**	(4.2)	470	(4.4)	467	(3.6)	**448**	(4.4)	**–11.8**	(1.97)	**0.8**	(0.06)	1.2	(0.38)
	Japan	**513**	(5.9)	541	(4.9)	546	(4.3)	**540**	(5.3)	**13.9**	(2.30)	**1.5**	(0.10)	1.9	(0.62)
	Korea	**517**	(4.7)	545	(4.4)	551	(3.9)	**558**	(3.4)	**19.6**	(1.77)	**1.8**	(0.09)	3.6	(0.65)
	Luxemburg	**504**	(2.7)	499	(2.8)	496	(2.6)	**480**	(2.7)	**–8.6**	(1.39)	0.9	(0.07)	1.1	(0.36)
	Mexiko	389	(4.5)	395	(4.3)	386	(3.9)	393	(4.8)	2.0	(1.42)	1.0	(0.09)	0.1	(0.08)
	Niederlande	**526**	(4.4)	545	(4.3)	554	(4.0)	**551**	(4.0)	**12.8**	(2.08)	**1.4**	(0.12)	1.4	(0.46)
	Neuseeland	523	(3.5)	528	(3.4)	525	(3.4)	527	(4.1)	**4.3**	(1.96)	1.0	(0.06)	0.2	(0.16)
	Norwegen	**459**	(3.2)	498	(4.0)	512	(4.7)	**520**	(3.9)	**22.3**	(1.48)	**1.8**	(0.09)	6.7	(0.84)
	Polen	**500**	(3.9)	495	(3.4)	482	(3.9)	**489**	(3.4)	**–4.5**	(1.85)	1.0	(0.07)	0.2	(0.15)
	Portugal	**477**	(4.8)	473	(4.2)	462	(4.3)	**454**	(5.0)	**–5.4**	(1.87)	1.0	(0.06)	0.4	(0.24)
	Slowak. Republik	**512**	(4.8)	501	(4.7)	496	(3.2)	**486**	(4.2)	**–10.5**	(1.92)	1.0	(0.07)	0.9	(0.33)
	Spanien	**477**	(3.4)	494	(3.5)	491	(3.3)	**485**	(3.0)	**7.7**	(1.45)	**1.4**	(0.08)	0.7	(0.29)
	Schweden	**493**	(3.4)	508	(3.4)	517	(3.7)	**524**	(4.7)	**14.1**	(1.88)	**1.3**	(0.08)	2.2	(0.62)
	Schweiz	**555**	(5.3)	531	(3.9)	521	(4.2)	**502**	(3.7)	**–17.1**	(1.64)	**0.6**	(0.05)	3.9	(0.68)
	Türkei	427	(9.1)	435	(8.1)	432	(6.9)	424	(7.0)	1.2	(2.62)	**1.2**	(0.10)	0.0	(0.09)
	Vereinigte Staaten	485	(4.0)	488	(4.0)	484	(4.1)	481	(4.3)	0.3	(1.38)	1.0	(0.07)	0.0	(0.02)
	OECD insgesamt	***503***	***(1.5)***	***501***	***(1.2)***	***489***	***(1.4)***	***476***	***(1.8)***	***–7.5***	***(0.72)***	***0.9***	***(0.02)***	***0.6***	***(0.11)***
	OECD-Durchschnitt	***508***	***(0.9)***	***509***	***(0.8)***	***502***	***(0.8)***	***492***	***(0.9)***	***–4.5***	***(0.41)***	***1.0***	***(0.01)***	***0.2***	***(0.04)***
Partnerländer	Brasilien	**392**	(7.5)	365	(6.0)	351	(5.4)	**335**	(4.7)	**–21.9**	(2.60)	**0.7**	(0.08)	4.1	(0.87)
	Hongkong (China)	545	(6.1)	556	(6.6)	551	(6.5)	551	(5.1)	**6.7**	(2.23)	**1.3**	(0.08)	0.4	(0.26)
	Indonesien	**382**	(6.3)	371	(4.8)	356	(3.8)	**341**	(3.8)	**–17.4**	(2.40)	**0.7**	(0.06)	3.6	(0.98)
	Lettland	490	(5.0)	487	(4.1)	479	(4.5)	480	(6.3)	–2.5	(3.43)	0.9	(0.09)	0.0	(0.15)
	Liechtenstein	**594**	(10.1)	521	(10.8)	541	(12.2)	**485**	(11.4)	**–35.3**	(4.42)	**0.4**	(0.14)	17.7	(3.85)
	Macau (China)	**543**	(7.2)	532	(7.7)	519	(6.2)	**515**	(6.3)	**–12.3**	(4.18)	0.8	(0.14)	1.8	(1.24)
	Russ. Föderation	468	(4.8)	474	(4.7)	470	(4.9)	469	(5.5)	0.1	(1.71)	1.1	(0.07)	0.0	(0.02)
	Serbien	**459**	(4.5)	455	(4.4)	443	(4.4)	**411**	(4.2)	**–17.1**	(1.64)	**0.7**	(0.05)	4.3	(0.81)
	Thailand	422	(4.0)	422	(4.6)	411	(3.4)	414	(4.4)	–1.7	(2.50)	0.9	(0.07)	0.0	(0.09)
	Tunesien	**351**	(3.8)	362	(4.1)	360	(3.7)	**368**	(3.3)	**5.8**	(1.22)	**1.2**	(0.08)	0.7	(0.32)
	Uruguay	**434**	(5.0)	435	(4.5)	426	(4.4)	**415**	(4.7)	**–6.4**	(2.11)	1.0	(0.07)	0.4	(0.29)
	Verein. Königreich[1]	**491**	(3.9)	511	(3.7)	512	(3.5)	**522**	(3.6)	**12.3**	(1.85)	**1.5**	(0.09)	1.6	(0.48)

Anmerkung: Statistisch signifikante Werte sind durch Fettdruck gekennzeichnet (siehe Anhang A4).

1. Die Beteiligungsquote ist zu niedrig, um die Vergleichbarkeit zu gewährleisten (siehe Anhang A3).

Tabelle 3.11

Index der Elaborationsstrategien und Leistungen auf der Gesamtskala Mathematik, nach nationalen Indexquartilen

Die Ergebnisse basieren auf Schülerangaben

		Index der Elaborationsstrategien															
		Alle Schüler		Jungen		Mädchen		Unterschied (J – M)		Unterstes Quartil		Zweites Quartil		Drittes Quartil		Oberstes Quartil	
		Indexmittel	S.E.	Indexmittel	S.E.	Indexmittel	S.E.	Diff.	S.E.	Indexmittel	S.E.	Indexmittel	S.E.	Indexmittel	S.E.	Indexmittel	S.E.
OECD-Länder	Australien	0.06	(0.01)	0.20	(0.02)	–0.08	(0.01)	**0.28**	(0.02)	–0.97	(0.01)	–0.24	(0.00)	0.31	(0.00)	1.15	(0.02)
	Österreich	–0.27	(0.03)	–0.03	(0.03)	–0.51	(0.03)	**0.48**	(0.04)	–1.68	(0.02)	–0.60	(0.01)	0.08	(0.01)	1.13	(0.02)
	Belgien	–0.17	(0.01)	–0.05	(0.02)	–0.31	(0.02)	**0.26**	(0.02)	–1.33	(0.02)	–0.44	(0.00)	0.07	(0.00)	1.01	(0.02)
	Kanada	0.08	(0.01)	0.20	(0.02)	–0.05	(0.02)	**0.25**	(0.02)	–1.09	(0.01)	–0.26	(0.00)	0.34	(0.00)	1.31	(0.02)
	Tschech. Republik	0.13	(0.01)	0.22	(0.02)	0.04	(0.01)	**0.18**	(0.02)	–0.75	(0.01)	–0.08	(0.00)	0.31	(0.00)	1.04	(0.02)
	Dänemark	0.07	(0.01)	0.22	(0.02)	–0.07	(0.02)	**0.29**	(0.03)	–0.92	(0.02)	–0.24	(0.01)	0.30	(0.00)	1.15	(0.02)
	Finnland	–0.14	(0.01)	0.02	(0.02)	–0.30	(0.02)	**0.32**	(0.02)	–1.17	(0.02)	–0.38	(0.00)	0.06	(0.01)	0.92	(0.01)
	Frankreich	–0.10	(0.02)	0.02	(0.02)	–0.21	(0.02)	**0.23**	(0.03)	–1.34	(0.02)	–0.36	(0.00)	0.18	(0.01)	1.11	(0.02)
	Deutschland	–0.31	(0.02)	–0.13	(0.03)	–0.49	(0.03)	**0.36**	(0.03)	–1.66	(0.02)	–0.65	(0.01)	–0.04	(0.01)	1.09	(0.02)
	Griechenland	0.33	(0.02)	0.47	(0.03)	0.20	(0.02)	**0.27**	(0.03)	–0.76	(0.02)	0.03	(0.01)	0.57	(0.01)	1.46	(0.02)
	Ungarn	–0.10	(0.01)	–0.02	(0.02)	–0.19	(0.02)	**0.17**	(0.03)	–1.07	(0.02)	–0.36	(0.01)	0.08	(0.01)	0.93	(0.02)
	Island	–0.06	(0.02)	0.07	(0.03)	–0.21	(0.02)	**0.28**	(0.04)	–1.28	(0.02)	–0.36	(0.01)	0.19	(0.01)	1.19	(0.03)
	Irland	–0.14	(0.02)	–0.06	(0.02)	–0.22	(0.03)	**0.16**	(0.03)	–1.17	(0.02)	–0.39	(0.01)	0.08	(0.01)	0.93	(0.02)
	Italien	0.04	(0.02)	0.15	(0.03)	–0.07	(0.03)	**0.21**	(0.04)	–1.10	(0.02)	–0.27	(0.00)	0.31	(0.00)	1.21	(0.02)
	Japan	–0.75	(0.02)	–0.58	(0.03)	–0.91	(0.02)	**0.32**	(0.04)	–2.13	(0.03)	–0.97	(0.00)	–0.41	(0.01)	0.50	(0.02)
	Korea	–0.39	(0.02)	–0.31	(0.02)	–0.51	(0.02)	**0.20**	(0.03)	–1.49	(0.02)	–0.63	(0.00)	–0.14	(0.00)	0.68	(0.01)
	Luxemburg	–0.25	(0.02)	–0.03	(0.03)	–0.45	(0.03)	**0.42**	(0.04)	–1.66	(0.02)	–0.60	(0.01)	0.08	(0.01)	1.20	(0.02)
	Mexiko	0.85	(0.02)	0.88	(0.03)	0.83	(0.02)	**0.06**	(0.03)	–0.24	(0.02)	0.59	(0.01)	0.98	(0.01)	2.08	(0.02)
	Niederlande	–0.26	(0.02)	–0.09	(0.03)	–0.43	(0.03)	**0.34**	(0.04)	–1.26	(0.02)	–0.50	(0.00)	–0.03	(0.01)	0.77	(0.02)
	Neuseeland	0.13	(0.02)	0.22	(0.02)	0.04	(0.03)	**0.18**	(0.03)	–0.89	(0.02)	–0.15	(0.01)	0.35	(0.01)	1.21	(0.02)
	Norwegen	–0.16	(0.02)	–0.05	(0.03)	–0.28	(0.03)	**0.24**	(0.04)	–1.38	(0.03)	–0.41	(0.01)	0.10	(0.01)	1.03	(0.02)
	Polen	0.25	(0.01)	0.31	(0.02)	0.20	(0.02)	**0.11**	(0.03)	–0.70	(0.02)	0.00	(0.01)	0.45	(0.01)	1.27	(0.02)
	Portugal	0.16	(0.02)	0.23	(0.03)	0.10	(0.02)	**0.14**	(0.04)	–0.97	(0.02)	–0.04	(0.00)	0.45	(0.01)	1.21	(0.02)
	Slowak. Republik	0.38	(0.01)	0.47	(0.02)	0.29	(0.02)	**0.18**	(0.03)	–0.55	(0.02)	0.13	(0.00)	0.62	(0.01)	1.33	(0.02)
	Spanien	0.09	(0.02)	0.14	(0.02)	0.04	(0.02)	**0.09**	(0.03)	–1.08	(0.02)	–0.17	(0.01)	0.35	(0.00)	1.25	(0.02)
	Schweden	–0.02	(0.02)	0.09	(0.02)	–0.14	(0.03)	**0.23**	(0.03)	–1.07	(0.02)	–0.28	(0.00)	0.23	(0.01)	1.04	(0.02)
	Schweiz	–0.06	(0.02)	0.16	(0.02)	–0.30	(0.02)	**0.46**	(0.03)	–1.31	(0.02)	–0.36	(0.01)	0.22	(0.01)	1.22	(0.02)
	Türkei	0.44	(0.03)	0.44	(0.04)	0.43	(0.03)	0.01	(0.04)	–0.90	(0.03)	0.16	(0.01)	0.71	(0.01)	1.78	(0.02)
	Vereinigte Staaten	0.18	(0.02)	0.26	(0.03)	0.11	(0.03)	**0.16**	(0.04)	–1.08	(0.02)	–0.13	(0.01)	0.49	(0.01)	1.46	(0.02)
	OECD insgesamt	*0.03*	*(0.01)*	*0.13*	*(0.01)*	*–0.06*	*(0.01)*	*0.19*	*(0.01)*	*–1.27*	*(0.01)*	*–0.29*	*(0.00)*	*0.34*	*(0.01)*	*1.34*	*(0.01)*
	OECD-Durchschnitt	*0.00*	*(0.00)*	*0.12*	*(0.00)*	*–0.12*	*(0.01)*	*0.23*	*(0.01)*	*–1.19*	*(0.00)*	*–0.31*	*(0.00)*	*0.29*	*(0.01)*	*1.21*	*(0.01)*
Partnerländer	Brasilien	0.76	(0.02)	0.80	(0.03)	0.72	(0.02)	**0.09**	(0.03)	–0.34	(0.02)	0.43	(0.01)	0.93	(0.00)	2.01	(0.03)
	Hongkong (China)	0.00	(0.02)	0.15	(0.02)	–0.15	(0.02)	**0.30**	(0.03)	–1.14	(0.02)	–0.29	(0.01)	0.31	(0.01)	1.13	(0.02)
	Indonesien	0.52	(0.01)	0.54	(0.02)	0.50	(0.01)	**0.04**	(0.02)	–0.27	(0.01)	0.31	(0.00)	0.68	(0.00)	1.35	(0.02)
	Lettland	0.13	(0.02)	0.22	(0.02)	0.05	(0.02)	**0.17**	(0.02)	–0.73	(0.02)	–0.06	(0.01)	0.33	(0.01)	0.98	(0.02)
	Liechtenstein	–0.10	(0.05)	0.17	(0.07)	–0.39	(0.08)	**0.55**	(0.10)	–1.34	(0.06)	–0.37	(0.02)	0.17	(0.03)	1.15	(0.08)
	Macau (China)	0.04	(0.03)	0.22	(0.04)	–0.12	(0.04)	**0.34**	(0.06)	–1.01	(0.03)	–0.26	(0.01)	0.31	(0.01)	1.13	(0.03)
	Russ. Föderation	0.14	(0.02)	0.24	(0.02)	0.05	(0.02)	**0.18**	(0.03)	–0.83	(0.01)	–0.09	(0.00)	0.35	(0.01)	1.15	(0.02)
	Serbien	0.41	(0.02)	0.49	(0.03)	0.33	(0.03)	**0.16**	(0.04)	–0.83	(0.03)	0.10	(0.01)	0.68	(0.01)	1.70	(0.02)
	Thailand	0.62	(0.02)	0.64	(0.02)	0.61	(0.02)	0.03	(0.02)	–0.22	(0.01)	0.43	(0.00)	0.84	(0.00)	1.44	(0.02)
	Tunesien	0.94	(0.02)	1.02	(0.03)	0.86	(0.02)	**0.16**	(0.03)	–0.35	(0.02)	0.66	(0.01)	1.16	(0.01)	2.27	(0.02)
	Uruguay	0.36	(0.02)	0.42	(0.03)	0.30	(0.02)	**0.11**	(0.03)	–0.80	(0.02)	0.02	(0.01)	0.63	(0.01)	1.59	(0.03)
	Verein. Königreich[1]	0.04	(0.02)	0.16	(0.02)	–0.06	(0.02)	**0.22**	(0.03)	–0.97	(0.02)	–0.25	(0.00)	0.30	(0.01)	1.10	(0.02)

		Leistungen auf der Gesamtskala Mathematik, nach nationalen Indexquartilen								Punktzahlveränderung auf der Gesamtskala Mathematik, je Indexeinheit		Größere Wahrscheinlichkeit für Schüler im untersten Indexquartil, im untersten nationalen Quartil der Gesamtskala Mathematik zu liegen		Erklärte Varianz der Schülerleistungen (R^2 x 100)	
		Unterstes Quartil		Zweites Quartil		Drittes Quartil		Oberstes Quartil							
		Mittelwert	S.E.	Mittelwert	S.E.	Mittelwert	S.E.	Mittelwert	S.E	Veränderung	S.E.	Quotient	S.E.	%	S.E.
OECD-Länder	Australien	**528**	(3.2)	535	(2.8)	521	(2.3)	**518**	(3.1)	–2.1	(1.17)	**0.8**	(0.04)	0.0	(0.04)
	Österreich	**511**	(3.7)	513	(4.4)	508	(3.9)	**498**	(5.0)	**–4.1**	(1.59)	**0.8**	(0.06)	0.3	(0.22)
	Belgien	**543**	(3.4)	554	(3.4)	541	(3.5)	**514**	(4.3)	**–10.6**	(1.92)	**0.8**	(0.05)	1.0	(0.36)
	Kanada	**532**	(2.2)	538	(2.2)	535	(2.7)	**540**	(2.6)	**6.2**	(1.12)	1.0	(0.04)	0.5	(0.18)
	Tschech. Republik	**508**	(3.5)	522	(5.1)	528	(4.7)	**534**	(4.0)	**13.0**	(1.75)	**1.2**	(0.08)	1.1	(0.29)
	Dänemark	**506**	(3.6)	515	(3.7)	518	(4.1)	**525**	(4.4)	**10.4**	(2.13)	1.1	(0.07)	1.0	(0.41)
	Finnland	**526**	(2.5)	542	(2.9)	550	(3.3)	**560**	(3.4)	**16.9**	(1.52)	**1.3**	(0.07)	3.1	(0.55)
	Frankreich	513	(3.2)	517	(3.5)	516	(3.8)	506	(4.6)	–1.2	(1.69)	0.9	(0.06)	0.0	(0.05)
	Deutschland	**518**	(4.8)	518	(4.1)	518	(4.0)	**498**	(5.2)	**–5.5**	(1.71)	**0.9**	(0.07)	0.4	(0.26)
	Griechenland	**435**	(4.3)	448	(4.5)	450	(4.6)	**453**	(5.6)	**8.9**	(1.82)	**1.2**	(0.08)	0.8	(0.33)
	Ungarn	**495**	(4.1)	494	(3.8)	489	(4.0)	**483**	(4.8)	**–4.9**	(2.23)	**0.8**	(0.06)	0.2	(0.18)
	Island	509	(2.9)	525	(3.3)	519	(4.1)	510	(3.5)	0.1	(1.61)	1.1	(0.08)	0.0	(0.03)
	Irland	506	(3.6)	512	(3.1)	501	(3.5)	496	(5.0)	–3.1	(2.16)	**0.8**	(0.06)	0.1	(0.15)
	Italien	**473**	(3.5)	469	(3.6)	463	(4.4)	**459**	(4.0)	**–3.9**	(1.46)	**0.7**	(0.05)	0.2	(0.12)
	Japan	**514**	(4.7)	531	(4.2)	548	(5.2)	**548**	(6.7)	**14.4**	(2.39)	**1.4**	(0.09)	2.4	(0.73)
	Korea	**510**	(3.7)	530	(4.0)	551	(3.8)	**579**	(4.4)	**30.0**	(1.64)	**1.7**	(0.10)	9.1	(0.82)
	Luxemburg	**504**	(2.1)	505	(2.5)	491	(3.2)	**477**	(3.4)	**–7.7**	(1.25)	**0.6**	(0.05)	1.0	(0.31)
	Mexiko	**397**	(4.4)	390	(4.1)	387	(4.1)	**387**	(4.9)	–1.0	(1.63)	**0.9**	(0.07)	0.0	(0.05)
	Niederlande	**545**	(4.3)	555	(3.9)	544	(4.0)	**533**	(5.5)	–3.5	(2.43)	**0.9**	(0.07)	0.1	(0.17)
	Neuseeland	**535**	(3.5)	533	(3.5)	523	(3.8)	**510**	(3.9)	**–8.2**	(2.04)	**0.7**	(0.07)	0.5	(0.27)
	Norwegen	**484**	(3.3)	501	(3.4)	503	(3.8)	**501**	(3.6)	**8.4**	(1.46)	**1.2**	(0.06)	0.8	(0.30)
	Polen	488	(3.5)	491	(3.1)	492	(4.0)	494	(4.1)	**5.9**	(1.90)	0.9	(0.07)	0.3	(0.20)
	Portugal	**456**	(3.5)	471	(4.1)	464	(5.2)	**474**	(4.8)	**9.2**	(2.07)	**1.1**	(0.06)	0.9	(0.43)
	Slowak. Republik	500	(4.7)	500	(3.5)	499	(4.0)	497	(4.7)	0.4	(1.79)	0.9	(0.07)	0.0	(0.02)
	Spanien	**472**	(3.5)	489	(3.5)	493	(3.2)	**491**	(3.1)	**10.2**	(1.41)	**1.3**	(0.09)	1.3	(0.38)
	Schweden	**499**	(2.9)	512	(3.6)	513	(3.4)	**517**	(5.3)	**9.8**	(2.18)	**1.2**	(0.08)	0.9	(0.39)
	Schweiz	**535**	(4.0)	534	(4.9)	525	(3.6)	**515**	(4.2)	**–5.9**	(1.42)	**0.8**	(0.05)	0.4	(0.18)
	Türkei	**417**	(5.9)	435	(7.6)	431	(7.9)	**433**	(9.2)	**5.7**	(2.17)	1.2	(0.08)	0.4	(0.29)
	Vereinigte Staaten	**496**	(3.4)	494	(3.7)	478	(3.8)	**470**	(4.1)	**–7.0**	(1.39)	**0.7**	(0.05)	0.6	(0.24)
	OECD insgesamt	*506*	*(1.4)*	*507*	*(1.2)*	*489*	*(1.2)*	*467*	*(1.9)*	*–11.4*	*(0.76)*	*0.7*	*(0.02)*	*1.5*	*(0.19)*
	OECD-Durchschnitt	*508*	*(0.8)*	*512*	*(0.7)*	*502*	*(0.8)*	*488*	*(1.2)*	*–5.3*	*(0.43)*	*0.8*	*(0.01)*	*0.3*	*(0.05)*
Partnerländer	Brasilien	**384**	(6.1)	356	(5.8)	349	(6.0)	**352**	(5.6)	**–12.0**	(2.18)	**0.6**	(0.05)	1.3	(0.50)
	Hongkong (China)	**524**	(5.6)	552	(4.9)	560	(5.8)	**567**	(5.3)	**21.0**	(2.03)	**1.5**	(0.08)	4.1	(0.79)
	Indonesien	356	(5.3)	365	(3.9)	369	(4.8)	359	(4.9)	1.1	(2.50)	1.1	(0.09)	0.0	(0.06)
	Lettland	479	(4.0)	487	(4.9)	484	(5.3)	486	(6.5)	4.8	(3.92)	1.0	(0.08)	0.2	(0.26)
	Liechtenstein	**543**	(9.1)	541	(10.9)	547	(13.0)	**512**	(11.4)	**–11.5**	(5.22)	**0.6**	(0.13)	1.4	(1.28)
	Macau (China)	**512**	(6.2)	530	(6.5)	525	(6.5)	**542**	(6.6)	**15.2**	(3.83)	1.2	(0.16)	2.4	(1.19)
	Russ. Föderation	468	(4.9)	469	(4.5)	467	(5.0)	474	(5.3)	3.4	(1.88)	1.0	(0.05)	0.1	(0.11)
	Serbien	**445**	(4.3)	451	(4.6)	441	(4.3)	**429**	(5.4)	**–5.1**	(1.85)	**0.9**	(0.07)	0.4	(0.31)
	Thailand	**413**	(3.6)	415	(3.8)	418	(3.8)	**423**	(4.4)	**6.9**	(2.24)	1.0	(0.06)	0.3	(0.22)
	Tunesien	**346**	(3.0)	359	(3.6)	363	(4.2)	**373**	(4.1)	**10.4**	(1.34)	**1.3**	(0.08)	1.8	(0.47)
	Uruguay	**434**	(4.3)	435	(4.0)	420	(4.8)	**418**	(5.5)	**–4.4**	(2.14)	**0.8**	(0.06)	0.2	(0.21)
	Verein. Königreich[1]	**519**	(3.3)	512	(3.9)	505	(3.6)	**500**	(3.4)	**–4.9**	(1.58)	**0.7**	(0.05)	0.2	(0.14)

Anmerkung: Statistisch signifikante Werte sind durch Fettdruck gekennzeichnet (siehe Anhang A4).

1. Die Beteiligungsquote ist zu niedrig, um die Vergleichbarkeit zu gewährleisten (siehe Anhang A3).

Tabelle 3.12

Zusammenhang zwischen ausgewählten Lernermerkmalen und den Schülerleistungen in Mathematik

		Effekt des Index ohne Berücksichtigung der in den anderen Spalten angegebenen Effekte sonstiger Lernermerkmale (bivariate Analyse)						Effekt des Index nach Berücksichtigung der in den anderen Spalten angegebenen Effekte sonstiger Lernermerkmale (multivariate Analyse)					
		Mathematikangst		Interesse und Freude an Mathematik		Kontrollstrategien		Mathematikangst		Interesse und Freude an Mathematik		Kontrollstrategien	
		Effekt	S.E.	Effekt	S.E.	Effekt	S.E.	Effekt	S.E.	Effekt	S.E.	Effekt	S.E.
OECD-Länder	Australien	**–0.35**	(0.01)	**0.19**	(0.01)	**0.15**	(0.01)	**–0.33**	(0.01)	0.01	(0.02)	**0.10**	(0.01)
	Österreich	**–0.31**	(0.02)	**0.10**	(0.02)	**–0.05**	(0.02)	**–0.33**	(0.02)	–0.04	(0.02)	–0.02	(0.02)
	Belgien	**–0.24**	(0.02)	**0.14**	(0.02)	–0.02	(0.02)	**–0.21**	(0.02)	**0.08**	(0.02)	0.00	(0.02)
	Kanada	**–0.40**	(0.01)	**0.24**	(0.01)	**0.15**	(0.01)	**–0.38**	(0.01)	0.02	(0.02)	**0.10**	(0.01)
	Tschech. Republik	**–0.41**	(0.01)	**0.20**	(0.02)	0.00	(0.02)	**–0.40**	(0.02)	0.02	(0.02)	–0.01	(0.02)
	Dänemark	**–0.51**	(0.01)	**0.30**	(0.02)	**0.04**	(0.02)	**–0.49**	(0.02)	**0.07**	(0.02)	**–0.07**	(0.02)
	Finnland	**–0.44**	(0.01)	**0.33**	(0.02)	**0.11**	(0.01)	**–0.37**	(0.01)	**0.17**	(0.02)	0.00	(0.01)
	Frankreich	**–0.25**	(0.02)	**0.22**	(0.02)	**0.09**	(0.02)	**–0.22**	(0.02)	**0.14**	(0.02)	**0.07**	(0.02)
	Deutschland	**–0.34**	(0.02)	**0.12**	(0.02)	**–0.08**	(0.02)	**–0.36**	(0.02)	**–0.06**	(0.02)	–0.04	(0.02)
	Griechenland	**–0.35**	(0.02)	**0.26**	(0.02)	**0.07**	(0.02)	**–0.30**	(0.02)	**0.09**	(0.02)	0.01	(0.02)
	Ungarn	**–0.32**	(0.02)	**0.09**	(0.02)	**–0.04**	(0.02)	**–0.34**	(0.02)	**–0.06**	(0.03)	–0.02	(0.02)
	Island	**–0.40**	(0.02)	**0.29**	(0.02)	**0.05**	(0.02)	**–0.33**	(0.02)	**0.17**	(0.02)	**–0.06**	(0.02)
	Irland	**–0.36**	(0.02)	**0.20**	(0.02)	**0.04**	(0.02)	**–0.34**	(0.02)	0.04	(0.02)	0.00	(0.02)
	Italien	**–0.29**	(0.01)	**0.10**	(0.02)	0.03	(0.04)	**–0.30**	(0.02)	–0.01	(0.02)	**0.06**	(0.02)
	Japan	**–0.14**	(0.02)	**0.28**	(0.02)	**0.18**	(0.02)	0.03	(0.02)	**0.27**	(0.03)	**0.06**	(0.02)
	Korea	**–0.22**	(0.02)	**0.39**	(0.01)	**0.40**	(0.01)	**–0.04**	(0.02)	**0.23**	(0.02)	**0.27**	(0.02)
	Luxemburg	**–0.31**	(0.02)	**0.08**	(0.02)	**0.07**	(0.02)	**–0.32**	(0.02)	–0.02	(0.02)	–0.03	(0.02)
	Mexiko	**–0.29**	(0.02)	**–0.06**	(0.02)	**0.09**	(0.02)	**–0.33**	(0.02)	**–0.17**	(0.03)	**0.16**	(0.02)
	Niederlande	**–0.22**	(0.02)	**0.14**	(0.02)	–0.01	(0.03)	**–0.20**	(0.02)	**0.07**	(0.02)	–0.01	(0.02)
	Neuseeland	**–0.44**	(0.01)	**0.11**	(0.02)	**0.11**	(0.02)	**–0.46**	(0.02)	**–0.07**	(0.02)	**0.08**	(0.02)
	Norwegen	**–0.50**	(0.01)	**0.40**	(0.02)	**0.15**	(0.02)	**–0.40**	(0.02)	**0.19**	(0.02)	0.00	(0.02)
	Polen	**–0.49**	(0.01)	**0.16**	(0.02)	**0.04**	(0.02)	**–0.51**	(0.02)	**–0.06**	(0.02)	0.02	(0.02)
	Portugal	**–0.33**	(0.02)	**0.14**	(0.02)	**0.20**	(0.02)	**–0.32**	(0.02)	–0.04	(0.02)	**0.18**	(0.02)
	Slowak. Republik	**–0.41**	(0.02)	**0.11**	(0.02)	**–0.04**	(0.02)	**–0.42**	(0.02)	**–0.04**	(0.02)	–0.01	(0.02)
	Spanien	**–0.26**	(0.02)	**0.23**	(0.02)	**0.14**	(0.02)	**–0.25**	(0.02)	**0.10**	(0.02)	**0.14**	(0.02)
	Schweden	**–0.45**	(0.01)	**0.29**	(0.02)	0.00	(0.02)	**–0.39**	(0.02)	**0.14**	(0.02)	**–0.06**	(0.02)
	Schweiz	**–0.32**	(0.02)	**0.11**	(0.02)	**–0.03**	(0.02)	**–0.33**	(0.02)	–0.03	(0.02)	–0.01	(0.02)
	Türkei	**–0.34**	(0.03)	**0.17**	(0.03)	**0.16**	(0.02)	**–0.33**	(0.03)	–0.03	(0.03)	**0.14**	(0.03)
	Vereinigte Staaten	**–0.40**	(0.02)	**0.09**	(0.02)	**0.04**	(0.02)	**–0.44**	(0.02)	**–0.11**	(0.02)	0.02	(0.02)
	OECD-Durchschnitt	*–0.36*	*(0.01)*	*0.12*	*(0.01)*	*0.01*	*(0.01)*	*–0.34*	*(0.01)*	*0.03*	*(0.00)*	*0.04*	*(0.01)*
Partnerländer	Brasilien	m	m	m	m	m	m	m	m	m	m	m	m
	Hongkong (China)	**–0.28**	(0.02)	**0.30**	(0.01)	**0.25**	(0.02)	**–0.19**	(0.02)	**0.15**	(0.02)	**0.15**	(0.02)
	Indonesien	**–0.10**	(0.02)	**–0.07**	(0.03)	**0.04**	(0.02)	**–0.13**	(0.02)	**–0.13**	(0.03)	**0.08**	(0.02)
	Lettland	**–0.42**	(0.02)	**0.13**	(0.02)	**–0.05**	(0.02)	**–0.42**	(0.02)	–0.01	(0.02)	0.01	(0.02)
	Liechtenstein	**–0.33**	(0.05)	0.03	(0.06)	**–0.14**	(0.06)	**–0.35**	(0.05)	–0.08	(0.06)	–0.07	(0.06)
	Macau (China)	**–0.31**	(0.04)	**0.20**	(0.04)	**0.08**	(0.04)	**–0.29**	(0.05)	0.04	(0.04)	0.05	(0.04)
	Russ. Föderation	**–0.38**	(0.01)	**0.12**	(0.02)	0.00	(0.01)	**–0.38**	(0.02)	0.00	(0.02)	0.02	(0.01)
	Serbien	**–0.37**	(0.02)	–0.04	(0.02)	**0.08**	(0.02)	**–0.39**	(0.02)	**–0.13**	(0.02)	0.01	(0.02)
	Thailand	**–0.13**	(0.02)	0.03	(0.02)	**–0.06**	(0.02)	**–0.14**	(0.02)	**–0.06**	(0.02)	**0.09**	(0.02)
	Tunesien	**–0.14**	(0.02)	**0.10**	(0.02)	**0.15**	(0.02)	**–0.13**	(0.02)	–0.01	(0.02)	**0.15**	(0.02)
	Uruguay	**–0.36**	(0.02)	**0.15**	(0.02)	0.02	(0.02)	**–0.34**	(0.02)	0.01	(0.02)	0.00	(0.02)
	Verein. Königreich[1]	**–0.34**	(0.01)	**0.14**	(0.02)	**0.10**	(0.02)	**–0.35**	(0.02)	**–0.04**	(0.02)	**0.06**	(0.02)

Anmerkung: Statistisch signifikante Werte sind durch Fettdruck gekennzeichnet (siehe Anhang A4).
1. Die Beteiligungsquote ist zu niedrig, um die Vergleichbarkeit zu gewährleisten (siehe Anhang A3).

Tabelle 3.13

Zusammenhang zwischen ausgewählten Lernermerkmalen und dem Einsatz von Kontrollstrategien durch die Schülerinnen und Schüler

		Effekt des Index ohne Berücksichtigung der in den anderen Spalten angegebenen Effekte sonstiger Lernermerkmale (bivariate Analyse)				Effekt des Index nach Berücksichtigung der in den anderen Spalten angegebenen Effekte sonstiger Lernermerkmale (multivariate Analyse)			
		Mathematikangst		Interesse und Freude an Mathematik		Mathematikangst		Interesse und Freude an Mathematik	
		Effekt	S.E.	Effekt	S.E.	Effekt	S.E.	Effekt	S.E.
OECD-Länder	Australien	**–0.16**	(0.02)	**0.39**	(0.01)	0.00	(0.02)	**0.39**	(0.02)
	Österreich	**0.08**	(0.02)	**0.15**	(0.01)	**0.18**	(0.02)	**0.23**	(0.02)
	Belgien	**0.14**	(0.02)	**0.25**	(0.01)	**0.25**	(0.02)	**0.33**	(0.01)
	Kanada	**–0.14**	(0.01)	**0.38**	(0.01)	**0.06**	(0.01)	**0.41**	(0.01)
	Tschech. Republik	–0.03	(0.02)	**0.20**	(0.02)	**0.08**	(0.03)	**0.24**	(0.02)
	Dänemark	**–0.18**	(0.02)	**0.39**	(0.02)	0.04	(0.02)	**0.41**	(0.02)
	Finnland	**–0.10**	(0.02)	**0.41**	(0.01)	**0.09**	(0.02)	**0.45**	(0.01)
	Frankreich	**0.13**	(0.02)	**0.34**	(0.02)	**0.23**	(0.02)	**0.40**	(0.02)
	Deutschland	**0.11**	(0.02)	**0.12**	(0.02)	**0.23**	(0.02)	**0.23**	(0.02)
	Griechenland	**–0.11**	(0.02)	**0.30**	(0.02)	**0.08**	(0.03)	**0.34**	(0.02)
	Ungarn	0.02	(0.02)	**0.18**	(0.02)	**0.13**	(0.02)	**0.25**	(0.02)
	Island	**–0.15**	(0.02)	**0.37**	(0.02)	0.02	(0.02)	**0.38**	(0.02)
	Irland	**–0.09**	(0.02)	**0.32**	(0.02)	**0.07**	(0.02)	**0.36**	(0.02)
	Italien	**0.06**	(0.02)	**0.33**	(0.02)	**0.18**	(0.01)	**0.39**	(0.02)
	Japan	**–0.26**	(0.02)	**0.45**	(0.01)	–0.01	(0.03)	**0.45**	(0.02)
	Korea	**–0.26**	(0.02)	**0.54**	(0.01)	0.00	(0.02)	**0.54**	(0.01)
	Luxemburg	**0.12**	(0.02)	**0.23**	(0.02)	**0.24**	(0.02)	**0.32**	(0.02)
	Mexiko	0.04	(0.02)	**0.39**	(0.02)	**0.10**	(0.02)	**0.41**	(0.01)
	Niederlande	**0.12**	(0.02)	**0.23**	(0.02)	**0.22**	(0.02)	**0.30**	(0.02)
	Neuseeland	**–0.11**	(0.02)	**0.36**	(0.02)	0.02	(0.02)	**0.37**	(0.02)
	Norwegen	**–0.18**	(0.02)	**0.41**	(0.02)	0.04	(0.03)	**0.43**	(0.02)
	Polen	**–0.07**	(0.02)	**0.26**	(0.02)	**0.05**	(0.02)	**0.29**	(0.02)
	Portugal	**–0.11**	(0.02)	**0.39**	(0.02)	0.02	(0.02)	**0.39**	(0.02)
	Slowak. Republik	**0.05**	(0.02)	**0.21**	(0.02)	**0.14**	(0.02)	**0.27**	(0.02)
	Spanien	**0.12**	(0.02)	**0.33**	(0.02)	**0.24**	(0.02)	**0.41**	(0.01)
	Schweden	–0.03	(0.02)	**0.31**	(0.02)	**0.14**	(0.02)	**0.38**	(0.02)
	Schweiz	0.02	(0.02)	**0.25**	(0.02)	**0.16**	(0.02)	**0.32**	(0.02)
	Türkei	**–0.14**	(0.03)	**0.52**	(0.01)	**0.10**	(0.02)	**0.57**	(0.02)
	Vereinigte Staaten	**–0.13**	(0.02)	**0.40**	(0.01)	**0.06**	(0.02)	**0.43**	(0.02)
	OECD-Durchschnitt	*–0.05*	*(0.01)*	*0.32*	*(0.01)*	*0.11*	*(0.01)*	*0.37*	*(0.01)*
Partnerländer	Brasilien	m	m	m	m	m	m	m	m
	Hongkong (China)	**–0.14**	(0.02)	**0.44**	(0.02)	**0.08**	(0.02)	**0.48**	(0.02)
	Indonesien	**–0.07**	(0.03)	**0.38**	(0.02)	0.04	(0.02)	**0.39**	(0.02)
	Lettland	**0.12**	(0.02)	**0.26**	(0.02)	**0.24**	(0.02)	**0.34**	(0.02)
	Liechtenstein	**0.16**	(0.07)	**0.26**	(0.05)	**0.28**	(0.07)	**0.36**	(0.05)
	Macau (China)	–0.03	(0.04)	**0.27**	(0.03)	**0.14**	(0.04)	**0.34**	(0.04)
	Russ. Föderation	0.03	(0.02)	**0.36**	(0.01)	**0.15**	(0.02)	**0.41**	(0.01)
	Serbien	**0.08**	(0.02)	**0.26**	(0.02)	**0.14**	(0.02)	**0.29**	(0.02)
	Thailand	**–0.09**	(0.04)	**0.40**	(0.02)	**0.08**	(0.03)	**0.43**	(0.02)
	Tunesien	**–0.08**	(0.02)	**0.50**	(0.01)	**0.10**	(0.02)	**0.53**	(0.02)
	Uruguay	**0.05**	(0.02)	**0.30**	(0.02)	**0.20**	(0.02)	**0.38**	(0.02)
	Verein. Königreich[1]	**–0.15**	(0.02)	**0.35**	(0.02)	0.01	(0.02)	**0.36**	(0.02)

Anmerkung: Statistisch signifikante Werte sind durch Fettdruck gekennzeichnet (siehe Anhang A4).

1. Die Beteiligungsquote ist zu niedrig, um die Vergleichbarkeit zu gewährleisten (siehe Anhang A3).

Tabelle 3.14

Korrelationen zwischen Mathematikangst und Interesse und Freude an Mathematik

		Korrelationskoeffizienten zwischen Mathematikangst und Interesse und Freude an Mathematik	
		Korrelation	S.E.
OECD-Länder	Australien	–0.41	(0.01)
	Österreich	–0.42	(0.02)
	Belgien	–0.33	(0.02)
	Kanada	–0.50	(0.01)
	Tschech. Republik	–0.45	(0.02)
	Dänemark	–0.53	(0.02)
	Finnland	–0.43	(0.01)
	Frankreich	–0.26	(0.02)
	Deutschland	–0.51	(0.02)
	Griechenland	–0.57	(0.02)
	Ungarn	–0.46	(0.02)
	Island	–0.45	(0.02)
	Irland	–0.47	(0.02)
	Italien	–0.32	(0.02)
	Japan	–0.58	(0.01)
	Korea	–0.49	(0.01)
	Luxemburg	–0.37	(0.02)
	Mexiko	–0.18	(0.02)
	Niederlande	–0.33	(0.02)
	Neuseeland	–0.35	(0.02)
	Norwegen	–0.54	(0.01)
	Polen	–0.42	(0.02)
	Portugal	–0.34	(0.02)
	Slowak. Republik	–0.37	(0.01)
	Spanien	–0.29	(0.02)
	Schweden	–0.45	(0.01)
	Schweiz	–0.44	(0.02)
	Türkei	–0.44	(0.03)
	Vereinigte Staaten	–0.44	(0.02)
	OECD insgesamt	***–0.42***	***(0.01)***
Partnerländer	Brasilien	m	m
	Hongkong (China)	–0.47	(0.02)
	Indonesien	–0.29	(0.03)
	Lettland	–0.34	(0.02)
	Liechtenstein	–0.35	(0.05)
	Macau (China)	–0.52	(0.03)
	Russ. Föderation	–0.31	(0.02)
	Serbien	–0.23	(0.03)
	Thailand	–0.39	(0.02)
	Tunesien	–0.34	(0.02)
	Uruguay	–0.41	(0.02)
	Verein. Königreich[1]	–0.43	(0.02)

1. Die Beteiligungsquote ist zu niedrig, um die Vergleichbarkeit zu gewährleisten (siehe Anhang A3).

Tabelle 3.15

Varianz der Lernermerkmale zwischen den Schulen, in Prozent

		Varianz zwischen den Schulen bei den einzelnen Indizes (in %)							
		Interesse und Freude an Mathematik	Instrumentelle Motivation in Mathematik	Selbstwirksamkeit in Mathematik	Mathematikangst	Mathematik-Selbstkonzept	Memorier-strategien	Elaborations-strategien	Kontroll-strategien
OECD-Länder	Australien	3.9	2.3	10.7	4.9	5.1	4.2	4.3	5.4
	Österreich	8.3	16.3	22.1	9.5	10.0	7.3	11.2	6.2
	Belgien	5.7	5.8	15.9	5.9	5.0	6.2	8.4	9.9
	Kanada	3.7	3.3	9.6	5.9	6.5	6.1	6.1	8.7
	Tschech. Republik	4.5	7.7	23.4	10.5	9.0	9.3	7.4	7.5
	Dänemark	4.0	2.3	9.9	8.5	7.5	6.9	6.5	7.3
	Finnland	4.1	0.9	5.4	4.3	4.4	3.2	3.1	3.6
	Frankreich	w	w	w	w	w	w	w	w
	Deutschland	3.7	4.2	15.6	6.8	5.8	8.5	8.5	6.9
	Griechenland	3.4	3.0	12.9	6.9	8.6	4.3	4.7	5.0
	Ungarn	5.4	3.4	24.9	9.8	9.0	7.8	8.0	6.6
	Island	3.0	2.3	3.4	1.6	1.6	1.1	1.4	2.2
	Irland	1.7	3.3	10.3	6.6	6.7	4.5	5.7	5.3
	Italien	9.7	12.0	17.7	6.0	8.6	7.2	11.9	10.7
	Japan	6.2	8.7	28.6	5.9	5.9	5.5	6.2	7.4
	Korea	8.1	9.0	22.6	4.9	12.7	8.0	8.4	15.9
	Luxemburg	2.5	3.9	6.3	2.1	0.9	1.8	4.1	1.9
	Mexiko	8.5	3.1	12.5	9.0	9.7	10.4	10.4	10.0
	Niederlande	3.9	2.8	12.5	7.4	7.3	7.3	8.1	7.5
	Neuseeland	6.8	2.3	9.3	7.2	5.9	6.9	8.2	6.1
	Norwegen	2.8	3.0	8.4	7.4	6.6	5.3	5.9	5.5
	Polen	3.1	2.5	9.1	6.0	5.3	4.0	5.5	4.7
	Portugal	3.0	2.5	13.1	5.9	6.2	5.9	5.2	7.9
	Slowak. Republik	5.6	7.7	25.7	9.3	9.8	6.3	8.0	7.5
	Spanien	4.0	3.0	10.2	7.2	8.0	5.0	6.2	5.3
	Schweden	3.6	1.8	10.1	6.4	7.2	5.1	5.9	5.9
	Schweiz	3.3	6.0	17.9	7.6	6.3	7.4	6.7	5.9
	Türkei	6.4	4.3	25.3	10.4	10.5	6.0	7.2	8.0
	Vereinigte Staaten	4.7	2.5	10.8	8.4	8.5	9.0	9.4	8.2
	OECD-Durchschnitt	***4.7***	***4.5***	***14.5***	***6.8***	***7.1***	***6.2***	***6.9***	***6.9***
Partnerländer	Brasilien	m	m	m	m	m	m	m	m
	Hongkong (China)	2.6	2.4	19.1	7.4	7.5	4.5	4.2	7.0
	Indonesien	11.7	5.4	11.4	8.8	15.6	11.2	8.4	8.0
	Lettland	3.8	2.8	10.5	7.1	6.4	5.7	4.8	5.0
	Liechtenstein	5.0	10.3	14.6	–0.2	–0.3	16.5	11.9	1.9
	Macau (China)	1.0	0.3	8.5	4.8	6.4	3.6	4.1	4.5
	Russ. Föderation	6.3	4.6	11.2	8.2	8.6	6.0	6.5	6.2
	Serbien	10.4	9.8	11.0	10.2	7.5	9.8	9.4	8.4
	Thailand	5.0	3.2	12.7	8.5	8.0	7.3	8.0	7.9
	Tunesien	4.6	4.0	13.6	5.8	8.5	4.7	5.4	5.4
	Uruguay	3.8	4.9	11.7	8.9	8.2	6.7	8.6	5.8
	Verein. Königreich[1]	3.0	3.0	11.9	6.7	6.1	7.7	6.1	6.4

1. Die Beteiligungsquote ist zu niedrig, um die Vergleichbarkeit zu gewährleisten (siehe Anhang A3).

Tabelle 3.16

Geschlechtsspezifische Unterschiede bei den Lernermerkmalen, gemessen an der Effektstärke

		Geschlechtsspezifische Unterschiede bei den einzelnen Indizes, gemessen an der Effektstärke							
		Mathematikleistung		Instrumentelle Motivation in Mathematik		Interesse und Freude an Mathematik		Mathematikangst	
		Effekt	S.E.	Effekt	S.E.	Effekt	S.E.	Effekt	S.E.
OECD-Länder	Australien	0.06	(0.04)	**0.24**	(0.03)	**0.23**	(0.03)	**–0.31**	(0.02)
	Österreich	0.08	(0.05)	**0.58**	(0.04)	**0.40**	(0.03)	**–0.36**	(0.03)
	Belgien	0.07	(0.04)	**0.32**	(0.03)	**0.20**	(0.03)	**–0.32**	(0.03)
	Kanada	0.13	(0.02)	0.12	(0.02)	0.17	(0.02)	**–0.33**	(0.02)
	Tschech. Republik	0.16	(0.05)	**0.26**	(0.04)	**0.26**	(0.04)	**–0.26**	(0.03)
	Dänemark	0.18	(0.03)	**0.43**	(0.03)	**0.29**	(0.03)	**–0.38**	(0.03)
	Finnland	0.09	(0.03)	**0.36**	(0.03)	**0.34**	(0.03)	**–0.39**	(0.02)
	Frankreich	0.09	(0.05)	**0.35**	(0.03)	**0.24**	(0.03)	**–0.39**	(0.03)
	Deutschland	0.09	(0.04)	**0.45**	(0.03)	**0.37**	(0.03)	**–0.38**	(0.03)
	Griechenland	**0.21**	(0.04)	**0.26**	(0.03)	**0.31**	(0.03)	**–0.26**	(0.03)
	Ungarn	0.08	(0.04)	**0.22**	(0.03)	0.12	(0.03)	**–0.20**	(0.04)
	Island	–0.17	(0.04)	0.06	(0.04)	0.07	(0.04)	**–0.27**	(0.04)
	Irland	0.17	(0.05)	**0.32**	(0.04)	0.04	(0.04)	**–0.28**	(0.04)
	Italien	0.19	(0.06)	**0.23**	(0.03)	0.11	(0.04)	–0.17	(0.03)
	Japan	0.08	(0.06)	**0.31**	(0.03)	**0.26**	(0.04)	**–0.26**	(0.03)
	Korea	**0.26**	(0.08)	**0.20**	(0.05)	0.16	(0.04)	–0.14	(0.03)
	Luxemburg	0.19	(0.03)	**0.42**	(0.03)	**0.32**	(0.03)	**–0.44**	(0.02)
	Mexiko	0.13	(0.05)	0.03	(0.04)	0.16	(0.03)	–0.13	(0.03)
	Niederlande	0.06	(0.05)	**0.50**	(0.04)	**0.34**	(0.04)	**–0.38**	(0.03)
	Neuseeland	0.15	(0.04)	0.17	(0.03)	**0.23**	(0.04)	**–0.31**	(0.03)
	Norwegen	0.07	(0.04)	**0.23**	(0.04)	**0.25**	(0.04)	**–0.36**	(0.04)
	Polen	0.06	(0.04)	0.05	(0.03)	0.11	(0.03)	–0.03	(0.03)
	Portugal	0.14	(0.04)	0.06	(0.04)	0.03	(0.04)	**–0.22**	(0.04)
	Slowak. Republik	**0.20**	(0.04)	**0.23**	(0.03)	0.17	(0.04)	**–0.25**	(0.04)
	Spanien	0.10	(0.03)	0.09	(0.03)	0.03	(0.03)	**–0.34**	(0.03)
	Schweden	0.07	(0.03)	**0.32**	(0.03)	0.19	(0.04)	**–0.30**	(0.04)
	Schweiz	0.17	(0.05)	**0.67**	(0.03)	**0.58**	(0.03)	**–0.44**	(0.03)
	Türkei	0.15	(0.06)	–0.06	(0.04)	0.10	(0.04)	**–0.20**	(0.04)
	Vereinigte Staaten	0.07	(0.03)	0.10	(0.03)	0.16	(0.03)	**–0.23**	(0.03)
	OECD-Durchschnitt	*0.11*	*(0.01)*	*0.24*	*(0.01)*	*0.21*	*(0.01)*	*–0.28*	*(0.01)*
Partnerländer	Brasilien	0.16	(0.04)	m	m	m	m	m	m
	Hongkong (China)	0.04	(0.07)	**0.20**	(0.04)	**0.27**	(0.03)	**–0.28**	(0.04)
	Indonesien	0.04	(0.04)	–0.05	(0.03)	0.08	(0.03)	–0.13	(0.03)
	Lettland	0.03	(0.05)	0.18	(0.04)	**0.20**	(0.04)	**–0.26**	(0.04)
	Liechtenstein	**0.29**	(0.11)	**0.89**	(0.09)	**0.60**	(0.09)	**–0.61**	(0.10)
	Macau (China)	**0.25**	(0.07)	**0.24**	(0.06)	**0.34**	(0.07)	**–0.46**	(0.07)
	Russ. Föderation	0.11	(0.05)	0.09	(0.04)	0.01	(0.04)	–0.16	(0.03)
	Serbien	0.01	(0.05)	**0.21**	(0.04)	0.18	(0.04)	0.04	(0.04)
	Thailand	–0.05	(0.05)	**–0.20**	(0.03)	0.06	(0.03)	–0.11	(0.03)
	Tunesien	0.15	(0.03)	0.17	(0.03)	**0.27**	(0.03)	**–0.35**	(0.03)
	Uruguay	0.12	(0.04)	0.16	(0.03)	0.11	(0.04)	**–0.21**	(0.03)
	Verein. Königreich[1]	0.07	(0.05)	**0.30**	(0.03)	**0.20**	(0.03)	**–0.38**	(0.03)

		Geschlechtsspezifische Unterschiede bei den einzelnen Indizes, gemessen an der Effektstärke									
		Selbstwirksamkeit in Mathematik		Selbstkonzept in Mathematik		Memorierstrategien		Elaborationsstrategien		Kontrollstrategien	
		Effekt	S.E.	Effekt	S.E.	Effekt	S.E.	Effekt	S.E.	Effekt	S.E.
OECD-Länder	Australien	**0.37**	(0.03)	**0.34**	(0.02)	0.05	(0.03)	**0.32**	(0.02)	–0.08	(0.03)
	Österreich	**0.46**	(0.03)	**0.44**	(0.03)	–0.13	(0.03)	**0.43**	(0.04)	–0.18	(0.04)
	Belgien	**0.36**	(0.03)	**0.35**	(0.03)	–0.12	(0.03)	**0.27**	(0.02)	**–0.21**	(0.03)
	Kanada	**0.34**	(0.02)	**0.33**	(0.02)	–0.04	(0.02)	**0.25**	(0.02)	**–0.21**	(0.02)
	Tschech. Republik	**0.42**	(0.04)	**0.36**	(0.03)	–0.07	(0.03)	**0.24**	(0.03)	–0.16	(0.03)
	Dänemark	**0.45**	(0.03)	**0.48**	(0.03)	**0.22**	(0.04)	**0.34**	(0.03)	0.02	(0.03)
	Finnland	**0.56**	(0.03)	**0.45**	(0.03)	0.10	(0.03)	**0.37**	(0.03)	0.05	(0.03)
	Frankreich	**0.31**	(0.04)	**0.37**	(0.03)	–0.18	(0.03)	**0.23**	(0.03)	**–0.24**	(0.03)
	Deutschland	**0.46**	(0.04)	**0.50**	(0.03)	–0.14	(0.03)	**0.32**	(0.03)	**–0.28**	(0.03)
	Griechenland	**0.44**	(0.04)	**0.30**	(0.03)	0.03	(0.03)	**0.29**	(0.03)	–0.12	(0.03)
	Ungarn	**0.35**	(0.03)	**0.24**	(0.04)	–0.19	(0.03)	**0.20**	(0.03)	–0.18	(0.03)
	Island	**0.25**	(0.04)	**0.22**	(0.04)	0.02	(0.04)	**0.27**	(0.03)	–0.07	(0.04)
	Irland	**0.30**	(0.04)	**0.23**	(0.04)	–0.05	(0.03)	0.19	(0.04)	–0.08	(0.04)
	Italien	**0.36**	(0.04)	0.14	(0.03)	–0.07	(0.03)	**0.22**	(0.04)	–0.18	(0.04)
	Japan	**0.31**	(0.05)	**0.36**	(0.03)	0.10	(0.03)	**0.30**	(0.03)	0.10	(0.04)
	Korea	**0.20**	(0.05)	**0.26**	(0.04)	–0.02	(0.04)	**0.21**	(0.04)	0.08	(0.05)
	Luxemburg	**0.43**	(0.03)	**0.49**	(0.02)	–0.11	(0.03)	**0.36**	(0.04)	–0.19	(0.03)
	Mexiko	0.18	(0.03)	0.15	(0.03)	–0.01	(0.03)	0.06	(0.03)	–0.15	(0.03)
	Niederlande	**0.59**	(0.03)	**0.55**	(0.04)	**0.21**	(0.04)	**0.40**	(0.04)	–0.01	(0.04)
	Neuseeland	**0.37**	(0.03)	**0.35**	(0.03)	0.02	(0.03)	**0.20**	(0.04)	–0.08	(0.03)
	Norwegen	**0.37**	(0.04)	**0.42**	(0.03)	**0.23**	(0.03)	**0.24**	(0.04)	–0.05	(0.03)
	Polen	0.17	(0.03)	0.18	(0.03)	–0.03	(0.03)	0.14	(0.03)	**–0.21**	(0.03)
	Portugal	**0.24**	(0.03)	**0.21**	(0.04)	–0.05	(0.04)	0.15	(0.04)	**–0.20**	(0.04)
	Slowak. Republik	**0.33**	(0.04)	**0.30**	(0.03)	–0.12	(0.03)	**0.22**	(0.03)	–0.13	(0.03)
	Spanien	**0.28**	(0.03)	**0.25**	(0.03)	–0.09	(0.03)	0.09	(0.03)	**–0.21**	(0.03)
	Schweden	**0.27**	(0.04)	**0.35**	(0.04)	0.14	(0.03)	**0.25**	(0.04)	0.00	(0.03)
	Schweiz	**0.54**	(0.04)	**0.67**	(0.03)	0.02	(0.04)	**0.44**	(0.03)	–0.13	(0.03)
	Türkei	**0.25**	(0.05)	0.19	(0.04)	–0.06	(0.03)	0.01	(0.04)	**–0.21**	(0.04)
	Vereinigte Staaten	0.19	(0.03)	**0.27**	(0.03)	–0.04	(0.03)	0.15	(0.03)	–0.15	(0.03)
	OECD-Durchschnitt	*0.34*	*(0.01)*	*0.33*	*(0.01)*	*0.00*	*(0.01)*	*0.24*	*(0.01)*	*–0.11*	*(0.01)*
Partnerländer	Brasilien	m	m	m	m	m	m	m	m	m	m
	Hongkong (China)	**0.30**	(0.05)	**0.35**	(0.04)	0.03	(0.04)	**0.31**	(0.03)	–0.04	(0.04)
	Indonesien	0.08	(0.04)	0.18	(0.03)	0.00	(0.03)	0.06	(0.03)	–0.15	(0.03)
	Lettland	**0.34**	(0.04)	**0.31**	(0.04)	0.06	(0.04)	**0.24**	(0.03)	–0.14	(0.03)
	Liechtenstein	**0.65**	(0.10)	**0.77**	(0.09)	0.11	(0.10)	**0.54**	(0.10)	0.01	(0.10)
	Macau (China)	**0.38**	(0.07)	**0.47**	(0.06)	–0.07	(0.07)	**0.38**	(0.07)	0.06	(0.06)
	Russ. Föderation	**0.33**	(0.04)	0.07	(0.03)	–0.06	(0.03)	**0.22**	(0.04)	–0.14	(0.03)
	Serbien	**0.27**	(0.04)	0.14	(0.04)	0.02	(0.04)	0.15	(0.04)	–0.19	(0.04)
	Thailand	0.13	(0.04)	**0.28**	(0.04)	–0.02	(0.03)	0.04	(0.03)	–0.07	(0.03)
	Tunesien	**0.27**	(0.03)	**0.34**	(0.03)	0.16	(0.03)	0.15	(0.03)	0.03	(0.03)
	Uruguay	**0.31**	(0.04)	**0.24**	(0.04)	0.10	(0.03)	0.11	(0.03)	–0.17	(0.03)
	Verein. Königreich[1]	**0.37**	(0.04)	**0.40**	(0.03)	0.06	(0.03)	**0.25**	(0.03)	–0.01	(0.03)

Anmerkung: Fettgedruckte Zahlen repräsentieren Werte, die gleich oder größer sind als 0.20 (siehe Anhang A4).

1. Die Beteiligungsquote ist zu niedrig, um die Vergleichbarkeit zu gewährleisten (siehe Anhang A3).

Tabelle 4.1a

Varianz der Schülerleistungen zwischen Schulen und innerhalb von Schulen auf der Gesamtskala Mathematik in PISA 2003

			Varianz, ausgedrückt in Prozent der durchschnittlichen Varianz der Schülerleistungen in den OECD-Ländern[1]											
						Varianz, erklärt durch den internat. Index des wirtschaftl., sozialen und kulturellen Status der Schüler		Varianz, erklärt durch den internat. Index des wirtschaftl., sozialen und kulturellen Status der Schüler und der Schulen		Varianz, erklärt durch die Bildungsgänge der Schüler		Varianz, erklärt durch die Bildungsgänge der Schüler und den internat. Index des wirtschaftl., sozialen und kulturellen Status der Schüler und der Schulen		
		Gesamtvarianz der Schülerleistungen[2]	Gesamtvarianz, ausgedrückt in Prozent der durchschnittl. Varianz der Schülerleistungen in den OECD-Ländern[3]	Gesamtvarianz der Schülerleistungen zwischen Schulen[4]	Gesamtvarianz der Schülerleistungen innerhalb von Schulen	Varianz zwischen Schulen	Varianz innerhalb von	Varianz zwischen Schulen	Varianz innerhalb von	Varianz zwischen Schulen	Varianz innerhalb von	Varianz zwischen Schulen	Varianz innerhalb von	Gesamtvarianz zwischen Schulen, ausgedrückt in Prozent der Gesamtvarianz innerhalb eines Landes[5]
OECD-Länder	Australien	9 036	105.1	22.0	82.3	9.0	4.2	15.4	4.3	1.8	2.8	16.7	6.8	21.1
	Österreich	8 455	98.4	55.5	49.5	7.6	0.6	35.2	0.5	42.6	0.4	45.3	0.9	52.9
	Belgien	10 463	121.8	56.9	66.7	17.7	4.4	42.0	4.4	49.1	15.8	52.1	17.0	46.0
	Kanada	7 626	88.7	15.1	72.6	4.7	4.2	7.1	4.3	2.6	5.0	7.0	8.5	17.3
	Tschech. Republik	8 581	99.9	50.5	55.2	13.8	2.5	37.0	2.6	34.1	0.2	41.6	2.7	47.8
	Dänemark	8 289	96.5	13.1	84.2	7.7	9.7	9.3	9.8	1.6	0.1	9.7	9.9	13.4
	Finnland	6 974	81.2	3.9	77.3	0.9	7.9	0.9	7.9	0.0	0.0	0.9	7.9	4.8
	Frankreich	w	w	w	w	w	w	w	w	w	w	w	w	w
	Deutschland	9 306	108.3	56.4	52.6	14.1	2.2	43.8	2.2	47.2	1.1	50.7	3.2	51.7
	Griechenland	8 752	101.8	38.9	68.1	10.3	2.5	25.2	2.3	28.3	0.0	32.9	2.3	36.3
	Ungarn	8 726	101.5	66.0	47.3	15.6	1.0	53.2	0.7	49.0	–0.1	57.1	0.8	58.3
	Island	8 123	94.5	3.6	90.9	1.3	4.7	1.3	4.7	0.0	0.0	1.3	4.7	3.8
	Irland	7 213	83.9	13.4	71.2	7.8	6.0	11.1	6.1	1.4	4.4	11.0	10.0	15.9
	Italien	9 153	106.5	56.8	52.0	6.6	0.7	30.5	0.7	26.0	0.1	34.6	0.7	52.2
	Japan	9 994	116.3	62.1	55.0	3.3	0.1	42.0	0.1	5.2	0.0	42.9	0.1	53.0
	Korea	8 531	99.3	42.0	58.2	7.7	1.1	27.8	1.1	21.5	0.6	31.2	1.6	42.0
	Luxemburg	8 432	98.1	31.2	67.6	9.3	3.0	27.9	2.9	14.8	14.6	27.8	15.7	31.6
	Mexiko	7 295	84.9	29.1	44.8	4.2	0.3	16.6	0.4	12.7	0.0	20.8	0.5	39.4
	Niederlande	7 897	91.9	54.5	39.5	8.8	1.3	40.7	1.3	50.8	7.8	51.4	8.4	58.0
	Neuseeland	9 457	110.1	20.1	90.9	9.8	8.7	15.2	8.8	0.8	3.1	15.2	11.4	18.1
	Norwegen	8 432	98.1	6.5	91.7	2.7	11.1	2.9	11.2	0.2	0.1	2.9	11.2	6.6
	Polen	8 138	94.7	12.0	83.1	7.1	8.9	8.2	9.0	0.8	0.1	8.3	9.0	12.6
	Portugal	7 647	89.0	30.3	60.0	9.5	4.8	17.2	4.8	26.5	8.6	28.6	11.6	33.6
	Slowak. Republik	8 478	98.7	41.5	58.0	12.9	3.1	32.3	3.1	26.0	0.4	33.6	3.4	41.7
	Spanien	7 803	90.8	17.2	70.2	6.4	4.1	9.8	4.2	0.0	0.0	9.8	4.2	19.7
	Schweden	8 880	103.3	10.9	92.8	4.7	11.2	5.8	11.2	1.5	0.6	6.9	11.6	10.5
	Schweiz	9 541	111.0	36.4	70.2	9.4	5.1	19.3	5.1	6.1	1.0	19.8	6.0	34.2
	Türkei	10 952	127.4	68.7	56.5	10.1	0.7	49.0	0.6	42.5	3.1	56.0	3.4	54.9
	Vereinigte Staaten	9 016	104.9	27.1	78.3	12.1	7.0	18.7	7.2	3.2	2.8	19.2	9.2	25.7
	OECD-Durchschnitt	***8 593***	***100.0***	***33.6***	***67.0***	***8.5***	***4.4***	***23.0***	***4.4***	***17.8***	***2.6***	***26.4***	***6.5***	
Partnerländer	Brasilien	10 000	116.4	49.2	59.8	6.3	0.2	28.6	0.3	18.7	3.6	36.8	3.9	45.1
	Hongkong (China)	9 946	115.7	52.8	60.4	2.6	0.1	22.7	0.2	15.2	4.5	29.4	4.6	46.6
	Indonesien	6 480	75.4	31.6	39.5	0.7	0.0	13.1	0.0	9.1	0.0	15.1	0.0	44.5
	Lettland	7 749	90.2	20.6	71.0	5.3	4.6	8.4	4.6	0.6	1.4	8.3	5.7	22.5
	Liechtenstein	9 816	114.2	39.8	54.6	6.9	1.5	29.9	1.5	4.1	0.7	30.0	2.0	42.2
	Macau (China)	7 566	88.1	16.9	74.5	1.4	0.2	4.5	0.2	6.1	7.4	9.1	7.5	18.5
	Russ. Föderation	8 501	98.9	29.8	69.2	5.6	2.7	11.9	2.6	4.5	2.9	12.6	4.9	30.1
	Serbien	7 146	83.2	29.6	54.5	7.3	1.7	18.9	1.7	17.5	6.8	20.3	7.4	35.2
	Thailand	6 723	78.2	30.4	51.0	5.9	0.4	16.4	0.5	4.8	1.6	17.0	2.0	37.3
	Tunesien	6 707	78.0	32.9	44.9	5.3	0.6	18.1	0.6	25.3	1.8	27.6	2.4	42.3
	Uruguay	9 915	115.4	53.6	68.7	13.0	1.4	38.3	1.5	39.3	2.8	47.6	4.2	43.8
	Verein. Königreich[6]	8 372	97.4	21.1	73.4	9.5	7.2	15.3	7.5	1.6	1.3	16.0	8.4	22.3

1. Die Varianzkomponenten wurden für alle Schüler in Teilnehmerländern geschätzt, für die Daten über den sozioökonomischen Hintergrund und die Bildungsgänge vorliegen. Schüler in Sondereinrichtungen wurden bei diesen Analysen nicht berücksichtigt.
2. Die Gesamtvarianz der Schülerleistungen ergibt sich aus dem Quadrat der in Kapitel 2 angegebenen Standardabweichung. Für diesen Vergleich wird die statistische Varianz der Schülerleistungen und nicht die Standardabweichung verwendet, um die Anteile der Varianz in den Schülerleistungen zu bestimmen. Aus Gründen, die im *PISA 2003 Technical Report* erläutert werden, kann sich die Summe der Anteile der Varianz zwischen und innerhalb von Schulen für einige Länder von dem Quadrat der in Kapitel 2 angegebenen Standardabweichung etwas unterscheiden.
3. Die Summe der Varianzen zwischen und innerhalb von Schulen entspricht, da es sich um Schätzungen auf der Basis einer Stichprobe handelt, nicht unbedingt der Gesamtvarianz.
4. In einigen Ländern wurden Untereinheiten von Schulen anstelle von Schulen als Verwaltungseinheiten für die Stichprobe herangezogen, und das kann die Schätzung der Anteile der Varianz zwischen Schulen beeinflussen. In Italien, Japan, Österreich, der Tschechischen Republik und Ungarn wurden Schulen mit mehr als einem Bildungsprogramm in die den jeweiligen Bildungsgängen entsprechenden Einheiten unterteilt. In den Niederlanden wurden Schulen mit Sekundarstufe I und Sekundarstufe II in Einheiten unterteilt, die diesen Niveaus jeweils entsprechen. In Uruguay und Mexiko, wo die Schulen Schichtunterricht erteilen, wurden sie in die entsprechenden Einheiten unterteilt. In der flämischen Gemeinschaft Belgiens wurden bei Multi-Campus-Schulen die verschiedenen Einrichtungen in die Stichprobe einbezogen, während in der französischen Gemeinschaft im Fall von Multi-Campus-Schulen die jeweils größere Verwaltungseinheit berücksichtigt wurde. In der Slowakischen Republik wurden Schulen, in denen sowohl Slowakisch als auch Ungarisch Testsprachen sind, in Einheiten gemäß der jeweiligen Unterrichtssprache unterteilt.
5. Dieser Index wird häufig als "intra-class correlation (rho)" bezeichnet.
6. Die Beteiligungsquote ist zu niedrig, um die Vergleichbarkeit zu gewährleisten (siehe Anhang A3).

Tabelle 4.1b

Varianz der Schülerleistungen zwischen Schulen und innerhalb von Schulen auf der Gesamtskala Mathematik in PISA 2000

			Varianz, ausgedrückt in Prozent der durchschnittl. Varianz der Schülerleistungen in den OECD-Ländern[1]							
						Varianz, erklärt durch den internat. Index des wirtschaftl., sozialen und kulturellen Status der Schüler		Varianz, erklärt durch den internat. Index des wirtschaftl., sozialen und kulturellen Status der Schüler und der Schulen		
		Gesamtvarianz der Schülerleistungen[2]	Gesamtvarianz, ausgedrückt in Prozent der durchschnittl. Varianz der Schülerleistungen in den OECD-Ländern[3]	Gesamtvarianz der Schülerleistungen zwischen Schulen[4]	Gesamtvarianz der Schülerleistungen innerhalb von Schulen	Varianz zwischen Schulen	Varianz innerhalb von Schulen	Varianz zwischen Schulen	Varianz innerhalb von Schulen	Gesamtvarianz zwischen Schulen, ausgedrückt in Prozent der Gesamtvarianz innerhalb eines Landes[5]
OECD-Länder	Australien	8 066	94.8	16.2	77.9	9.9	5.8	11.9	6.4	17.2
	Österreich	8 481	99.7	59.7	53.4	9.6	0.5	34.6	0.6	52.8
	Belgien	11 054	130.0	72.8	60.7	14.9	1.8	46.8	1.9	54.5
	Kanada	7 104	83.5	14.7	68.3	3.8	4.5	4.9	4.7	17.7
	Tschech. Republik	9 260	108.9	47.6	60.1	14.7	3.3	32.3	3.4	44.2
	Dänemark	7 195	84.6	12.6	72.7	6.0	6.6	7.2	6.8	14.8
	Finnland	6 431	75.6	4.9	71.0	0.5	6.1	0.5	6.1	6.4
	Frankreich	w	w	w	w	w	w	w	w	w
	Deutschland	10 400	122.3	66.1	55.0	16.0	2.0	48.3	2.2	54.6
	Griechenland	11 736	138.0	65.3	76.7	11.8	2.3	31.6	2.3	46.0
	Ungarn	9 491	111.6	60.3	53.5	16.1	0.8	48.5	0.7	53.0
	Island	6 979	82.1	4.4	77.8	1.0	4.4	1.0	4.4	5.4
	Irland	6 916	81.3	9.2	72.2	5.3	5.7	6.8	6.0	11.3
	Italien	8 079	95.0	41.4	57.3	3.9	0.2	16.9	0.2	41.9
	Japan[6]	m	m	m	m	m	m	m	m	m
	Korea	7 108	83.6	33.9	50.4	4.6	0.4	20.6	0.4	40.2
	Luxemburg	8 269	97.2	22.9	73.8	9.4	4.2	20.8	4.1	23.7
	Mexiko	6 897	81.1	41.0	41.5	7.4	0.2	24.9	0.1	49.7
	Neuseeland	9 432	110.9	19.8	91.2	9.7	7.9	13.4	8.1	17.9
	Norwegen	8 359	98.3	8.6	89.7	1.7	8.7	1.7	8.7	8.8
	Polen	9 949	117.0	62.8	52.9	6.9	0.4	34.4	0.4	54.3
	Portugal	8 263	97.2	28.8	67.2	10.3	3.8	18.1	3.9	30.0
	Spanien	8 139	95.7	16.7	78.2	8.1	5.3	9.9	5.4	17.6
	Schweden	8 638	101.6	7.7	94.0	4.8	7.6	5.6	7.7	7.6
	Schweiz	9 886	116.2	45.7	69.3	11.0	3.4	23.4	3.1	39.7
	Verein. Königreich	8 289	97.5	21.5	71.5	9.6	4.9	15.5	5.5	23.1
	Vereinigte Staaten	8 825	103.8	32.8	72.7	16.8	7.7	24.9	7.8	31.1
	OECD-Durchschnitt	***8 505***	***100.0***	***33.1***	***67.7***	***8.6***	***3.8***	***20.4***	***3.9***	
Partnerländer	Brasilien	9 496	111.6	41.8	72.5	16.5	1.0	27.9	2.1	36.5
	Hongkong (China)	8 642	101.6	45.7	55.7	2.5	0.2	15.5	0.2	45.1
	Indonesien	7 095	83.4	26.1	51.3	1.6	0.1	7.3	0.1	33.7
	Lettland	10 614	124.8	33.5	91.7	5.3	1.4	14.2	1.5	26.8
	Liechtenstein	9 080	106.8	39.7	52.5	3.0	0.7	17.9	0.6	43.1
	Russ. Föderation	10 772	126.7	45.1	81.3	5.4	2.1	12.9	2.0	35.7
	Thailand	6 799	79.9	27.2	54.5	5.2	0.5	11.1	0.6	33.3
	Niederlande[7]	m	m	m	m	m	m	m	m	m

1. Die Varianzkomponenten wurden für alle Schüler in Teilnehmerländern geschätzt, für die Daten über den sozioökonomischen Hintergrund und die Bildungsgänge vorliegen. Schüler in Sondereinrichtungen wurden bei diesen Analysen nicht berücksichtigt.
2. Die Gesamtvarianz der Schülerleistungen ergibt sich aus dem Quadrat der in Kapitel 2 angegebenen Standardabweichung. Für diesen Vergleich wird die statistische Varianz der Schülerleistungen und nicht die Standardabweichung verwendet, um die Anteile der Varianz in den Schülerleistungen zu bestimmen. Aus Gründen, die im *PISA 2003 Technical Report* erläutert werden, kann sich die Summe der Anteile der Varianz zwischen und innerhalb von Schulen für einige Länder von dem Quadrat der in Kapitel 2 angegebenen Standardabweichung etwas unterscheiden.
3. Die Summe der Varianzen zwischen und innerhalb von Schulen entspricht, da es sich um Schätzungen auf der Basis einer Stichprobe handelt, nicht unbedingt der Gesamtvarianz.
4. In einigen Ländern wurden Untereinheiten von Schulen anstelle von Schulen als Verwaltungseinheiten für die Stichprobe herangezogen, und das kann die Schätzung der Anteile der Varianz zwischen Schulen beeinflussen. In Italien, Japan, Österreich, der Tschechischen Republik und Ungarn wurden Schulen mit mehr als einem Bildungsgang in die den jeweiligen Bildungsgängen entsprechenden Einheiten unterteilt. In Brasilien, wo die Schulen Schichtunterricht erteilen, wurden sie in die entsprechenden Einheiten unterteilt. In der flämischen Gemeinschaft Belgiens wurden bei Multi-Campus-Schulen die verschiedenen Einrichtungen in die Stichprobe einbezogen, während in der französischen Gemeinschaft im Fall von Multi-Campus-Schulen die jeweils größere Verwaltungseinheit berücksichtigt wurde.
5. Dieser Index wird häufig als "intra-class correlation (rho)" bezeichnet.
6. Wegen eines hohen Prozentsatzes an fehlenden Daten über den sozioökonomischen Hintergrund wurde Japan bei diesen Analysen nicht berücksichtigt.
7. Die Beteiligungsquote ist zu niedrig, um die Vergleichbarkeit zu gewährleisten (siehe Anhang A3, OECD 2001a).

Tabelle 4.2

Effekte schülerbezogener Faktoren auf die Schülerleistungen in Mathematik

Punktzahldifferenz im Zusammenhang mit den versch. nachst. Faktoren, nach Berücksichtigung der anderen Faktoren

		Auffangvariable		Höchste berufliche Stellung der Eltern (SEI-Punktzahl)		Höchster Bildungsstand der Eltern (in Ausbildungsjahren)		Besitz klassischer Kulturgüter		Ein-Eltern-Familien		Schüler der Gruppe 2 (im Inland geborene Schüler mit im Ausland geborenen Eltern)		Schüler der Gruppe 3 (im Ausland geborene Schüler mit im Ausland geborenen Eltern)		Die zu Hause gesprochene Sprache ist nicht identisch mit der Testsprache, anderen Landessprachen oder Dialekten	
		Punktzahl	S.E.	Punktzahl	S.E.	Punktzahl	S.E.	Punktzahl	S.E.	Punktzahl	S.E.	Punktzahl	S.E.	Punktzahl	S.E.	Punktzahl	S.E.
OECD-Länder	Australien	530	(1.7)	23.2	(1.2)	3.2	(0.6)	11.1	(1.0)	–17.2	(2.4)	2.8	(3.8)	–2.7	(4.3)	–0.3	(5.1)
	Österreich	519	(2.8)	19.2	(2.0)	1.7	(0.7)	19.9	(1.6)	–5.2	(4.1)	–23.8	(10.3)	–35.1	(7.2)	–1.4	(7.7)
	Belgien	559	(1.9)	24.8	(1.7)	2.3	(0.5)	15.6	(1.5)	–29.4	(3.1)	–41.2	(7.9)	–68.4	(11.2)	–31.3	(8.8)
	Kanada	533	(1.4)	18.6	(1.2)	2.5	(0.4)	8.3	(1.1)	–10.9	(2.5)	13.2	(4.2)	1.4	(5.5)	–12.6	(5.2)
	Tschech. Republik	513	(3.0)	21.0	(1.8)	8.4	(1.0)	13.7	(1.5)	0.0	(4.1)	c	c	c	c	c	c
	Dänemark	521	(2.2)	16.1	(1.6)	3.6	(0.7)	21.2	(1.6)	–19.9	(3.2)	–39.7	(12.5)	–47.4	(12.7)	7.3	(9.8)
	Finnland	544	(1.8)	16.5	(1.4)	2.6	(0.5)	10.5	(1.4)	–3.9	(3.2)	c	c	c	c	c	c
	Frankreich	527	(2.1)	20.0	(2.0)	2.2	(0.7)	19.0	(1.8)	–10.2	(4.2)	–18.6	(6.0)	–42.1	(15.0)	–9.8	(9.6)
	Deutschland	527	(2.9)	26.0	(1.8)	2.5	(0.6)	11.3	(1.7)	–3.7	(5.1)	–37.4	(9.7)	–12.6	(9.3)	–36.0	(9.4)
	Griechenland	450	(2.9)	18.2	(2.1)	2.2	(0.5)	19.9	(2.1)	–13.6	(4.6)	c	c	–24.8	(8.5)	–8.5	(9.7)
	Ungarn	492	(2.6)	20.4	(2.2)	7.8	(0.8)	21.5	(1.9)	–7.5	(3.5)	c	c	c	c	c	c
	Island	499	(2.4)	8.2	(1.7)	4.5	(0.6)	13.8	(2.0)	–3.7	(4.6)	c	c	c	c	c	c
	Irland	515	(2.0)	19.0	(1.8)	3.6	(0.6)	11.0	(1.4)	–25.7	(3.8)	c	c	c	c	c	c
	Italien	474	(2.8)	17.6	(2.0)	2.3	(0.5)	12.7	(1.7)	–12.1	(3.6)	c	c	c	c	c	c
	Japan	540	(4.0)	12.9	(2.6)	7.8	(0.9)	16.8	(2.3)	m	m	c	c	c	c	c	c
	Korea	546	(3.0)	14.9	(2.6)	3.9	(0.5)	18.3	(2.1)	–1.9	(2.9)	c	c	a	a	c	c
	Luxemburg	510	(1.9)	23.7	(2.1)	1.3	(0.4)	13.5	(1.5)	–15.9	(4.5)	–8.3	(6.0)	–19.2	(7.2)	–3.1	(7.4)
	Mexiko	425	(3.4)	11.0	(1.4)	2.6	(0.4)	19.1	(2.3)	–9.9	(2.7)	c	c	c	c	c	c
	Niederlande	558	(2.6)	22.3	(1.9)	1.4	(0.8)	13.8	(2.1)	–20.2	(4.5)	–28.7	(9.2)	–46.8	(12.1)	–24.9	(11.2)
	Neuseeland	533	(2.3)	21.1	(2.0)	3.5	(0.6)	15.6	(2.0)	–15.7	(4.7)	–20.6	(9.2)	–8.3	(7.0)	–12.6	(8.3)
	Norwegen	494	(2.7)	19.1	(1.8)	1.5	(0.8)	19.3	(1.4)	–17.0	(3.5)	–22.3	(16.0)	–44.7	(17.5)	8.3	(17.6)
	Polen	499	(2.1)	26.1	(1.9)	4.1	(0.8)	13.2	(2.0)	–9.0	(4.9)	c	c	c	c	c	c
	Portugal	487	(2.3)	23.7	(1.9)	1.1	(0.3)	17.1	(1.8)	–6.3	(3.5)	–35.3	(11.8)	c	c	c	c
	Slowak. Republik	498	(2.6)	23.7	(1.8)	6.2	(0.8)	11.1	(1.6)	–2.9	(3.8)	c	c	c	c	c	c
	Spanien	497	(2.2)	15.1	(1.4)	2.9	(0.4)	15.5	(1.6)	–8.4	(4.5)	c	c	c	c	c	c
	Schweden	520	(2.1)	18.5	(2.0)	1.1	(0.6)	19.3	(1.9)	–17.3	(3.3)	–4.6	(8.0)	–54.6	(11.2)	–14.1	(10.0)
	Schweiz	554	(3.4)	16.1	(1.6)	5.9	(0.7)	7.8	(1.8)	–18.4	(3.6)	–29.8	(6.0)	–54.7	(6.5)	–8.4	(7.5)
	Türkei	464	(8.5)	19.1	(4.1)	6.1	(0.8)	14.0	(2.8)	–4.8	(4.7)	c	c	c	c	c	c
	Vereinigte Staaten	494	(2.4)	19.4	(1.5)	2.5	(0.5)	17.4	(1.4)	–29.2	(3.4)	7.2	(6.2)	3.3	(7.0)	–24.8	(6.8)
	OECD insgesamt	*506*	*(0.8)*	*18.3*	*(0.6)*	*6.0*	*(0.2)*	*16.0*	*(0.6)*	*–28.6*	*(1.5)*	*3.8*	*(3.3)*	*–9.9*	*(3.2)*	*–17.2*	*(3.4)*
	OECD-Durchschnitt	*512*	*(0.5)*	*21.1*	*(0.4)*	*5.0*	*(0.1)*	*12.2*	*(0.3)*	*–18.4*	*(0.8)*	*0.5*	*(2.2)*	*–18.8*	*(2.6)*	*–8.6*	*(2.2)*
Partnerländer	Brasilien	388	(4.8)	35.3	(3.7)	0.5	(0.5)	9.7	(2.1)	–4.3	(5.8)	c	c	c	c	c	c
	Hongkong (China)	579	(4.4)	14.6	(2.4)	0.5	(0.7)	17.6	(2.4)	–21.0	(4.1)	20.7	(4.4)	–25.4	(4.7)	–54.9	(9.5)
	Indonesien	391	(5.4)	18.8	(2.1)	0.9	(0.5)	3.2	(1.7)	–20.8	(4.6)	c	c	c	c	c	c
	Lettland	476	(3.8)	16.8	(1.9)	0.9	(0.8)	18.6	(1.9)	1.7	(3.8)	–4.2	(5.6)	c	c	–13.1	(7.4)
	Liechtenstein	557	(7.0)	26.4	(7.6)	3.9	(2.9)	16.1	(5.8)	–13.2	(14.6)	–0.6	(24.4)	–22.2	(24.5)	–22.3	(13.2)
	Macau (China)	541	(6.9)	7.8	(4.6)	0.9	(0.9)	7.6	(3.6)	–10.4	(8.1)	9.1	(8.2)	–4.7	(10.9)	–40.9	(15.5)
	Russ. Föderation	466	(3.9)	12.7	(2.0)	6.4	(1.2)	14.2	(1.6)	–0.2	(3.0)	–13.4	(6.8)	–17.6	(5.5)	–22.8	(13.5)
	Serbien	440	(3.3)	18.9	(2.1)	1.4	(0.8)	15.4	(1.6)	–5.4	(4.1)	–3.6	(6.9)	17.4	(6.2)	c	c
	Thailand	453	(4.6)	17.9	(2.1)	3.0	(0.6)	6.2	(1.5)	–14.7	(4.0)	c	c	c	c	a	a
	Tunesien	389	(4.0)	24.1	(2.3)	0.3	(0.4)	12.9	(1.8)	–9.3	(5.2)	c	c	c	c	c	c
	Uruguay	436	(2.8)	22.9	(1.7)	2.9	(0.6)	13.4	(2.0)	–3.7	(3.9)	c	c	c	c	c	c
	Verein. Königreich[2]	516	(2.2)	22.7	(1.4)	3.6	(0.7)	14.5	(1.4)	–10.3	(3.2)	1.3	(6.6)	c	c	–10.7	(11.4)

Erklärte Varianz der Schülerleistungen (Einzelfaktor[1], gemeinsame und Gesamtvarianz)

		Höchste berufliche Stellung der Eltern (HISEI)	Höchster Bildungsstand der Eltern	Besitz klassischer Kulturgüter	Ein-Eltern-Familien	Migrationshintergrund (Schüler der Gruppe 2 und der Gruppe 3)	Die zu Hause gesprochene Sprache	Gemeinsame Varianz (erklärt durch mehr als einen Faktor)	Gesamte erklärte Varianz	
		%	%	%	%	%	%	%	%	S.E.
OECD-Länder	Australien	4.7	0.5	1.3	0.5	0.0	0.0	5.3	12.4	(0.80)
	Österreich	3.3	0.2	4.0	0.0	0.5	0.0	8.5	16.4	(1.60)
	Belgien	4.6	0.3	2.1	1.2	1.9	0.3	11.4	21.7	(1.49)
	Kanada	3.4	0.4	0.8	0.2	0.2	0.1	4.1	9.3	(0.75)
	Tschech. Republik	2.4	2.2	1.8	0.0	c	c	10.5	17.0	(1.47)
	Dänemark	2.2	0.9	4.6	0.9	0.8	0.0	9.1	18.5	(1.57)
	Finnland	3.3	0.4	1.5	0.0	c	c	5.2	10.8	(1.07)
	Frankreich	3.8	0.3	3.7	0.2	0.6	0.0	10.0	18.6	(1.74)
	Deutschland	5.9	0.6	1.3	0.0	0.6	0.5	12.1	21.1	(1.95)
	Griechenland	2.6	0.4	3.1	0.4	0.3	0.0	9.3	16.1	(1.89)
	Ungarn	2.5	2.7	3.8	0.1	c	c	16.4	25.7	(1.68)
	Island	0.7	1.4	1.4	0.0	c	c	3.0	6.7	(0.87)
	Irland	3.6	1.0	1.5	1.2	0.2	c	6.9	14.4	(1.42)
	Italien	2.3	0.5	1.5	0.2	c	c	5.9	10.4	(1.15)
	Japan	1.2	2.5	2.3	0.0	c	c	4.4	10.6	(1.70)
	Korea	1.5	1.7	3.3	0.0	c	c	5.3	11.9	(1.85)
	Luxemburg	4.7	0.3	2.0	0.4	0.3	0.0	10.4	18.1	(1.27)
	Mexiko	1.6	1.6	3.1	0.3	c	c	9.1	17.7	(1.73)
	Niederlande	4.5	0.1	1.8	0.6	0.9	0.2	9.4	17.6	(1.90)
	Neuseeland	4.1	1.2	2.2	0.4	0.3	0.1	6.3	14.7	(1.34)
	Norwegen	3.0	0.1	4.4	0.7	0.3	0.0	6.8	15.2	(1.21)
	Polen	4.5	0.6	1.4	0.1	c	c	8.7	15.4	(1.28)
	Portugal	4.6	0.4	3.0	0.1	2.3	c	10.8	21.2	(2.32)
	Slowak. Republik	5.1	1.9	1.3	0.0	c	c	8.4	17.3	(1.57)
	Spanien	2.2	1.2	2.5	0.1	0.4	c	7.0	13.4	(1.28)
	Schweden	3.2	0.1	3.7	0.6	0.9	0.1	8.0	16.5	(1.49)
	Schweiz	2.1	2.1	0.6	0.6	1.7	0.0	10.1	17.2	(1.20)
	Türkei	2.0	3.9	1.4	0.0	c	c	11.5	19.5	(3.64)
	Vereinigte Staaten	3.6	0.4	3.4	2.0	0.0	0.3	7.9	17.6	(1.20)
	OECD insgesamt	*2.6*	*3.0*	*2.3*	*1.3*	*0.0*	*0.1*	*10.3*	*19.5*	*(0.58)*
	OECD-Durchschnitt	*3.5*	*2.2*	*1.4*	*0.5*	*0.1*	*0.0*	*9.1*	*16.8*	*(0.29)*
Partnerländer	Brasilien	9.5	0.1	0.7	0.0	c	c	5.4	15.8	(2.57)
	Hongkong (China)	1.0	0.0	2.3	0.7	2.4	1.3	3.1	10.9	(1.32)
	Indonesien	4.8	0.2	0.1	0.5	c	c	3.3	9.1	(1.82)
	Lettland	3.3	0.0	3.6	0.0	0.0	0.2	3.0	10.2	(1.29)
	Liechtenstein	4.6	0.8	2.3	0.3	0.4	0.7	9.8	19.0	(4.10)
	Macau (China)	0.4	0.2	0.5	0.3	0.4	1.0	0.8	3.6	(1.45)
	Russ. Föderation	1.4	0.8	1.5	0.0	0.4	0.3	4.7	9.1	(1.07)
	Serbien	3.6	0.1	3.2	0.1	0.2	c	6.2	13.6	(1.56)
	Thailand	2.5	1.1	0.5	0.5	c	a	7.6	12.2	(1.94)
	Tunesien	6.5	0.0	1.4	0.1	c	c	7.3	15.4	(2.48)
	Uruguay	4.8	0.9	1.4	0.0	c	c	8.1	15.5	(1.68)
	Verein. Königreich[2]	5.2	0.8	2.5	0.2	0.0	0.0	8.1	16.9	(1.38)

1. Die auf einen Einzelfaktor zurückgehende Varianz ist die Varianz, die dem jeweiligen Faktor zusätzlich zu der durch die anderen Faktoren des Modells erklärte Varianz zuzuschreiben ist.
2. Die Beteiligungsquote ist zu niedrig, um die Vergleichbarkeit zu gewährleisten (siehe Anhang A3).

Tabelle 4.2a

Internationaler sozioökonomischer Index der beruflichen Stellung der Eltern (HISEI) und Leistungen auf der Gesamtskala Mathematik, nach nationalen Indexquartilen

Die Ergebnisse basieren auf Schülerangaben

		Internationaler sozioökonomischer Index der beruflichen Stellung der Eltern (jeweils höchste Stellung des Vaters oder der Mutter)										Leistungen auf der Gesamtskala Mathematik, nach nationalen HISEI-Indexquartilen							
		Alle Schüler		Unterstes Quartil		Zweites Quartil		Drittes Quartil		Oberstes Quartil		Unterstes Quartil		Zweites Quartil		Drittes Quartil		Oberstes Quartil	
		Index-mittel	S.E.	Index-mittel	S.E.	Index-mittel	S.E.	Index-mittel	S.E.	Index-mittel	S.E.	Mittel-wert	S.E.	Mittel-wert	S.E.	Mittel-wert	S.E.	Mittel-wert	S.E.
OECD-Länder	Australien	52.6	(0.3)	31.6	(0.1)	48.0	(0.07)	58.3	(0.1)	72.5	(0.1)	**489**	(2.8)	520	(2.7)	539	(2.7)	**566**	(2.9)
	Österreich	47.1	(0.5)	27.3	(0.2)	40.9	(0.11)	51.4	(0.1)	68.7	(0.3)	**467**	(4.4)	492	(3.7)	524	(3.3)	**548**	(4.4)
	Belgien	50.6	(0.4)	29.0	(0.1)	44.5	(0.13)	56.4	(0.1)	72.4	(0.2)	**482**	(3.7)	527	(3.2)	555	(2.8)	**590**	(3.3)
	Kanada	52.6	(0.3)	31.7	(0.1)	47.7	(0.08)	58.1	(0.1)	72.9	(0.2)	**506**	(2.0)	531	(2.3)	544	(2.1)	**569**	(2.8)
	Tschech. Republik	50.1	(0.3)	32.3	(0.2)	45.7	(0.12)	52.5	(0.1)	69.7	(0.2)	**486**	(4.0)	508	(3.9)	530	(3.9)	**570**	(4.3)
	Dänemark	49.3	(0.5)	29.4	(0.2)	44.2	(0.11)	53.2	(0.1)	70.3	(0.3)	**481**	(3.4)	504	(3.6)	525	(3.9)	**554**	(3.5)
	Finnland	50.2	(0.4)	28.7	(0.1)	43.4	(0.16)	56.4	(0.1)	72.4	(0.2)	**515**	(2.7)	536	(2.7)	552	(2.9)	**576**	(2.9)
	Frankreich	48.7	(0.5)	27.6	(0.2)	42.3	(0.15)	53.6	(0.1)	71.2	(0.3)	**469**	(3.7)	507	(4.2)	525	(3.0)	**557**	(3.8)
	Deutschland	49.3	(0.4)	29.5	(0.2)	42.6	(0.14)	53.7	(0.1)	71.5	(0.2)	**463**	(4.9)	505	(3.3)	528	(3.8)	**565**	(4.0)
	Griechenland	46.9	(0.7)	26.9	(0.1)	38.8	(0.13)	51.8	(0.1)	70.3	(0.4)	**409**	(4.3)	435	(3.8)	450	(4.5)	**493**	(5.0)
	Ungarn	48.6	(0.3)	30.2	(0.2)	42.3	(0.08)	51.6	(0.1)	70.2	(0.2)	**450**	(3.9)	473	(3.9)	503	(3.4)	**547**	(3.9)
	Island	53.7	(0.3)	31.5	(0.2)	48.0	(0.13)	61.7	(0.2)	73.7	(0.2)	**497**	(3.1)	512	(3.2)	519	(3.1)	**538**	(3.1)
	Irland	48.3	(0.5)	28.5	(0.2)	42.2	(0.11)	52.7	(0.1)	70.0	(0.3)	**471**	(3.9)	496	(3.2)	513	(3.1)	**541**	(3.5)
	Italien	46.8	(0.4)	26.9	(0.2)	40.3	(0.11)	50.6	(0.1)	69.5	(0.4)	**430**	(4.2)	457	(3.9)	478	(3.6)	**502**	(4.1)
	Japan	50.0	(0.3)	33.4	(0.2)	43.9	(0.04)	50.6	(0.1)	72.0	(0.2)	**505**	(5.1)	534	(4.7)	543	(4.4)	**568**	(6.4)
	Korea	46.3	(0.4)	28.9	(0.2)	43.5	(0.09)	49.4	(0.1)	63.5	(0.4)	**511**	(4.4)	547	(3.7)	549	(3.6)	**568**	(6.1)
	Luxemburg	48.2	(0.2)	27.3	(0.2)	42.1	(0.13)	52.8	(0.1)	70.5	(0.2)	**448**	(3.0)	481	(3.0)	509	(2.6)	**542**	(3.1)
	Mexiko	40.1	(0.7)	22.2	(0.1)	28.9	(0.04)	42.1	(0.3)	67.3	(0.3)	**357**	(4.8)	374	(3.9)	394	(3.7)	**424**	(4.9)
	Niederlande	51.3	(0.4)	30.9	(0.3)	45.4	(0.15)	56.9	(0.2)	71.8	(0.2)	**502**	(4.3)	535	(3.8)	559	(3.5)	**584**	(3.9)
	Neuseeland	51.5	(0.4)	30.1	(0.2)	46.2	(0.12)	56.8	(0.2)	72.7	(0.3)	**485**	(3.8)	514	(3.4)	532	(3.3)	**564**	(3.4)
	Norwegen	54.6	(0.4)	35.0	(0.2)	49.0	(0.12)	60.6	(0.2)	73.9	(0.2)	**461**	(3.5)	489	(3.6)	507	(3.5)	**533**	(3.5)
	Polen	45.0	(0.3)	26.9	(0.2)	39.5	(0.11)	49.1	(0.1)	64.4	(0.3)	**455**	(3.9)	479	(3.2)	498	(3.3)	**534**	(3.1)
	Portugal	43.1	(0.5)	26.4	(0.1)	33.9	(0.08)	46.6	(0.2)	65.5	(0.5)	**431**	(5.3)	447	(3.4)	481	(3.8)	**511**	(3.8)
	Slowak. Republik	48.8	(0.4)	29.3	(0.2)	41.4	(0.1)	53.1	(0.1)	71.5	(0.2)	**457**	(4.2)	484	(3.3)	523	(3.5)	**544**	(3.8)
	Spanien	44.3	(0.6)	26.2	(0.1)	35.5	(0.14)	49.3	(0.1)	66.1	(0.4)	**454**	(3.6)	475	(2.8)	496	(3.2)	**519**	(3.3)
	Schweden	50.6	(0.4)	30.4	(0.2)	44.1	(0.14)	56.1	(0.2)	71.9	(0.2)	**477**	(3.7)	501	(3.1)	518	(3.9)	**551**	(4.2)
	Schweiz	49.3	(0.4)	29.4	(0.1)	43.1	(0.14)	53.5	(0.1)	71.1	(0.3)	**487**	(4.1)	524	(4.1)	538	(4.9)	**568**	(3.9)
	Türkei	41.6	(0.7)	23.7	(0.3)	33.6	(0.15)	47.2	(0.1)	61.8	(0.8)	**395**	(5.6)	411	(6.7)	420	(7.5)	**479**	(12.5)
	Vereinigte Staaten	54.6	(0.4)	32.6	(0.2)	49.9	(0.15)	61.4	(0.1)	74.3	(0.2)	**448**	(3.2)	477	(3.8)	497	(4.0)	**530**	(3.7)
	OECD insgesamt	***49.2***	***(0.1)***	***28.1***	***(0.1)***	***42.5***	***(0.07)***	***54.1***	***(0.1)***	***71.9***	***(0.1)***	***440***	***(1.5)***	***490***	***(1.3)***	***506***	***(1.1)***	***536***	***(1.4)***
	OECD-Durchschnitt	***48.8***	***(0.1)***	***28.2***	***(0.0)***	***42.3***	***(0.08)***	***53.2***	***(0.1)***	***71.2***	***(0.1)***	***455***	***(0.9)***	***493***	***(0.8)***	***516***	***(0.7)***	***548***	***(0.8)***
Partnerländer	Brasilien	40.1	(0.6)	21.7	(0.3)	32.4	(0.09)	44.4	(0.2)	62.1	(0.6)	**317**	(4.9)	346	(5.1)	372	(5.3)	**410**	(8.4)
	Hongkong (China)	41.1	(0.4)	25.9	(0.1)	34.9	(0.07)	45.1	(0.1)	58.7	(0.4)	**532**	(5.5)	547	(5.1)	562	(4.1)	**575**	(5.6)
	Indonesien	33.6	(0.6)	16.0	(0.0)	24.1	(0.15)	34.6	(0.3)	59.9	(0.4)	**335**	(4.3)	356	(4.1)	361	(4.5)	**397**	(6.3)
	Lettland	50.3	(0.5)	29.1	(0.2)	44.2	(0.16)	54.8	(0.1)	73.0	(0.3)	**457**	(3.8)	475	(4.3)	494	(4.6)	**514**	(5.0)
	Liechtenstein	50.7	(0.8)	30.8	(0.6)	47.4	(0.52)	55.0	(0.1)	70.0	(0.7)	**482**	(10.3)	530	(11.2)	553	(9.6)	**587**	(11.0)
	Macau (China)	39.4	(0.4)	25.8	(0.3)	34.4	(0.12)	41.7	(0.2)	55.9	(0.5)	**522**	(5.2)	523	(6.3)	528	(7.5)	**540**	(7.3)
	Russ. Föderation	49.9	(0.4)	30.8	(0.2)	40.9	(0.10)	54.2	(0.2)	73.6	(0.2)	**443**	(4.5)	459	(5.3)	473	(4.9)	**501**	(4.7)
	Serbien	48.1	(0.5)	28.3	(0.2)	41.2	(0.12)	51.4	(0.1)	71.4	(0.4)	**406**	(3.7)	426	(3.8)	449	(4.3)	**475**	(5.0)
	Thailand	36.0	(0.4)	22.1	(0.1)	26.7	(0.13)	35.6	(0.1)	59.6	(0.4)	**396**	(3.6)	399	(3.4)	427	(4.0)	**457**	(5.2)
	Tunesien	37.5	(0.6)	18.0	(0.2)	29.2	(0.18)	39.6	(0.2)	63.1	(0.4)	**331**	(3.0)	342	(4.0)	361	(3.8)	**406**	(6.1)
	Uruguay	46.1	(0.5)	25.2	(0.2)	37.8	(0.15)	50.8	(0.1)	70.8	(0.4)	**388**	(4.8)	415	(4.0)	430	(4.2)	**478**	(3.8)
	Verein. Königreich[1]	49.6	(0.4)	28.5	(0.1)	43.0	(0.14)	55.5	(0.1)	71.6	(0.2)	**469**	(2.9)	500	(3.1)	519	(3.5)	**555**	(3.4)

		Punktzahlveränderung auf der Gesamtskala Mathematik, je 16,4 HISEI-Indexeinheiten		Größere Wahrscheinlichkeit für Schüler im untersten Quartil der HISEI-Indexverteilung, im untersten nationalen Quartil der Gesamtskala Mathematik zu liegen		Erklärte Varianz der Schülerleistungen (R^2 x 100)	
		Veränderung	S.E.	Quotient	S.E.	%	S.E.
OECD-Länder	Australien	**30.1**	(1.35)	**2.0**	(0.08)	9.6	(0.73)
	Österreich	**30.7**	(1.92)	**2.0**	(0.12)	10.6	(1.22)
	Belgien	**39.8**	(1.71)	**2.4**	(0.11)	15.3	(1.16)
	Kanada	**24.4**	(1.17)	**1.8**	(0.06)	7.5	(0.66)
	Tschech. Republik	**37.5**	(1.97)	**1.8**	(0.11)	12.6	(1.19)
	Dänemark	**28.9**	(1.71)	**1.7**	(0.11)	9.1	(1.02)
	Finnland	**21.7**	(1.29)	**1.7**	(0.08)	7.2	(0.83)
	Frankreich	**31.6**	(1.93)	**2.2**	(0.14)	13.0	(1.39)
	Deutschland	**38.0**	(1.95)	**2.3**	(0.14)	15.5	(1.38)
	Griechenland	**29.4**	(2.11)	**1.9**	(0.14)	10.5	(1.52)
	Ungarn	**40.8**	(2.17)	**2.1**	(0.14)	16.9	(1.51)
	Island	**14.4**	(1.51)	**1.5**	(0.10)	2.7	(0.57)
	Irland	**27.4**	(1.89)	**1.9**	(0.14)	10.0	(1.30)
	Italien	**27.1**	(1.88)	**1.9**	(0.10)	8.3	(1.03)
	Japan	**23.0**	(3.12)	**1.7**	(0.11)	4.4	(1.00)
	Korea	**26.4**	(3.28)	**1.7**	(0.11)	5.5	(1.27)
	Luxemburg	**33.7**	(1.56)	**2.3**	(0.12)	13.8	(1.15)
	Mexiko	**23.5**	(1.88)	**1.7**	(0.16)	9.5	(1.38)
	Niederlande	**32.3**	(2.03)	**2.2**	(0.13)	12.6	(1.32)
	Neuseeland	**29.4**	(1.65)	**1.9**	(0.13)	9.1	(1.01)
	Norwegen	**29.2**	(1.62)	**1.8**	(0.11)	8.9	(0.93)
	Polen	**35.2**	(1.82)	**1.8**	(0.12)	12.6	(1.19)
	Portugal	**34.3**	(1.70)	**2.0**	(0.13)	14.8	(1.47)
	Slowak. Republik	**33.2**	(1.83)	**2.1**	(0.11)	13.1	(1.20)
	Spanien	**25.4**	(1.43)	**1.8**	(0.10)	8.2	(0.90)
	Schweden	**28.7**	(1.79)	**1.8**	(0.11)	9.2	(1.03)
	Schweiz	**30.3**	(1.71)	**2.0**	(0.09)	9.4	(0.96)
	Türkei	**38.1**	(5.87)	**1.4**	(0.12)	11.8	(2.98)
	Vereinigte Staaten	**30.2**	(1.37)	**2.1**	(0.09)	10.3	(0.88)
	OECD insgesamt	***34.0***	***(0.74)***	***2.3***	***(0.05)***	***11.6***	***(0.41)***
	OECD-Durchschnitt	***33.7***	***(0.40)***	***2.2***	***(0.02)***	***11.7***	***(0.22)***
Partnerländer	Brasilien	**39.0**	(3.63)	**1.9**	(0.13)	15.2	(2.55)
	Hongkong (China)	**22.6**	(2.64)	**1.5**	(0.11)	3.6	(0.82)
	Indonesien	**22.0**	(2.35)	**1.6**	(0.12)	8.4	(1.68)
	Lettland	**21.0**	(1.69)	**1.9**	(0.14)	6.0	(0.98)
	Liechtenstein	**41.2**	(5.92)	**2.8**	(0.54)	14.5	(3.40)
	Macau (China)	**11.7**	(3.97)	0.9	(0.12)	1.0	(0.68)
	Russ. Föderation	**21.4**	(1.77)	**1.6**	(0.12)	5.6	(0.85)
	Serbien	**26.0**	(1.86)	**1.8**	(0.12)	9.9	(1.28)
	Thailand	**26.6**	(2.35)	**1.4**	(0.11)	9.5	(1.47)
	Tunesien	**28.3**	(2.56)	**1.6**	(0.13)	13.9	(2.36)
	Uruguay	**31.4**	(1.83)	**1.8**	(0.14)	11.9	(1.28)
	Verein. Königreich[1]	**31.8**	(1.46)	**2.0**	(0.12)	12.5	(1.08)

Anmerkung: Statistisch signifikante Werte sind durch Fettdruck gekennzeichnet (siehe Anhang A4).

1. Die Beteiligungsquote ist zu niedrig, um die Vergleichbarkeit zu gewährleisten (siehe Anhang A3).

Tabelle 4.2b

Prozentualer Anteil der Schüler und Leistungen auf den Gesamtskalen Mathematik, Lesekompetenz und Naturwissenschaften, nach dem höchsten Bildungsabschluss der Mutter

Die Ergebnisse basieren auf Schülerangaben

		Primarstufe oder Sekundarstufe I (ISCED 1 oder 2)								Sekundarstufe II (ISCED 3)							
				Leistungen								Leistungen					
				Mathematik		Lesekompetenz		Naturwissenschaften				Mathematik		Lesekompetenz		Naturwissenschaften	
		% der Schüler	S.E.	Mittelwert	S.E.	Mittelwert	S.E.	Mittelwert	S.E.	% der Schüler	S.E.	Mittelwert	S.E.	Mittelwert	S.E.	Mittelwert	S.E.
OECD-Länder	Australien	25.4	(0.5)	507	(3.2)	510	(2.9)	506	(3.0)	34.7	(0.7)	518	(2.7)	515	(2.8)	517	(2.5)
	Österreich	14.8	(0.9)	470	(4.9)	441	(5.7)	440	(5.3)	63.4	(0.9)	512	(2.9)	498	(3.3)	498	(3.0)
	Belgien	16.3	(0.6)	496	(4.1)	476	(4.8)	472	(4.6)	37.1	(0.7)	532	(2.4)	512	(2.8)	512	(2.7)
	Kanada	8.5	(0.3)	504	(3.0)	503	(3.3)	487	(3.4)	40.2	(0.6)	529	(1.9)	526	(2.0)	514	(2.1)
	Tschech. Republik	5.1	(0.3)	468	(8.6)	446	(8.0)	478	(10.0)	77.6	(0.9)	516	(2.9)	492	(2.6)	522	(2.8)
	Dänemark	18.0	(1.0)	476	(4.2)	457	(4.4)	436	(4.8)	32.0	(0.8)	512	(3.4)	488	(3.5)	471	(4.1)
	Finnland	16.5	(0.6)	520	(3.1)	523	(2.8)	527	(3.3)	25.8	(0.6)	538	(3.1)	536	(2.5)	541	(3.0)
	Frankreich	28.7	(1.0)	483	(4.6)	467	(5.2)	476	(6.1)	43.5	(0.9)	521	(2.3)	510	(2.4)	524	(3.0)
	Deutschland	23.4	(1.0)	460	(4.6)	447	(5.0)	450	(4.9)	53.8	(1.1)	527	(3.1)	520	(3.1)	528	(3.2)
	Griechenland	33.0	(1.6)	415	(3.8)	448	(4.2)	453	(3.7)	40.1	(0.8)	452	(3.4)	480	(4.3)	487	(4.4)
	Ungarn	15.5	(0.8)	428	(5.3)	428	(5.6)	448	(5.5)	58.9	(1.0)	485	(2.9)	479	(2.5)	500	(2.8)
	Island	33.5	(0.8)	499	(2.7)	482	(2.9)	480	(2.8)	39.3	(0.8)	516	(2.1)	489	(2.6)	492	(2.4)
	Irland	24.4	(1.3)	476	(3.5)	492	(3.8)	477	(4.2)	47.6	(1.1)	506	(2.5)	519	(2.8)	511	(2.7)
	Italien	41.3	(0.9)	441	(3.9)	450	(4.2)	460	(4.5)	32.8	(0.6)	483	(3.3)	493	(3.2)	504	(3.3)
	Japan	9.6	(0.7)	496	(9.6)	460	(10.4)	510	(9.3)	44.1	(0.9)	524	(4.2)	489	(4.5)	535	(4.5)
	Korea	30.8	(1.0)	512	(3.8)	512	(4.0)	512	(4.4)	47.4	(1.0)	551	(2.9)	541	(2.7)	547	(3.3)
	Luxemburg	28.3	(0.7)	469	(2.7)	453	(3.2)	456	(3.5)	31.2	(0.9)	497	(2.9)	489	(3.3)	492	(3.4)
	Mexiko	67.0	(1.7)	371	(3.2)	384	(3.6)	391	(2.9)	11.6	(0.8)	431	(5.8)	453	(7.3)	441	(5.1)
	Niederlande	27.9	(1.0)	532	(5.1)	509	(4.5)	514	(5.7)	43.4	(1.0)	540	(3.0)	516	(2.9)	525	(3.4)
	Neuseeland	17.1	(0.6)	487	(4.2)	487	(4.2)	484	(4.6)	46.6	(0.7)	534	(2.9)	534	(3.0)	532	(3.3)
	Norwegen	8.0	(0.6)	461	(5.4)	470	(6.9)	451	(6.3)	42.5	(0.9)	487	(2.7)	494	(3.6)	477	(3.1)
	Polen	6.4	(0.5)	443	(6.3)	440	(8.2)	442	(8.0)	76.9	(0.7)	484	(2.6)	492	(2.8)	490	(2.9)
	Portugal	62.8	(1.2)	453	(3.3)	468	(3.9)	455	(3.6)	15.6	(0.6)	492	(3.9)	504	(3.8)	491	(3.9)
	Slowak. Republik	7.0	(0.8)	419	(9.7)	402	(10.3)	403	(16.9)	75.4	(0.9)	496	(2.8)	468	(2.7)	493	(2.9)
	Spanien	46.2	(1.7)	471	(2.7)	470	(2.9)	470	(2.7)	27.5	(0.8)	489	(3.4)	487	(3.5)	492	(3.7)
	Schweden	16.7	(0.8)	473	(4.7)	479	(4.8)	468	(5.4)	30.4	(0.8)	519	(3.2)	525	(3.0)	517	(3.3)
	Schweiz	34.2	(1.0)	491	(3.3)	463	(3.5)	469	(3.9)	44.4	(1.0)	550	(3.0)	523	(3.3)	540	(3.1)
	Türkei	76.7	(1.8)	404	(4.8)	425	(4.4)	417	(4.4)	14.0	(1.1)	477	(8.0)	490	(7.5)	482	(7.2)
	Vereinigte Staaten	8.9	(0.8)	430	(5.6)	439	(6.6)	439	(6.9)	52.6	(1.0)	478	(2.8)	494	(3.2)	487	(2.9)
	OECD insgesamt	*24.5*	*(0.4)*	*436*	*(1.7)*	*440*	*(1.6)*	*444*	*(1.6)*	*44.0*	*(0.4)*	*500*	*(1.0)*	*500*	*(1.2)*	*506*	*(1.1)*
	OECD-Durchschnitt	*25.7*	*(0.2)*	*458*	*(1.1)*	*458*	*(1.0)*	*458*	*(1.0)*	*42.8*	*(0.2)*	*508*	*(0.6)*	*501*	*(0.6)*	*508*	*(0.6)*
Partnerländer	Brasilien	51.8	(1.5)	339	(4.6)	390	(4.3)	373	(3.9)	13.7	(0.8)	411	(6.9)	457	(6.7)	441	(6.3)
	Hongkong (China)	68.0	(1.3)	543	(4.3)	506	(3.5)	534	(4.1)	25.4	(1.1)	571	(6.0)	524	(4.6)	555	(5.7)
	Indonesien	65.7	(1.4)	352	(3.1)	375	(2.9)	387	(2.7)	22.0	(1.1)	387	(5.8)	403	(4.6)	415	(4.7)
	Lettland	2.7	(0.3)	c	c	c	c	c	c	45.5	(1.8)	476	(4.3)	486	(4.0)	481	(4.4)
	Liechtenstein	38.8	(2.7)	517	(8.6)	509	(7.4)	504	(9.0)	42.7	(2.9)	561	(7.2)	552	(6.7)	552	(6.9)
	Macau (China)	72.9	(1.2)	525	(3.8)	495	(3.1)	519	(3.9)	22.0	(1.2)	537	(6.0)	508	(5.1)	540	(6.5)
	Russ. Föderation	1.5	(0.2)	c	c	c	c	c	c	65.1	(1.1)	457	(4.2)	432	(3.9)	478	(4.0)
	Serbien	16.5	(0.9)	397	(4.0)	373	(4.0)	401	(4.3)	44.6	(1.0)	443	(3.9)	420	(3.7)	442	(3.7)
	Thailand	76.0	(1.0)	406	(2.8)	410	(2.5)	418	(2.3)	14.5	(0.6)	438	(4.6)	438	(4.7)	449	(4.5)
	Tunesien	76.2	(1.4)	351	(2.1)	369	(2.6)	379	(2.3)	15.9	(0.9)	383	(5.6)	398	(6.4)	406	(5.3)
	Uruguay	46.6	(1.2)	396	(4.1)	408	(4.9)	413	(3.8)	13.0	(0.5)	439	(4.8)	446	(7.7)	453	(6.0)
	Verein. Königreich[1]	14.2	(0.7)	481	(4.6)	481	(5.2)	484	(5.4)	54.1	(1.0)	504	(2.8)	504	(2.6)	516	(2.8)

		Tertiärstufe (ISCED 5 oder 6)								Größere Wahrscheinlichkeit für Schüler, deren Mütter nicht die Sekundarstufe II abgeschlossen haben, im untersten nationalen Quartil der Gesamtskala Mathematik zu liegen	
				Leistungen							
				Mathematik		Lesekompetenz		Naturwissenschaften			
		% der Schüler	S.E.	Mittelwert	S.E.	Mittelwert	S.E.	Mittelwert	S.E.	Quotient	S.E.
OECD-Länder	Australien	40.0	(0.8)	547	(2.8)	551	(2.9)	550	(2.9)	**1.4**	(0.09)
	Österreich	21.8	(0.9)	523	(5.8)	520	(5.6)	516	(5.7)	**1.8**	(0.13)
	Belgien	46.6	(0.8)	563	(2.6)	539	(2.8)	541	(2.7)	**1.9**	(0.11)
	Kanada	51.3	(0.7)	550	(2.1)	543	(2.0)	538	(2.3)	**1.7**	(0.10)
	Tschech. Republik	17.3	(0.8)	571	(5.2)	534	(4.7)	576	(5.0)	**2.0**	(0.21)
	Dänemark	50.0	(1.1)	537	(3.1)	515	(2.8)	500	(3.2)	**1.9**	(0.14)
	Finnland	57.6	(0.8)	555	(2.1)	555	(1.9)	559	(2.2)	**1.5**	(0.11)
	Frankreich	27.8	(1.0)	538	(3.4)	522	(3.8)	545	(4.2)	**1.8**	(0.13)
	Deutschland	22.8	(0.8)	548	(5.0)	539	(4.9)	558	(5.3)	**3.0**	(0.21)
	Griechenland	26.9	(1.4)	473	(6.0)	494	(6.3)	510	(5.3)	**1.8**	(0.13)
	Ungarn	25.6	(0.9)	542	(4.0)	525	(4.2)	550	(4.5)	**2.5**	(0.18)
	Island	27.2	(0.7)	538	(3.1)	514	(3.4)	522	(3.4)	**1.4**	(0.10)
	Irland	28.0	(1.1)	525	(3.6)	534	(3.8)	526	(3.8)	**1.7**	(0.12)
	Italien	25.9	(0.8)	484	(4.0)	498	(3.8)	509	(4.1)	**1.8**	(0.12)
	Japan	46.2	(0.9)	553	(5.0)	515	(4.3)	568	(4.9)	**1.7**	(0.16)
	Korea	21.8	(1.3)	571	(7.5)	556	(5.9)	563	(7.6)	**1.8**	(0.12)
	Luxemburg	40.5	(0.9)	522	(2.4)	507	(2.6)	511	(2.7)	**1.8**	(0.12)
	Mexiko	21.4	(1.1)	411	(5.4)	427	(5.7)	434	(5.4)	**2.1**	(0.29)
	Niederlande	28.7	(1.0)	572	(4.2)	542	(3.9)	562	(4.5)	**1.3**	(0.14)
	Neuseeland	36.3	(0.7)	547	(3.1)	545	(3.7)	546	(3.3)	**2.0**	(0.14)
	Norwegen	49.5	(1.0)	514	(2.9)	518	(3.3)	502	(3.6)	**1.5**	(0.14)
	Polen	16.7	(0.7)	538	(4.0)	541	(4.3)	556	(4.9)	**1.9**	(0.14)
	Portugal	21.7	(1.0)	494	(5.3)	495	(5.9)	495	(5.2)	**1.6**	(0.14)
	Slowak. Republik	17.6	(0.7)	545	(4.2)	505	(4.1)	545	(4.4)	**2.6**	(0.25)
	Spanien	26.3	(1.4)	514	(3.8)	504	(4.0)	522	(3.8)	**1.6**	(0.11)
	Schweden	52.9	(1.0)	521	(2.9)	527	(2.9)	519	(3.3)	**1.8**	(0.13)
	Schweiz	21.4	(0.9)	547	(6.8)	519	(5.8)	538	(8.6)	**2.1**	(0.11)
	Türkei	9.3	(1.1)	512	(22.8)	509	(18.8)	513	(20.2)	**2.4**	(0.40)
	Vereinigte Staaten	38.5	(0.9)	507	(3.9)	515	(4.0)	514	(4.1)	**2.0**	(0.17)
	OECD insgesamt	*31.5*	*(0.3)*	*522*	*(1.5)*	*517*	*(1.5)*	*530*	*(1.5)*	*2.5*	*(0.06)*
	OECD-Durchschnitt	*31.5*	*(0.2)*	*532*	*(0.8)*	*524*	*(0.8)*	*532*	*(0.8)*	*2.2*	*(0.03)*
Partnerländer	Brasilien	34.5	(1.2)	365	(6.9)	406	(6.0)	399	(5.8)	**1.3**	(0.12)
	Hongkong (China)	6.6	(0.5)	567	(10.2)	521	(8.3)	560	(8.7)	**1.4**	(0.14)
	Indonesien	12.3	(0.7)	362	(9.0)	384	(8.2)	405	(7.5)	**1.2**	(0.10)
	Lettland	51.8	(1.9)	494	(4.4)	498	(4.7)	500	(4.7)	**1.9**	(0.32)
	Liechtenstein	18.6	(1.8)	527	(15.1)	509	(16.4)	520	(17.0)	1.7	(0.37)
	Macau (China)	5.0	(0.6)	525	(10.9)	486	(8.0)	545	(12.6)	1.1	(0.16)
	Russ. Föderation	33.4	(1.2)	494	(4.4)	467	(4.4)	516	(4.9)	**1.6**	(0.30)
	Serbien	38.9	(1.2)	449	(4.6)	420	(4.6)	448	(4.6)	**2.0**	(0.15)
	Thailand	9.5	(0.6)	477	(7.6)	472	(6.7)	493	(6.7)	**1.6**	(0.15)
	Tunesien	7.9	(0.8)	395	(10.9)	393	(11.9)	408	(11.2)	**1.3**	(0.13)
	Uruguay	40.5	(1.0)	449	(4.2)	463	(3.8)	467	(3.6)	**1.8**	(0.15)
	Verein. Königreich[1]	31.8	(0.9)	539	(3.9)	537	(4.3)	554	(4.3)	**1.6**	(0.12)

Anmerkung: Statistisch signifikante Werte sind durch Fettdruck gekennzeichnet (siehe Anhang A4).

1. Die Beteiligungsquote ist zu niedrig, um die Vergleichbarkeit zu gewährleisten (siehe Anhang A3).

Tabelle 4.2b (*Fortsetzung*)

Prozentualer Anteil der Schüler und Leistungen auf den Gesamtskalen Mathematik, Lesekompetenz und Naturwissenschaften, nach dem höchsten Bildungsabschluss der Mutter

Die Ergebnisse basieren auf Schülerangaben

		Leistungsunterschiede zwischen Schülern, deren Mütter einen Sekundarstufe-II-Abschluss besitzen bzw. nur die Primar- oder die Sekundarstufe I abgeschlossen haben						Leistungsunterschiede zwischen Schülern, deren Mütter einen Hochschulabschluss besitzen bzw. nur die Sekundarstufe II abgeschlossen haben					
		Mathematik		Lesekompetenz		Naturwissenschaften		Mathematik		Lesekompetenz		Naturwissenschaften	
		Differenz	**S.E.**	**Differenz**	**S.E.**	**Differenz**	**S.E.**	**Differenz**	**S.E.**	**Differenz**	**S.E.**	**Differenz**	**S.E.**
OECD-Länder	Australien	**10.3**	(2.9)	5.0	(2.8)	**10.4**	(3.0)	**28.9**	(3.6)	**35.9**	(4.1)	**33.6**	(3.7)
	Österreich	**41.4**	(5.1)	**56.8**	(6.0)	**57.6**	(5.3)	**11.7**	(4.8)	**22.3**	(4.7)	**18.3**	(4.7)
	Belgien	**35.7**	(3.9)	**35.9**	(3.8)	**39.7**	(4.0)	**31.7**	(2.9)	**27.0**	(3.6)	**29.3**	(3.3)
	Kanada	**24.4**	(2.9)	**23.2**	(3.4)	**26.7**	(3.4)	**21.0**	(2.4)	**16.1**	(2.4)	**24.1**	(2.4)
	Tschech. Republik	**48.7**	(7.9)	**45.8**	(7.4)	**44.7**	(9.1)	**54.3**	(4.7)	**41.4**	(4.5)	**53.1**	(4.8)
	Dänemark	**36.0**	(4.7)	**30.7**	(4.9)	**35.2**	(5.9)	**24.9**	(4.0)	**26.9**	(3.7)	**29.2**	(4.6)
	Finnland	**18.8**	(3.7)	**13.4**	(3.3)	**13.4**	(4.0)	**17.0**	(3.0)	**18.6**	(2.8)	**18.2**	(3.1)
	Frankreich	**38.1**	(4.8)	**43.2**	(5.4)	**47.8**	(6.3)	**16.5**	(3.6)	**11.7**	(4.1)	**20.9**	(4.7)
	Deutschland	**67.1**	(4.6)	**73.1**	(5.1)	**78.0**	(5.0)	**21.3**	(4.5)	**18.4**	(4.6)	**29.3**	(4.7)
	Griechenland	**37.6**	(4.2)	**32.4**	(4.6)	**33.7**	(4.6)	**20.6**	(4.6)	**13.9**	(5.7)	**22.9**	(4.9)
	Ungarn	**56.9**	(5.6)	**50.7**	(5.9)	**51.6**	(6.0)	**57.7**	(4.1)	**45.7**	(4.1)	**49.9**	(4.2)
	Island	**16.5**	(3.6)	7.8	(4.1)	**12.4**	(3.9)	**22.0**	(4.0)	**24.3**	(4.5)	**29.3**	(4.4)
	Irland	**29.6**	(3.9)	**27.8**	(4.2)	**33.9**	(4.4)	**19.2**	(3.5)	**14.8**	(3.6)	**15.5**	(3.9)
	Italien	**42.4**	(3.7)	**42.6**	(4.1)	**44.8**	(4.5)	1.3	(3.7)	5.4	(4.0)	4.3	(4.1)
	Japan	**28.3**	(9.7)	**29.4**	(10.1)	**25.2**	(9.2)	**28.5**	(4.4)	**25.8**	(4.2)	**33.0**	(4.3)
	Korea	**39.4**	(3.5)	**29.0**	(3.2)	**35.1**	(3.9)	**20.3**	(6.7)	**15.1**	(5.1)	**16.0**	(6.8)
	Luxemburg	**27.6**	(4.2)	**36.2**	(4.7)	**36.5**	(4.8)	**25.5**	(4.3)	**17.5**	(4.8)	**19.4**	(4.9)
	Mexiko	**59.8**	(5.8)	**68.2**	(7.3)	**50.1**	(4.9)	**–20.1**	(5.5)	**–25.6**	(6.1)	–7.5	(4.7)
	Niederlande	7.1	(5.2)	6.7	(4.3)	10.9	(5.8)	**32.6**	(4.3)	**25.5**	(4.1)	**36.6**	(4.6)
	Neuseeland	**47.2**	(4.5)	**47.7**	(4.7)	**48.8**	(5.3)	**13.3**	(4.3)	**10.4**	(4.3)	**13.2**	(4.4)
	Norwegen	**25.8**	(5.7)	**24.0**	(7.9)	**26.2**	(6.7)	**27.4**	(3.3)	**24.2**	(3.9)	**25.1**	(3.5)
	Polen	**41.4**	(5.9)	**51.7**	(7.8)	**47.5**	(8.1)	**53.9**	(4.6)	**49.1**	(4.4)	**65.8**	(5.5)
	Portugal	**39.0**	(4.0)	**36.3**	(4.4)	**36.3**	(4.5)	1.7	(5.5)	–8.8	(5.5)	3.2	(5.5)
	Slowak. Republik	**76.7**	(9.2)	**66.3**	(9.7)	**89.7**	(16.4)	**48.6**	(4.2)	**36.5**	(4.0)	**51.9**	(4.5)
	Spanien	**17.8**	(3.9)	**17.3**	(4.1)	**22.6**	(4.2)	**25.1**	(4.3)	**17.3**	(4.4)	**30.0**	(4.4)
	Schweden	**45.5**	(5.1)	**45.2**	(5.8)	**49.6**	(6.2)	2.6	(3.9)	2.1	(3.7)	1.4	(4.2)
	Schweiz	**58.6**	(2.9)	**59.7**	(3.8)	**70.5**	(4.0)	–2.4	(5.8)	–4.3	(4.8)	–1.6	(8.2)
	Türkei	**72.7**	(7.1)	**64.7**	(7.0)	**64.9**	(6.5)	34.9	(19.5)	19.5	(15.7)	31.1	(17.6)
	Vereinigte Staaten	**47.4**	(6.1)	**55.0**	(6.2)	**48.5**	(6.7)	**28.9**	(4.0)	**21.4**	(4.3)	**26.2**	(4.3)
	OECD insgesamt	***63.6***	***(1.94)***	***59.7***	***(1.67)***	***61.9***	***(1.70)***	***21.9***	***(1.49)***	***17.0***	***(1.46)***	***24.0***	***(1.51)***
	OECD-Durchschnitt	***50.6***	***(1.17)***	***43.0***	***(1.06)***	***49.6***	***(1.07)***	***24.0***	***(0.75)***	***22.5***	***(0.74)***	***23.5***	***(0.80)***
Partnerländer	Brasilien	**71.4**	(6.8)	**66.2**	(6.6)	**67.9**	(6.4)	**–45.4**	(7.5)	**–50.6**	(7.5)	**–42.6**	(6.1)
	Hongkong (China)	**27.6**	(5.0)	**17.6**	(3.9)	**20.8**	(4.8)	–4.0	(9.8)	–2.1	(8.5)	5.3	(9.0)
	Indonesien	**34.8**	(5.0)	**28.7**	(4.4)	**27.4**	(4.5)	**–24.2**	(6.4)	**–19.4**	(6.6)	–10.2	(5.5)
	Lettland	**35.8**	(12.5)	18.8	(13.8)	16.4	(12.4)	**18.6**	(4.1)	**11.2**	(4.7)	**19.2**	(4.6)
	Liechtenstein	**44.2**	(12.4)	**43.0**	(11.4)	**48.8**	(12.6)	–34.0	(18.0)	**–42.7**	(18.8)	–32.6	(18.9)
	Macau (China)	11.8	(7.3)	13.0	(6.8)	**21.2**	(8.1)	–11.3	(12.9)	**–22.1**	(9.7)	5.2	(13.0)
	Russ. Föderation	c	c	c	c	c	c	**37.4**	(3.4)	**35.5**	(3.8)	**37.6**	(4.1)
	Serbien	**46.1**	(4.1)	**47.1**	(4.2)	**40.8**	(5.0)	5.8	(3.8)	–0.4	(4.0)	6.0	(4.1)
	Thailand	**32.0**	(4.3)	**27.6**	(4.1)	**31.2**	(4.2)	**39.5**	(6.4)	**34.4**	(6.1)	**44.1**	(5.8)
	Tunesien	**31.5**	(5.6)	**28.7**	(6.7)	**27.5**	(5.3)	12.2	(8.1)	–5.2	(9.5)	1.7	(8.6)
	Uruguay	**42.3**	(5.3)	**37.6**	(9.3)	**40.0**	(7.1)	**10.8**	(5.2)	**17.3**	(7.5)	**13.6**	(6.3)
	Verein. Königreich[1]	**23.1**	(4.8)	**23.0**	(5.3)	**31.7**	(5.6)	**35.6**	(3.6)	**33.4**	(3.9)	**38.8**	(3.9)

Anmerkung: Statistisch signifikante Werte sind durch Fettdruck gekennzeichnet (siehe Anhang A4).

1. Die Beteiligungsquote ist zu niedrig, um die Vergleichbarkeit zu gewährleisten (siehe Anhang A3).

Tabelle 4.2c

Prozentualer Anteil der Schüler und Leistungen auf den Gesamtskalen Mathematik, Lesekompetenz und Naturwissenschaften, nach dem höchsten Bildungsabschluss des Vaters

Die Ergebnisse basieren auf Schülerangaben

		Primarstufe oder Sekundarstufe I (ISCED 1 oder 2)								Sekundarstufe II (ISCED 3)							
				Leistungen								Leistungen					
				Mathematik		Lesekompetenz		Naturwissenschaften				Mathematik		Lesekompetenz		Naturwissenschaften	
		% der Schüler	S.E.	Mittelwert	S.E.	Mittelwert	S.E.	Mittelwert	S.E.	% der Schüler	S.E.	Mittelwert	S.E.	Mittelwert	S.E.	Mittelwert	S.E.
OECD-Länder	Australien	23.8	(0.6)	505	(3.3)	511	(2.8)	504	(3.0)	34.4	(0.5)	516	(2.1)	515	(2.5)	517	(2.3)
	Österreich	10.9	(0.7)	471	(5.9)	447	(6.4)	455	(6.4)	50.8	(1.1)	511	(3.9)	497	(4.6)	494	(4.3)
	Belgien	14.9	(0.5)	502	(4.4)	484	(4.9)	482	(4.4)	38.7	(0.8)	536	(2.5)	515	(3.0)	514	(2.8)
	Kanada	11.9	(0.4)	511	(2.7)	505	(2.9)	491	(3.2)	39.1	(0.6)	529	(1.7)	527	(1.9)	517	(2.0)
	Tschech. Republik	3.3	(0.3)	465	(11.5)	446	(11.0)	474	(13.5)	76.5	(0.8)	513	(3.0)	489	(2.6)	519	(2.8)
	Dänemark	18.6	(1.0)	486	(4.1)	465	(4.0)	446	(4.6)	43.2	(0.9)	508	(2.9)	487	(3.0)	468	(3.3)
	Finnland	21.9	(0.6)	525	(3.0)	523	(3.0)	530	(3.9)	27.1	(0.7)	538	(2.8)	535	(2.6)	541	(3.1)
	Frankreich	28.8	(1.0)	489	(4.6)	475	(5.0)	483	(5.3)	40.5	(1.1)	520	(2.5)	508	(2.8)	521	(3.5)
	Deutschland	19.2	(0.9)	454	(5.4)	441	(5.7)	444	(5.8)	44.5	(0.9)	520	(3.8)	515	(3.8)	520	(3.9)
	Griechenland	32.8	(1.5)	419	(3.8)	443	(4.2)	453	(4.0)	34.4	(0.9)	450	(3.7)	481	(4.8)	487	(4.2)
	Ungarn	9.2	(0.6)	425	(6.5)	426	(7.0)	440	(6.6)	67.8	(1.0)	482	(2.8)	476	(2.5)	497	(2.7)
	Island	20.1	(0.6)	497	(3.8)	481	(4.1)	481	(4.2)	50.3	(1.0)	514	(2.3)	491	(2.5)	490	(2.2)
	Irland	31.4	(0.9)	482	(3.2)	495	(3.6)	480	(3.9)	40.4	(0.9)	507	(2.8)	522	(2.9)	509	(3.0)
	Italien	40.9	(0.9)	442	(3.6)	449	(4.0)	459	(4.1)	33.6	(0.6)	485	(3.4)	493	(3.5)	505	(3.5)
	Japan	16.4	(0.9)	492	(7.0)	454	(7.7)	509	(7.5)	37.3	(0.9)	524	(4.4)	492	(4.7)	537	(4.8)
	Korea	23.6	(0.8)	506	(4.0)	507	(4.4)	504	(4.8)	40.7	(1.1)	541	(3.1)	533	(2.9)	538	(3.5)
	Luxemburg	21.3	(0.7)	461	(3.6)	441	(3.7)	445	(3.7)	35.0	(0.8)	499	(3.0)	490	(2.9)	490	(3.3)
	Mexiko	61.7	(1.7)	366	(3.2)	380	(3.7)	389	(2.9)	12.5	(0.6)	426	(4.8)	440	(5.7)	437	(4.7)
	Niederlande	24.4	(1.1)	524	(5.0)	504	(4.8)	508	(5.6)	35.7	(1.2)	541	(3.3)	518	(3.3)	525	(3.9)
	Neuseeland	18.1	(0.7)	495	(4.0)	497	(4.2)	490	(4.3)	52.5	(0.9)	529	(2.5)	530	(3.3)	528	(3.0)
	Norwegen	9.5	(0.6)	473	(5.3)	481	(6.9)	462	(7.2)	41.7	(1.1)	490	(2.8)	491	(3.3)	474	(3.1)
	Polen	8.5	(0.5)	454	(6.7)	459	(6.8)	458	(7.4)	76.9	(0.8)	485	(2.4)	491	(2.9)	490	(2.7)
	Portugal	62.9	(1.3)	456	(3.1)	470	(3.7)	458	(3.5)	17.0	(0.8)	498	(3.5)	510	(4.5)	498	(4.1)
	Slowak. Republik	5.1	(0.7)	426	(12.3)	406	(11.6)	410	(22.0)	74.4	(1.0)	490	(3.1)	463	(3.0)	488	(3.2)
	Spanien	43.3	(1.5)	469	(2.9)	468	(3.1)	469	(3.1)	26.4	(0.8)	488	(3.0)	485	(3.4)	490	(3.5)
	Schweden	23.9	(0.8)	491	(3.4)	496	(3.5)	484	(3.6)	30.8	(0.9)	520	(3.3)	527	(3.2)	519	(4.6)
	Schweiz	29.5	(1.0)	491	(3.6)	466	(3.6)	471	(3.9)	32.4	(0.8)	542	(2.9)	516	(3.3)	532	(3.0)
	Türkei	58.8	(2.1)	395	(4.2)	418	(4.3)	408	(4.0)	22.7	(1.0)	444	(6.9)	459	(6.6)	453	(5.9)
	Vereinigte Staaten	11.2	(0.7)	439	(4.7)	451	(5.3)	448	(5.4)	52.0	(1.1)	479	(2.7)	495	(3.2)	490	(3.0)
	OECD insgesamt	***24.3***	***(0.4)***	***439***	***(1.6)***	***442***	***(1.6)***	***448***	***(1.5)***	***42.0***	***(0.4)***	***497***	***(1.1)***	***498***	***(1.3)***	***504***	***(1.2)***
	OECD-Durchschnitt	***24.4***	***(0.2)***	***460***	***(1.1)***	***461***	***(1.0)***	***461***	***(0.9)***	***42.0***	***(0.2)***	***505***	***(0.6)***	***499***	***(0.7)***	***504***	***(0.7)***
Partnerländer	Brasilien	51.0	(1.5)	342	(4.6)	393	(4.6)	378	(4.4)	13.8	(0.8)	404	(6.4)	449	(5.8)	432	(6.4)
	Hongkong (China)	64.5	(1.4)	542	(4.4)	505	(3.6)	533	(4.2)	25.4	(1.0)	569	(4.8)	523	(4.0)	554	(4.5)
	Indonesien	55.9	(1.5)	350	(3.2)	372	(2.9)	386	(2.9)	28.0	(1.0)	378	(4.6)	397	(3.7)	407	(3.9)
	Lettland	4.4	(0.5)	451	(7.4)	466	(9.4)	449	(10.3)	50.1	(1.9)	482	(4.0)	492	(4.0)	489	(4.3)
	Liechtenstein	25.3	(2.3)	499	(11.0)	492	(9.8)	481	(12.8)	33.9	(2.8)	534	(8.5)	531	(8.6)	528	(9.8)
	Macau (China)	69.7	(1.6)	523	(3.8)	494	(2.8)	520	(3.7)	24.7	(1.5)	541	(6.5)	508	(4.2)	534	(6.2)
	Russ. Föderation	2.2	(0.2)	c	c	c	c	c	c	68.4	(1.2)	459	(4.3)	431	(4.1)	480	(4.2)
	Serbien	11.5	(0.7)	395	(4.5)	378	(4.6)	403	(4.1)	47.3	(0.9)	437	(3.6)	414	(3.8)	434	(3.7)
	Thailand	70.7	(1.1)	404	(2.8)	409	(2.4)	415	(2.4)	19.5	(0.7)	437	(4.9)	439	(4.4)	449	(4.6)
	Tunesien	63.1	(1.4)	346	(2.2)	364	(2.8)	376	(2.4)	24.2	(0.9)	376	(4.1)	397	(4.7)	397	(4.0)
	Uruguay	48.3	(1.4)	405	(3.8)	412	(4.3)	418	(3.4)	13.0	(0.6)	441	(5.1)	451	(6.2)	454	(4.8)
	Verein. Königreich[1]	19.1	(0.6)	488	(3.8)	488	(3.5)	493	(4.1)	51.0	(1.0)	506	(2.8)	506	(2.9)	518	(2.9)

		Tertiärstufe (ISCED 5 oder 6)								Größere Wahrscheinlichkeit für Schüler, deren Väter nicht die Sekundarstufe II abgeschlossen haben, im untersten nationalen Quartil der Gesamtskala Mathematik zu liegen	
				Leistungen							
				Mathematik		Lesekompetenz		Naturwissenschaften			
		% der Schüler	S.E.	Mittelwert	S.E.	Mittelwert	S.E.	Mittelwert	S.E.	Quotient	S.E.
OECD-Länder	Australien	41.8	(0.8)	551	(2.8)	553	(2.8)	554	(3.0)	**1.5**	(0.08)
	Österreich	38.3	(1.0)	517	(3.9)	507	(4.1)	506	(4.0)	**1.8**	(0.16)
	Belgien	46.4	(0.9)	565	(2.9)	540	(2.9)	543	(3.0)	**1.9**	(0.13)
	Kanada	49.0	(0.8)	552	(2.2)	546	(2.0)	541	(2.3)	**1.5**	(0.10)
	Tschech. Republik	20.2	(0.8)	575	(4.8)	539	(4.4)	581	(4.7)	**2.0**	(0.25)
	Dänemark	38.2	(1.2)	549	(3.5)	524	(3.1)	514	(3.9)	**1.8**	(0.14)
	Finnland	51.0	(0.9)	560	(2.2)	560	(2.1)	563	(2.4)	**1.5**	(0.12)
	Frankreich	30.7	(1.2)	539	(3.7)	521	(3.7)	549	(4.6)	**1.7**	(0.15)
	Deutschland	36.3	(0.9)	549	(3.8)	537	(3.5)	555	(3.9)	**3.1**	(0.26)
	Griechenland	32.9	(1.6)	466	(5.8)	493	(5.4)	503	(5.3)	**1.6**	(0.11)
	Ungarn	23.0	(1.0)	546	(4.8)	528	(4.5)	555	(5.1)	**2.3**	(0.19)
	Island	29.6	(0.9)	534	(2.9)	506	(3.2)	518	(3.3)	**1.4**	(0.11)
	Irland	28.3	(1.1)	531	(3.8)	539	(3.8)	536	(3.9)	**1.7**	(0.12)
	Italien	25.5	(0.8)	482	(3.8)	499	(3.6)	511	(4.1)	**1.8**	(0.11)
	Japan	46.3	(1.0)	558	(4.8)	520	(4.2)	571	(4.8)	**1.9**	(0.15)
	Korea	35.7	(1.3)	572	(5.6)	557	(4.5)	565	(5.7)	**1.9**	(0.12)
	Luxemburg	43.6	(0.8)	523	(2.2)	510	(2.5)	516	(2.6)	**2.0**	(0.17)
	Mexiko	25.8	(1.3)	415	(5.3)	431	(5.9)	434	(5.5)	**2.2**	(0.24)
	Niederlande	40.0	(1.1)	570	(3.5)	539	(3.2)	556	(3.8)	**1.6**	(0.15)
	Neuseeland	29.4	(0.8)	562	(3.7)	556	(3.9)	561	(4.0)	**1.9**	(0.16)
	Norwegen	48.8	(1.2)	513	(3.1)	521	(3.4)	507	(3.6)	**1.4**	(0.13)
	Polen	14.5	(0.7)	540	(4.1)	547	(4.2)	561	(4.7)	**1.7**	(0.15)
	Portugal	20.2	(1.0)	486	(6.6)	487	(7.3)	490	(6.0)	**1.5**	(0.13)
	Slowak. Republik	20.5	(1.0)	553	(4.1)	516	(3.9)	550	(4.4)	**2.3**	(0.28)
	Spanien	30.3	(1.4)	516	(3.0)	507	(3.5)	522	(3.7)	**1.7**	(0.12)
	Schweden	45.3	(1.1)	522	(3.4)	526	(3.2)	520	(3.8)	**1.5**	(0.14)
	Schweiz	38.0	(1.0)	551	(4.7)	520	(4.6)	539	(5.6)	**2.1**	(0.11)
	Türkei	18.5	(1.6)	494	(15.2)	497	(12.4)	499	(13.3)	**2.1**	(0.23)
	Vereinigte Staaten	36.8	(1.1)	513	(3.7)	521	(3.8)	518	(4.0)	**1.9**	(0.16)
	OECD insgesamt	***33.7***	***(0.3)***	***526***	***(1.3)***	***520***	***(1.3)***	***533***	***(1.4)***	***2.4***	***(0.06)***
	OECD-Durchschnitt	***33.6***	***(0.2)***	***534***	***(0.8)***	***525***	***(0.7)***	***534***	***(0.8)***	***2.1***	***(0.03)***
Partnerländer	Brasilien	35.2	(1.2)	366	(7.0)	408	(6.4)	399	(6.2)	1.3	(0.13)
	Hongkong (China)	10.1	(0.8)	575	(9.1)	529	(7.0)	567	(7.6)	1.5	(0.13)
	Indonesien	16.1	(0.8)	371	(9.2)	393	(7.6)	411	(7.1)	1.2	(0.09)
	Lettland	45.5	(2.0)	491	(4.8)	498	(4.8)	497	(4.9)	1.7	(0.26)
	Liechtenstein	40.8	(2.5)	566	(7.5)	547	(7.8)	556	(8.2)	2.1	(0.56)
	Macau (China)	5.6	(0.7)	522	(12.0)	492	(9.3)	537	(10.3)	1.2	(0.22)
	Russ. Föderation	29.4	(1.3)	500	(4.8)	475	(4.4)	522	(5.0)	1.8	(0.26)
	Serbien	41.2	(1.1)	449	(4.7)	420	(4.3)	451	(4.4)	1.9	(0.15)
	Thailand	9.8	(0.7)	475	(8.2)	468	(8.1)	489	(7.5)	1.6	(0.18)
	Tunesien	12.8	(0.8)	399	(8.6)	398	(8.4)	415	(8.5)	1.5	(0.14)
	Uruguay	38.8	(1.4)	445	(4.5)	464	(4.7)	465	(4.2)	1.6	(0.14)
	Verein. Königreich[1]	29.9	(1.0)	547	(3.7)	543	(4.0)	562	(4.2)	1.5	(0.10)

Anmerkung: Statistisch signifikante Werte sind durch Fettdruck gekennzeichnet (siehe Anhang A4).

1. Die Beteiligungsquote ist zu niedrig, um die Vergleichbarkeit zu gewährleisten (siehe Anhang A3).

Tabelle 4.2c (*Fortsetzung*)

Prozentualer Anteil der Schüler und Leistungen auf den Gesamtskalen Mathematik, Lesekompetenz und Naturwissenschaften, nach dem höchsten Bildungsabschluss des Vaters

Die Ergebnisse basieren auf Schülerangaben

		Leistungsunterschiede zwischen Schülern, deren Väter einen Sekundarstufe-II-Abschluss besitzen bzw. nur die Primar- oder die Sekundarstufe I abgeschlossen haben						Leistungsunterschiede zwischen Schülern, deren Väter einen Hochschulabschluss besitzen bzw. nur die Sekundarstufe II abgeschlossen haben					
		Mathematik		Lesekompetenz		Naturwissenschaften		Mathematik		Lesekompetenz		Naturwissenschaften	
		Differenz	**S.E.**	**Differenz**	**S.E.**	**Differenz**	**S.E.**	**Differenz**	**S.E.**	**Differenz**	**S.E.**	**Differenz**	**S.E.**
OECD-Länder	Australien	**11.2**	(3.0)	4.2	(2.7)	**12.8**	(3.1)	**35.4**	(3.1)	**38.4**	(3.6)	**37.4**	(3.7)
	Österreich	**39.3**	(7.0)	**49.3**	(7.9)	**38.7**	(7.5)	6.6	(4.1)	**10.8**	(4.6)	**12.4**	(4.6)
	Belgien	**34.0**	(4.5)	**30.9**	(5.0)	**31.8**	(4.4)	**28.3**	(3.8)	**25.3**	(4.0)	**29.3**	(3.9)
	Kanada	**17.9**	(3.1)	**22.4**	(3.4)	**26.1**	(3.6)	**23.0**	(2.3)	**18.2**	(2.4)	**23.8**	(2.5)
	Tschech. Republik	**48.6**	(10.7)	**43.2**	(10.2)	**45.5**	(12.6)	**62.0**	(4.5)	**50.0**	(4.3)	**62.3**	(4.4)
	Dänemark	**22.2**	(4.6)	**22.1**	(4.3)	**22.0**	(5.0)	**41.0**	(3.8)	**37.2**	(3.3)	**45.6**	(4.5)
	Finnland	**13.2**	(3.7)	**12.1**	(4.1)	**11.2**	(5.2)	**21.1**	(2.9)	**24.3**	(2.7)	**22.0**	(3.2)
	Frankreich	**30.5**	(4.7)	**32.3**	(4.9)	**38.3**	(5.6)	**19.0**	(4.1)	**13.8**	(4.5)	**27.8**	(5.6)
	Deutschland	**66.1**	(5.7)	**73.5**	(5.8)	**76.6**	(5.6)	**29.7**	(3.8)	**22.9**	(3.8)	**35.0**	(4.0)
	Griechenland	**31.7**	(3.8)	**38.4**	(4.8)	**34.0**	(4.5)	**15.9**	(5.1)	**11.8**	(5.5)	**16.6**	(5.3)
	Ungarn	**56.5**	(6.7)	**49.8**	(7.3)	**57.3**	(6.8)	**63.9**	(5.1)	**51.6**	(4.9)	**57.6**	(5.1)
	Island	**17.6**	(4.6)	**10.5**	(4.8)	8.5	(4.9)	**20.1**	(4.2)	**15.3**	(4.4)	**28.7**	(4.4)
	Irland	**25.1**	(3.7)	**26.8**	(3.7)	**29.3**	(4.1)	**23.8**	(4.1)	**17.1**	(3.9)	**27.1**	(4.4)
	Italien	**42.6**	(3.3)	**43.3**	(3.7)	**45.5**	(3.8)	–3.3	(3.4)	6.9	(3.7)	6.6	(4.3)
	Japan	**32.4**	(6.4)	**37.6**	(7.4)	**28.9**	(7.0)	**33.9**	(4.8)	**27.9**	(4.7)	**33.6**	(5.1)
	Korea	**35.2**	(3.7)	**25.6**	(3.6)	**33.5**	(4.3)	**30.8**	(5.5)	**24.1**	(4.3)	**27.5**	(5.6)
	Luxemburg	**37.7**	(5.4)	**49.3**	(4.9)	**45.0**	(5.3)	**23.6**	(4.0)	**19.5**	(4.0)	**25.9**	(4.3)
	Mexiko	**59.2**	(5.4)	**60.4**	(6.2)	**47.9**	(5.2)	**–11.1**	(4.6)	–9.6	(5.8)	–3.2	(5.4)
	Niederlande	**17.8**	(5.1)	**14.0**	(4.7)	**17.9**	(5.8)	**28.6**	(4.1)	**21.1**	(3.7)	**30.9**	(4.9)
	Neuseeland	**34.4**	(4.5)	**33.0**	(5.4)	**38.2**	(4.9)	**32.2**	(4.2)	**26.4**	(4.8)	**33.3**	(4.7)
	Norwegen	**17.3**	(5.6)	10.2	(6.7)	12.1	(7.3)	**23.2**	(3.8)	**29.5**	(3.8)	**32.7**	(3.8)
	Polen	**31.3**	(6.1)	**32.6**	(6.1)	**32.7**	(6.9)	**55.1**	(4.6)	**56.0**	(4.8)	**70.7**	(5.0)
	Portugal	**41.8**	(3.9)	**39.1**	(5.1)	**40.4**	(4.7)	–11.3	(6.2)	**–22.9**	(7.2)	–8.4	(6.3)
	Slowak. Republik	**64.3**	(11.4)	**56.3**	(10.8)	**77.5**	(21.2)	**62.2**	(4.8)	**53.5**	(4.6)	**62.5**	(5.3)
	Spanien	**19.7**	(3.9)	**17.0**	(4.3)	**20.3**	(4.6)	**27.1**	(3.1)	**21.2**	(3.8)	**32.0**	(4.1)
	Schweden	**28.2**	(4.4)	**31.2**	(5.1)	**34.4**	(5.4)	2.5	(4.0)	–0.9	(3.8)	1.5	(5.9)
	Schweiz	**51.3**	(4.0)	**49.6**	(4.6)	**60.9**	(4.5)	**8.7**	(4.0)	3.7	(4.1)	7.4	(5.2)
	Türkei	**48.2**	(5.3)	**40.8**	(5.7)	**45.3**	(4.8)	**50.2**	(12.3)	**38.0**	(10.6)	**45.6**	(11.5)
	Vereinigte Staaten	**39.4**	(4.9)	**44.0**	(5.1)	**42.7**	(5.3)	**34.5**	(3.6)	**26.5**	(4.3)	**27.4**	(4.5)
	OECD insgesamt	***57.9***	***(1.8)***	***55.6***	***(1.7)***	***56.3***	***(1.7)***	***29.3***	***(1.5)***	***22.3***	***(1.5)***	***29.1***	***(1.6)***
	OECD-Durchschnitt	***45.5***	***(1.2)***	***37.8***	***(1.1)***	***43.2***	***(1.0)***	***28.9***	***(0.7)***	***26.3***	***(0.7)***	***29.9***	***(0.8)***
Partnerländer	Brasilien	**61.7**	(6.2)	**55.7**	(5.6)	**54.6**	(6.6)	**–37.7**	(6.4)	**–40.8**	(6.4)	**–33.4**	(5.4)
	Hongkong (China)	**26.6**	(4.1)	**18.1**	(3.5)	**21.4**	(4.0)	6.3	(7.9)	5.9	(6.5)	13.3	(6.9)
	Indonesien	**28.1**	(4.0)	**25.3**	(3.4)	**21.5**	(3.7)	–7.2	(7.3)	–4.4	(6.4)	4.4	(5.9)
	Lettland	**30.6**	(8.6)	**25.3**	(9.6)	**40.0**	(9.8)	**9.7**	(4.3)	6.1	(4.4)	8.2	(4.9)
	Liechtenstein	**35.5**	(14.2)	**38.4**	(14.5)	**46.9**	(17.9)	**32.1**	(12.3)	16.2	(13.2)	**27.8**	(13.9)
	Macau (China)	**18.1**	(7.8)	**14.4**	(4.9)	13.4	(7.2)	–19.2	(14.1)	–16.2	(10.6)	3.8	(12.2)
	Russ. Föderation	c	c	c	c	c	c	**40.7**	(4.2)	**44.2**	(3.9)	**42.3**	(4.3)
	Serbien	**42.3**	(4.5)	**35.4**	(5.0)	**30.6**	(4.3)	**12.2**	(3.5)	6.3	(3.5)	**17.5**	(3.7)
	Thailand	**33.8**	(4.7)	**30.4**	(4.1)	**34.0**	(4.4)	**37.6**	(7.1)	**29.0**	(7.0)	**40.2**	(6.7)
	Tunesien	**30.5**	(4.3)	**32.5**	(5.0)	**21.1**	(4.4)	**22.5**	(6.8)	1.9	(7.0)	**18.4**	(6.7)
	Uruguay	**36.1**	(6.1)	**39.1**	(7.0)	**35.7**	(5.7)	4.1	(5.7)	**13.6**	(6.9)	**11.4**	(5.3)
	Verein. Königreich[1]	**18.1**	(3.8)	**18.2**	(4.0)	**25.6**	(4.1)	**41.7**	(3.5)	**36.6**	(3.7)	**43.5**	(4.2)

Anmerkung: Statistisch signifikante Werte sind durch Fettdruck gekennzeichnet (siehe Anhang A4).

1. Die Beteiligungsquote ist zu niedrig, um die Vergleichbarkeit zu gewährleisten (siehe Anhang A3).

Tabelle 4.2d

Index des Besitzes von "klassischen" Kulturgütern im Elternhaus und Leistungen auf der Gesamtskala Mathematik, nach nationalen Indexquartilen

Die Ergebnisse basieren auf Schülerangaben

	Index des Besitzes von Kulturgütern im Elternhaus										Leistungen auf der Gesamtskala Mathematik, nach nationalen Indexquartilen							
	Alle Schüler		Unterstes Quartil		Zweites Quartil		Drittes Quartil		Oberstes Quartil		Unterstes Quartil		Zweites Quartil		Drittes Quartil		Oberstes Quartil	
	Indexmittel	S.E.	Indexmittel	S.E.	Indexmittel	S.E.	Indexmittel	S.E.	Indexmittel	S.E.	Mittelwert	S.E.	Mittelwert	S.E.	Mittelwert	S.E.	Mittelwert	S.E.
OECD-Länder																		
Australien	–0.12	(0.01)	min		–0.64	(0.01)	0.13	(0.01)	1.31	(0.00)	**504**	(2.9)	513	(3.4)	525	(3.0)	**556**	(2.6)
Österreich	–0.05	(0.03)	min		–0.48	(0.01)	0.28	(0.01)	1.29	(0.01)	**476**	(4.3)	490	(3.4)	513	(3.8)	**550**	(3.8)
Belgien	–0.30	(0.02)	min		–0.94	(0.01)	–0.05	(0.01)	1.08	(0.01)	**497**	(4.3)	510	(3.9)	545	(3.5)	**579**	(2.8)
Kanada	0.00	(0.01)	min		–0.40	(0.01)	0.32	(0.01)	max		**515**	(2.3)	534	(2.4)	538	(2.7)	**557**	(2.7)
Tschech. Republik	0.26	(0.02)	–1.00	(0.02)	–0.02	(0.01)	0.71	(0.01)	max		**492**	(3.9)	516	(4.3)	535	(3.8)	**546**	(3.8)
Dänemark	–0.01	(0.03)	min		–0.45	(0.01)	0.35	(0.00)	max		**473**	(3.5)	500	(3.5)	533	(3.1)	**554**	(3.6)
Finnland	0.11	(0.02)	min		–0.28	(0.01)	0.65	(0.01)	max		**520**	(3.1)	538	(2.3)	556	(3.3)	**564**	(3.2)
Frankreich	–0.05	(0.02)	min		–0.44	(0.01)	0.30	(0.01)	1.22	(0.01)	**469**	(4.2)	503	(4.3)	531	(3.5)	**545**	(3.7)
Deutschland	0.00	(0.02)	min		–0.44	(0.01)	0.37	(0.01)	max		**488**	(4.6)	497	(4.3)	505	(4.9)	**554**	(3.9)
Griechenland	0.23	(0.03)	–0.94	(0.01)	–0.07	(0.01)	0.59	(0.01)	max		**406**	(4.8)	438	(5.3)	459	(4.5)	**477**	(5.5)
Ungarn	0.31	(0.02)	–0.97	(0.02)	0.16	(0.01)	0.69	(0.01)	max		**435**	(4.1)	490	(4.1)	513	(4.2)	**521**	(4.1)
Island	0.79	(0.01)	–0.42	(0.02)	0.90	(0.02)	1.35	(0.00)	max		**491**	(3.4)	518	(4.6)	528	(3.6)	**525**	(3.8)
Irland	–0.26	(0.02)	min		–0.85	(0.02)	0.01	(0.01)	1.07	(0.01)	**485**	(3.5)	490	(4.0)	506	(4.3)	**530**	(3.4)
Italien	0.19	(0.02)	–1.18	(0.01)	–0.08	(0.01)	0.67	(0.01)	max		**435**	(4.0)	462	(4.6)	475	(3.8)	**491**	(4.4)
Japan	–0.43	(0.02)	min		–1.12	(0.01)	–0.18	(0.01)	0.85	(0.01)	**507**	(5.2)	517	(5.5)	550	(5.2)	**563**	(5.8)
Korea	0.16	(0.02)	–1.14	(0.01)	–0.11	(0.01)	0.55	(0.01)	max		**508**	(4.0)	533	(4.3)	554	(4.0)	**574**	(5.3)
Luxemburg	–0.03	(0.01)	min		–0.51	(0.01)	0.31	(0.01)	max		**468**	(2.8)	479	(3.0)	492	(3.0)	**534**	(2.8)
Mexiko	–0.68	(0.03)	min		–1.28	(0.00)	–0.65	(0.02)	0.49	(0.02)	**367**	(4.5)	369	(3.9)	382	(4.6)	**424**	(5.6)
Niederlande	–0.31	(0.02)	min		–0.78	(0.02)	–0.16	(0.01)	0.96	(0.02)	**518**	(5.1)	531	(4.3)	544	(5.7)	**578**	(4.2)
Neuseeland	–0.18	(0.02)	min		–0.62	(0.01)	0.06	(0.01)	1.11	(0.01)	**497**	(3.7)	513	(3.8)	525	(4.0)	**562**	(3.1)
Norwegen	0.15	(0.02)	min		–0.30	(0.01)	0.84	(0.02)	max		**456**	(3.6)	484	(3.1)	514	(3.8)	**528**	(3.8)
Polen	0.25	(0.02)	–0.84	(0.02)	–0.04	(0.01)	0.53	(0.01)	max		**459**	(4.2)	486	(3.6)	504	(3.8)	**512**	(3.9)
Portugal	–0.08	(0.03)	min		–0.55	(0.01)	0.27	(0.01)	1.24	(0.01)	**431**	(4.3)	452	(4.3)	477	(3.7)	**505**	(4.2)
Slowak. Republik	0.35	(0.02)	–0.93	(0.02)	0.10	(0.01)	0.88	(0.01)	max		**468**	(5.8)	493	(4.4)	512	(4.6)	**519**	(3.2)
Spanien	0.15	(0.02)	–1.17	(0.01)	–0.11	(0.01)	0.54	(0.01)	max		**453**	(3.4)	479	(3.5)	497	(3.4)	**513**	(3.2)
Schweden	0.10	(0.02)	–1.26	(0.00)	–0.28	(0.00)	0.59	(0.01)	max		**467**	(3.7)	498	(3.5)	528	(3.2)	**545**	(3.9)
Schweiz	–0.37	(0.03)	min		–1.02	(0.01)	–0.13	(0.01)	0.95	(0.02)	**518**	(4.3)	517	(5.2)	518	(3.9)	**553**	(5.2)
Türkei	–0.11	(0.03)	min		–0.51	(0.02)	0.22	(0.01)	1.12	(0.01)	**395**	(5.6)	404	(5.3)	431	(7.7)	**464**	(11.2)
Vereinigte Staaten	–0.04	(0.02)	min		–0.57	(0.01)	0.34	(0.01)	max		**450**	(4.0)	466	(4.2)	494	(4.0)	**523**	(3.7)
OECD insgesamt	*–0.10*	*(0.01)*	*–1.28*	*(0.00)*	*–0.62*	*(0.01)*	*0.21*	*(0.01)*	*1.29*	*(0.01)*	*455*	*(1.7)*	*474*	*(1.6)*	*500*	*(1.3)*	*529*	*(1.4)*
OECD-Durchschnitt	*0.00*	*(0.00)*	*–1.28*	*(0.00)*	*–0.45*	*(0.00)*	*0.38*	*(0.02)*	*1.35*	*(0.00)*	*469*	*(1.0)*	*489*	*(0.8)*	*510*	*(0.8)*	*535*	*(0.8)*
Partnerländer																		
Brasilien	–0.33	(0.02)	-1.28	(0.00)	-0.83	(0.02)	-0.06	(0.01)	0.86	(0.02)	**340**	(5.6)	346	(5.8)	358	(5.6)	**383**	(6.7)
Hongkong (China)	–0.44	(0.03)	min		–1.04	(0.01)	–0.22	(0.01)	0.78	(0.02)	**528**	(6.0)	534	(6.6)	560	(5.2)	**579**	(6.7)
Indonesien	–0.65	(0.02)	min		min		–0.51	(0.01)	0.46	(0.02)	**352**	(4.3)	355	(4.4)	364	(4.8)	**370**	(5.0)
Lettland	0.40	(0.02)	–0.91	(0.02)	0.25	(0.01)	0.92	(0.02)	max		**447**	(4.6)	487	(5.0)	498	(4.6)	**502**	(4.5)
Liechtenstein	–0.27	(0.05)	min		–0.85	(0.05)	–0.04	(0.03)	1.09	(0.05)	**520**	(11.7)	519	(15.1)	521	(12.0)	**583**	(12.8)
Macau (China)	–0.50	(0.02)	min		–1.16	(0.02)	–0.24	(0.01)	0.69	(0.03)	**518**	(7.6)	522	(7.6)	529	(6.9)	**540**	(5.9)
Russ. Föderation	0.48	(0.02)	–0.67	(0.02)	0.38	(0.00)	0.85	(0.01)	max		**436**	(4.4)	479	(4.9)	480	(5.0)	**480**	(5.4)
Serbien	0.14	(0.03)	min		–0.22	(0.01)	0.73	(0.01)	max		**404**	(4.3)	429	(4.3)	454	(4.5)	**461**	(4.4)
Thailand	–0.21	(0.02)	min		–0.62	(0.01)	0.05	(0.01)	1.02	(0.01)	**404**	(3.6)	410	(3.3)	418	(4.0)	**435**	(4.6)
Tunesien	–0.63	(0.02)	min		min		–0.47	(0.01)	0.50	(0.02)	**345**	(3.0)	345	(3.1)	358	(3.4)	**388**	(4.9)
Uruguay	0.07	(0.02)	–1.21	(0.01)	–0.22	(0.01)	0.38	(0.00)	1.32	(0.00)	**390**	(4.9)	411	(4.2)	432	(4.5)	**456**	(4.7)
Verein. Königreich[1]	–0.03	(0.02)	min		–0.61	(0.01)	0.40	(0.01)	max		**479**	(3.1)	492	(3.2)	515	(4.0)	**545**	(4.3)

	Punktzahlveränderung auf der Gesamtskala Mathematik, je Indexeinheit		Größere Wahrscheinlichkeit für Schüler im untersten Quartil des Indexes für den Besitz von "klassischen" Kulturgütern im Elternhaus, im untersten nationalen Quartil der Gesamtskala Mathematik zu liegen		Erklärte Varianz der Schülerleistungen (R^2 x 100)	
	Veränderung	S.E.	Quotient	S.E.	%	S.E.
OECD-Länder						
Australien	**19.6**	(1.39)	**1.4**	(0.07)	4.3	(0.55)
Österreich	**28.7**	(1.83)	**1.7**	(0.14)	9.3	(1.08)
Belgien	**34.8**	(1.89)	**1.8**	(0.09)	10.0	(0.86)
Kanada	**15.4**	(1.23)	**1.5**	(0.06)	3.0	(0.46)
Tschech. Republik	**23.9**	(1.73)	**1.8**	(0.10)	5.9	(0.78)
Dänemark	**31.6**	(1.65)	**2.1**	(0.13)	11.7	(1.10)
Finnland	**17.1**	(1.40)	**1.6**	(0.08)	4.3	(0.69)
Frankreich	**30.7**	(2.14)	**2.2**	(0.15)	10.4	(1.27)
Deutschland	**24.2**	(1.54)	**1.4**	(0.08)	6.2	(0.76)
Griechenland	**31.7**	(2.48)	**2.1**	(0.13)	9.5	(1.32)
Ungarn	**38.1**	(2.07)	**2.5**	(0.16)	14.0	(1.30)
Island	**19.8**	(1.92)	**1.6**	(0.09)	3.3	(0.62)
Irland	**19.4**	(1.53)	**1.4**	(0.10)	4.9	(0.72)
Italien	**21.5**	(1.75)	**1.8**	(0.09)	4.9	(0.77)
Japan	**25.4**	(2.94)	**1.6**	(0.13)	5.3	(1.02)
Korea	**26.9**	(2.59)	**1.8**	(0.12)	7.8	(1.26)
Luxemburg	**24.1**	(1.24)	**1.5**	(0.10)	7.0	(0.69)
Mexiko	**31.5**	(2.56)	**1.4**	(0.12)	9.0	(1.45)
Niederlande	**26.9**	(2.27)	**1.6**	(0.12)	7.6	(1.17)
Neuseeland	**26.9**	(1.54)	**1.5**	(0.10)	6.8	(0.76)
Norwegen	**27.2**	(1.38)	**2.1**	(0.13)	9.7	(0.93)
Polen	**25.3**	(2.04)	**1.7**	(0.13)	6.0	(0.90)
Portugal	**29.0**	(1.89)	**2.0**	(0.12)	10.5	(1.22)
Slowak. Republik	**22.5**	(2.33)	**1.8**	(0.10)	5.1	(0.94)
Spanien	**24.5**	(1.54)	**1.9**	(0.11)	7.1	(0.83)
Schweden	**30.0**	(1.96)	**2.0**	(0.10)	10.0	(1.16)
Schweiz	**17.0**	(2.03)	**1.1**	(0.08)	2.6	(0.60)
Türkei	**29.6**	(4.43)	**1.5**	(0.11)	7.1	(1.59)
Vereinigte Staaten	**28.5**	(1.49)	**1.8**	(0.12)	9.5	(0.92)
OECD insgesamt	*29.3*	*(0.72)*	*1.8*	*(0.04)*	*8.1*	*(0.33)*
OECD-Durchschnitt	*25.0*	*(0.41)*	*1.7*	*(0.02)*	*6.3*	*(0.17)*
Partnerländer						
Brasilien	**20.8**	(2.43)	**1.3**	(0.10)	3.5	(0.75)
Hongkong (China)	**24.3**	(2.95)	**1.5**	(0.14)	4.5	(1.07)
Indonesien	**8.6**	(1.90)	**1.1**	(0.09)	0.7	(0.31)
Lettland	**23.5**	(1.89)	**2.1**	(0.15)	6.1	(0.97)
Liechtenstein	**26.1**	(5.52)	**1.2**	(0.33)	6.6	(2.70)
Macau (China)	**9.8**	(3.34)	**1.2**	(0.17)	0.9	(0.63)
Russ. Föderation	**21.1**	(1.73)	**1.7**	(0.11)	3.7	(0.59)
Serbien	**22.7**	(1.66)	**2.0**	(0.13)	7.8	(1.02)
Thailand	**13.7**	(1.88)	**1.2**	(0.08)	2.4	(0.63)
Tunesien	**23.4**	(2.52)	**1.2**	(0.08)	5.1	(1.00)
Uruguay	**26.8**	(2.21)	**1.7**	(0.11)	6.4	(1.00)
Verein. Königreich[1]	**24.6**	(1.67)	**1.6**	(0.10)	7.8	(0.96)

Anmerkung: Statistisch signifikante Werte sind durch Fettdruck gekennzeichnet (siehe Anhang A4)."Min" wird für Länder verwendet, in denen mehr als 25% der Schülerinnen und Schüler den niedrigsten Wert dieses Index erreichen, der -1,28 beträgt. "Max" wird für Länder verwendet, in denen mehr als 25% der Schülerinnen und Schüler den höchsten Wert dieses Index erreichen, der 1,35 beträgt.

1. Die Beteiligungsquote ist zu niedrig, um die Vergleichbarkeit zu gewährleisten (siehe Anhang A3).

Tabelle 4.2e

Prozentualer Anteil der Schüler und Leistungen auf der Gesamtskala Mathematik, nach Familienstruktur

Die Ergebnisse basieren auf Schülerangaben

	Schüler aus Ein-Eltern-Familien				Schüler aus anderen Familientypen				Differenz bei den Leistungen (Schüler aus Ein-Eltern-Familien gegenüber Schülern aus anderen Familientypen)		Größere Wahrscheinlichkeit für Schüler aus Ein-Eltern-Familien, im untersten nationalen Quartil der Gesamtskala Mathematik zu liegen		Effektstärke (Ein-Eltern-Familien gegenüber andere Familientypen)	
	% der Schüler	S.E	Mittelwert in Mathematik	S.E	% der Schüler	S.E	Mittelwert in Mathematik	S.E	Differenz	S.E.	Quotient	S.E.	Effekt	S.E.
OECD-Länder														
Australien	20.0	(0.5)	504	(3.0)	80.0	(0.5)	530	(2.2)	**–27**	(2.5)	**1.4**	(0.06)	**–0.28**	0.03
Österreich	15.9	(0.6)	505	(4.6)	84.1	(0.6)	508	(3.3)	–3	(4.2)	1.0	(0.10)	–0.03	0.05
Belgien	17.0	(0.5)	499	(4.2)	83.0	(0.5)	541	(2.5)	**–42**	(4.0)	**1.6**	(0.08)	**–0.39**	0.04
Kanada	18.6	(0.4)	520	(2.7)	81.4	(0.4)	540	(1.7)	**–20**	(2.6)	**1.3**	(0.07)	**–0.22**	0.03
Tschech. Republik	12.8	(0.5)	518	(4.3)	87.2	(0.5)	523	(3.4)	–5	(4.1)	1.0	(0.08)	–0.05	0.04
Dänemark	24.3	(1.1)	495	(3.9)	75.7	(1.1)	521	(2.9)	**–26**	(3.4)	**1.4**	(0.10)	**–0.29**	0.04
Finnland	19.9	(0.7)	538	(3.3)	80.1	(0.7)	546	(1.9)	**–9**	(3.1)	**1.2**	(0.08)	–0.10	0.04
Frankreich	20.3	(0.7)	498	(4.3)	79.7	(0.7)	516	(2.5)	**–18**	(4.2)	**1.3**	(0.10)	–0.20	0.05
Deutschland	16.7	(0.6)	504	(5.7)	83.3	(0.6)	514	(3.4)	**–10**	(4.9)	1.2	(0.14)	–0.10	0.05
Griechenland	23.4	(1.0)	431	(5.8)	76.6	(1.0)	450	(4.0)	**–19**	(5.2)	**1.3**	(0.10)	–0.20	0.06
Ungarn	19.0	(0.7)	478	(3.6)	81.0	(0.7)	493	(3.0)	**–16**	(3.7)	**1.2**	(0.09)	–0.17	0.04
Island	13.3	(0.6)	509	(4.4)	86.7	(0.6)	517	(1.6)	–8	(4.7)	1.1	(0.10)	–0.09	0.05
Irland	15.4	(0.7)	475	(4.2)	84.6	(0.7)	508	(2.5)	**–33**	(4.2)	**1.6**	(0.11)	**–0.39**	0.05
Italien	15.5	(0.6)	454	(4.5)	84.5	(0.6)	469	(3.1)	**–15**	(3.8)	**1.2**	(0.09)	–0.16	0.04
Japan	m	m	m	m	m	m	m	m	m	m	m	m	m	m
Korea	20.3	(0.6)	535	(4.5)	79.7	(0.6)	544	(3.2)	**–9**	(3.4)	**1.2**	(0.08)	–0.10	0.04
Luxemburg	16.3	(0.5)	478	(3.7)	83.7	(0.5)	497	(1.3)	**–19**	(4.4)	**1.3**	(0.11)	**–0.21**	0.05
Mexiko	33.1	(0.8)	380	(5.1)	66.9	(0.8)	389	(3.4)	**–10**	(3.5)	1.2	(0.11)	–0.11	0.04
Niederlande	13.7	(0.9)	517	(5.4)	86.3	(0.9)	548	(2.9)	**–31**	(5.3)	**1.5**	(0.14)	**–0.36**	0.06
Neuseeland	18.9	(0.7)	507	(4.1)	81.1	(0.7)	529	(2.4)	**–22**	(4.4)	**1.3**	(0.10)	**–0.22**	0.05
Norwegen	27.1	(0.7)	480	(3.2)	72.9	(0.7)	502	(2.7)	**–22**	(3.5)	**1.3**	(0.08)	**–0.25**	0.04
Polen	11.4	(0.5)	479	(5.2)	88.6	(0.5)	492	(2.5)	**–13**	(4.9)	**1.2**	(0.12)	–0.15	0.05
Portugal	16.5	(0.6)	458	(5.1)	83.5	(0.6)	468	(3.4)	**–10**	(4.1)	1.2	(0.10)	–0.11	0.05
Slowak. Republik	11.5	(0.5)	496	(5.3)	88.5	(0.5)	500	(3.4)	–4	(4.4)	1.0	(0.09)	–0.04	0.05
Spanien	14.0	(0.5)	475	(4.4)	86.0	(0.5)	487	(2.5)	**–12**	(4.3)	**1.2**	(0.10)	–0.14	0.05
Schweden	24.0	(0.7)	488	(3.4)	76.0	(0.7)	517	(2.6)	**–29**	(3.2)	**1.5**	(0.08)	**–0.31**	0.03
Schweiz	20.8	(0.7)	514	(4.4)	79.2	(0.7)	530	(3.5)	**–16**	(3.8)	**1.3**	(0.09)	–0.17	0.04
Türkei	32.7	(1.3)	421	(7.2)	67.3	(1.3)	426	(7.0)	–5	(4.4)	1.1	(0.08)	–0.05	0.04
Vereinigte Staaten	29.4	(0.9)	454	(3.9)	70.6	(0.9)	497	(2.9)	**–43**	(3.5)	**1.8**	(0.11)	**–0.46**	0.04
OECD insgesamt	***23.4***	***(0.3)***	***459***	***(1.8)***	***76.6***	***(0.3)***	***493***	***(1.1)***	***–34***	***(1.5)***	***1.4***	***(0.03)***	***–0.33***	***(0.01)***
OECD-Durchschnitt	***19.4***	***(0.1)***	***481***	***(1.0)***	***80.6***	***(0.1)***	***505***	***(0.6)***	***–24***	***(0.9)***	***1.3***	***(0.02)***	***–0.25***	***(0.01)***
Partnerländer														
Brasilien	26.2	(0.9)	354	(6.8)	73.8	(0.9)	358	(4.8)	–4	(5.4)	1.1	(0.09)	–0.04	0.05
Hongkong (China)	19.7	(0.7)	535	(5.9)	80.3	(0.7)	555	(4.4)	**–20**	(4.1)	**1.3**	(0.10)	**–0.21**	0.04
Indonesien	9.9	(0.5)	340	(5.9)	90.1	(0.5)	363	(3.9)	**–23**	(5.0)	**1.4**	(0.13)	**–0.28**	0.06
Lettland	25.4	(0.9)	480	(4.7)	74.6	(0.9)	485	(3.9)	–6	(4.2)	1.1	(0.10)	–0.06	0.05
Liechtenstein	17.8	(2.1)	521	(13.3)	82.2	(2.1)	539	(5.2)	–18	(15.7)	1.2	(0.37)	–0.18	0.16
Macau (China)	21.1	(1.3)	521	(6.9)	78.9	(1.3)	529	(3.4)	–8	(8.0)	1.2	(0.17)	–0.09	0.09
Russ. Föderation	20.7	(0.6)	466	(4.4)	79.3	(0.6)	471	(4.0)	–5	(3.2)	1.1	(0.09)	–0.06	0.03
Serbien	14.9	(0.7)	432	(5.0)	85.1	(0.7)	438	(3.9)	–6	(4.4)	1.1	(0.11)	–0.07	0.05
Thailand	21.7	(0.8)	407	(4.2)	78.3	(0.8)	421	(3.0)	**–13**	(3.5)	**1.3**	(0.13)	–0.16	0.04
Tunesien	7.3	(0.4)	351	(5.2)	92.7	(0.4)	362	(2.7)	**–10**	(5.2)	1.1	(0.17)	–0.13	0.07
Uruguay	23.1	(0.6)	416	(4.1)	76.9	(0.6)	424	(3.5)	**–9**	(3.9)	1.1	(0.07)	–0.09	0.04
Verein. Königreich[1]	22.2	(0.6)	490	(3.4)	77.8	(0.6)	513	(2.8)	**–24**	(3.4)	**1.4**	(0.10)	**–0.26**	0.04

Anmerkung: Statistisch signifikante Werte und Effektstärken von mindestens 0,2 sind durch Fettdruck gekennzeichnet (siehe Anhang A4).

1. Die Beteiligungsquote ist zu niedrig, um die Vergleichbarkeit zu gewährleisten (siehe Anhang A3).

Tabelle 4.2f

Prozentualer Anteil der Schüler und Leistungen auf der Gesamtskala Mathematik, Lesekompetenz sowie Naturwissenschaften, nach Staatsangehörigkeit der Schüler und deren Eltern

Die Ergebnisse basieren auf Schülerangaben

		Gruppe 1 (im Inland geborene Schüler mit mindestens einem im Inland geborenen Elternteil)								Gruppe 2 (im Inland geborene Schüler mit im Ausland geborenen Eltern)							
				Leistungen								Leistungen					
				Mathematik		Lesekompetenz		Naturwissenschaften				Mathematik		Lesekompetenz		Naturwissenschaften	
		% der Schüler	S.E.	Mittelwert	S.E.	Mittelwert	S.E.	Mittelwert	S.E.	% der Schüler	S.E.	Mittelwert	S.E.	Mittelwert	S.E.	Mittelwert	S.E.
OECD-Länder	Australien	77.3	(1.1)	527	(2.1)	529	(2.2)	529	(2.1)	11.7	(0.6)	522	(4.7)	525	(4.6)	520	(4.7)
	Österreich	86.7	(1.0)	515	(3.3)	501	(3.8)	502	(3.4)	4.1	(0.5)	459	(8.8)	428	(13.5)	434	(9.6)
	Belgien	88.2	(0.9)	545	(2.5)	523	(2.7)	524	(2.6)	6.3	(0.6)	454	(7.5)	439	(7.5)	435	(7.7)
	Kanada	79.9	(1.1)	537	(1.6)	534	(1.6)	527	(1.9)	9.2	(0.5)	543	(4.3)	543	(4.2)	519	(5.0)
	Tschech. Republik	98.7	(0.2)	523	(3.2)	497	(2.7)	529	(3.1)	0.5	(0.1)	c	c	c	c	c	c
	Dänemark	93.5	(0.8)	520	(2.5)	497	(2.7)	481	(2.8)	3.5	(0.6)	449	(11.2)	440	(13.8)	396	(13.7)
	Finnland	98.1	(0.2)	546	(1.9)	546	(1.6)	550	(1.9)	0.0	(0.0)	c	c	c	c	c	c
	Frankreich	85.7	(1.3)	520	(2.4)	505	(2.6)	521	(3.0)	10.8	(1.1)	472	(6.1)	458	(6.9)	465	(7.0)
	Deutschland	84.6	(1.1)	525	(3.5)	517	(3.5)	529	(3.7)	6.9	(0.8)	432	(9.1)	420	(9.9)	412	(9.6)
	Griechenland	92.6	(0.6)	449	(3.9)	477	(4.0)	485	(3.8)	0.5	(0.1)	c	c	c	c	c	c
	Ungarn	97.7	(0.2)	491	(3.0)	482	(2.6)	505	(2.9)	0.1	(0.0)	c	c	c	c	c	c
	Island	99.0	(0.2)	517	(1.4)	494	(1.6)	497	(1.5)	0.2	(0.1)	c	c	c	c	c	c
	Irland	96.5	(0.3)	503	(2.4)	516	(2.6)	506	(2.7)	1.0	(0.2)	c	c	c	c	c	c
	Italien	97.9	(0.3)	468	(3.0)	478	(3.0)	489	(3.1)	0.4	(0.1)	c	c	c	c	c	c
	Japan	99.9	(0.0)	535	(4.0)	499	(3.9)	548	(4.2)	0.0	(0.0)	c	c	c	c	c	c
	Korea	100.0	(0.0)	543	(3.2)	535	(3.1)	539	(3.5)	0.0	(0.0)	c	c	c	c	c	c
	Luxemburg	66.7	(0.6)	507	(1.3)	500	(1.8)	500	(1.7)	15.8	(0.6)	476	(3.3)	454	(4.0)	464	(3.9)
	Mexiko	97.7	(0.3)	392	(3.6)	407	(4.0)	410	(3.4)	0.5	(0.1)	c	c	c	c	c	c
	Niederlande	89.0	(1.4)	551	(3.0)	524	(2.9)	538	(3.2)	7.1	(1.1)	492	(10.3)	475	(8.2)	465	(10.3)
	Neuseeland	80.2	(1.1)	528	(2.6)	528	(2.9)	528	(2.7)	6.6	(0.7)	496	(8.4)	506	(8.3)	485	(8.8)
	Norwegen	94.4	(0.7)	499	(2.3)	505	(2.7)	490	(2.7)	2.3	(0.4)	c	c	c	c	c	c
	Polen	100.0	(0.0)	491	(2.5)	497	(2.8)	499	(2.9)	0.0	(0.0)	c	c	c	c	c	c
	Portugal	95.0	(1.4)	470	(2.9)	481	(3.4)	471	(3.2)	2.3	(0.4)	440	(14.7)	471	(17.8)	457	(17.4)
	Slowak. Republik	99.1	(0.2)	499	(3.2)	470	(3.0)	496	(3.6)	0.6	(0.2)	c	c	c	c	c	c
	Spanien	96.6	(0.4)	487	(2.4)	483	(2.5)	490	(2.6)	0.6	(0.1)	c	c	c	c	c	c
	Schweden	88.5	(0.9)	517	(2.2)	522	(2.2)	516	(2.6)	5.7	(0.5)	483	(9.8)	502	(8.7)	466	(9.7)
	Schweiz	80.0	(0.9)	543	(3.3)	515	(3.2)	531	(3.5)	8.9	(0.5)	484	(5.0)	462	(5.2)	462	(6.0)
	Türkei	99.0	(0.2)	425	(6.7)	442	(5.7)	434	(5.9)	0.5	(0.2)	c	c	c	c	c	c
	Vereinigte Staaten	85.6	(1.0)	490	(2.8)	503	(3.1)	499	(2.9)	8.3	(0.7)	468	(7.6)	481	(8.7)	466	(8.9)
	OECD insgesamt	*91.5*	*(0.3)*	*494*	*(1.1)*	*493*	*(1.2)*	*502*	*(1.1)*	*4.6*	*(0.2)*	*473*	*(4.0)*	*476*	*(4.5)*	*467*	*(4.6)*
	OECD-Durchschnitt	*91.4*	*(0.2)*	*505*	*(0.6)*	*499*	*(0.6)*	*505*	*(0.6)*	*4.0*	*(0.1)*	*481*	*(2.1)*	*475*	*(2.1)*	*469*	*(2.1)*
Partnerländer	Brasilien	99.2	(0.2)	359	(4.7)	406	(4.5)	392	(4.2)	0.6	(0.2)	c	c	c	c	c	c
	Hongkong (China)	56.7	(1.4)	557	(4.5)	513	(3.7)	545	(4.3)	22.9	(0.9)	570	(4.6)	522	(3.8)	557	(4.3)
	Indonesien	99.7	(0.1)	363	(4.0)	384	(3.3)	396	(3.3)	0.2	(0.1)	c	c	c	c	c	c
	Lettland	90.6	(0.9)	484	(3.8)	492	(3.8)	490	(4.0)	8.3	(0.8)	479	(6.6)	477	(7.0)	486	(7.5)
	Liechtenstein	82.9	(2.0)	545	(5.0)	534	(4.2)	535	(5.7)	7.6	(1.3)	508	(18.1)	503	(16.0)	495	(17.0)
	Macau (China)	23.9	(1.4)	528	(5.9)	499	(5.1)	526	(6.9)	57.9	(1.5)	532	(4.1)	497	(2.9)	524	(4.3)
	Russ. Föderation	86.5	(0.7)	472	(4.4)	446	(4.0)	493	(4.2)	6.4	(0.5)	457	(7.2)	426	(6.9)	463	(7.6)
	Serbien	91.1	(0.6)	439	(3.8)	413	(3.6)	438	(3.6)	3.2	(0.3)	433	(8.0)	410	(8.9)	415	(9.5)
	Thailand	99.9	(0.1)	419	(3.0)	421	(2.8)	430	(2.7)	0.1	(0.1)	c	c	c	c	c	c
	Tunesien	99.7	(0.1)	360	(2.5)	376	(2.8)	385	(2.6)	0.2	(0.1)	c	c	c	c	c	c
	Uruguay	99.2	(0.2)	423	(3.2)	435	(3.4)	439	(2.9)	0.4	(0.1)	c	c	c	c	c	c
	Verein. Königreich[1]	92.0	(0.8)	510	(2.5)	508	(2.5)	521	(2.7)	5.3	(0.6)	503	(7.1)	509	(8.5)	510	(8.7)

		Gruppe 3 (im Ausland geborene Schüler mit im Ausland geborenen Eltern)								Größere Wahrscheinlichkeit für im Ausland geborene Schüler mit im Ausland geborenen Eltern, im untersten nationalen Quartil der Gesamtskala Mathematik zu liegen	
				Leistungen							
				Mathematik		Lesekompetenz		Naturwissenschaften			
		% der Schüler	S.E.	Mittelwert	S.E.	Mittelwert	S.E.	Mittelwert	S.E.	% der Schüler	S.E.
OECD-Länder	Australien	11.0	(0.7)	525	(4.9)	517	(5.0)	515	(5.5)	**1.1**	(0.09)
	Österreich	9.2	(0.7)	452	(6.0)	425	(8.0)	422	(6.4)	**2.1**	(0.18)
	Belgien	5.5	(0.6)	437	(10.8)	407	(11.9)	416	(10.5)	**2.6**	(0.20)
	Kanada	10.9	(0.8)	530	(4.7)	515	(4.7)	501	(5.1)	**1.2**	(0.09)
	Tschech. Republik	0.8	(0.1)	c	c	c	c	c	c	c	c
	Dänemark	3.0	(0.4)	455	(10.1)	454	(9.5)	422	(11.0)	**2.1**	(0.31)
	Finnland	1.8	(0.2)	c	c	c	c	c	c	c	c
	Frankreich	3.5	(0.5)	448	(15.0)	426	(15.3)	433	(17.1)	**2.3**	(0.29)
	Deutschland	8.5	(0.7)	454	(7.5)	431	(8.9)	444	(8.8)	**2.3**	(0.25)
	Griechenland	6.9	(0.7)	402	(6.3)	429	(7.6)	433	(6.8)	**1.7**	(0.16)
	Ungarn	2.2	(0.2)	c	c	c	c	c	c	c	c
	Island	0.8	(0.2)	c	c	c	c	c	c	c	c
	Irland	2.5	(0.3)	c	c	c	c	c	c	c	c
	Italien	1.7	(0.2)	c	c	c	c	c	c	c	c
	Japan	0.1	(0.0)	c	c	c	c	c	c	c	c
	Korea	a	a	a	a	a	a	a	a	a	a
	Luxemburg	17.4	(0.5)	462	(3.7)	431	(4.4)	441	(4.4)	**1.8**	(0.12)
	Mexiko	1.8	(0.2)	c	c	c	c	c	c	c	c
	Niederlande	3.9	(0.4)	472	(8.4)	463	(8.1)	457	(10.6)	**2.6**	(0.29)
	Neuseeland	13.3	(0.7)	523	(4.9)	503	(5.3)	511	(5.3)	**1.0**	(0.10)
	Norwegen	3.4	(0.4)	438	(9.3)	436	(11.5)	399	(11.9)	**2.1**	(0.22)
	Polen	0.0	(0.0)	c	c	c	c	c	c	c	c
	Portugal	2.7	(1.1)	c	c	c	c	c	c	c	c
	Slowak. Republik	0.3	(0.1)	c	c	c	c	c	c	c	c
	Spanien	2.8	(0.4)	c	c	c	c	c	c	c	c
	Schweden	5.9	(0.7)	425	(9.6)	433	(11.3)	409	(10.9)	**2.5**	(0.20)
	Schweiz	11.1	(0.6)	453	(6.1)	422	(6.3)	429	(6.8)	**2.6**	(0.17)
	Türkei	0.5	(0.1)	c	c	c	c	c	c	c	c
	Vereinigte Staaten	6.1	(0.4)	453	(7.5)	453	(8.3)	462	(8.3)	**1.6**	(0.17)
	OECD insgesamt	*3.9*	*(0.1)*	*456*	*(3.6)*	*448*	*(3.8)*	*454*	*(3.8)*	***1.6***	*(0.08)*
	OECD-Durchschnitt	*4.6*	*(0.1)*	*466*	*(2.0)*	*452*	*(1.9)*	*453*	*(1.9)*	***1.6***	*(0.04)*
Partnerländer	Brasilien	0.2	(0.1)	c	c	c	c	c	c	c	c
	Hongkong (China)	20.4	(1.3)	516	(5.3)	494	(4.8)	511	(5.4)	**1.7**	(0.12)
	Indonesien	0.1	(0.0)	c	c	c	c	c	c	c	c
	Lettland	1.1	(0.2)	c	c	c	c	c	c	c	c
	Liechtenstein	9.4	(1.6)	482	(20.9)	467	(22.5)	469	(25.2)	**2.2**	(0.42)
	Macau (China)	18.2	(1.4)	517	(9.2)	499	(7.1)	529	(8.2)	**1.3**	(0.22)
	Russ. Föderation	7.0	(0.5)	452	(5.9)	413	(7.5)	478	(6.9)	**1.2**	(0.13)
	Serbien	5.6	(0.5)	451	(6.5)	429	(6.5)	445	(6.2)	**0.9**	(0.15)
	Thailand	0.0	(0.0)	c	c	c	c	c	c	c	c
	Tunesien	0.1	(0.0)	c	c	c	c	c	c	c	c
	Uruguay	0.4	(0.1)	c	c	c	c	c	c	c	c
	Verein. Königreich[1]	2.7	(0.4)	c	c	c	c	c	c	**1.5**	(0.26)

Anmerkung: Statistisch signifikante Werte sind durch Fettdruck gekennzeichnet (siehe Anhang A4).

1. Die Beteiligungsquote ist zu niedrig, um die Vergleichbarkeit zu gewährleisten (siehe Anhang A3).

Tabelle 4.2f (*Fortsetzung*)

Prozentualer Anteil der Schüler und Leistungen auf der Gesamtskala Mathematik, Lesekompetenz sowie Naturwissenschaften, nach Staatsangehörigkeit der Schüler und deren Eltern

Die Ergebnisse basieren auf Schülerangaben

		Differenz bei den Mathematikleistungen zwischen Schülern der Gruppe 1 und der Gruppe 2		Differenz bei den Mathematikleistungen zwischen Schülern der Gruppe 1 und 3		Differenz bei den Mathematikleistungen zwischen Schülern der Gruppe 1 und Schülern mit Migrationshintergrund (Gruppe 2 und Gruppe 3)				Differenz beim Index des wirtschaftlichen, sozialen und kulturellen Status (ESCS) zwischen Schülern der Gruppe 1 und Schülern mit Migrationshintergrund (Gruppe 2 und Gruppe 3)	
						PISA 2003		PISA 2000			
		Differenz	**S.E.**	**Differenz**	**S.E.**	**Differenz**	**S.E.**	**Differenz**	**S.E.**	**Differenz**	**S.E.**
OECD-Länder	Australien	5	(4.7)	2	(4.9)	3	(4.1)	6	(6.8)	**0.10**	(0.03)
	Österreich	**56**	(9.3)	**63**	(6.0)	**61**	(5.7)	**80**	(9.2)	**0.59**	(0.05)
	Belgien	**92**	(7.6)	**109**	(10.9)	**100**	(7.0)	**114**	(9.1)	**0.74**	(0.06)
	Kanada	–6	(4.4)	7	(4.8)	1	(3.9)	**10**	(3.4)	–0.04	(0.04)
	Tschech. Republik	c	c	c	c	c	c	c	c	c	c
	Dänemark	**70**	(11.1)	**65**	(9.8)	**68**	(8.0)	**73**	(8.5)	**0.65**	(0.09)
	Finnland	c	c	c	c	c	c	c	c	c	c
	Frankreich	**48**	(6.6)	**72**	(15.0)	**54**	(7.0)	**45**	(7.1)	**0.79**	(0.06)
	Deutschland	**93**	(9.6)	**71**	(7.9)	**81**	(6.9)	**82**	(7.7)	**1.05**	(0.06)
	Griechenland	c	c	**47**	(6.7)	**43**	(6.2)	**88**	(17.1)	**0.45**	(0.06)
	Ungarn	c	c	c	c	c	c	c	c	c	c
	Island	c	c	c	c	c	c	c	c	c	c
	Irland	c	c	c	c	4	(10.3)	c	c	**–0.36**	(0.10)
	Italien	c	c	c	c	c	c	c	c	**c**	c
	Japan	c	c	c	c	c	c	c	c	c	c
	Korea	c	c	a	a	c	c	a	a	c	c
	Luxemburg	**31**	(3.7)	**45**	(4.1)	**38**	(2.8)	**69**	(4.5)	**0.73**	(0.04)
	Mexiko	c	c	c	c	c	c	c	c	c	c
	Niederlande	**59**	(11.1)	**79**	(8.8)	**66**	(9.0)	**90**	(14.9)	**0.69**	(0.08)
	Neuseeland	**32**	(9.1)	5	(5.6)	**14**	(6.0)	**16**	(8.1)	0.07	(0.05)
	Norwegen	c	c	**61**	(9.4)	**52**	(7.6)	**54**	(9.3)	**0.42**	(0.08)
	Polen	c	c	c	c	c	c	c	c	c	c
	Portugal	**30**	(14.2)	c	c	**61**	(19.1)	c	c	–0.03	(0.10)
	Slowak. Republik	c	c	c	c	c	c	m	m	c	c
	Spanien	c	c	c	c	**45**	(10.5)	c	c	**0.30**	(0.10)
	Schweden	**34**	(9.1)	**92**	(9.7)	**64**	(8.3)	**63**	(7.8)	**0.55**	(0.07)
	Schweiz	**59**	(4.9)	**89**	(6.0)	**76**	(4.5)	**85**	(5.8)	**0.63**	(0.03)
	Türkei	c	c	c	c	c	c	m	m	c	c
	Vereinigte Staaten	**22**	(7.2)	**36**	(7.5)	**28**	(6.3)	**40**	(11.4)	**0.55**	(0.08)
	OECD insgesamt	*22*	*(4.0)*	*38*	*(3.7)*	*29*	*(3.3)*	*36*	*(6.1)*	*0.27*	*(0.04)*
	OECD-Durchschnitt	*24*	*(2.0)*	*38*	*(2.0)*	*32*	*(1.6)*	*39*	*(2.4)*	*0.28*	*(0.01)*
Partnerländer	Brasilien	c	c	c	c	c	c	c	c	c	c
	Hongkong (China)	**–13**	(4.3)	**41**	(4.5)	**12**	(3.6)	**18**	(4.6)	**0.42**	(0.03)
	Indonesien	c	c	c	c	c	c	c	c	c	c
	Lettland	5	(6.2)	c	c	3	(5.7)	5	(10.0)	**–0.15**	(0.05)
	Liechtenstein	37	(18.9)	**62**	(22.7)	**51**	(15.9)	**60**	(20.6)	**0.56**	(0.15)
	Macau (China)	–4	(7.9)	11	(10.4)	–1	(7.3)	m	m	**0.30**	(0.07)
	Russ. Föderation	**14**	(7.2)	**20**	(5.4)	**17**	(4.8)	14	(11.3)	0.03	(0.04)
	Serbien	6	(7.6)	–12	(6.3)	–6	(5.5)	m	m	0.10	(0.05)
	Thailand	c	c	c	c	c	c	c	c	c	c
	Tunesien	c	c	c	c	c	c	m	m	c	c
	Uruguay	c	c	c	c	c	c	m	m	c	c
	Verein. Königreich[1]	7	(6.3)	c	c	**16**	(6.7)	**35**	(10.5)	**0.21**	(0.07)

Anmerkung: Statistisch signifikante Werte sind durch Fettdruck gekennzeichnet (siehe Anhang A4).

1. Die Beteiligungsquote ist zu niedrig, um die Vergleichbarkeit zu gewährleisten (siehe Anhang A3).

Tabelle 4.2g

Prozentualer Anteil der Schüler und Leistungen auf den Gesamtskalen Mathematik, Lesekompetenz und Naturwissenschaften, nach der zu Hause gesprochenen Sprache

Die Ergebnisse basieren auf Schülerangaben

		Die zu Hause normalerweise gesprochene Sprache UNTERSCHEIDET SICH von der Testsprache, anderen offiziellen Landessprachen oder nationalen Dialekten								Die zu Hause normalerweise gesprochene Sprache IST IDENTISCH mit der Testsprache, anderen offiziellen Landessprachen oder nationalen Dialekten							
				Leistungen								Leistungen					
				Mathematik		Lesekompetenz		Naturwissenschaften				Mathematik		Lesekompetenz		Naturwissenschaften	
		% der Schüler	S.E.	Mittelwert	S.E.	Mittelwert	S.E.	Mittelwert	S.E.	% der Schüler	S.E.	Mittelwert	S.E.	Mittelwert	S.E.	Mittelwert	S.E.
OECD-Länder	Australien	8.9	(0.7)	516	(5.8)	510	(5.1)	505	(6.1)	91.1	(0.7)	527	(2.0)	529	(2.1)	529	(2.0)
	Österreich	9.0	(0.7)	456	(7.2)	422	(10.4)	427	(7.4)	91.0	(0.7)	513	(3.3)	500	(3.8)	501	(3.4)
	Belgien	4.8	(0.4)	449	(8.4)	429	(10.2)	428	(9.5)	95.2	(0.4)	544	(2.5)	522	(2.8)	523	(2.7)
	Kanada	11.2	(0.7)	525	(4.4)	510	(4.6)	492	(5.0)	88.8	(0.7)	538	(1.6)	535	(1.6)	528	(1.9)
	Tschech. Republik	0.9	(0.2)	c	c	c	c	c	c	99.1	(0.2)	523	(3.2)	496	(2.8)	529	(3.1)
	Dänemark	3.9	(0.5)	474	(10.1)	470	(11.3)	443	(13.8)	96.1	(0.5)	517	(2.7)	495	(2.8)	479	(2.9)
	Finnland	1.8	(0.2)	c	c	c	c	c	c	98.2	(0.2)	546	(1.9)	546	(1.7)	551	(1.9)
	Frankreich	6.1	(0.7)	452	(9.2)	427	(10.6)	440	(11.4)	93.9	(0.7)	518	(2.4)	504	(2.6)	518	(3.0)
	Deutschland	7.7	(0.6)	434	(6.8)	407	(8.0)	417	(7.4)	92.3	(0.6)	523	(3.3)	515	(3.3)	525	(3.5)
	Griechenland	3.2	(0.4)	399	(9.4)	406	(11.7)	426	(10.6)	96.8	(0.4)	447	(3.9)	475	(4.0)	484	(3.7)
	Ungarn	0.6	(0.1)	c	c	c	c	c	c	99.4	(0.1)	491	(2.9)	483	(2.6)	504	(2.9)
	Island	1.6	(0.2)	c	c	c	c	c	c	98.4	(0.2)	517	(1.5)	494	(1.6)	495	(1.5)
	Irland	0.8	(0.2)	c	c	c	c	c	c	99.2	(0.2)	503	(2.4)	516	(2.6)	506	(2.7)
	Italien	1.6	(0.2)	c	c	c	c	c	c	98.4	(0.2)	469	(3.0)	480	(2.9)	491	(3.1)
	Japan	0.2	(0.1)	c	c	c	c	c	c	99.8	(0.1)	538	(4.1)	502	(3.9)	551	(4.2)
	Korea	0.1	(0.0)	c	c	c	c	c	c	99.9	(0.0)	543	(3.3)	535	(3.1)	539	(3.6)
	Luxemburg	25.0	(0.6)	464	(2.8)	433	(3.3)	446	(3.2)	75.0	(0.6)	506	(1.4)	498	(1.6)	499	(1.7)
	Mexiko	1.1	(0.3)	c	c	c	c	c	c	98.9	(0.3)	387	(3.6)	402	(4.0)	406	(3.4)
	Niederlande	4.6	(0.6)	468	(9.7)	458	(8.6)	451	(9.7)	95.4	(0.6)	549	(2.9)	523	(2.8)	535	(3.2)
	Neuseeland	9.0	(0.7)	510	(6.8)	474	(6.3)	481	(6.7)	91.0	(0.7)	526	(2.4)	528	(2.7)	526	(2.5)
	Norwegen	4.5	(0.5)	455	(8.4)	445	(9.6)	415	(10.1)	95.5	(0.5)	499	(2.3)	505	(2.6)	490	(2.8)
	Polen	0.2	(0.1)	c	c	c	c	c	c	99.8	(0.1)	491	(2.5)	497	(2.8)	498	(2.9)
	Portugal	1.4	(0.2)	c	c	c	c	c	c	98.6	(0.2)	468	(3.4)	480	(3.7)	470	(3.5)
	Slowak. Republik	1.4	(0.3)	c	c	c	c	c	c	98.6	(0.3)	500	(3.2)	471	(3.0)	498	(3.3)
	Spanien	1.7	(0.3)	c	c	c	c	c	c	98.3	(0.3)	485	(2.4)	481	(2.6)	487	(2.6)
	Schweden	6.9	(0.7)	452	(9.8)	462	(10.9)	436	(10.7)	93.1	(0.7)	517	(2.2)	522	(2.1)	515	(2.5)
	Schweiz	9.5	(0.7)	460	(7.1)	428	(6.7)	437	(7.3)	90.5	(0.7)	539	(3.8)	512	(3.7)	527	(4.1)
	Türkei	1.2	(0.6)	c	c	c	c	c	c	98.8	(0.6)	425	(6.7)	442	(5.7)	435	(5.8)
	Vereinigte Staaten	9.0	(0.7)	444	(6.3)	447	(6.9)	446	(6.9)	91.0	(0.7)	490	(2.9)	503	(3.1)	499	(2.9)
	OECD insgesamt	*4.5*	*(0.2)*	*450*	*(3.7)*	*452*	*(4.2)*	*449*	*(4.3)*	*90.7*	*(0.3)*	*494*	*(1.1)*	*492*	*(1.1)*	*499*	*(1.1)*
	OECD-Durchschnitt	*4.5*	*(0.1)*	*466*	*(1.9)*	*468*	*(2.0)*	*451*	*(2.1)*	*91.2*	*(0.1)*	*504*	*(0.6)*	*503*	*(0.6)*	*504*	*(0.6)*
Partnerländer	Brasilien	0.5	(0.1)	c	c	c	c	c	c	99.5	(0.1)	357	(4.8)	403	(4.6)	390	(4.4)
	Hongkong (China)	4.5	(0.4)	488	(9.6)	453	(9.6)	484	(9.6)	95.5	(0.4)	555	(4.4)	514	(3.5)	544	(4.1)
	Indonesien	2.1	(0.3)	c	c	c	c	c	c	97.9	(0.3)	362	(4.0)	383	(3.4)	395	(3.3)
	Lettland	8.3	(1.1)	463	(7.8)	465	(8.5)	468	(8.2)	91.7	(1.1)	487	(3.7)	494	(3.7)	493	(3.9)
	Liechtenstein	18.4	(2.2)	508	(12.0)	506	(10.6)	490	(11.7)	81.6	(2.2)	550	(5.0)	538	(4.8)	542	(5.8)
	Macau (China)	4.6	(0.7)	482	(13.8)	464	(10.4)	473	(14.5)	95.4	(0.7)	530	(3.1)	500	(2.3)	528	(3.2)
	Russ. Föderation	5.4	(1.3)	425	(12.7)	393	(11.2)	433	(11.0)	94.6	(1.3)	471	(4.0)	445	(3.6)	493	(3.8)
	Serbien	1.5	(0.2)	c	c	c	c	c	c	98.5	(0.2)	438	(3.8)	413	(3.6)	438	(3.5)
	Thailand	0.0	(0.0)	a	a	a	a	a	a	100.0	(0.0)	418	(3.0)	420	(2.8)	430	(2.7)
	Tunesien	0.4	(0.1)	c	c	c	c	c	c	99.6	(0.1)	358	(2.6)	374	(2.9)	384	(2.6)
	Uruguay	1.9	(0.4)	c	c	c	c	c	c	98.1	(0.4)	425	(3.3)	436	(3.5)	441	(2.9)
	Verein. Königreich[1]	3.8	(0.6)	477	(12.1)	471	(12.3)	476	(12.9)	96.2	(0.6)	510	(2.6)	510	(2.6)	521	(2.7)

		Differenz bei den Mathematikleistungen zwischen Schülern, bei denen die zu Hause gesprochene Sprache mit der Testsprache identisch ist bzw. sich hiervon unterscheidet				Größere Wahrscheinlichkeit für Schüler, die zu Hause nicht die Testsprache sprechen, im untersten nationalen Quartil der Gesamtskala Mathematik zu liegen		Effektstärke (die zu Hause gesprochene Sprache ist identisch mit der Testsprache – unterscheidet sich von der Testsprache)	
		PISA 2003		PISA 2000					
		Differenz	S.E.	Differenz	S.E.	Quotient	S.E.	Effekt	S.E.
OECD-Länder	Australien	**12**	(5.6)	**15**	(6.8)	**1.3**	(0.10)	0.12	(0.06)
	Österreich	**57**	(7.2)	**80**	(9.6)	**2.0**	(0.19)	**0.63**	(0.08)
	Belgien	**95**	(8.3)	**111**	(11.3)	**2.8**	(0.21)	**0.90**	(0.09)
	Kanada	**13**	(4.3)	**14**	(4.2)	**1.2**	(0.10)	0.15	(0.05)
	Tschech. Republik	c	c	c	c	c	c	c	c
	Dänemark	**43**	(10.1)	**74**	(8.7)	**1.7**	(0.23)	**0.48**	(0.11)
	Finnland	c	c	c	c	c	c	c	c
	Frankreich	**66**	(9.5)	**58**	(8.8)	**2.3**	(0.21)	**0.71**	(0.11)
	Deutschland	**90**	(6.6)	**110**	(12.4)	**3.1**	(0.23)	**0.95**	(0.08)
	Griechenland	**48**	(9.4)	c	c	**1.7**	(0.19)	**0.52**	(0.10)
	Ungarn	c	c	m	m	c	c	c	c
	Island	c	c	c	c	c	c	c	c
	Irland	c	c	c	c	c	c	c	c
	Italien	c	c	c	c	c	c	c	c
	Japan	c	c	c	c	c	c	c	c
	Korea	c	c	a	a	c	c	c	c
	Luxemburg	**42**	(3.4)	**73**	(6.0)	**2.0**	(0.12)	**0.46**	(0.04)
	Mexiko	c	c	c	c	c	c	c	c
	Niederlande	**81**	(9.9)	**84**	(15.9)	**2.7**	(0.35)	**0.95**	(0.13)
	Neuseeland	**16**	(7.2)	**34**	(9.9)	**1.3**	(0.14)	0.16	(0.07)
	Norwegen	**45**	(8.5)	**47**	(11.1)	**1.8**	(0.21)	**0.48**	(0.09)
	Polen	c	c	c	c	c	c	c	c
	Portugal	c	c	31	(21.6)	c	c	c	c
	Slowak. Republik	c	c	m	m	c	c	c	c
	Spanien	c	c	c	c	c	c	c	c
	Schweden	**65**	(9.3)	**69**	(11.2)	**2.1**	(0.21)	**0.66**	(0.10)
	Schweiz	**79**	(6.7)	**89**	(6.7)	**2.5**	(0.18)	**0.80**	(0.08)
	Türkei	c	c	m	m	c	c	c	c
	Vereinigte Staaten	**46**	(6.5)	**73**	(10.0)	**1.9**	(0.18)	**0.49**	(0.07)
	OECD insgesamt	*43*	*(3.8)*	*57*	*(8.0)*	*1.6*	*(0.09)*	*0.42*	*(0.04)*
	OECD-Durchschnitt	*38*	*(1.9)*	*49*	*(3.0)*	*1.6*	*(0.04)*	*0.38*	*(0.02)*
Partnerländer	Brasilien	c	c	c	c	c	c	c	c
	Hongkong (China)	**67**	(9.0)	**68**	(11.0)	**2.1**	(0.20)	**0.64**	(0.08)
	Indonesien	c	c	c	c	c	c	c	c
	Lettland	**24**	(7.1)	c	c	**1.4**	(0.17)	**0.27**	(0.08)
	Liechtenstein	**43**	(13.2)	30	(21.6)	1.7	(0.39)	**0.45**	(0.13)
	Macau (China)	**48**	(14.7)	m	m	1.6	(0.42)	**0.59**	(0.18)
	Russ. Föderation	**46**	(12.2)	15	(16.0)	**1.7**	(0.26)	**0.50**	(0.13)
	Serbien	c	c	m	m	c	c	c	c
	Thailand	a	a	c	c	a	a	a	a
	Tunesien	c	c	m	m	c	c	c	c
	Uruguay	c	c	m	m	c	c	c	c
	Verein. Königreich[1]	**33**	(11.9)	**57**	(14.1)	**1.6**	(0.22)	**0.35**	(0.12)

Anmerkung: Statistisch signifikante Werte und Effektstärken von mindestens 0,2 sind durch Fettdruck gekennzeichnet (siehe Anhang A4).

1. Die Beteiligungsquote ist zu niedrig, um die Vergleichbarkeit zu gewährleisten (siehe Anhang A3).

Tabelle 4.2h

Zusammenhang zwischen dem Geburtsort und der zu Hause gesprochenen Sprache und dem wirtschaftlichen, sozialen und kulturellen Status der Schülerinnen und Schüler

Die Ergebnisse basieren auf Schülerangaben

	Veränderung bei den Mathematikleistungen							
	OHNE Berücksichtigung der Effekte des sozioökonomischen Hintergrunds der Schüler (ESCS)				NACH Berücksichtigung der Effekte des sozioökonomischen Hintergrunds der Schüler (ESCS)			
	Schüler der Gruppe 1 gegenüber Schülern mit Migrationshintergrund (Gruppe 2 und Gruppe 3)		Schüler der Gruppe 1 gegenüber Schülern mit Migrationshintergrund (Gruppe 2 und Gruppe 3), die zu Hause eine andere Sprache sprechen als die Unterrichtssprache		Schüler der Gruppe 1 gegenüber Schülern mit Migrationshintergrund (Gruppe 2 und Gruppe 3)		Schüler der Gruppe 1 gegenüber Schülern mit Migrationshintergrund (Gruppe 2 und Gruppe 3), die zu Hause eine andere Sprache sprechen als die Unterrichtssprache	
	Veränderung	**S.E.**	**Veränderung**	**S.E.**	**Veränderung**	**S.E.**	**Veränderung**	**S.E.**
OECD-Länder								
Australien	3	(4.1)	8	(6.4)	–1	(3.6)	–4	(6.0)
Österreich	**61**	(5.7)	**60**	(7.4)	**36**	(5.3)	**28**	(6.7)
Belgien	**100**	(7.0)	**104**	(8.8)	**60**	(5.9)	**51**	(8.1)
Kanada	1	(3.9)	4	(4.6)	1	(3.4)	3	(4.4)
Tschech. Republik	c	c	c	c	c	c	c	c
Dänemark	**68**	(8.0)	c	c	**39**	(7.5)	c	c
Finnland	c	c	c	c	c	c	c	c
Frankreich	**54**	(7.0)	**69**	(9.8)	**21**	(6.0)	**21**	(8.2)
Deutschland	**81**	(6.9)	**94**	(7.5)	**35**	(6.5)	**37**	(7.7)
Griechenland	**43**	(6.2)	c	c	**27**	(6.0)	c	c
Ungarn	c	c	c	c	c	c	c	c
Island	c	c	c	c	c	c	c	c
Irland	4	(10.3)	c	c	18	(9.3)	c	c
Italien	c	c	c	c	c	c	c	c
Japan	c	c	c	c	c	c	c	c
Korea	c	c	c	c	c	c	c	c
Luxemburg	**38**	(2.8)	**42**	(3.4)	**13**	(2.9)	**9**	(3.8)
Mexiko	c	c	c	c	c	c	c	c
Niederlande	**66**	(9.0)	**85**	(9.3)	**37**	(7.1)	**47**	(9.1)
Neuseeland	**14**	(6.0)	14	(7.5)	**11**	(4.7)	6	(6.2)
Norwegen	**52**	(7.6)	**46**	(9.2)	**34**	(6.7)	**21**	(8.3)
Polen	c	c	c	c	c	c	c	c
Portugal	**61**	(19.1)	**c**	c	**62**	(17.5)	c	c
Slowak. Republik	c	c	c	c	c	c	c	c
Spanien	**45**	(10.5)	c	c	**36**	(9.1)	c	c
Schweden	**64**	(8.3)	**71**	(9.5)	**41**	(7.1)	**47**	(8.3)
Schweiz	**76**	(4.5)	**84**	(7.1)	**49**	(4.3)	**47**	(6.7)
Türkei	c	c	c	c	c	c	c	c
Vereinigte Staaten	**28**	(6.3)	**42**	(7.1)	4	(4.8)	6	(6.6)
OECD insgesamt	***29***	***(3.3)***	***38***	***(4.2)***	***16***	***(2.6)***	***17***	***(3.7)***
OECD-Durchschnitt	***31***	***(1.6)***	***35***	***(2.1)***	***18***	***(1.3)***	***15***	***(1.7)***
Partnerländer								
Brasilien	c	c	c	c	c	c	c	c
Hongkong (China)	**12**	(3.6)	c	c	–1	(3.7)	c	c
Indonesien	c	c	c	c	c	c	c	c
Lettland	3	(5.7)	c	c	9	(5.2)	c	c
Liechtenstein	**51**	(15.9)	**59**	(26.4)	22	(15.8)	17	(26.2)
Macau (China)	–1	(7.4)	**43**	(17.7)	–5	(7.4)	35	(18.3)
Russ. Föderation	**17**	(4.8)	c	c	**16**	(4.5)	c	c
Serbien	–6	(5.5)	c	c	–9	(5.3)	c	c
Thailand	c	c	c	c	c	c	c	c
Tunesien	c	c	c	c	c	c	c	c
Uruguay	c	c	c	c	c	c	c	c
Verein. Königreich[1]	**16**	(6.7)	c	c	5	(5.5)	c	c

Anmerkung: Statistisch signifikante Werte sind durch Fettdruck gekennzeichnet (siehe Anhang A4).

1. Die Beteiligungsquote ist zu niedrig, um die Vergleichbarkeit zu gewährleisten (siehe Anhang A3).

Tabelle 4.3a

Zusammenhang zwischen Schülerleistungen in Mathematik und dem PISA-Index des wirtschaftlichen, sozialen und kulturellen Status (ESCS) in PISA 2003

		(1) Unbereinigter Mittelwert		(2) Mittelwert, wenn der ESCS-Mittelwert in allen OECD-Ländern gleich wäre		(3) Stärke des Zusammenhangs zwischen den Schülerleistungen und dem ESCS		(4) Steigung der sozioökonomischen Gradienten[1]		(5) Länge der Projektion der Gradienten					
										(5a) 5. Perzentil des ESCS		(5b) 95. Perzentil des ESCS		(5c) Differenz zwischen dem 95. und dem 5. Perzentil des ESCS	
		Mittelwert	S.E.	Mittelwert	S.E.	Erklärte Varianz der Schülerleistungen (in %)	S.E.	Einer ESCS-Einheit entsprech. Punktzahlveränderung	S.E.	Index	S.E.	Index	S.E.	Differenz	S.E.
OECD-Länder	Australien	524	(2.1)	516	(2.0)	13.7	(1.17)	42	(2.2)	-1.11	(0.04)	1.60	(0.00)	2.71	(0.04)
	Österreich	506	(3.3)	505	(2.5)	16.0	(1.54)	43	(2.3)	-1.21	(0.06)	1.53	(0.01)	2.74	(0.06)
	Belgien	529	(2.3)	526	(1.8)	24.1	(1.29)	**55**	(1.7)	-1.44	(0.05)	1.64	(0.04)	3.09	(0.05)
	Kanada	532	(1.8)	521	(1.4)	10.5	(0.84)	**34**	(1.4)	-0.90	(0.01)	1.85	(0.02)	2.75	(0.02)
	Tschech. Republik	516	(3.5)	514	(2.6)	19.5	(1.47)	**51**	(2.1)	-1.03	(0.01)	1.53	(0.03)	2.56	(0.03)
	Dänemark	514	(2.7)	506	(2.0)	17.6	(1.39)	44	(2.0)	-1.14	(0.05)	1.58	(0.04)	2.72	(0.07)
	Finnland	544	(1.9)	536	(1.7)	10.9	(1.03)	**33**	(1.6)	-1.11	(0.04)	1.63	(0.03)	2.75	(0.05)
	Frankreich	511	(2.5)	516	(1.9)	19.6	(1.81)	43	(2.2)	-1.60	(0.09)	1.43	(0.07)	3.03	(0.11)
	Deutschland	503	(3.3)	505	(2.7)	22.8	(1.47)	47	(1.7)	-1.59	(0.05)	1.85	(0.03)	3.44	(0.06)
	Griechenland	445	(3.9)	451	(2.7)	15.9	(1.94)	**37**	(2.2)	-1.76	(0.04)	1.55	(0.05)	3.31	(0.06)
	Ungarn	490	(2.8)	494	(2.2)	27.0	(1.86)	**55**	(2.3)	-1.44	(0.04)	1.47	(0.03)	2.91	(0.05)
	Island	515	(1.4)	496	(1.8)	6.5	(0.86)	**28**	(1.7)	-0.69	(0.03)	1.90	(0.03)	2.59	(0.04)
	Irland	503	(2.4)	506	(1.8)	16.3	(1.57)	**39**	(2.0)	-1.54	(0.02)	1.40	(0.04)	2.93	(0.04)
	Italien	466	(3.1)	470	(2.9)	13.6	(1.37)	**34**	(2.0)	-1.69	(0.04)	1.68	(0.08)	3.37	(0.09)
	Japan	534	(4.0)	538	(3.6)	11.6	(1.72)	46	(4.1)	-1.21	(0.03)	1.17	(0.06)	2.38	(0.05)
	Korea	542	(3.2)	547	(3.0)	14.2	(1.93)	41	(3.1)	-1.57	(0.03)	1.27	(0.06)	2.84	(0.06)
	Luxemburg	493	(1.0)	487	(1.1)	17.1	(1.02)	**35**	(1.2)	-1.79	(0.02)	1.85	(0.01)	3.64	(0.02)
	Mexiko	385	(3.6)	419	(3.5)	17.1	(2.09)	**29**	(1.9)	-3.05	(0.02)	0.92	(0.05)	3.97	(0.05)
	Niederlande	538	(3.1)	539	(2.5)	18.6	(1.70)	45	(2.4)	-1.26	(0.07)	1.52	(0.06)	2.78	(0.09)
	Neuseeland	523	(2.3)	516	(2.0)	16.8	(1.21)	44	(1.6)	-1.34	(0.06)	1.64	(0.01)	2.98	(0.06)
	Norwegen	495	(2.4)	469	(2.4)	14.1	(1.18)	44	(1.7)	-0.64	(0.04)	1.87	(0.00)	2.51	(0.04)
	Polen	490	(2.5)	499	(1.9)	16.7	(1.26)	45	(1.8)	-1.39	(0.04)	1.30	(0.03)	2.69	(0.04)
	Portugal	466	(3.4)	485	(2.5)	17.5	(1.45)	**29**	(1.2)	-2.57	(0.04)	1.68	(0.15)	4.24	(0.16)
	Slowak. Republik	498	(3.3)	503	(2.3)	22.3	(1.78)	**53**	(2.6)	-1.28	(0.06)	1.37	(0.04)	2.65	(0.07)
	Spanien	485	(2.4)	495	(1.7)	14.0	(1.31)	**33**	(1.7)	-1.90	(0.01)	1.31	(0.03)	3.21	(0.03)
	Schweden	509	(2.6)	499	(1.9)	15.3	(1.34)	42	(2.1)	-1.19	(0.05)	1.66	(0.04)	2.85	(0.06)
	Schweiz	527	(3.4)	530	(2.6)	16.8	(1.21)	47	(2.1)	-1.42	(0.03)	1.29	(0.03)	2.71	(0.04)
	Türkei	423	(6.7)	468	(8.3)	22.3	(3.82)	45	(4.8)	-2.54	(0.08)	1.06	(0.10)	3.59	(0.12)
	Vereinigte Staaten	483	(2.9)	470	(2.1)	19.0	(1.15)	45	(1.6)	-1.20	(0.06)	1.72	(0.02)	2.92	(0.05)
	OECD insgesamt	*489*	*(0.7)*	*493*	*(0.8)*	*22.1*	*(0.62)*	*47*	*(0.7)*	*-1.90*	*(0.02)*	*1.58*	*(0.03)*	*3.49*	*(0.03)*
	OECD-Durchschnitt	*500*	*(0.6)*	*501*	*(0.5)*	*20.3*	*(0.34)*	*45*	*(0.4)*	*-1.74*	*(0.02)*	*1.60*	*(0.01)*	*3.34*	*(0.02)*
Partnerländer	Brasilien	356	(4.8)	390	(5.6)	15.3	(2.43)	**35**	(3.1)	-2.74	(0.02)	0.88	(0.09)	3.62	(0.09)
	Hongkong (China)	550	(4.5)	575	(4.8)	6.5	(1.34)	**31**	(2.9)	-2.02	(0.04)	0.68	(0.06)	2.70	(0.07)
	Indonesien	360	(3.9)	387	(5.9)	7.0	(1.69)	**21**	(2.6)	-2.83	(0.06)	0.52	(0.06)	3.35	(0.07)
	Lettland	483	(3.7)	480	(3.4)	10.5	(1.32)	**38**	(2.3)	-1.08	(0.03)	1.31	(0.05)	2.38	(0.05)
	Liechtenstein	536	(4.1)	536	(4.4)	20.6	(3.59)	55	(5.9)	-1.28	(0.09)	1.28	(0.09)	2.56	(0.12)
	Macau (China)	527	(2.9)	540	(3.9)	1.9	(0.92)	**14**	(3.3)	-2.40	(0.14)	0.38	(0.06)	2.77	(0.15)
	Russ. Föderation	468	(4.2)	472	(3.8)	10.0	(1.09)	**39**	(2.3)	-1.20	(0.03)	1.18	(0.03)	2.37	(0.05)
	Serbien	437	(3.8)	445	(3.2)	14.1	(1.49)	**36**	(2.0)	-1.54	(0.03)	1.33	(0.04)	2.86	(0.04)
	Thailand	417	(3.0)	449	(4.6)	11.4	(1.95)	**27**	(2.6)	-2.46	(0.01)	0.89	(0.05)	3.35	(0.05)
	Tunesien	359	(2.5)	391	(4.7)	13.0	(2.47)	**24**	(2.4)	-3.21	(0.02)	0.86	(0.06)	4.07	(0.06)
	Uruguay	422	(3.3)	436	(2.9)	15.9	(1.69)	**38**	(2.1)	-2.02	(0.03)	1.36	(0.05)	3.37	(0.05)
	Verein. Königreich[3]	m	m	m	m	m	m	m	m	m	m	m	m	m	m

		(6) ESCS-Durchschnitt		(7) Variabilität des ESCS		(8) Index der Kurvilinearität[2]		(9) Index der Asymmetrie der Verteilung des ESCS	(10) % der Schüler, die bei der internat. Verteilung des ESCS zu den untersten 15% zählen	
		Mittelwert	S.E.	Standardabweichung	S.E.	Einer quadrierten ESCS-Einheit entsprech. Punktzahlveränderung	S.E.	Index	Erfasst durch % der Schüler mit einem Wert auf dem PISA-Index des wirtschaftl., sozialen und kulturellen Status von weniger als -1	S.E.
OECD-Länder	Australien	0.23	(0.02)	0.83	(0.01)	**4.02**	(1.80)	–0.29	6.6	(0.4)
	Österreich	0.06	(0.03)	0.85	(0.01)	–0.83	(1.33)	0.15	9.0	(0.7)
	Belgien	0.15	(0.02)	0.94	(0.01)	–0.57	(0.87)	–0.38	10.4	(0.6)
	Kanada	0.45	(0.02)	0.83	(0.01)	0.64	(1.06)	–0.10	3.9	(0.2)
	Tschech. Republik	0.16	(0.02)	0.80	(0.01)	**–7.17**	(1.48)	0.24	5.7	(0.5)
	Dänemark	0.20	(0.03)	0.86	(0.02)	0.90	(1.17)	–0.28	6.9	(0.5)
	Finnland	0.25	(0.02)	0.83	(0.01)	0.02	(1.52)	–0.16	6.7	(0.4)
	Frankreich	–0.08	(0.03)	0.93	(0.02)	–1.33	(1.33)	–0.27	15.3	(0.9)
	Deutschland	0.16	(0.02)	0.99	(0.01)	**2.03**	(1.02)	–0.27	9.7	(0.6)
	Griechenland	–0.15	(0.05)	1.01	(0.02)	2.18	(1.45)	0.09	20.7	(1.2)
	Ungarn	–0.07	(0.02)	0.89	(0.01)	**–3.52**	(1.46)	0.16	13.3	(0.7)
	Island	0.69	(0.01)	0.81	(0.01)	0.62	(1.62)	–0.34	2.3	(0.2)
	Irland	–0.08	(0.03)	0.89	(0.02)	–1.13	(1.25)	–0.09	14.6	(0.8)
	Italien	–0.11	(0.02)	1.02	(0.01)	**–5.25**	(1.31)	0.12	21.9	(0.8)
	Japan	–0.08	(0.02)	0.73	(0.01)	–2.51	(2.60)	–0.04	9.3	(0.5)
	Korea	–0.10	(0.02)	0.85	(0.02)	1.75	(1.92)	–0.19	14.6	(0.7)
	Luxemburg	0.18	(0.01)	1.09	(0.01)	**4.00**	(0.96)	–0.43	16.1	(0.5)
	Mexiko	–1.13	(0.05)	1.20	(0.02)	–0.07	(0.99)	0.19	57.3	(1.8)
	Niederlande	0.10	(0.02)	0.86	(0.02)	2.24	(1.28)	–0.29	8.8	(0.7)
	Neuseeland	0.21	(0.02)	0.91	(0.01)	**4.04**	(1.11)	–0.50	8.8	(0.5)
	Norwegen	0.61	(0.02)	0.78	(0.01)	–0.63	(1.57)	–0.18	1.9	(0.2)
	Polen	–0.20	(0.02)	0.82	(0.01)	–1.51	(1.43)	0.35	15.3	(0.9)
	Portugal	–0.63	(0.04)	1.27	(0.02)	1.76	(0.84)	0.24	42.1	(1.4)
	Slowak. Republik	–0.08	(0.03)	0.83	(0.02)	**–3.65**	(1.82)	0.08	10.5	(1.1)
	Spanien	–0.30	(0.04)	1.01	(0.01)	0.38	(1.03)	–0.06	25.7	(1.1)
	Schweden	0.25	(0.02)	0.88	(0.01)	0.01	(1.46)	–0.38	7.3	(0.6)
	Schweiz	–0.06	(0.02)	0.85	(0.01)	–1.77	(1.28)	–0.15	12.8	(0.7)
	Türkei	–0.98	(0.06)	1.10	(0.03)	**9.45**	(2.54)	0.44	54.1	(2.3)
	Vereinigte Staaten	0.30	(0.03)	0.91	(0.02)	**4.42**	(1.16)	–0.41	8.0	(0.6)
	OECD insgesamt	*–0.06*	*(0.01)*	*1.04*	*(0.01)*	*–2.18*	*(0.45)*	*–0.27*	*17.2*	*(0.3)*
	OECD-Durchschnitt	*0.00*	*(0.01)*	*1.00*	*(0.00)*	*–2.25*	*(0.28)*	*–0.31*	*15.1*	*(0.2)*
Partnerländer	Brasilien	–0.95	(0.05)	1.12	(0.02)	**8.15**	(1.63)	0.04	48.1	(1.8)
	Hongkong (China)	–0.76	(0.03)	0.81	(0.02)	–0.45	(2.06)	0.22	40.0	(1.2)
	Indonesien	–1.26	(0.04)	1.00	(0.01)	**7.31**	(1.18)	0.25	62.8	(1.4)
	Lettland	0.12	(0.03)	0.75	(0.01)	–3.44	(2.80)	–0.01	6.4	(0.5)
	Liechtenstein	0.01	(0.04)	0.82	(0.03)	5.81	(6.55)	–0.22	11.3	(1.8)
	Macau (China)	–0.90	(0.02)	0.85	(0.02)	1.10	(2.68)	–0.06	44.8	(1.5)
	Russ. Föderation	–0.09	(0.02)	0.75	(0.01)	0.22	(2.41)	0.21	9.9	(0.6)
	Serbien	–0.23	(0.03)	0.88	(0.01)	0.32	(1.34)	0.24	18.9	(1.0)
	Thailand	–1.18	(0.03)	1.02	(0.02)	**6.41**	(1.30)	0.74	64.2	(1.2)
	Tunesien	–1.34	(0.04)	1.23	(0.02)	**5.76**	(0.96)	0.29	63.1	(1.5)
	Uruguay	–0.35	(0.03)	1.05	(0.01)	**5.01**	(1.26)	0.00	29.2	(1.1)
	Verein. Königreich[3]	m	m	m	m	m	m	m	m	m

Anmerkung: Fettgedruckte Zahlen repräsentieren Werte, die statistisch über oder unter den OECD-Durchschnittswerten liegen (siehe Anhang A4).

1. Einstufige bivariate Regression der Mathematikleistungen auf den Index des wirtschaftlichen, sozialen und kulturellen Status (ESCS), wobei die Steigung der sozioökonomischen Gradienten der ESCS-Regressionskoeffizient ist.
2. Regression der Mathematikleistungen auf Schülerebene, auf den ESCS und den quadrierten ESCS-Term, der Index der Kurvilinearität ist der Regressionskoeffizient des quadrierten Terms.
3. Die Beteiligungsquote ist zu niedrig, um die Vergleichbarkeit zu gewährleisten (siehe Anhang A3).

Tabelle 4.3b

Zusammenhang zwischen den Schülerleistungen in Mathematik und dem PISA-Index des wirtschaftlichen, sozialen und kulturellen Status (ESCS) in PISA 2000

Die Ergebnisse basieren auf Schülerangaben

	(1) Unbereinigter Mittelwert		(2) Mittelwert, wenn der ESCS-Durchschnitt in allen OECD-Ländern gleich wäre		(3) Stärke des Zusammenhangs zwischen den Schülerleistungen und dem ESCS		(4) Steigung der sozioökonomischen Gradienten[1]		(5) ESCS-Durchschnitt		(6) Index der Kurvilinearität[2]	
	Mittelwert	S.E	Mittelwert	S.E	Erklärte Varianz der Schülerleistungen (in %)	S.E	Einer ESCS-Einheit entsprech. Punktzahlveränderung	S.E	Mittelwert	S.E.	Einer quadrierten ESCS-Einheit entsprech. Punktzahlveränderung	S.E.
OECD-Länder												
Australien	533	(3.5)	526	(2.7)	17.1	(1.87)	**44**	(2.6)	0.17	(0.03)	2.51	(2.22)
Österreich	515	(2.5)	515	(2.4)	12.4	(1.64)	36	(2.6)	0.01	(0.02)	**–6.28**	(2.22)
Belgien	520	(3.9)	523	(3.2)	**19.3**	(1.77)	**49**	(2.7)	–0.02	(0.02)	**–4.64**	(1.63)
Kanada	533	(1.4)	521	(1.3)	**9.8**	(0.75)	**30**	(1.2)	0.42	(0.01)	1.40	(0.92)
Tschech. Republik	498	(2.8)	501	(2.3)	**21.3**	(1.95)	**59**	(2.8)	–0.04	(0.02)	**–5.89**	(1.82)
Dänemark	514	(2.4)	509	(2.0)	14.4	(1.82)	36	(2.3)	0.20	(0.03)	**–3.96**	(1.83)
Finnland	536	(2.1)	535	(2.0)	**8.7**	(1.08)	**26**	(1.7)	0.04	(0.02)	0.78	(1.76)
Frankreich	517	(2.7)	525	(2.1)	15.5	(1.94)	38	(2.4)	–0.15	(0.03)	0.23	(1.38)
Deutschland	490	(2.5)	482	(2.3)	**22.8**	(2.38)	**54**	(2.8)	0.16	(0.02)	–3.68	(2.18)
Griechenland	447	(5.6)	449	(4.8)	13.3	(2.35)	37	(3.4)	–0.08	(0.04)	**5.27**	(2.46)
Ungarn	488	(4.0)	492	(2.8)	**26.2**	(2.36)	**60**	(3.1)	–0.05	(0.03)	–2.85	(2.42)
Island	514	(2.3)	502	(2.9)	**6.7**	(1.44)	**24**	(2.6)	0.59	(0.02)	0.78	(1.85)
Irland	503	(2.7)	507	(2.1)	13.4	(1.37)	**32**	(1.8)	–0.09	(0.04)	2.93	(1.80)
Italien	457	(2.9)	462	(2.9)	**7.4**	(1.30)	**25**	(2.2)	–0.17	(0.02)	–2.01	(1.86)
Japan	557	(5.5)	m	m	m	m	m	m	m	m	m	m
Korea	547	(2.8)	552	(2.4)	**11.0**	(1.54)	**32**	(2.4)	–0.17	(0.03)	–2.42	(1.82)
Luxemburg	446	(2.0)	455	(2.0)	17.1	(1.84)	**32**	(1.9)	–0.13	(0.02)	0.00	(1.59)
Mexiko	387	(3.4)	419	(3.7)	17.8	(2.56)	**30**	(2.2)	–1.07	(0.05)	**3.68**	(1.31)
Neuseeland	537	(3.1)	526	(3.0)	16.1	(1.83)	42	(2.6)	0.30	(0.02)	1.97	(1.45)
Norwegen	499	(2.8)	484	(3.2)	**10.6**	(1.50)	34	(2.7)	0.49	(0.02)	2.94	(1.71)
Polen	470	(5.5)	485	(4.9)	14.0	(1.96)	44	(3.6)	–0.23	(0.03)	0.26	(2.58)
Portugal	454	(4.1)	474	(3.1)	16.7	(2.16)	**34**	(2.1)	–0.58	(0.04)	–1.20	(1.46)
Spanien	476	(3.1)	490	(2.6)	14.6	(1.66)	**33**	(2.0)	–0.39	(0.04)	–1.25	(1.54)
Schweden	510	(2.5)	498	(2.1)	**12.1**	(1.34)	38	(2.2)	0.34	(0.02)	**6.24**	(1.77)
Schweiz	529	(4.4)	531	(3.5)	17.1	(1.84)	44	(2.3)	0.01	(0.03)	**–4.21**	(1.68)
Verein. Königreich	529	(2.5)	525	(2.1)	**18.8**	(1.76)	42	(2.0)	0.16	(0.02)	1.59	(1.85)
Vereinigte Staaten	493	(7.6)	490	(4.5)	**23.8**	(2.30)	**50**	(2.8)	0.29	(0.06)	**4.07**	(2.07)
OECD insgesamt	***498***	***(2.1)***	***495***	***(1.3)***	***22.9***	***(0.94)***	***47***	***(1.0)***	***–0.04***	***(0.02)***	***–3.22***	***(0.62)***
OECD-Durchschnitt	***500***	***(0.7)***	***500***	***(0.6)***	***17.9***	***(0.43)***	***42***	***(0.6)***	***0.00***	***(0.01)***	***–3.22***	***(0.32)***
Partnerländer												
Brasilien	334	(3.7)	371	(5.1)	16.7	(2.77)	35	(3.0)	–1.04	(0.04)	**5.94**	(1.74)
Hongkong (China)	560	3.259	581	(4.0)	**5.7**	(1.57)	**27**	(3.3)	–0.75	(0.03)	–0.31	(2.03)
Indonesien	367	(4.5)	391	(7.3)	**5.5**	(2.07)	**20**	(4.0)	–1.19	(0.04)	2.77	(2.02)
Lettland	463	(4.5)	463	(4.3)	**5.6**	(1.33)	**31**	(3.8)	0.05	(0.03)	–2.28	(3.64)
Liechtenstein	514	(7.0)	520	(6.9)	10.5	(4.73)	33	(8.6)	–0.11	(0.05)	6.62	(4.37)
Russ. Föderation	478	(5.5)	480	(4.7)	**7.2**	(1.52)	38	(4.0)	–0.05	(0.03)	–2.78	(3.52)
Thailand	432	(3.6)	469	(5.6)	**8.6**	(1.90)	**26**	(3.0)	–1.37	(0.04)	**7.25**	(1.46)
Niederlande[3]	564	(3.6)	565	(3.3)	13.9	(2.83)	36	(3.9)	0.02	(0.03)	–2.67	(3.24)

Anmerkung: Fettgedruckte Zahlen repräsentieren Werte, die statistisch über oder unter den OECD-Durchschnittswerten liegen (siehe Anhang A4).

1. Einstufige bivariate Regression für Mathematik auf dem Index des wirtschaftlichen, sozialen und kulturellen Status (ESCS), wobei die Steigung der sozioökonomischen Gradienten der ESCS-Regressionskoeffizient ist.
2. Schülerbezogene Regression der Mathematikleistungen auf den ESCS und den quadrierten Term des ESCS, der Index der Kurvilinearität ist der Regressionskoeffizient für den quadrierten Term.
3. Die Beteiligungsquote ist zu niedrig, um die Vergleichbarkeit zu gewährleisten (siehe Anhang A3, OECD 2001a).

Tabelle 4.4

Index des wirtschaftlichen, sozialen und kulturellen Status (ESCS) und Leistungen der Schüler auf der Gesamtskala Mathematik, nach nationalen Indexquartilen

Die Ergebnisse basieren auf Schülerangaben

		Index des wirtschaftlichen, sozialen und kulturellen Status										Leistungen auf der Gesamtskala Mathematik, nach nationalen Indexquartilen des wirtschaftlichen, sozialen und kulturellen Status							
		Alle Schüler		Unterstes Quartil		Zweites Quartil		Drittes Quartil		Oberstes Quartil		Unterstes Quartil		Zweites Quartil		Drittes Quartil		Oberstes Quartil	
		Index-Mittel	S.E.	Index-Mittel	S.E.	Index-Mittel	S.E.	Index-Mittel	S.E.	Index-Mittel	S.E.	Mittelwert	S.E.	Mittelwert	S.E.	Mittelwert	S.E.	Mittelwert	S.E.
OECD-Länder	Australien	0.23	0.02	–0.85	(0.01)	–0.03	(0.00)	0.53	(0.00)	1.26	(0.01)	**479**	(4.1)	513	(2.3)	537	(2.7)	**572**	(2.9)
	Österreich	0.06	0.03	–0.98	(0.02)	–0.26	(0.01)	0.29	(0.01)	1.19	(0.02)	**462**	(4.4)	492	(3.6)	520	(3.1)	**556**	(4.2)
	Belgien	0.15	0.02	–1.07	(0.02)	–0.14	(0.00)	0.51	(0.00)	1.31	(0.01)	**465**	(3.8)	519	(3.0)	555	(2.6)	**599**	(2.7)
	Kanada	0.45	0.02	–0.62	(0.01)	0.16	(0.00)	0.76	(0.00)	1.51	(0.01)	**500**	(2.2)	527	(2.2)	544	(2.1)	**574**	(2.7)
	Tschech. Republik	0.16	0.02	–0.80	(0.01)	–0.15	(0.00)	0.35	(0.01)	1.25	(0.01)	**468**	(3.4)	511	(3.5)	537	(3.7)	**575**	(4.3)
	Dänemark	0.20	0.03	–0.89	(0.02)	–0.07	(0.00)	0.49	(0.01)	1.28	(0.02)	**464**	(3.5)	505	(3.3)	526	(3.2)	**565**	(3.6)
	Finnland	0.25	0.02	–0.82	(0.01)	–0.04	(0.00)	0.56	(0.00)	1.30	(0.01)	**509**	(2.7)	538	(2.3)	553	(2.6)	**579**	(3.0)
	Frankreich	–0.08	0.03	–1.27	(0.02)	–0.37	(0.01)	0.24	(0.01)	1.09	(0.02)	**458**	(4.5)	502	(3.4)	527	(3.0)	**562**	(3.6)
	Deutschland	0.16	0.02	–1.08	(0.02)	–0.14	(0.01)	0.45	(0.01)	1.42	(0.01)	**452**	(4.1)	494	(3.5)	533	(3.7)	**572**	(3.7)
	Griechenland	–0.15	0.05	–1.41	(0.01)	–0.53	(0.00)	0.15	(0.01)	1.19	(0.02)	**401**	(4.3)	430	(4.1)	452	(3.9)	**497**	(4.8)
	Ungarn	–0.07	0.02	–1.14	(0.02)	–0.42	(0.00)	0.15	(0.01)	1.14	(0.01)	**427**	(4.4)	474	(3.2)	505	(3.4)	**554**	(4.0)
	Island	0.69	0.01	–0.39	(0.02)	0.44	(0.01)	1.02	(0.01)	1.69	(0.01)	**485**	(3.0)	513	(2.7)	518	(3.0)	**547**	(2.3)
	Irland	–0.08	0.03	–1.20	(0.02)	–0.37	(0.01)	0.19	(0.01)	1.06	(0.02)	**458**	(3.8)	494	(2.9)	517	(2.9)	**544**	(3.7)
	Italien	–0.11	0.02	–1.41	(0.01)	–0.49	(0.01)	0.22	(0.01)	1.23	(0.02)	**417**	(4.4)	457	(4.0)	482	(3.5)	**507**	(4.2)
	Japan	–0.08	0.02	–0.99	(0.01)	–0.34	(0.00)	0.15	(0.00)	0.88	(0.01)	**487**	(5.3)	524	(4.4)	549	(4.8)	**576**	(6.1)
	Korea	–0.10	0.03	–1.21	(0.01)	–0.35	(0.00)	0.20	(0.00)	0.96	(0.02)	**497**	(4.2)	533	(3.7)	553	(3.7)	**587**	(6.2)
	Luxemburg	0.18	0.01	–1.31	(0.02)	–0.07	(0.01)	0.63	(0.01)	1.49	(0.01)	**445**	(2.3)	479	(3.1)	506	(2.7)	**546**	(2.9)
	Mexiko	–1.13	0.05	–2.61	(0.02)	–1.63	(0.01)	–0.77	(0.01)	0.50	(0.02)	**342**	(4.4)	370	(3.6)	397	(3.7)	**433**	(4.6)
	Niederlande	0.10	0.02	–0.99	(0.03)	–0.19	(0.01)	0.41	(0.01)	1.17	(0.01)	**496**	(5.1)	529	(4.0)	554	(3.4)	**595**	(3.7)
	Neuseeland	0.21	0.02	–0.98	(0.02)	–0.02	(0.00)	0.54	(0.01)	1.31	(0.01)	**473**	(3.6)	515	(3.1)	535	(3.2)	**578**	(2.7)
	Norwegen	0.61	0.02	–0.39	(0.02)	0.33	(0.01)	0.88	(0.01)	1.61	(0.01)	**451**	(3.0)	485	(3.4)	508	(3.5)	**540**	(3.4)
	Polen	–0.20	0.02	–1.16	(0.01)	–0.53	(0.00)	–0.03	(0.01)	0.92	(0.02)	**444**	(4.0)	476	(3.0)	501	(3.2)	**539**	(2.9)
	Portugal	–0.63	0.04	–2.20	(0.01)	–1.15	(0.01)	–0.24	(0.01)	1.08	(0.03)	**425**	(4.3)	453	(3.7)	470	(4.0)	**519**	(3.5)
	Slowak. Republik	–0.08	0.03	–1.07	(0.03)	–0.42	(0.00)	0.14	(0.00)	1.02	(0.01)	**438**	(5.2)	486	(2.9)	517	(3.2)	**554**	(4.1)
	Spanien	–0.30	0.04	–1.60	(0.01)	–0.65	(0.01)	0.07	(0.01)	0.99	(0.02)	**445**	(3.4)	470	(3.2)	497	(2.7)	**529**	(2.8)
	Schweden	0.25	0.02	–0.87	(0.02)	–0.02	(0.00)	0.57	(0.01)	1.34	(0.01)	**465**	(3.6)	495	(3.1)	522	(3.1)	**557**	(4.1)
	Schweiz	–0.06	0.03	–1.14	(0.02)	–0.31	(0.01)	0.20	(0.00)	1.02	(0.01)	**472**	(3.8)	521	(3.4)	539	(3.4)	**576**	(4.5)
	Türkei	–0.98	0.06	–2.25	(0.02)	–1.45	(0.01)	–0.73	(0.01)	0.52	(0.04)	**380**	(4.5)	397	(4.5)	422	(7.0)	**496**	(12.1)
	Vereinigte Staaten	0.30	0.03	–0.89	(0.02)	0.01	(0.01)	0.64	(0.01)	1.42	(0.01)	**431**	(3.2)	468	(3.6)	498	(3.1)	**539**	(3.4)
	OECD insgesamt	***–0.06***	***0.01***	***–1.42***	***(0.01)***	***–0.36***	***(0.00)***	***0.29***	***(0.00)***	***1.20***	***(0.01)***	*423*	*(1.5)*	*481*	*(1.2)*	*510*	*(1.2)*	*546*	*(1.4)*
	OECD-Durchschnitt	***0.00***	***0.01***	***–1.30***	***(0.01)***	***–0.30***	***(0.00)***	***0.34***	***(0.00)***	***1.23***	***(0.00)***	*440*	*(1.0)*	*491*	*(0.7)*	*519*	*(0.6)*	*554*	*(0.8)*
Partnerländer	Brasilien	–0.95	0.05	–2.39	(0.02)	–1.36	(0.01)	–0.54	(0.01)	0.49	(0.03)	**319**	(5.1)	339	(5.4)	353	(5.5)	**417**	(7.9)
	Hongkong (China)	–0.76	0.03	–1.75	(0.02)	–1.04	(0.00)	–0.55	(0.00)	0.31	(0.02)	**518**	(5.9)	544	(4.9)	560	(4.7)	**582**	(6.1)
	Indonesien	–1.26	0.04	–2.46	(0.01)	–1.67	(0.01)	–0.99	(0.01)	0.10	(0.02)	**341**	(3.6)	350	(3.4)	357	(4.4)	**393**	(6.7)
	Lettland	0.12	0.03	–0.84	(0.01)	–0.16	(0.01)	0.38	(0.01)	1.08	(0.01)	**448**	(4.3)	474	(4.3)	495	(4.3)	**519**	(5.4)
	Liechtenstein	0.01	0.04	–1.03	(0.05)	–0.25	(0.01)	0.28	(0.02)	1.05	(0.03)	**481**	(9.1)	520	(11.6)	544	(9.5)	**602**	(8.9)
	Macau (China)	–0.90	0.02	–2.00	(0.03)	–1.14	(0.01)	–0.61	(0.01)	0.15	(0.03)	**507**	(5.6)	533	(7.0)	526	(6.1)	**544**	(5.6)
	Russ. Föderation	–0.09	0.02	–0.99	(0.01)	–0.44	(0.00)	0.13	(0.01)	0.92	(0.01)	**435**	(4.6)	457	(4.4)	473	(4.9)	**509**	(4.6)
	Serbien	–0.23	0.03	–1.28	(0.01)	–0.57	(0.00)	–0.01	(0.01)	0.95	(0.02)	**398**	(3.6)	426	(4.3)	444	(4.1)	**480**	(4.7)
	Thailand	–1.18	0.03	–2.27	(0.02)	–1.69	(0.00)	–1.06	(0.01)	0.29	(0.02)	**396**	(3.6)	398	(3.7)	412	(3.7)	**462**	(5.8)
	Tunesien	–1.34	0.04	–2.83	(0.01)	–1.85	(0.01)	–1.01	(0.01)	0.32	(0.03)	**333**	(3.1)	340	(2.9)	358	(3.0)	**404**	(6.3)
	Uruguay	–0.35	0.03	–1.71	(0.01)	–0.73	(0.01)	0.03	(0.01)	1.02	(0.02)	**379**	(4.5)	402	(4.0)	428	(4.2)	**481**	(4.2)
	Verein. Königreich[1]	0.12	0.02	–1.00	(0.01)	–0.21	(0.00)	0.40	(0.01)	1.30	(0.01)	**461**	(3.1)	492	(2.7)	517	(3.3)	**566**	(3.6)

		Punktzahlveränderung auf der Gesamtskala Mathematik je 16,3 Einheiten (eine Standardabweichung auf dem ESCS)		Größere Wahrscheinlichkeit für Schüler im untersten Quartil der ESCS-Verteilung, im untersten nationalen Quartil der Gesamtskala Mathematik zu liegen		Erklärte Varianz der Schülerleistungen (R^2 x 100)	
		Veränderung	S.E.	Quotient	S.E.	%	S.E.
OECD-Länder	Australien	**42.4**	(2.15)	**2.3**	(0.11)	13.7	(1.19)
	Österreich	**43.3**	(2.30)	**2.2**	(0.15)	16.0	(1.57)
	Belgien	**55.2**	(1.72)	**3.0**	(0.13)	24.1	(1.32)
	Kanada	**34.2**	(1.43)	**2.1**	(0.08)	10.5	(0.82)
	Tschech. Republik	**51.3**	(2.15)	**2.5**	(0.14)	19.5	(1.44)
	Dänemark	**44.4**	(1.96)	**2.4**	(0.14)	17.6	(1.41)
	Finnland	**33.1**	(1.63)	**2.0**	(0.08)	10.8	(1.05)
	Frankreich	**43.1**	(2.20)	**2.6**	(0.15)	19.6	(1.78)
	Deutschland	**46.6**	(1.71)	**2.8**	(0.17)	22.8	(1.47)
	Griechenland	**37.0**	(2.19)	**2.0**	(0.14)	15.9	(1.91)
	Ungarn	**54.8**	(2.27)	**2.9**	(0.20)	27.0	(1.81)
	Island	**28.2**	(1.74)	**1.7**	(0.10)	6.5	(0.83)
	Irland	**38.6**	(1.96)	**2.4**	(0.15)	16.2	(1.55)
	Italien	**34.5**	(1.96)	**2.2**	(0.10)	13.6	(1.34)
	Japan	**46.3**	(4.14)	**2.0**	(0.14)	11.6	(1.69)
	Korea	**40.9**	(3.08)	**2.1**	(0.12)	14.2	(1.95)
	Luxemburg	**34.8**	(1.23)	**2.2**	(0.11)	17.1	(1.01)
	Mexiko	**29.3**	(1.87)	**2.2**	(0.19)	17.1	(2.06)
	Niederlande	**44.7**	(2.36)	**2.3**	(0.17)	18.6	(1.71)
	Neuseeland	**43.7**	(1.62)	**2.4**	(0.14)	16.8	(1.20)
	Norwegen	**44.0**	(1.72)	**2.1**	(0.12)	14.1	(1.09)
	Polen	**44.8**	(1.81)	**2.2**	(0.12)	16.7	(1.21)
	Portugal	**28.9**	(1.21)	**2.2**	(0.16)	17.5	(1.50)
	Slowak. Republik	**53.2**	(2.56)	**2.9**	(0.14)	22.3	(1.85)
	Spanien	**32.9**	(1.67)	**2.2**	(0.11)	14.0	(1.33)
	Schweden	**42.1**	(2.06)	**2.1**	(0.10)	15.3	(1.32)
	Schweiz	**47.5**	(2.14)	**2.5**	(0.13)	16.8	(1.27)
	Türkei	**45.1**	(4.82)	**1.8**	(0.16)	22.3	(3.70)
	Vereinigte Staaten	**45.3**	(1.58)	**2.6**	(0.14)	19.0	(1.20)
	OECD insgesamt	*47.1*	*(0.69)*	*2.9*	*(0.07)*	*22.2*	*(0.60)*
	OECD-Durchschnitt	*44.8*	*(0.44)*	*2.7*	*(0.03)*	*20.3*	*(0.35)*
Partnerländer	Brasilien	**35.0**	(3.14)	**1.7**	(0.12)	15.3	(2.39)
	Hongkong (China)	**31.2**	(2.94)	**1.8**	(0.15)	6.5	(1.27)
	Indonesien	**21.3**	(2.63)	**1.3**	(0.08)	7.0	(1.61)
	Lettland	**37.9**	(2.27)	**2.1**	(0.14)	10.5	(1.28)
	Liechtenstein	**55.0**	(5.86)	**3.0**	(0.47)	20.6	(3.71)
	Macau (China)	**14.0**	(3.25)	**1.3**	(0.15)	1.9	(0.89)
	Russ. Föderation	**39.0**	(2.28)	**1.8**	(0.11)	10.0	(1.08)
	Serbien	**36.1**	(1.96)	**2.1**	(0.15)	14.1	(1.45)
	Thailand	**27.0**	(2.57)	**1.3**	(0.11)	11.4	(1.94)
	Tunesien	**24.0**	(2.38)	**1.4**	(0.11)	13.0	(2.43)
	Uruguay	**37.6**	(2.09)	**1.9**	(0.12)	15.9	(1.64)
	Verein. Königreich[1]	**45.3**	(1.79)	**2.3**	(0.14)	19.7	(1.49)

Anmerkung: Statistisch signifikante Werte sind durch Fettdruck gekennzeichnet (siehe Anhang A4).

1. Die Beteiligungsquote ist zu niedrig, um die Vergleichbarkeit zu gewährleisten (siehe Anhang A3).

Tabelle 4.5

Zerlegung der Gradienten des PISA-Index des wirtschaftlichen, sozialen und kulturellen Status (ESCS) in die zwischen- und innerschulischen Komponenten[1]

Die Ergebnisse basieren auf Schülerangaben

	Globaler ESCS-Effekt[2]		Innerschulischer ESCS-Effekt[3]				Varianz der Schüler bei der ESCS-Verteilung					
	(1)		(2)		(3)		(4)		(5)		(6)	
	Einer ESCS-Einheit entsprech. Punktzahl-differenz	S.E	Einer ESCS-Einheit entsprech. Punktzahl-differenz auf Schülerebene	S.E	Erklärte innerschulische Varianz	S.E	25. Perzentil der ESCS-Schüler-verteilung	S.E	75. Perzentil der ESCS-Schüler-verteilung	S.E.	Interquartil-bereich der ESCS-Verteilung auf Schulebene	S.E.
OECD-Länder												
Australien	42	(2.2)	27	(1.0)	5.2	(0.6)	–0.33	(0.02)	0.81	(0.01)	1.14	(0.02)
Österreich	43	(2.3)	10	(1.4)	0.9	(0.4)	–0.52	(0.04)	0.63	(0.04)	1.15	(0.03)
Belgien	55	(1.7)	25	(1.0)	6.5	(0.9)	–0.48	(0.03)	0.86	(0.03)	1.34	(0.03)
Kanada	34	(1.4)	25	(0.6)	5.9	(0.7)	–0.14	(0.03)	1.06	(0.02)	1.20	(0.03)
Tschech. Republik	51	(2.1)	22	(1.3)	4.7	(0.7)	–0.38	(0.04)	0.70	(0.03)	1.08	(0.04)
Dänemark	44	(2.0)	37	(1.6)	11.6	(1.4)	–0.39	(0.03)	0.80	(0.03)	1.18	(0.02)
Finnland	33	(1.6)	33	(1.3)	10.2	(1.2)	–0.36	(0.03)	0.87	(0.02)	1.23	(0.03)
Frankreich	w	w	w	w	w	w	w	w	w	w	w	w
Deutschland	47	(1.7)	17	(1.2)	4.2	(1.2)	–0.45	(0.03)	0.84	(0.04)	1.29	(0.04)
Griechenland	37	(2.2)	17	(1.3)	3.4	(1.0)	–0.87	(0.04)	0.57	(0.08)	1.44	(0.06)
Ungarn	55	(2.3)	14	(1.4)	1.4	(0.8)	–0.69	(0.02)	0.55	(0.06)	1.24	(0.05)
Island	28	(1.7)	28	(2.0)	5.1	(0.9)	0.13	(0.01)	1.34	(0.02)	1.21	(0.03)
Irland	39	(2.0)	29	(1.6)	8.6	(1.2)	–0.69	(0.02)	0.51	(0.04)	1.20	(0.03)
Italien	34	(2.0)	9	(0.7)	1.3	(0.4)	–0.90	(0.02)	0.59	(0.03)	1.48	(0.03)
Japan	46	(4.1)	4	(1.6)	0.2	(0.2)	–0.59	(0.02)	0.43	(0.03)	1.02	(0.03)
Korea	41	(3.1)	13	(1.3)	1.8	(0.6)	–0.64	(0.02)	0.48	(0.06)	1.12	(0.05)
Luxemburg	35	(1.2)	17	(1.3)	4.3	(0.7)	–0.48	(0.02)	0.98	(0.01)	1.46	(0.03)
Mexiko	29	(1.9)	6	(0.4)	0.9	(0.3)	–2.02	(0.04)	–0.23	(0.09)	1.79	(0.07)
Niederlande	45	(2.4)	14	(1.2)	3.3	(0.9)	–0.48	(0.03)	0.73	(0.03)	1.22	(0.04)
Neuseeland	44	(1.6)	33	(1.5)	9.6	(1.2)	–0.34	(0.01)	0.86	(0.02)	1.20	(0.02)
Norwegen	44	(1.7)	42	(1.8)	12.1	(1.3)	0.05	(0.03)	1.18	(0.02)	1.12	(0.03)
Polen	45	(1.8)	38	(1.7)	10.8	(1.4)	–0.77	(0.03)	0.26	(0.04)	1.03	(0.03)
Portugal	29	(1.2)	18	(0.9)	7.9	(1.0)	–1.61	(0.05)	0.26	(0.06)	1.87	(0.05)
Slowak. Republik	53	(2.6)	24	(1.2)	5.1	(1.1)	–0.64	(0.03)	0.50	(0.03)	1.14	(0.03)
Spanien	33	(1.7)	22	(0.9)	5.9	(0.9)	–1.03	(0.04)	0.44	(0.05)	1.47	(0.04)
Schweden	42	(2.1)	38	(1.5)	12.1	(1.5)	–0.32	(0.04)	0.89	(0.03)	1.21	(0.03)
Schweiz	47	(2.1)	28	(1.1)	7.3	(1.0)	–0.60	(0.03)	0.51	(0.04)	1.11	(0.03)
Türkei	45	(4.8)	9	(1.2)	1.1	(0.4)	–1.78	(0.04)	–0.31	(0.08)	1.47	(0.06)
Vereinigte Staaten	45	(1.6)	31	(1.4)	9.2	(1.2)	–0.32	(0.02)	0.96	(0.04)	1.28	(0.03)
OECD insgesamt	***47***	***(0.7)***	–	–	–	–	***–0.70***	***(0.01)***	***0.67***	***(0.02)***	***1.37***	***(0.01)***
OECD-Durchschnitt	***45***	***(0.4)***	–	–	–	–	***–0.64***	***(0.01)***	***0.71***	***(0.00)***	***1.35***	***(0.01)***
Partnerländer												
Brasilien	35	3.141	6	(1.3)	0.5	(0.4)	–1.80	(0.06)	–0.15	(0.06)	1.64	(0.05)
Hongkong (China)	31	(2.9)	5	(1.5)	0.2	(0.3)	–1.28	(0.01)	–0.26	(0.05)	1.02	(0.04)
Indonesien	21	(2.6)	1	(0.7)	0.0	(0.1)	–1.98	(0.05)	–0.57	(0.05)	1.40	(0.05)
Lettland	38	(2.3)	29	(1.7)	6.3	(1.2)	–0.44	(0.03)	0.71	(0.04)	1.15	(0.04)
Liechtenstein	55	(5.9)	16	(5.4)	2.4	(2.4)	–0.48	(0.03)	0.63	(0.06)	1.11	(0.07)
Macau (China)	14	(3.3)	6	(3.0)	0.2	(0.6)	–1.46	(0.05)	–0.35	(0.04)	1.12	(0.07)
Russ. Föderation	39	(2.3)	23	(1.5)	3.7	(0.6)	–0.68	(0.02)	0.49	(0.03)	1.17	(0.03)
Serbien	36	(2.0)	16	(1.4)	3.1	(0.7)	–0.83	(0.04)	0.35	(0.04)	1.18	(0.04)
Thailand	27	(2.6)	8	(1.2)	0.9	(0.4)	–1.94	(0.01)	–0.59	(0.07)	1.34	(0.07)
Tunesien	24	(2.4)	7	(0.9)	1.4	(0.5)	–2.23	(0.05)	–0.49	(0.06)	1.74	(0.05)
Uruguay	38	(2.1)	13	(1.2)	2.2	(0.7)	–1.16	(0.04)	0.46	(0.05)	1.62	(0.05)
Verein. Königreich[7]	45	(1.8)	31	(1.0)	10.2	(1.0)	–0.50	(0.03)	0.77	(0.04)	1.27	(0.04)

1. In einigen Ländern wurden Untereinheiten von Schulen anstelle von Schulen als Verwaltungseinheiten für die Stichprobe herangezogen, und das kann die Schätzung der Effekte auf Schulebene beeinflussen. In Italien, Japan, Österreich, der Tschechischen Republik und Ungarn wurden Schulen mit mehr als einem Bildungsgang in die den jeweiligen Bildungsgängen entsprechenden Einheiten unterteilt. In den Niederlanden wurden Schulen mit Sekundarstufe I und Sekundarstufe II in Einheiten unterteilt, die diesen Niveaus jeweils entsprechen. In Uruguay und Mexiko, wo die Schulen Schichtunterricht erteilen, wurden sie in die entsprechenden Einheiten unterteilt. In der flämischen Gemeinschaft Belgiens wurden bei Multi-Campus-Schulen die verschiedenen Einrichtungen in die Stichprobe einbezogen, während in der französischen Gemeinschaft im Fall von Multi-Campus-Schulen die jeweils größere Verwaltungseinheit berücksichtigt wurde. In der Slowakischen Republik wurden Schulen, in denen sowohl Slowakisch als auch Ungarisch Testsprachen sind, in Einheiten gemäß der jeweiligen Unterrichtssprache unterteilt.
2. Einstufige bivariate Regression der Mathematikleistungen auf den Index des wirtschaftlichen, sozialen und kulturellen Status (ESCS), wobei die Steigung der Regressionskoeffizient für den ESCS ist.
3. Zweistufige Regression der Mathematikleistungen in Bezug auf den ESCS der Schüler und den ESCS-Mittelwert der Schulen: innerschulische Steigung des ESCS und erklärte Varianz auf Schülerebene nach dem Modell.
4. Zweistufige Regression der Mathematikleistungen auf den ESCS der Schüler und den ESCS-Mittelwert der Schulen: zwischenschulische Steigung des ESCS und erklärte Varianz auf Schulebene nach dem Modell.
5. Verteilung des ESCS-Mittelwerts der Schulen, Perzentile berechnet auf Schülerebene.
6. Der Index der Integration wurde abgeleitet von der "intra-class correlation" für ESCS (1-rho). Er bezeichnet den Anteil der ESCS-Varianz innerhalb der Schulen.
7. Die Beteiligungsquote ist zu niedrig, um die Vergleichbarkeit zu gewährleisten (siehe Anhang A3).

Tabelle 4.5 (*Fortsetzung*)

Zerlegung der Gradienten des PISA-Index des wirtschaftlichen, sozialen und kulturellen Status (ESCS) in die zwischen- und innerschulischen Komponenten[1]

Die Ergebnisse basieren auf Schülerangaben

	Zwischenschulische ESCS-Effekte[4]				Varianz der Schulen bei der ESCS-Verteilung[5]						Index der Integration[6]	
	(7)		(8)		(9)		(10)		(11)		(12)	
	Einer ESCS-Einheit entsprech. Punktzahldifferenz auf Schulebene	S.E	Erklärte zwischenschulische Varianz	S.E	25. Perzentil des Mittelwerts der Schulen bei der ESCS-Verteilung	S.E	75. Perzentil des Mittelwerts der Schulen bei der ESCS-Verteilung	S.E	Interquartilbereich der Mittelwerte der Schulen bei der ESCS-Verteilung	S.E.	Anteil der innerschulischen ESCS-Varianz	S.E.
OECD-Länder												
Australien	57	(3.7)	69.7	(2.6)	–0.11	(0.02)	0.53	(0.03)	0.64	(0.03)	0.74	(0.01)
Österreich	92	(6.5)	63.2	(3.5)	–0.35	(0.02)	0.42	(0.08)	0.77	(0.08)	0.68	(0.02)
Belgien	97	(4.8)	74.1	(1.4)	–0.21	(0.04)	0.58	(0.03)	0.79	(0.05)	0.68	(0.01)
Kanada	39	(2.7)	46.7	(2.6)	0.17	(0.01)	0.72	(0.02)	0.55	(0.02)	0.82	(0.01)
Tschech. Republik	98	(5.2)	73.0	(2.3)	–0.15	(0.02)	0.41	(0.04)	0.56	(0.04)	0.70	(0.02)
Dänemark	31	(4.6)	70.9	(8.8)	–0.03	(0.06)	0.39	(0.04)	0.42	(0.06)	0.81	(0.02)
Finnland	–2	(5.2)	21.8	(11.6)	0.02	(0.02)	0.42	(0.03)	0.40	(0.04)	0.89	(0.01)
Frankreich	w	w	w	w	w	w	w	w	w	w	w	w
Deutschland	90	(4.5)	77.5	(2.6)	–0.28	(0.03)	0.66	(0.04)	0.94	(0.06)	0.70	(0.02)
Griechenland	60	(5.5)	64.4	(4.8)	–0.66	(0.05)	0.20	(0.12)	0.86	(0.11)	0.71	(0.01)
Ungarn	87	(4.2)	80.4	(3.6)	–0.50	(0.04)	0.35	(0.04)	0.84	(0.05)	0.56	(0.02)
Island	–1	(6.1)	35.2	(15.5)	0.47	(0.00)	0.91	(0.00)	0.45	(0.00)	0.83	(0.03)
Irland	42	(4.3)	81.9	(7.1)	–0.30	(0.04)	0.18	(0.04)	0.48	(0.05)	0.79	(0.02)
Italien	78	(4.5)	53.5	(2.0)	–0.56	(0.07)	0.31	(0.07)	0.87	(0.09)	0.70	(0.01)
Japan	145	(9.2)	67.4	(1.4)	–0.37	(0.05)	0.22	(0.03)	0.60	(0.06)	0.73	(0.01)
Korea	88	(6.5)	65.9	(2.5)	–0.49	(0.03)	0.21	(0.09)	0.70	(0.09)	0.70	(0.01)
Luxemburg	75	(6.8)	88.9	(2.1)	–0.31	(0.00)	0.62	(0.00)	0.92	(0.00)	0.76	(0.01)
Mexiko	49	(1.7)	56.9	(1.6)	–1.65	(0.06)	–0.68	(0.09)	0.97	(0.10)	0.66	(0.01)
Niederlande	121	(6.9)	74.4	(1.4)	–0.22	(0.04)	0.43	(0.02)	0.65	(0.05)	0.77	(0.02)
Neuseeland	55	(5.2)	75.4	(5.4)	–0.09	(0.04)	0.48	(0.03)	0.57	(0.05)	0.83	(0.01)
Norwegen	14	(6.2)	44.1	(11.0)	0.38	(0.02)	0.79	(0.03)	0.42	(0.03)	0.88	(0.01)
Polen	26	(4.8)	67.7	(5.8)	–0.55	(0.04)	0.10	(0.06)	0.66	(0.08)	0.77	(0.02)
Portugal	39	(4.5)	56.3	(4.0)	–1.07	(0.08)	–0.29	(0.03)	0.78	(0.09)	0.76	(0.02)
Slowak. Republik	84	(4.3)	75.6	(2.8)	–0.37	(0.04)	0.24	(0.03)	0.61	(0.05)	0.68	(0.02)
Spanien	36	(3.2)	56.9	(3.0)	–0.70	(0.06)	0.09	(0.07)	0.79	(0.09)	0.75	(0.01)
Schweden	29	(6.0)	52.7	(8.4)	0.04	(0.02)	0.44	(0.07)	0.40	(0.07)	0.88	(0.01)
Schweiz	74	(5.6)	52.2	(2.0)	–0.35	(0.03)	0.21	(0.06)	0.57	(0.07)	0.81	(0.01)
Türkei	85	(5.3)	71.1	(3.2)	–1.45	(0.04)	–0.61	(0.08)	0.84	(0.08)	0.63	(0.02)
Vereinigte Staaten	55	(4.4)	69.0	(3.0)	0.02	(0.02)	0.59	(0.04)	0.57	(0.04)	0.77	(0.02)
OECD insgesamt	–	–	–	–	***–0.42***	***(0.02)***	***0.39***	***(0.02)***	***0.81***	***(0.02)***	–	–
OECD-Durchschnitt	–	–	–	–	***–0.35***	***(0.01)***	***0.42***	***(0.01)***	***0.77***	***(0.01)***	–	–
Partnerländer												
Brasilien	66	(4.6)	57.9	(2.0)	–1.41	(0.06)	–0.73	(0.08)	0.68	(0.08)	0.63	(0.01)
Hongkong (China)	102	(10.8)	42.6	(2.6)	–1.06	(0.04)	–0.57	(0.05)	0.49	(0.06)	0.77	(0.02)
Indonesien	59	(4.2)	41.3	(1.3)	–1.68	(0.05)	–0.95	(0.06)	0.73	(0.06)	0.71	(0.01)
Lettland	46	(8.4)	38.4	(5.0)	–0.12	(0.05)	0.35	(0.06)	0.47	(0.08)	0.81	(0.02)
Liechtenstein	123	(29.0)	71.1	(9.1)	–0.35	(0.00)	0.58	(0.00)	0.93	(0.00)	0.79	(0.04)
Macau (China)	37	(13.9)	24.2	(6.3)	–1.19	(0.04)	–0.72	(0.00)	0.47	(0.04)	0.77	(0.03)
Russ. Föderation	57	(7.9)	39.7	(5.5)	–0.34	(0.04)	0.11	(0.04)	0.45	(0.05)	0.80	(0.02)
Serbien	67	(5.8)	63.5	(2.3)	–0.62	(0.02)	0.05	(0.07)	0.67	(0.08)	0.73	(0.01)
Thailand	45	(4.1)	53.7	(2.9)	–1.62	(0.04)	–0.82	(0.09)	0.80	(0.10)	0.55	(0.02)
Tunesien	47	(4.3)	54.7	(2.6)	–1.88	(0.07)	–0.93	(0.11)	0.94	(0.13)	0.67	(0.01)
Uruguay	71	(4.0)	71.3	(2.5)	–0.78	(0.03)	–0.05	(0.08)	0.73	(0.08)	0.64	(0.01)
Verein. Königreich[7]	58	(3.8)	72.2	(2.9)	–0.21	(0.05)	0.38	(0.06)	0.58	(0.06)	0.82	(0.01)

1. In einigen Ländern wurden Untereinheiten von Schulen anstelle von Schulen als Verwaltungseinheiten für die Stichprobe herangezogen, und das kann die Schätzung der Effekte auf Schulebene beeinflussen. In Italien, Japan, Österreich, der Tschechischen Republik und Ungarn wurden Schulen mit mehr als einem Bildungsgang in die den jeweiligen Bildungsgängen entsprechenden Einheiten unterteilt. In den Niederlanden wurden Schulen mit Sekundarstufe I und Sekundarstufe II in Einheiten unterteilt, die diesen Niveaus jeweils entsprechen. In Uruguay und Mexiko, wo die Schulen Schichtunterricht erteilen, wurden sie in die entsprechenden Einheiten unterteilt. In der flämischen Gemeinschaft Belgiens wurden bei Multi-Campus-Schulen die verschiedenen Einrichtungen in die Stichprobe einbezogen, während in der französischen Gemeinschaft im Fall von Multi-Campus-Schulen die jeweils größere Verwaltungseinheit berücksichtigt wurde. In der Slowakischen Republik wurden Schulen, in denen sowohl Slowakisch als auch Ungarisch Testsprachen sind, in Einheiten gemäß der jeweiligen Unterrichtssprache unterteilt.
2. Einstufige bivariate Regression der Mathematikleistungen auf den Index des wirtschaftlichen, sozialen und kulturellen Status (ESCS), wobei die Steigung der Regressionskoeffizient für den ESCS ist.
3. Zweistufige Regression der Mathematikleistungen in Bezug auf den ESCS der Schüler und den ESCS-Mittelwert der Schulen: innerschulische Steigung des ESCS und erklärte Varianz auf Schülerebene nach dem Modell.
4. Zweistufige Regression der Mathematikleistungen auf den ESCS der Schüler und den ESCS-Mittelwert der Schulen: zwischenschulische Steigung des ESCS und erklärte Varianz auf Schulebene nach dem Modell.
5. Verteilung des ESCS-Mittelwerts der Schulen, Perzentile berechnet auf Schülerebene.
6. Der Index der Integration wurde abgeleitet von der "intra-class correlation" für ESCS (1-rho). Er bezeichnet den Anteil der ESCS-Varianz innerhalb der Schulen.
7. Die Beteiligungsquote ist zu niedrig, um die Vergleichbarkeit zu gewährleisten (siehe Anhang A3).

Tabelle 4.6

Zusammenhang zwischen Schülerleistungen in Mathematik und Ausbildungsjahren der Eltern

		Unbereinigter Mittelwert in Mathematik		Mittelwert, wenn das Mittel für die höchste Anzahl der Ausbildungsjahre der Mutter und des Vaters in allen OECD-Ländern gleich wäre		Ausbildungsjahre (jeweils höchster Wert für die Mutter bzw. den Vater)		Erklärte Varianz der Schülerleistungen (R^2 x 100)	
		Mittelwert	**S.E**	**Mittelwert**	**S.E**	**Punktzahldifferenz in Zusammenhang mit einem Ausbildungsjahr der Eltern**	**S.E**	**%**	**S.E**
OECD-Länder	Australien	524	(2.1)	526	(2.0)	8.1	(0.9)	4.2	(0.80)
	Österreich	506	(3.3)	507	(2.9)	7.4	(0.8)	4.9	(1.00)
	Belgien	529	(2.3)	534	(2.0)	9.7	(0.5)	8.3	(0.90)
	Kanada	532	(1.8)	526	(1.5)	6.8	(0.4)	3.9	(0.50)
	Tschech. Republik	516	(3.5)	512	(2.8)	15.2	(0.9)	11.9	(1.40)
	Dänemark	514	(2.7)	508	(2.3)	8.8	(0.7)	7.2	(1.00)
	Finnland	544	(1.9)	541	(1.8)	6.5	(0.5)	3.5	(0.60)
	Frankreich	511	(2.5)	523	(2.2)	8.6	(0.6)	8.1	(1.10)
	Deutschland	503	(3.3)	516	(3.0)	8.2	(0.5)	11.3	(1.30)
	Griechenland	445	(3.9)	445	(3.3)	6.8	(0.7)	6.4	(1.10)
	Ungarn	490	(2.8)	496	(2.4)	15.6	(0.8)	18.7	(1.60)
	Island	515	(1.4)	506	(1.6)	6.6	(0.5)	3.6	(0.60)
	Irland	503	(2.4)	508	(2.1)	8.3	(0.6)	7.2	(1.00)
	Italien	466	(3.1)	469	(3.0)	6.2	(0.5)	5.8	(0.90)
	Japan	534	(4.0)	527	(4.1)	10.0	(1.6)	5.7	(1.60)
	Korea	542	(3.2)	546	(3.3)	7.0	(0.7)	6.6	(1.20)
	Luxemburg	493	(1.0)	496	(1.2)	5.4	(0.3)	7.6	(0.80)
	Mexiko	385	(3.6)	403	(3.8)	5.1	(0.5)	8.9	(1.40)
	Niederlande	538	(3.1)	548	(2.7)	8.1	(0.7)	6.4	(1.20)
	Neuseeland	523	(2.3)	527	(2.1)	6.9	(0.5)	5.7	(0.90)
	Norwegen	495	(2.4)	484	(2.4)	8.4	(0.7)	3.6	(0.60)
	Polen	490	(2.5)	497	(2.1)	12.1	(0.9)	8.0	(1.00)
	Portugal	466	(3.4)	483	(3.4)	4.2	(0.3)	7.7	(1.20)
	Slowak. Republik	498	(3.3)	494	(2.9)	12.9	(1.0)	10.8	(1.40)
	Spanien	485	(2.4)	498	(2.3)	5.8	(0.4)	6.7	(0.90)
	Schweden	509	(2.6)	510	(2.3)	6.9	(0.6)	4.1	(0.70)
	Schweiz	527	(3.4)	537	(3.2)	10.5	(0.6)	9.0	(0.90)
	Türkei	423	(6.7)	462	(9.5)	9.3	(1.2)	14.1	(2.80)
	Vereinigte Staaten	483	(2.9)	480	(2.5)	8.9	(0.5)	6.1	(0.80)
	OECD insgesamt	***500***	***(0.6)***	***505***	***(0.6)***	***9.1***	***(0.1)***	***10.3***	***(0.30)***
	OECD-Durchschnitt	***489***	***(0.7)***	***495***	***(0.9)***	***10.1***	***(0.2)***	***12.1***	***(0.50)***
Partnerländer	Brasilien	356	(4.8)	367	(5.1)	4.0	(0.5)	4.2	(1.00)
	Hongkong (China)	550	(4.5)	564	(5.4)	3.8	(0.8)	1.7	(0.60)
	Indonesien	360	(3.9)	369	(5.1)	2.7	(0.6)	2.1	(0.80)
	Lettland	483	(3.7)	477	(3.7)	5.3	(0.9)	1.7	(0.50)
	Liechtenstein	536	(4.1)	548	(4.6)	11.1	(1.7)	9.5	(3.20)
	Macau (China)	527	(2.9)	533	(3.5)	1.7	(0.8)	0.7	(0.60)
	Russ. Föderation	468	(4.2)	466	(4.0)	12.4	(1.1)	4.3	(0.70)
	Serbien	437	(3.8)	439	(3.5)	7.8	(0.7)	5.0	(0.90)
	Thailand	417	(3.0)	441	(4.5)	5.8	(0.7)	7.3	(1.50)
	Tunesien	359	(2.5)	374	(4.0)	3.8	(0.6)	5.3	(1.40)
	Uruguay	422	(3.3)	429	(3.1)	7.1	(0.6)	7.5	(1.20)
	Verein. Königreich[1]	508	(2.4)	512	(2.5)	9.2	(0.7)	7.3	(1.10)

1. Die Beteiligungsquote ist zu niedrig, um die Vergleichbarkeit zu gewährleisten (siehe Anhang A3).

Tabelle 5.1a

Index der Unterstützung durch die Lehrkräfte im Mathematikunterricht und Leistungen auf der Gesamtskala Mathematik, nach nationalen Indexquartilen

Die Ergebnisse basieren auf Schülerangaben

		Index der Unterstützung durch die Lehrkräfte im Mathematikunterricht															
		Alle Schüler		Jungen		Mädchen		Unterschied (J - M)		Unterstes Quartil		Zweites Quartil		Drittes Quartil		Oberstes Quartil	
		Indexmittel	S.E.	Indexmittel	S.E.	Indexmittel	S.E.	Diff.	S.E.	Indexmittel	S.E.	Indexmittel	S.E.	Indexmittel	S.E.	Indexmittel	S.E.
OECD-Länder	Australien	0.25	(0.02)	0.21	(0.02)	0.29	(0.02)	**–0.08**	(0.02)	–1.01	(0.01)	–0.05	(0.00)	0.54	(0.00)	1.52	(0.01)
	Österreich	–0.39	(0.03)	–0.26	(0.04)	–0.53	(0.04)	**0.27**	(0.04)	–1.71	(0.02)	–0.66	(0.01)	–0.06	(0.01)	0.85	(0.02)
	Belgien	–0.11	(0.02)	–0.13	(0.02)	–0.09	(0.03)	–0.05	(0.03)	–1.36	(0.01)	–0.41	(0.00)	0.16	(0.00)	1.16	(0.01)
	Kanada	0.27	(0.01)	0.23	(0.02)	0.31	(0.02)	**–0.08**	(0.02)	–0.96	(0.01)	–0.03	(0.00)	0.56	(0.00)	1.51	(0.01)
	Tschech. Republik	–0.16	(0.03)	–0.12	(0.03)	–0.19	(0.04)	0.07	(0.04)	–1.30	(0.02)	–0.42	(0.01)	0.11	(0.00)	0.98	(0.02)
	Dänemark	0.14	(0.02)	0.16	(0.02)	0.12	(0.03)	0.04	(0.03)	–0.88	(0.02)	–0.12	(0.01)	0.34	(0.01)	1.24	(0.02)
	Finnland	0.08	(0.02)	0.09	(0.02)	0.07	(0.02)	0.02	(0.02)	–1.02	(0.02)	–0.15	(0.00)	0.32	(0.01)	1.15	(0.01)
	Frankreich	–0.17	(0.02)	–0.16	(0.03)	–0.18	(0.03)	0.03	(0.03)	–1.42	(0.02)	–0.44	(0.01)	0.12	(0.01)	1.05	(0.02)
	Deutschland	–0.29	(0.03)	–0.21	(0.03)	–0.36	(0.03)	**0.15**	(0.03)	–1.62	(0.02)	–0.57	(0.01)	0.05	(0.01)	1.00	(0.02)
	Griechenland	–0.06	(0.03)	–0.04	(0.03)	–0.08	(0.03)	0.04	(0.03)	–1.19	(0.03)	–0.31	(0.01)	0.18	(0.00)	1.09	(0.02)
	Ungarn	–0.08	(0.03)	–0.07	(0.03)	–0.10	(0.04)	0.03	(0.04)	–1.34	(0.02)	–0.36	(0.01)	0.18	(0.01)	1.19	(0.02)
	Island	0.20	(0.01)	0.17	(0.02)	0.23	(0.02)	–0.06	(0.03)	–0.92	(0.02)	–0.04	(0.01)	0.43	(0.01)	1.33	(0.02)
	Irland	0.00	(0.03)	–0.01	(0.04)	0.01	(0.04)	–0.02	(0.05)	–1.42	(0.02)	–0.29	(0.01)	0.37	(0.01)	1.34	(0.02)
	Italien	–0.12	(0.02)	–0.11	(0.03)	–0.12	(0.04)	0.01	(0.04)	–1.47	(0.03)	–0.40	(0.01)	0.20	(0.01)	1.19	(0.02)
	Japan	–0.34	(0.02)	–0.34	(0.02)	–0.34	(0.03)	0.00	(0.03)	–1.39	(0.02)	–0.53	(0.00)	–0.07	(0.00)	0.64	(0.02)
	Korea	–0.22	(0.02)	–0.23	(0.02)	–0.21	(0.02)	–0.01	(0.02)	–1.08	(0.01)	–0.46	(0.00)	–0.04	(0.00)	0.69	(0.02)
	Luxemburg	–0.30	(0.01)	–0.28	(0.02)	–0.32	(0.02)	0.04	(0.03)	–1.75	(0.02)	–0.54	(0.01)	0.05	(0.01)	1.06	(0.02)
	Mexiko	0.48	(0.02)	0.45	(0.02)	0.51	(0.03)	**–0.06**	(0.03)	–0.79	(0.01)	0.12	(0.00)	0.76	(0.01)	1.85	(0.01)
	Niederlande	–0.27	(0.03)	–0.24	(0.03)	–0.30	(0.03)	**0.06**	(0.03)	–1.38	(0.02)	–0.51	(0.01)	–0.01	(0.01)	0.81	(0.02)
	Neuseeland	0.16	(0.02)	0.17	(0.02)	0.15	(0.03)	0.01	(0.03)	–1.07	(0.02)	–0.11	(0.01)	0.42	(0.01)	1.41	(0.02)
	Norwegen	–0.11	(0.02)	–0.07	(0.03)	–0.15	(0.02)	**0.07**	(0.03)	–1.21	(0.02)	–0.34	(0.00)	0.12	(0.00)	0.98	(0.02)
	Polen	–0.18	(0.02)	–0.22	(0.03)	–0.14	(0.03)	**–0.09**	(0.03)	–1.31	(0.02)	–0.47	(0.00)	0.07	(0.00)	0.99	(0.02)
	Portugal	0.27	(0.03)	0.20	(0.03)	0.33	(0.03)	**–0.13**	(0.04)	–1.00	(0.02)	–0.05	(0.01)	0.53	(0.01)	1.59	(0.02)
	Slowak. Republik	–0.10	(0.03)	–0.03	(0.03)	–0.17	(0.03)	**0.14**	(0.04)	–1.28	(0.02)	–0.40	(0.01)	0.15	(0.01)	1.12	(0.02)
	Spanien	–0.07	(0.02)	–0.11	(0.03)	–0.03	(0.03)	**–0.08**	(0.03)	–1.34	(0.03)	–0.35	(0.00)	0.20	(0.01)	1.22	(0.02)
	Schweden	0.20	(0.02)	0.22	(0.02)	0.17	(0.02)	0.06	(0.03)	–0.92	(0.02)	–0.08	(0.00)	0.41	(0.01)	1.37	(0.02)
	Schweiz	0.01	(0.02)	0.08	(0.03)	–0.07	(0.03)	**0.16**	(0.04)	–1.20	(0.02)	–0.24	(0.01)	0.29	(0.00)	1.19	(0.02)
	Türkei	0.41	(0.03)	0.35	(0.04)	0.48	(0.04)	**–0.13**	(0.04)	–0.85	(0.02)	0.04	(0.01)	0.66	(0.01)	1.80	(0.01)
	Vereinigte Staaten	0.34	(0.02)	0.29	(0.03)	0.39	(0.03)	**–0.10**	(0.03)	–0.98	(0.02)	0.01	(0.01)	0.64	(0.01)	1.70	(0.01)
	OECD insgesamt	*0.07*	*(0.01)*	*0.06*	*(0.01)*	*0.09*	*(0.01)*	*–0.03*	*(0.01)*	*–1.20*	*(0.01)*	*–0.25*	*(0.00)*	*0.33*	*(0.00)*	*1.40*	*(0.01)*
	OECD-Durchschnitt	*0.00*	*(0.00)*	*0.00*	*(0.01)*	*0.00*	*(0.01)*	*0.01*	*(0.01)*	*–1.24*	*(0.01)*	*–0.29*	*(0.00)*	*0.27*	*(0.01)*	*1.26*	*(0.01)*
Partnerländer	Brasilien	0.56	(0.02)	0.50	(0.03)	0.60	(0.03)	**–0.10**	(0.04)	–0.65	(0.02)	0.19	(0.01)	0.87	(0.01)	1.82	(0.01)
	Hongkong (China)	0.03	(0.02)	0.01	(0.02)	0.06	(0.02)	–0.05	(0.03)	–0.97	(0.02)	–0.24	(0.01)	0.21	(0.00)	1.14	(0.02)
	Indonesien	0.39	(0.01)	0.39	(0.02)	0.40	(0.02)	–0.01	(0.02)	–0.50	(0.01)	0.10	(0.00)	0.56	(0.01)	1.41	(0.02)
	Lettland	0.05	(0.03)	0.05	(0.03)	0.06	(0.03)	0.00	(0.03)	–0.94	(0.02)	–0.19	(0.01)	0.28	(0.01)	1.08	(0.02)
	Liechtenstein	–0.07	(0.05)	0.09	(0.06)	–0.25	(0.08)	**0.34**	(0.10)	–1.34	(0.08)	–0.28	(0.02)	0.23	(0.02)	1.11	(0.06)
	Macau (China)	–0.05	(0.03)	–0.02	(0.04)	–0.08	(0.03)	0.06	(0.05)	–0.98	(0.02)	–0.30	(0.01)	0.13	(0.01)	0.95	(0.04)
	Russ. Föderation	0.26	(0.02)	0.24	(0.02)	0.28	(0.03)	–0.04	(0.03)	–0.79	(0.01)	–0.05	(0.00)	0.45	(0.01)	1.41	(0.01)
	Serbien	–0.17	(0.03)	–0.06	(0.04)	–0.28	(0.04)	**0.22**	(0.05)	–1.55	(0.02)	–0.55	(0.01)	0.11	(0.01)	1.30	(0.02)
	Thailand	0.67	(0.02)	0.54	(0.03)	0.77	(0.03)	**–0.23**	(0.04)	–0.46	(0.01)	0.29	(0.01)	0.93	(0.01)	1.90	(0.01)
	Tunesien	0.24	(0.02)	0.28	(0.03)	0.20	(0.03)	**0.08**	(0.03)	–1.08	(0.02)	–0.07	(0.01)	0.56	(0.01)	1.56	(0.01)
	Uruguay	0.32	(0.03)	0.31	(0.04)	0.34	(0.03)	–0.02	(0.04)	–1.00	(0.03)	0.00	(0.01)	0.64	(0.01)	1.65	(0.01)
	Verein. Königreich[1]	0.18	(0.02)	0.18	(0.03)	0.18	(0.03)	0.01	(0.03)	–1.14	(0.02)	–0.11	(0.01)	0.48	(0.01)	1.48	(0.01)

		Leistungen auf der Gesamtskala Mathematik, nach nationalen Indexquartilen							
		Unterstes Quartil		Zweites Quartil		Drittes Quartil		Oberstes Quartil	
		Mittelwert	S.E.	Mittelwert	S.E.	Mittelwert	S.E.	Mittelwert	S.E.
OECD-Länder	Australien	**512**	(3.2)	518	(3.24)	535	(2.56)	**539**	(2.8)
	Österreich	**516**	(3.4)	514	(4.57)	506	(4.53)	**495**	(5.2)
	Belgien	**544**	(3.5)	540	(2.93)	540	(3.52)	**531**	(3.7)
	Kanada	**526**	(2.5)	535	(2.25)	541	(2.30)	**543**	(2.9)
	Tschech. Republik	525	(4.2)	527	(4.38)	523	(4.23)	517	(4.5)
	Dänemark	**504**	(4.2)	517	(3.42)	524	(3.99)	**521**	(4.1)
	Finnland	**538**	(3.1)	543	(3.60)	547	(3.51)	**550**	(3.2)
	Frankreich	515	(3.6)	518	(3.49)	513	(3.72)	507	(4.3)
	Deutschland	**523**	(4.6)	523	(4.36)	511	(5.01)	**497**	(4.6)
	Griechenland	**458**	(4.6)	444	(4.63)	444	(4.94)	**442**	(4.8)
	Ungarn	492	(3.7)	488	(4.20)	493	(4.53)	491	(4.7)
	Island	**501**	(3.1)	515	(3.37)	521	(3.07)	**528**	(3.1)
	Irland	504	(3.5)	507	(3.86)	509	(3.03)	495	(4.1)
	Italien	**484**	(3.8)	477	(3.66)	464	(4.20)	**441**	(5.1)
	Japan	**515**	(5.9)	540	(4.52)	542	(5.49)	**544**	(5.8)
	Korea	**532**	(3.9)	545	(3.74)	546	(4.14)	**547**	(4.9)
	Luxemburg	**507**	(2.3)	499	(2.92)	496	(3.16)	**478**	(3.3)
	Mexiko	391	(3.9)	385	(4.00)	388	(5.33)	388	(4.4)
	Niederlande	543	(4.1)	550	(3.73)	540	(4.80)	547	(4.2)
	Neuseeland	**518**	(3.9)	523	(3.54)	533	(3.79)	**528**	(3.4)
	Norwegen	**478**	(3.6)	494	(4.19)	507	(3.99)	**512**	(3.3)
	Polen	492	(3.5)	493	(3.76)	491	(3.25)	488	(3.8)
	Portugal	**475**	(3.9)	462	(5.82)	470	(4.68)	**459**	(4.1)
	Slowak. Republik	**517**	(4.2)	507	(4.40)	494	(3.71)	**477**	(4.4)
	Spanien	487	(3.5)	487	(3.72)	490	(3.39)	483	(3.6)
	Schweden	**502**	(3.6)	510	(3.84)	513	(3.42)	**517**	(4.5)
	Schweiz	**541**	(6.7)	531	(4.43)	525	(3.84)	**515**	(4.1)
	Türkei	417	(8.4)	427	(7.21)	432	(8.13)	428	(9.2)
	Vereinigte Staaten	**472**	(4.1)	478	(3.79)	498	(3.94)	**492**	(3.7)
	OECD insgesamt	*496*	*(1.3)*	*498*	*(1.35)*	*492*	*(1.55)*	*481*	*(1.6)*
	OECD-Durchschnitt	*505*	*(0.8)*	*506*	*(0.71)*	*503*	*(0.87)*	*496*	*(1.0)*
Partnerländer	Brasilien	**373**	(5.7)	367	(6.36)	357	(5.33)	**342**	(5.5)
	Hongkong (China)	**533**	(5.6)	550	(4.70)	556	(6.16)	**564**	(5.3)
	Indonesien	**374**	(5.9)	360	(4.22)	360	(4.76)	**351**	(3.4)
	Lettland	486	(4.6)	484	(4.58)	486	(5.08)	479	(5.1)
	Liechtenstein	546	(10.4)	521	(10.44)	532	(10.23)	543	(9.8)
	Macau (China)	527	(7.1)	530	(7.67)	527	(6.65)	526	(6.2)
	Russ. Föderation	464	(5.0)	469	(5.10)	473	(5.19)	473	(4.8)
	Serbien	**457**	(4.8)	451	(4.15)	438	(4.31)	**413**	(4.8)
	Thailand	**413**	(4.0)	412	(3.69)	421	(4.11)	**423**	(3.6)
	Tunesien	**373**	(3.4)	358	(3.41)	354	(3.38)	**359**	(3.9)
	Uruguay	**440**	(4.9)	428	(4.19)	428	(4.79)	**407**	(4.2)
	Verein. Königreich[1]	**496**	(3.7)	500	(3.43)	518	(3.51)	**520**	(4.1)

Anmerkung: Statistisch signifikante Werte sind durch Fettdruck gekennzeichnet (siehe Anhang A4).
1. Die Beteiligungsquote ist zu niedrig, um die Vergleichbarkeit zu gewährleisten (siehe Anhang A3).

Tabelle 5.1a *(Fortsetzung)*

Index der Unterstützung durch die Lehrkräfte im Mathematikunterricht und Leistungen auf der Gesamtskala Mathematik, nach nationalen Indexquartilen

Die Ergebnisse basieren auf Schülerangaben

		Punktzahlveränderung auf der Gesamtskala Mathematik, je Indexeinheit		Größere Wahrscheinlichkeit für Schüler im untersten Indexquartil, im untersten nationalen Quartil der Gesamtskala Mathematik zu liegen		Erklärte Varianz der Schülerleistungen ($R^2 \times 100$)	
		Effekt	S.E.	Quotient	S.E.	%	S.E.
OECD-Länder	Australien	**10.8**	(1.43)	**1.3**	(0.06)	1.3	(0.35)
	Österreich	**–8.4**	(1.91)	**0.7**	(0.07)	0.9	(0.39)
	Belgien	**–6.0**	(1.61)	**0.9**	(0.06)	0.3	(0.19)
	Kanada	**6.3**	(1.08)	**1.2**	(0.05)	0.5	(0.17)
	Tschech. Republik	**–5.1**	(2.11)	0.9	(0.07)	0.3	(0.21)
	Dänemark	**6.7**	(2.05)	**1.2**	(0.08)	0.4	(0.25)
	Finnland	**4.4**	(1.83)	**1.1**	(0.06)	0.2	(0.19)
	Frankreich	**–5.2**	(1.93)	0.9	(0.08)	0.3	(0.26)
	Deutschland	**–10.9**	(1.93)	**0.7**	(0.06)	1.4	(0.51)
	Griechenland	**–6.4**	(2.07)	**0.8**	(0.06)	0.4	(0.27)
	Ungarn	–0.3	(2.14)	0.9	(0.08)	0.0	(0.05)
	Island	**9.5**	(1.87)	**1.4**	(0.09)	0.9	(0.37)
	Irland	–2.9	(1.81)	0.9	(0.07)	0.1	(0.17)
	Italien	**–16.3**	(1.67)	**0.6**	(0.05)	3.3	(0.61)
	Japan	**12.9**	(3.27)	**1.4**	(0.10)	1.2	(0.59)
	Korea	**7.5**	(2.56)	**1.2**	(0.07)	0.4	(0.24)
	Luxemburg	**–9.8**	(1.30)	**0.7**	(0.05)	1.5	(0.39)
	Mexiko	–1.6	(1.41)	1.0	(0.07)	0.0	(0.07)
	Niederlande	0.3	(2.21)	1.0	(0.09)	0.0	(0.04)
	Neuseeland	**3.9**	(1.62)	1.1	(0.08)	0.2	(0.14)
	Norwegen	**14.0**	(1.93)	**1.4**	(0.09)	1.9	(0.52)
	Polen	–2.9	(1.86)	1.0	(0.06)	0.1	(0.12)
	Portugal	**–5.5**	(1.76)	**0.8**	(0.07)	0.4	(0.26)
	Slowak. Republik	**–16.0**	(1.83)	**0.7**	(0.07)	2.7	(0.59)
	Spanien	–1.1	(1.55)	0.9	(0.07)	0.0	(0.07)
	Schweden	**4.5**	(1.81)	**1.2**	(0.08)	0.2	(0.16)
	Schweiz	**–10.3**	(2.97)	**0.7**	(0.06)	1.0	(0.57)
	Türkei	3.8	(3.54)	1.1	(0.09)	0.1	(0.26)
	Vereinigte Staaten	**7.9**	(1.27)	**1.2**	(0.06)	0.8	(0.25)
	OECD insgesamt	***–5.9***	*(0.58)*	***0.9***	*(0.02)*	*0.4*	*(0.07)*
	OECD-Durchschnitt	***–4.2***	*(0.36)*	***0.9***	*(0.01)*	*0.2*	*(0.03)*
Partnerländer	Brasilien	**–12.2**	(2.36)	**0.8**	(0.06)	1.4	(0.54)
	Hongkong (China)	**12.0**	(2.29)	**1.4**	(0.08)	1.1	(0.40)
	Indonesien	**–10.7**	(2.35)	0.9	(0.07)	1.0	(0.45)
	Lettland	–3.8	(2.39)	0.9	(0.06)	0.1	(0.17)
	Liechtenstein	–6.5	(4.57)	**0.6**	(0.18)	0.4	(0.63)
	Macau (China)	–4.1	(4.45)	0.9	(0.12)	0.2	(0.32)
	Russ. Föderation	**3.9**	(1.98)	1.1	(0.08)	0.1	(0.15)
	Serbien	**–15.6**	(1.74)	**0.7**	(0.06)	4.4	(0.91)
	Thailand	**4.4**	(1.65)	**1.2**	(0.08)	0.2	(0.18)
	Tunesien	**–5.2**	(1.64)	**0.7**	(0.06)	0.4	(0.29)
	Uruguay	**–11.4**	(1.78)	**0.7**	(0.06)	1.5	(0.45)
	Verein. Königreich[1]	**9.7**	(1.41)	**1.2**	(0.08)	1.2	(0.36)

Anmerkung: Statistisch signifikante Werte sind durch Fettdruck gekennzeichnet (siehe Anhang A4).
1. Die Beteiligungsquote ist zu niedrig, um die Vergleichbarkeit zu gewährleisten (siehe Anhang A3).

Tabelle 5.1b

Unterstützung durch die Lehrkräfte in PISA 2003 (Mathematik) und PISA 2000 (Testsprache)

Die Ergebnisse basieren auf Schülerangaben

		Prozentsatz der Schülerinnen und Schüler, laut deren Angaben Folgendes in den meisten oder allen Unterrichtsstunden vorkommt									
		Der Lehrer interessiert sich für den Lernfortschritt jedes einzelnen Schülers				Der Lehrer unterstützt die Schüler zusätzlich, wenn sie Hilfe brauchen		Der Lehrer unterstützt die Schüler beim Lernen			
		PISA 2003		PISA 2000		PISA 2003		PISA 2003		PISA 2000	
		%	S.E.	%	S.E.	%	S.E.	%	S.E.	%	S.E.
OECD-Länder	Australien	**63.7**	(0.6)	**72.5**	(0.9)	78.4	(0.6)	**84.9**	(0.4)	**77.6**	(0.8)
	Österreich	49.1	(1.1)	49.5	(1.2)	58.6	(1.3)	**45.1**	(1.3)	**32.8**	(1.1)
	Belgien	**49.0**	(0.8)	**43.6**	(1.0)	64.6	(0.8)	**66.3**	(0.8)	**38.6**	(1.0)
	Kanada	**62.9**	(0.6)	**69.3**	(0.6)	80.1	(0.5)	**86.4**	(0.4)	**75.8**	(0.5)
	Tschech. Republik	47.1	(1.2)	47.9	(1.0)	75.4	(1.2)	**59.4**	(1.2)	**24.7**	(1.1)
	Dänemark	**57.3**	(1.0)	**63.2**	(1.0)	68.5	(1.0)	**84.6**	(0.7)	**69.0**	(1.0)
	Finnland	54.3	(0.9)	52.9	(1.1)	77.3	(0.8)	**86.5**	(0.7)	**67.0**	(0.9)
	Frankreich	**47.7**	(0.8)	**56.3**	(1.2)	62.6	(0.9)	**66.4**	(0.8)	**43.4**	(1.0)
	Deutschland	43.5	(1.0)	41.5	(1.0)	59.3	(1.2)	**59.1**	(1.1)	**34.7**	(0.8)
	Griechenland	**43.3**	(1.4)	**70.7**	(0.9)	62.2	(1.3)	**73.6**	(1.1)	**70.8**	(0.9)
	Ungarn	**53.6**	(1.2)	**59.4**	(1.0)	63.8	(1.1)	**71.8**	(1.1)	**52.3**	(0.9)
	Island	**65.7**	(0.8)	**53.8**	(0.7)	69.2	(0.6)	**89.4**	(0.5)	**75.5**	(0.7)
	Irland	**61.5**	(1.2)	**70.5**	(1.1)	61.8	(1.2)	**75.4**	(0.8)	**61.8**	(1.2)
	Italien	**56.5**	(0.9)	m	m	48.8	(0.9)	**69.9**	(0.8)	m	m
	Japan	49.6	(1.0)	51.8	(1.3)	62.3	(0.9)	**73.2**	(0.8)	**54.5**	(1.5)
	Korea	**57.9**	(0.9)	**31.2**	(1.1)	55.8	(1.0)	**78.5**	(0.7)	**41.3**	(1.1)
	Luxemburg	**53.4**	(0.7)	**47.0**	(0.9)	60.9	(0.7)	**48.7**	(0.7)	**33.2**	(0.8)
	Mexiko	**80.8**	(0.6)	**72.4**	(1.3)	67.9	(0.9)	**78.0**	(0.8)	**63.5**	(1.1)
	Niederlande	**48.6**	(1.1)	**38.0**	(1.1)	66.3	(1.1)	**49.1**	(1.1)	**39.2**	(1.4)
	Neuseeland	**63.1**	(1.0)	**69.9**	(1.0)	76.6	(0.8)	**83.9**	(0.7)	**77.1**	(0.9)
	Norwegen	**54.6**	(1.0)	**49.6**	(1.1)	59.7	(1.0)	**80.7**	(0.8)	**71.0**	(1.0)
	Polen	**51.3**	(1.1)	**39.9**	(1.2)	61.4	(1.1)	**61.7**	(1.0)	**37.1**	(1.1)
	Portugal	**67.1**	(1.2)	**83.7**	(0.8)	73.4	(1.1)	82.0	(0.9)	79.8	(0.8)
	Slowak. Republik	57.4	(0.9)	a	a	58.0	(1.1)	64.9	(1.0)	a	a
	Spanien	64.7	(0.8)	62.8	(1.0)	48.2	(1.0)	**71.9**	(0.8)	**63.5**	(1.3)
	Schweden	**68.9**	(0.8)	**65.3**	(1.0)	70.2	(0.9)	**87.4**	(0.6)	**77.5**	(0.8)
	Schweiz	**54.6**	(1.0)	**57.7**	(1.2)	72.9	(0.7)	**66.6**	(0.8)	**47.7**	(1.1)
	Türkei	77.2	(1.1)	a	a	74.2	(1.1)	82.3	(0.9)	a	a
	Vereinigte Staaten	69.3	(0.8)	70.0	(1.5)	78.0	(0.8)	**84.2**	(0.8)	**73.9**	(1.2)
	OECD insgesamt	*61.1*	*(0.3)*	*58.2*	*(0.5)*	*67.9*	*(0.3)*	*75.6*	*(0.3)*	*59.1*	*(0.5)*
	OECD-Durchschnitt	*57.9*	*(0.2)*	*56.7*	*(0.2)*	*66.3*	*(0.2)*	*73.2*	*(0.1)*	*57.4*	*(0.2)*
Partnerländer	Brasilien	**80.9**	(0.8)	**74.8**	(0.9)	70.8	(0.9)	**86.4**	(0.8)	**77.0**	(1.0)
	Hongkong (China)	**62.2**	(0.9)	**57.4**	(0.9)	66.6	(0.9)	**74.1**	(0.7)	**57.5**	(0.9)
	Indonesien	**63.7**	(0.8)	**55.2**	(0.8)	66.3	(0.8)	**81.0**	(0.6)	**68.0**	(0.9)
	Lettland	**50.5**	(1.8)	**40.6**	(1.3)	71.5	(1.1)	**82.5**	(0.9)	**54.1**	(1.5)
	Liechtenstein	54.8	(2.7)	52.9	(2.8)	71.9	(2.4)	**62.8**	(2.8)	**42.7**	(2.5)
	Macau (China)	60.3	(1.6)	a	a	57.5	(1.5)	68.2	(1.6)	a	a
	Russ. Föderation	**67.1**	(0.9)	**57.0**	(0.9)	73.8	(0.8)	**80.1**	(0.7)	**72.4**	(0.8)
	Serbien	53.5	(1.1)	a	a	48.9	(1.1)	54.1	(1.0)	a	a
	Thailand	**84.7**	(0.8)	**76.4**	(1.2)	77.4	(0.8)	**88.2**	(0.6)	**67.4**	(0.9)
	Tunesien	70.8	(0.9)	a	a	61.6	(0.9)	77.2	(0.8)	a	a
	Uruguay	76.8	(1.1)	a	a	51.3	(1.3)	80.9	(1.0)	a	a
	Verein. Königreich[1]	m	m	m	m	m	m	m	m	m	m

		Prozentsatz der Schülerinnen und Schüler, laut deren Angaben Folgendes in den meisten oder allen Unterrichtsstunden vorkommt							
		Der Lehrer erklärt etwas so lange, bis es die Schüler verstanden haben				Der Lehrer gibt den Schülern Gelegenheit, ihre Meinung zu sagen			
		PISA 2003		PISA 2000		PISA 2003		PISA 2000	
		%	S.E.	%	S.E.	%	S.E.	%	S.E.
OECD-Länder	Australien	71.8	(0.8)	72.3	(0.9)	**62.9**	(0.6)	**78.1**	(0.9)
	Österreich	**50.6**	(1.3)	**57.6**	(1.3)	**52.1**	(1.2)	**68.7**	(1.2)
	Belgien	**63.6**	(0.9)	**59.4**	(0.8)	**52.9**	(0.7)	**57.8**	(1.0)
	Kanada	**71.2**	(0.5)	**68.8**	(0.5)	**62.3**	(0.6)	**74.2**	(0.5)
	Tschech. Republik	**51.2**	(1.2)	**41.8**	(1.1)	57.1	(1.3)	58.0	(1.2)
	Dänemark	**72.5**	(1.0)	**68.2**	(1.1)	**69.0**	(0.9)	**77.9**	(0.9)
	Finnland	61.0	(0.8)	59.9	(1.0)	**61.7**	(0.9)	**72.8**	(1.1)
	Frankreich	**62.2**	(1.0)	**57.9**	(1.0)	**50.0**	(0.9)	**62.2**	(1.1)
	Deutschland	54.0	(1.1)	53.6	(0.9)	**53.4**	(1.1)	**63.1**	(1.0)
	Griechenland	**58.6**	(1.1)	**63.4**	(1.0)	**71.3**	(0.9)	**79.6**	(0.8)
	Ungarn	**54.9**	(1.2)	**59.8**	(1.0)	**61.7**	(1.2)	**72.1**	(0.9)
	Island	**77.8**	(0.8)	**72.0**	(0.6)	**59.1**	(0.8)	**51.2**	(0.9)
	Irland	**68.1**	(1.0)	**64.7**	(1.0)	**49.6**	(1.1)	**67.1**	(1.0)
	Italien	61.0	(0.9)	63.0	(1.1)	**61.4**	(0.8)	**72.6**	(0.9)
	Japan	49.8	(1.0)	50.7	(1.5)	**46.6**	(1.2)	**61.3**	(1.3)
	Korea	39.5	(0.9)	40.9	(1.2)	**49.1**	(0.9)	**43.6**	(1.2)
	Luxemburg	57.1	(0.7)	58.2	(0.8)	58.8	(0.7)	59.6	(0.8)
	Mexiko	**69.7**	(0.9)	**64.6**	(1.2)	**73.1**	(0.7)	**79.9**	(1.0)
	Niederlande	**60.4**	(1.2)	**65.2**	(1.4)	**53.6**	(1.1)	**57.6**	(1.3)
	Neuseeland	67.9	(0.9)	67.9	(1.0)	**59.0**	(1.0)	**74.1**	(1.0)
	Norwegen	60.4	(1.0)	60.4	(1.1)	**57.7**	(1.1)	**63.3**	(1.4)
	Polen	54.8	(1.1)	44.9	(1.4)	**54.6**	(1.0)	**62.6**	(1.5)
	Portugal	71.2	(1.0)	69.2	(0.9)	**67.5**	(1.1)	**78.1**	(0.8)
	Slowak. Republik	52.3	(1.2)	a	a	59.9	(1.0)	a	a
	Spanien	64.7	(1.0)	66.4	(1.2)	**59.7**	(0.8)	**64.0**	(1.2)
	Schweden	70.8	(0.9)	69.4	(1.0)	**61.7**	(0.9)	**71.9**	(0.9)
	Schweiz	**60.5**	(1.5)	**66.9**	(1.2)	68.7	(0.8)	69.0	(0.9)
	Türkei	68.0	(1.3)	a	a	69.9	(1.1)	a	a
	Vereinigte Staaten	**71.4**	(0.9)	**67.6**	(1.2)	**63.0**	(0.8)	**70.5**	(1.4)
	OECD insgesamt	*63.1*	*(0.3)*	*60.9*	*(0.4)*	*59.0*	*(0.3)*	*67.5*	*(0.4)*
	OECD-Durchschnitt	*62.3*	*(0.2)*	*61.9*	*(0.2)*	*59.5*	*(0.2)*	*67.4*	*(0.2)*
Partnerländer	Brasilien	**81.0**	(0.7)	**70.8**	(1.2)	**75.8**	(1.0)	**71.9**	(1.0)
	Hongkong (China)	**68.5**	(0.9)	**53.0**	(0.8)	60.3	(1.0)	62.1	(1.0)
	Indonesien	**78.0**	(0.7)	**64.5**	(1.1)	**81.0**	(0.9)	**77.3**	(0.9)
	Lettland	**63.2**	(1.0)	**55.1**	(1.5)	64.3	(1.2)	61.2	(1.6)
	Liechtenstein	**59.8**	(2.6)	**71.2**	(2.7)	65.5	(2.4)	70.0	(2.1)
	Macau (China)	63.6	(1.8)	a	a	56.9	(1.7)	a	a
	Russ. Föderation	**66.6**	(1.0)	**62.4**	(1.1)	70.6	(0.8)	70.2	(0.9)
	Serbien	51.0	(1.2)	a	a	55.3	(1.0)	a	a
	Thailand	**82.6**	(0.8)	**59.5**	(1.3)	78.9	(1.0)	79.2	(0.9)
	Tunesien	70.0	(0.9)	a	a	62.5	(1.1)	a	a
	Uruguay	74.8	(1.0)	a	a	72.6	(0.9)	a	a
	Verein. Königreich[1]	m	m	m	m	m	m	m	m

Anmerkung: Statistisch signifikante Werte sind durch Fettdruck gekennzeichnet (siehe Anhang A4).
1. Die Beteiligungsquote ist zu niedrig, um die Vergleichbarkeit zu gewährleisten (siehe Anhang A3).

Tabelle 5.2a

Index schülerbezogener Faktoren für das Schulklima aus der Sicht der Schulleitungen und Leistungen auf der Gesamtskala Mathematik, nach nationalen Indexquartilen

Die Ergebnisse basieren auf Angaben der Schulleitungen und beziehen sich auf den jeweiligen zahlenmäßigen Anteil der 15-Jährigen in den Schulen

		Index schülerbezogener Faktoren für das Schulklima										Leistungen auf der Gesamtskala Mathematik, nach nationalen Indexquartilen							
		Alle Schüler		Unterstes Quartil		Zweites Quartil		Drittes Quartil		Oberstes Quartil		Unterstes Quartil		Zweites Quartil		Drittes Quartil		Oberstes Quartil	
		Indexmittel	S.E.	Indexmittel	S.E.	Indexmittel	S.E.	Indexmittel	S.E.	Indexmittel	S.E.	Mittelwert	S.E.	Mittelwert	S.E.	Mittelwert	S.E.	Mittelwert	S.E.
OECD-Länder	Australien	–0.02	(0.05)	–1.10	(0.04)	–0.36	(0.02)	0.15	(0.02)	1.25	(0.09)	**500**	(4.3)	507	(5.3)	535	(4.5)	**555**	(6.3)
	Österreich	–0.02	(0.06)	–1.10	(0.06)	–0.28	(0.02)	0.23	(0.03)	1.08	(0.07)	491	(10.3)	503	(9.4)	512	(8.5)	514	(8.9)
	Belgien	0.37	(0.06)	–1.06	(0.05)	0.00	(0.02)	0.76	(0.02)	1.77	(0.05)	461	(8.9)	521	(6.5)	555	(6.9)	**581**	(6.1)
	Kanada	–0.42	(0.04)	–1.45	(0.05)	–0.70	(0.01)	–0.21	(0.01)	0.67	(0.04)	**517**	(3.5)	533	(3.8)	531	(3.6)	**548**	(3.1)
	Tschech. Republik	0.19	(0.04)	–0.69	(0.04)	–0.05	(0.02)	0.39	(0.01)	1.11	(0.04)	**497**	(7.6)	514	(8.9)	526	(6.4)	**528**	(8.5)
	Dänemark	0.26	(0.05)	–0.60	(0.04)	–0.01	(0.02)	0.44	(0.01)	1.22	(0.07)	**501**	(6.0)	517	(5.2)	519	(4.6)	**520**	(5.3)
	Finnland	–0.10	(0.05)	–0.90	(0.04)	–0.28	(0.02)	0.15	(0.01)	0.62	(0.05)	**536**	(3.2)	541	(4.1)	552	(2.9)	**548**	(3.7)
	Frankreich	w	w	w	w	w	w	w	w	w	w	w	w	w	w	w	w	w	w
	Deutschland	–0.08	(0.06)	–1.33	(0.09)	–0.30	(0.02)	0.22	(0.02)	1.10	(0.07)	**439**	(8.7)	501	(9.2)	531	(7.2)	**541**	(7.8)
	Griechenland	–0.36	(0.18)	–2.35	(0.10)	–0.88	(0.07)	0.39	(0.05)	1.39	(0.12)	435	(11.7)	438	(11.6)	446	(7.6)	459	(10.3)
	Ungarn	0.32	(0.08)	–1.16	(0.11)	0.06	(0.04)	0.78	(0.03)	1.62	(0.08)	**455**	(9.5)	473	(8.7)	502	(6.9)	**532**	(6.6)
	Island	0.06	(0.00)	–1.04	(0.00)	–0.25	(0.00)	0.27	(0.00)	1.27	(0.01)	**510**	(3.2)	512	(3.5)	519	(3.2)	**522**	(3.2)
	Irland	–0.29	(0.09)	–1.39	(0.11)	–0.54	(0.02)	–0.08	(0.02)	0.85	(0.10)	**487**	(7.2)	498	(5.3)	514	(5.8)	**516**	(4.9)
	Italien	0.00	(0.06)	–1.18	(0.04)	–0.32	(0.03)	0.25	(0.02)	1.25	(0.06)	**435**	(6.8)	461	(7.1)	473	(7.5)	**496**	(9.5)
	Japan	0.47	(0.07)	–0.78	(0.06)	0.16	(0.03)	0.73	(0.03)	1.76	(0.08)	**468**	(7.9)	522	(10.1)	554	(8.1)	**592**	(8.3)
	Korea	0.95	(0.13)	–1.10	(0.18)	0.69	(0.04)	1.63	(0.04)	2.58	(0.01)	**506**	(9.5)	528	(9.2)	560	(8.1)	**575**	(8.2)
	Luxemburg	–0.14	(0.00)	–0.88	(0.01)	–0.47	(0.00)	0.07	(0.00)	0.74	(0.01)	**486**	(2.3)	478	(2.5)	491	(2.4)	**518**	(2.6)
	Mexiko	0.23	(0.07)	–1.09	(0.05)	–0.10	(0.03)	0.57	(0.02)	1.54	(0.06)	**370**	(5.5)	384	(6.3)	391	(9.0)	**398**	(7.4)
	Niederlande	–0.19	(0.07)	–1.17	(0.07)	–0.43	(0.02)	0.03	(0.01)	0.80	(0.11)	**487**	(8.8)	527	(9.9)	568	(9.7)	**564**	(11.2)
	Neuseeland	–0.38	(0.04)	–1.35	(0.06)	–0.62	(0.02)	–0.08	(0.02)	0.52	(0.05)	**505**	(5.7)	516	(5.5)	532	(5.4)	**546**	(4.7)
	Norwegen	–0.15	(0.05)	–0.99	(0.05)	–0.36	(0.02)	0.04	(0.02)	0.69	(0.05)	493	(4.6)	494	(4.6)	491	(3.8)	499	(5.7)
	Polen	–0.04	(0.06)	–1.10	(0.07)	–0.25	(0.02)	0.19	(0.02)	1.00	(0.06)	487	(5.5)	490	(4.5)	491	(5.6)	492	(5.0)
	Portugal	–0.12	(0.07)	–1.15	(0.08)	–0.34	(0.02)	0.10	(0.02)	0.89	(0.08)	**446**	(10.3)	480	(5.9)	464	(6.2)	**473**	(6.5)
	Slowak. Republik	0.32	(0.05)	–0.76	(0.07)	0.13	(0.02)	0.60	(0.02)	1.30	(0.06)	**477**	(8.5)	490	(6.9)	506	(8.3)	**520**	(5.6)
	Spanien	–0.01	(0.07)	–1.29	(0.07)	–0.40	(0.02)	0.18	(0.02)	1.46	(0.09)	**468**	(5.1)	475	(6.6)	482	(4.2)	**516**	(4.9)
	Schweden	–0.08	(0.05)	–1.00	(0.06)	–0.29	(0.02)	0.16	(0.01)	0.79	(0.05)	**499**	(5.8)	508	(3.5)	512	(6.2)	**517**	(5.3)
	Schweiz	0.00	(0.08)	–0.94	(0.05)	–0.28	(0.02)	0.12	(0.02)	1.10	(0.09)	522	(9.6)	523	(7.8)	527	(8.3)	534	(9.0)
	Türkei	–0.35	(0.14)	–2.27	(0.10)	–0.88	(0.08)	0.34	(0.05)	1.41	(0.10)	417	(12.1)	409	(11.3)	416	(12.6)	453	(18.3)
	Vereinigte Staaten	–0.26	(0.06)	–1.31	(0.06)	–0.50	(0.02)	–0.06	(0.02)	0.84	(0.08)	**471**	(7.7)	482	(6.1)	483	(5.7)	**505**	(6.8)
	OECD insgesamt	***0.01***	***(0.02)***	***–1.28***	***(0.02)***	***–0.33***	***(0.01)***	***0.28***	***(0.01)***	***1.36***	***(0.03)***	*459*	*(2.9)*	*483*	*(2.5)*	*496*	*(2.7)*	*517*	*(2.8)*
	OECD-Durchschnitt	***0.00***	***(0.01)***	***–1.23***	***(0.02)***	***–0.30***	***(0.01)***	***0.26***	***(0.01)***	***1.27***	***(0.02)***	*475*	*(1.9)*	*496*	*(1.3)*	*509*	*(1.6)*	*519*	*(1.7)*
Partnerländer	Brasilien	–0.17	(0.10)	–1.83	(0.08)	–0.66	(0.05)	0.33	(0.03)	1.47	(0.06)	**341**	(8.8)	351	(10.4)	349	(9.9)	**387**	(11.9)
	Hongkong (China)	0.37	(0.13)	–2.06	(0.16)	0.11	(0.05)	1.10	(0.04)	2.33	(0.06)	**540**	(9.7)	519	(10.0)	546	(13.4)	**594**	(7.5)
	Indonesien	–1.76	(0.13)	–3.41	(0.04)	–2.59	(0.03)	–1.64	(0.06)	0.59	(0.10)	363	(8.8)	358	(7.1)	349	(7.8)	371	(7.9)
	Lettland	–0.12	(0.08)	–1.33	(0.12)	–0.36	(0.02)	0.20	(0.02)	1.00	(0.07)	483	(6.6)	475	(5.4)	489	(7.5)	487	(8.5)
	Liechtenstein	c	c	c	c	c	c	c	c	c	c	c	c	c	c	c	c	c	c
	Macau (China)	–0.56	(0.01)	–2.59	(0.01)	–1.34	(0.02)	0.00	(0.01)	1.71	(0.01)	532	(5.2)	520	(8.4)	518	(4.8)	538	(4.6)
	Russ. Föderation	–1.05	(0.11)	–2.92	(0.09)	–1.46	(0.06)	–0.37	(0.04)	0.57	(0.07)	**447**	(9.1)	468	(6.5)	466	(8.1)	**492**	(7.2)
	Serbien	–0.63	(0.09)	–1.80	(0.08)	–0.91	(0.02)	–0.37	(0.03)	0.54	(0.07)	**423**	(6.4)	430	(8.3)	444	(9.0)	**450**	(9.5)
	Thailand	0.30	(0.07)	–0.67	(0.07)	0.06	(0.02)	0.56	(0.02)	1.26	(0.07)	412	(6.2)	424	(6.3)	418	(6.3)	413	(7.2)
	Tunesien	–1.21	(0.11)	–2.92	(0.08)	–1.76	(0.04)	–0.74	(0.06)	0.59	(0.09)	**370**	(7.5)	359	(8.2)	360	(7.0)	348	(7.3)
	Uruguay	0.52	(0.07)	–0.85	(0.09)	0.25	(0.02)	0.87	(0.02)	1.81	(0.06)	**398**	(8.1)	423	(10.3)	418	(7.6)	**450**	(7.2)
	Verein. Königreich[1]	–0.20	(0.05)	–1.28	(0.05)	–0.51	(0.02)	0.08	(0.02)	0.90	(0.10)	**468**	(5.2)	502	(4.1)	524	(5.0)	**542**	(5.8)

		Punktzahlveränderung auf der Gesamtskala Mathematik, je Indexeinheit		Größere Wahrscheinlichkeit für Schüler im untersten Indexquartil, im untersten nationalen Quartil der Gesamtskala Mathematik zu liegen		Erklärte Varianz der Schülerleistungen ($R^2 \times 100$)	
		Effekt	S.E.	Quotient	S.E.	%	S.E.
OECD-Länder	Australien	**22.5**	(3.08)	**1.5**	(0.12)	4.9	(1.20)
	Österreich	**10.7**	(4.95)	1.2	(0.20)	1.0	(1.04)
	Belgien	**42.1**	(3.34)	**2.7**	(0.28)	17.7	(2.62)
	Kanada	**14.3**	(1.90)	**1.4**	(0.08)	2.0	(0.57)
	Tschech. Republik	**19.1**	(6.44)	**1.4**	(0.20)	2.0	(1.37)
	Dänemark	**9.8**	(4.40)	**1.3**	(0.13)	0.7	(0.59)
	Finnland	**8.8**	(2.80)	**1.2**	(0.08)	0.4	(0.27)
	Frankreich	w	w	w	w	w	w
	Deutschland	**40.4**	(4.37)	**2.8**	(0.34)	14.7	(3.06)
	Griechenland	7.0	(4.23)	1.2	(0.23)	1.2	(1.48)
	Ungarn	**21.2**	(5.62)	**1.8**	(0.27)	6.4	(3.02)
	Island	**5.1**	(1.79)	**1.2**	(0.08)	0.3	(0.19)
	Irland	**11.8**	(3.33)	1.3	(0.19)	1.6	(0.92)
	Italien	**25.5**	(3.91)	**1.7**	(0.21)	6.3	(1.93)
	Japan	**48.1**	(4.06)	**2.8**	(0.36)	22.4	(3.48)
	Korea	**18.7**	(3.44)	**1.9**	(0.31)	8.7	(3.10)
	Luxemburg	**16.9**	(1.61)	**1.2**	(0.08)	1.4	(0.27)
	Mexiko	**9.9**	(3.86)	**1.3**	(0.12)	1.4	(1.09)
	Niederlande	**39.6**	(7.27)	**2.5**	(0.42)	12.0	(4.08)
	Neuseeland	**19.2**	(3.68)	**1.4**	(0.13)	2.2	(0.86)
	Norwegen	2.2	(4.08)	1.1	(0.10)	0.0	(0.12)
	Polen	2.9	(3.35)	1.0	(0.10)	0.1	(0.17)
	Portugal	8.0	(5.73)	**1.6**	(0.27)	0.6	(0.81)
	Slowak. Republik	**19.5**	(5.21)	**1.4**	(0.19)	3.1	(1.57)
	Spanien	**17.5**	(2.58)	**1.4**	(0.13)	4.6	(1.62)
	Schweden	**9.4**	(4.13)	1.2	(0.11)	0.5	(0.46)
	Schweiz	8.4	(5.70)	1.1	(0.14)	0.5	(0.65)
	Türkei	10.3	(6.27)	1.0	(0.18)	2.0	(2.38)
	Vereinigte Staaten	**17.9**	(3.89)	1.3	(0.17)	2.7	(1.24)
	OECD insgesamt	***22.9***	***(1.32)***	***1.5***	***(0.07)***	***5.3***	***(0.65)***
	OECD-Durchschnitt	***18.9***	***(0.99)***	***1.5***	***(0.04)***	***3.6***	***(0.38)***
Partnerländer	Brasilien	**13.0**	(4.53)	1.2	(0.18)	2.8	(1.95)
	Hongkong (China)	**9.6**	(3.25)	1.2	(0.20)	2.8	(1.79)
	Indonesien	2.0	(2.65)	1.0	(0.14)	0.2	(0.51)
	Lettland	2.2	(3.88)	1.0	(0.10)	0.1	(0.22)
	Liechtenstein	c	c	c	c	c	c
	Macau (China)	2.5	(1.45)	1.0	(0.10)	0.3	(0.28)
	Russ. Föderation	**10.6**	(3.16)	**1.5**	(0.21)	2.5	(1.48)
	Serbien	**13.2**	(4.99)	1.3	(0.17)	2.1	(1.52)
	Thailand	1.3	(5.00)	1.0	(0.12)	0.0	(0.27)
	Tunesien	–4.1	(2.97)	0.8	(0.12)	0.5	(0.72)
	Uruguay	**17.4**	(3.69)	**1.5**	(0.19)	3.4	(1.37)
	Verein. Königreich[1]	**33.4**	(3.50)	**2.0**	(0.16)	10.3	(1.96)

Anmerkung: Statistisch signifikante Werte sind durch Fettdruck gekennzeichnet (siehe Anhang A4). Die Skala wurde umgepolt, so dass positive und hohe Werte auf ein von den schülerbezogenen Faktoren her gutes Schulklima hindeuten.

1. Die Beteiligungsquote ist zu niedrig, um die Vergleichbarkeit zu gewährleisten (siehe Anhang A3).

Tabelle 5.2b

Schülerbezogene Faktoren für das Schulklima in PISA 2003 und PISA 2000

Die Ergebnisse basieren auf Angaben der Schulleitungen und beziehen sich auf den jeweiligen zahlenmäßigen Anteil der 15-Jährigen in den Schulen

		Prozentsatz der Schüler in Schulen, deren Leitung eher oder ganz der Aussage zustimmt, dass das Lernen durch Folgendes beeinträchtigt wird											
		Häufige Abwesenheit von Schülern				Störung des Unterrichts durch Schüler				Schwänzen von Schülern			
		PISA 2003		PISA 2000		PISA 2003		PISA 2000		PISA 2003		PISA 2000	
		%	S.E.	%	S.E.	%	S.E.	%	S.E.	%	S.E.	%	S.E.
OECD-Länder	Australien	**51.8**	(2.8)	**41.8**	(3.4)	37.1	(3.0)	36.4	(3.6)	19.8	(2.2)	20.3	(3.0)
	Österreich	53.0	(4.0)	57.8	(3.8)	38.4	(4.2)	45.1	(4.1)	42.5	(3.8)	46.3	(4.1)
	Belgien	**33.8**	(2.7)	**25.8**	(2.6)	**26.3**	(2.4)	**34.8**	(3.2)	21.2	(2.4)	22.3	(2.7)
	Kanada	**65.5**	(2.6)	**56.9**	(1.8)	34.0	(2.7)	28.4	(1.8)	**57.6**	(2.4)	**45.0**	(1.8)
	Tschech. Republik	**64.7**	(3.2)	**54.3**	(3.7)	**36.2**	(2.9)	**27.6**	(2.9)	24.2	(2.8)	22.0	(2.8)
	Dänemark	**39.4**	(3.7)	**19.7**	(2.5)	**41.7**	(3.2)	**20.7**	(3.2)	**14.4**	(2.3)	**6.8**	(1.7)
	Finnland	**56.1**	(3.7)	**72.9**	(3.9)	**38.5**	(3.8)	**60.0**	(4.4)	**34.1**	(3.8)	**58.4**	(3.9)
	Frankreich	w	w	w	w	w	w	w	w	w	w	w	w
	Deutschland	34.6	(3.0)	34.7	(3.1)	50.7	(3.5)	55.3	(3.5)	25.4	(3.1)	26.1	(2.8)
	Griechenland	**65.7**	(5.6)	**83.4**	(3.5)	52.1	(5.9)	55.3	(4.8)	**46.5**	(5.2)	**65.9**	(3.9)
	Ungarn	56.3	(3.3)	60.4	(3.7)	41.6	(3.8)	45.7	(3.7)	26.0	(3.9)	30.6	(3.7)
	Island	**38.2**	(0.2)	**48.3**	(0.2)	**62.0**	(0.2)	**57.5**	(0.2)	**27.8**	(0.2)	**40.0**	(0.2)
	Irland	63.1	(4.4)	68.2	(4.4)	46.8	(4.2)	46.0	(3.9)	21.4	(3.8)	23.3	(3.7)
	Italien	67.8	(3.3)	65.2	(3.9)	40.8	(3.3)	41.7	(3.9)	63.3	(3.2)	62.6	(3.6)
	Japan	38.5	(3.8)	39.0	(4.3)	12.6	(2.6)	8.8	(2.4)	22.5	(3.0)	18.0	(3.1)
	Korea	17.4	(3.0)	19.7	(2.7)	17.8	(3.1)	16.7	(2.9)	12.9	(2.9)	14.2	(2.7)
	Luxemburg	**39.2**	(0.1)	**41.3**	(0.2)	**45.2**	(0.1)	**68.0**	(0.0)	**25.1**	(0.1)	**24.7**	(0.0)
	Mexiko	44.4	(2.9)	53.1	(4.2)	26.7	(3.3)	30.3	(4.2)	32.3	(3.4)	32.6	(3.4)
	Niederlande	**43.2**	(4.3)	**29.9**	(4.5)	43.3	(4.3)	34.1	(5.4)	30.1	(4.0)	21.6	(4.1)
	Neuseeland	**63.4**	(2.9)	**50.6**	(3.2)	**41.3**	(3.0)	**31.3**	(3.5)	**38.0**	(2.9)	**28.2**	(3.2)
	Norwegen	37.0	(3.7)	35.7	(3.5)	73.8	(3.6)	69.0	(3.3)	20.3	(3.0)	21.1	(3.3)
	Polen	**46.9**	(3.6)	**60.0**	(5.0)	**39.9**	(4.2)	**23.1**	(3.5)	44.6	(3.6)	55.4	(4.9)
	Portugal	61.2	(4.1)	62.1	(4.0)	**34.6**	(4.1)	**62.4**	(4.3)	**50.0**	(4.0)	**70.1**	(3.7)
	Slowak. Republik	61.4	(3.3)	a	a	39.9	(3.6)	a	a	a	a	a	a
	Spanien	44.2	(3.2)	37.0	(3.3)	59.3	(2.9)	63.6	(3.8)	38.4	(3.2)	37.2	(3.4)
	Schweden	48.5	(4.1)	42.9	(4.2)	50.4	(3.8)	46.8	(4.1)	28.2	(3.3)	28.6	(3.8)
	Schweiz	27.2	(4.2)	25.6	(3.3)	51.7	(4.2)	48.5	(3.9)	10.7	(2.0)	14.5	(2.7)
	Türkei	69.9	(4.6)	a	a	45.7	(4.9)	a	a	44.6	(4.6)	a	a
	Vereinigte Staaten	**69.0**	(3.1)	**58.2**	(4.2)	27.2	(2.7)	19.2	(4.0)	35.7	(3.2)	31.2	(4.1)
	OECD insgesamt	*48.9*	*(0.9)*	*48.0*	*(1.3)*	*31.4*	*(0.9)*	*30.1*	*(1.2)*	*30.6*	*(0.9)*	*30.3*	*(1.2)*
	OECD-Durchschnitt	*48.4*	*(0.6)*	*47.7*	*(0.7)*	*40.0*	*(0.6)*	*41.3*	*(0.8)*	*30.3*	*(0.6)*	*32.4*	*(0.6)*
Partnerländer	Brasilien	50.8	(3.6)	56.0	(3.4)	44.5	(3.6)	47.7	(3.6)	45.0	(3.9)	51.8	(3.6)
	Hongkong (China)	27.3	(3.5)	25.6	(3.7)	31.3	(3.7)	29.2	(3.9)	**20.8**	(3.4)	**8.4**	(2.5)
	Indonesien	**79.9**	(3.2)	**44.2**	(4.8)	**78.9**	(3.6)	**21.0**	(4.1)	**72.2**	(3.6)	**36.4**	(3.9)
	Lettland	**79.1**	(3.4)	**66.5**	(4.7)	24.4	(3.8)	24.2	(3.9)	57.2	(4.2)	68.6	(4.2)
	Liechtenstein	c	c	c	c	c	c	c	c	c	c	c	c
	Macau (China)	61.9	(0.3)	a	a	54.5	(0.3)	a	a	51.2	(0.3)	a	a
	Russ. Föderation	90.5	(2.2)	86.5	(2.0)	41.4	(3.7)	43.2	(3.5)	85.9	(2.5)	86.4	(2.6)
	Serbien	90.2	(2.7)	a	a	45.3	(4.0)	a	a	81.6	(3.6)	a	a
	Thailand	**45.4**	(3.8)	**58.6**	(4.1)	**18.8**	(2.5)	**28.5**	(3.9)	**18.8**	(3.3)	**29.9**	(3.8)
	Tunesien	83.9	(3.2)	a	a	78.2	(3.3)	a	a	66.9	(4.0)	a	a
	Uruguay	57.6	(3.4)	a	a	12.1	(2.5)	a	a	42.0	(4.1)	a	a
	Verein. Königreich[1]	m	m	m	m	m	m	m	m	m	m	m	m

		Prozentsatz der Schüler in Schulen, deren Leitung eher oder ganz der Aussage zustimmt, dass das Lernen durch Folgendes beeinträchtigt wird											
		Fehlender Respekt vor den Lehrkräften				Konsum von Alkohol und Drogen durch Schüler				Einschüchtern und Schikanieren von Schülern durch Mitschüler			
		PISA 2003		PISA 2000		PISA 2003		PISA 2000		PISA 2003		PISA 2000	
		%	S.E.	%	S.E.	%	S.E.	%	S.E.	%	S.E.	%	S.E.
OECD-Länder	Australien	21.8	(2.4)	26.3	(3.7)	5.8	(1.3)	3.8	(1.3)	23.8	(2.6)	21.0	(3.0)
	Österreich	17.1	(3.1)	17.4	(3.2)	8.6	(2.2)	4.5	(1.5)	14.8	(2.5)	16.5	(3.0)
	Belgien	**17.6**	(2.3)	**25.7**	(3.2)	7.3	(1.9)	7.0	(1.7)	14.1	(2.4)	13.4	(2.0)
	Kanada	24.8	(2.4)	19.6	(1.4)	**32.0**	(2.1)	**21.7**	(1.8)	**18.1**	(2.0)	11.1	(1.1)
	Tschech. Republik	16.4	(2.4)	13.9	(2.4)	1.9	(0.9)	1.6	(0.9)	2.1	(0.9)	a	a
	Dänemark	**12.5**	(2.3)	**6.4**	(1.9)	0.8	(0.6)	0.7	(0.5)	6.9	(1.7)	3.1	(1.2)
	Finnland	**12.4**	(2.5)	**24.6**	(3.7)	3.8	(1.6)	5.4	(1.9)	**7.4**	(2.0)	13.9	(2.5)
	Frankreich	w	w	w	w	w	w	w	w	w	w	w	w
	Deutschland	22.2	(3.2)	20.4	(2.4)	9.0	(1.8)	4.1	(1.8)	**24.0**	(2.9)	16.1	(2.5)
	Griechenland	**47.3**	(5.4)	**62.5**	(4.3)	**31.3**	(5.7)	**57.5**	(4.6)	**23.4**	(5.3)	45.7	(5.0)
	Ungarn	14.0	(3.2)	18.7	(2.6)	5.7	(2.0)	5.6	(1.7)	8.2	(2.3)	7.8	(1.8)
	Island	**22.1**	(0.2)	**25.7**	(0.2)	**5.2**	(0.1)	**15.0**	(0.1)	**24.6**	(0.1)	23.0	(0.1)
	Irland	22.8	(4.2)	31.3	(4.0)	**24.1**	(4.0)	**9.6**	(2.7)	20.8	(3.6)	16.5	(3.5)
	Italien	17.0	(2.8)	19.0	(3.0)	0.7	(0.3)	1.1	(0.8)	7.8	(1.7)	4.1	(1.6)
	Japan	31.7	(3.2)	29.1	(4.2)	0.7	(0.7)	a	a	7.3	(2.3)	4.9	(1.8)
	Korea	23.4	(3.6)	28.7	(4.4)	**13.1**	(3.2)	**1.7**	(1.2)	**13.5**	(3.2)	3.5	(1.5)
	Luxemburg	**15.8**	(0.1)	**17.0**	(0.0)	**8.7**	(0.0)	**11.6**	(0.0)	15.2	(0.0)	27.2	(0.0)
	Mexiko	13.5	(1.8)	15.8	(2.5)	7.8	(1.1)	11.1	(2.6)	24.0	(3.2)	18.8	(3.3)
	Niederlande	28.4	(4.3)	27.6	(4.8)	7.1	(2.9)	7.0	(2.3)	21.8	(3.9)	27.0	(4.8)
	Neuseeland	24.4	(3.1)	18.7	(2.7)	20.1	(2.4)	15.1	(2.5)	15.0	(2.6)	10.2	(2.4)
	Norwegen	35.5	(3.8)	42.9	(3.5)	3.4	(1.4)	3.0	(1.5)	12.2	(2.7)	19.0	(3.2)
	Polen	**20.8**	(3.2)	**11.1**	(3.1)	9.6	(2.3)	13.5	(3.3)	7.5	(2.2)	8.6	(2.8)
	Portugal	**16.0**	(3.0)	**32.7**	(4.4)	2.7	(1.3)	3.2	(1.7)	9.3	(2.6)	10.8	(2.9)
	Slowak. Republik	12.4	(1.9)	a	a	3.9	(1.8)	a	a	5.1	(1.3)	a	a
	Spanien	33.8	(3.4)	28.1	(3.4)	4.7	(1.4)	4.9	(1.9)	13.2	(2.4)	17.6	(3.8)
	Schweden	25.2	(3.4)	26.6	(3.6)	4.6	(1.6)	2.4	(1.2)	**16.6**	(2.6)	9.3	(2.4)
	Schweiz	17.4	(3.6)	16.6	(2.8)	**19.3**	(2.8)	**10.8**	(2.3)	24.4	(3.9)	24.0	(3.5)
	Türkei	37.1	(5.0)	a	a	22.3	(3.9)	a	a	32.0	(4.7)	a	a
	Vereinigte Staaten	22.1	(2.8)	26.4	(4.3)	21.3	(3.1)	17.3	(3.3)	**14.2**	(2.4)	7.3	(2.4)
	OECD insgesamt	*22.5*	*(0.8)*	*23.9*	*(1.3)*	*11.4*	*(0.8)*	*9.0*	*(0.8)*	*14.9*	*(0.8)*	*10.3*	*(0.8)*
	OECD-Durchschnitt	*22.0*	*(0.6)*	*24.1*	*(0.6)*	*9.9*	*(0.4)*	*8.8*	*(0.4)*	*14.8*	*(0.4)*	*14.1*	*(0.5)*
Partnerländer	Brasilien	29.7	(3.5)	32.2	(3.4)	20.8	(3.1)	14.6	(2.5)	26.0	(3.9)	24.5	(3.1)
	Hongkong (China)	27.8	(3.5)	22.1	(3.5)	**17.8**	(3.3)	**1.6**	(1.1)	**24.8**	(3.3)	9.8	(2.7)
	Indonesien	**68.5**	(3.5)	**29.7**	(4.0)	**67.4**	(4.0)	**22.6**	(4.4)	**63.8**	(3.8)	17.8	(3.4)
	Lettland	14.2	(3.1)	13.4	(3.2)	**10.7**	(2.7)	**1.4**	(1.2)	**7.5**	(2.3)	0.2	(0.2)
	Liechtenstein	c	c	c	c	c	c	c	c	c	c	c	c
	Macau (China)	56.2	(0.2)	a	a	39.2	(0.3)	a	a	31.8	(0.3)	a	a
	Russ. Föderation	48.8	(4.0)	54.6	(3.6)	41.3	(4.3)	35.4	(3.0)	40.7	(4.0)	32.7	(3.4)
	Serbien	33.7	(4.0)	a	a	24.3	(3.7)	a	a	12.1	(2.8)	a	a
	Thailand	8.0	(2.2)	11.9	(2.7)	**1.8**	(1.0)	**6.8**	(2.0)	4.1	(1.5)	10.8	(3.8)
	Tunesien	58.1	(4.2)	a	a	45.1	(3.8)	a	a	42.6	(4.0)	a	a
	Uruguay	16.7	(2.5)	a	a	7.4	(2.0)	a	a	11.5	(2.0)	a	a
	Verein. Königreich[1]	m	m	m	m	m	m	m	m	m	m	m	m

Anmerkung: Statistisch signifikante Werte sind durch Fettdruck gekennzeichnet (siehe Anhang A4).
1. Die Beteiligungsquote ist zu niedrig, um die Vergleichbarkeit zu gewährleisten (siehe Anhang A3).

Tabelle 5.3a

Index der Schuldisziplin im Mathematikunterricht und Schülerleistungen auf der Gesamtskala Mathematik, nach nationalen Indexquartilen

Die Ergebnisse basieren auf Schülerangaben

		Index der Schuldisziplin im Mathematikunterricht										Leistungen auf der Gesamtskala Mathematik, nach nationalen Indexquartilen							
		Alle Schüler		Unterstes Quartil		Zweites Quartil		Drittes Quartil		Oberstes Quartil		Unterstes Quartil		Zweites Quartil		Drittes Quartil		Oberstes Quartil	
		Indexmittel	S.E.	Indexmittel	S.E.	Indexmittel	S.E.	Indexmittel	S.E.	Indexmittel	S.E.	Mittelwert	S.E.	Mittelwert	S.E.	Mittelwert	S.E.	Mittelwert	S.E.
OECD-Länder	Australien	–0.01	(0.02)	–1.29	(0.01)	–0.34	(0.00)	0.25	(0.00)	1.32	(0.01)	**498**	(2.6)	514	(2.77)	532	(2.82)	**560**	(3.1)
	Österreich	0.21	(0.03)	–1.21	(0.02)	–0.23	(0.01)	0.55	(0.01)	1.74	(0.02)	**480**	(4.9)	492	(4.12)	520	(4.04)	**540**	(4.9)
	Belgien	0.04	(0.02)	–1.26	(0.01)	–0.31	(0.01)	0.31	(0.01)	1.42	(0.02)	**508**	(3.7)	526	(3.76)	549	(2.83)	**573**	(3.2)
	Kanada	0.02	(0.01)	–1.18	(0.01)	–0.27	(0.00)	0.25	(0.00)	1.27	(0.01)	**515**	(2.5)	528	(2.31)	542	(2.26)	**560**	(2.4)
	Tschech. Republik	–0.01	(0.03)	–1.27	(0.02)	–0.30	(0.01)	0.27	(0.01)	1.24	(0.02)	**502**	(5.0)	514	(4.12)	528	(4.04)	**548**	(4.6)
	Dänemark	–0.08	(0.02)	–1.18	(0.02)	–0.33	(0.01)	0.18	(0.00)	1.03	(0.02)	**505**	(3.8)	509	(3.89)	521	(4.02)	**532**	(4.0)
	Finnland	–0.15	(0.02)	–1.25	(0.01)	–0.43	(0.00)	0.09	(0.00)	0.99	(0.02)	**533**	(3.0)	539	(3.33)	546	(2.50)	**561**	(2.8)
	Frankreich	–0.13	(0.03)	–1.48	(0.02)	–0.50	(0.01)	0.15	(0.01)	1.32	(0.02)	**498**	(4.1)	505	(3.81)	517	(4.29)	**535**	(4.1)
	Deutschland	0.30	(0.03)	–1.14	(0.02)	–0.11	(0.01)	0.67	(0.01)	1.79	(0.02)	**483**	(5.2)	503	(4.76)	531	(4.08)	**539**	(4.1)
	Griechenland	–0.22	(0.03)	–1.21	(0.01)	–0.50	(0.01)	0.00	(0.00)	0.82	(0.02)	**436**	(4.1)	435	(4.04)	450	(5.00)	**467**	(5.6)
	Ungarn	0.17	(0.03)	–1.06	(0.02)	–0.13	(0.01)	0.45	(0.01)	1.42	(0.02)	**470**	(4.3)	475	(4.17)	497	(4.25)	**522**	(4.5)
	Island	–0.15	(0.01)	–1.22	(0.02)	–0.39	(0.01)	0.11	(0.00)	0.90	(0.02)	**501**	(3.2)	512	(3.30)	523	(2.59)	**529**	(2.9)
	Irland	0.27	(0.03)	–1.22	(0.02)	–0.09	(0.01)	0.67	(0.01)	1.70	(0.02)	**482**	(4.0)	498	(3.99)	509	(3.52)	**526**	(4.0)
	Italien	–0.10	(0.03)	–1.40	(0.02)	–0.47	(0.01)	0.23	(0.01)	1.23	(0.02)	**452**	(4.6)	455	(4.22)	471	(4.17)	**487**	(4.4)
	Japan	0.44	(0.03)	–0.72	(0.02)	0.15	(0.01)	0.75	(0.01)	1.60	(0.02)	**489**	(5.7)	530	(5.36)	551	(5.00)	**572**	(5.1)
	Korea	0.12	(0.02)	–0.89	(0.01)	–0.11	(0.01)	0.28	(0.01)	1.18	(0.01)	**521**	(4.3)	540	(3.80)	554	(4.22)	**554**	(4.3)
	Luxemburg	–0.21	(0.02)	–1.49	(0.02)	–0.58	(0.01)	0.02	(0.01)	1.23	(0.02)	**477**	(2.8)	485	(3.15)	503	(2.69)	**516**	(3.0)
	Mexiko	0.00	(0.02)	–1.11	(0.02)	–0.26	(0.01)	0.23	(0.00)	1.15	(0.01)	**365**	(4.4)	386	(4.27)	398	(4.28)	**411**	(4.5)
	Niederlande	–0.13	(0.03)	–1.26	(0.03)	–0.41	(0.01)	0.13	(0.01)	1.03	(0.02)	**532**	(4.2)	535	(5.15)	547	(4.50)	**566**	(4.0)
	Neuseeland	–0.17	(0.02)	–1.43	(0.02)	–0.47	(0.01)	0.12	(0.01)	1.12	(0.02)	**501**	(3.9)	518	(3.27)	530	(3.45)	**555**	(3.6)
	Norwegen	–0.24	(0.02)	–1.26	(0.02)	–0.46	(0.01)	0.00	(0.00)	0.77	(0.02)	**483**	(3.7)	493	(3.51)	507	(4.08)	**509**	(3.9)
	Polen	0.10	(0.04)	–1.15	(0.02)	–0.20	(0.01)	0.37	(0.01)	1.38	(0.02)	**479**	(4.3)	480	(4.32)	491	(3.55)	**514**	(3.4)
	Portugal	0.01	(0.02)	–1.09	(0.02)	–0.27	(0.01)	0.26	(0.01)	1.15	(0.02)	**437**	(5.0)	459	(5.28)	478	(3.99)	**493**	(3.8)
	Slowak. Republik	–0.10	(0.02)	–1.25	(0.02)	–0.37	(0.00)	0.17	(0.01)	1.07	(0.02)	**484**	(4.6)	496	(4.58)	500	(4.17)	**517**	(3.5)
	Spanien	–0.04	(0.03)	–1.22	(0.02)	–0.38	(0.01)	0.21	(0.00)	1.24	(0.02)	**465**	(3.8)	478	(3.46)	493	(2.83)	**511**	(3.7)
	Schweden	–0.05	(0.03)	–1.13	(0.02)	–0.31	(0.01)	0.16	(0.01)	1.10	(0.03)	**491**	(4.1)	507	(2.98)	516	(3.14)	**527**	(4.3)
	Schweiz	0.10	(0.03)	–1.17	(0.02)	–0.28	(0.01)	0.36	(0.01)	1.49	(0.02)	**502**	(6.5)	516	(4.20)	542	(4.20)	**552**	(4.1)
	Türkei	–0.12	(0.03)	–1.26	(0.02)	–0.37	(0.00)	0.13	(0.00)	1.02	(0.02)	**397**	(6.1)	413	(5.89)	433	(7.05)	**470**	(11.1)
	Vereinigte Staaten	0.12	(0.02)	–1.14	(0.02)	–0.19	(0.01)	0.40	(0.01)	1.44	(0.02)	**483**	(3.9)	478	(3.59)	499	(3.81)	**518**	(3.3)
	OECD insgesamt	***0.09***	***(0.01)***	***–1.17***	***(0.01)***	***–0.23***	***(0.00)***	***0.35***	***(0.00)***	***1.38***	***(0.01)***	***461***	***(1.6)***	***482***	***(1.43)***	***500***	***(1.26)***	***526***	***(1.3)***
	OECD-Durchschnitt	***0.00***	***(0.01)***	***–1.23***	***(0.00)***	***–0.33***	***(0.00)***	***0.23***	***(0.00)***	***1.28***	***(0.00)***	***480***	***(0.9)***	***493***	***(0.84)***	***508***	***(0.77)***	***530***	***(0.8)***
Partnerländer	Brasilien	–0.35	(0.02)	–1.27	(0.01)	–0.59	(0.01)	–0.16	(0.00)	0.62	(0.02)	336	(5.3)	352	(4.79)	371	(5.50)	387	(7.0)
	Hongkong (China)	0.15	(0.03)	–0.97	(0.03)	0.01	(0.00)	0.25	(0.01)	1.33	(0.02)	523	(6.8)	543	(4.77)	553	(4.63)	585	(4.3)
	Indonesien	0.07	(0.02)	–1.05	(0.01)	–0.25	(0.01)	0.26	(0.01)	1.30	(0.02)	341	(5.0)	364	(4.78)	379	(4.93)	367	(4.1)
	Lettland	0.30	(0.04)	–0.91	(0.02)	0.04	(0.01)	0.57	(0.01)	1.60	(0.02)	466	(6.1)	476	(4.66)	488	(4.06)	506	(5.0)
	Liechtenstein	0.23	(0.05)	–1.18	(0.06)	–0.19	(0.02)	0.54	(0.02)	1.79	(0.05)	499	(10.1)	512	(10.76)	550	(10.61)	581	(10.0)
	Macau (China)	0.09	(0.02)	–0.82	(0.03)	0.01	(0.01)	0.22	(0.01)	0.98	(0.03)	517	(6.1)	518	(7.18)	519	(5.96)	556	(6.8)
	Russ. Föderation	0.50	(0.04)	–0.81	(0.02)	0.12	(0.01)	0.82	(0.01)	1.85	(0.02)	439	(5.0)	461	(5.13)	477	(4.57)	502	(4.6)
	Serbien	–0.09	(0.02)	–1.27	(0.02)	–0.35	(0.01)	0.19	(0.01)	1.08	(0.02)	420	(4.0)	436	(4.80)	445	(4.39)	462	(4.4)
	Thailand	0.00	(0.03)	–1.04	(0.02)	–0.22	(0.01)	0.19	(0.00)	1.08	(0.04)	390	(3.7)	410	(3.89)	426	(4.07)	443	(3.9)
	Tunesien	–0.08	(0.03)	–1.22	(0.01)	–0.46	(0.00)	0.13	(0.01)	1.23	(0.02)	347	(3.5)	355	(3.29)	369	(3.40)	373	(5.1)
	Uruguay	–0.03	(0.02)	–1.23	(0.02)	–0.35	(0.01)	0.25	(0.01)	1.21	(0.02)	404	(4.6)	417	(4.55)	440	(4.32)	451	(4.9)
	Verein. Königreich[1]	-0.01	(0.03)	-1.42	(0.02)	-0.36	(0.01)	0.33	(0.01)	1.41	(0.02)	**475**	(3.6)	493	(3.45)	518	(3.21)	**549**	(4.4)

		Punktzahlveränderung auf der Gesamtskala Mathematik, je Indexeinheit		Größere Wahrscheinlichkeit für Schüler im untersten Indexquartil, im untersten nationalen Quartil der Gesamtskala Mathematik zu liegen		Erklärte Varianz der Schülerleistungen (R^2 × 100)	
		Effekt	S.E.	Quotient	S.E.	%	S.E.
OECD-Länder	Australien	**21.0**	(1.07)	**1.6**	(0.06)	5.3	(0.49)
	Österreich	**19.3**	(2.03)	**1.6**	(0.11)	5.9	(1.23)
	Belgien	**23.5**	(1.57)	**1.6**	(0.09)	5.9	(0.71)
	Kanada	**17.3**	(0.92)	**1.5**	(0.06)	3.7	(0.40)
	Tschech. Republik	**16.7**	(2.05)	**1.6**	(0.10)	3.3	(0.79)
	Dänemark	**10.4**	(2.07)	**1.2**	(0.08)	1.1	(0.43)
	Finnland	**10.4**	(1.50)	**1.3**	(0.06)	1.3	(0.36)
	Frankreich	**12.1**	(1.83)	**1.3**	(0.09)	2.2	(0.62)
	Deutschland	**18.6**	(1.73)	**1.8**	(0.13)	5.0	(0.89)
	Griechenland	**14.1**	(2.95)	**1.1**	(0.07)	1.5	(0.62)
	Ungarn	**20.3**	(2.30)	**1.4**	(0.09)	4.6	(0.98)
	Island	**12.6**	(1.71)	**1.4**	(0.09)	1.5	(0.40)
	Irland	**15.5**	(1.60)	**1.6**	(0.11)	4.5	(0.91)
	Italien	**12.5**	(1.79)	**1.2**	(0.08)	1.8	(0.50)
	Japan	**32.7**	(2.91)	**2.2**	(0.16)	9.3	(1.72)
	Korea	**14.7**	(2.17)	**1.5**	(0.09)	1.8	(0.47)
	Luxemburg	**13.9**	(1.40)	**1.4**	(0.08)	2.8	(0.54)
	Mexiko	**18.9**	(2.05)	**1.6**	(0.09)	4.1	(0.81)
	Niederlande	**12.4**	(2.36)	**1.3**	(0.09)	1.7	(0.61)
	Neuseeland	**17.9**	(1.60)	**1.6**	(0.10)	3.5	(0.61)
	Norwegen	**11.8**	(1.85)	**1.4**	(0.08)	1.2	(0.38)
	Polen	**13.5**	(1.98)	**1.3**	(0.08)	2.3	(0.67)
	Portugal	**23.7**	(2.08)	**1.8**	(0.10)	5.8	(0.89)
	Slowak. Republik	**13.6**	(1.59)	**1.3**	(0.08)	1.8	(0.39)
	Spanien	**16.9**	(1.67)	**1.5**	(0.09)	3.6	(0.75)
	Schweden	**15.4**	(2.09)	**1.4**	(0.09)	2.2	(0.60)
	Schweiz	**17.3**	(2.56)	**1.6**	(0.13)	3.5	(1.09)
	Türkei	**30.0**	(4.37)	**1.5**	(0.10)	7.1	(1.60)
	Vereinigte Staaten	**25.8**	(1.40)	**1.9**	(0.10)	7.9	(0.83)
	OECD insgesamt	***23.4***	***(0.65)***	***1.7***	***(0.04)***	***5.4***	***(0.27)***
	OECD-Durchschnitt	***18.3***	***(0.38)***	***1.5***	***(0.02)***	***3.4***	***(0.13)***
Partnerländer	Brasilien	23.9	(3.19)	1.5	(0.09)	3.5	(0.90)
	Hongkong (China)	23.1	(2.26)	1.7	(0.10)	4.7	(0.84)
	Indonesien	10.7	(1.94)	1.5	(0.08)	1.6	(0.55)
	Lettland	15.2	(2.25)	1.4	(0.10)	2.9	(0.82)
	Liechtenstein	27.4	(4.70)	2.2	(0.33)	10.3	(3.43)
	Macau (China)	18.7	(4.28)	1.5	(0.18)	2.5	(1.10)
	Russ. Föderation	21.7	(2.02)	1.7	(0.12)	6.2	(1.05)
	Serbien	16.9	(1.85)	1.6	(0.09)	3.7	(0.77)
	Thailand	22.6	(1.94)	1.7	(0.10)	5.6	(0.99)
	Tunesien	10.2	(2.36)	1.5	(0.08)	1.5	(0.68)
	Uruguay	18.6	(2.02)	1.5	(0.09)	3.4	(0.71)
	Verein. Königreich[1]	**24.7**	(1.48)	**1.8**	(0.11)	9.1	(1.06)

Anmerkung: Statistisch signifikante Werte sind durch Fettdruck gekennzeichnet (siehe Anhang A4). Die Skala wurde umgepolt, so dass positive und hohe Werte auf eine gute Schuldisziplin aus der Sicht der Schüler hinweisen.

1. Die Beteiligungsquote ist zu niedrig, um die Vergleichbarkeit zu gewährleisten (siehe Anhang A3).

Tabelle 5.3b

Schuldisziplin in PISA 2003 (Mathematik) und PISA 2000 (Testsprache)

Die Ergebnisse basieren auf Schülerangaben

		Prozentsatz der Schülerinnen und Schüler, laut deren Angaben Folgendes in den meisten oder allen Unterrichtsstunden vorkommt											
		Die Schüler hören nicht auf das, was der Lehrer sagt				Es ist laut und alles geht durcheinander				Der Lehrer muss lange warten, bis Ruhe eintritt			
		PISA 2003		PISA 2000		PISA 2003		PISA 2000		PISA 2003		PISA 2000	
		%	S.E.	%	S.E.	%	S.E.	%	S.E.	%	S.E.	%	S.E.
OECD-Länder	Australien	**33.5**	(0.7)	**21.3**	(0.9)	**41.8**	(0.8)	**33.5**	(0.7)	31.9	(0.7)	31.4	(1.0)
	Österreich	**30.9**	(1.0)	**21.0**	(0.8)	**27.2**	(1.1)	**30.9**	(1.0)	33.0	(1.2)	32.0	(1.3)
	Belgien	**27.6**	(0.7)	**24.1**	(0.9)	**37.4**	(0.9)	**27.6**	(0.7)	34.1	(0.8)	35.4	(1.3)
	Kanada	**28.9**	(0.5)	**22.9**	(0.4)	**38.8**	(0.7)	**28.9**	(0.5)	**27.8**	(0.6)	**35.2**	(0.6)
	Tschech. Republik	**36.0**	(1.2)	**26.1**	(1.0)	33.7	(1.4)	36.0	(1.2)	33.6	(1.4)	32.3	(1.4)
	Dänemark	**32.1**	(0.9)	**19.7**	(0.9)	**43.2**	(1.3)	**32.1**	(0.9)	27.6	(1.2)	27.7	(1.2)
	Finnland	**36.2**	(0.9)	**30.0**	(0.9)	**48.2**	(1.1)	**36.2**	(0.9)	**34.8**	(1.1)	**39.5**	(1.2)
	Frankreich	**33.1**	(0.8)	**27.9**	(0.9)	**45.5**	(1.1)	**33.1**	(0.8)	38.0	(1.1)	35.6	(1.1)
	Deutschland	22.2	(0.8)	24.1	(0.8)	**25.3**	(1.0)	**22.2**	(0.8)	**31.5**	(1.1)	**36.2**	(1.1)
	Griechenland	**35.0**	(1.3)	**29.7**	(1.0)	**43.0**	(1.4)	**35.0**	(1.3)	**35.3**	(1.3)	**43.2**	(1.2)
	Ungarn	**27.7**	(1.1)	**22.5**	(1.1)	28.5	(1.1)	27.7	(1.1)	**29.8**	(1.3)	**34.3**	(1.5)
	Island	**30.6**	(0.7)	**20.0**	(0.7)	**40.8**	(0.8)	**30.6**	(0.7)	**36.1**	(0.8)	**33.8**	(0.7)
	Irland	**32.2**	(0.9)	**25.1**	(0.9)	31.6	(1.2)	32.2	(0.9)	**25.4**	(1.0)	**29.2**	(1.2)
	Italien	36.7	(1.0)	35.5	(1.1)	**41.7**	(1.3)	**36.7**	(1.0)	**38.6**	(1.2)	**48.6**	(1.3)
	Japan	19.1	(0.9)	17.4	(1.2)	16.9	(1.0)	19.1	(0.9)	**13.7**	(0.8)	**9.5**	(0.9)
	Korea	**27.3**	(0.9)	**32.1**	(1.1)	a	a	27.3	(0.9)	18.9	(0.7)	17.5	(0.9)
	Luxemburg	**35.2**	(0.7)	**25.6**	(0.8)	**48.4**	(0.8)	**35.2**	(0.7)	**42.8**	(0.8)	**31.6**	(0.7)
	Mexiko	**28.5**	(0.7)	**19.6**	(0.8)	26.8	(0.8)	28.5	(0.7)	26.3	(1.0)	29.0	(1.1)
	Niederlande	**27.2**	(1.0)	**20.8**	(1.1)	**41.6**	(1.3)	**27.2**	(1.0)	36.3	(1.3)	39.0	(1.7)
	Neuseeland	**38.4**	(0.7)	**23.6**	(0.9)	**47.4**	(0.9)	**38.4**	(0.7)	**37.1**	(0.9)	**33.5**	(1.0)
	Norwegen	**34.0**	(0.9)	**27.6**	(1.0)	**41.2**	(1.2)	**34.0**	(0.9)	**35.9**	(1.1)	**42.2**	(1.6)
	Polen	**33.1**	(1.2)	**20.2**	(1.0)	**26.9**	(1.3)	**33.1**	(1.2)	30.4	(1.3)	26.7	(1.4)
	Portugal	**28.1**	(0.8)	**20.6**	(0.7)	**35.1**	(1.1)	**28.1**	(0.8)	**30.2**	(1.0)	**25.2**	(0.9)
	Slowak. Republik	39.1	(0.9)	a	a	34.2	(0.9)	39.1	(0.9)	34.1	(0.9)	a	a
	Spanien	**29.6**	(1.0)	**25.0**	(0.9)	**35.1**	(1.2)	**29.6**	(1.0)	**35.7**	(1.2)	**40.8**	(1.5)
	Schweden	**25.9**	(0.9)	**29.2**	(0.9)	**35.9**	(1.2)	**25.9**	(0.9)	**32.7**	(1.1)	**43.4**	(1.3)
	Schweiz	**27.6**	(0.9)	**18.4**	(0.8)	**32.7**	(1.1)	**27.6**	(0.9)	**32.4**	(1.0)	**27.7**	(1.1)
	Türkei	23.9	(1.1)	a	a	32.8	(1.1)	23.9	(1.1)	35.5	(1.1)	a	a
	Vereinigte Staaten	**32.0**	(0.8)	**26.2**	(1.1)	34.0	(0.9)	32.0	(0.8)	26.1	(0.8)	27.5	(1.3)
	OECD insgesamt	***29.3***	***(0.3)***	***24.2***	***(0.4)***	***32.7***	***(0.4)***	***29.3***	***(0.3)***	***28.4***	***(0.3)***	***28.8***	***(0.4)***
	OECD-Durchschnitt	***30.9***	***(0.2)***	***24.2***	***(0.2)***	***36.5***	***(0.2)***	***30.9***	***(0.2)***	***32.0***	***(0.2)***	***32.9***	***(0.2)***
Partnerländer	Brasilien	**34.6**	(1.1)	**29.5**	(0.9)	**38.0**	(1.1)	**34.6**	(1.1)	38.2	(1.0)	36.8	(1.4)
	Hongkong (China)	**20.5**	(0.8)	**27.8**	(1.0)	**17.3**	(0.8)	**20.5**	(0.8)	18.9	(0.9)	21.0	(0.8)
	Indonesien	**25.2**	(0.8)	**15.7**	(0.9)	**32.3**	(0.9)	**25.2**	(0.8)	**37.5**	(1.0)	**51.3**	(1.1)
	Lettland	**26.7**	(1.0)	**19.0**	(1.0)	**20.0**	(1.2)	**26.7**	(1.0)	20.4	(1.1)	19.4	(1.1)
	Liechtenstein	**26.2**	(2.5)	**14.9**	(2.0)	27.8	(2.1)	26.2	(2.5)	**33.0**	(2.5)	**25.4**	(1.9)
	Macau (China)	18.4	(1.3)	a	a	15.5	(1.1)	18.4	(1.3)	17.5	(1.1)	a	a
	Russ. Föderation	**21.9**	(0.9)	**16.3**	(0.6)	**16.0**	(0.9)	**21.9**	(0.9)	18.5	(1.0)	19.2	(0.9)
	Serbien	33.4	(0.9)	a	a	32.0	(1.1)	33.4	(0.9)	28.5	(1.2)	a	a
	Thailand	**22.2**	(0.9)	**12.8**	(0.6)	**26.7**	(0.9)	**22.2**	(0.9)	**31.8**	(1.0)	**19.5**	(0.9)
	Tunesien	25.7	(0.7)	a	a	36.7	(1.1)	25.7	(0.7)	36.4	(1.2)	a	a
	Uruguay	32.1	(1.0)	a	a	37.4	(1.3)	32.1	(1.0)	32.0	(1.0)	a	a
	Verein. Königreich[1]	m	m	m	m	m	m	m	m	m	m	m	m

		Prozentsatz der Schülerinnen und Schüler, laut deren Angaben Folgendes in den meisten oder allen Unterrichtsstunden vorkommt							
		Die Schüler können nicht ungestört arbeiten				Die Schüler fangen erst lange nach Beginn der Stunde zu arbeiten an			
		PISA 2003		PISA 2000		PISA 2003		PISA 2000	
		%	S.E.	%	S.E.	%	S.E.	%	S.E.
OECD-Länder	Australien	19.7	(0.7)	18.4	(1.0)	26.7	(0.6)	25.9	(0.9)
	Österreich	**26.7**	(1.0)	**20.5**	(0.8)	30.4	(0.9)	30.0	(1.1)
	Belgien	**19.4**	(0.6)	**15.0**	(0.7)	33.1	(0.8)	31.2	(0.9)
	Kanada	17.7	(0.4)	16.7	(0.3)	31.0	(0.6)	29.6	(0.5)
	Tschech. Republik	**24.7**	(0.9)	**17.3**	(0.7)	**24.9**	(1.0)	**21.2**	(0.8)
	Dänemark	**19.7**	(0.9)	**17.2**	(0.8)	**26.9**	(0.9)	**22.8**	(1.0)
	Finnland	**18.8**	(0.7)	**15.2**	(0.6)	**32.0**	(0.9)	**21.8**	(0.8)
	Frankreich	**24.9**	(0.9)	**15.2**	(0.6)	**41.9**	(0.9)	**37.4**	(0.9)
	Deutschland	25.5	(0.8)	23.7	(0.7)	25.6	(0.9)	27.6	(0.8)
	Griechenland	**28.7**	(1.2)	**40.1**	(1.0)	**39.3**	(1.1)	**34.8**	(0.8)
	Ungarn	**22.3**	(0.8)	**25.7**	(1.1)	18.8	(0.9)	16.7	(0.9)
	Island	**25.2**	(0.7)	**16.4**	(0.7)	**26.1**	(0.7)	**20.0**	(0.7)
	Irland	**19.2**	(0.9)	**16.6**	(0.9)	**21.2**	(0.8)	**25.2**	(0.9)
	Italien	**24.9**	(1.0)	**22.2**	(0.8)	**32.5**	(1.0)	**29.3**	(0.9)
	Japan	**24.8**	(1.0)	**21.4**	(1.1)	15.5	(1.0)	17.9	(1.2)
	Korea	**17.9**	(0.7)	**21.3**	(0.9)	20.9	(0.8)	22.9	(0.9)
	Luxemburg	**39.3**	(0.8)	**22.1**	(0.7)	**35.3**	(0.8)	**27.7**	(0.7)
	Mexiko	**24.0**	(0.7)	**17.6**	(0.7)	**34.3**	(1.0)	**19.5**	(0.8)
	Niederlande	19.1	(0.9)	16.6	(1.0)	38.5	(1.1)	36.9	(1.5)
	Neuseeland	22.8	(0.7)	22.2	(0.8)	**31.3**	(0.8)	**26.4**	(0.9)
	Norwegen	**28.3**	(1.0)	**23.3**	(0.9)	36.1	(1.0)	33.5	(1.2)
	Polen	**21.4**	(1.0)	**13.9**	(0.8)	22.3	(0.9)	20.2	(1.1)
	Portugal	**22.4**	(0.9)	**19.9**	(0.8)	27.2	(1.1)	24.9	(0.8)
	Slowak. Republik	25.1	(0.7)	a	a	28.4	(0.7)	a	a
	Spanien	**23.9**	(1.0)	**18.6**	(0.8)	34.5	(1.1)	35.4	(1.0)
	Schweden	**19.9**	(0.9)	**22.9**	(0.9)	28.4	(1.2)	31.5	(1.1)
	Schweiz	**25.9**	(0.9)	**18.7**	(0.7)	**31.1**	(0.9)	**23.2**	(1.0)
	Türkei	30.9	(1.3)	a	a	31.0	(1.3)	a	a
	Vereinigte Staaten	18.9	(0.7)	18.5	(1.0)	26.9	(0.8)	25.1	(1.0)
	OECD insgesamt	***22.3***	***(0.3)***	***19.3***	***(0.3)***	***27.9***	***(0.3)***	***25.3***	***(0.3)***
	OECD-Durchschnitt	***23.5***	***(0.2)***	***19.8***	***(0.1)***	***29.3***	***(0.2)***	***26.5***	***(0.1)***
Partnerländer	Brasilien	**29.7**	(0.8)	**24.8**	(0.8)	**63.0**	(1.0)	**39.7**	(1.2)
	Hongkong (China)	**19.5**	(0.8)	**29.0**	(0.9)	**19.8**	(0.8)	**34.0**	(0.9)
	Indonesien	**21.6**	(0.7)	**14.3**	(0.8)	**29.6**	(0.8)	**20.5**	(0.9)
	Lettland	18.3	(1.0)	17.0	(0.9)	**20.6**	(1.1)	**16.3**	(1.0)
	Liechtenstein	28.2	(2.4)	21.1	(2.3)	**25.0**	(2.1)	**15.2**	(1.9)
	Macau (China)	20.6	(1.5)	a	a	19.7	(1.2)	a	a
	Russ. Föderation	18.8	(0.8)	17.0	(0.7)	15.1	(0.8)	13.7	(0.8)
	Serbien	27.3	(0.9)	a	a	28.5	(0.9)	a	a
	Thailand	**23.4**	(0.9)	**14.9**	(0.8)	**27.9**	(1.0)	**10.8**	(0.8)
	Tunesien	32.6	(0.9)	a	a	51.6	(1.0)	a	a
	Uruguay	24.0	(1.0)	a	a	31.1	(1.0)	a	a
	Verein. Königreich[1]	m	m	m	m	m	m	m	m

Anmerkung: Statistisch signifikante Werte sind durch Fettdruck gekennzeichnet (siehe Anhang A4). Die Skala wurde umgepolt, so dass positive und hohe Werte auf eine gute Schuldisziplin aus Sicht der Schüler hinweisen.

1. Die Beteiligungsquote ist zu niedrig, um die Vergleichbarkeit zu gewährleisten (siehe Anhang A3).

Tabelle 5.4a

Index der lehrkräftebezogenen Faktoren für das Schulklima aus Sicht der Schulleitungen und Leistungen auf der Gesamtskala Mathematik, nach nationalen Indexquartilen

Die Ergebnisse basieren auf Angaben der Schulleitungen und beziehen sich auf den jeweiligen zahlenmäßigen Anteil der 15-Jährigen in den Schulen

		Index lehrkräftebezogener Faktoren für das Schulklima									
		Alle Schüler		Unterstes Quartil		Zweites Quartil		Drittes Quartil		Oberstes Quartil	
		Indexmittel	S.E.	Indexmittel	S.E.	Indexmittel	S.E.	Indexmittel	S.E.	Indexmittel	S.E.
OECD-Länder	Australien	–0.16	(0.05)	–1.15	(0.04)	–0.45	(0.01)	–0.02	(0.01)	0.99	(0.08)
	Österreich	0.24	(0.07)	–0.88	(0.05)	–0.09	(0.03)	0.51	(0.02)	1.41	(0.09)
	Belgien	0.30	(0.05)	–0.80	(0.04)	–0.02	(0.02)	0.51	(0.02)	1.50	(0.07)
	Kanada	0.03	(0.05)	–0.98	(0.03)	–0.25	(0.01)	0.19	(0.01)	1.15	(0.05)
	Tschech. Republik	0.19	(0.04)	–0.68	(0.04)	–0.07	(0.01)	0.32	(0.02)	1.20	(0.06)
	Dänemark	0.42	(0.06)	–0.53	(0.07)	0.05	(0.02)	0.58	(0.03)	1.60	(0.08)
	Finnland	0.08	(0.05)	–0.80	(0.06)	–0.12	(0.02)	0.30	(0.02)	0.95	(0.06)
	Frankreich	w	w	w	w	w	w	w	w	w	w
	Deutschland	–0.03	(0.06)	–0.84	(0.04)	–0.25	(0.02)	0.13	(0.01)	0.84	(0.06)
	Griechenland	–0.32	(0.21)	–2.74	(0.17)	–0.78	(0.09)	0.47	(0.04)	1.77	(0.12)
	Ungarn	0.39	(0.09)	–0.94	(0.11)	0.19	(0.03)	0.69	(0.02)	1.62	(0.08)
	Island	0.34	(0.00)	–0.67	(0.01)	0.07	(0.00)	0.56	(0.01)	1.40	(0.01)
	Irland	–0.15	(0.08)	–1.19	(0.07)	–0.47	(0.02)	0.11	(0.03)	0.94	(0.11)
	Italien	0.05	(0.07)	–1.21	(0.09)	–0.30	(0.02)	0.30	(0.03)	1.43	(0.09)
	Japan	–0.21	(0.07)	–1.27	(0.04)	–0.51	(0.02)	–0.03	(0.02)	0.99	(0.13)
	Korea	0.36	(0.10)	–1.12	(0.10)	0.07	(0.03)	0.65	(0.02)	1.85	(0.08)
	Luxemburg	–0.32	(0.00)	–1.02	(0.00)	–0.52	(0.00)	–0.25	(0.00)	0.51	(0.01)
	Mexiko	–0.27	(0.09)	–1.82	(0.06)	–0.76	(0.04)	0.08	(0.03)	1.42	(0.09)
	Niederlande	–0.69	(0.06)	–1.52	(0.07)	–0.93	(0.02)	–0.51	(0.02)	0.20	(0.07)
	Neuseeland	–0.16	(0.05)	–1.15	(0.05)	–0.41	(0.02)	0.08	(0.02)	0.83	(0.07)
	Norwegen	–0.34	(0.06)	–1.15	(0.06)	–0.60	(0.01)	–0.17	(0.02)	0.55	(0.06)
	Polen	0.38	(0.08)	–0.72	(0.08)	0.09	(0.02)	0.57	(0.02)	1.60	(0.08)
	Portugal	–0.36	(0.06)	–1.24	(0.04)	–0.60	(0.02)	–0.19	(0.02)	0.60	(0.06)
	Slowak. Republik	0.51	(0.05)	–0.56	(0.06)	0.28	(0.02)	0.74	(0.02)	1.59	(0.06)
	Spanien	0.29	(0.08)	–0.93	(0.04)	–0.14	(0.03)	0.55	(0.03)	1.69	(0.09)
	Schweden	0.13	(0.06)	–0.83	(0.07)	–0.16	(0.02)	0.33	(0.01)	1.16	(0.10)
	Schweiz	0.39	(0.05)	–0.54	(0.06)	0.07	(0.01)	0.57	(0.03)	1.48	(0.09)
	Türkei	–0.84	(0.13)	–2.43	(0.13)	–1.39	(0.05)	–0.43	(0.04)	0.90	(0.16)
	Vereinigte Staaten	–0.03	(0.06)	–1.03	(0.04)	–0.31	(0.02)	0.18	(0.02)	1.02	(0.07)
	OECD insgesamt	***–0.07***	***(0.02)***	***–1.28***	***(0.02)***	***–0.37***	***(0.01)***	***0.16***	***(0.01)***	***1.20***	***(0.03)***
	OECD-Durchschnitt	***0.00***	***(0.01)***	***–1.21***	***(0.02)***	***–0.31***	***(0.00)***	***0.26***	***(0.01)***	***1.26***	***(0.02)***
Partnerländer	Brasilien	0.18	(0.10)	–1.59	(0.07)	–0.17	(0.04)	0.62	(0.04)	1.86	(0.08)
	Hongkong (China)	–0.35	(0.10)	–2.28	(0.14)	–0.54	(0.06)	0.29	(0.02)	1.12	(0.08)
	Indonesien	–2.11	(0.11)	–3.84	(0.05)	–2.75	(0.02)	–1.98	(0.04)	0.12	(0.13)
	Lettland	0.27	(0.08)	–0.82	(0.09)	–0.03	(0.02)	0.46	(0.02)	1.46	(0.09)
	Liechtenstein	c	c	c	c	c	c	c	c	c	c
	Macau (China)	–0.88	(0.01)	–2.41	(0.01)	–1.69	(0.01)	–0.53	(0.01)	1.11	(0.01)
	Russ. Föderation	–0.67	(0.09)	–2.18	(0.05)	–1.11	(0.04)	–0.24	(0.03)	0.87	(0.11)
	Serbien	–0.26	(0.08)	–1.44	(0.05)	–0.67	(0.03)	0.08	(0.03)	0.98	(0.09)
	Thailand	0.01	(0.09)	–1.07	(0.06)	–0.34	(0.02)	0.20	(0.02)	1.25	(0.11)
	Tunesien	–1.36	(0.08)	–2.53	(0.06)	–1.78	(0.03)	–1.07	(0.03)	–0.04	(0.08)
	Uruguay	–0.47	(0.10)	–1.91	(0.08)	–0.98	(0.04)	–0.09	(0.03)	1.09	(0.08)
	Verein. Königreich[1]	–0.20	(0.06)	–1.24	(0.04)	–0.53	(0.02)	0.03	(0.02)	0.94	(0.10)

		Leistungen auf der Gesamtskala Mathematik, nach nationalen Indexquartilen							
		Unterstes Quartil		Zweites Quartil		Drittes Quartil		Oberstes Quartil	
		Mittelwert	S.E.	Mittelwert	S.E.	Mittelwert	S.E.	Mittelwert	S.E.
OECD-Länder	Australien	**502**	(4.6)	516	(5.6)	533	(5.2)	**547**	(5.2)
	Österreich	508	(8.8)	502	(9.2)	507	(8.0)	503	(8.9)
	Belgien	**512**	(9.0)	523	(8.7)	538	(7.7)	**545**	(7.7)
	Kanada	**524**	(3.4)	531	(3.6)	533	(4.0)	**541**	(3.5)
	Tschech. Republik	519	(6.5)	515	(7.6)	527	(9.6)	502	(8.1)
	Dänemark	**508**	(5.1)	511	(6.7)	518	(4.1)	**522**	(4.8)
	Finnland	541	(3.5)	544	(3.8)	548	(3.6)	544	(3.8)
	Frankreich	w	w	w	w	w	w	w	w
	Deutschland	495	(8.6)	507	(10.0)	527	(10.2)	484	(9.3)
	Griechenland	441	(11.1)	432	(12.3)	447	(8.0)	459	(11.1)
	Ungarn	485	(10.0)	509	(8.9)	479	(9.0)	489	(9.7)
	Island	511	(3.6)	523	(3.8)	513	(3.2)	514	(3.8)
	Irland	**488**	(6.6)	502	(6.2)	515	(5.2)	**509**	(6.7)
	Italien	469	(6.3)	467	(8.0)	472	(8.8)	458	(9.7)
	Japan	**491**	(8.5)	521	(10.4)	536	(11.6)	**588**	(8.2)
	Korea	533	(9.1)	529	(9.2)	550	(6.8)	557	(8.8)
	Luxemburg	**499**	(3.0)	509	(2.9)	487	(3.6)	**478**	(2.2)
	Mexiko	378	(6.0)	380	(5.2)	391	(7.2)	394	(9.2)
	Niederlande	512	(10.7)	547	(10.1)	552	(10.2)	535	(12.0)
	Neuseeland	**500**	(6.5)	525	(5.1)	532	(5.7)	**541**	(5.5)
	Norwegen	498	(4.6)	492	(3.8)	493	(4.7)	494	(5.5)
	Polen	490	(5.6)	496	(5.0)	494	(5.8)	480	(5.8)
	Portugal	464	(7.2)	456	(8.3)	470	(7.9)	474	(7.1)
	Slowak. Republik	496	(8.4)	513	(7.6)	487	(6.5)	497	(10.4)
	Spanien	478	(7.4)	487	(5.9)	482	(4.0)	494	(6.1)
	Schweden	505	(5.0)	502	(4.8)	516	(6.7)	514	(4.4)
	Schweiz	**543**	(6.7)	532	(7.5)	521	(6.7)	**509**	(8.7)
	Türkei	424	(13.2)	414	(9.8)	426	(14.3)	430	(20.4)
	Vereinigte Staaten	**470**	(6.5)	487	(6.4)	483	(8.5)	**501**	(6.1)
	OECD insgesamt	***463***	***(3.0)***	***492***	***(2.8)***	***499***	***(2.8)***	***500***	***(2.8)***
	OECD-Durchschnitt	***483***	***(1.7)***	***502***	***(1.6)***	***510***	***(1.4)***	***505***	***(1.7)***
Partnerländer	Brasilien	348	(10.3)	353	(10.7)	367	(13.6)	361	(10.8)
	Hongkong (China)	546	(9.3)	539	(11.8)	545	(12.7)	568	(9.4)
	Indonesien	369	(9.0)	357	(6.2)	350	(8.5)	364	(8.0)
	Lettland	480	(6.2)	483	(7.3)	485	(7.4)	486	(8.4)
	Liechtenstein	c	c	c	c	c	c	c	c
	Macau (China)	525	(6.5)	529	(9.0)	524	(4.8)	532	(3.8)
	Russ. Föderation	**458**	(8.0)	452	(7.9)	478	(6.8)	**485**	(9.4)
	Serbien	429	(7.2)	441	(10.4)	426	(6.1)	451	(8.8)
	Thailand	**405**	(6.1)	412	(5.3)	422	(6.9)	**429**	(8.8)
	Tunesien	363	(7.9)	364	(7.6)	353	(7.1)	356	(8.2)
	Uruguay	427	(9.4)	412	(10.5)	413	(8.3)	436	(7.7)
	Verein. Königreich[1]	**488**	(5.5)	496	(5.6)	517	(5.6)	**535**	(6.9)

		Punktzahlveränderung auf der Gesamtskala Mathematik, je Indexeinheit		Größere Wahrscheinlichkeit für Schüler im untersten Indexquartil, im untersten nationalen Quartil der Gesamtskala Mathematik zu liegen		Erklärte Varianz der Schülerleistungen (R^2 x 100)	
		Effekt	S.E.	Quotient	S.E.	%	S.E.
OECD-Länder	Australien	**19.1**	(2.94)	**1.5**	(0.12)	2.9	(0.90)
	Österreich	–0.8	(4.72)	1.0	(0.14)	0.0	(0.16)
	Belgien	**14.6**	(4.91)	1.3	(0.19)	1.5	(1.05)
	Kanada	**8.3**	(1.97)	**1.2**	(0.08)	0.7	(0.32)
	Tschech. Republik	–8.2	(5.53)	0.9	(0.13)	0.4	(0.70)
	Dänemark	5.1	(3.41)	1.2	(0.11)	0.2	(0.33)
	Finnland	1.7	(3.10)	1.1	(0.07)	0.0	(0.09)
	Frankreich	w	w	w	w	w	w
	Deutschland	–3.4	(8.81)	1.1	(0.17)	0.1	(0.40)
	Griechenland	4.7	(3.79)	1.1	(0.21)	0.8	(1.27)
	Ungarn	–3.6	(5.95)	1.1	(0.20)	0.2	(0.59)
	Island	2.4	(1.88)	1.1	(0.08)	0.1	(0.08)
	Irland	**10.3**	(4.23)	**1.4**	(0.17)	1.1	(0.94)
	Italien	–6.1	(4.98)	0.9	(0.14)	0.4	(0.78)
	Japan	**39.5**	(4.47)	**1.9**	(0.25)	13.3	(2.72)
	Korea	**9.8**	(4.83)	1.1	(0.21)	1.5	(1.42)
	Luxemburg	**–6.3**	(1.57)	0.9	(0.06)	0.2	(0.10)
	Mexiko	**6.8**	(3.32)	1.0	(0.12)	1.0	(0.92)
	Niederlande	16.4	(9.35)	**1.6**	(0.32)	1.6	(1.86)
	Neuseeland	**19.7**	(3.78)	**1.6**	(0.17)	2.6	(0.98)
	Norwegen	–1.3	(3.84)	0.9	(0.08)	0.0	(0.09)
	Polen	–3.0	(3.92)	1.0	(0.09)	0.1	(0.26)
	Portugal	5.8	(5.36)	1.1	(0.17)	0.2	(0.44)
	Slowak. Republik	–5.0	(4.97)	1.0	(0.15)	0.2	(0.45)
	Spanien	5.2	(3.40)	1.2	(0.14)	0.4	(0.51)
	Schweden	4.6	(3.55)	1.1	(0.11)	0.2	(0.26)
	Schweiz	**–17.2**	(4.38)	**0.8**	(0.09)	2.0	(1.09)
	Türkei	4.3	(7.39)	1.0	(0.19)	0.3	(1.20)
	Vereinigte Staaten	**15.5**	(3.94)	**1.3**	(0.15)	1.8	(0.90)
	OECD insgesamt	***14.7***	***(1.67)***	***1.5***	***(0.07)***	***3.6***	***(0.53)***
	OECD-Durchschnitt	***9.5***	***(1.03)***	***1.4***	***(0.04)***	***0.9***	***(0.19)***
Partnerländer	Brasilien	5.6	(4.78)	1.1	(0.19)	0.6	(1.04)
	Hongkong (China)	4.7	(3.88)	1.1	(0.20)	0.4	(0.73)
	Indonesien	–1.0	(2.50)	0.9	(0.13)	0.0	(0.20)
	Lettland	3.6	(3.76)	1.0	(0.11)	0.1	(0.27)
	Liechtenstein	c	c	c	c	c	c
	Macau (China)	3.0	(1.70)	1.0	(0.13)	0.2	(0.28)
	Russ. Föderation	**10.5**	(3.56)	**1.3**	(0.14)	1.9	(1.28)
	Serbien	5.9	(4.37)	1.2	(0.17)	0.5	(0.68)
	Thailand	7.0	(4.23)	1.2	(0.13)	0.6	(0.84)
	Tunesien	–3.4	(4.72)	1.0	(0.14)	0.2	(0.48)
	Uruguay	4.0	(3.56)	0.9	(0.17)	0.2	(0.41)
	Verein. Königreich[1]	**20.3**	(4.28)	**1.4**	(0.13)	3.7	(1.52)

Anmerkung: Statistisch signifikante Werte sind durch Fettdruck gekennzeichnet (siehe Anhang A4). Die Skala wurde umgepolt, so dass positive und hohe Werte auf ein von den lehrkräftebezogenen Faktoren her gutes Schulklima hindeuten.

1. Die Beteiligungsquote ist zu niedrig, um die Vergleichbarkeit zu gewährleisten (siehe Anhang A3).

Tabelle 5.4b
Lehrkräftebezogene Faktoren für das Schulklima in PISA 2003 und PISA 2000
Die Ergebnisse basieren auf Angaben der Schulleitungen und beziehen sich auf den jeweiligen zahlenmäßigen Anteil der 15-Jährigen in den Schulen

		Prozentsatz der Schüler in Schulen, deren Leitung eher oder ganz der Aussage zustimmt, dass das Lernen durch Folgendes beeinträchtigt wird															
		Niedrige Erwartungen der Lehrkräfte				Schlechtes Schüler-Lehrer-Verhältnis				Lehrkräfte gehen nicht auf die individuellen Bedürfnisse der Schüler ein				Häufige Abwesenheit von Lehrkräften			
		PISA 2003		PISA 2000		PISA 2003		PISA 2000		PISA 2003		PISA 2000		PISA 2003		PISA 2000	
		%	S.E.	%	S.E.	%	S.E.	%	S.E.	%	S.E.	%	S.E.	%	S.E.	%	S.E.
OECD-Länder	Australien	31.4	(2.8)	27.0	(3.7)	14.6	(1.9)	10.0	(2.2)	48.1	(3.3)	45.1	4.0	**15.8**	(2.2)	**8.0**	(2.4)
	Österreich	15.7	(3.5)	11.9	(2.3)	9.4	(2.3)	5.6	(1.6)	21.4	(2.9)	18.9	2.9	14.0	(2.9)	9.7	(2.3)
	Belgien	8.2	(1.6)	10.0	(1.9)	9.0	(1.7)	13.2	(2.2)	21.8	(3.0)	26.8	2.8	22.3	(2.6)	24.4	(3.2)
	Kanada	10.8	(1.6)	10.0	(1.1)	**12.2**	(1.6)	**7.9**	(0.9)	**32.8**	(2.5)	**22.6**	1.5	8.0	(1.4)	6.3	(0.7)
	Tschech. Republik	**8.8**	(1.9)	**3.9**	(1.3)	**7.0**	(1.3)	**3.3**	(1.1)	**13.1**	(2.1)	**5.6**	1.5	**22.7**	(2.5)	**6.8**	(1.7)
	Dänemark	9.1	(2.0)	4.2	(1.9)	**4.9**	(1.7)	**0.7**	(0.5)	**18.9**	(2.7)	**7.7**	2.1	**14.0**	(2.6)	**5.3**	(1.7)
	Finnland	6.7	(1.8)	11.1	(2.7)	14.0	(2.6)	11.3	(2.3)	34.6	(3.5)	34.1	4.2	20.4	(3.2)	16.6	(3.1)
	Frankreich	w	w	w	w	w	w	w	w	w	w	w	w	w	w	w	w
	Deutschland	9.5	(2.1)	15.1	(2.6)	13.9	(2.6)	11.1	(2.3)	31.1	(3.4)	29.0	3.6	23.2	(3.3)	25.9	(3.4)
	Griechenland	45.2	(5.1)	47.5	(4.7)	**40.8**	(5.6)	**62.3**	(4.3)	**43.0**	(6.0)	**66.9**	4.1	**39.9**	(5.6)	**67.2**	(4.0)
	Ungarn	9.1	(2.6)	10.4	(2.3)	16.5	(3.4)	12.0	(3.0)	23.0	(3.6)	19.3	3.1	21.4	(3.5)	17.2	(2.8)
	Island	**14.4**	(0.1)	**15.9**	(0.1)	**8.2**	(0.1)	**9.8**	(0.1)	**39.5**	(0.2)	**27.2**	0.1	**32.2**	(0.2)	**14.5**	(0.1)
	Irland	29.5	(4.0)	31.4	(3.9)	15.5	(3.5)	13.1	(2.8)	**47.4**	(4.8)	**31.4**	4.0	29.8	(4.0)	27.0	(3.7)
	Italien	**12.4**	(2.3)	**20.0**	(3.0)	34.3	(3.2)	26.9	(3.7)	27.9	(3.3)	22.8	3.6	10.4	(2.3)	12.0	(2.5)
	Japan	31.7	(3.6)	22.5	(3.5)	23.4	(3.4)	14.8	(3.0)	**33.9**	(4.1)	**20.4**	3.7	3.7	(1.6)	4.1	(1.8)
	Korea	31.9	(4.0)	27.2	(4.2)	14.1	(3.2)	8.4	(2.4)	28.0	(3.2)	26.4	4.3	10.9	(2.9)	4.6	(1.9)
	Luxemburg	**8.8**	(0.0)	**8.8**	(0.0)	**28.9**	(0.1)	**21.6**	(0.2)	**56.2**	(0.1)	**49.7**	0.0	**5.0**	(0.0)	**14.5**	(0.2)
	Mexiko	40.7	(3.6)	39.8	(4.4)	23.7	(2.9)	16.6	(3.2)	35.2	(3.1)	28.9	3.8	26.6	(3.1)	32.1	(3.7)
	Niederlande	38.9	(4.8)	28.4	(4.1)	20.1	(3.5)	13.4	(3.5)	55.9	(4.8)	50.6	5.5	45.6	(3.9)	45.4	(5.4)
	Neuseeland	**39.7**	(3.2)	**28.8**	(3.2)	**17.6**	(2.9)	**7.1**	(2.1)	**46.1**	(3.4)	**35.2**	3.5	**7.9**	(1.8)	**3.5**	(1.2)
	Norwegen	20.4	(3.3)	14.5	(3.2)	22.3	(3.4)	21.5	(3.4)	71.5	(3.9)	66.3	4.0	24.5	(3.5)	20.0	(3.4)
	Polen	12.1	(2.7)	15.7	(3.7)	10.3	(2.5)	4.7	(2.3)	18.9	(3.1)	23.0	4.4	10.3	(2.5)	11.7	(3.6)
	Portugal	**44.5**	(4.6)	**28.6**	(3.8)	15.9	(3.0)	14.5	(3.3)	44.6	(4.5)	48.2	3.8	29.5	(4.1)	25.7	(4.2)
	Slowak. Republik	17.0	(2.8)	a	a	6.9	(2.1)	a	a	10.2	(1.8)	a	a	18.8	(2.9)	a	a
	Spanien	21.1	(3.0)	16.5	(2.6)	9.7	(2.4)	7.4	(2.1)	**20.6**	(3.3)	**30.6**	3.6	12.8	(2.6)	8.1	(2.2)
	Schweden	11.5	(2.6)	7.0	(2.1)	10.9	(2.2)	10.4	(2.7)	32.6	(3.4)	38.3	4.4	15.7	(2.8)	21.2	(3.2)
	Schweiz	7.8	(1.8)	7.5	(2.2)	10.8	(2.0)	11.6	(2.2)	20.5	(2.8)	21.7	3.1	4.8	(1.4)	3.9	(1.5)
	Türkei	60.8	(4.7)	a	a	58.1	(4.8)	a	a	46.3	(4.1)	a	a	37.4	(3.9)	a	a
	Vereinigte Staaten	24.3	(3.3)	18.9	(4.3)	14.1	(2.5)	9.8	(3.2)	32.1	(3.0)	24.5	4.0	13.3	(2.3)	13.1	(3.5)
	OECD insgesamt	*25.1*	*(0.9)*	*21.2*	*(1.3)*	*17.5*	*(1.0)*	*12.5*	*(0.9)*	*31.0*	*(1.0)*	*28.4*	*1.1*	*16.1*	*(0.8)*	*14.7*	*(1.0)*
	OECD-Durchschnitt	*22.1*	*(0.5)*	*18.7*	*(0.5)*	*16.7*	*(0.6)*	*13.2*	*(0.5)*	*33.3*	*(0.6)*	*32.2*	*0.7*	*18.9*	*(0.6)*	*16.9*	*(0.5)*
Partnerländer	Brasilien	27.5	(3.3)	19.3	(3.2)	**19.0**	(3.2)	**7.4**	(1.9)	26.9	(3.5)	20.4	2.9	27.0	(3.5)	25.7	(3.2)
	Hongkong (China)	**43.4**	(3.9)	**28.7**	(3.9)	23.7	(3.2)	16.0	(3.1)	**43.7**	(3.8)	**30.3**	3.7	**21.0**	(3.5)	**8.9**	(2.6)
	Indonesien	**75.1**	(2.8)	**24.0**	(3.9)	**73.3**	(3.9)	**24.1**	(5.3)	**75.6**	(3.2)	**35.8**	4.1	**78.4**	(3.1)	**32.1**	(4.1)
	Lettland	12.7	(2.7)	8.5	(2.5)	15.3	(3.5)	7.5	(2.6)	24.5	(4.0)	16.3	3.2	6.8	(1.7)	3.7	(1.7)
	Liechtenstein	c	c	c	c	c	c	c	c	c	c	c	c	c	c	c	c
	Macau (China)	59.2	(0.3)	a	a	44.1	(0.3)	a	a	60.3	(0.2)	a	a	37.4	(0.3)	a	a
	Russ. Föderation	52.3	(4.6)	50.5	(3.9)	44.9	(3.9)	40.9	(4.3)	39.8	(3.5)	49.6	3.6	51.2	(4.2)	43.8	(3.9)
	Serbien	32.9	(4.0)	a	a	20.6	(3.7)	a	a	45.1	(4.0)	a	a	20.3	(3.7)	a	a
	Thailand	38.0	(4.0)	33.8	(4.2)	13.0	(2.7)	16.3	(2.9)	36.5	(4.0)	47.7	4.3	11.8	(2.9)	13.8	(2.4)
	Tunesien	83.9	(3.1)	a	a	66.2	(4.0)	a	a	74.6	(3.7)	a	a	73.7	(3.4)	a	a
	Uruguay	49.7	(4.3)	a	a	21.8	(3.6)	a	a	33.5	(4.2)	a	a	64.1	(3.2)	a	a
	Verein. Königreich[1]	m	m	m	m	m	m	m	m	m	m	m	m	m	m	m	m

		Prozentsatz der Schüler in Schulen, deren Leitung eher oder ganz der Aussage zustimmt, dass das Lernen durch Folgendes beeinträchtigt wird											
		Widerstand des Kollegiums gegen Veränderungen				Lehrkräfte sind mit den Schülern zu streng				Schüler werden nicht ermutigt, ihr Potenzial voll auszuschöpfen			
		PISA 2003		PISA 2000		PISA 2003		PISA 2000		PISA 2003		PISA 2000	
		%	S.E.	%	S.E.	%	S.E.	%	S.E.	%	S.E.	%	S.E.
OECD-Länder	Australien	34.1	(3.0)	37.8	(3.7)	**7.5**	(1.6)	**2.1**	(1.0)	18.6	(2.3)	25.2	(3.5)
	Österreich	16.5	(2.9)	14.9	(2.4)	7.2	(2.0)	6.6	(2.1)	22.0	(3.6)	19.3	(3.4)
	Belgien	26.6	(2.6)	32.8	(2.4)	3.1	(1.2)	5.2	(1.6)	15.0	(2.3)	20.5	(2.8)
	Kanada	32.8	(2.2)	30.7	(1.9)	**8.4**	(1.4)	**4.2**	(0.8)	15.9	(1.8)	14.3	(1.3)
	Tschech. Republik	10.2	(2.2)	7.5	(2.1)	**9.9**	(2.0)	**4.2**	(1.4)	20.3	(2.7)	18.8	(2.8)
	Dänemark	16.1	(2.8)	9.4	(2.2)	2.6	(1.1)	0.5	(0.5)	6.9	(2.0)	4.9	(1.6)
	Finnland	13.4	(2.4)	18.5	(3.5)	5.8	(1.7)	a	a	16.3	(3.2)	19.9	(3.1)
	Frankreich	w	w	w	w	w	w	w	w	w	w	w	w
	Deutschland	24.6	(3.2)	22.4	(2.7)	2.9	(1.2)	4.9	(1.6)	23.0	(3.3)	19.0	(3.1)
	Griechenland	**31.5**	(4.9)	**48.0**	(4.4)	**23.4**	(5.1)	**42.5**	(4.6)	**29.1**	(5.4)	**60.8**	(4.7)
	Ungarn	**4.5**	(1.2)	**10.8**	(2.5)	12.0	(2.8)	16.2	(2.9)	**22.6**	(3.8)	**36.6**	(3.9)
	Island	**12.9**	(0.1)	**19.8**	(0.1)	**1.3**	(0.1)	**0.6**	(0.0)	**11.3**	(0.1)	**12.8**	(0.1)
	Irland	27.8	(3.9)	19.3	(3.4)	8.7	(2.5)	10.8	(3.0)	21.0	(3.8)	15.9	(3.0)
	Italien	36.7	(3.5)	41.9	(3.6)	13.3	(2.5)	14.1	(2.9)	24.7	(3.3)	31.7	(4.0)
	Japan	**41.5**	(4.4)	**19.4**	(3.4)	**20.6**	(3.6)	**3.5**	(1.8)	37.1	(3.9)	30.2	(4.0)
	Korea	**17.3**	(3.2)	**7.5**	(2.5)	**7.7**	(2.3)	**1.3**	(0.9)	27.0	(4.0)	17.5	(3.5)
	Luxemburg	**18.9**	(0.1)	**26.9**	(0.2)	**13.8**	(0.0)	**6.9**	(0.0)	**36.8**	(0.1)	**57.5**	(0.2)
	Mexiko	40.4	(3.4)	47.0	(3.9)	27.4	(3.1)	18.7	(3.1)	45.7	(3.6)	54.1	(4.0)
	Niederlande	60.1	(4.6)	57.3	(5.6)	**18.2**	(3.6)	**8.1**	(3.1)	40.4	(4.3)	34.4	(5.3)
	Neuseeland	23.4	(3.3)	23.9	(3.1)	6.2	(1.8)	4.6	(1.6)	23.8	(2.8)	21.4	(2.9)
	Norwegen	35.1	(3.6)	27.7	(3.7)	3.5	(1.5)	1.4	(1.0)	23.7	(3.5)	17.2	(3.1)
	Polen	10.0	(2.4)	18.1	(4.2)	4.9	(1.7)	12.0	(3.4)	**18.5**	(3.4)	**33.1**	(4.3)
	Portugal	43.6	(4.7)	43.7	(4.6)	2.0	(1.2)	2.1	(1.2)	35.0	(4.3)	30.6	(4.0)
	Slowak. Republik	7.5	(1.6)	a	a	5.8	(1.2)	a	a	12.1	(2.2)	a	a
	Spanien	26.6	(3.4)	29.6	(3.5)	6.9	(2.1)	4.1	(1.4)	21.1	(2.6)	26.8	(3.0)
	Schweden	31.4	(3.4)	37.9	(3.6)	2.2	(1.1)	0.6	(0.9)	**16.0**	(3.0)	**28.5**	(4.1)
	Schweiz	22.6	(3.1)	22.5	(3.4)	2.8	(1.0)	1.2	(0.6)	11.5	(2.1)	14.5	(2.5)
	Türkei	46.4	(4.7)	a	a	34.3	(4.5)	a	a	62.5	(4.7)	a	a
	Vereinigte Staaten	34.0	(3.4)	23.9	(5.3)	5.0	(1.5)	1.7	(1.0)	13.5	(2.5)	15.5	(3.8)
	OECD insgesamt	*29.7*	*(1.1)*	*27.1*	*(1.6)*	*10.5*	*(0.7)*	*6.4*	*(0.5)*	*24.2*	*(1.0)*	*26.1*	*(1.3)*
	OECD-Durchschnitt	*25.7*	*(0.5)*	*27.0*	*(0.7)*	*9.1*	*(0.4)*	*6.8*	*(0.4)*	*23.2*	*(0.6)*	*26.1*	*(0.6)*
Partnerländer	Brasilien	24.1	(3.2)	16.8	(2.7)	12.8	(2.6)	7.2	(2.0)	27.8	(3.4)	28.9	(3.3)
	Hongkong (China)	**31.1**	(3.5)	**15.8**	(3.1)	**19.6**	(3.4)	**5.1**	(1.7)	**39.9**	(3.5)	**22.9**	(3.6)
	Indonesien	**61.0**	(3.6)	**16.6**	(3.8)	**71.8**	(3.6)	**23.7**	(4.2)	**74.2**	(3.0)	**29.6**	(4.4)
	Lettland	**12.2**	(2.9)	**5.2**	(1.9)	6.5	(2.2)	5.5	(2.0)	**24.1**	(4.0)	**9.2**	(2.7)
	Liechtenstein	c	c	c	c	c	c	c	c	c	c	c	c
	Macau (China)	47.9	(0.3)	a	a	45.1	(0.2)	a	a	56.0	(0.3)	a	a
	Russ. Föderation	38.5	(3.7)	30.0	(4.1)	55.5	(3.4)	55.2	(3.8)	41.6	(3.7)	47.1	(3.4)
	Serbien	41.3	(4.0)	a	a	20.5	(3.7)	a	a	44.5	(4.4)	a	a
	Thailand	9.8	(2.3)	8.6	(2.2)	25.8	(3.8)	25.2	(3.6)	17.1	(3.1)	22.1	(3.2)
	Tunesien	45.5	(4.0)	a	a	45.1	(4.4)	a	a	59.7	(3.6)	a	a
	Uruguay	40.8	(3.8)	a	a	20.6	(4.0)	a	a	46.8	(4.8)	a	a
	Verein. Königreich[1]	m	m	m	m	m	m	m	m	m	m	m	m

Anmerkung: Statistisch signifikante Werte sind durch Fettdruck gekennzeichnet (siehe Anhang A4).
1. Die Beteiligungsquote ist zu niedrig, um die Vergleichbarkeit zu gewährleisten (siehe Anhang A3).

Tabelle 5.5a

Index der Stimmung und Arbeitshaltung der Lehrkräfte aus der Sicht der Schulleitungen und Schülerleistungen auf der Gesamtskala Mathematik, nach nationalen Indexquartilen

Die Ergebnisse basieren auf Angaben der Schulleitungen und beziehen sich auf den jeweiligen zahlenmäßigen Anteil der 15-Jährigen in den Schulen

		Index der Stimmung und Arbeitshaltung der Lehrkräfte aus der Sicht der Schulleitungen										Leistungen auf der Gesamtskala Mathematik, nach nationalen Indexquartilen							
		Alle Schüler		Unterstes Quartil		Zweites Quartil		Drittes Quartil		Oberstes Quartil		Unterstes Quartil		Zweites Quartil		Drittes Quartil		Oberstes Quartil	
		Indexmittel	S.E.	Indexmittel	S.E.	Indexmittel	S.E.	Indexmittel	S.E.	Indexmittel	S.E.	Mittelwert	S.E.	Mittelwert	S.E.	Mittelwert	S.E.	Mittelwert	S.E.
OECD-Länder	Australien	0.18	(0.06)	–0.89	(0.06)	–0.38	(0.03)	0.49	(0.02)	1.51	(0.03)	**510**	(5.2)	514	(4.71)	529	(5.08)	**545**	(4.6)
	Österreich	0.49	(0.07)	–0.74	(0.06)	0.16	(0.04)	0.90	(0.02)	1.63	(0.01)	513	(9.0)	499	(7.82)	508	(8.97)	500	(9.3)
	Belgien	–0.39	(0.05)	–1.43	(0.04)	–0.58	(0.00)	–0.32	(0.03)	0.77	(0.06)	**488**	(8.7)	521	(5.97)	543	(4.73)	**566**	(5.9)
	Kanada	0.13	(0.05)	–0.99	(0.05)	–0.42	(0.02)	0.49	(0.02)	1.44	(0.03)	526	(3.6)	528	(3.18)	540	(3.14)	537	(4.3)
	Tschech. Republik	–0.17	(0.05)	–1.06	(0.05)	–0.57	(0.00)	0.24	(0.00)	0.72	(0.05)	521	(6.9)	514	(8.03)	517	(8.18)	512	(8.9)
	Dänemark	0.31	(0.06)	–0.64	(0.04)	–0.17	(0.05)	0.67	(0.02)	1.38	(0.04)	514	(4.8)	510	(5.39)	513	(4.49)	522	(4.6)
	Finnland	0.30	(0.06)	–0.79	(0.06)	0.10	(0.03)	0.57	(0.01)	1.33	(0.05)	541	(3.3)	542	(3.62)	544	(3.08)	550	(3.9)
	Frankreich	w	w	w	w	w	w	w	w	w	w	w	w	w	w	w	w	w	w
	Deutschland	0.04	(0.06)	–1.07	(0.07)	–0.37	(0.04)	0.41	(0.03)	1.18	(0.05)	488	(9.0)	504	(8.21)	517	(9.28)	504	(9.7)
	Griechenland	0.09	(0.12)	–1.47	(0.07)	–0.26	(0.06)	0.65	(0.02)	1.45	(0.06)	**424**	(7.4)	423	(9.67)	466	(6.96)	**466**	(9.3)
	Ungarn	0.10	(0.08)	–1.04	(0.07)	–0.18	(0.05)	0.50	(0.02)	1.14	(0.05)	477	(9.4)	493	(5.77)	495	(6.92)	500	(9.4)
	Island	0.62	(0.00)	–0.64	(0.01)	0.45	(0.00)	1.04	(0.01)	1.65	(0.00)	**510**	(3.6)	511	(4.03)	520	(3.09)	**521**	(3.6)
	Irland	0.25	(0.09)	–0.98	(0.07)	–0.31	(0.04)	0.65	(0.04)	1.65	(0.00)	494	(6.4)	503	(5.28)	514	(5.49)	504	(4.6)
	Italien	–0.61	(0.05)	–1.84	(0.04)	–0.64	(0.01)	–0.51	(0.01)	0.54	(0.06)	472	(6.3)	456	(6.59)	459	(6.45)	478	(9.5)
	Japan	–0.39	(0.09)	–1.79	(0.07)	–0.78	(0.04)	–0.15	(0.06)	1.17	(0.06)	**489**	(8.6)	517	(7.98)	539	(9.10)	**592**	(8.5)
	Korea	–0.42	(0.08)	–1.80	(0.07)	–0.62	(0.01)	–0.26	(0.06)	0.99	(0.07)	**511**	(9.4)	540	(6.43)	545	(6.84)	**573**	(8.7)
	Luxemburg	–0.39	(0.00)	–1.11	(0.01)	–0.57	(0.00)	–0.41	(0.01)	0.54	(0.00)	**489**	(3.1)	493	(4.01)	490	(3.31)	**500**	(2.3)
	Mexiko	–0.02	(0.07)	–1.47	(0.09)	–0.57	(0.00)	0.45	(0.03)	1.51	(0.03)	378	(6.8)	376	(5.87)	386	(8.11)	398	(8.9)
	Niederlande	–0.18	(0.06)	–0.81	(0.07)	–0.57	(0.00)	–0.18	(0.05)	0.82	(0.08)	**521**	(8.4)	531	(6.72)	544	(8.52)	**552**	(10.3)
	Neuseeland	0.17	(0.07)	–0.89	(0.08)	–0.25	(0.04)	0.45	(0.02)	1.37	(0.04)	**515**	(5.4)	522	(4.45)	527	(5.03)	**533**	(6.6)
	Norwegen	0.05	(0.07)	–0.95	(0.07)	–0.49	(0.02)	0.35	(0.02)	1.31	(0.05)	495	(5.0)	495	(4.59)	496	(3.79)	491	(5.9)
	Polen	0.08	(0.07)	–1.05	(0.07)	–0.21	(0.04)	0.47	(0.02)	1.10	(0.05)	483	(4.5)	493	(4.17)	495	(5.37)	489	(5.9)
	Portugal	–0.42	(0.08)	–1.54	(0.05)	–0.58	(0.00)	–0.22	(0.05)	0.66	(0.05)	470	(6.8)	458	(8.56)	460	(6.15)	475	(6.5)
	Slowak. Republik	–0.17	(0.06)	–1.19	(0.04)	–0.57	(0.00)	0.08	(0.03)	0.99	(0.06)	492	(6.4)	498	(6.76)	509	(6.38)	494	(9.4)
	Spanien	–0.35	(0.06)	–1.42	(0.06)	–0.57	(0.00)	–0.22	(0.04)	0.81	(0.06)	**467**	(7.1)	482	(4.86)	493	(3.61)	**500**	(6.5)
	Schweden	0.49	(0.06)	–0.59	(0.04)	0.29	(0.01)	0.78	(0.02)	1.50	(0.03)	507	(4.6)	500	(4.62)	510	(5.13)	519	(5.3)
	Schweiz	0.21	(0.07)	–0.92	(0.05)	–0.20	(0.05)	0.64	(0.02)	1.31	(0.05)	529	(7.2)	530	(5.95)	519	(10.16)	528	(7.5)
	Türkei	–0.37	(0.11)	–1.97	(0.09)	–0.74	(0.04)	–0.02	(0.06)	1.24	(0.07)	399	(7.9)	428	(9.74)	434	(14.44)	433	(17.6)
	Vereinigte Staaten	0.23	(0.07)	–1.05	(0.08)	–0.22	(0.04)	0.65	(0.02)	1.55	(0.02)	475	(6.0)	482	(5.87)	484	(8.03)	**498**	(6.6)
	OECD insgesamt	***–0.03***	***(0.02)***	***–1.32***	***(0.02)***	***–0.55***	***(0.00)***	***0.41***	***(0.01)***	***1.34***	***(0.02)***	***472***	***(2.7)***	***485***	***(2.48)***	***496***	***(3.17)***	***501***	***(2.7)***
	OECD-Durchschnitt	***0.00***	***(0.01)***	***–1.17***	***(0.02)***	***–0.51***	***(0.01)***	***0.39***	***(0.01)***	***1.27***	***(0.01)***	***484***	***(1.5)***	***498***	***(1.36)***	***507***	***(1.40)***	***510***	***(1.6)***
Partnerländer	Brasilien	–0.12	(0.09)	–1.46	(0.13)	–0.57	(0.00)	0.33	(0.02)	1.21	(0.05)	**340**	(10.3)	359	(9.11)	358	(11.64)	**372**	(10.2)
	Hongkong (China)	–0.37	(0.07)	–1.48	(0.08)	–0.57	(0.00)	–0.23	(0.05)	0.83	(0.07)	**522**	(8.0)	543	(7.82)	566	(7.60)	**571**	(15.5)
	Indonesien	0.59	(0.07)	–0.89	(0.09)	0.30	(0.03)	1.30	(0.03)	1.66	(0.00)	366	(7.6)	357	(7.86)	357	(5.77)	361	(5.9)
	Lettland	0.15	(0.08)	–0.76	(0.06)	–0.26	(0.04)	0.39	(0.03)	1.22	(0.07)	479	(6.6)	483	(5.37)	484	(6.70)	487	(8.2)
	Liechtenstein	c	c	c	c	c	c	c	c	c	c	c	c	c	c	c	c	c	c
	Macau (China)	–0.63	(0.00)	–1.71	(0.01)	–0.58	(0.00)	–0.57	(0.00)	0.35	(0.04)	**503**	(5.3)	532	(7.49)	529	(7.93)	**546**	(6.0)
	Russ. Föderation	–0.21	(0.06)	–1.19	(0.05)	–0.57	(0.00)	–0.11	(0.04)	1.02	(0.07)	**452**	(5.5)	462	(7.18)	467	(6.31)	**493**	(7.4)
	Serbien	–0.52	(0.08)	–1.79	(0.07)	–0.84	(0.04)	–0.23	(0.05)	0.77	(0.07)	440	(7.3)	429	(5.58)	432	(6.08)	445	(8.9)
	Thailand	–0.18	(0.10)	–1.46	(0.09)	–0.57	(0.00)	–0.06	(0.04)	1.36	(0.06)	**406**	(4.2)	413	(5.35)	420	(5.93)	**430**	(8.0)
	Tunesien	0.06	(0.08)	–1.22	(0.09)	–0.57	(0.00)	0.48	(0.04)	1.53	(0.04)	**342**	(5.3)	352	(6.34)	374	(9.15)	**366**	(6.2)
	Uruguay	–0.13	(0.06)	–1.04	(0.06)	–0.57	(0.00)	0.01	(0.04)	1.10	(0.06)	417	(6.3)	426	(6.38)	416	(7.41)	430	(7.1)
	Verein. Königreich[1]	0.25	(0.07)	–0.91	(0.07)	–0.26	(0.04)	0.64	(0.02)	1.55	(0.02)	**492**	(4.6)	504	(4.28)	511	(6.86)	**528**	(7.5)

		Punktzahlveränderung auf der Gesamtskala Mathematik, je Indexeinheit		Größere Wahrscheinlichkeit für Schüler im untersten Indexquartil, im untersten nationalen Quartil der Gesamtskala Mathematik zu liegen		Erklärte Varianz der Schülerleistungen (R^2 x 100)	
		Effekt	S.E.	Quotient	S.E.	%	S.E.
OECD-Länder	Australien	**14.3**	(3.16)	**1.3**	(0.10)	2.1	(0.85)
	Österreich	–2.4	(5.77)	0.9	(0.15)	0.1	(0.34)
	Belgien	**33.4**	(5.18)	**2.0**	(0.20)	7.2	(1.99)
	Kanada	**5.7**	(2.10)	1.1	(0.07)	0.4	(0.31)
	Tschech. Republik	–4.3	(7.03)	0.9	(0.13)	0.1	(0.55)
	Dänemark	3.9	(2.84)	1.0	(0.10)	0.1	(0.18)
	Finnland	**5.0**	(2.48)	1.1	(0.07)	0.3	(0.25)
	Frankreich	w	w	w	w	w	w
	Deutschland	7.4	(5.87)	1.3	(0.18)	0.4	(0.69)
	Griechenland	**16.2**	(4.11)	1.3	(0.19)	4.0	(1.91)
	Ungarn	8.6	(7.01)	1.2	(0.20)	0.7	(1.35)
	Island	**5.4**	(2.05)	1.1	(0.07)	0.3	(0.22)
	Irland	5.4	(3.11)	**1.3**	(0.14)	0.4	(0.55)
	Italien	1.5	(4.50)	0.9	(0.12)	0.0	(0.18)
	Japan	**34.3**	(4.11)	**1.8**	(0.26)	15.6	(3.55)
	Korea	**21.9**	(4.46)	**1.8**	(0.28)	6.3	(2.50)
	Luxemburg	**4.9**	(1.64)	1.1	(0.07)	0.1	(0.10)
	Mexiko	**6.9**	(3.47)	1.1	(0.15)	0.9	(0.91)
	Niederlande	**18.1**	(8.90)	1.4	(0.22)	2.0	(2.05)
	Neuseeland	**8.8**	(3.65)	1.1	(0.12)	0.7	(0.57)
	Norwegen	–1.5	(2.75)	1.0	(0.08)	0.0	(0.11)
	Polen	5.6	(3.27)	1.1	(0.10)	0.3	(0.37)
	Portugal	3.0	(4.69)	0.8	(0.16)	0.1	(0.30)
	Slowak. Republik	1.8	(5.43)	1.1	(0.12)	0.0	(0.30)
	Spanien	**14.1**	(4.04)	**1.4**	(0.17)	2.0	(1.15)
	Schweden	**6.5**	(3.24)	1.1	(0.10)	0.3	(0.30)
	Schweiz	–0.7	(4.52)	1.0	(0.10)	0.0	(0.16)
	Türkei	10.5	(6.34)	1.4	(0.21)	1.6	(1.82)
	Vereinigte Staaten	**8.5**	(3.09)	1.2	(0.14)	0.9	(0.63)
	OECD insgesamt	***11.4***	***(1.48)***	***1.3***	***(0.06)***	***1.4***	***(0.35)***
	OECD-Durchschnitt	***11.1***	***(0.94)***	***1.3***	***(0.03)***	***1.2***	***(0.21)***
Partnerländer	Brasilien	**12.7**	(5.70)	1.2	(0.19)	1.9	(1.89)
	Hongkong (China)	**22.2**	(7.56)	**1.6**	(0.26)	4.3	(3.01)
	Indonesien	–1.0	(3.43)	0.9	(0.12)	0.0	(0.17)
	Lettland	5.2	(4.73)	1.1	(0.14)	0.2	(0.45)
	Liechtenstein	c	c	c	c	c	c
	Macau (China)	**21.1**	(2.61)	**1.4**	(0.16)	4.3	(1.02)
	Russ. Föderation	**18.3**	(4.17)	1.2	(0.12)	3.1	(1.47)
	Serbien	3.4	(4.38)	0.9	(0.14)	0.2	(0.52)
	Thailand	**9.7**	(3.11)	1.1	(0.11)	1.8	(1.13)
	Tunesien	**8.8**	(2.88)	**1.3**	(0.13)	1.4	(0.90)
	Uruguay	4.9	(3.99)	1.1	(0.13)	0.2	(0.31)
	Verein. Königreich[1]	**13.4**	(2.90)	**1.3**	(0.12)	**2.1**	**(0.87)**

Anmerkung: Statistisch signifikante Werte sind durch Fettdruck gekennzeichnet (siehe Anhang A4).
1. Die Beteiligungsquote ist zu niedrig, um die Vergleichbarkeit zu gewährleisten (siehe Anhang A3).

Tabelle 5.5b

Stimmung und Arbeitshaltung der Lehrkräfte in PISA 2003 und PISA 2000

Die Ergebnisse basieren auf Angaben der Schulleitungen und beziehen sich auf den jeweiligen zahlenmäßigen Anteil der 15-Jährigen in den Schulen

		Prozentsatz der Schüler in Schulen, deren Leitung folgenden Aussagen über die Lehrkräfte ihrer Schule eher oder ganz zustimmt															
		Stimmung und Arbeitshaltung der Lehrkräfte sind in dieser Schule gut				Die Lehrkräfte arbeiten mit großem Engagement				Die Lehrkräfte sind stolz auf diese Schule				Die Lehrkräfte legen Wert auf schulische Leistung			
		PISA 2003		PISA 2000		PISA 2003		PISA 2000		PISA 2003		PISA 2000		PISA 2003		PISA 2000	
		%	S.E.	%	S.E.	%	S.E.	%	S.E.	%	S.E.	%	S.E.	%	S.E.	%	S.E.
OECD-Länder	Australien	90.1	(1.8)	85.7	(2.7)	96.9	(1.6)	95.5	(1.7)	97.5	(1.0)	95.6	(1.9)	99.8	(0.2)	98.7	(0.9)
	Österreich	98.2	(1.0)	98.5	(1.1)	98.8	(0.9)	98.1	(1.1)	97.1	(1.6)	99.2	(0.4)	99.0	(0.8)	100.0	(0.0)
	Belgien	87.4	(2.1)	85.5	(2.6)	**93.4**	(1.4)	**97.1**	(1.1)	95.0	(1.1)	91.8	(2.3)	**90.5**	(1.6)	**95.6**	(1.7)
	Kanada	**87.7**	(1.7)	**78.0**	(1.9)	95.3	(1.1)	93.7	(1.0)	97.5	(0.7)	97.4	(0.6)	99.0	(0.4)	99.1	(0.3)
	Tschech. Republik	96.4	(1.2)	93.7	(1.6)	85.7	(2.5)	81.4	(2.6)	**96.9**	(1.1)	**91.6**	(1.7)	99.3	(0.5)	99.3	(0.6)
	Dänemark	98.8	(0.9)	97.9	(1.1)	**100.0**	(0.0)	**94.8**	(1.4)	**99.2**	(0.5)	**94.3**	(1.7)	97.6	(0.7)	98.0	(1.0)
	Finnland	**97.9**	(1.1)	**89.2**	(2.8)	96.2	(1.2)	95.7	(1.6)	95.9	(1.3)	91.8	(2.2)	99.4	(0.6)	100.0	(0.0)
	Frankreich	w	w	w	w	w	w	w	w	w	w	w	w	w	w	w	w
	Deutschland	96.6	(1.4)	95.4	(1.8)	96.1	(1.2)	93.8	(1.3)	89.6	(2.0)	83.9	(2.6)	97.4	(1.2)	98.1	(0.4)
	Griechenland	87.1	(3.3)	92.2	(3.5)	83.7	(3.6)	88.6	(3.6)	**87.3**	(3.0)	**97.5**	(1.3)	99.3	(0.7)	98.8	(1.2)
	Ungarn	96.4	(1.8)	92.8	(2.0)	86.6	(3.0)	78.9	(3.3)	**95.9**	(1.6)	**88.7**	(2.4)	**100.0**	(0.0)	**92.9**	(1.9)
	Island	**98.7**	(0.0)	**96.0**	(0.1)	**98.8**	(0.0)	**95.3**	(0.1)	**98.4**	(0.0)	**94.9**	(0.1)	**99.0**	(0.0)	**97.1**	(0.0)
	Irland	87.6	(2.6)	88.2	(3.0)	96.8	(1.6)	97.0	(0.9)	95.0	(1.8)	96.0	(1.7)	98.8	(0.9)	99.3	(0.7)
	Italien	**75.4**	(2.4)	**53.2**	(4.1)	**81.2**	(2.8)	**66.7**	(3.7)	**87.4**	(2.0)	**94.8**	(1.6)	**94.0**	(1.4)	**98.0**	(1.1)
	Japan	90.1	(2.5)	85.5	(3.1)	93.6	(1.9)	93.7	(2.2)	79.7	(3.0)	85.5	(2.8)	**75.4**	(3.2)	**91.0**	(2.6)
	Korea	80.2	(3.4)	61.6	(4.2)	**93.4**	(2.0)	**85.3**	(3.3)	85.2	(3.1)	77.0	(3.7)	86.8	(2.7)	87.0	(2.5)
	Luxemburg	**92.2**	(0.0)	**100.0**	(0.0)	**92.2**	(0.0)	**94.7**	(0.0)	**85.6**	(0.0)	**84.1**	(0.0)	100.0	(0.0)	100.0	(0.0)
	Mexiko	91.1	(1.9)	91.3	(2.1)	89.9	(1.9)	93.7	(1.9)	**87.2**	(2.7)	**93.9**	(1.9)	92.4	(1.9)	95.4	(1.6)
	Niederlande	98.2	(1.0)	92.5	(3.1)	100.0	(0.0)	96.7	(2.3)	96.7	(1.6)	91.3	(3.4)	96.9	(1.5)	98.7	(1.2)
	Neuseeland	91.2	(2.0)	87.6	(2.5)	97.9	(1.1)	95.8	(1.7)	97.8	(1.1)	98.0	(1.2)	97.3	(1.2)	98.6	(1.0)
	Norwegen	98.2	(1.1)	95.5	(2.0)	94.8	(1.7)	95.0	(1.7)	91.1	(2.3)	87.2	(2.9)	100.0	(0.0)	98.8	(0.9)
	Polen	**81.4**	(3.1)	**33.5**	(4.4)	96.9	(1.1)	92.7	(2.6)	94.9	(1.8)	94.0	(2.3)	99.4	(0.6)	95.3	(2.6)
	Portugal	70.7	(4.1)	64.9	(4.1)	84.6	(3.3)	76.0	(3.4)	**96.6**	(1.3)	**86.3**	(3.1)	98.6	(1.0)	95.1	(1.9)
	Slowak. Republik	98.0	(0.9)	a	a	81.5	(2.4)	a	a	94.5	(1.7)	a	a	99.0	(0.6)	a	a
	Spanien	79.0	(2.9)	73.3	(3.1)	**89.8**	(2.5)	**82.2**	(2.9)	93.4	(1.8)	90.7	(2.4)	97.0	(1.1)	95.1	(1.2)
	Schweden	**99.5**	(0.5)	**95.5**	(1.7)	**99.5**	(0.5)	**92.8**	(2.1)	95.9	(1.5)	92.2	(2.1)	99.0	(0.7)	99.3	(0.7)
	Schweiz	94.2	(1.5)	95.8	(1.3)	99.3	(0.1)	98.0	(1.2)	**93.9**	(1.7)	**87.0**	(2.8)	98.2	(0.5)	99.1	(0.9)
	Türkei	81.6	(3.4)	a	a	81.0	(3.9)	a	a	84.5	(3.0)	a	a	83.7	(3.4)	a	a
	Vereinigte Staaten	88.5	(2.4)	85.1	(3.2)	95.3	(1.3)	95.1	(3.0)	96.5	(1.1)	96.1	(2.3)	99.4	(0.5)	96.0	(2.3)
	OECD insgesamt	*82.4*	*(0.7)*	*80.4*	*(1.1)*	*87.0*	*(0.5)*	*91.9*	*(0.8)*	*85.5*	*(0.6)*	*91.3*	*(0.9)*	*87.9*	*(0.5)*	*95.4*	*(0.7)*
	OECD-Durchschnitt	*87.2*	*(0.4)*	*84.5*	*(0.6)*	*89.7*	*(0.4)*	*91.4*	*(0.4)*	*90.0*	*(0.4)*	*91.6*	*(0.5)*	*93.1*	*(0.2)*	*97.1*	*(0.3)*
Partnerländer	Brasilien	**89.9**	(2.7)	**69.1**	(3.6)	83.2	(3.2)	80.2	(3.0)	93.7	(2.4)	91.9	(2.4)	94.1	(2.3)	94.5	(2.1)
	Hongkong (China)	85.9	(2.8)	81.8	(3.6)	94.8	(1.8)	96.5	(1.6)	87.1	(2.4)	83.0	(3.4)	94.9	(1.5)	95.5	(1.5)
	Indonesien	97.6	(1.1)	96.8	(1.8)	93.9	(1.6)	96.8	(1.8)	96.1	(1.5)	96.4	(1.9)	99.1	(0.6)	95.8	(2.3)
	Lettland	**98.9**	(0.8)	**56.3**	(5.0)	**97.9**	(1.1)	**83.5**	(4.1)	98.2	(1.0)	95.6	(1.8)	95.8	(1.7)	98.9	(0.5)
	Liechtenstein	c	c	c	c	c	c	c	c	c	c	c	c	c	c	c	c
	Macau (China)	82.4	(0.2)	a	a	96.7	(0.1)	a	a	83.4	(0.2)	a	a	91.7	(0.1)	a	a
	Russ. Föderation	93.4	(1.8)	91.3	(1.8)	86.8	(2.0)	87.5	(2.6)	**97.4**	(1.5)	**90.4**	(2.3)	98.1	(0.8)	97.2	(1.0)
	Serbien	87.3	(2.9)	a	a	65.0	(3.5)	a	a	84.9	(2.9)	a	a	95.1	(2.0)	a	a
	Thailand	88.8	(2.7)	83.3	(3.2)	86.8	(3.1)	85.3	(3.4)	92.4	(2.3)	93.0	(2.5)	91.0	(2.6)	94.8	(1.8)
	Tunesien	93.2	(2.1)	a	a	90.3	(2.2)	a	a	95.2	(1.5)	a	a	91.7	(2.4)	a	a
	Uruguay	98.0	(0.7)	a	a	91.3	(2.1)	a	a	95.0	(1.4)	a	a	98.0	(1.1)	a	a
	Verein. Königreich[1]	m	m	m	m	m	m	m	m	m	m	m	m	m	m	m	m

Anmerkung: Statistisch signifikante Werte sind durch Fettdruck gekennzeichnet (siehe Anhang A4).
1. Die Beteiligungsquote ist zu niedrig, um die Vergleichbarkeit zu gewährleisten (siehe Anhang A3).

Tabelle 5.6a

Index der Stimmung und Arbeitshaltung der Schülerinnen und Schüler aus Sicht der Schulleitungen und Schülerleistungen auf der Gesamtskala Mathematik, nach nationalen Indexquartilen

Die Ergebnisse basieren auf Angaben der Schulleitungen und beziehen sich auf den jeweiligen zahlenmäßigen Anteil der 15-Jährigen in den Schulen

		Index der Stimmung und Arbeitshaltung der Schüler aus Sicht der Schulleitungen										Leistungen auf der Gesamtskala Mathematik, nach nationalen Indexquartilen							
		Alle Schüler		Unterstes Quartil		Zweites Quartil		Drittes Quartil		Oberstes Quartil		Unterstes Quartil		Zweites Quartil		Drittes Quartil		Oberstes Quartil	
		Indexmittel	S.E.	Indexmittel	S.E.	Indexmittel	S.E.	Indexmittel	S.E.	Indexmittel	S.E.	Mittelwert	S.E.	Mittelwert	S.E.	Mittelwert	S.E.	Mittelwert	S.E.
OECD-Länder	Australien	0.47	(0.05)	–0.73	(0.06)	0.02	(0.00)	0.67	(0.02)	1.93	(0.07)	**500**	(4.2)	511	(5.7)	523	(3.9)	**562**	(5.9)
	Österreich	0.12	(0.06)	–1.20	(0.06)	–0.09	(0.03)	0.54	(0.02)	1.25	(0.05)	**475**	(8.4)	508	(8.9)	520	(6.9)	**519**	(7.0)
	Belgien	–0.26	(0.04)	–1.26	(0.03)	–0.45	(0.03)	0.02	(0.00)	0.67	(0.05)	**475**	(9.0)	536	(7.6)	554	(6.4)	**559**	(7.1)
	Kanada	0.43	(0.05)	–0.58	(0.05)	0.02	(0.00)	0.59	(0.01)	1.69	(0.06)	**517**	(2.9)	530	(3.0)	533	(4.1)	**551**	(3.5)
	Tschech. Republik	–0.40	(0.05)	–1.21	(0.03)	–0.77	(0.02)	–0.17	(0.02)	0.54	(0.04)	**499**	(8.0)	517	(5.7)	516	(8.7)	**531**	(7.6)
	Dänemark	0.16	(0.06)	–0.79	(0.07)	0.02	(0.00)	0.29	(0.03)	1.14	(0.08)	**499**	(5.4)	517	(4.1)	517	(4.7)	**525**	(6.4)
	Finnland	0.03	(0.06)	–1.03	(0.06)	–0.19	(0.03)	0.24	(0.03)	1.09	(0.08)	**533**	(4.1)	544	(3.4)	547	(3.0)	**554**	(3.8)
	Frankreich	w	w	w	w	w	w	w	w	w	w	w	w	w	w	w	w	w	w
	Deutschland	–0.46	(0.07)	–1.56	(0.05)	–0.89	(0.02)	–0.20	(0.03)	0.83	(0.06)	**461**	(8.9)	516	(8.8)	517	(8.2)	**520**	(9.8)
	Griechenland	0.00	(0.13)	–1.47	(0.10)	–0.46	(0.06)	0.49	(0.04)	1.43	(0.14)	**424**	(9.0)	431	(7.7)	450	(8.0)	**475**	(9.2)
	Ungarn	–0.44	(0.08)	–1.58	(0.06)	–0.94	(0.02)	–0.26	(0.04)	1.03	(0.06)	**450**	(6.5)	480	(6.2)	512	(9.4)	**522**	(9.6)
	Island	0.18	(0.00)	–0.98	(0.01)	0.02	(0.00)	0.36	(0.01)	1.33	(0.01)	507	(3.2)	518	(3.1)	521	(3.9)	516	(3.1)
	Irland	0.33	(0.07)	–0.73	(0.09)	0.05	(0.01)	0.66	(0.03)	1.35	(0.06)	**482**	(5.0)	496	(6.1)	523	(5.0)	**512**	(5.1)
	Italien	–0.06	(0.07)	–1.35	(0.06)	–0.33	(0.04)	0.31	(0.03)	1.15	(0.07)	**435**	(6.2)	468	(7.3)	477	(7.8)	**482**	(8.0)
	Japan	0.28	(0.10)	–1.60	(0.09)	–0.09	(0.04)	0.75	(0.04)	2.09	(0.07)	**479**	(9.1)	509	(7.9)	555	(12.8)	**594**	(6.7)
	Korea	–0.11	(0.09)	–1.76	(0.08)	–0.44	(0.06)	0.28	(0.04)	1.49	(0.10)	**491**	(8.4)	537	(6.9)	560	(6.7)	**581**	(9.2)
	Luxemburg	–0.58	(0.00)	–1.27	(0.00)	–0.89	(0.00)	–0.30	(0.00)	0.13	(0.00)	**470**	(2.5)	483	(2.5)	488	(3.1)	**532**	(2.7)
	Mexiko	0.36	(0.06)	–0.99	(0.05)	0.08	(0.01)	0.73	(0.02)	1.63	(0.06)	**372**	(6.8)	380	(6.2)	387	(9.6)	**399**	(7.2)
	Niederlande	–0.15	(0.07)	–1.22	(0.07)	–0.23	(0.04)	0.03	(0.00)	0.82	(0.08)	**497**	(9.5)	535	(7.8)	551	(9.2)	**564**	(9.3)
	Neuseeland	0.37	(0.06)	–0.66	(0.08)	0.02	(0.00)	0.53	(0.02)	1.57	(0.06)	**508**	(5.0)	520	(5.0)	527	(6.4)	**543**	(6.0)
	Norwegen	–0.12	(0.05)	–1.22	(0.05)	–0.23	(0.04)	0.21	(0.03)	0.77	(0.05)	491	(4.4)	493	(4.2)	496	(4.6)	497	(4.9)
	Polen	–0.04	(0.07)	–1.22	(0.04)	–0.29	(0.04)	0.31	(0.03)	1.04	(0.05)	**476**	(4.8)	495	(4.8)	496	(4.2)	**493**	(6.7)
	Portugal	–0.10	(0.08)	–1.16	(0.06)	–0.22	(0.04)	0.15	(0.02)	0.83	(0.06)	450	(8.9)	472	(6.8)	471	(6.7)	472	(7.8)
	Slowak. Republik	–0.38	(0.07)	–1.43	(0.05)	–0.74	(0.02)	–0.19	(0.03)	0.85	(0.07)	**479**	(7.7)	494	(5.2)	512	(7.1)	**511**	(10.9)
	Spanien	–0.45	(0.06)	–1.46	(0.05)	–0.87	(0.01)	–0.18	(0.03)	0.69	(0.04)	**459**	(4.8)	474	(4.8)	499	(5.1)	**510**	(6.3)
	Schweden	0.26	(0.07)	–0.91	(0.07)	0.05	(0.01)	0.58	(0.01)	1.33	(0.07)	**498**	(5.7)	510	(6.2)	508	(4.5)	**521**	(5.8)
	Schweiz	–0.05	(0.08)	–1.11	(0.03)	–0.21	(0.03)	0.14	(0.02)	0.98	(0.06)	**512**	(8.0)	519	(5.8)	530	(5.2)	**544**	(9.4)
	Türkei	–0.11	(0.11)	–1.63	(0.07)	–0.53	(0.03)	0.27	(0.05)	1.44	(0.10)	**400**	(6.0)	405	(7.8)	426	(12.9)	**462**	(21.9)
	Vereinigte Staaten	0.36	(0.07)	–0.78	(0.07)	0.02	(0.00)	0.56	(0.02)	1.65	(0.10)	**462**	(5.9)	486	(4.6)	491	(5.8)	**504**	(7.5)
	OECD insgesamt	***0.13***	***(0.02)***	***–1.27***	***(0.02)***	***–0.12***	***(0.01)***	***0.41***	***(0.01)***	***1.51***	***(0.03)***	***464***	***(2.7)***	***487***	***(2.4)***	***492***	***(2.4)***	***512***	***(3.2)***
	OECD-Durchschnitt	***0.00***	***(0.01)***	***–1.28***	***(0.01)***	***–0.24***	***(0.01)***	***0.25***	***(0.01)***	***1.26***	***(0.02)***	***473***	***(1.5)***	***500***	***(1.4)***	***507***	***(1.5)***	***518***	***(1.6)***
Partnerländer	Brasilien	0.04	(0.10)	–1.41	(0.12)	–0.23	(0.03)	0.36	(0.03)	1.43	(0.08)	**331**	(8.7)	353	(9.5)	364	(11.2)	**381**	(13.0)
	Hongkong (China)	–0.17	(0.08)	–1.39	(0.06)	–0.45	(0.05)	0.13	(0.02)	1.05	(0.07)	**488**	(8.7)	551	(10.1)	565	(6.9)	**598**	(8.7)
	Indonesien	1.30	(0.07)	–0.21	(0.05)	0.95	(0.04)	1.86	(0.04)	2.59	(0.00)	364	(9.9)	355	(9.0)	360	(7.9)	362	(6.4)
	Lettland	–0.18	(0.06)	–1.03	(0.03)	–0.55	(0.01)	0.02	(0.00)	0.82	(0.07)	**469**	(7.6)	478	(6.9)	493	(7.2)	**494**	(6.3)
	Liechtenstein	c	c	c	c	c	c	c	c	c	c	c	c	c	c	c	c	c	c
	Macau (China)	–0.02	(0.00)	–1.05	(0.02)	–0.30	(0.01)	0.21	(0.01)	1.05	(0.01)	**498**	(6.3)	531	(8.9)	532	(7.5)	**548**	(6.1)
	Russ. Föderation	–0.10	(0.05)	–1.12	(0.04)	–0.33	(0.03)	0.19	(0.03)	0.86	(0.03)	**438**	(7.4)	464	(6.0)	483	(6.0)	**488**	(8.0)
	Serbien	–0.89	(0.08)	–2.08	(0.07)	–1.32	(0.02)	–0.67	(0.04)	0.50	(0.06)	**422**	(6.7)	426	(7.0)	439	(7.7)	**461**	(8.2)
	Thailand	1.09	(0.08)	–0.30	(0.08)	0.64	(0.03)	1.50	(0.03)	2.51	(0.02)	408	(6.0)	418	(6.7)	423	(7.0)	420	(8.4)
	Tunesien	0.33	(0.09)	–1.28	(0.08)	0.02	(0.03)	0.73	(0.02)	1.86	(0.09)	353	(7.3)	352	(6.9)	358	(6.5)	371	(9.7)
	Uruguay	–0.21	(0.07)	–1.45	(0.10)	–0.55	(0.02)	0.12	(0.03)	1.05	(0.05)	414	(8.0)	432	(7.3)	416	(7.6)	427	(7.0)
	Verein. Königreich[1]	0.41	(0.08)	–0.73	(0.06)	0.02	(0.00)	0.56	(0.03)	1.78	(0.10)	**486**	(4.3)	502	(5.3)	508	(5.4)	**541**	(7.0)

		Punktzahlveränderung auf der Gesamtskala Mathematik, je Indexeinheit		Größere Wahrscheinlichkeit für Schüler im untersten Indexquartil, im untersten nationalen Quartil der Gesamtskala Mathematik zu liegen		Erklärte Varianz der Schülerleistungen (R^2 x 100)	
		Effekt	S.E.	Quotient	S.E.	%	S.E.
OECD-Länder	Australien	**21.9**	(3.03)	**1.5**	(0.10)	6.1	(1.62)
	Österreich	**19.7**	(4.02)	**1.7**	(0.20)	4.2	(1.70)
	Belgien	**45.6**	(5.73)	**2.3**	(0.25)	10.3	(2.50)
	Kanada	**14.2**	(1.79)	**1.4**	(0.07)	2.4	(0.63)
	Tschech. Republik	**16.4**	(6.65)	1.3	(0.19)	1.5	(1.14)
	Dänemark	**14.3**	(3.37)	**1.3**	(0.14)	1.6	(0.74)
	Finnland	**9.2**	(2.64)	**1.3**	(0.09)	0.9	(0.50)
	Frankreich	w	w	w	w	w	w
	Deutschland	**21.1**	(5.61)	**2.0**	(0.27)	3.8	(1.97)
	Griechenland	**17.0**	(4.50)	**1.5**	(0.21)	4.5	(2.42)
	Ungarn	**27.9**	(4.52)	**1.9**	(0.24)	9.4	(3.09)
	Island	**4.9**	(1.57)	**1.1**	(0.07)	0.2	(0.15)
	Irland	**17.8**	(3.39)	**1.5**	(0.15)	3.2	(1.18)
	Italien	**15.4**	(4.51)	**1.7**	(0.20)	2.5	(1.46)
	Japan	**32.9**	(2.79)	**2.3**	(0.34)	21.1	(3.49)
	Korea	**28.4**	(3.21)	**2.5**	(0.33)	15.1	(3.31)
	Luxemburg	**38.8**	(1.80)	**1.6**	(0.09)	6.0	(0.54)
	Mexiko	**8.7**	(3.06)	1.3	(0.17)	1.1	(0.72)
	Niederlande	**31.9**	(5.75)	**1.9**	(0.32)	7.6	(2.64)
	Neuseeland	**14.2**	(3.20)	**1.3**	(0.13)	1.8	(0.78)
	Norwegen	2.9	(2.90)	1.0	(0.09)	0.1	(0.14)
	Polen	**6.9**	(3.30)	**1.3**	(0.11)	0.4	(0.44)
	Portugal	**12.0**	(6.06)	1.4	(0.26)	1.2	(1.13)
	Slowak. Republik	**14.3**	(5.90)	**1.4**	(0.18)	1.9	(1.56)
	Spanien	**25.7**	(3.22)	**1.6**	(0.14)	6.1	(1.66)
	Schweden	**11.9**	(3.68)	**1.2**	(0.12)	1.3	(0.81)
	Schweiz	**16.6**	(5.46)	**1.2**	(0.12)	1.8	(1.20)
	Türkei	**20.2**	(7.85)	1.3	(0.19)	5.4	(4.02)
	Vereinigte Staaten	**17.2**	(3.33)	**1.6**	(0.15)	3.3	(1.31)
	OECD insgesamt	***18.2***	***(1.32)***	***1.4***	***(0.06)***	***3.6***	***(0.53)***
	OECD-Durchschnitt	***18.2***	***(0.86)***	***1.5***	***(0.04)***	***3.3***	***(0.32)***
Partnerländer	Brasilien	**18.7**	(4.85)	1.4	(0.21)	4.4	(2.44)
	Hongkong (China)	**43.4**	(4.68)	**2.9**	(0.43)	17.1	(3.79)
	Indonesien	0.5	(3.61)	1.0	(0.15)	0.0	(0.23)
	Lettland	**14.3**	(5.70)	1.3	(0.17)	1.4	(1.06)
	Liechtenstein	c	c	c	c	c	c
	Macau (China)	**21.3**	(2.89)	**1.7**	(0.22)	4.2	(1.12)
	Russ. Föderation	**24.8**	(5.02)	**1.7**	(0.20)	4.2	(1.72)
	Serbien	**14.1**	(3.77)	1.3	(0.17)	2.9	(1.52)
	Thailand	4.6	(3.45)	1.0	(0.12)	0.4	(0.63)
	Tunesien	4.0	(3.67)	1.1	(0.16)	0.4	(0.64)
	Uruguay	3.5	(3.76)	1.1	(0.16)	0.1	(0.27)
	Verein. Königreich[1]	**20.1**	(2.92)	**1.5**	(0.14)	5.0	(1.25)

Anmerkung: Statistisch signifikante Werte sind durch Fettdruck gekennzeichnet (siehe Anhang A4).
1. Die Beteiligungsquote ist zu niedrig, um die Vergleichbarkeit zu gewährleisten (siehe Anhang A3).

Tabelle 5.6b

Stimmung und Engagement unter den Schülern aus Schulleitersicht

Die Ergebnisse basieren auf Angaben der Schulleitungen und beziehen sich auf den jeweiligen zahlenmäßigen Anteil der 15-Jährigen in den Schulen

		Prozentsatz der Schüler in Schulen, deren Leitung folgenden Aussagen eher oder ganz zustimmt													
		Die Schüler gehen gerne in die Schule		Die Schüler arbeiten mit großem Engagement		Die Schüler sind stolz auf diese Schule		Die Schüler schätzen schulische Leistungen hoch ein		Die Schüler sind kooperativ und zeigen Respekt		Die Schüler schätzen die Ausbildung, die ihnen an dieser Schule zuteil wird		Die Schüler tun was sie können, um möglichst viel zu lernen	
		%	S.E.	%	S.E.	%	S.E.	%	S.E.	%	S.E.	%	S.E.	%	S.E.
OECD-Länder	Australien	99.2	(0.5)	90.1	(1.6)	93.9	(1.3)	90.1	(1.4)	98.1	(0.8)	95.6	(1.1)	85.2	(2.3)
	Österreich	97.4	(1.2)	85.4	(3.2)	90.1	(2.1)	82.1	(2.9)	93.3	(1.9)	90.7	(2.3)	71.8	(3.4)
	Belgien	98.8	(0.6)	75.7	(2.9)	86.5	(2.4)	77.0	(2.2)	91.7	(1.3)	89.3	(1.8)	67.5	(2.4)
	Kanada	99.1	(0.5)	93.6	(1.0)	94.2	(1.2)	94.0	(1.2)	96.5	(0.9)	95.5	(1.0)	89.5	(1.5)
	Tschech. Republik	91.4	(1.9)	49.3	(3.4)	92.0	(2.0)	94.1	(1.5)	93.4	(1.9)	86.2	(2.2)	51.4	(3.7)
	Dänemark	98.6	(0.8)	92.5	(2.0)	94.9	(1.5)	86.8	(2.3)	93.3	(1.8)	95.2	(1.6)	83.8	(2.8)
	Finnland	99.2	(0.8)	89.7	(2.2)	86.9	(2.6)	94.2	(1.9)	96.8	(1.4)	89.7	(2.4)	64.3	(3.8)
	Frankreich	w	w	w	w	w	w	w	w	w	w	w	w	w	w
	Deutschland	98.7	(0.7)	63.4	(3.4)	71.1	(3.2)	63.2	(3.4)	88.2	(2.5)	87.8	(2.5)	40.3	(3.5)
	Griechenland	78.3	(3.9)	65.0	(4.3)	89.3	(3.2)	90.4	(2.0)	93.1	(2.4)	85.5	(3.5)	59.8	(5.2)
	Ungarn	93.5	(2.0)	52.7	(3.6)	92.7	(2.4)	59.4	(3.9)	83.8	(2.9)	89.7	(2.6)	32.2	(3.2)
	Island	99.8	(0.0)	93.3	(0.1)	94.8	(0.1)	89.2	(0.1)	94.6	(0.1)	86.4	(0.1)	73.2	(0.1)
	Irland	98.8	(0.8)	83.0	(3.0)	93.8	(1.8)	92.6	(2.2)	98.2	(1.1)	93.1	(2.1)	83.7	(3.1)
	Italien	79.5	(2.7)	64.2	(3.7)	87.8	(2.3)	96.3	(1.3)	86.2	(2.2)	94.7	(1.4)	66.7	(3.3)
	Japan	98.5	(1.0)	76.4	(3.1)	81.2	(2.9)	78.5	(3.4)	89.6	(2.5)	82.2	(3.0)	66.6	(3.6)
	Korea	86.0	(2.6)	64.7	(3.9)	81.2	(2.9)	72.5	(3.3)	93.1	(1.9)	81.3	(3.2)	70.2	(3.8)
	Luxemburg	100.0	(0.0)	40.2	(0.1)	87.6	(0.0)	81.3	(0.0)	92.6	(0.0)	94.4	(0.0)	44.8	(0.1)
	Mexiko	95.1	(1.0)	89.3	(1.8)	96.1	(0.9)	89.5	(2.1)	88.3	(2.5)	88.3	(2.4)	83.4	(2.3)
	Niederlande	94.8	(1.9)	87.2	(3.1)	86.4	(3.2)	89.7	(2.7)	88.6	(2.5)	90.8	(2.5)	66.9	(3.9)
	Neuseeland	100.0	(0.0)	91.5	(1.9)	96.1	(1.5)	90.2	(2.2)	97.5	(1.1)	95.6	(1.5)	83.8	(2.6)
	Norwegen	100.0	(0.0)	77.1	(3.1)	81.9	(2.7)	91.2	(2.2)	93.5	(1.7)	86.5	(2.8)	68.9	(3.5)
	Polen	97.5	(1.3)	65.1	(3.7)	96.2	(1.6)	95.3	(1.5)	89.1	(2.7)	87.2	(2.6)	70.9	(3.4)
	Portugal	100.0	(0.0)	76.0	(3.8)	95.0	(2.4)	88.0	(2.1)	91.4	(2.3)	85.7	(3.4)	59.9	(4.3)
	Slowak. Republik	89.4	(1.9)	59.5	(3.2)	89.4	(1.6)	93.4	(1.6)	87.9	(2.0)	91.5	(1.6)	34.7	(3.6)
	Spanien	96.7	(0.8)	54.2	(3.6)	92.1	(2.0)	77.4	(3.2)	80.7	(2.8)	88.7	(2.1)	34.6	(4.1)
	Schweden	98.3	(1.0)	88.2	(2.3)	85.2	(2.6)	92.9	(1.8)	96.5	(1.2)	89.6	(2.3)	85.4	(2.8)
	Schweiz	98.3	(1.0)	79.8	(2.6)	79.2	(2.8)	91.5	(3.2)	96.4	(0.9)	89.6	(3.3)	76.8	(3.7)
	Türkei	87.9	(2.8)	57.0	(4.3)	88.9	(2.2)	75.3	(3.9)	89.2	(3.0)	86.7	(2.7)	64.1	(5.1)
	Vereinigte Staaten	98.5	(0.8)	89.4	(2.1)	95.2	(1.4)	92.3	(1.8)	95.9	(1.5)	94.2	(1.7)	84.0	(2.3)
	OECD insgesamt	***89.6***	***(0.4)***	***73.4***	***(0.8)***	***83.6***	***(0.6)***	***79.8***	***(0.6)***	***85.9***	***(0.6)***	***83.9***	***(0.6)***	***67.3***	***(0.9)***
	OECD-Durchschnitt	***92.3***	***(0.3)***	***72.8***	***(0.6)***	***86.2***	***(0.4)***	***83.1***	***(0.4)***	***89.0***	***(0.4)***	***86.7***	***(0.4)***	***64.9***	***(0.6)***
Partnerländer	Brasilien	94.1	(2.0)	83.7	(3.1)	91.6	(2.1)	76.7	(3.4)	86.7	(3.0)	87.8	(2.8)	66.3	(3.9)
	Hongkong (China)	99.3	(0.7)	71.1	(3.8)	85.8	(3.2)	74.5	(4.0)	93.6	(2.3)	94.8	(1.9)	57.4	(4.1)
	Indonesien	98.4	(0.7)	95.8	(1.0)	99.4	(0.3)	99.0	(0.7)	98.6	(0.6)	98.8	(0.7)	94.3	(1.2)
	Lettland	100.0	(0.0)	72.0	(4.0)	98.6	(0.8)	94.7	(1.9)	90.8	(2.5)	95.6	(1.8)	39.4	(4.4)
	Liechtenstein	c	c	c	c	c	c	c	c	c	c	c	c	c	c
	Macau (China)	97.4	(0.2)	75.5	(0.3)	94.5	(0.1)	96.9	(0.1)	96.5	(0.1)	95.7	(0.1)	55.3	(0.2)
	Russ. Föderation	98.1	(1.5)	56.5	(4.1)	96.8	(1.5)	89.1	(2.5)	87.7	(2.5)	98.2	(0.5)	80.7	(3.0)
	Serbien	44.8	(4.0)	40.3	(4.5)	74.5	(3.4)	69.4	(3.9)	68.6	(4.0)	87.0	(2.5)	38.6	(4.3)
	Thailand	99.5	(0.5)	87.9	(2.7)	97.9	(1.6)	99.4	(0.6)	99.6	(0.4)	99.1	(0.7)	94.7	(1.9)
	Tunesien	98.0	(1.1)	75.8	(3.3)	94.4	(1.6)	84.3	(2.6)	85.1	(2.7)	82.4	(2.9)	78.0	(3.0)
	Uruguay	91.5	(2.5)	71.5	(4.0)	89.7	(2.5)	78.1	(3.3)	93.0	(1.9)	85.8	(2.9)	52.5	(3.1)
	Verein. Königreich[1]	m	m	m	m	m	m	m	m	m	m	m	m	m	m

1. Die Beteiligungsquote ist zu niedrig, um die Vergleichbarkeit zu gewährleisten (siehe Anhang A3).

Tabelle 5.7

Stärke des bei den Mathematikleistungen beobachteten Zusammenhangs zwischen sozioökonomischem Kontext auf Schul- und Schülerebene und Schulklimafaktoren

		Varianz zwischen Schulen, erklärt durch den sozioökonomischen Kontext auf Schul- und Schülerebene (in %)	Varianz zwischen Schulen, erklärt durch Schulklimafaktoren nach Ausklammerung des Effekts des sozioökonomischen Kontextes (in %)	Gemeinsame Varianz, erklärt durch sozioökonomischen Kontext und Schulklimafaktoren (in %)
OECD-Länder	Australien	35.5	4.2	37.7
	Österreich	51.1	2.5	18.0
	Belgien	28.5	7.5	49.4
	Kanada	31.6	6.6	15.8
	Tschech. Republik	50.1	1.5	25.1
	Dänemark	58.2	4.7	15.0
	Finnland	13.3	10.2	13.3
	Frankreich	w	w	w
	Deutschland	34.2	6.1	34.3
	Griechenland	60.8	1.9	8.0
	Ungarn	65.9	2.3	15.4
	Island	40.2	8.5	2.1
	Irland	65.7	4.1	19.8
	Italien	41.5	3.7	19.1
	Japan	32.5	4.6	47.6
	Korea	39.1	7.4	31.4
	Luxemburg	75.7	2.1	15.3
	Mexiko	51.3	6.2	13.4
	Niederlande	44.9	1.4	33.5
	Neuseeland	55.5	2.8	25.4
	Norwegen	41.0	6.3	9.5
	Polen	56.7	3.2	16.1
	Portugal	44.8	8.2	11.7
	Slowak. Republik	49.4	1.9	25.6
	Spanien	31.9	6.5	29.3
	Schweden	43.7	1.6	21.0
	Schweiz	51.6	8.3	12.1
	Türkei	55.1	4.0	18.3
	Vereinigte Staaten	52.4	3.9	22.2
	OECD-Durchschnitt	***46.1***	***4.7***	***22.0***
Partnerländer	Brasilien	m	m	m
	Hongkong (China)	26.7	15.6	26.3
	Indonesien	42.7	5.6	3.1
	Lettland	42.6	2.7	8.8
	Liechtenstein	c	c	c
	Macau (China)	31.1	21.0	2.0
	Russ. Föderation	26.1	10.3	15.2
	Serbien	40.9	8.6	24.8
	Thailand	49.7	3.6	6.5
	Tunesien	50.5	4.0	5.2
	Uruguay	50.6	6.8	21.2
	Verein. Königreich[1]	35.2	5.6	33.0

Anmerkung: Die Schätzungen basieren auf dem kombinierten Effekt der Variablen sozioökonomischer Kontext und Schulklima auf Schulebene. Der sozioökonomische Kontext wird gemessen an: Index des wirtschaftlichen, sozialen und kulturellen Status, Geburtsort, im Elternhaus gesprochene Sprache, Zahl der Bücher im Elternhaus, Index des Besitzes von "klassischen" Kulturgütern im Elternhaus, Geschlecht, Durchschnitt der Schule auf dem Index des wirtschaftlichen, sozialen und kulturellen Status, Standort der Schule (ländliche Gegend/Stadt), Schultyp (öffentlich/privat). Das Schulklima wird gemessen an: Index des Schüler-Lehrer-Verhältnisses, Index des Zugehörigkeitsgefühls, Index der Unterstützung durch die Lehrkräfte, Index der Schuldisziplin, Index der Stimmung und Arbeitshaltung der Schüler, Index der Stimmung und Arbeitshaltung der Lehrkräfte, Index der lehrkräftebezogenen Faktoren für das Schulklima, Index der schülerbezogenen Faktoren für das Schulklima (siehe Anhang A1). Die Analyse wird für die gesamte Schülerpopulation der OECD-Länder durchgeführt, wobei die Länder das gleiche Gewicht erhalten. Das daraus resultierende internationale Modell wird dann auf jedes Land angewendet, um die Effekte auf Länderebene zu schätzen.

1. Die Beteiligungsquote ist zu niedrig, um die Vergleichbarkeit zu gewährleisten (siehe Anhang A3).

Tabelle 5.8
Aufnahmeregelungen der Schulen
Die Ergebnisse basieren auf Angaben der Schulleitungen und beziehen sich auf den jeweiligen zahlenmäßigen Anteil der 15-Jährigen in den Schulen

	Prozentsatz der Schüler in Schulen, deren Leitung Folgendes als „Vorbedingung" oder „hohe Priorität" für die Aufnahme ansieht											
	Wohnsitz in einer bestimmten Gegend		Bisherige Schulleistungen		Empfehlung der letzten Schule		Elterliche Unterstützung der pädagogischen oder religiösen Orientierung der Schule		Besondere Bedürfnisse/Interessen von Schülern an speziellem Unterrichtsangebot		Familienmitglieder waren/sind Schüler der Schule	
	%	S.E.	%	S.E.	%	S.E.	%	S.E.	%	S.E.	%	S.E.
OECD-Länder												
Australien	40.8	(2.2)	7.9	(1.5)	16.0	(2.4)	28.3	(1.8)	27.5	(3.1)	43.5	(2.9)
Österreich	26.2	(2.7)	52.5	(3.0)	5.0	(1.9)	9.8	(2.6)	39.3	(3.6)	13.7	(2.6)
Belgien	0.8	(0.6)	27.0	(2.4)	6.6	(1.8)	38.3	(2.9)	37.9	(2.8)	4.6	(1.4)
Kanada	75.3	(1.6)	13.1	(1.6)	18.2	(2.1)	16.5	(2.0)	30.9	(2.4)	12.2	(1.5)
Tschech. Republik	22.8	(2.0)	51.3	(2.6)	2.4	(1.1)	12.6	(2.5)	12.9	(2.4)	5.5	(1.5)
Dänemark	59.3	(3.2)	4.0	(1.1)	4.6	(1.5)	17.0	(2.4)	14.0	(2.6)	19.6	(2.7)
Finnland	67.2	(3.3)	3.3	(1.5)	3.7	(1.6)	5.2	(1.8)	10.2	(2.4)	5.5	(1.7)
Frankreich	w	w	w	w	w	w	w	w	w	w	w	w
Deutschland	54.9	(2.9)	23.9	(2.7)	49.6	(3.4)	6.0	(1.7)	19.6	(3.3)	11.6	(2.2)
Griechenland	64.6	(4.0)	1.3	(1.3)	1.7	(1.4)	2.5	(1.6)	12.9	(3.3)	15.1	(3.7)
Ungarn	8.8	(1.7)	75.0	(3.3)	8.0	(2.3)	23.3	(3.6)	64.2	(3.7)	15.5	(2.7)
Island	93.1	(0.1)	a	a	3.0	(0.1)	1.8	(0.1)	1.1	(0.0)	0.2	(0.0)
Irland	41.7	(3.7)	4.1	(1.7)	7.0	(2.0)	25.7	(3.6)	10.0	(2.7)	38.0	(4.0)
Italien	7.2	(2.0)	7.7	(2.0)	9.1	(2.1)	6.9	(1.8)	51.2	(3.6)	13.1	(2.6)
Japan	29.7	(3.6)	88.1	(2.6)	36.7	(4.5)	10.6	(2.3)	38.1	(3.5)	3.3	(1.5)
Korea	30.6	(4.0)	56.6	(3.9)	12.3	(2.6)	6.9	(2.1)	14.3	(3.0)	0.8	(0.9)
Luxemburg	15.0	(0.0)	49.6	(0.1)	13.1	(0.0)	14.2	(0.0)	11.9	(0.0)	24.0	(0.1)
Mexiko	14.5	(2.6)	36.0	(3.4)	12.1	(2.9)	10.3	(2.5)	13.4	(2.2)	12.5	(2.2)
Niederlande	6.5	(2.1)	70.0	(4.4)	84.2	(3.6)	17.3	(3.5)	16.7	(3.3)	3.2	(1.7)
Neuseeland	42.5	(2.8)	12.5	(2.4)	14.0	(2.4)	14.2	(1.9)	22.5	(2.9)	32.9	(3.0)
Norwegen	73.8	(3.5)	a	a	2.6	(1.3)	0.9	(0.7)	2.2	(1.1)	2.5	(0.9)
Polen	82.2	(2.7)	26.6	(2.8)	12.7	(1.9)	12.4	(2.4)	12.4	(2.5)	8.2	(2.1)
Portugal	58.7	(4.0)	0.7	(0.5)	1.3	(0.9)	8.9	(2.2)	41.7	(4.4)	29.9	(3.6)
Slowak. Republik	11.1	(1.8)	49.7	(3.2)	2.6	(0.9)	6.8	(1.6)	23.7	(3.0)	3.3	(0.8)
Spanien	71.5	(3.0)	2.6	(1.1)	1.7	(0.8)	11.2	(2.2)	12.4	(2.4)	37.6	(3.4)
Schweden	62.3	(3.4)	4.5	(1.2)	2.5	(1.2)	8.5	(2.0)	11.7	(1.7)	9.5	(2.2)
Schweiz	78.2	(3.0)	53.0	(4.1)	41.1	(3.6)	1.4	(0.6)	23.1	(3.8)	5.0	(2.2)
Türkei	27.3	(4.0)	11.8	(2.8)	3.4	(1.6)	1.1	(1.0)	7.2	(2.0)	3.5	(1.6)
Vereinigte Staaten	79.3	(2.7)	15.9	(2.3)	16.6	(2.2)	8.8	(1.6)	23.7	(3.3)	7.9	(2.0)
OECD insgesamt	***46.7***	***(1.0)***	***28.0***	***(0.7)***	***17.6***	***(0.8)***	***9.8***	***(0.5)***	***21.0***	***(1.0)***	***11.4***	***(0.6)***
OECD-Durchschnitt	***43.2***	***(0.6)***	***25.5***	***(0.4)***	***13.3***	***(0.4)***	***11.5***	***(0.4)***	***20.5***	***(0.5)***	***14.1***	***(0.4)***
Partnerländer												
Brasilien	19.3	(3.1)	7.9	(2.1)	1.7	(1.0)	9.1	(2.2)	7.2	(1.9)	0.5	(0.4)
Hongkong (China)	6.9	(2.1)	76.3	(3.6)	22.2	(4.1)	19.8	(3.8)	3.2	(1.5)	12.0	(2.6)
Indonesien	22.7	(3.2)	60.8	(3.9)	24.3	(3.1)	39.8	(3.1)	19.7	(2.7)	8.2	(1.8)
Lettland	19.6	(3.5)	16.6	(3.0)	1.3	(0.9)	17.6	(3.6)	46.1	(4.3)	7.0	(1.7)
Liechtenstein	c	c	c	c	c	c	c	c	c	c	c	c
Macau (China)	2.0	(0.1)	71.1	(0.2)	65.5	(0.2)	9.4	(0.2)	5.7	(0.1)	16.2	(0.2)
Russ. Föderation	34.0	(3.2)	15.0	(3.1)	5.1	(1.6)	12.8	(2.4)	12.3	(2.5)	11.3	(3.1)
Serbien	6.2	(2.2)	93.2	(2.2)	4.9	(1.9)	5.2	(1.4)	49.5	(4.1)	0.6	(0.4)
Thailand	39.6	(3.6)	40.1	(3.6)	51.0	(4.3)	44.4	(4.4)	44.9	(4.2)	17.2	(3.0)
Tunesien	75.5	(3.4)	28.7	(3.4)	13.9	(3.1)	a	a	a	a	19.9	(3.0)
Uruguay	19.8	(3.2)	8.8	(2.0)	3.2	(1.1)	6.3	(1.4)	8.3	(1.6)	7.7	(1.8)
Verein. Königreich[1]	62.2	(3.3)	9.2	(1.8)	7.1	(1.7)	17.2	(2.4)	6.8	(1.9)	40.3	(3.5)

1. Die Beteiligungsquote ist zu niedrig, um die Vergleichbarkeit zu gewährleisten (siehe Anhang A3).

Tabelle 5.9

Beurteilungsmethoden und Schülerleistungen in Mathematik

Die Ergebnisse basieren auf Angaben der Schulleitungen und beziehen sich auf den jeweiligen zahlenmäßigen Anteil der 15-Jährigen in den Schulen

Standardisierte Tests

		Maximal 2-mal im Jahr				Mindestens 3-mal im Jahr									
		% der Schüler		Mathematikleistung		% der Schüler		Mathematikleistung		Leistungsunterschied		Korrelation[1]		Erklärte Varianz (R^2 x 100)	
		%	S.E.	Punktzahl	S.E.	%	S.E.	Punktzahl	S.E.	Diff.	S.E.	Koeffizient	S.E.	%	S.E.
OECD-Länder	Australien	88.7	(2.0)	526	(2.3)	11.3	(2.0)	511	(8.1)	–15	(8.6)	–0.03	(0.03)	0.1	(0.19)
	Österreich	88.1	(2.6)	503	(4.0)	11.9	(2.6)	522	(14.0)	20	(15.5)	0.04	(0.06)	0.1	(0.60)
	Belgien	90.5	(1.9)	529	(3.4)	9.5	(1.9)	546	(16.1)	16	(17.8)	0.06	(0.05)	0.3	(0.60)
	Kanada	87.4	(1.5)	533	(2.1)	12.6	(1.5)	532	(6.8)	0	(7.3)	0.01	(0.02)	0.0	(0.03)
	Tschech. Republik	90.7	(1.7)	517	(3.6)	9.3	(1.7)	508	(13.9)	–9	(14.1)	0.02	(0.05)	0.1	(0.25)
	Dänemark	83.6	(3.0)	513	(2.9)	16.4	(3.0)	523	(7.6)	9	(8.1)	0.01	(0.03)	0.0	(0.12)
	Finnland	83.5	(2.9)	544	(2.0)	16.5	(2.9)	544	(4.9)	0	(5.1)	0.01	(0.02)	0.0	(0.07)
	Frankreich	w	w	w	w	w	w	w	w	w	w	w	w	w	w
	Deutschland	93.7	(1.5)	506	(3.7)	6.3	(1.5)	486	(14.8)	–20	(16.1)	–0.06	(0.04)	0.4	(0.52)
	Griechenland	68.1	(5.8)	437	(5.0)	32.0	(5.8)	466	(7.3)	**30**	(9.2)	**0.14**	(0.05)	1.9	(1.36)
	Ungarn	81.1	(3.4)	495	(4.1)	18.9	(3.4)	471	(12.8)	–24	(15.1)	–0.13	(0.07)	1.6	(1.75)
	Island	85.4	(0.1)	515	(1.8)	14.6	(0.1)	521	(4.4)	6	(5.1)	0.02	(0.02)	0.0	(0.09)
	Irland	89.5	(2.8)	504	(2.9)	10.5	(2.8)	496	(10.7)	–9	(11.7)	0.00	(0.04)	0.0	(0.13)
	Italien	61.8	(3.4)	474	(5.0)	38.2	(3.4)	450	(7.0)	**–25**	(10.1)	**–0.13**	(0.05)	1.6	(1.26)
	Japan	75.9	(3.4)	525	(5.8)	24.1	(3.4)	566	(7.8)	**41**	(11.1)	**0.14**	(0.06)	2.0	(1.59)
	Korea	41.3	(3.8)	516	(6.9)	58.7	(3.8)	560	(4.8)	**44**	(9.1)	**0.25**	(0.05)	**6.4**	(2.55)
	Luxemburg	89.3	(0.0)	500	(1.1)	10.7	(0.0)	438	(3.3)	**–62**	(3.6)	**–0.23**	(0.01)	**5.2**	(0.59)
	Mexiko	59.4	(3.4)	392	(5.4)	40.6	(3.4)	375	(6.5)	–16	(8.7)	–0.07	(0.05)	0.6	(0.71)
	Niederlande	55.8	(4.4)	543	(6.2)	44.2	(4.4)	530	(8.5)	–13	(13.0)	**–0.17**	(0.06)	2.9	(2.03)
	Neuseeland	48.4	(3.3)	527	(3.5)	51.6	(3.3)	523	(3.6)	–5	(5.1)	–0.04	(0.03)	0.1	(0.21)
	Norwegen	70.3	(3.5)	493	(2.7)	29.7	(3.5)	498	(4.4)	6	(5.2)	0.04	(0.02)	0.2	(0.21)
	Polen	79.9	(3.0)	489	(2.8)	20.1	(3.0)	494	(6.7)	5	(7.6)	0.04	(0.03)	0.1	(0.25)
	Portugal	100.0	(0.0)	466	(3.4)	a	a	a	a	a	a	–0.02	(0.05)	0.1	(0.30)
	Slowak. Republik	83.5	(3.2)	496	(4.0)	16.5	(3.2)	508	(10.2)	12	(11.9)	0.05	(0.05)	0.3	(0.57)
	Spanien	63.6	(3.3)	490	(3.5)	36.4	(3.3)	477	(5.4)	**–14**	(6.7)	–0.02	(0.04)	0.1	(0.21)
	Schweden	59.0	(4.1)	509	(3.2)	41.0	(4.1)	507	(3.9)	–2	(4.8)	–0.03	(0.03)	0.1	(0.19)
	Schweiz	88.9	(2.4)	528	(4.0)	11.1	(2.4)	512	(6.7)	–15	(7.9)	–0.01	(0.03)	0.0	(0.10)
	Türkei	57.4	(5.0)	417	(9.0)	42.6	(5.0)	432	(12.8)	15	(16.5)	0.11	(0.09)	1.2	(2.09)
	Vereinigte Staaten	78.7	(2.8)	487	(3.7)	21.3	(2.8)	481	(6.6)	–6	(7.7)	–0.02	(0.03)	0.0	(0.11)
	OECD insgesamt	***74.8***	***(0.9)***	***491***	***(1.6)***	***25.2***	***(0.9)***	***483***	***(3.1)***	***–8***	***(3.9)***	***–0.06***	***(0.02)***	***0.3***	***(0.22)***
	OECD-Durchschnitt	***77.0***	***(0.6)***	***501***	***(0.9)***	***23.0***	***(0.6)***	***496***	***(2.1)***	***–5***	***(2.5)***	***–0.03***	***(0.01)***	***0.1***	***(0.08)***
Partnerländer	Brasilien	66.9	(3.4)	349	(6.7)	33.1	(3.4)	371	(9.1)	22	(12.7)	0.08	(0.07)	0.7	(1.25)
	Hongkong (China)	m	m	m	m	m	m	m	m	m	m	m	m	m	m
	Indonesien	83.9	(2.9)	362	(4.3)	16.1	(2.9)	352	(10.1)	–9	(10.8)	–0.02	(0.05)	0.0	(0.27)
	Lettland	50.6	(4.0)	491	(4.9)	49.4	(4.0)	477	(5.3)	–14	(7.5)	**–0.12**	(0.04)	1.5	(0.95)
	Liechtenstein	c	c	c	c	c	c	c	c	c	c	c	c	c	c
	Macau (China)	m	m	m	m	m	m	m	m	m	m	m	m	m	m
	Russ. Föderation	73.2	(3.9)	467	(5.4)	26.8	(3.9)	474	(9.0)	7	(11.1)	0.08	(0.05)	0.6	(0.73)
	Serbien	93.2	(2.4)	438	(4.0)	6.8	(2.4)	426	(15.0)	–12	(15.9)	–0.02	(0.05)	0.0	(0.25)
	Thailand	96.4	(1.4)	417	(3.1)	3.6	(1.4)	418	(18.9)	1	(19.4)	0.05	(0.04)	0.2	(0.39)
	Tunesien	43.2	(4.1)	349	(5.6)	56.8	(4.1)	364	(4.6)	15	(8.9)	0.09	(0.06)	0.7	(1.06)
	Uruguay	93.6	(2.1)	423	(3.7)	6.4	(2.1)	428	(14.0)	5	(15.6)	0.00	(0.04)	0.0	(0.15)
	Verein. Königreich[2]	89.1	(2.2)	511	(3.1)	10.9	(2.2)	496	(6.6)	**–15**	(7.5)	**–0.07**	(0.04)	0.5	(0.57)

Schülerarbeiten, Schülermappen, Portfolios

		Maximal 2-mal im Jahr				Mindestens 3-mal im Jahr									
		% der Schüler		Mathematikleistung		% der Schüler		Mathematikleistung		Leistungsunterschied		Korrelation[1]		Erklärte Varianz (R^2 x 100)	
		%	S.E.	Punktzahl	S.E.	%	S.E.	Punktzahl	S.E.	Diff.	S.E.	Koeffizient	S.E.	%	S.E.
OECD-Länder	Australien	59.6	(2.7)	519	(3.5)	40.4	(2.7)	534	(4.6)	**14**	(6.7)	0.04	(0.03)	0.2	(0.22)
	Österreich	56.5	(4.0)	511	(4.9)	43.5	(4.0)	494	(7.3)	–17	(10.3)	**0.15**	(0.05)	2.3	(1.60)
	Belgien	57.5	(3.0)	532	(5.4)	42.5	(3.0)	526	(6.7)	–6	(10.6)	0.06	(0.04)	0.4	(0.49)
	Kanada	61.4	(2.3)	535	(2.5)	38.6	(2.3)	529	(3.3)	–5	(4.4)	**0.06**	(0.02)	0.3	(0.27)
	Tschech. Republik	34.6	(3.0)	515	(7.5)	65.4	(3.0)	516	(5.5)	1	(10.6)	**0.10**	(0.04)	1.0	(0.80)
	Dänemark	18.1	(2.9)	512	(6.8)	81.9	(2.9)	515	(3.0)	3	(7.4)	0.05	(0.03)	0.3	(0.32)
	Finnland	83.7	(3.1)	544	(2.0)	16.3	(3.1)	546	(5.3)	2	(5.7)	0.02	(0.02)	0.0	(0.10)
	Frankreich	w	w	w	w	w	w	w	w	w	w	w	w	w	w
	Deutschland	47.1	(3.7)	517	(7.4)	52.9	(3.7)	494	(6.0)	**–23**	(11.5)	–0.01	(0.05)	0.0	(0.21)
	Griechenland	83.0	(4.1)	449	(4.5)	17.0	(4.1)	431	(15.7)	–18	(17.6)	0.07	(0.06)	0.4	(0.73)
	Ungarn	52.6	(4.2)	486	(5.9)	47.4	(4.2)	496	(6.1)	11	(10.4)	0.10	(0.06)	0.9	(1.17)
	Island	19.7	(0.2)	518	(3.9)	80.3	(0.2)	515	(1.7)	–3	(4.3)	–0.01	(0.02)	0.0	(0.05)
	Irland	86.7	(3.0)	505	(3.2)	13.3	(3.0)	495	(6.1)	–10	(7.7)	0.05	(0.04)	0.3	(0.37)
	Italien	24.0	(2.8)	477	(8.2)	76.0	(2.8)	462	(4.1)	–15	(10.3)	0.01	(0.05)	0.0	(0.22)
	Japan	15.4	(3.3)	546	(19.2)	84.6	(3.3)	533	(5.2)	–14	(21.7)	**0.12**	(0.05)	1.3	(1.07)
	Korea	55.6	(4.7)	547	(6.6)	44.4	(4.7)	538	(7.1)	–10	(11.9)	0.00	(0.01)	0.0	(0.02)
	Luxemburg	59.0	(0.1)	523	(1.3)	41.0	(0.1)	449	(1.8)	**–73**	(2.3)	**0.09**	(0.01)	0.8	(0.21)
	Mexiko	24.8	(2.7)	391	(5.1)	75.2	(2.7)	382	(5.0)	–8	(7.4)	0.03	(0.05)	0.1	(0.31)
	Niederlande	83.6	(3.3)	536	(4.6)	16.4	(3.3)	537	(14.2)	1	(16.9)	0.02	(0.08)	0.0	(0.59)
	Neuseeland	60.3	(3.5)	528	(3.8)	39.7	(3.5)	522	(4.4)	–5	(6.4)	0.01	(0.03)	0.0	(0.08)
	Norwegen	76.6	(3.7)	494	(3.0)	23.4	(3.7)	495	(3.9)	1	(5.0)	–0.02	(0.02)	0.0	(0.10)
	Polen	73.3	(3.4)	491	(3.0)	26.7	(3.4)	488	(5.4)	–3	(6.4)	0.01	(0.03)	0.0	(0.11)
	Portugal	79.4	(3.6)	467	(4.3)	20.6	(3.6)	465	(8.5)	–2	(10.2)	**–0.11**	(0.05)	1.2	(1.19)
	Slowak. Republik	56.3	(3.6)	498	(5.3)	43.7	(3.6)	498	(4.6)	0	(7.4)	**0.13**	(0.04)	1.8	(1.13)
	Spanien	4.0	(1.0)	477	(12.7)	96.0	(1.0)	485	(2.8)	8	(13.7)	0.01	(0.04)	0.0	(0.19)
	Schweden	86.9	(2.8)	507	(3.0)	13.1	(2.8)	517	(5.5)	10	(6.4)	–0.03	(0.04)	0.1	(0.29)
	Schweiz	82.3	(2.4)	530	(4.9)	17.7	(2.4)	516	(9.2)	–13	(12.2)	–0.05	(0.05)	0.3	(0.51)
	Türkei	68.0	(4.2)	418	(8.4)	32.0	(4.2)	433	(12.6)	15	(15.6)	**0.22**	(0.08)	5.0	(3.68)
	Vereinigte Staaten	67.7	(3.3)	485	(4.4)	32.3	(3.3)	488	(5.5)	3	(7.6)	**0.09**	(0.04)	0.7	(0.60)
	OECD insgesamt	***51.1***	***(1.1)***	***493***	***(2.3)***	***48.9***	***(1.1)***	***484***	***(2.4)***	***–9***	***(4.1)***	***0.06***	***(0.02)***	***0.3***	***(0.18)***
	OECD-Durchschnitt	***56.7***	***(0.6)***	***503***	***(1.0)***	***43.3***	***(0.6)***	***495***	***(1.3)***	***–9***	***(1.9)***	***0.09***	***(0.01)***	***0.8***	***(0.14)***
Partnerländer	Brasilien	5.6	(1.8)	367	(30.8)	94.4	(1.8)	356	(5.0)	–11	(31.0)	0.08	(0.05)	0.7	(0.86)
	Hongkong (China)	83.5	(3.4)	554	(5.8)	16.5	(3.4)	534	(14.4)	–20	(16.8)	0.04	(0.06)	0.1	(0.51)
	Indonesien	72.2	(3.4)	354	(3.9)	27.8	(3.4)	373	(9.9)	19	(10.3)	0.01	(0.07)	0.0	(0.37)
	Lettland	28.7	(3.7)	480	(6.1)	71.3	(3.7)	485	(4.6)	5	(7.8)	–0.04	(0.05)	0.2	(0.35)
	Liechtenstein	c	c	c	c	c	c	c	c	c	c	c	c	c	c
	Macau (China)	57.5	(0.3)	519	(3.8)	42.5	(0.3)	544	(4.3)	**25**	(5.9)	**0.15**	(0.03)	2.2	(0.91)
	Russ. Föderation	57.7	(4.5)	466	(5.6)	42.3	(4.5)	472	(6.7)	6	(8.7)	0.02	(0.04)	0.1	(0.26)
	Serbien	94.1	(1.5)	439	(3.9)	5.9	(1.5)	407	(10.7)	**–32**	(11.3)	–0.03	(0.06)	0.1	(0.41)
	Thailand	62.6	(4.0)	419	(4.3)	37.4	(4.0)	415	(5.9)	–4	(8.1)	0.05	(0.05)	0.3	(0.46)
	Tunesien	59.1	(4.1)	352	(4.1)	40.9	(4.1)	369	(6.3)	17	(8.9)	0.04	(0.05)	0.2	(0.41)
	Uruguay	75.2	(2.4)	431	(4.3)	24.8	(2.4)	394	(8.3)	**–37**	(10.4)	–0.02	(0.04)	0.0	(0.24)
	Verein. Königreich[2]	68.2	(3.4)	510	(3.7)	31.8	(3.4)	505	(4.5)	–5	(6.3)	**0.12**	(0.04)	1.5	(0.98)

Anmerkung: Statistisch signifikante Werte sind durch Fettdruck gekennzeichnet (siehe Anhang A4).

1. Korrelation zwischen der Häufigkeit dieser Beurteilungsmethode und den Schülerleistungen in Mathematik.
2. Die Beteiligungsquote ist zu niedrig, um die Vergleichbarkeit zu gewährleisten (siehe Anhang A3).

Tabelle 5.9 *(Fortsetzung – 1)*

Beurteilungsmethoden und Schülerleistungen in Mathematik

Die Ergebnisse basieren auf Angaben der Schulleitungen und beziehen sich auf den jeweiligen zahlenmäßigen Anteil der 15-Jährigen in den Schulen

	Beurteilung durch die Lehrkraft													
	Maximal 2-mal im Jahr				Mindestens 3-mal im Jahr								Erklärte Varianz (R^2 x 100)	
	% der Schüler		Mathematikleistung		% der Schüler		Mathematikleistung		Leistungsunterschied		Korrelation[1]			
	%	S.E.	Punktzahl	S.E.	%	S.E.	Punktzahl	S.E.	Diff.	S.E.	Koeffizient	S.E.	%	S.E.
OECD-Länder														
Australien	23.8	(2.5)	527	(6.1)	76.2	(2.5)	523	(2.8)	–4	(7.4)	0.02	(0.03)	0.0	(0.16)
Österreich	4.6	(2.1)	493	(10.3)	95.4	(2.1)	505	(3.7)	12	(11.9)	0.04	(0.06)	0.2	(0.39)
Belgien	9.5	(1.9)	521	(18.0)	90.5	(1.9)	531	(3.2)	9	(19.5)	**0.09**	(0.04)	0.7	(0.67)
Kanada	26.2	(2.1)	535	(4.3)	73.8	(2.1)	531	(2.0)	–3	(4.7)	–0.01	(0.02)	0.0	(0.09)
Tschech. Republik	18.3	(2.6)	536	(11.8)	81.7	(2.6)	511	(4.3)	–25	(13.5)	**–0.12**	(0.05)	1.4	(1.06)
Dänemark	45.0	(3.7)	510	(3.6)	55.0	(3.7)	519	(3.7)	9	(5.2)	0.06	(0.03)	0.3	(0.36)
Finnland	44.1	(3.8)	545	(3.0)	55.9	(3.8)	544	(2.7)	–1	(4.2)	–0.01	(0.02)	0.0	(0.05)
Frankreich	w	w	w	w	w	w	w	w	w	w	w	w	w	w
Deutschland	10.5	(2.2)	508	(14.4)	89.5	(2.2)	505	(4.0)	–4	(16.1)	–0.07	(0.06)	0.4	(0.84)
Griechenland	43.8	(5.1)	449	(7.1)	56.2	(5.1)	441	(5.5)	–8	(9.7)	0.04	(0.06)	0.1	(0.41)
Ungarn	17.5	(3.0)	503	(11.2)	82.5	(3.0)	488	(4.0)	–15	(13.4)	–0.05	(0.06)	0.3	(0.70)
Island	8.5	(0.1)	512	(5.8)	91.5	(0.1)	517	(1.6)	4	(6.0)	–0.02	(0.02)	0.0	(0.08)
Irland	27.3	(4.0)	496	(6.0)	72.7	(4.0)	506	(3.1)	9	(7.3)	0.02	(0.04)	0.0	(0.20)
Italien	15.0	(2.7)	481	(12.8)	85.0	(2.7)	463	(3.5)	–18	(14.3)	–0.09	(0.05)	0.8	(0.95)
Japan	20.2	(3.6)	561	(13.3)	79.8	(3.6)	527	(5.6)	**–33**	(16.4)	–0.07	(0.07)	0.5	(1.05)
Korea	33.4	(4.0)	553	(7.3)	66.6	(4.0)	536	(5.0)	–16	(10.3)	–0.07	(0.06)	0.5	(0.84)
Luxemburg	15.6	(0.0)	550	(2.7)	84.4	(0.0)	483	(1.1)	**–67**	(3.0)	**–0.27**	(0.01)	7.1	(0.62)
Mexiko	44.6	(3.1)	396	(6.9)	55.4	(3.1)	376	(4.5)	**–20**	(8.3)	–0.08	(0.04)	0.6	(0.62)
Niederlande	47.9	(4.3)	533	(8.2)	52.1	(4.3)	539	(6.3)	6	(12.7)	–0.05	(0.06)	0.3	(0.78)
Neuseeland	33.7	(2.9)	534	(5.1)	66.3	(2.9)	518	(2.9)	**–16**	(6.1)	**–0.08**	(0.03)	0.7	(0.57)
Norwegen	21.1	(3.3)	497	(5.4)	78.9	(3.3)	493	(2.7)	–4	(6.0)	–0.02	(0.03)	0.1	(0.14)
Polen	86.8	(2.9)	488	(2.8)	13.2	(2.9)	504	(8.8)	15	(9.5)	0.05	(0.03)	0.3	(0.34)
Portugal	0.6	(0.6)	c	c	99.4	(0.6)	466	(3.4)	c	c	c	c	c	c
Slowak. Republik	5.1	(1.6)	513	(27.3)	94.9	(1.6)	498	(3.4)	–15	(27.8)	0.02	(0.05)	0.0	(0.24)
Spanien	11.7	(2.2)	495	(7.9)	88.3	(2.2)	483	(3.0)	–12	(8.8)	–0.01	(0.04)	0.0	(0.15)
Schweden	11.0	(2.6)	520	(10.9)	89.0	(2.6)	507	(2.5)	–13	(11.0)	–0.03	(0.04)	0.1	(0.27)
Schweiz	15.5	(2.3)	562	(10.1)	84.5	(2.3)	520	(3.9)	**–42**	(11.4)	**–0.14**	(0.05)	2.1	(1.39)
Türkei	57.9	(4.8)	429	(8.9)	42.1	(4.8)	415	(9.7)	–14	(13.2)	0.00	(0.08)	0.0	(0.44)
Vereinigte Staaten	4.9	(1.5)	495	(7.4)	95.1	(1.5)	485	(3.3)	–9	(8.1)	0.01	(0.03)	0.0	(0.12)
OECD insgesamt	*24.0*	*(0.8)*	*485*	*(3.1)*	*76.0*	*(0.8)*	*490*	*(1.5)*	*5*	*(4.0)*	*0.01*	*(0.01)*	*0.0*	*(0.03)*
OECD-Durchschnitt	*25.3*	*(0.5)*	*501*	*(1.8)*	*74.7*	*(0.5)*	*499*	*(0.9)*	*–2*	*(2.2)*	*–0.02*	*(0.01)*	*0.0*	*(0.04)*
Partnerländer														
Brasilien	9.7	(2.2)	403	(24.2)	90.3	(2.2)	353	(5.0)	**–50**	(24.7)	**–0.13**	(0.06)	1.8	(1.71)
Hongkong (China)	64.7	(4.2)	555	(7.4)	35.3	(4.2)	539	(7.9)	–16	(12.1)	–0.04	(0.05)	0.2	(0.54)
Indonesien	46.6	(3.4)	350	(5.8)	53.4	(3.4)	369	(5.8)	**19**	(8.6)	0.08	(0.05)	0.6	(0.75)
Lettland	7.5	(2.4)	495	(10.8)	92.5	(2.4)	482	(3.7)	–13	(11.1)	–0.05	(0.04)	0.2	(0.37)
Liechtenstein	c	c	c	c	c	c	c	c	c	c	c	c	c	c
Macau (China)	37.4	(0.2)	521	(4.5)	62.6	(0.2)	534	(2.8)	13	(5.3)	**0.06**	(0.03)	0.4	(0.38)
Russ. Föderation	31.7	(2.9)	459	(6.4)	68.3	(2.9)	473	(5.0)	14	(7.8)	0.02	(0.05)	0.1	(0.32)
Serbien	4.4	(1.7)	446	(23.4)	95.6	(1.7)	436	(3.8)	–9	(23.9)	–0.04	(0.06)	0.2	(0.53)
Thailand	70.1	(3.4)	415	(4.1)	29.9	(3.4)	420	(7.3)	5	(9.4)	0.04	(0.05)	0.1	(0.58)
Tunesien	29.6	(3.9)	355	(7.5)	70.4	(3.9)	360	(3.9)	5	(9.9)	0.01	(0.05)	0.0	(0.23)
Uruguay	5.8	(1.8)	405	(22.6)	94.2	(1.8)	423	(3.6)	18	(23.7)	–0.08	(0.05)	0.6	(0.76)
Verein. Königreich[2]	25.7	(3.6)	512	(7.5)	74.3	(3.6)	508	(3.3)	–4	(8.9)	0.00	(0.04)	0.0	(0.15)

	Klassenarbeiten													
	Maximal 2-mal im Jahr				Mindestens 3-mal im Jahr								Erklärte Varianz (R^2 x 100)	
	% der Schüler		Mathematikleistung		% der Schüler		Mathematikleistung		Leistungsunterschied		Korrelation[1]			
	%	S.E.	Punktzahl	S.E.	%	S.E.	Punktzahl	S.E.	Diff.	S.E.	Koeffizient	S.E.	%	S.E.
OECD-Länder														
Australien	3.8	(1.3)	514	(16.1)	96.2	(1.3)	525	(2.3)	11	(16.8)	0.05	(0.03)	0.2	(0.28)
Österreich	7.7	(2.2)	460	(10.7)	92.3	(2.2)	510	(3.7)	**50**	(11.5)	**–0.11**	(0.05)	1.1	(1.01)
Belgien	9.1	(1.6)	516	(9.3)	90.9	(1.6)	532	(3.1)	16	(10.7)	**–0.12**	(0.05)	1.4	(1.19)
Kanada	1.0	(0.5)	c	c	99.0	(0.5)	533	(1.8)	c	c	c	c	c	c
Tschech. Republik	6.7	(1.6)	488	(12.3)	93.3	(1.6)	518	(3.8)	**30**	(13.4)	–0.07	(0.06)	0.4	(0.59)
Dänemark	34.7	(3.3)	512	(4.6)	65.3	(3.3)	515	(3.5)	3	(5.9)	0.04	(0.03)	0.2	(0.28)
Finnland	0.0	(0.0)	c	c	100.0	(0.0)	544	(1.9)	c	c	c	c	c	c
Frankreich	w	w	w	w	w	w	w	w	w	w	w	w	w	w
Deutschland	4.0	(1.5)	524	(29.3)	96.0	(1.5)	504	(3.5)	–20	(30.0)	–0.10	(0.05)	0.9	(0.96)
Griechenland	8.0	(2.5)	437	(13.6)	92.0	(2.5)	446	(4.3)	9	(14.7)	–0.04	(0.07)	0.2	(0.64)
Ungarn	1.5	(0.9)	c	c	98.5	(0.9)	491	(3.0)	c	c	c	c	c	c
Island	5.0	(0.1)	523	(7.7)	95.0	(0.1)	515	(1.5)	–8	(7.9)	–0.03	(0.02)	0.1	(0.12)
Irland	25.6	(4.2)	504	(6.2)	74.4	(4.2)	503	(3.2)	–1	(7.7)	–0.04	(0.04)	0.2	(0.35)
Italien	6.6	(1.8)	481	(16.7)	93.4	(1.8)	466	(3.2)	–16	(17.8)	**–0.11**	(0.05)	1.3	(1.18)
Japan	0.7	(0.7)	c	c	99.3	(0.7)	534	(4.0)	c	c	c	c	c	c
Korea	2.4	(1.4)	c	c	97.6	(1.4)	542	(3.4)	c	c	c	c	c	c
Luxemburg	15.7	(0.1)	495	(2.8)	84.3	(0.1)	493	(1.1)	–3	(3.1)	**–0.39**	(0.01)	15.3	(0.87)
Mexiko	11.8	(2.0)	380	(7.1)	88.2	(2.0)	385	(4.4)	5	(8.6)	0.00	(0.05)	0.0	(0.17)
Niederlande	0.5	(0.5)	c	c	99.5	(0.5)	539	(3.8)	c	c	c	c	c	c
Neuseeland	4.6	(1.4)	518	(12.3)	95.4	(1.4)	525	(2.5)	7	(12.6)	–0.01	(0.04)	0.0	(0.12)
Norwegen	a	a	a	a	100.0	(0.0)	494	(2.4)	a	a	0.02	(0.02)	0.1	(0.14)
Polen	6.6	(1.8)	499	(10.9)	93.4	(1.8)	490	(2.8)	–9	(12.0)	0.01	(0.03)	0.0	(0.10)
Portugal	a	a	a	a	100.0	(0.0)	466	(3.4)	a	a	0.00	(0.05)	0.0	(0.23)
Slowak. Republik	6.9	(1.4)	473	(12.7)	93.1	(1.4)	500	(3.6)	27	(13.7)	0.00	(0.04)	0.0	(0.14)
Spanien	a	a	a	a	100.0	(0.0)	485	(2.7)	a	a	–0.02	(0.03)	0.0	(0.13)
Schweden	3.8	(1.5)	532	(24.3)	96.2	(1.5)	507	(2.2)	–25	(23.9)	0.02	(0.02)	0.1	(0.13)
Schweiz	2.2	(0.7)	c	c	97.8	(0.7)	526	(3.6)	c	c	c	c	c	c
Türkei	60.0	(4.5)	410	(7.5)	40.0	(4.5)	447	(13.2)	**37**	(15.6)	0.11	(0.07)	1.3	(1.63)
Vereinigte Staaten	0.5	(0.5)	c	c	99.5	(0.5)	486	(3.2)	c	c	c	c	c	c
OECD insgesamt	*7.1*	*(0.4)*	*444*	*(5.0)*	*92.9*	*(0.4)*	*492*	*(1.2)*	*48*	*(5.1)*	*–0.07*	*(0.02)*	*0.4*	*(0.22)*
OECD-Durchschnitt	*8.5*	*(0.3)*	*471*	*(3.0)*	*91.5*	*(0.3)*	*503*	*(0.6)*	*32*	*(3.0)*	*–0.06*	*(0.01)*	*0.3*	*(0.10)*
Partnerländer														
Brasilien	3.4	(1.2)	345	(26.1)	96.6	(1.2)	357	(5.1)	12	(26.5)	–0.04	(0.07)	0.2	(0.63)
Hongkong (China)	5.9	(2.0)	579	(25.7)	94.1	(2.0)	549	(5.2)	–30	(27.6)	–0.05	(0.05)	0.3	(0.63)
Indonesien	22.5	(3.3)	360	(10.0)	77.5	(3.3)	360	(4.7)	1	(11.8)	0.09	(0.05)	0.8	(1.03)
Lettland	3.3	(1.3)	469	(26.8)	96.7	(1.3)	484	(3.6)	16	(27.1)	0.03	(0.04)	0.1	(0.26)
Liechtenstein	c	c	c	c	c	c	c	c	c	c	c	c	c	c
Macau (China)	2.4	(0.0)	c	c	97.6	(0.0)	529	(3.1)	c	c	c	c	c	c
Russ. Föderation	5.4	(1.8)	480	(20.2)	94.6	(1.8)	468	(4.4)	–12	(21.1)	0.05	(0.05)	0.3	(0.55)
Serbien	32.9	(4.0)	442	(8.3)	67.1	(4.0)	435	(4.4)	–8	(9.7)	**–0.09**	(0.04)	0.9	(0.80)
Thailand	21.7	(3.4)	407	(6.9)	78.3	(3.4)	420	(3.5)	14	(8.0)	0.00	(0.05)	0.0	(0.22)
Tunesien	12.6	(2.4)	343	(10.5)	87.4	(2.4)	361	(3.0)	18	(11.4)	0.07	(0.06)	0.5	(0.72)
Uruguay	0.8	(0.5)	c	c	99.2	(0.5)	422	(3.3)	c	c	c	c	c	c
Verein. Königreich[2]	18.4	(2.7)	489	(6.6)	81.6	(2.7)	513	(3.1)	**24**	(7.5)	–0.05	(0.04)	0.3	(0.41)

Anmerkung: Statistisch signifikante Werte sind durch Fettdruck gekennzeichnet (siehe Anhang A4).

1. Korrelation zwischen der Häufigkeit dieser Beurteilungsmethode und den Schülerleistungen in Mathematik.
2. Die Beteiligungsquote ist zu niedrig, um die Vergleichbarkeit zu gewährleisten (siehe Anhang A3).

Tabelle 5.9 *(Fortsetzung – 2)*

Beurteilungsmethoden und Schülerleistungen in Mathematik

Die Ergebnisse basieren auf Angaben der Schulleitungen und beziehen sich auf den jeweiligen zahlenmäßigen Anteil der 15-Jährigen in den Schulen

	Hausarbeiten, Hausaufgaben, Projektarbeiten													
	Maximal 2-mal im Jahr				Mindestens 3-mal im Jahr								Erklärte Varianz (R^2 x 100)	
	% der Schüler		Mathematikleistung		% der Schüler		Mathematikleistung		Leistungsunterschied		Korrelation[1]			
	%	**S.E.**	**Punktzahl**	**S.E.**	**%**	**S.E.**	**Punktzahl**	**S.E.**	**Diff.**	**S.E.**	**Koeffizient**	**S.E.**	**%**	**S.E.**
OECD-Länder														
Australien	1.8	(0.8)	c	c	98.2	(0.8)	525	(2.2)	c	c	c	c	c	c
Österreich	11.0	(2.4)	466	(14.8)	89.0	(2.4)	510	(4.0)	**44**	(16.2)	0.09	(0.05)	0.8	(0.92)
Belgien	5.0	(1.4)	481	(22.9)	95.0	(1.4)	533	(2.5)	**52**	(23.2)	**0.12**	(0.04)	1.4	(1.05)
Kanada	2.1	(0.7)	c	c	97.9	(0.7)	532	(1.8)	c	c	c	c	c	c
Tschech. Republik	8.1	(2.1)	538	(16.6)	91.9	(2.1)	514	(4.1)	–24	(18.2)	–0.08	(0.05)	0.7	(0.69)
Dänemark	12.0	(2.1)	515	(7.2)	88.0	(2.1)	515	(2.8)	0	(7.7)	0.01	(0.03)	0.0	(0.06)
Finnland	11.6	(2.5)	540	(3.6)	88.4	(2.5)	545	(2.1)	5	(4.1)	0.03	(0.02)	0.1	(0.11)
Frankreich	w	w	w	w	w	w	w	w	w	w	w	w	w	w
Deutschland	9.6	(2.1)	511	(14.7)	90.4	(2.1)	504	(3.9)	–7	(16.3)	–0.06	(0.05)	0.4	(0.68)
Griechenland	85.3	(4.3)	447	(4.5)	14.7	(4.3)	435	(18.2)	–12	(20.1)	–0.01	(0.08)	0.0	(0.55)
Ungarn	1.2	(0.8)	c	c	98.8	(0.8)	490	(3.0)	c	c	c	c	c	c
Island	4.0	(0.1)	499	(9.5)	96.0	(0.1)	516	(1.5)	17	(9.6)	–0.03	(0.02)	0.1	(0.12)
Irland	5.5	(1.8)	519	(15.1)	94.5	(1.8)	503	(2.7)	–16	(15.7)	–0.05	(0.04)	0.2	(0.37)
Italien	10.0	(1.9)	497	(12.5)	90.0	(1.9)	462	(3.4)	**–35**	(13.8)	–0.10	(0.05)	0.9	(0.94)
Japan	18.0	(3.4)	513	(16.2)	82.0	(3.4)	539	(5.3)	26	(19.1)	**0.19**	(0.07)	3.6	(2.61)
Korea	34.6	(4.2)	536	(8.7)	65.4	(4.2)	545	(5.5)	10	(12.5)	0.03	(0.05)	0.1	(0.39)
Luxemburg	12.4	(0.0)	528	(2.8)	87.6	(0.0)	488	(1.1)	**–40**	(3.0)	**–0.10**	(0.01)	1.1	(0.23)
Mexiko	25.0	(3.0)	390	(6.5)	75.0	(3.0)	383	(4.8)	–7	(8.3)	0.00	(0.05)	0.0	(0.17)
Niederlande	10.1	(2.4)	526	(19.9)	89.9	(2.4)	538	(4.4)	12	(22.4)	0.03	(0.06)	0.1	(0.46)
Neuseeland	8.4	(2.0)	517	(10.1)	91.6	(2.0)	526	(2.6)	8	(10.8)	–0.02	(0.03)	0.1	(0.17)
Norwegen	5.0	(1.5)	487	(9.8)	95.0	(1.5)	495	(2.4)	7	(9.9)	0.03	(0.02)	0.1	(0.14)
Polen	4.2	(1.6)	498	(8.3)	95.8	(1.6)	490	(2.6)	–9	(8.4)	0.01	(0.03)	0.0	(0.07)
Portugal	7.7	(2.4)	483	(13.7)	92.3	(2.4)	465	(3.8)	–18	(14.8)	–0.10	(0.05)	1.0	(1.04)
Slowak. Republik	15.2	(2.3)	510	(8.8)	84.8	(2.3)	497	(3.9)	–13	(10.2)	–0.07	(0.04)	0.5	(0.61)
Spanien	2.9	(1.1)	c	c	97.1	(1.1)	485	(2.8)	c	c	c	c	c	c
Schweden	5.4	(1.9)	532	(15.5)	94.6	(1.9)	507	(2.4)	–26	(15.4)	–0.05	(0.03)	0.3	(0.36)
Schweiz	14.7	(2.3)	548	(8.4)	85.3	(2.3)	523	(4.2)	**–25**	(10.0)	**–0.15**	(0.04)	2.4	(1.24)
Türkei	64.5	(4.6)	417	(8.4)	35.5	(4.6)	436	(14.2)	19	(17.4)	0.10	(0.07)	1.1	(1.59)
Vereinigte Staaten	0.5	(0.5)	c	c	99.5	(0.5)	486	(3.2)	c	c	c	c	c	c
OECD insgesamt	***13.0***	***(0.6)***	***466***	***(5.4)***	***87.0***	***(0.6)***	***492***	***(1.5)***	***27***	***(6.2)***	***0.06***	***(0.02)***	***0.3***	***(0.19)***
OECD-Durchschnitt	***14.1***	***(0.4)***	***477***	***(3.0)***	***85.9***	***(0.4)***	***503***	***(0.8)***	***26***	***(3.3)***	***0.07***	***(0.01)***	***0.5***	***(0.11)***
Partnerländer														
Brasilien	3.4	(1.4)	371	(48.0)	96.6	(1.4)	357	(4.6)	–14	(47.3)	–0.02	(0.08)	0.0	(0.60)
Hongkong (China)	25.1	(3.8)	542	(14.4)	74.9	(3.8)	553	(5.3)	11	(16.6)	0.07	(0.07)	0.4	(0.98)
Indonesien	8.2	(2.0)	352	(13.9)	91.8	(2.0)	361	(4.4)	8	(15.9)	0.02	(0.05)	0.0	(0.23)
Lettland	11.9	(2.8)	488	(13.5)	88.1	(2.8)	482	(3.8)	–6	(14.0)	–0.01	(0.05)	0.0	(0.20)
Liechtenstein	c	c	c	c	c	c	c	c	c	c	c	c	c	c
Macau (China)	16.0	(0.1)	513	(6.7)	84.0	(0.1)	530	(3.3)	**17**	(7.9)	**0.07**	(0.03)	0.5	(0.46)
Russ. Föderation	21.8	(3.2)	485	(7.4)	78.2	(3.2)	464	(4.7)	**–21**	(8.7)	–0.05	(0.04)	0.3	(0.46)
Serbien	60.0	(4.2)	440	(5.8)	40.0	(4.2)	434	(5.4)	–6	(8.6)	–0.04	(0.04)	0.2	(0.33)
Thailand	16.3	(3.0)	413	(7.2)	83.7	(3.0)	418	(3.3)	4	(7.8)	0.01	(0.04)	0.0	(0.14)
Tunesien	36.5	(4.1)	346	(5.7)	63.5	(4.1)	366	(4.6)	**20**	(9.0)	**0.12**	(0.05)	1.4	(1.27)
Uruguay	15.2	(3.4)	461	(8.4)	84.8	(3.4)	416	(3.5)	**–45**	(9.4)	**–0.21**	(0.04)	4.3	(1.55)
Verein. Königreich[2]	6.2	(1.7)	479	(13.5)	93.8	(1.7)	511	(2.7)	**31**	(13.9)	**0.07**	(0.04)	0.5	(0.53)

Anmerkung: Statistisch signifikante Werte sind durch Fettdruck gekennzeichnet (siehe Anhang A4).

1. Korrelation zwischen der Häufigkeit dieser Beurteilungsmethode und den Schülerleistungen in Mathematik.
2. Die Beteiligungsquote ist zu niedrig, um die Vergleichbarkeit zu gewährleisten (siehe Anhang A3).

Tabelle 5.10

Nutzung von Beurteilungsergebnissen und Schülerleistungen in Mathematik

Die Ergebnisse basieren auf Angaben der Schulleitungen und beziehen sich auf den jeweiligen zahlenmäßigen Anteil der 15-Jährigen in den Schulen

	Information der Eltern über den Lernfortschritt ihrer Kinder									
	Diese Methode einsetzende Schulen				Diese Methode nicht einsetzende Schulen					
	Prozentsatz		Mathematikleistung		Prozentsatz		Mathematikleistung		Leistungsunterschied	
	%	**S.E.**	**Punktzahl**	**S.E.**	**%**	**S.E.**	**Punktzahl**	**S.E.**	**Differenz**	**S.E.**
OECD-Länder										
Australien	100.0	(0.0)	524	(2.2)	a	a	a	a	a	a
Österreich	91.5	(2.3)	512	(3.5)	7.8	(2.2)	442	(6.2)	**70**	(7.2)
Belgien	98.8	(0.7)	531	(2.6)	0.4	(0.4)	c	c	c	c
Kanada	97.7	(0.7)	532	(1.8)	0.6	(0.3)	c	c	c	c
Tschech. Republik	97.6	(1.0)	516	(3.7)	1.7	(0.9)	c	c	c	c
Dänemark	66.8	(3.5)	517	(3.3)	32.0	(3.5)	509	(5.0)	8	(6.2)
Finnland	100.0	(0.0)	544	(1.9)	0.0	c	c	c	c	c
Frankreich	w	w	w	w	w	w	w	w	w	w
Deutschland	94.1	(1.5)	503	(3.6)	3.9	(1.4)	539	(21.2)	–36	(22.3)
Griechenland	96.2	(2.0)	443	(4.0)	3.4	(2.0)	505	(7.7)	**–62**	(8.4)
Ungarn	97.3	(1.2)	491	(3.0)	0.9	(0.9)	c	c	c	c
Island	98.8	(0.0)	515	(1.6)	0.3		c	c	c	c
Irland	99.3	(0.7)	504	(2.6)	0.7		c	c	c	c
Italien	94.8	(1.5)	466	(3.2)	4.0	(1.3)	468	(22.9)	–2	(23.8)
Japan	97.6	(1.2)	535	(4.2)	1.7	(1.0)	c	c	c	c
Korea	94.7	(1.9)	544	(3.6)	4.5	(1.8)	525	(23.6)	19	(24.7)
Luxemburg	99.8	(0.0)	493	(1.0)	a	a	a	a	a	a
Mexiko	96.0	(0.9)	385	(4.0)	3.2	(0.9)	384	(13.9)	0	(14.5)
Niederlande	96.8	(1.4)	538	(3.8)	0.5	c	c	c	c	c
Neuseeland	98.4	(1.0)	524	(2.4)	1.6	(1.0)	c	c	c	c
Norwegen	100.0	(0.0)	494	(2.4)	a	a	a	a	a	a
Polen	98.0	(1.1)	490	(2.5)	2.0	(1.1)	c	c	c	c
Portugal	98.8	(0.7)	467	(3.5)	1.2	(0.7)	c	c	c	c
Slowak. Republik	98.7	(0.7)	498	(3.4)	1.3	(0.7)	c	c	c	c
Spanien	99.6	(0.3)	485	(2.7)	0.3	c	c	c	c	c
Schweden	95.8	(1.6)	508	(2.3)	3.6	(1.5)	530	(22.8)	–22	(22.8)
Schweiz	92.6	(1.8)	524	(4.2)	5.8	(1.5)	574	(16.1)	**–50**	(17.9)
Türkei	84.6	(3.0)	426	(7.3)	15.2	(2.9)	409	(17.2)	17	(18.3)
Vereinigte Staaten	97.7	(1.0)	486	(3.2)	1.6	(0.8)	c	c	c	c
OECD insgesamt	*96.0*	*(0.4)*	*489*	*(1.2)*	*3.2*	*(0.3)*	*460*	*(8.9)*	*29*	*(9.1)*
OECD-Durchschnitt	*95.1*	*(0.3)*	*500*	*(0.7)*	*4.2*	*(0.3)*	*483*	*(5.4)*	*18*	*(5.3)*
Partnerländer										
Brasilien	86.7	(2.7)	360	(5.0)	12.0	(2.6)	336	(15.2)	25	(15.0)
Hongkong (China)	98.7	(0.9)	551	(4.7)	1.3	(0.9)	c	c	c	c
Indonesien	85.3	(2.8)	362	(4.6)	10.4	(2.3)	347	(12.1)	14	(14.2)
Lettland	100.0	(0.0)	483	(3.7)	a	a	a	a	a	a
Liechtenstein	c	c	c	c	c	c	c	c	c	c
Macau (China)	96.5	(0.1)	528	(3.0)	3.5	(0.1)	496	(13.7)	**32**	(14.1)
Russ. Föderation	100.0	(0.0)	468	(4.2)	a	a	a	a	a	a
Serbien	91.9	(2.2)	438	(4.1)	7.2	(2.2)	430	(15.5)	8	(16.6)
Thailand	89.0	(2.5)	419	(3.4)	10.3	(2.6)	405	(9.5)	14	(10.8)
Tunesien	73.6	(3.5)	364	(4.1)	24.7	(3.3)	347	(7.3)	16	(10.3)
Uruguay	93.6	(1.7)	423	(3.6)	5.7	(1.7)	417	(14.5)	6	(15.9)
Verein. Königreich[1]	97.9	(1.0)	509	(2.6)	a	a	a	a	a	a

	Entscheidungen über Klassenwiederholungen, Rück- oder Höherstufungen									
	Diese Methode einsetzende Schulen				Diese Methode nicht einsetzende Schulen					
	Prozentsatz		Mathematikleistung		Prozentsatz		Mathematikleistung		Leistungsunterschied	
	%	**S.E.**	**Punktzahl**	**S.E.**	**%**	**S.E.**	**Punktzahl**	**S.E.**	**Differenz**	**S.E.**
OECD-Länder										
Australien	61.0	(2.9)	524	(2.7)	38.2	(2.9)	525	(3.8)	–1	(4.7)
Österreich	92.0	(2.4)	511	(3.5)	6.7	(2.3)	435	(10.1)	**75**	(10.6)
Belgien	98.1	(0.8)	532	(2.7)	0.9	(0.6)	c	c	c	c
Kanada	93.0	(1.1)	533	(1.9)	4.4	(0.9)	525	(7.1)	7	(7.6)
Tschech. Republik	91.2	(1.9)	517	(3.8)	8.2	(1.9)	502	(18.4)	15	(19.4)
Dänemark	3.8	(0.9)	508	(13.4)	95.6	(1.1)	515	(2.7)	–7	(13.8)
Finnland	94.0	(1.3)	545	(2.0)	4.7	(0.9)	533	(9.1)	11	(9.4)
Frankreich	w	w	w	w	w	w	w	w	w	w
Deutschland	93.6	(1.6)	507	(3.7)	3.6	(1.2)	451	(32.9)	55	(33.1)
Griechenland	99.4	(0.5)	445	(3.9)	0.6	(0.5)	c	c	c	c
Ungarn	92.9	(2.0)	493	(3.3)	5.2	(1.9)	457	(20.3)	36	(21.1)
Island	14.6	(0.1)	508	(3.8)	83.8	(0.2)	517	(1.7)	**–9**	(4.0)
Irland	43.3	(4.1)	500	(4.0)	55.9	(4.2)	505	(3.8)	–5	(6.0)
Italien	81.8	(2.9)	474	(3.8)	16.0	(2.7)	423	(11.3)	**51**	(12.9)
Japan	88.9	(2.6)	530	(4.6)	10.4	(2.5)	560	(18.5)	–30	(20.1)
Korea	24.4	(3.7)	542	(9.5)	74.0	(3.8)	543	(4.3)	–1	(11.7)
Luxemburg	99.8	(0.0)	493	(1.0)	a	a	a	a	a	a
Mexiko	91.5	(1.9)	388	(3.9)	7.0	(1.8)	351	(11.6)	**37**	(12.6)
Niederlande	94.1	(1.9)	540	(3.9)	3.1	(1.5)	436	(28.2)	**104**	(29.3)
Neuseeland	77.0	(2.9)	527	(3.0)	21.8	(2.7)	518	(5.8)	9	(7.2)
Norwegen	m	m	m	m	m	m	m	m	m	m
Polen	84.2	(2.8)	491	(2.7)	15.8	(2.8)	487	(7.4)	4	(8.1)
Portugal	96.6	(1.6)	466	(3.6)	3.4	(1.6)	453	(29.3)	13	(30.3)
Slowak. Republik	96.0	(1.2)	499	(3.5)	3.3	(1.0)	493	(15.2)	5	(16.2)
Spanien	99.5	(0.3)	485	(2.7)	0.5	(0.3)	c	c	c	c
Schweden	38.9	(4.1)	512	(3.9)	61.0	(4.0)	507	(3.7)	4	(5.7)
Schweiz	94.9	(1.5)	527	(3.7)	4.8	(1.5)	502	(20.5)	25	(21.4)
Türkei	70.2	(4.3)	426	(8.4)	28.6	(4.1)	408	(11.9)	18	(15.1)
Vereinigte Staaten	75.2	(2.8)	480	(4.2)	23.3	(2.7)	502	(5.9)	**–22**	(7.6)
OECD insgesamt	*79.2*	*(0.9)*	*486*	*(1.5)*	*19.4*	*(0.9)*	*499*	*(3.3)*	***–13***	*(4.0)*
OECD-Durchschnitt	*78.9*	*(0.4)*	*499*	*(0.8)*	*20.1*	*(0.4)*	*504*	*(1.7)*	***–6***	*(1.9)*
Partnerländer										
Brasilien	82.3	(2.6)	363	(6.1)	16.4	(2.4)	327	(9.3)	**36**	(12.2)
Hongkong (China)	96.3	(1.5)	550	(4.8)	3.7	(1.5)	559	(16.9)	–9	(18.1)
Indonesien	81.1	(2.7)	360	(4.6)	15.2	(2.5)	360	(11.4)	0	(12.9)
Lettland	94.1	(2.7)	485	(3.7)	5.9	(2.7)	455	(19.5)	30	(19.3)
Liechtenstein	c	c	c	c	c	c	c	c	c	c
Macau (China)	96.5	(0.1)	528	(3.0)	3.5	(0.1)	496	(13.7)	**32**	(14.1)
Russ. Föderation	96.7	(1.3)	467	(4.3)	3.3	(1.3)	517	(14.0)	**–51**	(14.6)
Serbien	87.1	(2.5)	436	(4.1)	11.1	(2.4)	446	(14.2)	–10	(15.2)
Thailand	71.7	(4.0)	420	(3.9)	28.0	(3.9)	410	(5.9)	9	(7.6)
Tunesien	83.4	(2.9)	362	(3.4)	15.6	(2.9)	342	(8.8)	21	(10.7)
Uruguay	90.4	(2.4)	423	(3.7)	9.4	(2.4)	421	(13.4)	1	(14.6)
Verein. Königreich[1]	66.5	(3.4)	509	(3.2)	30.9	(3.3)	508	(5.6)	2	(6.8)

Anmerkung: Statistisch signifikante Werte sind durch Fettdruck gekennzeichnet (siehe Anhang A4).

1. Die Beteiligungsquote ist zu niedrig, um die Vergleichbarkeit zu gewährleisten (siehe Anhang A3).

Tabelle 5.10 *(Fortsetzung – 1)*

Nutzung von Beurteilungsergebnissen und Schülerleistungen in Mathematik

Die Ergebnisse basieren auf Angaben der Schulleitungen und beziehen sich auf den jeweiligen zahlenmäßigen Anteil der 15-Jährigen in den Schulen

	Einteilung der Schüler in leistungsdifferenzierte Gruppen									
	Diese Methode einsetzende Schulen				Diese Methode nicht einsetzende Schulen					
	Prozentsatz		Mathematikleistung		Prozentsatz		Mathematikleistung		Leistungsunterschied	
	%	S.E.	Punktzahl	S.E.	%	S.E.	Punktzahl	S.E.	Differenz	S.E.
OECD-Länder										
Australien	77.6	(2.6)	526	(2.8)	22.1	(2.6)	519	(6.6)	6	(8.0)
Österreich	31.0	(2.3)	453	(6.4)	66.6	(2.3)	528	(3.7)	**–75**	(7.5)
Belgien	19.4	(2.3)	508	(10.3)	78.3	(2.7)	536	(3.5)	**–29**	(12.4)
Kanada	69.0	(2.2)	534	(2.3)	26.8	(2.0)	528	(4.2)	6	(5.1)
Tschech. Republik	35.1	(3.2)	515	(7.9)	64.6	(3.3)	517	(4.5)	–2	(9.8)
Dänemark	14.0	(2.6)	503	(7.8)	85.4	(2.7)	516	(2.8)	–14	(8.3)
Finnland	17.1	(3.0)	547	(5.3)	82.9	(3.0)	544	(2.0)	3	(5.6)
Frankreich	w	w	w	w	w	w	w	w	w	w
Deutschland	35.1	(3.0)	457	(6.2)	62.9	(2.9)	531	(4.8)	**–74**	(8.2)
Griechenland	10.9	(2.1)	441	(11.6)	87.8	(2.2)	446	(4.3)	–5	(12.7)
Ungarn	34.2	(3.5)	513	(7.5)	63.9	(3.5)	479	(4.6)	**34**	(10.5)
Island	54.9	(0.2)	514	(1.9)	43.0	(0.2)	517	(2.6)	–3	(3.2)
Irland	78.1	(3.3)	502	(3.1)	21.9	(3.3)	507	(7.5)	–5	(8.9)
Italien	49.9	(3.8)	461	(5.8)	47.1	(3.9)	470	(5.5)	–9	(9.7)
Japan	44.4	(4.5)	545	(7.8)	54.9	(4.4)	524	(8.3)	21	(13.6)
Korea	61.6	(4.0)	545	(5.1)	36.8	(3.9)	538	(7.2)	7	(10.3)
Luxemburg	29.6	(0.1)	460	(1.9)	70.2	(0.1)	507	(1.3)	**–47**	(2.4)
Mexiko	58.7	(3.2)	384	(4.9)	40.1	(3.2)	385	(7.4)	–1	(9.3)
Niederlande	86.2	(2.9)	536	(4.2)	11.0	(2.6)	541	(15.8)	–5	(18.1)
Neuseeland	72.7	(3.0)	523	(3.3)	26.0	(3.0)	530	(5.8)	–6	(7.5)
Norwegen	37.8	(4.0)	490	(3.9)	62.2	(4.0)	497	(2.9)	–7	(4.8)
Polen	33.0	(4.1)	495	(5.8)	67.0	(4.1)	488	(2.7)	7	(6.7)
Portugal	26.1	(3.8)	466	(7.9)	73.9	(3.8)	466	(4.3)	0	(9.7)
Slowak. Republik	54.5	(3.8)	500	(4.8)	44.8	(3.8)	497	(6.2)	3	(8.8)
Spanien	47.4	(3.5)	476	(4.0)	52.2	(3.5)	494	(3.7)	**–18**	(5.7)
Schweden	44.6	(4.0)	508	(3.6)	54.0	(3.9)	510	(3.8)	–2	(5.5)
Schweiz	27.1	(3.1)	513	(5.6)	69.2	(3.5)	532	(5.5)	**–19**	(8.7)
Türkei	49.1	(4.3)	421	(9.6)	47.6	(4.2)	422	(8.9)	–2	(12.9)
Vereinigte Staaten	64.8	(3.3)	487	(4.4)	33.5	(3.2)	483	(6.2)	3	(8.1)
OECD insgesamt	***54.0***	***(1.1)***	***487***	***(1.9)***	***44.4***	***(1.1)***	***490***	***(2.3)***	***–3***	***(3.5)***
OECD-Durchschnitt	***43.4***	***(0.6)***	***498***	***(1.1)***	***54.9***	***(0.6)***	***501***	***(1.1)***	***–3***	***(1.7)***
Partnerländer										
Brasilien	42.6	(3.9)	348	(7.1)	52.7	(4.0)	363	(8.4)	–15	(11.9)
Hongkong (China)	63.3	(4.2)	537	(7.5)	36.7	(4.2)	571	(8.0)	**–34**	(12.9)
Indonesien	44.6	(3.6)	359	(6.5)	51.5	(3.9)	361	(5.1)	3	(8.3)
Lettland	39.9	(4.2)	492	(5.8)	59.7	(4.3)	478	(4.7)	**15**	(7.3)
Liechtenstein	c	c	c	c	c	c	c	c	c	c
Macau (China)	38.9	(0.2)	539	(3.8)	50.8	(0.2)	521	(3.6)	**18**	(5.4)
Russ. Föderation	54.6	(4.0)	472	(5.8)	43.5	(3.8)	465	(6.9)	7	(9.2)
Serbien	18.9	(3.4)	437	(10.3)	78.5	(3.6)	436	(4.4)	1	(11.9)
Thailand	77.2	(3.5)	421	(3.8)	22.8	(3.5)	404	(6.8)	**17**	(8.3)
Tunesien	42.6	(4.2)	365	(5.5)	55.1	(4.2)	355	(4.2)	10	(8.2)
Uruguay	28.2	(3.1)	413	(6.6)	69.0	(3.0)	426	(4.5)	–13	(8.9)
Verein. Königreich[1]	91.7	(1.9)	508	(2.7)	6.2	(1.6)	521	(15.4)	–13	(15.8)

	Vergleich der Schule mit regionalen oder nationalen Leistungsstandards									
	Diese Methode einsetzende Schulen				Diese Methode nicht einsetzende Schulen					
	Prozentsatz		Mathematikleistung		Prozentsatz		Mathematikleistung		Leistungsunterschied	
	%	S.E.	Punktzahl	S.E.	%	S.E.	Punktzahl	S.E.	Differenz	S.E.
OECD-Länder										
Australien	54.8	(2.4)	521	(3.0)	44.9	(2.4)	528	(3.7)	–8	(5.0)
Österreich	12.2	(2.7)	505	(11.0)	85.9	(2.8)	505	(3.9)	0	(12.2)
Belgien	9.5	(2.2)	566	(12.9)	89.7	(2.2)	527	(3.2)	**39**	(14.2)
Kanada	67.8	(2.2)	533	(2.4)	28.9	(2.1)	533	(3.7)	0	(4.7)
Tschech. Republik	49.8	(3.3)	521	(5.2)	49.8	(3.3)	510	(6.6)	11	(9.4)
Dänemark	5.9	(1.7)	527	(7.2)	93.6	(1.8)	514	(2.9)	14	(7.8)
Finnland	56.0	(4.0)	546	(2.6)	43.4	(4.1)	542	(2.7)	4	(3.8)
Frankreich	w	w	w	w	w	w	w	w	w	w
Deutschland	20.7	(3.1)	521	(11.1)	76.8	(3.1)	500	(4.2)	21	(12.8)
Griechenland	12.1	(2.8)	465	(12.4)	86.8	(2.7)	443	(4.5)	22	(14.0)
Ungarn	84.3	(2.8)	489	(3.8)	13.2	(2.6)	503	(14.7)	–14	(16.8)
Island	82.5	(0.1)	516	(1.7)	15.6	(0.1)	512	(3.7)	4	(4.1)
Irland	17.2	(3.2)	507	(7.6)	82.8	(3.2)	503	(3.1)	5	(9.0)
Italien	31.8	(3.3)	472	(7.0)	65.3	(3.5)	463	(4.2)	9	(9.2)
Japan	17.7	(3.4)	563	(10.9)	81.5	(3.5)	527	(5.6)	**36**	(14.0)
Korea	61.0	(3.6)	562	(4.5)	37.4	(3.7)	511	(7.3)	**52**	(9.1)
Luxemburg	21.8	(0.0)	486	(2.3)	78.0	(0.0)	495	(1.2)	**–9**	(2.8)
Mexiko	53.9	(3.1)	391	(4.3)	43.2	(3.0)	379	(7.2)	12	(8.5)
Niederlande	61.3	(4.1)	551	(5.9)	35.3	(4.0)	510	(8.9)	**42**	(12.8)
Neuseeland	86.1	(2.4)	525	(2.6)	13.3	(2.3)	520	(6.6)	5	(7.4)
Norwegen	63.8	(3.6)	498	(2.9)	36.2	(3.6)	487	(3.9)	**11**	(4.7)
Polen	71.1	(3.7)	493	(3.1)	28.9	(3.7)	484	(4.3)	9	(5.3)
Portugal	32.9	(4.2)	467	(8.8)	67.1	(4.2)	465	(4.0)	2	(10.5)
Slowak. Republik	45.1	(3.7)	499	(6.3)	53.3	(3.6)	498	(5.0)	2	(9.0)
Spanien	18.1	(2.1)	490	(7.0)	81.2	(2.1)	484	(2.9)	6	(7.7)
Schweden	72.5	(3.1)	508	(2.6)	26.8	(3.1)	510	(5.7)	–2	(6.1)
Schweiz	18.3	(1.9)	540	(8.4)	80.3	(2.2)	523	(4.5)	16	(10.4)
Türkei	58.0	(4.4)	429	(9.8)	40.8	(4.3)	410	(10.7)	19	(15.7)
Vereinigte Staaten	89.8	(2.1)	484	(3.3)	9.2	(1.9)	497	(9.9)	–12	(10.1)
OECD insgesamt	***56.5***	***(0.9)***	***489***	***(1.9)***	***41.9***	***(0.9)***	***488***	***(2.1)***	***1***	***(3.2)***
OECD-Durchschnitt	***45.8***	***(0.5)***	***504***	***(1.1)***	***52.7***	***(0.5)***	***496***	***(1.0)***	***9***	***(1.6)***
Partnerländer										
Brasilien	36.3	(3.4)	352	(7.2)	60.5	(3.6)	359	(7.6)	–7	(11.4)
Hongkong (China)	22.7	(4.0)	537	(16.7)	77.3	(4.0)	554	(4.8)	–17	(18.6)
Indonesien	48.5	(3.7)	371	(4.9)	47.4	(3.8)	349	(5.5)	**23**	(7.0)
Lettland	79.3	(4.1)	481	(3.5)	20.1	(4.1)	495	(9.5)	–15	(9.6)
Liechtenstein	c	c	c	c	c	c	c	c	c	c
Macau (China)	2.8	(0.1)	c	c	87.0	(0.1)	c	c	c	c
Russ. Föderation	69.2	(4.2)	466	(4.8)	29.8	(4.1)	474	(8.4)	–7	(9.4)
Serbien	41.9	(4.1)	438	(6.2)	56.3	(4.0)	436	(5.3)	2	(8.6)
Thailand	59.3	(3.6)	423	(4.8)	40.7	(3.6)	408	(5.6)	15	(8.5)
Tunesien	71.9	(3.7)	361	(3.8)	26.4	(3.6)	357	(6.9)	4	(9.2)
Uruguay	17.8	(3.1)	408	(9.8)	80.6	(3.2)	425	(3.8)	–17	(11.4)
Verein. Königreich[1]	86.6	(2.1)	505	(3.0)	10.8	(1.8)	545	(12.1)	**–40**	(13.1)

Anmerkung: Statistisch signifikante Werte sind durch Fettdruck gekennzeichnet (siehe Anhang A4).

1. Die Beteiligungsquote ist zu niedrig, um die Vergleichbarkeit zu gewährleisten (siehe Anhang A3).

Tabelle 5.10 *(Fortsetzung – 2)*

Nutzung von Beurteilungsergebnissen und Schülerleistungen in Mathematik

Die Ergebnisse basieren auf Angaben der Schulleitungen und beziehen sich auf den jeweiligen zahlenmäßigen Anteil der 15-Jährigen in den Schulen

Beobachtung der Entwicklung des Leistungsniveaus der Schule von Jahr zu Jahr

		Diese Methode einsetzende Schulen				Diese Methode nicht einsetzende Schulen				Leistungsunterschied	
		Prozentsatz		Mathematikleistung		Prozentsatz		Mathematikleistung			
		%	S.E.	Punktzahl	S.E.	%	S.E.	Punktzahl	S.E.	Differenz	S.E.
OECD-Länder	Australien	76.5	(2.7)	519	(2.7)	23.5	(2.7)	542	(4.3)	**–23**	(5.3)
	Österreich	57.6	(3.8)	503	(5.4)	39.8	(3.9)	508	(6.9)	–5	(10.0)
	Belgien	37.0	(2.8)	538	(7.2)	61.3	(2.8)	526	(5.0)	13	(10.8)
	Kanada	77.1	(1.9)	534	(2.1)	19.9	(1.7)	528	(4.7)	5	(5.4)
	Tschech. Republik	85.2	(2.4)	516	(4.4)	14.3	(2.4)	516	(12.7)	–1	(15.0)
	Dänemark	8.4	(2.0)	525	(12.0)	91.0	(2.1)	513	(2.7)	12	(12.1)
	Finnland	65.0	(4.1)	547	(2.4)	35.0	(4.1)	539	(2.9)	7	(3.8)
	Frankreich	w	w	w	w	w	w	w	w	w	w
	Deutschland	43.2	(3.2)	493	(7.9)	54.8	(3.1)	513	(6.3)	–20	(12.6)
	Griechenland	35.2	(5.7)	451	(8.8)	63.8	(5.7)	441	(4.5)	10	(10.6)
	Ungarn	93.9	(1.6)	492	(3.1)	4.2	(1.4)	460	(32.5)	32	(33.5)
	Island	87.0	(0.1)	515	(1.8)	11.8	(0.1)	519	(4.9)	–4	(5.5)
	Irland	49.1	(3.9)	505	(3.4)	50.1	(4.0)	502	(4.7)	2	(6.5)
	Italien	67.2	(3.0)	460	(4.8)	29.7	(3.0)	480	(6.6)	**–20**	(9.8)
	Japan	47.3	(4.4)	551	(7.4)	52.0	(4.5)	518	(7.4)	**33**	(12.2)
	Korea	57.6	(4.0)	561	(5.9)	40.8	(3.9)	516	(6.2)	**45**	(9.5)
	Luxemburg	26.0	(0.1)	494	(2.0)	73.8	(0.1)	493	(1.2)	1	(2.5)
	Mexiko	90.4	(1.6)	386	(4.3)	8.8	(1.6)	367	(8.6)	19	(10.5)
	Niederlande	61.4	(4.1)	539	(6.0)	35.7	(4.1)	533	(7.5)	5	(11.7)
	Neuseeland	95.1	(1.7)	524	(2.4)	4.3	(1.6)	530	(15.8)	–6	(16.2)
	Norwegen	67.7	(3.3)	497	(2.7)	32.3	(3.3)	488	(4.1)	**10**	(4.6)
	Polen	96.6	(1.5)	491	(2.5)	3.4	(1.5)	462	(11.2)	**29**	(11.5)
	Portugal	78.5	(3.1)	465	(4.2)	21.5	(3.1)	469	(6.9)	–3	(8.5)
	Slowak. Republik	94.6	(1.6)	497	(3.5)	5.0	(1.5)	520	(12.0)	–23	(12.7)
	Spanien	68.0	(3.2)	482	(3.7)	31.1	(3.1)	492	(5.0)	–11	(6.8)
	Schweden	84.1	(2.8)	509	(2.7)	14.4	(2.7)	506	(8.3)	4	(9.0)
	Schweiz	24.3	(4.4)	537	(9.8)	73.2	(4.5)	520	(4.2)	17	(10.8)
	Türkei	75.4	(3.4)	420	(7.8)	23.4	(3.2)	423	(12.8)	–3	(15.2)
	Vereinigte Staaten	92.3	(1.8)	485	(3.3)	6.5	(1.6)	499	(15.2)	–14	(15.5)
	OECD insgesamt	*75.1*	*(0.9)*	*484*	*(1.6)*	*23.6*	*(0.9)*	*501*	*(2.7)*	***–17***	*(3.5)*
	OECD-Durchschnitt	*69.3*	*(0.5)*	*498*	*(1.0)*	*29.5*	*(0.5)*	*503*	*(1.3)*	***–5***	*(1.7)*
Partnerländer	Brasilien	73.8	(3.3)	364	(6.8)	23.7	(3.6)	340	(11.9)	24	(15.5)
	Hongkong (China)	90.0	(2.6)	552	(5.3)	9.4	(2.5)	533	(22.3)	19	(24.2)
	Indonesien	82.2	(2.8)	362	(4.8)	13.3	(2.6)	347	(10.1)	15	(12.4)
	Lettland	99.2	(0.6)	484	(3.7)	0.8	(0.6)	c	c	c	c
	Liechtenstein	c	c	c	c	c	c	c	c	c	c
	Macau (China)	81.4	(0.2)	528	(3.4)	18.6	(0.2)	523	(5.9)	5	(7.0)
	Russ. Föderation	96.7	(1.3)	469	(4.2)	3.1	(1.3)	464	(23.4)	4	(23.5)
	Serbien	75.4	(3.6)	442	(4.2)	22.9	(3.5)	421	(8.6)	**20**	(9.8)
	Thailand	88.0	(3.0)	418	(3.4)	12.0	(3.0)	413	(10.0)	5	(11.1)
	Tunesien	80.5	(3.4)	361	(3.8)	17.9	(3.3)	355	(9.7)	6	(12.2)
	Uruguay	75.6	(3.9)	420	(4.6)	23.2	(3.9)	433	(9.0)	–13	(11.5)
	Verein. Königreich[1]	94.7	(1.5)	508	(2.8)	2.6	(1.0)	c	c	**c**	c

Beurteilung der Effektivität der Lehrkräfte

		Diese Methode einsetzende Schulen				Diese Methode nicht einsetzende Schulen				Leistungsunterschied	
		Prozentsatz		Mathematikleistung		Prozentsatz		Mathematikleistung			
		%	S.E.	Punktzahl	S.E.	%	S.E.	Punktzahl	S.E.	Differenz	S.E.
OECD-Länder	Australien	34.0	(2.9)	525	(4.7)	66.0	(2.9)	524	(3.2)	1	(6.4)
	Österreich	35.0	(3.4)	503	(6.7)	63.2	(3.4)	506	(5.1)	–3	(9.5)
	Belgien	19.1	(2.3)	562	(9.0)	79.3	(2.5)	523	(3.7)	**40**	(11.0)
	Kanada	30.4	(2.3)	537	(3.6)	66.5	(2.4)	530	(2.1)	7	(4.2)
	Tschech. Republik	61.4	(3.4)	514	(5.1)	38.2	(3.4)	519	(6.4)	–5	(9.1)
	Dänemark	3.7	(1.4)	508	(9.2)	95.7	(1.5)	515	(2.7)	–7	(9.2)
	Finnland	31.9	(3.5)	548	(3.3)	67.3	(3.4)	542	(2.3)	6	(4.0)
	Frankreich	w	w	w	w	w	w	w	w	w	w
	Deutschland	11.5	(2.3)	518	(14.7)	86.0	(2.4)	503	(4.1)	15	(16.4)
	Griechenland	15.0	(4.3)	475	(11.8)	83.9	(4.2)	440	(4.0)	**34**	(12.6)
	Ungarn	74.5	(3.6)	488	(4.4)	22.3	(3.4)	503	(11.5)	–15	(14.3)
	Island	30.3	(0.2)	515	(2.8)	67.7	(0.2)	516	(1.9)	–1	(3.4)
	Irland	16.7	(3.2)	510	(8.4)	81.9	(3.3)	502	(2.8)	7	(9.2)
	Italien	22.5	(3.1)	459	(10.1)	73.9	(3.3)	468	(3.6)	–9	(11.7)
	Japan	81.0	(3.3)	537	(4.6)	18.3	(3.3)	518	(15.9)	19	(17.7)
	Korea	53.6	(4.2)	549	(5.1)	44.8	(4.3)	534	(7.0)	15	(10.1)
	Luxemburg	20.9	(0.0)	482	(2.2)	78.9	(0.0)	496	(1.1)	**–14**	(2.5)
	Mexiko	76.2	(3.1)	390	(3.8)	22.4	(3.1)	366	(10.7)	**24**	(11.1)
	Niederlande	40.3	(4.2)	544	(7.7)	55.2	(4.3)	532	(6.5)	12	(12.4)
	Neuseeland	51.6	(3.5)	527	(4.1)	45.9	(3.3)	522	(4.2)	5	(6.6)
	Norwegen	19.5	(3.0)	498	(5.8)	80.5	(3.0)	493	(2.7)	5	(6.6)
	Polen	73.2	(3.2)	492	(2.9)	26.8	(3.2)	485	(5.9)	7	(6.8)
	Portugal	34.3	(4.3)	461	(8.4)	64.4	(4.4)	468	(4.8)	–7	(11.1)
	Slowak. Republik	73.6	(2.8)	493	(4.4)	24.5	(2.6)	516	(7.2)	**–23**	(9.3)
	Spanien	35.6	(3.5)	482	(5.0)	63.5	(3.5)	487	(3.8)	–6	(7.0)
	Schweden	21.2	(3.1)	517	(7.7)	78.7	(3.1)	507	(2.8)	11	(8.5)
	Schweiz	36.2	(3.5)	522	(6.7)	62.3	(3.4)	527	(5.3)	–5	(9.6)
	Türkei	33.1	(4.4)	418	(10.7)	64.7	(4.2)	423	(8.0)	–5	(12.9)
	Vereinigte Staaten	53.9	(3.1)	478	(4.3)	44.7	(3.0)	494	(4.9)	**–16**	(6.3)
	OECD insgesamt	*53.0*	*(1.0)*	*487*	*(1.8)*	*45.5*	*(1.0)*	*490*	*(2.0)*	*–3*	*(3.0)*
	OECD-Durchschnitt	*43.9*	*(0.6)*	*500*	*(1.2)*	*54.4*	*(0.6)*	*500*	*(1.0)*	*0*	*(1.8)*
Partnerländer	Brasilien	54.2	(3.5)	365	(8.1)	43.4	(3.3)	348	(7.4)	17	(11.8)
	Hongkong (China)	63.1	(4.0)	550	(7.4)	35.6	(4.0)	549	(8.6)	1	(13.1)
	Indonesien	84.2	(3.0)	361	(4.7)	12.2	(2.4)	354	(10.1)	7	(12.0)
	Lettland	86.5	(2.8)	485	(4.2)	13.5	(2.8)	471	(8.1)	15	(9.7)
	Liechtenstein	c	c	c	c	c	c	c	c	c	c
	Macau (China)	73.2	(0.2)	533	(2.9)	16.6	(0.2)	510	(5.0)	**23**	(5.8)
	Russ. Föderation	98.7	(0.8)	467	(4.2)	1.3	(0.8)	c	c	**c**	c
	Serbien	50.0	(4.4)	442	(5.9)	48.0	(4.4)	432	(5.8)	9	(8.9)
	Thailand	70.6	(3.6)	420	(4.1)	29.4	(3.6)	411	(6.0)	9	(8.0)
	Tunesien	61.7	(3.7)	360	(4.5)	36.6	(3.6)	358	(6.1)	2	(9.3)
	Uruguay	40.1	(4.4)	418	(7.3)	58.4	(4.4)	426	(5.1)	–8	(10.2)
	Verein. Königreich[1]	83.2	(2.5)	509	(2.8)	13.7	(2.2)	512	(9.1)	–4	(9.7)

Anmerkung: Statistisch signifikante Werte sind durch Fettdruck gekennzeichnet (siehe Anhang A4).

1. Die Beteiligungsquote ist zu niedrig, um die Vergleichbarkeit zu gewährleisten (siehe Anhang A3).

Tabelle 5.10 *(Fortsetzung – 3)*

Nutzung von Beurteilungsergebnissen und Schülerleistungen in Mathematik

Die Ergebnisse basieren auf Angaben der Schulleitungen und beziehen sich auf den jeweiligen zahlenmäßigen Anteil der 15-Jährigen in den Schulen

	Identifizierung verbesserungsbedürftiger Unterrichts-/Lehrplanaspekte									
	Diese Methode einsetzende Schulen				Diese Methode nicht einsetzende Schulen					
	Prozentsatz		Mathematikleistung		Prozentsatz		Mathematikleistung		Leistungsunterschied	
	%	**S.E.**	**Punktzahl**	**S.E.**	**%**	**S.E.**	**Punktzahl**	**S.E.**	**Differenz**	**S.E.**
OECD-Länder										
Australien	80.6	(2.5)	527	(2.5)	18.3	(2.5)	510	(7.4)	**18**	(8.3)
Österreich	63.9	(3.6)	501	(4.9)	33.5	(3.7)	510	(8.6)	–9	(11.2)
Belgien	64.5	(3.0)	532	(4.6)	33.1	(3.0)	529	(7.3)	3	(10.5)
Kanada	81.9	(2.0)	533	(2.0)	15.5	(1.7)	528	(6.4)	5	(6.9)
Tschech. Republik	88.2	(2.1)	515	(3.9)	11.3	(2.1)	524	(9.6)	–9	(10.7)
Dänemark	45.9	(3.8)	518	(3.8)	52.4	(3.8)	510	(3.8)	8	(5.3)
Finnland	65.1	(3.6)	545	(2.2)	34.2	(3.6)	543	(3.6)	1	(4.3)
Frankreich	w	w	w	w	w	w	w	w	w	w
Deutschland	43.6	(3.8)	485	(6.9)	53.8	(3.8)	520	(6.1)	**–35**	(10.9)
Griechenland	40.0	(5.2)	458	(7.5)	58.7	(5.1)	438	(4.9)	**20**	(9.8)
Ungarn	90.7	(2.4)	489	(3.6)	6.1	(2.1)	509	(24.5)	–19	(26.1)
Island	95.8	(0.0)	516	(1.6)	3.3	(0.0)	497	(8.7)	**19**	(8.8)
Irland	41.5	(4.3)	504	(4.7)	57.0	(4.3)	503	(4.0)	1	(7.1)
Italien	81.8	(2.8)	463	(3.8)	15.9	(2.9)	474	(12.1)	–11	(14.1)
Japan	78.3	(3.4)	535	(5.5)	21.0	(3.4)	527	(13.3)	8	(16.4)
Korea	88.8	(2.8)	544	(3.8)	9.7	(2.7)	526	(17.4)	18	(18.8)
Luxemburg	62.8	(0.1)	484	(1.2)	37.0	(0.1)	509	(1.8)	**–25**	(2.2)
Mexiko	87.9	(2.2)	387	(4.2)	10.6	(2.2)	371	(9.8)	15	(10.7)
Niederlande	69.0	(4.0)	535	(5.3)	27.1	(3.8)	538	(9.9)	–3	(13.2)
Neuseeland	95.2	(1.4)	525	(2.3)	4.2	(1.2)	520	(12.0)	5	(11.8)
Norwegen	69.7	(3.5)	493	(2.6)	29.7	(3.5)	498	(4.6)	–5	(5.0)
Polen	87.8	(2.8)	489	(2.7)	12.2	(2.8)	499	(9.4)	–10	(9.9)
Portugal	83.6	(3.3)	464	(3.8)	15.5	(3.2)	473	(12.0)	–9	(13.2)
Slowak. Republik	87.6	(2.3)	499	(3.9)	10.8	(2.2)	496	(9.2)	2	(10.8)
Spanien	87.8	(2.4)	486	(3.0)	11.4	(2.3)	481	(7.5)	5	(8.5)
Schweden	80.1	(2.9)	510	(2.9)	19.1	(3.0)	503	(5.9)	7	(6.8)
Schweiz	51.3	(3.6)	524	(4.7)	47.5	(3.5)	529	(7.2)	–5	(9.6)
Türkei	33.2	(3.8)	420	(13.4)	64.6	(3.6)	422	(8.3)	–1	(16.8)
Vereinigte Staaten	90.9	(1.9)	487	(3.3)	7.9	(1.9)	468	(14.1)	19	(14.6)
OECD insgesamt	***78.9***	***(0.8)***	***489***	***(1.4)***	***19.6***	***(0.8)***	***488***	***(3.6)***	***1***	***(4.2)***
OECD-Durchschnitt	***74.3***	***(0.5)***	***501***	***(0.8)***	***24.3***	***(0.5)***	***497***	***(1.9)***	***4***	***(2.3)***
Partnerländer										
Brasilien	90.9	(2.2)	358	(5.2)	7.8	(2.0)	347	(23.3)	11	(24.3)
Hongkong (China)	96.3	(1.3)	551	(4.9)	3.1	(1.2)	525	(36.4)	25	(37.1)
Indonesien	75.9	(3.5)	361	(4.9)	20.4	(3.0)	356	(8.2)	6	(10.3)
Lettland	96.7	(1.4)	483	(3.8)	3.3	(1.4)	488	(13.1)	–5	(13.9)
Liechtenstein	c	c	c	c	c	c	c	c	c	c
Macau (China)	97.5	(0.1)	528	(2.9)	2.5	(0.1)	c	c	c	c
Russ. Föderation	98.8	(0.7)	468	(4.2)	1.2	(0.7)	c	c	c	c
Serbien	62.8	(3.8)	439	(5.0)	34.7	(4.0)	434	(7.5)	6	(9.7)
Thailand	76.9	(3.8)	423	(3.6)	23.1	(3.8)	398	(6.8)	24	(7.9)
Tunesien	70.7	(3.3)	364	(4.1)	27.6	(3.2)	347	(5.8)	17	(8.7)
Uruguay	68.2	(3.7)	421	(4.8)	31.0	(3.7)	425	(7.6)	–4	(10.2)
Verein. Königreich[1]	88.2	(2.4)	508	(2.8)	8.3	(2.1)	529	(16.2)	–22	(16.9)

	Vergleich der Schule mit anderen Schulen									
	Diese Methode einsetzende Schulen				Diese Methode nicht einsetzende Schulen					
	Prozentsatz		Mathematikleistung		Prozentsatz		Mathematikleistung		Leistungsunterschied	
	%	**S.E.**	**Punktzahl**	**S.E.**	**%**	**S.E.**	**Punktzahl**	**S.E.**	**Differenz**	**S.E.**
OECD-Länder										
Australien	38.5	(2.7)	518	(4.7)	61.0	(2.7)	528	(3.2)	–11	(6.5)
Österreich	36.7	(3.9)	494	(8.1)	60.0	(3.8)	511	(5.3)	–17	(11.2)
Belgien	6.8	(1.7)	547	(14.0)	92.0	(1.7)	529	(2.9)	18	(15.1)
Kanada	50.7	(2.3)	533	(3.1)	45.0	(2.4)	533	(3.0)	–1	(4.7)
Tschech. Republik	55.3	(3.7)	513	(4.8)	44.7	(3.7)	520	(7.4)	–7	(10.0)
Dänemark	2.9	(1.2)	c	c	96.0	(1.5)	514	(2.7)	c	c
Finnland	34.7	(3.4)	545	(3.5)	64.7	(3.5)	544	(2.0)	1	(3.9)
Frankreich	w	w	w	w	w	w	w	w	w	w
Deutschland	16.7	(2.6)	494	(13.0)	80.8	(2.6)	507	(3.7)	–13	(14.2)
Griechenland	15.7	(3.0)	473	(6.8)	83.2	(3.0)	440	(4.4)	**32**	(8.3)
Ungarn	75.0	(3.3)	493	(4.2)	21.8	(3.1)	482	(11.2)	11	(13.7)
Island	64.3	(0.2)	513	(2.0)	33.8	(0.2)	521	(2.6)	**–9**	(3.4)
Irland	8.8	(2.6)	518	(11.2)	91.2	(2.6)	502	(2.5)	17	(11.8)
Italien	28.3	(3.1)	462	(8.6)	68.9	(3.3)	467	(3.7)	–5	(10.3)
Japan	11.6	(2.8)	570	(8.5)	87.0	(3.0)	528	(5.0)	**42**	(11.0)
Korea	54.0	(3.8)	558	(5.0)	44.4	(3.9)	524	(7.3)	**34**	(9.9)
Luxemburg	10.3	(0.0)	434	(3.9)	89.5	(0.0)	500	(1.0)	**–66**	(4.2)
Mexiko	49.6	(3.5)	390	(4.6)	48.7	(3.4)	379	(6.4)	11	(7.9)
Niederlande	45.2	(4.3)	552	(7.8)	50.9	(4.4)	525	(7.2)	**26**	(13.3)
Neuseeland	72.2	(3.3)	525	(3.2)	26.0	(3.2)	522	(5.1)	3	(6.8)
Norwegen	47.1	(3.8)	501	(3.3)	52.9	(3.8)	488	(3.1)	**13**	(4.2)
Polen	62.3	(3.6)	491	(3.5)	37.7	(3.6)	489	(3.9)	3	(5.4)
Portugal	22.1	(3.4)	484	(6.7)	77.0	(3.5)	460	(4.7)	**24**	(9.4)
Slowak. Republik	47.1	(3.1)	499	(6.1)	51.7	(3.2)	497	(4.9)	2	(8.7)
Spanien	17.0	(2.1)	487	(9.8)	82.1	(2.1)	485	(2.6)	2	(10.2)
Schweden	63.7	(3.4)	508	(3.1)	34.6	(3.5)	509	(4.1)	0	(4.9)
Schweiz	15.7	(3.6)	546	(9.7)	82.8	(3.6)	521	(4.1)	**25**	(9.6)
Türkei	58.2	(4.5)	431	(9.3)	40.7	(4.4)	406	(9.2)	25	(13.1)
Vereinigte Staaten	79.4	(2.8)	484	(3.4)	19.5	(2.8)	492	(7.9)	–8	(8.5)
OECD insgesamt	***50.0***	***(1.0)***	***486***	***(2.1)***	***48.3***	***(1.1)***	***491***	***(1.8)***	***–6***	***(3.1)***
OECD-Durchschnitt	***40.4***	***(0.6)***	***501***	***(1.3)***	***57.9***	***(0.6)***	***499***	***(1.0)***	***2***	***(1.8)***
Partnerländer										
Brasilien	22.6	(2.8)	376	(10.4)	74.5	(3.1)	351	(6.4)	25	(13.2)
Hongkong (China)	18.8	(3.1)	545	(19.9)	80.5	(3.2)	551	(4.4)	–6	(21.2)
Indonesien	74.5	(2.9)	363	(4.8)	22.0	(2.8)	350	(8.1)	13	(10.1)
Lettland	65.0	(4.2)	485	(4.4)	34.8	(4.2)	480	(6.7)	5	(7.9)
Liechtenstein	c	c	c	c	c	c	c	c	c	c
Macau (China)	12.7	(0.1)	523	(7.2)	75.0	(0.2)	530	(2.7)	–7	(7.8)
Russ. Föderation	80.9	(3.3)	464	(4.9)	18.6	(3.2)	486	(7.7)	**–22**	(9.3)
Serbien	49.3	(4.2)	435	(5.5)	49.0	(4.1)	439	(6.0)	–5	(8.6)
Thailand	56.8	(4.0)	422	(4.7)	43.2	(4.0)	410	(5.8)	12	(8.6)
Tunesien	70.1	(3.5)	363	(3.6)	27.6	(3.3)	351	(6.8)	13	(9.0)
Uruguay	10.4	(2.4)	395	(12.9)	88.7	(2.4)	426	(3.7)	**–31**	(14.1)
Verein. Königreich[1]	81.4	(2.3)	505	(3.2)	15.1	(2.0)	537	(9.1)	**–32**	(10.1)

Anmerkung: Statistisch signifikante Werte sind durch Fettdruck gekennzeichnet (siehe Anhang A4).

1. Die Beteiligungsquote ist zu niedrig, um die Vergleichbarkeit zu gewährleisten (siehe Anhang A3).

Tabelle 5.11a

Schulpolitik und -verwaltung in PISA 2003 und PISA 2000

Die Ergebnisse basieren auf Angaben der Schulleitungen und beziehen sich auf den jeweiligen zahlenmäßigen Anteil der 15-Jährigen in den Schulen

		Prozentsatz der Schüler in Schulen, die laut Angaben ihrer Leitung bei folgenden Aspekten der Schulpolitik und -verwaltung Verantwortung tragen											
		Einstellung von Lehrkräften				Entlassung von Lehrkräften				Festlegung des Anfangsgehalts der Lehrkräfte			
		PISA 2003		PISA 2000		PISA 2003		PISA 2000		PISA 2003		PISA 2000	
		%	S.E.	%	S.E.	%	S.E.	%	S.E.	%	S.E.	%	S.E.
OECD-Länder	Australien	61.7	(2.0)	59.7	(2.2)	47.5	(2.0)	47.3	(3.1)	20.0	(2.0)	18.1	(2.2)
	Österreich	**22.2**	(2.6)	**14.6**	(2.9)	8.2	(2.1)	5.3	(1.7)	0.4	(0.3)	0.7	(0.5)
	Belgien	**83.1**	(1.3)	**95.9**	(1.3)	**83.9**	(2.0)	**95.0**	(1.4)	a	a	**6.6**	(1.7)
	Kanada	81.0	(1.8)	81.7	(1.2)	**54.9**	(2.2)	**60.6**	(1.7)	32.0	(1.8)	33.7	(1.8)
	Tschech. Republik	98.3	(1.1)	96.5	(1.2)	**98.3**	(1.1)	**94.8**	(1.3)	68.9	(3.2)	70.4	(3.1)
	Dänemark	97.4	(1.2)	97.0	(1.3)	64.5	(3.6)	56.8	(3.2)	**21.4**	(2.8)	**13.2**	(2.5)
	Finnland	**69.9**	(3.5)	**35.1**	(3.8)	**35.5**	(3.6)	**21.3**	(3.3)	**10.1**	(2.2)	**1.1**	(0.8)
	Frankreich	w	w	w	w	w	w	w	w	w	w	w	w
	Deutschland	**17.6**	(2.7)	**10.1**	(2.3)	6.3	(1.7)	3.5	(1.3)	1.7	(1.0)	2.0	(0.9)
	Griechenland	m	m	m	m	m	m	m	m	m	m	m	m
	Ungarn	100.0	(0.0)	100.0	(0.0)	97.9	(1.2)	98.5	(1.0)	38.0	(4.0)	41.0	(4.3)
	Island	**100.0**	(0.0)	**99.5**	(0.0)	**99.6**	(0.0)	**98.8**	(0.1)	**18.5**	(0.1)	**4.0**	(0.1)
	Irland	85.7	(1.8)	87.9	(2.5)	70.2	(3.0)	73.3	(3.0)	3.8	(1.7)	4.3	(1.7)
	Italien	7.5	(1.9)	10.3	(2.1)	7.7	(1.7)	10.9	(2.6)	2.1	(0.9)	1.1	(0.8)
	Japan	**28.6**	(1.1)	**33.1**	(1.9)	28.6	(1.1)	32.5	(2.0)	**26.5**	(1.8)	**32.5**	(2.0)
	Korea	33.2	(4.0)	32.3	(4.1)	17.7	(3.2)	22.1	(4.0)	15.5	(3.1)	14.6	(3.1)
	Luxemburg	m	m	m	m	m	m	m	m	m	m	m	m
	Mexiko	**75.4**	(2.9)	**57.1**	(3.4)	**65.8**	(3.2)	**47.9**	(3.8)	**47.3**	(3.2)	**25.8**	(3.1)
	Niederlande	99.5	(0.5)	100.0	(0.0)	99.3	(0.6)	100.0	(0.0)	**88.3**	(2.5)	**71.5**	(5.0)
	Neuseeland	100.0	(0.0)	100.0	(0.0)	99.2	(0.8)	99.2	(0.8)	18.7	(2.5)	17.2	(2.4)
	Norwegen	64.2	(3.8)	a	a	46.1	(4.1)	a	a	0.7	(0.6)	a	a
	Polen	100.0	(0.0)	a	a	99.2	(0.6)	a	a	21.4	(3.2)	a	a
	Portugal	8.1	(1.7)	12.7	(2.1)	7.4	(1.5)	8.7	(1.2)	0.9	(0.5)	0.9	(0.7)
	Slowak. Republik	99.6	(0.4)	a	a	100.0	(0.0)	a	a	60.0	(3.7)	a	a
	Spanien	36.0	(1.5)	37.7	(2.5)	36.2	(1.5)	38.7	(2.6)	6.3	(1.2)	9.2	(2.2)
	Schweden	99.5	(0.5)	99.0	(0.8)	83.0	(2.9)	82.8	(3.2)	70.8	(3.5)	61.8	(3.6)
	Schweiz	92.9	(3.0)	92.6	(1.7)	85.1	(3.1)	82.0	(2.3)	13.5	(2.7)	12.7	(2.7)
	Türkei	7.4	(2.2)	a	a	5.4	(1.9)	a	a	5.5	(2.0)	a	a
	Vereinigte Staaten	98.2	(0.8)	97.1	(0.9)	93.8	(1.7)	97.7	(1.2)	68.9	(3.1)	76.2	(4.9)
	OECD insgesamt	***64.3***	***(0.6)***	***58.4***	***(0.9)***	***58.0***	***(0.7)***	***53.0***	***(0.9)***	***37.9***	***(1.0)***	***36.6***	***(1.4)***
	OECD-Durchschnitt	***64.0***	***(0.5)***	***61.5***	***(0.4)***	***55.9***	***(0.5)***	***53.6***	***(0.5)***	***25.6***	***(0.5)***	***23.4***	***(0.5)***
Partnerländer	Brasilien	38.6	(3.1)	39.2	(2.7)	36.7	(3.1)	32.7	(2.9)	**17.4**	(2.7)	**9.8**	(1.7)
	Hongkong (China)	91.2	(0.8)	91.2	(1.5)	**92.4**	(1.2)	**86.9**	(2.3)	27.9	(3.7)	26.1	(3.6)
	Indonesien	**49.8**	(3.0)	**73.4**	(4.2)	**52.8**	(3.1)	**65.0**	(5.2)	**51.6**	(3.1)	**64.5**	(4.0)
	Lettland	99.2	(0.7)	100.0	(0.0)	100.0	(0.0)	99.0	(1.0)	**37.4**	(4.6)	**24.9**	(4.2)
	Liechtenstein	c	c	c	c	c	c	c	c	c	c	c	c
	Macau (China)	97.5	(0.1)	a	a	97.5	(0.1)	a	a	95.6	(0.1)	a	a
	Russ. Föderation	99.3	(0.5)	99.6	(0.4)	99.3	(0.5)	98.5	(0.7)	48.6	(3.9)	41.2	(3.2)
	Serbien	98.6	(1.0)	a	a	96.9	(1.5)	a	a	23.4	(3.7)	a	a
	Thailand	26.2	(2.7)	30.4	(3.0)	41.0	(4.0)	43.8	(3.7)	22.4	(2.7)	26.5	(2.7)
	Tunesien	1.4	(0.5)	a	a	1.5	(1.3)	a	a	28.5	(4.0)	a	a
	Uruguay	19.6	(1.6)	a	a	21.0	(1.7)	a	a	20.0	(1.6)	a	a
	Verein. Königreich[1]	m	m	m	m	m	m	m	m	m	m	m	m

		Prozentsatz der Schüler in Schulen, die laut Angaben ihrer Leitung bei folgenden Aspekten der Schulpolitik und -verwaltung Verantwortung tragen											
		Entscheidung über die Beförderung/ Höhergruppierung von Lehrkräften				Festlegung des Schulbudgets				Entscheidung über die Verwendung des Budgets innerhalb der Schule			
		PISA 2003		PISA 2000		PISA 2003		PISA 2000		PISA 2003		PISA 2000	
		%	S.E.	%	S.E.	%	S.E.	%	S.E.	%	S.E.	%	S.E.
OECD-Länder	Australien	20.4	(1.9)	18.7	(2.6)	**89.4**	(1.6)	**95.7**	(1.5)	99.6	(0.4)	99.6	(0.2)
	Österreich	0.4	(0.3)	0.7	(0.5)	14.5	(2.5)	13.7	(2.7)	93.9	(2.1)	92.5	(2.0)
	Belgien	a	a	6.9	(1.8)	**81.4**	(1.4)	**97.8**	(1.0)	**93.5**	(1.5)	**99.2**	(0.6)
	Kanada	33.6	(1.9)	34.0	(1.7)	75.2	(1.9)	77.3	(1.4)	97.3	(0.7)	98.7	(0.3)
	Tschech. Republik	67.8	(3.4)	73.3	(3.1)	83.2	(2.1)	83.1	(2.6)	**95.5**	(1.6)	**99.1**	(0.6)
	Dänemark	**25.7**	(2.9)	**15.3**	(2.7)	90.8	(2.1)	89.3	(2.2)	99.5	(0.5)	97.9	(1.0)
	Finnland	**5.9**	(1.7)	**1.7**	(1.0)	**79.8**	(3.1)	**56.1**	(3.9)	99.9	(0.0)	98.7	(0.9)
	Frankreich	w	w	w	w	w	w	w	w	w	w	w	w
	Deutschland	6.5	(1.9)	11.0	(2.2)	9.1	(2.2)	12.8	(2.0)	95.9	(1.4)	95.6	(1.3)
	Griechenland	m	m	m	m	m	m	m	m	m	m	m	m
	Ungarn	46.5	(4.3)	50.4	(4.3)	**87.1**	(2.5)	**60.6**	(4.1)	96.7	(1.4)	92.2	(2.3)
	Island	**34.3**	(0.2)	**7.4**	(0.1)	**93.6**	(0.1)	**75.9**	(0.2)	**98.1**	(0.0)	**87.1**	(0.1)
	Irland	3.0	(1.5)	5.4	(2.2)	77.0	(3.1)	79.1	(3.1)	**94.8**	(1.9)	**100.0**	(0.0)
	Italien	1.9	(0.8)	1.0	(0.8)	m	m	93.7	(2.4)	98.5	(0.6)	m	m
	Japan	29.1	(1.4)	32.5	(2.0)	47.4	(3.4)	50.4	(3.3)	94.0	(1.5)	91.2	(2.9)
	Korea	7.7	(2.5)	7.0	(2.4)	92.1	(2.4)	88.0	(2.5)	96.1	(1.7)	94.7	(1.7)
	Luxemburg	m	m	m	m	m	m	m	m	m	m	m	m
	Mexiko	**43.9**	(3.2)	**27.7**	(3.1)	**84.3**	(1.7)	**67.6**	(4.2)	85.4	(1.8)	77.3	(3.7)
	Niederlande	**72.5**	(4.0)	**45.3**	(5.6)	99.5	(0.5)	100.0	(0.0)	98.8	(0.8)	100.0	(0.0)
	Neuseeland	31.8	(3.2)	40.8	(3.3)	98.9	(0.8)	97.7	(1.1)	99.4	(0.6)	100.0	(0.0)
	Norwegen	9.7	(2.3)	a	a	72.6	(3.5)	a	a	98.2	(1.1)	a	a
	Polen	13.1	(2.7)	a	a	30.4	(3.3)	a	a	90.3	(2.3)	a	a
	Portugal	0.9	(0.5)	0.9	(0.7)	83.2	(3.8)	88.9	(2.9)	87.3	(3.6)	94.9	(2.0)
	Slowak. Republik	56.4	(3.6)	a	a	84.5	(2.8)	a	a	95.6	(1.4)	a	a
	Spanien	6.7	(1.2)	9.0	(2.2)	86.4	(2.0)	89.7	(2.5)	99.0	(0.7)	98.2	(1.3)
	Schweden	**85.0**	(2.6)	**73.6**	(3.6)	87.9	(2.3)	85.1	(3.1)	98.8	(0.8)	99.4	(0.6)
	Schweiz	12.1	(3.3)	14.8	(3.0)	64.2	(3.0)	**54.3**	(3.3)	**93.8**	(1.4)	**86.9**	(2.9)
	Türkei	5.0	(1.8)	a	a	50.6	(4.7)	a	a	68.4	(4.9)	a	a
	Vereinigte Staaten	68.4	(3.2)	74.3	(5.1)	84.6	(2.5)	**95.9**	(1.9)	**93.8**	(1.7)	**98.7**	(1.0)
	OECD insgesamt	***37.7***	***(1.0)***	***37.0***	***(1.5)***	***67.8***	***(0.8)***	***75.1***	***(1.0)***	***93.3***	***(0.7)***	***93.3***	***(0.6)***
	OECD-Durchschnitt	***26.6***	***(0.5)***	***25.9***	***(0.5)***	***71.2***	***(0.5)***	***76.1***	***(0.6)***	***95.2***	***(0.4)***	***94.5***	***(0.3)***
Partnerländer	Brasilien	12.4	(2.4)	9.5	(1.7)	58.8	(3.5)	55.3	(3.4)	**84.2**	(2.6)	**74.8**	(2.8)
	Hongkong (China)	13.9	(2.8)	8.1	(1.8)	97.5	(0.8)	93.7	(2.1)	98.9	(0.8)	97.9	(1.2)
	Indonesien	54.7	(3.1)	64.3	(5.3)	97.2	(1.1)	96.9	(1.7)	97.3	(0.8)	97.4	(0.9)
	Lettland	45.7	(4.6)	35.0	(5.2)	78.9	(3.0)	**33.0**	(4.5)	87.0	(2.6)	89.0	(3.8)
	Liechtenstein	c	c	c	c	c	c	c	c	c	c	c	c
	Macau (China)	97.5	(0.1)	a	a	100.0	(0.0)	a	a	100.0	(0.0)	a	a
	Russ. Föderation	51.2	(4.1)	46.9	(3.3)	48.5	(4.3)	47.4	(4.0)	70.2	(3.7)	70.1	(3.8)
	Serbien	29.2	(3.7)	a	a	27.2	(4.2)	a	a	97.3	(1.3)	a	a
	Thailand	97.7	(2.5)	95.4	(1.9)	80.1	(3.6)	75.9	(3.2)	**97.2**	(1.2)	**89.6**	(1.9)
	Tunesien	a	a	a	a	32.5	(3.8)	a	a	97.9	(1.2)	a	a
	Uruguay	20.1	(1.7)	a	a	28.0	(2.4)	a	a	50.4	(4.3)	a	a
	Verein. Königreich[1]	m	m	m	m	m	m	m	m	m	m	m	m

Anmerkung: Statistisch signifikante Werte sind durch Fettdruck gekennzeichnet (siehe Anhang A4).

1. Die Beteiligungsquote ist zu niedrig, um die Vergleichbarkeit zu gewährleisten (siehe Anhang A3).

Tabelle 5.11a *(Fortsetzung)*

Schulpolitik und -verwaltung in PISA 2003 und PISA 2000

Die Ergebnisse basieren auf Angaben der Schulleitungen und beziehen sich auf den jeweiligen zahlenmäßigen Anteil der 15-Jährigen in den Schulen

		Prozentsatz der Schüler in Schulen, die laut Angaben ihrer Leitung bei folgenden Aspekten der Schulpolitik und -verwaltung Verantwortung tragen											
		Festlegung von disziplinären Regeln für die Schüler				Festlegung von Kriterien für die Schülerbeurteilung				Aufnahme von Schülern in die Schule			
		PISA 2003		PISA 2000		PISA 2003		PISA 2000		PISA 2003		PISA 2000	
		%	S.E.	%	S.E.	%	S.E.	%	S.E.	%	S.E.	%	S.E.
OECD-Länder	Australien	98.4	(0.8)	99.6	(0.2)	97.4	(0.8)	98.8	(0.6)	91.2	(1.6)	93.5	(1.6)
	Österreich	97.4	(1.2)	96.4	(1.6)	76.9	(3.0)	69.3	(3.5)	73.1	(3.2)	74.6	(2.9)
	Belgien	97.1	(1.0)	98.7	(0.9)	**93.9**	(1.4)	**99.6**	(0.4)	89.9	(2.0)	94.7	(1.7)
	Kanada	99.0	(0.5)	98.5	(0.5)	92.1	(1.3)	94.1	(1.0)	89.3	(1.4)	89.2	(1.0)
	Tschech. Republik	100.0	(0.0)	99.5	(0.5)	98.3	(1.0)	99.6	(0.3)	**96.1**	(1.2)	**89.2**	(1.7)
	Dänemark	97.9	(1.1)	98.9	(0.8)	83.2	(2.7)	86.9	(2.4)	82.6	(2.9)	87.1	(2.6)
	Finnland	**99.9**	(0.0)	**95.6**	(1.9)	**99.0**	(0.7)	**89.0**	(2.6)	**71.1**	(3.7)	**53.8**	(4.0)
	Frankreich	w	w	w	w	w	w	w	w	w	w	w	w
	Deutschland	95.5	(1.4)	95.3	(1.4)	**87.5**	(2.9)	**79.3**	(2.8)	79.4	(2.8)	79.3	(3.0)
	Griechenland	m	m	m	m	m	m	m	m	m	m	m	m
	Ungarn	100.0	(0.0)	100.0	(0.0)	100.0	(0.0)	98.1	(1.0)	99.7	(0.1)	98.7	(0.7)
	Island	**100.0**	(0.0)	**99.5**	(0.0)	**100.0**	(0.0)	**98.5**	(0.1)	**80.6**	(0.1)	**74.2**	(0.1)
	Irland	100.0	(0.0)	99.4	(0.6)	97.3	(1.4)	98.7	(0.9)	95.9	(1.9)	95.2	(2.0)
	Italien	99.9	(0.1)	100.0	(0.0)	99.8	(0.2)	100.0	(0.0)	90.3	(1.8)	m	m
	Japan	100.0	(0.0)	99.6	(0.4)	100.0	(0.0)	100.0	(0.0)	100.0	(0.0)	100.0	(0.0)
	Korea	100.0	(0.0)	100.0	(0.0)	99.3	(0.5)	98.8	(0.1)	93.1	(2.3)	96.5	(1.4)
	Luxemburg	m	m	m	m	m	m	m	m	m	m	m	m
	Mexiko	99.5	(0.2)	99.3	(0.7)	95.7	(1.4)	92.2	(2.5)	81.2	(2.3)	85.9	(2.3)
	Niederlande	99.5	(0.5)	100.0	(0.0)	98.8	(0.9)	100.0	(0.0)	99.2	(0.6)	100.0	(0.0)
	Neuseeland	100.0	(0.0)	100.0	(0.0)	**97.3**	(1.0)	**100.0**	(0.0)	**87.4**	(2.0)	**94.4**	(1.2)
	Norwegen	87.4	(2.6)	a	a	61.9	(3.7)	a	a	24.0	(3.4)	a	a
	Polen	100.0	(0.0)	a	a	100.0	(0.0)	a	a	97.4	(1.3)	a	a
	Portugal	**55.1**	(4.3)	**91.7**	(2.2)	**53.3**	(4.2)	**88.4**	(2.6)	82.5	(3.3)	85.0	(3.1)
	Slowak. Republik	99.1	(0.6)	a	a	89.2	(2.0)	a	a	96.3	(1.2)	a	a
	Spanien	98.8	(0.9)	99.1	(0.8)	96.2	(1.4)	96.6	(1.5)	**72.8**	(2.9)	**89.3**	(2.4)
	Schweden	100.0	(0.0)	100.0	(0.0)	97.4	(1.3)	96.7	(1.5)	63.1	(3.6)	54.1	(4.0)
	Schweiz	99.7	(0.1)	97.7	(1.2)	78.3	(2.5)	74.6	(3.6)	73.3	(4.1)	81.7	(3.0)
	Türkei	98.9	(1.1)	a	a	92.2	(3.0)	a	a	76.8	(3.6)	a	a
	Vereinigte Staaten	96.5	(1.1)	98.5	(0.9)	88.3	(2.1)	93.2	(2.2)	**76.8**	(2.9)	**88.9**	(2.6)
	OECD insgesamt	***97.1***	***(0.3)***	***98.6***	***(0.3)***	***92.6***	***(0.6)***	***94.0***	***(0.7)***	***83.7***	***(0.9)***	***85.4***	***(0.8)***
	OECD-Durchschnitt	***93.8***	***(0.3)***	***94.5***	***(0.2)***	***85.2***	***(0.3)***	***89.4***	***(0.4)***	***84.0***	***(0.5)***	***83.7***	***(0.5)***
Partnerländer	Brasilien	96.3	(1.4)	97.9	(0.7)	86.8	(2.6)	90.7	(1.8)	80.7	(2.9)	79.1	(3.3)
	Hongkong (China)	100.0	(0.0)	100.0	(0.0)	100.0	(0.0)	100.0	(0.0)	97.3	(1.3)	97.3	(1.3)
	Indonesien	99.4	(0.6)	100.0	(0.0)	98.5	(1.0)	100.0	(0.0)	**95.0**	(1.6)	**99.7**	(0.3)
	Lettland	97.6	(1.8)	99.9	(0.1)	86.8	(3.7)	77.3	(4.6)	99.4	(0.5)	98.0	(1.3)
	Liechtenstein	c	c	c	c	c	c	c	c	c	c	c	c
	Macau (China)	100.0	(0.0)	.	.	97.4	(0.0)	a	a	100.0	(0.0)	a	a
	Russ. Föderation	99.6	(0.4)	100.0	(0.0)	98.4	(0.8)	99.6	(0.4)	100.0	(0.0)	99.2	(0.6)
	Serbien	98.8	(0.9)	a	a	96.7	(1.5)	a	a	43.9	(4.6)	a	a
	Thailand	100.0	(0.0)	98.4	(1.0)	**100.0**	(0.0)	**94.9**	(1.5)	99.0	(0.8)	98.4	(1.0)
	Tunesien	91.2	(2.6)	a	a	38.0	(4.2)	a	a	70.0	(3.4)	a	a
	Uruguay	73.8	(3.7)	a	a	62.8	(4.1)	a	a	41.8	(3.4)	a	a
	Verein. Königreich[1]	m	m	m	m	m	m	m	m	m	m	m	m

		Prozentsatz der Schüler in Schulen, die laut Angaben ihrer Leitung bei folgenden Aspekten der Schulpolitik und -verwaltung Verantwortung tragen											
		Wahl der verwendeten Lehrbücher				Bestimmung des Lehrstoffs				Entscheidungen über das Fächer-/Kursangebot			
		PISA 2003		PISA 2000		PISA 2003		PISA 2000		PISA 2003		PISA 2000	
		%	S.E.	%	S.E.	%	S.E.	%	S.E.	%	S.E.	%	S.E.
OECD-Länder	Australien	99.3	(0.5)	99.7	(0.2)	79.3	(2.5)	84.4	(3.2)	97.2	(1.0)	95.9	(1.8)
	Österreich	98.8	(1.0)	99.3	(0.7)	61.3	(3.8)	54.0	(3.6)	55.2	(3.8)	56.8	(3.7)
	Belgien	98.1	(0.8)	98.5	(0.6)	55.0	(2.4)	58.6	(3.7)	67.3	(3.0)	60.7	(3.6)
	Kanada	88.8	(0.8)	89.1	(0.9)	45.3	(2.2)	48.9	(1.8)	89.0	(1.5)	89.8	(1.1)
	Tschech. Republik	99.9	(0.1)	100.0	(0.0)	74.6	(3.0)	81.9	(2.9)	**72.7**	(3.0)	**81.5**	(2.8)
	Dänemark	99.7	(0.2)	100.0	(0.0)	**76.0**	(3.3)	**89.8**	(1.9)	76.3	(2.9)	76.8	(2.6)
	Finnland	100.0	(0.0)	100.0	(0.0)	92.0	(1.8)	91.4	(2.3)	**99.8**	(0.0)	**94.7**	(2.0)
	Frankreich	w	w	w	w	w	w	w	w	w	w	w	w
	Deutschland	98.5	(0.9)	95.5	(1.7)	**47.7**	(3.1)	**34.9**	(3.3)	**68.0**	(3.7)	**35.1**	(3.4)
	Griechenland	m	m	m	m	m	m	m	m	m	m	m	m
	Ungarn	100.0	(0.0)	99.6	(0.4)	**80.3**	(2.9)	**97.0**	(1.3)	**82.1**	(2.7)	**98.4**	(1.0)
	Island	**99.6**	(0.0)	**98.7**	(0.0)	**85.5**	(0.1)	**78.8**	(0.2)	**85.0**	(0.1)	**61.6**	(0.2)
	Irland	100.0	(0.0)	100.0	(0.0)	38.1	(3.9)	36.9	(4.1)	95.7	(1.7)	97.4	(1.3)
	Italien	100.0	(0.0)	100.0	(0.0)	**84.4**	(2.5)	**93.2**	(2.9)	m	m	21.6	(4.0)
	Japan	95.5	(2.0)	99.3	(0.7)	100.0	(0.0)	99.3	(0.7)	98.5	(1.1)	97.8	(1.3)
	Korea	100.0	(0.0)	99.4	(0.6)	99.1	(0.9)	99.4	(0.6)	**98.4**	(1.1)	**93.2**	(2.3)
	Luxemburg	m	m	m	m	m	m	m	m	m	m	m	m
	Mexiko	84.4	(2.5)	81.3	(3.0)	**70.0**	(3.3)	**58.8**	(4.1)	**71.4**	(3.3)	**58.2**	(3.4)
	Niederlande	99.5	(0.5)	100.0	(0.0)	96.7	(2.0)	91.7	(3.2)	97.3	(1.8)	94.9	(2.4)
	Neuseeland	100.0	(0.0)	100.0	(0.0)	**94.4**	(1.8)	**87.2**	(2.7)	**98.9**	(0.1)	**99.9**	(0.1)
	Norwegen	98.3	(1.0)	a	a	47.8	(3.8)	a	a	25.1	(3.3)	a	a
	Polen	100.0	(0.0)	a	a	100.0	(0.0)	a	a	46.2	(4.0)	a	a
	Portugal	100.0	(0.0)	100.0	(0.0)	**36.4**	(3.6)	**20.3**	(3.4)	51.2	(4.4)	54.2	(4.5)
	Slowak. Republik	94.1	(1.5)	a	a	64.6	(3.2)	a	a	67.5	(3.4)	a	a
	Spanien	100.0	(0.0)	99.6	(0.4)	**65.1**	(3.5)	**86.0**	(2.9)	56.9	(3.5)	54.4	(3.8)
	Schweden	100.0	(0.0)	100.0	(0.0)	92.5	(1.8)	87.6	(2.8)	76.6	(3.4)	76.2	(3.7)
	Schweiz	57.1	(3.1)	50.7	(4.1)	**39.0**	(3.4)	**29.5**	(3.5)	38.5	(4.5)	34.2	(3.4)
	Türkei	96.9	(1.9)	a	a	35.9	(4.9)	a	a	46.6	(4.6)	a	a
	Vereinigte Staaten	93.8	(1.6)	92.2	(3.0)	80.5	(2.6)	84.0	(4.3)	95.5	(1.3)	97.3	(1.3)
	OECD insgesamt	***94.4***	***(0.5)***	***94.7***	***(0.8)***	***76.6***	***(0.8)***	***76.9***	***(1.3)***	***81.9***	***(0.7)***	***77.0***	***(0.7)***
	OECD-Durchschnitt	***89.8***	***(0.2)***	***91.7***	***(0.2)***	***66.8***	***(0.5)***	***69.2***	***(0.6)***	***70.3***	***(0.5)***	***70.9***	***(0.6)***
Partnerländer	Brasilien	98.3	(0.8)	99.7	(0.3)	88.1	(2.5)	90.3	(2.2)	61.2	(3.8)	57.1	(3.4)
	Hongkong (China)	100.0	(0.0)	100.0	(0.0)	98.0	(1.2)	97.5	(1.3)	99.3	(0.7)	99.7	(0.3)
	Indonesien	98.0	(1.0)	98.3	(0.7)	**97.8**	(0.9)	**80.1**	(3.4)	93.1	(2.4)	96.2	(1.5)
	Lettland	95.7	(1.9)	99.4	(0.6)	**56.1**	(4.4)	**75.9**	(5.0)	**74.3**	(3.7)	**90.1**	(3.5)
	Liechtenstein	c	c	c	c	c	c	c	c	c	c	c	c
	Macau (China)	100.0	(0.0)	a	a	100.0	(0.0)	a	a	97.5	(0.1)	a	a
	Russ. Föderation	**92.3**	(2.1)	**97.4**	(1.0)	83.4	(2.9)	94.5	(1.4)	93.1	(2.2)	95.5	(1.3)
	Serbien	38.8	(4.4)	a	a	16.0	(3.5)	a	a	11.4	(2.9)	a	a
	Thailand	99.0	(0.7)	97.7	(0.9)	**98.9**	(0.8)	**92.6**	(2.1)	98.4	(1.1)	98.2	(1.0)
	Tunesien	2.7	(1.3)	a	a	11.0	(2.7)	a	a	16.1	(3.0)	a	a
	Uruguay	62.4	(3.7)	a	a	26.3	(2.8)	a	a	28.9	(2.1)	a	a
	Verein. Königreich[1]	m	m	m	m	m	m	m	m	m	m	m	m

Anmerkung: Statistisch signifikante Werte sind durch Fettdruck gekennzeichnet (siehe Anhang A4).

1. Die Beteiligungsquote ist zu niedrig, um die Vergleichbarkeit zu gewährleisten (siehe Anhang A3).

Tabelle 5.11b

Zusammenhang zwischen den Schülerleistungen in Mathematik und Aspekten der Schulpolitik und -praxis in PISA 2003 und in PISA 2000

	Korrelation im Ländervergleich mit den Durchschnittsergebnissen der Länder auf der Gesamtskala Mathematik (OECD-Länder)		Korrelation im Ländervergleich mit den Durchschnittsergebnissen der Länder auf der Gesamtskala Mathematik (alle PISA-Länder)	
	PISA 2003	PISA 2000	PISA 2003	PISA 2000
Einstellung von Lehrkräften	0.4	0.2	0.5	0.3
Entlassung von Lehrkräften	0.3	0.1	0.4	0.2
Festlegung des Anfangsgehalts der Lehrkräfte	0.1	–0.1	0.1	0.0
Entscheidungen über die Beförderung/Höhergruppierung von Lehrkräften	0.1	–0.1	0.0	–0.2
Festlegung des Schulbudgets	0.1	–0.1	0.2	0.1
Entscheidung über die Verwendung des Budgets innerhalb der Schule	0.6	0.4	0.4	0.4
Festlegung von disziplinären Regeln	0.4	0.2	0.2	0.1
Festlegung von Kriterien für die Schülerbeurteilung	0.1	0.0	0.2	0.1
Aufnahme von Schülerinnen/Schülern in die Schule	0.1	0.0	0.2	0.0
Wahl der verwendeten Lehrbücher	0.1	0.1	0.3	0.0
Bestimmung des Lehrstoffs	0.3	0.2	0.3	0.1
Entscheidungen über das Fächer-/Kursangebot	0.3	0.4	0.4	0.3

Tabelle 5.12

Beteiligung verschiedener Gremien an Entscheidungen der Schule

Die Ergebnisse basieren auf Angaben der Schulleitungen und beziehen sich auf den jeweiligen zahlenmäßigen Anteil der 15-Jährigen in den Schulen

Prozentsatz der Schüler in Schulen, in denen folgende Gremien laut Angaben der Schulleitung direkten Einfluss auf **Personalentscheidungen** haben

		Regionale oder nationale Bildungsbehörden (z.B. Schulaufsicht)		Lokale Schulbehörde oder Schulträger		Arbeitgeber		Elternvertretungen		Lehrervertretungen		Schülervertretungen		Externe Prüfungsausschüsse	
		%	S.E.	%	S.E.	%	S.E.	%	S.E.	%	S.E.	%	S.E.	%	S.E.
OECD-Länder	Australien	67.8	(2.2)	20.6	(2.4)	21.3	(2.5)	2.7	(1.1)	22.8	(2.6)	1.2	(0.5)	2.3	(0.7)
	Österreich	94.0	(2.0)	3.4	(1.6)	4.7	(1.8)	1.3	(1.2)	22.8	(3.2)	1.3	(0.8)	a	a
	Belgien	64.2	(2.9)	60.3	(2.9)	2.4	(1.0)	2.4	(1.0)	40.3	(2.3)	1.4	(0.6)	0.6	(0.4)
	Kanada	52.9	(2.3)	57.6	(2.4)	6.5	(1.2)	5.8	(1.2)	37.7	(2.1)	0.4	(0.1)	1.1	(0.4)
	Tschech. Republik	52.3	(3.7)	5.1	(1.7)	38.6	(3.3)	a	a	3.0	(1.1)	a	a	a	a
	Dänemark	36.4	(3.8)	72.1	(3.3)	4.1	(1.3)	4.2	(1.4)	28.4	(3.0)	5.1	(1.7)	4.1	(1.4)
	Finnland	25.0	(3.1)	88.3	(2.6)	52.4	(4.2)	2.8	(1.3)	42.4	(4.0)	1.6	(1.0)	1.1	(0.8)
	Frankreich	w	w	w	w	w	w	w	w	w	w	w	w	w	w
	Deutschland	89.6	(2.0)	28.2	(2.8)	2.1	(1.4)	8.4	(1.9)	19.8	(2.6)	2.7	(1.1)	1.9	(1.0)
	Griechenland	88.8	(3.0)	9.1	(3.0)	15.9	(3.9)	3.6	(1.7)	14.5	(4.0)	2.7	(1.5)	8.7	(3.7)
	Ungarn	26.3	(3.4)	77.1	(3.4)	3.3	(1.4)	1.5	(1.3)	26.6	(3.7)	0.3	c	38.4	(4.1)
	Island	32.0	(0.1)	35.5	(0.2)	a	a	a	a	4.0	(0.1)	a	a	0.3	.
	Irland	95.4	(1.8)	51.7	(4.4)	2.9	(1.5)	a	a	13.0	(3.0)	a	a	12.5	(2.8)
	Italien	91.1	(2.0)	15.8	(2.4)	20.9	(2.8)	a	a	4.7	(1.3)	a	a	2.2	(1.2)
	Japan	71.9	(1.8)	22.0	(2.4)	20.7	(3.6)	a	a	2.1	(1.2)	a	a	a	a
	Korea	24.9	(4.1)	24.7	(3.4)	6.2	(1.7)	26.6	(3.9)	28.9	(3.6)	14.5	(3.1)	7.2	(1.8)
	Luxemburg	85.9	(0.1)	51.2	(0.1)	10.6	(0.0)	a	a	8.9	(0.1)	a	a	22.8	(0.1)
	Mexiko	50.8	(3.2)	31.9	(3.3)	29.2	(3.2)	14.0	(2.3)	45.5	(3.3)	13.3	(1.9)	16.9	(2.9)
	Niederlande	40.7	(4.1)	66.8	(4.2)	4.6	(1.7)	4.4	(1.6)	54.3	(4.4)	3.8	(1.6)	1.0	(0.8)
	Neuseeland	78.8	(2.9)	73.0	(3.0)	1.7	(0.9)	2.7	(1.2)	52.3	(3.5)	1.3	(0.9)	4.6	(1.3)
	Norwegen	17.4	(2.9)	10.2	(2.4)	72.8	(3.4)	0.7	c	83.1	(2.9)	0.7	(0.7)	1.3	(1.0)
	Polen	21.7	(3.2)	1.6	(0.9)	55.8	(3.7)	4.1	(1.6)	29.5	(3.8)	0.7	c	1.4	(1.0)
	Portugal	92.8	(1.5)	28.0	(3.0)	5.4	(2.0)	0.6	(0.6)	2.7	(1.4)	a	a	a	a
	Slowak. Republik	37.2	(3.0)	23.3	(2.7)	30.3	(3.6)	0.1	c	30.3	(4.1)	0.5	(0.4)	10.8	(2.5)
	Spanien	65.3	(3.0)	18.1	(2.6)	24.1	(2.3)	4.0	(1.0)	11.2	(2.2)	0.2	(0.1)	1.6	(0.8)
	Schweden	10.6	(2.3)	11.0	(2.4)	74.4	(3.1)	4.3	(1.5)	61.1	(3.5)	5.6	(1.8)	0.6	c
	Schweiz	42.2	(4.2)	79.6	(3.4)	54.6	(3.5)	0.5	(0.4)	5.0	(1.7)	c	c	1.9	(1.1)
	Türkei	59.0	(4.5)	33.4	(4.1)	11.4	(3.3)	24.0	(4.4)	29.7	(4.7)	16.7	(3.4)	8.7	(2.4)
	Vereinigte Staaten	45.2	(2.8)	76.1	(2.8)	26.1	(3.3)	11.8	(2.1)	32.4	(3.4)	3.2	(1.2)	7.7	(1.7)
	OECD insgesamt	***55.9***	***(1.0)***	***42.9***	***(0.9)***	***21.0***	***(1.0)***	***8.6***	***(0.7)***	***25.0***	***(1.0)***	***4.3***	***(0.4)***	***6.0***	***(0.5)***
	OECD-Durchschnitt	***57.3***	***(0.5)***	***39.0***	***(0.5)***	***19.5***	***(0.4)***	***7.3***	***(0.3)***	***22.2***	***(0.4)***	***2.8***	***(0.2)***	***8.1***	***(0.3)***
Partnerländer	Brasilien	73.6	(3.1)	17.8	(2.6)	6.5	(1.7)	3.4	(1.3)	9.6	(1.9)	4.5	(1.3)	5.9	(1.8)
	Hongkong (China)	32.4	(4.2)	72.1	(3.3)	10.6	(2.4)	0.7	c	2.0	(1.2)	0.8	(0.8)	1.4	(1.0)
	Indonesien	65.6	(3.5)	13.8	(2.5)	2.7	(1.4)	1.9	(0.9)	9.6	(2.2)	1.7	(1.0)	5.8	(2.1)
	Lettland	34.5	(4.3)	66.3	(4.4)	40.8	(4.5)	38.1	(4.6)	18.9	(4.0)	3.1	(1.0)	53.7	(4.5)
	Liechtenstein	c	c	c	c	c	c	c	c	c	c	c	c	c	c
	Macau (China)	31.1	(0.2)	66.4	(0.2)	3.6	(0.1)	2.0	(0.1)	4.3	(0.1)	3.0	(0.0)	1.6	(0.1)
	Russ. Föderation	76.1	(3.2)	13.9	(2.8)	11.2	(2.6)	1.0	(0.6)	10.5	(2.4)	0.3	(0.3)	5.0	(2.0)
	Serbien	31.8	(3.9)	88.9	(2.9)	16.0	(3.2)	21.3	(3.2)	14.9	(3.1)	6.7	(1.8)	10.0	(2.6)
	Thailand	66.8	(3.4)	49.4	(4.0)	31.8	(3.4)	21.9	(3.3)	23.1	(2.9)	10.1	(2.4)	43.0	(3.9)
	Tunesien	84.4	(3.0)	1.7	(1.0)	24.9	(3.5)	0.7	(0.7)	6.0	(2.0)	0.7	(0.7)	4.8	(1.8)
	Uruguay	81.8	(2.1)	14.9	(1.7)	2.8	(1.0)	9.8	(2.5)	5.0	(1.7)	1.8	(1.0)	2.8	(1.6)
	Verein. Königreich[1]	44.2	(3.4)	85.1	(2.3)	5.0	(1.1)	0.4	(0.2)	23.1	(2.6)	3.4	(1.4)	1.3	(0.8)

Prozentsatz der Schüler in Schulen, in denen folgende Gremien laut Angaben der Schulleitung direkten Einfluss auf **Budgetentscheidungen** haben

		Regionale oder nationale Bildungsbehörden (z.B. Schulaufsicht)		Lokale Schulbehörde oder Schulträger		Arbeitgeber		Elternvertretungen		Lehrervertretungen		Schülervertretungen		Externe Prüfungsausschüsse	
		%	S.E.	%	S.E.	%	S.E.	%	S.E.	%	S.E.	%	S.E.	%	S.E.
OECD-Länder	Australien	59.2	(2.9)	67.5	(2.6)	19.0	(2.6)	24.3	(2.6)	25.6	(2.3)	4.8	(1.1)	1.0	(0.6)
	Österreich	67.4	(3.1)	20.5	(3.4)	1.5	(1.1)	10.1	(2.3)	14.6	(2.8)	0.5	(0.5)	a	a
	Belgien	55.9	(2.8)	68.9	(2.9)	1.1	(0.8)	3.9	(1.2)	24.7	(2.9)	3.8	(1.1)	a	a
	Kanada	68.9	(1.9)	74.0	(2.3)	4.8	(1.1)	23.8	(2.1)	19.7	(2.1)	6.6	(0.9)	1.7	(0.6)
	Tschech. Republik	60.4	(3.8)	11.9	(2.2)	37.2	(3.4)	2.2	(1.0)	6.5	(1.5)	a	a	a	a
	Dänemark	40.0	(3.4)	92.3	(1.8)	1.4	(0.8)	7.9	(1.7)	65.1	(3.3)	19.3	(3.0)	0.4	c
	Finnland	40.2	(3.5)	96.9	(1.3)	53.3	(3.9)	4.8	(1.7)	32.2	(4.0)	4.5	(1.6)	0.4	c
	Frankreich	w	w	w	w	w	w	w	w	w	w	w	w	w	w
	Deutschland	25.5	(3.1)	93.3	(1.7)	0.5	c	25.3	(2.8)	2.5	(1.1)	9.8	(2.0)	a	a
	Griechenland	55.7	(5.2)	49.0	(4.3)	12.7	(3.8)	13.6	(3.6)	3.8	(2.7)	2.9	(1.5)	a	a
	Ungarn	64.9	(3.8)	62.3	(3.9)	3.8	(1.4)	2.1	(1.4)	31.5	(4.0)	7.6	(2.2)	62.5	(3.3)
	Island	96.4	(0.1)	72.2	(0.2)	0.4	c	2.9	(0.0)	1.8	(0.1)	1.5	(0.0)	a	a
	Irland	77.8	(3.3)	71.3	(3.2)	a	a	3.8	(1.7)	3.6	(1.3)	a	a	3.9	(1.8)
	Italien	30.2	(3.1)	90.0	(2.2)	17.3	(2.9)	23.3	(3.2)	17.6	(2.4)	17.7	(3.1)	0.0	(0.0)
	Japan	63.2	(3.2)	28.2	(2.3)	15.2	(3.2)	10.7	(2.0)	4.2	(1.5)	8.4	(2.2)	2.6	(0.9)
	Korea	40.1	(3.9)	69.4	(4.1)	10.3	(2.4)	18.9	(2.7)	29.9	(3.6)	11.9	(2.9)	7.2	(2.3)
	Luxemburg	65.6	(0.1)	76.1	(0.1)	10.6	(0.0)	15.0	(0.0)	14.3	(0.0)	15.0	(0.0)	a	a
	Mexiko	38.1	(2.9)	24.3	(2.5)	13.9	(2.2)	34.9	(3.2)	7.5	(1.4)	7.8	(2.1)	6.5	(1.4)
	Niederlande	79.4	(3.3)	74.9	(3.5)	1.8	(1.0)	9.6	(2.7)	59.9	(4.1)	a	a	2.1	(1.5)
	Neuseeland	64.8	(3.3)	96.5	(1.2)	5.6	(1.9)	13.0	(2.4)	16.5	(2.5)	6.0	(1.3)	7.8	(1.5)
	Norwegen	36.4	(3.8)	58.6	(3.8)	92.9	(2.0)	16.4	(3.0)	62.3	(3.8)	11.0	(2.4)	0.7	c
	Polen	23.8	(3.4)	16.5	(2.9)	49.4	(4.3)	37.3	(3.7)	16.0	(3.1)	2.6	(1.3)	a	a
	Portugal	90.2	(2.5)	82.2	(3.7)	0.4	(0.4)	6.0	(1.6)	4.2	(1.6)	2.0	(1.1)	a	a
	Slowak. Republik	96.7	(1.1)	40.2	(3.3)	3.9	(1.5)	19.4	(3.3)	16.9	(3.3)	a	a	2.8	(1.2)
	Spanien	52.4	(3.6)	81.1	(2.4)	23.1	(2.1)	28.7	(3.0)	9.2	(2.3)	8.1	(2.6)	1.2	(0.7)
	Schweden	9.7	(2.0)	40.7	(3.6)	83.4	(2.7)	8.0	(1.9)	52.5	(3.9)	5.2	(1.6)	0.6	c
	Schweiz	59.5	(3.6)	74.9	(2.7)	53.8	(4.2)	0.7	(0.6)	5.1	(1.9)	0.1	c	2.3	(1.2)
	Türkei	25.4	(3.3)	36.3	(4.6)	28.0	(4.6)	25.4	(4.2)	7.2	(2.3)	8.5	(2.7)	4.3	(1.8)
	Vereinigte Staaten	74.5	(2.7)	88.7	(2.1)	28.5	(3.5)	23.7	(3.0)	36.1	(3.5)	4.3	(1.4)	7.1	(1.8)
	OECD insgesamt	***54.5***	***(0.9)***	***64.1***	***(0.7)***	***19.3***	***(1.0)***	***20.9***	***(1.0)***	***18.2***	***(0.9)***	***6.5***	***(0.6)***	***4.8***	***(0.5)***
	OECD-Durchschnitt	***58.0***	***(0.6)***	***61.4***	***(0.5)***	***18.5***	***(0.5)***	***15.2***	***(0.4)***	***17.0***	***(0.4)***	***5.4***	***(0.3)***	***7.2***	***(0.3)***
Partnerländer	Brasilien	61.6	(3.6)	57.7	(3.3)	2.6	(1.1)	31.2	(3.4)	17.6	(2.7)	13.5	(2.0)	3.3	(1.0)
	Hongkong (China)	47.1	(4.2)	89.7	(2.7)	15.0	(3.4)	13.9	(2.8)	27.3	(3.7)	1.4	(1.0)	4.0	(1.7)
	Indonesien	39.3	(3.5)	82.5	(2.7)	31.8	(3.5)	80.3	(3.0)	10.2	(2.0)	22.2	(3.3)	8.9	(2.1)
	Lettland	72.9	(3.3)	71.8	(4.1)	54.0	(4.5)	29.6	(4.1)	23.5	(4.0)	a	a	64.2	(3.7)
	Liechtenstein	c	c	c	c	c	c	c	c	c	c	c	c	c	c
	Macau (China)	43.3	(0.2)	70.9	(0.2)	10.4	(0.1)	0.3	c	a	a	4.3	(0.1)	a	a
	Russ. Föderation	92.2	(2.3)	18.9	(3.0)	23.3	(3.4)	30.9	(3.3)	8.0	(2.7)	2.2	(1.3)	6.0	(2.1)
	Serbien	86.0	(3.1)	65.6	(4.0)	8.6	(2.3)	15.7	(3.0)	19.2	(3.0)	4.9	(1.1)	3.5	(1.6)
	Thailand	72.4	(3.6)	69.9	(3.8)	33.3	(4.2)	30.7	(3.5)	32.1	(3.2)	13.6	(3.0)	42.5	(3.8)
	Tunesien	18.7	(3.1)	85.4	(2.8)	6.1	(2.0)	2.3	(1.2)	2.8	(1.4)	1.9	(1.1)	0.7	(0.7)
	Uruguay	80.5	(1.9)	13.1	(1.5)	1.0	(0.6)	16.1	(3.1)	4.4	(2.1)	1.1	(0.8)	0.5	(0.3)
	Verein. Königreich[1]	76.9	(2.8)	90.4	(1.9)	4.4	(1.1)	3.4	(1.3)	11.1	(2.2)	1.5	(0.8)	4.8	(1.5)

1. Die Beteiligungsquote ist zu niedrig, um die Vergleichbarkeit zu gewährleisten (siehe Anhang A3).

Tabelle 5.12 *(Fortsetzung)*

Beteiligung verschiedener Gremien an Entscheidungen der Schule

Die Ergebnisse basieren auf Angaben der Schulleitungen und beziehen sich auf den jeweiligen zahlenmäßigen Anteil der 15-Jährigen in den Schulen

Prozentsatz der Schüler in Schulen, in denen folgende Gremien laut Angaben der Schulleitung direkten Einfluss auf Entscheidungen über den **Unterrichtsinhalt** haben

		Regionale oder nationale Bildungsbehörden (z.B. Schulaufsicht)		Lokale Schulbehörde oder Schulträger		Arbeitgeber		Elternvertretungen		Lehrervertretungen		Schülervertretungen		Externe Prüfungsausschüsse	
		%	S.E.	%	S.E.	%	S.E.	%	S.E.	%	S.E.	%	S.E.	%	S.E.
OECD-Länder	Australien	82.5	(2.7)	11.8	(2.1)	21.1	(2.3)	12.6	(1.9)	74.3	(2.5)	14.2	(2.0)	71.6	(2.8)
	Österreich	66.4	(4.0)	35.4	(3.6)	20.2	(2.7)	7.6	(2.2)	63.8	(3.6)	14.1	(2.6)	a	a
	Belgien	81.8	(2.1)	16.0	(2.4)	13.7	(1.9)	7.0	(1.5)	27.0	(3.0)	6.6	(1.5)	6.6	(1.4)
	Kanada	92.9	(1.1)	19.2	(1.8)	11.4	(1.5)	8.4	(1.1)	47.6	(2.0)	5.3	(0.9)	25.6	(2.0)
	Tschech. Republik	56.9	(3.4)	4.5	(1.6)	28.5	(2.9)	16.4	(2.7)	24.8	(3.5)	7.6	(1.9)	14.2	(2.3)
	Dänemark	75.3	(3.4)	44.6	(3.7)	4.5	(1.7)	12.5	(2.4)	86.8	(2.5)	48.6	(3.7)	14.4	(2.7)
	Finnland	79.4	(2.6)	67.6	(3.3)	21.8	(3.1)	54.0	(3.8)	83.9	(2.8)	43.7	(4.2)	9.0	(2.2)
	Frankreich	w	w	w	w	w	w	w	w	w	w	w	w	w	w
	Deutschland	83.1	(2.6)	2.3	(0.7)	6.5	(1.8)	22.1	(2.7)	7.2	(1.8)	16.8	(2.5)	3.6	(1.3)
	Griechenland	92.1	(2.3)	2.7	(1.6)	3.8	(1.8)	4.8	(3.0)	8.9	(3.6)	5.4	(3.1)	2.0	(1.2)
	Ungarn	64.2	(3.7)	64.3	(3.7)	29.1	(3.2)	22.5	(3.5)	86.1	(2.5)	26.9	(3.8)	33.6	(3.9)
	Island	20.1	(0.1)	1.2	(0.1)	10.2	(0.1)	5.8	(0.1)	7.5	(0.1)	6.2	(0.1)	6.8	(0.1)
	Irland	79.9	(3.3)	12.6	(2.7)	10.9	(2.8)	2.4	(1.4)	38.1	(4.9)	4.2	(1.7)	71.4	(4.2)
	Italien	45.8	(3.7)	44.3	(3.6)	8.7	(2.0)	16.6	(3.0)	35.4	(3.3)	20.1	(3.0)	6.4	(1.5)
	Japan	49.0	(4.4)	12.8	(2.7)	15.6	(2.7)	12.3	(2.8)	6.9	(2.2)	6.4	(2.1)	6.5	(2.2)
	Korea	26.3	(3.7)	13.5	(2.7)	29.5	(3.8)	25.0	(3.9)	53.3	(4.3)	28.1	(4.1)	13.6	(3.1)
	Luxemburg	90.6	(0.0)	20.4	(0.1)	8.8	(0.0)	7.2	(0.0)	53.4	(0.1)	a	a	13.4	(0.0)
	Mexiko	63.4	(3.2)	38.5	(3.2)	6.9	(1.4)	8.0	(1.4)	34.5	(3.1)	15.3	(2.4)	28.1	(2.9)
	Niederlande	48.3	(4.5)	15.4	(3.3)	6.0	(2.3)	17.1	(3.2)	59.6	(3.8)	14.1	(3.2)	13.1	(3.2)
	Neuseeland	87.3	(2.2)	10.8	(2.4)	10.3	(2.2)	13.5	(2.5)	41.4	(3.3)	11.5	(2.1)	54.7	(3.2)
	Norwegen	87.8	(2.6)	12.1	(2.5)	5.6	(1.7)	11.4	(2.5)	13.0	(2.8)	19.6	(3.3)	4.8	(1.5)
	Polen	28.7	(3.7)	26.1	(3.4)	8.5	(2.1)	49.1	(3.8)	14.3	(2.9)	21.4	(3.3)	19.7	(2.9)
	Portugal	84.6	(2.9)	11.4	(2.4)	7.2	(2.2)	2.4	(1.2)	64.8	(4.3)	2.6	(1.3)	18.8	(3.3)
	Slowak. Republik	38.1	(3.4)	41.3	(3.5)	11.2	(1.9)	34.5	(3.1)	71.2	(4.0)	20.6	(2.6)	76.8	(3.2)
	Spanien	83.9	(2.2)	25.0	(2.9)	7.5	(1.8)	7.1	(1.8)	26.9	(3.4)	2.2	(0.8)	11.4	(2.1)
	Schweden	61.8	(3.7)	16.0	(2.9)	26.6	(3.0)	25.9	(2.9)	45.8	(3.7)	63.5	(3.5)	4.0	(1.5)
	Schweiz	77.2	(3.0)	14.1	(3.2)	11.9	(1.6)	2.3	(0.8)	45.1	(3.4)	10.5	(2.9)	9.0	(1.8)
	Türkei	47.0	(5.0)	24.7	(3.9)	17.5	(3.3)	20.6	(4.2)	34.4	(4.1)	31.0	(4.1)	17.3	(3.6)
	Vereinigte Staaten	80.0	(2.4)	51.6	(3.3)	37.7	(3.7)	30.9	(3.2)	69.1	(3.6)	16.3	(2.2)	29.5	(3.3)
	OECD insgesamt	***64.9***	***(1.0)***	***28.1***	***(0.9)***	***19.9***	***(1.1)***	***20.4***	***(0.9)***	***38.8***	***(1.0)***	***16.4***	***(0.7)***	***24.8***	***(0.9)***
	OECD-Durchschnitt	***65.8***	***(0.6)***	***20.9***	***(0.4)***	***16.6***	***(0.4)***	***18.8***	***(0.5)***	***40.3***	***(0.6)***	***18.3***	***(0.5)***	***27.6***	***(0.5)***
Partnerländer	Brasilien	41.8	(3.8)	49.9	(3.6)	12.0	(2.4)	23.7	(3.0)	43.8	(3.7)	25.7	(3.5)	24.0	(2.8)
	Hongkong (China)	55.2	(4.6)	33.7	(4.1)	15.0	(3.2)	31.7	(3.9)	61.9	(4.2)	24.6	(3.8)	62.4	(4.1)
	Indonesien	49.6	(3.5)	11.9	(2.7)	7.3	(2.2)	7.2	(2.0)	62.5	(3.8)	28.0	(3.1)	27.5	(3.4)
	Lettland	29.5	(3.8)	24.5	(4.1)	27.0	(3.9)	86.5	(2.7)	34.8	(4.2)	88.3	(2.7)	68.2	(4.5)
	Liechtenstein	c	c	c	c	c	c	c	c	c	c	c	c	c	c
	Macau (China)	36.2	(0.2)	39.9	(0.3)	12.5	(0.1)	29.8	(0.2)	43.8	(0.2)	22.1	(0.1)	35.6	(0.2)
	Russ. Föderation	69.5	(3.5)	73.6	(3.0)	25.1	(3.6)	40.9	(3.9)	81.9	(2.6)	40.7	(4.5)	51.9	(3.0)
	Serbien	87.0	(2.7)	1.3	(0.9)	51.8	(4.3)	9.5	(2.3)	59.0	(4.3)	22.9	(3.8)	38.8	(4.1)
	Thailand	36.8	(3.8)	57.6	(4.2)	12.3	(2.6)	65.8	(3.8)	81.3	(3.1)	65.4	(3.7)	57.6	(3.7)
	Tunesien	59.4	(4.0)	3.5	(1.6)	7.5	(2.2)	9.3	(2.7)	19.6	(3.5)	15.3	(3.1)	11.6	(2.3)
	Uruguay	90.8	(2.4)	8.4	(2.0)	1.6	(1.2)	a	a	30.7	(3.4)	2.1	(1.5)	6.5	(2.3)
	Verein. Königreich[1]	57.8	(3.1)	15.1	(2.4)	18.5	(3.1)	9.5	(2.0)	15.4	(2.4)	17.0	(2.3)	80.7	(2.7)

Prozentsatz der Schüler in Schulen, in denen folgende Gremien laut Angaben der Schulleitung direkten Einfluss auf Entscheidungen über **Beurteilungsrichtlinien** haben

		Regionale oder nationale Bildungsbehörden (z.B. Schulaufsicht)		Lokale Schulbehörde oder Schulträger		Arbeitgeber		Elternvertretungen		Lehrervertretungen		Schülervertretungen		Externe Prüfungsausschüsse	
		%	S.E.	%	S.E.	%	S.E.	%	S.E.	%	S.E.	%	S.E.	%	S.E.
OECD-Länder	Australien	75.6	(3.2)	11.5	(2.1)	19.1	(2.0)	14.6	(2.1)	74.3	(2.7)	12.6	(2.0)	82.9	(2.3)
	Österreich	43.3	(4.0)	11.1	(2.6)	2.2	(1.3)	4.0	(1.5)	53.7	(3.9)	10.8	(2.6)	a	a
	Belgien	41.4	(3.0)	22.2	(2.5)	17.0	(2.7)	13.6	(2.4)	39.6	(3.0)	34.4	(2.8)	18.6	(2.2)
	Kanada	79.9	(1.8)	30.4	(2.2)	12.9	(1.5)	11.8	(1.5)	58.8	(2.5)	7.4	(1.2)	42.1	(2.5)
	Tschech. Republik	44.4	(3.7)	3.6	(1.4)	18.8	(2.8)	18.9	(2.7)	19.4	(3.0)	10.2	(2.3)	18.1	(2.6)
	Dänemark	51.7	(3.6)	45.4	(3.9)	3.5	(1.3)	5.8	(1.7)	78.1	(3.1)	25.1	(2.9)	30.6	(3.6)
	Finnland	85.4	(2.6)	66.8	(3.8)	17.6	(3.0)	55.6	(3.9)	79.0	(2.9)	28.5	(3.7)	26.0	(3.4)
	Frankreich	w	w	w	w	w	w	w	w	w	w	w	w	w	w
	Deutschland	80.5	(2.9)	6.4	(1.5)	8.2	(2.4)	11.9	(2.2)	12.4	(2.3)	8.2	(1.8)	11.9	(2.1)
	Griechenland	87.9	(2.7)	14.3	(3.0)	3.8	(1.8)	5.8	(3.1)	11.9	(3.9)	6.0	(3.2)	6.7	(2.1)
	Ungarn	32.3	(3.8)	85.5	(2.8)	30.9	(3.1)	67.2	(3.4)	91.9	(2.2)	79.9	(3.1)	31.9	(4.1)
	Island	27.4	(0.2)	14.3	(0.1)	3.9	(0.1)	13.3	(0.1)	2.7	(0.1)	4.5	(0.1)	29.9	(0.2)
	Irland	60.4	(4.3)	18.8	(3.3)	15.1	(3.4)	13.2	(2.9)	53.5	(4.4)	5.9	(1.9)	76.9	(3.7)
	Italien	12.8	(2.4)	49.8	(3.7)	5.9	(1.5)	7.9	(1.8)	34.3	(3.5)	11.6	(2.5)	32.6	(3.6)
	Japan	34.0	(4.2)	14.7	(2.9)	12.3	(2.4)	4.7	(1.7)	6.2	(1.6)	2.0	(1.2)	2.1	(1.2)
	Korea	36.9	(3.7)	5.9	(2.0)	16.3	(3.2)	13.3	(3.0)	43.4	(4.3)	17.3	(3.1)	33.6	(3.7)
	Luxemburg	74.5	(0.0)	48.9	(0.1)	4.1	(0.0)	5.9	(0.0)	55.2	(0.1)	10.8	(0.0)	38.4	(0.1)
	Mexiko	46.4	(3.2)	49.9	(3.2)	9.4	(2.2)	6.2	(1.0)	32.1	(2.8)	15.1	(2.3)	42.4	(3.0)
	Niederlande	46.1	(5.0)	7.5	(2.5)	7.0	(2.5)	6.6	(2.4)	38.8	(4.0)	16.9	(3.5)	77.9	(3.9)
	Neuseeland	84.8	(2.3)	8.3	(1.9)	2.6	(1.2)	5.6	(1.8)	51.5	(3.3)	5.3	(1.3)	98.2	(1.0)
	Norwegen	71.9	(3.3)	10.6	(2.2)	22.5	(3.3)	18.2	(3.0)	29.4	(3.7)	31.2	(3.4)	20.7	(3.0)
	Polen	26.8	(3.4)	35.0	(3.7)	9.2	(1.8)	78.5	(3.3)	8.5	(2.1)	81.9	(3.1)	22.2	(3.3)
	Portugal	47.6	(4.3)	49.1	(4.4)	18.3	(3.2)	26.6	(3.5)	91.2	(2.2)	19.2	(3.6)	51.1	(4.1)
	Slowak. Republik	16.8	(2.0)	27.5	(2.9)	1.2	(0.7)	46.4	(3.5)	68.8	(3.8)	33.7	(3.4)	79.2	(2.8)
	Spanien	50.4	(3.7)	26.5	(3.1)	7.7	(1.8)	7.8	(2.1)	27.6	(3.5)	10.3	(2.3)	24.8	(2.6)
	Schweden	53.0	(3.9)	1.7	(1.0)	10.3	(2.2)	6.5	(1.9)	37.7	(3.6)	14.2	(2.6)	11.1	(2.4)
	Schweiz	64.6	(3.9)	35.2	(4.2)	19.8	(3.5)	1.9	(0.8)	39.5	(4.1)	2.8	(1.3)	19.2	(3.2)
	Türkei	59.3	(4.6)	33.3	(4.3)	15.6	(3.5)	17.7	(3.2)	19.8	(3.5)	20.5	(3.5)	41.3	(4.6)
	Vereinigte Staaten	82.3	(2.7)	40.8	(2.9)	24.8	(3.1)	11.1	(2.1)	57.1	(3.7)	8.5	(2.1)	40.0	(3.6)
	OECD insgesamt	***57.4***	***(1.0)***	***28.9***	***(1.0)***	***15.2***	***(0.9)***	***15.4***	***(0.7)***	***35.8***	***(1.1)***	***15.4***	***(0.7)***	***35.5***	***(1.0)***
	OECD-Durchschnitt	***52.6***	***(0.7)***	***25.2***	***(0.5)***	***16.1***	***(0.5)***	***21.9***	***(0.4)***	***40.9***	***(0.6)***	***21.8***	***(0.4)***	***40.5***	***(0.6)***
Partnerländer	Brasilien	34.3	(4.0)	55.0	(3.3)	7.9	(2.0)	28.3	(3.4)	44.7	(3.7)	26.8	(3.5)	38.1	(3.8)
	Hongkong (China)	51.7	(4.8)	32.3	(4.2)	7.3	(2.2)	37.1	(4.1)	57.7	(4.3)	21.8	(3.6)	74.8	(3.8)
	Indonesien	38.8	(3.2)	15.9	(3.0)	8.0	(1.5)	9.2	(2.4)	50.4	(3.6)	20.8	(3.1)	56.6	(3.7)
	Lettland	35.1	(4.2)	17.0	(3.1)	37.5	(4.5)	92.0	(2.8)	53.7	(4.5)	92.4	(2.3)	64.2	(4.1)
	Liechtenstein	c	c	c	c	c	c	c	c	c	c	c	c	c	c
	Macau (China)	39.0	(0.3)	43.1	(0.2)	8.2	(0.0)	25.2	(0.2)	42.3	(0.2)	27.6	(0.2)	42.2	(0.2)
	Russ. Föderation	40.5	(3.8)	56.5	(3.8)	15.3	(3.2)	12.5	(2.7)	68.0	(3.6)	26.9	(3.9)	61.2	(3.9)
	Serbien	43.3	(4.2)	2.8	(1.4)	89.5	(2.8)	42.9	(4.2)	53.2	(4.2)	52.5	(4.2)	42.4	(3.6)
	Thailand	43.5	(4.4)	50.2	(3.7)	12.0	(3.4)	51.3	(4.3)	66.3	(4.0)	48.1	(4.2)	84.8	(2.5)
	Tunesien	40.8	(4.2)	19.1	(3.1)	16.2	(3.1)	24.2	(3.8)	17.4	(3.0)	14.6	(3.0)	54.6	(4.0)
	Uruguay	70.6	(3.8)	14.4	(2.5)	1.2	(0.5)	0.6	c	29.8	(3.4)	1.3	(0.7)	15.0	(3.2)
	Verein. Königreich[1]	60.3	(3.0)	16.4	(2.6)	5.1	(1.5)	13.0	(2.3)	27.7	(3.1)	9.7	(2.1)	86.4	(2.8)

1. Die Beteiligungsquote ist zu niedrig, um die Vergleichbarkeit zu gewährleisten (siehe Anhang A3).

Tabelle 5.13

Stärke des bei den Mathematikleistungen beobachteten Zusammenhangs zwischen sozioökonomischem Kontext auf Schul- und Schülerebene und Schulpolitik und -praxis

		Varianz zwischen Schulen, erklärt durch den sozioökonomischen Kontext auf Schul- und Schülerebene (in %)	Varianz zwischen Schulen, erklärt durch Schulpolitik und -praxis, nach Ausklammerung des Effekts des sozioökonomischen Kontextes (in %)	Gemeinsame Varianz, erklärt durch sozioökonomischen Kontext und Schulpolitik und -praxis (in %)
OECD-Länder	Australien	58.1	0.4	15.1
	Österreich	32.3	6.7	36.8
	Belgien	42.8	4.6	35.2
	Kanada	43.5	0.3	3.9
	Tschech. Republik	60.5	0.5	14.6
	Dänemark	73.3	1.3	–0.1
	Finnland	33.2	–1.0	–6.6
	Frankreich	w	w	w
	Deutschland	40.8	3.8	27.7
	Griechenland	61.9	–0.3	6.9
	Ungarn	61.1	–0.7	20.2
	Island	34.5	–3.7	7.8
	Irland	62.2	0.3	23.3
	Italien	52.4	3.3	8.2
	Japan	62.9	1.8	17.1
	Korea	43.1	7.4	27.5
	Luxemburg	71.1	3.7	19.8
	Mexiko	52.5	2.0	12.1
	Niederlande	44.9	1.6	33.5
	Neuseeland	73.6	–0.6	7.3
	Norwegen	41.2	0.7	9.3
	Polen	66.9	1.3	5.9
	Portugal	29.8	7.5	26.8
	Slowak. Republik	52.9	0.2	22.1
	Spanien	47.4	1.0	13.8
	Schweden	58.7	9.6	6.0
	Schweiz	46.0	5.4	17.6
	Türkei	60.9	0.6	12.6
	Vereinigte Staaten	72.1	–0.2	2.5
	OECD-Durchschnitt	***53.1***	***2.0***	***15.0***
Partnerländer	Brasilien	m	m	m
	Hongkong (China)	40.4	3.5	12.6
	Indonesien	34.7	4.4	11.2
	Lettland	29.8	3.9	21.6
	Liechtenstein	c	c	c
	Macau (China)	21.9	–6.3	11.1
	Russ. Föderation	32.8	0.0	8.6
	Serbien	60.8	1.8	5.0
	Thailand	44.2	0.8	12.1
	Tunesien	56.7	0.7	–1.0
	Uruguay	29.6	0.7	42.2
	Verein. Königreich[1]	59.4	2.0	8.8

Anmerkung: Die Schätzungen basieren auf dem kombinierten Effekt der Variablen sozioökonomischer Kontext und Schulpolitik und -praxis auf Schulebene. Der sozioökonomische Kontext wird gemessen an: Index des wirtschaftlichen, sozialen und kulturellen Status, Geburtsort, im Elternhaus gesprochene Sprache, Zahl der Bücher im Elternhaus, Index des Besitzes von "klassischen" Kulturgütern im Elternhaus, Geschlecht, Durchschnitt der Schule auf dem Index des wirtschaftlichen, sozialen und kulturellen Status, Standort der Schule (ländliche Gegend/Stadt), Schultyp (öffentlich/privat). Die Schulpolitik und -praxis wird gemessen an: Aufnahmeregelungen, geschätzte Häufigkeit des Einsatzes von standardisierten Tests pro Jahr, geschätzte Häufigkeit des Einsatzes von Klassenarbeiten pro Jahr, Einteilung in Leistungsgruppen in allen Klassen, Angebot von Zusatzunterricht/-aktivitäten, Zahl der auf Schulebene getroffenen Entscheidungen in Personal- und Haushaltsfragen, Zahl der auf Schulebene getroffenen Entscheidungen in Lehrinhalts- und Prüfungsfragen (siehe Anhang A1). Die Analyse wird für die gesamte Schülerpopulation der OECD-Länder durchgeführt, wobei die Länder das gleiche Gewicht erhalten. Das daraus resultierende internationale Modell wird dann auf jedes Land angewendet, um die Effekte auf Länderebene zu schätzen.

1. Die Beteiligungsquote ist zu niedrig, um die Vergleichbarkeit zu gewährleisten (siehe Anhang A3).

Tabelle 5.14

Zeitaufwand der Schüler für das Lernen

Durchschnittlicher Zeitaufwand für die folgenden außer- und innerschulischen Aktivitäten in Mathematik sowie in allen Fächern zusammengenommen, in Stunden pro Unterrichtswoche laut Schülerangaben

		Zeitaufwand für alle Fächer in Stunden pro Woche													
		Innerhalb der Schule						Außerhalb der Schule							
		Unterricht im Klassenverband		Nachhilfeunterricht		Neigungskurse, Zusatzunterricht		Hausaufgaben u.Ä.		Nachhilfeunterricht		Unterricht außerhalb der Schule		Sonstiges	
		Mittelwert	S.E.	Mittelwert	S.E.	Mittelwert	S.E.	Mittelwert	S.E.	Mittelwert	S.E.	Mittelwert	S.E.	Mittelwert	S.E.
OECD-Länder	Australien	24.1	(0.11)	0.6	(0.04)	0.5	(0.04)	5.7	(0.10)	0.3	(0.02)	0.3	(0.02)	1.4	(0.03)
	Österreich	27.2	(0.34)	0.2	(0.02)	0.5	(0.03)	4.0	(0.11)	0.3	(0.02)	0.2	(0.02)	2.1	(0.08)
	Belgien	26.9	(0.08)	0.2	(0.01)	0.3	(0.02)	6.2	(0.12)	0.1	(0.01)	0.3	(0.02)	0.5	(0.03)
	Kanada	23.6	(0.10)	1.0	(0.05)	0.9	(0.05)	5.6	(0.10)	0.3	(0.01)	0.5	(0.02)	1.3	(0.04)
	Tschech. Republik	23.6	(0.07)	0.3	(0.02)	0.4	(0.02)	3.8	(0.11)	0.3	(0.02)	0.7	(0.04)	1.0	(0.05)
	Dänemark	22.2	(0.21)	0.2	(0.03)	0.1	(0.02)	5.4	(0.09)	0.1	(0.01)	0.3	(0.02)	0.8	(0.04)
	Finnland	22.6	(0.05)	0.2	(0.02)	1.9	(0.07)	3.7	(0.07)	0.1	(0.01)	0.3	(0.02)	0.9	(0.03)
	Frankreich	24.8	(0.21)	0.6	(0.03)	0.2	(0.02)	6.8	(0.11)	0.4	(0.02)	0.2	(0.02)	0.5	(0.03)
	Deutschland	22.6	(0.10)	0.1	(0.01)	0.6	(0.03)	6.3	(0.10)	0.5	(0.02)	0.1	(0.02)	1.4	(0.05)
	Griechenland	23.5	(0.07)	1.8	(0.10)	1.3	(0.06)	8.3	(0.20)	2.3	(0.10)	5.3	(0.22)	2.4	(0.07)
	Ungarn	23.9	(0.10)	0.5	(0.03)	0.4	(0.03)	10.0	(0.18)	0.6	(0.02)	0.6	(0.03)	2.2	(0.06)
	Island	26.1	(0.08)	0.5	(0.02)	0.7	(0.02)	4.6	(0.06)	0.4	(0.02)	0.3	(0.02)	0.6	(0.03)
	Irland	27.4	(0.14)	0.6	(0.05)	0.3	(0.03)	7.7	(0.15)	0.3	(0.02)	0.5	(0.04)	2.7	(0.08)
	Italien	26.4	(0.25)	1.1	(0.04)	0.5	(0.03)	10.5	(0.20)	0.6	(0.03)	0.7	(0.03)	1.0	(0.04)
	Japan	23.8	(0.24)	1.1	(0.11)	0.8	(0.05)	3.8	(0.21)	0.1	(0.01)	0.5	(0.06)	2.0	(0.10)
	Korea	30.3	(0.27)	4.9	(0.22)	1.9	(0.11)	3.5	(0.12)	1.3	(0.06)	3.8	(0.15)	4.2	(0.14)
	Luxemburg	24.1	(0.08)	0.3	(0.02)	0.4	(0.05)	6.1	(0.07)	0.5	(0.02)	0.8	(0.04)	2.5	(0.06)
	Mexiko	24.2	(0.34)	4.1	(0.21)	3.0	(0.15)	5.8	(0.14)	2.5	(0.14)	3.0	(0.13)	3.6	(0.13)
	Niederlande	23.9	(0.16)	0.2	(0.03)	0.8	(0.06)	5.7	(0.13)	0.2	(0.02)	m	m	m	m
	Neuseeland	23.5	(0.11)	1.2	(0.09)	0.5	(0.03)	4.5	(0.08)	0.3	(0.02)	0.3	(0.02)	1.6	(0.05)
	Norwegen	22.1	(0.11)	0.3	(0.02)	0.2	(0.02)	4.8	(0.11)	0.1	(0.01)	0.2	(0.02)	0.8	(0.05)
	Polen	23.0	(0.08)	0.7	(0.03)	1.2	(0.04)	8.1	(0.16)	0.4	(0.02)	1.1	(0.04)	m	m
	Portugal	25.1	(0.35)	0.4	(0.03)	0.3	(0.05)	4.9	(0.12)	0.9	(0.04)	0.4	(0.03)	1.6	(0.08)
	Slowak. Republik	23.5	(0.12)	0.6	(0.04)	0.5	(0.03)	8.4	(0.15)	0.6	(0.02)	0.3	(0.02)	0.7	(0.03)
	Spanien	26.4	(0.14)	0.4	(0.02)	0.2	(0.02)	7.4	(0.13)	1.1	(0.03)	1.5	(0.05)	1.9	(0.05)
	Schweden	22.5	(0.22)	0.3	(0.03)	0.1	(0.01)	3.9	(0.10)	0.2	(0.03)	0.2	(0.02)	0.8	(0.05)
	Schweiz	24.1	(0.31)	0.3	(0.03)	0.2	(0.02)	4.6	(0.13)	0.2	(0.01)	0.7	(0.05)	0.7	(0.04)
	Türkei	23.1	(0.33)	2.7	(0.10)	2.2	(0.08)	5.9	(0.19)	1.8	(0.09)	4.1	(0.20)	5.8	(0.19)
	Vereinigte Staaten	22.2	(0.29)	1.4	(0.07)	1.6	(0.09)	5.7	(0.14)	0.3	(0.02)	0.4	(0.03)	1.5	(0.05)
	OECD insgesamt	***23.9***	***(0.09)***	***1.2***	***(0.03)***	***1.1***	***(0.02)***	***5.9***	***(0.05)***	***0.4***	***(0.01)***	***0.8***	***(0.02)***	***1.8***	***(0.03)***
	OECD-Durchschnitt	***24.4***	***(0.04)***	***0.8***	***(0.01)***	***0.7***	***(0.01)***	***5.9***	***(0.03)***	***0.5***	***(0.01)***	***0.9***	***(0.02)***	***1.6***	***(0.02)***
Partnerländer	Brasilien	19.0	(0.19)	1.1	(0.07)	0.8	(0.07)	4.9	(0.13)	0.6	(0.04)	2.1	(0.08)	2.2	(0.12)
	Hongkong (China)	26.5	(0.23)	1.2	(0.07)	0.6	(0.05)	6.8	(0.20)	0.7	(0.04)	0.8	(0.04)	0.9	(0.06)
	Indonesien	m	m	m	m	m	m	m	m	m	m	m	m	m	m
	Lettland	23.9	(0.22)	1.3	(0.06)	1.0	(0.05)	9.4	(0.20)	0.6	(0.03)	1.9	(0.09)	2.1	(0.12)
	Liechtenstein	27.1	(0.18)	0.2	(0.03)	0.2	(0.04)	4.4	(0.18)	0.1	(0.03)	0.4	(0.06)	0.8	(0.14)
	Macau (China)	26.9	(0.15)	1.3	(0.11)	0.9	(0.08)	7.8	(0.20)	0.6	(0.07)	0.6	(0.07)	1.2	(0.12)
	Russ. Föderation	23.8	(0.21)	2.0	(0.06)	1.3	(0.07)	12.7	(0.28)	0.5	(0.03)	1.5	(0.06)	3.7	(0.12)
	Serbien	23.7	(0.14)	0.3	(0.03)	0.3	(0.03)	5.3	(0.22)	0.8	(0.04)	0.3	(0.03)	2.9	(0.10)
	Thailand	30.5	(0.18)	0.9	(0.06)	0.8	(0.04)	6.9	(0.19)	0.5	(0.03)	1.1	(0.08)	0.3	(0.02)
	Tunesien	27.6	(0.19)	1.4	(0.06)	m	m	4.9	(0.16)	m	m	1.4	(0.07)	2.4	(0.10)
	Uruguay	21.6	(0.30)	0.5	(0.04)	0.3	(0.03)	6.8	(0.13)	1.5	(0.06)	0.9	(0.05)	2.1	(0.07)
	Verein. Königreich[1]	24.6	(0.09)	0.5	(0.02)	0.6	(0.02)	6.0	(0.10)	0.2	(0.01)	0.5	(0.02)	1.3	(0.10)

		Zeitaufwand für Mathematik in Stunden pro Woche															
		Innerhalb der Schule						Außerhalb der Schule									
		Unterricht im Klassenverband		Nachhilfeunterricht		Neigungskurse, Zusatzunterricht		Hausaufgaben u.Ä.		Nachhilfeunterricht		Unterricht außerhalb der Schule		Sonstiges		Unterrichtswochen pro Jahr	
		Mittelwert	S.E.	Mittelwert	S.E.	Mittelwert	S.E.	Mittelwert	S.E.	Mittelwert	S.E.	Mittelwert	S.E.	Mittelwert	S.E.	Mittelwert	S.E.
OECD-Länder	Australien	3.8	(0.03)	0.2	(0.01)	0.2	(0.02)	2.3	(0.04)	0.2	(0.01)	0.1	(0.01)	0.1	(0.01)	39.4	(0.1)
	Österreich	2.8	(0.07)	0.1	(0.01)	0.1	(0.01)	1.7	(0.04)	0.1	(0.01)	0.0	(0.00)	0.1	(0.01)	36.7	(0.8)
	Belgien	3.3	(0.03)	0.1	(0.01)	0.1	(0.01)	2.2	(0.04)	0.1	(0.01)	0.1	(0.01)	0.1	(0.01)	36.2	(0.2)
	Kanada	3.7	(0.03)	0.4	(0.02)	0.3	(0.02)	2.8	(0.05)	0.2	(0.01)	0.1	(0.01)	0.1	(0.01)	38.6	(0.2)
	Tschech. Republik	2.8	(0.04)	0.1	(0.01)	0.0	(0.01)	1.7	(0.04)	0.1	(0.01)	0.1	(0.01)	0.1	(0.01)	41.0	(0.2)
	Dänemark	3.4	(0.04)	0.1	(0.01)	0.0	(0.01)	2.6	(0.04)	0.0	(0.01)	0.1	(0.01)	0.1	(0.02)	39.6	(0.1)
	Finnland	2.6	(0.04)	0.1	(0.01)	0.3	(0.02)	1.5	(0.03)	0.0	(0.01)	0.0	(0.00)	0.0	(0.00)	38.1	(0.0)
	Frankreich	3.5	(0.03)	0.3	(0.02)	0.1	(0.01)	2.5	(0.05)	0.2	(0.02)	0.1	(0.01)	0.1	(0.01)	m	m
	Deutschland	3.0	(0.03)	0.1	(0.01)	0.1	(0.01)	2.6	(0.05)	0.3	(0.02)	0.0	(0.01)	0.1	(0.01)	39.7	(0.2)
	Griechenland	3.1	(0.03)	0.8	(0.05)	0.5	(0.02)	3.3	(0.07)	0.9	(0.04)	1.7	(0.09)	0.4	(0.02)	34.3	(0.2)
	Ungarn	2.7	(0.03)	0.2	(0.02)	0.1	(0.01)	3.3	(0.05)	0.2	(0.01)	0.3	(0.02)	0.2	(0.01)	36.6	(0.1)
	Island	4.2	(0.02)	0.3	(0.02)	0.2	(0.01)	2.3	(0.03)	0.2	(0.01)	0.1	(0.01)	0.1	(0.01)	36.7	(0.0)
	Irland	3.2	(0.03)	0.2	(0.02)	0.1	(0.01)	2.8	(0.05)	0.2	(0.02)	0.1	(0.01)	0.1	(0.02)	33.1	(0.2)
	Italien	3.6	(0.05)	0.4	(0.02)	0.1	(0.01)	3.5	(0.07)	0.3	(0.02)	0.1	(0.01)	0.1	(0.01)	33.5	(0.2)
	Japan	3.6	(0.07)	0.5	(0.04)	0.4	(0.02)	2.0	(0.10)	0.1	(0.01)	0.3	(0.03)	0.1	(0.01)	38.9	(0.3)
	Korea	4.1	(0.06)	1.4	(0.07)	0.7	(0.04)	1.8	(0.06)	0.7	(0.04)	1.4	(0.06)	0.4	(0.02)	35.6	(0.3)
	Luxemburg	3.3	(0.03)	0.2	(0.01)	0.1	(0.02)	2.3	(0.04)	0.3	(0.02)	0.1	(0.01)	0.2	(0.02)	36.0	(0.0)
	Mexiko	3.9	(0.08)	2.2	(0.05)	2.0	(0.05)	3.2	(0.07)	1.8	(0.08)	1.9	(0.11)	2.1	(0.11)	23.9	(0.7)
	Niederlande	2.5	(0.04)	0.1	(0.01)	0.3	(0.02)	1.9	(0.05)	0.1	(0.01)	m	m	0.1	(0.01)	38.1	(0.2)
	Neuseeland	4.0	(0.03)	0.4	(0.02)	0.2	(0.02)	1.7	(0.03)	0.1	(0.01)	0.1	(0.01)	0.1	(0.01)	36.0	(0.1)
	Norwegen	2.8	(0.07)	0.2	(0.01)	0.1	(0.01)	1.8	(0.04)	0.1	(0.01)	0.0	(0.01)	0.1	(0.01)	38.0	(0.0)
	Polen	3.4	(0.03)	0.3	(0.02)	0.2	(0.02)	4.1	(0.08)	0.2	(0.02)	0.2	(0.01)	0.2	(0.01)	38.3	(0.2)
	Portugal	3.3	(0.05)	0.2	(0.02)	0.1	(0.01)	2.0	(0.04)	0.5	(0.03)	0.2	(0.01)	0.2	(0.02)	35.4	(0.2)
	Slowak. Republik	3.3	(0.05)	0.3	(0.03)	0.1	(0.02)	3.2	(0.06)	0.1	(0.01)	0.1	(0.01)	0.2	(0.01)	39.2	(0.3)
	Spanien	2.9	(0.02)	0.2	(0.01)	0.1	(0.01)	2.9	(0.05)	0.6	(0.02)	0.6	(0.03)	0.4	(0.02)	35.4	(0.2)
	Schweden	2.8	(0.04)	0.1	(0.01)	0.1	(0.01)	1.3	(0.03)	0.1	(0.01)	0.0	(0.01)	0.1	(0.01)	36.6	(0.1)
	Schweiz	3.3	(0.09)	0.1	(0.01)	0.1	(0.01)	1.9	(0.04)	0.1	(0.01)	0.0	(0.01)	0.1	(0.02)	39.2	(0.1)
	Türkei	3.3	(0.05)	1.5	(0.06)	1.2	(0.06)	2.8	(0.07)	1.1	(0.07)	1.8	(0.08)	1.2	(0.06)	35.7	(0.3)
	Vereinigte Staaten	3.7	(0.06)	0.5	(0.03)	0.5	(0.02)	2.8	(0.05)	0.2	(0.01)	0.1	(0.01)	0.2	(0.02)	36.0	(0.0)
	OECD insgesamt	***3.5***	***(0.02)***	***0.5***	***(0.01)***	***0.4***	***(0.01)***	***2.6***	***(0.02)***	***0.3***	***(0.01)***	***0.3***	***(0.01)***	***0.2***	***(0.01)***	***36.1***	***(0.1)***
	OECD-Durchschnitt	***3.3***	***(0.01)***	***0.3***	***(0.00)***	***0.2***	***(0.00)***	***2.4***	***(0.01)***	***0.2***	***(0.00)***	***0.3***	***(0.01)***	***0.2***	***(0.00)***	***36.7***	***(0.0)***
Partnerländer	Brasilien	3.5	(0.07)	0.6	(0.04)	0.5	(0.04)	2.4	(0.06)	0.5	(0.04)	0.6	(0.04)	0.5	(0.04)	40.6	(0.2)
	Hongkong (China)	4.5	(0.06)	0.3	(0.03)	0.2	(0.02)	3.1	(0.09)	0.4	(0.02)	0.3	(0.02)	0.1	(0.01)	35.4	(0.4)
	Indonesien	3.9	(0.08)	m	m	m	m	m	m	m	m	m	m	m	m	40.0	(0.4)
	Lettland	3.6	(0.05)	0.6	(0.02)	0.3	(0.02)	3.7	(0.08)	0.3	(0.02)	0.2	(0.02)	0.3	(0.02)	34.9	(0.1)
	Liechtenstein	3.6	(0.03)	0.1	(0.02)	0.1	(0.02)	1.7	(0.08)	0.1	(0.02)	0.0	(0.01)	0.1	(0.04)	39.0	(0.0)
	Macau (China)	4.5	(0.05)	0.6	(0.05)	0.3	(0.06)	4.3	(0.11)	0.3	(0.04)	0.2	(0.03)	0.1	(0.02)	39.2	(0.0)
	Russ. Föderation	3.5	(0.07)	1.2	(0.05)	0.6	(0.03)	5.0	(0.10)	0.4	(0.02)	0.4	(0.03)	0.4	(0.03)	35.0	(0.2)
	Serbien	2.7	(0.04)	0.1	(0.02)	0.1	(0.01)	2.4	(0.07)	0.5	(0.03)	0.1	(0.01)	0.2	(0.02)	37.1	(0.1)
	Thailand	3.7	(0.05)	0.5	(0.02)	0.3	(0.02)	4.0	(0.11)	0.3	(0.02)	0.6	(0.04)	0.1	(0.01)	39.7	(0.1)
	Tunesien	4.2	(0.02)	0.9	(0.03)	m	m	2.8	(0.08)	m	m	0.9	(0.04)	0.7	(0.04)	31.9	(0.3)
	Uruguay	3.0	(0.06)	0.2	(0.02)	0.1	(0.02)	2.8	(0.05)	0.5	(0.03)	0.3	(0.03)	0.2	(0.02)	33.9	(0.2)
	Verein. Königreich[1]	3.4	(0.03)	0.2	(0.01)	0.2	(0.01)	2.0	(0.04)	0.1	(0.01)	0.1	(0.01)	0.1	(0.01)	37.8	(0.1)

1. Die Beteiligungsquote ist zu niedrig, um die Vergleichbarkeit zu gewährleisten (siehe Anhang A3).

Tabelle 5.15

Index des Lehrermangels und Schülerleistungen auf der Gesamtskala Mathematik, nach nationalen Indexquartilen

Die Ergebnisse basieren auf Angaben der Schulleitungen und beziehen sich auf den jeweiligen zahlenmäßigen Anteil der 15-Jährigen in den Schulen

	Index des Lehrermangels										Leistungen auf der Gesamtskala Mathematik, nach nationalen Indexquartilen							
	Alle Schüler		Unterstes Quartil		Zweites Quartil		Drittes Quartil		Oberstes Quartil		Unterstes Quartil		Zweites Quartil		Drittes Quartil		Oberstes Quartil	
	Indexmittel	S.E.	Indexmittel	S.E.	Indexmittel	S.E.	Indexmittel	S.E.	Indexmittel	S.E.	Mittelwert	S.E.	Mittelwert	S.E.	Mittelwert	S.E.	Mittelwert	S.E.
OECD-Länder																		
Australien	0.09	(0.05)	–1.13	(0.02)	–0.14	(0.02)	0.48	(0.02)	1.14	(0.03)	**547**	(4.4)	527	(4.3)	509	(4.2)	**513**	(5.9)
Österreich	–0.58	(0.06)	–1.21	(0.00)	–1.15	(0.01)	–0.37	(0.02)	0.40	(0.06)	**527**	(7.0)	523	(6.6)	472	(7.8)	**498**	(7.7)
Belgien	0.25	(0.06)	–1.07	(0.02)	–0.03	(0.03)	0.62	(0.02)	1.47	(0.08)	**558**	(6.8)	537	(7.1)	524	(8.7)	**502**	(7.5)
Kanada	–0.21	(0.04)	–1.21	(0.00)	–0.63	(0.02)	0.12	(0.01)	0.89	(0.04)	537	(4.3)	539	(3.1)	525	(3.2)	529	(4.1)
Tschech. Republik	0.08	(0.03)	–0.58	(0.04)	–0.06	(0.01)	0.23	(0.01)	0.73	(0.03)	**555**	(8.4)	530	(6.8)	500	(5.5)	**479**	(7.6)
Dänemark	–0.32	(0.05)	–1.20	(0.00)	–0.52	(0.01)	–0.06	(0.02)	0.51	(0.07)	523	(5.4)	517	(5.9)	504	(4.8)	514	(5.3)
Finnland	–0.56	(0.04)	–1.21	(0.00)	–0.99	(0.03)	–0.36	(0.02)	0.33	(0.05)	542	(2.7)	545	(3.2)	550	(3.7)	541	(3.2)
Frankreich	w	w	w	w	w	w	w	w	w	w	w	w	w	w	w	w	w	w
Deutschland	0.15	(0.06)	–1.01	(0.04)	–0.10	(0.02)	0.47	(0.02)	1.22	(0.07)	**537**	(8.4)	525	(7.2)	482	(9.6)	**468**	(9.1)
Griechenland	0.21	(0.16)	–1.21	(0.00)	–0.75	(0.07)	0.53	(0.07)	2.25	(0.16)	447	(10.2)	446	(7.1)	430	(10.0)	451	(10.0)
Ungarn	–0.37	(0.05)	–1.21	(0.00)	–0.68	(0.03)	–0.07	(0.02)	0.47	(0.03)	**509**	(9.6)	493	(9.5)	482	(7.8)	**479**	(8.1)
Island	0.08	(0.00)	–1.06	(0.01)	–0.15	(0.00)	0.45	(0.00)	1.09	(0.00)	518	(3.1)	520	(3.8)	509	(4.1)	515	(3.4)
Irland	–0.28	(0.07)	–1.21	(0.00)	–0.72	(0.04)	0.06	(0.03)	0.73	(0.04)	510	(5.3)	503	(5.2)	499	(6.6)	502	(5.7)
Italien	0.08	(0.07)	–1.16	(0.01)	–0.15	(0.04)	0.44	(0.01)	1.18	(0.08)	452	(8.6)	475	(7.6)	486	(7.6)	452	(6.5)
Japan	–0.04	(0.10)	–1.21	(0.00)	–0.68	(0.03)	0.16	(0.05)	1.58	(0.14)	**557**	(9.7)	537	(7.4)	525	(10.5)	**517**	(12.1)
Korea	–0.64	(0.06)	–1.21	(0.00)	–1.20	(0.00)	–0.54	(0.04)	0.40	(0.07)	539	(6.9)	538	(7.3)	553	(8.0)	538	(8.2)
Luxemburg	0.57	(0.00)	–0.99	(0.01)	0.52	(0.00)	1.12	(0.00)	1.62	(0.00)	**509**	(2.4)	495	(2.5)	493	(2.2)	**476**	(2.2)
Mexiko	0.41	(0.07)	–0.94	(0.05)	0.16	(0.03)	0.76	(0.01)	1.66	(0.07)	400	(10.4)	384	(7.0)	376	(7.5)	379	(5.4)
Niederlande	0.19	(0.06)	–0.82	(0.06)	–0.04	(0.03)	0.44	(0.02)	1.19	(0.08)	**565**	(10.5)	539	(9.2)	545	(10.5)	**497**	(11.2)
Neuseeland	0.33	(0.04)	–0.76	(0.05)	0.14	(0.02)	0.62	(0.02)	1.31	(0.03)	**540**	(5.8)	532	(4.4)	516	(6.2)	**509**	(5.9)
Norwegen	0.04	(0.05)	–0.88	(0.05)	–0.09	(0.02)	0.38	(0.01)	0.77	(0.06)	505	(4.8)	484	(5.1)	496	(4.0)	493	(4.8)
Polen	0.05	(0.08)	–0.99	(0.04)	–0.22	(0.02)	0.19	(0.02)	1.24	(0.14)	498	(5.9)	482	(5.0)	489	(5.5)	491	(5.4)
Portugal	–0.51	(0.06)	–1.21	(0.00)	–0.95	(0.04)	–0.38	(0.02)	0.49	(0.10)	473	(5.3)	473	(4.6)	456	(8.1)	461	(9.6)
Slowak. Republik	–0.19	(0.03)	–1.07	(0.03)	–0.30	(0.02)	–0.01	(0.01)	0.63	(0.05)	**523**	(5.2)	511	(7.6)	486	(6.3)	**473**	(8.7)
Spanien	–0.46	(0.08)	–1.21	(0.00)	–1.20	(0.00)	–0.51	(0.03)	1.07	(0.21)	**490**	(4.3)	490	(4.5)	487	(5.1)	**473**	(5.8)
Schweden	0.07	(0.07)	–1.06	(0.03)	–0.18	(0.02)	0.31	(0.02)	1.19	(0.11)	518	(5.2)	504	(6.0)	507	(6.1)	507	(3.8)
Schweiz	–0.33	(0.07)	–1.21	(0.00)	–0.88	(0.04)	–0.02	(0.02)	0.78	(0.10)	523	(6.1)	526	(6.3)	534	(10.5)	523	(9.9)
Türkei	1.78	(0.09)	0.47	(0.11)	1.36	(0.03)	2.16	(0.06)	3.13	(0.02)	440	(17.8)	420	(11.7)	409	(13.0)	425	(12.9)
Vereinigte Staaten	–0.20	(0.06)	–1.21	(0.00)	–0.73	(0.04)	0.19	(0.02)	0.95	(0.06)	**507**	(5.9)	494	(5.8)	475	(5.9)	**469**	(7.1)
OECD insgesamt	***0.04***	***(0.02)***	***–1.20***	***(0.00)***	***–0.41***	***(0.01)***	***0.34***	***(0.01)***	***1.43***	***(0.03)***	***512***	***(3.1)***	***503***	***(2.7)***	***484***	***(2.8)***	***457***	***(3.2)***
OECD-Durchschnitt	***0.00***	***(0.01)***	***–1.20***	***(0.00)***	***–0.39***	***(0.01)***	***0.28***	***(0.01)***	***1.31***	***(0.02)***	***514***	***(1.7)***	***510***	***(1.7)***	***499***	***(1.6)***	***476***	***(1.9)***
Partnerländer																		
Brasilien	0.20	(0.09)	–1.21	(0.00)	–0.48	(0.05)	0.62	(0.04)	1.86	(0.10)	**382**	(10.7)	371	(10.7)	339	(9.8)	**335**	(8.3)
Hongkong (China)	–0.22	(0.06)	–1.20	(0.00)	–0.48	(0.02)	0.02	(0.02)	0.80	(0.06)	560	(10.5)	563	(9.3)	538	(9.3)	540	(13.7)
Indonesien	1.28	(0.10)	–0.06	(0.08)	0.76	(0.03)	1.56	(0.05)	2.88	(0.05)	353	(7.3)	356	(9.4)	363	(8.4)	368	(7.9)
Lettland	–0.14	(0.05)	–0.97	(0.05)	–0.32	(0.03)	0.10	(0.02)	0.65	(0.06)	475	(7.0)	482	(6.0)	488	(6.7)	490	(7.4)
Liechtenstein	c	c	c	c	c	c	c	c	c	c	c	c	c	c	c	c	c	c
Macau (China)	0.29	(0.00)	–0.70	(0.01)	0.13	(0.00)	0.56	(0.01)	1.17	(0.01)	529	(4.6)	515	(5.3)	541	(8.2)	524	(5.5)
Russ. Föderation	0.36	(0.09)	–0.92	(0.05)	0.10	(0.02)	0.66	(0.03)	1.60	(0.13)	469	(11.5)	468	(6.8)	463	(6.4)	469	(7.6)
Serbien	–0.34	(0.05)	–1.20	(0.00)	–0.52	(0.01)	–0.10	(0.02)	0.47	(0.05)	438	(8.6)	444	(8.0)	441	(7.7)	427	(7.4)
Thailand	0.28	(0.09)	–1.00	(0.05)	0.01	(0.04)	0.58	(0.02)	1.54	(0.11)	**440**	(8.6)	414	(6.3)	406	(5.4)	**408**	(7.2)
Tunesien	0.18	(0.06)	–0.85	(0.06)	0.08	(0.02)	0.52	(0.01)	0.97	(0.03)	368	(9.2)	370	(8.0)	352	(7.2)	344	(6.2)
Uruguay	0.55	(0.08)	–0.87	(0.06)	0.35	(0.03)	1.02	(0.02)	1.70	(0.06)	**441**	(8.1)	414	(8.6)	414	(8.4)	**420**	(7.5)
Verein. Königreich[1]	0.26	(0.06)	–1.09	(0.03)	–0.03	(0.03)	0.63	(0.02)	1.52	(0.06)	**535**	(5.6)	510	(5.4)	505	(6.5)	**486**	(5.6)

	Punktzahlveränderung auf der Gesamtskala Mathematik, je Indexeinheit		Größere Wahrscheinlichkeit für Schüler im untersten Indexquartil, im untersten nationalen Quartil der Gesamtskala Mathematik zu liegen		Erklärte Varianz der Schülerleistungen (R^2 x 100)	
	Effekt	S.E.	Quotient	S.E.	%	S.E.
OECD-Länder						
Australien	**–16.5**	(2.78)	**1.2**	(0.11)	2.3	(0.78)
Österreich	**–22.8**	(7.22)	1.2	(0.16)	3.0	(1.77)
Belgien	**–23.4**	(3.97)	**1.6**	(0.18)	4.6	(1.47)
Kanada	**–5.4**	(2.41)	1.1	(0.08)	0.3	(0.25)
Tschech. Republik	**–58.4**	(8.57)	**1.8**	(0.24)	10.2	(2.95)
Dänemark	–5.6	(3.72)	1.0	(0.09)	0.2	(0.24)
Finnland	–0.5	(3.03)	1.1	(0.07)	0.0	(0.05)
Frankreich	w	w	w	w	w	w
Deutschland	**–28.4**	(6.75)	**1.7**	(0.22)	6.0	(2.47)
Griechenland	–1.2	(3.93)	0.8	(0.17)	0.0	(0.38)
Ungarn	**–19.1**	(8.10)	1.2	(0.15)	1.8	(1.54)
Island	–3.1	(1.89)	1.0	(0.07)	0.1	(0.09)
Irland	–5.1	(4.03)	1.0	(0.13)	0.2	(0.36)
Italien	1.8	(5.10)	1.2	(0.15)	0.0	(0.31)
Japan	–9.9	(5.07)	1.4	(0.25)	1.3	(1.40)
Korea	0.3	(6.98)	1.0	(0.18)	0.0	(0.24)
Luxemburg	**–11.0**	(1.09)	**1.4**	(0.08)	1.5	(0.29)
Mexiko	–6.1	(3.40)	1.0	(0.12)	0.5	(0.56)
Niederlande	**–26.8**	(8.58)	**2.0**	(0.42)	5.4	(3.54)
Neuseeland	**–16.0**	(3.44)	**1.4**	(0.15)	1.7	(0.76)
Norwegen	–5.1	(3.47)	0.9	(0.09)	0.1	(0.18)
Polen	–3.8	(3.41)	1.0	(0.10)	0.2	(0.30)
Portugal	–6.9	(6.28)	1.1	(0.18)	0.4	(0.72)
Slowak. Republik	**–30.2**	(5.78)	**1.6**	(0.21)	4.6	(1.68)
Spanien	–4.8	(3.38)	1.2	(0.13)	0.4	(0.49)
Schweden	–4.0	(2.66)	1.0	(0.09)	0.2	(0.22)
Schweiz	–0.6	(4.63)	1.1	(0.15)	0.0	(0.15)
Türkei	–6.3	(8.69)	1.0	(0.19)	0.4	(1.20)
Vereinigte Staaten	**–18.8**	(3.48)	**1.4**	(0.16)	3.2	(1.23)
OECD insgesamt	***–19.6***	***(1.59)***	***1.8***	***(0.08)***	***3.9***	***(0.63)***
OECD-Durchschnitt	***–15.8***	***(0.99)***	***1.5***	***(0.04)***	***2.5***	***(0.32)***
Partnerländer						
Brasilien	**–17.5**	(3.96)	1.2	(0.17)	4.6	(2.16)
Hongkong (China)	–10.9	(8.03)	1.3	(0.25)	0.7	(1.11)
Indonesien	2.2	(3.40)	**0.7**	(0.11)	0.1	(0.34)
Lettland	9.9	(5.83)	0.8	(0.12)	0.5	(0.66)
Liechtenstein	c	c	c	c	c	c
Macau (China)	**–6.6**	(3.10)	1.2	(0.13)	0.3	(0.33)
Russ. Föderation	–2.3	(5.14)	0.9	(0.13)	0.1	(0.33)
Serbien	–7.2	(6.53)	1.2	(0.18)	0.3	(0.57)
Thailand	**–13.3**	(3.85)	1.2	(0.14)	2.7	(1.52)
Tunesien	–8.6	(6.42)	1.3	(0.16)	0.6	(0.88)
Uruguay	**–9.9**	(4.00)	1.0	(0.15)	1.0	(0.72)
Verein. Königreich[1]	**–17.4**	(2.52)	**1.5**	(0.13)	3.6	(1.05)

Anmerkung: Statistisch signifikante Werte sind durch Fettdruck gekennzeichnet (siehe Anhang A4).

1. Die Beteiligungsquote ist zu niedrig, um die Vergleichbarkeit zu gewährleisten (siehe Anhang A3).

Tabelle 5.16

Erfassung der Unterrichtspraxis von Mathematiklehrkräften

Die Ergebnisse basieren auf Angaben der Schulleitungen und beziehen sich auf den jeweiligen zahlenmäßigen Anteil der 15-Jährigen in den Schulen

% der Schüler in Schulen, in denen die Unterrichtspraxis der Mathematiklehrkräfte laut Angaben der Schulleitung im Vorjahr durch Folgendes beurteilt wurde

		Unterrichtsbesuche von der Schulleitung oder der Fachleitung				Unterrichtsbesuche durch die Schulleitung oder andere, externe Personen			
		% der Schüler in Schulen, in denen diese Methode laut Angaben der Schulleitung eingesetzt wird		Unterschied bei den Mathematikleistungen zwischen diese Methode einsetzenden und nicht einsetzenden Schulen		% der Schüler in Schulen, in denen diese Methode laut Angaben der Schulleitung eingesetzt wird		Unterschied bei den Mathematikleistungen zwischen diese Methode einsetzenden und nicht einsetzenden Schulen	
		%	S.E.	Differenz	S.E.	%	S.E.	Differenz	S.E.
OECD-Länder	Australien	63.4	(2.6)	7	(5.4)	7.8	(1.9)	**24**	(7.1)
	Österreich	77.9	(3.3)	–1	(12.4)	37.1	(3.4)	1	(9.5)
	Belgien	57.8	(3.2)	10	(10.7)	47.5	(3.1)	19	(10.7)
	Kanada	86.9	(1.2)	–3	(6.0)	10.1	(1.2)	–6	(6.9)
	Tschech. Republik	99.3	(0.4)	c	c	31.5	(2.9)	–4	(10.2)
	Dänemark	63.0	(3.3)	1	(5.3)	11.3	(2.3)	6	(8.0)
	Finnland	34.4	(3.4)	2	(3.8)	3.8	(1.6)	17	(9.9)
	Frankreich	w	w	w	w	w	w	w	w
	Deutschland	69.4	(3.3)	**44**	(10.5)	25.7	(2.8)	6	(12.2)
	Griechenland	7.2	(3.4)	5	(27.0)	16.1	(4.1)	–4	(13.9)
	Ungarn	95.8	(1.5)	0	(34.3)	26.0	(3.9)	11	(12.1)
	Island	46.7	(0.2)	**–8**	(3.4)	1.8	(0.1)	c	c
	Irland	6.6	(2.3)	6	(11.0)	4.7	(1.6)	16	(9.0)
	Italien	16.1	(2.8)	12	(9.5)	1.2	(0.8)	c	c
	Japan	55.9	(4.4)	13	(12.6)	15.1	(3.0)	26	(15.3)
	Korea	90.1	(2.6)	27	(15.6)	61.9	(3.4)	9	(10.1)
	Luxemburg	42.2	(0.1)	**9**	(2.6)	7.3	(0.0)	**72**	(4.3)
	Mexiko	72.1	(2.6)	–9	(9.7)	36.3	(3.2)	**–25**	(8.6)
	Niederlande	58.4	(4.8)	17	(14.8)	33.3	(4.3)	21	(14.1)
	Neuseeland	94.3	(1.7)	3	(16.5)	52.4	(3.2)	6	(6.2)
	Norwegen	25.9	(3.3)	**15**	(5.2)	6.9	(2.2)	2	(14.5)
	Polen	97.4	(1.3)	c	c	13.7	(2.6)	**32**	(6.6)
	Portugal	4.9	(1.6)	18	(12.8)	9.6	(2.8)	–8	(12.4)
	Slowak. Republik	97.8	(1.0)	c	c	24.6	(3.0)	11	(11.5)
	Spanien	14.8	(2.6)	**19**	(6.0)	14.1	(2.5)	7	(6.1)
	Schweden	58.4	(3.4)	5	(4.7)	15.7	(2.4)	**27**	(9.8)
	Schweiz	41.8	(4.3)	**29**	(7.9)	58.8	(4.0)	**–19**	(7.5)
	Türkei	89.3	(2.6)	3	(17.4)	39.5	(4.3)	–12	(16.0)
	Vereinigte Staaten	99.7	(0.3)	c	c	37.2	(3.6)	**–23**	(7.8)
	OECD insgesamt	*75.1*	*(0.8)*	*7*	*(3.2)*	*30.2*	*(1.1)*	*–8*	*(3.4)*
	OECD-Durchschnitt	*60.7*	*(0.5)*	*12*	*(1.4)*	*24.5*	*(0.6)*	*6*	*(1.8)*
Partnerländer	Brasilien	49.6	(3.7)	4	(13.3)	11.5	(2.2)	–7	(12.4)
	Hongkong (China)	92.2	(2.4)	–24	(19.0)	26.2	(3.5)	2	(16.9)
	Indonesien	91.6	(2.2)	**55**	(12.5)	75.0	(3.4)	1	(13.1)
	Lettland	99.5	(0.5)	c	c	41.4	(4.9)	–8	(7.6)
	Liechtenstein	c	c	c	c	c	c	c	c
	Macau (China)	95.0	(0.0)	c	c	29.9	(0.3)	–2	(5.5)
	Russ. Föderation	100.0	(0.0)	a	a	73.8	(3.3)	8	(8.6)
	Serbien	88.0	(3.1)	–4	(14.9)	25.4	(3.7)	–8	(9.6)
	Thailand	87.1	(2.7)	17	(11.4)	49.3	(3.7)	14	(7.8)
	Tunesien	74.2	(3.6)	0	(10.4)	80.4	(3.4)	**20**	(10.0)
	Uruguay	92.4	(1.6)	–20	(20.1)	51.9	(3.7)	16	(9.3)
	Verein. Königreich[1]	91.3	(1.6)	**–32**	(9.5)	61.1	(3.4)	**–22**	(6.7)

% der Schüler in Schulen, in denen die Unterrichtspraxis der Mathematiklehrkräfte laut Angaben der Schulleitung im Vorjahr durch Folgendes beurteilt wurde

		Leistungsbewertungen der Schüler durch Tests oder Prüfungen				Kollegenbeurteilung von Unterrichtsplänen, Beurteilungsinstrumenten und Unterrichtsstunden			
		% der Schüler in Schulen, in denen diese Methode laut Angaben der Schulleitung eingesetzt wird		Unterschied bei den Mathematikleistungen zwischen diese Methode einsetzenden und nicht einsetzenden Schulen		% der Schüler in Schulen, in denen diese Methode laut Angaben der Schulleitung eingesetzt wird		Unterschied bei den Mathematikleistungen zwischen diese Methode einsetzenden und nicht einsetzenden Schulen	
		%	S.E.	Differenz	S.E.	%	S.E.	Differenz	S.E.
OECD-Länder	Australien	58.7	(3.1)	–1	(6.1)	65.0	(3.3)	2	(6.8)
	Österreich	25.3	(3.7)	–9	(11.1)	78.5	(3.6)	–18	(10.1)
	Belgien	40.9	(3.0)	5	(8.8)	61.7	(3.0)	**23**	(9.6)
	Kanada	a	a	a	a	a	a	a	a
	Tschech. Republik	73.4	(3.1)	6	(12.0)	63.0	(2.9)	–17	(9.2)
	Dänemark	12.8	(2.6)	5	(8.2)	31.1	(3.5)	3	(6.0)
	Finnland	47.2	(3.8)	0	(3.5)	35.0	(3.8)	1	(3.6)
	Frankreich	w	w	w	w	w	w	w	w
	Deutschland	61.6	(3.2)	16	(13.4)	25.3	(3.1)	–12	(12.2)
	Griechenland	34.5	(5.7)	13	(11.0)	4.6	(1.9)	–30	(23.3)
	Ungarn	62.6	(4.1)	2	(11.1)	83.1	(3.0)	–19	(15.4)
	Island	80.3	(0.2)	–1	(4.2)	12.6	(0.1)	–6	(4.8)
	Irland	42.0	(4.3)	–6	(6.2)	9.2	(2.7)	8	(5.1)
	Italien	44.4	(3.8)	1	(10.5)	84.0	(2.8)	21	(12.7)
	Japan	56.9	(4.0)	8	(14.2)	51.2	(4.3)	22	(13.0)
	Korea	70.6	(3.2)	5	(10.3)	73.2	(3.7)	4	(12.5)
	Luxemburg	58.9	(0.1)	**–36**	(2.2)	27.2	(0.1)	**–25**	(2.6)
	Mexiko	92.2	(1.6)	**29**	(12.9)	62.8	(3.3)	13	(9.2)
	Niederlande	54.1	(4.2)	**30**	(12.2)	52.0	(4.9)	–3	(13.5)
	Neuseeland	73.0	(3.1)	3	(6.1)	91.2	(2.2)	8	(12.0)
	Norwegen	49.1	(3.9)	2	(4.7)	35.3	(3.8)	4	(5.2)
	Polen	94.9	(1.8)	14	(11.5)	71.9	(3.6)	**15**	(5.3)
	Portugal	32.9	(4.7)	3	(10.9)	58.0	(4.7)	1	(10.5)
	Slowak. Republik	70.1	(3.0)	11	(9.0)	87.9	(2.2)	15	(11.4)
	Spanien	71.9	(3.2)	7	(7.3)	39.1	(3.5)	3	(6.2)
	Schweden	41.4	(4.0)	**13**	(5.6)	21.3	(3.0)	10	(8.7)
	Schweiz	42.7	(3.6)	5	(12.5)	45.7	(3.9)	**20**	(7.9)
	Türkei	72.3	(4.2)	19	(16.9)	77.0	(4.0)	14	(16.7)
	Vereinigte Staaten	89.2	(2.2)	**–23**	(11.6)	59.6	(3.2)	7	(7.2)
	OECD insgesamt	*73.3*	*(0.9)*	*–12*	*(4.2)*	*59.7*	*(1.2)*	*1*	*(3.6)*
	OECD-Durchschnitt	*58.5*	*(0.7)*	*–2*	*(1.8)*	*53.7*	*(0.7)*	*0*	*(1.9)*
Partnerländer	Brasilien	75.4	(3.3)	8	(13.4)	53.8	(3.3)	**26**	(12.3)
	Hongkong (China)	82.4	(3.5)	–31	(19.0)	86.0	(2.8)	–11	(19.3)
	Indonesien	91.3	(1.9)	12	(16.2)	66.9	(4.0)	17	(10.3)
	Lettland	94.8	(2.3)	0	(12.5)	97.5	(1.3)	c	c
	Liechtenstein	c	c	c	c	c	c	c	c
	Macau (China)	87.5	(0.1)	**–27**	(6.0)	95.5	(0.2)	**49**	(10.2)
	Russ. Föderation	95.5	(1.6)	15	(8.6)	98.4	(1.0)	c	c
	Serbien	22.7	(3.7)	15	(12.8)	58.8	(4.4)	2	(9.8)
	Thailand	91.1	(2.0)	**24**	(10.7)	85.4	(2.5)	8	(10.1)
	Tunesien	79.0	(3.6)	–10	(11.2)	60.1	(4.0)	2	(8.4)
	Uruguay	50.7	(4.0)	2	(9.7)	63.2	(3.2)	9	(8.6)
	Verein. Königreich[1]	90.8	(1.9)	–14	(18.7)	88.3	(2.0)	**–33**	(9.7)

Anmerkung: Statistisch signifikante Werte sind durch Fettdruck gekennzeichnet (siehe Anhang A4).

1. Die Beteiligungsquote ist zu niedrig, um die Vergleichbarkeit zu gewährleisten (siehe Anhang A3).

Tabelle 5.17

Index der Qualität der räumlichen Bedingungen der Schulen und Schülerleistungen auf der Gesamtskala Mathematik, nach nationalen Indexquartilen

Die Ergebnisse basieren auf Angaben der Schulleitungen und beziehen sich auf den jeweiligen zahlenmäßigen Anteil der 15-Jährigen in den Schulen

		Index der Qualität der räumlichen Bedingungen der Schulen										Leistungen auf der Gesamtskala Mathematik, nach nationalen Indexquartilen							
		Alle Schüler		Unterstes Quartil		Zweites Quartil		Drittes Quartil		Oberstes Quartil		Unterstes Quartil		Zweites Quartil		Drittes Quartil		Oberstes Quartil	
		Indexmittel	S.E.	Indexmittel	S.E.	Indexmittel	S.E.	Indexmittel	S.E.	Indexmittel	S.E.	Mittelwert	S.E.	Mittelwert	S.E.	Mittelwert	S.E.	Mittelwert	S.E.
OECD-Länder	Australien	0.18	(0.05)	–0.90	(0.06)	–0.08	(0.01)	0.40	(0.02)	1.32	(0.03)	**517**	(4.9)	514	(5.8)	525	(4.7)	**541**	(5.2)
	Österreich	0.13	(0.10)	–1.38	(0.09)	–0.14	(0.04)	0.57	(0.03)	1.49	(0.00)	500	(10.4)	515	(9.3)	514	(9.0)	493	(11.5)
	Belgien	0.08	(0.06)	–1.19	(0.07)	–0.23	(0.02)	0.37	(0.02)	1.38	(0.02)	526	(8.8)	536	(9.1)	521	(7.7)	534	(6.4)
	Kanada	0.19	(0.04)	–0.90	(0.04)	–0.12	(0.01)	0.42	(0.02)	1.34	(0.02)	537	(3.8)	529	(3.4)	531	(3.4)	533	(4.4)
	Tschech. Republik	0.57	(0.05)	–0.43	(0.05)	0.27	(0.02)	0.95	(0.03)	1.49	(0.00)	521	(8.8)	524	(9.0)	500	(8.4)	518	(7.8)
	Dänemark	–0.17	(0.07)	–1.20	(0.08)	–0.49	(0.02)	0.06	(0.02)	0.95	(0.07)	516	(5.7)	513	(4.7)	517	(5.5)	511	(5.6)
	Finnland	–0.24	(0.08)	–1.40	(0.08)	–0.59	(0.03)	0.08	(0.02)	0.95	(0.06)	542	(4.7)	550	(3.4)	542	(3.2)	543	(3.4)
	Frankreich	w	w	w	w	w	w	w	w	w	w	w	w	w	w	w	w	w	w
	Deutschland	0.14	(0.08)	–1.33	(0.08)	–0.12	(0.03)	0.56	(0.03)	1.46	(0.01)	506	(11.1)	493	(9.1)	499	(8.9)	514	(10.9)
	Griechenland	–0.42	(0.14)	–1.99	(0.08)	–0.86	(0.03)	–0.06	(0.05)	1.21	(0.08)	431	(10.1)	452	(7.3)	445	(7.9)	452	(10.9)
	Ungarn	–0.18	(0.08)	–1.40	(0.08)	–0.40	(0.03)	0.16	(0.02)	0.94	(0.06)	490	(7.7)	496	(9.7)	468	(8.6)	509	(9.1)
	Island	0.33	(0.00)	–0.94	(0.01)	0.02	(0.00)	0.75	(0.01)	1.49	(0.00)	**510**	(3.4)	517	(3.8)	513	(3.8)	**522**	(3.3)
	Irland	–0.28	(0.10)	–1.62	(0.08)	–0.64	(0.03)	–0.01	(0.03)	1.17	(0.06)	513	(5.8)	501	(4.5)	501	(5.3)	498	(8.0)
	Italien	–0.03	(0.07)	–1.28	(0.08)	–0.36	(0.02)	0.20	(0.02)	1.33	(0.04)	**443**	(8.0)	470	(8.8)	480	(5.1)	**471**	(8.7)
	Japan	–0.09	(0.10)	–1.45	(0.09)	–0.39	(0.04)	0.25	(0.02)	1.24	(0.05)	533	(10.9)	543	(12.5)	529	(9.2)	532	(11.3)
	Korea	0.57	(0.06)	–0.43	(0.07)	0.32	(0.02)	0.92	(0.03)	1.49	(0.00)	**523**	(8.9)	531	(7.3)	544	(9.0)	**571**	(7.5)
	Luxemburg	–0.15	(0.00)	–1.09	(0.00)	–0.40	(0.01)	0.03	(0.00)	0.87	(0.00)	**467**	(2.2)	469	(2.8)	505	(2.6)	**532**	(2.3)
	Mexiko	–0.10	(0.06)	–1.38	(0.06)	–0.55	(0.02)	0.25	(0.02)	1.29	(0.03)	**375**	(6.4)	365	(6.1)	379	(5.8)	**419**	(8.2)
	Niederlande	0.28	(0.09)	–1.03	(0.12)	–0.01	(0.02)	0.67	(0.03)	1.49	(0.00)	534	(11.3)	528	(9.4)	549	(10.3)	536	(8.8)
	Neuseeland	0.25	(0.05)	–0.69	(0.05)	–0.03	(0.01)	0.40	(0.02)	1.33	(0.04)	518	(5.3)	525	(5.5)	522	(5.5)	532	(6.7)
	Norwegen	–0.50	(0.06)	–1.58	(0.07)	–0.72	(0.01)	–0.31	(0.02)	0.60	(0.07)	489	(4.7)	495	(4.6)	498	(5.4)	495	(4.4)
	Polen	0.29	(0.07)	–0.80	(0.08)	0.02	(0.02)	0.60	(0.02)	1.32	(0.03)	494	(5.9)	482	(5.2)	491	(4.4)	493	(5.3)
	Portugal	0.03	(0.07)	–1.08	(0.06)	–0.23	(0.02)	0.32	(0.02)	1.13	(0.05)	463	(10.3)	465	(7.1)	472	(6.7)	464	(8.0)
	Slowak. Republik	–0.31	(0.05)	–1.29	(0.06)	–0.57	(0.02)	–0.05	(0.02)	0.68	(0.05)	**515**	(8.0)	496	(7.5)	493	(6.6)	**487**	(6.1)
	Spanien	0.13	(0.07)	–1.23	(0.09)	–0.13	(0.03)	0.50	(0.02)	1.39	(0.02)	**483**	(6.9)	470	(5.5)	485	(4.3)	**502**	(4.6)
	Schweden	0.03	(0.06)	–1.04	(0.06)	–0.29	(0.02)	0.26	(0.02)	1.20	(0.05)	503	(6.5)	509	(6.1)	508	(5.5)	516	(3.8)
	Schweiz	0.39	(0.06)	–0.61	(0.09)	0.06	(0.02)	0.60	(0.02)	1.49	(0.00)	530	(7.2)	520	(7.8)	525	(8.2)	531	(9.9)
	Türkei	–1.11	(0.10)	–2.31	(0.00)	–1.61	(0.04)	–0.79	(0.02)	0.26	(0.09)	424	(14.0)	412	(13.9)	417	(8.6)	441	(15.6)
	Vereinigte Staaten	0.29	(0.06)	–0.84	(0.07)	–0.03	(0.02)	0.54	(0.03)	1.48	(0.00)	482	(6.8)	474	(6.3)	488	(6.5)	501	(6.9)
	OECD insgesamt	***0.06***	***(0.02)***	***–1.27***	***(0.02)***	***–0.24***	***(0.01)***	***0.39***	***(0.01)***	***1.34***	***(0.01)***	***473***	***(3.3)***	***488***	***(2.6)***	***490***	***(2.7)***	***504***	***(2.5)***
	OECD-Durchschnitt	***0.00***	***(0.01)***	***–1.29***	***(0.01)***	***–0.31***	***(0.01)***	***0.32***	***(0.01)***	***1.28***	***(0.01)***	***485***	***(1.9)***	***500***	***(1.6)***	***502***	***(1.4)***	***512***	***(1.6)***
Partnerländer	Brasilien	0.06	(0.09)	–1.59	(0.09)	–0.44	(0.03)	0.32	(0.03)	1.48	(0.00)	352	(13.5)	342	(7.0)	347	(8.2)	389	(13.3)
	Hongkong (China)	–0.01	(0.07)	–1.08	(0.07)	–0.24	(0.02)	0.27	(0.02)	1.03	(0.07)	564	(10.3)	541	(10.5)	556	(9.5)	541	(14.4)
	Indonesien	–0.53	(0.08)	–1.67	(0.07)	–0.88	(0.02)	–0.18	(0.03)	0.60	(0.06)	**370**	(6.1)	370	(8.7)	354	(7.8)	**346**	(7.7)
	Lettland	0.06	(0.07)	–0.95	(0.05)	–0.14	(0.02)	0.33	(0.02)	1.01	(0.07)	489	(7.5)	483	(5.8)	478	(5.7)	483	(8.7)
	Liechtenstein	c	c	c	c	c	c	c	c	c	c	c	c	c	c	c	c	c	c
	Macau (China)	–0.25	(0.00)	–1.38	(0.01)	–0.53	(0.00)	–0.02	(0.00)	0.95	(0.01)	538	(6.7)	523	(8.3)	529	(4.9)	520	(5.1)
	Russ. Föderation	–0.10	(0.10)	–1.44	(0.07)	–0.50	(0.03)	0.24	(0.03)	1.31	(0.05)	460	(8.2)	468	(8.2)	464	(9.1)	478	(10.5)
	Serbien	–0.22	(0.07)	–1.24	(0.06)	–0.50	(0.03)	0.10	(0.02)	0.77	(0.06)	437	(8.9)	443	(7.7)	433	(6.6)	436	(7.2)
	Thailand	0.00	(0.08)	–1.22	(0.07)	–0.27	(0.02)	0.26	(0.02)	1.25	(0.06)	412	(8.7)	409	(5.2)	424	(8.2)	423	(6.2)
	Tunesien	–0.34	(0.07)	–1.41	(0.06)	–0.58	(0.02)	–0.16	(0.01)	0.78	(0.10)	344	(5.4)	366	(7.2)	375	(9.2)	351	(8.4)
	Uruguay	–0.65	(0.07)	–1.88	(0.07)	–0.99	(0.03)	–0.38	(0.03)	0.67	(0.06)	**408**	(7.6)	411	(10.0)	412	(7.2)	**457**	(8.9)
	Verein. Königreich[1]	–0.25	(0.07)	–1.34	(0.06)	–0.63	(0.02)	–0.04	(0.02)	1.01	(0.06)	511	(6.9)	501	(5.3)	509	(6.5)	513	(6.3)

		Punktzahlveränderung auf der Gesamtskala Mathematik, je Indexeinheit		Größere Wahrscheinlichkeit für Schüler im untersten Indexquartil, im untersten nationalen Quartil der Gesamtskala Mathematik zu liegen		Erklärte Varianz der Schülerleistungen (R^2 x 100)	
		Effekt	S.E.	Quotient	S.E.	%	S.E.
OECD-Länder	Australien	**11.4**	(3.22)	1.2	(0.11)	1.1	(0.60)
	Österreich	–4.2	(5.34)	1.1	(0.19)	0.2	(0.59)
	Belgien	–1.2	(3.81)	1.0	(0.14)	0.0	(0.10)
	Kanada	–1.4	(2.34)	0.9	(0.06)	0.0	(0.08)
	Tschech. Republik	–3.2	(5.62)	0.9	(0.14)	0.1	(0.28)
	Dänemark	0.0	(3.20)	1.0	(0.10)	0.0	(0.08)
	Finnland	–0.8	(2.09)	1.0	(0.08)	0.0	(0.06)
	Frankreich	w	w	w	w	w	w
	Deutschland	4.0	(5.26)	1.0	(0.19)	0.2	(0.52)
	Griechenland	5.3	(4.77)	1.2	(0.21)	0.5	(0.89)
	Ungarn	6.3	(5.43)	0.8	(0.14)	0.4	(0.75)
	Island	**4.7**	(1.78)	1.1	(0.08)	0.3	(0.18)
	Irland	–6.1	(3.89)	**0.8**	(0.11)	0.6	(0.77)
	Italien	**11.4**	(4.51)	**1.6**	(0.22)	1.4	(1.09)
	Japan	–2.1	(6.00)	1.0	(0.18)	0.1	(0.37)
	Korea	**24.3**	(6.40)	**1.5**	(0.20)	4.2	(2.17)
	Luxemburg	**36.4**	(1.32)	**1.5**	(0.08)	**9.5**	(0.63)
	Mexiko	**14.9**	(3.94)	1.2	(0.17)	3.3	(1.80)
	Niederlande	6.5	(6.58)	1.3	(0.27)	0.5	(1.03)
	Neuseeland	5.0	(4.17)	1.2	(0.13)	0.2	(0.27)
	Norwegen	2.4	(2.64)	1.1	(0.10)	0.1	(0.11)
	Polen	1.0	(3.72)	1.0	(0.09)	0.0	(0.11)
	Portugal	2.8	(6.37)	1.1	(0.22)	0.1	(0.44)
	Slowak. Republik	**–13.9**	(4.92)	**0.7**	(0.12)	1.4	(1.05)
	Spanien	**10.3**	(3.16)	1.0	(0.12)	1.4	(0.85)
	Schweden	4.8	(3.25)	1.1	(0.13)	0.2	(0.27)
	Schweiz	0.2	(5.19)	0.9	(0.10)	0.0	(0.14)
	Türkei	7.8	(8.82)	1.0	(0.21)	0.6	(1.36)
	Vereinigte Staaten	**9.5**	(4.03)	1.0	(0.13)	0.8	(0.72)
	OECD insgesamt	***11.7***	***(1.68)***	***1.4***	***(0.07)***	***1.3***	***(0.37)***
	OECD-Durchschnitt	***10.2***	***(1.02)***	***1.3***	***(0.03)***	***1.0***	***(0.20)***
Partnerländer	Brasilien	**12.8**	(6.05)	1.1	(0.16)	2.2	(2.20)
	Hongkong (China)	–10.9	(7.80)	0.7	(0.17)	0.8	(1.19)
	Indonesien	–8.0	(4.21)	**0.8**	(0.11)	0.8	(0.90)
	Lettland	–1.0	(5.74)	0.9	(0.12)	0.0	(0.19)
	Liechtenstein	c	c	c	c	c	c
	Macau (China)	–3.2	(3.01)	0.9	(0.11)	0.1	(0.24)
	Russ. Föderation	5.3	(4.51)	1.0	(0.15)	0.4	(0.71)
	Serbien	–1.9	(5.59)	1.1	(0.17)	0.0	(0.34)
	Thailand	6.2	(4.94)	1.0	(0.14)	0.5	(0.89)
	Tunesien	5.3	(4.71)	1.2	(0.13)	0.3	(0.57)
	Uruguay	**20.8**	(4.25)	1.2	(0.17)	**4.4**	(1.73)
	Verein. Königreich[1]	3.1	(3.49)	1.0	(0.12)	0.1	(0.21)

Anmerkung: Statistisch signifikante Werte sind durch Fettdruck gekennzeichnet (siehe Anhang A4). Die Skala wurde umgepolt, so dass positive und hohe Werte bedeuten, dass die räumlichen Bedingungen weniger als ein Problem eingeschätzt werden als im OECD-Durchschnitt.

1. Die Beteiligungsquote ist zu niedrig, um die Vergleichbarkeit zu gewährleisten (siehe Anhang A3).

Tabelle 5.18

Index der Qualität der Ausstattung mit Lehr- und Sachmitteln und Leistungen auf der Gesamtskala Mathematik, nach nationalen Indexquartilen

Die Ergebnisse basieren auf Angaben der Schulleitungen und beziehen sich auf den jeweiligen zahlenmäßigen Anteil der 15-Jährigen in den Schulen

	Index der Qualität der Ausstattung mit Lehr- und Sachmitteln										Leistungen auf der Gesamtskala Mathematik, nach nationalen Indexquartilen							
	Alle Schüler		Unterstes Quartil		Zweites Quartil		Drittes Quartil		Oberstes Quartil		Unterstes Quartil		Zweites Quartil		Drittes Quartil		Oberstes Quartil	
	Indexmittel	S.E.	Indexmittel	S.E.	Indexmittel	S.E.	Indexmittel	S.E.	Indexmittel	S.E.	Mittelwert	S.E.	Mittelwert	S.E.	Mittelwert	S.E.	Mittelwert	S.E.
OECD-Länder																		
Australien	0.57	(0.07)	–0.57	(0.03)	0.16	(0.02)	0.73	(0.02)	1.97	(0.04)	**517**	(5.1)	509	(6.49)	526	(4.87)	**545**	(4.6)
Österreich	0.35	(0.08)	–0.78	(0.07)	0.06	(0.03)	0.56	(0.02)	1.56	(0.08)	503	(9.6)	517	(8.82)	503	(9.59)	497	(8.1)
Belgien	0.19	(0.06)	–0.98	(0.07)	–0.18	(0.02)	0.43	(0.02)	1.49	(0.06)	**523**	(7.3)	519	(9.09)	534	(9.42)	**544**	(8.2)
Kanada	–0.04	(0.04)	–1.07	(0.04)	–0.39	(0.01)	0.12	(0.01)	1.17	(0.06)	530	(3.3)	528	(3.51)	532	(4.48)	540	(4.3)
Tschech. Republik	–0.05	(0.06)	–0.83	(0.03)	–0.33	(0.01)	0.08	(0.01)	0.89	(0.08)	512	(6.6)	519	(7.33)	524	(8.60)	509	(10.1)
Dänemark	0.04	(0.07)	–0.89	(0.05)	–0.21	(0.02)	0.19	(0.01)	1.05	(0.10)	**501**	(5.8)	517	(4.69)	521	(4.70)	**518**	(5.3)
Finnland	–0.02	(0.06)	–0.83	(0.06)	–0.25	(0.02)	0.13	(0.01)	0.85	(0.09)	546	(3.9)	546	(3.88)	542	(3.17)	543	(3.6)
Frankreich	w	w	w	w	w	w	w	w	w	w	w	w	w	w	w	w	w	w
Deutschland	0.20	(0.07)	–0.88	(0.06)	–0.09	(0.02)	0.32	(0.02)	1.46	(0.08)	**479**	(11.0)	502	(8.69)	519	(11.26)	**513**	(10.9)
Griechenland	–0.46	(0.12)	–1.76	(0.14)	–0.79	(0.04)	–0.16	(0.03)	0.87	(0.15)	**430**	(9.4)	446	(11.19)	437	(10.80)	**467**	(8.8)
Ungarn	0.09	(0.08)	–0.93	(0.07)	–0.15	(0.01)	0.25	(0.02)	1.19	(0.09)	**481**	(8.3)	487	(9.38)	476	(10.51)	**519**	(10.0)
Island	0.30	(0.00)	–0.78	(0.00)	–0.07	(0.00)	0.42	(0.00)	1.62	(0.01)	512	(3.2)	520	(3.56)	513	(3.53)	518	(3.1)
Irland	–0.06	(0.08)	–1.05	(0.06)	–0.35	(0.03)	0.05	(0.02)	1.12	(0.12)	503	(5.4)	508	(5.84)	501	(6.02)	501	(7.5)
Italien	0.14	(0.07)	–1.08	(0.08)	–0.16	(0.02)	0.38	(0.02)	1.40	(0.07)	**440**	(9.3)	469	(9.12)	478	(7.33)	**477**	(8.4)
Japan	0.01	(0.10)	–1.24	(0.11)	–0.35	(0.03)	0.22	(0.02)	1.39	(0.11)	521	(12.8)	534	(11.92)	554	(9.66)	527	(12.8)
Korea	0.57	(0.05)	–0.33	(0.06)	0.29	(0.02)	0.65	(0.02)	1.67	(0.07)	**522**	(9.3)	549	(8.15)	546	(7.70)	**552**	(7.7)
Luxemburg	0.15	(0.00)	–0.55	(0.00)	–0.04	(0.00)	0.38	(0.00)	0.80	(0.00)	**518**	(2.6)	465	(3.51)	508	(3.03)	**481**	(2.6)
Mexiko	–0.40	(0.09)	–1.83	(0.06)	–0.83	(0.02)	–0.11	(0.03)	1.16	(0.11)	**369**	(6.9)	375	(5.68)	388	(5.52)	**406**	(10.1)
Niederlande	0.51	(0.06)	–0.50	(0.07)	0.18	(0.03)	0.68	(0.02)	1.67	(0.08)	**509**	(11.2)	551	(10.43)	532	(10.45)	**554**	(9.0)
Neuseeland	0.27	(0.06)	–0.80	(0.04)	–0.17	(0.02)	0.38	(0.02)	1.68	(0.06)	**502**	(5.9)	533	(5.22)	527	(6.18)	**536**	(5.9)
Norwegen	–0.29	(0.05)	–1.02	(0.04)	–0.48	(0.01)	–0.19	(0.01)	0.51	(0.08)	493	(4.7)	496	(4.34)	494	(4.64)	495	(4.7)
Polen	–0.66	(0.06)	–1.67	(0.08)	–0.88	(0.02)	–0.48	(0.02)	0.41	(0.09)	**481**	(5.5)	486	(5.19)	496	(4.91)	**498**	(6.1)
Portugal	–0.05	(0.07)	–1.05	(0.06)	–0.35	(0.02)	0.07	(0.02)	1.12	(0.11)	470	(7.0)	456	(8.85)	472	(9.26)	466	(7.0)
Slowak. Republik	–0.76	(0.06)	–1.64	(0.05)	–0.95	(0.01)	–0.56	(0.02)	0.12	(0.07)	**480**	(8.0)	502	(8.19)	503	(6.58)	**509**	(7.0)
Spanien	–0.13	(0.07)	–1.36	(0.06)	–0.44	(0.03)	0.19	(0.03)	1.09	(0.07)	**467**	(7.5)	485	(7.15)	494	(4.64)	**494**	(6.0)
Schweden	0.06	(0.07)	–0.97	(0.08)	–0.25	(0.02)	0.28	(0.02)	1.19	(0.09)	511	(4.4)	501	(5.20)	504	(5.40)	520	(5.1)
Schweiz	0.53	(0.07)	–0.46	(0.11)	0.28	(0.01)	0.63	(0.02)	1.68	(0.08)	525	(9.3)	511	(7.54)	530	(5.88)	539	(10.6)
Türkei	–1.37	(0.09)	–2.52	(0.11)	–1.70	(0.02)	–1.15	(0.03)	–0.13	(0.12)	403	(12.8)	430	(11.31)	427	(11.56)	434	(14.6)
Vereinigte Staaten	0.53	(0.08)	–0.77	(0.05)	0.03	(0.02)	0.77	(0.03)	2.10	(0.03)	**471**	(6.2)	488	(6.73)	478	(7.27)	**507**	(7.9)
OECD insgesamt	*0.06*	*(0.03)*	*–1.28*	*(0.03)*	*–0.32*	*(0.01)*	*0.30*	*(0.01)*	*1.54*	*(0.03)*	*458*	*(3.4)*	*488*	*(3.09)*	*504*	*(2.48)*	*506*	*(3.4)*
OECD-Durchschnitt	*0.00*	*(0.01)*	*–1.21*	*(0.02)*	*–0.31*	*(0.00)*	*0.23*	*(0.01)*	*1.28*	*(0.02)*	*476*	*(1.8)*	*501*	*(1.73)*	*507*	*(1.46)*	*515*	*(1.8)*
Partnerländer																		
Brasilien	–0.81	(0.09)	–2.37	(0.06)	–1.36	(0.03)	–0.44	(0.03)	0.94	(0.13)	**321**	(8.3)	337	(8.03)	365	(9.65)	**405**	(12.2)
Hongkong (China)	0.34	(0.07)	–0.75	(0.09)	0.08	(0.02)	0.46	(0.02)	1.56	(0.09)	561	(8.9)	535	(15.05)	542	(11.05)	564	(10.3)
Indonesien	–0.67	(0.08)	–2.17	(0.08)	–1.12	(0.03)	–0.17	(0.03)	0.77	(0.06)	**367**	(6.7)	363	(8.69)	366	(7.39)	**345**	(6.8)
Lettland	–0.47	(0.06)	–1.42	(0.06)	–0.68	(0.02)	–0.24	(0.02)	0.46	(0.07)	484	(7.5)	481	(7.06)	478	(5.88)	490	(7.6)
Liechtenstein	c	c	c	c	c	c	c	c	c	c	c	c	c	c	c	c	c	c
Macau (China)	–0.14	(0.00)	–1.11	(0.01)	–0.35	(0.01)	0.00	(0.01)	0.91	(0.01)	529	(4.7)	529	(7.67)	521	(8.73)	529	(4.6)
Russ. Föderation	–1.14	(0.07)	–2.30	(0.08)	–1.39	(0.03)	–0.86	(0.02)	–0.02	(0.08)	**448**	(7.5)	464	(7.45)	479	(7.00)	**484**	(10.7)
Serbien	–0.77	(0.07)	–1.66	(0.07)	–1.02	(0.02)	–0.58	(0.02)	0.15	(0.10)	445	(8.8)	439	(7.70)	431	(7.09)	435	(7.9)
Thailand	–0.60	(0.10)	–2.01	(0.07)	–1.04	(0.04)	–0.31	(0.03)	0.99	(0.17)	**395**	(6.3)	407	(5.56)	423	(8.76)	**443**	(8.6)
Tunesien	–0.46	(0.07)	–1.58	(0.06)	–0.79	(0.03)	–0.26	(0.03)	0.78	(0.09)	**336**	(4.5)	352	(6.89)	380	(7.76)	**367**	(8.7)
Uruguay	–0.93	(0.09)	–2.36	(0.09)	–1.34	(0.02)	–0.66	(0.03)	0.65	(0.09)	**423**	(8.7)	406	(8.19)	410	(7.88)	**450**	(7.9)
Verein. Königreich[1]	–0.07	(0.06)	–1.15	(0.08)	–0.39	(0.02)	0.09	(0.02)	1.18	(0.08)	**497**	(7.1)	503	(5.49)	502	(5.66)	**532**	(5.1)

	Punktzahlveränderung auf der Gesamtskala Mathematik, je Indexeinheit		Größere Wahrscheinlichkeit für Schüler im untersten Indexquartil, im untersten nationalen Quartil der Gesamtskala Mathematik zu liegen		Erklärte Varianz der Schülerleistungen (R^2 x 100)	
	Effekt	S.E.	Quotient	S.E.	%	S.E.
OECD-Länder						
Australien	**13.5**	(2.40)	1.2	(0.10)	**1.9**	(0.69)
Österreich	–1.6	(5.77)	1.0	(0.18)	0.0	(0.34)
Belgien	7.6	(4.11)	1.0	(0.13)	0.4	(0.48)
Kanada	**5.7**	(2.13)	1.1	(0.07)	0.3	(0.28)
Tschech. Republik	1.4	(6.74)	1.0	(0.15)	0.0	(0.24)
Dänemark	6.0	(4.12)	**1.3**	(0.12)	0.3	(0.38)
Finnland	0.2	(2.74)	0.9	(0.07)	0.0	(0.05)
Frankreich	w	w	w	w	w	w
Deutschland	11.0	(6.45)	**1.6**	(0.25)	1.0	(1.16)
Griechenland	9.3	(5.75)	1.2	(0.21)	1.1	(1.34)
Ungarn	11.1	(7.27)	1.1	(0.18)	1.0	(1.28)
Island	1.5	(1.46)	1.0	(0.07)	0.0	(0.04)
Irland	–1.8	(4.09)	1.0	(0.12)	0.0	(0.19)
Italien	**14.4**	(4.22)	**1.7**	(0.25)	2.2	(1.23)
Japan	5.6	(6.20)	1.2	(0.24)	0.4	(0.88)
Korea	**14.7**	(4.63)	**1.5**	(0.19)	1.6	(1.03)
Luxemburg	**–18.9**	(2.04)	**0.6**	(0.04)	**1.3**	(0.27)
Mexiko	**15.1**	(3.29)	**1.4**	(0.20)	**4.4**	(2.10)
Niederlande	**14.5**	(6.62)	**1.7**	(0.33)	1.9	(1.65)
Neuseeland	**11.0**	(3.01)	**1.5**	(0.16)	1.2	(0.63)
Norwegen	1.6	(3.68)	1.0	(0.08)	0.0	(0.08)
Polen	5.9	(3.14)	1.1	(0.10)	0.3	(0.30)
Portugal	1.5	(4.19)	0.9	(0.15)	0.0	(0.19)
Slowak. Republik	10.3	(7.37)	**1.4**	(0.18)	0.6	(0.84)
Spanien	**11.2**	(4.16)	**1.5**	(0.17)	1.5	(1.12)
Schweden	3.8	(2.59)	0.9	(0.08)	0.1	(0.17)
Schweiz	6.6	(5.39)	1.1	(0.15)	0.4	(0.64)
Türkei	16.5	(9.67)	1.4	(0.25)	2.3	(2.72)
Vereinigte Staaten	**11.0**	(3.48)	**1.4**	(0.14)	1.7	(1.08)
OECD insgesamt	*17.2*	*(1.78)*	*1.7*	*(0.09)*	*3.4*	*(0.70)*
OECD-Durchschnitt	*15.9*	*(1.04)*	*1.5*	*(0.04)*	*2.5*	*(0.34)*
Partnerländer						
Brasilien	**26.3**	(3.69)	**1.6**	(0.20)	**12.0**	(3.38)
Hongkong (China)	6.1	(6.45)	0.7	(0.16)	0.3	(0.61)
Indonesien	**–6.5**	(2.75)	0.9	(0.11)	0.9	(0.79)
Lettland	2.7	(5.27)	1.0	(0.13)	0.1	(0.22)
Liechtenstein	c	c	c	c	c	c
Macau (China)	4.0	(2.60)	1.1	(0.10)	0.2	(0.21)
Russ. Föderation	**17.5**	(4.18)	**1.4**	(0.18)	**3.1**	(1.51)
Serbien	–7.0	(4.67)	0.9	(0.14)	0.4	(0.56)
Thailand	**16.7**	(3.88)	**1.4**	(0.16)	**5.8**	(2.39)
Tunesien	**10.2**	(4.35)	**1.3**	(0.13)	1.3	(1.07)
Uruguay	**11.0**	(3.84)	0.9	(0.16)	1.7	(1.15)
Verein. Königreich[1]	**13.0**	(3.34)	**1.3**	(0.13)	**1.8**	(0.91)

Anmerkung: Statistisch signifikante Werte sind durch Fettdruck gekennzeichnet (siehe Anhang A4). Die Skala wurde umgepolt, so dass positive und hohe Werte bedeuten, dass die Ausstattung mit Lehr- und Sachmitteln weniger als ein Problem eingeschätzt wird als im OECD-Durchschnitt.

1. Die Beteiligungsquote ist zu niedrig, um die Vergleichbarkeit zu gewährleisten (siehe Anhang A3).

Tabelle 5.19

Prozentualer Anteil der Schüler und Leistungen auf den Gesamtskalen für Mathematik und Lesekompetenz, nach Schultyp

Die Ergebnisse basieren auf Angaben der Schulleitungen und beziehen sich auf den jeweiligen zahlenmäßigen Anteil der 15-Jährigen in den Schulen

		Staatliche oder öffentliche Schulen[1]					
				Leistungen auf der Mathematikskala		Leistungen auf der Lesekompetenzskala	
		% der Schüler	**S.E.**	**Mittelwert**	**S.E.**	**Mittelwert**	**S.E.**
OECD-Länder	Australien	w	w	w	w	w	w
	Österreich	92.0	(1.9)	504	(3.4)	487	(3.9)
	Belgien	w	w	w	w	w	w
	Kanada	94.2	(0.7)	529	(1.8)	526	(1.8)
	Tschech. Republik	93.3	(1.7)	517	(3.8)	488	(3.7)
	Dänemark	77.8	(2.5)	515	(3.1)	494	(3.1)
	Finnland	93.3	(1.6)	545	(1.8)	544	(1.6)
	Frankreich	w	w	w	w	w	w
	Deutschland	92.2	(1.7)	497	(3.7)	485	(3.8)
	Griechenland	97.4	(1.9)	442	(3.6)	470	(4.0)
	Ungarn	88.9	(2.5)	489	(3.6)	481	(3.3)
	Island	99.5	(0.1)	515	(1.6)	492	(1.8)
	Irland	41.6	(1.6)	486	(3.8)	492	(4.3)
	Italien	96.1	(1.2)	468	(3.1)	477	(3.3)
	Japan	73.0	(1.7)	544	(4.7)	508	(4.8)
	Korea	42.3	(3.7)	527	(6.1)	520	(5.3)
	Luxemburg	85.9	(0.1)	498	(1.1)	481	(1.6)
	Mexiko	86.7	(1.9)	375	(3.5)	388	(3.9)
	Niederlande	23.3	(4.2)	516	(14.0)	493	(12.2)
	Neuseeland	95.4	(0.6)	522	(2.3)	519	(2.6)
	Norwegen	99.1	(0.7)	494	(2.4)	498	(2.7)
	Polen	99.2	(0.4)	489	(2.5)	496	(2.9)
	Portugal	93.7	(1.3)	465	(3.6)	477	(3.9)
	Slowak. Republik	87.4	(2.7)	495	(3.7)	466	(3.4)
	Spanien	64.2	(1.5)	472	(3.4)	466	(3.6)
	Schweden	95.7	(0.5)	509	(2.6)	513	(2.5)
	Schweiz	95.3	(1.0)	528	(3.8)	499	(3.5)
	Türkei	99.0	(1.0)	420	(6.6)	438	(5.8)
	Vereinigte Staaten	94.3	(1.0)	483	(3.6)	495	(4.0)
	OECD insgesamt	***85.5***	***(0.5)***	***483***	***(1.5)***	***483***	***(1.5)***
	OECD-Durchschnitt	***83.5***	***(0.4)***	***494***	***(0.8)***	***489***	***(0.8)***
Partnerländer	Brasilien	87.4	(2.3)	342	(6.2)	390	(5.8)
	Hongkong (China)	93.1	(0.9)	552	(4.5)	511	(3.7)
	Indonesien	51.4	(2.3)	373	(4.9)	393	(4.6)
	Lettland	99.0	(0.7)	485	(3.7)	492	(3.7)
	Liechtenstein	c	c	c	c	c	c
	Macau (China)	5.0	(0.1)	483	(9.3)	466	(5.8)
	Russ. Föderation	99.7	(0.2)	468	(4.3)	441	(4.0)
	Serbien	100.0	(0.0)	436	(3.9)	411	(3.8)
	Thailand	88.0	(1.2)	416	(3.0)	419	(2.7)
	Tunesien	m	m	m	m	m	m
	Uruguay	85.9	(0.8)	409	(3.7)	420	(3.8)
	Verein. Königreich[4]	93.8	(0.5)	503	(2.6)	502	(2.6)

		Vom Staat abhängige Privatschulen[2]					
				Leistungen auf der Mathematikskala		Leistungen auf der Lesekompetenzskala	
		% der Schüler	**S.E.**	**Mittelwert**	**S.E.**	**Mittelwert**	**S.E.**
OECD-Länder	Australien	w	w	w	w	w	w
	Österreich	6.7	(1.6)	518	(12.6)	530	(12.0)
	Belgien	w	w	w	w	w	w
	Kanada	3.8	(0.6)	573	(10.8)	560	(9.9)
	Tschech. Republik	5.8	(1.6)	505	(13.5)	491	(11.9)
	Dänemark	21.7	(2.6)	511	(6.3)	490	(7.1)
	Finnland	6.7	(1.6)	539	(12.2)	537	(10.7)
	Frankreich	w	w	w	w	w	w
	Deutschland	7.5	(1.8)	566	(12.7)	564	(14.6)
	Griechenland	0.0	(0.0)	a	a	a	a
	Ungarn	9.8	(2.3)	504	(16.8)	493	(16.9)
	Island	0.0	(0.0)	a	a	a	a
	Irland	57.6	(1.8)	516	(3.3)	533	(3.1)
	Italien	0.4	(0.2)	c	c	c	c
	Japan	0.6	(0.6)	c	c	c	c
	Korea	36.0	(4.1)	532	(7.5)	528	(6.3)
	Luxemburg	14.1	(0.1)	463	(2.9)	469	(3.3)
	Mexiko	0.1	(0.1)	c	c	c	c
	Niederlande	76.7	(4.2)	541	(4.5)	517	(4.3)
	Neuseeland	0.0	(0.0)	a	a	a	a
	Norwegen	0.9	(0.7)	c	c	c	c
	Polen	0.4	(0.4)	c	c	c	c
	Portugal	4.2	(1.2)	459	(8.5)	462	(12.9)
	Slowak. Republik	12.6	(2.7)	523	(9.3)	496	(8.2)
	Spanien	28.1	(2.1)	505	(4.2)	501	(4.8)
	Schweden	4.3	(0.5)	516	(11.0)	531	(9.8)
	Schweiz	0.9	(0.7)	c	c	c	c
	Türkei	0.0	(0.0)	a	a	a	a
	Vereinigte Staaten	0.0	(0.0)	a	a	a	a
	OECD insgesamt	***6.4***	***(0.3)***	***532***	***(2.9)***	***522***	***(3.1)***
	OECD-Durchschnitt	***12.8***	***(0.3)***	***526***	***(1.7)***	***516***	***(1.8)***
Partnerländer	Brasilien	0.0	(0.0)	a	a	a	a
	Hongkong (China)	6.5	(1.1)	518	(29.2)	487	(23.3)
	Indonesien	4.1	(1.5)	326	(19.3)	354	(17.0)
	Lettland	0.0	(0.0)	a	a	a	a
	Liechtenstein	c	c	c	c	c	c
	Macau (China)	49.3	(0.2)	528	(3.5)	499	(2.4)
	Russ. Föderation	0.0	(0.0)	a	a	a	a
	Serbien	0.0	(0.0)	a	a	a	a
	Thailand	6.0	(1.1)	419	(18.8)	428	(13.7)
	Tunesien	m	m	m	m	m	m
	Uruguay	0.0	(0.0)	a	a	a	a
	Verein. Königreich[4]	0.9	(0.9)	c	c	c	c

Anmerkung: Statistisch signifikante Werte sind durch Fettdruck gekennzeichnet (siehe Anhang A4). Die Skala wurde umgepolt, so dass positive und hohe Werte bedeuten, dass die Ressourcenausstattung weniger als ein Problem eingeschätzt wird als im OECD-Durchschnitt.

1. Staatliche oder öffentliche Schulen: Schulen, die der direkten Kontrolle oder Verwaltung folgender Einrichtungen unterstehen: a) einer Behörde oder einem Amt für Bildungswesen, b) einer Regulierungsbehörde selbst oder einem Direktorium, dessen Mitglieder zumeist von einer öffentlichen Stelle ernannt oder öffentlich gewählt werden.
2. Vom Staat abhängige Privatschulen: Schulen, die mehr als 50% ihrer Kernfinanzierung (Mittel zur Finanzierung der grundlegenden Bildungsleistungen der Institution) von staatlichen Stellen erhalten.
3. Vom Staat unabhängige Privatschulen: Schulen, die weniger als 50% ihrer Kernfinanzierung (Mittel zur Finanzierung der grundlegenden Bildungsleistungen der Institution) von staatlichen Stellen erhalten.
4. Die Beteiligungsquote ist zu niedrig, um die Vergleichbarkeit zu gewährleisten (siehe Anhang A3).

Tabelle 5.19 *(Fortsetzung)*

Prozentualer Anteil der Schüler und Leistungen auf den Gesamtskalen für Mathematik und Lesekompetenz, nach Schultyp

Die Ergebnisse basieren auf Angaben der Schulleitungen und beziehen sich auf den jeweiligen zahlenmäßigen Anteil der 15-Jährigen in den Schulen

		Vom Staat unabhängige Privatschulen[3]					
				Leistungen auf der Mathematikskala		Leistungen auf der Lesekompetenzskala	
		% der Schüler	S.E.	Mittelwert	S.E.	Mittelwert	S.E.
OECD-Länder	Australien	w	w	w	w	w	w
	Österreich	1.3	(0.6)	c	c	c	c
	Belgien	w	w	w	w	w	w
	Kanada	1.9	(0.3)	c	c	c	c
	Tschech. Republik	0.9	(0.5)	c	c	c	c
	Dänemark	0.5	(0.5)	c	c	c	c
	Finnland	0.0	(0.0)	a	a	a	a
	Frankreich	w	w	w	w	w	w
	Deutschland	0.4	(0.4)	c	c	c	c
	Griechenland	2.6	(1.9)	c	c	c	c
	Ungarn	1.2	(0.8)	c	c	c	c
	Island	0.5	(0.1)	c	c	c	c
	Irland	0.9	(0.9)	c	c	c	c
	Italien	3.5	(1.3)	452	(35.4)	478	(23.0)
	Japan	26.4	(1.8)	513	(7.5)	478	(7.2)
	Korea	21.7	(3.4)	593	(9.6)	573	(7.9)
	Luxemburg	0.0	(0.0)	a	a	a	a
	Mexiko	13.2	(1.9)	430	(8.9)	454	(6.6)
	Niederlande	0.0	(0.0)	a	a	a	a
	Neuseeland	4.6	(0.6)	579	(17.1)	583	(17.8)
	Norwegen	0.0	(0.0)	a	a	a	a
	Polen	0.4	(0.3)	c	c	c	c
	Portugal	2.1	(1.2)	c	c	c	c
	Slowak. Republik	0.0	(0.0)	a	a	a	a
	Spanien	7.7	(1.7)	520	(9.7)	515	(9.4)
	Schweden	0.0	(0.0)	a	a	a	a
	Schweiz	3.8	(0.7)	497	(23.2)	487	(9.7)
	Türkei	1.0	(1.0)	c	c	c	c
	Vereinigte Staaten	5.7	(1.0)	507	(9.1)	531	(9.6)
	OECD insgesamt	***8.0***	***(0.5)***	***515***	***(4.9)***	***506***	***(4.3)***
	OECD-Durchschnitt	***3.8***	***(0.2)***	***530***	***(5.2)***	***520***	***(4.4)***
Partnerländer	Brasilien	12.6	(2.3)	454	(11.3)	487	(9.2)
	Hongkong (China)	0.4	(0.3)	c	c	c	c
	Indonesien	44.5	(2.6)	345	(7.0)	368	(6.1)
	Lettland	1.0	(0.7)	c	c	c	c
	Liechtenstein	c	c	c	c	c	c
	Macau (China)	45.8	(0.2)	529	(5.2)	498	(3.8)
	Russ. Föderation	0.3	(0.2)	c	c	c	c
	Serbien	0.0	(0.0)	a	a	a	a
	Thailand	6.0	(1.6)	428	(13.7)	430	(14.3)
	Tunesien	m	m	m	m	m	m
	Uruguay	14.1	(0.8)	501	(6.1)	524	(6.1)
	Verein. Königreich[4]	5.3	(0.9)	589	(9.0)	583	(12.2)

		Leistungsunterschiede auf der Gesamtskala Mathematik zwischen öffentl. und privaten Schulen (vom Staat abhängig und unabhängig)		Der Index des wirtschaftlichen, sozialen und kulturellen Status						Leistungsunterschiede auf der Gesamtskala Mathematik zwischen öffentl. und Privatschulen nach Berücksichtigung des Index des wirtschaftl., sozialen und kulturellen Status			
				Öffentliche Schulen		Privatschulen (vom Staat abhängig und unabhängig)		Differenz		Schüler		Schüler und Schulen	
		Differenz	S.E.	Indexmittel	S.E.	Indexmittel	S.E.	Differenz	S.E.	Differenz	S.E.	Differenz	S.E.
OECD-Länder	Australien	w	w	w	w	w	w	**w**	w	w	w	w	w
	Österreich	–18	(12.0)	0.04	(0.03)	0.29	(0.11)	**–0.25**	(0.12)	–5	(10.4)	–3	(2.7)
	Belgien	w	w	w	w	w	w	w	w	w	w	w	w
	Kanada	**–41**	(8.3)	0.42	(0.02)	0.88	(0.07)	**–0.46**	(0.07)	**–26**	(6.1)	–4	(3.2)
	Tschech. Republik	3	(13.5)	0.16	(0.02)	0.25	(0.12)	–0.09	(0.13)	14	(9.8)	**29**	(4.4)
	Dänemark	4	(7.1)	0.20	(0.03)	0.22	(0.06)	–0.03	(0.07)	5	(5.2)	**7**	(3.1)
	Finnland	5	(12.3)	0.23	(0.02)	0.47	(0.13)	–0.24	(0.13)	13	(10.7)	**16**	(6.8)
	Frankreich	w	w	w	w	w	w	w	w	w	w	w	w
	Deutschland	**–66**	(13.7)	0.10	(0.03)	0.82	(0.07)	**–0.71**	(0.08)	**–30**	(10.5)	**14**	(2.5)
	Griechenland	c	c	–0.20	(0.04)	c	c	c	c	c	c	c	c
	Ungarn	–17	(18.1)	–0.09	(0.03)	0.13	(0.11)	–0.21	(0.13)	–5	(12.7)	**16**	(4.7)
	Island	c	c	0.68	(0.01)	c	c	c	c	c	c	c	c
	Irland	**–31**	(5.0)	–0.30	(0.03)	0.10	(0.04)	**–0.40**	(0.06)	**–16**	(3.9)	–2	(2.5)
	Italien	22	(22.4)	–0.12	(0.03)	0.14	(0.07)	**–0.26**	(0.07)	32	(22.3)	**27**	(4.1)
	Japan	**31**	(8.6)	–0.12	(0.02)	0.08	(0.05)	**–0.20**	(0.05)	**40**	(6.8)	**64**	(1.3)
	Korea	**–28**	(10.1)	–0.31	(0.05)	0.05	(0.04)	**–0.36**	(0.07)	–14	(8.2)	**9**	(1.9)
	Luxemburg	**35**	(3.3)	0.22	(0.02)	–0.02	(0.04)	**0.24**	(0.04)	**28**	(3.6)	**16**	(3.9)
	Mexiko	**–55**	(9.8)	–1.32	(0.05)	–0.16	(0.13)	**–1.16**	(0.14)	**–26**	(8.0)	**17**	(2.1)
	Niederlande	–25	(16.4)	0.02	(0.07)	0.09	(0.03)	–0.07	(0.09)	–10	(10.5)	–2	(2.0)
	Neuseeland	**–57**	(17.3)	0.19	(0.02)	0.89	(0.13)	**–0.69**	(0.13)	**–25**	(12.2)	5	(4.7)
	Norwegen	c	c	0.60	(0.02)	c	c	c	c	c	c	c	c
	Polen	c	c	–0.21	(0.02)	c	c	c	c	c	c	c	c
	Portugal	–19	(16.9)	–0.65	(0.04)	–0.34	(0.32)	–0.31	(0.32)	–11	(10.3)	1	(5.2)
	Slowak. Republik	**–27**	(10.3)	–0.11	(0.03)	0.10	(0.07)	**–0.21**	(0.08)	**–16**	(8.1)	–3	(1.8)
	Spanien	**–36**	(5.4)	–0.52	(0.05)	0.06	(0.06)	**–0.58**	(0.08)	**–19**	(4.3)	–3	(1.6)
	Schweden	–8	(11.3)	0.24	(0.03)	0.59	(0.10)	**–0.35**	(0.10)	7	(7.9)	**16**	(5.1)
	Schweiz	21	(22.3)	–0.09	(0.03)	0.27	(0.08)	**–0.35**	(0.09)	39	(21.3)	**72**	(7.0)
	Türkei	c	c	–1.03	(0.06)	c	c	c	c	c	c	c	c
	Vereinigte Staaten	**–24**	(9.9)	0.29	(0.03)	0.70	(0.09)	**–0.41**	(0.09)	–4	(8.4)	**12**	(5.2)
	OECD insgesamt	***–40***	***(3.4)***	***–0.12***	***(0.01)***	***0.20***	***(0.02)***	***–0.33***	***(0.03)***	***–24***	***(2.9)***	***–8***	***(0.5)***
	OECD-Durchschnitt	***–33***	***(1.7)***	***–0.04***	***(0.01)***	***0.17***	***(0.02)***	***–0.22***	***(0.02)***	***–24***	***(1.4)***	***–9***	***(0.7)***
Partnerländer	Brasilien	**–112**	(13.5)	–1.14	(0.05)	0.35	(0.08)	**–1.49**	(0.10)	**–74**	(13.8)	**–9**	(4.0)
	Hongkong (China)	32	(28.0)	–0.78	(0.03)	–0.49	(0.25)	–0.29	(0.25)	41	(21.2)	**82**	(3.3)
	Indonesien	**29**	(8.1)	–1.21	(0.06)	–1.31	(0.06)	0.10	(0.08)	**27**	(7.2)	**13**	(1.2)
	Lettland	c	c	0.11	(0.03)	c	c	c	c	c	c	c	c
	Liechtenstein	c	c	c	c	c	c	c	c	c	c	c	c
	Macau (China)	**–46**	(10.2)	–1.41	(0.12)	–0.87	(0.02)	**–0.53**	(0.12)	**–40**	(11.0)	–21	(11.4)
	Russ. Föderation	c	c	–0.10	(0.02)	c	c	c	c	c	c	c	c
	Serbien	a	a	–0.23	(0.03)	a	a	a	a	a	a	a	a
	Thailand	–7	(12.7)	–1.23	(0.03)	–0.84	(0.08)	**–0.39**	(0.09)	3	(12.1)	**18**	(2.2)
	Tunesien	m	m	m	m	m	m	m	m	m	m	m	m
	Uruguay	**–92**	(6.8)	–0.52	(0.03)	0.72	(0.06)	**–1.24**	(0.07)	**–54**	(6.8)	7	(4.6)
	Verein. Königreich[4]	**–87**	(8.3)	0.07	(0.02)	0.99	(0.06)	**–0.92**	(0.06)	**–50**	(7.6)	1	(2.5)

Anmerkung: Statistisch signifikante Werte sind durch Fettdruck gekennzeichnet (siehe Anhang A4). Die Skala wurde umgepolt, so dass positive und hohe Werte bedeuten, dass die Ressourcenausstattung weniger als ein Problem eingeschätzt wird als im OECD-Durchschnitt.

1. Staatliche oder öffentliche Schulen: Schulen, die der direkten Kontrolle oder Verwaltung folgender Einrichtungen unterstehen: a) einer Behörde oder einem Amt für Bildungswesen, b) einer Regulierungsbehörde selbst oder einem Direktorium, dessen Mitglieder zumeist von einer öffentlichen Stelle ernannt oder öffentlich gewählt werden.
2. Vom Staat abhängige Privatschulen: Schulen, die mehr als 50% ihrer Kernfinanzierung (Mittel zur Finanzierung der grundlegenden Bildungsleistungen der Institution) von staatlichen Stellen erhalten.
3. Vom Staat unabhängige Privatschulen: Schulen, die weniger als 50% ihrer Kernfinanzierung (Mittel zur Finanzierung der grundlegenden Bildungsleistungen der Institution) von staatlichen Stellen erhalten.
4. Die Beteiligungsquote ist zu niedrig, um die Vergleichbarkeit zu gewährleisten (siehe Anhang A3).

Tabelle 5.20

Stärke des bei den Mathematikleistungen beobachteten Zusammenhangs zwischen sozioökonomischem Kontext auf Schul- und Schülerebene und Ressourcenausstattung der Schule

		Varianz zwischen Schulen, erklärt durch den sozioökonomischen Kontext auf Schul- und Schülerebene (in %)	Varianz zwischen Schulen, erklärt durch Ressourcenausstattung, nach Ausklammerung des Effekts des sozioökonomischen Kontextes (in %)	Gemeinsame Varianz, erklärt durch sozioökonomischen Kontext und die Ressourcenausstattung der Schule (in %)
OECD-Länder	Australien	44.7	2.0	28.6
	Österreich	36.7	3.8	32.4
	Belgien	34.4	6.5	43.6
	Kanada	38.1	5.9	9.2
	Tschech. Republik	38.4	2.7	36.7
	Dänemark	49.8	6.0	23.3
	Finnland	17.4	–1.9	9.1
	Frankreich	w	w	w
	Deutschland	36.3	5.5	32.1
	Griechenland	63.9	1.7	4.9
	Ungarn	68.5	0.7	12.7
	Island	38.8	–31.1	3.5
	Irland	61.9	0.0	23.6
	Italien	52.6	3.1	8.0
	Japan	54.9	1.3	25.2
	Korea	47.6	0.7	22.9
	Luxemburg	77.2	–0.2	13.8
	Mexiko	52.5	–0.1	12.2
	Niederlande	37.2	1.9	41.2
	Neuseeland	51.6	2.8	29.3
	Norwegen	47.3	6.6	3.1
	Polen	62.7	1.6	10.1
	Portugal	31.0	6.5	25.5
	Slowak. Republik	54.7	0.9	20.3
	Spanien	42.5	3.0	18.7
	Schweden	48.2	5.1	16.6
	Schweiz	52.3	1.1	11.3
	Türkei	57.8	0.1	15.6
	Vereinigte Staaten	60.6	0.2	14.0
	OECD-Durchschnitt	***49.1***	***1.4***	***19.0***
Partnerländer	Brasilien	m	m	m
	Hongkong (China)	25.4	20.1	27.6
	Indonesien	32.8	1.2	13.1
	Lettland	26.0	1.2	25.4
	Liechtenstein	c	c	c
	Macau (China)	23.4	12.3	9.7
	Russ. Föderation	22.2	5.3	19.1
	Serbien	63.9	1.0	1.9
	Thailand	11.3	4.1	45.0
	Tunesien	30.5	3.0	25.2
	Uruguay	43.4	6.0	28.4
	Verein. Königreich[1]	65.2	3.2	3.0

Anmerkung: Die Schätzungen basieren auf dem kombinierten Effekt der Variablen sozioökonomischer Kontext und Ressourcenausstattung auf Schulebene. Der sozioökonomische Kontext wird gemessen an: Index des wirtschaftlichen, sozialen und kulturellen Status, Geburtsort, im Elternhaus gesprochene Sprache, Zahl der Bücher im Elternhaus, Index des Besitzes von "klassischen" Kulturgütern im Elternhaus, Geschlecht, Durchschnitt der Schule auf dem Index des wirtschaftlichen, sozialen und kulturellen Status, Standort der Schule (ländliche Gegend/Stadt), Schultyp (öffentlich/privat). Die Ressourcenausstattung wird gemessen an: Klassengröße, Schulgröße, Schulgröße quadriert, Schüler/Lehrer-Quote, Index der Qualität der Ausstattung mit Lehr- und Sachmitteln, Index des Lehrermangels (siehe Anhang A1). Die Analyse wird für die gesamte Schülerpopulation der OECD-Länder durchgeführt, wobei die Länder das gleiche Gewicht erhalten. Das daraus resultierende internationale Modell wird dann auf jedes Land angewendet, um die Effekte auf Länderebene zu schätzen.

1. Die Beteiligungsquote ist zu niedrig, um die Vergleichbarkeit zu gewährleisten (siehe Anhang A3).

Tabelle 5.21a

Effekte schul- und schülerbezogener Faktoren auf die Leistungen auf der Gesamtskala Mathematik für alle OECD-Länder zusammen

		Modell 1		Modell 2		Modell 3		Modell 4		Modell 5	
Auffangvariable		**502**	(6.0)	**507**	(5.0)	**506**	(5.0)	**499**	(5.0)	**501**	(7.2)
Schülermerkmale											
Schüler ist weiblich				**-14.8**	**(1.32)**	**-15.0**	**(1.39)**	**-15.3**	**(1.40)**		
Schüler ist im Ausland geboren				**-12.1**	**(3.04)**	**-12.2**	**(3.02)**	**-12.3**	**(2.97)**		
Schüler spricht zu Hause meistens oder immer eine andere Sprache als die Testsprache				**-10.1**	**(2.28)**	**-10.1**	**(2.21)**	**-10.2**	**(2.18)**		
Schüler nahm mindestens 1 Jahr an Vorschulunterricht teil				**8.4**	**(1.84)**	**7.9**	**(1.83)**	**8.0**	**(1.82)**		
Index des wirtschaftlichen, sozialen und kulturellen Status	1 = OECD Standardabweichung			**24.1**	**(1.55)**	**22.0**	**(1.70)**	**22.0**	**(1.70)**		
Durchschnitt der Schule auf dem Index des wirtschaftlichen, sozialen und kulturellen Status	1 = OECD Standardabweichung					**63.3**	**(5.35)**	**52.9**	**(4.34)**		
Schulmerkmale											
Schule befindet sich in einer ländlichen Gegend (weniger als 3 000 Einwohner)								**8.7**	**(1.86)**	**-2.6**	**(3.16)**
Es handelt sich um eine öffentliche Schule								**7.3**	**(3.49)**	**-11.3**	**(3.90)**
Schulgröße[1]	100 Schüler							**1.7**	**(0.26)**	**4.7**	**(0.53)**
Schulgröße, quadriert[1]								**0.0**	**(0.01)**	**-0.1**	**(0.01)**
Ressourcenausstattung der Schule											
Schüler/Lehrer-Quote[1]	Schüler je Lehrer							0.0	(0.43)	0.7	(0.88)
Schüler/Lehrer-Quote, quadriert[1]								0.0	(0.01)	0.0	(0.01)
Index der Qualität der Ausstattung mit Lehr- und Sachmitteln	1 = OECD Standardabweichung							**1.7**	**(0.81)**	**2.4**	**(1.22)**
Index des Lehrermangels	1 = OECD Standardabweichung							**-1.2**	**(0.82)**	**-3.7**	**(1.38)**
Schulklima											
Index der Stimmung und Arbeitshaltung der Schüler aus Schulleitersicht	1 = OECD Standardabweichung							**2.5**	**(0.63)**	**10.2**	**(0.84)**
Index der Stimmung und Arbeitshaltung der Lehrkräfte aus Schulleitersicht	1 = OECD Standardabweichung							-0.8	(0.61)	-1.0	(0.71)
Index der lehrkräftebezogenen Faktoren für das Schulklima aus Schulleitersicht	1 = OECD Standardabweichung							-0.6	(0.90)	-1.4	(1.26)
Index der Schuldisziplin	1 = OECD Standardabweichung							**27.1**	**(1.64)**	**41.1**	**(3.37)**
Index des Zugehörigkeitsgefühls zur Schule	1 = OECD Standardabweichung							2.8	(3.07)	**14.6**	**(4.74)**
Schlechtes Schüler-Lehrer-Verhältnis	1 = Oberster Bereich							**-74.4**	**(17.06)**	-51.0	(42.23)
Schulpolitik und -praxis											
Gute bish. Leistungen oder Empfehlung der letzten Schule als hohe Priorität oder Vorbedingung für die Aufnahme in die Schule								**11.6**	**(3.16)**	**17.9**	**(4.97)**
Bisherige Leistungen oder Empfehlungen der letzten Schule werden bei Aufnahmeentscheidungen NICHT berücksichtigt								1.8	(1.47)	-1.1	(1.94)
Geschätzte Häufigkeit Einsatzes standard Tests, pro Jahr[1]	je zusätzlichen Test							-0.4	(0.38)	**-0.9**	**(0.45)**
Geschätzte Häufigkeit Einsatzes Klassenarbeiten, pro Jahr[1]	je zusätzlichen Test							0.3	(0.14)	**0.7**	**(0.25)**
Einteilung in Leistungsgruppen in allen Klassen								-2.1	(1.62)	-3.5	(2.06)
Innerhalb der Schule keine Einteilung in Leistungsgruppen im Mathematikunterricht								**5.4**	**(2.07)**	**8.6**	**(3.38)**
Schule bietet Zusatzunterricht an (0=nein, 1=Nachhilfeunterricht oder Neigungskurse, 2=beides)	je zusätzliche Aktivität							0.6	(0.72)	2.6	(1.35)
Schule bietet mathematikbezogene Zusatzaktivitäten an (0=keine, 1,2,3=Zahl der angebotenen Aktivitäten)	je zusätzliche Aktivität							**2.4**	**(1.19)**	**6.7**	**(2.24)**
Zahl der auf Schulebene getroffenen Entscheidungen in Personal- und Haushaltsfragen								**-1.6**	**(0.54)**	0.3	(0.70)
Zahl der auf Schulebene getroffenen Entscheidungen in Lehrinhalts- und Prüfungsfragen								0.3	(0.67)	-0.9	(1.07)
Prozentsatz der erklärten Varianz											
zwischen den Ländern				33.2		44.2		53.6		22.4	
zwischen den Schulen				32.2		63.6		71.4		36.0	
zwischen den Schülern				7.5		7.5		7.6		0.0	
Prozentsatz der Varianz											
zwischen den Ländern		10									
zwischen den Schulen		28									
zwischen den Schülern		61									

Anmerkung: Statistisch signifikante Werte sind durch Fettdruck gekennzeichnet (siehe Anhang A4). Als Ersatz für fehlende Variablen wurden in diesen Modellrechnungen Dummy-Variablen hinzugefügt.

1. Um den Ländermittelwert zentrierte Variable.

Tabelle 5.21b

Effekte schul- und schülerbezogener Faktoren auf die Leistungen auf der Gesamtskala Mathematik

Schülermerkmale

	Schüler ist weiblich		Schüler ist im Ausland geboren		Schüler spricht zu Hause zumeist oder immer eine andere Sprache als die Testsprache		Schüler nahm mindestens ein Jahr an Vorschulunterricht teil		Index des wirtschaftlichen, kulturellen und sozialen Status (je Indexeinheit)		Durchschnitt der Schule auf dem Index des wirtschaftlichen, sozialen und kulturellen Status (je Indexeinheit)	
	Effekt	**S.E.**	**Effekt**	**S.E.**	**Effekt**	**S.E.**	**Effekt**	**S.E.**	**Effekt**	**S.E.**	**Effekt**	**S.E.**
OECD-Länder												
Australien	**–8.25**	(1.61)	–2.43	(2.54)	0.21	(3.04)	**4.50**	(1.53)	**25.66**	(1.05)	**42.86**	(4.96)
Österreich	**–18.45**	(2.45)	**–19.60**	(4.44)	**–16.02**	(4.80)	–3.75	(2.62)	**7.03**	(1.44)	**41.64**	(7.57)
Belgien	**–25.48**	(1.78)	**–23.38**	(3.40)	**–27.40**	(4.28)	**38.76**	(3.53)	**21.34**	(1.04)	**51.72**	(5.19)
Kanada	**–14.72**	(0.98)	**–5.89**	(1.95)	**–10.31**	(1.97)	**13.74**	(1.04)	**24.60**	(0.66)	**25.53**	(3.20)
Tschech. Republik	**–22.88**	(1.91)	–3.04	(8.05)	2.51	(10.10)	2.14	(2.16)	**20.88**	(1.29)	**72.60**	(6.26)
Dänemark	**–16.30**	(2.58)	**–24.55**	(6.11)	–5.01	(7.36)	**16.16**	(2.78)	**35.47**	(1.68)	**25.66**	(5.19)
Finnland	**–9.64**	(2.04)	**–23.28**	(8.04)	**–46.00**	(10.76)	3.23	(2.22)	**32.63**	(1.31)	–2.05	(6.17)
Frankreich	w	w	w	w	w	w	w	w	w	w	w	w
Deutschland	**–29.81**	(2.06)	–6.01	(4.05)	**–19.99**	(4.60)	**17.35**	(2.86)	**12.44**	(1.26)	**66.12**	(5.74)
Griechenland	**–24.44**	(2.31)	–3.71	(4.74)	9.91	(7.60)	**7.97**	(2.44)	**15.28**	(1.35)	**63.74**	(7.02)
Ungarn	**–24.16**	(2.08)	–3.39	(5.97)	–14.48	(12.77)	7.73	(4.11)	**12.38**	(1.42)	**70.99**	(5.62)
Island	**15.67**	(3.00)	–0.97	(6.56)	**–35.05**	(12.34)	–2.62	(4.90)	**28.02**	(2.05)	3.90	(8.82)
Irland	**–17.85**	(2.81)	–0.94	(5.05)	–15.02	(14.85)	**–14.35**	(2.69)	**28.63**	(1.57)	**36.06**	(4.95)
Italien	**–23.45**	(1.48)	**–9.58**	(4.42)	6.24	(6.22)	**9.43**	(1.92)	**7.44**	(0.75)	**70.66**	(5.11)
Japan	**–17.88**	(2.27)	11.27	(17.70)	**–114.40**	(22.33)	**20.24**	(5.96)	**3.76**	(1.61)	**106.09**	(11.53)
Korea	**–16.57**	(2.75)	29.95	(21.74)	**–86.41**	(27.68)	**–6.40**	(2.87)	**13.43**	(1.35)	**60.76**	(8.29)
Luxemburg	**–23.33**	(2.52)	**–9.03**	(3.53)	**–10.71**	(3.59)	**13.28**	(2.98)	**14.11**	(1.33)	20.86	(16.75)
Mexiko	**–15.94**	(0.77)	**–36.98**	(2.85)	**–19.79**	(4.49)	**7.98**	(0.85)	**5.31**	(0.41)	**40.33**	(2.19)
Niederlande	**–13.16**	(1.92)	**–18.45**	(4.75)	**–17.74**	(5.27)	**18.95**	(4.18)	**12.30**	(1.25)	**85.38**	(9.94)
Neuseeland	**–9.70**	(2.90)	–4.14	(4.14)	–8.00	(5.51)	**11.09**	(2.98)	**32.33**	(1.58)	**46.15**	(7.42)
Norwegen	**–7.69**	(2.65)	**–25.45**	(7.00)	–4.14	(7.84)	**12.04**	(3.34)	**39.50**	(1.84)	**18.20**	(7.43)
Polen	**–6.16**	(2.43)	–20.88	(59.40)	–37.94	(29.98)	**6.78**	(2.60)	**37.19**	(1.72)	**31.43**	(7.59)
Portugal	**–16.19**	(2.09)	**–9.12**	(4.50)	8.42	(9.57)	–0.24	(2.15)	**17.60**	(0.96)	**19.90**	(4.76)
Slowak. Republik	**–24.54**	(1.78)	–1.87	(7.61)	**–22.35**	(8.66)	3.92	(2.00)	**22.40**	(1.22)	**78.12**	(5.35)
Spanien	**–12.20**	(1.53)	**–20.44**	(4.00)	4.56	(6.16)	**18.66**	(2.12)	**20.64**	(0.88)	**29.45**	(4.06)
Schweden	**–6.84**	(2.49)	**–40.71**	(5.50)	**–15.45**	(6.19)	**6.85**	(2.61)	**34.78**	(1.55)	**14.99**	(5.97)
Schweiz	**–25.18**	(1.69)	**–31.14**	(2.87)	**–23.79**	(3.54)	–0.49	(1.99)	**23.22**	(1.13)	**62.90**	(5.60)
Türkei	**–21.51**	(2.14)	–17.44	(10.09)	–12.20	(9.68)	**10.23**	(4.03)	**8.71**	(1.19)	**64.76**	(6.88)
Vereinigte Staaten	**–10.65**	(2.24)	–4.45	(5.01)	3.55	(4.96)	**–18.07**	(3.75)	**30.31**	(1.44)	**37.29**	(4.98)
Partnerländer												
Brasilien	**–19.25**	(2.27)	–5.07	(18.64)	–27.34	(16.34)	**10.34**	(2.43)	**4.74**	(1.31)	**47.72**	(6.59)
Hongkong (China)	**–19.45**	(2.41)	**–10.01**	(2.86)	**–27.30**	(5.27)	**38.13**	(3.60)	1.52	(1.51)	**66.64**	(10.23)
Indonesien	**–8.97**	(1.20)	–16.39	(12.66)	–7.98	(4.15)	**5.17**	(1.55)	0.65	(0.69)	**46.26**	(4.40)
Lettland	**–8.42**	(2.29)	**18.20**	(6.99)	**–11.60**	(4.59)	0.49	(2.39)	**28.42**	(1.67)	**27.69**	(10.37)
Russ. Föderation	**–17.13**	(2.06)	**–12.30**	(3.35)	**–12.73**	(5.61)	**12.01**	(2.49)	**21.03**	(1.49)	**38.82**	(10.17)
Serbien	**–21.07**	(2.38)	**9.50**	(3.99)	**–25.89**	(8.68)	–1.34	(2.29)	**15.29**	(1.40)	**58.65**	(6.93)
Thailand	2.25	(1.99)	25.24	(31.50)	0.00	a	**7.05**	(2.29)	**7.04**	(1.21)	**34.71**	(7.02)
Tunesien	**–21.85**	(1.82)	**–16.86**	(7.87)	20.23	(15.72)	3.73	(2.30)	**6.66**	(0.93)	**37.80**	(5.69)
Uruguay	**–19.14**	(2.08)	–8.94	(5.42)	**–17.02**	(7.88)	**11.15**	(2.29)	**11.37**	(1.19)	**55.23**	(7.02)
Verein. Königreich[1]	**–12.53**	(1.67)	**–9.95**	(3.76)	–1.07	(4.58)	**5.34**	(1.78)	**30.13**	(1.01)	**46.84**	(4.60)

Schulmerkmale

	Schule befindet sich in einer ländlichen Gegend, d.h. in einer Gemeinde mit weniger als 3 000 Einwohnern		Öffentliche oder private Schule		Index der Schulgröße (je 100 Schüler)		Index der Schulgröße, quadriert (je 100 Schüler)	
	Effekt	**S.E.**	**Effekt**	**S.E.**	**Effekt**	**S.E.**	**Effekt**	**S.E.**
OECD-Länder								
Australien	7.87	(7.28)	0.00	a	2.18	(1.75)	–0.11	(0.08)
Österreich	–12.56	(8.21)	10.52	(10.66)	3.13	(1.70)	–0.04	(0.06)
Belgien	–13.37	(13.89)	–3.97	(5.62)	3.16	(2.42)	–0.15	(0.14)
Kanada	**8.85**	(3.35)	–5.53	(4.95)	1.83	(0.96)	–0.02	(0.04)
Tschech. Republik	5.32	(8.75)	**27.08**	(9.08)	1.31	(2.40)	–0.08	(0.12)
Dänemark	10.25	(6.10)	–0.34	(6.94)	6.85	(5.19)	–0.45	(0.51)
Finnland	10.21	(5.94)	13.63	(7.75)	3.90	(4.40)	–0.06	(0.44)
Frankreich	w	w	w	w	w	w	w	w
Deutschland	11.83	(10.98)	5.75	(10.68)	**5.86**	(1.91)	**–0.26**	(0.09)
Griechenland	5.83	(14.58)	–30.15	(128.86)	–2.03	(11.36)	–0.32	(1.38)
Ungarn	–7.82	(12.63)	7.48	(8.78)	4.41	(3.22)	–0.17	(0.22)
Island	–6.15	(10.19)	**70.67**	(33.15)	–3.56	(6.98)	0.11	(0.70)
Irland	–3.25	(4.61)	–0.26	(4.85)	1.90	(3.01)	–0.14	(0.19)
Italien	12.51	(21.49)	**33.50**	(12.68)	1.05	(2.23)	–0.03	(0.13)
Japan	0.00	a	34.10	(22.64)	3.48	(3.03)	–0.11	(0.11)
Korea	–19.69	(23.31)	**13.36**	(6.17)	–0.55	(3.64)	0.08	(0.15)
Luxemburg	0.00	a	**60.57**	(22.15)	–1.27	(3.48)	–0.04	(0.08)
Mexiko	**–8.05**	(3.43)	**10.61**	(4.39)	0.25	(0.36)	0.01	(0.01)
Niederlande	8.60	(27.26)	7.65	(8.46)	1.74	(2.47)	–0.04	(0.10)
Neuseeland	9.93	(8.61)	5.39	(12.34)	–0.39	(1.53)	0.03	(0.05)
Norwegen	2.09	(5.63)	–35.02	(19.41)	3.55	(9.79)	–0.36	(1.40)
Polen	4.44	(6.68)	0.79	(21.48)	1.85	(3.90)	–0.07	(0.31)
Portugal	0.87	(9.73)	–12.31	(13.44)	**5.98**	(1.89)	**–0.15**	(0.07)
Slowak. Republik	–2.05	(7.17)	–1.35	(6.22)	1.14	(3.45)	–0.05	(0.26)
Spanien	8.14	(8.08)	2.72	(8.03)	1.29	(1.41)	–0.06	(0.06)
Schweden	3.28	(4.71)	12.48	(9.03)	–1.13	(2.26)	0.15	(0.14)
Schweiz	8.19	(4.95)	**48.78**	(12.04)	1.61	(0.93)	–0.02	(0.02)
Türkei	36.48	(32.64)	4.99	(31.05)	2.41	(1.39)	–0.05	(0.04)
Vereinigte Staaten	**19.61**	(7.20)	10.97	(9.43)	1.80	(0.99)	–0.04	(0.03)
Partnerländer								
Brasilien	–11.55	(11.16)	17.68	(14.65)	1.34	(0.92)	–0.02	(0.02)
Hongkong (China)	0.00	a	**55.79**	(16.20)	4.35	(16.25)	–0.05	(0.77)
Indonesien	–4.02	(5.50)	–0.36	(9.32)	**1.98**	(0.78)	**–0.03**	(0.01)
Lettland	10.41	(8.52)	**79.07**	(27.34)	3.47	(4.10)	–0.10	(0.24)
Russ. Föderation	5.63	(11.84)	54.93	(43.46)	1.09	(2.99)	–0.02	(0.15)
Serbien	0.00	a	0.00	a	0.54	(1.88)	0.03	(0.08)
Thailand	–4.78	(8.10)	19.45	(11.61)	–0.49	(1.09)	0.03	(0.02)
Tunesien	1.46	(14.47)	0.00	a	4.23	(2.47)	–0.10	(0.09)
Uruguay	10.57	(11.19)	0.72	(16.56)	**6.94**	(2.53)	–0.22	(0.13)
Verein. Königreich[1]	–6.44	(6.00)	–6.94	(11.04)	1.66	(1.76)	–0.04	(0.07)

Anmerkung: Statistisch signifikante Werte sind durch Fettdruck gekennzeichnet (siehe Anhang A4). Als Ersatz für fehlende Variablen wurden in diesen Modellrechnungen Dummy-Variablen hinzugefügt.

1. Die Beteiligungsquote ist zu niedrig, um die Vergleichbarkeit zu gewährleisten (siehe Anhang A3).

Tabelle 5.21b *(Fortsetzung – 1)*

Effekte schul- und schülerbezogener Faktoren auf die Leistungen auf der Gesamtskala Mathematik

		Ressourcenausstattung der Schule							
		Schüler/Lehrer-Quote (1 Schüler pro Lehrer)		Schüler/Lehrer-Quote, quadriert		Index der Qualität der Ausstattung mit Lehr- und Sachmitteln (je Indexeinheit)		Index des Lehrermangels (je Indexeinheit)	
		Effekt	**S.E.**	**Effekt**	**S.E.**	**Effekt**	**S.E.**	**Effekt**	**S.E.**
OECD-Länder	Australien	1.67	(7.20)	0.03	(0.27)	1.00	(1.86)	2.23	(2.07)
	Österreich	0.75	(2.00)	–0.01	(0.04)	2.39	(2.90)	–4.32	(3.81)
	Belgien	2.96	(4.05)	–0.03	(0.18)	**5.92**	(2.18)	**–5.59**	(2.25)
	Kanada	**3.57**	(1.47)	**–0.09**	(0.04)	1.62	(1.24)	1.40	(1.31)
	Tschech. Republik	2.85	(2.14)	**–0.13**	(0.06)	0.73	(3.59)	**–16.26**	(4.92)
	Dänemark	4.54	(4.42)	–0.18	(0.20)	4.17	(2.69)	–4.70	(3.11)
	Finnland	4.26	(5.82)	–0.25	(0.29)	–0.10	(2.42)	0.51	(2.60)
	Frankreich	w	w	w	w	w	w	w	w
	Deutschland	–7.79	(5.99)	0.22	(0.17)	4.74	(2.95)	–0.97	(3.40)
	Griechenland	–9.34	(7.57)	0.52	(0.35)	–1.83	(4.35)	1.44	(3.06)
	Ungarn	–2.40	(1.49)	0.07	(0.04)	1.18	(3.27)	5.46	(4.60)
	Island	–5.10	(9.13)	0.22	(0.42)	–0.34	(3.21)	–3.45	(3.52)
	Irland	2.38	(2.08)	–0.04	(0.03)	–2.23	(2.04)	2.92	(2.44)
	Italien	–0.57	(1.35)	0.00	(0.02)	**10.29**	(2.61)	1.43	(3.19)
	Japan	–1.84	(4.66)	0.09	(0.17)	–1.95	(3.28)	–1.05	(3.09)
	Korea	14.00	(7.37)	**–0.44**	(0.22)	–1.35	(3.67)	5.30	(3.96)
	Luxemburg	15.46	(27.00)	–0.94	(1.35)	10.37	(7.52)	**–13.21**	(5.04)
	Mexiko	0.00	a	0.00	a	–0.31	(1.15)	1.13	(1.20)
	Niederlande	4.77	(5.32)	–0.14	(0.16)	2.68	(3.85)	–5.49	(4.56)
	Neuseeland	1.52	(4.95)	–0.02	(0.14)	4.20	(2.65)	–0.19	(3.09)
	Norwegen	–7.70	(10.17)	0.26	(0.48)	5.05	(3.11)	–1.65	(2.94)
	Polen	0.95	(3.46)	–0.03	(0.13)	–0.19	(2.75)	–2.28	(2.44)
	Portugal	–1.22	(1.41)	0.02	(0.02)	–2.62	(3.07)	–5.13	(3.36)
	Slowak. Republik	2.04	(2.92)	–0.09	(0.09)	4.55	(2.67)	–3.59	(3.35)
	Spanien	1.07	(1.44)	–0.04	(0.03)	2.14	(1.96)	–1.89	(1.69)
	Schweden	–1.83	(1.84)	0.08	(0.05)	–1.03	(2.31)	1.34	(2.13)
	Schweiz	–0.12	(1.20)	0.00	(0.03)	0.03	(2.27)	1.43	(2.57)
	Türkei	–0.83	(1.13)	0.00	(0.02)	1.53	(4.22)	–2.28	(3.81)
	Vereinigte Staaten	–0.71	(1.50)	0.03	(0.04)	1.42	(2.34)	0.91	(2.93)
Partnerländer	Brasilien	–0.80	(0.98)	0.01	(0.01)	5.11	(3.02)	–0.68	(2.89)
	Hongkong (China)	–4.75	(16.07)	0.36	(0.46)	2.44	(4.10)	3.39	(5.06)
	Indonesien	0.00	a	0.00	a	0.47	(2.08)	–0.33	(2.01)
	Lettland	–7.85	(6.77)	0.36	(0.25)	–1.53	(3.70)	7.61	(4.67)
	Russ. Föderation	–0.89	(1.42)	0.00	(0.03)	**8.17**	(3.42)	5.13	(3.29)
	Serbien	0.00	a	0.00	a	3.27	(3.34)	3.66	(4.25)
	Thailand	–1.44	(1.51)	0.02	(0.02)	–2.69	(3.60)	–0.86	(3.30)
	Tunesien	–16.26	(10.30)	0.29	(0.25)	–0.06	(3.52)	4.57	(5.00)
	Uruguay	–0.81	(1.03)	0.01	(0.02)	–2.35	(2.58)	0.64	(2.88)
	Verein. Königreich[1]	–1.36	(5.70)	0.07	(0.20)	–0.23	(1.88)	–2.56	(1.85)

		Schulklima											
		Index der Stimmung und Arbeitshaltung der Schüler aus Schulleitersicht (je Indexeinheit)		Index der Stimmung und Arbeitshaltung der Lehrkräfte aus Schulleitersicht (je Indexeinheit)		Index der lehrkräftebezogenen Faktoren für das Schulklima aus Schulleitersicht (je Indexeinheit)		Durchschnitt der Schule auf dem Index der Schuldisziplin (je Indexeinheit)		Index des Zugehörigkeitsgefühls auf Schulebene (je Indexeinheit)		Schlechtes Schüler-Lehrer-Verhältnis	
		Effekt	**S.E.**	**Effekt**	**S.E.**	**Effekt**	**S.E.**	**Effekt**	**S.E.**	**Effekt**	**S.E.**	**Effekt**	**S.E.**
OECD-Länder	Australien	**5.03**	(1.80)	–3.68	(1.92)	2.61	(2.25)	**20.73**	(5.23)	–11.56	(6.80)	**–254.14**	(61.02)
	Österreich	–3.99	(3.39)	–0.06	(3.28)	2.91	(3.32)	**27.15**	(5.57)	5.74	(8.17)	–73.88	(50.53)
	Belgien	–1.21	(2.98)	4.96	(2.62)	–1.77	(2.51)	**24.04**	(5.59)	**23.58**	(9.58)	–83.97	(58.90)
	Kanada	**3.15**	(1.33)	–2.16	(1.24)	**3.62**	(1.40)	**23.32**	(2.92)	–2.85	(3.62)	**–164.24**	(32.55)
	Tschech. Republik	–2.11	(3.40)	0.55	(3.23)	–2.51	(3.54)	**20.32**	(5.03)	–8.38	(9.20)	–51.88	(51.51)
	Dänemark	–0.25	(2.61)	–1.91	(2.57)	–1.87	(2.60)	**21.31**	(5.78)	–0.76	(6.88)	–90.76	(57.10)
	Finnland	**4.47**	(2.21)	0.54	(2.24)	–0.59	(2.46)	5.89	(4.95)	**–22.90**	(8.14)	**–164.11**	(60.53)
	Frankreich	w	w	w	w	w	w	w	w	w	w	w	w
	Deutschland	4.32	(3.13)	–3.06	(3.29)	–3.38	(4.74)	**29.09**	(6.45)	–16.72	(9.99)	–37.54	(58.45)
	Griechenland	–2.94	(3.81)	4.41	(3.78)	1.00	(2.52)	**34.11**	(12.91)	–7.69	(12.38)	–54.66	(67.72)
	Ungarn	–2.14	(3.34)	–1.88	(3.34)	1.31	(2.55)	**21.04**	(5.23)	11.39	(6.92)	69.43	(52.43)
	Island	0.80	(3.03)	1.68	(3.26)	–0.52	(3.24)	10.20	(5.48)	9.37	(8.64)	–63.33	(51.74)
	Irland	3.79	(2.48)	1.64	(2.00)	**5.60**	(2.46)	**14.47**	(4.69)	**–19.77**	(8.58)	–2.11	(46.86)
	Italien	3.82	(3.05)	–2.21	(3.18)	–1.46	(2.93)	**19.54**	(5.92)	–2.94	(8.86)	–61.82	(56.74)
	Japan	–0.19	(3.22)	–0.43	(3.80)	7.71	(4.51)	**32.08**	(7.21)	15.86	(16.19)	–49.66	(55.92)
	Korea	**8.54**	(3.47)	1.05	(3.69)	0.91	(2.59)	**46.19**	(10.73)	13.08	(14.66)	–102.10	(105.50)
	Luxemburg	12.36	(8.84)	–4.18	(5.84)	–5.55	(5.92)	12.03	(20.01)	**64.07**	(28.63)	–41.43	(138.47)
	Mexiko	–0.86	(1.22)	1.03	(1.23)	1.43	(1.30)	**29.50**	(3.31)	**9.67**	(3.75)	**–169.29**	(38.88)
	Niederlande	3.37	(4.65)	–6.09	(4.99)	7.27	(5.67)	10.79	(11.01)	12.59	(16.75)	–219.29	(114.66)
	Neuseeland	–2.61	(2.87)	–2.61	(2.74)	4.73	(3.22)	**24.71**	(7.10)	–14.85	(9.95)	–25.72	(72.63)
	Norwegen	–2.42	(2.71)	–1.46	(2.32)	0.00	(3.20)	**18.10**	(6.76)	–0.21	(7.09)	–55.71	(35.65)
	Polen	0.93	(2.57)	–1.73	(2.69)	–0.36	(2.51)	**16.50**	(5.52)	4.90	(9.50)	17.93	(52.41)
	Portugal	–1.33	(3.65)	–2.48	(3.05)	–0.39	(3.66)	**65.24**	(8.80)	18.84	(11.46)	157.00	(138.27)
	Slowak. Republik	–0.15	(2.47)	–2.33	(2.50)	–1.82	(2.37)	**22.39**	(5.10)	–11.43	(8.43)	–62.53	(42.24)
	Spanien	**6.34**	(2.42)	–0.89	(2.39)	–1.06	(2.00)	**20.49**	(4.28)	9.70	(5.49)	–9.33	(36.52)
	Schweden	**5.21**	(2.24)	1.68	(2.60)	–1.65	(2.57)	5.88	(5.60)	–1.41	(7.90)	**–178.54**	(66.44)
	Schweiz	1.73	(2.50)	3.44	(2.43)	**–12.66**	(2.90)	**23.60**	(4.57)	**20.17**	(6.01)	–27.17	(43.55)
	Türkei	–1.55	(3.94)	–0.80	(3.36)	–1.55	(2.93)	**63.11**	(11.11)	26.79	(17.79)	–2.13	(83.57)
	Vereinigte Staaten	1.71	(2.70)	–1.65	(2.49)	3.54	(3.32)	**30.98**	(5.64)	0.00	a	**–148.06**	(54.62)
								24.7					
Partnerländer	Brasilien	1.45	(3.25)	–2.22	(3.69)	–2.93	(2.85)	**55.49**	(10.73)	–9.68	(10.01)	–205.56	(127.58)
	Hongkong (China)	**12.34**	(4.64)	–1.01	(4.37)	–1.26	(2.69)	**49.36**	(12.89)	–8.51	(21.54)	18.86	(107.55)
	Indonesien	2.16	(2.30)	–2.41	(2.52)	–1.06	(1.40)	**17.01**	(6.58)	**22.53**	(10.86)	**–563.94**	(135.27)
	Lettland	3.60	(4.23)	0.09	(3.63)	1.87	(3.20)	**16.46**	(6.20)	**40.32**	(14.42)	–15.39	(107.82)
	Russ. Föderation	1.08	(4.62)	6.61	(3.77)	**5.26**	(2.57)	**33.93**	(7.48)	–15.05	(11.35)	93.50	(110.92)
	Serbien	3.06	(2.93)	**–7.68**	(3.15)	3.27	(3.02)	**60.22**	(9.62)	–3.10	(11.33)	49.59	(71.59)
	Thailand	–3.05	(2.82)	4.18	(3.02)	2.50	(3.54)	**31.75**	(10.63)	–0.76	(12.36)	**–647.60**	(261.44)
	Tunesien	–0.84	(2.89)	**7.96**	(2.99)	–0.15	(3.02)	**44.18**	(11.54)	–5.45	(11.17)	32.17	(68.46)
	Uruguay	0.24	(3.04)	–4.17	(3.52)	1.61	(2.84)	**35.81**	(6.85)	–2.87	(10.05)	–170.66	(89.76)
	Verein. Königreich[1]	1.36	(2.05)	–1.54	(2.03)	1.13	(2.54)	**17.99**	(4.49)	–2.75	(6.73)	**–113.54**	(48.89)

Anmerkung: Statistisch signifikante Werte sind durch Fettdruck gekennzeichnet (siehe Anhang A4). Als Ersatz für fehlende Variablen wurden in diesen Modellrechnungen Dummy-Variablen hinzugefügt.

1. Die Beteiligungsquote ist zu niedrig, um die Vergleichbarkeit zu gewährleisten (siehe Anhang A3).

Tabelle 5.21b *(Fortsetzung – 2)*

Effekte schul- und schülerbezogener Faktoren auf die Leistungen auf der Gesamtskala Mathematik

	Schulpolitik und -praxis									
	Gute bisherige Leistungen oder Empfehlung der letzten Schule als hohe Priorität oder Vorbedingung für die Aufnahme		Bisherige Leistungen oder Empfehlung der letzten Schule werden bei Aufnahmeentscheidungen NICHT berücksichtigt		Geschätzte Häufigkeit des Einsatzes von standardisierten Tests pro Jahr (je zusätzlichen Test)		Geschätzte Häufigkeit des Einsatzes von Klassenarbeiten (je zusätzlichen Test)		Einteilung in Leistungsgruppen in allen Klassen	
	Effekt	S.E.	Effekt	S.E.	Effekt	S.E.	Effekt	S.E.	Effekt	S.E.
OECD-Länder										
Australien	2.72	(3.99)	0.20	(3.40)	**–2.94**	(0.92)	–0.47	(0.44)	3.06	(3.04)
Österreich	11.07	(7.46)	–18.88	(9.75)	2.20	(1.84)	1.28	(0.73)	–4.54	(10.57)
Belgien	7.16	(4.56)	2.24	(4.65)	–0.48	(0.90)	0.64	(0.52)	2.23	(5.07)
Kanada	–4.46	(2.70)	–0.13	(2.48)	–0.08	(0.76)	0.67	(0.43)	1.63	(2.13)
Tschech. Republik	**15.78**	(5.55)	**–19.42**	(6.64)	–1.27	(1.70)	0.55	(0.67)	9.53	(7.85)
Dänemark	**–16.88**	(8.57)	–5.77	(4.23)	–0.44	(1.25)	0.95	(0.75)	0.10	(5.04)
Finnland	**15.34**	(7.60)	6.72	(4.30)	0.90	(1.86)	0.23	(0.56)	0.12	(5.44)
Frankreich	w	w	w	w	w	w	w	w	w	w
Deutschland	**17.72**	(6.03)	–1.13	(6.88)	–2.73	(1.41)	0.31	(0.67)	–7.85	(7.07)
Griechenland	18.57	(29.91)	9.07	(8.47)	0.23	(1.16)	–1.89	(1.12)	–9.94	(16.11)
Ungarn	**22.85**	(7.57)	–13.75	(9.45)	–2.16	(1.62)	0.87	(0.85)	–1.48	(7.08)
Island	30.48	(16.13)	10.47	(8.19)	0.86	(2.83)	–0.39	(0.89)	–1.97	(6.70)
Irland	5.39	(5.95)	–0.87	(3.91)	0.91	(1.16)	–0.27	(0.56)	5.60	(3.89)
Italien	–12.59	(7.95)	5.16	(5.34)	**–1.91**	(0.81)	0.21	(0.72)	**–16.43**	(6.30)
Japan	8.80	(8.71)	11.61	(34.32)	0.52	(1.51)	–0.35	(1.94)	5.41	(9.60)
Korea	6.64	(8.38)	2.15	(9.25)	**5.35**	(1.67)	2.44	(5.57)	2.19	(8.44)
Luxemburg	**31.02**	(8.84)	6.26	(21.14)	**–8.42**	(2.47)	**2.11**	(0.98)	**–39.25**	(16.17)
Mexiko	1.35	(2.59)	**–7.16**	(2.88)	–0.61	(0.38)	–0.41	(0.34)	0.53	(2.68)
Niederlande	16.17	(11.68)	30.48	(22.28)	–0.39	(1.06)	–1.58	(1.29)	1.47	(7.06)
Neuseeland	2.59	(6.37)	6.71	(5.04)	0.75	(0.56)	–1.05	(0.65)	–3.75	(4.24)
Norwegen	**29.79**	(13.10)	5.73	(5.65)	2.16	(1.45)	–0.68	(0.68)	4.67	(5.58)
Polen	–1.94	(5.45)	1.16	(5.10)	1.43	(1.11)	0.20	(0.58)	4.01	(4.58)
Portugal	–14.74	(20.65)	–2.45	(6.41)	–3.14	(4.36)	–0.87	(0.95)	–1.83	(5.62)
Slowak. Republik	**16.34**	(4.82)	6.17	(5.70)	0.61	(1.23)	–0.28	(0.58)	2.71	(4.79)
Spanien	–1.42	(9.19)	6.74	(5.36)	–0.23	(0.53)	0.11	(0.57)	–0.72	(3.68)
Schweden	**23.11**	(9.01)	3.10	(4.79)	–0.86	(1.05)	0.03	(0.59)	1.21	(3.67)
Schweiz	7.73	(5.25)	–0.37	(5.91)	0.63	(0.96)	0.68	(0.68)	**–11.56**	(4.28)
Türkei	11.87	(11.23)	–2.00	(7.45)	–0.13	(1.58)	0.80	(1.31)	8.50	(7.53)
Vereinigte Staaten	2.03	(6.06)	4.05	(5.49)	–0.69	(1.48)	2.16	(1.40)	–1.76	(4.33)
Partnerländer										
Brasilien	**30.76**	(12.26)	7.09	(7.99)	–0.95	(0.75)	1.27	(0.91)	–11.46	(7.19)
Hongkong (China)	7.98	(8.82)	–37.85	(37.41)	0.00	a	0.27	(0.90)	–7.50	(7.86)
Indonesien	0.10	(5.39)	–3.21	(8.43)	–1.60	(1.19)	0.08	(0.57)	–7.06	(5.95)
Lettland	**23.15**	(7.37)	–1.47	(7.40)	–1.50	(1.02)	0.66	(0.87)	3.27	(5.94)
Russ. Föderation	–0.40	(8.77)	0.14	(6.37)	0.14	(1.09)	–0.67	(0.94)	–6.66	(6.12)
Serbien	–6.63	(11.15)	–1.11	(25.85)	–0.04	(1.66)	–0.64	(1.11)	–3.11	(6.17)
Thailand	–2.75	(6.63)	6.76	(10.14)	0.54	(3.76)	0.41	(0.69)	–9.69	(6.46)
Tunesien	6.82	(6.88)	2.70	(7.42)	**1.81**	(0.89)	–1.10	(0.85)	–4.67	(9.78)
Uruguay	5.53	(8.86)	5.01	(6.87)	–0.45	(1.62)	1.17	(1.33)	–4.62	(6.91)
Verein. Königreich[1]	**28.56**	(5.61)	**11.47**	(4.30)	0.72	(0.96)	0.66	(0.45)	–3.44	(3.98)

	Schulpolitik und -praxis									
	Innerhalb der Schule keine Einteilung in Leistungsgruppen im Mathematikunterricht		Schule bietet Zusatzunterricht an (0=nein, 1=Nachhilfeunterricht oder Neigungskurse, 2=beides) (je zusätzliche Aktivität)		Schule bietet mathematikbezogene Aktivitäten an (0=keine, 1,2,3=Zahl der angebotenen Aktivitäten) (je zusätzliche Aktivität)		Zahl der auf Schulebene getroffenen Entscheidungen in Personal- und Haushaltsfragen		Zahl der auf Schulebene getroffenen Entscheidungen in Lehrinhalts- und Prüfungsfragen	
	Effekt	S.E.	Effekt	S.E.	Effekt	S.E.	Effekt	S.E.	Effekt	S.E.
OECD-Länder										
Australien	9.90	(8.31)	–0.78	(3.57)	2.35	(2.62)	–0.77	(1.13)	–2.67	(2.76)
Österreich	**30.92**	(12.73)	5.69	(4.38)	4.28	(5.43)	–1.13	(3.24)	–3.62	(2.56)
Belgien	–5.01	(4.56)	2.34	(2.91)	**14.03**	(4.09)	2.69	(2.34)	4.20	(2.19)
Kanada	–4.74	(4.83)	–0.47	(1.84)	0.83	(1.40)	–0.80	(0.69)	1.57	(1.11)
Tschech. Republik	6.28	(5.29)	4.07	(4.07)	–1.05	(2.97)	–1.17	(1.95)	–1.98	(2.87)
Dänemark	–7.87	(4.79)	3.67	(3.99)	6.91	(6.35)	0.14	(1.92)	–3.96	(2.36)
Finnland	2.00	(3.34)	–0.20	(2.59)	0.12	(3.03)	–0.27	(1.44)	0.50	(4.47)
Frankreich	w	w	w	w	w	w	w	w	w	w
Deutschland	11.05	(6.67)	–2.43	(3.67)	2.08	(4.11)	–1.99	(2.98)	–3.71	(2.47)
Griechenland	–4.68	(10.62)	4.16	(7.06)	2.44	(7.17)	–27.76	(45.95)	0.00	a
Ungarn	5.54	(6.47)	–0.92	(4.60)	**7.05**	(3.41)	2.35	(2.39)	–0.64	(4.05)
Island	–4.39	(7.07)	0.42	(5.20)	–1.48	(5.99)	1.43	(3.12)	–0.54	(2.95)
Irland	3.74	(11.35)	–6.51	(3.36)	0.45	(3.25)	–0.55	(1.78)	–4.61	(3.12)
Italien	0.54	(5.57)	–3.80	(4.82)	**7.20**	(2.89)	–2.45	(2.91)	**–9.31**	(4.22)
Japan	9.42	(6.93)	2.02	(4.59)	4.46	(5.47)	–1.41	(4.41)	–13.09	(12.82)
Korea	1.08	(5.96)	6.75	(4.91)	–0.78	(3.51)	0.92	(2.28)	5.43	(13.47)
Luxemburg	–12.96	(8.93)	–23.72	(12.49)	3.71	(4.99)	88.60	(68.06)	0.00	a
Mexiko	0.02	(2.84)	**5.07**	(1.67)	**2.91**	(1.47)	1.00	(0.71)	**–2.40**	(1.10)
Niederlande	9.26	(14.09)	–2.43	(4.85)	**20.23**	(7.19)	0.75	(4.19)	6.00	(12.76)
Neuseeland	43.21	(25.69)	5.97	(7.20)	–9.24	(5.25)	–3.22	(3.00)	6.58	(5.15)
Norwegen	11.26	(9.54)	1.21	(3.05)	2.25	(3.71)	–2.36	(1.76)	–1.15	(1.74)
Polen	8.58	(5.83)	1.91	(3.30)	–7.35	(4.91)	–3.48	(2.06)	4.79	(4.28)
Portugal	3.09	(6.53)	7.50	(6.19)	–3.88	(3.39)	2.60	(3.76)	–1.75	(2.33)
Slowak. Republik	9.31	(5.54)	0.98	(3.01)	**5.62**	(2.65)	–1.30	(1.73)	1.01	(1.90)
Spanien	4.12	(7.01)	0.82	(3.05)	**6.43**	(2.88)	0.51	(2.24)	1.24	(2.18)
Schweden	–7.89	(7.83)	0.41	(3.66)	3.68	(3.35)	–0.29	(1.76)	2.09	(2.98)
Schweiz	9.74	(5.40)	–1.19	(2.62)	7.05	(4.21)	2.46	(1.68)	0.84	(1.46)
Türkei	–2.43	(9.21)	–3.07	(4.43)	2.65	(6.10)	–5.50	(3.16)	0.04	(3.61)
Vereinigte Staaten	1.94	(12.75)	3.66	(4.15)	–1.92	(2.11)	0.87	(1.67)	2.07	(2.69)
Partnerländer										
Brasilien	2.13	(9.15)	5.68	(5.79)	1.56	(4.53)	**6.14**	(2.52)	3.42	(3.35)
Hongkong (China)	15.70	(9.57)	–4.22	(5.18)	3.37	(4.60)	0.98	(3.27)	–14.44	(14.99)
Indonesien	2.26	(6.49)	5.09	(4.30)	**12.44**	(3.09)	–0.57	(2.20)	3.16	(4.45)
Lettland	7.22	(9.88)	**12.15**	(6.14)	0.96	(4.13)	1.60	(2.86)	–0.88	(3.07)
Russ. Föderation	–0.17	(11.84)	6.39	(7.87)	–0.76	(3.98)	2.11	(2.00)	–2.28	(4.51)
Serbien	–13.61	(7.43)	1.15	(4.34)	5.11	(4.23)	0.16	(2.77)	–2.02	(3.45)
Thailand	8.89	(8.16)	2.05	(5.85)	1.19	(3.85)	1.24	(2.64)	–5.87	(8.89)
Tunesien	–7.33	(9.84)	–4.30	(7.54)	–5.85	(3.90)	6.82	(3.81)	–2.82	(3.34)
Uruguay	6.57	(7.06)	4.04	(4.92)	3.22	(3.77)	1.57	(2.46)	0.42	(2.72)
Verein. Königreich[1]	–10.32	(20.16)	–0.70	(2.24)	–0.26	(1.69)	**–3.80**	(1.26)	1.99	(4.95)

Anmerkung: Statistisch signifikante Werte sind durch Fettdruck gekennzeichnet (siehe Anhang A4). Als Ersatz für fehlende Variablen wurden in diesen Modellrechnungen Dummy-Variablen hinzugefügt.

1. Die Beteiligungsquote ist zu niedrig, um die Vergleichbarkeit zu gewährleisten (siehe Anhang A3)..

Tabelle 6.1

Prozentualer Anteil der Schülerinnen und Schüler auf den jeweiligen Kompetenzstufen der Gesamtskala Lesekompetenz

		Kompetenzstufen											
		Unter Stufe 1 (weniger als 335 Punkte)		Stufe 1 (335-407 Punkte)		Stufe 2 (408-480 Punkte)		Stufe 3 (481-552 Punkte)		Stufe 4 (553-625 Punkte)		Stufe 5 (über 626 Punkte)	
		%	S.E.	%	S.E.	%	S.E.	%	S.E.	%	S.E.	%	S.E.
OECD-Länder	Australien	3.6	(0.4)	8.2	(0.4)	18.3	(0.6)	28.4	(0.8)	26.9	(0.8)	14.6	(0.7)
	Österreich	7.3	(0.8)	13.4	(1.0)	22.6	(1.0)	27.4	(1.0)	21.0	(1.0)	8.3	(0.8)
	Belgien	7.8	(0.7)	10.0	(0.6)	18.2	(0.6)	26.0	(0.8)	25.4	(0.8)	12.5	(0.5)
	Kanada	2.3	(0.2)	7.3	(0.5)	18.3	(0.6)	31.0	(0.7)	28.6	(0.6)	12.6	(0.5)
	Tschech. Republik	6.5	(0.9)	12.9	(0.9)	24.7	(1.0)	30.3	(1.3)	19.3	(1.1)	6.4	(0.6)
	Dänemark	4.6	(0.6)	11.9	(0.7)	24.9	(1.1)	33.4	(1.1)	20.0	(1.0)	5.2	(0.5)
	Finnland	1.1	(0.2)	4.6	(0.4)	14.6	(0.6)	31.7	(0.8)	33.4	(0.7)	14.7	(0.7)
	Frankreich	6.3	(0.7)	11.2	(0.7)	22.8	(0.8)	29.7	(1.1)	22.5	(0.9)	7.4	(0.6)
	Deutschland	9.3	(0.8)	13.0	(0.9)	19.8	(0.8)	26.3	(0.8)	21.9	(1.0)	9.6	(0.6)
	Griechenland	10.2	(0.8)	15.0	(0.8)	25.0	(1.2)	27.3	(1.1)	16.8	(1.2)	5.7	(0.7)
	Ungarn	6.1	(0.7)	14.4	(0.9)	26.7	(0.9)	30.2	(1.1)	17.6	(1.1)	4.9	(0.6)
	Island	6.7	(0.6)	11.8	(0.7)	23.9	(0.8)	29.7	(1.0)	20.9	(0.8)	7.1	(0.6)
	Irland	2.7	(0.5)	8.3	(0.7)	21.2	(1.2)	32.4	(1.3)	26.2	(1.2)	9.3	(0.7)
	Italien	9.1	(0.9)	14.8	(0.8)	24.9	(0.8)	28.3	(1.0)	17.8	(0.7)	5.2	(0.3)
	Japan	7.4	(0.8)	11.6	(0.8)	20.9	(1.0)	27.2	(1.1)	23.2	(1.1)	9.7	(0.9)
	Korea	1.4	(0.3)	5.4	(0.6)	16.8	(1.0)	33.5	(1.2)	30.8	(1.1)	12.2	(1.1)
	Luxemburg	8.7	(0.4)	14.0	(0.7)	24.2	(0.7)	28.7	(1.0)	19.1	(0.9)	5.2	(0.4)
	Mexiko	24.9	(1.5)	27.1	(1.2)	27.5	(1.0)	15.6	(1.0)	4.3	(0.6)	0.5	(0.1)
	Niederlande	2.1	(0.5)	9.4	(0.9)	23.4	(1.1)	30.7	(1.3)	25.6	(1.1)	8.8	(0.7)
	Neuseeland	4.8	(0.5)	9.7	(0.6)	18.5	(0.9)	26.3	(0.9)	24.3	(0.9)	16.3	(0.8)
	Norwegen	6.4	(0.6)	11.8	(0.8)	21.4	(1.2)	29.0	(1.0)	21.5	(0.8)	10.0	(0.7)
	Polen	5.3	(0.5)	11.5	(0.7)	24.4	(0.8)	30.0	(0.9)	20.7	(0.9)	8.0	(0.6)
	Portugal	7.6	(0.9)	14.4	(0.9)	25.9	(1.0)	30.5	(1.1)	17.9	(1.0)	3.8	(0.5)
	Slowak. Republik	8.0	(0.8)	16.9	(1.0)	28.4	(1.0)	27.7	(1.1)	15.4	(0.7)	3.5	(0.4)
	Spanien	7.4	(0.7)	13.7	(0.7)	26.1	(0.7)	29.6	(0.8)	18.2	(0.9)	5.0	(0.5)
	Schweden	3.9	(0.5)	9.4	(0.7)	20.7	(1.0)	29.9	(1.5)	24.8	(1.2)	11.4	(0.7)
	Schweiz	5.4	(0.5)	11.3	(0.7)	22.7	(1.1)	30.9	(1.4)	21.9	(0.9)	7.9	(0.8)
	Türkei	12.5	(1.2)	24.3	(1.5)	30.9	(1.4)	20.8	(1.4)	7.7	(1.1)	3.8	(1.2)
	Vereinigte Staaten	6.5	(0.7)	12.9	(0.9)	22.7	(1.1)	27.8	(1.0)	20.8	(0.9)	9.3	(0.7)
	OECD insgesamt	*8.1*	*(0.3)*	*13.6*	*(0.3)*	*22.9*	*(0.4)*	*27.2*	*(0.4)*	*20.1*	*(0.3)*	*8.1*	*(0.2)*
	OECD-Durchschnitt	*6.7*	*(0.1)*	*12.4*	*(0.2)*	*22.8*	*(0.2)*	*28.7*	*(0.2)*	*21.3*	*(0.2)*	*8.3*	*(0.1)*
Partnerländer	Brasilien	26.9	(1.6)	23.1	(1.2)	25.2	(1.0)	16.5	(1.0)	6.3	(0.7)	1.9	(0.5)
	Hongkong (China)	3.4	(0.7)	8.6	(0.8)	20.0	(1.0)	35.1	(1.2)	27.1	(1.2)	5.7	(0.5)
	Indonesien	26.0	(1.5)	37.2	(1.2)	27.3	(1.1)	8.2	(0.9)	1.2	(0.3)	0.1	(0.1)
	Lettland	5.0	(0.6)	13.0	(1.0)	25.6	(1.2)	30.8	(1.3)	19.5	(1.3)	6.0	(0.7)
	Liechtenstein	2.5	(1.0)	7.9	(1.7)	18.7	(3.2)	30.3	(2.9)	27.6	(2.7)	13.0	(2.5)
	Macau (China)	1.0	(0.3)	8.7	(1.3)	27.8	(1.9)	41.4	(1.7)	19.4	(1.6)	1.7	(0.5)
	Russ. Föderation	12.8	(1.1)	21.3	(1.0)	30.4	(1.0)	24.5	(1.1)	9.3	(0.8)	1.7	(0.3)
	Serbien	17.1	(1.1)	29.6	(1.3)	33.3	(1.1)	16.4	(1.1)	3.5	(0.6)	0.2	(0.1)
	Thailand	13.5	(1.0)	30.5	(1.2)	34.3	(1.0)	17.0	(0.9)	4.1	(0.6)	0.5	(0.1)
	Tunesien	33.7	(1.3)	29.0	(0.9)	23.6	(0.9)	10.9	(0.8)	2.5	(0.4)	0.3	(0.1)
	Uruguay	20.2	(1.0)	19.6	(0.8)	23.9	(0.8)	19.8	(0.9)	11.2	(0.8)	5.3	(0.7)
	Verein. Königreich[1]	m	m	m	m	m	m	m	m	m	m	m	m

1. Die Beteiligungsquote ist zu niedrig, um die Vergleichbarkeit zu gewährleisten (siehe Anhang A3).

Tabelle 6.2

Mittelwert und Varianz der Schülerleistungen auf der Gesamtskala Lesekompetenz

		Alle Schüler			Perzentile											
		Mittelwert		Standardabweichung		5.		10.		25.		75.		90.		95.
		Punktzahl	S.E.	S.D.	S.E.	Punktzahl	S.E.	Punktzahl	S.E.	Punktzahl	S.E.	Punktzahl	S.E.	Punktzahl	S.E.	Punktzahl	S.E.
OECD-Länder	Australien	525	(2.1)	97	(1.5)	352	(4.8)	395	(3.6)	464	(3.0)	594	(2.5)	644	(2.7)	673	(3.1)
	Österreich	491	(3.8)	103	(2.3)	313	(7.5)	354	(6.3)	423	(4.9)	565	(4.2)	617	(3.7)	646	(4.7)
	Belgien	507	(2.6)	110	(2.1)	300	(8.4)	355	(6.6)	440	(4.2)	587	(2.1)	635	(2.1)	662	(2.6)
	Kanada	528	(1.7)	89	(0.9)	373	(3.1)	410	(3.1)	472	(2.3)	590	(2.1)	636	(2.1)	663	(2.5)
	Tschech. Republik	489	(3.5)	96	(2.4)	320	(9.5)	362	(6.9)	428	(4.7)	555	(4.0)	607	(3.8)	636	(4.0)
	Dänemark	492	(2.8)	88	(1.8)	338	(6.6)	376	(4.6)	438	(4.0)	553	(3.0)	600	(2.7)	627	(3.9)
	Finnland	543	(1.6)	81	(1.1)	400	(4.8)	437	(3.1)	494	(2.4)	599	(1.7)	641	(2.2)	666	(2.5)
	Frankreich	496	(2.7)	97	(2.2)	320	(7.7)	367	(7.0)	436	(4.0)	565	(2.8)	614	(2.7)	641	(3.3)
	Deutschland	491	(3.4)	109	(2.3)	295	(6.0)	341	(6.8)	419	(5.6)	572	(3.4)	624	(3.2)	652	(3.9)
	Griechenland	472	(4.1)	105	(2.0)	288	(6.2)	333	(6.2)	406	(5.2)	546	(4.4)	599	(4.4)	631	(5.4)
	Ungarn	482	(2.5)	92	(1.8)	324	(6.0)	361	(4.2)	422	(3.3)	546	(3.3)	597	(3.4)	625	(5.0)
	Island	492	(1.6)	98	(1.4)	316	(6.4)	362	(4.8)	431	(2.3)	560	(2.2)	612	(2.8)	640	(3.6)
	Irland	515	(2.6)	87	(1.7)	364	(7.3)	401	(4.6)	460	(3.8)	577	(2.8)	622	(3.0)	647	(3.3)
	Italien	476	(3.0)	101	(2.2)	295	(8.6)	341	(6.8)	411	(4.4)	547	(2.5)	598	(2.1)	627	(2.6)
	Japan	498	(3.9)	106	(2.5)	310	(7.3)	355	(6.5)	431	(5.4)	574	(3.7)	624	(4.8)	652	(4.7)
	Korea	534	(3.1)	83	(2.0)	393	(6.0)	428	(5.2)	484	(4.1)	590	(2.8)	634	(4.1)	660	(5.0)
	Luxemburg	479	(1.5)	100	(1.0)	302	(3.8)	344	(2.9)	416	(2.8)	551	(1.9)	601	(2.1)	627	(2.7)
	Mexiko	400	(4.1)	95	(1.9)	238	(6.1)	274	(5.5)	335	(4.9)	467	(4.3)	521	(6.1)	552	(5.5)
	Niederlande	513	(2.9)	85	(2.0)	369	(6.4)	400	(5.2)	454	(4.5)	576	(3.2)	621	(2.9)	645	(4.2)
	Neuseeland	522	(2.5)	105	(1.5)	338	(6.2)	381	(4.4)	453	(3.5)	596	(2.8)	652	(2.9)	682	(3.4)
	Norwegen	500	(2.8)	102	(1.8)	321	(6.1)	364	(4.7)	434	(3.8)	571	(3.6)	625	(3.9)	656	(3.9)
	Polen	497	(2.9)	96	(1.8)	330	(6.3)	374	(5.0)	436	(3.6)	563	(3.1)	616	(3.4)	645	(4.4)
	Portugal	478	(3.7)	93	(2.1)	311	(6.6)	351	(7.1)	418	(5.2)	544	(3.5)	592	(3.5)	617	(3.9)
	Slowak. Republik	469	(3.1)	93	(2.0)	310	(5.7)	348	(5.8)	408	(4.6)	535	(3.2)	587	(3.0)	613	(3.5)
	Spanien	481	(2.6)	95	(1.5)	313	(5.8)	354	(4.9)	421	(3.4)	548	(2.8)	597	(2.8)	625	(3.1)
	Schweden	514	(2.4)	96	(1.9)	349	(6.0)	390	(4.3)	453	(3.4)	582	(2.9)	631	(2.9)	660	(3.6)
	Schweiz	499	(3.3)	95	(1.9)	330	(5.8)	373	(5.6)	439	(4.5)	565	(3.7)	615	(3.9)	643	(5.0)
	Türkei	441	(5.8)	95	(4.1)	291	(6.1)	324	(5.3)	377	(5.7)	500	(6.6)	562	(11.4)	608	(19.4)
	Vereinigte Staaten	495	(3.2)	101	(1.4)	319	(6.6)	361	(5.2)	429	(4.1)	568	(3.6)	622	(3.5)	651	(4.5)
	OECD insgesamt	***488***	***(1.2)***	***104***	***(0.7)***	***305***	***(2.2)***	***349***	***(2.2)***	***420***	***(1.8)***	***562***	***(1.2)***	***616***	***(1.2)***	***646***	***(1.3)***
	OECD-Durchschnitt	***494***	***(0.6)***	***100***	***(0.4)***	***318***	***(1.4)***	***361***	***(1.3)***	***430***	***(1.0)***	***565***	***(0.6)***	***617***	***(0.6)***	***646***	***(0.7)***
Partnerländer	Brasilien	403	(4.6)	111	(2.3)	214	(7.3)	256	(7.5)	328	(5.5)	479	(5.1)	542	(5.2)	581	(6.9)
	Hongkong (China)	510	(3.7)	85	(2.7)	355	(9.9)	397	(6.7)	461	(5.1)	569	(2.8)	608	(2.9)	630	(3.0)
	Indonesien	382	(3.4)	76	(1.8)	254	(5.3)	282	(4.9)	332	(3.7)	433	(4.0)	478	(4.6)	506	(6.1)
	Lettland	491	(3.7)	90	(1.7)	335	(6.4)	372	(5.3)	431	(4.9)	554	(3.5)	603	(4.6)	632	(4.6)
	Liechtenstein	525	(3.6)	90	(3.4)	365	(15.0)	405	(11.7)	467	(9.1)	588	(5.7)	636	(11.8)	661	(14.3)
	Macau (China)	498	(2.2)	67	(1.9)	381	(6.2)	409	(5.1)	455	(3.5)	544	(4.4)	583	(3.7)	601	(4.3)
	Russ. Föderation	442	(3.9)	93	(1.8)	281	(6.9)	319	(6.1)	381	(5.4)	506	(3.9)	558	(4.4)	588	(4.7)
	Serbien	412	(3.6)	81	(1.6)	274	(5.0)	306	(4.6)	358	(4.0)	467	(4.0)	516	(4.8)	542	(5.9)
	Thailand	420	(2.8)	78	(1.5)	293	(4.9)	322	(3.4)	366	(3.1)	472	(3.6)	520	(4.5)	550	(5.3)
	Tunesien	375	(2.8)	96	(1.8)	216	(4.7)	251	(3.8)	310	(3.2)	441	(3.5)	497	(4.3)	530	(5.5)
	Uruguay	434	(3.4)	121	(2.0)	224	(5.8)	272	(6.0)	355	(4.4)	518	(4.4)	587	(4.5)	628	(6.1)
	Verein. Königreich[1]	m	m	m	m	m	m	m	m	m	m	m	m	m	m	m	m

1. Die Beteiligungsquote ist zu niedrig, um die Vergleichbarkeit zu gewährleisten (siehe Anhang A3).

Tabelle 6.3

Mittelwert auf der Gesamtskala Lesekompetenz, nach Geschlecht

		Jungen				Mädchen							
		Mittelwert		Standardabweichung		Mittelwert		Standardabweichung		Unterschied (J-M)		Effektstärke	
		Punktzahl	S.E.	S.D.	S.E.	Punktzahl	S.E.	S.D..	S.E.	Punktzahldiff.	S.E.	Effekt	S.E.
OECD-Länder	Australien	506	(2.8)	100	(1.7)	545	(2.6)	90	(2.0)	–39	(3.6)	–0.41	(0.04)
	Österreich	467	(4.5)	105	(2.7)	514	(4.2)	95	(2.5)	–47	(5.2)	–0.47	(0.05)
	Belgien	489	(3.8)	114	(2.9)	526	(3.3)	103	(2.5)	–37	(5.1)	–0.34	(0.05)
	Kanada	514	(2.0)	93	(1.2)	546	(1.8)	83	(1.1)	–32	(2.0)	–0.36	(0.02)
	Tschech. Republik	473	(4.1)	95	(2.8)	504	(4.4)	93	(3.4)	–31	(4.9)	–0.33	(0.06)
	Dänemark	479	(3.3)	90	(2.2)	505	(3.0)	85	(2.3)	–25	(2.9)	–0.29	(0.03)
	Finnland	521	(2.2)	82	(1.6)	565	(2.0)	73	(1.5)	–44	(2.7)	–0.56	(0.03)
	Frankreich	476	(3.8)	100	(2.8)	514	(3.2)	90	(2.1)	–38	(4.5)	–0.40	(0.04)
	Deutschland	471	(4.2)	111	(3.0)	513	(3.9)	102	(2.3)	–42	(4.6)	–0.39	(0.04)
	Griechenland	453	(5.1)	110	(2.6)	490	(4.0)	96	(2.4)	–37	(4.1)	–0.36	(0.04)
	Ungarn	467	(3.2)	93	(2.0)	498	(3.0)	88	(2.5)	–31	(3.8)	–0.34	(0.04)
	Island	464	(2.3)	100	(2.0)	522	(2.2)	87	(1.9)	–58	(3.5)	–0.62	(0.04)
	Irland	501	(3.3)	87	(2.2)	530	(3.7)	83	(2.1)	–29	(4.6)	–0.34	(0.05)
	Italien	455	(5.1)	105	(3.0)	495	(3.4)	92	(1.8)	–39	(6.0)	–0.40	(0.06)
	Japan	487	(5.5)	111	(3.5)	509	(4.1)	99	(2.8)	–22	(5.4)	–0.21	(0.05)
	Korea	525	(3.7)	83	(2.3)	547	(4.3)	80	(3.0)	–21	(5.6)	–0.26	(0.07)
	Luxemburg	463	(2.6)	103	(1.7)	496	(1.8)	93	(1.5)	–33	(3.4)	–0.34	(0.03)
	Mexiko	389	(4.6)	96	(2.3)	410	(4.6)	93	(2.7)	–21	(4.4)	–0.23	(0.05)
	Niederlande	503	(3.7)	86	(2.3)	524	(3.2)	83	(2.4)	–21	(3.9)	–0.25	(0.05)
	Neuseeland	508	(3.1)	107	(1.8)	535	(3.3)	100	(2.2)	–28	(4.4)	–0.27	(0.04)
	Norwegen	475	(3.4)	105	(2.5)	525	(3.4)	93	(2.1)	–49	(3.7)	–0.49	(0.04)
	Polen	477	(3.6)	100	(2.2)	516	(3.2)	88	(1.9)	–40	(3.7)	–0.42	(0.04)
	Portugal	459	(4.3)	97	(2.3)	495	(3.7)	85	(2.3)	–36	(3.3)	–0.40	(0.04)
	Slowak. Republik	453	(3.8)	93	(2.1)	486	(3.3)	89	(2.6)	–33	(3.5)	–0.36	(0.04)
	Spanien	461	(3.8)	99	(1.8)	500	(2.5)	88	(1.9)	–39	(3.9)	–0.42	(0.04)
	Schweden	496	(2.8)	96	(2.4)	533	(2.9)	91	(2.1)	–37	(3.2)	–0.39	(0.03)
	Schweiz	482	(4.4)	96	(2.7)	517	(3.1)	90	(1.9)	–35	(4.7)	–0.38	(0.05)
	Türkei	426	(6.8)	99	(4.6)	459	(6.1)	87	(4.2)	–33	(5.8)	–0.36	(0.07)
	Vereinigte Staaten	479	(3.7)	104	(2.1)	511	(3.5)	96	(1.8)	–32	(3.3)	–0.32	(0.03)
	OECD insgesamt	*472*	*(1.4)*	*106*	*(0.9)*	*503*	*(1.3)*	*99*	*(0.8)*	*–31*	*(1.4)*	*–0.30*	*(0.01)*
	OECD-Durchschnitt	*477*	*(0.7)*	*103*	*(0.5)*	*511*	*(0.7)*	*95*	*(0.4)*	*–34*	*(0.8)*	*–0.35*	*(0.01)*
Partnerländer	Brasilien	384	(5.8)	116	(2.9)	419	(4.1)	105	(2.9)	–35	(3.9)	–0.31	(0.04)
	Hongkong (China)	494	(5.3)	91	(3.4)	525	(3.5)	75	(2.4)	–32	(5.5)	–0.38	(0.06)
	Indonesien	369	(3.4)	75	(1.9)	394	(3.9)	75	(2.0)	–24	(2.8)	–0.32	(0.03)
	Lettland	470	(4.5)	93	(2.6)	509	(3.7)	83	(1.8)	–39	(4.2)	–0.44	(0.05)
	Liechtenstein	517	(7.2)	93	(4.9)	534	(6.5)	85	(4.9)	–17	(11.9)	–0.20	(0.13)
	Macau (China)	491	(3.6)	69	(2.6)	504	(2.8)	64	(2.2)	–13	(4.8)	–0.20	(0.07)
	Russ. Föderation	428	(4.7)	98	(2.3)	456	(3.7)	86	(1.8)	–29	(3.9)	–0.31	(0.04)
	Serbien	390	(3.7)	83	(2.0)	433	(3.9)	74	(1.9)	–43	(3.9)	–0.55	(0.05)
	Thailand	396	(3.7)	78	(2.2)	439	(3.0)	72	(1.8)	–43	(4.1)	–0.57	(0.06)
	Tunesien	362	(3.3)	95	(2.2)	387	(3.3)	95	(2.1)	–25	(3.6)	–0.27	(0.04)
	Uruguay	414	(4.5)	125	(2.7)	453	(3.7)	114	(2.4)	–39	(4.7)	–0.33	(0.04)
	Verein. Königreich[1]	m	m	m	m	m	m	m	m	m	m	m	m

Anmerkung: Statistisch signifikante Werte und Effektstärken von mindestens 0,2 sind durch Fettdruck gekennzeichnet (siehe Anhang A4).

1. Die Beteiligungsquote ist zu niedrig, um die Vergleichbarkeit zu gewährleisten (siehe Anhang A3).

Tabelle 6.4

Prozentualer Anteil der Schülerinnen und Schüler, die unter 400 oder über 600 Punkte auf der Gesamtskala Lesekompetenz erzielten

	Prozentsatz der Schüler, die unter 400 Punkte erzielten						Größere Wahrscheinlichkeit für Jungen, unter 400 Punkte zu erzielen		Prozentsatz der Schüler, die über 600 Punkte erzielten						Größere Wahrscheinlichkeit für Jungen, über 600 Punkte zu erzielen	
	Alle Schüler		Jungen		Mädchen				Alle Schüler		Jungen		Mädchen			
	%	S.E.	%	S.E.	%	S.E.	Quotient	S.E.	%	S.E.	%	S.E.	%	S.E.	Quotient	S.E.
OECD-Länder																
Australien	10.8	(0.6)	15.2	(0.7)	6.2	(0.7)	**2.4**	(0.28)	22.6	(0.8)	17.3	(1.0)	28.1	(1.1)	**1.6**	(0.11)
Österreich	19.0	(1.2)	26.3	(1.7)	11.7	(1.1)	**2.2**	(0.23)	14.3	(1.0)	9.9	(0.9)	18.7	(1.5)	**1.9**	(0.21)
Belgien	16.5	(0.9)	20.9	(1.4)	11.7	(1.0)	**1.8**	(0.20)	20.4	(0.7)	16.3	(0.9)	24.8	(1.1)	**1.5**	(0.11)
Kanada	8.4	(0.5)	12.0	(0.6)	4.7	(0.4)	**2.5**	(0.23)	21.0	(0.8)	17.5	(0.8)	26.4	(1.0)	**1.5**	(0.08)
Tschech. Republik	17.5	(1.4)	21.4	(1.7)	13.6	(1.7)	**1.6**	(0.21)	11.5	(0.8)	8.4	(0.8)	14.7	(1.2)	**1.7**	(0.18)
Dänemark	14.7	(0.9)	18.5	(1.3)	11.0	(1.1)	**1.7**	(0.20)	10.1	(0.7)	7.6	(0.9)	12.5	(0.9)	**1.7**	(0.21)
Finnland	5.0	(0.4)	7.9	(0.7)	2.2	(0.3)	**3.7**	(0.65)	24.4	(0.8)	16.1	(1.1)	32.5	(1.2)	**2.0**	(0.16)
Frankreich	16.0	(1.0)	21.8	(1.7)	10.8	(1.0)	**2.0**	(0.21)	13.4	(0.8)	9.3	(0.9)	17.2	(1.1)	**1.8**	(0.21)
Deutschland	20.7	(1.2)	26.2	(1.5)	14.9	(1.3)	**1.8**	(0.15)	16.0	(0.9)	12.0	(1.0)	20.2	(1.4)	**1.7**	(0.17)
Griechenland	23.2	(1.3)	30.5	(1.8)	16.4	(1.2)	**1.9**	(0.13)	9.9	(0.9)	8.0	(1.0)	11.7	(1.0)	**1.5**	(0.16)
Ungarn	18.6	(1.0)	23.5	(1.3)	13.2	(1.2)	**1.8**	(0.17)	9.3	(0.8)	6.9	(0.9)	11.9	(1.0)	**1.7**	(0.23)
Island	16.9	(0.7)	24.8	(1.0)	8.4	(0.9)	**3.0**	(0.35)	12.5	(0.8)	7.3	(1.0)	18.2	(1.2)	**2.5**	(0.41)
Irland	9.7	(0.8)	12.8	(1.2)	6.7	(0.9)	**1.9**	(0.29)	16.4	(1.0)	12.0	(1.1)	20.8	(1.7)	**1.7**	(0.21)
Italien	21.8	(1.2)	28.7	(2.2)	15.4	(1.2)	**1.9**	(0.20)	9.6	(0.4)	7.1	(0.6)	11.9	(0.7)	**1.7**	(0.17)
Japan	17.5	(1.3)	21.5	(1.7)	13.7	(1.5)	**1.6**	(0.17)	16.3	(1.1)	14.7	(1.8)	17.8	(1.0)	1.2	(0.15)
Korea	5.8	(0.7)	7.3	(0.9)	3.6	(0.7)	**2.0**	(0.47)	20.7	(1.3)	17.8	(1.4)	25.0	(2.0)	**1.4**	(0.15)
Luxemburg	20.8	(0.8)	26.4	(1.4)	15.5	(0.8)	**1.7**	(0.14)	10.2	(0.5)	8.0	(0.8)	12.3	(0.7)	**1.5**	(0.19)
Mexiko	49.0	(1.8)	54.0	(2.2)	44.3	(2.0)	**1.2**	(0.06)	1.2	(0.2)	0.9	(0.3)	1.4	(0.3)	1.5	(0.49)
Niederlande	9.9	(1.1)	12.4	(1.4)	7.4	(1.1)	**1.7**	(0.27)	16.3	(1.0)	13.5	(1.2)	19.2	(1.4)	**1.4**	(0.15)
Neuseeland	13.1	(0.8)	16.4	(1.1)	9.9	(1.2)	**1.7**	(0.24)	23.6	(0.9)	19.9	(1.1)	27.4	(1.5)	**1.4**	(0.10)
Norwegen	16.6	(0.9)	23.3	(1.2)	9.9	(1.0)	**2.4**	(0.24)	16.0	(0.9)	10.7	(0.9)	21.4	(1.3)	**2.0**	(0.17)
Polen	15.0	(1.0)	21.2	(1.5)	8.8	(1.0)	**2.4**	(0.29)	13.7	(0.7)	10.1	(0.7)	17.4	(1.0)	**1.7**	(0.14)
Portugal	19.9	(1.5)	27.4	(2.1)	13.2	(1.3)	**2.1**	(0.18)	8.1	(0.8)	6.1	(0.9)	9.8	(1.2)	**1.6**	(0.31)
Slowak. Republik	22.4	(1.4)	28.2	(1.8)	16.3	(1.4)	**1.7**	(0.13)	7.2	(0.5)	4.9	(0.6)	9.6	(0.9)	**2.0**	(0.29)
Spanien	19.1	(0.9)	25.7	(1.5)	12.7	(0.7)	**2.0**	(0.17)	9.4	(0.6)	6.8	(0.8)	11.8	(0.9)	**1.8**	(0.25)
Schweden	11.9	(0.8)	15.9	(1.1)	7.8	(0.7)	**2.0**	(0.18)	18.6	(0.9)	13.4	(1.1)	23.8	(1.3)	**1.8**	(0.16)
Schweiz	15.1	(1.1)	19.5	(1.6)	10.5	(0.9)	**1.9**	(0.19)	13.9	(1.1)	10.3	(1.4)	17.8	(1.4)	**1.7**	(0.26)
Türkei	33.7	(2.3)	41.2	(2.9)	24.6	(2.3)	**1.7**	(0.15)	5.5	(1.4)	5.0	(1.5)	6.2	(1.5)	1.2	(0.26)
Vereinigte Staaten	17.5	(1.0)	22.3	(1.2)	12.7	(1.1)	**1.7**	(0.14)	15.0	(0.9)	11.8	(1.2)	18.3	(1.2)	**1.5**	(0.18)
OECD insgesamt	*19.9*	*(0.4)*	*24.7*	*(0.6)*	*15.1*	*(0.4)*	*1.6*	*(0.05)*	*13.7*	*(0.3)*	*10.8*	*(0.3)*	*16.5*	*(0.4)*	*1.5*	*(0.05)*
OECD-Durchschnitt	*17.3*	*(0.2)*	*22.3*	*(0.3)*	*12.3*	*(0.2)*	*1.8*	*(0.03)*	*14.1*	*(0.2)*	*10.8*	*(0.2)*	*17.5*	*(0.2)*	*1.6*	*(0.03)*
Partnerländer																
Brasilien	47.1	(1.7)	54.1	(2.2)	41.0	(1.7)	**1.3**	(0.05)	2.1	(0.5)	3.0	(0.8)	1.3	(0.4)	1.3	(0.37)
Hongkong (China)	10.6	(1.2)	15.3	(1.9)	5.9	(0.9)	**2.6**	(0.44)	12.4	(0.9)	9.7	(1.2)	15.1	(1.3)	**1.6**	(0.25)
Indonesien	59.6	(1.8)	66.0	(1.8)	53.3	(2.3)	**1.2**	(0.05)	0.2	(0.1)	0.1	(0.1)	0.3	(0.2)	3.4	(3.46)
Lettland	16.0	(1.2)	22.4	(1.8)	10.1	(1.0)	**2.2**	(0.24)	10.7	(0.9)	7.6	(1.0)	13.6	(1.2)	**1.8**	(0.23)
Liechtenstein	9.2	(1.6)	11.5	(2.8)	6.7	(2.0)	1.7	(0.80)	20.9	(1.9)	18.5	(3.0)	23.5	(3.1)	1.3	(0.31)
Macau (China)	8.2	(1.2)	10.6	(1.6)	6.0	(1.6)	1.8	(0.56)	5.2	(1.0)	4.9	(1.4)	5.6	(1.5)	1.2	(0.52)
Russ. Föderation	31.3	(1.8)	38.2	(2.2)	24.5	(1.7)	**1.6**	(0.09)	3.7	(0.5)	3.1	(0.6)	4.3	(0.7)	1.4	(0.37)
Serbien	43.2	(1.9)	54.9	(2.2)	31.8	(2.1)	**1.7**	(0.11)	0.7	(0.2)	0.4	(0.2)	1.0	(0.3)	2.2	(1.05)
Thailand	40.4	(1.5)	53.9	(2.2)	29.2	(1.5)	**1.8**	(0.10)	1.3	(0.3)	0.7	(0.2)	1.7	(0.6)	2.5	(1.30)
Tunesien	59.6	(1.3)	65.3	(1.4)	54.1	(1.5)	**1.2**	(0.03)	0.7	(0.2)	0.6	(0.2)	0.7	(0.3)	1.2	(0.53)
Uruguay	37.4	(1.2)	43.9	(1.7)	31.2	(1.4)	**1.4**	(0.07)	8.2	(0.7)	6.3	(0.8)	9.9	(0.9)	**1.6**	(0.21)
Verein. Königreich[1]	m	m	m	m	m	m	m	m	m	m	m	m	m	m	m	m

Anmerkung: Statistisch signifikante Werte sind durch Fettdruck gekennzeichnet (siehe Anhang A4).

1. Die Beteiligungsquote ist zu niedrig, um die Vergleichbarkeit zu gewährleisten (siehe Anhang A3).

Tabelle 6.5

Prozentualer Anteil der Schülerinnen und Schüler auf den jeweiligen Kompetenzstufen der Gesamtskala Lesekompetenz, nach Geschlecht

Kompetenzstufen – **Jungen**

		Unter Stufe 1 (weniger als 335 Punkte)		Stufe 1 (335 (335-407 Punkte)		Stufe 2 (408-480 Punkte)		Stufe 3 (481-552 Punkte)		Stufe 4 (533-625 Punkte)		Stufe 5 (über 625 Punkte)	
		%	S.E.	%	S.E.	%	S.E.	%	S.E.	%	S.E.	%	S.E.
OECD-Länder	Australien	5.5	(0.6)	11.0	(0.7)	21.2	(0.9)	28.1	(0.9)	23.4	(0.8)	10.7	(0.8)
	Österreich	11.2	(1.2)	17.0	(1.4)	24.0	(1.4)	25.4	(1.4)	17.0	(1.1)	5.3	(0.7)
	Belgien	10.5	(1.0)	11.9	(0.9)	20.1	(1.0)	25.2	(1.1)	23.0	(0.9)	9.4	(0.7)
	Kanada	3.6	(0.3)	9.8	(0.6)	20.3	(0.6)	30.5	(0.9)	25.6	(1.0)	10.3	(0.7)
	Tschech. Republik	8.1	(1.2)	15.4	(1.2)	27.6	(1.3)	28.5	(1.3)	15.9	(1.1)	4.6	(0.7)
	Dänemark	6.1	(0.8)	14.4	(1.0)	26.9	(1.2)	32.0	(1.6)	16.9	(1.3)	3.8	(0.5)
	Finnland	1.8	(0.3)	7.2	(0.7)	19.7	(0.9)	34.0	(1.2)	28.5	(1.4)	8.8	(0.8)
	Frankreich	9.3	(1.3)	14.2	(1.1)	24.6	(1.3)	28.4	(1.5)	18.8	(1.0)	4.6	(0.7)
	Deutschland	12.5	(1.2)	15.5	(1.1)	22.1	(1.2)	25.2	(1.1)	17.7	(1.3)	7.0	(0.9)
	Griechenland	14.8	(1.3)	17.8	(1.1)	24.5	(1.6)	24.4	(1.6)	14.1	(1.4)	4.5	(0.7)
	Ungarn	8.2	(0.9)	17.4	(1.4)	28.2	(1.4)	27.9	(1.2)	14.9	(1.1)	3.4	(0.7)
	Island	10.7	(1.1)	16.2	(1.4)	26.8	(1.3)	27.7	(1.3)	14.9	(0.9)	3.7	(0.7)
	Irland	3.6	(0.7)	10.7	(1.1)	24.1	(1.4)	32.4	(1.7)	22.9	(1.6)	6.3	(0.8)
	Italien	13.4	(1.7)	17.6	(1.3)	25.7	(1.2)	24.9	(1.5)	14.7	(1.2)	3.7	(0.4)
	Japan	9.9	(1.1)	13.3	(1.1)	20.6	(1.5)	26.7	(1.4)	20.4	(1.3)	9.0	(1.5)
	Korea	1.7	(0.4)	6.6	(0.8)	18.5	(1.4)	33.7	(1.3)	29.6	(1.4)	9.8	(1.0)
	Luxemburg	12.1	(0.8)	16.5	(1.2)	25.4	(1.3)	25.8	(1.5)	16.4	(1.1)	3.9	(0.5)
	Mexiko	29.2	(1.9)	27.7	(1.7)	25.3	(1.5)	13.7	(1.1)	3.6	(0.6)	0.4	(0.2)
	Niederlande	2.7	(0.7)	11.6	(1.3)	25.3	(1.4)	30.0	(1.6)	23.6	(1.6)	6.9	(0.8)
	Neuseeland	6.4	(0.6)	11.5	(0.8)	20.3	(1.1)	26.1	(1.3)	22.1	(1.1)	13.6	(0.8)
	Norwegen	9.9	(1.0)	14.9	(1.0)	24.0	(1.4)	27.8	(1.4)	17.1	(1.3)	6.2	(0.7)
	Polen	8.4	(0.9)	15.0	(1.1)	25.8	(1.1)	28.0	(1.4)	17.0	(1.3)	5.7	(0.6)
	Portugal	11.5	(1.3)	17.9	(1.5)	26.8	(1.4)	26.1	(1.5)	14.7	(1.1)	2.9	(0.5)
	Slowak. Republik	10.6	(1.0)	20.4	(1.2)	29.2	(1.3)	25.2	(1.3)	12.5	(1.1)	2.1	(0.3)
	Spanien	10.9	(1.0)	17.0	(1.0)	27.7	(1.1)	26.8	(1.2)	14.0	(1.1)	3.6	(0.6)
	Schweden	5.3	(0.9)	12.4	(0.9)	23.4	(1.2)	29.9	(1.8)	21.1	(1.2)	7.8	(0.7)
	Schweiz	7.5	(0.8)	13.7	(1.1)	25.1	(1.9)	30.4	(2.6)	17.8	(1.8)	5.5	(1.0)
	Türkei	17.1	(1.8)	27.0	(2.0)	28.6	(1.5)	17.4	(1.8)	6.5	(1.1)	3.5	(1.2)
	Vereinigte Staaten	8.8	(0.8)	15.5	(0.9)	24.0	(1.1)	26.4	(1.2)	18.1	(1.0)	7.1	(0.8)
	OECD insgesamt	*10.7*	*(0.4)*	*15.9*	*(0.4)*	*23.8*	*(0.4)*	*25.9*	*(0.4)*	*17.4*	*(0.4)*	*6.3*	*(0.3)*
	OECD-Durchschnitt	*9.2*	*(0.2)*	*15.0*	*(0.2)*	*24.3*	*(0.3)*	*27.3*	*(0.3)*	*18.1*	*(0.2)*	*6.1*	*(0.2)*
Partnerländer	Brasilien	33.1	(2.0)	23.8	(1.6)	22.3	(1.5)	14.0	(1.4)	5.0	(0.8)	1.7	(0.5)
	Hongkong (China)	5.7	(1.2)	11.4	(1.2)	21.6	(1.3)	33.6	(1.6)	23.7	(1.6)	4.0	(0.7)
	Indonesien	30.9	(1.8)	38.5	(1.5)	23.9	(1.5)	6.0	(0.7)	0.7	(0.2)	0.0	c
	Lettland	7.9	(1.3)	17.1	(1.6)	27.7	(1.4)	27.9	(1.5)	15.2	(1.6)	4.1	(0.9)
	Liechtenstein	3.6	(1.6)	9.0	(3.0)	19.2	(4.4)	30.2	(4.6)	26.6	(4.0)	11.3	(3.7)
	Macau (China)	1.4	(0.5)	10.8	(1.9)	29.9	(3.2)	39.0	(2.8)	17.1	(2.1)	1.8	(0.9)
	Russ. Föderation	17.3	(1.5)	23.4	(1.1)	28.6	(1.4)	21.3	(1.3)	8.0	(0.9)	1.4	(0.3)
	Serbien	25.0	(1.6)	33.2	(1.7)	28.0	(1.4)	11.3	(1.3)	2.3	(0.6)	0.2	(0.1)
	Thailand	21.3	(1.7)	35.9	(1.6)	28.5	(1.3)	11.3	(1.1)	2.8	(0.6)	0.2	(0.1)
	Tunesien	38.8	(1.7)	29.4	(1.3)	21.3	(1.2)	8.4	(0.8)	2.0	(0.6)	0.2	(0.1)
	Uruguay	25.9	(1.6)	20.4	(1.4)	23.0	(1.4)	17.2	(1.0)	9.4	(1.4)	4.1	(0.8)
	Verein. Königreich[1]	m	m	m	m	m	m	m	m	m	m	m	m

Kompetenzstufen – **Mädchen**

		Unter Stufe 1 (weniger als 335 Punkte)		Stufe 1 (335 (335-407 Punkte)		Stufe 2 (408-480 Punkte)		Stufe 3 (481-552 Punkte)		Stufe 4 (533-625 Punkte)		Stufe 5 (über 625 Punkte)	
		%	S.E.	%	S.E.	%	S.E.	%	S.E.	%	S.E.	%	S.E.
OECD-Länder	Australien	1.7	(0.3)	5.4	(0.6)	15.2	(0.8)	28.6	(1.1)	30.5	(1.2)	18.6	(1.1)
	Österreich	3.4	(0.6)	9.7	(1.1)	21.1	(1.3)	29.4	(1.5)	25.0	(1.7)	11.3	(1.3)
	Belgien	4.9	(0.7)	8.0	(0.6)	16.1	(0.9)	26.8	(1.2)	28.1	(1.1)	16.0	(0.8)
	Kanada	1.1	(0.2)	4.5	(0.4)	14.9	(0.8)	31.0	(0.9)	32.3	(0.9)	16.2	(0.7)
	Tschech. Republik	4.7	(1.2)	10.2	(1.1)	21.7	(1.3)	32.1	(2.3)	22.9	(1.7)	8.3	(0.8)
	Dänemark	3.2	(0.7)	9.5	(0.8)	23.1	(1.5)	34.8	(1.3)	23.0	(1.1)	6.5	(0.8)
	Finnland	0.3	(0.1)	2.1	(0.4)	9.5	(1.0)	29.3	(1.4)	38.3	(1.4)	20.5	(1.3)
	Frankreich	3.6	(0.6)	8.5	(0.8)	21.2	(1.2)	30.9	(1.3)	25.9	(1.4)	9.9	(0.8)
	Deutschland	5.9	(0.7)	10.4	(1.1)	17.6	(1.1)	27.5	(1.1)	26.3	(1.3)	12.3	(1.0)
	Griechenland	6.0	(0.7)	12.5	(1.0)	25.4	(1.5)	29.9	(1.4)	19.4	(1.4)	6.8	(0.9)
	Ungarn	3.7	(0.7)	11.2	(1.4)	25.0	(1.6)	32.8	(1.6)	20.7	(1.6)	6.5	(0.8)
	Island	2.4	(0.4)	7.1	(0.8)	20.7	(1.3)	31.8	(1.4)	27.3	(1.4)	10.7	(0.9)
	Irland	1.8	(0.5)	5.9	(0.7)	18.2	(1.4)	32.3	(1.6)	29.5	(1.6)	12.3	(1.1)
	Italien	5.0	(0.7)	12.2	(1.0)	24.1	(1.0)	31.4	(1.1)	20.7	(1.0)	6.5	(0.5)
	Japan	5.1	(0.8)	10.0	(1.0)	21.1	(1.5)	27.7	(1.7)	25.8	(1.3)	10.3	(0.9)
	Korea	0.8	(0.3)	3.6	(0.7)	14.4	(1.3)	33.0	(1.7)	32.5	(1.7)	15.6	(1.8)
	Luxemburg	5.5	(0.6)	11.7	(0.9)	23.1	(1.5)	31.4	(1.1)	21.8	(1.3)	6.5	(0.6)
	Mexiko	20.8	(1.6)	26.6	(1.4)	29.7	(1.4)	17.4	(1.2)	5.0	(0.8)	0.6	(0.2)
	Niederlande	1.5	(0.6)	7.1	(1.0)	21.4	(1.5)	31.4	(1.8)	27.8	(1.5)	10.8	(1.0)
	Neuseeland	3.2	(0.6)	7.9	(1.1)	16.8	(1.5)	26.5	(1.3)	26.6	(1.4)	19.0	(1.4)
	Norwegen	2.7	(0.5)	8.6	(0.9)	18.7	(1.4)	30.3	(1.2)	25.9	(1.2)	13.7	(1.0)
	Polen	2.3	(0.4)	7.9	(0.8)	23.1	(1.2)	32.0	(1.1)	24.4	(1.3)	10.3	(0.9)
	Portugal	4.0	(0.8)	11.1	(1.1)	25.1	(1.2)	34.4	(1.3)	20.8	(1.3)	4.6	(0.9)
	Slowak. Republik	5.3	(0.8)	13.2	(1.2)	27.5	(1.5)	30.4	(1.7)	18.5	(1.0)	5.0	(0.5)
	Spanien	4.0	(0.6)	10.5	(0.9)	24.5	(0.9)	32.3	(1.1)	22.3	(1.0)	6.3	(0.6)
	Schweden	2.4	(0.5)	6.3	(0.7)	17.9	(1.2)	29.9	(2.0)	28.4	(1.8)	15.0	(1.0)
	Schweiz	3.1	(0.5)	8.7	(0.9)	20.1	(1.1)	31.4	(1.2)	26.3	(1.3)	10.4	(1.0)
	Türkei	6.8	(1.1)	21.0	(2.1)	33.7	(2.2)	25.1	(1.9)	9.2	(1.7)	4.2	(1.3)
	Vereinigte Staaten	4.1	(0.7)	10.3	(1.2)	21.3	(1.3)	29.3	(1.5)	23.6	(1.2)	11.4	(0.9)
	OECD insgesamt	*5.5*	*(0.3)*	*11.3*	*(0.4)*	*22.0*	*(0.5)*	*28.5*	*(0.5)*	*22.8*	*(0.5)*	*10.0*	*(0.3)*
	OECD-Durchschnitt	*4.1*	*(0.1)*	*9.7*	*(0.2)*	*21.2*	*(0.2)*	*30.0*	*(0.2)*	*24.4*	*(0.3)*	*10.6*	*(0.2)*
Partnerländer	Brasilien	21.5	(1.7)	22.5	(1.7)	27.8	(1.3)	18.7	(1.1)	7.5	(0.8)	2.1	(0.6)
	Hongkong (China)	1.2	(0.3)	5.8	(0.8)	18.4	(1.4)	36.6	(1.8)	30.6	(1.6)	7.4	(0.8)
	Indonesien	21.3	(1.6)	36.0	(1.7)	30.7	(1.6)	10.4	(1.2)	1.6	(0.5)	0.1	c
	Lettland	2.4	(0.5)	9.2	(0.9)	23.7	(1.6)	33.5	(1.9)	23.5	(1.6)	7.7	(0.9)
	Liechtenstein	1.3	(1.1)	6.7	(2.4)	18.1	(4.2)	30.4	(4.6)	28.7	(3.9)	14.7	(2.9)
	Macau (China)	0.7	(0.3)	6.7	(1.4)	25.9	(2.6)	43.7	(2.9)	21.6	(2.4)	1.6	(0.7)
	Russ. Föderation	8.3	(1.0)	19.1	(1.1)	32.1	(1.3)	27.7	(1.3)	10.7	(0.9)	2.1	(0.4)
	Serbien	9.4	(1.2)	26.0	(1.8)	38.3	(1.4)	21.3	(1.5)	4.6	(1.0)	0.3	(0.2)
	Thailand	7.2	(0.9)	26.0	(1.4)	39.1	(1.5)	21.8	(1.2)	5.3	(0.8)	0.7	(0.3)
	Tunesien	28.8	(1.4)	28.6	(1.2)	25.9	(1.1)	13.4	(1.1)	3.0	(0.5)	0.3	(0.2)
	Uruguay	14.8	(1.2)	18.8	(1.2)	24.8	(1.4)	22.2	(1.3)	13.0	(1.1)	6.3	(0.9)
	Verein. Königreich[1]	m	m	m	m	m	m	m	m	m	m	m	m

1. Die Beteiligungsquote ist zu niedrig, um die Vergleichbarkeit zu gewährleisten (siehe Anhang A3).

Tabelle 6.6

Mittelwert und Varianz der Schülerleistungen auf der Gesamtskala Naturwissenschaften

	Alle Schüler				Perzentile											
	Mittelwert		Standardabweichung		5.		10.		25.		75.		90.		95.	
	Punktzahl	S.E.	S.D.	S.E.	Punktzahl	S.E.	Punktzahl	S.E.	Punktzahl	S.E.	Punktzahl	S.E.	Punktzahl	S.E.	Punktzahl	S.E.
OECD-Länder																
Australien	525	(2.1)	102	(1.5)	351	(4.2)	391	(3.4)	457	(3.1)	596	(2.7)	652	(2.9)	686	(3.7)
Österreich	491	(3.4)	97	(1.5)	327	(6.6)	363	(4.1)	423	(4.1)	561	(4.0)	615	(4.1)	644	(4.4)
Belgien	509	(2.5)	107	(1.8)	320	(6.1)	364	(5.0)	436	(3.8)	588	(2.4)	640	(2.5)	668	(2.6)
Kanada	519	(2.0)	99	(1.0)	352	(3.9)	389	(3.3)	452	(2.7)	588	(2.4)	644	(3.0)	676	(2.9)
Tschech. Republik	523	(3.4)	101	(1.7)	356	(5.8)	391	(4.3)	453	(4.2)	594	(3.9)	652	(4.7)	686	(4.5)
Dänemark	475	(3.0)	102	(1.7)	306	(6.4)	343	(4.7)	407	(3.9)	547	(3.6)	605	(3.4)	638	(4.4)
Finnland	548	(1.9)	91	(1.1)	393	(3.5)	429	(2.6)	488	(2.8)	611	(2.2)	662	(2.9)	691	(3.5)
Frankreich	511	(3.0)	111	(2.2)	321	(6.7)	363	(5.5)	435	(4.4)	591	(3.4)	651	(3.2)	682	(4.5)
Deutschland	502	(3.6)	111	(2.1)	307	(7.1)	351	(5.6)	427	(5.8)	584	(4.0)	640	(3.6)	672	(3.5)
Griechenland	481	(3.8)	101	(1.6)	315	(5.8)	349	(5.0)	412	(4.5)	552	(4.0)	610	(4.6)	643	(4.9)
Ungarn	503	(2.8)	97	(2.0)	340	(5.9)	375	(4.1)	437	(3.1)	572	(3.9)	628	(5.5)	658	(4.6)
Island	495	(1.5)	96	(1.4)	331	(5.9)	369	(4.0)	432	(2.8)	562	(2.7)	616	(3.6)	647	(3.6)
Irland	505	(2.7)	93	(1.3)	348	(6.1)	384	(4.8)	442	(3.7)	572	(3.0)	625	(3.3)	652	(3.4)
Italien	486	(3.1)	108	(2.0)	303	(7.3)	344	(6.3)	415	(4.9)	563	(2.8)	622	(2.7)	656	(3.9)
Japan	548	(4.1)	109	(2.7)	357	(7.0)	402	(6.0)	475	(6.1)	624	(4.2)	682	(6.0)	715	(7.9)
Korea	538	(3.5)	101	(2.2)	365	(6.3)	405	(5.0)	473	(4.8)	609	(4.3)	663	(4.7)	695	(5.8)
Luxemburg	483	(1.5)	103	(1.1)	309	(4.2)	347	(2.6)	413	(2.9)	556	(2.4)	614	(3.1)	645	(2.9)
Mexiko	405	(3.5)	87	(2.2)	264	(5.1)	295	(4.8)	347	(3.5)	462	(4.2)	517	(5.3)	551	(6.8)
Niederlande	524	(3.1)	99	(2.2)	363	(6.6)	394	(5.6)	451	(5.3)	599	(4.0)	653	(4.1)	682	(4.3)
Neuseeland	521	(2.4)	104	(1.4)	347	(3.9)	382	(4.1)	448	(3.9)	596	(3.3)	653	(3.9)	687	(3.2)
Norwegen	484	(2.9)	104	(1.8)	312	(5.3)	349	(4.6)	414	(4.0)	557	(3.8)	616	(4.6)	651	(6.1)
Polen	498	(2.9)	102	(1.4)	333	(5.3)	367	(3.5)	426	(4.3)	570	(3.5)	630	(4.1)	666	(6.3)
Portugal	468	(3.5)	93	(1.7)	310	(5.9)	346	(6.2)	405	(5.0)	533	(3.4)	587	(3.7)	618	(4.5)
Slowak. Republik	495	(3.7)	102	(3.1)	331	(7.0)	367	(6.0)	428	(4.6)	566	(3.6)	625	(3.8)	657	(3.9)
Spanien	487	(2.6)	100	(1.5)	318	(5.8)	355	(4.0)	421	(3.4)	557	(3.1)	613	(3.1)	644	(3.8)
Schweden	506	(2.7)	107	(1.8)	327	(6.5)	368	(4.0)	435	(3.5)	581	(4.0)	642	(4.0)	673	(4.8)
Schweiz	513	(3.7)	108	(1.9)	328	(5.8)	369	(4.6)	440	(4.5)	588	(4.6)	648	(5.9)	683	(6.8)
Türkei	434	(5.9)	96	(4.7)	295	(5.0)	321	(4.7)	367	(4.9)	492	(8.4)	560	(12.8)	609	(20.0)
Vereinigte Staaten	491	(3.1)	102	(1.3)	322	(5.4)	359	(4.4)	420	(3.8)	564	(3.3)	622	(4.3)	654	(3.5)
OECD insgesamt	*496*	*(1.1)*	*109*	*(0.7)*	*316*	*(1.9)*	*353*	*(1.6)*	*419*	*(1.7)*	*574*	*(1.4)*	*636*	*(1.5)*	*670*	*(1.7)*
OECD-Durchschnitt	*500*	*(0.6)*	*105*	*(0.4)*	*324*	*(1.2)*	*362*	*(1.1)*	*427*	*(1.0)*	*575*	*(0.8)*	*634*	*(0.9)*	*668*	*(1.0)*
Partnerländer																
Brasilien	390	(4.3)	98	(2.6)	235	(7.6)	268	(5.2)	323	(4.8)	452	(5.4)	520	(7.6)	560	(7.9)
Hongkong (China)	539	(4.3)	94	(2.8)	373	(9.8)	412	(8.6)	478	(6.9)	608	(3.5)	653	(3.9)	680	(4.3)
Indonesien	395	(3.2)	68	(1.9)	285	(4.5)	310	(4.0)	350	(3.0)	438	(3.8)	483	(5.5)	512	(6.2)
Lettland	489	(3.9)	93	(1.5)	336	(5.6)	370	(5.0)	425	(4.6)	553	(5.1)	609	(4.9)	642	(5.7)
Liechtenstein	525	(4.3)	103	(4.4)	351	(17.3)	389	(8.7)	450	(5.7)	598	(9.1)	659	(10.4)	690	(13.5)
Macau (China)	525	(3.0)	88	(3.0)	375	(7.9)	410	(7.7)	465	(5.3)	587	(4.0)	635	(6.2)	663	(9.5)
Russ. Föderation	489	(4.1)	100	(1.5)	324	(5.6)	359	(5.4)	422	(4.8)	558	(4.5)	617	(4.0)	652	(5.0)
Serbien	436	(3.5)	83	(1.6)	305	(4.5)	332	(3.9)	380	(3.9)	492	(4.4)	544	(5.2)	576	(6.4)
Thailand	429	(2.7)	81	(1.6)	303	(3.6)	329	(3.4)	373	(2.9)	480	(3.5)	537	(4.4)	571	(5.6)
Tunesien	385	(2.6)	87	(1.8)	244	(4.6)	274	(3.8)	325	(2.7)	444	(3.3)	498	(5.0)	530	(6.2)
Uruguay	438	(2.9)	109	(1.8)	257	(3.9)	296	(4.4)	363	(4.0)	516	(4.5)	579	(5.0)	613	(5.3)
Verein. Königreich[1]	m	m	m	m	m	m	m	m	m	m	m	m	m	m	m	m

1. Die Beteiligungsquote ist zu niedrig, um die Vergleichbarkeit zu gewährleisten (siehe Anhang A3).

Tabelle 6.7

Schülerleistungen auf der Gesamtskala Naturwissenschaften, nach Geschlecht

	Jungen				Mädchen							
	Mittelwert		Standardabweichung		Mittelwert		Standardabweichung		Unterschied (J-M)		Effektstärke	
	Punktzahl	**S.E.**	**S.D.**	**S.E.**	**Punktzahl**	**S.E.**	**S.D..**	**S.E.**	**Punktzahldiff.**	**S.E.**	**Effekt**	**S.E.**
OECD-Länder												
Australien	525	(2.9)	107	(1.8)	525	(2.8)	97	(1.9)	0	(3.8)	0.00	(0.04)
Österreich	490	(4.3)	102	(2.1)	492	(4.2)	92	(1.9)	–3	(5.0)	–0.03	(0.05)
Belgien	509	(3.6)	111	(2.5)	509	(3.5)	103	(2.2)	0	(5.0)	0.00	(0.05)
Kanada	527	(2.3)	104	(1.3)	516	(2.2)	95	(1.3)	**11**	(2.6)	0.11	(0.03)
Tschech. Republik	526	(4.3)	101	(2.0)	520	(4.1)	100	(2.5)	6	(4.9)	0.06	(0.05)
Dänemark	484	(3.6)	103	(2.3)	467	(3.2)	100	(2.2)	**17**	(3.2)	0.17	(0.03)
Finnland	545	(2.6)	95	(1.5)	551	(2.2)	86	(1.6)	**–6**	(2.8)	–0.07	(0.03)
Frankreich	511	(4.1)	115	(2.9)	511	(3.5)	107	(2.4)	0	(4.8)	0.00	(0.04)
Deutschland	506	(4.5)	114	(3.1)	500	(4.2)	108	(2.4)	6	(4.8)	0.05	(0.04)
Griechenland	487	(4.8)	105	(2.0)	475	(3.9)	96	(1.9)	**12**	(4.2)	0.12	(0.04)
Ungarn	503	(3.3)	101	(2.3)	504	(3.3)	94	(2.3)	–1	(3.7)	–0.01	(0.04)
Island	490	(2.4)	100	(1.9)	500	(2.4)	91	(1.8)	**–10**	(3.8)	–0.11	(0.04)
Irland	506	(3.1)	94	(1.9)	504	(3.9)	92	(1.8)	2	(4.5)	0.02	(0.05)
Italien	490	(5.2)	114	(3.4)	484	(3.6)	101	(1.6)	6	(6.3)	0.05	(0.06)
Japan	550	(6.0)	116	(3.5)	546	(4.1)	103	(3.0)	4	(6.0)	0.04	(0.05)
Korea	546	(4.7)	102	(2.6)	527	(5.5)	98	(2.9)	**18**	(7.0)	0.18	(0.07)
Luxemburg	489	(2.5)	108	(1.7)	477	(1.9)	98	(2.0)	**13**	(3.3)	0.12	(0.03)
Mexiko	410	(3.9)	89	(2.3)	400	(4.2)	84	(3.0)	**9**	(4.1)	0.11	(0.05)
Niederlande	527	(4.2)	100	(2.4)	522	(3.6)	97	(2.6)	5	(4.7)	0.05	(0.05)
Neuseeland	529	(3.0)	107	(1.8)	513	(3.4)	101	(2.3)	**16**	(4.2)	0.15	(0.04)
Norwegen	485	(3.5)	108	(2.4)	483	(3.3)	99	(2.1)	2	(3.6)	0.02	(0.03)
Polen	501	(3.2)	106	(1.8)	494	(3.4)	99	(1.9)	**7**	(3.3)	0.07	(0.03)
Portugal	471	(4.0)	98	(2.1)	465	(3.6)	89	(1.9)	**6**	(3.2)	0.07	(0.03)
Slowak. Republik	502	(4.3)	104	(3.0)	487	(3.9)	100	(3.9)	**15**	(3.7)	0.15	(0.04)
Spanien	489	(3.9)	105	(1.8)	485	(2.6)	96	(2.2)	4	(3.9)	0.04	(0.04)
Schweden	509	(3.1)	108	(2.4)	504	(3.5)	105	(2.4)	5	(3.6)	0.05	(0.03)
Schweiz	518	(5.0)	110	(2.2)	508	(3.9)	105	(2.4)	**10**	(5.0)	0.10	(0.05)
Türkei	434	(6.7)	98	(5.3)	434	(6.4)	93	(4.6)	0	(5.8)	0.01	(0.06)
Vereinigte Staaten	494	(3.5)	105	(2.0)	489	(3.5)	98	(1.9)	5	(3.3)	0.05	(0.03)
OECD insgesamt	*499*	*(1.3)*	*112*	*(0.9)*	*493*	*(1.3)*	*106*	*(0.8)*	*6*	*(1.5)*	*0.05*	*(0.01)*
OECD-Durchschnitt	*503*	*(0.7)*	*109*	*(0.5)*	*497*	*(0.8)*	*102*	*(0.4)*	*6*	*(0.9)*	*0.05*	*(0.01)*
Partnerländer												
Brasilien	393	(5.3)	102	(3.5)	387	(4.3)	95	(2.6)	6	(3.9)	0.06	(0.04)
Hongkong (China)	538	(6.1)	100	(3.7)	541	(4.2)	87	(2.7)	–3	(6.0)	–0.04	(0.06)
Indonesien	396	(3.1)	67	(1.8)	394	(3.8)	69	(2.4)	1	(2.7)	0.02	(0.04)
Lettland	487	(5.1)	97	(2.4)	491	(3.9)	89	(2.1)	–4	(4.7)	–0.04	(0.05)
Liechtenstein	538	(7.7)	108	(6.7)	512	(7.3)	96	(5.3)	**26**	(12.5)	**0.25**	(0.12)
Macau (China)	529	(5.0)	88	(4.9)	521	(4.0)	88	(2.7)	8	(6.8)	0.09	(0.08)
Russ. Föderation	494	(5.3)	105	(2.0)	485	(4.0)	94	(1.8)	**9**	(4.3)	0.09	(0.04)
Serbien	434	(3.7)	86	(2.2)	439	(4.2)	79	(2.1)	–5	(3.8)	–0.06	(0.05)
Thailand	425	(3.7)	83	(2.0)	433	(3.1)	80	(2.0)	–8	(4.2)	–0.10	(0.05)
Tunesien	380	(2.7)	89	(2.1)	390	(3.0)	86	(2.3)	**–10**	(2.6)	–0.11	(0.03)
Uruguay	441	(3.7)	113	(2.0)	436	(3.6)	105	(2.5)	4	(4.4)	0.04	(0.04)
Verein. Königreich[1]	m	m	m	m	m	m	m	m	m	m	m	m

Anmerkung: Statistisch signifikante Werte und Effektstärken von mindestens 0,2 sind durch Fettdruck gekennzeichnet (siehe Anhang A4). .

1. Die Beteiligungsquote ist zu niedrig, um die Vergleichbarkeit zu gewährleisten (siehe Anhang A3).

Tabelle 6.8

Prozentualer Anteil der Schülerinnen und Schüler, die unter 400 oder über 600 Punkte auf der Gesamtskala Naturwissenschaften erzielten

	Prozentsatz der Schüler, die unter 400 Punkte erzielten						Größere Wahrscheinlichkeit für Jungen, unter 400 Punkte zu erzielen		Prozentsatz der Schüler, die über 600 Punkte erzielten						Größere Wahrscheinlichkeit für Jungen, über 600 Punkte zu erzielen	
	Alle Schüler		Jungen		Mädchen				Alle Schüler		Jungen		Mädchen			
	%	S.E.	%	S.E.	%	S.E.	Quotient	S.E.	%	S.E.	%	S.E.	%	S.E.	Quotient	S.E.
OECD-Länder																
Australien	11.6	(0.6)	12.9	(0.7)	10.2	(0.8)	**1.3**	(0.11)	23.7	(0.8)	24.9	(1.2)	22.5	(1.0)	1.1	(0.07)
Österreich	18.5	(1.2)	20.2	(1.6)	16.7	(1.4)	1.2	(0.12)	13.4	(1.0)	14.9	(1.4)	12.0	(1.2)	1.2	(0.17)
Belgien	16.5	(0.9)	17.5	(1.3)	15.4	(1.2)	1.1	(0.12)	20.9	(0.8)	22.5	(1.2)	19.1	(0.9)	**1.2**	(0.08)
Kanada	12.0	(0.6)	11.5	(0.6)	11.6	(0.7)	1.0	(0.06)	21.0	(0.8)	25.3	(1.1)	19.3	(1.0)	**1.3**	(0.09)
Tschech. Republik	11.6	(0.9)	11.2	(1.1)	12.1	(1.2)	0.9	(0.12)	23.2	(1.2)	24.2	(1.6)	22.1	(1.3)	1.1	(0.08)
Dänemark	22.7	(1.2)	20.6	(1.5)	24.7	(1.3)	0.8	(0.06)	10.8	(0.7)	12.4	(0.8)	9.3	(0.9)	**1.3**	(0.14)
Finnland	5.7	(0.4)	6.9	(0.6)	4.6	(0.5)	**1.5**	(0.21)	29.2	(0.9)	29.2	(1.4)	29.2	(1.0)	1.0	(0.06)
Frankreich	16.6	(1.0)	17.7	(1.5)	15.6	(1.1)	1.1	(0.11)	22.5	(1.1)	23.6	(1.2)	21.5	(1.5)	1.1	(0.08)
Deutschland	18.8	(1.1)	19.0	(1.4)	18.2	(1.4)	1.1	(0.10)	19.9	(1.1)	21.9	(1.3)	18.0	(1.4)	**1.2**	(0.11)
Griechenland	21.7	(1.2)	21.0	(1.6)	22.3	(1.3)	0.9	(0.08)	12.1	(1.0)	14.6	(1.3)	9.8	(1.2)	**1.5**	(0.19)
Ungarn	14.8	(0.8)	15.5	(1.1)	14.0	(1.1)	1.1	(0.10)	16.4	(1.3)	17.3	(1.6)	15.4	(1.3)	1.1	(0.09)
Island	16.2	(0.7)	18.7	(1.0)	13.5	(1.0)	**1.4**	(0.13)	13.4	(0.7)	13.4	(1.1)	13.4	(0.9)	1.0	(0.11)
Irland	13.1	(0.9)	13.4	(1.3)	12.8	(1.2)	1.0	(0.13)	15.8	(0.9)	16.5	(1.0)	15.2	(1.4)	1.1	(0.11)
Italien	21.2	(1.2)	21.6	(1.9)	20.9	(1.6)	1.0	(0.12)	14.5	(0.6)	16.4	(1.0)	12.7	(0.8)	**1.3**	(0.11)
Japan	9.7	(0.9)	11.0	(1.1)	8.4	(1.1)	1.3	(0.18)	33.4	(1.5)	35.8	(2.4)	31.2	(1.5)	1.1	(0.09)
Korea	9.2	(0.8)	8.6	(1.1)	10.0	(1.2)	0.9	(0.14)	28.1	(1.5)	31.2	(1.8)	23.4	(2.2)	**1.3**	(0.14)
Luxemburg	21.4	(0.9)	21.1	(1.1)	21.8	(1.4)	1.0	(0.09)	12.9	(0.6)	15.8	(1.0)	10.0	(0.9)	**1.6**	(0.18)
Mexiko	48.7	(1.9)	46.7	(2.2)	50.5	(2.0)	0.9	(0.04)	1.4	(0.3)	1.8	(0.5)	1.0	(0.3)	1.8	(0.82)
Niederlande	11.1	(1.2)	10.6	(1.3)	11.6	(1.4)	0.9	(0.11)	24.5	(1.2)	25.5	(1.8)	23.4	(1.3)	1.1	(0.09)
Neuseeland	13.5	(0.7)	12.5	(0.9)	14.6	(1.2)	0.9	(0.10)	23.7	(1.1)	27.0	(1.3)	20.3	(1.4)	**1.3**	(0.09)
Norwegen	21.3	(1.0)	22.0	(1.4)	20.5	(1.3)	1.1	(0.09)	12.9	(0.9)	13.9	(1.0)	11.9	(1.0)	1.2	(0.09)
Polen	17.7	(0.9)	17.9	(1.1)	17.4	(1.2)	1.0	(0.08)	16.4	(0.8)	18.1	(1.0)	14.7	(1.0)	**1.2**	(0.09)
Portugal	23.5	(1.6)	23.9	(1.8)	23.1	(1.6)	1.0	(0.07)	7.5	(0.6)	9.1	(0.8)	6.0	(0.7)	**1.5**	(0.20)
Slowak. Republik	16.9	(1.3)	16.1	(1.5)	17.6	(1.6)	0.9	(0.10)	15.1	(0.9)	17.3	(1.2)	12.8	(1.0)	**1.4**	(0.11)
Spanien	19.1	(0.8)	19.6	(1.3)	18.7	(1.0)	1.1	(0.09)	12.7	(0.8)	14.5	(1.2)	11.1	(0.9)	**1.3**	(0.14)
Schweden	16.1	(0.8)	15.7	(1.1)	16.6	(1.0)	0.9	(0.08)	19.5	(1.0)	20.3	(1.1)	18.7	(1.4)	1.1	(0.08)
Schweiz	15.6	(1.0)	15.3	(1.2)	15.8	(1.1)	1.0	(0.08)	21.4	(1.4)	23.6	(2.3)	19.0	(1.4)	1.2	(0.14)
Türkei	38.6	(2.3)	38.9	(2.5)	38.3	(3.0)	1.0	(0.08)	5.7	(1.5)	6.2	(1.7)	5.0	(1.4)	1.3	(0.26)
Vereinigte Staaten	19.3	(1.1)	19.1	(1.2)	19.4	(1.2)	1.0	(0.06)	14.7	(0.9)	16.3	(1.1)	13.1	(1.2)	1.2	(0.12)
OECD insgesamt	*19.9*	*(0.4)*	*20.0*	*(0.5)*	*19.9*	*(0.5)*	*1.0*	*(0.02)*	*17.7*	*(0.3)*	*19.4*	*(0.4)*	*16.1*	*(0.4)*	*1.2*	*(0.03)*
OECD-Durchschnitt	*17.9*	*(0.2)*	*18.0*	*(0.3)*	*17.7*	*(0.2)*	*1.0*	*(0.02)*	*17.6*	*(0.2)*	*19.3*	*(0.2)*	*16.0*	*(0.2)*	*1.2*	*(0.02)*
Partnerländer																
Brasilien	56.2	(1.8)	55.3	(2.1)	56.9	(2.1)	1.0	(0.03)	2.1	(0.5)	3.0	(0.8)	1.3	(0.4)	2.3	(0.68)
Hongkong (China)	8.2	(1.2)	10.3	(1.7)	6.0	(0.9)	**1.7**	(0.30)	27.8	(1.4)	29.0	(2.0)	26.6	(1.7)	1.1	(0.10)
Indonesien	54.4	(2.0)	54.3	(2.0)	54.6	(2.3)	1.0	(0.03)	0.2	(0.1)	0.2	(0.1)	0.3	(0.2)	0.6	(0.30)
Lettland	17.2	(1.2)	18.7	(1.7)	15.8	(1.5)	1.2	(0.14)	11.5	(1.0)	12.4	(1.4)	10.7	(1.3)	1.2	(0.19)
Liechtenstein	12.1	(1.7)	11.0	(2.5)	13.3	(2.7)	0.8	(0.28)	24.2	(2.5)	30.7	(4.5)	17.3	(3.0)	1.8	(0.46)
Macau (China)	8.5	(1.2)	7.7	(1.5)	9.3	(1.5)	0.8	(0.19)	19.9	(1.4)	20.9	(2.3)	18.9	(2.3)	1.1	(0.21)
Russ. Föderation	18.6	(1.3)	18.7	(1.7)	18.4	(1.4)	1.0	(0.10)	13.5	(1.0)	16.0	(1.4)	11.0	(1.0)	**1.5**	(0.14)
Serbien	33.6	(1.6)	35.5	(1.7)	31.7	(2.2)	1.1	(0.08)	2.7	(0.5)	3.0	(0.6)	2.3	(0.6)	1.3	(0.34)
Thailand	37.6	(1.4)	40.0	(2.0)	35.6	(1.6)	1.1	(0.07)	2.5	(0.4)	2.6	(0.5)	2.4	(0.6)	1.1	(0.35)
Tunesien	57.5	(1.4)	60.3	(1.5)	54.8	(1.8)	**1.1**	(0.03)	0.7	(0.2)	0.8	(0.4)	0.6	(0.2)	1.3	(0.78)
Uruguay	36.3	(1.2)	36.1	(1.5)	36.4	(1.6)	1.0	(0.05)	6.6	(0.7)	7.9	(0.9)	5.4	(0.8)	**1.5**	(0.21)
Verein. Königreich[1]	m	m	m	m	m	m	m	m	m	m	m	m	m	m	m	m

Anmerkung: Statistisch signifikante Werte sind durch Fettdruck gekennzeichnet (siehe Anhang A4).

1. Die Beteiligungsquote ist zu niedrig, um die Vergleichbarkeit zu gewährleisten (siehe Anhang A3).

Anhang B2: Leistungsunterschiede zwischen Regionen innerhalb der Länder

Regionen, deren Stichproben international überprüft wurden

Daten, bei denen die Einhaltung der PISA-Stichprobenstandards und die internationale Vergleichbarkeit international überprüft wurden.

Regionen, deren Stichproben national festgelegt und überprüft wurden

Daten, bei denen die Einhaltung der PISA-Stichprobenstandards auf den subnationalen Ebenen von den betreffenden Ländern bewertet wurde.

In diesen Ländern wurden die Einhaltung der PISA-Stichprobenstandards und die internationale Vergleichbarkeit nur für die Gesamtheit aller subnationalen Einheiten international überprüft.

Tabelle B2.1 (vgl. Tabelle 2.5a, Anhang A1)

Prozentualer Anteil der Schülerinnen und Schüler auf den jeweiligen Kompetenzstufen der Gesamtskala Mathematik

	Kompetenzstufen													
	Unter Stufe 1 (weniger als 358 Punkte)		Stufe 1 (358-420 Punkte)		Stufe 2 (421-482 Punkte)		Stufe 3 (483-544 Punkte)		Stufe 4 (545-606 Punkte)		Stufe 5 (607-668 Punkte)		Stufe 6 (über 668 Punkte)	
	%	S.E.	%	S.E.	%	S.E.	%	S.E.	%	S.E.	%	S.E.	%	S.E.
Regionen, deren Stichproben international überprüft wurden														
Italien (Autonome Provinz Bozen)	1.8	(0.5)	7.0	(1.0)	17.2	(1.8)	27.8	(2.4)	25.9	(1.8)	15.0	(1.4)	5.3	(1.1)
Italien (Autonome Provinz Trento)	1.0	(0.3)	3.9	(0.9)	13.5	(1.8)	29.8	(2.4)	29.8	(1.9)	16.9	(1.5)	5.1	(1.3)
Italien (Region Lombardei)	4.5	(1.3)	9.8	(2.0)	18.9	(1.6)	26.8	(2.0)	23.2	(1.7)	12.0	(1.8)	4.8	(1.0)
Italien (Region Piemont)	6.6	(1.1)	12.4	(1.4)	23.7	(1.8)	29.2	(2.0)	19.2	(1.6)	7.1	(1.2)	1.9	(0.5)
Italien (Region Toskana)	6.7	(1.1)	14.8	(1.3)	23.0	(1.3)	27.2	(1.6)	19.7	(1.4)	7.2	(0.9)	1.5	(0.4)
Italien (Region Veneto)	3.7	(0.8)	10.7	(1.4)	21.6	(1.8)	29.5	(1.6)	22.1	(1.8)	9.3	(1.1)	3.1	(0.8)
Spanien (Baskenland)	4.7	(0.5)	11.6	(0.8)	23.7	(0.9)	28.7	(1.1)	21.6	(1.2)	8.2	(0.7)	1.5	(0.3)
Spanien (Kastilien und Leon)	4.8	(1.0)	11.4	(1.1)	23.0	(1.5)	28.3	(1.7)	21.7	(1.6)	8.9	(1.2)	1.9	(0.6)
Spanien (Katalonien)	6.1	(0.9)	13.3	(1.3)	24.2	(1.1)	28.5	(1.7)	17.6	(1.7)	8.0	(1.1)	2.2	(0.6)
Vereinigtes Königreich (Schottland)	2.8	(0.5)	8.5	(0.7)	19.2	(1.1)	28.2	(1.4)	25.1	(1.1)	12.2	(0.8)	3.9	(0.4)
Regionen, deren Stichproben national festgelegt und überprüft wurden														
Belgien (flämische Gemeinschaft)	4.8	(0.4)	6.6	(0.5)	13.0	(0.7)	18.7	(0.9)	22.7	(0.8)	21.9	(0.9)	12.4	(0.6)
Belgien (französische Gemeinschaft)	10.3	(1.2)	12.9	(0.9)	19.8	(1.0)	21.9	(1.1)	18.9	(1.1)	11.7	(0.8)	4.5	(0.7)
Belgien (deutschsprachige Gemeinschaft)	6.4	(0.9)	11.3	(1.1)	19.0	(1.4)	23.2	(1.8)	20.9	(1.5)	13.7	(1.3)	5.4	(0.8)
Finnland (finnischsprachig)	1.4	(0.2)	5.3	(0.4)	15.8	(0.6)	27.7	(0.7)	26.1	(0.9)	16.8	(0.7)	6.8	(0.5)
Finnland (schwedischsprachig)	1.9	(0.6)	5.8	(0.7)	19.1	(1.5)	27.5	(1.9)	26.3	(2.0)	15.0	(1.8)	4.3	(0.9)
Vereinigtes Königreich (Nordirland)	5.4	(0.7)	11.1	(0.8)	19.3	(0.9)	25.3	(1.2)	22.2	(1.0)	12.1	(0.8)	4.6	(0.5)
Vereinigtes Königreich (Wales)	6.6	(2.5)	13.0	(4.3)	23.2	(5.2)	26.9	(3.5)	20.0	(3.5)	9.0	(3.0)	1.3	(1.2)

Tabelle B2.2 (vgl. Tabelle 2.5b, Anhang A1)

Prozentualer Anteil der Schülerinnen und Schüler auf den jeweiligen Kompetenzstufen der Gesamtskala Mathematik, nach Geschlecht

Jungen – Kompetenzstufen

	Unter Stufe 1 (weniger als 358 Punkte)		Stufe 1 (358-420 Punkte)		Stufe 2 (421-482 Punkte)		Stufe 3 (483-544 Punkte)		Stufe 4 (545-606 Punkte)		Stufe 5 (607-668 Punkte)		Stufe 6 (über 668 Punkte)	
	%	S.E.	%	S.E.	%	S.E.	%	S.E.	%	S.E.	%	S.E.	%	S.E.
Regionen, deren Stichproben international überprüft wurden														
Italien (Autonome Provinz Bozen)	1.1	(0.5)	5.4	(1.2)	14.6	(3.0)	24.9	(3.7)	27.3	(2.5)	18.4	(1.9)	8.2	(1.9)
Italien (Autonome Provinz Trento)	0.6	(0.2)	2.2	(0.8)	8.3	(1.8)	24.4	(2.8)	33.2	(2.8)	22.3	(3.2)	9.1	(2.5)
Italien (Region Lombardei)	6.0	(2.4)	10.6	(3.7)	16.5	(2.1)	23.8	(2.6)	22.5	(2.8)	13.6	(2.5)	7.0	(1.6)
Italien (Region Piemont)	6.8	(1.6)	11.1	(2.2)	21.1	(2.0)	28.1	(2.1)	21.0	(2.5)	9.2	(1.4)	2.7	(0.9)
Italien (Region Toskana)	6.5	(1.6)	13.9	(2.4)	20.6	(2.0)	27.2	(2.9)	20.3	(2.0)	9.3	(1.5)	2.2	(0.6)
Italien (Region Veneto)	4.9	(1.6)	11.0	(2.3)	19.2	(1.8)	27.2	(2.1)	22.0	(2.3)	11.0	(1.7)	4.7	(1.3)
Spanien (Baskenland)	5.9	(0.8)	12.5	(1.4)	22.0	(1.4)	25.9	(1.4)	21.8	(1.6)	9.5	(1.1)	2.3	(0.4)
Spanien (Kastilien und Leon)	5.3	(1.2)	9.8	(1.4)	21.3	(1.6)	27.8	(2.7)	22.5	(2.5)	10.5	(1.6)	2.8	(0.9)
Spanien (Katalonien)	5.3	(1.1)	11.6	(1.7)	23.2	(1.4)	27.9	(2.2)	18.9	(1.9)	9.9	(2.1)	3.2	(1.1)
Vereinigtes Königreich (Schottland)	2.8	(0.7)	8.3	(1.1)	18.4	(1.5)	27.2	(2.0)	25.5	(1.6)	13.4	(1.0)	4.5	(0.6)
Regionen, deren Stichproben national festgelegt und überprüft wurden														
Belgien (flämische Gemeinschaft)	4.3	(0.5)	6.8	(0.8)	12.3	(1.1)	17.1	(1.0)	21.4	(1.1)	23.0	(1.5)	15.1	(1.2)
Belgien (französische Gemeinschaft)	11.3	(1.7)	13.6	(1.6)	18.5	(1.5)	20.3	(1.5)	18.4	(1.5)	12.2	(1.1)	5.7	(1.0)
Belgien (deutschsprachige Gemeinschaft)	7.7	(1.7)	11.8	(2.0)	19.6	(2.1)	21.7	(2.3)	20.6	(2.2)	12.3	(1.9)	6.3	(1.2)
Finnland (finnischsprachig)	1.5	(0.3)	5.8	(0.6)	15.3	(0.8)	25.9	(0.9)	25.3	(1.2)	17.8	(1.1)	8.4	(0.9)
Finnland (schwedischsprachig)	2.2	(0.9)	5.3	(1.2)	17.7	(2.0)	26.4	(2.6)	26.7	(2.5)	16.7	(2.5)	5.0	(1.1)
Vereinigtes Königreich (Nordirland)	6.2	(1.2)	10.6	(1.3)	18.1	(1.4)	24.9	(1.7)	21.5	(1.7)	13.4	(1.5)	5.3	(0.8)
Vereinigtes Königreich (Wales)	6.9	(3.7)	12.9	(4.4)	22.7	(6.8)	28.8	(7.3)	18.8	(5.5)	8.3	(3.8)	1.6	(1.5)

Mädchen – Kompetenzstufen

	Unter Stufe 1 (weniger als 358 Punkte)		Stufe 1 (358-420 Punkte)		Stufe 2 (421-482 Punkte)		Stufe 3 (483-544 Punkte)		Stufe 4 (545-606 Punkte)		Stufe 5 (607-668 Punkte)		Stufe 6 (über 668 Punkte)	
	%	S.E.	%	S.E.	%	S.E.	%	S.E.	%	S.E.	%	S.E.	%	S.E.
Regionen, deren Stichproben international überprüft wurden														
Italien (Autonome Provinz Bozen)	2.4	(0.8)	8.4	(1.4)	19.5	(2.0)	30.4	(2.2)	24.6	(2.2)	12.0	(1.8)	2.7	(0.8)
Italien (Autonome Provinz Trento)	1.3	(0.5)	5.4	(1.3)	17.9	(2.4)	34.3	(4.1)	27.0	(2.4)	12.3	(1.9)	1.7	(0.8)
Italien (Region Lombardei)	2.9	(0.9)	9.0	(1.9)	21.4	(2.3)	29.7	(2.3)	24.0	(2.2)	10.3	(2.0)	2.6	(1.0)
Italien (Region Piemont)	6.4	(1.4)	13.5	(2.2)	25.9	(2.8)	30.2	(2.9)	17.6	(2.1)	5.3	(1.3)	1.2	(0.4)
Italien (Region Toskana)	6.8	(1.7)	15.7	(2.0)	25.7	(2.0)	27.2	(2.0)	19.0	(2.3)	4.9	(0.9)	0.7	(0.4)
Italien (Region Veneto)	2.4	(0.9)	10.4	(1.8)	24.2	(2.7)	31.8	(2.6)	22.1	(3.0)	7.6	(1.5)	1.5	(0.6)
Spanien (Baskenland)	3.5	(0.5)	10.8	(0.9)	25.4	(1.3)	31.4	(1.3)	21.3	(1.3)	6.9	(0.9)	0.7	(0.3)
Spanien (Kastilien und Leon)	4.4	(1.2)	12.8	(1.6)	24.5	(2.4)	28.8	(2.3)	20.9	(1.7)	7.4	(1.5)	1.1	(0.8)
Spanien (Katalonien)	6.9	(1.4)	14.8	(2.1)	25.2	(1.7)	29.1	(2.5)	16.4	(2.5)	6.3	(1.2)	1.4	(0.5)
Vereinigtes Königreich (Schottland)	2.8	(0.6)	8.7	(1.3)	20.1	(1.6)	29.2	(1.5)	24.8	(1.4)	11.0	(1.1)	3.3	(0.6)
Regionen, deren Stichproben national festgelegt und überprüft wurden														
Belgien (flämische Gemeinschaft)	5.3	(0.8)	6.5	(0.9)	13.6	(0.9)	20.3	(1.3)	24.0	(1.2)	20.8	(1.0)	9.6	(0.7)
Belgien (französische Gemeinschaft)	9.2	(1.6)	12.0	(1.2)	21.4	(1.6)	23.8	(1.5)	19.4	(1.5)	11.1	(1.0)	3.0	(0.7)
Belgien (deutschsprachige Gemeinschaft)	5.2	(1.4)	10.8	(1.9)	18.5	(2.6)	24.7	(2.8)	21.2	(2.3)	15.0	(1.8)	4.6	(1.2)
Finnland (finnischsprachig)	1.3	(0.3)	4.8	(0.6)	16.4	(0.8)	29.5	(1.2)	26.9	(1.3)	15.9	(0.9)	5.2	(0.6)
Finnland (schwedischsprachig)	1.7	(0.6)	6.2	(1.1)	20.4	(2.0)	28.6	(2.6)	26.0	(2.7)	13.4	(2.2)	3.7	(1.2)
Vereinigtes Königreich (Nordirland)	4.6	(0.7)	11.5	(1.2)	20.5	(1.4)	25.8	(1.6)	23.0	(1.7)	10.8	(1.1)	3.8	(0.7)
Vereinigtes Königreich (Wales)	6.4	(3.7)	13.1	(5.4)	23.8	(5.5)	24.7	(5.6)	21.3	(6.4)	9.8	(3.6)	1.0	

Tabelle B2.3 (vgl. Tabelle 2.5c, Anhang A1)

Mittelwert, Varianz und geschlechtsspezifische Unterschiede bei den Schülerleistungen auf der Gesamtskala Mathematik

	Alle Schüler				Geschlechtsspezifische Unterschiede					
	Mittelwert		Standardabweichung		Jungen		Mädchen		Differenz (J – M)	
	Mittelwert	**S.E.**	**S.D.**	**S.E.**	**Mittelwert**	**S.E.**	**Mittelwert**	**S.E.**	**Punktzahldiff.**	**S.E.**
Regionen, deren Stichproben international überprüft wurden										
Italien (Autonome Provinz Bozen)	536	(4.8)	85	(2.3)	552	(5.8)	522	(4.6)	**30**	(4.5)
Italien (Autonome Provinz Trento)	547	(3.0)	78	(2.6)	570	(3.8)	528	(3.9)	**42**	(5.1)
Italien (Region Lombardei)	519	(7.3)	93	(4.1)	523	(14.1)	516	(6.4)	6	(16.3)
Italien (Region Piemont)	494	(4.9)	88	(3.1)	502	(6.3)	487	(6.1)	15	(8.3)
Italien (Region Toskana)	492	(4.3)	87	(2.4)	499	(8.1)	484	(6.0)	15	(11.4)
Italien (Region Veneto)	511	(5.5)	85	(2.8)	515	(9.6)	507	(6.6)	8	(12.4)
Spanien (Baskenland)	502	(2.8)	82	(1.1)	502	(3.9)	501	(3.1)	1	(4.1)
Spanien (Kastilien und Leon)	503	(4.0)	85	(2.7)	509	(5.6)	498	(4.7)	11	(6.4)
Spanien (Katalonien)	494	(4.7)	88	(2.0)	504	(5.6)	486	(5.8)	**18**	(6.2)
Vereinigtes Königreich (Schottland)	524	(2.3)	84	(1.7)	527	(3.3)	520	(2.9)	7	(4.1)
Regionen, deren Stichproben national festgelegt und überprüft wurden										
Belgien (flämische Gemeinschaft)	553	(2.1)	105	(1.4)	561	(3.6)	546	(3.6)	**15**	(5.8)
Belgien (französische Gemeinschaft)	498	(4.3)	108	(3.1)	498	(6.2)	497	(5.3)	1	(7.8)
Belgien (deutschsprachige Gemeinschaft)	515	(3.0)	100	(2.4)	512	(5.0)	518	(4.2)	–6	(6.9)
Finnland (finnischsprachig)	545	(2.0)	84	(1.1)	549	(2.6)	541	(2.2)	**7**	(2.8)
Finnland (schwedischsprachig)	534	(2.3)	81	(1.6)	538	(3.7)	531	(3.3)	8	(5.2)
Vereinigtes Königreich (Nordirland)	515	(2.8)	94	(2.0)	517	(5.3)	513	(4.0)	4	(7.5)
Vereinigtes Königreich (Wales)	498	(10.8)	85	(3.1)	497	(10.0)	499	(14.1)	–2	(11.3)

	Perzentile											
	5.		10.		25.		75.		90.		95.	
	Punktzahl	**S.E.**	**Punktzahl**	**S.E.**	**Punktzahl**	**S.E.**	**Punktzahl**	**S.E.**	**Punktzahl**	**S.E.**	**Punktzahl**	**S.E.**
Regionen, deren Stichproben international überprüft wurden												
Italien (Autonome Provinz Bozen)	394	(7.1)	426	(5.9)	479	(5.1)	596	(5.7)	645	(7.2)	672	(9.6)
Italien (Autonome Provinz Trento)	421	(7.3)	451	(8.5)	498	(6.0)	599	(5.3)	644	(5.8)	669	(6.9)
Italien (Region Lombardei)	364	(14.4)	400	(12.0)	459	(10.4)	582	(7.4)	636	(8.5)	668	(9.3)
Italien (Region Piemont)	345	(7.9)	381	(8.0)	438	(5.7)	553	(6.0)	602	(7.6)	632	(7.9)
Italien (Region Toskana)	346	(7.7)	376	(7.8)	432	(6.6)	552	(4.4)	601	(4.8)	631	(5.0)
Italien (Region Veneto)	370	(8.8)	401	(7.6)	455	(6.5)	568	(6.3)	619	(6.7)	650	(8.1)
Spanien (Baskenland)	361	(5.2)	395	(3.8)	447	(3.4)	560	(3.6)	606	(3.3)	631	(3.7)
Spanien (Kastilien und Leon)	359	(10.7)	395	(7.2)	448	(5.3)	562	(4.3)	611	(5.1)	639	(6.7)
Spanien (Katalonien)	349	(6.9)	381	(6.2)	438	(5.7)	552	(6.1)	608	(6.2)	640	(8.9)
Vereinigtes Königreich (Schottland)	380	(6.0)	413	(4.8)	468	(3.4)	583	(2.5)	631	(4.1)	660	(4.3)
Regionen, deren Stichproben national festgelegt und überprüft wurden												
Belgien (flämische Gemeinschaft)	360	(5.9)	411	(4.9)	485	(3.7)	631	(2.6)	679	(3.0)	707	(2.8)
Belgien (französische Gemeinschaft)	309	(11.9)	355	(9.3)	427	(6.2)	575	(4.8)	633	(5.0)	665	(6.5)
Belgien (deutschsprachige Gemeinschaft)	343	(14.0)	384	(5.3)	447	(6.1)	587	(3.8)	642	(5.6)	673	(6.6)
Finnland (finnischsprachig)	407	(3.9)	439	(3.0)	489	(2.4)	603	(2.4)	652	(3.0)	681	(3.3)
Finnland (schwedischsprachig)	401	(7.3)	433	(4.7)	478	(3.8)	591	(3.6)	638	(5.7)	665	(6.8)
Vereinigtes Königreich (Nordirland)	354	(5.5)	389	(5.1)	450	(4.7)	580	(3.5)	634	(5.1)	666	(4.1)
Vereinigtes Königreich (Wales)	349	(17.6)	383	(18.4)	436	(16.2)	561	(13.9)	607	(16.9)	634	(16.6)

Anmerkung: Statistisch signifikante Werte sind durch Fettdruck gekennzeichnet (siehe Anhang A4).

Tabelle B2.4 (vgl. Tabelle 6.1, Anhang A1)

Prozentualer Anteil der Schülerinnen und Schüler auf den jeweiligen Kompetenzstufen der Gesamtskala Lesekompetenz

	Kompetenzstufen											
	Unter Stufe 1 (weniger als 335 Punkte)		Stufe 1 (336-407 Punkte)		Stufe 2 (408-480 Punkte)		Stufe 3 (481-552 Punkte)		Stufe 4 (553-626 Punkte)		Stufe 5 (über 625 Punkte)	
	%	S.E.	%	S.E.	%	S.E.	%	S.E.	%	S.E.	%	S.E.
Regionen, deren Stichproben international überprüft wurden												
Italien (Autonome Provinz Bozen)	1.5	(0.5)	5.4	(1.0)	14.7	(1.2)	30.3	(1.9)	30.7	(2.1)	17.4	(2.5)
Italien (Autonome Provinz Trento)	0.6	(0.2)	3.1	(0.6)	13.8	(1.2)	36.7	(2.1)	35.5	(1.9)	10.3	(1.4)
Italien (Region Lombardei)	3.8	(1.3)	7.7	(1.6)	20.1	(1.8)	31.9	(2.0)	27.3	(2.0)	9.2	(1.2)
Italien (Region Piemont)	4.8	(0.7)	9.9	(1.1)	21.6	(1.7)	34.4	(2.0)	22.4	(1.7)	6.9	(1.1)
Italien (Region Toskana)	7.1	(1.8)	11.7	(1.4)	22.6	(1.8)	30.6	(2.2)	20.8	(2.1)	7.2	(0.9)
Italien (Region Veneto)	3.0	(1.0)	8.5	(1.5)	20.5	(1.8)	32.8	(2.1)	26.9	(2.1)	8.2	(1.2)
Spanien (Baskenland)	5.3	(0.5)	11.8	(0.8)	22.8	(1.0)	30.8	(1.0)	22.6	(1.3)	6.6	(0.6)
Spanien (Kastilien und Leon)	4.4	(0.9)	10.4	(1.0)	23.9	(1.4)	32.1	(1.8)	23.2	(1.7)	5.9	(0.8)
Spanien (Katalonien)	6.2	(0.7)	13.0	(1.4)	26.5	(1.7)	31.9	(1.8)	18.1	(1.6)	4.3	(0.9)
Vereinigtes Königreich (Schottland)	2.6	(0.4)	8.2	(0.8)	21.2	(1.0)	33.0	(1.2)	26.0	(1.0)	9.0	(0.7)
Regionen, deren Stichproben national festgelegt und überprüft wurden												
Belgien (flämische Gemeinschaft)	4.5	(0.4)	7.9	(0.6)	15.8	(0.8)	25.8	(0.8)	29.5	(0.9)	16.6	(0.7)
Belgien (französische Gemeinschaft)	12.3	(1.4)	12.8	(1.1)	21.3	(1.0)	26.2	(1.2)	20.1	(1.2)	7.3	(0.9)
Belgien (deutschsprachige Gemeinschaft)	6.6	(1.0)	13.6	(1.4)	19.2	(1.5)	27.7	(2.5)	23.5	(2.0)	9.5	(1.3)
Finnland (finnischsprachig)	1.1	(0.2)	4.6	(0.4)	14.4	(0.6)	31.4	(0.8)	33.5	(0.8)	15.0	(0.8)
Finnland (schwedischsprachig)	1.2	(0.4)	5.5	(0.8)	17.6	(1.5)	35.0	(1.9)	31.0	(1.4)	9.7	(0.9)
Vereinigtes Königreich (Nordirland)	4.0	(0.6)	9.4	(0.6)	20.5	(1.3)	28.1	(1.6)	25.3	(1.3)	12.7	(0.9)
Vereinigtes Königreich (Wales)	5.7	(2.2)	12.6	(3.4)	22.9	(3.6)	28.2	(3.9)	22.9	(4.1)	7.6	(2.9)

Tabelle B2.5 (vgl. Tabellen 6.2 und 6.3, Anhang A1)

Mittelwert, Varianz und geschlechtsspezifische Unterschiede bei den Schülerleistungen auf der Gesamtskala Lesekompetenz

	Alle Schüler				Geschlechtsspezifische Unterschiede					
	Mittelwert		Standardabweichung		Jungen		Mädchen		Differenz (J – M)	
	Mittelwert	**S.E.**	**S.D.**	**S.E.**	**Mittelwert**	**S.E.**	**Mittelwert**	**S.E.**	**Punktzahldiff.**	**S.E.**
Regionen, deren Stichproben international überprüft wurden										
Italien (Autonome Provinz Bozen)	544	(5.4)	88	(2.5)	524	(7.0)	562	(5.1)	**–37**	(5.4)
Italien (Autonome Provinz Trento)	542	(2.2)	71	(2.3)	532	(3.8)	551	(3.2)	**–19**	(5.4)
Italien (Region Lombardei)	515	(6.9)	92	(5.6)	490	(11.9)	541	(5.4)	**–51**	(14.2)
Italien (Region Piemont)	501	(4.0)	93	(3.5)	478	(6.8)	522	(5.5)	**–44**	(8.5)
Italien (Region Toskana)	492	(6.7)	100	(3.8)	464	(9.2)	523	(7.3)	**–59**	(12.2)
Italien (Region Veneto)	514	(6.3)	87	(4.4)	494	(9.9)	535	(6.8)	**–42**	(12.5)
Spanien (Baskenland)	497	(2.9)	93	(1.4)	474	(4.2)	519	(2.9)	**–45**	(4.4)
Spanien (Kastilien und Leon)	499	(3.9)	89	(2.7)	480	(5.3)	517	(4.5)	**–37**	(5.9)
Spanien (Katalonien)	483	(4.5)	91	(2.3)	461	(5.0)	502	(6.0)	**–42**	(7.4)
Vereinigtes Königreich (Schottland)	516	(2.5)	86	(1.7)	504	(3.2)	527	(3.4)	**–24**	(4.4)
Regionen, deren Stichproben national festgelegt und überprüft wurden										
Belgien (flämische Gemeinschaft)	530	(2.1)	101	(1.4)	516	(3.6)	544	(3.5)	**–28**	(5.8)
Belgien (französische Gemeinschaft)	477	(5.0)	114	(3.6)	456	(6.9)	501	(6.0)	**–45**	(8.9)
Belgien (deutschsprachige Gemeinschaft)	499	(2.7)	102	(2.7)	471	(4.8)	525	(4.9)	**–54**	(8.1)
Finnland (finnischsprachig)	544	(1.7)	81	(1.2)	522	(2.3)	566	(2.1)	**–44**	(2.8)
Finnland (schwedischsprachig)	530	(2.4)	78	(2.3)	508	(3.9)	549	(2.9)	**–41**	(5.0)
Vereinigtes Königreich (Nordirland)	517	(3.1)	98	(2.7)	500	(5.3)	533	(4.3)	**–33**	(7.8)
Vereinigtes Königreich (Wales)	496	(12.4)	95	(4.8)	475	(11.2)	519	(12.3)	**–44**	(8.9)

	Perzentile											
	5.		10.		25.		75.		90.		95.	
	Punktzahl	**S.E.**	**Punktzahl**	**S.E.**	**Punktzahl**	**S.E.**	**Punktzahl**	**S.E.**	**Punktzahl**	**S.E.**	**Punktzahl**	**S.E.**
Regionen, deren Stichproben international überprüft wurden												
Italien (Autonome Provinz Bozen)	393	(10.3)	431	(8.6)	490	(6.0)	603	(7.0)	652	(10.5)	680	(8.7)
Italien (Autonome Provinz Trento)	422	(8.1)	453	(5.2)	499	(2.7)	589	(3.9)	626	(6.0)	650	(5.7)
Italien (Region Lombardei)	355	(20.5)	401	(12.2)	462	(10.0)	577	(4.5)	623	(5.6)	650	(6.3)
Italien (Region Piemont)	337	(8.7)	380	(8.4)	448	(6.4)	564	(5.2)	610	(6.6)	638	(6.1)
Italien (Region Toskana)	310	(18.2)	358	(15.6)	431	(10.6)	561	(6.4)	611	(6.6)	641	(7.5)
Italien (Region Veneto)	361	(15.1)	399	(12.1)	460	(9.4)	575	(5.8)	617	(5.3)	643	(6.2)
Spanien (Baskenland)	331	(6.8)	372	(5.2)	437	(5.1)	563	(3.4)	610	(3.1)	636	(3.3)
Spanien (Kastilien und Leon)	340	(12.1)	383	(8.3)	445	(5.1)	563	(4.5)	607	(4.8)	632	(6.0)
Spanien (Katalonien)	323	(7.3)	364	(6.7)	426	(5.7)	547	(5.3)	594	(6.3)	621	(5.7)
Vereinigtes Königreich (Schottland)	365	(7.2)	403	(5.2)	461	(3.5)	577	(3.2)	621	(3.5)	646	(3.9)
Regionen, deren Stichproben national festgelegt und überprüft wurden												
Belgien (flämische Gemeinschaft)	341	(4.7)	391	(4.3)	468	(3.8)	603	(2.3)	648	(2.5)	674	(3.0)
Belgien (französische Gemeinschaft)	265	(14.0)	316	(11.4)	407	(8.6)	560	(4.5)	611	(4.7)	638	(5.2)
Belgien (deutschsprachige Gemeinschaft)	319	(11.6)	358	(8.9)	428	(5.9)	575	(5.9)	623	(5.8)	648	(7.2)
Finnland (finnischsprachig)	400	(5.2)	438	(3.3)	495	(2.7)	600	(1.8)	642	(2.5)	666	(2.6)
Finnland (schwedischsprachig)	393	(6.0)	426	(6.2)	481	(3.7)	584	(4.0)	624	(4.3)	649	(5.9)
Vereinigtes Königreich (Nordirland)	348	(7.2)	388	(5.3)	453	(4.5)	586	(4.3)	637	(3.5)	667	(4.0)
Vereinigtes Königreich (Wales)	330	(22.1)	367	(15.2)	433	(20.8)	568	(12.9)	616	(13.3)	640	(13.6)

Anmerkung: Statistisch signifikante Werte sind durch Fettdruck gekennzeichnet (siehe Anhang A4).

Tabelle B2.6 (vgl. Tabelle 6.5, Anhang A1)

Prozentualer Anteil der Schülerinnen und Schüler auf den jeweiligen Kompetenzstufen der Gesamtskala Lesekompetenz, nach Geschlecht

	Jungen – Kompetenzstufen											
	Unter Stufe 1 (weniger als 335 Punkte)		Stufe 1 (336-407 Punkte)		Stufe 2 (408-480 Punkte)		Stufe 3 (481-552 Punkte)		Stufe 4 (553-626 Punkte)		Stufe 5 (über 625 Punkte)	
	%	**S.E.**	**%**	**S.E.**	**%**	**S.E.**	**%**	**S.E.**	**%**	**S.E.**	**%**	**S.E.**
Regionen, deren Stichproben international überprüft wurden												
Italien (Autonome Provinz Bozen)	2.7	(0.9)	8.3	(1.8)	17.4	(2.2)	32.3	(2.4)	26.5	(2.5)	12.8	(2.6)
Italien (Autonome Provinz Trento)	0.9	(0.4)	4.8	(1.1)	16.1	(2.0)	37.7	(2.8)	31.9	(2.6)	8.5	(2.2)
Italien (Region Lombardei)	6.8	(2.3)	11.7	(2.7)	24.5	(3.0)	28.1	(2.9)	22.6	(3.4)	6.2	(1.4)
Italien (Region Piemont)	7.8	(1.5)	13.1	(1.7)	25.5	(2.2)	32.6	(2.8)	17.0	(2.1)	4.0	(1.0)
Italien (Region Toskana)	11.0	(2.9)	15.3	(2.1)	26.2	(2.6)	29.2	(3.0)	14.5	(2.1)	3.8	(0.9)
Italien (Region Veneto)	5.2	(1.7)	12.6	(2.3)	23.8	(2.2)	30.1	(2.8)	22.1	(2.7)	6.2	(1.4)
Spanien (Baskenland)	8.7	(0.9)	16.3	(1.1)	24.8	(1.4)	27.5	(1.2)	18.1	(1.9)	4.5	(0.9)
Spanien (Kastilien und Leon)	7.4	(1.6)	13.3	(1.5)	27.1	(2.8)	29.4	(2.4)	18.2	(2.1)	4.6	(1.0)
Spanien (Katalonien)	9.4	(1.1)	17.0	(2.6)	29.8	(3.0)	28.9	(2.3)	11.9	(1.6)	3.0	(1.1)
Vereinigtes Königreich (Schottland)	3.6	(0.7)	10.4	(1.2)	22.8	(1.3)	33.1	(1.9)	23.3	(1.7)	6.9	(0.9)
Regionen, deren Stichproben national festgelegt und überprüft wurden												
Belgien (flämische Gemeinschaft)	5.6	(0.6)	9.2	(1.0)	18.5	(1.4)	26.1	(1.2)	27.7	(1.3)	12.8	(0.9)
Belgien (französische Gemeinschaft)	16.7	(2.1)	15.1	(1.7)	22.0	(1.8)	23.9	(1.7)	17.2	(1.3)	5.1	(0.9)
Belgien (deutschsprachige Gemeinschaft)	9.2	(1.5)	18.6	(2.2)	23.6	(2.4)	26.0	(2.4)	17.3	(2.1)	5.2	(1.5)
Finnland (finnischsprachig)	1.8	(0.3)	7.2	(0.7)	19.6	(1.0)	33.8	(1.2)	28.6	(1.4)	9.0	(0.8)
Finnland (schwedischsprachig)	2.4	(0.9)	7.9	(1.5)	22.6	(2.8)	36.6	(3.2)	25.6	(2.0)	5.0	(1.2)
Vereinigtes Königreich (Nordirland)	6.1	(1.2)	11.5	(1.3)	22.8	(1.5)	27.2	(1.5)	22.3	(1.5)	10.0	(1.1)
Vereinigtes Königreich (Wales)	9.1	(3.5)	15.1	(4.6)	24.2	(5.8)	29.9	(5.1)	15.3	(4.1)	6.5	(3.4)

	Mädchen – Kompetenzstufen											
	Unter Stufe 1 (weniger als 335 Punkte)		Stufe 1 (336-407 Punkte)		Stufe 2 (408-480 Punkte)		Stufe 3 (481-552 Punkte)		Stufe 4 (553-626 Punkte)		Stufe 5 (über 625 Punkte)	
	%	**S.E.**	**%**	**S.E.**	**%**	**S.E.**	**%**	**S.E.**	**%**	**S.E.**	**%**	**S.E.**
Regionen, deren Stichproben international überprüft wurden												
Italien (Autonome Provinz Bozen)	0.4	(0.2)	2.8	(0.7)	12.3	(1.5)	28.6	(2.4)	34.5	(2.8)	21.4	(2.9)
Italien (Autonome Provinz Trento)	0.3	(0.2)	1.6	(0.5)	11.8	(2.3)	35.9	(2.7)	38.6	(3.0)	11.8	(1.7)
Italien (Region Lombardei)	0.7	(0.5)	3.5	(1.2)	15.5	(2.0)	35.8	(2.3)	32.1	(2.4)	12.3	(1.8)
Italien (Region Piemont)	2.2	(0.7)	7.0	(1.5)	18.2	(2.1)	36.0	(2.6)	27.2	(2.6)	9.5	(1.7)
Italien (Region Toskana)	2.8	(0.9)	7.6	(1.7)	18.5	(2.3)	32.0	(2.6)	28.0	(3.0)	11.1	(1.8)
Italien (Region Veneto)	0.7	(0.3)	4.2	(1.2)	17.1	(2.6)	35.7	(2.6)	32.0	(3.0)	10.4	(2.1)
Spanien (Baskenland)	2.0	(0.6)	7.4	(0.9)	20.7	(1.3)	34.1	(1.5)	27.1	(1.4)	8.7	(1.0)
Spanien (Kastilien und Leon)	1.7	(0.8)	7.8	(1.3)	21.1	(2.5)	34.6	(2.4)	27.7	(2.5)	7.0	(1.2)
Spanien (Katalonien)	3.4	(1.1)	9.6	(1.7)	23.8	(2.3)	34.5	(2.7)	23.4	(2.4)	5.3	(1.2)
Vereinigtes Königreich (Schottland)	1.6	(0.5)	6.1	(0.8)	19.7	(1.4)	32.9	(1.9)	28.7	(1.7)	11.0	(1.1)
Regionen, deren Stichproben national festgelegt und überprüft wurden												
Belgien (flämische Gemeinschaft)	3.4	(0.4)	6.5	(0.7)	13.0	(0.9)	25.4	(1.2)	31.4	(1.2)	20.4	(1.2)
Belgien (französische Gemeinschaft)	7.1	(1.5)	10.2	(1.3)	20.5	(1.6)	28.8	(1.9)	23.5	(1.9)	9.8	(1.4)
Belgien (deutschsprachige Gemeinschaft)	4.1	(1.5)	8.8	(2.2)	15.0	(2.1)	29.2	(3.6)	29.4	(3.1)	13.5	(2.1)
Finnland (finnischsprachig)	0.4	(0.1)	2.0	(0.4)	9.2	(1.0)	29.1	(1.4)	38.4	(1.4)	21.0	(1.4)
Finnland (schwedischsprachig)	0.1		3.4	(0.9)	13.1	(1.8)	33.6	(2.9)	35.9	(2.4)	13.9	(1.4)
Vereinigtes Königreich (Nordirland)	1.9	(0.5)	7.3	(0.9)	18.1	(2.0)	29.0	(2.5)	28.2	(2.2)	15.4	(1.3)
Vereinigtes Königreich (Wales)	2.0	(1.7)	10.0	(6.3)	21.5	(3.9)	26.3	(5.8)	31.3	(4.9)	8.9	(3.9)

Tabelle B2.7 (vgl. Tabellen 6.6 und 6.7, Anhang A1)

Mittelwert, Varianz und geschlechtsspezifische Unterschiede bei den Schülerleistungen auf der Gesamtskala Naturwissenschaften

	Alle Schüler				Geschlechtsspezifische Unterschiede					
	Mittelwert		Standardabweichung		Jungen		Mädchen		Differenz (J – M)	
	Mittelwert	**S.E.**	**S.D.**	**S.E.**	**Mittelwert**	**S.E.**	**Mittelwert**	**S.E.**	**Punktzahldiff.**	**S.E.**
Regionen, deren Stichproben international überprüft wurden										
Italien (Autonome Provinz Bozen)	533	(5.5)	92	(3.0)	536	(7.0)	529	(5.1)	7	(5.3)
Italien (Autonome Provinz Trento)	566	(2.9)	85	(2.7)	582	(4.8)	553	(4.3)	**29**	(7.0)
Italien (Region Lombardei)	540	(7.5)	100	(5.6)	533	(14.5)	548	(5.9)	–15	(16.7)
Italien (Region Piemont)	522	(5.2)	100	(3.6)	527	(6.7)	517	(6.5)	10	(8.7)
Italien (Region Toskana)	513	(5.7)	106	(3.1)	509	(9.7)	519	(7.5)	–10	(13.4)
Italien (Region Veneto)	533	(6.0)	92	(3.2)	525	(9.8)	542	(7.0)	–17	(12.3)
Spanien (Baskenland)	484	(3.1)	95	(1.3)	481	(4.4)	487	(3.2)	–6	(4.6)
Spanien (Kastilien und Leon)	502	(4.8)	98	(4.8)	506	(6.3)	498	(5.2)	9	(6.2)
Spanien (Katalonien)	502	(4.0)	92	(2.2)	505	(5.1)	500	(5.3)	5	(6.8)
Vereinigtes Königreich (Schottland)	514	(2.7)	100	(1.7)	518	(3.7)	510	(4.0)	8	(5.5)
Regionen, deren Stichproben national festgelegt und überprüft wurden										
Belgien (flämische Gemeinschaft)	529	(2.1)	101	(1.5)	533	(3.5)	525	(3.7)	8	(5.8)
Belgien (französische Gemeinschaft)	483	(4.6)	110	(3.2)	479	(6.6)	487	(5.9)	–8	(8.6)
Belgien (deutschsprachige Gemeinschaft)	492	(2.8)	101	(2.7)	486	(4.4)	498	(5.0)	–13	(7.6)
Finnland (finnischsprachig)	550	(2.0)	91	(1.1)	546	(2.7)	553	(2.3)	**–7**	(2.9)
Finnland (schwedischsprachig)	524	(2.7)	90	(2.0)	525	(4.0)	523	(3.8)	2	(5.6)
Vereinigtes Königreich (Nordirland)	524	(3.0)	105	(2.2)	524	(5.6)	524	(4.5)	0	(8.1)
Vereinigtes Königreich (Wales)	511	(11.3)	98	(4.2)	506	(12.5)	516	(12.8)	–10	(12.5)

	Perzentile											
	5.		10.		25.		75.		90.		95.	
	Punktzahl	**S.E.**	**Punktzahl**	**S.E.**	**Punktzahl**	**S.E.**	**Punktzahl**	**S.E.**	**Punktzahl**	**S.E.**	**Punktzahl**	**S.E.**
Regionen, deren Stichproben international überprüft wurden												
Italien (Autonome Provinz Bozen)	380	(8.0)	412	(7.9)	471	(6.7)	597	(8.1)	650	(9.5)	680	(10.1)
Italien (Autonome Provinz Trento)	421	(8.1)	458	(7.7)	513	(4.6)	623	(5.0)	669	(5.4)	699	(7.9)
Italien (Region Lombardei)	367	(20.1)	414	(14.2)	481	(10.5)	609	(6.3)	658	(8.3)	689	(8.4)
Italien (Region Piemont)	347	(9.9)	388	(9.1)	461	(6.5)	588	(6.8)	643	(5.8)	677	(9.1)
Italien (Region Toskana)	330	(13.3)	375	(12.7)	447	(8.1)	587	(5.6)	643	(7.7)	675	(7.4)
Italien (Region Veneto)	378	(10.0)	413	(9.2)	472	(8.2)	597	(6.5)	651	(7.1)	679	(5.9)
Spanien (Baskenland)	326	(5.1)	359	(4.9)	419	(4.1)	551	(3.8)	605	(4.3)	637	(4.4)
Spanien (Kastilien und Leon)	345	(11.9)	383	(6.6)	441	(5.9)	568	(4.9)	621	(4.9)	649	(5.8)
Spanien (Katalonien)	348	(7.5)	385	(5.7)	440	(5.0)	568	(4.9)	618	(6.4)	647	(8.0)
Vereinigtes Königreich (Schottland)	348	(6.6)	383	(4.5)	445	(4.2)	585	(3.3)	641	(3.6)	675	(3.8)
Regionen, deren Stichproben national festgelegt und überprüft wurden												
Belgien (flämische Gemeinschaft)	351	(5.1)	390	(4.1)	463	(3.3)	602	(2.5)	651	(2.6)	677	(2.8)
Belgien (französische Gemeinschaft)	291	(11.7)	334	(8.6)	407	(6.4)	565	(5.5)	620	(4.8)	651	(6.0)
Belgien (deutschsprachige Gemeinschaft)	322	(10.0)	357	(7.5)	420	(5.8)	568	(6.5)	619	(5.9)	647	(5.7)
Finnland (finnischsprachig)	395	(4.0)	431	(2.9)	490	(2.9)	612	(2.4)	663	(3.2)	692	(3.6)
Finnland (schwedischsprachig)	373	(7.5)	407	(5.8)	464	(4.8)	589	(4.3)	639	(4.5)	666	(6.5)
Vereinigtes Königreich (Nordirland)	345	(7.8)	386	(5.0)	452	(4.3)	598	(4.8)	657	(4.0)	689	(4.7)
Vereinigtes Königreich (Wales)	341	(18.9)	375	(16.3)	443	(18.9)	581	(13.8)	640	(15.7)	669	(16.1)

Anmerkung: Statistisch signifikante Werte sind durch Fettdruck gekennzeichnet (siehe Anhang A4).

Tabelle B2.8 (vgl. Tabelle 4.2a, Anhang A1)

Internationaler sozioökonomischer Index der beruflichen Stellung der Eltern (HISEI) und Leistungen auf der Gesamtskala Mathematik, nach nationalen Indexquartilen

Die Ergebnisse basieren auf Schülerangaben

	Internationaler sozioökonomischer Index der beruflichen Stellung der Eltern (jeweils höchste Stellung des Vaters oder der Mutter)										Leistungen auf der Gesamtskala Mathematik, nach nationalen HISEI-Indexquartilen							
	Alle Schüler		Unterstes Quartil		Zweites Quartil		Drittes Quartil		Oberstes Quartil		Unterstes Quartil		Zweites Quartil		Drittes Quartil		Oberstes Quartil	
	Indexmittel	S.E.	Indexmittel	S.E.	Indexmittel	S.E.	Indexmittel	S.E.	Indexmittel	S.E.	Mittelwert	S.E.	Mittelwert	S.E.	Mittelwert	S.E.	Mittelwert	S.E.
Regionen, deren Stichproben international überprüft wurden																		
Italien (Autonome Provinz Bozen)	49.7	(0.6)	29.3	(0.3)	44.8	(0.26)	54.4	(0.2)	70.5	(0.4)	**523**	(5.2)	536	(8.9)	529	(5.9)	**562**	(7.9)
Italien (Autonome Provinz Trento)	48.6	(0.6)	27.9	(0.3)	41.8	(0.29)	51.9	(0.2)	72.9	(0.6)	542	(5.9)	543	(5.5)	550	(5.5)	558	(6.2)
Italien (Region Lombardei)	49.6	(0.7)	29.8	(0.2)	45.0	(0.22)	52.5	(0.1)	71.0	(0.6)	**485**	(10.9)	518	(8.7)	524	(5.3)	**557**	(9.8)
Italien (Region Piemont)	47.0	(0.9)	28.4	(0.2)	40.6	(0.26)	50.8	(0.1)	68.3	(0.8)	**463**	(7.0)	485	(5.0)	507	(6.1)	**524**	(8.9)
Italien (Region Toskana)	48.0	(0.9)	28.5	(0.2)	42.0	(0.27)	51.6	(0.1)	69.8	(0.7)	**457**	(7.5)	490	(5.1)	506	(5.3)	**517**	(5.1)
Italien (Region Veneto)	46.3	(0.9)	28.1	(0.3)	39.8	(0.21)	49.8	(0.1)	67.5	(0.6)	**496**	(6.7)	505	(6.5)	512	(7.4)	**533**	(5.8)
Spanien (Baskenland)	45.2	(0.8)	25.6	(0.2)	35.5	(0.12)	49.5	(0.1)	70.2	(0.4)	**472**	(3.9)	494	(4.0)	512	(3.3)	**533**	(3.6)
Spanien (Kastilien und Leon)	43.3	(1.0)	25.9	(0.3)	33.8	(0.19)	48.2	(0.2)	65.5	(0.8)	**476**	(7.0)	497	(7.1)	508	(6.8)	**535**	(6.1)
Spanien (Katalonien)	47.8	(1.1)	29.1	(0.2)	40.1	(0.25)	52.5	(0.1)	69.6	(0.7)	**462**	(6.1)	486	(6.0)	509	(4.2)	**527**	(6.7)
Vereinigtes Königreich (Schottland)	51.0	(0.4)	30.6	(0.2)	45.7	(0.14)	55.3	(0.2)	72.4	(0.3)	**493**	(4.1)	514	(4.2)	534	(3.4)	**565**	(3.5)
Regionen, deren Stichproben national festgelegt und überprüft wurden																		
Belgien (flämische Gemeinschaft)	51.0	(0.4)	29.2	(0.2)	45.3	(0.19)	56.8	(0.2)	72.8	(0.2)	**505**	(5.0)	554	(3.7)	581	(3.4)	**611**	(2.8)
Belgien (französische Gemeinschaft)	50.0	(0.7)	28.8	(0.2)	43.4	(0.18)	55.9	(0.2)	72.0	(0.2)	**451**	(5.7)	494	(5.7)	519	(4.4)	**561**	(5.9)
Belgien (deutschsprachige Gemeinschaft)	50.7	(0.6)	29.0	(0.4)	44.0	(0.33)	57.0	(0.4)	72.9	(0.5)	**467**	(6.3)	503	(6.3)	537	(6.7)	**571**	(7.8)
Finnland (finnischsprachig)	50.1	(0.4)	28.6	(0.1)	43.2	(0.17)	56.2	(0.1)	72.3	(0.2)	**516**	(3.0)	537	(3.2)	553	(3.1)	**577**	(3.1)
Finnland (schwedischsprachig)	52.8	(0.5)	30.2	(0.3)	46.4	(0.29)	60.5	(0.3)	74.0	(0.4)	**503**	(5.1)	528	(4.7)	546	(6.4)	**561**	(4.9)
Vereinigtes Königreich (Nordirland)	47.9	(0.5)	27.5	(0.2)	39.6	(0.13)	53.5	(0.1)	71.1	(0.3)	**478**	(4.0)	504	(4.0)	536	(3.5)	**565**	(4.3)
Vereinigtes Königreich (Wales)	49.3	(0.8)	29.1	(0.7)	41.7	(0.75)	55.1	(0.5)	71.7	(1.1)	**478**	(16.5)	491	(22.3)	494	(7.9)	**542**	(17.7)

	Punktzahlveränderung auf der Gesamtskala Mathematik, je 16,4 HISEI-Indexeinheiten		Größere Wahrscheinlichkeit für Schüler im untersten Quartil der HISEI-Indexverteilung, im untersten nationalen Quartil der Gesamtskala Mathematik zu liegen		Erklärte Varianz der Schülerleistungen ($R^2 \times 100$)	
	Veränderung	S.E.	Quotient	S.E.	%	S.E.
Regionen, deren Stichproben international überprüft wurden						
Italien (Autonome Provinz Bozen)	**12.8**	(3.02)	**1.3**	(0.16)	2.1	(0.97)
Italien (Autonome Provinz Trento)	**6.9**	(2.87)	1.1	(0.14)	0.9	(0.70)
Italien (Region Lombardei)	**27.0**	(5.05)	**1.9**	(0.22)	7.9	(2.49)
Italien (Region Piemont)	**24.7**	(2.92)	**1.8**	(0.19)	7.4	(1.70)
Italien (Region Toskana)	**22.2**	(3.22)	**1.9**	(0.19)	6.4	(1.71)
Italien (Region Veneto)	**15.9**	(2.58)	**1.3**	(0.14)	3.1	(0.98)
Spanien (Baskenland)	**21.4**	(1.78)	**1.9**	(0.14)	7.8	(1.30)
Spanien (Kastilien und Leon)	**21.8**	(3.75)	**1.7**	(0.23)	6.5	(1.88)
Spanien (Katalonien)	**23.8**	(2.47)	**1.9**	(0.19)	7.1	(1.42)
Vereinigtes Königreich (Schottland)	**28.4**	(1.91)	**2.1**	(0.15)	11.0	(1.40)
Regionen, deren Stichproben national festgelegt und überprüft wurden						
Belgien (flämische Gemeinschaft)	**38.8**	(2.13)	**2.7**	(0.17)	16.55	(1.56)
Belgien (französische Gemeinschaft)	**39.3**	(2.93)	**2.3**	(0.16)	15.0	(1.95)
Belgien (deutschsprachige Gemeinschaft)	**35.1**	(3.50)	**2.3**	(0.27)	13.7	(2.79)
Finnland (finnischsprachig)	**21.9**	(1.35)	**1.7**	(0.08)	7.3	(0.87)
Finnland (schwedischsprachig)	**20.5**	(2.53)	**2.1**	(0.23)	7.0	(1.70)
Vereinigtes Königreich (Nordirland)	**32.2**	(1.90)	**2.1**	(0.12)	13.2	(1.35)
Vereinigtes Königreich (Wales)	**23.0**	(6.11)	1.6	(0.53)	7.7	(3.86)

Anmerkung: Statistisch signifikante Werte sind durch Fettdruck gekennzeichnet (siehe Anhang A4).

Tabelle B2.9 (vgl. Tabelle 4.4, Anhang A1)

Index des wirtschaftlichen, sozialen und kulturellen Status (ESCS) und Leistungen der Schüler auf der Gesamtskala Mathematik, nach nationalen Indexquartilen

Die Ergebnisse basieren auf Schülerangaben

	Index des wirtschaftlichen, sozialen und kulturellen Status										Leistungen auf der Gesamtskala Mathematik, nach nationalen Indexquartilen des wirtschaftlichen, sozialen und kulturellen Status							
	Alle Schüler		Unterstes Quartil		Zweites Quartil		Drittes Quartil		Oberstes Quartil		Unterstes Quartil		Zweites Quartil		Drittes Quartil		Oberstes Quartil	
	Index-mittel	S.E.	Index-mittel	S.E.	Index-mittel	S.E.	Index-mittel	S.E.	Index-mittel	S.E.	Mittel-wert	S.E.	Mittel-wert	S.E.	Mittel-wert	S.E.	Mittel-wert	S.E.
Regionen, deren Stichproben international überprüft wurden																		
Italien (Autonome Provinz Bozen)	0.1	(0.0)	–1.0	(0.0)	–0.2	(0.01)	0.4	(0.0)	1.3	(0.0)	**513**	(6.1)	535	(5.3)	538	(7.1)	**560**	(8.2)
Italien (Autonome Provinz Trento)	0.1	(0.0)	–1.0	(0.0)	–0.3	(0.01)	0.4	(0.0)	1.4	(0.0)	**532**	(6.8)	548	(5.6)	550	(6.4)	**561**	(6.3)
Italien (Region Lombardei)	0.1	(0.0)	–1.1	(0.1)	–0.2	(0.01)	0.4	(0.0)	1.3	(0.0)	**485**	(9.2)	509	(6.7)	527	(8.7)	**559**	(9.0)
Italien (Region Piemont)	0.0	(0.1)	–1.2	(0.0)	–0.4	(0.01)	0.3	(0.0)	1.2	(0.0)	**459**	(6.6)	483	(5.8)	507	(6.2)	**528**	(8.3)
Italien (Region Toskana)	0.0	(0.1)	–1.2	(0.0)	–0.3	(0.01)	0.4	(0.0)	1.3	(0.0)	**451**	(5.9)	485	(6.7)	507	(5.2)	**524**	(5.0)
Italien (Region Veneto)	–0.1	(0.1)	–1.3	(0.0)	–0.5	(0.01)	0.2	(0.0)	1.2	(0.0)	**485**	(6.6)	505	(7.8)	517	(7.3)	**537**	(6.2)
Spanien (Baskenland)	–0.1	(0.0)	–1.3	(0.0)	–0.4	(0.01)	0.2	(0.0)	1.1	(0.0)	**471**	(4.1)	489	(3.6)	511	(3.6)	**538**	(3.4)
Spanien (Kastilien und Leon)	–0.2	(0.1)	–1.4	(0.0)	–0.5	(0.01)	0.1	(0.0)	1.0	(0.0)	**462**	(6.3)	497	(5.8)	514	(5.3)	**540**	(5.2)
Spanien (Katalonien)	–0.1	(0.1)	–1.4	(0.0)	–0.4	(0.01)	0.2	(0.0)	1.1	(0.0)	**452**	(5.2)	486	(4.8)	505	(5.6)	**535**	(6.0)
Vereinigtes Königreich (Schottland)	0.1	(0.0)	–1.1	(0.0)	–0.2	(0.01)	0.4	(0.0)	1.2	(0.0)	**482**	(4.0)	509	(3.2)	536	(3.1)	**573**	(3.2)
Regionen, deren Stichproben national festgelegt und überprüft wurden																		
Belgien (flämische Gemeinschaft)	0.2	(0.0)	–1.0	(0.0)	–0.1	(0.01)	0.5	(0.0)	1.3	(0.0)	**495**	(5.3)	545	(3.5)	581	(3.1)	**618**	(2.8)
Belgien (französische Gemeinschaft)	0.1	(0.0)	–1.2	(0.0)	–0.2	(0.01)	0.5	(0.0)	1.3	(0.0)	**433**	(5.6)	481	(4.6)	523	(4.8)	**570**	(5.5)
Belgien (deutschsprachige Gemeinschaft)	0.1	(0.0)	–1.0	(0.0)	–0.2	(0.01)	0.5	(0.0)	1.3	(0.0)	**474**	(6.5)	495	(6.5)	527	(6.9)	**571**	(6.9)
Finnland (finnischsprachig)	0.2	(0.0)	–0.8	(0.0)	0.0	(0.01)	0.6	(0.0)	1.3	(0.0)	**509**	(2.9)	538	(2.6)	554	(2.8)	**580**	(3.0)
Finnland (schwedischsprachig)	0.3	(0.0)	–0.8	(0.0)	0.0	(0.01)	0.6	(0.0)	1.3	(0.0)	**498**	(5.3)	527	(5.0)	537	(5.1)	**575**	(4.5)
Vereinigtes Königreich (Nordirland)	0.0	(0.0)	–1.1	(0.0)	–0.4	(0.01)	0.2	(0.0)	1.2	(0.0)	**466**	(4.6)	499	(4.3)	530	(3.7)	**572**	(3.5)
Vereinigtes Königreich (Wales)	0.2	(0.1)	–0.9	(0.0)	–0.2	(0.02)	0.5	(0.1)	1.4	(0.1)	**481**	(15.3)	475	(15.2)	500	(15.0)	**547**	(16.8)

	Punktzahlveränderung auf der Gesamtskala Mathematik je 16,3 Einheiten (eine Standardabweichung auf dem ESCS)		Größere Wahrscheinlichkeit für Schüler im untersten Quartil der ESCS-Verteilung, im untersten nationalen Quartil der Gesamtskala Mathematik zu liegen		Erklärte Varianz der Schülerleistungen (R^2 x 100)	
	Veränderung	S.E.	Quotient	S.E.	%	S.E.
Regionen, deren Stichproben international überprüft wurden						
Italien (Autonome Provinz Bozen)	**21.3**	(3.94)	**1.60**	(0.20)	4.8	(1.62)
Italien (Autonome Provinz Trento)	**12.9**	(3.54)	**1.41**	(0.20)	2.4	(1.24)
Italien (Region Lombardei)	**30.8**	(4.19)	**1.95**	(0.18)	10.1	(2.59)
Italien (Region Piemont)	**29.7**	(3.25)	**1.96**	(0.15)	10.6	(2.17)
Italien (Region Toskana)	**29.8**	(3.09)	**2.11**	(0.21)	11.0	(2.18)
Italien (Region Veneto)	**21.3**	(3.11)	**1.68**	(0.19)	5.6	(1.43)
Spanien (Baskenland)	**28.8**	(2.05)	**2.01**	(0.12)	10.7	(1.46)
Spanien (Kastilien und Leon)	**32.2**	(3.70)	**2.14**	(0.22)	13.0	(2.52)
Spanien (Katalonien)	**33.3**	(2.41)	**2.43**	(0.20)	13.8	(1.97)
Vereinigtes Königreich (Schottland)	**39.0**	(1.88)	**2.48**	(0.16)	18.1	(1.43)
Regionen, deren Stichproben national festgelegt und überprüft wurden						
Belgien (flämische Gemeinschaft)	**53.3**	(2.31)	**2.95**	(0.22)	23.5	(1.94)
Belgien (französische Gemeinschaft)	**54.0**	(2.90)	**3.10**	(0.20)	25.5	(2.17)
Belgien (deutschsprachige Gemeinschaft)	**42.3**	(3.79)	**2.09**	(0.24)	15.5	(2.73)
Finnland (finnischsprachig)	**33.1**	(1.73)	**1.97**	(0.09)	10.8	(1.10)
Finnland (schwedischsprachig)	**34.2**	(3.02)	**2.39**	(0.24)	12.1	(2.08)
Vereinigtes Königreich (Nordirland)	**46.3**	(2.10)	**2.34**	(0.17)	19.9	(1.46)
Vereinigtes Königreich (Wales)	**34.7**	(7.00)	**2.23**	(0.36)	13.6	(4.83)

Anmerkung: Statistisch signifikante Werte sind durch Fettdruck gekennzeichnet (siehe Anhang A4).

Tabelle B2.10 (vgl. Tabelle 5.1a, Anhang A1)

Index der Unterstützung durch die Lehrkräfte im Mathematikunterricht und Leistungen auf der Gesamtskala Mathematik, nach nationalen Indexquartilen

Die Ergebnisse basieren auf Schülerangaben

	Index der Unterstützung durch die Lehrkräfte im Mathematikunterricht										Leistungen auf der Gesamtskala Mathematik, nach nationalen Indexquartilen							
	Alle Schüler		Unterstes Quartil		Zweites Quartil		Drittes Quartil		Oberstes Quartil		Unterstes Quartil		Zweites Quartil		Drittes Quartil		Oberstes Quartil	
	Index-mittel	S.E.	Index-mittel	S.E.	Index-mittel	S.E.	Index-mittel	S.E.	Index-mittel	S.E.	Mittel-wert	S.E.	Mittel-wert	S.E.	Mittel-wert	S.E.	Mittel-wert	S.E.
Regionen, deren Stichproben international überprüft wurden																		
Italien (Autonome Provinz Bozen)	–0.44	(0.04)	–1.71	(0.05)	–0.74	(0.01)	–0.11	(0.01)	0.79	(0.03)	537	(10.4)	538	(5.8)	545	(6.5)	525	(4.9)
Italien (Autonome Provinz Trento)	–0.32	(0.03)	–1.58	(0.06)	–0.58	(0.01)	–0.02	(0.01)	0.91	(0.03)	545	(5.3)	554	(6.4)	550	(5.6)	543	(6.5)
Italien (Region Lombardei)	–0.26	(0.05)	–1.50	(0.04)	–0.54	(0.01)	0.04	(0.01)	0.94	(0.03)	518	(9.5)	525	(8.7)	524	(9.6)	513	(10.9)
Italien (Region Piemont)	–0.22	(0.07)	–1.55	(0.05)	–0.47	(0.01)	0.12	(0.01)	1.01	(0.03)	**503**	(8.2)	503	(5.4)	488	(6.6)	**484**	(7.0)
Italien (Region Toskana)	–0.30	(0.04)	–1.60	(0.03)	–0.55	(0.01)	0.06	(0.01)	0.91	(0.03)	497	(7.1)	496	(5.2)	491	(7.1)	484	(6.8)
Italien (Region Veneto)	–0.32	(0.06)	–1.57	(0.04)	–0.59	(0.01)	0.01	(0.01)	0.89	(0.03)	522	(8.1)	508	(6.4)	511	(6.9)	503	(7.2)
Spanien (Baskenland)	–0.10	(0.03)	–1.26	(0.03)	–0.37	(0.01)	0.13	(0.01)	1.11	(0.02)	498	(4.5)	503	(3.6)	508	(4.5)	501	(3.2)
Spanien (Kastilien und Leon)	–0.26	(0.07)	–1.68	(0.05)	–0.58	(0.01)	0.05	(0.01)	1.19	(0.03)	513	(6.7)	502	(5.4)	503	(5.8)	498	(6.4)
Spanien (Katalonien)	–0.03	(0.05)	–1.18	(0.05)	–0.30	(0.01)	0.18	(0.01)	1.20	(0.04)	492	(6.4)	497	(5.6)	498	(7.5)	495	(7.0)
Vereinigtes Königreich (Schottland)	0.19	(0.03)	–1.14	(0.03)	–0.07	(0.01)	0.52	(0.01)	1.46	(0.02)	**515**	(3.6)	516	(4.8)	532	(4.0)	**535**	(4.1)
Regionen, deren Stichproben national festgelegt und überprüft wurden																		
Belgien (flämische Gemeinschaft)	–0.14	(0.02)	–1.37	(0.02)	–0.43	(0.01)	0.15	(0.01)	1.11	(0.02)	561	(4.1)	562	(3.4)	565	(3.6)	563	(4.5)
Belgien (französische Gemeinschaft)	–0.07	(0.03)	–1.33	(0.03)	–0.38	(0.01)	0.19	(0.01)	1.23	(0.02)	**521**	(5.9)	511	(4.6)	506	(5.8)	**490**	(6.2)
Belgien (deutschsprachige Gemeinschaft)	–0.42	(0.03)	–1.73	(0.04)	–0.72	(0.01)	–0.10	(0.01)	0.88	(0.04)	518	(6.1)	529	(6.2)	520	(7.7)	502	(7.7)
Finnland (finnischsprachig)	0.08	(0.02)	–1.02	(0.02)	–0.14	(0.00)	0.32	(0.01)	1.15	(0.02)	**539**	(3.3)	543	(3.1)	549	(3.5)	**550**	(3.4)
Finnland (schwedischsprachig)	0.02	(0.02)	–1.04	(0.03)	–0.21	(0.01)	0.25	(0.01)	1.10	(0.03)	530	(4.3)	531	(5.3)	538	(5.5)	539	(6.5)
Vereinigtes Königreich (Nordirland)	0.19	(0.03)	–1.14	(0.02)	–0.12	(0.01)	0.50	(0.01)	1.51	(0.02)	515	(3.8)	514	(5.5)	522	(4.5)	517	(4.3)
Vereinigtes Königreich (Wales)	0.20	(0.11)	–1.17	(0.11)	–0.05	(0.02)	0.54	(0.02)	1.54	(0.06)	496	(16.8)	488	(13.7)	511	(12.2)	500	(17.9)

	Punktzahlveränderung auf der Gesamtskala Mathematik, je Indexeinheit		Größere Wahrscheinlichkeit für Schüler im untersten Indexquartil, im untersten nationalen Quartil der Gesamtskala Mathematik zu liegen		Erklärte Varianz der Schülerleistungen (R^2 x 100)	
	Veränderung	S.E.	Quotient	S.E.	%	S.E.
Regionen, deren Stichproben international überprüft wurden						
Italien (Autonome Provinz Bozen)	–5.4	(3.70)	0.9	(0.14)	–3.6	(3.78)
Italien (Autonome Provinz Trento)	–1.7	(3.03)	0.9	(0.12)	–2.4	(3.19)
Italien (Region Lombardei)	–3.5	(4.20)	0.9	(0.11)	–3.1	(2.85)
Italien (Region Piemont)	**–9.2**	(3.27)	0.9	(0.12)	–3.8	(3.22)
Italien (Region Toskana)	–5.2	(2.91)	**0.8**	(0.08)	–5.4	(2.22)
Italien (Region Veneto)	–6.4	(3.38)	0.8	(0.13)	–3.9	(3.59)
Spanien (Baskenland)	1.6	(1.74)	1.1	(0.10)	3.2	(2.37)
Spanien (Kastilien und Leon)	–4.8	(3.22)	**0.7**	(0.11)	–9.4	(3.54)
Spanien (Katalonien)	0.5	(2.80)	1.1	(0.13)	3.2	(2.93)
Vereinigtes Königreich (Schottland)	**7.7**	(2.03)	1.1	(0.09)	3.1	(2.09)
Regionen, deren Stichproben national festgelegt und überprüft wurden						
Belgien (flämische Gemeinschaft)	0.7	(2.08)	0.9	(0.07)	–2.5	(1.77)
Belgien (französische Gemeinschaft)	**–12.5**	(2.57)	**0.8**	(0.07)	–6.5	(1.99)
Belgien (deutschsprachige Gemeinschaft)	–5.8	(3.47)	0.9	(0.12)	–2.9	(3.26)
Finnland (finnischsprachig)	**4.4**	(1.93)	1.1	(0.06)	2.8	(1.51)
Finnland (schwedischsprachig)	3.4	(3.62)	1.0	(0.13)	–0.8	(3.49)
Vereinigtes Königreich (Nordirland)	0.9	(1.88)	1.0	(0.08)	0.1	(2.07)
Vereinigtes Königreich (Wales)	4.9	(7.41)	0.9	(0.31)	–2.1	(8.20)

Anmerkung: Statistisch signifikante Werte sind durch Fettdruck gekennzeichnet (siehe Anhang A4).

Tabelle B2.11 (vgl. Tabelle 5.2a, Anhang A1)

Index schülerbezogener Faktoren für das Schulklima aus der Sicht der Schulleitungen und Leistungen auf der Gesamtskala Mathematik, nach nationalen Indexquartilen

Die Ergebnisse basieren auf Angaben der Schulleitungen und beziehen sich auf den jeweiligen zahlenmäßigen Anteil der 15-Jährigen in den Schulen

	Index schülerbezogener Faktoren für das Schulklima										Leistungen auf der Gesamtskala Mathematik, nach nationalen Indexquartilen							
	Alle Schüler		Unterstes Quartil		Zweites Quartil		Drittes Quartil		Oberstes Quartil		Unterstes Quartil		Zweites Quartil		Drittes Quartil		Oberstes Quartil	
	Indexmittel	S.E.	Indexmittel	S.E.	Indexmittel	S.E.	Indexmittel	S.E.	Indexmittel	S.E.	Mittelwert	S.E.	Mittelwert	S.E.	Mittelwert	S.E.	Mittelwert	S.E.
Regionen, deren Stichproben international überprüft wurden																		
Italien (Autonome Provinz Bozen)	–0.15	(0.06)	–1.05	(0.01)	–0.29	(0.01)	0.01	(0.02)	0.75	(0.06)	540	(4.9)	523	(6.3)	524	(6.2)	558	(12.2)
Italien (Autonome Provinz Trento)	0.41	(0.02)	–1.02	(0.02)	0.08	(0.04)	0.76	(0.02)	1.85	(0.02)	**546**	(4.9)	555	(9.4)	563	(6.1)	**525**	(5.6)
Italien (Region Lombardei)	0.33	(0.11)	–0.96	(0.06)	–0.10	(0.04)	0.70	(0.06)	1.68	(0.16)	**480**	(7.2)	511	(24.1)	534	(13.1)	**553**	(16.6)
Italien (Region Piemont)	0.11	(0.12)	–1.00	(0.12)	–0.12	(0.05)	0.46	(0.05)	1.11	(0.08)	**465**	(11.6)	497	(11.5)	505	(11.6)	**509**	(7.9)
Italien (Region Toskana)	–0.10	(0.11)	–1.04	(0.12)	–0.30	(0.03)	0.14	(0.02)	0.81	(0.13)	**457**	(13.2)	490	(14.4)	519	(9.3)	**495**	(13.9)
Italien (Region Veneto)	0.31	(0.13)	–0.86	(0.14)	–0.07	(0.05)	0.68	(0.05)	1.50	(0.16)	**472**	(12.8)	526	(14.5)	520	(10.6)	**526**	(8.6)
Spanien (Baskenland)	0.59	(0.09)	–0.73	(0.08)	0.20	(0.03)	0.83	(0.03)	2.08	(0.08)	**488**	(5.2)	500	(5.8)	506	(5.8)	**513**	(5.0)
Spanien (Kastilien und Leon)	–0.16	(0.13)	–1.34	(0.12)	–0.54	(0.05)	0.17	(0.05)	1.05	(0.08)	**493**	(8.6)	494	(8.5)	507	(9.0)	**518**	(7.5)
Spanien (Katalonien)	0.50	(0.18)	–0.76	(0.14)	–0.04	(0.04)	0.81	(0.07)	1.98	(0.15)	481	(9.5)	486	(9.9)	502	(7.8)	509	(11.4)
Vereinigtes Königreich (Schottland)	–0.11	(0.06)	–0.99	(0.06)	–0.35	(0.03)	0.09	(0.01)	0.79	(0.10)	**500**	(5.6)	520	(4.4)	532	(7.3)	**544**	(5.7)
Regionen, deren Stichproben national festgelegt und überprüft wurden																		
Belgien (flämische Gemeinschaft)	0.76	(0.07)	–0.54	(0.09)	0.42	(0.03)	1.13	(0.03)	2.03	(0.05)	**489**	(10.0)	553	(9.9)	568	(7.2)	**597**	(7.1)
Belgien (französische Gemeinschaft)	–0.15	(0.10)	–1.31	(0.07)	–0.61	(0.03)	0.16	(0.04)	1.16	(0.11)	**459**	(14.7)	467	(13.3)	530	(10.1)	**543**	(7.9)
Belgien (deutschsprachige Gemeinschaft)	0.10	(0.00)	–0.55	(0.00)	–0.03	(0.01)	0.39	(0.00)	0.58	(0.01)	**425**	(6.2)	537	(7.0)	554	(6.1)	**545**	(6.0)
Finnland (finnischsprachig)	–0.11	(0.05)	–0.91	(0.04)	–0.30	(0.02)	0.15	(0.01)	0.62	(0.05)	**536**	(3.4)	542	(4.2)	553	(3.3)	**548**	(3.8)
Finnland (schwedischsprachig)	0.05	(0.00)	–0.47	(0.01)	–0.01	(0.01)	0.09	(0.00)	0.59	(0.01)	**517**	(5.7)	533	(5.7)	545	(6.2)	**541**	(4.2)
Vereinigtes Königreich (Nordirland)	0.05	(0.05)	–1.01	(0.06)	–0.28	(0.02)	0.29	(0.03)	1.22	(0.09)	**457**	(7.6)	495	(8.7)	538	(9.1)	**569**	(8.2)
Vereinigtes Königreich (Wales)	–0.09	(0.25)	–0.87	(0.07)	–0.62	(0.07)	–0.03	(0.24)	1.21	(0.11)	480	(16.6)	524	(13.2)	491	(10.7)	497	(13.3)

	Punktzahlveränderung auf der Gesamtskala Mathematik, je Indexeinheit		Größere Wahrscheinlichkeit für Schüler im untersten Indexquartil, im untersten nationalen Quartil der Gesamtskala Mathematik zu liegen		Erklärte Varianz der Schülerleistungen (R^2 x 100)	
	Veränderung	S.E.	Quotient	S.E.	%	S.E.
Regionen, deren Stichproben international überprüft wurden						
Italien (Autonome Provinz Bozen)	12.3	(8.65)	0.9	(0.13)	1.0	(1.42)
Italien (Autonome Provinz Trento)	–2.4	(2.48)	1.0	(0.13)	0.1	(0.28)
Italien (Region Lombardei)	**29.7**	(5.99)	1.9	(0.47)	10.9	(4.24)
Italien (Region Piemont)	**22.7**	(5.97)	1.8	(0.42)	4.7	(2.73)
Italien (Region Toskana)	**26.6**	(7.79)	1.9	(0.50)	5.2	(3.25)
Italien (Region Veneto)	**16.8**	(5.82)	**2.1**	(0.43)	3.6	(2.30)
Spanien (Baskenland)	**7.3**	(2.39)	**1.3**	(0.15)	0.9	(0.68)
Spanien (Kastilien und Leon)	**10.7**	(4.17)	1.3	(0.21)	1.4	(1.10)
Spanien (Katalonien)	10.7	(5.53)	1.2	(0.22)	1.8	(1.83)
Vereinigtes Königreich (Schottland)	**22.9**	(3.67)	**1.6**	(0.17)	**3.9**	(1.37)
Regionen, deren Stichproben national festgelegt und überprüft wurden						
Belgien (flämische Gemeinschaft)	**40.3**	(4.12)	**2.8**	(0.41)	15.3	(3.34)
Belgien (französische Gemeinschaft)	**36.8**	(6.64)	**1.9**	(0.40)	11.1	(3.76)
Belgien (deutschsprachige Gemeinschaft)	**103.2**	(6.97)	**4.8**	(0.53)	22.3	(2.55)
Finnland (finnischsprachig)	**9.0**	(2.91)	**1.2**	(0.08)	0.4	(0.29)
Finnland (schwedischsprachig)	**11.6**	(5.50)	**1.5**	(0.18)	0.4	(0.40)
Vereinigtes Königreich (Nordirland)	**47.5**	(5.28)	**2.3**	(0.25)	20.5	(3.34)
Vereinigtes Königreich (Wales)	1.9	(9.47)	1.8	(0.69)	0.0	(0.67)

Anmerkung: Statistisch signifikante Werte sind durch Fettdruck gekennzeichnet (siehe Anhang A4).

Tabelle B2.12 (vgl. Tabelle 5.3a, Anhang A1)

Index der Schuldisziplin im Mathematikunterricht und Schülerleistungen auf der Gesamtskala Mathematik, nach nationalen Indexquartilen

Die Ergebnisse basieren auf Schülerangaben

	Index der Schuldisziplin im Mathematikunterricht										Leistungen auf der Gesamtskala Mathematik, nach nationalen Indexquartilen							
	Alle Schüler		Unterstes Quartil		Zweites Quartil		Drittes Quartil		Oberstes Quartil		Unterstes Quartil		Zweites Quartil		Drittes Quartil		Oberstes Quartil	
	Indexmittel	S.E.	Indexmittel	S.E.	Indexmittel	S.E.	Indexmittel	S.E.	Indexmittel	S.E.	Mittelwert	S.E.	Mittelwert	S.E.	Mittelwert	S.E.	Mittelwert	S.E.
Regionen, deren Stichproben international überprüft wurden																		
Italien (Autonome Provinz Bozen)	0.09	(0.04)	-1.30	(0.03)	-0.33	(0.01)	0.37	(0.01)	1.63	(0.05)	**525**	(6.2)	524	(5.8)	535	(7.3)	**560**	(7.7)
Italien (Autonome Provinz Trento)	0.08	(0.03)	-1.35	(0.04)	-0.26	(0.02)	0.44	(0.02)	1.48	(0.03)	**530**	(7.3)	546	(7.0)	559	(5.7)	**557**	(6.2)
Italien (Region Lombardei)	-0.04	(0.07)	-1.41	(0.03)	-0.43	(0.02)	0.31	(0.01)	1.36	(0.03)	**493**	(9.9)	507	(10.7)	526	(8.1)	**554**	(8.8)
Italien (Region Piemont)	-0.17	(0.04)	-1.50	(0.03)	-0.51	(0.01)	0.18	(0.01)	1.14	(0.04)	**479**	(7.0)	487	(5.9)	497	(6.8)	**516**	(7.3)
Italien (Region Toskana)	-0.28	(0.05)	-1.50	(0.04)	-0.65	(0.01)	0.03	(0.01)	1.01	(0.03)	**472**	(6.5)	483	(8.7)	499	(5.7)	**516**	(5.7)
Italien (Region Veneto)	-0.14	(0.05)	-1.43	(0.02)	-0.50	(0.01)	0.19	(0.01)	1.18	(0.03)	**491**	(8.9)	502	(7.2)	520	(6.6)	**531**	(6.3)
Spanien (Baskenland)	0.00	(0.03)	-1.18	(0.03)	-0.31	(0.01)	0.23	(0.01)	1.26	(0.02)	**488**	(5.0)	495	(4.5)	507	(3.4)	**520**	(3.7)
Spanien (Kastilien und Leon)	-0.01	(0.05)	-1.30	(0.03)	-0.36	(0.01)	0.25	(0.01)	1.36	(0.04)	**489**	(7.3)	492	(5.9)	510	(5.6)	**525**	(5.2)
Spanien (Katalonien)	-0.04	(0.05)	-1.16	(0.02)	-0.33	(0.01)	0.20	(0.01)	1.15	(0.04)	**466**	(6.0)	491	(6.9)	504	(6.5)	**522**	(6.4)
Vereinigtes Königreich (Schottland)	0.19	(0.04)	-1.26	(0.02)	-0.17	(0.01)	0.56	(0.01)	1.62	(0.03)	**487**	(4.4)	515	(4.0)	536	(3.9)	**561**	(3.6)
Regionen, deren Stichproben national festgelegt und überprüft wurden																		
Belgien (flämische Gemeinschaft)	0.17	(0.03)	-1.16	(0.02)	-0.16	(0.01)	0.44	(0.01)	1.54	(0.02)	**539**	(3.5)	553	(3.8)	571	(3.4)	**588**	(4.1)
Belgien (französische Gemeinschaft)	-0.13	(0.04)	-1.36	(0.02)	-0.50	(0.01)	0.13	(0.01)	1.23	(0.03)	**478**	(6.0)	495	(5.8)	513	(4.6)	**545**	(5.1)
Belgien (deutschsprachige Gemeinschaft)	-0.05	(0.03)	-1.33	(0.05)	-0.39	(0.01)	0.18	(0.01)	1.34	(0.04)	**490**	(7.9)	506	(6.9)	518	(6.2)	**556**	(6.8)
Finnland (finnischsprachig)	-0.16	(0.02)	-1.26	(0.01)	-0.44	(0.01)	0.08	(0.00)	0.97	(0.02)	**534**	(3.2)	539	(3.4)	545	(3.0)	**562**	(3.5)
Finnland (schwedischsprachig)	0.03	(0.03)	-1.08	(0.03)	-0.23	(0.01)	0.24	(0.01)	1.19	(0.03)	**516**	(5.2)	534	(5.1)	539	(4.8)	**550**	(5.7)
Vereinigtes Königreich (Nordirland)	0.23	(0.03)	-1.13	(0.03)	-0.11	(0.01)	0.55	(0.01)	1.63	(0.02)	**485**	(5.2)	510	(5.0)	524	(4.2)	**549**	(3.8)
Vereinigtes Königreich (Wales)	-0.04	(0.21)	-1.38	(0.06)	-0.45	(0.05)	0.29	(0.03)	1.40	(0.07)	**467**	(13.8)	487	(13.5)	504	(14.6)	**537**	(15.5)

	Punktzahlveränderung auf der Gesamtskala Mathematik, je Indexeinheit		Größere Wahrscheinlichkeit für Schüler im untersten Indexquartil, im untersten nationalen Quartil der Gesamtskala Mathematik zu liegen		Erklärte Varianz der Schülerleistungen (R^2 x 100)	
	Veränderung	S.E.	Quotient	S.E.	%	S.E.
Regionen, deren Stichproben international überprüft wurden						
Italien (Autonome Provinz Bozen)	**12.1**	(2.52)	1.1	(0.13)	2.7	(1.12)
Italien (Autonome Provinz Trento)	**10.0**	(3.12)	1.4	(0.21)	2.1	(1.26)
Italien (Region Lombardei)	**20.2**	(5.16)	**1.7**	(0.23)	5.8	(2.62)
Italien (Region Piemont)	**14.0**	(3.13)	1.3	(0.18)	2.8	(1.35)
Italien (Region Toskana)	**16.1**	(3.13)	**1.7**	(0.23)	3.5	(1.40)
Italien (Region Veneto)	**15.1**	(3.83)	**1.4**	(0.20)	3.3	(1.65)
Spanien (Baskenland)	**11.1**	(2.40)	**1.5**	(0.11)	1.7	(0.73)
Spanien (Kastilien und Leon)	**11.7**	(2.94)	**1.4**	(0.13)	2.2	(1.11)
Spanien (Katalonien)	**21.5**	(2.66)	**1.7**	(0.22)	5.2	(1.32)
Vereinigtes Königreich (Schottland)	**23.9**	(2.05)	**2.0**	(0.17)	10.5	(1.72)
Regionen, deren Stichproben national festgelegt und überprüft wurden						
Belgien (flämische Gemeinschaft)	**17.4**	(1.76)	**1.4**	(0.08)	3.6	(0.72)
Belgien (französische Gemeinschaft)	**24.5**	(2.40)	**1.7**	(0.13)	6.4	(1.11)
Belgien (deutschsprachige Gemeinschaft)	**22.8**	(3.21)	**1.8**	(0.24)	5.9	(1.62)
Finnland (finnischsprachig)	**10.4**	(1.62)	**1.3**	(0.07)	1.3	(0.39)
Finnland (schwedischsprachig)	**12.1**	(3.14)	**1.5**	(0.17)	1.8	(0.90)
Vereinigtes Königreich (Nordirland)	**20.4**	(2.16)	**1.8**	(0.14)	5.7	(1.07)
Vereinigtes Königreich (Wales)	**23.7**	(4.75)	1.9	(0.77)	9.6	(3.76)

Anmerkung: Statistisch signifikante Werte sind durch Fettdruck gekennzeichnet (siehe Anhang A4).

Tabelle B2.13 (vgl. Tabelle 5.4a, Anhang A1)

Index der lehrkräftebezogenen Faktoren für das Schulklima aus Sicht der Schulleitungen und Leistungen auf der Gesamtskala Mathematik, nach nationalen Indexquartilen

Die Ergebnisse basieren auf Angaben der Schulleitungen und beziehen sich auf den jeweiligen zahlenmäßigen Anteil der 15-Jährigen in den Schulen

	Index lehrkräftebezogener Faktoren für das Schulklima										Leistungen auf der Gesamtskala Mathematik, nach nationalen Indexquartilen							
	Alle Schüler		Unterstes Quartil		Zweites Quartil		Drittes Quartil		Oberstes Quartil		Unterstes Quartil		Zweites Quartil		Drittes Quartil		Oberstes Quartil	
	Indexmittel	S.E.	Indexmittel	S.E.	Indexmittel	S.E.	Indexmittel	S.E.	Indexmittel	S.E.	Mittelwert	S.E.	Mittelwert	S.E.	Mittelwert	S.E.	Mittelwert	S.E.
Regionen, deren Stichproben international überprüft wurden																		
Italien (Autonome Provinz Bozen)	–0.20	(0.09)	–1.23	(0.04)	–0.53	(0.01)	0.01	(0.01)	0.96	(0.15)	523	(5.0)	529	(5.3)	551	(8.6)	542	(15.4)
Italien (Autonome Provinz Trento)	–0.03	(0.01)	–0.82	(0.01)	–0.19	(0.01)	0.13	(0.00)	0.77	(0.04)	**549**	(5.5)	556	(5.4)	560	(10.0)	**525**	(4.9)
Italien (Region Lombardei)	0.12	(0.12)	–1.05	(0.04)	–0.26	(0.06)	0.42	(0.05)	1.36	(0.15)	540	(14.0)	526	(13.1)	523	(17.1)	490	(21.5)
Italien (Region Piemont)	0.29	(0.12)	–0.84	(0.12)	0.06	(0.05)	0.56	(0.03)	1.38	(0.13)	504	(12.4)	491	(10.8)	487	(13.6)	493	(13.2)
Italien (Region Toskana)	–0.10	(0.13)	–1.25	(0.08)	–0.43	(0.04)	0.15	(0.07)	1.15	(0.20)	495	(15.1)	498	(18.4)	495	(12.0)	479	(12.7)
Italien (Region Veneto)	–0.04	(0.13)	–1.26	(0.15)	–0.37	(0.05)	0.20	(0.03)	1.29	(0.20)	510	(10.5)	516	(10.3)	526	(8.3)	492	(16.3)
Spanien (Baskenland)	0.28	(0.08)	–0.89	(0.06)	–0.04	(0.03)	0.47	(0.03)	1.57	(0.10)	492	(6.5)	506	(5.9)	506	(5.1)	502	(5.7)
Spanien (Kastilien und Leon)	0.31	(0.17)	–0.91	(0.06)	–0.27	(0.04)	0.70	(0.06)	1.71	(0.17)	510	(11.4)	511	(9.9)	504	(8.4)	488	(6.9)
Spanien (Katalonien)	0.26	(0.15)	–0.97	(0.16)	–0.07	(0.04)	0.49	(0.07)	1.60	(0.15)	491	(8.2)	499	(8.4)	492	(10.0)	495	(10.9)
Vereinigtes Königreich (Schottland)	–0.09	(0.07)	–1.08	(0.06)	–0.39	(0.03)	0.08	(0.04)	1.04	(0.12)	**502**	(6.3)	523	(4.2)	528	(6.0)	**543**	(5.8)
Regionen, deren Stichproben national festgelegt und überprüft wurden																		
Belgien (flämische Gemeinschaft)	0.62	(0.07)	–0.43	(0.06)	0.29	(0.02)	0.87	(0.02)	1.75	(0.08)	540	(11.3)	561	(10.6)	556	(9.0)	550	(9.5)
Belgien (französische Gemeinschaft)	–0.12	(0.09)	–1.05	(0.06)	–0.37	(0.02)	0.10	(0.02)	0.86	(0.13)	494	(14.7)	490	(12.3)	513	(13.6)	502	(12.9)
Belgien (deutschsprachige Gemeinschaft)	–0.27	(0.00)	–0.84	(0.01)	–0.34	(0.01)	–0.03	(0.01)	0.12	(0.00)	551	(5.1)	455	(9.3)	491	(8.5)	564	(8.1)
Finnland (finnischsprachig)	0.09	(0.06)	–0.81	(0.07)	–0.12	(0.02)	0.31	(0.02)	0.97	(0.06)	541	(3.7)	545	(4.0)	549	(3.7)	545	(4.0)
Finnland (schwedischsprachig)	0.03	(0.00)	–0.71	(0.01)	–0.12	(0.01)	0.20	(0.00)	0.73	(0.01)	536	(5.5)	532	(5.4)	536	(5.5)	532	(5.2)
Vereinigtes Königreich (Nordirland)	0.09	(0.05)	–0.88	(0.05)	–0.19	(0.02)	0.27	(0.02)	1.17	(0.09)	**465**	(7.3)	506	(8.4)	525	(11.2)	**563**	(9.8)
Vereinigtes Königreich (Wales)	0.22	(0.32)	–1.19	(0.34)	–0.30	(0.11)	0.52	(0.18)	1.90	(0.47)	505	(5.1)	500	(30.6)	494	(12.9)	493	(14.1)

	Punktzahlveränderung auf der Gesamtskala Mathematik, je Indexeinheit		Größere Wahrscheinlichkeit für Schüler im untersten Indexquartil, im untersten nationalen Quartil der Gesamtskala Mathematik zu liegen		Erklärte Varianz der Schülerleistungen (R^2 x 100)	
	Veränderung	S.E.	Quotient	S.E.	%	S.E.
Regionen, deren Stichproben international überprüft wurden						
Italien (Autonome Provinz Bozen)	13.1	(7.26)	1.1	(0.15)	1.8	(2.17)
Italien (Autonome Provinz Trento)	–7.2	(4.06)	1.2	(0.18)	0.4	(0.40)
Italien (Region Lombardei)	–19.5	(11.35)	**0.6**	(0.20)	3.9	(4.44)
Italien (Region Piemont)	–2.7	(9.45)	0.9	(0.22)	0.1	(0.81)
Italien (Region Toskana)	–7.3	(7.70)	1.0	(0.37)	0.7	(1.53)
Italien (Region Veneto)	–4.0	(6.55)	1.0	(0.19)	0.2	(0.83)
Spanien (Baskenland)	3.0	(3.14)	1.2	(0.13)	0.1	(0.34)
Spanien (Kastilien und Leon)	–8.1	(5.18)	0.9	(0.18)	1.0	(1.27)
Spanien (Katalonien)	1.6	(6.78)	1.0	(0.19)	0.0	(0.50)
Vereinigtes Königreich (Schottland)	**16.3**	(3.85)	**1.5**	(0.17)	2.8	(1.31)
Regionen, deren Stichproben national festgelegt und überprüft wurden						
Belgien (flämische Gemeinschaft)	2.7	(7.09)	1.3	(0.23)	0.0	(0.44)
Belgien (französische Gemeinschaft)	5.5	(11.16)	1.2	(0.29)	0.2	(0.97)
Belgien (deutschsprachige Gemeinschaft)	1.9	(7.42)	**0.4**	(0.07)	0.0	(0.09)
Finnland (finnischsprachig)	1.8	(3.26)	1.1	(0.08)	0.0	(0.11)
Finnland (schwedischsprachig)	–2.6	(4.49)	0.9	(0.12)	0.0	(0.15)
Vereinigtes Königreich (Nordirland)	**41.8**	(5.79)	**2.2**	(0.26)	13.1	(2.91)
Vereinigtes Königreich (Wales)	–4.8	(3.40)	0.8	(0.37)	0.5	(0.86)

Anmerkung: Statistisch signifikante Werte sind durch Fettdruck gekennzeichnet (siehe Anhang A4).

Tabelle B2.14 (vgl. Tabelle 5.5a, Anhang A1)

Index der Stimmung und Arbeitshaltung der Lehrkräfte aus der Sicht der Schulleitungen und Schülerleistungen auf der Gesamtskala Mathematik, nach nationalen Indexquartilen

Die Ergebnisse basieren auf Angaben der Schulleitungen und beziehen sich auf den jeweiligen zahlenmäßigen Anteil der 15-Jährigen in den Schulen

	Index der Stimmung und Arbeitshaltung der Lehrkräfte aus der Sicht der Schulleitungen										Leistungen auf der Gesamtskala Mathematik, nach nationalen Indexquartilen							
	Alle Schüler		Unterstes Quartil		Zweites Quartil		Drittes Quartil		Oberstes Quartil		Unterstes Quartil		Zweites Quartil		Drittes Quartil		Oberstes Quartil	
	Index-mittel	S.E.	Index-mittel	S.E.	Index-mittel	S.E.	Index-mittel	S.E.	Index-mittel	S.E.	Mittel-wert	S.E.	Mittel-wert	S.E.	Mittel-wert	S.E.	Mittel-wert	S.E.
Regionen, deren Stichproben international überprüft wurden																		
Italien (Autonome Provinz Bozen)	–0.10	(0.07)	–0.94	(0.08)	–0.57	(0.00)	0.15	(0.03)	0.96	(0.02)	**525**	(6.7)	522	(5.7)	538	(4.3)	**560**	(14.3)
Italien (Autonome Provinz Trento)	–0.63	(0.00)	–1.39	(0.03)	–0.58	(0.00)	–0.57	(0.00)	0.03	(0.02)	546	(5.1)	542	(7.3)	545	(6.9)	557	(6.1)
Italien (Region Lombardei)	–0.48	(0.12)	–1.53	(0.11)	–0.58	(0.00)	–0.31	(0.07)	0.51	(0.07)	504	(14.8)	515	(15.5)	528	(12.2)	531	(13.7)
Italien (Region Piemont)	–0.70	(0.09)	–1.53	(0.05)	–0.78	(0.06)	–0.57	(0.00)	0.07	(0.12)	494	(13.8)	488	(8.2)	487	(9.2)	507	(11.1)
Italien (Region Toskana)	–0.75	(0.13)	–2.00	(0.10)	–0.91	(0.09)	–0.56	(0.00)	0.50	(0.14)	502	(10.5)	491	(11.7)	477	(14.4)	497	(15.0)
Italien (Region Veneto)	–0.84	(0.13)	–1.93	(0.06)	–1.21	(0.04)	–0.57	(0.00)	0.35	(0.19)	496	(11.7)	506	(8.7)	523	(11.9)	519	(13.0)
Spanien (Baskenland)	–0.29	(0.08)	–1.35	(0.06)	–0.57	(0.00)	–0.16	(0.06)	0.93	(0.07)	**488**	(5.0)	505	(4.7)	504	(5.7)	**510**	(6.4)
Spanien (Kastilien und Leon)	–0.34	(0.11)	–1.48	(0.08)	–0.57	(0.00)	–0.01	(0.07)	0.71	(0.13)	487	(6.8)	517	(8.7)	509	(8.8)	499	(8.1)
Spanien (Katalonien)	–0.37	(0.14)	–1.37	(0.09)	–0.57	(0.00)	–0.27	(0.09)	0.72	(0.16)	**478**	(10.3)	488	(6.4)	498	(7.4)	**514**	(9.6)
Vereinigtes Königreich (Schottland)	0.23	(0.10)	–0.90	(0.08)	–0.19	(0.06)	0.48	(0.05)	1.53	(0.04)	514	(5.7)	525	(5.2)	531	(5.7)	525	(4.9)
Regionen, deren Stichproben national festgelegt und überprüft wurden																		
Belgien (flämische Gemeinschaft)	–0.13	(0.06)	–1.01	(0.08)	–0.57	(0.00)	–0.03	(0.04)	1.07	(0.08)	**532**	(8.2)	535	(7.6)	574	(7.5)	**566**	(8.9)
Belgien (französische Gemeinschaft)	–0.73	(0.07)	–1.62	(0.05)	–0.96	(0.04)	–0.57	(0.00)	0.22	(0.07)	**460**	(11.6)	493	(9.4)	504	(10.7)	**542**	(8.2)
Belgien (deutschsprachige Gemeinschaft)	–0.48	(0.00)	–1.48	(0.04)	–0.57	(0.00)	–0.40	(0.02)	0.55	(0.01)	**505**	(6.7)	490	(11.4)	497	(9.3)	**569**	(6.5)
Finnland (finnischsprachig)	0.31	(0.06)	–0.80	(0.07)	0.12	(0.02)	0.58	(0.01)	1.33	(0.05)	542	(3.6)	544	(4.0)	543	(3.5)	551	(4.1)
Finnland (schwedischsprachig)	0.24	(0.00)	–0.59	(0.00)	–0.21	(0.02)	0.42	(0.01)	1.33	(0.01)	536	(5.6)	533	(6.8)	531	(5.5)	538	(4.9)
Vereinigtes Königreich (Nordirland)	0.52	(0.08)	–0.83	(0.10)	0.24	(0.03)	1.02	(0.04)	1.65	(0.00)	**483**	(6.9)	507	(8.9)	514	(10.4)	**556**	(8.4)
Vereinigtes Königreich (Wales)	0.30	(0.32)	–0.58	(0.00)	–0.36	(0.14)	0.72	(0.08)	1.42	(0.18)	513	(19.1)	516	(15.8)	482	(21.2)	480	(7.5)

	Punktzahlveränderung auf der Gesamtskala Mathematik, je Indexeinheit		Größere Wahrscheinlichkeit für Schüler im untersten Indexquartil, im untersten nationalen Quartil der Gesamtskala Mathematik zu liegen		Erklärte Varianz der Schülerleistungen (R^2 x 100)	
	Veränderung	S.E.	Quotient	S.E.	%	S.E.
Regionen, deren Stichproben international überprüft wurden						
Italien (Autonome Provinz Bozen)	**23.2**	(6.51)	1.2	(0.28)	4.8	(2.56)
Italien (Autonome Provinz Trento)	2.1	(3.56)	1.0	(0.17)	0.0	(0.13)
Italien (Region Lombardei)	11.0	(10.08)	1.3	(0.37)	0.9	(1.66)
Italien (Region Piemont)	6.3	(10.69)	1.3	(0.24)	0.2	(0.92)
Italien (Region Toskana)	–2.5	(7.20)	0.8	(0.20)	0.1	(0.78)
Italien (Region Veneto)	11.0	(8.23)	1.3	(0.29)	1.5	(2.30)
Spanien (Baskenland)	**8.3**	(3.39)	**1.3**	(0.14)	0.8	(0.69)
Spanien (Kastilien und Leon)	2.4	(4.69)	1.4	(0.21)	0.1	(0.31)
Spanien (Katalonien)	**15.9**	(7.04)	1.4	(0.29)	2.4	(2.04)
Vereinigtes Königreich (Schottland)	4.2	(3.20)	1.2	(0.14)	0.2	(0.36)
Regionen, deren Stichproben national festgelegt und überprüft wurden						
Belgien (flämische Gemeinschaft)	**18.3**	(6.64)	**1.4**	(0.18)	2.3	(1.63)
Belgien (französische Gemeinschaft)	**42.5**	(7.59)	**2.0**	(0.28)	8.5	(3.11)
Belgien (deutschsprachige Gemeinschaft)	**21.2**	(3.36)	1.1	(0.20)	3.0	(0.93)
Finnland (finnischsprachig)	**5.2**	(2.60)	1.0	(0.08)	0.3	(0.27)
Finnland (schwedischsprachig)	–1.1	(3.11)	0.9	(0.13)	0.0	(0.12)
Vereinigtes Königreich (Nordirland)	**25.8**	(4.54)	**1.7**	(0.20)	7.3	(2.36)
Vereinigtes Königreich (Wales)	**–18.0**	(6.02)	0.6	(0.25)	3.3	(2.24)

Anmerkung: Statistisch signifikante Werte sind durch Fettdruck gekennzeichnet (siehe Anhang A4).

Tabelle B2.15 (vgl. Tabelle 5.6a, Anhang A1)

Index der Stimmung und Arbeitshaltung der Schülerinnen und Schüler aus Sicht der Schulleitungen und Schülerleistungen auf der Gesamtskala Mathematik, nach nationalen Indexquartilen

Die Ergebnisse basieren auf Angaben der Schulleitungen und beziehen sich auf den jeweiligen zahlenmäßigen Anteil der 15-Jährigen in den Schulen

	Index der Stimmung und Arbeitshaltung der Schüler aus Sicht der Schulleitungen										Leistungen auf der Gesamtskala Mathematik, nach nationalen Indexquartilen							
	Alle Schüler		Unterstes Quartil		Zweites Quartil		Drittes Quartil		Oberstes Quartil		Unterstes Quartil		Zweites Quartil		Drittes Quartil		Oberstes Quartil	
	Index-mittel	S.E.	Index-mittel	S.E.	Index-mittel	S.E.	Index-mittel	S.E.	Index-mittel	S.E.	Mittel-wert	S.E.	Mittel-wert	S.E.	Mittel-wert	S.E.	Mittel-wert	S.E.
Regionen, deren Stichproben international überprüft wurden																		
Italien (Autonome Provinz Bozen)	–0.20	(0.01)	–1.13	(0.01)	–0.53	(0.02)	0.03	(0.01)	0.83	(0.00)	**515**	(5.0)	523	(7.6)	549	(13.5)	**559**	(4.4)
Italien (Autonome Provinz Trento)	0.10	(0.02)	–0.93	(0.04)	–0.06	(0.02)	0.29	(0.02)	1.10	(0.01)	554	(8.6)	557	(5.8)	532	(4.8)	546	(5.3)
Italien (Region Lombardei)	0.14	(0.12)	–1.17	(0.10)	–0.04	(0.04)	0.62	(0.03)	1.14	(0.05)	492	(15.1)	507	(10.4)	561	(16.0)	517	(24.5)
Italien (Region Piemont)	–0.13	(0.12)	–1.10	(0.07)	–0.47	(0.10)	0.20	(0.06)	0.84	(0.09)	493	(12.3)	496	(9.4)	491	(7.9)	495	(13.6)
Italien (Region Toskana)	–0.20	(0.10)	–1.28	(0.08)	–0.51	(0.05)	0.10	(0.04)	0.89	(0.10)	**468**	(12.9)	491	(19.8)	501	(10.0)	**514**	(12.6)
Italien (Region Veneto)	0.03	(0.13)	–1.41	(0.08)	–0.28	(0.11)	0.56	(0.06)	1.24	(0.08)	**479**	(12.7)	507	(12.9)	516	(13.7)	**542**	(9.8)
Spanien (Baskenland)	–0.42	(0.08)	–1.41	(0.05)	–0.78	(0.02)	–0.15	(0.03)	0.68	(0.07)	**485**	(4.6)	504	(5.5)	506	(5.0)	**511**	(6.2)
Spanien (Kastilien und Leon)	–0.69	(0.09)	–1.47	(0.07)	–1.05	(0.02)	–0.46	(0.07)	0.22	(0.07)	**482**	(9.7)	491	(9.8)	515	(8.4)	**526**	(8.9)
Spanien (Katalonien)	–0.05	(0.12)	–1.09	(0.07)	–0.34	(0.08)	0.26	(0.07)	0.99	(0.08)	**475**	(11.2)	498	(6.6)	490	(6.8)	**516**	(10.7)
Vereinigtes Königreich (Schottland)	0.34	(0.09)	–0.56	(0.09)	0.02	(0.00)	0.35	(0.04)	1.55	(0.15)	**514**	(6.0)	519	(7.0)	525	(6.5)	**537**	(6.5)
Regionen, deren Stichproben national festgelegt und überprüft wurden																		
Belgien (flämische Gemeinschaft)	–0.13	(0.06)	–1.14	(0.04)	–0.17	(0.04)	0.03	(0.00)	0.75	(0.08)	**513**	(10.4)	569	(6.7)	564	(8.0)	**570**	(9.2)
Belgien (französische Gemeinschaft)	–0.41	(0.07)	–1.39	(0.05)	–0.72	(0.04)	–0.11	(0.03)	0.57	(0.05)	**434**	(11.9)	506	(14.0)	524	(10.6)	**539**	(9.4)
Belgien (deutschsprachige Gemeinschaft)	–0.54	(0.00)	–1.36	(0.01)	–0.63	(0.01)	–0.19	(0.01)	0.02	(0.00)	**438**	(6.3)	529	(6.4)	528	(6.7)	**565**	(6.5)
Finnland (finnischsprachig)	0.02	(0.07)	–1.03	(0.06)	–0.18	(0.03)	0.24	(0.03)	1.08	(0.08)	**534**	(4.9)	543	(4.0)	548	(4.3)	**555**	(4.0)
Finnland (schwedischsprachig)	0.07	(0.00)	–1.00	(0.00)	–0.26	(0.01)	0.24	(0.01)	1.31	(0.01)	529	(5.1)	538	(6.1)	528	(5.9)	542	(5.3)
Vereinigtes Königreich (Nordirland)	0.64	(0.06)	–0.53	(0.08)	0.10	(0.02)	0.90	(0.05)	2.09	(0.07)	**466**	(7.8)	482	(6.6)	530	(9.2)	**582**	(6.4)
Vereinigtes Königreich (Wales)	0.42	(0.14)	0.01	(0.00)	0.02	(0.00)	0.64	(0.11)	1.00	(0.07)	492	(18.2)	481	(16.8)	521	(13.8)	498	(14.3)

	Punktzahlveränderung auf der Gesamtskala Mathematik, je Indexeinheit		Größere Wahrscheinlichkeit für Schüler im untersten Indexquartil, im untersten nationalen Quartil der Gesamtskala Mathematik zu liegen		Erklärte Varianz der Schülerleistungen (R^2 x 100)	
	Veränderung	S.E.	Quotient	S.E.	%	S.E.
Regionen, deren Stichproben international überprüft wurden						
Italien (Autonome Provinz Bozen)	**27.2**	(3.08)	**1.5**	(0.18)	6.0	(1.33)
Italien (Autonome Provinz Trento)	**–10.5**	(3.69)	1.0	(0.20)	1.1	(0.77)
Italien (Region Lombardei)	18.8	(11.50)	1.6	(0.51)	3.4	(4.19)
Italien (Region Piemont)	–0.9	(9.67)	1.1	(0.25)	0.0	(0.64)
Italien (Region Toskana)	**23.2**	(7.87)	1.6	(0.42)	5.2	(3.39)
Italien (Region Veneto)	**22.3**	(6.82)	1.8	(0.43)	7.3	(4.01)
Spanien (Baskenland)	**12.6**	(3.08)	**1.4**	(0.14)	1.6	(0.84)
Spanien (Kastilien und Leon)	**26.6**	(7.62)	**1.7**	(0.25)	4.6	(2.53)
Spanien (Katalonien)	**17.2**	(7.41)	1.5	(0.34)	2.5	(2.22)
Vereinigtes Königreich (Schottland)	**10.9**	(3.26)	1.2	(0.14)	1.4	(0.81)
Regionen, deren Stichproben national festgelegt und überprüft wurden						
Belgien (flämische Gemeinschaft)	**32.5**	(8.16)	**1.9**	(0.32)	5.3	(2.76)
Belgien (französische Gemeinschaft)	**50.7**	(6.90)	**2.7**	(0.42)	13.3	(3.62)
Belgien (deutschsprachige Gemeinschaft)	**81.7**	(5.02)	**4.1**	(0.49)	20.8	(2.22)
Finnland (finnischsprachig)	**9.5**	(2.82)	**1.2**	(0.10)	0.9	(0.54)
Finnland (schwedischsprachig)	4.7	(3.01)	1.2	(0.15)	0.3	(0.35)
Vereinigtes Königreich (Nordirland)	**42.9**	(3.01)	**2.2**	(0.24)	23.4	(2.47)
Vereinigtes Königreich (Wales)	**18.1**	(17.93)	1.3	(0.57)	0.9	(1.67)

Anmerkung: Statistisch signifikante Werte sind durch Fettdruck gekennzeichnet (siehe Anhang A4).

Tabelle B2.16 (vgl. Tabelle 5.15, Anhang A1)

Index des Lehrermangels und Schülerleistungen auf der Gesamtskala Mathematik, nach nationalen Indexquartilen

Die Ergebnisse basieren auf Angaben der Schulleitungen und beziehen sich auf den jeweiligen zahlenmäßigen Anteil der 15-Jährigen in den Schulen

	Index des Lehrermangels										Leistungen auf der Gesamtskala Mathematik, nach nationalen Indexquartilen							
	Alle Schüler		Unterstes Quartil		Zweites Quartil		Drittes Quartil		Oberstes Quartil		Unterstes Quartil		Zweites Quartil		Drittes Quartil		Oberstes Quartil	
	Indexmittel	S.E.	Indexmittel	S.E.	Indexmittel	S.E.	Indexmittel	S.E.	Indexmittel	S.E.	Mittelwert	S.E.	Mittelwert	S.E.	Mittelwert	S.E.	Mittelwert	S.E.
Regionen, deren Stichproben international überprüft wurden																		
Italien (Autonome Provinz Bozen)	0.22	(0.08)	–0.78	(0.08)	–0.03	(0.02)	0.46	(0.00)	1.22	(0.07)	**568**	(11.1)	532	(5.01)	531	(3.85)	**515**	(7.5)
Italien (Autonome Provinz Trento)	0.08	(0.01)	–1.13	(0.01)	0.09	(0.02)	0.46	(0.01)	0.88	(0.02)	552	(4.8)	520	(6.52)	574	(6.00)	544	(5.5)
Italien (Region Lombardei)	0.28	(0.10)	–0.58	(0.12)	0.15	(0.03)	0.45	(0.00)	1.10	(0.19)	535	(15.5)	515	(13.29)	534	(16.04)	493	(18.3)
Italien (Region Piemont)	–0.27	(0.10)	–1.21	(0.00)	–0.68	(0.05)	–0.03	(0.04)	0.84	(0.11)	474	(11.7)	498	(11.85)	507	(6.84)	496	(16.0)
Italien (Region Toskana)	0.28	(0.12)	–0.98	(0.08)	0.31	(0.03)	0.55	(0.02)	1.22	(0.16)	480	(13.8)	513	(10.05)	502	(12.45)	467	(20.3)
Italien (Region Veneto)	0.30	(0.09)	–0.63	(0.13)	0.27	(0.02)	0.51	(0.02)	1.03	(0.10)	495	(14.0)	533	(9.39)	511	(14.56)	507	(8.0)
Spanien (Baskenland)	–0.26	(0.10)	–1.21	(0.00)	–1.20	(0.00)	–0.47	(0.04)	1.85	(0.18)	498	(5.2)	498	(5.41)	508	(6.18)	503	(5.5)
Spanien (Kastilien und Leon)	–0.50	(0.15)	–1.21	(0.00)	–1.19	(0.01)	–0.52	(0.01)	0.93	(0.36)	500	(7.4)	502	(7.06)	519	(12.18)	492	(10.9)
Spanien (Katalonien)	–0.51	(0.15)	–1.21	(0.00)	–1.06	(0.05)	–0.37	(0.06)	0.59	(0.30)	494	(9.4)	502	(7.99)	499	(6.60)	482	(7.4)
Vereinigtes Königreich (Schottland)	–0.14	(0.09)	–1.21	(0.00)	–0.69	(0.07)	0.32	(0.03)	1.01	(0.07)	**537**	(5.5)	527	(5.56)	524	(4.38)	**507**	(6.2)
Regionen, deren Stichproben national festgelegt und überprüft wurden																		
Belgien (flämische Gemeinschaft)	–0.15	(0.07)	–1.21	(0.00)	–0.62	(0.03)	0.18	(0.02)	1.03	(0.09)	**571**	(8.5)	557	(7.27)	550	(9.96)	**538**	(11.5)
Belgien (französische Gemeinschaft)	0.80	(0.08)	–0.19	(0.11)	0.62	(0.02)	0.94	(0.02)	1.84	(0.14)	507	(11.2)	490	(13.26)	515	(12.76)	481	(15.9)
Belgien (deutschsprachige Gemeinschaft)	0.56	(0.00)	–0.14	(0.00)	0.27	(0.01)	0.56	(0.00)	1.54	(0.01)	**543**	(6.6)	532	(6.47)	531	(6.08)	**454**	(5.6)
Finnland (finnischsprachig)	–0.58	(0.05)	–1.21	(0.00)	–1.03	(0.03)	–0.39	(0.02)	0.29	(0.05)	543	(3.8)	543	(3.53)	551	(4.00)	542	(3.6)
Finnland (schwedischsprachig)	–0.12	(0.00)	–1.03	(0.01)	–0.21	(0.01)	0.15	(0.00)	0.60	(0.01)	520	(6.2)	539	(6.75)	546	(5.22)	532	(4.4)
Vereinigtes Königreich (Nordirland)	–0.32	(0.06)	–1.21	(0.00)	–0.78	(0.03)	–0.05	(0.04)	0.77	(0.04)	515	(6.9)	533	(7.09)	519	(10.15)	493	(10.3)
Vereinigtes Königreich (Wales)	–0.65	(0.37)	–1.21	(0.00)	–1.20	(0.00)	–0.76	(0.06)	0.58	(0.50)	493	(16.6)	490	(18.73)	509	(24.32)	500	(20.4)

	Punktzahlveränderung auf der Gesamtskala Mathematik, je Indexeinheit		Größere Wahrscheinlichkeit für Schüler im untersten Indexquartil, im untersten nationalen Quartil de Gesamtskala Mathematik zu liegen		Erklärte Varianz der Schülerleistungen (R^2 x 100)	
	Veränderung	S.E.	Quotient	S.E.	%	S.E.
Regionen, deren Stichproben international überprüft wurden						
Italien (Autonome Provinz Bozen)	**–23.8**	(6.66)	**0.6**	(0.12)	4.8	(2.91)
Italien (Autonome Provinz Trento)	1.0	(3.22)	1.0	(0.15)	0.0	(0.14)
Italien (Region Lombardei)	–19.7	(13.15)	0.7	(0.24)	2.4	(2.89)
Italien (Region Piemont)	10.2	(10.87)	1.4	(0.29)	0.9	(2.32)
Italien (Region Toskana)	–5.5	(10.08)	1.3	(0.33)	0.3	(1.34)
Italien (Region Veneto)	2.1	(11.43)	1.3	(0.32)	0.0	(0.66)
Spanien (Baskenland)	0.5	(2.20)	1.1	(0.11)	0.0	(0.11)
Spanien (Kastilien und Leon)	1.0	(3.76)	1.1	(0.17)	0.0	(0.19)
Spanien (Katalonien)	–7.0	(4.83)	1.1	(0.20)	0.4	(0.55)
Vereinigtes Königreich (Schottland)	**–12.2**	(3.57)	**0.7**	(0.10)	1.7	(1.01)
Regionen, deren Stichproben national festgelegt und überprüft wurden						
Belgien (flämische Gemeinschaft)	**–14.0**	(5.90)	**0.7**	(0.12)	1.5	(1.30)
Belgien (französische Gemeinschaft)	–12.2	(8.95)	0.7	(0.16)	0.9	(1.36)
Belgien (deutschsprachige Gemeinschaft)	**–60.9**	(4.27)	**0.6**	(0.08)	16.2	(2.17)
Finnland (finnischsprachig)	–0.3	(3.32)	1.0	(0.08)	0.0	(0.05)
Finnland (schwedischsprachig)	7.7	(4.01)	**1.3**	(0.15)	0.4	(0.36)
Vereinigtes Königreich (Nordirland)	**–12.6**	(6.41)	1.0	(0.14)	1.1	(1.13)
Vereinigtes Königreich (Wales)	5.2	(6.92)	1.3	(0.71)	0.3	(0.73)

Anmerkung: Statistisch signifikante Werte sind durch Fettdruck gekennzeichnet (siehe Anhang A4).

Tabelle B2.17 (vgl. Tabelle 5.17, Anhang A1)

Index der Qualität der räumlichen Bedingungen der Schulen und Schülerleistungen auf der Gesamtskala Mathematik, nach nationalen Indexquartilen

Die Ergebnisse basieren auf Angaben der Schulleitungen und beziehen sich auf den jeweiligen zahlenmäßigen Anteil der 15-Jährigen in den Schulen

	Index der Qualität der räumlichen Bedingungen der Schulen										Leistungen auf der Gesamtskala Mathematik, nach nationalen Indexquartilen							
	Alle Schüler		Unterstes Quartil		Zweites Quartil		Drittes Quartil		Oberstes Quartil		Unterstes Quartil		Zweites Quartil		Drittes Quartil		Oberstes Quartil	
	Indexmittel	S.E.	Indexmittel	S.E.	Indexmittel	S.E.	Indexmittel	S.E.	Indexmittel	S.E.	Mittelwert	S.E.	Mittelwert	S.E.	Mittelwert	S.E.	Mittelwert	S.E.
Regionen, deren Stichproben international überprüft wurden																		
Italien (Autonome Provinz Bozen)	0.33	(0.06)	–0.88	(0.13)	0.14	(0.02)	0.72	(0.01)	1.34	(0.01)	538	(14.5)	528	(8.8)	548	(4.6)	531	(5.2)
Italien (Autonome Provinz Trento)	0.32	(0.05)	–0.76	(0.03)	0.27	(0.03)	0.52	(0.01)	1.25	(0.03)	543	(5.6)	546	(8.9)	556	(6.7)	546	(3.8)
Italien (Region Lombardei)	0.12	(0.12)	–0.99	(0.19)	–0.09	(0.02)	0.25	(0.04)	1.31	(0.09)	489	(18.8)	524	(12.0)	537	(13.5)	528	(15.0)
Italien (Region Piemont)	0.05	(0.15)	–1.22	(0.10)	–0.27	(0.04)	0.40	(0.07)	1.31	(0.09)	484	(18.5)	505	(9.6)	491	(9.1)	497	(14.7)
Italien (Region Toskana)	–0.19	(0.09)	–1.03	(0.09)	–0.42	(0.05)	–0.07	(0.02)	0.76	(0.12)	499	(13.3)	491	(12.9)	492	(14.2)	485	(14.0)
Italien (Region Veneto)	–0.19	(0.15)	–1.51	(0.17)	–0.37	(0.03)	–0.07	(0.03)	1.21	(0.13)	494	(11.4)	517	(11.8)	515	(14.5)	518	(13.7)
Spanien (Baskenland)	0.23	(0.08)	–1.20	(0.12)	–0.08	(0.03)	0.71	(0.04)	1.49	(0.00)	**492**	(4.9)	502	(6.6)	505	(6.5)	**508**	(6.3)
Spanien (Kastilien und Leon)	0.28	(0.14)	–1.05	(0.18)	–0.10	(0.05)	0.80	(0.07)	1.49	(0.00)	500	(10.1)	499	(10.7)	504	(8.9)	509	(9.3)
Spanien (Katalonien)	0.44	(0.11)	–0.58	(0.11)	0.20	(0.02)	0.70	(0.05)	1.45	(0.02)	495	(7.3)	482	(8.6)	491	(8.6)	510	(12.2)
Vereinigtes Königreich (Schottland)	0.14	(0.08)	–0.92	(0.09)	–0.23	(0.02)	0.38	(0.05)	1.33	(0.05)	523	(6.7)	525	(5.0)	527	(6.1)	521	(7.0)
Regionen, deren Stichproben national festgelegt und überprüft wurden																		
Belgien (flämische Gemeinschaft)	0.26	(0.08)	–0.98	(0.12)	–0.04	(0.02)	0.57	(0.03)	1.49	(0.00)	553	(8.9)	558	(9.8)	554	(11.0)	547	(9.7)
Belgien (französische Gemeinschaft)	–0.14	(0.10)	–1.26	(0.11)	–0.54	(0.03)	0.08	(0.03)	1.17	(0.08)	**524**	(9.8)	497	(11.6)	489	(13.9)	**479**	(10.9)
Belgien (deutschsprachige Gemeinschaft)	–1.22	(0.00)	–2.31	(0.00)	–1.54	(0.02)	–0.87	(0.01)	–0.16	(0.01)	**464**	(6.3)	566	(7.3)	518	(6.8)	**513**	(5.3)
Finnland (finnischsprachig)	–0.25	(0.08)	–1.41	(0.09)	–0.61	(0.03)	0.08	(0.02)	0.95	(0.07)	543	(4.6)	551	(3.8)	543	(3.4)	543	(3.5)
Finnland (schwedischsprachig)	–0.14	(0.00)	–1.21	(0.01)	–0.37	(0.01)	0.14	(0.00)	0.91	(0.02)	531	(6.1)	539	(6.2)	534	(5.5)	533	(5.3)
Vereinigtes Königreich (Nordirland)	–0.18	(0.09)	–1.54	(0.08)	–0.48	(0.03)	0.18	(0.02)	1.12	(0.06)	512	(10.1)	517	(10.6)	514	(10.8)	516	(9.9)
Vereinigtes Königreich (Wales)	0.03	(0.15)	–0.77	(0.34)	–0.11	(0.06)	0.36	(0.07)	0.67	(0.11)	504	(5.2)	492	(23.4)	513	(13.0)	482	(11.6)

	Punktzahlveränderung auf der Gesamtskala Mathematik, je Indexeinheit		Größere Wahrscheinlichkeit für Schüler im untersten Indexquartil, im untersten nationalen Quartil der Gesamtskala Mathematik zu liegen		Erklärte Varianz der Schülerleistungen (R^2 x 100)	
	Veränderung	S.E.	Quotient	S.E.	%	S.E.
Regionen, deren Stichproben international überprüft wurden						
Italien (Autonome Provinz Bozen)	1.3	(5.36)	1.2	(0.20)	0.0	(0.30)
Italien (Autonome Provinz Trento)	3.6	(3.04)	1.1	(0.13)	0.2	(0.23)
Italien (Region Lombardei)	12.1	(9.36)	1.7	(0.53)	1.3	(1.98)
Italien (Region Piemont)	6.1	(10.13)	1.4	(0.43)	0.5	(1.56)
Italien (Region Toskana)	–4.9	(10.18)	0.9	(0.29)	0.2	(0.96)
Italien (Region Veneto)	9.5	(6.31)	1.3	(0.27)	1.3	(1.81)
Spanien (Baskenland)	**5.1**	(2.48)	1.2	(0.12)	0.4	(0.44)
Spanien (Kastilien und Leon)	2.8	(4.84)	1.1	(0.25)	0.1	(0.48)
Spanien (Katalonien)	7.1	(7.15)	1.0	(0.17)	0.4	(0.85)
Vereinigtes Königreich (Schottland)	–2.1	(4.32)	1.1	(0.15)	0.1	(0.31)
Regionen, deren Stichproben national festgelegt und überprüft wurden						
Belgien (flämische Gemeinschaft)	–0.7	(5.71)	0.9	(0.16)	0.0	(0.23)
Belgien (französische Gemeinschaft)	**–16.5**	(5.39)	**0.6**	(0.11)	2.2	(1.43)
Belgien (deutschsprachige Gemeinschaft)	**15.2**	(3.72)	**2.7**	(0.31)	1.6	(0.80)
Finnland (finnischsprachig)	–0.8	(2.20)	1.0	(0.08)	0.0	(0.07)
Finnland (schwedischsprachig)	1.2	(2.94)	1.2	(0.20)	0.0	(0.12)
Vereinigtes Königreich (Nordirland)	1.7	(5.38)	1.0	(0.18)	0.0	(0.36)
Vereinigtes Königreich (Wales)	–5.9	(9.81)	0.9	(0.36)	0.2	(0.56)

Anmerkung: Statistisch signifikante Werte sind durch Fettdruck gekennzeichnet (siehe Anhang A4).

Tabelle B2.18 (vgl. Tabelle 5.18, Anhang A1)

Index der Qualität der Ausstattung mit Lehr- und Sachmitteln und Leistungen auf der Gesamtskala Mathematik, nach nationalen Indexquartilen

Die Ergebnisse basieren auf Angaben der Schulleitungen und beziehen sich auf den jeweiligen zahlenmäßigen Anteil der 15-Jährigen in den Schulen

	Index der Qualität der Ausstattung mit Lehr- und Sachmitteln										Leistungen auf der Gesamtskala Mathematik, nach nationalen Indexquartilen							
	Alle Schüler		Unterstes Quartil		Zweites Quartil		Drittes Quartil		Oberstes Quartil		Unterstes Quartil		Zweites Quartil		Drittes Quartil		Oberstes Quartil	
	Index-mittel	S.E.	Index-mittel	S.E.	Index-mittel	S.E.	Index-mittel	S.E.	Index-mittel	S.E.	Mittel-wert	S.E.	Mittel-wert	S.E.	Mittel-wert	S.E.	Mittel-wert	S.E.
Regionen, deren Stichproben international überprüft wurden																		
Italien (Autonome Provinz Bozen)	0.65	(0.05)	–0.43	(0.10)	0.33	(0.01)	0.90	(0.02)	1.81	(0.01)	527	(18.5)	548	(5.1)	521	(6.3)	550	(3.6)
Italien (Autonome Provinz Trento)	0.90	(0.01)	**–0.02**	(0.01)	0.59	(0.02)	0.93	(0.01)	**2.11**	(0.01)	537	(5.1)	548	(9.7)	551	(4.7)	553	(4.8)
Italien (Region Lombardei)	0.17	(0.11)	–0.66	(0.16)	–0.04	(0.03)	0.34	(0.03)	1.04	(0.13)	479	(19.5)	536	(12.4)	547	(15.5)	515	(15.5)
Italien (Region Piemont)	0.35	(0.18)	–1.14	(0.20)	0.01	(0.05)	0.74	(0.06)	1.78	(0.09)	484	(17.6)	508	(10.7)	485	(8.3)	500	(14.5)
Italien (Region Toskana)	0.21	(0.11)	**–0.73**	(0.08)	–0.09	(0.05)	0.37	(0.03)	**1.29**	(0.14)	453	(17.8)	494	(13.8)	515	(13.0)	499	(9.9)
Italien (Region Veneto)	0.25	(0.14)	**–1.16**	(0.13)	–0.15	(0.07)	0.48	(0.07)	**1.83**	(0.14)	490	(10.2)	509	(13.9)	514	(16.6)	531	(13.3)
Spanien (Baskenland)	0.13	(0.09)	**–1.24**	(0.08)	–0.28	(0.04)	0.44	(0.03)	**1.61**	(0.10)	491	(4.9)	494	(6.3)	505	(6.0)	518	(5.1)
Spanien (Kastilien und Leon)	–0.39	(0.11)	–1.32	(0.15)	–0.71	(0.03)	–0.21	(0.03)	0.67	(0.21)	501	(9.2)	497	(8.8)	509	(12.1)	505	(8.1)
Spanien (Katalonien)	0.30	(0.10)	–0.58	(0.06)	0.06	(0.02)	0.52	(0.03)	1.22	(0.14)	490	(8.4)	490	(9.4)	497	(12.1)	500	(9.6)
Vereinigtes Königreich (Schottland)	0.53	(0.09)	–0.44	(0.05)	0.06	(0.02)	0.64	(0.04)	1.87	(0.09)	514	(6.5)	529	(8.7)	528	(6.5)	525	(6.2)
Regionen, deren Stichproben national festgelegt und überprüft wurden																		
Belgien (flämische Gemeinschaft)	0.51	(0.08)	–0.55	(0.06)	0.20	(0.02)	0.70	(0.03)	1.69	(0.07)	528	(11.0)	561	(10.0)	561	(9.3)	562	(10.7)
Belgien (französische Gemeinschaft)	–0.25	(0.10)	**–1.30**	(0.09)	–0.59	(0.02)	–0.10	(0.03)	**1.00**	(0.13)	531	(13.5)	510	(10.9)	497	(13.5)	457	(15.7)
Belgien (deutschsprachige Gemeinschaft)	–0.03	(0.00)	**–0.67**	(0.01)	–0.22	(0.00)	–0.12	(0.01)	**0.88**	(0.01)	523	(5.3)	489	(9.5)	482	(12.1)	566	(7.4)
Finnland (finnischsprachig)	–0.02	(0.06)	–0.84	(0.06)	–0.25	(0.02)	0.15	(0.01)	0.86	(0.09)	546	(4.3)	547	(4.4)	542	(3.6)	543	(3.7)
Finnland (schwedischsprachig)	–0.06	(0.00)	–0.60	(0.01)	–0.32	(0.00)	–0.10	(0.00)	0.80	(0.01)	539	(6.0)	537	(6.1)	525	(5.4)	536	(6.0)
Vereinigtes Königreich (Nordirland)	0.39	(0.11)	**–0.78**	(0.08)	–0.09	(0.03)	0.50	(0.04)	**1.92**	(0.08)	496	(9.4)	511	(9.6)	520	(11.7)	533	(11.9)
Vereinigtes Königreich (Wales)	0.08	(0.21)	–0.76	(0.05)	–0.26	(0.18)	0.28	(0.02)	1.09	(0.31)	481	(17.0)	503	(12.8)	505	(22.0)	503	(20.4)

	Punktzahlveränderung auf der Gesamtskala Mathematik, je Indexeinheit		Größere Wahrscheinlichkeit für Schüler im untersten Indexquartil, im untersten nationalen Quartil der Gesamtskala Mathematik zu liegen		Erklärte Varianz der Schülerleistungen (R^2 x 100)	
	Veränderung	S.E.	Quotient	S.E.	%	S.E.
Regionen, deren Stichproben international überprüft wurden						
Italien (Autonome Provinz Bozen)	7.8	(5.40)	1.4	(0.25)	0.7	(1.02)
Italien (Autonome Provinz Trento)	5.5	(3.28)	1.3	(0.19)	0.4	(0.39)
Italien (Region Lombardei)	10.7	(12.41)	2.2	(0.67)	0.7	(1.56)
Italien (Region Piemont)	5.9	(8.90)	1.4	(0.38)	0.6	(1.88)
Italien (Region Toskana)	19.0	(11.44)	**2.3**	(0.63)	3.1	(3.53)
Italien (Region Veneto)	**13.1**	(5.83)	1.6	(0.34)	3.1	(2.77)
Spanien (Baskenland)	**10.5**	(2.03)	**1.3**	(0.13)	2.0	(0.82)
Spanien (Kastilien und Leon)	–1.1	(5.67)	1.1	(0.22)	0.0	(0.25)
Spanien (Katalonien)	2.5	(7.08)	1.0	(0.18)	0.0	(0.38)
Vereinigtes Königreich (Schottland)	2.2	(3.91)	1.3	(0.16)	0.1	(0.22)
Regionen, deren Stichproben national festgelegt und überprüft wurden						
Belgien (flämische Gemeinschaft)	**13.5**	(6.83)	**1.5**	(0.27)	1.3	(1.32)
Belgien (französische Gemeinschaft)	**–24.8**	(8.86)	**0.5**	(0.16)	4.5	(2.97)
Belgien (deutschsprachige Gemeinschaft)	**34.1**	(4.09)	**0.7**	(0.09)	4.4	(1.03)
Finnland (finnischsprachig)	0.3	(2.86)	0.9	(0.07)	0.0	(0.05)
Finnland (schwedischsprachig)	–3.3	(4.55)	0.9	(0.14)	0.1	(0.20)
Vereinigtes Königreich (Nordirland)	**13.1**	(6.15)	1.3	(0.19)	2.1	(1.89)
Vereinigtes Königreich (Wales)	2.4	(11.96)	1.8	(0.70)	0.1	(0.95)

Anmerkung: Statistisch signifikante Werte sind durch Fettdruck gekennzeichnet (siehe Anhang A4).

Tabelle B2.19 (vgl. Tabelle A3.1, Anhang A3)

PISA-Zielpopulationen und -Stichproben

	Informationen über die Grundgesamtheit und die Stichproben						
	(1) Gesamtpopulation der 15-Jährigen	(2) Gesamtzahl der 15-jährigen Schüler in Klassenstufe 7 oder darüber	(3) Angestrebte Grundgesamtheit auf Länderebene	(4) Ausschlüsse auf Schulebene, insgesamt	(5) Ang. Länder-Grundgesamtheit nach Ausschluss von und vor Ausschl. in Schulen	(6) Prozent. Anteil der Ausschlüsse auf Schulebene	(7) Zahl der teilnehmenden Schüler
Regionen, deren Stichproben international überprüft wurden							
Italien (Autonome Provinz Bozen)	4 908	4 087	4 087	9	4077.88	0.22	1 264
Italien (Autonome Provinz Trento)	4 534	4 199	4 199	77	4122.15	1.83	1 030
Italien (Region Lombardei)	76 269	74 994	74 994	252	74741.89	0.34	1 545
Italien (Region Piemont)	33 340	33 242	33 242	185	33056.81	0.56	1 565
Italien (Region Toskana)	27 111	29 208	29 208	161	29047.23	0.55	1 509
Italien (Region Veneto)	37 843	36 388	36 388	242	36145.53	0.67	1 538
Spanien (Baskenland)	18 160	17 753	17 753	15	17738.00	0.08	3 885
Spanien (Kastilien und Leon)	24 210	21 580	21 580	109	21471.00	0.51	1 490
Spanien (Katalonien)	62 946	61 829	61 829	576	61253.00	0.93	1 516
Vereinigtes Königreich (Schottland)	65 913	63 950	63 950	917	63033.00	1.43	2 723

	Informationen über die Grundgesamtheit und die Stichproben					Erfassungsindizes		
	(8) Gewichtete Zahl der teilnehmenden Schüler	(9) Zahl der ausgeschlossenen Schüler	(10) Gewichtete Zahl der ausgeschlossenen Schüler	(11) Ausschlussrate innerhalb Schulen (in %)	(12) Ausschlussrate insgesamt (in %)	(13) Erfassungsindex 1: Erfassung der angestrebten Grundgesamtheit auf Länderebene	(14) Erfassungsindex 2: Erfassung der nationalen Schülerpopulation	(15) Erfassungsindex 3: Prozentsatz der Schülerpopulation
Regionen, deren Stichproben international überprüft wurden								
Italien (Autonome Provinz Bozen)	3 464	25	67	1.90	2.11	0.98	0.98	0.83
Italien (Autonome Provinz Trento)	3 324	20	73	2.16	3.95	0.96	0.96	0.93
Italien (Region Lombardei)	63 916	38	2 037	3.09	3.41	0.97	0.97	0.98
Italien (Region Piemont)	30 107	27	522	1.70	2.25	0.98	0.98	1.00
Italien (Region Toskana)	25 722	21	346	1.33	1.87	0.98	0.98	1.08
Italien (Region Veneto)	30 854	22	416	1.33	1.99	0.98	0.98	0.96
Spanien (Baskenland)	16 978	56	252	1.46	1.55	0.98	0.98	0.98
Spanien (Kastilien und Leon)	18 224	95	1 057	5.48	5.96	0.94	0.94	0.89
Spanien (Katalonien)	50 484	61	1 847	3.53	4.43	0.96	0.96	0.98
Vereinigtes Königreich (Schottland)	58 559	39	715	1.21	2.62	0.97	0.97	0.97

Tabelle B2.20 (vgl. Tabelle A3.2, Anhang A3)
Ausschlüsse

	Zahl der ausgeschlossenen Schüler (ungewichtet)				
	(1) Zahl der ausgeschlossenen Schüler mit Behinderungen (Code 1)	(2) Zahl der ausgeschlossenen Schüler mit Behinderungen (Code 2)	(3) Zahl der auf Grund der Sprache ausgeschlossenen Schüler (Code 3)	(4) Zahl der aus anderen Gründen ausgeschlossenen Schüler (Code 4)	(5) Gesamtzahl der ausgeschlossenen Schüler
Regionen, deren Stichproben international überprüft wurden					
Italien (Autonome Provinz Bozen)	1	20	4	0	25
Italien (Autonome Provinz Trento)	5	4	11	0	20
Italien (Region Lombardei)	4	16	18	0	38
Italien (Region Piemont)	2	11	14	0	27
Italien (Region Toskana)	5	9	7	0	21
Italien (Region Veneto)	0	16	6	0	22
Spanien (Baskenland)	5	44	7	0	56
Spanien (Kastilien und Leon)	1	75	19	0	95
Spanien (Katalonien)	3	46	12	0	61
Vereinigtes Königreich (Schottland)	1	36	2	0	39

	Zahl der ausgeschlossenen Schüler (gewichtet)				
	(6) Gewichtete Zahl der ausgeschlossenen Schüler mit Behinderungen (Code 1)	(7) Gewichtete Zahl der ausgeschlossenen Schüler mit Behinderungen (Code 2)	(8) Zahl der auf Grund der Sprache ausgeschlossenen Schüler (Code 3)	(9) Gewichtete Zahl der aus anderen Gründen ausgeschlossenen Schüler (Code 4)	(10) Gewichtete Gesamtzahl der ausgeschlossenen Schüler
Regionen, deren Stichproben international überprüft wurden					
Italien (Autonome Provinz Bozen)	9	46	11	0	67
Italien (Autonome Provinz Trento)	15	9	50	0	73
Italien (Region Lombardei)	130	802	1 105	0	2 037
Italien (Region Piemont)	56	212	254	0	522
Italien (Region Toskana)	75	128	143	0	346
Italien (Region Veneto)	0	298	118	0	416
Spanien (Baskenland)	28	186	38	0	252
Spanien (Kastilien und Leon)	7	844	206	0	1 057
Spanien (Katalonien)	91	1 372	385	0	1 847
Vereinigtes Königreich (Schottland)	19	660	35	0	715

Tabelle B2.21 (vgl. Tabelle A3.3, Anhang A3)

Beteiligungsquoten

	Ursprüngl. Stichprobe - vor Einbeziehung von Ersatzschulen				
	(1) Gewichtete Schulbeteiligungsquote vor Einbeziehung von Ersatzschulen (%)	(2) Zahl der teilnehmenden Schulen (gewichtet nach Schülerzahlen)	(3) Gewichtete Zahl der Stichprobenschulen (effektiv teilnehmende u. nicht teilnehmende) (gew. nach Schülerzahlen)	(4) Zahl der teilnehmenden Schulen (ungewichtet)	(5) Zahl der teilnehmenden und nicht teilnehmenden Schulen (ungewichtet)
Regionen, deren Stichproben international überprüft wurden					
Italien (Autonome Provinz Bozen)	100.00	3 967	3 967	43	43
Italien (Autonome Provinz Trento)	100.00	3 962	3 962	33	33
Italien (Region Lombardei)	100.00	72 657	72 657	52	52
Italien (Region Piemont)	96.12	32 249	33 552	55	57
Italien (Region Toskana)	95.93	27 120	28 272	50	52
Italien (Region Veneto)	97.97	34 344	35 056	51	52
Spanien (Baskenland)	98.58	17 803	18 059	139	141
Spanien (Kastilien und Leon)	98.45	20 625	20 950	50	51
Spanien (Katalonien)	97.95	58 385	59 609	49	50
Vereinigtes Königreich (Schottland)	78.32	49 198	62 814	84	108

	Endgültige Stichprobe - nach Einbeziehung von Ersatzschulen				
	(6) Gewichtete Schulbeteiligungsquote nach Einbeziehung von Ersatzschulen (%)	(7) Gewichtete Zahl der teilnehmenden Schulen (gewichtet nach Schülerzahlen)	(8) Zahl der Stichprobenschulen (effektiv teilnehmende u. nicht teilnehmende) (gew. nach Schülerzahlen)	(9) Zahl der teilnehmenden Schulen (ungewichtet)	(10) Zahl der teilnehmenden und nicht teilnehmenden Schulen (ungewichtet)
Regionen, deren Stichproben international überprüft wurden					
Italien (Autonome Provinz Bozen)	100.00	3 967	3 967	43	43
Italien (Autonome Provinz Trento)	100.00	3 962	3 962	33	33
Italien (Region Lombardei)	100.00	72 657	72 657	52	52
Italien (Region Piemont)	100.00	33 552	33 552	57	57
Italien (Region Toskana)	100.00	28 272	28 272	52	52
Italien (Region Veneto)	100.00	35 056	35 056	52	52
Spanien (Baskenland)	100.00	18 047	18 047	141	141
Spanien (Kastilien und Leon)	100.00	20 911	20 911	51	51
Spanien (Katalonien)	100.00	59 609	59 609	50	50
Vereinigtes Königreich (Schottland)	88.89	55 737	62 794	96	108

	Zahl der ausgeschlossenen Schüler (gewichtet)				
	(11) Gewichtete Schülerbeteiligungsquote nach Einbeziehung von Ersatzschulen (%)	(12) Zahl der getesteten Schüler (gewichtet)	(13) Zahl der Stichprobenschüler (teilnehmende u. abwesende) (gewichtet)	(14) Zahl der getesteten Schüler (ungewichtet)	(15) Zahl der Stichprobenschüler (teilnehmende u. abwesende) (ungewichtet)
Regionen, deren Stichproben international überprüft wurden					
Italien (Autonome Provinz Bozen)	96.13	3 331	3 464	1 264	1 318
Italien (Autonome Provinz Trento)	95.97	3 190	3 324	1 030	1 078
Italien (Region Lombardei)	95.48	61 024	63 916	1 545	1 620
Italien (Region Piemont)	94.15	28 344	30 107	1 565	1 661
Italien (Region Toskana)	93.04	23 931	25 722	1 509	1 617
Italien (Region Veneto)	93.84	28 954	30 854	1 538	1 640
Spanien (Baskenland)	95.38	16 195	16 978	3 885	4 072
Spanien (Kastilien und Leon)	93.28	17 000	18 224	1 490	1 600
Spanien (Katalonien)	92.95	46 922	50 484	1 516	1 634
Vereinigtes Königreich (Schottland)	85.14	44 308	52 042	2 692	3 160

Anhang C

ENTWICKLUNG UND UMSETZUNG VON PISA – EIN KOOPERATIONSPROJEKT

Anhang C: Entwicklung und Umsetzung von PISA – ein Kooperationsprojekt

Einführung

PISA ist ein Kooperationsprojekt, das wissenschaftliches Fachwissen der Teilnehmerländer zusammenführt und in dem Entscheidungen gemeinschaftlich auf der Basis politischer Interessen der teilnehmenden Länder getroffen werden.

Der Ausschuss der Teilnehmerländer, in dem jedes Land vertreten ist, definiert im Rahmen der OECD-Zielsetzung die Politikprioritäten für PISA und überwacht die Einhaltung dieser Prioritäten während der Programmumsetzung. Diese Aufgabe umfasst die Festlegung von Prioritäten für die Ausarbeitung der Indikatoren, die Erstellung der Instrumente zur Leistungsmessung und die Berichterstattung über die Ergebnisse.

Es wurden Arbeitsgruppen mit Experten aus den Teilnehmerstaaten gebildet, die gewährleisten sollen, dass die politischen Zielsetzungen mit der größtmöglichen international verfügbaren verfahrenstechnischen Kompetenz verknüpft werden. Durch ihre Beteiligung an diesen Expertengruppen stellen die Länder sicher, dass die eingesetzten Instrumente international valide sind und zugleich dem kulturellen und curricularen Kontext der OECD-Mitgliedsländer Rechnung tragen, die eingesetzten Beurteilungsinstrumente über sehr gute messtechnische Eigenschaften verfügen und diese Instrumente sowohl authentisch als auch bildungspolitisch relevant sind.

Über die nationalen Projektmanager setzen die Teilnehmer das PISA-Programm gemäß den vereinbarten administrativen Verfahren auf nationaler Ebene um. Die nationalen Projektmanager spielen eine entscheidende Rolle, indem sie gewährleisten, dass die Umsetzung hohen qualitativen Ansprüchen genügt, und indem sie die Ergebnisse, Analysen, Berichte und Veröffentlichungen überprüfen und evaluieren.

Zuständig für Design und Implementierung der Erhebungen innerhalb des vom PISA-Ausschuss der teilnehmenden Länder festgelegten Rahmens ist ein internationales Konsortium, das so genannte PISA-Konsortium, in dem unter der Leitung des Australian Council for Educational Research (ACER) die folgenden Forschungseinrichtungen zusammenarbeiten: Netherlands National Institute for Educational Measurement (Citogroep), The National Institute for Educational Policy Research (NIER) in Japan, The Educational Testing Service (ETS) in den USA, und WESTAT in den USA.

Das OECD-Sekretariat hat die übergreifende Managementverantwortung für das Programm, verfolgt dessen praktische Umsetzung, fungiert als Sekretariat für den PISA-Ausschuss der teilnehmenden Länder, bemüht sich um Konsensbildung zwischen den Ländern und dient als Ansprechpartner zwischen dem Ausschuss der teilnehmenden Länder und dem internationalen Konsortium, das mit der Implementierung der Aktivitäten beauftragt ist. Das OECD-Sekretariat erstellt auch die Indikatoren, analysiert und arbeitet die internationalen Berichte und Veröffentlichungen in Zusammenarbeit mit dem PISA-Konsortium und in enger Konsultation mit den Mitgliedsländern sowohl auf politischer Ebene (Ausschuss der teilnehmenden Länder) als auch auf Implementierungsebene (nationale Projektmanager) aus.

Nachstehend finden sich Listen mit den Mitgliedern der verschiedenen PISA-Organe wie auch einzelner Fachleute und Consultants, die an PISA mitgewirkt haben.

Mitglieder des Ausschusses der an PISA 2003 teilnehmenden Länder

Vorsitzender: Ryo Watanabe

Australien: Wendy Whitham

Belgien: Dominique Barthélémy, Christiane Blondin und Liselotte van de Perre

Brasilien: Eliezer Pacheco

Dänemark: Jørgen Balling Rasmussen

Deutschland: Hans Konrad Koch, Elfriede Ohrnberger und Botho Priebe

Finnland: Jari Rajanen

Frankreich: Gérard Bonnet

Griechenland: Vassilis Koulaidis

Hongkong (China): Esther Ho Sui Chu

Indonesien: Bahrul Hayat

Irland: Gerry Shiel

Island: Júlíus K. Björnsson

Italien: Giacomo Elias und Angela Vegliante

Japan: Ryo Watanabe

Kanada: Satya Brink und Dianne Pennock

Korea: Kye Young Lee

Lettland: Andris Kangro

Luxemburg: Michel Lanners

Macau (China): Lam Fat Lo

Mexiko: Felipe Martínez Rizo

Neuseeland: Lynne Whitney

Niederlande: Jules L. Peschar

Norwegen: Alette Schreiner

Österreich: Helmut Bachmann und Jürgen Horschinegg

Polen: Stanislaw Drzazdzewski

Portugal: Glória Ramalho

Russische Föderation: Galina Kovalyova

Schweden: Anita Wester

Schweiz: Katrin Holenstein und Heinz Rhyn

Serbien: Dragica Pavlovic Babic

Slowakische Republik: Vladimir Repas

Spanien: Carme Amorós Basté, Guillermo Gil und Josu Sierra Orrantia

Thailand: Sunee Klainin

Tschechische Republik: Jan Koucky

Tunesien: Néjib Ayed

Türkei: Sevki Karaca und Ruhi Kilç

Ungarn: Péter Vári

Uruguay: Pedro Ravela

Vereinigtes Königreich: Lorna Bertrand und Liz Levy

Vereinigte Staaten: Mariann Lemke und Elois Scott

Sonderberater: Eugene Owen

Nationale Projektmanager für PISA 2003

Australien: John Cresswell und Sue Thomson

Belgien: Luc van de Poele

Brasilien: Mariana Migliari

Dänemark: Jan Mejding

Deutschland: Manfred Prenzel

Finnland: Jouni Välijärvi

Frankreich: Anne-Laure Monnier

Griechenland: Vassilia Hatzinikita

Hongkong (China): Esther Ho Sui Chu

Indonesien: Bahrul Hayat

Irland: Judith Cosgrove

Island: Almar Midvik Halldorsson

Italien: Maria Teresa Siniscalco

Japan: Ryo Watanabe

Kanada: Tamara Knighton und Dianne Pennock

Korea: Mee-Kyeong Lee

Lettland: Andris Kangro

Luxemburg: Iris Blanke

Macau (China): Lam Fat Lo

Mexiko: Rafael Vidal

Neuseeland: Fiona Sturrock

Niederlande: Erna Gille

Norwegen: Marit Kjaernsli

Österreich: Günter Haider und Claudia Reiter

Polen: Michal Federowicz

Portugal: Lídia Padinha

Russische Föderation: Galina Kovalyova

Schweden: Karin Taube

Schweiz: Huguette McCluskey

Serbien: Dragica Pavlovic Babic

Slowakische Republik: Paulina Korsnakova

Spanien: Guillermo Gil

Thailand: Sunee Klainin

Tschechische Republik: Jana Paleckova

Tunesien: Néjib Ayed

Türkei: Sevki Karaca

Ungarn: Péter Vári

Uruguay: Pedro Ravela

Vereinigtes Königreich: Rachael Harker, Graham Thorpe

Vereinigte Staaten: Mariann Lemke

OECD-Sekretariat

Andreas Schleicher (PISA-Gesamtkoordination und Kontakte zu den Mitgliedsländern)

Miyako Ikeda (Projektmanagement)

Claire Shewbridge (Projektmanagement)

Claudia Tamassia (Projektmanagement)

Sophie Vayssettes (Statistische Unterstützung)

Juliet Evans (Administrative Unterstützung)

Kate Lancaster (Redaktionelle Unterstützung)

PISA-Expertengruppen

Funktionale Expertengruppe Mathematik

Jan de Lange (Vorsitzender) (Universität Utrecht, Niederlande)

Werner Blum (Vorsitzender) (Universität Kassel, Deutschland)

Vladimir Burjan (Nationales Bildungsinstitut, Slowakische Republik)

Sean Close (St Patrick's College, Irland)

John Dossey (Consultant, Vereinigte Staaten)

Mary Lindquist (Columbus State University, Vereinigte Staaten)

Zbigniew Marciniak (Universität Warschau, Polen)

Mogens Niss (Universität Roskilde, Dänemark)

Kyung-Mee Park (Universität Hongik, Korea)

Luis Rico (Universität Granada, Spanien)

Yoshinori Shimizu (Gakugei Universität, Tokyo, Japan)

Funktionale Expertengruppe Lesen

Irwin Kirsch (Vorsitzender) (Educational Testing Service, Vereinigte Staaten)

Marilyn Binkley (National Center for Educational Statistics, Vereinigte Staaten)

Alan Davies (Universität Edinburgh, Vereinigtes Königreich)

Stan Jones (Statistics Canada, Kanada)

John de Jong (Language Testing Services, Niederlande)

Dominique Lafontaine (Universität Lüttich Sart Tilman, Belgien)

Pirjo Linnakylä (Universität Jyväskylä, Finnland)

Martine Rémond (Institut National de Recherche Pédagogique, Frankreich)

Funktionale Expertengruppe Naturwissenschaften

Wynne Harlen (Vorsitzender) (Universität Bristol, Vereinigtes Königreich)

Peter Fensham (Monash University, Australien)

Raul Gagliardi (Universität Genf, Schweiz)

Svein Lie (Universität Oslo, Norwegen)

Manfred Prenzel (Universität Kiel, Deutschland)

Senta A. Raizen (National Center for Improving Science Education (NCISE), Vereinigte Staaten)

Donghee Shin (KICE, Korea)

Elizabeth Stage (University of California, Vereinigte Staaten)

PISA Technische Beratergruppe

Keith Rust (Vorsitzender) (Westat)

Ray Adams (ACER, Australien)

Pierre Foy (Statistics Canada, Kanada)

Aletta Grisay (Belgien)

Larry Hedges (The University of Chicago, Vereinigte Staaten)

Eugene Johnson (American Institutes for Research, Vereinigte Staaten)

John de Jong (Language Testing Services, Niederlande)

Irwin Kirsch (Educational Testing Service, Vereinigte Staaten)

Steve May (Ministry of Education, Neuseeland)

Christian Monseur (HallStat SPRL, Belgien)

Norman Verhelst (Citogroep, Niederlande)

J. Douglas Willms (University of New Brunswick, Kanada)

PISA-Konsortium

Australian Council for Educational Research

Ray Adams (Projektleiter des PISA-Konsortiums)

Alla Berezner (Datenverarbeitung, Datenanalyse)

Eveline Gerbhardt (Datenverarbeitung, Datenanalyse)

Marten Koomen (Management)

Dulce Lay (Datenverarbeitung)

Le Tu Luc (Datenverarbeitung)

Greg Macaskill (Datenverarbeitung)

Barry McCrae (Erhebungsinstrumente, Testausarbeitung Mathematik und Problemlösung)

Martin Murphy (Feldoperationen und Stichprobenauswahl)

Van Nguyen (Datenverarbeitung)

Alla Routitsky (Datenverarbeitung)

Wolfram Schulz (Koordinator Fragebogenausarbeitung, Datenverarbeitung, Datenanalyse)

Ross Turner (Koordinator Testausarbeitung)

Maurice Walker (Stichprobenauswahl, Datenverarbeitung, Fragebogenausarbeitung)

Margaret Wu (Testausarbeitung Mathematik und Problem lösung, Datenanalyse)

John Cresswell (Naturwissenschaftstestausarbeitung)

Juliette Mendelovits (Lesetestausarbeitung)

Joy McQueen (Lesetestausarbeitung)

Beatrice Halleux (Qualitätskontrolle Übersetzung)

WESTAT

Nancy Caldwell (Leiterin des PISA-Konsortiums für Feldoperationen und Qualitätskontrolle)

Ming Chen (Gewichtung)

Fran Cohen (Gewichtung)

Susan Fuss (Gewichtung)

Brice Hart (Gewichtung)

Sharon Hirabayashi (Gewichtung)

Sheila Krawchuk (Stichprobenauswahl und Gewichtung)

Christian Monseur (Consultant) (Gewichtung)

Phu Nguyen (Gewichtung)

Mats Nyfjall (Gewichtung)

Merl Robinson (Feldoperationen und Qualitätskontrolle)

Keith Rust (Leiter des PISA-Konsortiums für Stichprobenauswahl und Gewichtung)

Leslie Wallace (Gewichtung)

Erin Wilson (Gewichtung)

Citogroep

Steven Bakker (Naturwissenschaftstestausarbeitung)

Bart Bossers (Lesetestausarbeitung)

Truus Decker (Mathematiktestausarbeitung)

Erna van Hest (Lesetestausarbeitung und Qualitätskontrolle)

Kees Lagerwaard (Mathematiktestausarbeitung)

Gerben van Lent (Mathematiktestausarbeitung)

Ico de Roo (Naturwissenschaftstestausarbeitung)

Maria van Toor (Logistische Unterstützung und Qualitätskontrolle)

Norman Verhelst (Technische Beratung, Datenanalyse)

Educational Testing Service

Irwin Kirsch (Lesetestausarbeitung)

Sonstige Experten

Cordula Artelt (Fragebogenausarbeitung)

Aletta Grisay (Technische Beratung, Datenanalyse, Übersetzung, Fragebogenausarbeitung)

Donald Hirsch (Redaktionelle Überarbeitung)

Ursula Goodwin (Übersetzung)

Gabriele Gwinner (Übersetzung)

OECD PUBLICATIONS, 2 rue André-Pascal, PARIS CEDEX 16
PRINTED IN FRANCE
(962004125 P) ISBN 3-8274-1637-x